多倫多大學鄭裕彤東亞圖書館/編　　余梁戴光 喬曉勤/主編　　喬曉勤 趙清治/撰稿

加拿大多倫多大學
東亞圖書館藏
中文古籍善本提要

An Annotated Bibliography of Chinese Rare Books in the Cheng Yu Tung East Asian Library, University of Toronto

GUANGXI NORMAL UNIVERSITY PRESS
广西师范大学出版社
·桂林·

圖書在版編目（CIP）數據

加拿大多倫多大學東亞圖書館藏中文古籍善本提要 / 多倫多大學鄭裕彤東亞圖書館編. —桂林：廣西師範大學出版社，2009.7
ISBN 978-7-5633-8483-9

Ⅰ. 加… Ⅱ. 多… Ⅲ. 中文—古籍—善本—內容提要—加拿大 Ⅳ. Z838

中國版本圖書館 CIP 數據核字（2009）第 075265 號

廣西師範大學出版社出版發行
（廣西桂林市中華路 22 號　郵政編碼：541001
網址：http://www.bbtpress.com）
出版人：何林夏
全國新華書店經銷
廣西師範大學印刷廠印刷
（廣西桂林市臨桂縣金山路 168 號　郵政編碼：541100）
開本：787 mm ×1 092 mm　1/16
印張：44　插頁：4　字數：704 千字
2009 年 7 月第 1 版　2009 年 7 月第 1 次印刷
印數：0 001~1 200 冊　定價：318.00 元

主編:余梁戴光　喬曉勤
General Editors: Anna U, Stephen Qiao

撰稿:喬曉勤　趙清治
Authors: Stephen Qiao, George Zhao

項目協調/索引編纂:林美珠
Project Coordinator/Index Compiling: Mei-chu Lin

學術顧問:沈津　何林夏
Advisors: Chun Shum, Linxia He

撰者簡介：

喬曉勤 中山大學歷史學學士，文化人類學碩士、博士，美國匹茲堡大學圖書館信息學碩士。曾任中山大學人類學系講師、副教授，匹茲堡大學藝術史系訪問學者，德克薩斯州科技大學圖書館亞洲研究、人類學研究館員，哈佛大學藝術圖書館亞洲藝術研究館員。現任加拿大多倫多大學東亞圖書館中國研究館員。與人合著《現代人類學》、《民族考古學初論》，編譯《危機與選擇》，參與翻譯《考古學：理論、方法與實踐》，爲 *Extra muros / intra muros：A Collaborative Exhibition of Rare Books and Special Collections at the University of Toronto*（“多倫多大學圖書館善本書綜合展目録”）撰寫中文書介紹，並在國内外發表學術論文二十餘篇。

趙清治 北京大學中文系文學學士，中國人民大學應用語言學碩士，加拿大多倫多大學語言學碩士、亞洲史博士。曾任美國斯基莫爾大學訪問教授。現在多倫多大學東亞圖書館、東亞系從事教學與研究。發表中英文論文數十篇，合著文史類書籍數種。最新出版專著 *Marriage as Political Strategy and Cultural Expression：Mongolian Royal Marriages from World Empire to Yuan Dynasty*（《婚姻作爲政治戰略手段和文化表象：從世界帝國時代到元朝的蒙古皇室婚姻》），譯著《忽必烈汗的生平與時代》（*Khubilai Khan：His Life and Times*）。

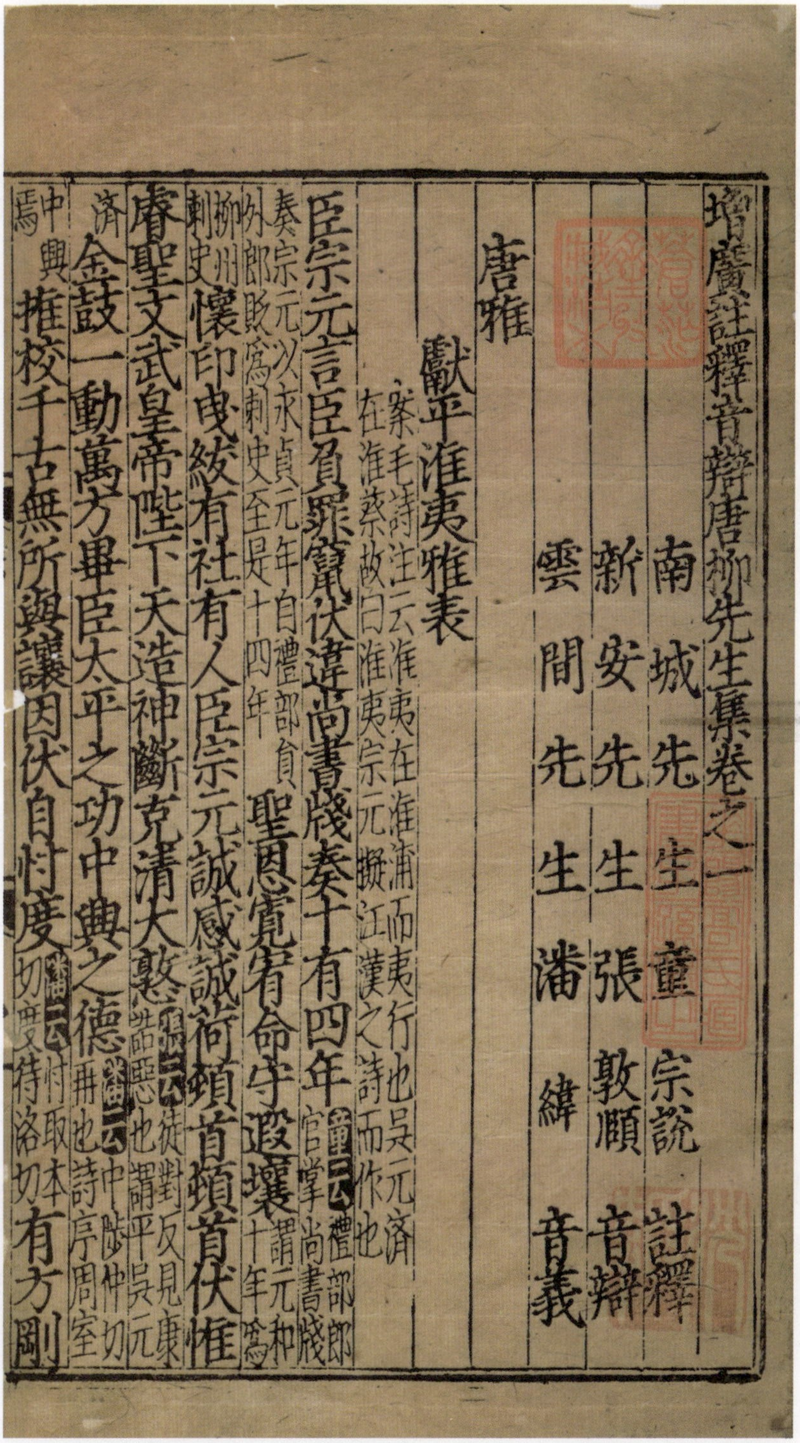
增廣註釋音辯唐柳先生集卷之一

南城先生童宗説註釋

新安先生張敦頤音辯

雲間先生潘緯音義

唐雅

獻平淮夷雅表 案毛詩注云淮夷在淮浦而夷行也吴元濟在淮蔡故曰淮夷宗元擬江漢之詩而作也

臣宗元言臣負罪竄伏違尚書牋奏十有四年 童云禮部郎官掌尚書牋奏宗元以永貞元年自禮部員外郎貶爲刺史至是十四年 聖恩寛宥命守遐壤 謂元和十年爲柳州刺史 懷印曳紱有社有人臣宗元誠感誠荷頓首頓首伏惟睿聖文武皇帝陛下天造神斷克清大憝 張云徒對反見康誥惡也謂平吴元濟 金鼓一動萬方畢臣太平之功中興之德 潘云中陟仲切再也詩序周室中興焉 推校千古無所與讓因伏自忖度 潘云忖取本切度待洛切 有方剛

《增廣註釋音辯唐柳先生集》四十三卷，别集二卷，外集二卷，附錄一卷，唐柳宗元撰，宋童宗説註釋，宋張敦頤音辯，宋潘緯音義，宋刻本。

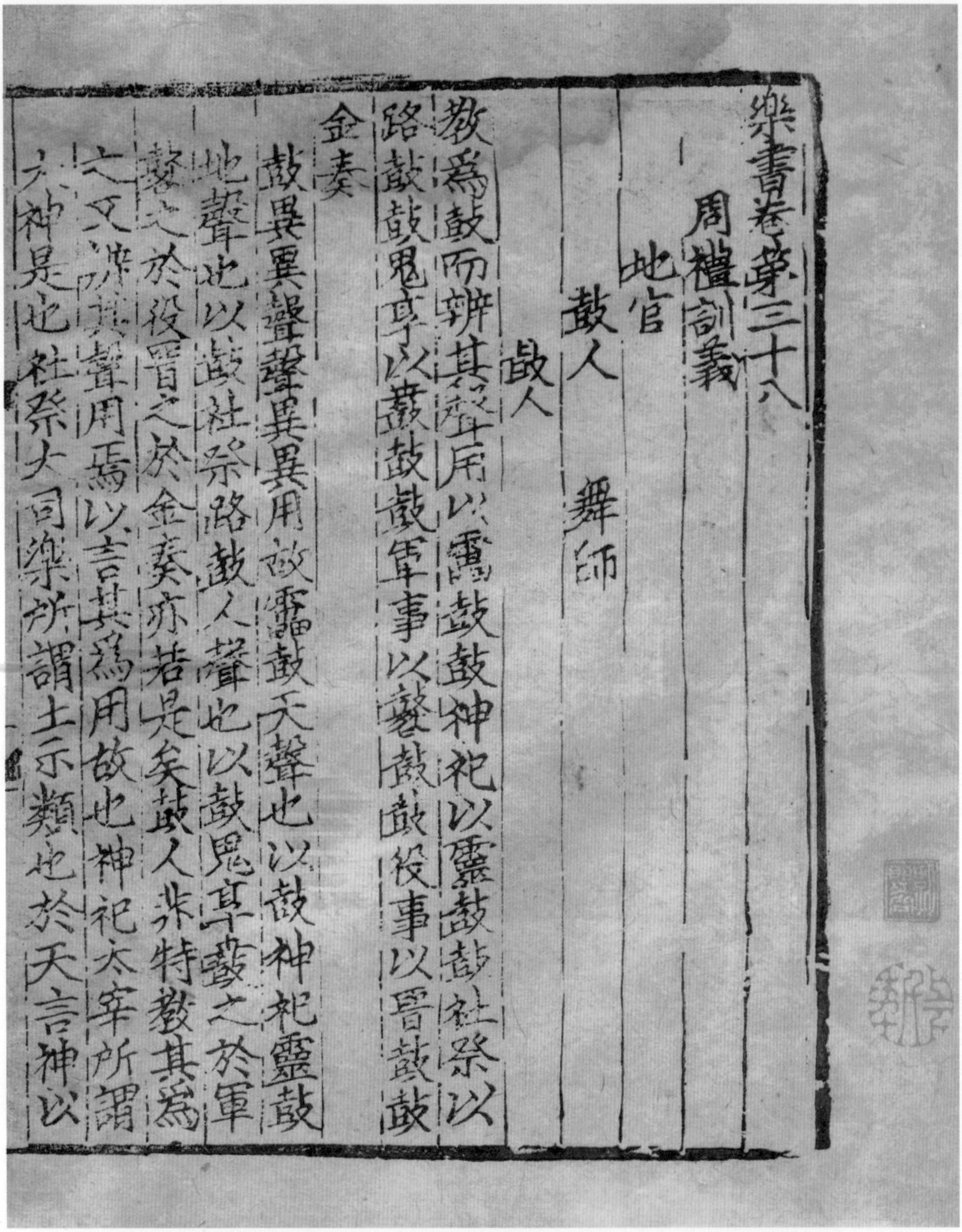
樂書卷第三十八

周禮訓義

地官

鼓人　舞師

鼓人

教爲鼓而辨其聲用以雷鼓鼓神祀以靈鼓鼓社祭以路鼓鼓鬼享以鼖鼓鼓軍事以鼛鼓鼓役事以晉鼓鼓金奏

鼓異異聲聲異異用故雷鼓天聲也以鼓神祀靈鼓地聲也以鼓社祭路鼓人聲也以鼓鬼享鼖之於軍鼛之於役晉之於金奏亦若是矣鼓人非特教其爲之又兼以其聲用焉以言其爲用故也神祀太宰所謂天神是也社祭大司樂所謂土示類也於天言神以

《樂書》二百卷，宋陳暘撰，南宋慶元年間　(1195—1200) 刻本或元刻明修本。

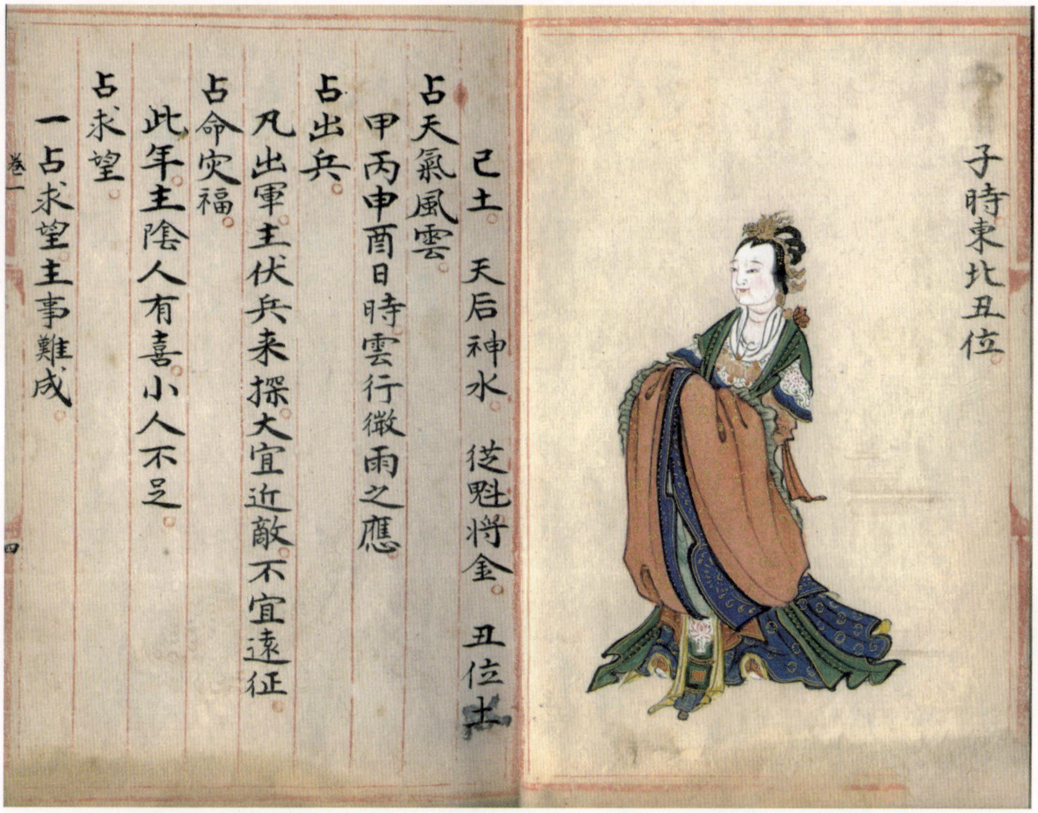

子時東北丑位

己土　天后神水　從魁將金　丑位土

占天氣風雲

甲丙申酉日時雲行徵雨之應

占出兵

凡出軍主伏兵来探大宜近敵不宜遠征

占命灾福

此年主陰人有喜小人不足

占求望

一占求望主事難成

卷一

四

《六壬圖像》二十四卷，清鈔本。

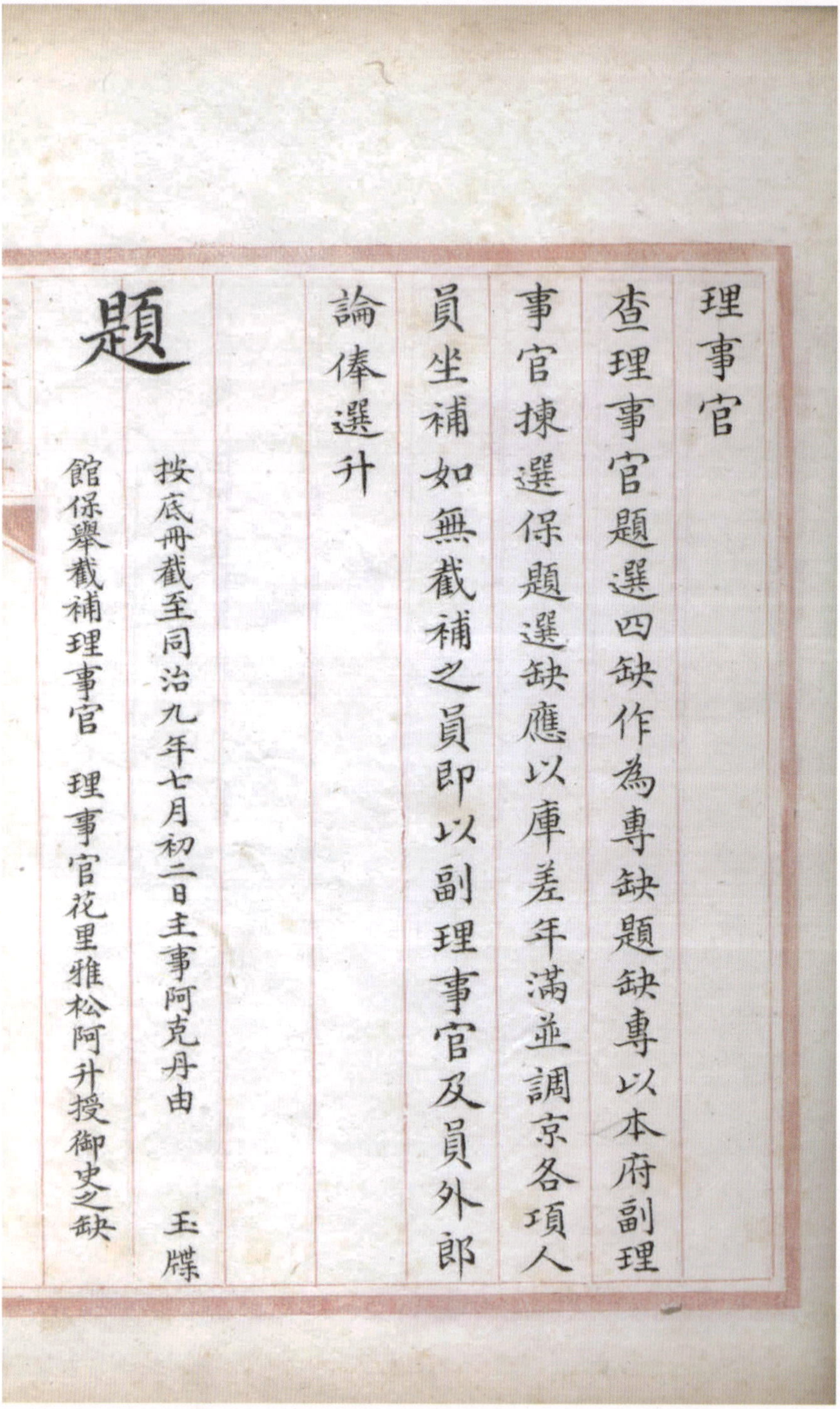

理事官
查理事官題選四缺作為專缺題缺專以本府副理
事官揀選保題選缺應以庫差年滿並調京各項人
員坐補如無截補之員即以副理事官及員外郎
論俸選升

按底冊截至同治九年七月初二日主事阿克丹由 玉牒
館保舉截補理事官 理事官花里雅松阿升授御史之缺
題

《宗人府選册》四卷，清同治六年至九年（1867—1870），清内府朱絲欄鈔本。

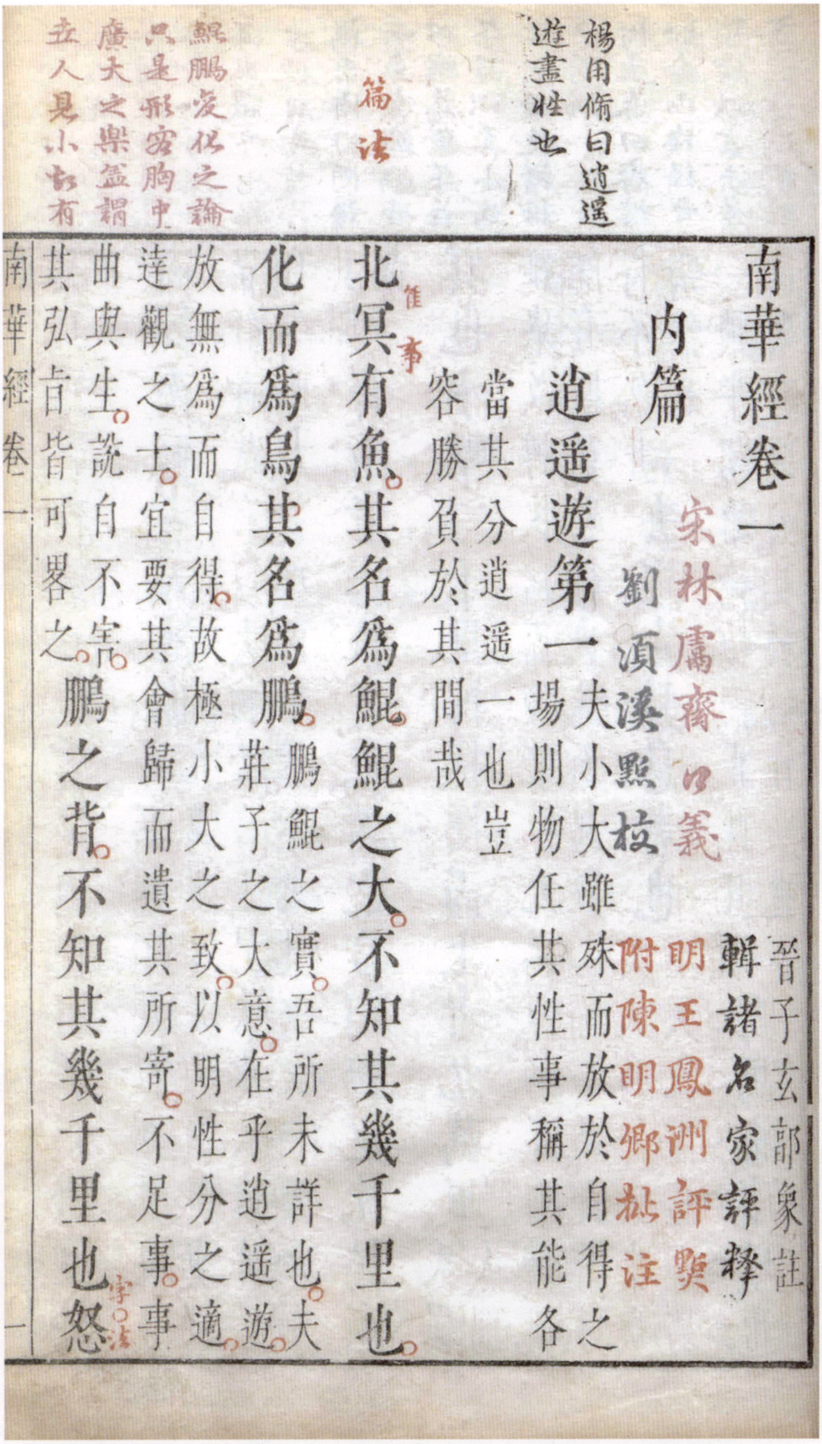

楊用脩曰逍遥遊盡性也

篇法

鯤鵬變化之論只是形容胸中廣大之樂蓋謂立人見小者有

南華經卷一

晉子玄郭象註

輯諸名家評釋

宋林鬳齋口義

劉須溪點校

明王鳳洲評點

附陳明卿批注

内篇

逍遥遊第一

夫小大雖殊而放於自得之場則物任其性事稱其能各當其分逍遥一也豈容勝負於其間哉

北冥有魚其名爲鯤鯤之大不知其幾千里也化而爲鳥其名爲鵬

作事

鵬鯤之實吾所未詳也夫莊子之大意在乎逍遥遊放無爲而自得故極小大之致以明性分之適達觀之士宜要其會歸而遺其所寄不足事事曲與生說自不害其弘旨皆可略之

鵬之背不知其幾千里也怒

字法

南華經卷一　一

《南華經》十六卷，晉郭象註，輯諸名家評釋，宋林希逸口義劉辰翁點校，明王世貞評點，陳明卿批注。明凌刻四色套印本。

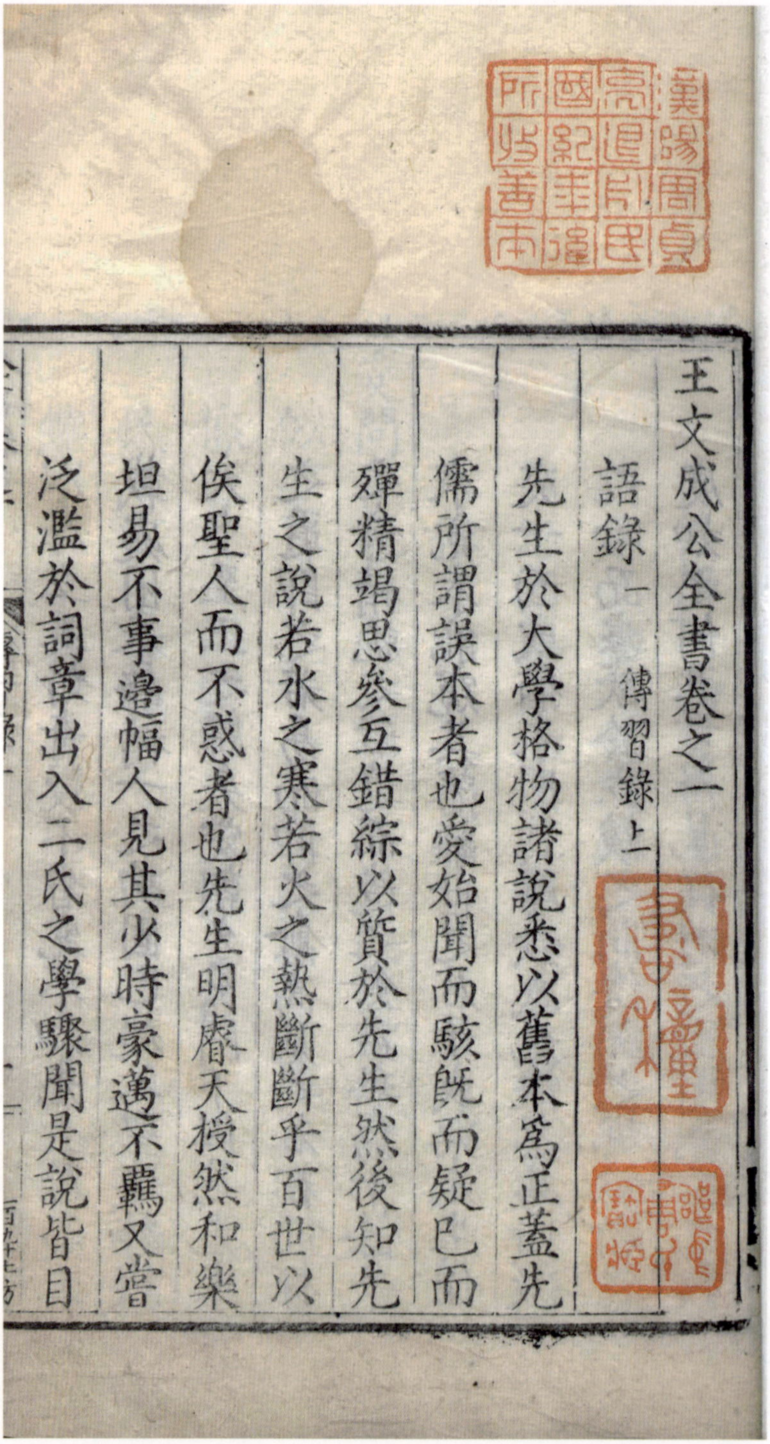

王文成公全書卷之一

語錄一　傳習錄上

先生於大學格物諸說悉以舊本爲正蓋先
儒所謂誤本者也愛始聞而駭既而疑已而
殫精竭思參互錯綜以質於先生然後知先
生之說若水之寒若火之熱斷斷乎百世以
俟聖人而不惑者也先生明睿天授然和樂
坦易不事邊幅人見其少時豪邁不羈又嘗
泛濫於詞章出入二氏之學驟聞是說皆目

《王文成公全書》三十八卷，明王守仁撰，明萬曆二十四年（1596）熊惟學刻本。

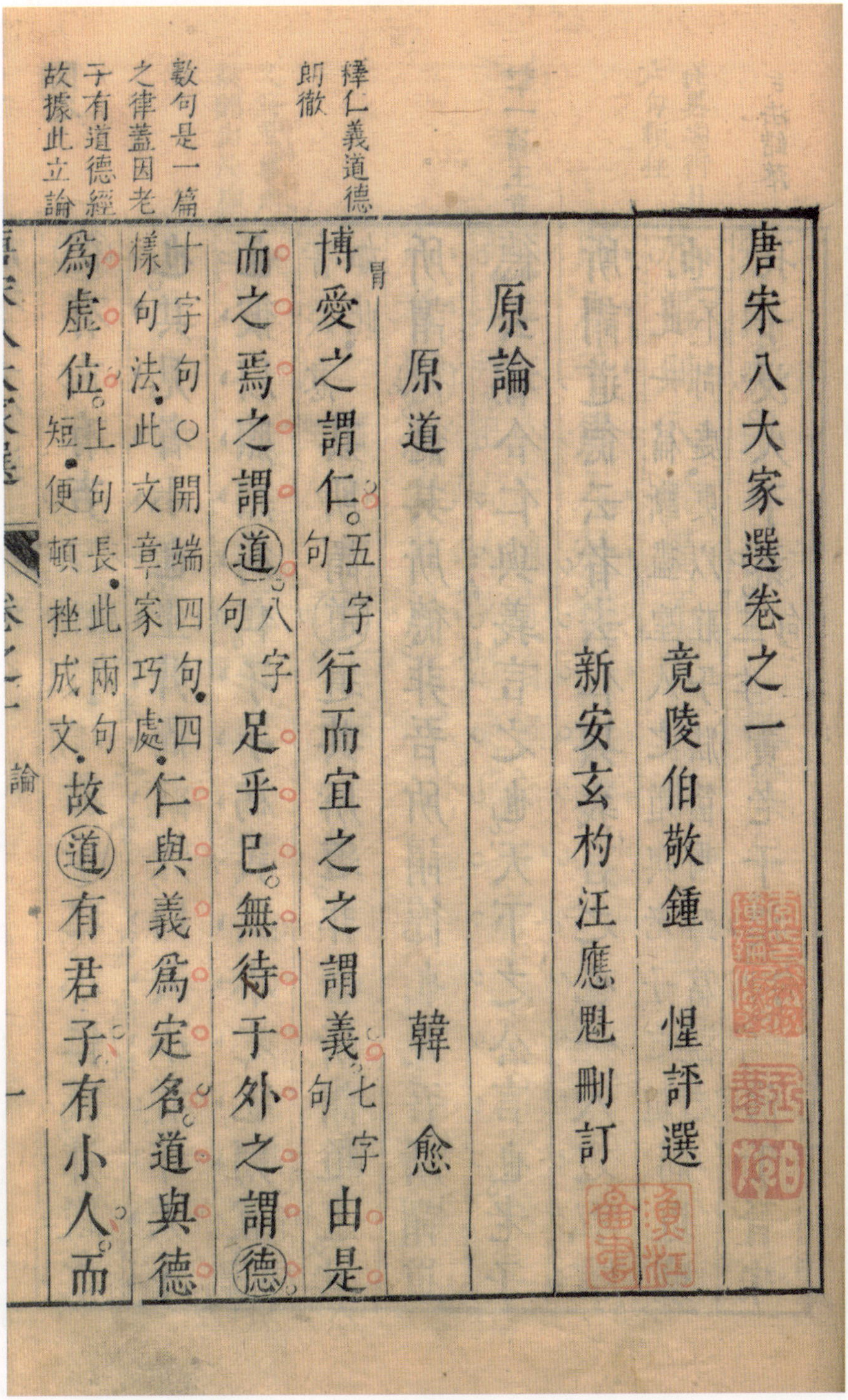

唐宋八大家選卷之一

竟陵伯敬鍾　惺評選

新安玄杓汪應魁刪訂

原論

原道　　韓　愈

肆仁義道德朗徹數句是一篇之律蓋因老子有道德經故據此立論

博愛之謂仁。五字句 行而宜之之謂義。七字句 由是而之焉之謂道。八字句 足乎已。無待于外之謂德。十字句○開端四句四樣句法此文章家巧處 仁與義爲定名。道與德爲虛位。上句長此兩句短便頓挫成文 故道有君子有小人。而

唐宋八大家選　卷之一　論　一

《唐宋八大家選》二十四卷，明鍾惺輯并評，汪應魁刪訂，明崇禎五年（1632）汪應魁刻本。

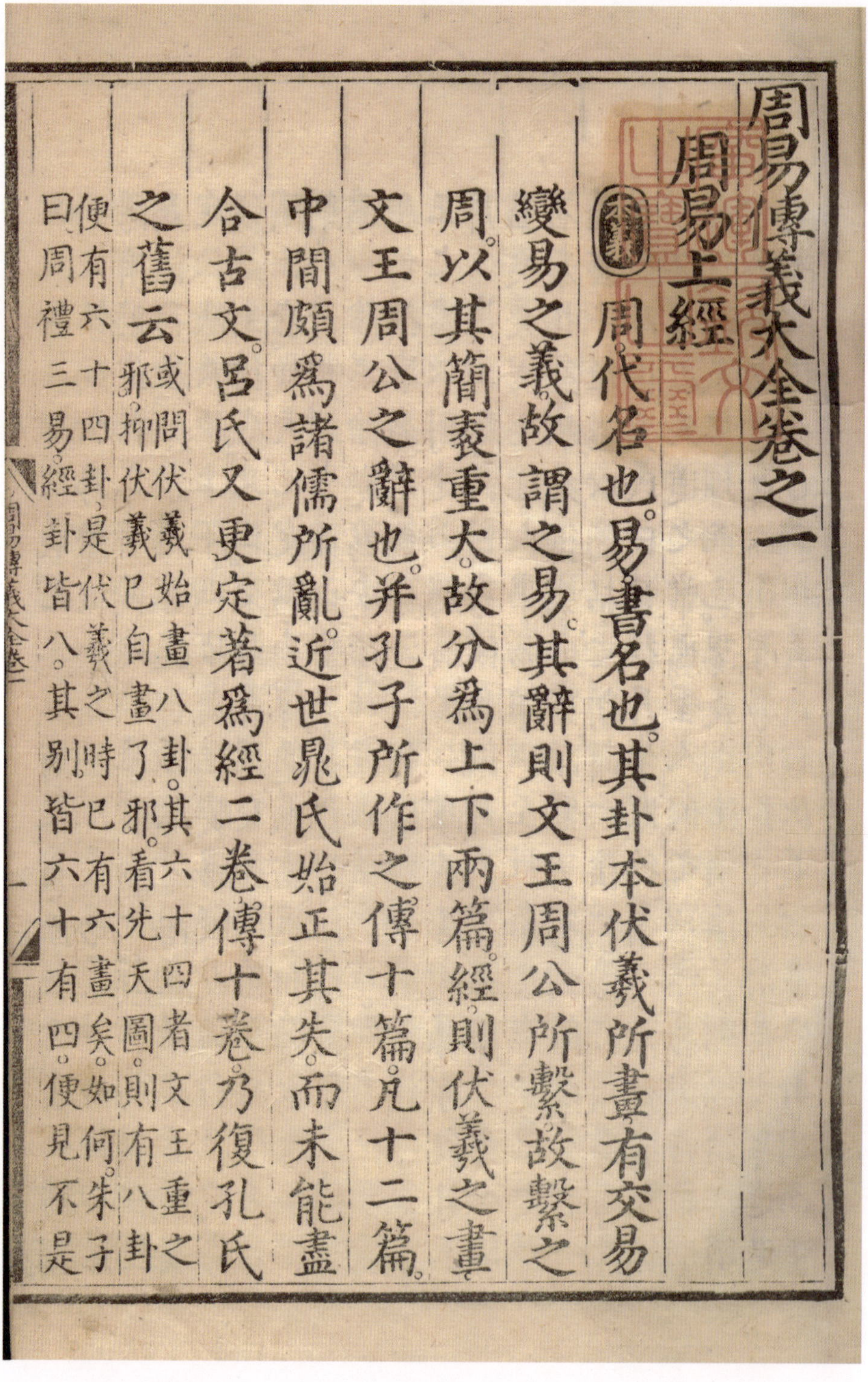
周易傳義大全卷之一

周易上經　本義

周代名也易書名也其卦本伏羲所畫有交易變易之義故謂之易其辭則文王周公所繫故繫之周以其簡袠重大故分爲上下兩篇經則伏羲之畫文王周公之辭也并孔子所作之傳十篇凡十二篇中間頗爲諸儒所亂近世晁氏始正其失而未能盡合古文呂氏又更定著爲經二卷傳十卷乃復孔氏之舊云或問伏羲始畫八卦其六十四者文王重之邪抑伏羲已自畫了邪看先天圖則有八卦便有六十四卦是伏羲之時已有六畫矣如何朱子曰周禮三易經卦皆八其別皆六十有四便見不是

周易傳義大全卷一

《周易傳義大全》二十四卷，綱領一卷，朱子圖説一卷，明胡廣、楊榮等奉敕纂修，明永樂十三年（1415）内府刻本。

序

沈 津

美加地區的不少東亞圖書館里都有古籍善本及普通線裝書的收藏，比較重要的有美國國會圖書館、哈佛大學哈佛燕京圖書館、普林斯頓大學葛思德東方圖書館、柏克萊加州大學東亞圖書館，以及加拿大多倫多大學鄭裕彤東亞圖書館等。這些圖書館都有自己的歷史、藏書也各有特色，有一些品種和版本甚至是大陸各圖書館所未收藏的。對於這些圖書館來說，能形成較爲豐富的館藏，是極爲不易之事，有道是聚沙成塔、粒米成籮，那可是經過几代人不懈努力的蒐集、私人藏家高度信任的捐贈。

我以爲在美加的东亞圖書館，能把中國古籍圖書保管得如此之好，那是責任者對中國傳統文化的認同，加上圖書館內的各種設施也較國內先進，因此，這些書不僅保存完好，而且大都整理上架。舊時代那種束之高閣、秘不示人的積習，在當代的圖書館里早已揚棄，而揭示館藏正是服務讀者的一種重要手段。也正因爲如此，不少圖書館多有自己的善本書目，甚或善本圖録，供讀者檢索。

多倫多是加拿大的一個美麗城市，多倫多大學的歷史悠久，規模宏大，專業齊全，是加拿大最好的學府之一。我以爲，鄭裕彤東亞圖書館不僅在多倫多大學圖書館系統中佔有重要位置，而且在加拿大也最受研究中國傳統文化的學者、教授所矚目。鄭裕彤館的“慕氏藏書”，是一九三五年從中國購得的，是加拿大收藏中國古籍圖書中最早最重要的一批，因此它在海外頗負盛名。七十餘年里，它的藏書保存良好，一如其舊。在那四千餘種古籍中，明代所刻的版本達二百三十餘種，清初至乾隆所刻者也有四百餘種，而稿本、鈔本約五十餘種，且有數十種爲難得一見者。

然而，加拿大畢竟是在大洋彼岸的美洲，國內學者欲知“慕氏藏書”的內涵，就必須寻找机会出國探訪，当然，這也不是什么容易的事。卽如身处哈佛的我，如想去加國多城，也須駕車十小時，所以，我至今仍無机会一睹“慕藏”真容。近十年來，國內的一些有识者，在調查国内古籍藏書的同時，也在瞭解北美、日韓所藏中國古籍，但限於時間、專家及经费，工作进展緩慢。

三年前，喬曉勤先生來哈佛燕京館，談及想將鄭裕彤館所藏"慕氏藏書"撰成善本提要事。对此，我極爲贊成。記得前几年，我和國内某省館古籍部負責人聊天，他告訴我，他一直想把館藏善本書目編出來，但做了好多年還是不行。於是，我給了他一個建議，那就是在已有的基礎上去寫善本書志，而且早寫比晚寫好。因爲对於一个藏書卷帙縹緗、佳槧珍籍美富的圖書館來說，如想将館藏的重要資源予以詳細揭示，那善本書志的撰寫，將是該館最爲艰巨的挑战。編一部館藏善本書目已屬不易，而寫作善本書志則是難上加難，並要有持久作戰的概念，當然將來的成果、貢獻也是顯然不同的。

世上無難事，只要肯登攀。在圖書館里想做成一件較大的事，需要的就是目標明確，決心加上毅力。喬先生是不怕困難、自力更生的書志撰寫者，他參考了十數種清代以來的公私善本書志、提要，決定了鄭裕彤館善本提要寫作的模式和方法，實實在在地寫了兩年，終於達成所願。津以爲，無論是善本書目还是善本提要，如若以爲編輯質量有欠完美而待字閨中，或以爲暫不面世而不斷修訂、精益求精，待上五年、十年、二十年再予出版，那對研究者來說，真有望洋興歎之感。實際上，近十多年中出版的各種書目、書影、書志等等（包括我自己的著作），如果想一點錯誤都沒有，那是很難做到的。當然，我只是希望將錯訛減少到最低限度。

流傳至今的各種形式的藏書志（或作書志、提要、書録、敘録、題跋記等），上溯漢代，繼起宋時，至清而極盛。藏書志的編纂不外乎三類：政府（或公家）所編，如《欽定天祿琳琅書目》、《四庫全書總目提要》等；私家所編，如清錢謙益《絳雲樓題跋》、清黄丕烈《蕘圃藏書題識》等；一爲坊賈所編，如王文進《文祿堂訪書記》、嚴寶善《販書經眼録》等。此外還有學者讀書所得而撰爲讀書志、經眼録、訪書記者，如張舜徽《清人文集别録》、袁行雲《清人詩集敘録》等。其中公家藏書志較少，私家藏書志最多。

從清光緒三十四年(1908)始，端方在南京奏准清廷創設江南圖書館（南京圖書館前身），一九一零年，京師圖書館（中國國家圖書館前身）正式成立。一九一三年，浙江圖書館（前身爲浙江藏書樓）開幕。而一九四九年後，在中國的大地上，每個省市都在原有的基礎上加強了公共圖書館和大學圖書館的藏書設施和建設，這當中也創設了一些新圖書館。可以說，在這些圖書館中收藏的古籍圖書几乎佔了全國數量的百分之九十。這些古籍圖書是先民們傳世的著作，是中華民族的文化遺產，其中存有大量珍貴文獻是各個領域的研究者據以瞭解歷史的昨天所不可或缺的佐證。

在那已逝去的一百年里，各種形式的圖書館經過几代人的努力，有的也曾創造出令人艷羡的輝煌，一些書目、索引、圖録、解題、工具書，以及有關圖書館著述等，也都出自圖書館員之手。然而，重要的圖書館（無論是公家或大學）卻鮮有反映自己館藏的善本書志面世。

先師顧廷龍先生是提倡寫作善本書志的，他的日記中即有"刻意編一精彩藏書志，以壓眾編"的記載。在他主持的合眾圖書館，曾請潘師景鄭先生撰寫館藏善本書志數百篇，後因事沒有繼續下去。六十年代初，顾先生主持上海圖書館工作，又將寫作館藏善本書志之事提上日程，但僅完成數十篇宋元刻本的書志即告停擺。而一九九九年，北京圖書館研究館員冀淑英先生致津的信中，也提起一九五八年時趙萬里先生曾考慮在《中國版刻圖録》出版後，將寫作北圖善本書志事列入計劃，可惜的是，沒多久，就因各種思想運動不斷，無法再進行了。

津孤陋寡聞，只見有一九四八年歲末出版的《北京大學圖書館善本書録》，那是北大五十周年紀念會展覽的館藏精品，包括宋元明清刻本、鈔本、稿本、日本及朝鮮刻本計四百九十九種，極簡略。至於一些市級圖書館，卻著意將數量有限的館藏善本逐步寫成善本書志，如《蘇州市圖書館藏古籍善本提要》（經部）、《武漢市圖書館古籍善本書志》（經部）。

非常有意思的是，在中國台灣地區的"國家圖書館"，从一九九六年至二零零零年，出版了《"國家圖書館"善本書志初稿》。在香港特區，一九七零年出版的饒宗頤編著的《香港大學馮平山圖書館藏善本書録》。二零零三年又重新編著《香港大學馮平山圖書館藏善本書録》。香港中文大學圖書館也於一九九九年出版了《香港中文大學圖書館藏中文善本書録》。

在北美地區，則有王重民著、袁同礼修訂《美國國會圖書館中文善本書目》；王重民著、屈萬里校訂《普林斯敦大學葛思德東方圖書館中文善本書志》；李直方著《華盛頓大學遠東圖書館藏明板書録》；沈津著《美國哈佛大學哈佛燕京圖書館中文古籍善本書志》；柏克萊加州大學東亞圖書館編《柏克萊加州大學東亞圖書館中文古籍善本書志》；而歐洲的《法蘭西學院漢學研究所藏漢籍善本書目提要》則由田濤完成。

《易・大傳》云："天下一致而百慮，同歸而殊途。"哈佛燕京館與鄭裕彤館一樣，都是大學里的東亞圖書館，都藏有一些中文古籍善本，且都認識到館藏善本應該寫成書志，予以詳細揭示，廣爲眾曉。雖然兩館的書志模式略有不同，但這種功德，卻是館藏古籍善本的詳細記録，不僅使家底清楚，同時也可提供給有關研究者各種資訊，至於每種書志所配書影，也爲其他圖書館編目人員核對版本提供依據。如果把書志看成開發古籍文獻、實現資源共享的必要手段，也未嘗不可。

實際上，對善本書的揭示上，許多國家的學者都是非常重視的，如日本的書志學研究就導致了《圖書寮典籍解題》、《國立國會圖書館所藏貴重書解題》、《慶應義塾圖書館藏和漢書善本解題》等書的出版。津雖草芥小民，人微言輕，但這些年來，卻一直鼓吹善本書志的寫作。前不久，在山東大學舉辦的“古籍整理研究與中國古典文獻學學科建設國際學術研討會”上，我提供的論文也是講善本書志的。我把前些年出版的拙著書志看作提供一種模式，並作爲一塊小石子，盼望引出國内的重要圖書館將擁有的傲人資源逐步予以揭示，並供學界利用及研究。

早在上個世紀的三十年代，先師顧廷龍先生曾爲《美國哈佛大學哈佛燕京圖書館中文分類目録》題寫書名，八十年代又爲美國的普林斯頓大學葛思德東方圖書館、加州洛杉磯大學東亞圖書館題寫館額，九十年代再爲多倫多大學鄭裕彤東亞圖書館題寫館額，這正彰顯先生與美加圖書館的緣份。作爲先師的學生，我在本書即將付印之際，也接獲喬曉勤先生電話，囑爲書序，因此拉雜寫上几段文字，一爲再續機緣，二則權以塞責。

二零零九年六月
於美國哈佛大學哈佛燕京圖書館

序

程煥文

學術的興衰與藏書的消長互爲表裏，相輔相成，相得益彰。宋代目録學家鄭樵在《通志·校讎略》中言："有專門之書，則有專門之學；有專門之學，則有世守之能。人守其學，學守其書，書守其類。人有存沒，而學不息，世有變故，而書不亡。"鄭樵此言不僅道出了幾千年來中國學術、藏書和書目發展的真諦，而且也可作爲對二十世紀北美中國研究、東亞圖書館與書目發展的至理詮釋。

二十世紀北美中國學研究的發展大體上經歷了從個人的興趣到藏書的收集，從藏書的集結到學者的集聚；再從學者的集聚到學術的興起，從學術的興起到藏書的拓展，這樣一個循環往復的發展過程。就加拿大的情形而言，二戰以前中文古籍的收藏主要有兩處：一處是麥吉爾大學的葛思德藏書(Gest Collection)，另一處是多倫多大學的慕氏藏書。

葛思德藏書源於葛思德的個人收藏，葛思德(Guion Moore Gest，1864—1948)是一位美國建築師、工程承包商，早年來華時因患眼疾久治不愈而對中醫産生興趣與信賴，進而委託美國駐華公使館海軍上校義理壽(Adviser Commander Irvin Van Gillis，1875—1948)代購中國醫書，特別是一些有關治療眼疾方面的書籍。後來收羅日益廣富，葛思德乃將其個人收集的中文藏書移至其分公司所在地加拿大蒙特利爾市，藏於麥吉爾大學賴德派斯圖書館(McGill University Redpath Library)。一九二六年二月十三日，葛思德藏書正式開放，命名爲"葛思德中國研究圖書館(The Gest Chinese Research Library)"，其時藏書約七萬五千册。二戰前，葛思德曾謀求將其藏書售予哈佛大學哈佛燕京圖書館，哈佛燕京學社社長葉理綏(Elisséeff Serge，1889—1975)和哈佛燕京圖書館館長裘開明(Alfred K'aiming Ch'iu，1898—1977)曾率衆赴麥吉爾大學做過清點比對，因其藏書與哈佛燕京圖書館藏書重複者過多，加之葛思德要價過高，哈佛燕京圖書館遂放棄收購。1937 年，普林斯頓大學在洛克菲勒基金會的資助下，收購葛思德的全部藏書，建立了普林斯頓大學葛思德東方圖書館(Gest Oriental Library)。

後來，Nancy Lee Swann(1881—1966)館長(1931—1948在任)和胡適(1891—1962)館長(1950—1952在任)，特別是童世綱(1911—1982)館長(1952—1977在任)，以葛思德藏書爲基礎，不斷拓展，苦心經營，將其發展成爲聞名遐邇的東亞圖書館，進而成就了普林斯頓大學的中國研究和亞洲研究。如果當年哈佛大學收購了葛思德藏書，或者普林斯頓大學沒有收購葛思德藏書，我相信，不僅普林斯頓大學東亞圖書館的歷史要改寫，而且普林斯頓大學的中國研究和亞洲研究的歷史也要改寫。當然，如果葛思德藏書一直留在加拿大麥吉爾大學，那麼，那裏的中國研究歷史也同樣要改寫。

慕氏藏書則源於山東蓬萊人慕學勛(1880—1929)的個人收藏。慕學勛雅好積書，曾在北京德國公使館擔任中文秘書十七年，一生蒐羅中國古籍甚富，民國年間曾自編和排印過個人的藏書目録——《蓬萊慕氏藏書目》。該藏書目録分經史子集叢五部，共收録藏書二千五百五十一種，其中經部二百八十三種，史部六百四十五種，子部八百五十九種，集部六百三十八種，叢部一百二十六種；以表格的形式著録有書名、著(注)者、卷册數、函數、備考、編列號數等項目，其中經史子集四部的編列號數爲一至三十，而叢部的編列號數略有缺如。慕學勛去世後，其所藏古籍約四萬余册於一九三三年被熱衷研究中國古代文化的加拿大中華聖公會河南主教懷履光(Rev. William Charles White，1873—1960)收購，並於一九三五年連同懷履光另外收購的約一萬册圖書共約五萬册圖書一起運至加拿大多倫多。由是，多倫多大學開始建立中文藏書。其後，通過卡内基、梅隆基金會的資助，多倫多大學陸續增添了一些中文藏書，並於一九六一年正式建立了東亞圖書館(East Asian Library)，其時藏書約六萬册，慕氏藏書自然成爲多倫多大學中國研究的主要館藏。經不斷拓展，如今多倫多大學已經將最初只有五萬册慕氏藏書的東亞圖書館發展爲藏書近五十萬册的鄭裕彤東亞圖書館，成爲加拿大乃至北美重要的中國研究和東亞研究基地。

從北美東亞圖書館的發展歷史來看，二戰前後是各東亞圖書館中文古籍從無到有，從少到多，"瞬間"富甲一方的時代。然而，由於各東亞圖書館人手短缺，特別是古籍整理人才匱乏，許多東亞圖書館雖有收集中文古籍之功，卻無整理中文古籍之力，乃至大量的中文古籍歷經半個多世紀，迄今仍然沒有編撰專門的書目。

北美東亞圖書館的中文古籍編目始於北美東亞圖書館的先驅裘開明先生。一九三八年至一九四零年間，裘開明先生編撰的《美國哈佛大學燕京學社漢和圖書館漢籍分類目録》(共三册)先後在北平哈佛燕京引得編纂處校印所印行，其中收録的中文古籍十分宏富，被歐美東亞圖書館奉爲漢籍分類編目的圭臬，不過該書目並非專門的中文古籍書目，而是依照新式編目法編撰的書本式漢籍卡片目録。二十世紀六十年代以後，裘開明先生曾試圖編撰哈佛燕京圖書館的中文善本目録，但最終未能如願。後來，屈萬里先生校訂補充王重民先生早年編撰的普林斯頓大學葛思德東方圖書館中文善本書目，出版了《普林斯敦大學葛思德東方圖書館中文善本書志》（臺北藝文印書館，1975），這大概是北美東亞圖書館較早的中文善本書目。由此可見，中文善本書目編撰之難，歷時之久。

一九九二年，我國著名古籍整理專家沈津先生赴哈佛大學哈佛燕京圖書館做訪問學者，其後被延聘爲古籍室主任，專門從事中文古籍整理。在沈津先生的示範帶動下，近十餘年來，北美東亞圖書館的中文古籍整理面貌爲之一新。沈津先生繼往開來，先後撰著《美國哈佛大學哈佛燕京圖書館中文善本書志》（上海辭書出版社，1999）和《中國珍稀古籍善本書録》（廣西師範大學出版社，2006），於是，北美東亞圖書館中文古籍整理長期低迷的氣象爲之一變，各館競相仿效，延聘專才，開始編撰中文善本書志，陸續有李國慶編著《美國俄亥俄州立大學圖書館中文古籍書録》（廣西師範大學出版社，2003）、陳先行主編《柏克萊加州大學東亞圖書館中文古籍善本書志》（上海古籍出版社，2005）等問世。

迄今爲止，慕氏藏書西藏多倫多大學已有七十五年之久。然而，因爲種種原因，七十多年來，多倫多大學的慕氏藏書一直没有公諸於世的書目，而我國學者遠赴多倫多大學梳理慕氏藏書者較少，有關慕氏藏書的研究和報導亦屈指可數，相對於美國哈佛大學哈佛燕京圖書館、普林斯頓大學東亞圖書館和柏克萊加州大學東亞圖書館的中文古籍而言，慕氏藏書頗有幾分藏在深閨無人識的境況。如今本書付梓在即，必將爲北美東亞圖書館的中文古籍整理與利用增光添彩。

本書收録多倫多大學東亞圖書館收藏的部分中文古籍刻本、鈔本、稿本等，共計六百二十六種，實爲慕氏藏書之菁華。雖然慕氏藏書只是慕學勳的個人用書，藏書收集率意而爲，繁蕪龐雜並不專精，但是，其間亦不乏善本或者稀見之本。因此，本書的編撰出版具有不可忽視的學術意義。該善本提要在分類上依張之洞《書目答問》開創的類例和《蓬萊慕氏藏書目》原例，將各類古籍分爲經、史、子、集、叢五部，部類之下則依《四庫全書總目提要》，並參考《中國古籍善本書目》分門别類，較好地繼承了中文古籍編目的傳統。在基本著録上，著録了順序號、書名、館藏書號、卷數、著者、版本、册數、版式、版框高寬、行款、扉頁、序跋、凡例、目録、牌記等項目，較好地體現了版本目録的特點。在提要的編撰上，既有著者簡介、内容簡述等内容，也有《四庫全書總目提要》等書目提要的轉録，有機地糅合了中國傳統的敘録體提要和輯録體提要的特長。因此，本書是一部集合了多種中國傳統書目方法且頗有學術價值的中文古籍善本提要書目。

通常而言，編撰書目是一件勞神費力且吃力不討好的事情。古語雲：校讎如掃葉，隨掃隨生。常言道：無錯不成書。書目的編撰更是如此。古往今來，沒有哪部書目沒有錯漏，即使是被學界奉爲中國目録學聖典的《别録》《七略》亦是如此，而中國古典書目集大成之作《四庫全書總目提要》更是如是，自清至今，各種糾謬補正之著述一直延綿不絕。本書自然不能例外。儘管如此，圖書館人對於編撰書目這種爲人作嫁的苦差仍然義無反顧，樂此不疲，而學界也一直熱忱歡迎，樂觀其成，蓋因書目乃治學之門徑，辨章學術，考鏡源流，因書究學，必從此問途，方能得其門而入；而圖書館人的這種無私奉獻，無疑是爲學人提供開啟智慧之門的鑰匙，對於學術的促進必將大有裨益。因此，雖然《加拿大多倫多大學東亞圖書館藏中文古籍善本提要》難免有瑕疵，但是，瑕不掩瑜，既有記一地藏書之盛之功，亦有促一方學術之興之用。

我與喬曉勤博士相識已有二十多年，喬曉勤博士曾在中山大學人類學系任教，後赴美留學多年，是一位勤奮開拓且在諸多學術領域頗有建樹的才俊。喬曉勤博士既是我們中山大學的校友，也是我們圖書館界的同行，他從美國轉職加拿大多倫多大學東亞圖書館尚不足十年，便完成了幾代學人翹首以盼的《加拿大多倫多大學東亞圖書館藏中文古籍善本提要》，令人驚喜、羡慕和讚賞。承蒙喬曉勤博士抬舉，我得以先睹該中文善本提要並爲之作序，深感榮幸。我相信本書的出版將有力地促進加拿大多倫多大學東亞圖書館中文古籍的利用，有益於北美中國研究的發展，因此，我十分樂意向學界和圖書館界熱誠推薦這部重要的中文善本提要。

是爲序。

二零零九年五月二十六日
於廣州中山大學康樂園竹帛齋

（程焕文，中山大學資訊管理系教授，圖書館館長，傳播與設計學院院長，廣東圖書館學學會理事長。）

PREFACE

Most of the Chinese rare books in the Cheng Yu Tung East Asian Library (EAL) belong to the Mu Collection, a private library of scholarly books from Mr. Mu Xuexun (慕學勛 1880—1929). Mr. Mu was born in Penglai County, Shandong Province. He graduated from Peiyang University in Tianjin in 1911 and worked as the Chinese Secretary at the German Legation in Beijing for seventeen years. He spent over twenty-five years building up his personal library, which consisted of around forty thousand volumes. The collection has rare editions and unique materials, including one title from the Song dynasty (960—1279), three titles from the Yuan dynasty (1271—1368), 210 titles and 3,413 volumes from the Ming dynasty (1368—1644), 380 titles from the Qing Dynasty up to Qianlong's reign (1644—1795). In addition, there are thirty-one titles of manuscripts from the Ming and Qing periods.

When Mr. Mu Xuexun died in 1929, his son was assigned a position outside of Beijing, and the family decided to sell the collection. In 1933, a Canadian missionary, Bishop William Charles White (1873—1960), offered $10,500 Canadian dollars to purchase the library in its entirety. His offer was accepted immediately by the Mu family. Bishop White received generous donations from Dr. Sigmund Samuel, Sir Robert Mond, and Professor John C. Ferguson (all from Toronto) to help him with the purchase. Space was renovated at the Royal Ontario Museum for the collection. The Library was formally opened in 1937, and it was named the "H. H. Mu Chinese Library". Bishop White (whose personal papers are now in the Thomas Fisher Rare Book Library) was the first Anglican Bishop in Henan Province (1901—1930) and the first Canadian bishop to be consecrated for service in the mission field. He also served as an agent for the Royal Ontario Museum, amassing fine Chinese artifacts and other materials for the museum's Far Eastern collections.

Ten Chinese bibliographers were hired to prepare a descriptive catalogue for the library collection in Beijing. Eighteen volumes of catalogue were completed in early 1935 (with another twenty-two volumes prepared later in Toronto) after which the collection was ready to sail to Canada. The shipment arrived at the Royal Ontario Museum in June of 1935. At the time, it was the third largest university collection of Chinese books in North America, after the Gest Library at McGill University and the Harvard-Yenching Library at Harvard University.

In 1968, the majority of the Mu collection became part of the University of Toronto Libraries' holdings. The East Asiatic Studies Library was created with 60,000 volumes, half of which belonged to the original Mu collection and the remainder was composed of books added since 1935. The only materials excluded were those relating to art and archaeology. They are still housed at the H. H. Mu Far Eastern Library in the Royal Ontario Museum.

In 1974, the East Asiatic Studies Library moved to the Robarts building where it was integrated into the University of Toronto central library and renamed the"East Asian Library". The Mu collection was later relocated to its own rare book reading room, with compact shelving in a restricted area. In the following years, the East Asian Library participated in the RLG North American Rare Book Cataloguing Project, and a large part of the Mu collection was described and catalogued with detailed bibliographic information made available in the RLIN union catalogue then and the OCLC WorldCat now. The remaining uncatalogued rare books were also listed on the Cheng Yu Tung East Asian Library's web page.

There are some valuable titles in this collection that deserve to be highlighted here briefly: *Zeng guang zhu shi yin bian Tang Liu xian sheng ji* (增廣註釋音辯唐柳先生集) written by Liu Zongyuan (柳宗元), annotated by Tong Zongshuo (童宗說) of Song Dynasty, annotated on pronunciation and semantics by Pan Wei (潘緯), also in Song Dynasty. The style of the book is in typical Song block-print style, with half leaf frame of 13 lines, each containing 23 characters. According to *Tian lu lin lang shu mu* (天祿琳琅書目), the titles include *zheng ji* 43 chapters, *bie ji* 2 chapters, *wai ji* 2 chapters, *fu lu* 1 chapter. The library holds one volume of the set, which has the first 4 chapters of the *zheng ji*. Based on *Si ku quan shu zong mu* (四庫全書總目), there are separate books published to record annotations of Tong Zongshuo and Pan Wei to the great Tang poet Liu Zongyuan (773—819). The current volume combined them all together. It is a masha edition, and it uses small character blocks which indicates that its date might be earlier than the typical Song editions. The character *heng* 恒 and *yuan* 桓 have been cut out from the blocks to indicate the practice of word taboo for the Song emperors. Another outstanding book is *Xi yu wen jian lu*（西域聞見錄）by Chunyuan（椿園）. This is one of the best travel records to the Xi yu (West Regions), the western frontier in the Qing Dynasty that includes contemporary Xinjiang Uygur Autonomous Region and parts of Gansu as well as Qinghai Province. The author Chunyuan, Qishiyi（椿園，七十一）, a Manchurian traveller, lived in Xinjiang for many years and he explored the region thoroughly. The detailed descriptions of the territory's geographical characteristics, natural resources, historical background, minority peoples and their customs provide the readers with an intimate account of the region in Xi yu. *Liu ren tu xiang*（六壬圖象）is a unique and beautifully illustrated manuscript from the Qing Dynasty. The content is on traditional Chinese astrology with images of the deities most closely associated with the earth. There are also detailed divination instructions applied to various circumstances. The so called "*liu ren*"(the six possible combinations of the Heavenly Stems and Earthly Branches) was evolved from "*Yi jing*"（易經，*The Book of Changes*）and later developed as the main branch of the ancient Chinese "way of counting"("shu shu"). The principle of *liu ren* is derived from the twelve earthly branches of the Chinese lunar calendar system that defines the universe as a heavenly disc and an earthly disc. Each disc is divided into twelve sections equally, called the twelve palaces (gong), and each palace has its particular orientation and its own representative deity. In this scheme, divination uses the simultaneous occurrence of both the heavenly palace and the earthly palace at a certain time of a given month to predict good and bad luck, and thereby to advise people in their daily activities. Based on this information and the physical characteristics of the set, it would appear that this manuscript was probably produced during the Qing period. The characters display a regular script and are written within printed red grids, with consistent black ink brushes throughout the book. Fine color illustrations of the earthly deities in different positions with splendid costumes appear in the beginning of each divination section. There is no other recorded holding of this title elsewhere.

In the last two decades or so, some research libraries in North America which hold major collections of Chinese rare books have published their descriptive catalogues to benefit scholarly research all over the world. This publication will be the first one to cover the major Chinese rare book collections in Canada. Although several articles, in both English and Chinese, have been published in the past to introduce some titles in the Mu collection to the public, we believe that a comprehensive descriptive catalog of the entire collection at our library will greatly benefit China studies researchers. The catalog will focus on objective descriptions of the titles. These will include physical features, basic information about the authors, contents, as well as citations in major Chinese rare book catalogs. For information on the authors and contents of the books, we have adopted the descriptive practice from *Si ku quan shu zong mu* compiled by Ji Yun (紀昀) and a group of scholars during Qianlong's reign (1735—1795) in the Qing Dynasty. This has been regarded as the most comprehensive and accurate publication of this kind. For each entry, we have included an image of the work and provided scholars with the essential information about the edition and style of the book, which is another unique characteristic of this publication. In addition, a complete list of Chinese rare books at the Cheng Yu Tung East Asian Library has also been appended to give users a comprehensive picture of the entire rare book collection and to enable them to more easily locate titles which might be useful for their research.

The plan to catalogue and introduce the Cheng Yu Tung East Asian Library's rare materials to the scholarly community has been a few years in the making. Stephen Qiao, the Cheng Yu Tung East Asian Library's China Studies librarian, was the main driving force behind the initiative. As funding was needed for the publication, Stephen was tireless in pursuing opportunities for collaboration. The opportunity came in early 2006, when during the Annual Conference of the Association for Asian Studies in San Francisco, we met with Professor Linxia He and Ms. Huixing Lei from Guangxi Normal University Press. Both Professor He and Ms. Lei expressed great interest in publishing a descriptive catalogue for the Chinese rare book collection of the Cheng Yu Tung East Asian Library. They visited Toronto in October 2006 to discuss the details of the publication project and signed a contract with the library. Our library staff started to work on the project immediately. This was a major undertaking and the support and help from both area study specialists and researchers were needed. Stephen organized and led a library team of specialist staff members to research on titles from the Mu collection. Well over 600 titles up to the Qianlong period were selected for detailed description in the catalog. George Zhao (Chinese Specialist, a Ph. D. of the University of Toronto) and Huarao Zhou (an East Asian studies Ph. D. candidate at the University of Toronto) were among the team writing the catalogue's entries. Stephen worked on the Ming editions, some Qing editions and manuscripts. George and Huarao wrote entries for the Qing books. Our public service supervisor Mei-chu Lin coordinated the project to identify and locate titles. She was also responsible for editing the indexes of the books. Hao-jie Ji, a student graduated from the Faculty of Information Studies, University of Toronto, created a Microsoft access database to manipulate the data in order to generate different indexes. In addition, we also received support and assistance from other staff members, student assistants at the East Asian Library and researchers from other institutions. Their support and assistance have been invaluable and crucial for the completion of this publication project. We also wish to acknowledge the expert and scholarly advice we received from other esteemed scholars for which we are deeply grateful. Professor Chun Shum, Curator of the Harvard-Yenching rare book collection gave us very valuable advice and suggestions on the entries and who also agreed to write a preface, Professor Huanwen Cheng, Director of the Sun Yat-sen University Libraries also graciously agreed to write another preface. To them we owe our very special thanks. In particular, we wish to acknowledge Professor Linxia He and Ms. Huixing Lei of Guangxi Normal University Press. We are deeply grateful and are forever indebted to them for their very special collaborative support that has made this significant project possible.

Anna U
Director and Chair
Cheng Yu Tung East Asian Library
June 3, 2009

編　例

一、本書收錄多倫多大學鄭裕彤東亞圖書館所藏宋、元、明至清乾隆六十年(1795)的所有中文古籍善本(包括滿漢文本),以及民國元年(1912)以前所有鈔本、稿本,共計六百二十六種。

二、分類依中國古籍傳統分類法,分爲經、史、子、集四部,後有叢部。各部内古籍的排序基本上按《四庫全書總目》的分類,并參考《中國古籍善本書目》。

三、各條目的撰寫體例依次爲:順序號、書名、本館藏書號、卷數、著者、版本、册數、版式、版框高寬、行款、扉頁、序跋、凡例、目録、牌記等。其後有著者簡介,卷次、内容簡述,著録,鈐印,刻工等。

四、書名以該書第一卷第一葉所題爲準,扉頁、版心、序文及其他所述書名與之不同者於首段段首一並羅列。書名用字與該書第一卷第一葉所題書名用字盡可能保持一致。

五、版本年代依照書中扉頁、序、跋及歷代書目考訂。年代以朝代帝號爲準。刻書處、刻書者可考者同時收録。

六、著者簡介僅詳述於本書所録該著者的著作首次出現處,同一著者的其他著作中不重複出現,讀者可依本書索引查找相關内容。

七、卷次、内容簡述原則上列出該書目録下的卷名,并作適當取捨。有些鈔本或檔案類的書無卷次、内容簡述,故本書中沒有列出相應卷次、内容簡述。

八、凡《四庫全書總目》、《四庫全書簡明目録》所收録之古籍,在内容簡述中擇要概述。《四庫全書》未收書籍之概要依據該書序跋、凡例等述之。

九、版框、行款的描述以半葉爲單位,以第一卷第一葉爲據。版框以欄綫的外綫爲基準。描述包括半葉界行的格數及每行字數。

十、著録以從簡爲原則,著重於在《四庫全書總目》、《中國古籍善本書目》中著録之情況,酌情著録其他書目所著録的情況。

十一、鈐印之描述以在該書中出現的先後爲序,印文字跡不可辨認,或書中個別字不能識别者以“□”註明。

十二、刻工的登錄亦以在该書中出現之先後爲序，重複出現者僅錄入一次。

十三、每條書目配該書書影一幅。書影原則上選取該書第一卷第一葉，故在文字描述中省略卷端題記。

十四、正文之後附本書所收書目之書名、著者聯合索引，分爲筆畫、拼音和四角號碼索引三種，并指向順序號，以便查找。本館所藏所有中文古籍書目亦附於書後。

十五、書名之後的本館藏書號爲美國國會圖書分類法之書號及本館索書號。

總目録

目　録

經部

四書類

小學類

易類

春秋類

書類

樂類

史評類

地理類

政書類

時令類

目錄類

紀事本末類

紀傳類

别史類

編年類

職官類

詔令奏議類

雜史類

子部

儒家類

兵家類

天文算法類

小說家類

法家類

藝術類

術數類

譜録類

農家類

道家類

釋家類

雜家類

類書類

集部

唐別集類

宋別集類

明別集類

曲類

楚辭類

清別集類

總集類

詩文評類

通俗小說類

金元別集類

叢部

經　部

四書類

001　四書代言

H1076

《四書代言》二十卷，明方應祥撰，周逢泰等校，明萬曆筆花山房刻本。四冊。半葉上小字十八行十六字，下九行十六字。四周單邊，白口，單魚尾。版心上鐫書名，中鐫篇名，下鐫“筆花山房”。框高23.7釐米，寬12釐米。前有方應祥題詞，包壯行序，凡例，四書字義緊要音釋，恭閲姓氏。

方應祥（1560—1628），字孟旋，號青峒，衢州人。萬曆丙辰進士，授南兵部職方郎，歷陞提督山東學政。

據《凡例》，是書“採録《註疏大全》諸書，皆世所耳目見聞。所有稗官野史，家乘微言，及講堂聚論，會館清談，凡有所發明經義者，無不捃摭，以測身心。至於簡陋管窺有什一，故諸儒姓字不能盡標者，錄採取無全文，或篇取數行，或行取數句，其約言以明經。”

著錄：《中國古籍善本書目》。

鈐印：“釋跡賢曾經福”、“宗尼之印”。

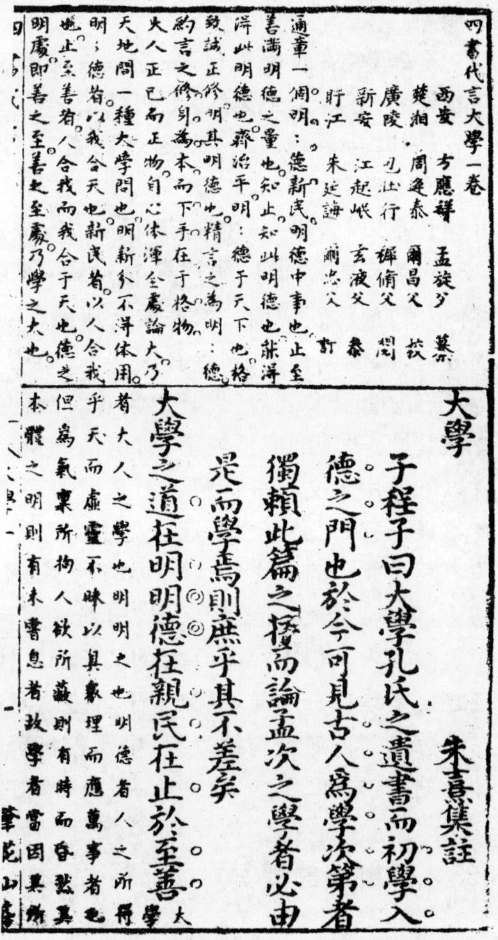
四書代言大學一卷
西安 方應祥 孟旋父 纂
楚湘 周逢泰 爾昌父 校
廣陵 包壯行 稺脩父 閱
新安 江起岷 玄液父 參
盱江 朱廷誨 爾忠父 訂
通章一個明明德。德新民明德中事也。止至善滿明德之量也。知止知此明德也。能得得此明德也。齊治平明德于天下也。格致誠正修明其明德也。精言之為明明德約言之修身為本。而下手在于格物大人正己而正物。自心体渾全處論大乃天地間一種大學問也。明新不得体用明明德者。以我合天也。新民者。以人合我也。止至善者。人合我而我合于天也。德之明處即善之至善也至處乃學之大也。

大學　朱熹集註
子程子曰大學孔氏之遺書而初學入德之門也於今可見古人為學次第者獨賴此篇之存而論孟次之學者必由是而學焉則庶乎其不差矣
大學之道在明明德在親民在止於至善
大學者大人之學也明明之也明德者人之所得乎天而虛靈不昧以具衆理而應萬事者也但為氣稟所拘人欲所蔽則有時而昏然其本體之明則有未嘗息者故學者當因其
筆花山房

001

002　四書讀本

I1129

《四書讀本》二十六卷，宋朱熹撰，明萬曆刻本。十六冊。半葉九行十七字，小字雙行同。四周雙邊，黑口，雙魚尾。版心中鐫篇名，下鐫刻工。框高20.4釐米，寬13.7

釐米。各篇前有淳熙十四年朱熹序。

朱熹(1130—1200),字元晦,一字仲晦,號晦庵,婺源人。紹興十八年進士,二十二歲授左迪功郎,初任泉州同安縣主簿,官至直寶文閣待制,封婺源开國男。輯定《大學》、《中庸》、《論語》、《孟子》爲四書。著有《四書章句集註》、《詩集註》、《通鑑綱目》、《宋名臣言行錄》、《楚辭集註》、《晦庵先生朱文公集》及《朱子語類》等。

是書包括《大學章句》一卷,《中庸章句》一卷,《論語集注》十卷,《孟子集注》十四卷。

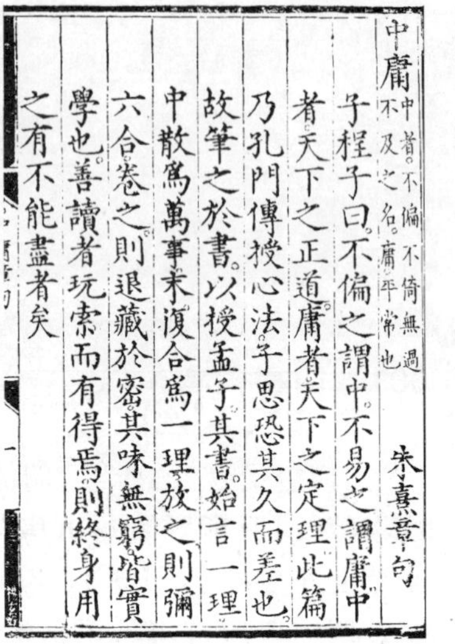
中庸　朱熹章句
中者不偏不倚無過不及之名庸平常也
子程子曰不偏之謂中不易之謂庸中者天下之正道庸者天下之定理此篇乃孔門傳授心法子思恐其久而差也故筆之於書以授孟子其書始言一理中散爲萬事末復合爲一理放之則彌六合卷之則退藏於密其味無窮皆實學也善讀者玩索而有得焉則終身用之有不能盡者矣

002

《四庫全書總目》曰:“定著四書之名則自朱子始耳。原本首《大學》,次《論語》,次《孟子》,次《中庸》。書肆刊本以《大學》、《中庸》篇頁無多,併爲一冊,遂移《中庸》於《論語》前。明代科舉命題,又以作者先後,移《中庸》於《孟子》前。然非宏旨所關,不必定復其舊也。大學古本爲一篇。朱子則分別經傳,顛倒其舊次,補綴其闕文。《中庸》亦不從鄭註分節。故均謂之章句。《論語》、《孟子》融會諸家之說,故謂之集註。猶何晏註《論語》,裒八家之說稱集解也。惟晏註皆標其姓,朱子則或標或不標,例稍殊焉。《大學》章句,諸儒頗有異同,然所謂誠其意者以下並用舊文。所特㧗者不過補傳一章,要非增於八條目外。既於理無害,又於學者不爲無裨,何必分門角逐歟。中庸雖不從鄭註,而實較鄭註爲精密。蓋考證之學,宋儒不及漢儒。義理之學,漢儒亦不及宋儒。言豈一端,要各有當。……大抵朱子平生精力,殫於四書。其剖析疑似,辨別毫釐,實遠在易本義、詩集傳上。讀其書者要當於大義微言求其根本。明以來攻朱子者務摭其名物度數之疎,尊朱子者又併此末節而回護之。是均門戶之見,烏識朱子著書之意乎?”

著錄:《四庫全書總目》、《中國古籍善本書目》。

刻工:朱即、吳一、楊玄好、王良、陸好、楊善、楊玄善等。

003　四書讀註提耳

PL2463. Z66K46 1870/W1158

《四書讀註提耳》、《四書提耳》十九卷,清耿埰撰,乾隆元年屏山堂刊本。十冊。半葉九行二十四字,小字雙行同。四周雙邊,白口,單魚尾。版心上鐫書名,下鐫四書書名及卷次。框高 20 釐米,寬 12.2 釐米。前有乾隆元年高玢序,同治九年耿捷“四書提耳補刻序”、耿埰“讀註提耳例言”等。

耿埰(1657—?),字錫公,號問翁,襄城人。康熙甲午年貢生,睢州訓導署柘城教論。著有《四書讀註提耳》、《批點集註》等。

是書分《大學》一卷,《中庸》二卷,《論語》分上論五卷、下論四卷,《孟子》分上孟三卷、下孟四卷。

耿埰《讀註提耳弁言》曰:"屈指舌耕已歷四十餘載,今古詩文,以及醫卜雜書,雖頗涉獵,然非所好也。惟此《四書集註章句》,自童年講習,又兼數十年指授生徒,覺有一得,可公後學。爰有《批點集註》,《學庸語錄》外,復著此書。"

著錄:《販書偶記》。

003

004 四書考輯要

《四書考輯要》二十卷,清陳宏謀輯,清乾隆三十六年培遠堂刻本。十冊。半葉十行二十字,小字雙行同,眉欄有註。四周雙邊,白口,單魚尾。版心上鐫書名,中鐫卷次,下鐫"培遠堂"。框高 18.7 釐米,寬 14.3 釐米。前有陳宏謀自序,凡例,九州山川總圖,目錄等。

陳宏謀(1696—1771),字汝諮,號榕門,廣西臨桂人。清雍正元年進士。歷任陝西、福建、江蘇等省巡撫,兩廣、兩湖總督。乾隆年間,官至吏部尚書、东閣大學士、太子太傅等。謚文恭。事具《清史稿》、《大清一統志》等。著有《訓俗遺規》等。

是書第一卷爲大學,第二卷爲中庸上,第三卷爲中庸下,第四至第十二卷爲論語,第十三至第二十卷爲孟子。

陳宏謀《自序》曰:"經言理史載事,四子之書,乃經史之總匯也。故《章句集注》以及《大全》諸書,於典制人物,少所紀載。舉業家講究書理,惟知玩味,儒先不及窮探經史,臨文鮮所依據,空疏浮泛,難掩其陋。予嘗以此訓誡子弟,長孫蘭森自幼隨侍官齋,因令將《四書》考坊間舊本,詳加參核,輯其要略,增以註釋。有疑異者,申以按語。予復爲閲定,俾窮鄉初學,每讀《四書》一章,即從此考究一章之典制、人

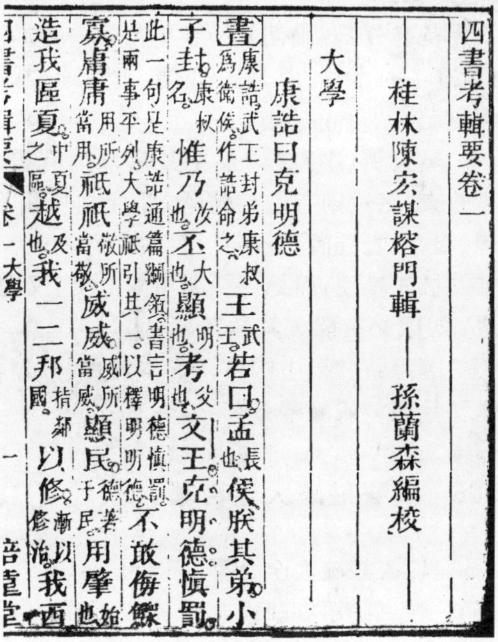

004

物，觸類引申，漸得經史貫通，以發明四書之眞詮。”

著錄：《中國古籍善本書目》。

005　四書一貫講

《四書一貫講》十九卷，清陸稼書、陸蒿菴鑑定，顧天健著，清乾隆二十九年啓後堂本，雍正元年刻。十六册。半葉大字十二行十二字，小字十三行二十四字。四周單邊，白口，單魚尾。版心上鐫“四書一貫講”，中鐫篇目及卷次，下鐫“啓後堂”。框高 22 釐米，寬 13.5 釐米。前有扉頁，題：“四書一貫講。同里陸稼書、陸蒿菴兩先生鑑定，松陽劄記附刻，翻刻必究。當湖顧天健惕承著，本衙藏板。乾隆癸未年鐫。”前有乾隆二十九年錢維城序，乾隆九年吳大受序，雍正元年顧天健自序，例言，識言，卷目。

是書分爲《論語》十卷，《大學》一卷，《孟子》一卷，《中庸》七卷。附刻《松陽劄記》。

四書一貫講
同里陸稼書陸蒿菴兩先生鑒定
論語
學而第一　朱熹集註
此爲書之首篇故所記多務本之意乃入道之門積德之基學者之先務也凡十六章
子曰學而時習之不亦說乎
學之爲言效也人性皆善而覺有先後後覺者必效先覺之所爲乃可以明善而復其初也習
論語卷之一
當湖顧天健惕承著
男麒錫作三
孫嗣積陸愼
曾孫延棣延錄仝較訂
此章聖人教人爲學而歷言所得以勵之也只重時習貫通三節非悅後便不時習而節次則三平說樂君子皆時習中得力處亦三平而說又樂與君子之由由樂至君子乃說之至極處而其功總由於學之時習三不亦乎語氣閱歷其途自喻其妙非虛言以誘人亦非名言所能罄也○子曰天下道理人生德業雖性分中所自有然必由學而成古今不學而得者惟聖爲然由君子而下皆須致知力行以學之然後能復其初而學不可以有間必須取所已知已能者時時溫習玩索涵養以熟其理勿忘勿助以密其功則學中之所得將不一而足始而爲已

005

吳大受《序》曰：“余見其每章則有提挈收束，每段則有過接轉落，此便文所由名乎？夫以孔子、顔、曾、孟之微言，繼以周、程、張、朱之註說，豈淺見、管窺者所能及？乃是書義蘊精深，考核典博，一皆本乎程、朱恭諸儒先論說，而總以發明聖賢心傳，又豈特便於行文云爾哉？因更其顔曰一貫講傳之，奕禩必有能窺其微者。”

著錄：是書《中國古籍善本書目》等無著錄。

鈐印：“硯諍鷗書”。

006　四書註疏大全合纂

《四書註疏大全合纂》三十七卷，共含《大學註疏大全合纂》一卷、《中庸註疏大全合纂》一卷、《論語註疏大全合纂》二十卷、《孟子註疏大全合纂》十四卷。明張溥輯，明崇禎九年吳門寶翰樓刻本。十八册。半葉八行十八字，小字雙行同。左右雙邊，白口，單魚尾。版心上鐫篇名，中鐫卷次。框高 20.3 釐米，寬 13.8 釐米。

張溥(1602—1641),字天如,號西銘,江蘇太倉人。明崇禎進士,選庶吉士。事具《明史·文苑傳》。著有《七録齋集》、《書經註疏大全合纂》、《詩經註疏大全合纂》等;輯有《漢魏六朝一百三家集》等,又爲《宋史紀事本末》及《元史紀事本末》補撰論正。

《大學註疏大全合纂》前有崇禎九年張溥序,淳熙己酉朱熹大學章句序,讀大學法,胡廣等《五經四書大全》"進書表"。《中庸註疏大全合纂》前有崇禎九年張溥序,淳熙己酉朱熹中庸章句序,讀中庸法,四書註疏大全姓氏。《論語註疏大全合纂》前有崇禎九年張溥序,何晏論語集註序說,讀論語孟子法。《孟子註疏大全合纂》前有崇禎九年張溥序,孟子集註序說,漢趙岐孟子註疏題辭解,宋孫奭孟子正義序。

著録:《中國古籍善本書目》。

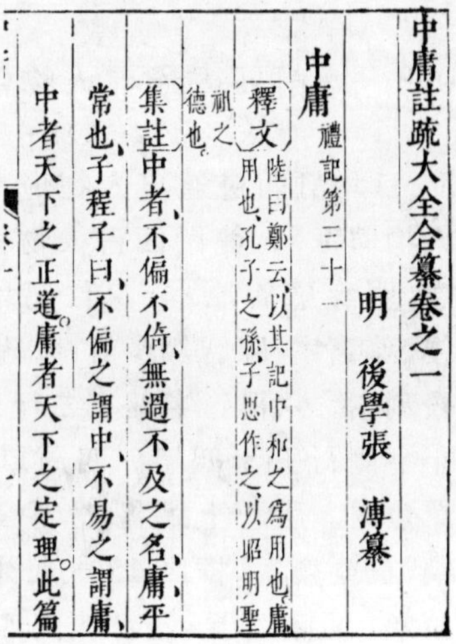

006

007 鄉黨圖考

《鄉黨圖考》十卷,清江永撰,清乾隆三十八年潛德堂刻本。四册。半葉九行二十五字,小字行數、字數不等,眉欄上刻評。左右雙邊,白口,單魚尾。版心上鐫書名,中鐫卷次及考訂内容。框高 19.2 釐米,寬 12.9 釐米。前有扉頁,題:"鄉黨圖考。新安江慎修編,乾隆癸巳年鐫,潛德堂藏版。"前有江永自序,例言,目録等。

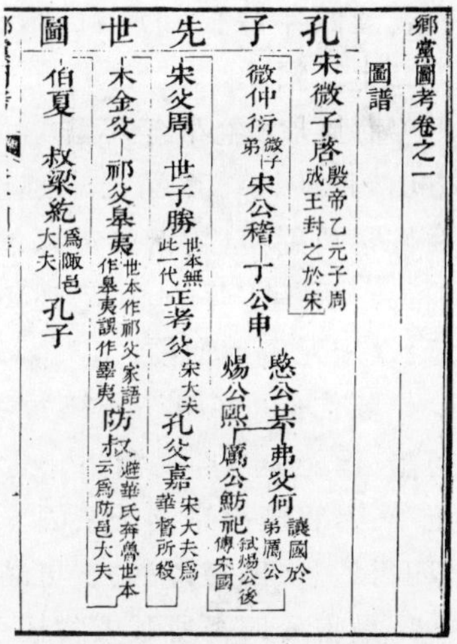

007

江永(1681—1762),字慎修,婺源人。事具《清史稿》。著有《周禮疑義舉要》、《禮記訓義擇言》、《禮書綱目》、《律吕闡微》、《古韻標準》、《音學辨微》、《四聲切韻表》、《儀禮釋宫增註》等。

是書取經傳中制度、名物,證《論語·鄉黨篇》之義。第一卷爲圖譜,第二卷爲聖蹟,第三卷爲朝聘,第四卷爲宫室,第五卷爲衣服上,第六卷爲衣服下,第七卷爲飲食,第八卷爲器用,第九卷爲容貌,第十卷爲雜典。

《四庫全書總目》曰:"是書取經傳中制度名物有涉於鄉黨者,分爲九類。曰圖譜,曰聖蹟,曰朝聘,曰宫室,曰衣服,曰飲食,曰器用,曰容貌,曰雜典。考核最爲精密,其中若深衣車制及宫室制度尤爲專門,非諸家之所及。閒有研究未盡者。"

著録:《四庫全書總目》、《中國古籍善本書目》。

008　增訂四書通典人物備考

《增訂四書通典人物備考》、《四書人物備考》、《龍門四書人物備考》十二卷，明薛應旂原本，陳仁錫增定，陳禮錫、陳義錫、陳智錫參訂，乾隆五年三樂齋刻本。六冊。半葉十二行二十七字，小字雙行五十四字。四周單邊，白口，單魚尾。版心上鐫書名，中鐫卷次，下鐫“三樂齋”。框高 18.3 釐米，寬 13.3 釐米。前有扉頁，題：“龍門四書人物備考。乾隆五年重鐫。薛方山先生原本，陳明卿先生增定。三樂齋梓行。”卷首有乾隆四年陳仁錫序，目錄，“誠意圖”等二十二幅圖。

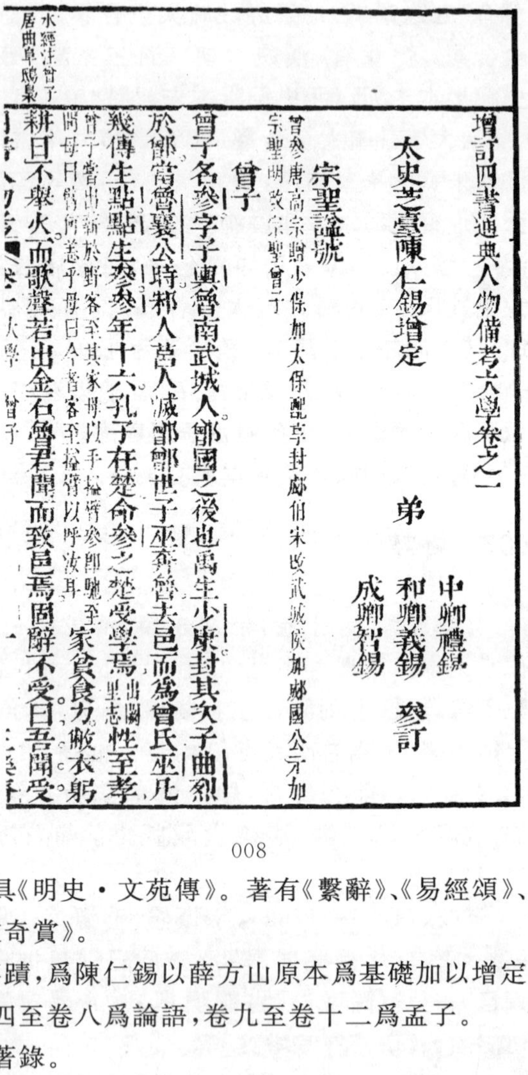
增訂四書通典人物備考大學卷之一
太史芝臺陳仁錫增定　弟　中卿禮錫　和卿義錫　成卿智錫　參訂
宗聖諡號
曾參唐高宗贈少保加太保配享封郕伯宋改武城侯加郕國公元加宗聖明改宗聖曾子
曾子
曾子名參字子輿曾南武城人鄫國之後也禹生少康封其次子曲烈於鄫當魯襄公時邾人莒人滅鄫鄫世子巫奔魯去邑而爲曾氏巫凡幾傳生點點生參參年十六孔子在楚命參之楚受學焉出闕里志性至孝曾子嘗出薪於野客至其家母以手搤臂參即馳至問母曰何恙乎母曰今者客至搤臂以呼汝耳家貧食力敝衣躬耕日不舉火而歌聲若出金石魯君聞而致邑焉固辭不受曰吾聞受
水經注曾子居曲阜鴟梟
增訂人物[illegible]卷一大學　曾子　一

008

薛應旂（生卒年不詳），字仲常，號方山，武進人。嘉靖乙未進士，官至陝西按察司副使，約活動於嘉靖二十九年前後。著有《薛方山紀述》、《方山文錄》、《宋元資治通鑑》。

陳仁錫（1581—1636），字明卿，號芝臺、澹退居士，長洲人。天啓壬戌進士第三，官至南京國子祭酒。謚文莊。事具《明史・文苑傳》。著有《繫辭》、《易經頌》、《四書考》、《四書考異》、《史品赤函》、《蘇文奇賞》。

是書於四書所載人物援引諸書詳其事蹟，爲陳仁錫以薛方山原本爲基礎加以增定而成。卷一爲大學，卷二、卷三爲中庸，卷四至卷八爲論語，卷九至卷十二爲孟子。

著録：是書《中國古籍善本書目》等無著録。

小學類

009 廣韻新編

《廣韻新編》、《勉學堂廣韻新編》，全一卷，編撰者不詳，惟《凡例》後署“勉學堂主人”，清康熙五十一年刻本。一冊。半葉九行，小字雙行，字數均不等。四周雙邊，白口，單魚尾。版心上鐫書名，下鐫韻部。框高 15.5 釐米，寬 10.2 釐米。前有凡例，目錄等。

是書字音皆依《廣韻》，其解釋則刪繁撮要，間有未穩者，廣徵他書以正之。韻雖悉依《廣韻》，而部分則從時韻，分爲一百零六部，上平聲十五部，下平聲十五部，上聲二十九部，去聲三十部，入聲十七部。

勉學堂主人《凡例》曰：“康熙壬辰夏秋日，長無事，偶有吟詠，翻閱《廣韻》，因其卷帙頗富，遂取而更編之，以便篋笥之取攜。且一目了然，以自娛而已，或有索觀者，艱於謄寫，漫梓以應，非問世也。識者鑒之。”

著録：是書《中國古籍善本書目》等無著録。

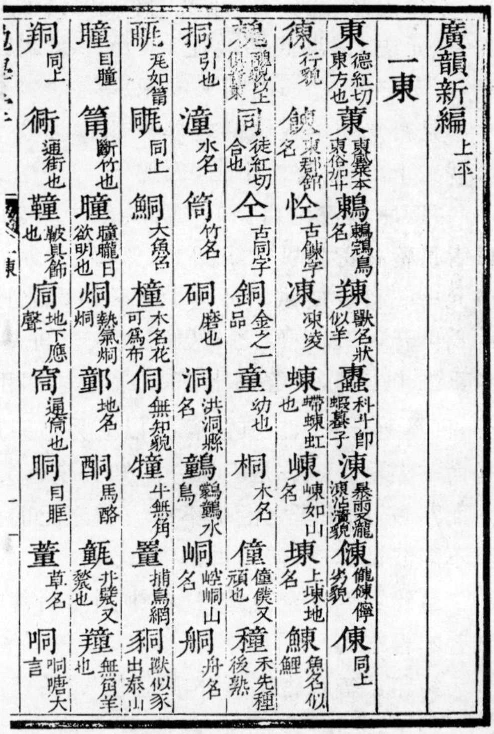
廣韻新編 上平
一東
東 德紅切東方也 菄 東風菜本草俗加艹 鶇 鶇鶋鳥名 [illegible] 獸名狀似羊 [illegible] 科斗即蝦蟇子 涷 暴雨又瀧涷沾漬貌 倲 儱倲儜劣貌 倲 同上
徚 行貌 [illegible] 東郡館名 [illegible] 古倲字 凍 凍凌 蝀 螮蝀虹也 崠 崠如山名 埬 上埬地名 鯟 魚名似鯉
[illegible] 以上俱音東 同 徒紅切合也 仝 古同字 銅 金之一品 童 幼也 桐 木名 僮 僮僕又頑也 穜 禾先種後熟
挏 引也 潼 水名 筒 竹名 硐 磨也 洞 洪洞縣名 [illegible] 鶲鷾水鳥 峒 崆峒山名 [illegible] 舟名
[illegible] 毛如筩 [illegible] 同上 鮦 大魚名 橦 木名花可爲布 侗 無知貌 犝 牛無角 罿 捕鳥網 狪 獸似豕出泰山
瞳 目瞳 筩 斷竹也 曈 曈曨日欲明也 烔 熱氣烔烔 [illegible] 地名 酮 馬酪 [illegible] 又毿也 [illegible] 無角羊也
[illegible] 同上 衕 通街也 [illegible] 鞁具飾也 [illegible] 地下應聲 [illegible] 通[illegible]也 眮 目眶 董 草名 哃 哃嘈大言

009

010 洪武正韻

《洪武正韻》十六卷，明樂韶鳳、宋濂等撰，明隆慶元年衡藩刻本。五冊。半葉八行十二字，小字雙行二十四字。四周雙邊，黑口，雙魚尾。版心中鐫書名、卷次，下鐫刻工。框高 22 釐米，寬 14.3 釐米。前有洪武八年宋濂序、凡例、目錄，後有隆慶元年衡王跋。

樂韶鳳（？—1380），字舜儀，元末明初全椒人。隨朱元璋渡江，參軍事。洪武三年

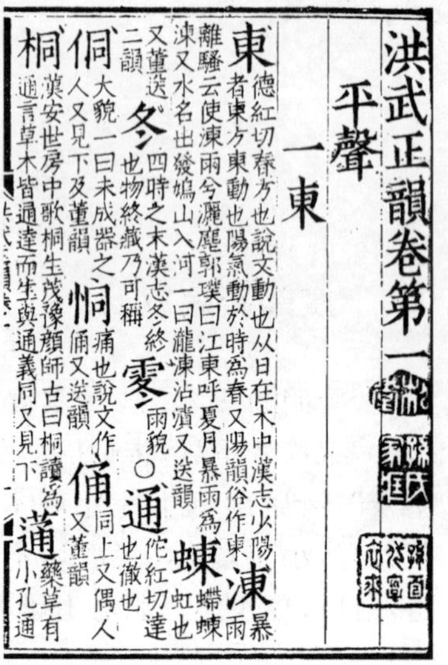
洪武正韻卷第一
平聲
一東
東 德紅切春方也說文動也从日在木中漢志少陽者東東方東動也陽氣動於時爲春又陽韻俗作東 凍 暴雨
離騷云使凍雨兮灑塵郭璞曰江東呼夏月暴雨爲凍又水名出發鳩山入河一曰瀧凍沾漬又送韻 蝀 螮蝀虹也
又董送二韻 冬 四時之末漢志冬終也物終藏乃可稱 零 雨貌 ○ 通 佗紅切達也徹也
侗 大貌一曰未成器之人又見下及董韻 恫 痛也說文作侗又送韻 俑 同上又偶人又董韻
桐 漢安世房中歌桐生茂豫顏師古曰桐讀爲通言草木皆通達而生與通義同又見下 蓪 蘂草有小孔通

010

官起居註，纍遷兵部尚書、國子監祭酒。與編《大明日曆》。奉詔與撰《回鑾樂章》等。

宋濂（1310—1381），字景濂，號潛溪，別號玄眞子、玄眞道士、玄眞遯叟，浦江人。元至正末召爲國史院編修官，不就。洪武中官至翰林學士承旨。洪武二年，奉命主修《元史》。謚文憲。事具《明史》本傳。著作有《元史》、《洪武聖政記》、《篇海類編》、《宋學士全集》、《孝經新說》、《浦陽人物記》等。

是書爲明奉敕修撰之標準韻書。分平聲二十二，上聲二十二，去聲二十二，入聲十。

《四庫全書總目》曰："明洪武中奉勅撰。時預纂修者爲翰林侍講學士樂韶鳳、宋濂、待制王僎、修撰李叔允……書成於洪武八年，濂奉勅爲之序，大旨斥沈約爲吳音，一以中原之韻更正其失。併平、上、去三聲各爲二十二部，入聲爲十部。於是古來相傳之二百六部，併爲七十有六。其註釋一以毛晃增韻爲藁本，而稍以他書損益之。蓋歷代韻書，自是而一大變。……是太祖亦心知其未善矣，其書本不足錄，以其爲有明一代同文之治，削而不載，則韻學之沿革不備。猶之記前代典制者，雖其法極爲不善，亦必錄諸史冊，固不能泯滅其迹，使後世無考耳。"

著錄：《四庫全書總目》、《中國古籍善本書目》、《美國哈佛大學哈佛燕京圖書館中文善本書志》。

鈐印："曾爲古平壽郭申堂藏"、"孫氏家藏"、"松堂"。

刻工：李炤、沈世楫、馬仲禮、紀存義、章楊等。

011　匡謬正俗

PL2464.B77 1756/K162

《匡謬正俗》八卷，唐顏師古撰，乾隆二十一年雅雨堂刻本。一冊。半葉十行二十一字。四周單邊，白口，單魚尾。版心上鐫書名，中鐫卷次，下鐫"雅雨堂"。框高 18.2 釐米，寬 14.3 釐米。前有扉頁，題："匡繆正俗。乾隆丙子鐫，雅雨堂藏板。"卷首有乾隆二十一年盧見曾序，紹興十三年汪應辰序，總目，卷末有"匡謬正俗表"。

顏師古（581—645），字籀，一說名籀，字師古，唐代經學家、歷史學家。祖籍琅玡臨沂，其祖顏之推徙居關中，遂爲雍州萬年人。唐初歷任朝散大夫、中書舍人、中書侍郎、秘書監、弘文館學士等。貞觀十九年，隨太宗征遼東，途中病故，終年六十五歲。謚戴。著有《五經定本》、《漢書註》、《顏師古集》等；與人合撰有《五經正義》、《隋書》、《大唐禮儀》等。

是書前四卷論諸經訓詁音釋，後四卷論諸書字義字音及俗語相承之異。卷一爲論語、攘等十七條，卷二爲尚書、御等八條，卷三爲禮記、奉等二十二條，卷四爲春秋、俘等九條，卷五爲史記、漢書等二十五條，卷六爲拆、副等二十九條，卷七爲反、褫等三十二條，卷八爲受授、西等四十條。

盧見曾《匡謬正俗序》曰：“［該書］宋時雕板避諱作《刊謬正俗》，元明以後未見刻本，爲梓而行之，以廣其傳。”

本館藏本爲《雅雨堂叢書》第二函。

著錄：《中國古籍善本書目》。

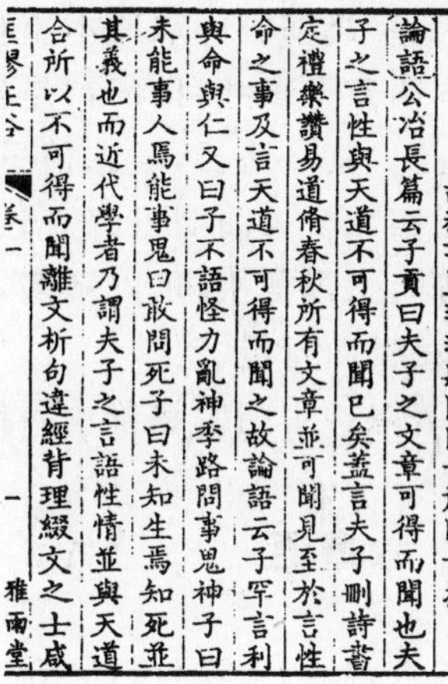
匡謬正俗卷第一
故秘書監瑯琊縣開國子顏師古撰
論語公冶長篇云子貢曰夫子之文章可得而聞也夫
子之言性與天道不可得而聞已矣蓋言夫子刪詩書
定禮樂讚易道脩春秋所有文章並可聞見至於言性
命之事及言天道不可得而聞之故論語云子罕言利
與命與仁又曰子不語怪力亂神季路問事鬼神子曰
未能事人焉能事鬼曰敢問死子曰未知生焉知死並
其義也而近代學者乃謂夫子之言語性情並與天道
合所以不可得而聞離文析句違經背理綴文之士咸
匡謬正俗 卷一 一 雅雨堂

011

012 隸辨

《隸辨》八卷，清顧藹吉撰，清康熙五十七年項氏玉淵堂刻本。乾隆八年黄晟據項氏玉淵堂原刻本翻刻。八册。半葉十二行二十字，間有大字，大字佔兩行。四周單邊，白口，單魚尾。版心上鐫書名，下鐫卷次。框高 20 釐米，寬 14.7 釐米。前有扉頁，題：“《隸辨》顧南原撰集，玉淵堂原本”。前有黄晟乾隆癸亥年重刊序言，顧氏自序，康熙戊戌年項絪識語各一篇。

顧藹吉（1662—1722），字畹先，一字天山，號南原，吴縣人。康熙四十七年以貢生任儀徵教諭，又充《書畫譜》纂修。善畫山水，書精繆篆。

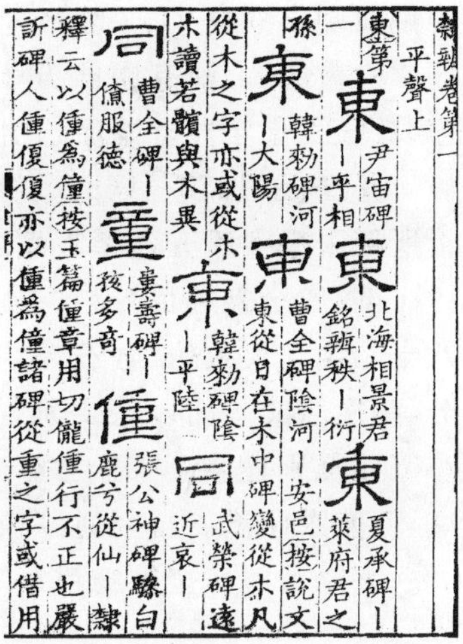
隸辨卷第一
平聲上
東第一 東 尹宙碑 東 北海相景君 東 夏承碑丨
一 丨平相 銘蘋秩丨衍 萊府君之
孫 東 韓勑碑河 東 曹全碑陰河丨安邑按說文
丨大陽 東從日在木中碑變從朩凡
從木之字亦或從朩 東 韓勑碑陰 武榮碑遠
朩讀若黹與木異 丨平陸 同 近哀丨
同 曹全碑丨 童 婁壽碑丨 僮 張公神碑驂白
僮服德 孩多奇 鹿兮從仙丨隸
釋云以偅爲僮按玉篇偅章用切儱偅行不正也嚴
訢碑人偅偄偄亦以偅爲僮諸碑從重之字或借用

012

是書仿宋婁機《漢隸字原》鉤摹漢隸之文、以宋《禮部韻略》編次爲體例，集以漢碑爲主，兼收並蓄魏晉碑碣之隸字而成。前六卷以古韻分收單字，第一至第二卷爲平聲，第三卷爲上聲，第四卷爲去聲，第五卷爲入聲、疑字，第六卷爲偏旁五百四十部，第七卷至第八卷爲“碑考”、“隸八分考”、“筆法”等内容。《隸辨》承《漢隸字原》之緒，爲清石刻纂字類書中蒐集最完備者。

顧氏《自序》雲：“隸辨之作，竊爲解經之作也，字不辨則經不解。古文邈矣，漢人傳經多用隸寫，變隸爲楷益失本眞，及唐開元易以俗字，名儒病其蕪纍。餘因收集漢碑間得刊正經文虞書大鹿舊本，無林泰卦，包荒後人……竭其愚才，積三十年之久，然後成書”。黄《序》曰：“頃見玉淵堂所鋟顧南原先生《隸辨》一書，體廣釋詳，勑證膺訂，一以解經識字爲宗……取原本重校，點畫波掌，枯藤驚虵，模合苻節，鳩工歲餘，全帙告竣。”

《四庫全書總目》曰：“是書鉤摹漢隸之文，以宋禮部韻編次。每字下分註碑名，并引碑語。其自序云，鋭志精思，採摭漢碑所有字，以爲解經之助。有不備者求之漢隸字源。”《四庫全書簡明目錄》曰：“然寔以字源爲藍本，而舛誤或過於字源。惟婁氏以後續出之碑，悉爲採掇，足以補遺，所纂偏旁一卷，頗爲精核，碑考二卷，亦較婁氏碑目爲詳，固可相輔而行也。”

著錄：《中国古籍善本目錄》、《四庫全書總目》、《四庫全書簡明目錄》。

013　六書通

PL1469.M52 1795A/K625

《六書通》十卷，清閔齊伋原撰，清畢宏述纂訂，清乾隆六十年刻本。八冊。半葉八行十二字，小字雙行二十四字。四周雙邊，白口，無魚尾。版心上鐫書名，中鐫類別。框高 21.7 釐米，寬 14.9 釐米。前有扉頁，題：“六書通”。前有康熙五十九年畢宏述、程煒、張涵序，乾隆六十年吳省蘭序，凡例，徵刻小啓，同人姓氏。

閔齊伋（1575—1657），字及武，號寓五，烏程人。世所傳朱墨字版五色字版謂之閔本者，多其所刻。

《四庫全書總目》曰：“是書成於順治辛丑，齊伋年八十二矣。大致仿《金石韻府》之例，以《洪武正韻》部分，編次說文。而以篆文别體之字類從於下。其但有小篆而無别體者，則謂之附通，亦併列之。不收鐘鼎文，而兼采印譜。自稱通許慎之執，不知所病正在以許慎爲執也。”

六書通　上平聲上第一
海鹽畢宏述既明纂訂　苕溪閔章含貞 程昌煒赤文 同校
一東

013

著錄：《四庫全書總目》、《中國古籍善本書目》。

014　千文六書統要

PL1115.C4523 1723/W1110

《千文六書統要》二卷，附《篆法偏旁正譌歌》一卷，《千字文》二卷，清胡正言篆撰，十竹齋刻本。六冊。半葉六行十四字，間有大字。四周單邊，白口，單魚尾。版心上鐫“孔門弟子傳略”，中鐫卷次。框高 17.5 釐米，寬 12 釐米。前有扉頁，題：“千文六書統要李仲卿、李香嚴兩先生鑒定，十竹齋藏版”，有李繙明康熙二年序等。

胡正言（1582—1672），字曰從，别號十竹主人、默庵老人，徽州休寧人。南明時曾官武英殿中書舍人，入清後不仕，三十歲後移居金陵雞籠山側，專事刻書、藏書之事。因所居房前院內種竹十餘竿，故室號爲十竹齋。事具《江南通志》。著有《印存初集》、《印存玄覽》、《胡氏篆草》、《詞林紀事》等書，刻有《六書正譌》、《千文六書統要》、《牌統孚玉》、《古今詩餘醉》、《詩譚》等。

是書分上下兩卷，依古《千字文》，按頁檢字，依次展閱。各字列正體、異體，分别解釋。

著録：《中國古籍善本書目》。

鈐印："韓世昌"。

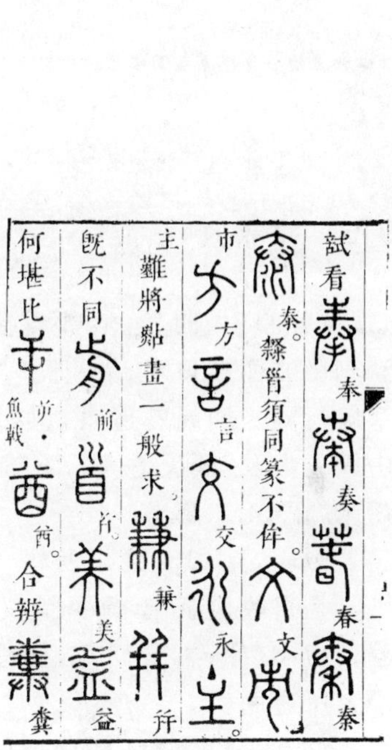

014

015　聲類表

PL1201. T283 1777/W757c

《聲類表》九卷，首一卷，清戴震撰，清乾隆四十二年孔繼涵刻微波榭叢書本，《戴氏遺書》之十四。二冊。半葉十行二十一字，小字雙行同。四周雙邊，白口，單魚尾。版心上鐫書名，中鐫卷次及"戴氏遺書"，下鐫"微波榭刻"。框高19釐米，寬13.1釐米。卷首末註"吴縣周夢棠校字"，卷一末註"泰州侍朝校字"，卷二末註"浙江丁錦鴻校字""乾隆四十二年夏六月(木)刊於京師之壽雲簃"，卷四末註"受業高郵王念孫校字"，卷五末註"歙縣洪朴校字"，卷六末註"長洲胡士震校字"，卷六末註"德州梁翥鴻校字"，卷七末註"錢塘汪吳泰校字"，卷八末註"受業高郵王念孫校字"，卷九末註"曲阜孔廣栻校字""乾隆丁酉夏六月刊"。

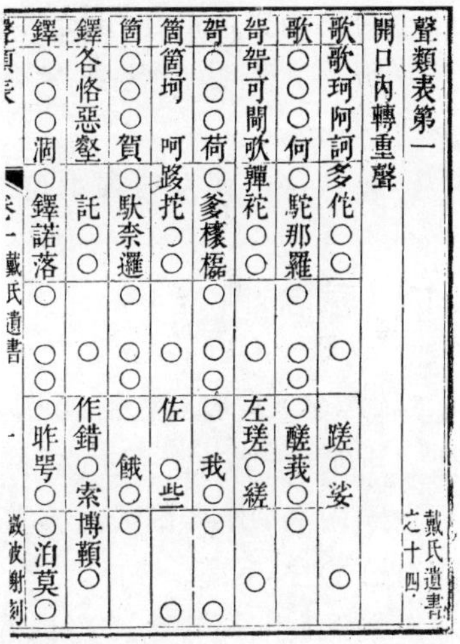

015

戴震(1723—1777)，字慎修，一字東原，號杲溪，安徽休寧人。乾隆時舉人。後纂修《四庫全書》，殿試賜同進士，任翰林院庶吉士。於經學、天文、歷算、地理、音韻、訓詁等皆有深入研究。著有《聲韻考》、《六書》、《聲類表》、《方言疏證》、《原象》、《迎日推策記》、《曆問》、《古曆考》、《續天文略》、《策算》、《詩經二南補註》、《毛鄭詩考正》、《尚書義考》、《儀經考正》、《春秋即位改元考》、《大學補註》、《爾雅文字考》、《經考》、《水經註》、《九章補圖》、《屈原賦註》、《原善》、《孟子字義疏證》、《中庸補註》、《考工記圖》、《水地記》、《緒言》、《直隸河渠書》等。

孔繼涵(1739—1783)，字體生，號葒谷，山東曲阜人，六十七代衍聖公孔毓圻之孫。乾隆三十六年進士。

是書爲戴震古音學著作，以等韻離析《廣韻》而成，旨在上推古音之等韻圖。分古韻爲九類二十五部，每卷展示一類韻部。首創陰陽入三分理論，並以入聲爲陰陽通轉之樞紐，此説對孔廣森"陰陽對轉"學説有直接影響，首創對古音音值的擬測等。

著録：《中國古籍善本目録》。

鈐印："奇託長樂"。

016　聲韻攷

《聲韻攷》四卷，清戴震撰，清乾隆四十四年孔繼涵刻微波榭叢書本。一册。半葉十一行二十一字，小字雙行同。四周雙邊，白口，單魚尾。版心上鐫書名，中鐫卷次及"戴氏遺書"，下鐫"微波榭刻"。框高 17.7 釐米，寬 14.1 釐米。

戴震，見 015《聲類表》。

是書收戴氏音韻學論文十六篇，内容涵蓋等韻學、《廣韻》學、古音學等，頗多創見，其結論多爲後世學者所遵用。

聲韻攷卷第一　休寧戴震撰
反切之始
顏之推家訓音辭篇曰鄭玄注六經高誘解呂覽淮南
許慎造說文劉熙製釋名始有譬況假借㠯證音字而
古語與今殊別其閒輕重清濁猶未可曉加㠯內言外
言急言徐言讀若之類益使人疑孫叔然刱爾雅音義
是漢末人獨知反語至于魏世此事大行高貴鄉公不
解反語㠯爲怪異自茲厥後音韻鋒出各有土風遞相
非笑共㠯帝王都邑參校方俗攷覈古今爲之折衷
陸德明經典釋文敘錄曰古人音書止爲譬況之說孫
炎始爲反語魏朝㠯降漸繁
聲韻攷　卷一　戴氏遺書　一　微波榭刻

016

《四庫全書總目》中《重修玉篇》條曰："休寧戴氏作《聲韻攷》，力辯反切始魏孫炎，不始神珙，其説良是，至謂唐以前無字母之説，神珙字母乃剽竊儒書而託詞出於西域，則殊不然。攷《隋書・經籍志》，稱婆羅門書以十四音貫一切字，漢明帝時與佛經同入中國。則遠在孫炎前。"

著錄：《中國古籍善本目録》。

017　釋名

《釋名》八卷，漢劉熙撰，明吳琯校，明刻本。二冊。半葉十行二十字。左右雙邊，白口，單魚尾。版心上鐫書名，中鐫卷次。框高 20 釐米，寬 13.2 釐米。前有劉熙序，目録。

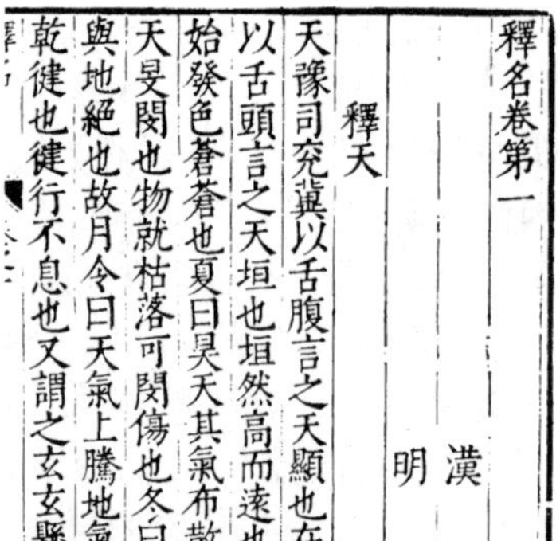
釋名卷第一
漢　劉熙　撰
明　吳琯　校
釋天
天豫司兖冀以舌腹言之天顯也在上高顯也青徐
以舌頭言之天坦也坦然高而遠也春曰蒼天陽氣
始發色蒼蒼也夏曰昊天其氣布散皓皓也秋曰旻
天旻閔也物就枯落可閔傷也冬曰上天其氣上騰
與地絕也故月令曰天氣上騰地氣下降易謂之乾
乾健也健行不息也又謂之玄玄懸也如懸物在上

017

劉熙（生卒年不詳），或稱劉熹，字成國，北海人。東漢經學家，訓詁學家。官至南安太守。著有《釋名》和《孟子註》。

是書卷第一爲釋天、釋地、釋山、釋水、釋丘、釋道，卷第二爲釋州國、釋形體，卷第三爲釋姿容、釋長幼、釋親屬，卷第四爲釋言語，釋飲食、釋綵帛、釋首飾，卷第五爲釋衣服、釋宫室，卷第六爲釋床帳、釋書契、釋典藝，卷第七爲釋用器、釋樂器、釋兵、釋車、釋船，卷第八爲釋疾病、釋喪制。

《四庫全書總目》曰："其書二十篇。以同聲相諧，推論稱名辨物之意，中間頗傷於穿鑿。然可因以考見古音。又去古未遠，所釋器物，亦可因以推求古人制度之遺。……又《後漢書》劉珍傳，稱珍撰《釋名》五十篇，以辨萬物之稱號，其書名相同，姓又相同。鄭明選作秕言，頗以爲疑。然歷代相傳，無引劉珍《釋名》者，則珍書久佚，不得以此書當之也。明選又稱此書爲二十七篇，與今本不合。明選萬曆中人，不應别見古本。殆一時失記，誤以二十爲二十七歟。”

本館藏本卷之七部分及卷之八爲鈔補，墨筆楷書。書之封面題“己未嘉平念五日玄購”。從鈐印判斷，此書應爲清光緒年間仁和丁氏後八千卷樓所藏。

著録：《四庫全書總目》、《中國古籍善本書目》。

鈐印：“光緒辛卯嘉惠堂丁氏所得書”、“四庫著録”、“後八千卷樓”、“嘉惠堂藏閲書”。

刻工：葛其、其。

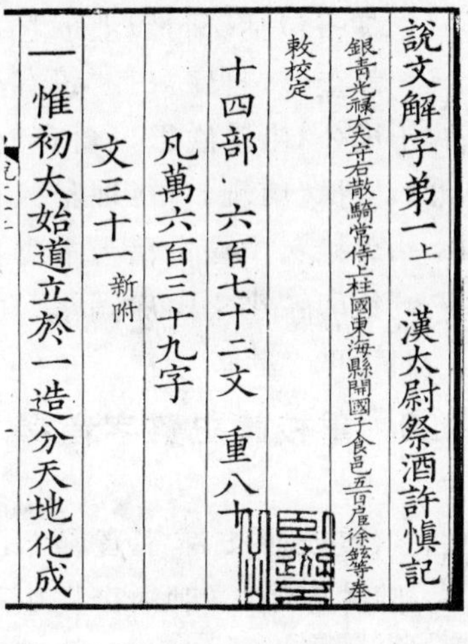
說文解字弟一上　漢太尉祭酒許慎記
銀青光禄大夫守右散騎常侍上柱國東海縣開國子食邑五百户徐鉉等奉
敕校定
十四部　六百七十二文　重八十一
凡萬六百三十九字
文三十一　新附
一　惟初太始道立於一造分天地化成

018

018　說文解字

PL1281. H8 /J1585

《説文解字》，扉頁題《説文眞本》，十五卷，漢許慎撰，宋徐鉉校，清毛晉校，毛扆再校，清初毛氏汲古閣刻本。六册。半葉七行，篆字一行，小字佔兩行，每行二十一字。左右雙邊，白口，單魚尾。版心上鐫書名，下鐫卷次。框高 20.8 釐米，寬 15.2 釐米。前有扉頁，題“北宋本校刊，汲古閣藏板”。後有宋雍熙三年徐鉉等進表，清毛扆跋。

許慎（約 58—147），字叔重，東漢汝南召陵人。著名經學家、文字學家、語言學家，中國文字學之開拓者。於東漢和帝永元十二年著《説文解字》，建光元年，書成，爲中國首部字典。收單字九千三百五十三，重文一千一百六十三，分於五百四十部。是書系統闡述了漢字的造字規律——六書，即“象形”、“指事”、“會意”、“形聲”、“轉注”、“假借”。

毛扆《跋》曰：“先君購得《説文》眞本，係北宋板，嫌其字小，以大字開雕，未竟而先君謝世。扆哀毁之餘，以增痛焉。久欲繼志而力有不逮。今桑榆之景，爲日無多，乃鬻田而刻成之。蓋不忍墮先志也。”

著録：《中國古籍善本書目》。

鈐印：“先農新公遺金石書畫印”、“臥游天公”、“飛鴻”。

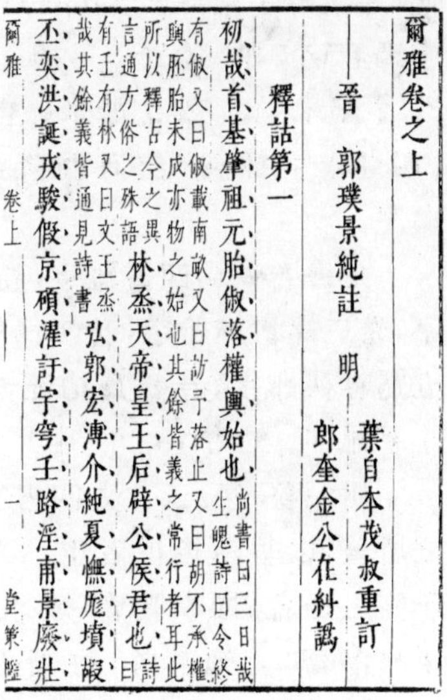
爾雅卷之上　葉自本茂叔重訂
晉　郭璞景純註　明　郎奎金公在斠譌
釋詁第一
初哉首基肇祖元胎俶落權輿始也
林烝天帝皇王后辟公侯君也
弘廓宏溥介純夏幠厖墳嘏丕奕洪誕戎駿假京碩濯訏宇穹壬路淫甫景廢壯

019

019　五雅

H997

《五雅》四十一卷，明郎奎金輯，明天啓六年堂策檻刻本。十二册。半葉九行二十字。四周單邊，白口，無魚尾。版心上鐫篇名，中鐫卷次，下鐫“堂策檻”。框高 21.5 釐米，寬 13.2 釐米。前有張堯翼序，天啓六年郎奎金自序，凡例，《爾雅》、《小爾雅》、《逸雅》、《廣雅》、《埤雅》各卷前亦有序及目錄。

郎奎金（生卒年不詳），字公在，仁和人。

是書包括《爾雅》上下卷，《逸雅》八卷，《廣雅》十卷，《小爾雅》一卷，《埤雅》二十卷。郎奎金《自序》曰：“經有五雅，亦五者何？存雅以準經也。何稱乎《五雅》？《爾雅》昉于周公，沿踵滋繁。舊有《全雅》一書，今汰《爾雅翼》，入以孔鮒《小爾雅》，合劉熙《逸雅》，張揖《廣雅》，併《埤雅》，得五焉，是曰《五雅》。”

著錄：《中國古籍善本書目》、《美國哈佛大學哈佛燕京圖書館中文善本書志》。

鈐印：“小李山房圖籍”。

020　重校讀史難字音釋

I2231

《重校讀史難字音釋》七卷，不著撰人，陳諫序謂“吾師潛齋先生手錄是編，命之曰《讀史難字》”，胡一魯序又稱“予兄潛齋”，一魯子確齋，則作者姓胡，字潛齋，似無疑焉。明萬曆二十三年鄭雲竹重刊本。四冊。半葉十行三十二字，大字佔兩行。四周單邊，白口，單魚尾。版心上鐫類名，如“通鑑難字補註”、“五經難字補註”等，中鐫卷名，如《孟子》、《禮記》等。框高 21.2 釐米，寬 12.9 釐米。前有陳諫序，《四書難字補註》前有明隆慶三年胡一魯序。

是書卷一爲四書難字，卷二爲詩經難字，卷三爲書經難字，卷四爲易經難字，卷五爲春秋難字，卷六爲禮記難字，卷七爲小學難字。

胡一魯《序》云：“夫四書五經者，聖人之所著，以垂示後世者也。人皆讀之，而于字之難者，惟事剽竊，不求其眞。……予兄潛齋，心知其弊，每讀書，輒自病自勵，凡疑難處，隨手畢錄，置諸几格，以備

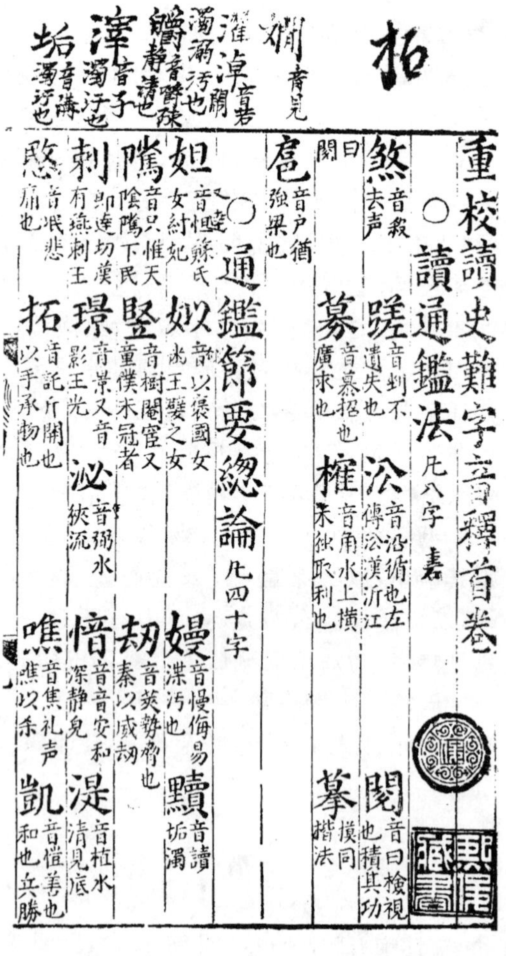
重校讀史難字音釋首卷
○讀通鑑法 凡八字
○通鑑節要總論 凡四十字

020

考訂。門人進士東洲繆君、愛鶴陳君，見是帙閱之，喜其便於後學，慫梓之，以行於食，不果。予不忍兄之苦心潛志終泯泯也，解職歸，復考諸經傳于字之下，又釋其義焉。”

是書各頁皆經裱幀。

著錄：是書《中國古籍善本書目》等無著錄。

鈐印：“長白熙俊藏本”。

021　輶軒使者絕代語釋別國方言

PL1510. T35 1777/W757h

《輶軒使者絕代語釋別國方言》、《方言疏證》十三卷，漢揚雄撰，清戴震疏證，《戴氏遺書》之一種。清乾隆四十二年孔繼涵刻微波榭叢書本刻本。四冊。半葉十行二十一字。四周雙邊，白口，單魚尾。版心上鐫書名，下鐫卷次。框高 18.1 釐米，寬 13.1 釐米。後有宋慶元六年李孟傳“刻方言後序”，朱質跋“李刻方言”等。

輶軒使者絕代語釋別國方言第一
戴震　疏證
黨曉哲知也楚謂之黨黨朗也解寤貌或曰曉齊宋之閒謂之
哲
案知讀爲智廣雅黨曉哲智也義本此智古智字孫
綽遊天台山賦近智以守見而不之之者以路絕而
莫曉李善注云之往也假有之者以其路斷絕莫之
能曉也方言曰曉知也此所引乃如字讀與廣雅異
注內黨朗發韻字也廣韻作爣朗云火光寬明
虔儇慧也謂慧了音翾秦謂之謾言謾訑音施大和反謾亡山反晉謂之㥝
戴氏遺　一　微波榭刻

021

戴震，見 015《聲類表》。

《輶軒使者絕代語釋別國方言》簡稱《方言》，爲中國第一部記録方言之著作，亦爲世界上第一部方言比較詞彙集。

是書爲揚雄《方言》正僞補漏，逐條疏證。揚雄《方言》刻本，自宋代以來有多種，經流傳寫刻，難免有錯漏。戴氏以《永樂大典》本與明本校勘，並蒐集古籍中引用《方言》、《方言註》之文字與《永樂大典》本相互參訂，共改正訛字二百八十一個，補脱字二十七個，刪衍字十七個。辨析疑義，取證確鑿。《方言疏證》亦有疏漏及可商榷之處。清王念孫撰《方言疏證補》(高郵王氏遺書本)，有不少見解可以補戴氏之不足。

著錄：《中國古籍善本書目》。

022　正韻辨字全書

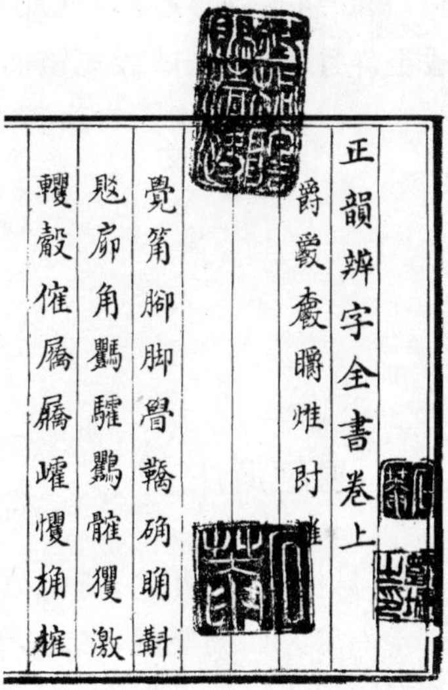
正韻辨字全書卷上
爵㸑䖎爝燋肘雀
覺箣脚脚嚳鷮确睭斛
愨廓角鸑驩鸐䳽玃激
轛觳傕屩屩㩴懼桷榷

022

I1441

《正韻辨字全書》二卷，清鈔本。二冊。半葉八行十字。四周雙邊，白口，無魚尾。框高 17 釐米，寬12.8 釐米。

是書依音韻列字，並無釋義。起於“爵”字，終於

“惕”字。

本館藏本爲墨筆楷書，使用刻印朱絲欄紙。從劉墉印白文“石庵”，朱文印“劉墉之印”筆力孱弱，筆劃生硬及印泥過於鮮豔等方面看，不似劉墉真實印鑑，有托僞之嫌。

著錄：是書《中國古籍善本書目》等無著錄。

鈐印：“石菴”、“劉墉之印”、“御賜清松快院”。

023　作文家法

《作文家法》不分卷，清吳自肅撰，清乾隆三十六年孫紹詩刻本。二冊。半葉八行二十字。四周單邊，白口，單魚尾。版心上鐫書名。框高 21.7 釐米，寬 14.9 釐米。前有扉頁，題：“作文家法。乾隆丙戌年鐫，本衙藏板。”有乾隆三十一年金生、錢琦、王洛、魏椿年、孫紹詩序，康熙四十一年宋希陳原序。

吳自肅（1631—1712），字克菴，山東海豐人。康熙中分守河東道，乾隆十八年祀名宦。

金生《序》曰：“時文之法，因文體以立章程。本書理分徑術，隨題目以運規矩而窮變化者也。……大中丞蟻園先生乃不鄙弇陋，奉其令祖大恭公克菴年伯《作文家法》一編以示。蓋公初任萬載令時，剏立書院，親課諸生，而諄諄以此講授之者。生受而讀之，其法至詳且備，不惟陳設規矩而已，殆欲並其巧而傳之。”

著錄：是書《中國古籍善本書目》等無著錄。

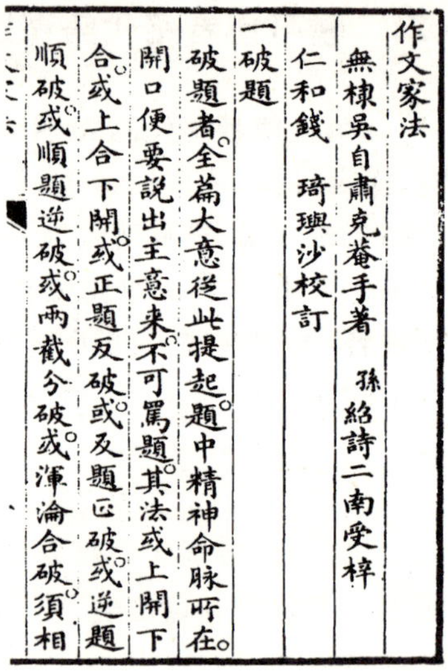

作文家法
無棣吳自肅克菴手著　孫紹詩二南受梓
仁和錢　琦璵沙校訂
一破題
破題者全篇大意從此提起題中精神命脈所在
開口便要說出主意來不可罵題其法或上開下
合或上合下開或正題反破或反題正破或逆題
順破或順題逆破或兩截分破或渾淪合破須相

023

易　類

024　易經通注

《易經通注》九卷，清傅以漸、曹本榮撰，清内府巾箱朱絲欄鈔本。八冊。半葉八行二十一字。四周雙邊，白口，單魚尾。版心上鐫書名。框高 11.1 釐米，寬 6.5 釐米。前有順治十三年傅以漸、曹本榮上諭，順治十五年進表，傅以漸序，《四庫全書總目提要》中《易經通注》條。後有曹本榮後序。

傅以漸(1609—1665),字于磐,號星巖,聊城人。清顺治三年進士,爲清代开國状元。初任弘文院修撰,後任国史院侍讀學士、秘書院大學士,顺治十四年加封太子太保,次年授武英殿大學士兼兵部尚書。曾奉旨纂修《明史》、《清太宗實録》,任清太祖、太宗《聖訓》總裁,又奉命與曹本榮合著《周易通註》,還曾奉旨總編《通鑑全書》。著有《四书易經制义》。

是書卷一爲乾、坤、屯、蒙、需、訟、師,卷二爲比、小畜、履、泰、否、同人、大有、謙、豫、隨、蠱,卷三爲臨、觀、噬嗑、賁、剝、復、無妄、大畜、頤、大過、坎、離,卷四爲咸、恒、遯、大壯、晉、明夷、家人、睽、蹇、解、損,卷五爲益、夬、姤、萃、升、困、井、革、鼎、震、艮,卷六爲漸、歸妹、豐、旅、巽、兑、涣、節、中孚、小過、既濟、未濟,卷七爲系辭上傳,卷八爲系辭下傳。

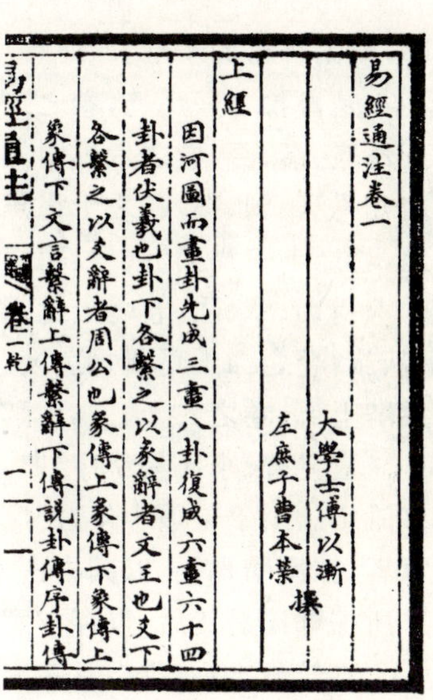
易經通注卷一
大學士傅以漸
左庶子曹本榮 撰
上經
因河圖而畫卦先成三畫八卦復成六畫六十四
卦者伏羲也卦下各繫之以彖辭者文王也爻下
各繫之以爻辭者周公也彖傳上彖傳下象傳上
象傳下文言繫辭上傳繫辭下傳說卦傳序卦傳
易經通注 卷一 乾 一

024

《四庫全書總目》曰:“世祖章皇帝聖訓謂,自魏王弼唐孔頴達有注與正義,宋程頤有傳,朱熹本義出,學者宗之。明永樂間,命儒臣合元以前諸儒之說彙爲大全,皆於易理多所發明。但其中同異互存,不無繁而可刪,華而寡要。且迄今幾三百年,儒生學士發揮經義者亦不乏人,當加採擇,折衷諸論,簡切洞達,輯成一編,昭示來茲。”

本館藏本爲墨筆小楷,朱絲欄。

著錄:《四庫全書總目》。

025 易傳

《易傳》、《李氏易傳》十七卷,唐李鼎祚集解,乾隆二十一年雅雨堂刻本。六册。半葉十行二十一字,小字雙行四十二字。四周單邊,白口,單魚尾。版心上鐫書名,中鐫卷次,下鐫“雅雨堂”。框高 18.2 釐米,寬 14.3 釐米。前有扉頁,題:“李氏易傳。乾隆丙子鐫,宋本校刊,附鄭氏周易易釋文。雅雨堂藏板。”卷首有乾隆二十一年盧見曾序、李鼎祚“周易集解序”,卷末有唐陸德明“經典釋文周易音義”、慶曆甲申計用章後序。

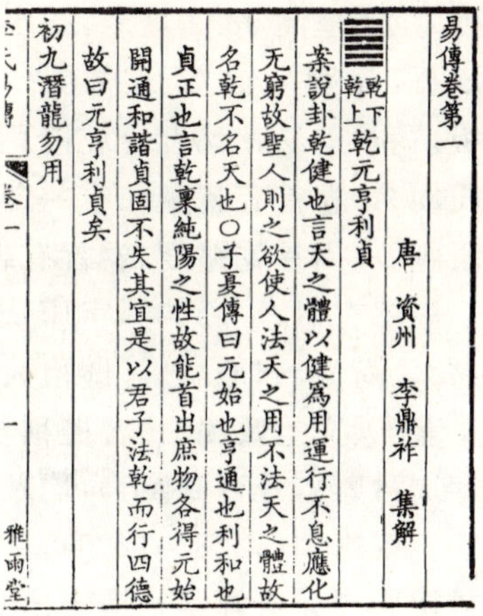
易傳卷第一
唐 資州 李鼎祚 集解
☰ 乾下乾上 乾元亨利貞
案說卦乾健也言天之體以健爲用運行不息應化
无窮故聖人則之欲使人法天之用不法天之體故
名乾不名天也○子夏傳曰元始也亨通也利和也
貞正也言乾稟純陽之性故能首出庶物各得元始
開通和諧貞固不失其宜是以君子法乾而行四德
故曰元亨利貞矣
初九潛龍勿用
李氏易傳 卷一 一 雅雨堂

025

李鼎祚(生卒年不詳),資州人。官至秘書省著作郎，或謂官秘閣學士。

是書卷之一爲乾，卷之二爲坤、屯，卷之三爲蒙、需、訟，卷之四爲師、比、小畜，卷之五爲履、泰、否，卷之六爲同人、大有、謙，卷之七爲豫、隨、蠱，卷之八爲臨、觀、噬嗑，卷之九爲賁、剝、復，卷之十爲無妄、大畜、頤，卷之十一爲大過、坎、離，卷之十二爲咸、恒、遯，卷之十三爲大壯、晉、明夷、家人，卷之十四爲睽、蹇、解，卷之十五爲損、益、夬，卷之十六爲姤、萃、陞，卷之十七爲困、井、革，卷之十八爲鼎、震、艮，卷之十九爲漸、歸妹、豐、旅，卷之二十爲巽、兌、渙、節，卷之二十一爲中孚、小過、既濟、未濟，卷之二十二爲系辭上傳，卷之二十三爲系辭下傳，卷之二十四爲説卦傳。

盧見曾《李氏易傳序》曰："[該書]前明朱氏、胡氏、毛氏刊本流傳，然板皆迷失，又多訛字。余學易數十年，於唐、宋、元、明四代之易無不博。綜元覽而求其得聖人之遺意者，推漢學爲長，以其去古未遠、家法猶存故也。爲校正謬誤，刊以行世，并附宋王伯厚所採鄭氏易於后，以存古意。"

本館藏本爲《雅雨堂叢書》第一函。

著錄：《中國古籍善本書目》。

026　鄭氏周易、周易乾鑿度

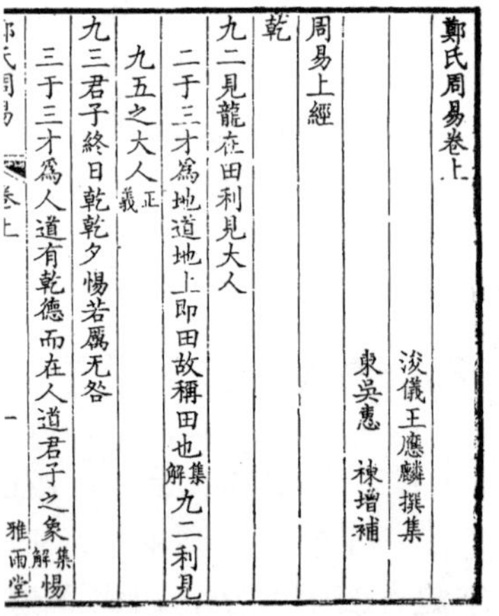
鄭氏周易卷上
浚儀王應麟撰集
東吳惠　棟增補
周易上經
乾
九二見龍在田利見大人
二于三才爲地道地上即田故稱田也集解九二利見
九五之大人正義
九三君子終日乾乾夕惕若厲无咎
三于三才爲人道有乾德而在人道君子之象集解惕
鄭氏周易　卷上　一　雅雨堂

026

《鄭氏周易》三卷，《周易乾鑿度》二卷，《鄭氏周易》，漢鄭玄註，南宋王應麟撰集，清惠棟增補。《周易乾鑿度》，漢鄭玄註。乾隆二十一年雅雨堂刻本。一冊。半葉十行二十一字，小字雙行四十二字。四周單邊，白口，單魚尾。版心上鐫書名，中鐫卷次，下鐫"雅雨堂"。框高 18.2 釐米，寬 14.3 釐米。二書前各有一扉頁，分别題："鄭氏周易。乾隆丙子鐫，雅雨堂藏板。"和"周易乾鑿度。乾隆丙子鐫，雅雨堂藏板。"《鄭氏周易》卷首有乾隆二十一年盧見曾序，鄭氏易贊，爻辰圖。《周易乾鑿度》卷首有乾隆二十一年盧見曾序。

鄭玄(127—200)，字康成，北海高密人。博註《周易》、《尚書》、《毛詩》、《儀禮》、《禮記》、《論語》、《孝經》、《尚書大傳》、《中候》、《乾象曆》，又著《天文七政論》、《魯禮稀祫義》、《六藝論》、《毛詩譜》、《駁許愼五經異義》、《答臨孝存周禮難》，凡百餘萬言，均佚。註書之傳於今者，尚有《毛詩》、《禮記》、《儀禮義》三部。

王應麟(1223—1296)，字伯厚，號深寧居士，學者又稱厚齋先生。祖籍河南開封，後遷居慶元府鄞縣。進士出身，歷事南宋理宗、度宗、恭帝三朝，官至禮部尚書。著有《困學紀聞》、《玉海》、《詩考》、《詩地理考》、《通鑑地理考及通釋》、《漢藝文志考證》、《玉堂類稿》、《深寧集》、《三字經》等。

惠棟(1697—1758),字定宇,號松崖,江蘇元和人。畢生考訂漢儒經說,尤精於治《易》。著有《古文尚書考》、《後漢書補註》、《九經古義》、《明堂大道錄》、《松崖文鈔》等。

盧見曾《鄭氏周易序》曰:“吾友元和惠子定宇世通古義,重加增輯,並益以漢上嵩山之說,釐爲三卷,今依孝轅之例,仍附于李傳之後,用廣其傳於世。”盧見曾《周易乾鑿度序》曰:“此書前明刊本流傳而多闕誤。兹得之嘉靖中吳郡錢君叔寶藏本,不失舊觀,爲梓而行之,以備漢學世所傳。”

本館藏本爲《雅雨堂叢書》第二函。

著錄:《中國古籍善本書目》。

027　周易逢原

I1221

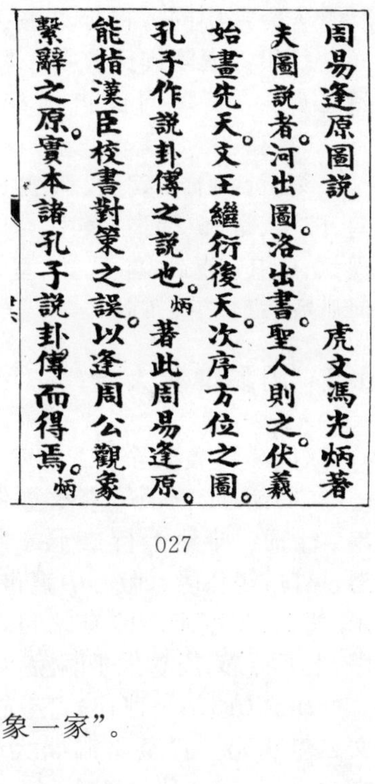
周易逢原圖說
虎文馮光炳著
夫圖說者。河出圖洛出書。聖人則之。伏羲
始畫先天。文王繼衍後天。次序方位之圖。
孔子作說卦傳之說也。炳著此周易逢原。
能指漢臣校書對策之誤以逢周公觀象
繫辭之原。實本諸孔子說卦傳而得焉。炳

027

《周易逢原》十卷,清馮光炳撰,清稿本。十冊。半葉六行十六字,小字雙行同。四周單邊,白口,單魚尾。版心上書篇名。框高21釐米,寬15釐米。前有扉頁,題:“周易逢原。上元嘉瑞,庚辛堂藏稿。”扉頁背面題:“天開文運之寶”。前有總目。

是書分爲前三卷,後七卷。前三卷有上卷履歷、圖說、筮法、筮器、會通,中卷上經指誤,下卷下經指誤。後七卷由卷一至卷二爲上經更正,卷三至卷四爲下經更正,卷五爲上彖、下彖,卷六爲上繫、下繫,卷七爲文言、說卦、序卦、雜卦。其在《周易逢原》圖說中曰:“炳著《周易逢原》,能指漢臣校書對策之誤,以逢周公觀象繫辭之原,實本《孔子說卦傳》而得焉。炳之所學,不爲無本。有本者如是,雖平民下庶,可以考究四大聖人之垂教典禮也。”

本館藏本爲墨筆楷書,有朱筆圈點及墨筆綫圖。

著錄:是書《中國古籍善本書目》等無著錄。

鈐印:“雲志”、“程恩澤印”、“集孟黃仲鼎重季慶之濾象一家”。

028　周易經傳

G881

《周易經傳》、《周易傳義》二十四卷,宋程頤傳,朱熹本義,明刻本。四冊。半葉九行十七字,小字雙行同,眉欄刻音辯。左右雙邊,白口,單魚尾。版心中鐫書名、卷次,下鐫刻工。框高20釐米,寬13.8釐米。前有宋元符二年程頤“周易傳序”,易序,周易篇義,周易圖說,周易五贊,周易筮儀,周易卦象,總目。

朱熹,見002《四書讀本》。

是書卷次内容參見025《易傳》。

《四庫全書總目》中《易經通註》一條清世祖曰："自魏王弼、唐孔穎達有注與正義，宋程頤有傳，朱熹本義出，學者宗之。明永樂間，命儒臣合元以前諸儒之說彙爲大全，皆於易理多所發明。但其中同異互存，不無繁而可刪，華而寡要。"然《四庫全書總目》未錄入是書。

本館藏本之版式、紙張皆與館藏之《詩經集傳》、《書經集傳》相似，由此判斷是書亦爲嘉靖啓澄刻本。

著錄：《中國古籍善本書目》。

鈐印："漢陽周氏寶藏"、"退舟學人曾讀之書"、"漢陽周氏書種樓藏籍"、"退舟"、"貞亮"。

刻工：柯喬、章意、張寅、張憲、金汝南、陸漢、章訓、張渭、吳中、黃周賢、姜潮、周欽、唐其、陸章、郭昌其、夏文其、汝南、何應方、章仁、國華等。

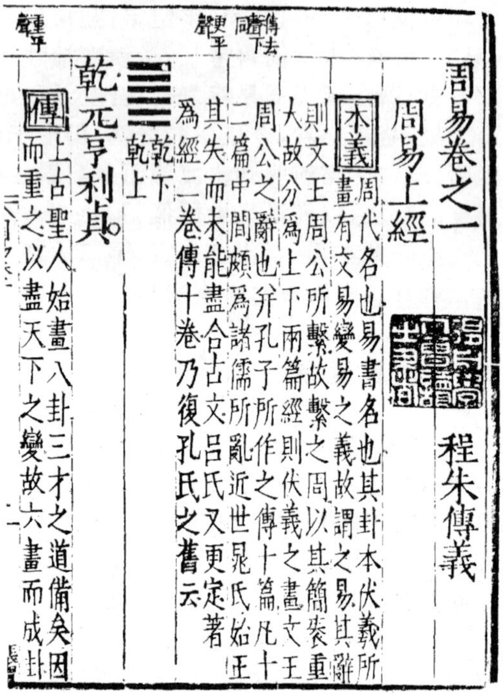
周易卷之一
周易上經　程朱傳義
本義 周代名也易書名也其卦本伏羲所畫有文易變易之義故謂之易其辭則文王周公所繫故繫之周以其簡袠重大故分爲上下兩篇經則伏羲之畫文王周公之辭也并孔子所作之傳十篇凡十二篇中間頗爲諸儒所亂近世晁氏始正其失而未能盡合古文呂氏又更定著爲經二卷傳十卷乃復孔氏之舊云
䷀ 乾下乾上
乾元亨利貞。
傳 上古聖人始畫八卦三才之道備矣因而重之以盡天下之變故六畫而成卦

028

029　周易傳義大全

N559

《周易傳義大全》二十四卷，綱領一卷，朱子圖說一卷，明胡廣、楊榮等奉敕纂修，明永樂十三年内府刻本。十冊。半葉十行二十二字，小字雙行同。四周雙邊，黑口，雙魚尾。版心中鐫書名及卷次。框高 26.8 釐米，寬 17.8 釐米。前有總目，凡例，周易程子傳序，易序，上下篇義，周易朱子圖說，易五贊，筮儀，易說綱領。

胡廣（1370—1418），字光大，江西吉安人。明建文二年狀元。官至文淵閣大學士，參與纂修《五經四書大全》。諡文穆。著有《胡文穆集》等。

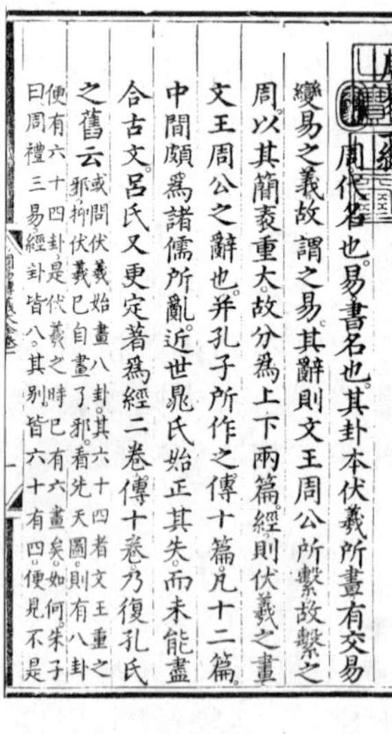
周易傳義大全卷之一
周易上經 周代名也易書名也其卦本伏羲所畫有交易變易之義故謂之易其辭則文王周公所繫故繫之周以其簡袠重大故分爲上下兩篇經則伏羲之畫文王周公之辭也并孔子所作之傳十篇凡十二篇中間頗爲諸儒所亂近世晁氏始正其失而未能盡合古文呂氏又更定著爲經二卷傳十卷乃復孔氏之舊云 或問伏羲始畫八卦其六十四者文王重之邪抑伏羲已自畫了邪看先天圖則有八卦便有六十四卦是伏羲之時已有六十四卦矣如何朱子曰周禮三易經卦皆八其別皆六十有四便見不是

029

是書卷之一爲乾，卷之二爲坤、屯，卷之三爲蒙、需、訟，卷之四爲師、比、小畜，卷之五爲履、泰、否，卷之六爲同人、大有、謙，卷之七爲豫、隨、蠱，卷之八爲臨、觀、噬嗑，卷之九爲賁、剝、復，卷之十爲無妄、大畜、頤，卷之十一爲大過、坎、離，卷之十二爲咸、恒、遯，卷之十三爲打壯、晉、明夷、家人，卷之十四爲睽、蹇、解，卷之十五爲損、益、夬，卷之十六爲姤、萃、陞，卷之十七爲困、井、革，卷之十八爲鼎、震、艮，卷之十九爲漸、歸妹、豐、旅，卷之二十爲巽、兑、渙、節，卷之二十一爲中孚、小過、既濟、未濟，卷之二十二爲繫辭上傳，卷之二十三爲繫辭下傳，卷之二十四爲說卦傳、序卦傳、雜卦傳。

《四庫全書簡明目錄》曰："明永樂中翰林院學士胡廣等奉勅撰其書，鹵莽而成。僅割裂董楷、董眞卿、胡一桂、胡炳文四家之書，餖飣成編。以其爲一代取士之制，故錄之。以見經學盛衰之由焉。"《千頃堂書目》謂："永樂十二年命學士胡廣、侍講楊榮、金幼孜等纂修《五經四書大全》、《周易》，則取程傳及朱子本義，博採《二程遺書》、《外書》、《朱子語類文集》及于《易》者與諸家之説，羽翼之書成，頒行天下學宮。"

著錄：《四庫全書簡明目錄》、《千頃堂書目》、《中國古籍善本書目》。

鈐印："廣運之寳"、"欽文之璽"。

春秋類

030　春秋取義測

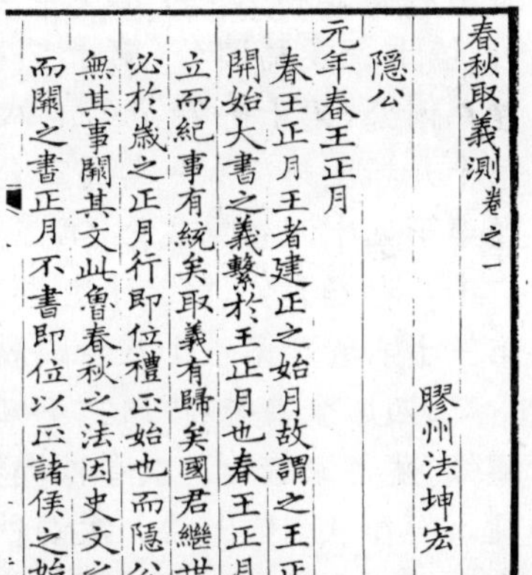
春秋取義測卷之一　膠州法坤宏
隱公
元年春王正月
春王正月王者建正之始月故謂之王正春秋
開始大書之義繫於王正月也春王正月之文
立而紀事有統矣取義有歸矣國君繼世改元
必於歲之正月行即位禮正始也而隱公闕焉
無其事闕其文此魯春秋之法因史文之本闕
而闕之書正月不書即位以正諸侯之始無正

030

《春秋取義測》十二卷，清法坤宏撰，清乾隆五十九年法氏迂齋刻本。四冊。半葉十行二十字，小字雙行同。左右雙邊，白口，單魚尾。版心上鐫卷次，下鐫"迂齋藏書"。框高 17.5 釐米，寬 13.2 釐米。前有扉頁，題："春秋取義測。膠州法坤宏著，粤省西湖街六書齋刻，受業門人胡纕蘭手書，乾隆甲寅年鐫"，並有《取義測題詞》。

法坤宏（1699—1785），字直方，一字鏡野，號迂齋，山東膠州人。乾隆六年舉人，以年老授大理寺評事。好爲古文，嚴於義法。著有《學古編》、《綱目要略》、《春秋取義測》、《迂齋學古編》等。

是書卷一爲隱公，卷二爲桓公，卷三爲莊公，卷四爲閔公，卷五爲僖公，卷六爲文公，卷七爲宣公，卷八爲成公，卷九爲襄公，卷十爲昭公，卷十一爲哀公。

《取義測題詞》曰："取義測，測《春秋》之義也。《春秋》取義，微旨寓於筆削，周轍東，王道廢，孔子有聖德無其位，欲行義而無從，乃假《魯史》而達之義，非《魯史》之義，非孔子之義，而筆削所取之義，故曰其義，《春秋》述也，其義則作也，文事因《魯史》之舊筆削，寓行義之權，一變至道，所謂見諸行事以此。"

著錄：《中國古籍善本書目》。

鈐印："蘭丞藏書"。

031　春秋四傳

G878

《春秋四傳》三十八卷，綱領一卷，提要一卷，列國東坡圖說一卷，春秋二十國年表一卷，諸國興廢說一卷，明刻本。八冊。半葉九行十七字，小字雙行同，眉欄刻音辯。左右雙邊，白口，單魚尾。版心中鐫篇名、卷次，下鐫刻工。框高 20.9 釐米，寬 13.8 釐米。前有胡氏傳序，杜預"左氏傳序"，何休"公羊傳序"，范寧"穀梁傳序"，胡安國"程子傳序"，春秋集註綱領，春秋提要，春秋列國東坡圖說，春秋二十國年表，春秋諸國興廢說，春秋經傳總目。

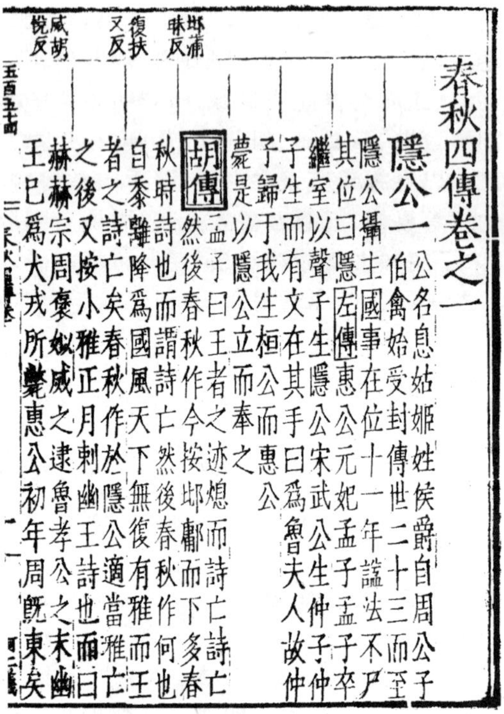
春秋四傳卷之一
隱公一　公名息姑姬姓侯爵自周公子伯禽始受封傳世二十三而至
隱公攝主國事在位十一年謚法不尸
其位曰隱　左傳　惠公元妃孟子孟子卒
繼室以聲子生隱公宋武公生仲子仲
子生而有文在其手曰爲魯夫人故仲
子歸于我生桓公而惠公
薨是以隱公立而奉之
孟子曰王者之迹熄而詩亡詩亡
胡傳　然後春秋作今按邶鄘而下多春
秋時詩也而謂詩亡然後春秋作何也
自黍離降爲國風天下無復有雅而王
者之詩亡矣春秋作於隱公適當雅亡
之後又按小雅正月刺幽王詩也而曰
赫赫宗周襃姒威之逮魯孝公之末幽
王已爲犬戎所斃惠公初年周既東矣
邶蒲昧反　復扶又反　威胡悅反

031

是書第一卷至第三卷爲隱公，第四卷至第六卷爲桓公，第七卷至第十卷爲庄公，第十一卷爲閔公，第十二卷至第十六卷爲僖公，第十七卷至第十八卷爲文公，第十九卷至第二十一卷爲宣公，第二十二卷至第二十四卷爲成公，第二十五卷至第二十八卷爲襄公，第二十九卷至第三十三卷爲昭公，第三十四卷至第三十五卷爲定公，第三十六卷至第三十八卷爲哀公，附錄。

《四庫全書總目》曰："不知何人所編。首載杜預、何休、范甯、胡安國四序。次春秋綱領，述各家議論。次春秋提要，如周十二王，魯十二公，以及會盟戰伐之數，並撮舉大凡。次春秋列國圖說。次春秋二十國年表，次春秋諸國興廢說。凡經文之下，皆分注左氏、公羊、穀梁三傳。而胡傳則別爲標出，間加音注。別無發明參考之處。考元俞皐《春秋集傳釋義大成》，始於三傳之後。附錄胡傳。吳澄序稱其兼列胡氏，以從時尚。而四傳之稱亦卽見於澄序中。知胡傳躐躋三傳之列，自元初已然。此本驗其版式，猶爲元槧，蓋當時鄉塾讀本也。"

著錄：《四庫全書總目》、《中國古籍善本書目》。

鈐印："漢陽周貞亮退舟民國紀年後所藏善本"、"漢陽周氏寶藏"、"貞亮私印"。

刻工：唐林、柯仁義、唐鳳、顧時中、張仁、陳約、劉葉、夏文、張電、袁宏、張便等。

032　麟經摘珠胡傳删

J1496

《麟經摘珠胡傳删》十卷，清鈔本。二冊。半葉十二行十九字。無邊框，葉高23.5釐米，寬12.7釐米。

是書依宋胡安國撰《春秋胡傳》三十卷删節而成。迄於魯隱公元年，終於魯哀公十四年。孔子著《春秋》，至魯哀公十四年春，西狩獲麟而終，故《春秋》又稱爲《麟經》。

本館藏本爲墨筆楷書，朱筆圈點。

著錄：是書《中國古籍善本書目》等無著錄。

鈐印："留畬堂"。

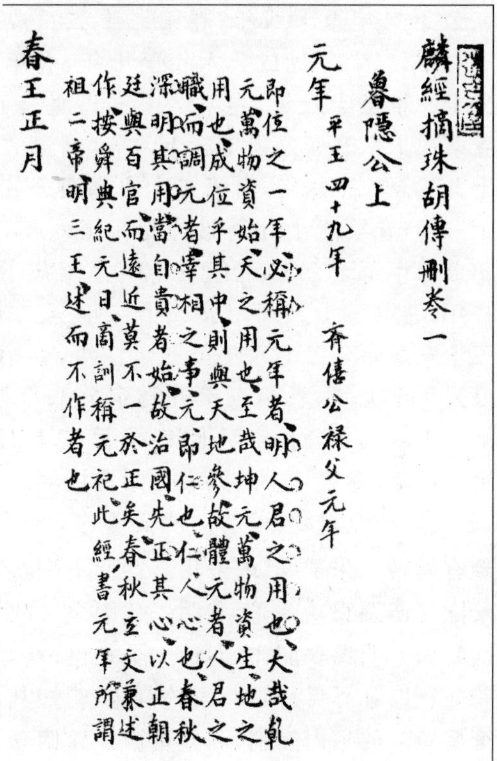

麟經摘珠胡傳删卷一

魯隱公上

元年　平王四十九年　齊僖公祿父元年

即位之一年必稱元年者明人君之用也大哉乾元萬物資始天之用也至哉坤元萬物資生地之用也成位乎其中則與天地參故體元者人君之職而調元者宰相之事元即仁也仁人心也春秋深明其用當自貴者始故治國先正其心以正朝廷與百官而遠近莫不一於正矣春秋立文兼述作按舜典紀元日商訓稱元祀此經書元年所謂祖二帝明三王述而不作者也

春王正月

032

033　欽定春秋傳説彙纂

G876

《欽定春秋傳説彙纂》三十八卷，卷首二卷，清王掞等撰，清康熙六十年内府刻本。二十三冊。半葉十一行二十二字，小字雙行同。四周雙邊，白口，單魚尾。版心上鐫書名，下鐫卷次及標題。框高21.8釐米，寬15.3釐米。前有王圖炳奉敕撰序，目錄等。

王掞(1644—1728)，字藻儒，號顓庵，江南太倉人。明大學士王錫爵之孫。康熙二十九年進士。歷官内閣學士，工、刑、兵各部尚書，文淵閣大學士兼禮部尚書。謚文貞。著有《朱注發明》等。

是書卷首上爲綱領，卷首下爲王朝世表、列國年表、王朝列國世次、王朝列國興廢説、列國爵姓、列國地圖、王朝地名、列國地名，卷第一爲隱公元年至二年，卷第二爲隱公三年至六年，卷第三爲隱公七年至十一年，卷第四爲桓公元年至四年，卷第五爲桓公五年至十年，卷第六爲桓公十一年至十八年，卷第七爲莊公元年至七年，卷第八爲莊公八年至十四年，卷第九爲莊公十五年至二十三年，卷第十爲莊公二十四年至三十二年，卷第十一爲閔公元年至二年，卷第十二爲僖公元年至五年，卷第十三爲僖公六年至十五年，卷第十四爲僖公十六年至二十四年，卷第十五爲僖公二十五年至二十八年，卷第十六爲僖公二十九年至三十三年，卷第十七爲文公元年至八年，卷第十八爲文公九年至十八年，卷第十九爲宣公元年至六年，卷第二十爲宣公七年至十一年，卷第二十一爲

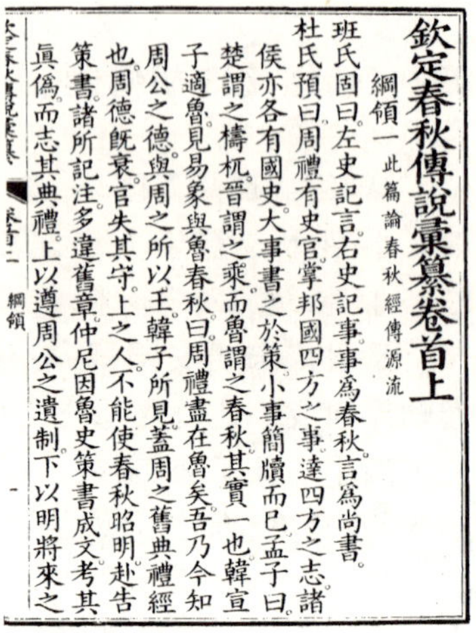
欽定春秋傳說彙纂卷首上

綱領一 此篇論春秋經傳源流

班氏固曰左史記言右史記事事爲春秋言爲尚書

杜氏預曰周禮有史官掌邦國四方之事達四方之志諸侯亦各有國史大事書之於策小事簡牘而已孟子曰楚謂之檮杌晉謂之乘而魯謂之春秋其實一也韓宣子適魯見易象與魯春秋曰周禮盡在魯矣吾乃今知周公之德與周之所以王韓子所見蓋周之舊典禮經也周德既衰官失其守上之人不能使春秋昭明赴告策書諸所記注多違舊章仲尼因魯史策書成文考其眞僞而志其典禮上以遵周公之遺制下以明將來之

綱領

033

宣公十二年至十八年，卷第二十二爲成公元年至五年，卷第二十三爲成公六年至十年，卷第二十四爲成公十一年至十八年，卷第二十五爲襄公元年至九年，卷第二十六爲襄公十年至十八年，卷第二十七爲襄公十九年至二十六年，卷第二十八爲襄公二十七年至三十一年，卷第二十九爲昭公元年至六年，卷第三十爲昭公七年至十三年，卷第三十一爲昭公十四年至二十一年，卷第三十二爲昭公二十二年至二十五年，卷第三十三爲昭公二十六年至三十二年，卷第三十四爲定公元年至七年，卷第三十五爲定公八年至十五年，卷第三十六爲哀公元年至七年，卷第三十七爲哀公八年至十四年，卷第三十八爲哀公附錄經傳。

《四庫全書總目》曰："胡安國作《春秋傳》，張栻已頗有異議。朱子編《南軒集》，存而不刪，蓋亦以栻說爲然。至元延祐中復科舉法，始以安國之傳懸爲功令，而有明一代因之。故元吳澄作《俞臯春秋集傳序》稱，兼列胡氏以從時尚。明馮夢龍作《春秋大全凡例》稱，諸儒議論儘有勝胡傳者，然業以胡傳爲宗，自難並收以亂耳目。豈非限於科律，明知其誤而從之歟。欽惟聖祖仁皇帝道契天經，心符聖義。於尼山筆削，洞鑒精微。雖俯念士子，久誦胡傳，難以驟更，仍綴於三傳之末。而指授儒臣，詳爲考證，凡其中有乖經義者，一一駁正，多所刊除，至於先儒舊說，世以不合胡傳擯棄弗習者，亦一一采錄表章，闡明古學。蓋以聖人之德，居天子之位。故能蕩滌門戶，辯別是非，挽數百年積重之勢而反之於正也。自時厥後，能不爲胡傳所錮者，如徐庭垣之《春秋管窺》，焦袁熹之《春秋闕如編》，響然並作，不可殫數。衮鉞之義，遂皦若三光。維風維草之效，誠有自來矣。"又曰："《欽定春秋傳說彙纂》總括衆說，折衷聖言，凡安國迂謬之談，悉一一駁正，此足見是非之公，終有不能强掩者矣。今檢校遺書，於明代說春秋家多所刊削，庶不以科舉俗學晦蝕聖經之本旨云爾。"

著錄：《中國古籍善本書目》、《四庫全書總目》。

034 賞左録

J2131

《賞左録》二卷，清鈔本。二冊。半葉十行二十字，小字雙行同。四周單邊，白口，無魚尾。框高 18.3 釐米，寬 12.4 釐米。

是書分類摘取《左傳》詞語，附以該詞語在《左傳》中之原句。內容分爲"大君"、"東宮"、"元妃"、"元侯"、"舉善"、"軌物"、"選建"、"遷移"等類別，屬於蒙學讀物之《左傳》詞林一類。

本館藏本爲墨筆行書，青絲欄。書末題："趙觀記七歲學"。但以全書筆法成熟、劃一觀之，不似七歲小童所爲。

著錄：是書《中國古籍善本書目》等無著錄。

鈐印："志豊"。

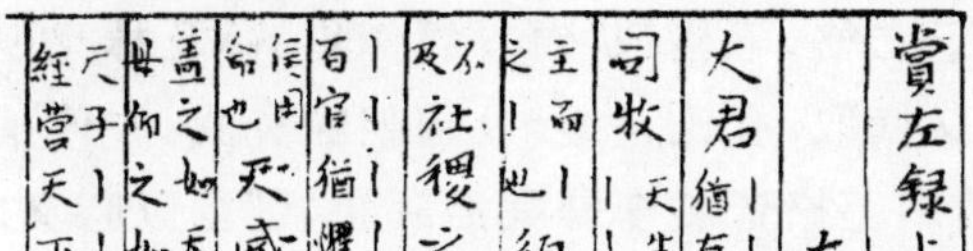
賞左録上卷
大君

034

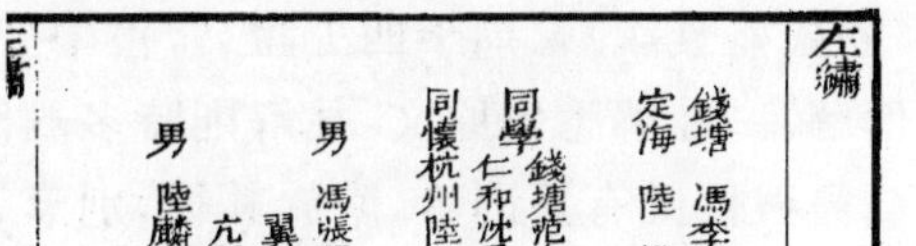
左繡
錢塘 馮李驊天閑 評輯
定海 陸 浩大瀛
同學 錢塘范元炳右文 仁和沈乃文襄武 參評
同懷杭州陸 偲巽皐
男 馮張孫近濂 翼孫念詒 元孫思蔭 校輯
男 陸麟書素文

春秋經傳集解 宋林堯叟唐翁附註
晉杜 預元凱原本 唐陸元朗德明音釋
後學馮李驊天閑增訂
隱公第一 公名息姑魯惠公子母聲子姬姓侯爵自周公子伯禽受封傳世十三至
公攝國謚法不尸其位曰隱●在位十一年
傳惠公元妃孟子 言元妃明始適夫人也 子宋姓○適丁歷反 孟子卒 不稱
薨不成喪也無謚先夫死不得從夫謚 繼室以聲子生隱公 聲謚也蓋孟子之姪

035

035　左繡

《左繡》三十卷，清馮李驊、陸浩評輯，清康熙五十九年華川書屋刻本。十四册。半葉八行二十字，小字雙行同，眉欄上刻評。左右雙邊，白口，單魚尾。版心上鐫書名，中鐫卷次，下鐫"華川書屋"。框高 21.9 釐米，寬 13.9 釐米。前有扉頁，題："增訂杜氏經傳集解原本《左繡》。清浦張天農先生手定，錢塘馮李驊天閑，定海陸浩大瀛評輯。雙門底瑞雲樓藏版。"前有杜預"經傳集解原序"，朱軾序，陸浩跋，李驊"讀左卮言"，張孫"春秋列國時事圖說"，馮李驊"刻左例言"，目錄。

馮李驊（生卒年不詳），字天閑，錢塘人。著有《讀易小得》，《揚雄蜀都賦讀》，《六書疏略》等。

陸浩(生卒年不詳),字大瀛,定海人。

是書第一卷爲隱公,第二卷爲桓公,第三卷爲莊公,第四卷爲閔公,第五卷至第七卷爲僖公,第八卷至第九卷爲文公,第十卷至第十一卷爲宣公,第十二卷至第十三卷爲成公,第十四卷至第十九卷爲襄公,第二十卷至第二十六卷爲昭公,第二十七卷至第二十八卷爲定公,第二十九卷至第三十卷爲哀公。

《四庫全書總目》曰:"是編首載《讀左卮言》,《十二公時事圖說》,《春秋三變說》,《列國盛衰說》,《周十四王說》。書中分上下二格,下格列杜預《經傳集解》及林堯叟《左傳解》。杜解悉依原文,林解則時多刪節,又摘取《孔氏正義》及國朝顧炎武《左傳補正》二書與杜氏有異同者,附於其後,別無新義。上格皆載李驊與浩評語,則竟以時文之法商搉經傳矣。"

著錄:《四庫全書總目》、《中國古籍善本書目》。

書　類

036　尚書大傳

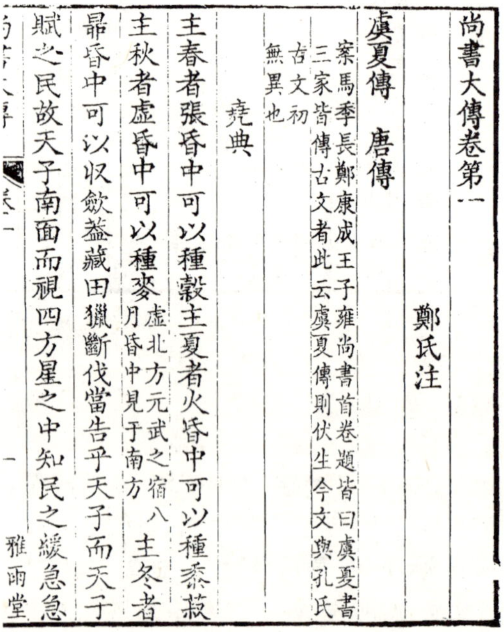
尚書大傳卷第一
鄭氏注
虞夏傳　唐傳
案馬季長鄭康成王子雍尚書首卷題皆曰虞夏書三家皆傳古文者此云虞夏傳則伏生今文與孔氏古文初無異也
堯典
主春者張昏中可以種穀主夏者火昏中可以種黍菽
主秋者虛昏中可以種麥虛北方元武之宿八月昏中見于南方主冬者
昴昏中可以收斂蓋藏田獵斷伐當告乎天子而天子
賦之民故天子南面而視四方星之中知民之緩急急
雅雨堂

036

《尚書大傳》四卷,漢伏生撰,漢鄭玄註,乾隆二十二年雅雨堂刻本。一冊。半葉十行二十一字,小字雙行四十二字。四周單邊,白口,單魚尾。版心上鐫書名,中鐫卷次,下鐫"雅雨堂"。框高 18.2 釐米,寬 14.3 釐米。前有扉頁,題:"尚書大傳"。卷首有乾隆二十一年盧見曾序,卷末有盧文弨《考異序》,考異,補遺,續補遺,乾隆二十二年盧見曾後跋,鄭康成"鄭司農集"。

伏生(生卒年不詳),一作伏勝,字子賤,章丘人。孔門弟子輊子賤後裔。秦統一後,朝廷設博士七十員以備顧問,伏生即爲其一。公元前 213 年,秦始皇焚書坑儒時,伏生冒死暗將《尚書》藏於牆壁之夾層內,由此逃避焚毀。秦亡漢立,伏生掘開牆壁,尚有二十九篇保存完好,此便爲中國古代史寶貴資料之《尚書》。文帝派太常掌故晁錯到伏生家中，將伏生胸藏《尚書》整理記錄下來，補敘出所失篇章，遂使《尚書》得以完整流傳。

鄭玄，見 026《鄭氏周易》《周易乾鑿度》。

是書卷一爲虞夏傳、唐傳（堯典、九共、禹貢、甘誓），卷二爲殷傳（湯誓、殷庚、説命、高宗之訓、大誓，武成、洪範、大诰，金滕、歸禾、康诰、酒诰等），卷三爲洪範五行傳，卷四爲略說、考異、補遺。

盧見曾《尚書大傳序》記敘了該書刊刻始末："曩留心訪求，近始得之[今本鄭注尚書大傳]。……爲刊而行之。别撰補遺一卷，並附康成集於卷末，俾後之求漢學者知所考焉。"

本館藏本爲《雅雨堂叢書》第二函。

著錄：《中國古籍善本書目》。

037　書集傳

F761

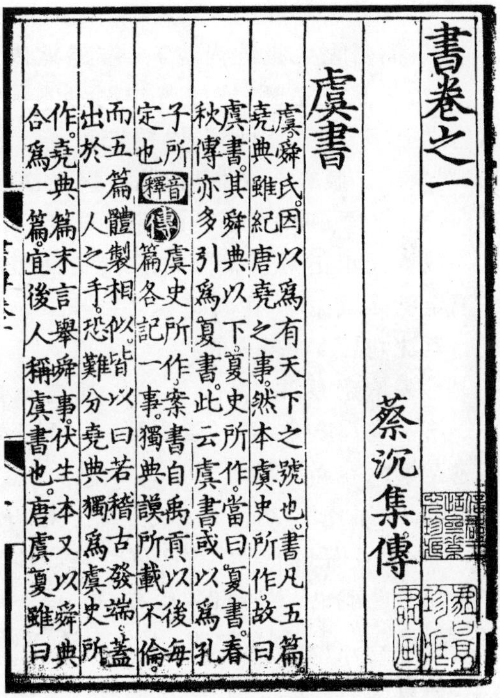
書卷之一
蔡沉集傳
虞書
虞舜氏因以爲有天下之號也書凡五篇堯典雖紀唐堯之事然本虞史所作故曰
虞書其舜典以下夏史所作當曰夏書春秋傳亦多引爲夏書此云虞書或以爲孔
子所定也【釋音】傳虞史所作案書自禹貢以後每篇各記一事獨典謨所載不倫
而五篇體製相似皆以曰若稽古發端蓋出於一人之手恐難分堯典獨爲虞史所
作堯典篇末言舉舜事伏生本又以舜典合爲一篇宜後人稱虞書也唐虞夏雖曰

037

《書集傳》、《書傳》六卷，宋蔡沈撰，元鄒季友音釋，明正統十二年官府刻本。八冊。半葉八行十四字，小字雙行。四周雙邊，上下粗黑口，雙魚尾。版心中鐫書名、卷次。框高 23 釐米，寬 15.5 釐米。前有蔡沈序，朱子說書綱領，蔡沈書序。

蔡沈（1167—1230），字仲默，號九峰，建陽人。元定之子也。事具《宋史・元定傳》。

是書卷之一爲虞書（堯典、舜典、大禹謨、皋陶謨、益稷），卷之二爲夏書（禹貢、甘誓、五子之歌、胤征），卷之三爲商書（湯誓、仲虺之誥、湯誥、伊訓、太甲上、太甲中、太甲下、咸有一德、盤庚上、盤庚中、盤庚下、說命上、說命中、說命下、高宗肜日、西伯戡黎、微子），卷之四爲周書（泰誓上、泰誓中、泰誓下、牧誓、武成、洪範、旅獒、金縢、大誥、微子之命、康誥、酒誥、梓材），卷之五爲召誥、洛誥、多士、無逸、君奭、蔡仲之命、多方、立政，卷之六爲周官、君陳、顧命、康王之誥、畢命、君牙、冏命、呂刑、文侯之命、費誓、秦誓。

《四庫全書總目》曰："慶元己未，朱子屬沈作書傳。至嘉定己巳，書成。淳祐中，其子杭表進於朝，稱集傳六卷，小序一卷，朱熹問答一卷，繕寫成十二冊。其問答一卷久佚。董鼎書傳纂注，稱淳祐經進本，錄朱子與蔡仲默帖，及語錄數段，今各類入綱領輯錄内。是其文猶散見於鼎書中，其條目則不復可考。小序一卷，沈亦逐條辨駁，如朱子之攻詩序。今其文猶存，而書肆本皆削去不刊。考朱升《尚書旁注》，稱古文書序自爲一篇，孔注移之，各冠篇首。蔡氏刪之而置於後，以存其舊。蓋朱子所授之旨。是元末明初，刊本尚連小序。然《宋史・藝文志》所著錄者，亦止六卷，則似自宋以來卽惟以集傳單行矣。"

按《中國古籍善本書目》，與本館所藏相類似之現存明官刻本，尚有《朱子說書綱領》一卷，本館藏本不含此卷。

著錄：《四庫全書總目》、《中國古籍善本書目》。

鈐印："象白亭珍藏書畫"。

038　書經讀本

I1448

《王簡齋先生批註尚書》、《書經集傳》六卷，宋蔡沈撰，清王簡齋點評，清咸豐年間鈔本。六冊。半葉六行十七字，小字雙行同，眉欄朱書評。四周雙邊，白口，單魚尾。版心上鐫"書傳"，中鐫卷次、篇目。框高19.1釐米，寬14.5釐米。前有扉頁，題："批點書經讀本。咸豐元年正月新鐫。古會州王簡齋甫註。"前有宋嘉定己巳蔡沈序，書經讀本篇目等。

蔡沈，見 037《書集傳》。

是書依宋蔡沈《書經集傳》，加清王簡齋點評而成。第一卷爲虞書，第二卷爲夏書，第三卷爲商書，第四卷至第六卷爲周書。

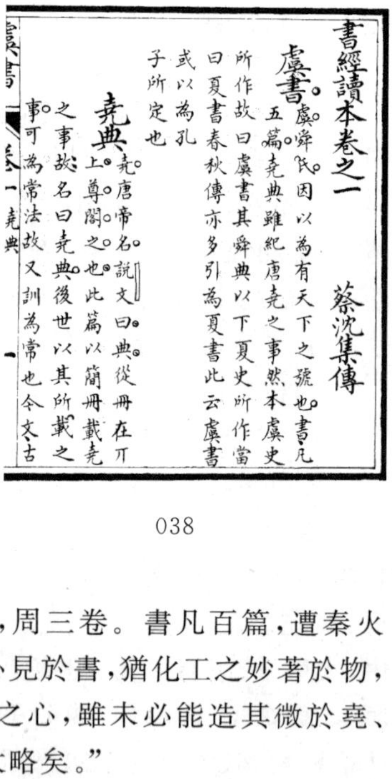
書經讀本卷之一　蔡沈集傳
虞書。虞舜氏。因以爲有天下之號也。書凡五篇。堯典雖紀唐堯之事然本虞史所作故曰虞書其舜典以下夏史所作當曰夏書春秋傳亦多引爲夏書此云虞書或以爲孔子所定也
堯典。堯。唐帝名。說文曰。典。從冊在丌上。尊。閣之。也。此篇以簡冊載堯之事故名曰堯典。後世以其所載之事。可爲常法故又訓爲常也今文古

038

蔡沈《序》曰："書分爲六卷，虞一卷，夏一卷，商一卷，周三卷。書凡百篇，遭秦火後，今所存者僅五十八篇。文以時異，治以道同，聖人之心見於書，猶化工之妙著於物，非精深不能識也。是傳也，於堯、舜、禹、湯、文、武、周公之心，雖未必能造其微於堯、舜、禹、湯、文、武、周公之書，因是訓詁，亦可得其指意之大略矣。"

是書爲墨筆楷書，眉欄有朱筆評註。書中廣見朱筆圈點。

著錄：是書《中國古籍善本書目》等無著錄。

樂類

039　樂律全書

F767

《樂律全書》四十八卷，明朱載堉撰，明萬曆二十三年刻本。四十冊。半葉十二行二十五字。四周雙邊，上下黑口，雙魚尾。版心中鐫書名、卷次。框高 24.9 釐米，寬 19.2 釐米。前有萬曆十二年鄭載堉“律學新說序”，《律曆融通》前有萬曆二十三年朱載堉奏。

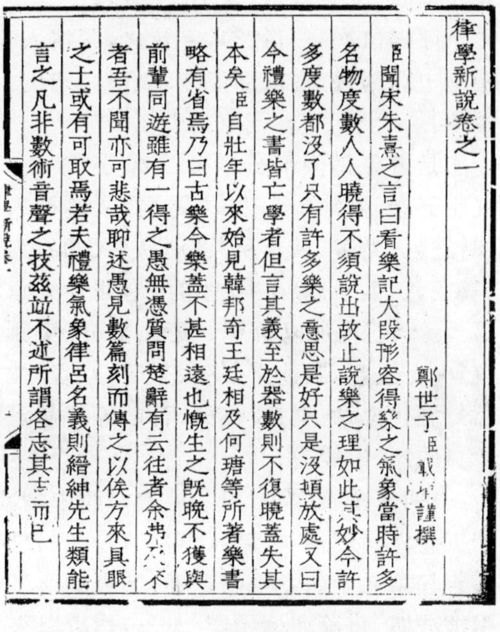
律學新說卷之一
鄭世子臣載堉謹撰
臣聞宋朱熹之言曰看樂記大段形容得樂之氣象當時許多名物度數人人曉得不須說出故止說樂之理如此其妙今許多度數都沒了只有許多樂之意思是好只是沒頓放處又曰今禮樂之書皆亡學者但言其義至於器數則不復曉蓋失其本矣臣自壯年以來始見韓邦奇王廷相及何瑭等所著樂書略有省焉乃曰古樂今樂蓋不甚相遠也慨生之既晚不獲與前輩同遊雖有一得之愚無憑質問楚辭有云往者余弗及兮來者吾不聞亦可悲哉聊述愚見數篇刻而傳之以俟方來具眼之士或有可取焉若夫禮樂氣象律呂名義則縉紳先生類能言之凡非數術音聲之技茲並不述所謂各志其志而已

039

朱載堉（1536—1611），字伯勤，號句曲山人，懷慶人。鄭恭王厚烷世子。

是書爲集樂、舞、律、曆諸學之百科全書，包括：律學新說四卷、樂學新說一卷、筭學新說一卷、律吕精義内篇十卷、外篇十卷、操縵古樂譜一卷、旋宫合樂譜一卷、鄉飲詩樂譜六卷、六代小舞譜一卷、小舞鄉樂譜一卷、二佾綴兆圖一卷、靈星小舞譜一卷、聖壽萬年曆二卷、萬年曆備考三卷、附録一卷、律曆融通四卷、附録一卷。

《四庫全書總目》曰：“是書萬歷間嘗進於朝。《明史・藝文志》作四十卷。今考此本所載，凡書十一種。惟《律吕精義》内外篇各十卷，《律學新説》四卷，《鄉飲詩樂譜》六卷，皆有卷數。其樂學新説，算學新説，操縵古樂譜，六代小舞譜，八佾綴兆圖，靈星小舞譜，旋宫合樂譜七種，則皆不分卷。與藝文志所載不符，疑史誤也。載堉究心律數，積畢生之力以成是書。卷帙頗爲浩博，而大旨則盡於律吕精義一書。……江永著《律吕闡微》一書，專解載堉之法。永最深晰算術，而猶不能得其立法之意，餘可知矣。”

本館藏本内附有大量版刻插圖。

著録：《四庫全書總目》、《中國古籍善本書目》。

鈐印：“黄任之印”、“莘田氏”。

040 樂書

N2112

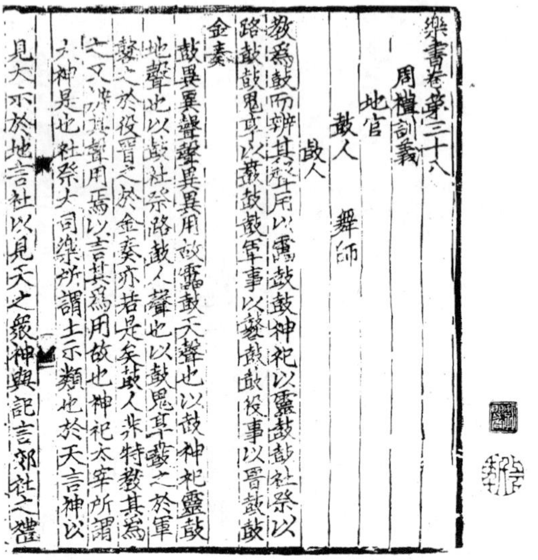
樂書卷第三十八
周禮訓義
地官
鼓人 舞師
鼓人
教爲鼓而辨其聲用以雷鼓鼓神祀以靈鼓鼓社祭以
路鼓鼓鬼享以鼖鼓鼓軍事以鼛鼓鼓役事以晉鼓鼓
金奏
鼓異異聲聲異異用故雷鼓天聲也以鼓神祀靈鼓
地聲也以鼓社祭路鼓人聲也以鼓鬼享鼖之於軍
鼛之於役晉之於金奏亦若是矣鼓人非特教其爲
之又辨其聲用焉以言其爲用故也神祀太宰所謂
大神是也社祭大司樂所謂土示類也於天言神以
見大示於地言社以見天之衆神與記言郊社之禮

040

《樂書》二百卷，宋陳暘撰，南宋慶元年間刻本或元刻明修本。包背裝。半葉十三行二十一字。左右雙邊，白口，雙魚尾。框高 21.5 釐米，寬 16.1 釐米。

陳暘(1064—1128)，字晉之，閩清人。紹聖中登制科，官禮部侍郎。事具《宋史》本傳。

是書分爲兩部分。第一部分《訓義》九十五卷，摘錄《禮記》、《周禮》、《儀禮》、《詩經》、《尚書》、《春秋》、《周易》、《孝經》、《論語》、《孟子》等十種經書中有關音樂章節 ，逐條逐句加以解釋。第二部分《樂圖論》一百五卷，論述十二律、五聲、八音(樂器)、歷代樂章、樂舞、雜樂、百戲等。並附插圖五百四十幅。其來源均取自現已散佚或少見的唐、宋樂書。

《四庫全書總目》曰："此書乃建中靖國間暘爲秘書省正字時所進。自第一卷至九十五卷，引《三禮》、《詩》、《書》、《春秋》、《周易》、《孝經》、《論語》、《孟子》之言，各爲之訓義。其第九十六卷至二百卷，則專論律吕本義、樂器、樂章及五禮之用樂者，爲樂圖論。引據浩博，辨論亦極精審。……然唐以來樂書無傳。北宋樂書惟皇祐《新樂圖記》及此書存耳。遺文緒論，條理可徵，又安可以一眚廢耶。"

本館所藏爲殘卷，僅存《周禮訓義》第三十八卷地官、鼓人、舞師，第三十九卷地官、舞師、春官、大宗伯、内宗、外宗、大司樂，第四十卷至第四十二卷周禮訓義、春官、大司樂。按《中國古籍善本書目》，是書現存之版本多源于元至正七年福州路儒學刻明修本，並無更早之傳世本。

著錄：《四庫全書總目》、《中國古籍善本書目》。

鈐印："林雨吟早舘"、"上下五千年"。

禮　類

041　大戴禮記

H976

《大戴禮記》十三卷，漢戴德撰，宋淳熙二年韓元吉版，清懷德堂刻本。四冊。半葉十行二十字，小字雙行同。四周單邊，白口，單魚尾。版心上鐫書名，中鐫卷次，各卷首葉下鐫“懷德堂”。金鑲玉裝。框高 14.2 釐米，寬 9.3 釐米。前有扉頁，題：“大戴禮記”。前另有淳熙二年韓元吉序。

戴德（生卒年不詳），字延君，西漢時梁人。漢代禮學家，今文禮學“大戴學”之開創者。任信都王（劉囂）太傅。宣帝時立爲博士，稱“大戴”，亦稱“太傅《禮》”。選集古代各種有關禮儀等論述編成《大戴禮記》八十五篇。與《小戴禮記》之編纂者戴聖（戴德之侄）同爲西漢經學家后蒼之弟子。

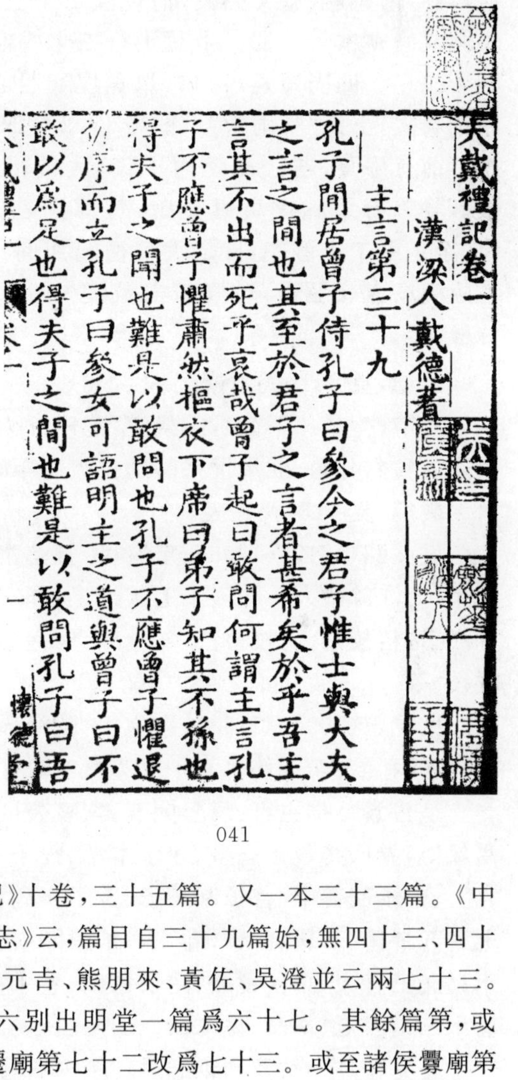
大戴禮記卷一
漢梁人戴德著
主言第三十九
孔子閒居曾子侍孔子曰參今之君子惟士與大夫之言之間也其至於君子之言者甚希矣於乎吾主言其不出而死乎哀哉曾子起曰敢問何謂主言孔子不應曾子懼肅然摳衣下席曰弟子知其不孫也得夫子之閒也難是以敢問也孔子不應曾子懼退負序而立孔子曰參女可語明主之道與曾子曰不敢以爲足也得夫子之閒也難是以敢問孔子曰吾
懷德堂

041

是書卷次内容參見 042《大戴禮記》。

《四庫全書總目》曰：“漢戴德撰，《隋書·經籍志》曰，《大戴禮記》十三卷，漢信都王太傅戴德撰。《崇文總目》云，《大戴禮記》十卷，三十五篇。又一本三十三篇。《中興書目》云，今所存止四十篇。《晁公武讀書志》云，篇目自三十九篇始，無四十三、四十四、四十五、六十一四篇，有兩七十四。而韓元吉、熊朋來、黄佐、吳澄並云兩七十三。陳振孫云，兩七十二。蓋後人於盛德第六十六別出明堂一篇爲六十七。其餘篇第，或至文王官人第七十一改爲七十二。或至諸侯遷廟第七十二改爲七十三。或至諸侯釁廟第七十三改爲七十四。故諸家所見不同。蓋有新析一篇，則與舊有之一篇篇數重出也。”

韓元吉《序》曰：“此書嘗得范太史家一本校之，篇卷悉同，其訛缺謬誤則不敢改益。懼其寖久而傳又加舛也。乃刊置建安郡齋，庶可考焉。”

著録：《四庫全書總目》、《中國古籍善本書目》。

鈐印：“劍華堂藏書印”、“吳印廣霈”、“夢其生”、“劍華道人”、“夢其生”、“瀚濤”。

042　大戴禮記

《大戴禮記》、《大戴禮》十三卷，漢戴德撰，題北周盧辯註，清戴震、盧文弨校，清乾隆二十五年盧見曾刻雅雨堂叢書本。一冊。半葉十行二十一字，小字雙行四十二字。四周單邊，白口，單魚尾。版心上鐫書名，中鐫卷次，下鐫“雅雨堂”。框高 18.2 釐米，寬 14.3 釐米。前有扉頁，題：“乾隆丙子鐫，大戴禮。雅雨堂藏板。”卷首有乾隆戊寅盧見曾序，淳熙乙未韓元吉舊序，至正甲午年舊序，校定大戴禮記凡例，目錄。後有乾隆庚辰盧文弨跋，乾隆丁丑戴震“戴校大戴禮記目錄後語”。

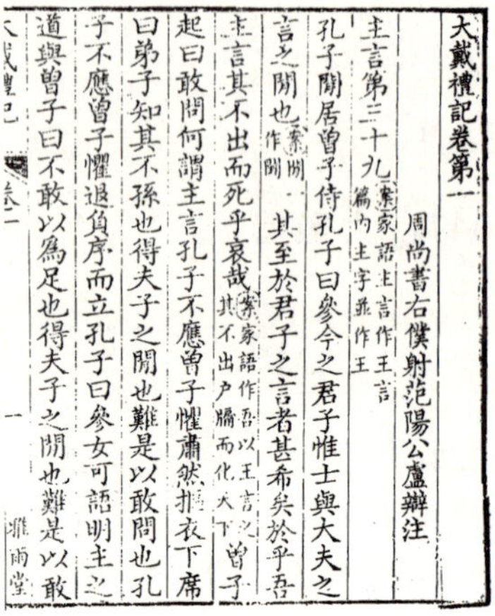
大戴禮記卷第一
周尚書右僕射范陽公盧辯注
主言第三十九（案家語主言作王言篇內主字並作王）
孔子閒居曾子侍孔子曰參今之君子惟士與大夫之
言之閒也（案閒作聞）其至於君子之言者甚希矣於乎吾
主言其不出而死乎哀哉（案家語作吾以王言之其不出戶牖而化天下）曾子
起曰敢問何謂主言孔子不應曾子懼肅然摳衣下席
曰弟子知其不孫也得夫子之閒也難是以敢問也孔
子不應曾子懼退負序而立孔子曰參女可語明主之
道與曾子曰不敢以爲足也得夫子之閒也難是以敢
大戴禮記　卷一　一　雅雨堂

042

戴德，見 041《大戴禮記》。

盧辯（生卒年不詳），字景宣，范阳涿人。少好學，博通經籍，舉秀才，爲太學博士。纍遷尚書右仆射，北周世宗時進位大將軍，出宜州刺史。

戴震，見 015《聲類表》。

盧文弨（1717—1796），字召弓，號檠齋，晚更號弓父，“抱經”爲其堂名，故或稱抱經先生，浙江餘姚人。乾隆十七年進士，歷官左春坊左中允、翰林院侍讀、湖南學政等官。好漢學，精校勘，所校書甚多，彙刻爲《抱經堂叢書》。自著有《抱經堂文集》、《儀禮註疏詳校》等。

盧見曾（1690—1768），字抱孫，號澹园，又號雅雨，清山东德州人。康熙六十年進士，官至兩淮鹽苫運使。著有《出塞集》，輯有《山左詩鈔》，刻有《雅雨堂叢書》、《金石三例》。

是書卷一爲主言、哀公問五義、哀公問於孔子、禮三本，卷二爲禮察、夏小正，卷三爲保傅，卷四爲曾子立事、曾子本孝、曾子立孝、曾子大孝、曾子事父母，卷五爲曾子制言上、曾子制言中、曾子制言下、曾子疾病、曾子天圓，卷六爲武王踐阼、衛將軍文子，卷七爲五帝德、帝繫、勸學，卷八爲子張問入官、盛德，卷九爲千乘、四代、虞戴德、誥志，卷十爲文王官人、諸侯遷廟、諸侯釁廟，卷十一爲小辨、用兵、少閒，卷十二爲朝事、投壺，卷十三爲公冠、本命、易本命。

盧見曾《序》敘及刊刻經過：“余家召弓太史於北平黃夫子家借得元時刻本以校今本之失，十得二三，註之。爲後人刊削者，亦得据以補焉。又與其友休寧戴東原震泛鑑群書，參互考訂，既定而以貽余。”戴震《戴校大戴禮記目錄後語》亦曰：“是書[太傅禮]自漢迄今註獨此一家，而脫誤特多。余嘗訪求各本，得舊本五，參互校正。今春正月盧編修召弓以其校本示余，又得改正數事。盧編修本所失者，則余五本中或得之，若疑文闕句，無從考得，姑俟異日。”

本館藏本爲《雅雨堂叢書》第二函。

著錄:《中國古籍善本書目》。

043　精擇禮記

J1992

《精擇禮記》二卷,清鈔本。二冊。半葉六行二十五字。無邊框,葉高 25 釐米,寬 12.8 釐米。

是書擇鈔《禮記》之"曲禮"至"聘義"共二十餘篇。

本館藏本爲墨筆楷書,行間廣見朱筆批註。

著錄:是書《中國古籍善本書目》等無著錄。

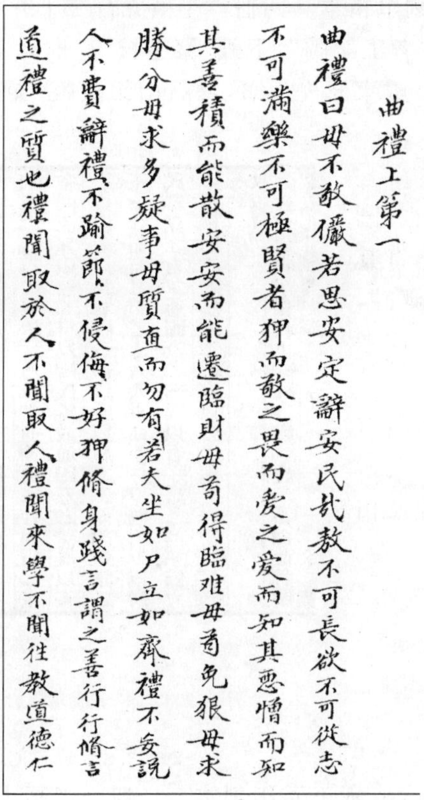
曲禮上第一
曲禮曰毋不敬儼若思安定辭安民哉敖不可長欲不可從志
不可滿樂不可極賢者狎而敬之畏而愛之愛而知其惡憎而知
其善積而能散安安而能遷臨財毋苟得臨難毋苟免很毋求
勝分毋求多疑事毋質直而勿有若夫坐如尸立如齊禮不妄說
人不費辭禮不踰節不侵侮不好狎脩身踐言謂之善行行脩言
道禮之質也禮聞取於人不聞取人禮聞來學不聞往教道德仁

043

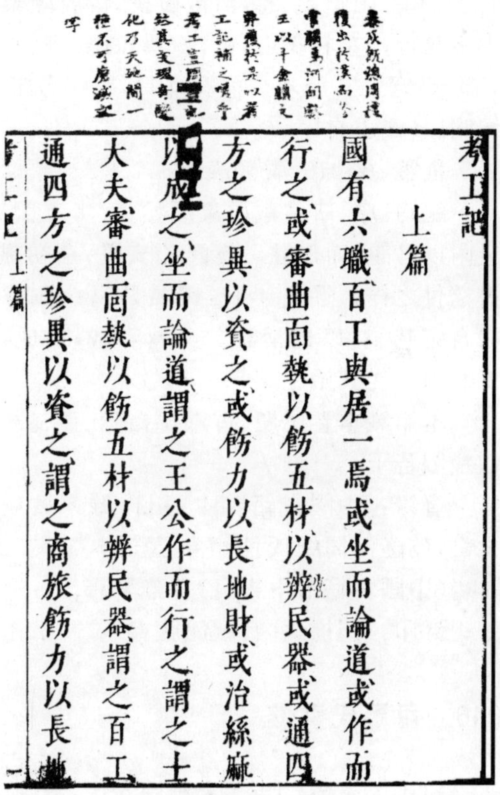
考工記
上篇
國有六職百工與居一焉或坐而論道或作而
行之或審曲面埶以飭五材以辨民器或通四
方之珍異以資之或飭力以長地財或治絲麻
以成之坐而論道謂之王公作而行之謂之士
大夫審曲面埶以飭五材以辨民器謂之百工
通四方之珍異以資之謂之商旅飭力以長地

044

044　考工記

K2311

《考工記》、《批點考工記》二卷,明郭正域批點,明萬曆四十四年閔齋伋刻三經評註朱墨套印本。四冊。半葉八行十八字,小字雙行,眉欄刻評。左右雙邊,白口,無魚尾。

版心上鎸"考工記"及篇名。框高 20.1 釐米，寬 14.5 釐米。前有郭正域序。

郭正域(生卒年不詳)，字美命，江夏人。萬曆癸未進士，官至禮部侍郎。謚文毅。事具《明史》本傳。著有《明典禮志》、《韓文杜律》等。

《四庫全書總目》曰："是編取考工記之文，圈點批評，惟論其章法、句法、字法，每節後所附註釋，亦頗淺略。蓋爲論文而作，不爲詁經而作也。"

本館藏本之眉欄評語及圈點爲朱色。

著錄：《四庫全書總目》、《中國古籍善本書目》。

045　考工記圖

J1915

《考工記圖》二卷，清戴震撰，清乾隆聚奎樓刻巾箱本。四冊。半葉九行二十一字，小字雙行。左右雙邊，白口，單魚尾。版心上鎸"考工記圖"，下鎸"聚奎樓"。框高 12.9 釐米，寬 9.3 釐米。前有扉頁，題："考工圖記。戴東原先生著，籜石山館藏版。"前有紀昀序，戴震自序。

戴震，見 015《聲類表》。

紀昀《序》曰："戴君東原始爲《考工記》作圖也，圖後附以己說，而無註。乾隆乙亥夏，余初識戴君，奇其書欲付之梓。遲之半載，戴君乃爲余刪取先後鄭註，而自定其說，以爲補註。又越半載，書成，仍名曰《考工記圖》，從其始也。"

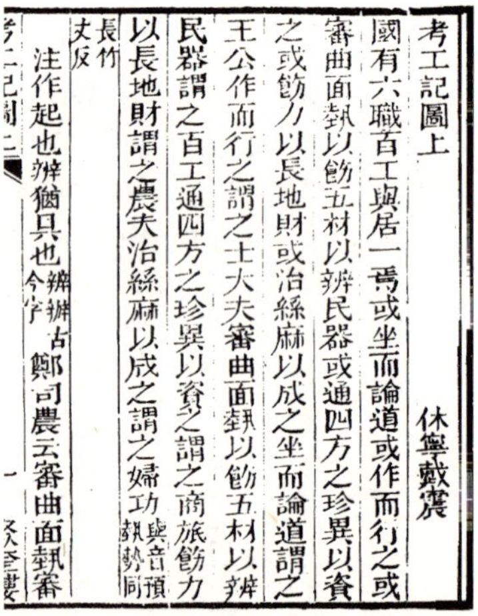
考工記圖上　休寧戴震
國有六職百工與居一焉或坐而論道或作而行之或
審曲面埶以飭五材以辨民器或通四方之珍異以資
之或飭力以長地財或治絲麻以成之坐而論道謂之
王公作而行之謂之士大夫審曲面埶以飭五材以辨
民器謂之百工通四方之珍異以資之謂之商旅飭力
以長地財謂之農夫治絲麻以成之謂之婦功與音預埶勢同
長竹丈反
注作起也辨猶具也辨辨古今字鄭司農云審曲面埶審

045

本館藏本卷尾題"古黟孫觀道、觀海校"。書内有白描圖若干。

著錄：《中國古籍善本書目》錄入戴震撰，程瑤田批註，乾隆河間紀氏閱微草堂刻本《考工記圖》二卷。是書《中國古籍善本書目》等無著錄。

鈐印："問樵"、"宜秋館藏書"。

046　司馬氏書儀

DS723. S78 1720/G1066

《司馬氏書儀》十卷，宋司馬光撰，清汪郊校訂，清雍正元年刻本。二冊。半葉十一行十九字，小字雙行二十四字。左右雙邊，白口，單魚尾。版心上記字數，中鎸書名及卷次。框高 18.7 釐米，寬 13 釐米。左右欄框下方記有刻工名。卷首有"時歲子菊月圓日序于傳桂"、"雍正元年冬十月朔日後學汪亮采謹序"、"雍正元年季冬中澣後學汪郊謹跋"，卷末有"雍正甲辰二月後學汪郊謹書"、"雍正甲辰上巳日後學汪祁謹跋"。各卷末署"後學汪郊校定"。

司馬光(1019—1086),字君實,號迂叟,世稱涑水先生,北宋陝州夏縣涑水鄉人,生於河南光山縣。北宋著名政治家、史學家、散文家。宋仁宗寶元元年中進士甲科。歷任諫議大夫、翰林學士、御史中丞。卒,追贈太師,封溫國公。謚文正。撰有《資治通鑑》、《通鑑舉要歷》、《稽古錄》、《本朝百官公卿表》、《翰林詩草》、《註古文學經》、《易說》、《註太玄經》、《註揚子》、《書儀》、《游山行記》、《續詩治》、《醫問》、《涼水紀聞》、《類篇》、《司馬文正公集》等。

汪郊(生卒年不詳),歸安人。貢生,雍正七年任莆田縣知縣,雍正十三年任汀州府知府。事具《福建通志》。

是書卷之一爲表奏、公文、私書、家書,卷之二爲冠儀,卷之三爲婚儀上,卷之四爲婚儀下,卷之五至卷之十爲喪儀。

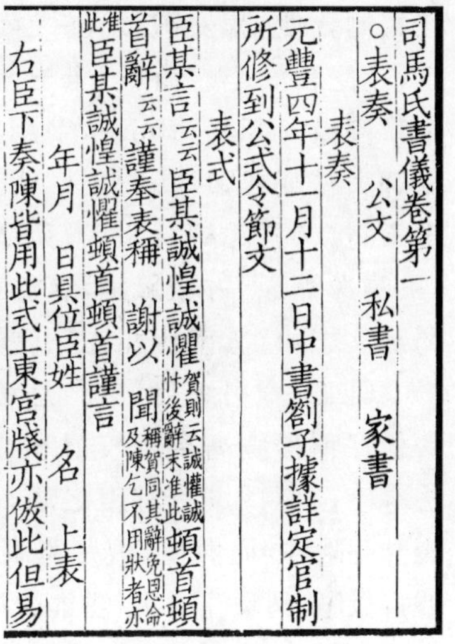
司馬氏書儀卷第一
○表奏 公文 私書 家書
表奏
元豐四年十一月十二日中書劄子據詳定官制
所修到公式令節文
表式
臣某言云云臣某誠惶誠懼賀則云誠懽誠忭後辭末准此頓首頓
首辭云云謹奉表稱 謝以 聞稱賀同其辭免恩命及陳乞不用狀者亦准此
臣某誠惶誠懼頓首頓首謹言
年月 日具位臣姓 名 上表
右臣下奏陳皆用此式上東宮牋亦倣此但易

046

汪亮采《序》曰:"三家禮者,首數司馬氏,特以未睹書儀卷帙爲恨,旋購鈔本,藏之家塾,覺度數精詳,理道貫通,與家禮並置几案,如雙環,如兩又,溯其同而異,若分道揚鑣,會其異而同,亦猶先河後海。回命見郊校正開雕,俾廣其傳。"

著錄:《中國古籍善本目錄》收錄有宋刻元修本及清嘉慶十年張海鵬照曠閣刻本。

047 檀弓

K2311

《檀弓》、《批點檀弓》二卷,宋謝枋得、明楊慎批點,明萬曆四十四年閔齊伋刻朱墨套印本。一冊。半葉八行十八字,眉欄刻評。左右雙邊,白口,無魚尾。版心上鐫"檀弓"。框高 20.1 釐米,寬 14.6 釐米。前有閔齊伋序。

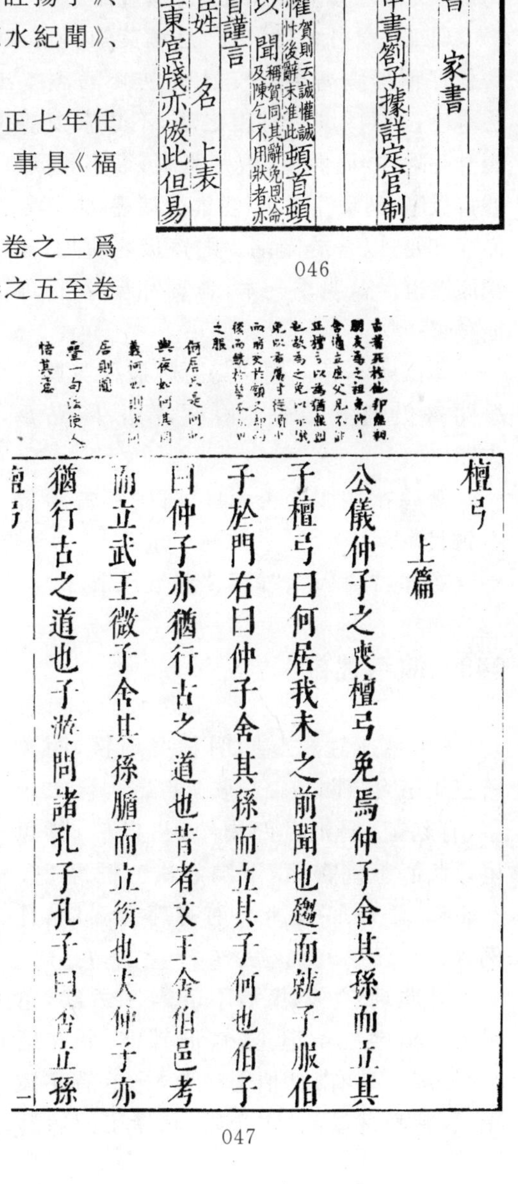
檀弓 上篇
公儀仲子之喪檀弓免焉仲子舍其孫而立其
子檀弓曰何居我未之前聞也趨而就子服伯
子於門右曰仲子舍其孫而立其子何也伯子
曰仲子亦猶行古之道也昔者文王舍伯邑考
而立武王微子舍其孫腯而立衍也夫仲子亦
猶行古之道也子游問諸孔子孔子曰否立孫

047

謝枋得(1226—1289),字君直,號疊山,信州弋陽人。寶祐四年進士。宋末爲江東制置使，臨安破後，卽弋陽起義兵，兵潰後遯跡浦城，元福建行省魏天佑迫脅送燕京，遂絕食而卒。事具《宋史・忠義傳》。著有《疊山集》、《文章軌範》等。

楊慎(1488—1559)，字用修，號升菴，新都人。正德辛未進士第一，授翰林院修撰，以諫大禮謫戍滇中。事具《明史》本傳。著有《奇字韻》、《檀弓叢訓》、《古音駢字》、《六書索隱》、《丹鉛總錄》、《譚苑醍醐》、《升菴詩話》、《詞品》、《書品》、《畫品》、《金石古文》、《風雅逸篇》、《古今風謠》、《希姓錄》、《石鼓文音釋》、《陶情樂府》、《二十一史彈詞》、《全蜀藝文志》、《雲南山川志》、《滇載記》等。

《四庫全書總目》曰："是編莫知所自來，明萬歷丙辰，烏程閔齊伋始以朱墨板刻之。齊伋序稱得謝高泉所校舊本，亦不言謝本出誰氏。書中圈點甚密，而評則但標章法、句法等字。似孫鑛等評書之法，不類宋人體例。疑因枋得有文章軌範，依託爲之。又題楊升菴附注，而與慎《檀弓叢訓》復不相同。據齊伋序，稱彙注疏集、注集說諸書，去其繁而存其要，以著於簡端。則齊伋之所加，非慎原注也。蓋明季刊本，名實舛互，往往如斯矣。"

本館藏本卷末題："萬曆丙辰秋吳興後學閔齊伋遇五父識。"眉欄評語、圈點爲朱印。

著錄：《四庫全書總目》、《中國古籍善本書目》。

鈐印："齊伋"、"閔"、"遇五氏"。

048　檀弓述註

《檀弓述註》二卷，明林兆珂撰，明萬曆三十五年刻本。二冊。半葉八行二十字，有刻工，眉批。四周單邊，白口，無魚尾。版心上鐫書名，下鐫卷次。框高 20.2 釐米，寬 13.5 釐米。前有郭喬泰序，凡例等。

林兆珂(生卒年均不詳)，字孟鳴，莆田人。萬曆二年進士，官刑部郎，歷知廉州、安慶。著有《林伯子詩草》、《毛詩多識編》、《楚辭述註》、《宙合編》、《考工記述註》、《杜詩鈔述註》、《選詩約註》等。

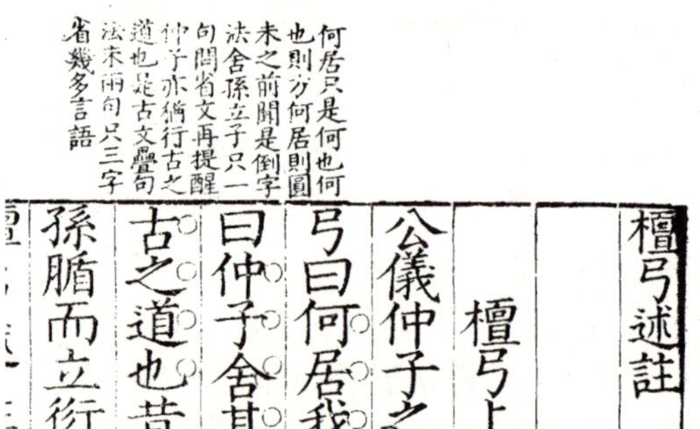
何居只是何也何也則方何居則圓未之前聞是倒字法舍孫立子只一句問省文再提醒仲子亦猶行古之道也是古文疊句法末兩句只三字省幾多言語

檀弓述註

莆林兆珂孟鳴父纂述

檀弓上

公儀仲子之喪檀弓免焉仲子舍其孫而立其子檀

弓曰何居我未之前聞也趨而就子服伯子於門右

曰仲子舍其孫而立其子何也伯子曰仲子亦猶行

古之道也昔者文王舍伯邑考而立武王微子舍其

孫腯而立衍也夫仲子亦猶行古之道也子游問諸

048

《四庫全書總目》曰:“是書集鄭注及諸家之說,而斷以己意,如‘二三子羣居則絰’辨,鄭注以爲‘朋友’之非。‘速貧,速朽’取方希古之言,以爲傳者之謬。皆爲有見。惟經文加以評點,非先儒訓詁之法。如王廷相論立後笄榛,與王應麟考証蒼梧之類,皆事關經義,而轉與論文剩語列在上方。亦非體例也。”

著録:《四庫全書總目》、《中國古籍善本書目》、《文獻通考》、《千頃堂書目》。

049 禮記集說

G882

《雲莊禮記集說》、《禮記集說》三十卷,元陳澔撰,明嘉靖啓澄刻本。六冊。半葉九行十七字,小字雙行同,眉欄刻音辯。左右雙邊,白口,單魚尾。版心中鐫書名、卷次,下鐫刻工。框高 20 釐米,寬 13.7 釐米。前有陳浩序,《禮記》篇目。

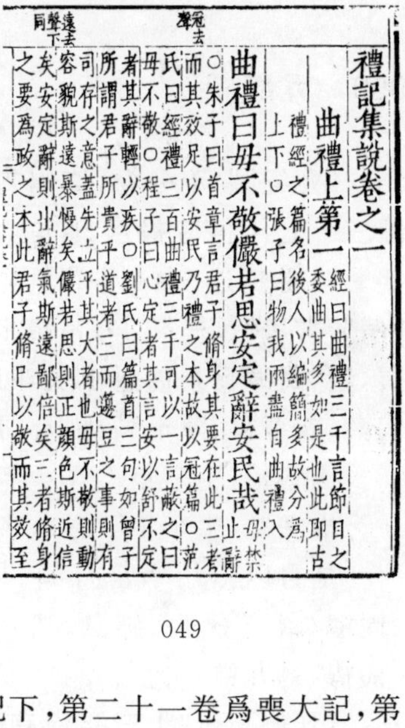

049

陳澔(生卒年不詳),字可大,號雲莊,都昌人。

是書第一卷爲曲禮上,第二卷爲曲禮下,第三卷爲檀弓上,第四卷爲檀弓下,第五卷爲王制,第六卷爲月令,第七卷爲曾子問,第八卷爲文王世子,第九卷爲禮運,第十卷爲禮器,第十一卷爲郊特牲,第十二卷爲内則,第十三卷爲玉藻,第十四卷爲明堂位,第十五卷爲喪服小記,第十六卷爲大傳,第十七卷爲少儀、學記,第十八卷爲樂記,第十九卷爲雜記上,第二十卷爲雜記下,第二十一卷爲喪大記,第二十二卷爲祭法、祭義,第二十三卷爲祭統、經解,第二十四卷爲哀公問、仲尼燕居、孔子閒居,第二十五卷爲坊記、中庸,第二十六卷爲表記,第二十七卷爲緇衣、奔喪、問喪,第二十八卷爲服問、間傳、三年問、深衣、投壺,第二十九卷爲儒行、大學、冠義、昏義、鄉飲酒義,第三十卷爲射義、燕義、聘義、喪服四制。

《四庫全書總目》曰:“是書成於至治壬戌。朱彝尊《經義考》作三十卷。今本十卷,坊賈所合併也。初,延祐科舉之制,《易》、《書》、《詩》、《春秋》皆以宋儒新說與古注疏相參,惟《禮記》則專用古注疏。蓋其時老師宿儒,猶有存者,知禮不可以空言解也。澔成是書,又在延祐之後,亦未爲儒者所稱。明初,始定《禮記》用澔注。胡廣等修《五經大全》,《禮記》亦以澔注爲主,用以取士,遂誦習相沿。蓋說《禮記》者,漢唐莫善於鄭、孔,而鄭注簡奥,孔疏典贍,皆不似澔注之淺顯。宋代莫善於衛湜,而卷帙繁富,亦不似澔注簡便。又南宋寶慶以後,朱子之學大行。而澔父大猷師饒魯,魯師黄榦,榦爲朱子之壻,遂藉考亭之餘蔭,得獨列學官。其注學記術有序。”

著録:《四庫全書總目》、《中國古籍善本書目》。

鈐印："漢陽周氏寶藏"、"漢陽周貞亮退舟民國紀年後所藏善本"、"貞亮"、"退舟"。

刻工：章意、其、金、沈喬、何、劉、王、弓環、高相、唐、月、姜、溫倫、顧承等。

羣經總義類

050　九經圖

《九經圖》不分卷，清楊魁植撰，楊文源增訂，清乾隆三十七年信芳書房刻本。十冊。半葉八行二十四字。四周雙邊，白口，單魚尾。版心上鐫書名，下鐫"信芳書房"。框高 17.8 釐米，寬 10.3 釐米。前有扉頁，題"閩漳長泰楊魁植灰斗氏編輯，翕園藏版。"有羅鶴齡、陳夢得、陳士誠、劉希周、莊明呈等序。

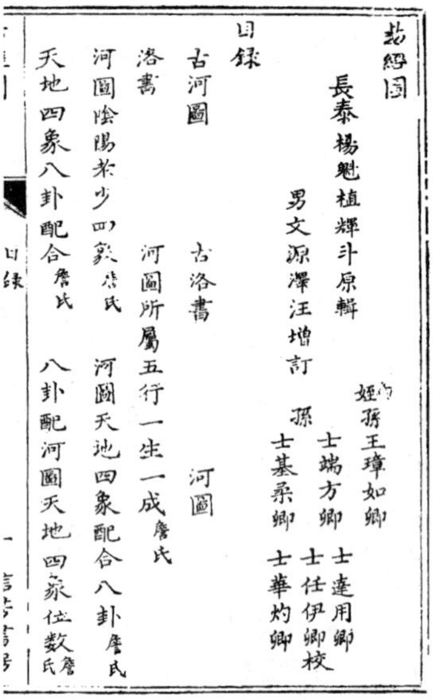
九經圖
長泰楊魁植輝斗原輯
男文源澤汪增訂
姪孫王璋如卿
孫士端方卿　士逵用卿
士基柔卿　士任伊卿校　士華灼卿
目錄
古河圖　古洛書
洛書　河圖
河圖所屬五行一生一成詹氏
河圖陰陽老少四象詹氏　河圖天地四象配合八卦詹氏
天地四象八卦配合詹氏　八卦配河圖天地四象位數詹氏

050

楊魁植(生卒年不詳)，字輝斗，長泰人。

楊文源(生卒年不詳)，字澤汪，楊魁植之子。

是書以信州學宮石刻《易》、《詩》、《書》、《禮記》、《周禮》、《春秋》六經圖，析《春秋》三傳爲三，而益以《儀禮》爲九經。

《凡例》云："十三經皆有圖，信州學宮石刻最稱善本……各經歷來坊本亦載數圖，此本異者十居八九，坊本同者亦不遺，蓋欲統其全是以並錄家藏。尚有剝蝕遺圖，校對未明，未敢登梓。"

《四庫全書總目》曰："但其中如易既載河圖、洛書，又載古河圖、洛書二圖，一爲旋毛，一爲龜坼。據明以來之僞本，殊爲失考。末復載邵子皇極經世、司馬光潛虛關朗洞極、揚雄太元準易運會歷數等圖，皆易外支流。亦失之泛濫。書不載序而詩獨載序，例不畫一。所註地理皆沿石本之舊。如魯云今仙源縣，荆山云今襄州之類，時代未明。春秋列國表内增入孔子，亦非體例。三禮皆勦聶崇義、楊復諸圖，而喪禮及行禮諸圖又刪不載。蓋科舉對策之本，不足以資考據也。"

著錄：《四庫全書總目》、《皇朝文獻通考》。

051　五經類編

PL2462. Z7C5 1787/W2289

《五經類編》、《重訂五經類編》二十八卷，清周世樟編，清乾隆五十二年聚錦堂刻本。十六冊。半葉八行二十字，小字雙行同，眉欄有註。左右雙邊，白口，單魚尾。版心上鐫書名，中鐫卷次及標題，下鐫“友益齋”。框高 17 釐米，寬 12.6 釐米。前有扉頁，題“婁東周章成先生編輯”，有王掞康熙二十二年序，目次，凡例等。

周世樟（生卒年不詳），字章成，太倉人。

是書摘取五經之語，分爲十門，每門又分子目，皆以備時文之用，分爲君道、治道、禮樂、制度、人倫、儒術、天文、地理、物產九大類。文末附諸經略說、經義辨訛、辨疑各數條。

是書《凡例》曰：“是編爲舉業資糧，門類照《四書》酌擬，凡目次中所開列，大抵皆《四書》所有之門類也。亦有《四書》無此門類而偶然旁及者，必其本末相關不可闕者耳。約之爲十部，分之爲二百餘條，經文依類收入。”

本館藏本文間有朱筆圈點。

著錄：《四庫全書總目》、《皇朝文獻通考》。

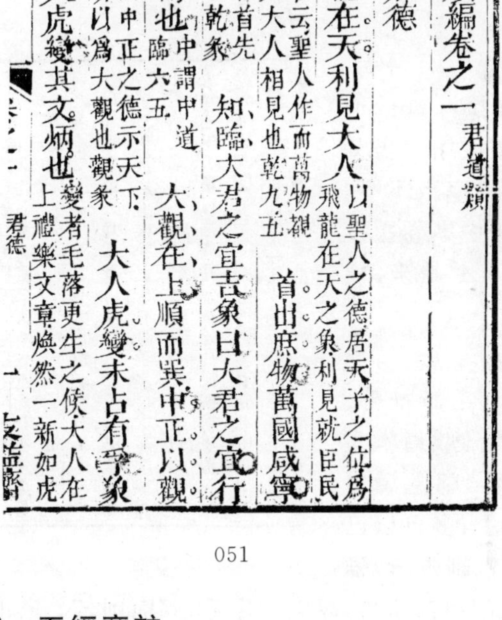
五經類編卷之一　君道類
君德
易飛龍在天利見大人以聖人之德居天子之位爲飛龍在天之象利見就臣民言文言云聖人作而萬物覩謂樂與大人相見也乾九五
首出庶物萬國咸寧首出者首先立極也乾彖
知臨大君之宜吉象曰大君之宜行中之謂也中謂中道臨六五
大觀在上順而巽中正以觀天下以中正之德示天下所以爲大觀也觀象
大人虎變未占有孚象曰大人虎變其文炳也變者毛落更生之候大人在上禮樂文章煥然一新如虎
君德　友益齋

051

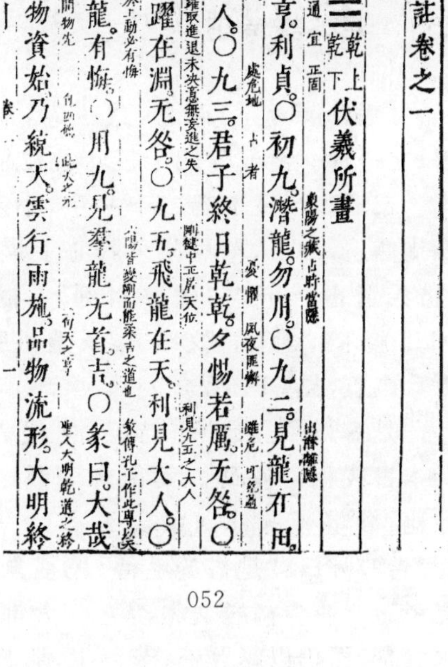
易經旁註卷之一
上經
乾上乾下　伏羲所畫
○乾元亨利貞○初九潛龍勿用○九二見龍在田
利見大人○九三君子終日乾乾夕惕若厲无咎○
九四或躍在淵无咎○九五飛龍在天利見大人○
上九亢龍有悔○用九見羣龍无首吉○彖曰大哉
乾元萬物資始乃統天雲行雨施品物流形大明終

052

052　五經旁註

G872

《五經旁註》、《五經旁訓》共含《易經旁註》三卷、《詩經旁註》四卷、《書經旁註》二卷、《禮記旁註》六卷、《春秋旁註》四卷，明陳仁錫重訂，明崇禎二年禮宗書院刻本。八冊。半葉七行二十字，小字單行四十字。四周單邊，白口，無魚尾。版心上鎸篇名，中鎸卷次。框高 21.3 釐米，寬 13.9 釐米。前有扉頁，題："五經旁訓定本。虎丘禮宗書院藏版"。前另有崇禎二年陳仁錫序。

陳仁錫，見 008《增訂四書通典人物備考》。

是書原爲元李恕撰本。據明楊士奇《東里集》，該書分"易、書、詩、論、孟旁註，廬陵李省中先生作。簡明切當，便於初學。先生名恕，與龍麟洲劉水窓同輩，行余識其從曾孫思益爲沭陽縣教諭，其家已不傳此書，余所畜總六冊，書坊板頗有闕誤。"依《美國哈佛大學哈佛燕京圖書館中文善本書志》，《五經旁註》之明刻本尚有萬曆十六年、萬曆二十三年、萬曆二十四年等版本流傳于世。

著錄：《中國古籍善本書目》。

詩　類

053　毛鄭詩考正

《毛鄭詩考正》四卷，首一卷，清戴震撰，《戴氏遺書》之一種。清乾隆四十三年孔繼涵刻微波榭叢書刻本。二冊。半葉十行二十一字，小字雙行，字數不等。四周雙邊，白口，單魚尾。版心上鎸書名，中鎸卷次及"戴氏遺書"，下鎸"微波榭刻"。框高 19.2 釐米，寬 13.2 釐米。前有盧文昭"戴氏遺書序"。

戴震，見 015《聲類表》。

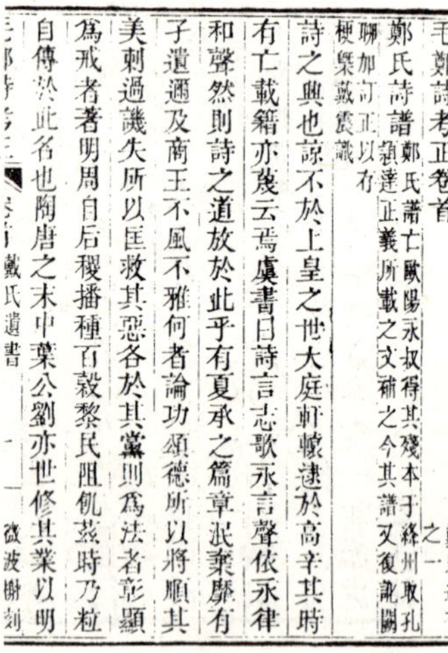
毛鄭詩考正卷首　戴氏遺書之一
鄭氏詩譜　鄭氏譜亡歐陽永叔得其殘本于絳州取孔頴達正義所載之文補之今其譜又復訛闕聊加訂正以存梗槩戴震識
詩之興也諒不於上皇之世大庭軒轅逮於高辛其時
有亡載籍亦蔑云焉虞書曰詩言志歌永言聲依永律
和聲然則詩之道放於此乎有夏承之篇章泯棄靡有
孑遺邇及商王不風不雅何者論功頌德所以將順其
美刺過譏失所以匡救其惡各於其黨則爲法者彰顯
爲戒者著明周自后稷播種百穀黎民阻飢茲時乃粒
自傳於此名也陶唐之末中葉公劉亦世修其業以明
毛鄭詩考正　戴氏遺書　一　微波榭刻

053

是書爲戴震研究《詩經》之代表作。《毛詩補傳》乃本書成稿之基礎。葉德輝認爲《毛詩補傳》爲本書原稿，鈔本曾題作：《戴氏經考》。周中孚《鄭堂讀書記》卷八評曰："是書於毛傳、鄭箋無所專主，多自以己見考證。或專摘經文考證之。大都俱本古訓古義，惟求其是，而仍以輔翼傳、箋爲主，那若宋人說《詩》諸書，專以駁斥毛、鄭而別名一家也。"不主一家，惟求其是，乃戴氏務實之學風，開乾嘉時代《詩經》研究之先河。

是書體例以詩句爲題，不列經文，從音韻角度考訂誤字，所考頗多創見。根據古註以正《傳》、《箋》，亦多創獲。

著録:《中國古籍善本目録》。

054 詩經

I1387

《詩經》四卷,明鍾惺批點,明凌杜若刻朱墨套印本。六冊。半葉八行十八字,眉欄上刻朱評。左右雙邊,白口,無魚尾。版心上鐫書名,中鐫篇目。框高 21.2 釐米,寬 14 釐米。前有淩濛初"鍾伯敬批點《詩經》序",大序,卷首題:"竟陵鍾惺伯敬父批點"。

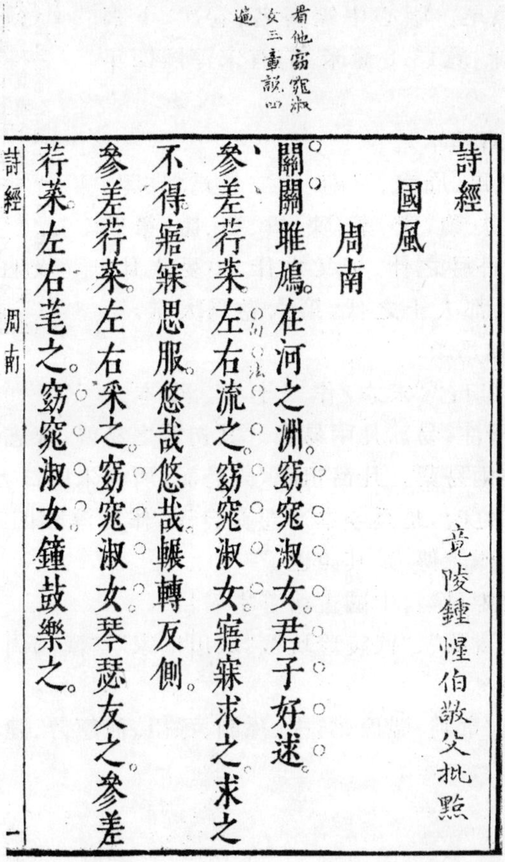

054

鍾惺(1574—1624),字伯敬,號退谷,竟陵人。萬曆庚戌年進士,曾任工部主事,官至福建提學僉事。事具《明史・文苑傳》附載袁宏道傳中。著有《詩經圖史合考》、《史懷》、《詩歸》、《毛詩解》、《隱秀軒集》、《袁中郎全集》等。

凌杜若曰:"仲父初成自燕中歸,示余以鍾伯敬先生所評點《詩經》本,受而卒業,玩其微言精義,皆于文字外別闡玄機,足爲詞壇標示法門,非僅僅有裨經生家已也。因壽諸梨棗，以公之知詩者。”

著錄：《中國古籍善本書目》。

055　詩經集傳

G880

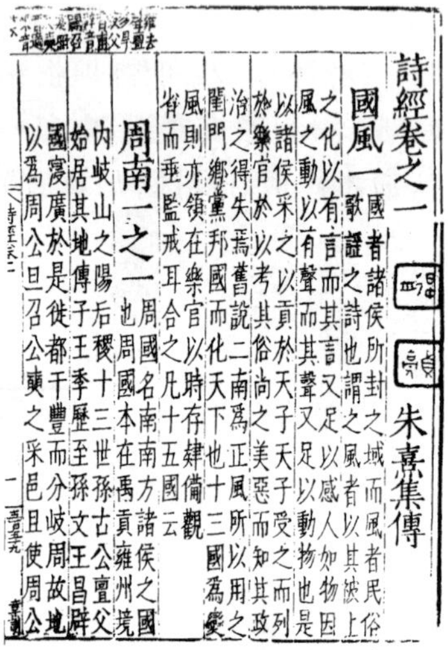

055

《詩經集傳》八卷，宋朱熹撰，明嘉靖啓澄刻本。四冊。半葉九行十七字，小字雙行同，眉欄刻音辯。左右雙邊，白口，單魚尾。版心中鐫書名、卷次，下鐫刻工。框高 21.2 釐米，寬13.8 釐米。前有宋淳熙四年朱熹序，《書經》篇目。

朱熹，見 002《四書讀本》。

是書第一卷爲國風、周南、召南，第二卷爲邶、鄘、衛、王，第三卷爲鄭、齊、魏、唐、秦、陳、檜、曹、豳，第四卷爲小雅，第五卷爲丹弓之什、祈父之什、小旻之什、北山之什、桑扈之什、都人士之什，第六卷爲大雅，第七卷爲蕩之什，第八卷爲頌。

《四庫全書總目》曰：“《宋志》作二十卷。今本八卷，蓋坊刻所併。朱子注《易》，凡兩易稾。其初著之易傳，宋志著錄，今已散佚，不知其說之同異。注《詩》亦兩易稾。凡吕祖謙《讀詩記》所稱朱氏曰者，皆其初稾。其說全宗小序。後乃改從鄭樵之說，是爲今本。卷首自序，作於淳熙四年，中無一語斥小序，蓋猶初稾。序末稱時方輯詩傳，是其證也。”

著錄：《四庫全書總目》、《中國古籍善本書目》。

鈐印：“漢陽周氏寳藏”、“武陵珍玩”、“埭川世家”、“漢陽周貞亮退舟民國紀年後所藏善本”、“貞亮”、“退舟”。

刻工：張寅、唐其、章訓、溫倫、吳中、孫訓、孫臣、何應芳、陸漢、金明等。

史部

傳記類

056　重刻朱子年譜

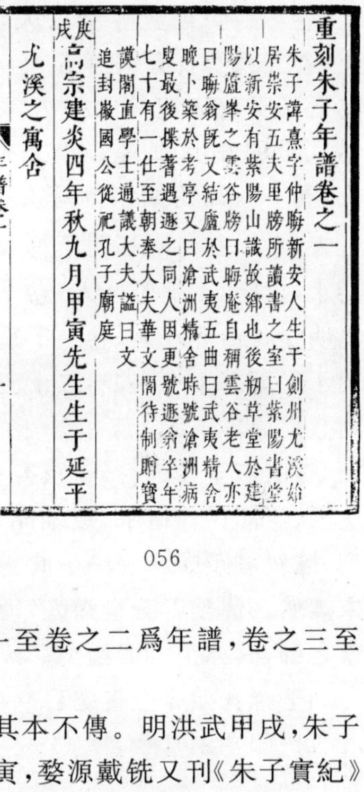
重刻朱子年譜卷之一
朱子諱熹字仲晦新安人生于劍州尤溪始
居崇安五夫里牓所讀書之室曰紫陽書堂
以新安有紫陽山識故鄉也後刱草堂於建
陽蘆峯之雲谷牓曰晦庵自稱雲谷老人亦
曰晦翁既又結廬於武夷五曲曰武夷精舍
晚卜築於考亭又曰滄洲精舍時號滄洲病
叟最後遇遯之同人因更號遯翁卒年
七十有一仕至朝奉大夫華文閣待制贈寶
謨閣直學士通議大夫謚曰文
追封徽國公從祀孔子廟庭
庚戌　高宗建炎四年秋九月甲寅先生生于延平
尤溪之寓舍

056

《重刻朱子年譜》、《朱子年譜》五卷，宋李方子撰，明李默增修，明刻本。二册。半葉八行十八字。左右雙邊，白口，單魚尾。版心中鐫書名、卷次。框高 18.2 釐米，寬 13.1 釐米。前有重刻朱子年譜目録，嘉靖三十一年淩氏原序，太師徽國文公眞像，朱子自題畫像、自題畫像詩、趙汝騰贊、吳澄贊，朱子世系圖，朱子題名録。

李方子(生卒年不詳)，字公晦，號果齋，昭武人。朱熹門人。嘉定十六年舉進士。

李默(？—1556)，字時言，甌寧人。正德辛巳進士，官至吏部尚書，兼翰林學士，爲趙文華誣陷，下詔獄瘐死，萬曆中追謚文愍。事具《明史》本傳。

是書卷之首爲原序、畫像、像讚、世系、題名録，卷之一至卷之二爲年譜，卷之三至卷之五爲附録。

《四庫全書總目》謂："初，李方子作《朱子年谱》三卷，其本不傳。明洪武甲戌，朱子裔孙境别刊一本，汪仲魯爲之序，已非方子之舊。正德丙寅，婺源戴铣又刊《朱子實紀》十二卷，惟主於鋪張褒贈，以誇講學之榮，殊不足道。至嘉靖壬子，建陽李默重編年譜五卷，自序谓猥冗虚謬不合載者，悉以法削之。視舊本存者十七。然默之學源出姚江，陰主朱、陸始異終同之說。多所竄亂，彌失其眞。"

著録：《四庫全書總目》。

057　東林列傳

《東林列傳》二十四卷，卷末二卷，清陳鼎撰，康熙五十年鉄肩書屋刻本。十册。半葉九行二十字。左右雙邊，白口，單魚尾。版心上鐫書名，中鐫卷次。框高 17 釐米，寬

13.9釐米。前有扉頁，題："東林列傳。康熙辛卯新鐫。江陰陳定九輯。鉄肩書屋藏板。"卷首有陳鼎自序，黨人榜，凡例，目錄。書中散見朱筆圈點及批語。

陳鼎(1650—?)，原名太夏，字鬲鼎，又字定九、子重，號留溪，江蘇常州府江陰縣人。工詩文，尤精于史。著有《留溪草堂詩稿》、《留溪外傳》等。

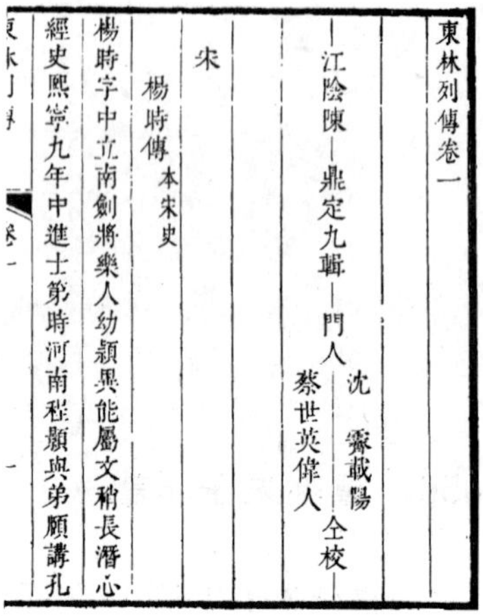
東林列傳卷一
江陰陳鼎定九輯　門人　沈霖載陽　蔡世英偉人　仝校
宋
楊時傳　本宋史
楊時字中立南劍將樂人幼穎異能屬文稍長潛心
經史熙寧九年中進士第時河南程顥與弟頤講孔

057

是書記録明末名列東林黨籍者一百八十餘人之生平事跡。卷一爲宋楊時等七人，卷二爲明邵寶等五人，卷三爲明楊漣等十三人，卷四爲明繆昌期等十一人，卷五爲明石有恒等五人，卷六爲明孫承宗等三人，卷七爲明賀逢聖等十一人，卷八爲明范景文等四人，卷九爲明李邦華等二十人，卷十爲明施邦曜等十五人，卷十一爲明劉宗周等九人，卷十二爲明黄道周等九人，卷十三爲明鄒元標等六人，卷十四爲明孫鏞等八人，卷十五爲明郭正域等三人，卷十六爲明王圖等九人，卷十七爲明葉向高等三人，卷十八爲明劉一燝等六人，卷十九爲明楊時喬等八人，卷二十爲明侯恪等九人，卷二十一爲明孫慎行等十人，卷二十二爲明丁元薦等十一人，卷二十三爲明文震孟等七人，卷二十四爲明馮元飈等七人。卷末附熹宗原本本紀。

《四庫全書總目》對該書有如下評述："是編所載一百八十餘人，蓋卽東林黨人榜及沈淮、溫體仁等雷平、蠅蚋諸錄所著名者也。以節義炳著者，彙載於前。餘亦分傳並列，臚敘事蹟頗詳。……此書仿龔頤正《元祐黨籍傳》之例，於諸人之姓名履貫、無不本末燦然。俾讀者論世知人，得以辨别賢姦，而深思其薰蕕雜厠之所以然。前事不忘，後事之師，其亦千古炯鑑矣。"

著錄：《四庫全書總目》、《中國古籍善本書目》。

鈐印："錦堂藏書"。

058　闗學編

B126.F35 1756A/B888

《闗學編》四卷，明馮從吾纂，清乾隆二十一年劉傳經堂刻本。二冊。半葉九行十八字。四周雙邊，白口，單魚尾。版心上鐫書名，下鐫卷次。框高19.6釐米，寬14.5釐米。前有明萬曆三十四年馮從吾自序，萬曆三十六年余懋衡序，清乾隆二十一年刘得炯序等。

馮從吾(1556—1627)，字仲好，號少墟，陝西長安人。明萬曆進士，歷任御史、工部尚書等職。謚恭定。著有《馮少墟集》、《元儒考略》、《馮子節要》、《古文輯選》、《疑思録》、《辨學録》等。

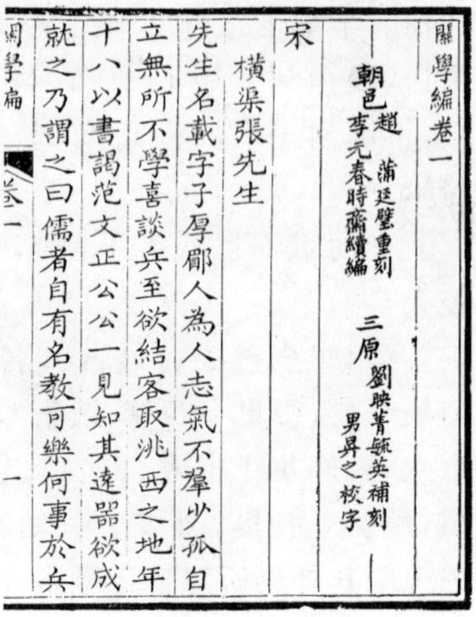
關學編卷一
朝邑 趙 蒲廷璧重刻 李元春時齋續編 三原 劉映菁毓英補刻 男昇之校字
宋
横渠張先生
先生名載字子厚郿人為人志氣不羣少孤自立無所不學喜談兵至欲結客取洮西之地年十八以書謁范文正公公一見知其遠器欲成就之乃謂之曰儒者自有名教可樂何事於兵
關學編 卷一 一

058

是書卷一爲宋，載横渠張先生載、天祺張先生戩、進伯吕先生大忠、和叔吕先生大鈞、與叔吕先生大臨、季明蘇先生昞、巽之范先生育、師聖侯先生仲良、天水劉先生愿；卷二爲金、元，列君美楊先生天德、紫陽楊先生奐、鑑山宋氏規附、元甫楊先生恭懿、維斗蕭先生、伯充吕氏域附、寬甫同先生恕、從善韓先生擇、伯仁侯先生均、士安第五先生居仁、恱古程先生瑁；卷三、卷四爲明，列容思段先生堅、默齋張先生傑、小泉周先生蕙、大器張先生鼎、抑之張氏鋭附、介菴李先生錦、仲白李氏錦附、思菴薛先生敬之、平川王先生承裕、涇野吕先生柟、谿田馬先生理、苑洛韓先生邦奇、瑞泉南先生大吉、雲林尚氏班爵附、斛山楊先生爵、愧軒吕先生潜、石谷張氏節、正立李氏挺附、蒙泉郭先生郛、秦關王先生之士，等等。

是書《凡例》曰："是編專爲理學輯，故歷代名臣，不敢泛入。理學如秦子、南燕、子思、壤駟、子從、石作、子明，俱孔門高弟第，事蹟多不詳，故另列小傳于前。而編中斷，自横渠張子始；次序各以時代，庶古今不相混淆。宋元諸儒，有史傳諸書可考，不佞稍爲纂次，十五仍舊，至國朝諸儒中，多僭妄論著，文之工拙不卹也。國朝諸儒，特録其所知盖棺論定者，其所未知者，姑闕之以俟。"

《陜西通志》曰："《關學編》四卷，工部尚書長安馮從吾撰，序曰：關學編者，侍御史馮仲好集關西之爲理學者也，其爲孔子弟子者四人，學無所考於宋得九人，於金得一人，於元得八人，於明得十五人，諸附見者不與焉，皆述其學之大畧，爲小傳，授受源委可推求也。"馮從吾《序》曰："我關中自古稱理學之邦，文武、周公不可尚已，有宋横渠張先生崛起郿邑，倡明斯學，皋比勇撤，聖道中天，先生之言曰，爲天地立心，爲生民立命，爲往聖繼絶學，爲萬世開太平，可謂自道矣。當時執經滿座，多所興起，如藍田、武功、三水，名爲尤著，至於勝國，是乾坤何等時也？而奉元諸儒，猶力爲撑持，塤吹篪和，濟濟彬彬，横渠遺風將絶，復續天之未丧斯文也。豈偶然也哉？"

著録：《陜西通志》。柏克萊加州大學圖書館亦藏有是書。

鈐印："王護信印"、"王壽之印"。

059　皇朝名臣言行外録

H977

《皇朝名臣言行外録》、《皇朝道學名臣言行外録》十七卷，宋李幼武輯，明初刻本。

四冊。半葉十二行二十三字。左右雙邊，黑口，雙魚尾。版心中鐫“言行外”及卷次，下鐫刻工名。框高 20 釐米，寬 12.8 釐米。

李幼武（生卒年不詳），字士英，廬陵人。

《四庫全書總目》曰：“《名臣言行錄》前集十卷，後集十四卷，續集八卷，別集二十六卷，外集十七卷。前集、後集並朱子撰，續集、別集、外集，李幼武所補編。……觀其外集所錄皆道學宗派，則亦講學家矣。趙希弁《讀書附志》載此書七十二卷。今合五集計之，實七十五卷。殆傳刻者誤以五爲二歟。朱子自序，謂讀近代文集及紀傳之書，多有裨於世教。於是掇取其要，聚爲此書。……吕祖謙《東萊集》，有與汪尚書書曰，近建寧刻一書，名《五朝名臣言行錄》，云是朱元晦所編，其間當考訂處頗多。近亦往問元晦，未報。不知曾過目否。《晦菴集》中亦有與祖謙書曰，《名臣言行錄》一書，亦當時草草爲之。其間自知尚多謬誤，編次亦無法，初不成文字。因看得爲訂正，示及爲幸云云。則是書瑕瑜互見，朱子原自不諱。講學家一字一句尊若春秋，恐轉非朱子之意矣。……嘗見章副使繪有此書，巾箱小本。又聞叔簡尚寶家有宋末廬陵鍾堯俞所編《言行類編舉要》十六卷前後集。尚俟借觀，以袪所惑云云。則盛於此書亦頗有所疑。顧就其所錄觀之，宋一代之嘉言懿行，畧具於斯。旁資檢閲，固亦無所不可矣。幼武所補，太抵亦步亦趨，無甚出入。其所去取，不足以爲重輕，以原本附驥而行，今亦姑並存之，備考核焉。”

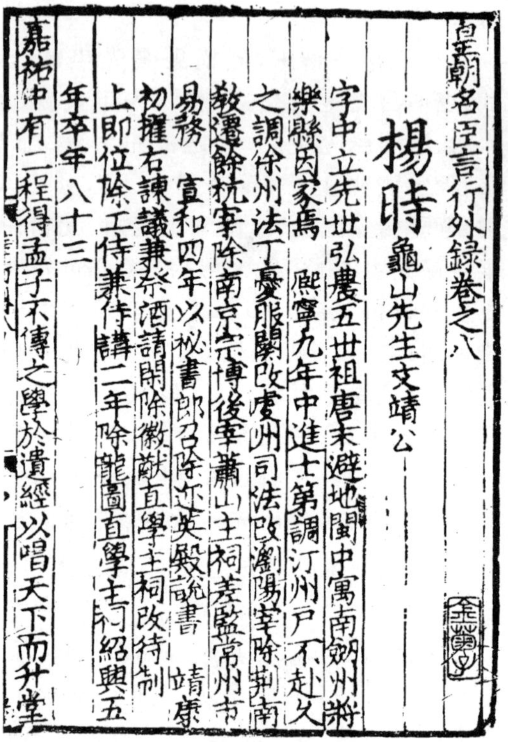
皇朝名臣言行外錄卷之八
楊時 龜山先生文靖公
字中立先世弘農五世祖唐末避地閩中寓南劍州將樂縣因家焉 熙寧九年中進士第調汀州戸不赴久之調徐州法丁憂服闋改虔州司法改瀏陽宰除荆南教遷餘杭宰除南京宗博後宰蕭山主祠差監常州市易務 宣和四年以秘書郎召除迩英殿說書 靖康初擢右諫議兼祭酒請閒除徽猷直學士祠改待制 上即位除工侍兼侍講二年除龍圖直學士祠紹興五年卒年八十三
嘉祐中有二程得孟子不傳之學於遺經以唱天下而升堂

059

本館所藏《皇朝名臣言行外錄》爲殘本，僅有第八至十二卷，共四冊。慕氏藏書原編目者，認定此書爲宋刻本，但據《中國古籍善本書目》及印刷、紙張，此本應爲明初刻本。

著錄：《四庫全書總目》、《中國古籍善本書目》。

鈐印：“金菌子”。

刻工：吳原禮、肖寄、佛林、士通、虞、后、劉八、志道、名仲、葉松、黃保、范彥從、紅子名、劉本、子高、劉宗、宇文、六安、安永成等。

060　皇明北虜考

J1641

《皇明北虜考》一卷，明鄭曉撰，明嘉靖三十一年刻本。一冊。半葉十行十九字。左右雙邊，白口，單魚尾。版心上鐫書名，下鐫刻工。框高 18.2 釐米，寬 13.5 釐米。前有嘉靖壬子鄭曉序，卷終題："子履準校正"。

鄭曉（1499—1566），字窒甫，海鹽人。嘉靖癸未進士，官至兵部尚書。諡端簡。事具《明史》本傳。著有《禹貢圖說》、《端簡鄭公文集》、《古言》、《今言》、《皇明四夷考》等。

是書記述明朝與蒙古之關係。

鄭曉《序》曰："善爲國者，特加之意而已。或曰周宣修行，玁狁于襄，重華敷德，四夷來王。又曰，孰佐重華，皐夔稷佐，周宣招張，山有以哉，有以哉！"

著錄：《中國古籍善本書目》。

刻工：羅、之、忠、云、太、志、毛。

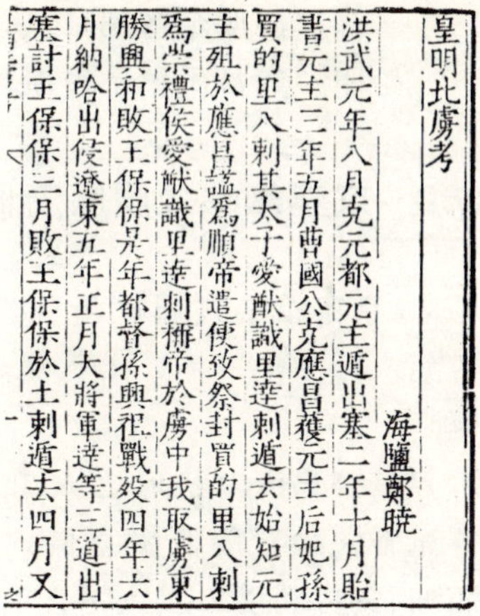
皇明北虜考
海鹽鄭曉
洪武元年八月克元都元主遁出塞二年十月貽
書元主三年五月曹國公克應昌獲元主后妃孫
買的里八剌其太子愛猷識里達剌遁去始知元
主殂於應昌謚爲順帝遣使致祭封買的里八剌
爲崇禮侯愛猷識里達剌徧帝於虜中我取虜東
勝興和敗王保保是年都督孫興祖戰歿四年六
月納哈出侵遼東五年正月大將軍達等三道出
塞討王保保三月敗王保保於土剌河遁去四月又

060

061　節婦傳

HQ1737. Y35/W1042

《節婦傳》十六卷，清楊錫紱撰。清乾隆二十七年刻本。四冊。半葉九行二十一字。四周單邊，白口，單魚尾。版心上鐫書名，下鐫卷次。框高 17.7 釐米，寬 13 釐米。前有楊錫紱、陳弘謀、沈德潛、方觀、嚴源燾等序。

楊錫紱（1700—1768），字方來，號蘭畹，清江人。清雍正進士，纍官至吏部尚書、漕運總督晉加太子太保。諡勤愨。著有《漕運全書》、《四書講義》、《四知堂全集》等。

是書共收錄古代節婦三百三十一人。

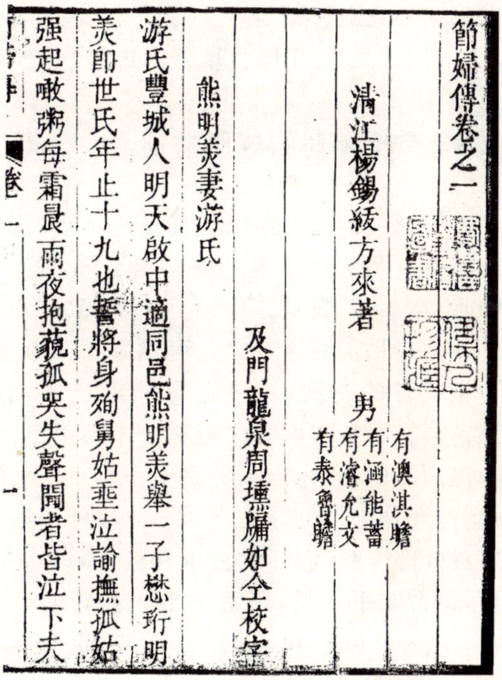
節婦傳卷之一
清江楊錫紱方來著
男 有澳淇贍
有涵能著
有濬允文
有泰魯瞻
及門龍泉周壎篪如仝校字
熊明美妻游氏
游氏豐城人明天啟中適同邑熊明美舉一子懋珩明
美卽世氏年止十九也誓將身殉舅姑垂泣諭撫孤姑
强起啜粥每霜晨雨夜抱藐孤哭失聲聞者皆泣下夫

061

《四庫全書總目》曰："是編蒐採近時節烈事蹟，各爲小傳。惟據其耳目所及，故未能賅備。又每得一人，卽爲續刊。故印行之本，卷帙多寡往往不同云。"

著録:《四庫全書總目》、《皇朝文獻通考》。

鈐印:“鶴吕氏墨香書屋珍藏”、“費葛氏鐵□秘玩書”、“偉人珍藏”。

062 京察筆帖式履歷清册

J1840b

《京察筆帖式履歷清册》不分卷,清钞本。一册。半葉八行二十一字。無邊框,葉高 25.5 釐米,寬 17.5 釐米。

是書爲清内務府之人事檔案。筆帖式爲清代在各衙署中設置的低級官員。掌翻譯滿、漢奏文書,以滿洲、蒙古和漢軍旗人擔任。本册計開的官員有滿洲筆帖式一百零五員,蒙古筆帖式四員,漢軍筆帖式十五員,滿洲庫使二員。

本館藏本爲墨筆楷書,所列官位之等、次及官員變動用朱紅紙簽標明。

著録:是書《中國古籍善本書目》等無著録。

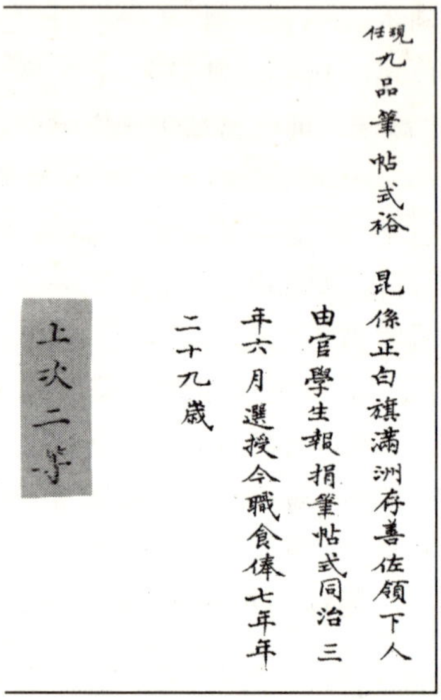
現任九品筆帖式裕昆係正白旗滿洲存善佐領下人
由官學生報捐筆帖式同治三
年六月選授今職食俸七年年
二十九歲
上次二等

062

063 京察滿司官履歷清册

J1840a

《京察滿司官履歷清册》不分卷,清鈔本。一册。半葉八行二十一字。無邊框,葉高 25.5 釐米,寬 17.5 釐米。

是書爲清内務府之人事檔案。京察爲明清考核京官的制度,按一定標準考核後,分别獎懲。司官爲各部屬官之通稱。本册計開之官員有滿洲郎中十六員,蒙古郎中一員,宗室郎中一員,滿洲員外郎二十三員,蒙古員外郎一員,宗室員外郎一員,滿洲堂主事五員,滿洲主事十六員,蒙古主事一員,宗室主事一員,滿洲司務一員,滿洲司庫一員,滿洲司獄四員,漢軍司獄二員。

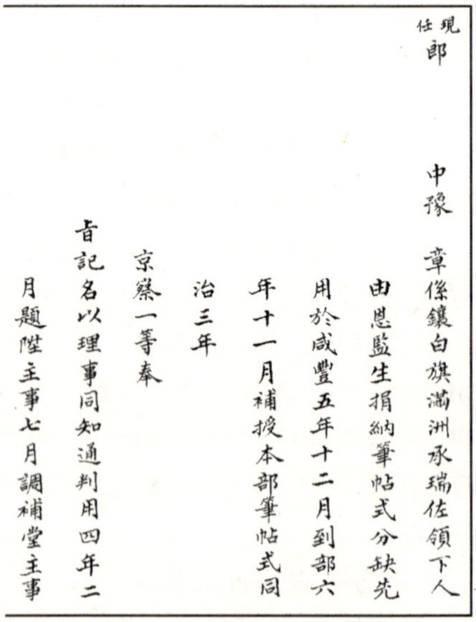
現任郎中豫章係鑲白旗滿洲承瑞佐領下人
由恩監生捐納筆帖式分缺先
用於咸豐五年十二月到部六
年十一月補授本部筆帖式同
治三年
京察一等奉
旨記名以理事同知通判用四年二
月題陞主事七月調補堂主事

063

本館藏本爲墨筆楷書,所列官位之等、次及官員變動用朱紅紙簽標明。

著録:中國國家圖書館藏有光緒十七年《京察滿漢司員履歷册》鈔本,不分卷,翁同觧批註。美國國會圖書館藏有光緒十三年《京察滿司官履歷清冊》二卷。本館藏本《中國古籍善本書目》等無著錄。

064　經世要畧

B324

《經世要畧》二十卷,明萬廷言撰,萬廷謙、萬敬宗等校,明萬曆三十八年萬廷謙刻本。八冊。半葉十行二十字,眉欄上刻評。四周雙邊,白口,單魚尾。版心上鐫書名,中鐫卷次,各卷首葉下鐫刻工名。框高21釐米,寬14.8釐米。前有萬曆三十八年朱國禎序,萬曆二十六年萬廷言自序及目錄。

萬廷言(生卒年不詳),字以忠,號思默,南昌東溪人。萬曆四十一年進士,歷禮部郎官,出爲提學僉事。著有《易說》、《易原》等。

是書卷之一至十二爲相,卷之十三至十四爲名臣,卷之十五爲謀臣,卷之十六至二十爲將。

著錄:《千頃堂書目》。

鈐印:"諸暨魏氏珍藏書畫印"。

刻工:武林趙希迪、徐永慶、杭州趙希迪、趙迪、湯仲尹寫徐永慶、趙希迪。

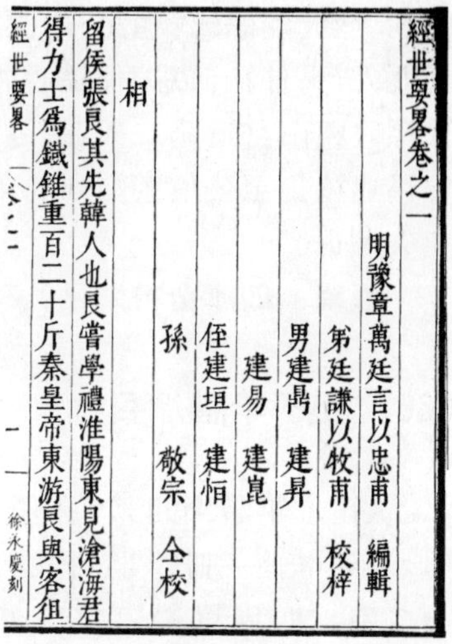
經世要畧卷之一
明豫章萬廷言以忠甫　編輯
弟廷謙以牧甫　校梓
男建冉　建昇
建易　建崑
侄建垣　建恒
孫　敬宗　仝校
相
留侯張良其先韓人也良甞學禮淮陽東見滄海君
得力士爲鐵錐重百二十斤秦皇帝東游良與客狙
經世要畧　卷之一　一　徐永慶刻

064

065　孔門弟子傳略

B126. H744/GR441b

《孔門弟子傳略》、《孔門先賢傳略》二卷,明夏洪基編輯,清刻本。二冊。半葉九行二十一字,小字雙行四十二字。四周單邊,白口,無魚尾。版心上鐫書名,中鐫卷次。框高20釐米,寬13.8釐米。卷首有崇禎十七年夏洪基弁言,凡例,目錄。卷末朱筆題:"道光十年,靜樂堂書。"

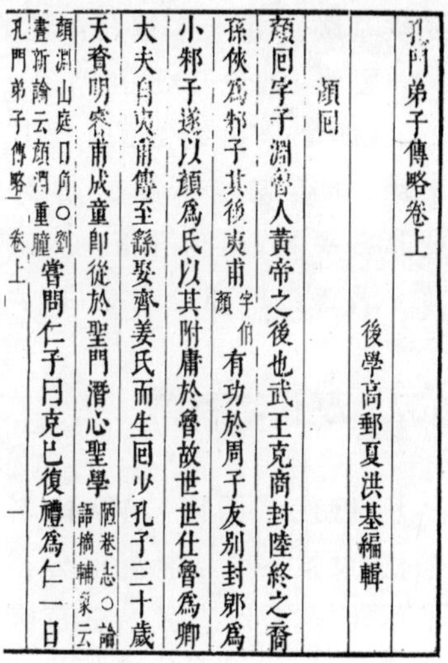
孔門弟子傳畧卷上
後學高郵夏洪基編輯
顔回
顔回字子淵魯人黄帝之後也武王克商封陸終之裔
孫俠爲邾子其後夷甫字伯顔有功於周子友別封郳爲
小邾子遂以顔爲氏以其附庸於魯故世世仕魯爲卿
大夫自夷甫傳至繇娶齊姜氏而生回少孔子三十歳
天資明睿甫成童即從於聖門潛心聖學陋巷志○論語摘輔象云
顔淵山庭日角○劉書新論云顔淵重瞳嘗問仁子曰克已復禮爲仁一日
孔門弟子傳畧　卷上　一

065

夏洪基(生卒年不詳),字元開,高郵人。約活動於崇德五年前後。著有《歷代帝王統系》、《孔門弟子傳略》、《藏書譜》、《讀書筏》等。

是書卷上爲顏回等十一人,卷下爲曾參等六十九人,附錄仲孫何忌等九人。

《四庫全書總目》曰:"其書合《家語》、《史記》所載孔門弟子,得八十人。卷首凡例稱，《家語》弟子解止記姓名邑里，而言行散見別卷。《史記》雜撮經書，語無倫次。《四書人物考》及《備考》收錄羣書，龐亂無紀。是編各傳首敘聖賢教學，次及行事，終以評語。於經史典確者大書，列爲正傳。事瑣文異者小書附焉。妄誕者雜錄備覽。其蒐擇頗勤。然《論語》、《禮記》之文，人人習讀，亦一字一句備錄不遺，未免冗贅。卷末附錄者九人，爲仲孫何忌、仲孫說、左丘明、伯魚、子思、孟子、顔涿聚、公罔之裘、序點，其辨仲孫說與南宫适爲二人，顔涿聚與顔讎由爲二人，《論語》左丘明與傳《春秋》者爲一人，皆爲典核。至公伯寮之列於弟子，雖據《史記》，然明代已罷其祀。洪基仍濫載入，則不免失考也。"

著錄：《四庫全書總目》、《中國古籍善本書目》

066　孔子年譜綱目

B128.C82 H74/GR441a

《孔子年譜綱目》、《孔子年譜》一卷，明夏洪基編輯，清刻本。一冊。半葉九行二十一字，小字雙行四十二字。四周單邊，白口，無魚尾。版心上鐫書名。框高 20.6 釐米，寬 13.8 釐米。卷首有孫宗彝序，丁亥陳朗序，凡例，或問，崇禎十七年夏洪基弁言。卷末有夏洪基跋。卷末朱筆題："道光十年，靜樂堂書。"

夏洪基，見 065《孔門弟子傳略》。

《四庫全書總目》曰："其書成於崇禎中。於先聖事蹟，分年編輯。各提其要爲綱，而詳載其事爲目。於諸書異同，稍有訂正，而亦未一一精核也。"

著錄：《四庫全書總目》、《中國古籍善本書目》。

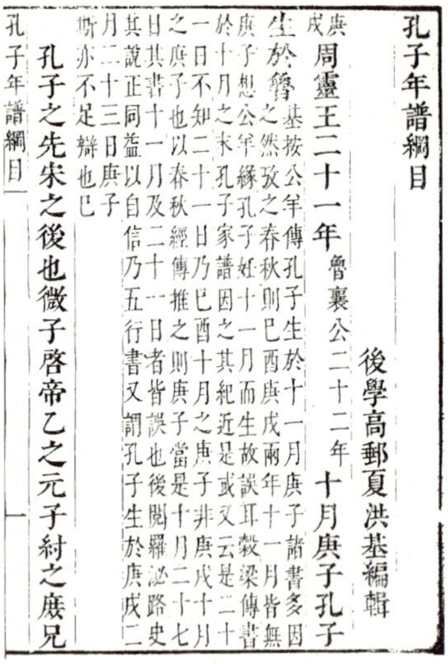
孔子年譜綱目
後學高郵夏洪基編輯
庚戌 周靈王二十一年 魯襄公二十二年 十月庚子孔子生於魯 基按公羊傳孔子生於十一月庚子諸書多因之然攷之春秋則己酉庚戌兩年十一月皆無庚子想公羊緣孔子姓十一月而生故誤耳穀梁傳書於十月之末孔子家譜因之其紀近是或又云是二十一日不知二十一日乃己酉十月之庚子非庚戌十月之庚子也以春秋經傳推之則庚子當是十月二十七日其書十一月及二十一日者皆誤也後閱羅泌路史其說正同蓋以自信乃五行書又謂孔子生於庚戌二月二十三日庚子斯亦不足辯也已
孔子之先宋之後也微子啓帝乙之元子紂之庶兄
孔子年譜綱目　一

066

067　歷代名儒傳

DS734.C4643 1729/GR286

《歷代名儒傳》、《歷代名儒名臣循吏傳》八卷，清朱軾、蔡世遠訂，李清植分纂，雍正七年刻本。二冊。半葉九行二十二字。左右雙邊，白口，雙魚尾。版心上鐫書名，中鐫卷次。框高 19 釐米，寬 13.5 釐米。前有扉頁，題："歷代名儒傳。本衙藏板。"卷首有雍正七年朱軾總序，雍正四年蔡世遠總序，雍正七年朱軾序，雍正四年蔡世遠序，凡例，目錄。卷末有李清植跋。

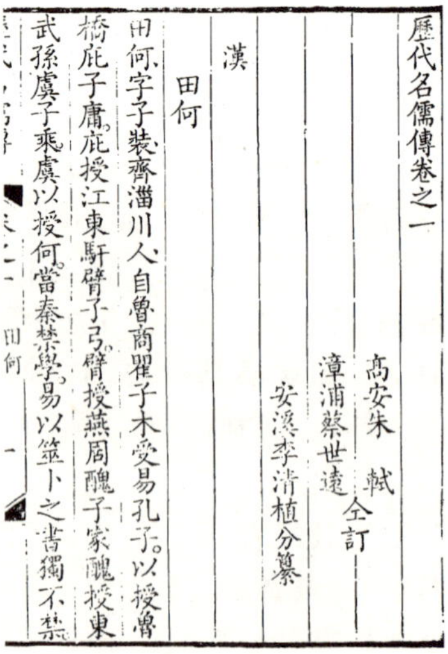
歷代名儒傳卷之一
高安朱　軾
漳浦蔡世遠　仝訂
安溪李清植分纂
漢
田何
田何，字子裝，齊淄川人。自魯商瞿子木受易孔子，以授魯橋庇子庸，庇授江東馯臂子弓，臂授燕周醜子家，醜授東武孫虞子乘，虞以授何。當秦禁學，易以筮卜之書獨不禁
田何

067

朱軾（1665—1736），字若瞻，高安人。康熙甲戌

進士，官至大學士。謚文端。著有《周易傳義》、《儀禮節要》、《春秋鈔》、《史傳三編》。

蔡世遠(1682—1733)，字聞之，漳浦人。康熙己丑進士，官至禮部侍郎。謚文勤。著有《二希堂文集》、《古文雅正》。

李清植(1690—1744)，字立侯，號穆亭，福建安溪人。雍正二年進士，欽點翰林院庶吉士，官至禮部左侍郎。著有《李文貞公(光地)年譜》、《榕村譜錄合考》、《道南講授》。

是書爲漢至元之名儒、名臣、循吏之傳記合集，以二十一史中相關人物之言行記錄爲基礎編撰而成。卷一爲漢田何等十二人，卷二爲漢杜子春等八人、晉范宣等三人、梁黄侃，卷三爲隋王通、唐薛收等五人、宋王昭素等八人，卷四爲宋邵子等七人，卷五爲宋謝良佐等十五人，卷六爲宋朱子等四人，卷七爲宋蔡元定等十四人，卷八爲元趙復等十一人。

朱軾《歷代名儒名臣循吏傳總序》詳述了該書編纂過程："《歷代名儒名臣循吏傳》者，予與少宗伯漳浦蔡聞之先生所編訂論次也。……於是與同學諸子商確纂輯録兩漢至元以儒稱、以臣顯、以吏著者若干人各爲一傳，事皆本諸舊史，而詞之游者刪之，義之疑者缺之，其嘉言懿行見於他書者採而益之。蓋安溪李君世𪞓與其從子立侯、南城張百川、南靖張季長、漳浦藍玉霖爲之草創而討論折衷，聞之先生寔總其成。予不揣固陋，閒出其一知半解與相參酌。書成析爲若干卷。"

著録：是書《中國古籍善本書目》等無著録。匹兹堡大學圖書館、普林斯頓大學東亞圖書館、香港大學圖書館藏有是書。

068　歷代名賢齒譜

《歷代名賢齒譜》、《歷代男齒譜》九卷，清愛新覺羅·允禧鑑定，易宗涒撰，乾隆十三年賜書堂刻本。十八册。半葉十三行二十八字。左右雙邊，黑口，雙魚尾。版心中鎸書名、卷次。框高 19 釐米，寬 13.5 釐米。前有扉頁，題："歷代男齒譜。楚湘鄉易公申纂，賜書堂藏版。"卷首有紫瓊道人愼郡王序，康熙二十七年廬江泳敘，康熙十五年陳鵬年序，雍正三年朱綱序，雍正三年沈世屏序，仲之琮序，康熙五十五年易宗涒自序，凡例，齒譜目。

愛新覺羅·允禧(1711—1758)，康熙第二十一子，封愼郡王，字謙齋，號紫瓊，别號紫瓊巖道人、春浮居士等。善書畫，擅長山水、花卉，亦能詩。謚靖。

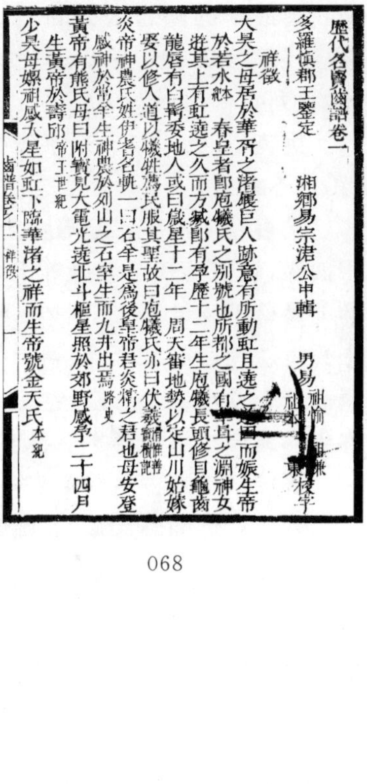
歷代名賢齒譜卷一
多羅慎郡王鑒定　湘鄉易宗涒公申輯　男易祖愉……校字
祥徵
大昊之母居於華胥之渚履巨人跡意有所動虹且遶之因而娠生帝於若水本紀
春皇者即庖犧氏之別號也所都之國有華胥之淵神女遊其上有虹遶之久而方娠即有孕歷十二年生庖犧長頭修目龜齒龍唇有白髯委地人或曰歲星十二年一周天審地勢以定山川始嫁娶以修人道以犧牲爲民服其聖故曰庖犧氏亦曰伏羲拾遺記
炎帝神農氏姓伊耆名軌一曰石年是爲後皇帝君炎㣧之君也母安登感神於常羊生神農於烈山之石室生而九井出焉路史
黃帝有熊氏母曰附寶見大電光遶北斗樞星照於郊野感孕二十四月生黃帝於壽邱帝王世紀
少昊母嫘祖感大星如虹下臨華渚之祥而生帝號金天氏本紀
齒譜卷之一　祥徵　一

068

集有《花間堂詩鈔》、《紫瓊巖詩鈔》等。

易宗涒(1682—1771),字公申,號實菴,湘鄉人。清代著名學者和譜學專家。乾隆元年舉博學鴻詞,慎郡王奏充王府教授七載,封征仕郎,晉修職郎,掌教嶽麓書院。

是書以年齡爲序,收錄各類史書記錄的歷代名人賢士于不同年齡時的軼事。卷一爲祥徵至七歲,卷二爲八歲至十三歲,卷三爲十四歲至十九歲,卷四爲二十歲至二十九歲,卷五爲三十歲至四十九歲,卷六爲五十歲至六十九歲,卷七爲七十歲至七十九歲,卷八爲八十歲至八十九歲,卷九爲九十歲以上。

著錄:是書《中國古籍善本書目》等無著錄。

069　列女傳

DS725. L5 1779/GR225

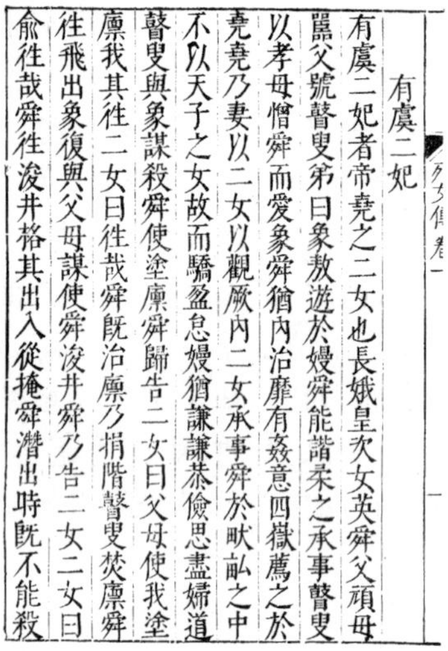
列女傳卷一
有虞二妃
有虞二妃者帝堯之二女也長娥皇次女英舜父頑母嚚父號瞽叟弟曰象敖遊於嫚舜能諧柔之承事瞽叟以孝母憎舜而愛象舜猶內治靡有姦意四嶽薦之於堯堯乃妻以二女以觀厥內二女承事舜於畎畝之中不以天子之女故而驕盈怠嫚猶謙謙恭儉思盡婦道瞽叟與象謀殺舜使塗廩舜歸告二女曰父母使我塗廩我其往二女曰往哉舜既治廩乃捐階瞽叟焚廩舜往飛出象復與父母謀使舜浚井舜乃告二女二女曰俞往哉舜往浚井格其出入從掩舜潛出時既不能殺

069-1

《列女傳》十六卷,漢劉向撰,明汪□增輯,仇英繪圖,乾隆四十四年知不足齋刻本。二十四冊。半葉十行二十一字。四周單邊,白口,單魚尾。版心中鐫書名、卷次,下鐫葉數。框高 22.8 釐米,寬 15.4 釐米。前有扉頁,題:“列女傳。仇十洲先生繪圖,知不足齋藏版。”卷首有乾隆四十四年□文□《汪氏輯列女傳序》,目錄。每傳前有一圖。

劉向(约前 77—前 6),又名劉更生,後改名爲“向”,字子政,沛縣人。官至中壘校尉。所撰《别錄》爲我國最早的圖書公類目錄。治《春秋穀梁傳》。著《九嘆》等辭賦三十三篇,大多亡佚。今存《新序》、《說苑》、《列女傳》。

仇英(1509—1551),字實父,號十洲,太倉人。善畫著色山水,繪寫人物及翎毛花竹,無不精妙。

是書卷一爲虞二妃等二十二條,卷二爲齊管妾婧等十八條,卷三爲晉范氏母等二十四條,卷四爲楚子發母等十九條,卷五爲陳嬰母等二十條,卷六爲鮑宣妻等十八條,卷七爲皇甫謐母等二十一條,卷八爲江采蘋等十四條,卷九爲樊會仁母等二十三條,卷十爲昭憲杜后等二十條,卷十一爲吳賀母等十九條,卷十二爲趙氏女等十九條,卷十三爲俞新之妻等二十二條,卷十四爲孝慈馬后等十三條,卷十五爲韓太初妻等二十六條,卷十六爲羅懋明母等十一條。

著錄:《中國古籍善本書目》。

鈐印:“燕園歸氏藏”、“疏野堂藏書”。

069-2

070 陋巷志

《陋巷志》八卷，明陳鎬撰，吕兆祥重修，明萬曆二十九年刻本。四冊。半葉九行二十字，小字雙行同。四周單邊，白口，單魚尾。版心上鐫書名，中鐫卷次，下鐫刻工。框高 22 釐米，寬 14.2 釐米。前有萬曆二十九年楊光訓、于慎行序，正德二年陳鎬自序，萬曆二十九年吳達可跋語，嘉靖二十九年史鶚序，目錄。後有正德三年李遜學後序。

陳鎬（生卒年不詳），會稽人。成化丁未進士，官至右副都御史巡撫湖廣。著有《闕里志》。

吕兆祥（生卒年不詳），明末海鹽人。著有《東野志》、《宗聖志》。

是書卷一爲像圖志，卷二、卷三爲世家志，卷四爲田制等，卷五至卷八爲藝文志。

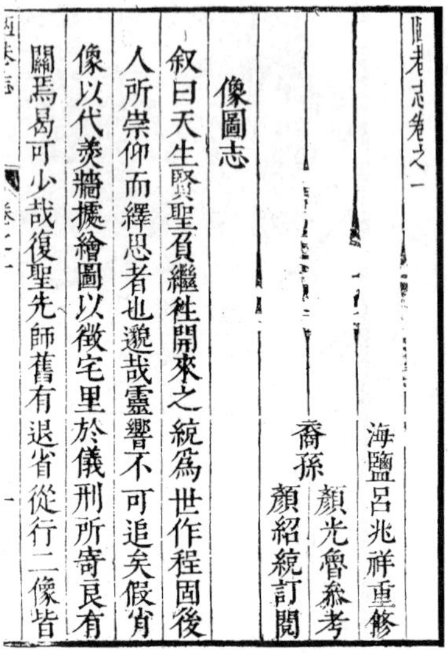
陋巷志卷之一
海鹽呂兆祥重修
裔孫 顏光魯叅考
顏紹統訂閱
像圖志
叙曰天生賢聖負繼往開來之統爲世作程固後
人所崇仰而繹思者也邈哉靈響不可追矣假肖
像以代羹牆摽繪圖以徵宅里於儀刑所寄良有
關焉曷可少哉復聖先師舊有退省從行二像皆

070

《四庫全書總目》曰："顏子陋巷，相傳在曲阜孔廟東北六百步，舊無紀載。正德中，提學副使陳鎬始爲作志，萬曆中，御史楊光訓又續編輯之。而兆祥是編蓋因二家之本，重爲訂定。所載皆歷代崇祀典禮，而冠以退省、從行諸圖。"

著錄：《四庫全書總目》、《中國古籍善本書目》。

刻工：裴、吉、志、徐、紀、汀、張文炳、芦、信、紀明倫、吳文長、孫荃詩、胡尚忠、樊重樂、樊好龍、郭士進、門、劉君臣、焦世德等。

071 鹿洲奏疏、鹿洲公案

《鹿洲奏疏》不分卷，《鹿洲公案》二卷，清藍鼎元撰，清刻本。二冊。半葉九行二十字。左右雙邊，白口，單魚尾。版心上鐫書名、卷次。框高 18.9 釐米，寬 14.3 釐米。前有扉頁，題："鹿洲奏疏"。《鹿洲公案》前有扉頁，題："鹿洲公案"。卷首有雍正七年曠敏本序和目錄。

藍鼎元（1680—1733），字玉霖，别字任庵，號鹿洲，漳浦人。優貢生。官至廣州府知府。著有《脩史試筆》、《鹿洲初集》、《鹿洲公案》、《棉陽學準》、《平臺紀畧》和《東征集》等。

《鹿洲奏疏》收錄藍鼎元撰寫的"履歷條奏"、"經理臺灣"、"臺灣水陸兵防"、"漕糧兼資海運”、“鳳陽民俗土田”、“黔蜀封疆”等奏疏六篇，每篇後附評語。《鹿洲公案》卷上含“五營兵食”、“三宄盜屍”等十三篇，卷下含“雲落店私刑”、“三山王多口”等十一篇。

《四庫全書總目》曰：“此其知普寧縣時所讞諸案。自敘其推鞫始末，爲二十四篇。”

本館所藏該書中行間見圈點批語。

著錄：《四庫全書總目》。

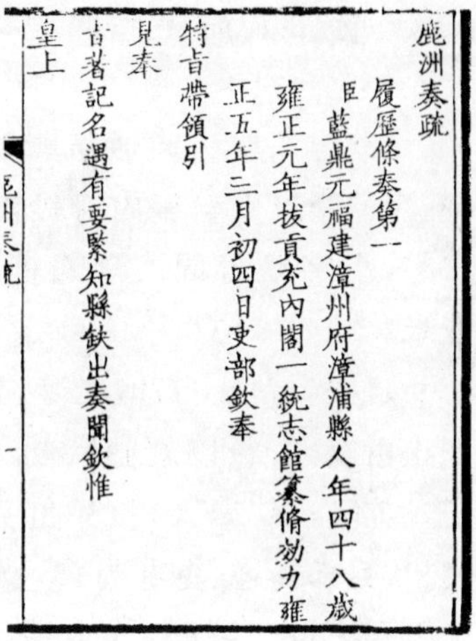
鹿洲奏疏
履歷條奏第一
臣藍鼎元福建漳州府漳浦縣人年四十八歲
雍正元年拔貢充內閣一統志館纂脩効力雍
正五年三月初四日吏部欽奉
特旨帶領引
見奉
旨著記名遇有要緊知縣缺出奏聞欽惟
皇上

071

072　洛學編

B126. T286 1738/G1867

《洛學編》四卷，清湯斌輯，續編一卷，清尹會一輯，湯定祥校刊，清乾隆三年懷潤堂刻本。一冊。半葉十行二十字。左右雙邊，白口，單魚尾。版心上鎸書名，下鎸卷次。框高18.7釐米，寬12.7釐米。前有乾隆三年尹會一序，康熙十二年孫奇逢序，康熙十年孫奇逢原序，凡例，目次等。

湯斌（1627—1687），字孔伯，號荊峴，晚號潛庵，河南睢州人。順治九年進士。歷任國史院檢討、潼關道副使、江西嶺北道參政。康熙五年，師從理學家孫奇逢，爲當時程朱學派代表人物。十八年中博學鴻詞科，授翰林院侍講，參修《明史》；二十一年充《明史》總裁。二十三年陞任內閣學士兼禮部侍郎。二十五年再充《明史》總裁。次年改任工部尚書。雍正中，入賢良祠。乾隆元年謚文正。著有《湯子遺書》、《常語筆存》、《志學會約》、《乾清門奏對記》、《徵君孫先生年譜》等。

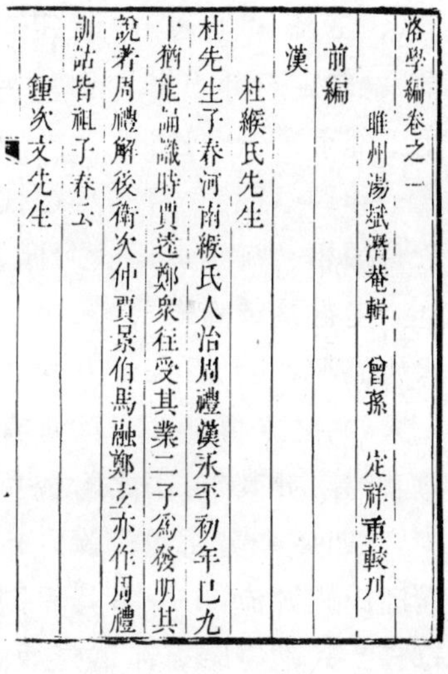
洛學編卷之一
睢州湯斌潛菴輯　曾孫　定祥重較刊
前編
漢
杜緱氏先生
杜先生子春河南緱氏人治周禮漢永平初年已九
十猶能誦識時賈逵鄭衆往受其業二子爲發明其
說著周禮解後衛次仲賈景伯馬融鄭玄亦作周禮
訓詁皆祖子春云
鍾次文先生

072

是書述中州學，分爲二編，首列漢杜子春，鍾興，鄭衆，服虔，唐韓愈，宋穆修，謂之前編。次列二程子以下十三人，附錄二人，元許衡以下三人，附錄一人，明薛瑄以下二十人，附錄七人，謂之正編，各評其學問，行誼等。湯斌之學，源出容城孫奇逢，其根柢在姚江，而能持新安金谿之平。主於刻勵實行，以講求實用。

清李清馥《閩中理學淵源考》云：“睢州湯文正公纂《洛學編》，其事實俱本原傳，使後人知所由來，得以定其是非，此祖述伊洛淵源録舊例也。”

著錄：《中國古籍善本目錄》、《四庫全書總目》。

073 欽定八旗氏族通譜輯要

J1819

《欽定八旗氏族通譜輯要》不分卷，清阿桂、和珅撰，清乾隆五十七年内府鈔本。一册。半葉八行二十二字，小字雙行同。無邊框，葉高 34 釐米，寬 17.5 釐米。

阿桂（1717—1797），字廣廷，號雲巖，章佳氏，滿洲正白旗人，後以新疆戰功入正白旗，大學士阿克敦子。乾隆三年舉人，授鑲紅旗蒙古副都統，歷任伊犂將軍、兵部尚書、吏部尚書，纍官至武英殿大學士兼首席軍機大臣。編著有《皇清開國方略》、《欽定蘭州紀略》、《欽定滿洲源流考》、《平定兩金川方略》、《大清律例》、《三流道里表》、《欽定吏部則例》、《欽定軍器則例》、《欽定户部軍需則例》、《欽定兵部軍需則例》、《欽定工部軍需則例》等。

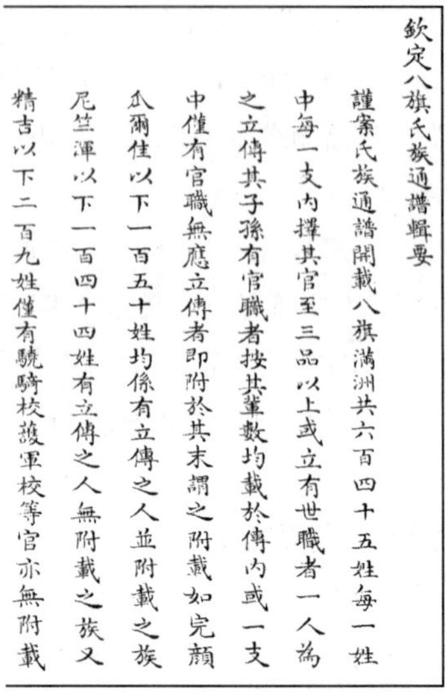
欽定八旗氏族通譜輯要
謹案氏族通譜開載八旗滿洲共六百四十五姓每一姓
中每一支内擇其官至三品以上或立有世職者一人為
之立傳其子孫有官職者按其輩數均載於傳内或一支
中僅有官職無應立傳者即附於其末謂之附載如完顏
瓜爾佳以下一百五十姓均係有立傳之人並附載之族
尼笪渾以下一百四十四姓有立傳之人無附載之族又
精吉以下二百九姓僅有驍騎校護軍校等官亦無附載

073

和珅（1746—1799），鈕祜祿氏，字致齋，原名善保，滿洲正紅旗人。清高宗乾隆皇帝時權相、寵臣，以巨貪而聞名。

是書爲乾隆御纂《八旗滿洲氏族通谱》的輯要本。書前曰："僅案《氏族通譜》開載八旗滿洲，共六百四十五姓。每一姓中，每一支内，擇其官至三品以上、或立有世職者一人，爲之立傳。其子孫有官職者，按其輩數，均在於傳内或一支中僅有官職、無應立傳者卽附於其末，謂之附載。"

《四庫全書簡明目錄》曰："欽定八旗滿洲氏族通譜八十卷，乾隆九年奉勅撰。詳載滿洲氏族源流，一一考其異同分合，而臚其世系。蒙古、高麗、尼堪之久隷八旗者，亦併錄焉。其勳勞昭著節義彪炳者，各爲小傳，冠于一姓之首，以彰世德。體例雖近章定氏族言行類稿，而彼備詞藻之用，此爲文獻之徵，故隷之傳記類焉。"

本館藏本爲墨筆楷書。

著錄：是書有乾隆五十七年武英殿刻本，分上下兩册，廣有流傳。

074 欽定國史忠義傳

N1814

《欽定國史忠義傳》四十八卷，清内府朱絲欄寫本。十二册。半葉八行十九字。四周雙邊，白口，單魚尾。版心上書書名，中書卷次。框高 28.9 釐米，寬 16.9 釐米。

是書爲清國史館纂修之忠義者一百二十餘人列傳。清代國史館所編纂的傳記包括國史館纂修的各種列傳原稿，有初輯本、重繕本、校訂本、增輯本及定稿等，忠義傳爲其中之一類。

本館所藏該書爲殘本，含二十五卷至三十八卷，共計十二冊。寫本爲刻印朱絲欄，墨筆楷書，黄綾裝面，有朱筆圈點。《中國古籍善本書目》載煙臺圖書館藏有此書之全本。

著錄：《中國古籍善本書目》。

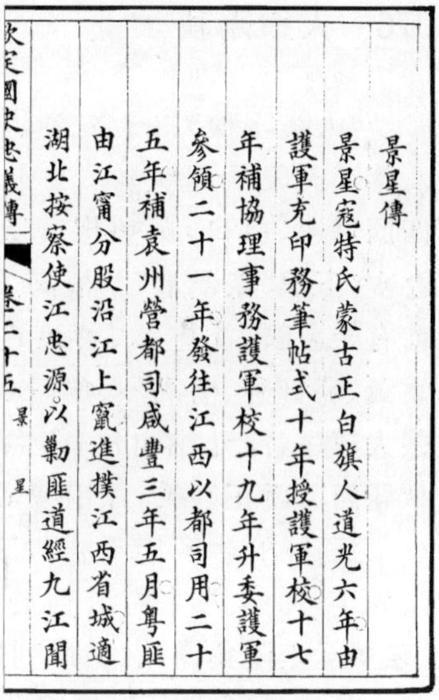
欽定國史忠義傳　卷二十五　景星

景星傳
景星寇特氏蒙古正白旗人道光六年由
護軍充印務筆帖式十年授護軍校十七
年補協理事務護軍校十九年升委護軍
參領二十一年發往江西以都司用二十
五年補袁州營都司咸豐三年五月粤匪
由江甯分股沿江上竄進撲江西省城適
湖北按察使江忠源以勦匪道經九江聞

074

075　闕里文獻考

B128. C82 K75/A300

《闕里文獻考》一百卷，清孔繼汾編撰，乾隆二十七年刻本。八冊。半葉十三行二十六字。左右雙邊，黑口，雙魚尾。版心上鎸書名、卷次。框高 19.3 釐米，寬 14.5 釐米。卷首有乾隆二十七年孔昭焕序，乾隆二十七年孔昭焕進書摺子，目録。卷末有《闕里志辨僞》。

孔繼汾(1721—1786)，字體儀，號止堂、信夫，孔子六十九代孫。清乾隆十二年舉人。著有《孔氏家儀》、《樂舞全譜》、《匡儀糾謬集》、《行餘詩草》、《喪服表》、《至聖先師孔子年譜》，校刻《文獻通考序》。

闕里文獻考卷一
世系第一之一
至聖先師孔子諱丘字仲尼本姓子氏殷之裔也昔黃帝二十五子
其得姓者十四人元囂得姓己氏元囂及子蟜極皆不得在位至孫
帝嚳承顓頊有天下是爲高辛氏契帝嚳子也佐禹治水有功舜命
爲司徒敷五教封於商賜姓子氏契卒子昭明立昭明卒子相土立
相土卒子昌若立昌若卒子曹圉立曹圉卒子冥立冥卒子振立振
卒子微立微字上甲其母以甲日生故也商家生子以日爲字蓋自
微始微卒子報丁立報丁卒子報乙立報乙卒子報丙立報丙卒子
主壬立主壬卒子主癸立主癸卒子天乙立天乙名履伐夏有天下
國號商是爲成湯湯太子太丁之子太甲克修祖德廟號太宗太甲
生太庚太庚生太戊太戊廟號中宗生河亶甲河亶甲生祖乙祖乙
生祖辛祖辛生祖丁祖丁生小乙小乙生武丁武丁廟號高宗生祖

075

是書卷一至卷十爲世系考，卷十一至卷十三爲林廟考，卷十四至卷十七爲祀典考，卷十八爲世爵職官考，卷十九至卷二十二爲禮考，卷二十三至卷二十五爲樂考，卷二十六卷戶田考，卷二十七至卷二十八爲學校考，卷二十九爲城邑山川考，卷三十爲宗譜考，卷三十一爲孔氏著述考，卷三十二至卷四十一爲藝文考，卷四十二爲聖門弟子考，卷四十三至卷七十二爲從祀賢儒考，卷七十三至卷九十九爲子孫著聞者考，卷一百爲敘考。

孔昭焕《闕里文獻考序》："近得叔祖止堂公《闕里文獻考》書成，類别門分，薙繁辨誤，言不越六十萬而二千三百餘年之事燦然大備。……爰亟請付之剞劂，以公海内。……爰裝潢進呈御覽。凡敷奏所未悉者，皆籍以稍塞厥咎，並序於篇首，……"

本館所藏書末冊破損。

著錄：是書《中國古籍善本書目》等無著錄。耶魯大學圖書館、哈佛燕京圖書館、哥倫比亞大學東亞圖書館入藏是書。

076　人鏡陽秋

H967

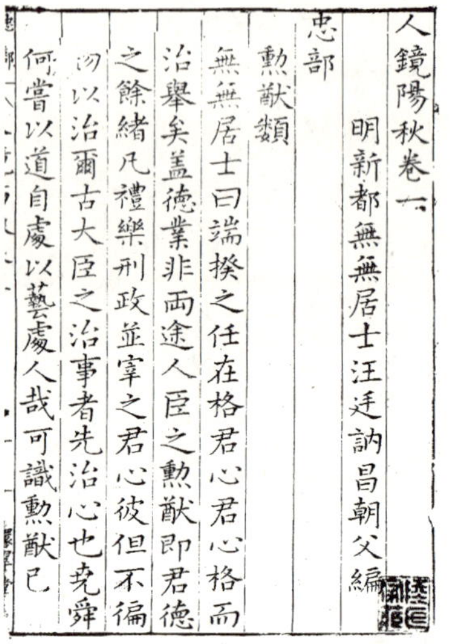
人鏡陽秋卷一
明新都無無居士汪廷訥昌朝父編
忠部
勲猷類
無無居士曰端揆之任在格君心君心格而
治舉矣蓋德業非兩途人臣之勲猷即君德
之餘緒凡禮樂刑政並宰之君心彼但不徧
所以治爾古大臣之治事者先治心也堯舜
何嘗以道自處以藝處人哉可識勲猷已

076

《人鏡陽秋》二十二卷，明汪廷訥撰，明萬曆二十八年汪氏環翠堂刻本。二十四冊。半葉九行十八字。四周單邊，白口，單魚尾。版心上鐫部類，中鐫書名、卷次，下鐫“環翠堂”。框高 24.3 釐米，寬 15.9 釐米。前有余孟麟、沈懋孝、黄汝良、孫事東、袁福徵、李登、袁黄、駱日升、楊武烈、詹景鳳、汪可進、程湑、張鳳翼、張大藴序，汪廷訥自序，王穉登讚，鄭之惠“閲人鏡陽秋題語”，就正姓氏，採用考索書目，總目。

汪廷訥（生卒年不詳），字昌朝，一字無如，自號坐隱先生，休寧人。約活動於萬曆十八年前後。著有《環翠堂坐隱集選》、《文壇列俎》等。

是書爲歷代人物傳略，分忠、孝、節、義四部。忠部有：勳猷、戰伐、諫諍、奉使、致命等類；孝部有：不匱、竭力、色養、永慕、致死、誠感類；節部有：狷介、剛操、臣節、子節、婦節、友節類；義部有：高尚、惠愛、清廉、義門、義合類。

汪氏《自序》曰：“愚上下千古心，竊有所嚮往，性焉。於是蹈跡環翠堂，闔門謝客，發諸史百家人足風世者，採而集之以成書。書分四部：則忠、孝、節、義部。各分五六類，則忠、孝、節、義之有異同。自黄虞迄今，每部約得百人，每人先貌以圖，次紀以本傳，次斷以臆見。無論奇蹤質行，惟其不失初性，而足以斯人典刑，則載之標以人鏡。陽秋竊取以人爲鑑，而寓春秋褒善之意云。”

著録：《千頃堂書目》、《中國古籍善本書目》。

鈐印：“陸氏家藏”。

077　三遷志

A374

077

《三遷志》六卷，明吕元善纂，明嘉靖三十二年刻本。四冊。半葉十行二十一字。四周雙邊，下黑口，雙魚尾。版心中鐫書名、卷次。框高 20 釐米，寬 15.1 釐米。前有嘉靖壬子史鶚序，目錄，凡例。書後有孟公謹後語。

吕元善（1569—1619），字季可，號冠洋，海鹽人。天啓中官山東布政司都事。著有《聖門志》。

是書卷一爲行教小影、危坐圖等，卷二爲出處事蹟、史記列傳等，卷三爲詔敕、恩賜、表，卷四爲奏疏、文移等，卷五爲碑記一，卷六爲碑記二、墓誌。

《四庫全書總目》曰："明吕元善撰。蓋因史鶚、胡繼先二家舊本爲之訂補。未脱稾而元善殉寇難。其子兆祥、孫逢時，乃續成之。所載孟廟事蹟，每卷之中又各分三子卷，凡二十一類。每類前爲四言贊一首，紀載頗詳。而體例標目，俱未能雅馴。"

著録：《四庫全書總目》、《千頃堂書目》、《中國古籍善本書目》。

078　三遷志

A306

《三遷志》十二卷，清王特選据明吕元善舊志增纂，仲蘊錦删閱，裔孫孟衍泰重校，清雍正年間刻本。四册。半葉十行十九字。左右雙邊，白口，單魚尾。版心上鐫書名，中鐫卷次。框高 20 釐米，寬 15.1 釐米。前有明嘉靖三十一年史鶚序，萬曆三十九年黄克讃、胡繼先、潘榛、周希孔序，天啓六年吕濬舊序，天啓七年李日華舊序，崇禎元年孔胤植、吳麟瑞、虞廷陛、施鳳來舊序，目録。書後有萬曆三十九年孟承光孟志跋語、後跋(殘)。

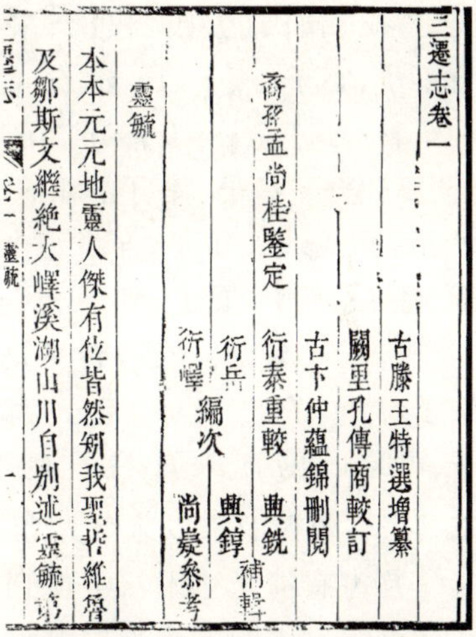
三遷志卷一
古滕王特選增纂
闕里孔傳商較訂
古卞仲蘊錦删閲
裔孫孟尚桂鑒定　衍泰重較　典銑補輯
衍兵　編次　典錞
衍譽　尚嶪參考
靈毓
本本元元地靈人傑有位皆然矧我聖哲維嶽
及鄒斯文繼絶大嶧溪湖山川自别述靈毓第一

078

王特選(生卒年不詳)，滕縣人。康熙乙酉舉人。

仲蘊錦(生卒年不詳)，字絅文，號闇江，濟寧人。清雍正三年襲翰林院五經博士。

孟衍泰(生卒年不詳)，爲孟子六十五代孫，世襲五經博士。

是書爲志孟之書，既爲孟氏族譜，亦爲地方志中的一種專志。卷一爲靈毓、像圖，卷二爲祖德、母教、師授，卷三爲年表，卷四爲佚文、讚註、崇習，卷五爲爵享、弟子、禮儀、恩賚，卷六爲宗係，卷七爲聞達，卷八爲廟記，卷九爲墓記，卷十爲祭諷，卷十一爲題詠，卷十二爲古跡、雜志。

按《四庫全書總目》，是書系"國朝孟衍泰、王特選、仲蘊錦同撰。書成於康熙壬寅。以吕元善舊志歲久漶漫，而國朝尊崇之典，及子孫世系林廟增修，亦未纂録成編。乃以次輯補，分爲二十一門。"

著録：《四庫全書總目》、《中國古籍善本書目》。

079　聖賢像贊

A315

《聖賢像贊》三卷，明吕維祺撰，明崇禎年間刻本。四册。半葉十行十九字，小字雙行同。左右雙邊，白口，單魚尾。版心上鐫書名。框高 19.3 釐米，寬 14.5 釐米。前有崇禎五年吕維祺序，目録。

吕維祺(1587—1641),字介孺,號豫石,河南新安人。萬曆癸丑進士,官至南京兵部尚書。事具《明史》本傳。著有《四禮約言》、《孝經大全》、《音韻日月燈》等。

是書卷一爲孔子、顔子、曾子、子思子、孟子、閔子、冉子、宰子、端木子、仲子、言子、卜子、顓孫子、顔氏、曾氏、孔氏、孟氏、程氏、朱氏、蔡氏、周氏,卷二爲澹臺子、宓子、燕子、原子、公冶子、南宫子、公晳子、叔仲子、商子、高子、漆雕子、司馬子、樊子、有子、公西子、巫馬子、奚子、秦子、壤子、石子、任子公夏子、公子、后子、鄔子、句子、罕父子、榮子、施子、公祖子、左子、縣子、廉子、樂子、邽子、狄子、子篋子、陳子、琴子、申子、步子、遽瑗、林放,卷三爲左子、公羊子、穀梁子、伏子、高堂子、子國子、毛子、董子、杜子、后子、王子、韓子、胡子、周子、程子、邵子、張子、司馬子、楊子、朱子、吕子、陸子、蔡子、眞子、許子、薛子、陳子。每一聖賢皆繪圖像,並附宋高宗御製贊及宋以來名人題贊。

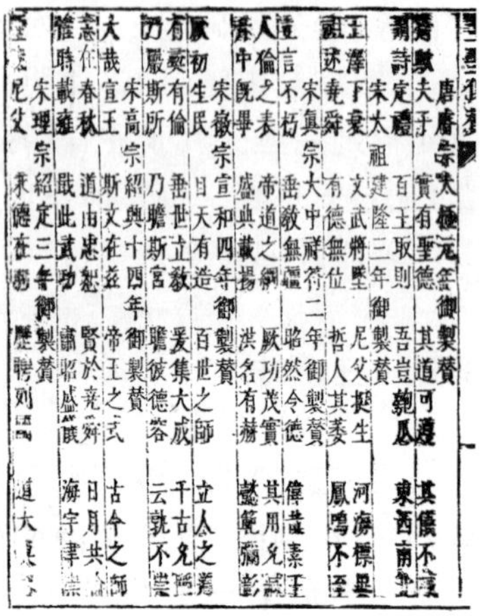

079-1

是書有清光緒十八年重刊本。

著錄:《中國古籍善本書目》。

080　四先生年譜

B126. M36 1745/G2155

《四先生年譜》、《延平四先生年譜》四卷,清毛念恃輯,清乾隆十年刻本。二册。半葉九行二十字。四周雙邊,白口,單魚尾。版心上鐫卷名。框高 19.8 釐米,寬 13.7 釐米。前有康熙十年毛念恃及蕭亮序,乾隆十年張坦"重刻四先生年譜序"等。

毛念恃(生卒年不詳),字敕五,武進人,順治四年以貢生任延平訓導,拳掌教授事郡。事具《福建通志》。著有《尚書想》、《四書想》、《孝經註》、《四賢年譜》行世。

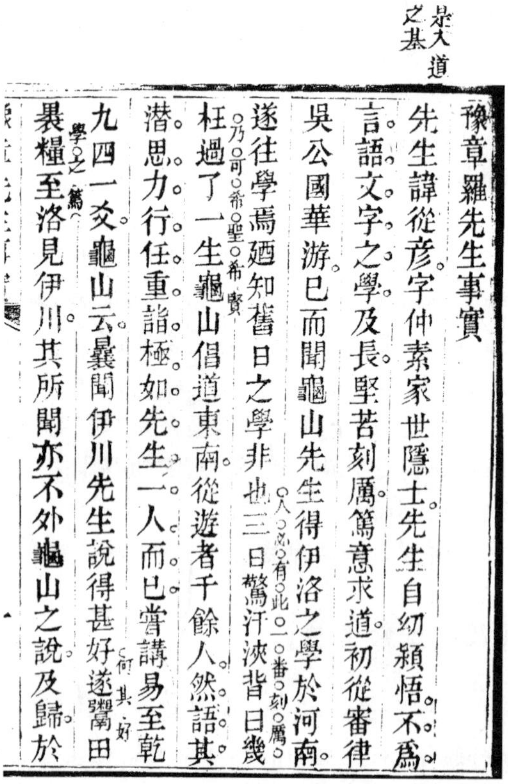
豫章羅先生事實
先生諱從彦字仲素家世隱士先生自幼穎悟不爲
言語文字之學及長堅苦刻厲篤意求道初從審律
吳公國華游已而聞龜山先生得伊洛之學於河南
遂往學焉廼知舊日之學非也三日驚汗浹背日幾
枉過了一生龜山倡道東南從遊者千餘人然語其
潛思力行任重詣極如先生一人而已嘗講易至乾
九四一爻龜山云曩聞伊川先生說得甚好遂鬻田
裹糧至洛見伊川其所聞亦不外龜山之說及歸於

080

是書含《宋儒龜山楊先生年譜》一卷,

至聖先師孔子
仲尼山
東兗州府曲阜縣人

《豫年羅先生年譜》一卷,《延平李先生年譜》一卷,《紫陽朱先生年譜》一卷。

蕭亮《序》曰:"敕五毛社臺講學於三溪九峰之間,海内人士翕然從之,是尤得四先生授受之微者。因手輯四先生年譜,以示後學,讀之無不對簡篇而起敬。接淵源于同堂,則尼山道統,伊洛學脈,傳之千百世如新。"

著録:《中國古籍善本目録》。

081　宋本韓柳二先生年譜

PL2673. Z5M32 1729a /W1438

《宋本韓柳二先生年譜》、《韓柳二先生年譜》八卷,其中《韓文類譜》七卷,《柳先生年譜》一卷,宋吕大防等撰,馬曰琯輯,清雍正八年小玲瓏山館刊本。二册。半葉十行十八字,小字雙行同。左右雙邊,白口,單魚尾。版心上鐫書名,中鐫"韓譜"及卷次或"柳譜",下鐫卷次。框高 20.2 釐米,寬 12.6 釐米。

吕大防(1027—1097),字微仲,京兆藍田人,吕大忠之弟。宋皇祐初舉進士第,調馮翊主簿。歷監察御史里行。元祐初封汲郡公,拜尚書左僕射,兼門下侍郎。後爲章惇等所搆,貶死。追謚正愍。著有《文録》、《文録掇遺》、《文獻通考》等。

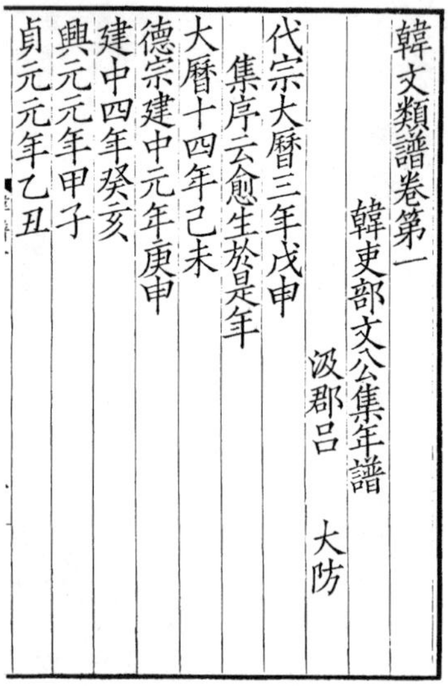
韓文類譜卷第一
韓吏部文公集年譜
汲郡吕　大防
代宗大曆三年戊申
集序云愈生於是年
大曆十四年己未
德宗建中元年庚申
建中四年癸亥
興元元年甲子
貞元元年乙丑

081

馬曰琯(1688—1755),字秋玉,號嶰谷。乾隆初年舉鴻博不就。雍正年間,於揚州建小玲瓏山館,藏書達十餘萬卷。著有《沙河逸老小稿》。

是書爲唐韓愈(768—824)、柳宗元(773—819)年譜。

著録:《中國古籍善本目録》。

刻工:李士芳。

082　宋陳少陽先生盡忠録

I1274

《宋陳少陽先生盡忠録》八卷,陳東撰,清鈔本。二册。半葉九行十七字。無邊框,葉高 27.2 釐米,寬 16 釐米。前有扉頁,題:"宋陳少陽先生盡忠録"。前有正德十一年楊一清序,目録。卷首有陳少陽先生像與自贊。

陳東(1086—1127),字少陽,鎮江丹陽人。欽宗時貢入太學,嘗伏闕上書,請去蔡京王黼而用李綱。高宗即位召至行在,又劾黄潛善、汪伯彦,爲二人所搆論。死後追贈承信郎,又加贈朝奉郎秘閣修撰。事具《宋史》本傳。著有《靖炎兩朝見聞録》。

宋陳少陽先生盡忠錄卷一

宋贈祕閣修撰陳公像

是書第一卷爲事實,第二卷爲奏議,第三卷爲詔勑書劄,第四卷爲奏議,第五卷爲詔勑書劄,第六卷爲挽詞,第七卷爲題跋,第八卷爲遺稿雜詠。

《四庫全書總目》錄有《少陽集》曰:"宋陳東撰。東有《靖炎兩朝見聞錄》,已著錄。其文集《宋志》不載。《書錄解題》亦不載。據戴埴《鼠璞》,載張浚奏胡珵筆削東書,追勒編置。蓋以浚爲黄潛善客,珵爲李綱客,故借此去之云云。則東死以後,尚牽連興鉤黨之獄,宜無編輯其文者。元大德中,始有刻本盡忠錄,凡八卷。編次頗嫌錯雜。續刊於國朝康熙中者曰《少陽文集》,凡十卷。前五卷皆東遺文,後五卷則本傳、行狀及他書論贊也。東以諸生憤切時事,摘發權姦,冒萬死以冀一悟。其氣節自不可及。然於時國步方危,而煽動十餘萬人,震驚庭陛。至於擊壞院鼓,臠割中使。迹類亂民,亦乖大體。南宋末太學之横,至於驅逐宰輔莫可裁制。其胚胎實兆於此。張浚所謂欲以布衣持進退大臣之權,幾至召亂者,其意雖出於私,其言亦未始不近理也。後應詔再出,卒以爲小人所構,亦不可謂東等無以致之矣。第以志在匡時,言皆中理。所掊擊者皆人不敢觸之巨姦,所指陳者事後亦一一皆驗。是其事緣憂國,不出求名。故南宋以來儒者,以忠義予之,而遺文亦至今傳述焉。蓋略迹而原其心也。"

本館藏鈔本爲墨筆楷書,無欄框。

著錄:《四庫全書總目》錄有《盡忠錄》,《千頃堂書目》錄有《陳沂盡忠錄》。是書《中國古籍善本書目》等無著錄。

鈐印:"陽城張氏與古樓收藏經籍記"、"葆保"、"張慤信印"、"光圻審定"。

083　新鐫旁批詳註總斷廣名將譜

H933

《新鐫旁批詳註總斷廣名將譜》、《廣百將傳》二十卷,明黄道周註斷,明崇禎十六年崇善堂刻本。十二冊。半葉九行二十字。四周單邊,白口,單魚尾。版心上鐫書名,中鐫卷次。框高 18.5 釐米,寬 12.3 釐米。前有扉頁,題:"廣百將傳。黄石齋先生註斷,軍政備覽,武學便讀,崇善堂藏板。"前有崇禎十六年黄道周自序,總目。

黄道周(1585—1646),字幼玄,又作幼元,一字螭若,號石齋,漳浦人。天啓壬

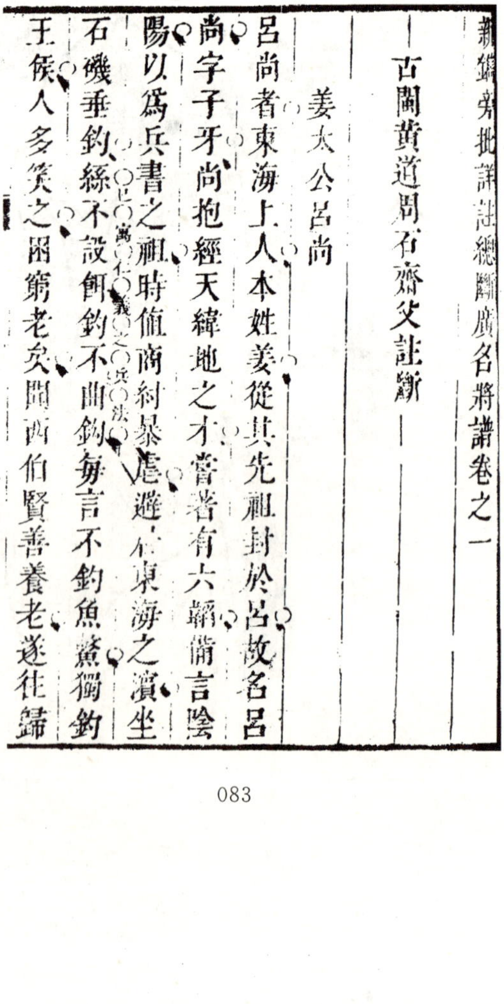
新鐫旁批詳註總斷廣名將譜卷之一
古閩黄道周石齋父註斷
姜太公呂尚
呂尚者東海上人本姓姜從其先祖封於呂故名呂尚字子牙尚抱經天緯地之才嘗著有六韜備言陰陽以爲兵書之祖時値商紂暴虐避在東海之濱坐石磯垂釣絲不設餌釣不曲鈎每言不釣魚鰲獨釣王侯人多笑之困窮老矣聞西伯賢善養老遂往歸

083

戌進士，崇禎中官至少詹事。明亡後爲唐王聿鍵禮部尚書。事具《明史》本傳。著有《易象正》、《洪範明義》、《月令明義》、《榕壇問業》等。

是書爲歷代名將傳略。卷之一、二爲先秦名將，卷之三至五爲漢代名將，卷之六至八爲魏晉南北朝名將，卷之九至十一爲隋唐名將，卷之十二爲五代十國名將，卷之十三至十六爲宋代名將，卷之十七爲元代名將，卷之十八至二十爲明代名將。

《四庫全書總目》曰："不著撰人名氏，卷首題黄道周註斷。前有崇禎癸未道周序，稱卽舊本，芟其繁文，取其精要，入妙旁批，有疑夾註。又總斷結其智勇之所在云云。詞意鄙陋，決不出道周之手。殆坊肆所依託。其目録後幅割裂，亦似非足本。"

著録：《四庫全書總目》、《中國古籍善本書目》。

084 脩史試筆

《脩史試筆》二卷，清藍鼎元撰，清刻本。二册。半葉九行二十字。左右雙邊，白口，單魚尾。版心中鐫書名、卷次。框高 18. 6 釐米，寬 13. 9 釐米。前有扉頁，題："脩史試筆"。卷首有雍正六年曠敏本序和目次。

藍鼎元，見 071《鹿洲奏疏》《鹿洲公案》。

《四庫全書總目》曰："是編凡爲傳三十六篇，起唐房、杜，終五代王朴，各綴以論。前有雍正戊申衡山曠敏本序，謂鼎元欲修《宋史》而以此試筆。先敘有唐名臣，擇其忠節經濟之炳著者，列爲傳云。"

本館藏本中行間見圈點。

著録：《四庫全書總目》。

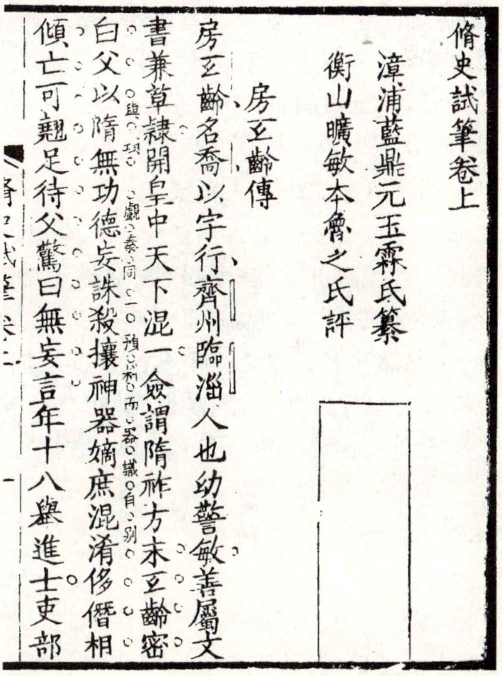
脩史試筆卷上
漳浦藍鼎元玉霖氏纂
衡山曠敏本會之氏評
房玄齡傳
房玄齡名喬以字行齊州臨淄人也幼警敏善屬文書兼草隸開皇中天下混一僉謂隋祚方未玄齡密白父以隋無功德妄誅殺攘神器嫡庶混淆侈僭相傾亡可翹足待父驚曰無妄言年十八舉進士吏部

084

085 學統

《學統》五十三卷，清熊賜履撰，胡煦校，清康熙二十四年刻本。十六册。半葉九行二十字。左右雙邊，白口，單魚尾。版心上鐫書名，中鐫卷次。框高 20 釐米，寬 13. 5 釐米。前有扉頁，題："學統"。前有康熙二十四年王新命、李振裕、倪燦序，康熙二十四年熊賜履自序，凡例，目録。

熊賜履（1635—1709），字敬修，一字青嶽，別號愚齋，孝感人，世籍南昌。順治十五年進士，歷任秘書院侍讀學士、國史院學士、翰林院掌院學士、內閣學士，武英殿大學士兼刑部尚書、禮部尚書、東閣大學士兼吏部尚書等。曾四任會試正考官，並任修撰《聖訓》、《平定朔漠方略》、《實錄》、《方略》、《明史》總裁官。治程朱理學，主張“默識篤行”，曾建議“非《六經》、《語》、《孟》之書不讀，非濂、洛、關、閩之學不講”。卒年七十五，贈太子太保，謚文端。著有《經義齋集》、《閑道録》、《學統》、《學辨》、《學規》、《學餘》、《下學堂劄記》、《澡修堂集》等。

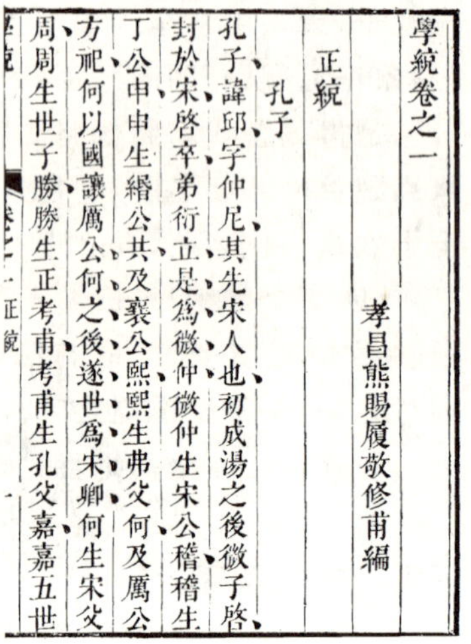
學統卷之一
孝昌熊賜履敬修甫編
正統
孔子
孔子諱丘字仲尼其先宋人也初成湯之後微子啓封於宋啓卒弟衍立是爲微仲微仲生宋公稽稽生丁公申申生緍公共及襄公熙熙生弗父何及厲公方祀何以國讓厲公何之後遂世爲宋卿何生宋父周周生世子勝勝生正考甫考甫生孔父嘉嘉五世
學統卷一　正統　一

085

是書卷之一至九爲正統，卷之十至三十二爲翼統，卷之三十三至四十二爲附統，卷之四十三、四十四爲雜學，卷之四十五至五十三爲異學。

《四庫全書總目》曰：“是書以孔子、顔子、曾子、子思、孟子、周子、二程子、朱子九人爲正統。以閔子以下至明羅欽順二十三人爲翼統。以冉伯牛以下至明高攀龍一百七十八人爲附統。以荀卿以下至王守仁七人爲雜統。以老莊、楊墨、告子及二氏之流爲異統。夫尚論古人，辨其行事之醇疵，立言之得失，俾後人知所法戒足矣。必錙錙銖銖，較其品第而甲乙之，未免與班固古今人表同一悠謬。况薛瑄、胡居仁、羅欽順俱尊之稱字稱先生，而伯牛、子路諸賢乃皆卑之而書名。軒輊之閒不知何所確據。又荀况、揚雄、王通、蘇軾均以雜統而稱子。陸九淵、陳獻章、王守仁又以雜統而書字。褒貶之閒，亦自亂其例也。”

著録：《四庫全書總目》、《中國古籍善本書目》。

086　岳鄂王金陀稡編

《宋岳忠武王金陀全编》、《岳鄂王金陀稡編》首一卷，正編二十卷，續編八卷，宋岳珂編，岳士景重訂，清乾隆四年刻本。四冊。半葉九行二十一字。四周雙邊，白口，單魚尾。版心上鐫“金陀編”。框高 20.7 釐米，寬 13.2 釐米。前有扉頁，題：“宋岳忠武王金陀全編。王嫡孫珂亦齋原編，本家藏板，呈詔進奉。”卷首有乾隆四年朱刻“皇上聖制岳武穆論”，乾隆五年李綬序，乾隆四年甘汝來、岳濬序。增訂忠武王年譜，岳珂原序，新增鄴侯行實略，目録。書後有乾隆元年岳士景跋。

岳珂（1183—1240），字肅之，號倦翁，湯陰人，居於嘉興，鄂忠武王飛之孫，敷文閣待制霖之子。官至戶部侍郎，淮東總領制置使。著有《九經三傳沿革例》。

是書正編卷之一至十五爲經進，卷之十六至二十爲辯。續編卷之一、二爲傳信録，卷之三至五爲天定録，卷之六至八爲昭忠録。

《四庫全書總目》錄有《金陀稡編》，其條曰：是書“二十八卷，續編三十卷，兩淮鹽政採進本。……是編爲辨其祖岳飛之冤而作。珂别業在嘉興金陀坊，故以名書。《稡編》成於嘉定戊寅，《續編》成於紹定戊子。《稡編》凡《高宗宸翰》三卷，《鄂王行實編年錄》六卷，《鄂王家集》十卷，《籲天辨誣》五卷，《天定錄》三卷。《籲天辨誣》者，記秦檜等之鍛鍊誣陷，每事引當時記載之文，如熊克《中興小歷》、王明清《揮塵錄》之類，而珂各繫辨證。《天定錄》者，則飛經昭雪之後，朝廷復爵褒封諡議諸事也。《續編》凡《宋高宗宸翰摭遺》一卷，《絲綸傳信錄》十一卷，《天定别錄四卷》，《百氏昭忠錄》十四卷。《絲綸傳信錄》者，飛受官制劄及三省文移劄付。《天定别錄》者，岳雲、岳雷、岳霖、岳甫、岳琛等辨誣復官告制劄，及給還田宅諸制。《百氏昭忠錄》者，飛歷陣戰功，及歷官政績，經綸於國史，及宋人劉光祖等所作碑刻行實，黄元振等所編事蹟，以次彙敘者也。其《宸翰拾遺》中《舞劍賦》，乃唐喬潭之作，因高宗御書以賜，故亦載焉。編首自序，稱況當規恢大有爲之秋，魚復之圖，穀城之略，豈無一二可俎豆於斯世？檢其所當行，稽其所可驗，而勿視之芻狗之已陳云云。殆開禧敗衄之後，端平合擊以前，時局又漸主戰，故珂云爾也。其書歲久散佚。元至正二十三年，重刻於江浙行省，陳基爲之序。又有戴洙後序，稱舊本佚闕，徧求四方，得其殘編斷簡，參互考訂，復爲成書。故書中脱簡闕文，時時而有。明嘉靖中刻本，並仍其舊。今無從考補，亦姑仍嘉靖舊刻錄之焉。”

著錄：《四庫全書總目》。

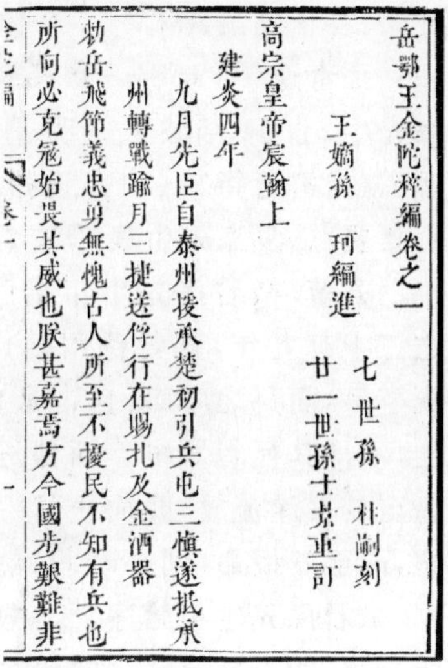
岳鄂王金陀稡編卷之一
七世孫　杜　嗣刻
王嫡孫　珂編進
廿一世孫士景重訂
高宗皇帝宸翰上
建炎四年
九月先臣自泰州援承楚初引兵屯三槇遂抵承
州轉戰踰月三捷送俘行在賜札及金酒器
勑岳飛仗義忠勇無愧古人所至不擾民不知有兵也
所向必克寇始畏其威也朕甚嘉焉方今國步艱難非
金佗編　卷一　一

086

087　徵君孫先生年譜、游譜、中州人物考

《徵君孫先生年譜》二卷，清方苞撰，《游譜》一卷，馬爾楹等編，《中州人物考》一卷，孫奇逢撰，清乾隆年間衮遠堂刻本。四册。半葉九行二十字。左右雙邊，白口，單魚尾。版心上鐫“傳”、“游譜”、“中州人物考”。框高 17.6 釐米，寬 12.8 釐米。《徵君孫先生年譜》前有扉頁，題：“衮遠堂梓行”。前有康熙十四年霍炳劍、戴明說序，方苞序，後有吳維垣跋。《游譜》前有孫奇逢引，張鳳翔、張鏡心孫啓泰先生游譜序，孫望雅譜餘錄。《中州人物考》前有順治十四年張璟中州理學考序，中州理學者姓氏。

方苞(1668—1749)，字鳳九，一字靈臯，號望溪，桐城人。康熙丙戌會試中式舉人，官至内閣學士兼禮部侍郎，後落職修書，特賜侍講銜致仕。著有《周官集註》、《儀禮析

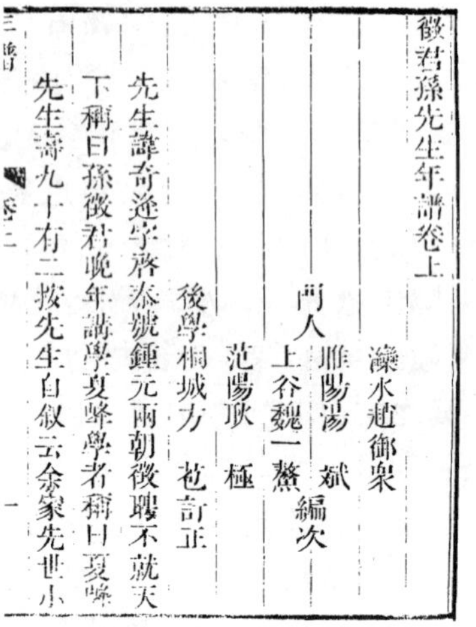
徵君孫先生年譜卷上
灤水趙御衆
睢陽湯　斌
門人　上谷魏一鰲　編次
范陽耿　極
後學桐城方　苞訂正
先生諱奇逢字啓泰號鍾元兩朝徵聘不就天
下稱曰孫徵君晚年講學夏峰學者稱曰夏峰
先生壽九十有二按先生自叙云余家先世小

087

疑》、《春秋通論》等。

孫奇逢(約 1584—1675),字啓泰,號鐘元,世稱夏峯先生,直隸容城人。明萬曆舉人。著有《讀易大旨》、《尚書近指》、《四書近指》、《理學宗傳》、《理學傳心纂要》、《夏峯先生集》等。

方苞《徵君孫先生年譜序》曰:"容城孫徵君既歿之三十有九年,其曾孫用楨以舊所編年譜屬余删定。既卒事,而爲之序曰:自古豪傑才人,以至義俠忠烈之士,不得其死者衆矣。而傳經受道之儒無是也。極其患至於擯斥流放,靡而止耳。其或會天道人事之事之窮,而至於授命,則必時義,然而與俠烈者異焉。"霍炳劍《徵君孫先生年譜序》云:"《徵君年譜》,鍾元孫先生所自譜,門人魏蓮陸合同學爲之編次者也。"方苞《序》曰:"容城孫徵君既歿至三十有九年,其曾孫用楨以舊所編年譜屬余删定,既卒事,爲之序。"孫奇逢《游譜自序》云:"予行年七十一矣。生於燕,長於燕,足未涉遠,見囿一隅,垂老流寓蘇門,又復四年,未得出門一步,滏水老人屢有字,謂我輩七十生涯,携良朋益友,問水色山光討些子受用,規規一室爲何也?因鼓短節赴滏水,集同人商所法。切思古人之好游者,何爲也哉?將以行樂耳。"

著録:《中國古籍善本書目》。

088　至聖編年世紀

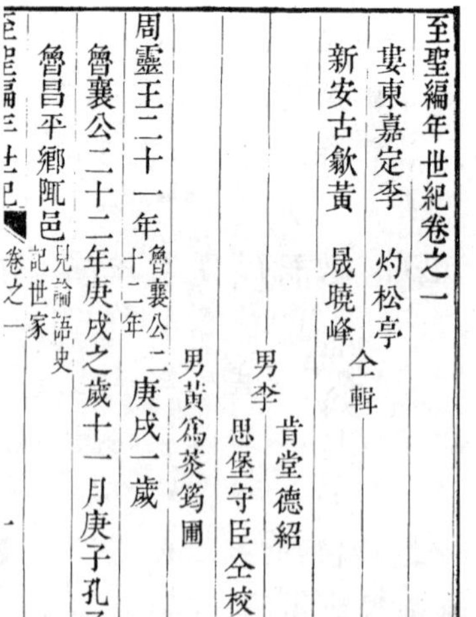
至聖編年世紀卷之一
婁東嘉定李　灼松亭
新安古歙黃　晟曉峰　仝輯
男李　肯堂德紹
　　　思堡守臣仝校
男黃爲葵鴛圖
周靈王二十一年魯襄公二十二年庚戌一歲
魯襄公二十二年庚戌之歲十一月庚子孔子生
魯昌平鄉陬邑見論語史記世家

088

《至聖編年世紀》二十四卷,清李灼、黃晟編,乾隆十六年亦政堂刻本。十二册。半葉九行二十字,小字雙行四十字。左右雙邊,白口,單魚尾。版心上鎸書名,中鎸卷次。框高 20.5 釐米,寬 14 釐米。前有扉頁,題:"至聖編年世紀。乾隆辛未年鎸,嘉定李松亭、古歙黃曉峰輯。亦政堂藏板。"卷首有乾隆十三年孔昭煥序,乾隆十六年李灼後序,乾隆十六年黃晟後序,李灼"孔子生日說",李灼"孔門出妻辨",李灼"增祀孔璇論",凡例,總目錄。每册前又各有一目錄。

李灼(生卒年不詳),字松亭,嘉定人。

黃晟(生卒年不詳),字曉峯,歙縣人。

是書含孔子年譜及歷代尊孔儀典兩大部分。卷一爲一歲至十歲，卷二爲十一歲至二十四歲，卷三爲二十五歲至三十一歲，卷四爲三十二歲至三十四歲，卷五爲三十五歲至三十八歲，卷六爲三十九歲至四十六歲，卷七爲四十七歲至四十八歲，卷八爲四十九歲至五十一歲，卷九爲五十二歲至五十四歲，卷十爲五十五歲至五十九歲，卷十一爲六十歲至六十二歲，卷十二爲六十三歲至六十七歲，卷十三爲六十八歲，卷十四爲六十九歲，卷十五爲七十歲至七十一歲，卷十六爲七十二歲至七十三歲，卷十七爲周至秦，卷十八爲漢至隋，卷十九爲唐至後周，卷二十爲宋至金，卷二十一爲元太祖至順帝，卷二十二爲明太祖至懷宗，卷二十三爲清太宗至聖祖，卷二十四爲世宗至乾隆。

《四庫全書總目》對該書有如下說明："是書成於乾隆辛未。一卷至十六卷爲至聖年譜。十七卷至二十四卷爲歷代至國朝尊崇之典。冠以灼所作《孔子生日說》、《孔門出妻辨》及《增祀孔璇論》三篇。其生日說，謂《公羊》、《穀梁》二傳與《史記》所記差一年。《公羊》、《穀梁》乃記其懷妊之年，司馬遷記其誕生之年，殊爲穿鑿。自古及今，未聞以懷妊之年筆之於書者也。至《孔門出妻》，謂之記載舛誤則可，必謂庶氏之母爲庶子之母，子思嫡長，安得謂之庶子乎。書中辨野合之說，病亦同此。周道衰微，百氏横議，造作言語以誣聖者，不可殫陳。史遷妄採，張華誤述，不過斷以一語，斥諸名教之外耳。乃附会其詞，以爲禱於尼山，野宿懷孕，故曰野合。是又愈鑿而愈舛矣。"

著錄：《四庫全書總目》。

鈐印："後南延晴氏印"、"眞金明辨"、"後夫"、"吳渠書印"、"桐軒主人"。

089 左忠毅公年譜

《左忠毅公年譜》、《左忠毅公集》二卷，清左宰撰，清乾隆四年刻本。二册。半葉十行二十字。左右雙邊，白口，單魚尾。版心上鐫書名，中鐫卷次。框高17.6釐米，寬13.6釐米。前有左忠毅公遺像及梁精□左忠毅公像贊。後有乾隆四年左宰跋。

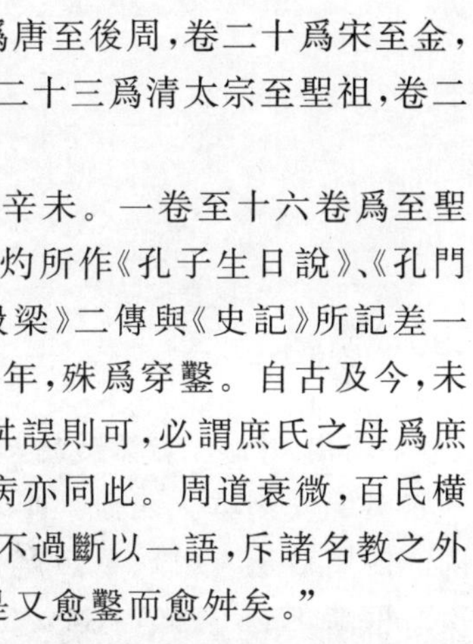
左忠毅公年譜卷上
明神宗
萬曆三年乙亥九月初九日丑時公生於桐城東鄉之
居第○按公生之辰月當大斗因命名曰光斗
字共之浮邱其自號也又號蒼嶼始誕火光繞
屋鄰人望之以爲火災救輒無有如是者數四
焉
公父封少保公諱出穎字逢時號碧衢○按封少
保公潛修力學以行誼高鄉里生子九人時有
九龍之目公行五

089

左光斗（1575—1625），字遺直，一字共之，號浮丘，桐城人。明萬曆三十五年進士，授中書舍人擢御史。屢官浙江道監察御史、直隸屯田事、左僉都御史等。卒，追贈太子少保，謚忠毅。著有《左忠毅公集》等。

左宰（生卒年不詳），左光斗曾孫。

左宰《跋》曰："宰謹摭家乘所錄稽之史書，參以祖若父之傳聞及同難諸公之遺集，網羅放矢，著爲年譜一編，頗有所不盡本末著其明疑者闕之。至於奏疏詩文，既有專集，是編不必重載，第舉其一二大者著于篇，以備尚論之採擇云。”

《四庫全書總目》曰：“國朝左宰編。宰，桐城人。左光斗之曾孫也。光斗事蹟具載《明史》本傳。乾隆己未，宰復網羅散失，參以祖父傳聞，旁及文集所載，與同難諸人所述以補成此譜。於當日情事始末，較爲詳備。”

著錄：《四庫全書總目》、《中國古籍善本書目》。

史鈔類

090　漢雋

J1702

《漢雋》十卷，宋林鉞輯，明吳繼安校，明萬曆二十八年吳繼安刻本。四冊。半葉八行十七字，小字雙行同。四周双邊，白口，單魚尾。版心上鐫書名，中鐫卷次。框高 17.5 釐米，寬 12.5 釐米。前有元元統元年揭傒斯“題刻漢雋序”，明萬曆二十八年吳繼茂序，目錄。

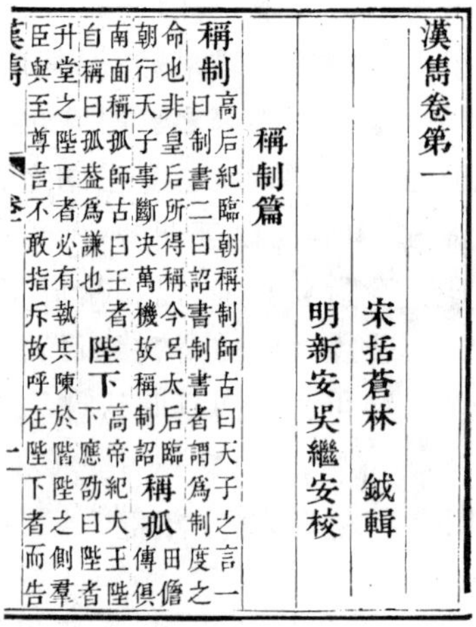
漢雋卷第一
宋括蒼林　鉞輯
明新安吳繼安校
稱制篇
稱制高后紀臨朝稱制師古曰天子之言一曰制書二曰詔書制書者謂爲制度之命也非皇后所得稱今呂太后臨田僭朝行天子事斷決萬機故稱制詔稱孤傳俱南面稱孤師古曰王者自稱曰孤蓋爲謙也陛下高帝紀大王陛下應劭曰陛者升堂之陛王者必有執兵陳於階陛之側羣臣與至尊言不敢指斥故呼在陛下者而告

090

林鉞(生卒年不詳)，字宏用，晉江人。官南戶部郎中，出守太平與關西。

吳繼安(生卒年不詳)，休寧人。著有《歷代帝王歷祚考》。

是書卷一有稱制、三宮、群僚、調補、按職，卷二有執事、法比、獄犴、節信、禁闥，卷三有國士、支屬、賢豪、愚劣，詘信，卷四有宵猳、語次、輟學、書教、締交，卷五有顥蒼、異時、宇内、河山、疆外，卷六有蒸庶、佃作、禳祀、精祲、五樂，卷七有貨寶、貲筭、器械、三服、車兩，卷八有第室、次舍、糒醪、五行、搏戰，卷九有羲農、不諱、根著、昆蟲、若干，卷十有假設、雲烝、建瓴、鴻濛、匈匈。

《四庫全書總目》曰：“案陳振孫《書錄解題》載此書，卷數與今相符，而註稱括蒼林鉞，《處州府志》亦載林鉞。此本則皆作林越，未詳孰是也。其書取《漢書》中古雅之字，分類排纂爲五十篇。每篇卽以篇首二字爲名，亦閒附原註。前有紹興壬午越自序，稱大可以詳其事，次可以玩其詞。然割裂字句，漫無端緒，而曰可詳其事，其說殊誇。後有延祐庚申袁桷重刻跋，稱漢雋之作，蓋爲習宏博便利。斯爲定論矣。”

著錄：《四庫全書總目》、《中國古籍善本書目》。

091　歷代史纂左編

D670

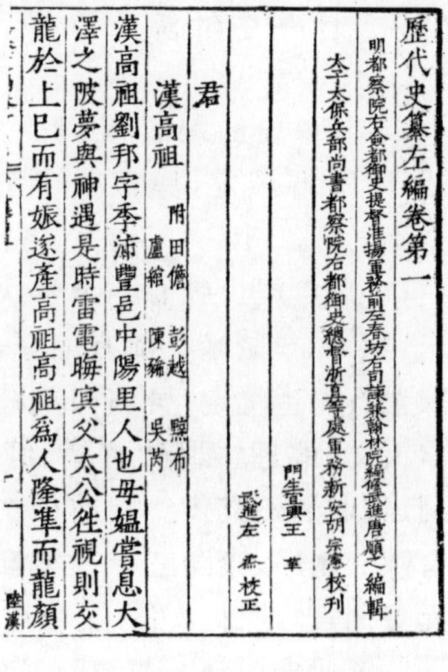
歷代史纂左編卷第一

明都察院右僉都御史提督淮揚軍務前左春坊右司諫兼翰林院編修武進唐順之編輯

太子太保兵部尚書都察院右都御史總督浙直等處軍務新安胡宗憲校刊

門生宜興王　革

武進左　燾校正

君

漢高祖　附田儋　彭越　黥布

盧綰　陳豨　吴芮

漢高祖劉邦字季沛豐邑中陽里人也母媪嘗息大澤之陂夢與神遇是時雷電晦冥父太公往視則交龍於上已而有娠遂產高祖高祖爲人隆準而龍顔

091

《歷代史纂左編》一百四十二卷，明唐順之撰，胡宗憲校刊，明嘉靖四十年刻本。一百冊。半葉十行二十字。四周單邊，白口，單魚尾。版心上鐫書名、卷次，中鐫篇目，下鐫刻工名。框高 20.7 釐米，寬 14 釐米。前有唐順之自序，王畿凡例並引，目錄，嘉靖四十年胡松後序。

唐順之(1507—1560)，字應德，一字義修，號荊川，武進人。嘉靖己丑進士，官至右僉都御史，巡撫淮揚。天啓中追謚襄文。事具《明史》本傳。著有《兩漢解疑》、《廣右戰功録》、《右編》、《史纂左編》等。

是書第一卷至第六卷爲君，第七卷至第三十卷爲相，第三十一卷至第三十六卷爲名臣，第三十七卷至第四十二卷爲謀臣，第四十三卷至第五十五卷爲將，第五十六卷至第五十八卷爲后、公主，第五十九卷至第六十二卷爲戚，第六十三卷、第六十四卷爲儲，第六十五卷至第六十九卷爲宗，第七十卷、第七十一卷爲宦，第七十二卷、第七十三卷爲幸，第七十四卷至第八十一卷爲姦，第八十二卷至第八十七卷爲簒，第八十八卷至第九十二卷爲亂，第九十三卷、第九十四卷爲莽，第九十五卷至第一百零三卷爲鎮，第一百零四卷至第一百一十八卷爲夷，第一百一十九卷至第一百二十九卷爲儒，第一百三十卷爲隱逸、獨行，第一百三十一卷爲烈婦，第一百三十二卷、第一百三十四卷爲方技，第一百三十五卷至第一百三十八卷爲釋，第一百三十九卷至第一百四十二卷爲道。

《四庫全書總目》曰："是書以歷代正史所載君臣事蹟，纂集成編。别立義例，分君、相、名臣、謀臣、后、公主、戚、儲、宗、宦、幸、姦、簒、亂、莽、鎮、夷、儒、隱逸、獨行、烈婦、方技、釋、道凡二十四門。其意欲取千古興衰治亂之大者，切著其所以然，故其體與他史稍異。然其閒詳略去取，實有不可解者。……其他妄爲升降，顛倒乖錯之處，不可勝言。殆與李贄之藏書狂誕相等。乃贄書世猶多相詬病，而是編獨未有糾其失者，殆震於順之之名，不敢輕議歟。"

著録：《四庫全書總目》、《中國古籍善本書目》。

刻工：章愡、沈喬、章侖、上天、何慧芳、何祥、彭天、夏敖、文瑞、金簡、黄鏡、夏文輝、黄鏜、陸漢、劉葉、鄭国祥、高良相、章倫、章瓚、夏澂、文祥、何祥、夏恕、王章、王經、彭文、章仁、黄欽、王眞、周賛。

092　廿一史約編

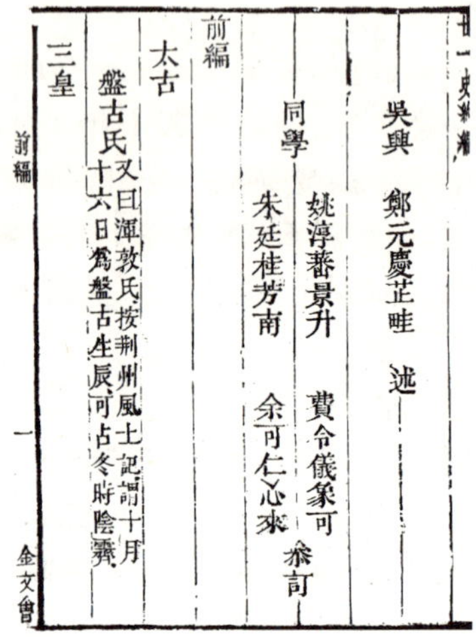
廿一史約編
吳興　鄭元慶芷畦　述
同學　姚淳蕃景升　費令儀象可　參訂
朱廷桂芳南　余可仁心來
前編
太古
盤古氏又曰渾敦氏按荊州風土記謂十月十六日爲盤古生辰可占冬時陰霽
三皇
前編　一　金文會

092

《廿一史約編》、《廿十一史約編》八卷，清鄭元慶述，陳瞿石鑑定，康熙三十五年魚計亭刻本。八冊。半葉九行二十一字，小字雙行四十二字。四周單邊，白口，無魚尾。版心上鐫卷次，下鐫刻工。框高 18 釐米，寬 13.6 釐米。前有扉頁，題："廿一史約編。郡伯陳瞿石先生鑑定，吳興鄭芷畦述。天地初分至崇禎甲申人文、地理、君臣、禮樂、經濟、食貨、百官、萬國、兵刑、釋老無不具備。補前後二编。魚計亭藏板。"卷首有陳一夔序，康熙三十五年鄭元慶自序，鄭開極序，鄭元慶例言，總目。

鄭元慶(1660—1730)，字子餘，一字芷畦，浙江歸安人。著有《周禮集說》、《周易集說》、《詩序傳異同》、《禮記集說參同》、《家禮集說參同》、《喪服古今異同考》、《悔運儀》，大多散佚。早年所作《廿一史約編》、《石柱記箋釋》五卷傳世。

是書爲鄭元慶將廿一史約縮精簡而成。卷首"上古考略"等十四編，金部"前編"，石部"史記"等三編，絲部"三國志"等四編，竹部"南史"等八編，匏部"唐書"，土部"五代史"等三編，革部"宋史下"等三編，木部"後編"。

陳一夔《序》："門下鄭子芷畦好學深思之士，一日持所輯《廿一史約編》質餘。見其自皇古以迄勝朝，凡治亂廢興、是非得失之故，犂然備舉。或略具於全目之首，或散著於紀傳之中。較之全史，雖百不存一，然提綱挈領，已得大槩，可以一覽而無遺，誠史學之鼓吹、稽古之梯航也。"鄭元慶《自序》曰："用是薈萃全史，鉤深提要，裁以己意，檃括成章，上溯太古，下迄勝朝，計一百三十有九篇。……題曰《廿一史約編》，以授二子作讀史之津筏，非敢問世。而輕言樓主人忻然以爲史故不易學，得此編而不易學者其易學也已。於是強付之梨，同學諸公爭醵金邪許，不數月而殺青已畢。"

著錄：是書《中國古籍善本書目》等無著錄。芝加哥大學圖書館、康奈爾大學圖書館、香港中文大學圖書館藏有是書。

刻工：首文會、金文會、石文會、絲文會、竹文會、匏文會、土文會、革文會、木文會。

093　史薈

《史薈》五卷，明王家植輯，明萬曆四十六年史高先刻本。十冊。半葉八行二十一字，書眉上刻評。四周單邊，白口，單魚尾。版心上鐫書名，中鐫卷次，下鐫刻工。框高

22 釐米，寬 14.2 釐米。前有杜詩“王木仲《史薈》序”，萬曆四十六年朱之臣序，目錄，萬曆四十六年史高先小引。書後有洪如鍾跋。

王家植(生卒年不詳)，字木仲，濱州人。萬曆三十二年進士，選庶常，以博學名，僅至編修卒。著有《三蒼學》、《四書禮經勦說》、《史鑑》等。

是書爲王家植所輯《史記》、《漢書》之評林。卷之一爲帝鑿、后鑿、儲鑿、宗人志、戚里志，卷之二爲寺人志、貴倖志、群盜志、德行記，卷之三爲匡君記、守法記、牧民記、俠義記、才謂記，卷之四爲高尚記、閫範記、酷險記、雜俎記、技術記、括地考，卷之五爲中和考、律歷考、國用考、兵略考、司刑考、河渠考、四裔考。

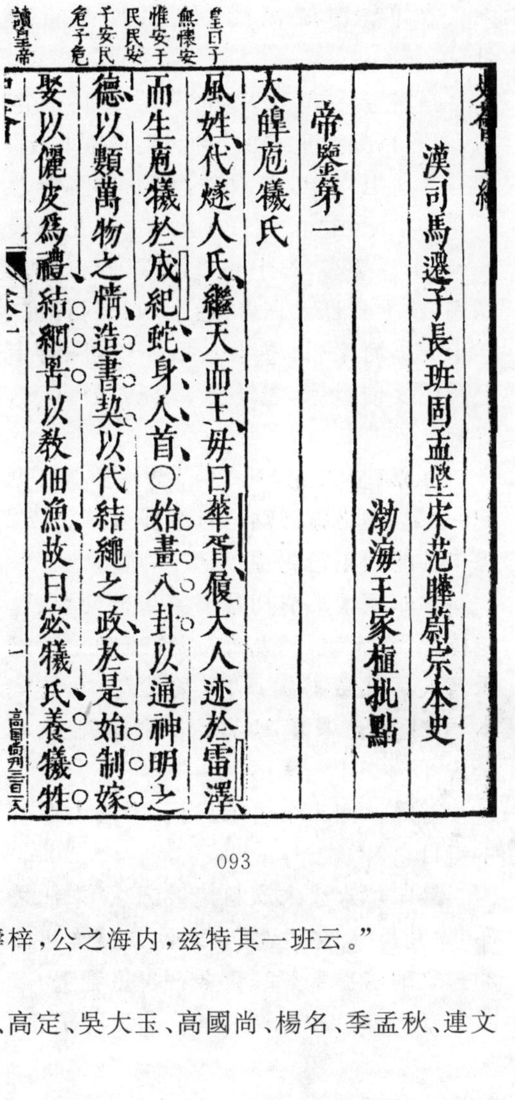
漢司馬遷子長班固孟堅宋范曄蔚宗本史
渤海王家植批點
帝鑒第一
太皞庖犧氏
風姓代燧人氏繼天而王母曰華胥履大人迹於雷澤而生庖犧於成紀蛇身人首始畫八卦以通神明之德以類萬物之情造書契以代結繩之政於是始制嫁娶以儷皮爲禮結網罟以教佃漁故曰宓犧氏養犧牲

093

史高先《小引》曰：“《史薈》……大都擷史、漢正本，裁割鈔謄手加點定門類分矣。剖晰精焉，簡而盡，正而不詭，有荊川之辯著，而去其汎濫；有卓吾之新裁，而去其邊見。足可羽翼經傳，頒佈學宮。……先生尚有《禮記註疏》、《翰林志》、《文纂》及詩賦諸篇，爲諸門人攜去，計同心者分校壽梓，公之海内，玆特其一班云。”

著錄：《中國古籍善本書目》。

刻工：高文選、楊明、萬世賢、萬勉、高友、高定、吳大玉、高國尚、楊名、季孟秋、連文選等。

094　史記抄

M1295

《史記抄》九十一卷，首一卷，明茅坤輯，明萬曆三年刻本。二十四冊。半葉十行二十一字。四周單邊，白口，單魚尾。版心上鐫書名、篇名，中鐫卷次，下鐫刻工。框高 19.5 釐米，寬 12.3 釐米。前有萬曆二年茅坤刻《史記抄》引，凡例。

茅坤(1512—1601)，字順甫，號鹿門，歸安人。嘉靖戊戌進士，歷任青陽、丹徒縣知事，官至大名兵備副使。事具《明史·文苑傳》。著有《徐海本末》、《浙省分署紀事本末》、《白華樓藏稿》、《唐宋八大家文鈔》等。

是書卷一爲五帝本紀，卷二爲周本紀，卷三爲秦始皇本紀，卷四爲項羽本紀，卷五爲高祖本紀，卷六爲呂后本紀，卷七爲孝文本紀，卷八爲三代世表，卷九爲禮書，卷十爲樂書，卷十一爲律書，卷十二爲歷書，卷十三爲天官書，卷十四爲封禪書，卷十五爲河渠書，卷十六爲平準書，卷十七爲吳太伯世家，卷十八爲齊太公世家，等等。

《四庫全書總目》曰："是編刪削《史記》之文，亦略施評點。然坤雖好講古文，恐未必能刊正司馬遷也。"

本館藏本爲清初藏书家朱檉元舊藏。朱檉元，字淹頌，號九丹，一作玖聃。直隶永清人。其藏书處爲"叢碧移"。本館藏本眉欄上有朱墨鈔評，朱筆圈點遍於全書。

著錄：《四庫全書總目》、《中國古籍善本書目》。

鈐印："永清朱玖聃藏書記"、"朱檉之印"、"九丹"、"朱九丹"、"永清朱檉之字淹頌號玖聃滂喜堂藏經籍金石書畫記"。

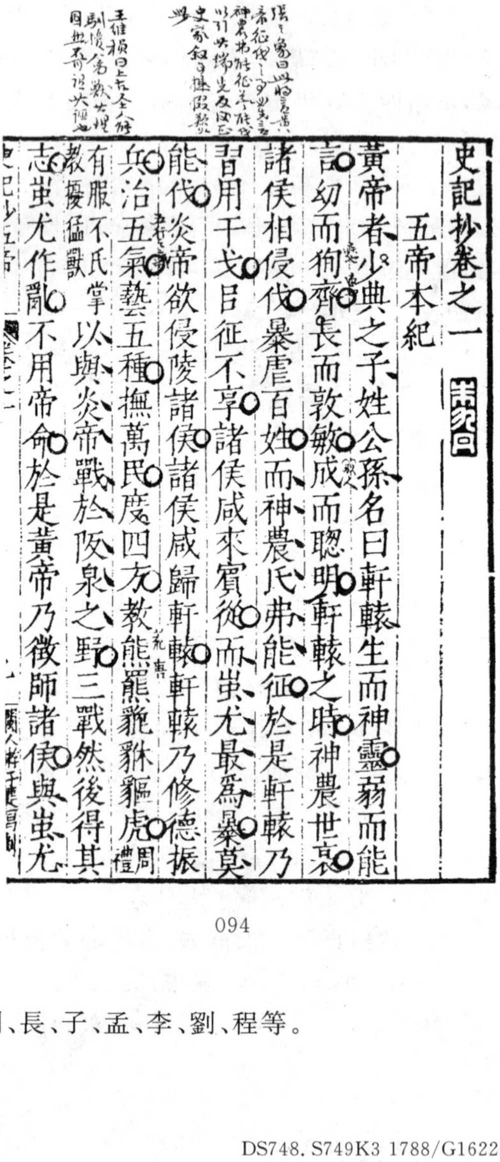

094

刻工：閩人游子建寫刻、閩人游子建寫刊、長、子、孟、李、劉、程等。

095 史記鈔

《史記鈔》四卷，撰著人不詳，清乾隆五十三年刻本。四冊。半葉九行二十五字，小字雙行同，眉欄上刻評。四周雙邊，白口，單魚尾。版心上鐫書名，下鐫卷次。框高19.5釐米，寬14.3釐米。前有高塘序，總目，雜說等。

是書卷一爲五帝本紀、項羽本紀、高帝本紀、孝景本紀讚、三代世表等，卷二爲封禪書、平準書等，卷三爲伯夷列傳、管晏列傳等，卷四爲張耳陳餘列傳、淮陰侯列傳等。

高塘《序》云："六經以後，唯有此作，固極文章之偉觀。余推心傾倒者，不可勝數。

末學復何庸再贅一詞?”

著録:是書《中國古籍善本書目》等無著録。本館另藏有《史記抄》九十一卷,明茅坤輯,明萬曆三年刻本,二十四册。《中國古籍善本書目》録有明泰昌元年吴興閔氏刻套印本《史記鈔》九十一卷,九行十九字,明茅坤輯,與本館藏本不同。

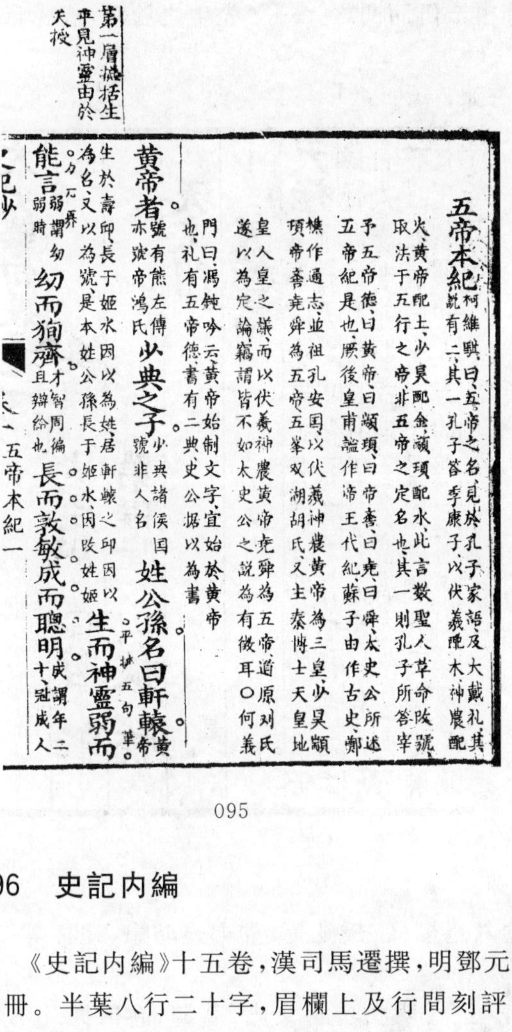

第一層總括生平見神靈由於天授

五帝本紀

黃帝者少典之子姓公孫名曰軒轅生而神靈弱而能言幼而徇齊長而敦敏成而聰明

史記鈔　卷一　五帝本紀一

095

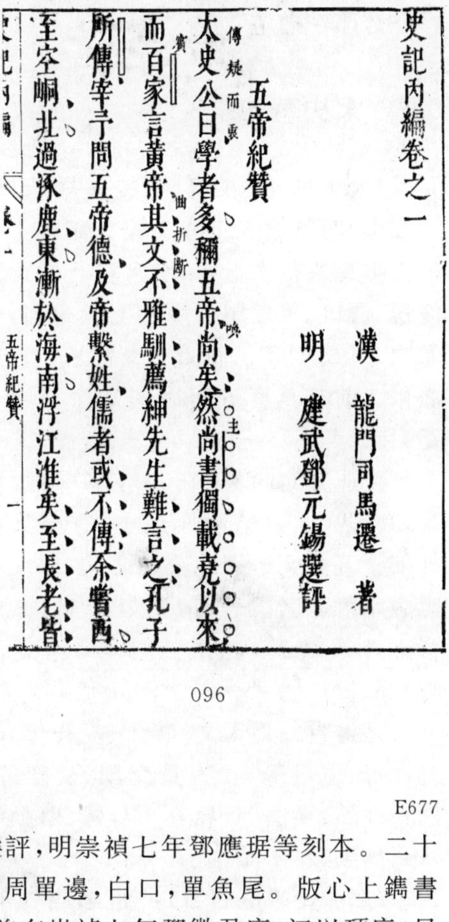

史記內編卷之一

漢　龍門司馬遷　著

明　建武鄧元錫選評

五帝紀贊

太史公曰學者多稱五帝尚矣然尚書獨載堯以來而百家言黃帝其文不雅馴薦紳先生難言之孔子所傳宰予問五帝德及帝繫姓儒者或不傳余嘗西至空峒北過涿鹿東漸於海南浮江淮矣至長老皆

五帝紀贊　一

096

096　史記内編

E677

《史記内編》十五卷,漢司馬遷撰,明鄧元錫選評,明崇禎七年鄧應琚等刻本。二十四册。半葉八行二十字,眉欄上及行間刻評。四周單邊,白口,單魚尾。版心上鎸書名,中鎸卷次、篇目。框高20釐米,寬13釐米。前有崇禎七年鄧徵君序,江以碩序,目録。書末有:“後學鄧晉、涂大吕、江以碩校,不肖子孫應琚、應瑞、應璐刻,外孫涂世謨仝刻”。

鄧元錫(1528—1593),字汝極,號潛谷,南城人。嘉靖乙卯舉人,萬曆中以翰林待詔徵,未至而卒。事具《明史・儒林傳》。著有《三禮編繹》、《五經繹》、《函史》等。

是書第一卷、第二卷爲本紀、本紀贊,第三卷爲禮、樂、律、曆書,第四卷爲天官、封禪、河渠、平準書，第五卷爲表，第六卷爲贊，第七卷至第九卷爲列傳，第十卷、第十一卷爲世家，第十二卷至第十四卷爲列傳，第十五卷爲列傳、太史公自序。

江《序》曰："先生之書行于世不一，卽未行于世亦不一，函史其行世者也。選評《史記内編》則未行世，世亦莫知之。史函之刻遙來久矣，而制非加善較非加評。先生之曾孫及邑之士大夫，復卽其三摹本存覽，編等書恭伍而閲之。……先生之於記，蓋夢寐志之選評之稿，本人八易而乃克成内編。"

著錄：是書《中國古籍善本書目》等無著錄。

鈐印："詹宅"。

097　太史華句

H1069

《太史華句》八卷，明凌迪知輯，明凌迪知編，明萬曆五年凌氏桂芝館刻本。五冊。半葉八行十七字，小字雙行同。左右雙邊，白口，單魚尾。版心上鐫書名，中鐫卷次，下鐫刻工。框高 18 釐米，寬 12.3 釐米。前有萬曆五年凌迪知序，《甲子會紀》目錄。

凌迪知（1529—1600），字穉哲，號繹泉，烏程人。嘉靖丙辰進士，官至兵部員外郎。著名文學家凌蒙初之父，以文學和雕版印書著名。著有《萬姓統譜》、《歷代帝王姓系統譜》、《氏族博考》、《史漢評林》等。

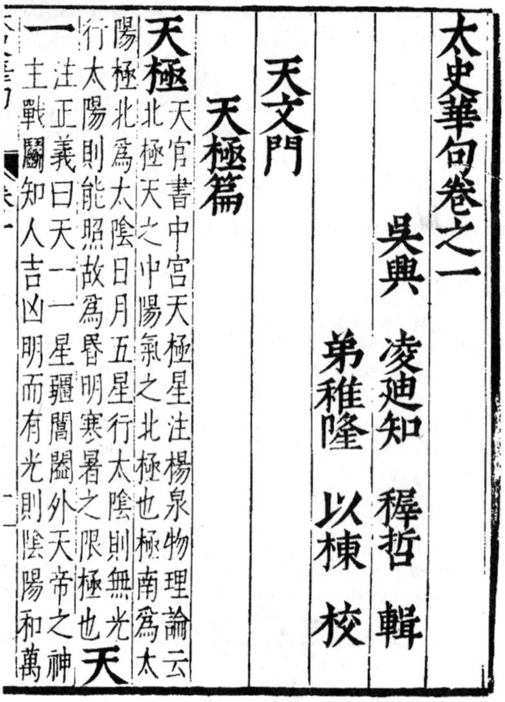

太史華句卷之一
吳興　凌迪知　穉哲　輯
弟稚隆　以棟　校
天文門
天極篇
天極 天官書中宮天極星注楊泉物理論云北極天之中陽氣之北極也極南爲太陽極北爲太陰日月五星行太陰則無光行太陽則能照故爲昏明寒暑之限極也
天一 注正義曰天一一星疆閶闔外天帝之神主戰鬬知人吉凶明而有光則陰陽和萬

097

是書卷一爲天文、時令、災祥等，卷二爲性行、志量等，卷三爲交鄰、交際等，卷四爲戰陣、兵法等，卷五爲身體、舉動等，卷六爲權佞、叛亂等，卷七爲防患、讒抑等，卷八爲鳥獸、花木等。

《四庫全書總目》曰："是編成於萬歷丁丑。《明史・藝文志》著錄，卷數與此本相同。皆摘《史記》字句，以類編次。司馬遷史家巨擘，其文豈可以句摘。句又豈可以華目。蓋王、李割剝秦、漢之風，至明季而未殄，故書肆尚鐫此等書，以投時好耳。"

著錄：《四庫全書總目》、《千頃堂書目》、《中國古籍善本書目》。

刻工：凌迪知序首葉下鐫"吳門沈玄易刻"，其他刻工名包括：顧植、何道甫、文、安、士、世、仇、玄、彭、劉、沈、才、化。

史評類

098　鼎鐫金陵三元合選評註史記狐白

I1293

《鼎鐫金陵三元合選評註史記狐白》六卷，明湯賓尹輯，朱之蕃註，龔三益評，明萬曆二十八年書林余良木刻本。六冊。半葉十行二十字，眉欄與行間刻評。四周單邊，白口，單魚尾。版心上鐫書名，中鐫篇名。框高 21 釐米，寬 12.5 釐米。前有湯賓尹序，目錄。

湯賓尹（生卒年不詳），字嘉賓，號霍林，宣城人。萬曆乙未進士，官南京國子監祭酒。著有《睡庵稿》。

是書卷一爲本紀、表、書，卷二爲世家，卷三至卷六爲列傳。後有太史公自敘、報任少卿書等。

湯賓尹《史記狐白序》曰："語云千羊之皮，不如一狐之腋，則狐白尚矣。顧世無粹白之狐，而有粹白之裘，所求者博，所取者微，斯精於取者也。予之《狐白史記》也，几無辯。夫子長上下古今千百年，而成《史記》，予六卷等。子長數十萬言而成是書，蓋纍幾許狐乃得之。"

著錄：《中國古籍善本書目》。

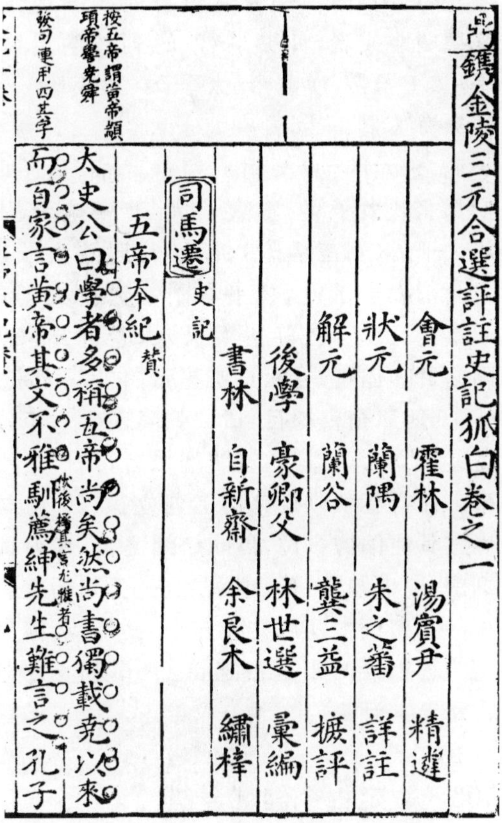
鼎鐫金陵三元合選評註史記狐白卷之一
會元 霍林 湯賓尹 精選
狀元 蘭隅 朱之蕃 詳註
解元 蘭谷 龔三益 摽評
後學 豪卿父 林世選 彙編
書林 自新齋 余良木 繡梓
司馬遷 史記
五帝本紀 贊
太史公曰學者多稱五帝尚矣然尚書獨載堯以來
而百家言黃帝其文不雅馴薦紳先生難言之孔子

098

099　欽定古今儲貳金鑑

JQ1511. C443 1783a/W1574

《欽定古今儲貳金鑑》六卷，清乾隆四十八年敕撰，清刻本。四冊。半葉八行二十一字，小字雙行同。四周雙邊，白口，雙魚尾。版心上鐫書名，下鐫卷次。框高 20.7 釐米，寬 14.8 釐米。前有乾隆四十八年、四十九年上諭，《御製讀公羊》、《御製論漢光武

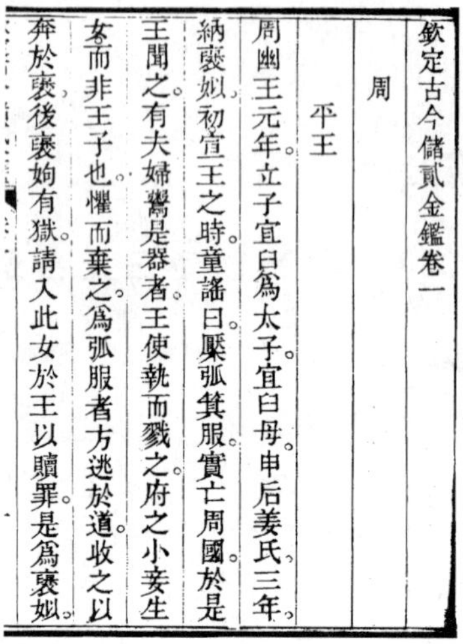
欽定古今儲貳金鑑卷一
周
平王
周幽王元年立子宜臼爲太子宜臼母申后姜氏三年
納褒姒初宣王之時童謠曰檿弧箕服實亡周國於是
王聞之有夫婦鬻是器者王使執而戮之府之小妾生
女而非王子也懼而棄之爲弧服者方逃於道收之以
奔於褒後褒姁有獄請入此女於王以贖罪是爲褒姒

099

廢郭后事》等。

是書卷一爲周、漢、東漢，卷二爲晉、宋、南齊、梁，卷三爲北魏、北齊、北周、隋，卷四爲唐，卷五爲宋、遼、元，卷六爲明。

《凡例》曰："是書裒輯自周代以迄元明凡冊立儲貳義關鑑戒者，備臚事實，謹列按語於後。"卷一爲周平王、王子帶，漢惠帝、太子榮（梁王附）、戾太子據、東漢東海王彊、三國吳廢太子和，卷二爲晉惠帝、愍懷太子遹、宋元凶劭（濬附）、南齊武帝、梁昭明太子統，卷三爲北魏太子晃、廢太子恂、北齊廢帝、北周宣帝、隋廢太子勇（蜀王秀附），卷四爲唐隱太子建成（齊王元吉附）、太子承乾（魏王泰附）、懿德太子重潤、節愍太子重俊、太子瑛、莊恪太子永，卷五爲宋太宗、元裕宗阿裕實哩達喇，卷六爲明惠帝、仁宗、光宗。

《四庫全書總目》曰："乾隆四十八年，特命諸皇子同軍機大臣、上書房總師傅等，取歷代冊立太子事蹟，有關鑑戒者，按代纂輯。自周訖於前明，得三十有三事。又附見五事。而自春秋以後諸侯王建立世子，事非儲貳可比者，閒敘其概於案語中，而不入正條。其他偏據竊位，無關統緒之正，並略而不論。若宋之太弟，明之太孫，尤足爲萬世炯鑑，則備論之。紀事取之正史，論斷衷諸資治通鑑綱目御批。"

本館藏本疑爲乾隆五十一年武英殿刻本。

著錄:《四庫全書總目》、《皇朝文獻通考》、《中國古籍善本目錄》。

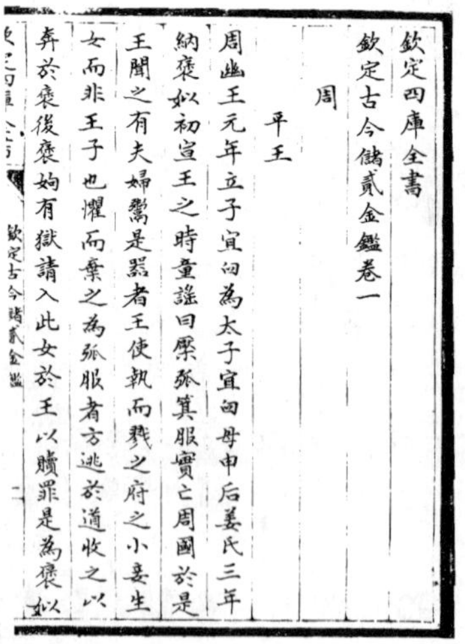
欽定四庫全書
欽定古今儲貳金鑑卷一
周
平王
周幽王元年立子宜臼爲太子宜臼母申后姜氏三年
納褒姒初宣王之時童謠曰檿弧箕服實亡周國於是
王聞之有夫婦鬻是器者王使執而戮之府之小妾生
女而非王子也懼而棄之爲弧服者方逃於道收之以
奔於褒後褒姁有獄請入此女於王以贖罪是爲褒姒
欽定古今儲貳金鑑

100

100 欽定古今儲貳金鑑

H903

《欽定古今儲貳金鑑》六卷，清紀昀等撰，清乾隆五十一年内府朱絲欄鈔本。三冊。半葉九行二十一字。四周雙邊，白口，單魚尾。版心上書"欽定四庫全書"，中書書名、卷次。框高 14.6 釐米，寬 9.7 釐米。前有凡例，目錄，乾隆四十年紀昀等提要。

紀昀（1724—1805），字曉嵐，一字春帆，晚號石雲，道號觀弈道人。進士，歷任翰林院編修，侍讀學士，掌太子府事等，歷雍正、乾隆、嘉慶三朝。謚文達。爲《四庫全書》總纂官，並親自撰寫《四庫全書總目提要》。另著有《閱微草堂筆記》、《紀文達公遺集》、《評文心雕龍》、《歷代職官表》、《河源紀略》、《鏡煙堂十種》、《畿輔通志》、《沈氏四聲考》、《唐人詩律說》、《才調集》、《庚辰集》五卷、《景成紀氏家譜》等。

是書卷一爲周、漢、東漢，卷二爲晉、宋、南齊、梁，卷三爲北魏、北齊、北周、隋，卷四爲唐，卷五爲宋、遼、元，卷六爲明。

本館藏本爲朱絲欄，墨筆楷書。

著錄：《四庫全書總目》、《中國古籍善本書目》。

101　史拾載補

《史拾》、《史拾載補》不分卷，明吳弘基輯，鍾禾士校，明刻本。十八冊。半葉八行二十字，眉欄上刻評。左右雙邊，白口，無魚尾。版心上鐫書名。框高 18.9 釐米，寬 12.5 釐米。前有郎璧金敘及總目。

吳弘基(生卒年不詳)，字柏持，仁和人。

是書包括《載補》、《遺聞》、《廣覽》、《眾斷》四部。書中凡“常”字皆作“甞”，“校”字皆作“較”或闕筆，爲避明熹宗朱由校諱。

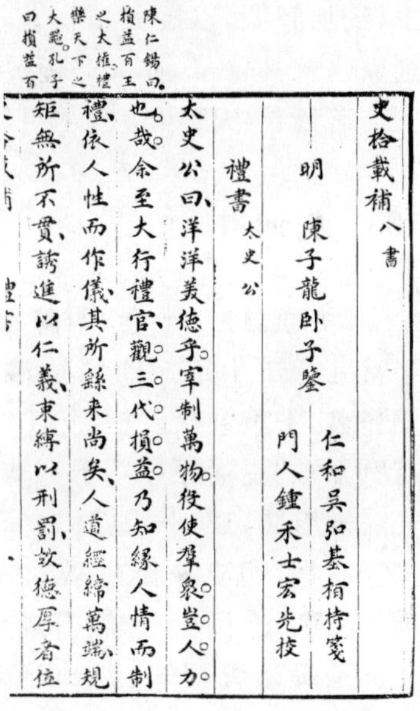
陳仁錫曰。損益百王之大權。禮樂天下之大範。孔子曰損益百

史拾載補八書
明　陳子龍臥子鑒　仁和吳弘基栢持箋　門人鍾禾士宏先挍
禮書　太史公
太史公曰、洋洋美德乎。宰制萬物。役使羣衆。豈人力也。哉。余至大行禮官、觀。三。代。損。益。乃知緣人情而制禮、依人性而作儀、其所繇来尚矣、人道經緯萬端、規矩無所不貫、誘進以仁義、束縛以刑罰、故德厚者位

101

《四庫全書總目》曰：“是編取《史記》八書及儒林、循吏、游俠、酷吏、滑稽、日者、龜策、貨殖、匈奴、西南夷、大宛列傳十一篇，加以圈點，並略附箋註評語於篇後。前有自序，似乎先著一書名《史拾》，而此補之者。又冠以蘇轍古史跋，似乎補所未收者。其體例殊不可解。又有郎璧金序，稱其旅摭稗收，凡天經、地志、昆蟆、草卉之事，彙纂成書，綴之簡帝。更與本書不相應。亦莫能詳也。”

著錄：《四庫全書總目》、《中國古籍善本書目》、《美國哈佛大學哈佛燕京圖書館中文善本書志》。

102　史通削繁

《史通削繁》四卷，清紀昀輯，清乾隆三十七年刻本。四冊。半葉十行二十一字，小字雙行同，紅字印刷。左右雙邊，白口，單魚尾。版心上鐫書名，下鐫卷次。框高 18.7 釐米，寬 12.3 釐米。前有劉知幾史通原序，紀昀自序等。

紀昀，見 100《欽定古今隼貳金鑑》。

是書卷一爲內篇：六家、本紀、世家、列傳、書志、論贊、序例、題目、斷限、編次、稱謂、采撰、載文、補註、因習、邑里，卷二爲內篇：言語、浮詞、敘事、品藻、直書、曲筆、鑒

識、探賾、摸擬、書事、人物、覈才、序傳、煩省，卷三爲外篇：史官、正史、惑经、申左、雜說上，卷四爲雜說中、下。

紀昀《自序》云：“劉氏之書，誠載筆之圭臬也。顧其自信太勇，而其立言又好盡，故其抉摘，精當之處，足使龍門失步，蘭亭變色，而偏駁太甚，枝蔓弗剪者，亦往往有之，使後人病其蕪雜。……偶以暇日，即其本，細加評閲，以授兒輩，……因鈔爲一帙，命曰《史通削繁》，核其菁華，亦大略備於是矣。”

著錄：《中國古籍善本目錄》。

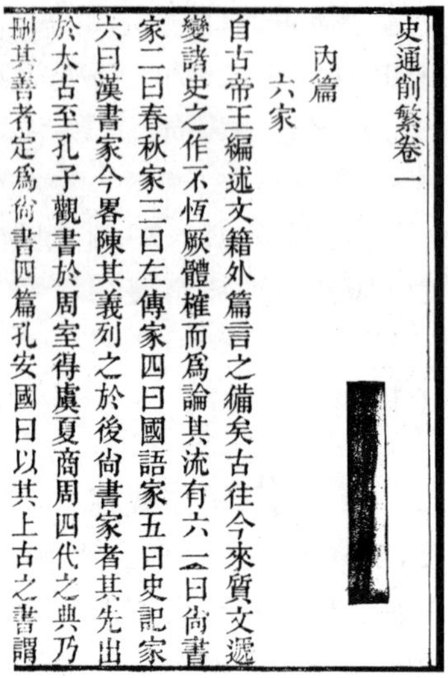
史通削繁卷一
內篇
六家
自古帝王編述文籍外篇言之備矣古往今來質文遞
變諸史之作不恆厥體榷而爲論其流有六一曰尚書
家二曰春秋家三曰左傳家四曰國語家五曰史記家
六曰漢書家今畧陳其義列之於後尚書家者其先出
於太古至孔子觀書於周室得虞夏商周四代之典乃
删其善者定爲尚書四篇孔安國曰以其上古之書謂

102

103　史通註

J1722

《史通註》二十卷，明陳繼儒撰，明刻本。二十册。半葉九行二十字。四周單邊，白口，單魚尾。版心上鐫書名，中鐫卷次。框高 21.7 釐米，寬 14.3 釐米。前有劉知幾“史通原序”，子玄傳及諸家評，凡例，目錄。

陳繼儒(1558—1639)，字仲醇，號眉公，松江華亭人。事具《明史・隱逸傳》。著有《建文史待》、《邵康節外紀》、《逸民史》、《讀書鏡》等。

是書爲唐劉知己《史通》之註釋，分爲内篇三十六，外篇十三。内篇計有：第一卷爲六家第一，第二卷爲二體之二、載言第三、本紀第四、世家第五、列傳第六，第三卷爲表曆第七、書志第八，第四卷爲論讚第九、序例第十，題目十一、斷限十二、編次十三、稱謂十四，第五卷爲採撰十五、載文十六、補註十七、因習十八、十九，第六卷爲言語二十、浮詞二十一、敘事二十二，第七卷爲品藻二十三、眞書二十四、區筆二十五、鑑識二十六、探頤二十七，第八卷爲模擬二十八、書事二十九、人物三十，第九卷爲竅才三十一、序傳三十二、煩省三十三，第十卷爲雜說三十四、辨識三十五、自敘三十六。外篇計有：第十一卷爲史官建制第一，第十二卷爲古今正史第二，第十三卷爲疑古第三，第十四卷爲惑經第四，第十五卷爲點繁第六，第十六卷至第十八卷爲雜說第七、八、九，第十九卷爲漢書五行志錯誤第十、五行雜志駁第十一，第二十卷爲暗惑第十二、忤時第十三。

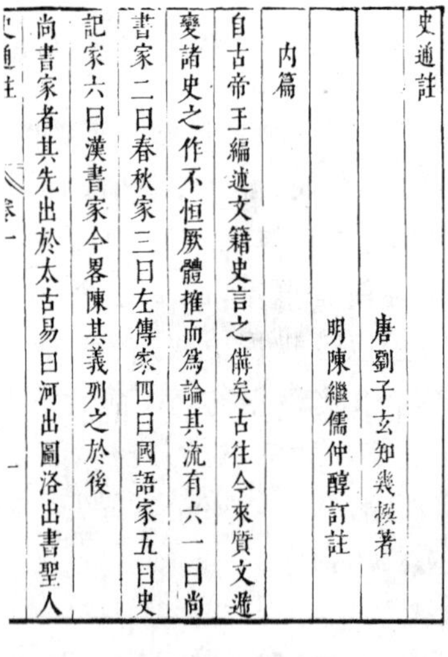
史通註
唐劉子玄知幾撰
明陳繼儒仲醇訂註
內篇
自古帝王編述文籍史言之備矣古往今來質文遞
變諸史之作不恆厥體榷而爲論其流有六一曰尚
書家二曰春秋家三曰左傳家四曰國語家五曰史
記家六曰漢書家今畧陳其義列之於後
尚書家者其先出於太古易曰河出圖洛出書聖人
史通註　卷一

103

《四庫全書簡明目錄》所載《史通》條下云:“其書内篇論史家體例,凡三十九篇,今佚其三篇,外篇述史籍源流與古人得失,凡十三篇。蓋子元官秘書監時,與蕭至忠、宗楚客爭論史事,發憤而作,故其詞往往過激,至疑經惑古諸篇更幾于王充之刺孟問孔。然子元熟悉史例,其所駁詰,雖馬班或不能自解,故自唐以來史家奉若龜鑑焉。”

著錄:《中國古籍善本書目》。

104 新鐫增定歷代捷錄全編

B387

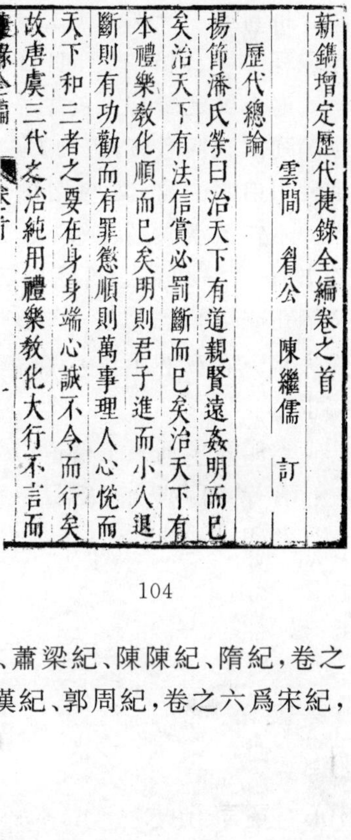
新鐫增定歷代捷錄全編卷之首
雲間 眉公 陳繼儒 訂
歷代總論
揚節潘氏榮曰治天下有道親賢遠姦明而已矣治天下有法信賞必罰斷而已矣治天下有本禮樂教化順而已矣明則君子進而小人退斷則有功勸而有罪懲順則萬事理人心悅而天下和三者之要在身身端心誠不令而行矣故唐虞三代之治純用禮樂教化大行不言而

104

《新鐫增定歷代捷錄全編》、《歷代捷錄全編》八卷,明顧充撰,陳繼儒校訂,明天啓六年存雅齋刻本。六冊。半葉九行十八字。四周單邊,白口,單魚尾。版心上鐫書名,中鐫卷次。框高 19.4 釐米,寬 12.6 釐米。前有扉頁,題:“刻陳眉公增訂歷代捷錄全編。存雅齋原版。”前有陳繼儒天啓丙寅序,李騰芳序,凡例,目錄等。

顧充(1535—1615),字仲達,一字回瀾,上虞人。隆慶丁卯舉人,官至南京工部都水司郎中。著有《字義總略》、《古雋考略》等。

陳繼儒,見 103《史通註》。

是書卷之一爲上古紀、五龍紀、攝提紀、合雒紀、連通紀、敘命紀、循蜚紀、疏仡紀、夏紀、商紀、周紀,卷之二爲後秦、漢紀,卷之三爲晉紀、前五代劉宋紀、蕭齊紀、蕭梁紀、陳陳紀、隋紀,卷之四爲唐紀,卷之五爲後五代朱梁紀、突厥唐紀、石晉紀、劉漢紀、郭周紀,卷之六爲宋紀,卷之七爲元紀,卷之八爲皇明紀。

著錄:《四庫禁毀丛刊目録》。

105 學史

A291

《學史》十三卷,明邵寶撰,清鈔本。六冊。半葉十行二十字,小字雙行同。無邊框,葉高 28 釐米,寬 15.2 釐米。前有弘治十八年邵寶自序,正德十三年堅寶序,浦瑾序,目錄等。

邵寶(1460—1527),字國賢,號二泉,無錫人。成化甲辰進士,官至南京禮部尚書。謚文莊。事具《明史·儒林傳》。著有《左觿》。

是書卷之一爲寅,凡三十章;卷之二爲卯,凡二十九章;卷之三爲辰,凡三十章;卷之四爲巳,凡二十九章;卷之五爲午,凡三十章;卷之六爲未,凡三十章;卷之七爲申,凡二十九章;卷之八爲酉,凡三十章;卷之九爲戌,凡二十九章;卷之十爲亥,凡三十章;卷之十一爲子,凡二十九章;卷之十二爲丑,凡二十章;卷之十三爲閏,凡二十九章。

《四庫全書總目》曰:"寶嘗爲江西提學副使,是書其提學時所作。爲卷十有二以象月。又餘其一,以象閏。每卷或三十條,或二十九條,以象月之有大小。蓋取程子今日格一物,明日格一物之義,名之曰日格子。巡撫吳廷舉嘗上於朝。書中取自周迄元史事,分條論列。詞簡意核,筆力頗遒健。其閒如記《後漢書》譙元用弟服去官,戴封用伯父喪去官事,以爲辟世與人。不知後漢人情淳樸,其以期功喪解官持喪者,見於史冊,不一而足。寶疑爲託故而逃,未免失之不考。又論荀彧以爲志似管仲,心似召忽,非揚雄之比。亦爲失當。然寶平生湛深經術,持論平正,究非胡寅輩之刻深,尹起莘輩之膚淺所可擬也。"

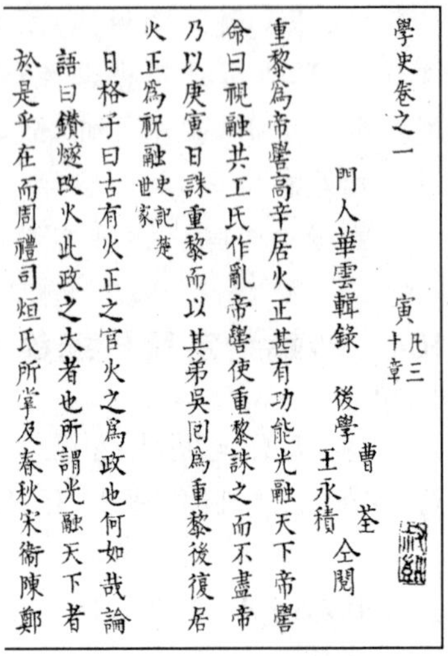
學史卷之一 寅凡三十章
門人華雲輯錄 後學曹荃 王永積 仝閱
重黎爲帝嚳高辛居火正甚有功能光融天下帝嚳
命曰祝融共工氏作亂帝嚳使重黎誅之而不盡帝
乃以庚寅日誅重黎而以其弟吳回爲重黎後復居
火正爲祝融史記楚世家
日格子曰古有火正之官火之爲政也何如哉論
語曰鑽燧改火此政之大者也所謂光融天下者
於是乎在而周禮司爟氏所掌及春秋宋衛陳鄭

105

本館藏本爲墨筆楷書。

著錄:《四庫全書總目》、《中國古籍善本書目》。

鈐印:"叔凱"。

地理類

106 寶華山志

《寶華山志》十五卷,首一卷,清德基輯,劉名芳纂修,清乾隆年間刻本。四冊。半葉九行二十字,小字雙行同。左右雙邊,白口,單魚尾。版心上鐫書名,中鐫卷次。框高 20.1 釐米,寬 13.4 釐米。前爲朱色御製卷之首。前有劉名芳凡例,總目。

是書爲江蘇句容縣境内寶華山志。明萬曆年間妙峰在此建寺,敕賜"護國聖化隆昌寺"額。清康熙四十二年賜"惠居寺"額。是書卷首爲御製,卷一爲山圖、形勝、星野,卷二爲山水,卷三爲建置,卷四爲古跡、靈異,卷五爲高僧、律師,卷六爲碑銘、碑記,卷七爲塔銘,卷八爲詔敕、奏疏、公移,卷九爲記,卷十爲賦,卷十一爲序,卷十二爲傳,卷十三爲贊、攷、書、啓,卷十四、十五爲詩。

《四庫全書總目》曰："國朝釋德基撰。寶華山在句容縣北六十里。齊釋寶誌結廬於此。後人重寶誌之名，因以名山。是山以道場顯，故首誌開創興起，而次及山水梵宇各門。與他山志書體例稍異，固亦各因其地耳。"

本館藏本卷首題有："千華七世文海聚祖重校，千華十五世聖性宗再梓。"卷之一山圖部有精刻綫描圖十二葉。

著錄：《四庫全書總目》。

寶華山志卷之一
千華三世定菴基祖輯　十六洞天劉名芳纂修
千華七世文海聚祖重校　千華十五世聖性宗再梓
山圖凡十有二
序曰自封建畢于六王祖龍開其郡邑則一郡一
邑莫不各有其志而天下山川皆得附見于郡
邑第事非專屬略而不詳由是名山大川又各
有其志以補郡邑志所未備也寶華向未著名
自寶誌神僧生于宋歷齊梁而爲武帝師始建
寶華山志　卷之一　山圖序　一

106

107　寶鷄縣志

［乾隆］《寶鷄縣志》十六卷，清鄧夢琴修，董紹纂，清乾隆五十年刻本。四冊。半葉十二行二十四字，小字雙行同。四周單邊，小黑口，雙魚尾。版心上鐫書名，下鐫卷次。框高19.8釐米，寬14.5釐米。有圖。前有胡高望序，凡例等。

鄧夢琴（1723—1808），字虞揮，一字賓山，江西浮梁人。乾隆十七年進士，授四川綦江知縣。纍擢漢中知府，署陝安道。著有《楙亭文稿》、詩集、外集，《寶鷄金石志》等。

董紹（生卒年不詳），字馭臣，又字朴園，陝西安康縣人。乾隆舉人。著有《姚墟考》等。

是書爲清乾隆朝所纂陝西《寶鷄縣志》，凡十五門，附縣境全圖一幅。第一卷爲沿革，第二卷爲山川，第三卷爲建置，第四卷爲渠堰，第五卷爲賦役，第六卷爲祠祀，第七卷爲秩官，第八卷爲選舉，第九卷爲宦績，第十卷至第十一卷爲人物，第十二卷爲風俗，第十三卷爲錄史，第十四卷爲古跡，第十五卷爲金石，第十六卷爲祥異。

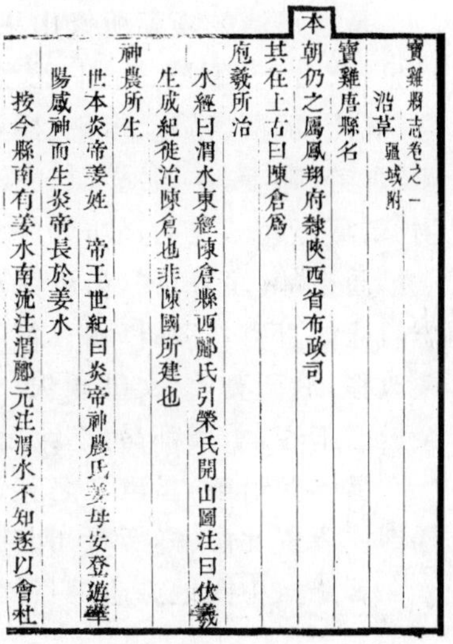
寶雞縣志卷之一
沿革　疆域附
寶雞唐縣名
本朝仍之屬鳳翔府隸陝西省布政司
其在上古曰陳倉爲
庖羲所治
水經曰渭水東經陳倉縣西酈氏引衆氏開山圖注曰伏羲
生成紀徙治陳倉也非陳國所建也
神農所生
世本炎帝姜姓　帝王世紀曰炎帝神農氏姜母安登遊華
陽感神而生炎帝長於姜水
按今縣南有姜水南流注渭酈元注渭水不知逐以會杜

107

《凡例》曰："舊志始修於前明萬曆三十六年朱令炳，然繼修於崇正十三年嚴令夢鸞。國朝順治六年，雪令光前倡，始編輯爲卷二十，其書不傳；十四年，周令愃續修之，至康熙二十四年，何令錫爵重修之，今所傳書三卷是也。其書雖荒略鄙弇，原可等之自鄶無譏。自乾隆二十九年，許令起鳳開局纂修，自矜書倍事詳。"

寶雞縣沿革：寶雞古稱陳倉，唐肅宗至德二年改稱寶雞。後沿用至今。

著錄:《中國地方志總目提要》。《中國古籍善本目錄》錄有清順治《寶鷄縣志》三卷,清周煊纂修,清順治十四年刻本;康熙《寶鷄縣志》三卷,清何錫爵、吳之翰纂修,清康熙二十一年刻本。

108 昌邑縣志

[乾隆]《昌邑縣志》八卷,清周來部纂修,清乾隆七年刻本。四冊。半葉九行二十字。四周雙邊,白口,單魚尾。版心上鐫書名,中鐫卷次。框高 18.2 釐米,寬 13.5 釐米。前有乾隆七年高沅、周來部重修《昌邑縣志》序,凡例,修志姓氏,明萬曆六年葛縉原序,清順治十八年于沛霖舊序,李肇林跋,訂誤,圖考,目錄等。

周來部(生卒年不詳),字肇祀,祁縣人。拔貢,乾隆四年任昌邑縣知縣。

是書爲清乾隆朝所修山東《昌邑縣志》。是書卷一爲星野、沿革、疆域、山川、形勢、古跡,卷二爲城池、公署、鄉社、風俗、物產、市集、橋梁、堤堰,卷三爲戶口、田賦、倉儲、卹養,卷四爲學校、祭典、兵防、驛遞,卷五爲勳士、職官、選舉、貤封,卷六爲人物、僑寓、烈女,卷七爲坊表、陵墓、寺觀、仙釋、祥異,卷八爲藝文。

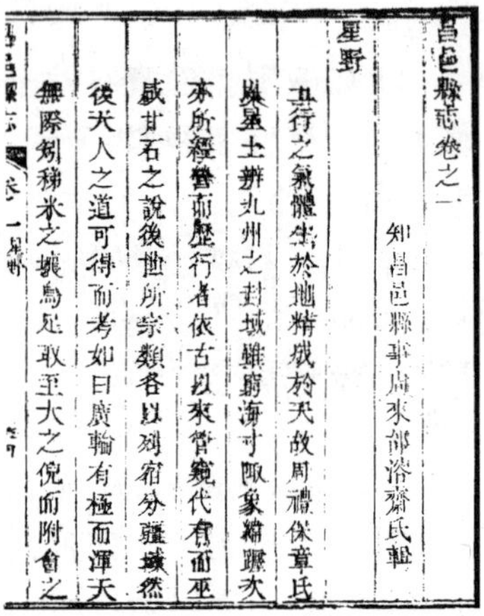
昌邑縣志卷之一
知昌邑縣事周來部濬齋氏輯
星野
五行之氣體生於地精成於天故周禮保章氏
以星土辨九州之封域雖窮海可覗象緯躔次
之所經營而歷行者依古以來曾幾代有而巫
咸甘石之說後世所宗類各以列宿分疆域然
後天人之道可得而考如日廣輪有極而渾天
無際剡稀米之壤爲足取至大之倪而附會之

108

周來部《序》曰:"《昌邑縣志》修於順治辛丑,至康熙十一年大學士衛奏請纂《一統志》,通飭直省,各加修輯。當時猥以舊志,應歷今且八十餘年,豈惟豕亥沒漫,抑且滄桑改移,沿革莫攷,文獻漸失。守是土者,徒以簿書爲事而過焉不問,亦吏治之羞也。余於己未春,承伐都昌,迄今已載。惜前人之闕,略懼後世之無徵,慨然有志修之。"

昌邑縣沿革:昌邑又名芙蓉,戰國時名都昌,漢置都昌縣,屬北海郡。北齊改屬高陽郡。唐置北海縣,屬青州北海郡,明隨州先屬青州府,後屬萊州府,清因之。

著錄:《中國地方志總目提要》。

109 長葛縣志

[乾隆]《長葛縣志》十卷,清阮景咸纂修,清乾隆十二年刻本。四冊。半葉九行二十字。四周雙邊,白口,單魚尾。版心上鐫書名,中鐫卷次。框高 18.3 釐米,寬 14 釐米。前有康熙三十年何鼎原序,乾隆十二年阮景咸重修《長葛縣志》序,圖,目錄,修志姓氏。

阮景咸(生卒年不詳),字載南,大興籍,于潛人。例貢,乾隆九年任長葛知縣。

是書爲清乾隆朝所修河南《長葛縣志》。卷一爲方域,卷二爲建置,卷三爲籍賦,卷四爲官師，卷五爲選舉，卷六爲人物，卷七爲烈女，卷八爲雜述，卷九、卷十爲藝文。

長葛縣沿革：秦屬潁川郡。西漢改縣名爲長社，仍屬潁川。東漢、魏晉因之。隋開皇六年復爲長葛縣。唐置長葛、長社二縣，隸許州郡。宋二縣並屬潁昌府。元屬許州，汴梁路。明省長社入許州，以長葛縣屬焉。清長葛縣屬許州隸開封府。

著録：《中國古籍善本書目》收入清康熙三十年何鼎、吕貴恒纂修，思補堂刻本《長葛縣志》八卷。此乾隆十二年刻本著録於《中國地方志總目提要》。

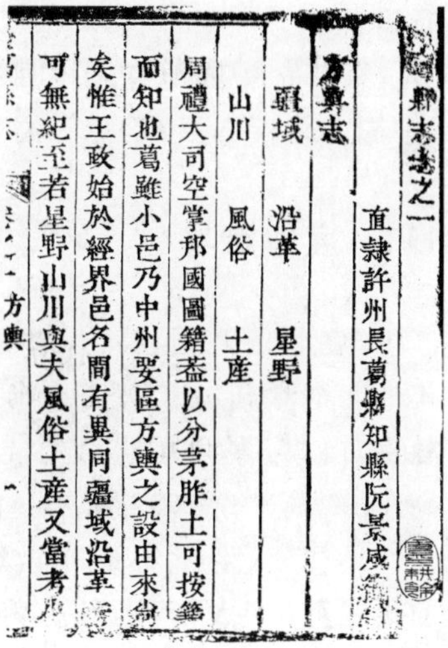
長葛縣志卷之一
直隸許州長葛縣知縣阮景咸纂
方輿志
疆域　沿革　星野
山川　風俗　土產
周禮大司空掌邦國圖籍蓋以分茅胙土可按籍
而知也葛雖小邑乃中州要區方輿之設由來尚
矣惟王政始於經界邑名間有異同疆域沿革
可無紀至若星野山川與夫風俗土產又當考
長葛縣志　卷之一　方輿　一

109

110　長治縣志

[乾隆]《長治縣志》二十八卷，清吳九齡修，蔡履豫纂，清宗乾隆二十八年刻本。十冊。半葉九行二十二字，小字雙行同。四周雙邊，白口，單魚尾。版心上鐫書名，下鐫卷次及標題。框高 19.3 釐米，寬 13.7 釐米。前有文綬、梁翥鴻、佟琳、吳九齡等序。

吳九齡（生卒年不詳），字景文，江南沭陽人。貢生，乾隆二十三年任長治縣知縣。

蔡履豫（生卒年不詳），字由安，湖北江夏人。舉人，揀選知縣。

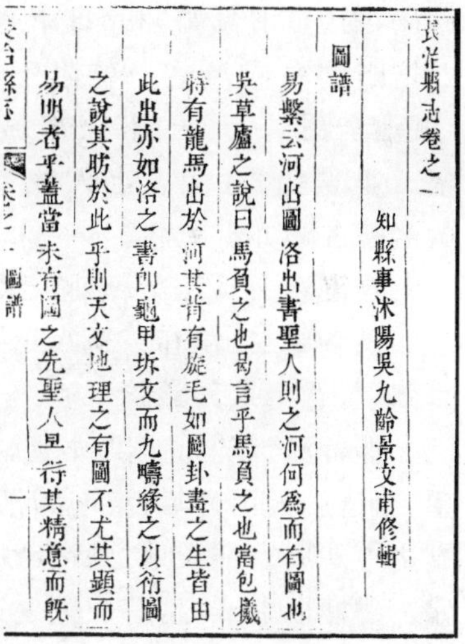
長治縣志卷之一
知縣事沭陽吳九齡景文甫修輯
圖譜
易繫云河出圖洛出書聖人則之河何爲而有圖也
吳草廬之說曰馬負之也曷言乎馬負之也當包羲
時有龍馬出於河其背有旋毛如圖卦畫之生皆由
此出亦如洛之書即龜甲坼文而九疇敘之以彷圖
之說其昉於此乎則天文地理之有圖不尤其顯而
易明者乎蓋當未有圖之先聖人早得其精意而旣
長治縣志　卷之一　圖譜　一

110

是書爲清乾隆朝所纂山西《長治縣志》，凡二十五門三十目，每門前有總述，末有總論，前人有論斷者亦附文中。是書前有卷首，卷之一爲圖說、繪圖，卷之二爲星野，卷之三爲沿革、地表，卷之四爲疆域、城池、關隘、坊都、市集，卷之五爲山川、古跡、津梁，卷之六爲學校、書院、義學，卷之七爲賦役、鹽法，卷之八爲風俗、物產，卷之九爲封爵，卷之十爲兵制、武事，卷之十一爲職官、公署，卷之十二爲名宦，卷之十三爲選舉，卷之十四爲人物，卷之十五爲烈女，卷之十六爲寓賢、遷移，卷之十七爲藝術，卷之十八爲仙釋，卷之十九爲壇廟、寺觀，卷之二十爲陵墓，卷之二十一爲祥異，卷之二十二至二十六爲藝文，卷之二十七爲事蹟，卷之二十八爲雜志。

長治縣沿革：長治縣商周時爲黎侯國，西漢置壺關縣，東漢爲上黨郡治。隋置上黨縣，唐、五代、宋、金、元均屬上黨縣。明廢縣入潞州，嘉靖復置縣，稱長治縣，爲潞安府治。

著録:《中國地方志總目提要》。耶魯大學圖書館、北京大學圖書館亦藏有是書。《中國古籍善本目録》録有清姜衙、于公胤纂修之《長治縣志》八卷,清康熙十二年刻本。

111　宸垣識畧

DS795.8.A2W8/W2241

《宸垣識畧》十六卷,清吳長元撰,清乾隆五十三年池北草堂刊本。八冊。半葉九行二十一字。左右雙邊,白口,單魚尾。版心上鐫書名,下鐫卷次。框高 12.7 釐米,寬 9.4 釐米。前有邵晉涵、余集序。

吳長元(生卒年不詳),約清高宗乾隆三十五年前後在世,字太初,浙江仁和人。著有《宸垣識略》、《清史列傳》傳於世。

作者於乾隆年間居北京,實地考察,結合古籍、碑碣,對《日下舊聞》和《日下舊聞考》兩書進行考證,並增刪重寫成該書。乾隆五十三年刊行。書中有《城池全圖》、《大内圖》、《皇城圖》、《内城圖》等十八幅。並增王侯甲第及名人故宅。書中對什刹海地區的名勝古跡亦有記述。

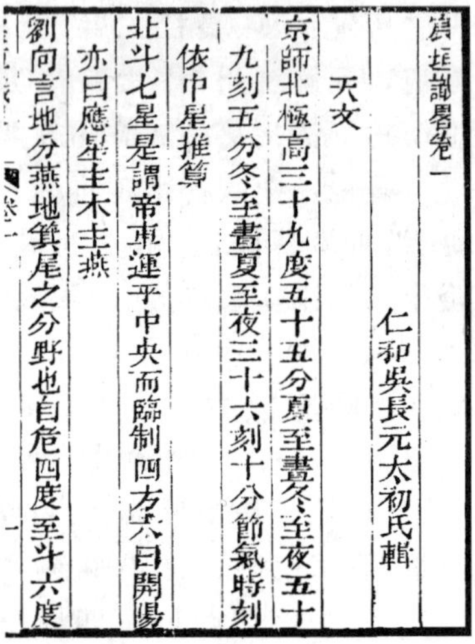
宸垣識畧卷一
仁和吳長元太初氏輯
天文
京師北極高三十九度五十五分夏至晝冬至夜五十
九刻五分冬至晝夏至夜三十六刻十分節氣時刻
依中星推算
北斗七星是謂帝車運乎中央而臨制四方六曰開陽
亦曰應星主木主燕
劉向言地分燕地箕尾之分野也自危四度至斗六度

111

是書卷一爲天文、形勝、水利、建置、圖一,卷二爲大内、圖一,卷三爲皇城一、圖一,卷四爲皇城二,卷五至卷八爲内城,卷九、卷十爲外城,卷十一爲園囿,卷十二至卷十五爲郊坰,卷十六爲識餘。

邵晉涵《序》曰:"洪維聖朝光宅區寓,聲暨文敷。東起長白,包肅慎外境,屯牧相望,西達於天山月窟,東南跨漲海,辟曠古來辟之版圖。度經緯,測廣輪,維京師實爲四方之中。周官稱天地之所合,四時之所交,風雨之所會,陰陽之所和,維今京師,克臻其盛。建極以馭八埏,若辰樞之運乎中央,而二十八舍、十二分野,俱爲之環拱也。祎歟盛哉!曩時秀水朱檢討,嘗述《日下舊聞》,徵引該博,仰邀睿鑒,命儒臣重爲考正。條例之精,制度之備,辨証之確而覈,古今地理書,胥莫出其范圍矣。仁和吳君太初,久客都下,雅才洽聞。公卿士大夫爭招致讎校藝文,益充拓其識。博觀而約取,以身所涉歷,融洽前言,編纂成書,題曰《宸垣識略》。其敘載必有依據,語尚雅馴。見者嘉其用心之密,而君顧嗛然曰:此書只以備游覽之資而已。"

著録:是書入藏耶魯大學圖書館和芝加哥大學圖書館,該館另藏有清咸豐二年藻思堂巾箱本;普林斯頓大學東亞圖書館等藏有光緒丙子二年池北草堂刻本。

112 重修固始縣志

DS793. H52 K765 1786/W2655

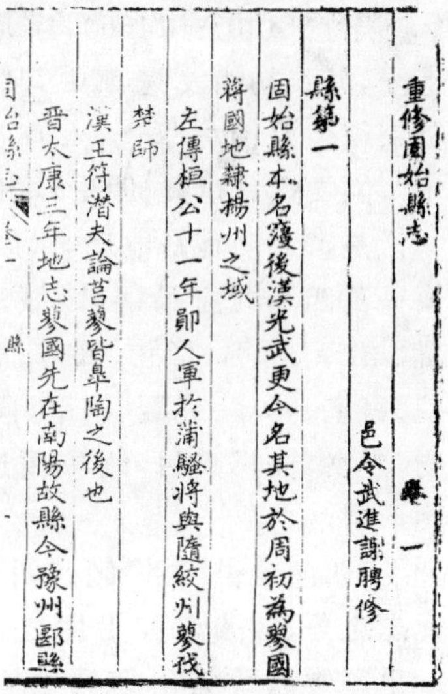
重修固始縣志 卷一
邑令武進謝聘修
縣第一
固始縣本名寖後漢光武更今名其地於周初爲蓼國
蔣國地隸揚州之域
左傳桓公十一年鄖人軍於蒲騷將與隨絞州蓼伐
楚師
漢王符潛夫論蓼皆皐陶之後也
晉太康三年地志蓼國先在南陽故縣今豫州鄢縣

112

[乾隆]《重修固始縣志》、《固始縣志》二十六卷，首一卷，清謝聘修，洪亮吉纂，清乾隆五十一年刻本。十六冊。半葉九行二十三字。左右雙邊，白口，單魚尾。版心上鐫“固始縣志”，中鐫卷次。框高 21 釐米，寬 13 釐米。前有乾隆五十一年畢沅、江蘭序，謝聘自序，凡例、姓氏，總目。

謝聘(生卒年不詳)，武進人。舉人，曾任固始縣知縣。

洪亮吉(1746—1809)，字君直，一字稚存，號北江，晚年號更生居士，江蘇陽湖人。乾隆五十五年中進士，歷官翰林院編修、國史館編纂官、貴州學政等。著有《卷施閣詩文集》、《附鮚軒詩集》、《更生齋詩文集》、《北江詩話》及《春秋左傳詁》。

是書爲清乾隆朝所修河南《固始縣志》。卷一爲縣，卷二爲城、古城，卷三爲山，卷四爲水，卷五爲水利，卷六爲學校，卷七爲街巷、坊表、津梁、關隘，卷八爲鄉鎮、里保、市集、村莊，卷九爲疆里、古跡、陵墓、寺觀，卷十爲祠廟，卷十一爲衙署、倉厫、驛遞，卷十二爲曲禮，卷十三爲賦役，卷十四爲歲時、風土、禮俗、物產，卷十五爲大事表，卷十六爲五等表，卷十七爲秩官，卷十八爲選舉，卷十九爲吏績，卷二十至卷二十四爲人物，卷二十五爲烈女，卷二十六爲列傳、藝文。

固始縣沿革：秦固始縣屬九江郡。漢置汝南郡、六安郡等，屬兗州。東漢改寖縣爲固始，屬廬江郡。魏晉先置汝陰郡、後置新蔡郡，轄固始縣。唐置光州、弋陽郡，隸淮南道，領固始縣。宋改固始縣爲蔣州。元固始屬汝寧府光州。明復分固始，置商城縣，仍屬汝寧府光州。清陞光州爲直隸州，縣仍屬。是志之撰寫仿康海《武功縣誌》之例，詳略得當。山川、水利古今有異同者，洪亮吉皆加“按語”予以分辨。

著錄：《中國古籍善本書目》收入清康熙三十二年楊汝楫纂修《固始縣志》十二卷，首一卷。本館所藏乾隆《重修固始縣志》著錄於《中國地方志總目提要》。

113 大明一統志

A219

《大明一統志》九十卷，明李賢、彭時、呂原等纂，明天順五年內府刻本。三十冊。半葉十行二十二字，小字雙行同。四周雙邊，黑口，雙魚尾。版心中鐫書名、卷次，下鐫刻工名。框高 25.3 釐米，寬 17.3 釐米。前有明英宗序，表，敕修《大明一統志》官員職名，圖敘，目錄，大明一統之圖，京師畿内地理之圖。

李賢(1407—1466)，字原德，鄧州人。宣德癸丑進士，景泰初由文選郎中，超拜兵部右侍郎，轉吏部。英宗復位兼翰林學士，入直文淵閣，歷官華蓋殿大學士。謚文達。事具《明史》本傳。

是書爲明官修地理志，以兩京十三布政使司及所屬一萬四十九府爲綱，以城池、壇廟、山陵、花園及建置、沿革、郡名、形勝、風俗、山川、土產、公署、學校、書院、宫室、關津、寺觀、祠廟、陵墓、古跡、名宦、流寓、人物、烈女、仙釋爲目，逐項簡述，並記述相鄰外夷之地理形勢。

《四庫全書總目》謂："明代修是書時，其義例一仍元志之舊，故書名亦沿用之。其時纂修諸臣，既不出一手。舛譌爲牴牾，疎謬尤甚。"

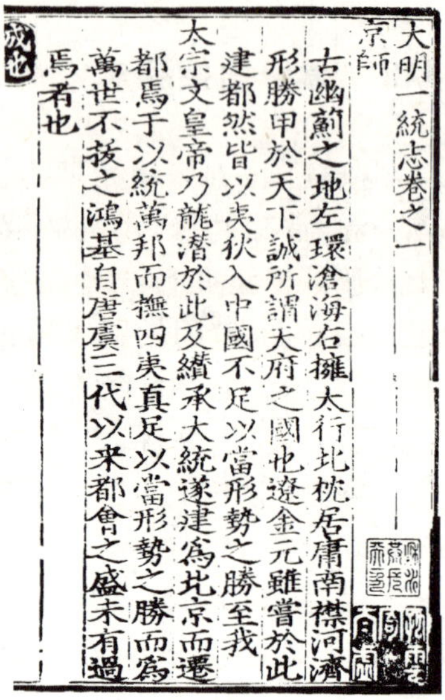
大明一統志卷之一
京師
古幽薊之地左環滄海右擁太行北枕居庸南襟河濟
形勝甲於天下誠所謂天府之國也遼金元雖嘗於此
建都然皆以夷狄入中國不足以當形勢之勝至我
太宗文皇帝乃龍潛於此及纘承大統遂建爲北京而遷
都焉于以統萬邦而撫四夷真足以當形勢之勝而爲
萬世不拔之鴻基自唐虞三代以來都會之盛未有過
焉者也

113

著録：《四庫全書總目》、《中國古籍善本書目》、《美國哈佛大學哈佛燕京圖書館中文善本書志》。

鈐印："孤雲寄南虚"、"秋水蒼茫齋印"。

刻工：記宗，陸明刊，王貴寫、李記云刊，寫王貴道，寫手王貴、李記榮刊，文厚，守信，肖良寫，王靖，謝長刊等。

114　德州志

［乾隆］《德州志》十二卷，首一卷，清王道亨修，張慶源纂，清乾隆五十三年刻本。八冊。半葉九行二十字。左右雙邊，白口，單魚尾。版心上鐫书名，中鐫卷次。框高 21.2 釐米，寬 14.5 釐米。前有葛正華序，乾隆五十三年王道亨序，明唐文華、金祖彭、程先貞"德志原序"，鄒士廉"金志正僞辨"，張慶源"紀德州志本求"，凡例，目錄等。

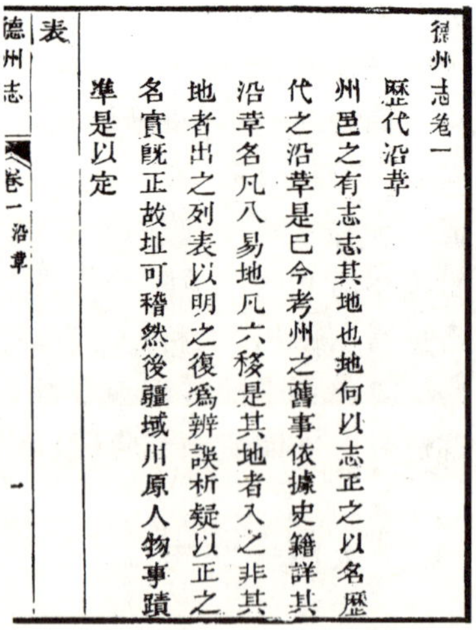
德州志卷一
歷代沿革
州邑之有志志其地也地何以志正之以名歷
代之沿革是已今考州之舊事依據史籍詳其
沿革名凡八易地凡六移是其地者入之非其
地者出之列表以明之復爲辨誤析疑以正之
名實既正故址可稽然後疆域川原人物事蹟
準是以定
表
德州志　卷一　沿革　一

114

王道亨(生卒年不詳)，字應亭，吳縣人。副貢，乾隆五十二年任德州知州。

張慶源(生卒年不詳)，字夢髯，吉州人。進士。

是書爲清乾隆朝所修山東《德州志》。卷首爲時巡、御製、皇恩、行宫恭紀，卷一爲沿革，卷二爲紀事，卷三爲河渠，卷四爲疆域，卷五爲建置，卷六爲賦役，卷七爲漕政、軍政、河政，驛政，卷八爲宦績、職官，卷九爲人物、貢舉，卷十爲貞節，卷十一爲叢記，卷十二爲藝文。

葛正華《序》曰："余取而讀之，不支不蔓，詞簡而旨明，事事核其体要，念念繫乎生民，考核則甚詳辨，辯論則甚醒，評斷則甚確。以張君之筆，達王君之意，洵於志乘中獨開生面，非有定識、定力，弗及此。余乃暢然曰，今日《德州志》果成矣。"

德州沿革：西周及春秋時期屬齊，爲兗州地。戰國分屬齊、趙。秦置齊郡，設鬲縣，並沿至漢、三國、西晉。隋設廣川縣，後改長河縣，屬兗州平原郡，唐沿其制。宋置陵縣屬景州，元有陵州，隸濟南路。明德州屬濟南府、陵縣屬濟寧府，清因其制。按《中國地方志總目提要》，是志甄採各家私乘撰述，故能詳考而損益，不少門類考古證今，明晰賅備。

著錄：《中國古籍善本書目》收錄明嘉靖、萬曆及清康熙所刻《德州志》。本館所藏乾隆本著錄於《中國地方志總目提要》。

115　登封縣志

［乾隆］《登封縣志》二十八卷，清陸繼萼修，洪亮吉纂，清乾隆五十二年刻本。八冊。半葉十一行二十一字。左右雙邊，黑口，雙魚尾。版心上鐫書名，下鐫卷次及標題。框高 17 釐米，寬 13.8 釐米。有圖。前有畢沅、劉文徽、洪亮吉序等。

陸繼萼（生卒年不詳），江蘇陽湖人。乾隆舉人，乾隆五十年任登封縣知縣。

洪亮吉，見 112《重修固始縣志》。

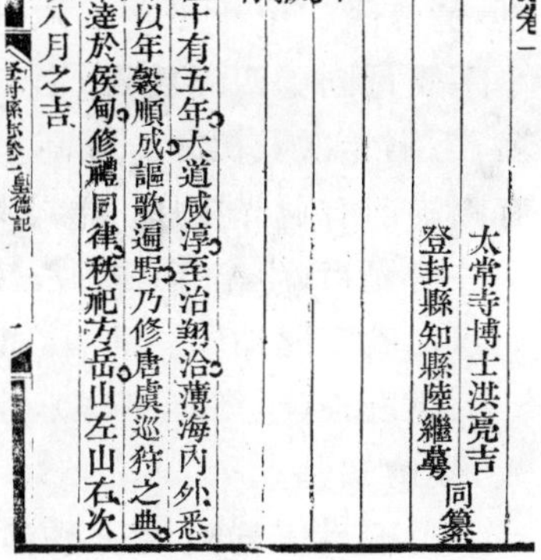
登封縣志卷一
太常寺博士洪亮吉
登封縣知縣陸繼萼　同纂
皇德記
恭紀庚午
巡祀中嶽
乾隆庚午
皇上御極十有五年，大道咸淳，至治翔洽，薄海內外，悉主悉臣，加以年穀順成，謳歌遍野，乃修唐虞巡狩之典，翠華臨幸，遂於侯甸修禮同律，秩祀方岳，山左山右，次及嵩高，秋八月之吉、
登封縣志卷一　皇德記　一

115

是書爲清乾隆朝所纂河南《登封縣志》，凡二十八門，無子目，記事止於乾隆五十一年。是書共包括：皇德記第一，輿圖記第二，土地記第三，山川記第四，大事記第五，道理記第六，風土記第七，壇廟記第八，迦藍記第九，冢墓記第十，職官表第十一，選舉表第十二，戶口簿第十三，會計簿第十四，學校志第十五，衙署志第十六，名勝志第十七，物產志第十八，循吏傳第十九，先賢傳第二十，烈士傳第二十一，烈女傳第二十二，逸人傳第二十三，高僧傳第二十四，麗藻錄第二十五，金石錄第二十六，雜錄第二十七，序錄第二十八。

登封縣沿革：夏王朝最早在陽城建都，爲禹都陽城。秦置陽城縣，漢元封元年分置崇高縣，皆屬潁川郡。後漢省崇高入陽城，晉以陽城屬河南郡，後省，後魏太和十三年置堙陽城，正光中後置陽城縣，孝昌二年置陽城郡。東魏天平初，於堙陽置中川郡，後周廢中川郡。隋開皇初，廢陽城郡；十六年，於陽城縣置嵩州；仁壽四年，州廢，其堙陽縣開皇六年改曰武林；十八年，改曰輪氏；大業元年，改曰嵩陽，與陽城皆屬河南郡。唐武德四年，復置嵩州；貞觀三年，州廢，屬洛州；十七年，嵩陽並入陽城；永淳元年，分陽城緱氏地，復置嵩陽縣；二年省；光宅元年復置萬歲登封，元年改陽城曰告成，嵩陽曰登封；神龍元年，俱復故名；二年，復曰告成，登封皆屬河南府；天祐二年，改告成曰陽邑。後唐復曰陽城。周顯德中，省陽城入登封。宋因之。金屬金昌府。元屬河南路。明屬河南府。清因之。

著録：《中國地方志總目提要》。哈佛燕京圖書館、哥倫比亞大學圖書館、普林斯頓大學圖書館、芝加哥大學圖書館藏有是書。《中國古籍善本目録》收録有順治《登封縣志》七卷，首一卷，清張朝瑞、焦復亨纂修，清順治九年刻本；康熙《登封縣志》十卷，清張聖誥、景日昣纂修，施奕簪、焦如蘅續修，清康熙三十五年刻本。

116　鄧州志

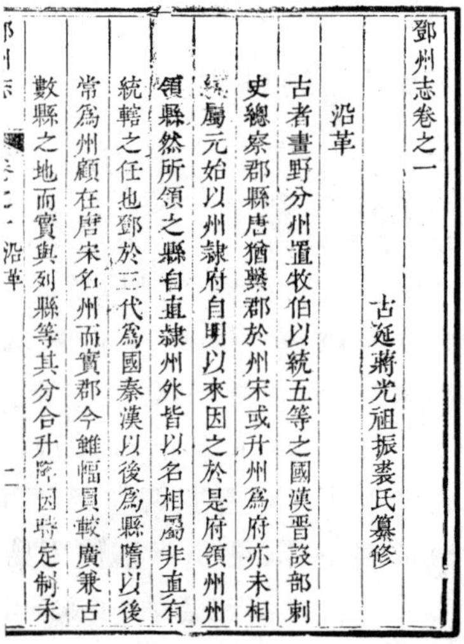
鄧州志卷之一
古延蔣光祖振裘氏纂修
沿革
古者畫野分州置牧伯以統五等之國漢晉設部刺
史總察郡縣唐猶襲郡於州宋或升州爲府亦未相
統屬元始以州隸府自明以來因之於是府領州州
領縣然所領之縣自直隸州外皆以名相屬非直有
統轄之任也鄧於三代爲國秦漢以後爲縣隋以後
常爲州顧在唐宋名州而實郡今雖幅員較廣兼古
數縣之地而實與列縣等其分合升降因時定制未
鄧州志　卷之一　沿革　二

116

［乾隆］《鄧州志》二十四卷，清蔣光祖修，姚之琅纂，清乾隆二十年刻本。六冊。半葉十行二十二字，小字雙行同。四周雙邊，白口，單魚尾。版心上鎸書名，下鎸卷次及標題。框高 19.5 釐米，寬 13.2 釐米。有圖。前有蔣光祖序。卷末附舊志諸序。

蔣光祖（生卒年不詳），江南泰興人。拔貢，乾隆元年任武安縣知縣。著有《杜陵綺語》。

姚之琅（生卒年不詳），字梧軒，湖北黄陂人。舉人，候選知縣。

是書爲清乾隆朝所纂河南《鄧州志》，凡三十七門三十九目，記事止於乾隆十九年。前有卷首，卷之一爲沿革，卷之二爲星野，卷之三爲疆域，卷之四爲山川水利，卷之五爲建置，卷之六爲學校，卷之七爲祀典，卷之八爲古跡，卷之九爲風俗，卷之十爲賦役，卷之十一爲職官，卷之十二爲名宦，卷之十三爲武備，卷之十四爲選舉，卷之十五爲人物，卷之十六爲忠烈，卷之十七爲孝悌、義行，卷之十八爲隱逸、流寓，卷之十九爲仙釋、方技，卷之二十爲烈女，卷之二十一爲附傳，卷之二十二、二十三爲藝文，卷之二十四爲雜紀。

鄧州沿革：鄧州爲春秋時鄧國地。戰國爲秦穰邑。漢置穰縣，屬南陽郡。後漢因之。晉初屬義陽郡，後改屬新野郡。宋、齊因之。後魏太和中，移置荆州於此。隋開皇初改曰鄧州。大業初，改南陽郡。唐武德二年，仍曰鄧州；三年，置總管府；四年，府廢；

天寶初，復曰南陽郡；乾元初，仍曰鄧州，屬山南道。五代梁置宣化軍節度。五代唐改威勝軍。五代周改武勝軍。宋亦曰鄧州南陽郡武勝軍節度，屬京西南路。金曰鄧州武勝軍節度，屬南京路。元爲鄧州，屬南陽府。明洪武初，省穰縣入州，仍屬南陽府。清因之。

著錄：《中國地方志總目提要》。哈佛燕京圖書館、哥倫比亞大學圖書館、芝加哥大學圖書館、北京大學圖書館藏有是書。《中國古籍善本目錄》收錄有明嘉靖《鄧州志》十六卷，明潘庭楠纂修，明嘉靖四十三年刻本；清順治《鄧州志》二十卷，清陳良玉纂修；康熙《鄧州志》八卷，清趙德、彭始超纂修，清康熙三十三年刻本。

117　帝京景物畧

G866

《帝京景物畧》八卷，明劉侗、于奕正撰，方逢年定，明崇禎八年刻本。十六冊。半葉八行十九字。四周單邊，白口，無魚尾。版心中鐫篇目，下鐫卷次。框高 19.5 釐米，寬 13.2 釐米。前有方逢年自序，崇禎八年劉侗序，于奕正"略例"，總目。

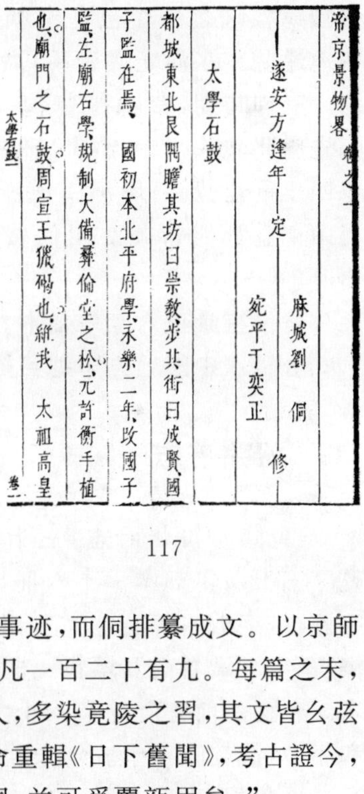
帝京景物畧卷之一
遂安方逢年定
麻城劉侗修
宛平于奕正
太學石鼓
都城東北艮隅瞻其坊曰崇教步其街曰成賢國
子監在焉國初本北平府學永樂二年改國子
監左廟右學規制大備彝倫堂之松元許衡手植
也廟門之石鼓周宣王獵碣也緋我　太祖高皇
太學石鼓　卷一

117

劉侗(1593—1636)，字同人，號格庵，麻城人。崇禎甲戌進士，官吳縣知縣。

于奕正(出卒年不詳)，字司直，宛平人。

是書爲明京城之風物志。卷之一爲城北内外，卷之二爲城東内外，卷之三爲城南内外，卷之四爲城西内，卷之五爲城西外，卷之六爲西山上，卷之七爲西山下，卷之八爲畿輔名跡。

《四庫全書總目》曰："是編詳載北京景物。奕正摭求事迹，而侗排纂成文。以京師東西南北各分城内、城外，而西山及畿輔併載焉。所列目凡一百二十有九。每篇之末，各繫以詩，採摭頗踈。王士禎《池北偶談》……又侗本楚人，多染竟陵之習，其文皆幺弦側調，惟以纖詭相矜。……所附諸詩，尤爲猥雜，方今奉命重輯《日下舊聞》，考古證今，務求傳信。朱彝尊之所撰且爲大輅之椎輪，侗等弔詭之詞，益可爲覆瓿用矣。"

著錄：《四庫全書總目》、《中國古籍善本書目》。

鈐印："崇正堂印"。

118　費縣志

DS793. S42 F484 1689/W2701

[康熙]《費縣志》十卷，清黃學懃修，王簡纂，清康熙二十八年刻本。四冊。半葉九行二十字。四周雙邊，白口，單魚尾。版心上鐫書名，中鐫卷次。框高 21.2 釐米，寬

14.5 釐米。前有康熙二十八年李煒序，王玉跋，纂修姓氏，圖説，目次，凡例等。

黄學勲（生卒年不詳），字敏若，南陵人。舉人，康熙二十五年任費縣知縣。

是書爲清康熙朝所修山東《費縣志》。卷一爲地理志，卷二爲建置志，卷三爲官師志，卷四爲賦役志，卷五爲秩祀志，卷六爲科貢志，卷七爲人物志，卷八至卷十爲文籍志。

費縣沿革：周魯隱公時費爲伯國。至魯桓公時，費國爲魯國之一个邑。秦朝費地屬薛郡。漢高祖時費地建縣。东漢光武帝時，費城改隸兖州刺史部泰山郡。三國時期，費縣屬曹魏徐州琅琊郡。北朝時，費縣先屬北魏徐州琅琊郡。隋初，費縣隸屬沂州。唐武德四年重建費縣，屬河南道沂州琅琊郡。元朝費縣隸屬山東益都路沂州。明代費縣屬沂州，清朝初年依舊。雍正十二年費縣屬山東沂州府。

是書有雍正六年增補本。

著録：《中國地方志總目提要》。

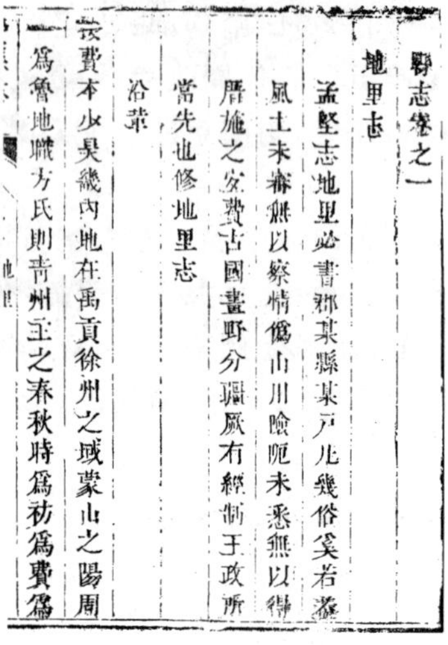
縣志卷之一
地里志
孟堅志地里必書郡某縣某戶口幾俗奚若蓋
風土未審無以察情僞山川險阨未悉無以得
所施之宜費古國畫野分疆厥有經制王政所
當先也修地里志
沿革
費本少昊幾內地在禹貢徐州之域蒙山之陽周
爲魯地職方氏則青州主之春秋時爲祊爲費爲

118

119　汾州府志

DS793. S32F454 1771/W2562

［乾隆］《汾州府志》三十四卷，清孫和相纂修，清乾隆三十六年刻本。十六册。半葉十行二十一字，小字雙行，字數不等。左右雙邊，白口，單魚尾。版心上鐫書名，下鐫卷次及標題。框高 20.2 釐米，寬 13.5 釐米。有圖。前有清乾隆三十六年鄂寶、吴岩、徐浩、孫和相序，清乾隆三十五年朱珪、曹學閔序等。

孫和相（生卒年不詳），字調鼎，山東青州府諸城人。乾隆三年舉人，乾隆三十二年任汾州知府。

是書爲清乾隆朝所纂山西《汾州府志》，爲清代名志之一。乾隆三十四年，戴震游山西，應汾州太守孫和相之聘，修成是志，凡三十四門。詳審核博，對以往所纂舊志，逐條逐項進行考證，僅《沿革》一欄，便辨正謬誤六處。卷首含例言、圖、表，卷之一爲沿革、星野，卷之二爲疆域，卷之三爲山川，卷

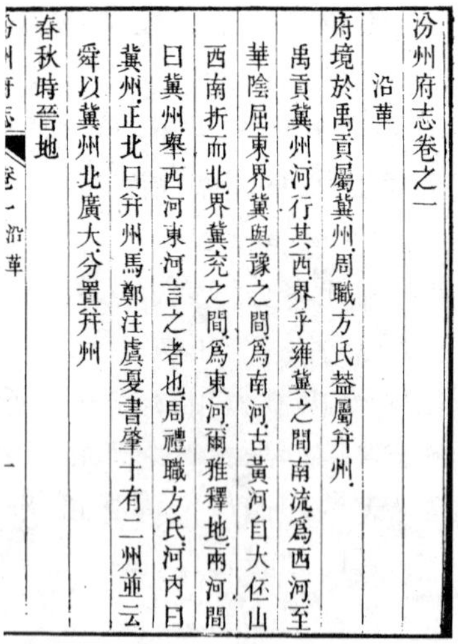
汾州府志卷之一
沿革
府境於禹貢屬冀州周職方氏蓋屬幷州
禹貢冀州河行其西界乎雍冀之間南流爲西河至
華陰屈東界冀與豫之間爲南河古黃河自大伾山
西南折而北界冀兗之間爲東河爾雅釋地兩河間
曰冀州舉西河東河言之者也周禮職方氏河內曰
冀州正北曰幷州馬鄭注虞夏書肇十有二州並云
舜以冀州北廣大分置幷州
春秋時晉地

119

之四爲山川、城池、官署、倉厫、學校，卷之五爲壇壝、關隘、營汛，卷之六爲戶口、田賦，卷之七爲鹽稅，卷之八、九爲職官，卷之十、十一爲宦績、食封，卷之十二爲流寓，卷之十三至十六爲人物，卷之十七爲義行，卷之十八、十九爲科目，卷之二十爲仕實，卷之二十一、二十二爲烈女、古跡，卷之二十三爲塚墓，卷之二十四爲祠廟，卷之二十五爲是考，卷之二十六爲雜識，卷之二十七至三十四爲藝文。

曹學閔《新修汾州府志序》曰："今太守諸城孫，以山左名宿來蒞吾郡，政通人和，百廢俱舉，暇日審閱前志，惜其久而未修，爰集紳士，咨訪舊聞，酌定體例，復延休寧戴孝廉東原，考證古今，筆削成書。公於聽政之餘，仍親加潤色，越一年而告成。"

汾州府沿革：汾州府是山西省明清時期的九府十六州的大府之一。春秋時汾陽屬晉。戰國時汾陽屬趙。秦代汾陽屬太原郡。兩漢時汾陽屬太原及西河郡。魏時因之。晉時汾陽爲西河國。後魏時稱西河郡，後又僑置汾州。北齊時改南朔州。後周改爲介州，而西河郡如故。隋初郡廢，煬帝復改介州爲西河郡。唐初改爲浩州。武德三年，改爲汾州。天寶初，曰西河郡。乾元初，復曰汾州。五代末，屬於北漢周顯德初，侵北漢得之，置寧化軍，兼領石、沁二州。旋入於北漢。宋仍曰汾州，亦曰西河郡。金因之，兼置汾陽軍。元復爲汾州，屬太原路。明初，以州治西河縣省入，直隸山西布政司。萬曆二十三年，陞爲汾州府，領州一、縣七。清代沿用明制，建置未變。民國元年廢府。

著錄：《中國地方志總目提要》。芝加哥大學圖書館、耶魯大學圖書館、普林斯頓大學圖書館、北京大學圖書館等藏有是書。《中國古籍善本目錄》收錄有明王道一、王景符等纂修之明萬曆《汾州府志》十六卷，明萬曆刻本。

120　鳳翔縣志

［乾隆］《鳳翔縣志》八卷，清羅鰲、周方炯纂修，清乾隆三十二年刻本。八册。半葉九行二十字，小字雙行同。四周雙邊，白口，單魚尾。版心上鎸書名，下鎸卷次及標題。框高20.5釐米，寬12.6釐米。有圖。前有達靈阿序，羅鰲自序，吳綬詔序，舊志序等。

羅鰲（生卒年不詳），號立峰，江西建昌府南城人。乾隆進士，文林郎，鳳翔縣知縣軍功加一級。

周方炯（生卒年不詳），字光宇，江西南城人。撥發湖南試用，舉人。

是書爲清乾隆朝所修陝西《鳳翔縣志》，凡八門一百零二目，記事止於乾隆三十一年。前有卷首，卷一輿地，卷二建置，卷三田賦，卷四官師，卷五選舉，卷六

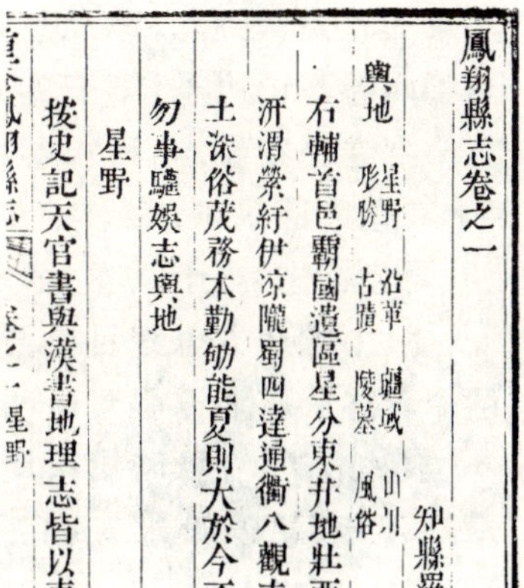
鳳翔縣志卷之一　　知縣羅鰲重修
輿地　星野　沿革　疆域　山川　形勝　古蹟　陵墓　風俗
右輔首邑霸國遺區星分東井地壯西都終南鬱抱
汧渭縈紆伊涼隴蜀四達通衢八觀古蹟攬勝蹟躋
土深俗茂務本勤劬能夏則大於今不殊守土吏化
勿事驩娛志輿地
星野
按史記天官書與漢書地理志皆以東井輿鬼爲秦

120

人物,卷七藝文,卷八外紀。

鳳翔縣沿革:春秋時爲雍邑。秦置雍縣。漢屬右扶風。後漢及晉因之。後魏爲平秦郡及岐州治。隋爲扶風郡治。唐爲鳳翔府治,至德二載改曰鳳翔縣,又析置大興縣;寶應元年,省鳳翔縣入天興。宋因之。金大定十九年,改天興縣曰鳳翔,仍爲府治。元初屬鳳翔路。明屬鳳翔府。清因之。

著錄:《中國地方志總目提要》。《中國古籍善本目錄》收錄有清康熙《鳳翔縣志》十卷,清王嘉孝、李根茂纂修;雍正《鳳翔縣志》十卷,清韓鏞纂修,清雍正十一年刻本。

121　鞏縣志

[乾隆]《鞏縣志》二十卷,首一卷,清李述武修,張九越纂,清乾隆五十一年刻本。六冊。半葉十行二十二字,小字雙行同。左右雙邊,白口,單魚尾。版心上鐫書名,下鐫冊次、卷次及標題。框高 19.2 釐米,寬 13 釐米。有圖。前有李述武等序。

李述武(生卒年不詳),路南州人。舉人,曾任鞏縣知縣。

張九越(生卒年不詳),字紫硯,湖南湘潭人。曾任鞏縣知縣。

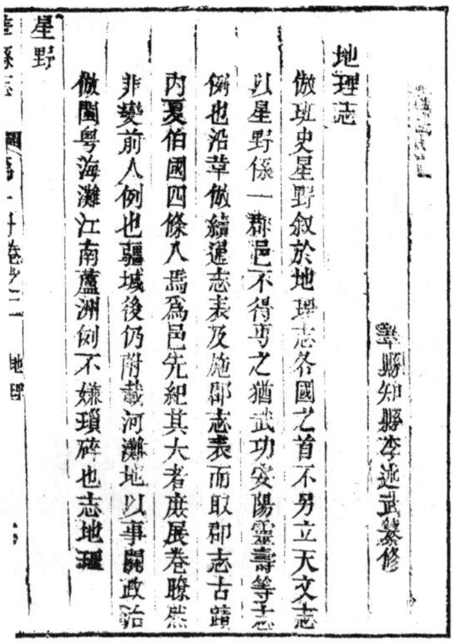
鞏縣知縣李述武纂修
地理志
倣班史星野叙於地理志各國之首不另立天文志
以星野係一郡邑不得専之猶武功安陽靈壽等志
例也沿革倣續通志表及施鄂志表而取鄂志古蹟
內夏伯國四條入焉爲邑先紀其大者庶展卷瞭然
非變前人例也疆域後仍附載河灘地以事關政治
倣閩粤海灘江南蘆洲例不嫌瑣碎也志地理
星野

121

是書爲清乾隆朝所纂河南《鞏縣志》。書前爲卷首,第一卷爲輿圖志,第二卷爲地理志,第三卷爲建置志,第四卷爲山川志,第五卷爲祀典志,第六卷爲風俗志,第七卷爲物產志,第八卷爲賦役志,第九卷爲學校志,第十卷、第十一卷爲職官志,第十二卷爲選舉志,第十三卷、第十四卷爲人物志,第十五卷、第十六卷爲古跡志,第十七卷爲金石志,第十八卷、第十九卷爲藝文志,第二十卷爲祥異志。

據《中國地方志總目提要》,是志修於乾隆五十三年,記事止于同年。其《序言》曰:"邑令李述武聘湘潭張紫硯明府主纂。但卷端僅題李述武纂修。部分字跡漫漶不清。"

鞏縣沿革:春秋時屬東周,戰國時半歸東周,半屬韓國。秦統一六國置郡縣,定爲"鞏縣"。宋朝曾設永安縣。金代改爲芝田縣。元朝復稱鞏縣。明、清時鞏縣屬河南府。

著錄:《中國地方志總目提要》。哈佛燕京圖書館及北京大學圖書館藏有是書。《中國古籍善本目錄》收錄有明周泗、康紹第纂修之明嘉靖《鞏縣志》八卷,明嘉靖三十四年刻本。

122 海豐縣誌

DS793. S42 W844 1670/W2695

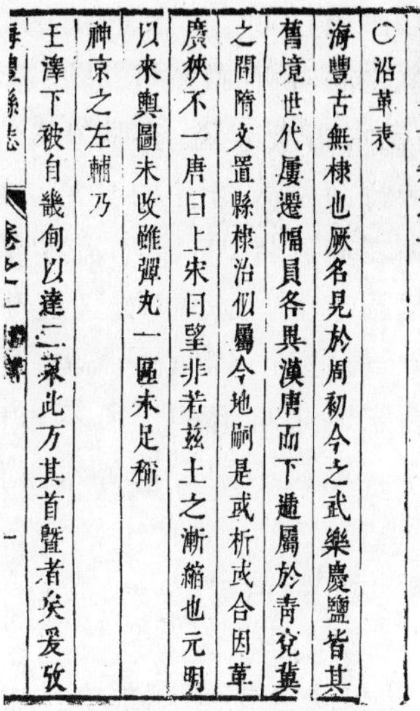
海豐縣誌卷之一
〇沿革表
海豐古無棣也厥名見於周初今之武樂慶鹽皆其
舊境世代屢遷恒貝各異漢唐而下遞屬於青兗冀
之間隋文置縣棣治似屬今地嗣是或析或合因革
廣狹不一唐曰上宋曰望非若茲土之漸縮也元明
以來輿圖未改雖彈丸一區未足稱
神京之左輔乃
王澤下被自畿甸以達□裔此方其首蹙者矣爰攷
海豐縣誌 卷之一

122

[康熙]《海豐縣誌》十二卷，首一卷，清胡公著修，張克家纂，清康熙十年刻本。四冊。半葉九行二十字。四周單邊，白口，單魚尾。版心上鐫書名，中鐫卷次。框高 20.2 釐米，寬 12.3 釐米。前有康熙九年胡公著序、張爲仁序，康熙十年王清冰序，目錄，康熙九年張克家邑乘述言，凡例，修志姓氏，海豐縣圖說。

胡公著(生卒年不詳)，字又申，宛平人。康熙七年任海豐縣知縣。

張克家(生卒年不詳)，字西澤，邑恩貢。

是書爲清康熙朝所修山東《海豐縣誌》。卷一爲沿革表，卷二爲疆城志，卷三爲風土志，卷四爲事記，卷五爲建置志，卷六爲職官志，卷七爲選舉表，卷八爲賦役志，卷九爲名宦列傳，卷十爲人物列傳，卷十一爲藝文志，卷十二爲雜志。

張爲仁《序》曰："冰壺王先生偕余二三同志，雅欲纂述舊聞，益以近事，成一書，而簿書間之，迄未卒業。乃以所見聞，授余兄西澤氏，而西澤氏久已任厥事，搜遺補闕，矻矻者數年，爲卷十二，類分四十有六。"

依《中國地方志總目提要》："是志以表、生、傳、記四體統攝各門，細目以類歸屬，綱目分明，釐次有序。"

海豐縣沿革：海豐縣古屬兗州之域。漢代爲渤海郡治下的陽信縣。隋唐時之渤海郡下轄無棣縣。宋元時期滄州所轄仍有無棣縣。明代山東布政使司下的濟南府設有海豐縣。清沿其制。

著錄：《中國地方志總目提要》。

123 海塘新志

DS797.88. H35 H35 1791/W2710

[乾隆]《海塘新志》六卷，清琅玕撰，清乾隆五十六年刻本。四冊。半葉八行二十一字。四周雙邊，白口，單魚尾。版心上鐫書名，中鐫卷次。框高 18.7 釐米，寬 12.8 釐米。前有總目，凡例，三臺圖，海塘全圖，琅玕進表。

是書爲浙江杭州、海寧、海鹽等地之海塘志。記述迄於漢、唐，止於清乾隆五十五年。地域範圍包括杭州錢塘江口的仁和范公塘到海寧尖山段。內容涉及天章、形勢、修築、工料等方面。是書卷首爲御製，卷一至卷二爲天章，卷三爲形勢，卷四至卷五爲修築，卷六爲工料。

《四庫全書》收入之翟均廉《海塘錄》曰："杭州海塘自海寧止，然其海非大洋也。仁和以西稱江，仁和以東稱海。江之廣不過十餘里，卽海寧之海亦不過數十里。第龕赭兩山夾峙於江海之處，潮水由廣入隘，奔騰衝擊，上激塘身，下蒐塘底，其危險較濱臨大海者加甚焉。省城多山，迤東四十里爲仁和之翁家埠，向以水流沙活止築草塘抵禦。自翁家埠起五十里，至海寧城又五十里，至尖山，舊皆壘土鑲石，一綫危堤，綿亘一萬數千餘丈，受朝夕兩潮衝擊。此唐宋以來葺治相仍所不廢也。”

著錄:《中國古籍善本書目》。

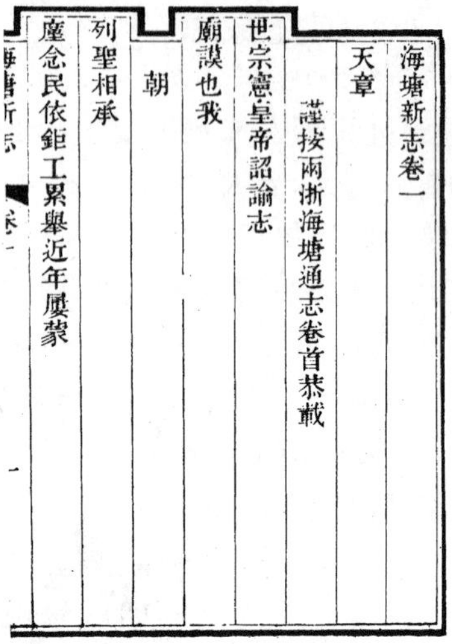
海塘新志卷一
天章
謹按兩浙海塘通志卷首恭載
世宗憲皇帝詔諭志
廟謨也我
朝
列聖相承
廑念民依鉅工累舉近年屢蒙

123

124　邯鄲縣志

［乾隆］《邯鄲縣志》十二卷，清王烔纂，清乾隆二十一年刻本。六冊。半葉九行二十字。四周雙邊，白口，單魚尾。版心上鐫書名，中鐫卷次。框高 20 釐米，寬 13.3 釐米。前有乾隆二十一年劉叔枚序，圖像，目次，卷首，凡例。

是書爲清乾隆朝所修河北《邯鄲縣志》。卷首爲序、凡例、圖像，卷之一爲編年，卷之二爲輿地，卷之三爲建置，卷之四爲食貨，卷之五爲禮儀，卷之六爲秩官，卷之七爲宦蹟，卷之八爲選舉，卷之九爲人物，卷之十、十一爲藝文，卷之十二爲附餘。

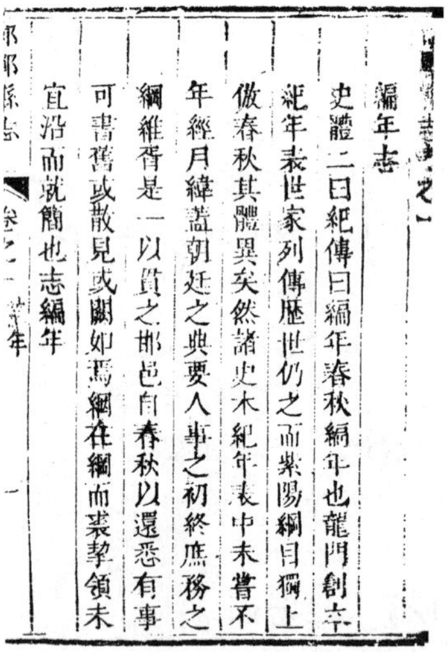
邯鄲縣志卷之一
編年志
史體二曰紀傳曰編年春秋編年也龍門創立
紀年表世家列傳歷世仍之而紫陽綱目獨上
倣春秋其體異矣然諸史本紀年表中未嘗不
年經月緯蓋朝廷之典要人事之初終庶務之
綱維胥是一以貫之邯邑自春秋以還悉有事
可書舊或散見或闕如焉綱在綱而裘挈領未
宜沿而就簡也志編年

124

王烔《凡例》曰:《邯鄲縣志》“初序修於前明萬曆元年癸酉，邑孝廉張成教纂輯，邑令張弟成之，既而邑令盧龍雲爲之增補，是曰續編。再修於國朝順治二年丙午，邑令爲韓思敬，序之者張侍御濩也。又再修於康熙二十二年癸丑，邑令爲張慎發，序之者邑進士溫毓泰也。近志則雍正八年庚戌，邑令鄭公方坤成之，搜採則明經張洮衿士、何煜、張峻望、裴景、蘇裴錫曾也。按初序稱成化以來歷百冀志不一見，蓋成化間當具其畧矣。”

邯鄲縣沿革:春秋時屬衛地，後屬晉。戰國爲趙國都。秦始皇十九年置邯鄲郡。漢高帝四年改置趙國，治邯鄲縣。景帝三年復爲邯鄲郡，五年復爲趙國，屬冀州。後漢因之。建安十七年，國廢，以縣屬魏郡。三國魏屬廣平郡。晉初因之。後又屬魏郡。後魏太平真君六年，還屬廣平郡。東魏天平初，並入臨漳縣。隋開皇十六年，復置屬武安郡。唐武德四年，屬磁州；貞觀元年，屬洺州；永泰元年，又屬磁州。五代、宋、金、元因之。明洪武初改屬廣平。清因之。

著錄：《文淵閣書目》、《中國古籍善本書目》。

125　壺關縣志

［乾隆］《壺關縣志》十八卷，清楊宸、喬應發、秦之柄纂修，清乾隆三十五年刻本。四冊。半葉十行二十一字，小字雙行同。四周雙邊，白口，單魚尾。版心上鎸書名，下鎸卷次及標題。框高18.8釐米，寬13.1釐米。有圖。前有明嘉靖四十年張鐸序，清順治十八年朱輔序，康熙二十年章經序，乾隆三十四年楊宸序，乾隆三十五年秦之柄序等。

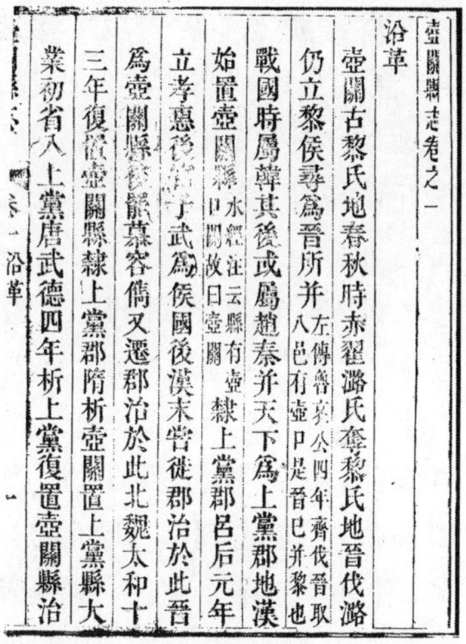
壺關縣志卷之一
沿革
壺關古黎氏地春秋時赤翟潞氏奪黎氏地晉伐潞
仍立黎侯尋爲晉所并左傳魯宣公四年齊伐晉取八邑有壺口是晉已并黎也
戰國時屬韓其後或屬趙秦并天下爲上黨郡地漢
始置壺關縣水經注云縣有壺口關故曰壺關隸上黨郡呂后元年
立孝惠後宮子武爲侯國後漢末嘗徙郡治於此晉
爲壺關縣後燕慕容儁又遷郡治於此北魏太和十
三年復置壺關縣隸上黨郡隋析壺關置上黨縣大
業初省入上黨唐武德四年析上黨復置壺關縣治
壺關縣志　卷一　沿革　一

125

楊宸（生卒年不詳），字榆眠，原籍江蘇武進。順天舉人，乾隆三十年任壺關縣知縣。

秦之柄（生卒年不詳），湖北漢川人。乾隆進士，乾隆三十四年任壺關縣知縣。

是書爲清乾隆朝所纂山西《壺關縣志》。凡二十五目，附目二十三，記事止于乾隆三十四年。卷之一爲沿革、疆域，卷之二爲山川、風俗、物產，卷之三爲城池、壇廟，卷之四爲公署、學校、田賦、戶口、倉儲、兵防，卷之五爲名宦，卷之六、七爲選舉，卷之八、九爲人物，卷之十、十一爲烈女，卷之十二爲寓賢、仙釋、舊蹟、祥異，卷之十三至十六爲藝文，卷之十七爲藝文補遺，卷之十八爲遺事、辯證。

壺關縣沿革：壺關於商、周時屬黎侯國，爲冀州域。春秋時屬晉。戰國初期，屬韓上黨郡，後爲趙所有。秦統一後，實行郡縣制，屬上黨郡。漢王劉邦元年，始置壺關縣，屬上黨郡。北周建德七年，屬潞州。隋開皇元年，更名上黨縣，仍屬上黨郡。隋大業三年，並入上黨縣。唐武德四年，復置壺關縣，屬河東道上黨郡潞州。宋太平興國元年，改屬河東路昭德大都督府威勝軍節度。元大德九年，爲晉寧路潞州所轄。明初，屬山西布政使司冀南道潞州。清朝，屬山西省安府。

著錄：《中國地方志總目提要》。哈佛燕京圖書館亦藏有是書。《中國古籍善本目錄》錄有清章經等纂修、清康熙年間刻《壺關縣志》四卷。

126　華嶽全集

《華嶽全集》十三卷，明張維新輯，明萬曆二十五年刻本。十冊。半葉九行二十字。四周雙邊，白口，單魚尾。版心上鎸書名，中鎸卷次。框高21.8釐米，寬14.1釐米。

前有萬曆二十五年賈待問刻序，萬曆丙申張維新序，目錄。書後有嘉靖四十一年馬明卿跋。

是書爲張維新所輯華山風物、名勝、贊詩之合集。卷之一爲圖說，卷之二爲峰麓名勝紀、物產、靈異，卷之三爲封號攷，祭告文，卷之四爲文、碑記、碑銘、紀略，卷之五爲狀書、辯、頌，卷之六爲賦，卷之七爲五言古風，卷之八爲七言古風，卷之九爲五言律詩，卷之十爲五言排律，卷之十一爲七言律詩、七言排律，卷之十二爲五言絕句，卷之十三爲七言絕句。

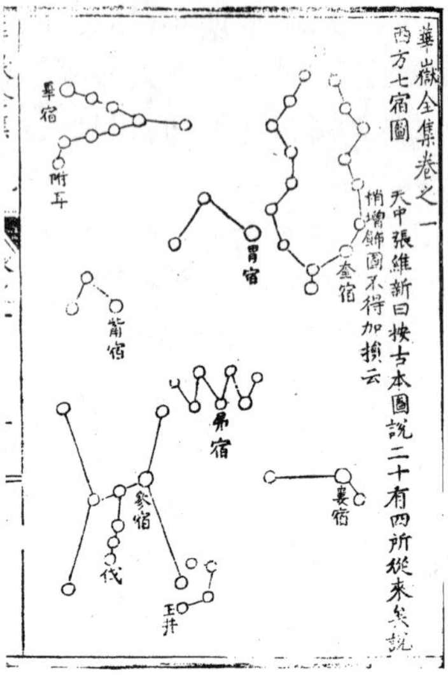

126

《四庫全書總目》曰："舊本題明華陰縣知縣李時芳撰。今案時芳之本，《千頃堂書目》作十卷，乃嘉靖四十一年所修。至萬歷二十四年，汝州張維新爲潼關道副使，以時芳書多舛錯，與華陰知縣貴陽馬明卿重加詮敘。前載圖說、形勝、物產、靈異、封號，後載藝文，增成十三卷。前有巡撫賈待問序，及維新自序，述之頗詳。題時芳所撰，誤也。後六年壬寅，知縣河間馮嘉會又增文數篇，亦註於書内。"

著錄：《四庫全書總目》、《中國古籍善本書目》。

127 皇清職貢圖

《皇清職貢圖》九卷，清傅恒等纂，乾隆刻本。十二冊。半葉八行二十字。四周雙邊，白口，單魚尾。版心上鐫書名，中鐫卷次。框高 20.6 釐米，寬 14.8 釐米。卷首有乾隆十六年諭旨，乾隆二十六年御製題皇清職貢圖詩，諸臣恭和詩。各卷前有分卷目錄。卷末有傅恒等跋，校刊職名。書中繪中外各地官員及民人男女像，並各附文字說明。

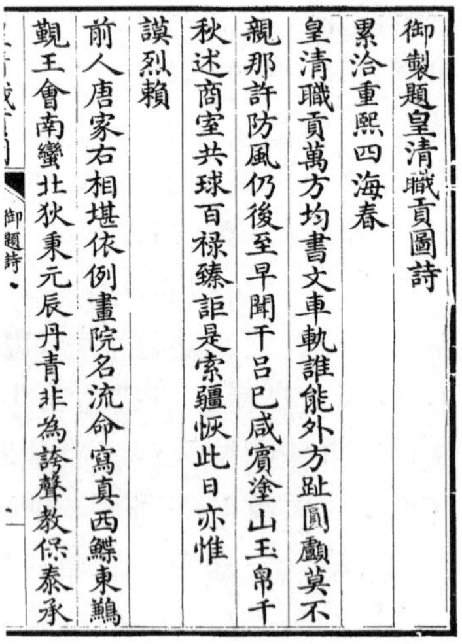
御製題皇清職貢圖詩
累洽重熙四海春
皇清職貢萬方均書文車軌誰能外方趾圓顱莫不
親那許防風仍後至早聞干呂已咸賓塗山玉帛千
秋述商室共球百祿臻詎是索疆恢此日亦惟
謨烈賴
前人唐家右相堪依例畫院名流命寫真西鰈東鶼
覲王會南蠻北狄秉元辰丹青非為誇聲教保泰承
御題詩

127-1

傅恒（? —1770），字春和，富察氏，滿洲鑲黃旗人。清高宗孝賢皇后弟，官至保和殿大學士兼首席軍機大臣，封一等公。參與編撰《通鑑輯覽》、《西域同文志》、《御纂周易述義》等。

是書爲乾隆十六年至二十八年大學士傅恒等奉乾隆之命，繪製編撰清朝各地、藩屬及海外各部落服飾而成。卷一爲"朝鮮國夷官"等七十四圖，卷二爲"西藏所屬衛藏阿爾喀木諸蕃民"等四十四圖，卷三爲"鄂倫綽"等五

朝鮮國夷官

十六圖，卷四爲“新寧縣猺人”等六十六圖，卷五爲“河州土千户韓玉麟等所轄撒喇族土民”等六十八圖，卷六爲“松潘鎮中營轄西壩包子寺等處番民”等一百一十六圖，卷七爲“雲南等府黑玀玀”等七十二圖，卷八爲“貴陽大定等處花苗”等八十四圖，卷九爲“愛烏罕回人”等十八圖。

《四庫全書總目》對該書成書經過有詳細記載：“乾隆十六年奉勅撰。以朝鮮以下諸外藩爲首。其餘諸藩諸蠻，各以所隸之省爲次。會聖武遠揚，戡定西域，拓地二萬餘里，河源月螬之外，梯航鱗集，琛賮旅來。乃增繪伊犁、哈薩克、布魯特、烏什、巴達克山、安集延諸部，共爲三百餘種。分圖系説，共爲七卷。告成於乾隆二十二年。迨乾隆二十八年以後，愛烏罕、霍罕、啟齊玉蘇、烏爾根齊諸部，咸奉表入覲。土爾扈特全部自俄羅斯來歸。雲南整欠、景海諸土目又相繼内附。乃廣爲續圖一卷。每圖各繪其男女之狀，及其部長屬衆衣冠之别。凡性情習俗，服食好尚，罔不具載。”

著録：《四庫全書總目》。

128　獲嘉縣志

DS793. H52H8864 1756/W2625

［乾隆］《獲嘉縣志》十六卷，首一卷，清吳喬齡修，吳棟纂，清乾隆二十一年刻本。六冊。半葉十行二十二字，小字雙行同。左右雙邊，黑口，單魚尾。版心上鐫書名，下鐫卷次及標題。框高 20 釐米，寬 13 釐米。有圖。前有康熙癸未御製詩，乾隆二十一年吳喬齡序，萬曆癸卯張藴道、馮上知、陳禹謨舊序，順治己亥李玳、張欽文等舊序。

吳喬齡（生卒年不詳），字大椿，號松客，江南吳縣人。乾隆進士，由翰林改授知縣，乾隆十四年任獲嘉縣知縣。

吳棟（生卒年不詳），字延之，浙江嘉興人。直隸總督李維鈞之子，時遊學在外。

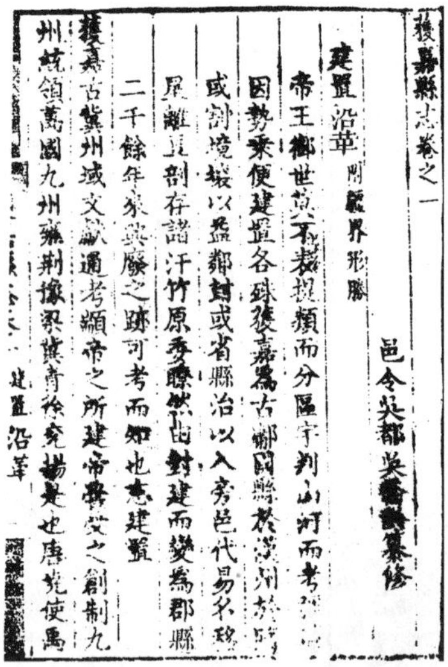
獲嘉縣志卷之一
邑令吳郡吳喬齡纂修
建置沿革 附疆界形勝
帝王御世莫不裁提類而分區宇判山河而考...
因勢乘便建置各殊獲嘉爲古鄘國縣於漢剏於...
或割境壤以益鄰封或省縣治以入旁邑代易名移
屢離且剖存諸汗竹原委瞭然由封建而變爲郡縣
二千餘年衆廢之跡可考而知也志建置
獲嘉古冀州域文獻通考顓帝之所建帝嚳受之創制九
州統領萬國九州蓋荊豫梁冀青徐兗揚是也唐堯使禹
建置沿革

128

是書爲清乾隆朝所纂河南《獲嘉縣志》，凡三十門，記事止於乾隆二十年。前有卷首，卷一爲沿革、星野，卷二爲山川、城池，卷三爲學校、公署，卷四爲祠祀、寺觀，卷五爲名蹟、冢墓，卷六至卷七爲賦役，卷八爲河渠，卷九爲兵防、風俗、物產，卷十爲官師，卷十一爲選舉，卷十二爲循吏、鄉宦、忠烈、孝友、義行，卷十三爲文學、隱逸、流寓、名釋、烈女，卷十四、卷十五爲藝文，卷十六爲祥異、雜志。

獲嘉縣沿革：夏、商朝爲寧邑，屬畿内地。周改寧邑爲修武邑，屬鄘國，後屬衛國。周襄王十七年，修武改名南陽，屬晉國。周威烈王二十三年，屬魏國。周赧王四十二年，改南陽爲修武。秦始皇二十三年，始置修武縣，屬三川郡衛州。漢元鼎六年，漢武帝幸緱氏，至汲縣，得南越相吕嘉首，因置縣，名獲嘉，屬河内郡。東漢建武元年，獲嘉爲侯國，境域仍名修武。三國、晉，復置獲嘉縣，先屬朝歌郡，後屬汲郡。北魏太和二十三年，遷獲嘉縣治於新樂城。北齊天保七年，廢共縣，移獲嘉縣治於共城。隋開皇四年廢修武郡，移獲嘉縣治於南修武地，屬河内郡。開皇十六年於獲嘉縣置殷州。煬帝大業初年廢殷州，保留獲嘉縣。唐武德四年，復於獲嘉置殷州，轄五縣；貞觀元年廢州，縣屬懷州河内郡。宋天聖四年，獲嘉縣屬衛州。金屬衛州河平軍。元屬衛輝路。明洪武十年省入新鄉，十四年，復置，屬衛輝府。清因之。

著録：《中國地方志總目提要》。哈佛燕京圖書館、北京大學圖書館藏有是書。《中國古籍善本目録》收録有清馮大奇、賀振能纂修之康熙《獲嘉縣志》十卷。

129　即墨縣志

［乾隆］《即墨縣志》八卷，首一卷，清尤淑孝裁定，李元正纂修，清乾隆二十九年刻本。六冊。半葉十行二十三字。左右雙邊，白口，單魚尾。版心上鎸書名，中鎸卷次、篇名。框高 17.2 釐米，寬 13.7 釐米。前有扉頁，題："即墨縣志。乾隆甲申年鎸"。前有乾隆二十八年吳趨汪、尤淑孝序，舊志序論凡例，修志姓氏，凡例，目録，圖等。

尤淑孝(生卒年不詳)，字孟仁，大興人。拔貢，舉孝廉方正，乾隆十九年任即墨知縣。

李元正(生卒年不詳)，字含貞，高密人。進士，曾任河南汝陽縣知縣。

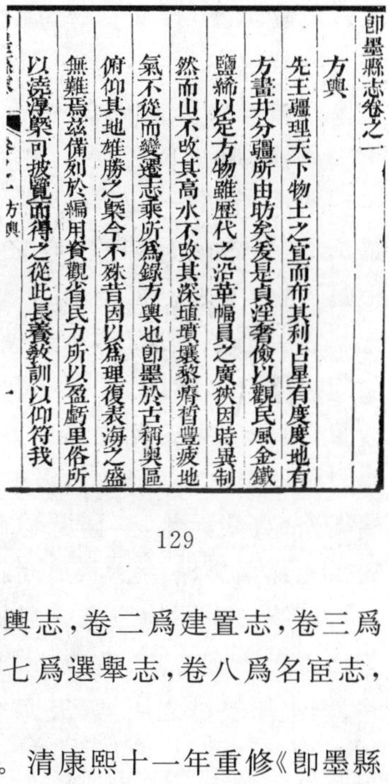
即墨縣志卷之一
方輿
先王疆理天下物土之宜而布其利占星有度度地有
方畫井分疆所由昉矣爰是貞淫奢儉以觀民風金鐵
鹽絺以定方物雖歷代之沿革幅員之廣狹因時異制
然而山不改其高水不改其深埴墳壤黎瘠皙豐疲地
氣不從而變遷志乘所爲錄方輿也即墨於古稱奥區
俯仰其地雄勝之槩今不殊昔因以爲理復表海之盛
無難焉茲備列於編用資觀省民力所以盈虧里俗所
以澆淳槩可披覽而得之從此長養教訓以仰符我
方輿　一

129

是書爲清乾隆朝所修的山東《即墨縣志》。卷一爲方輿志，卷二爲建置志，卷三爲學校志，卷四爲武備志，卷五爲賦役志，卷六爲職官志，卷七爲選舉志，卷八爲名宦志，卷九爲人物志，卷十爲藝文志，卷十二爲雜稽志。

《即墨修志》始於明萬曆年間，许铤主修，杜爲栋總纂。清康熙十一年重修《即墨縣志》，二卷，未署纂者。乾隆二十八年，由知县尤淑孝主修《即墨县志》，邑人李元正任總纂。"邑中博綜能文者四五人，開局纂修，凡四閱月而告竣。"《凡例》曰："邑志自前明許公創修，未有續者。邑人藍重穀、馮文介、范九皋、藍重蕃、郭廷翼輯有志藁，今志以許爲宗，其志稿所載及續增者依類補入。"

即墨縣沿革：春秋戰國時，即墨縣屬齊國。秦代設即墨縣，屬齊郡。西漢時，即墨縣城同時爲膠東王國都城。東漢及兩晉時，屬青州。隋、唐及明清時期均屬萊州。

著録:《中國地方志總目提要》。

130　汲縣志

DS793. H52C663 1755/W2623

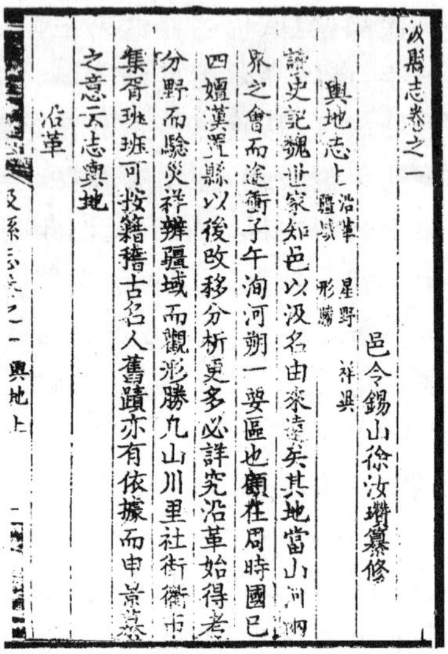
汲縣志卷之一
邑令錫山徐汝瓚纂修
輿地志上 沿革 星野 祥異 疆域 形勝
讀史記魏世家知邑以汲名由來遠矣其地當山河
界之會而逵衢子午洵河朔一要區也顧在周時國已
四嬗漢置縣以後改移分析更多必詳究沿革始得考
分野而驗災祥辨疆域而觀形勝凡山川里社街衢市
集胥班班可按籍稽古名人舊蹟亦有依據而申景慕
之意云志輿地
沿革
汲縣志卷之一 輿地上 一

130

[乾隆]《汲縣志》十四卷,加首末卷,清徐汝瓚修,杜崐纂,清乾隆二十年刻本。六冊。半葉十行二十二字,小字雙行同。左右雙邊,黑口,單魚尾。版心上鐫書名,下鐫卷次及標題。框高 19.5 釐米,寬 12.5 釐米。有圖。前有乾隆十五年聖製詩,徐汝瓚序等。

徐汝瓚(1707—?),字南廬,一字上尊,江蘇無錫人。乾隆進士,授文林郎,乾隆十七年任汲縣知縣。

杜崐(生卒年不詳),字柱峰,江蘇無錫人。

是書爲清乾隆朝所纂河南《汲縣志》,凡八門八十二目,記事止於乾隆十九年。前有卷首,卷之一、二爲輿地,卷之三、四爲建置,卷之五爲賦役,卷之六爲風土,卷之七爲爵秩,卷之八爲選舉,卷之九至十一爲人物,卷之十二至十四爲藝文。

汲縣沿革:殷商時爲京畿牧野地。周時爲鄘衛。戰國時爲魏國汲邑。漢置汲縣,屬河内郡。後漢因之。三國魏屬朝歌郡。晉泰始二年置汲郡,後廢。後魏太和十二年復置,興和二年於此置義州及伍城郡、伍城縣。北齊廢州。後周廢郡,以伍城縣屬衛州。隋開皇六年,仍改曰汲縣;大業初,屬汲郡。唐武德元年,復置義州;四年,州廢,縣屬衛州;貞觀元年,自衛縣移衛州来治。五代及宋因之。金遷州治于共城及胙城,尋復故。元爲衛輝路治。明爲衛輝府治。清因之。

著録:《中國地方志總目提要》、《國會圖書館藏中國方志目録》。哈佛燕京圖書館、芝加哥大學圖書館、北京大學圖書館藏有是書。《中國古籍善本目録》收録有清吳干將、李中節纂修之康熙《汲縣志》十二卷。

131　濟寧直隸州志

DS793. S42 C5532 1756/W2708

[乾隆]《濟寧直隸州志》、《濟寧州志》三十四卷,首一卷,清胡德琳、藍應桂修纂,清王道亨重修,盛百二補輯,清乾隆四十三年刻本。十六冊。半葉十行二十一字,小字雙行同。左右雙邊,白口,單魚尾。版心上鐫"濟寧直隸州志",中鐫卷次。框高 19 釐米,寬 14.1 釐米。前有乾隆五十年年王道亨《重修濟寧州志序》,乾隆四十三年藍應桂序,胡德琳序,莫驄、王國楨、楊洵舊序,濟寧直隸州志重修、校對、採訪姓氏,明萬曆己酉修

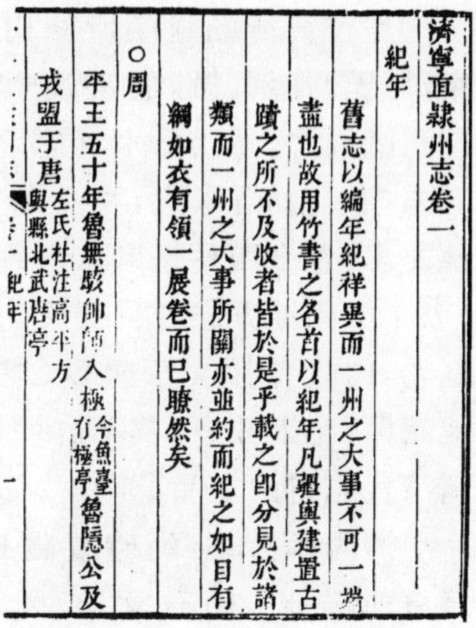
濟寧直隸州志卷一
紀年
舊志以編年紀祥異而一州之大事不可一覩
盡也故用竹書之名首以紀年凡疆與建置古
蹟之所不及收者皆於是乎載之卽分見於諸
類而一州之大事所關亦並約而紀之如目有
綱如衣有領一展卷而已瞭然矣
○周
平王五十年魯無駭帥師入極今魚臺有極亭魯隱公及
戎盟于唐左氏杜注高平方與縣北武唐亭
卷一 紀年 一

131

志姓氏，圖像，目録，凡例。

胡德琳(生卒年不詳)，字碧腴，臨桂人。進士，乾隆三十一年任歷城知縣，勝任萊州府知州。

王道亨(生卒年不詳)，吳縣人。官至濟寧直隸州知州。

是書爲清乾隆朝所修山東《濟寧州志》。是書卷首爲宸翰，卷一爲紀年，卷二至卷六爲輿地，卷七至卷十爲建置，卷十一至卷十七爲古跡，卷十八爲封建、提名，卷十九爲職官，卷二十爲選舉，卷二十一、卷二十二爲宦蹟，卷二十三至卷二十八爲人物，卷二十九、卷三十爲烈女。卷三十一至卷三十三爲藝文拾遺，卷三十四爲雜綴。

《四庫全書總目》中《萬曆濟寧州志》條下曰："明王國楨撰。國楨字翼廷，安邑人。萬歷己丑進士。官至濟寧兵河道副使。以州志舊本殘闕，屬諸生朱夢得、张維屏分纂，而國楨爲之裁定。列目凡八，又分子自五十。僅三月而成書，故其閒踳駁挂漏，不一而足。"

濟寧直隸州沿革：古徐州之域，春秋時屬魯。戰國屬宋。秦屬碭郡。漢屬山陽郡。晋爲高平及任城國地。劉宋屬濟北郡。後魏置濟州於碻磝城。隋改爲濟北郡。唐初復爲濟州，後廢。五代、周復置濟州，治鉅野。金徙治任城。元初還治鉅野，後陞爲濟寧路，而於任城置濟州。至正中省濟州而徙路治任城。明洪武元年，改路爲府；十八年，改府爲州，以任城縣省入，屬兖州府。清因之，雍正二年陞爲直州，領嘉祥、鉅野、鄆城；八年仍屬兖州府；乾隆四十一年仍陞爲直州，領汶上、嘉祥、魚臺；四十五年，以汶上還屬兖州府，割金鄉来屬。清雍正二年改爲直隸州，領三縣，直屬山東省。

著録：《四庫全書總目》、《中國古籍善本書目》。

132 濟陽縣志

[乾隆]《濟陽縣志》十四卷，首一卷，清胡德琳修，何明禮纂，清乾隆三十年刻本。八冊。半葉九行二十一字。左右雙邊，白口，單魚尾。版心上鐫書名，中鐫卷次。框高20.5釐米，寬14.5釐米。前有乾隆二十八年閔鶚元序，乾隆二十九年李師琇序，乾隆三十年富尼漢序，乾隆二十九年胡德琳序，乾隆三十年官兆麟序，崔應階《重修濟陽縣志序》，乾隆三十年鄭大進序，目録，例言，修志姓氏，圖說等。

胡德琳，見131《濟寧直隸州志》。

何明禮(1715—?)，字希顔，重慶人。進士。

是書爲清乾隆朝所修山東《濟陽縣志》。卷首爲序、姓氏、凡例、圖，卷一爲輿地志，卷二爲建置志，卷三爲賦役志，卷四爲水利志，卷五爲禮樂志，卷六爲秩官志，卷七爲選舉志，卷八爲人物志，卷九至卷十三爲藝文志，卷十四爲軼事志。

《中國地方志總目提要》謂，是志“藝文一門，獨居五卷，内收各類文章頗豐，堪爲本地文獻之大成。其他諸門，記人敘事，莫不詳明賅備，可存故實。是志可稱清代志書之上品。”

濟陽縣沿革：漢時置陽丘縣，屬濟南郡。魏晉時爲東朝陽地。隋設章丘、臨邑二縣，屬齊郡，唐沿其制，但二縣分屬河南道齊州、濟南郡。宋陞齊州爲濟南府，章丘爲其所轄。元隸屬濟南路。明章丘縣屬濟南府，清因其制。

著錄：《中國地方志總目提要》。

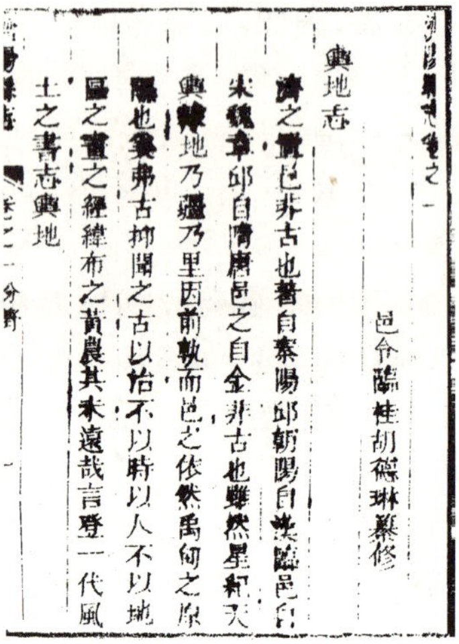
濟陽縣志卷之一
邑令臨桂胡德琳纂修
輿地志
濟之爲邑非古也昔自秦陽邱朝陽自漢臨邑自
宋魏章邱自唐唐邑之自金非古也雖然星紀天
輿轄地乃疆乃里因前執而邑之依然禹甸之原
隰也宋弗古抑聞之古以治不以時以人不以地
區之畫之經緯布之黃農其未遠哉言登一代風
土之書志輿地
濟陽縣志　卷之一　分野

132

133　濟源縣志

DS793. H52C633 1813/W2633

［乾隆］《濟源縣志》十六卷，加首末卷，清蕭應植纂修，清乾隆二十六年刻本。十冊。半葉十行二十二字，小字雙行同。左右雙邊，白口，單魚尾。版心鐫卷次及標題。框高 19 釐米，寬 13 釐米。有圖。前有乾隆二十六年蕭應植序，明嘉靖四十一年李資元《濟源縣志舊序》，康熙二十九年段維袞序，康熙三十四年黃應中《續修濟源縣志序》等。

蕭應植（生卒年不詳），字智方，號立奇，安徽懷寧人。拔貢，乾隆二十一年任濟源縣知縣。

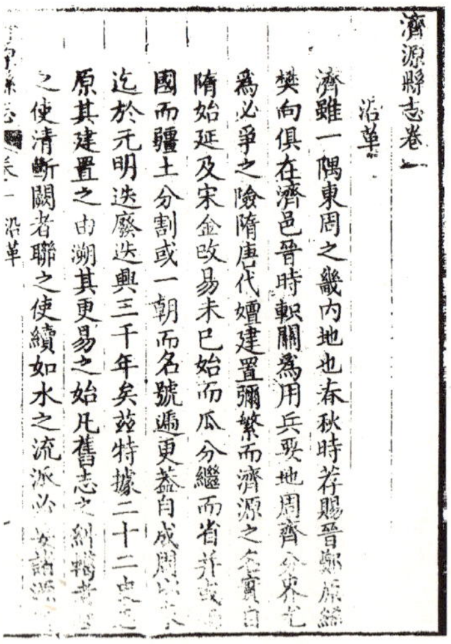
濟源縣志卷一
沿革
濟雖一隅東周之畿內地也春秋時若賜晉鄭原隰
樊向俱在濟邑晉時軹關爲用兵要地周齊分界尤
爲必爭之險隋唐代嬗建置彌繁而濟源之名實自
隋始延及宋金改易未已始而瓜分繼而省并或自
國而疆土分割或一朝而名號屢更蓋自成周以至
迄於元明迭廢迭興三千年矣茲特據二十二史之
原其建置之由溯其更易之始凡舊志之糾繆者
之使清斷闕者聯之使續如水之流派[illegible]
濟源縣志　卷一　沿革

133

是書爲清乾隆朝所纂河南《濟源縣志》。卷首含修志姓氏、凡例，卷一爲沿革、星野等，卷二爲山川、古跡等，卷三爲建置，卷四、卷五爲祀典，卷六爲水利，卷七爲賦役，卷八爲職官、名宦，卷九爲選舉，卷十、卷十一爲人物，卷十二爲烈女，卷十三至卷十六爲藝文，卷末爲識餘。

濟源沿革：周爲原邑。東周爲畿内地。春秋屬晉。戰國屬魏。秦置軹縣，屬三川郡。漢、東漢、三國、魏俱屬河内郡。晉省入沁水縣，尋復置。南北朝、劉宋、後魏、俱仍舊。隋開皇十六年，始置濟源縣，以濟水發源爲名。唐武德二年，改置西濟州；四年，州廢，復置縣，屬懷州；貞觀元年，省軹縣入焉，屬洛州；會昌三年，改屬孟州。五代屬孟州。宋、金俱因之。元太宗六年，改縣爲原州，尋罷州，復爲縣，屬如故。明屬懷慶府。清因之。

著錄：《中國地方志總目提要》。收入《中國方志叢書》。哈佛大學哈佛燕京圖書館、哥倫比亞大學圖書館、北京大學圖書館藏有是書。本館另藏有清嘉慶十八年何荇芳續修之《續濟源縣志》十二卷。

134　禁扁

NA1540. W35 1766/K403

《禁扁》五卷，元王士點纂次，清刻本。四冊。半葉十一行二十一字，小字雙行六十六字。左右雙邊，白口，雙魚尾。版心中鐫書名、卷次。框高 16.6 釐米，寬 11.6 釐米。卷首有至順三年虞集序，至順元年歐陽玄序，凡例，敘目，歷代都。卷末有牌記，題："楝亭藏本丙戌九月重刻于揚州□院"及嘉慶三年孔廣栻錄王漁陽跋語。

王士點（生卒年不詳），字繼志，東平人。活動於元至正十八年前後。官至四川雲南廉訪副使。著有《秘書監志》。

是書記錄歷代宮殿門觀池館苑籞。卷一爲宮、室等十八類，卷二爲殿，卷三爲堂、寢等二十四類，卷四爲省、館等六十四類，卷五爲門、闕等九類及名釋。

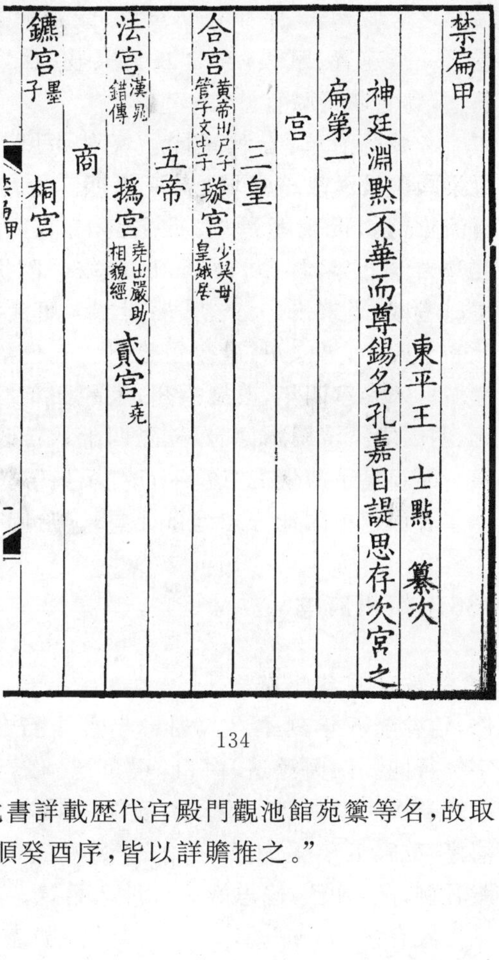
禁扁甲
東平王 士點 纂次
神廷淵默不華而尊錫名孔嘉目諟思存次宮之
扁第一
宮
三皇
合宮黃帝出尸子管子文中子 璇宮少昊母皇娥居
五帝
法宮漢晁錯傳 搗宮堯出嚴助相貌經 貳宮堯
商
鑣宮子墨 桐宮

134

《四庫全書總目》曰："……考何晏《景福殿賦》云，爰有禁楄，勒分翼張。註引《說文》扁從戶冊者，署門戶也，扁與楄同。此書詳載歷代宮殿門觀池館苑籞等名，故取義於此。卷首有歐陽元至順庚午序，虞集至順癸酉序，皆以詳贍推之。"

著錄：《四庫全書總目》。

鈐印："靜學齋"、"孔繼涵印"。

135　考城縣志

DS793. H52K365 1698/W2594

[康熙]《考城縣志》四卷，清陳德敏修，王貫三纂，清康熙三十七年刻本。四冊。半葉九行二十字。四周單邊，白口，單魚尾。版心上鐫書名，下鐫卷次及標題。框高20.4

釐米,寬 13.5 釐米。有圖。前有李因亮序等。

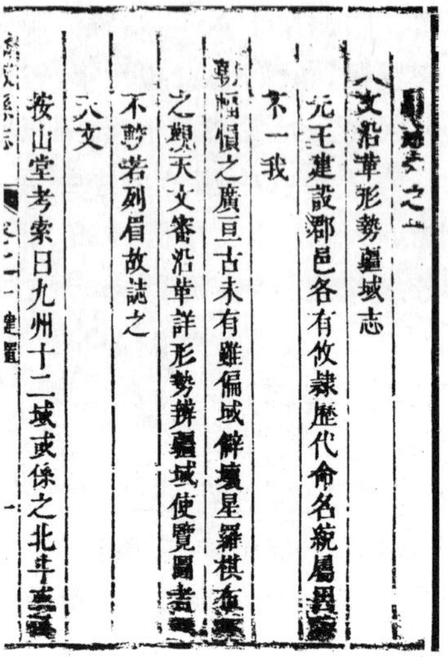
縣志卷之一
人文沿革形勢疆域志
元王建設郡邑各有攸隸歷代命名統屬異[illegible]
不一我
朝幅員之廣亘古未有雖偏域僻壤星羅棋布[illegible]
之槩天文審沿革詳形勢辨疆域使覽圖書[illegible]
不啻若列眉故誌之
天文
按山堂考索曰九州十二域或係之北斗[illegible]
考城縣志 卷之一 建置 一

135

陳德敏(生卒年不詳),康熙三十六年任考城縣知縣。

王貫三(生卒年不詳),字配公,號念安,考城縣人。康熙進士,官戶部主事。

是書爲清康熙朝所纂河南《考城縣志》,分六十七目,分類雜亂無章。然因前志皆已散佚,是書爲現存最早之考城縣志,保存有明萬曆、崇禎舊志序言數篇。卷之一爲建置、賦役,卷之二爲人物、節婦,卷之三爲藝文,卷之四爲職官。

考城縣沿革:春秋置國。秦戴甾縣,屬碭郡。漢置梁國。後漢改曰考城,屬陳留郡。晉初省,尋復置,屬濟陰郡。後魏孝昌中,改置考陽縣,兼置北梁郡。北齊天保七年,郡廢,改縣,曰成安。隋開皇十八年,復曰考城,屬宋州;大業初,屬梁郡。唐武德四年,於縣置東梁州;五年,州廢,屬曹州;元和十四年,屬宋州,尋復屬曹州。五代梁開平元年,改曰戴邑,屬開封府。後唐復曰考城。宋崇寧四年,改屬拱州;大觀四年,還屬開封府。金初,屬曹州;正隆中,屬睢州。元、明因之。清屬歸德府,乾隆四十八年改屬衛輝府。清代蘭陽、儀封二縣合並,稱蘭儀。因諱皇帝溥儀之"儀"字,改"蘭儀"爲"蘭封"。

著錄:《中國地方志總目提要》。哈佛燕京圖書館藏有是書。

136 萊州府志

DS793.S42 L246 1740/W2657

[乾隆]《萊州府志》十六卷,首一卷,清嚴有禧纂修,清乾隆五年刻本。八册。半葉十行二十四字,小字雙行同。四周雙邊,白口,單魚尾。版心上鐫書名,中鐫卷次。框高 20.2 釐米,寬 14 釐米。卷首有嚴有禧序,乾隆五年張桐序,舊志序例,前志考異,前志序跋凡例,圖,凡例,修志姓氏,訂誤,目錄。

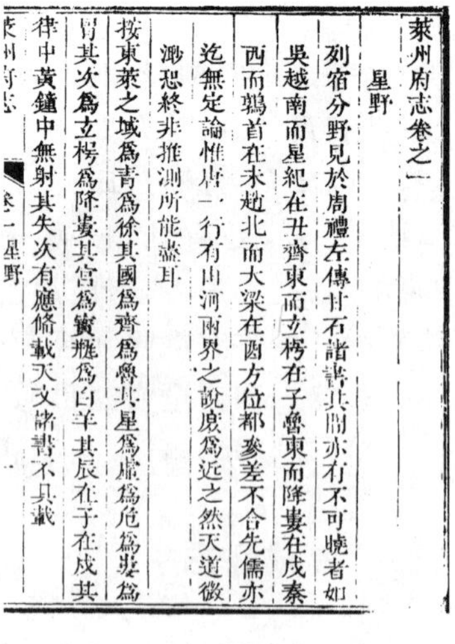
萊州府志卷之一
星野
列宿分野見於周禮左傳甘石諸書其間亦有不可曉者如
吳越南而星紀在丑齊東而玄枵在子魯東而降婁在戌秦
西而鶉首在未趙北而大梁在酉方位都參差不合先儒亦
迄無定論惟唐一行有山河兩界之說庶爲近之然天道微
渺恐終非推測所能盡耳
按東萊之域爲青爲徐其國爲齊爲魯其星爲虛爲危爲婁爲
胃其次爲玄枵爲降婁其宮爲寶瓶爲白羊其辰在子在戌其
律中黃鐘中無射其失次有應倏載天文諸書不具載
萊州府志 卷之一 星野 一

136

嚴有禧(1694—1766),字韋川,號虞山,常熟人。雍正六年進士,雍正十一年任萊州府知府。事具《山東通志》。著有《東萊紀略》、《漱華隨筆》等。

張桐(生卒年不詳),桐城人。曾任萊州府知府。

是書爲清乾隆朝所修山東《萊州府志》。卷一爲星野、沿革、疆域等，卷二爲城池、鄉社、風俗等，卷三爲丁賦、倉儲、卹養，卷四爲學校、祀典，卷五爲兵防、驛遞，卷六爲封建、職官，卷七爲選舉，卷八爲封蔭、坊表、陵墓、寺觀，卷九爲宦績，卷十至卷十二爲人物，卷十三至卷十五爲藝文，卷十六爲大事記、祥異、雜記。

張桐《序》曰："萊故有志，創修於明太守胡公，越七十年，太守龍公繼修之，又百餘年，我朝海寧陳公爲守，復增輯之，時爲康熙壬辰，距今有三十年矣。其間因革損益，文物典章宜見於志者，莫可殫述，及今纂集，勢猶差易，倘任其放佚廢墜異日者，網羅於簡編殘缺之餘，訛謬相承，魯魚莫辨，其孰從而徵信之？余是以不揆弇鄙，汲汲焉有事茲後也。顧從來修志者，必選地設局，徵請里中宿儒，或別郡名流，摝不律而從事，當是時非不赫然稱盛舉，然而夤緣請託，瞻狥愛憎，往往書一出而謠诼隨之，求其文且事核卓然傳信者，恒不數睹焉。余蓋有鑑于此，不開局，不延友，惟與同里趙君名聲武，余外弟，端雅君子也，用屬以編摩之，任而抉擇，去取則内斷一心，舊志之精當者仍之，龐雜者汰之，正其訛，補其闕。"

《中國地方志總目提要》謂："是指變通體例，平列篇目，釐次有序，集舊志之誤於卷首訂誤中糾之。正編各篇多詳近略古，有存本地掌故。"

萊州府沿革：秦萊州屬齊郡東境。漢時置東萊郡，屬青州。魏晉置青州部，轄濟南郡及北海郡，下轄膠東縣。隋青州部下有萊州，下轄膠水、膠東等縣。唐沿其制。宋萊州屬京東東路，下設膠水縣。元萊州屬般陽路。明置萊州府，轄平度州。清因其制。

著錄：《中國地方志總目提要》。《中國古籍善本目錄》收錄有明萬曆《萊州府志》八卷，明龍文明、趙燿纂修；清康熙《萊州府志》十二卷，首一卷，清甘國璧等纂修，清康熙五十一年刻本。

137　樂陵縣志

DS793. S42 L286 1762/W2696

［乾隆］《樂陵縣志》八卷，首一卷，末一卷，清王謙益總修，鄭成中、莊肇奎等纂，清乾隆二十七年刻本。八冊。半葉九行十九字。左右雙邊，白口，單魚尾。版心上鐫書名，中鐫卷次、篇目。框高 17.7 釐米，寬 13.3 釐米。前有乾隆二十七年王謙益序，明萬曆辛卯王登庸、潘可久序，順治庚子袁一相、郝獻明序，纂修姓氏，凡例，目錄，星野圖，疆域圖，郭外圖，城池圖，學宮圖，公署圖。

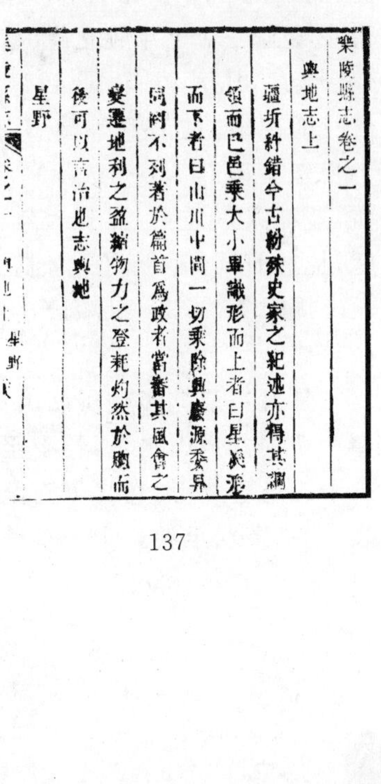
樂陵縣志卷之一
輿地志上
疆圻紏錯今古紛殊史家之紀述亦得其獨
領而已邑乘大小畢識形而上者曰星野形
而下者曰山川中間一切乘除興廢源委畀
同罔不列著於篇首爲政者當審其風會之
變遷地利之盈縮物力之登耗灼然於胸而
後可以言治也志輿地
星野

137

王謙益（生卒年不詳），永春人。乾隆十三年進士，官至樂陵縣知縣。

鄭成中(生卒年不詳),字未軒,永春人。

是書爲清乾隆朝所修山東《樂陵縣志》。卷一、卷二爲輿地志,卷三爲經制志,卷四爲秩官志,卷五爲選舉志,卷六爲人物志,卷七、卷八爲藝文志。

王謙益《序》曰:"舊志輯於順治間,迄今罔有續者。則有若造作之變仍,政教之得生,魁奇忠信材德之人與其人之文不可得傳,久之父老湮沒,故殘闕其處安在。然竊有昌黎所云,撰次不得,其人之恐。庚辰秋,适同年友鄭君未軒、黃君尚卿來訪余,余既得邑張孝廉鏐手鈔志稿,遂屬偕史孝廉尚確大加廆採,四月乃竣事。是時浙西孝廉莊君胥園脩郡志補,就計偕北行,乃復還寄京師,恭釋疑義,還付剞劂。"

《中國地方志總目提要》謂:"是志變通前志門類,甄採續補清初以來諸人事甚豊。"

樂陵縣沿革:樂陵漢高祖五年置縣,晉屬樂陵郡。北魏初屬义兴郡,後改屬沧州樂陵郡。唐屬棣州,後改屬沧州。宋屬河北东路沧州景城郡。金襲宋制。元改屬河間路沧州樂陵縣。明屬山东佈政司濟南武定州。清屬武定府。

著錄:《中國古籍善本書目》錄入清郝獻明、胡岳立纂修之清順治十七年刻本《樂陵縣志》八卷。本館藏乾隆二十七年刻本著錄於《中國地方志總目提要》。

138　歷城縣志

[乾隆]《歷城縣志》五十卷,首一卷,清胡德琳修,李文藻、周永年纂,清乾隆三十八年刻本。八冊。半葉十行二十一字。左右雙邊,白口,單魚尾。版心上鐫書名,中鐫卷次。框高18.2釐米,寬13.5釐米。前有乾隆三十六年崔應屆階、吳嗣爵、韋謙恒、李中□、胡德琳序,乾隆三十七年姚立德、徐績、王亶望序,乾隆三十八年國泰序,凡例,卷首,圖,目錄,詩附,纂修姓氏。

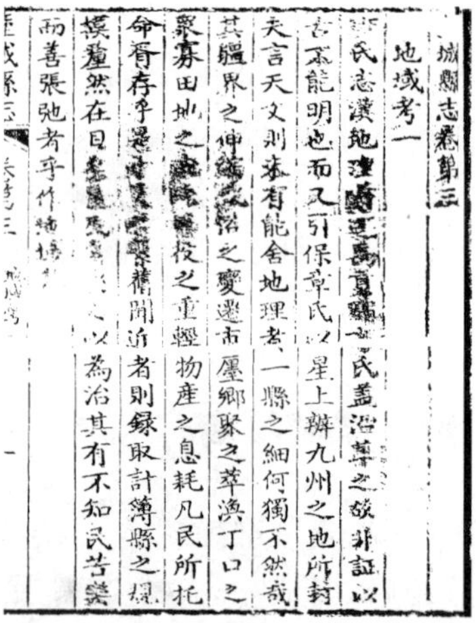
[illegible]城縣志卷第三
地域考一
[illegible]氏志漢地理[illegible]氏蓋沿革之敍非証以
古不能明也而又引保章氏以星上辨九州之地所封
夫言天文則未有能舍地理者一縣之細何獨不然哉
其疆界之伸[illegible]之變遷市壓鄉聚之萃渙丁口之
衆寡田地之[illegible]役之重輕物產之息耗凡民所托
命胥存乎是[illegible]舊聞近者則錄取計簿縣之規
摸瞭然在目[illegible]以為治其有不知民苦樂
而善張弛者乎竹[illegible]

138

胡德琳,見131《濟寧直隸州志》。

李文藻(1730—1778),字素伯,一字畹苣,號南澗,益都人。乾隆二十六年進士。曾任廣東恩平知縣,桂林府同知。著有《南澗文集》。

周永年(1730—1791),字書昌,號林汲山人,歷城人。乾隆三十六年進士,授翰林院編修。

是書爲清乾隆朝所修山東《歷城縣志》。卷一、卷二爲總紀,卷三至卷五爲地域考,卷六至卷九爲山水考,卷十至卷十三爲建置考,卷十四至卷十八爲古跡考,卷十九至卷二十二爲藝文考,卷二十三至卷二十五爲金石考,卷二十六爲封建表,卷二十七爲職官表,卷二十八至卷三十一爲選舉表,卷三十二爲襲爵表,卷三十三爲貤封表,卷三十四爲宦績錄,卷三十五至卷四十八爲列傳,卷四十九、卷五十爲雜綴。

歷城縣沿革:漢時置歷城縣,屬青州部濟南郡。魏晉時仍屬濟南郡。唐河南道齊州下轄九縣,歷城爲其一。宋歷城屬京東東路濟南府。元隸屬濟南路。明歷城縣屬濟南府。清山東承宣布政使司濟南府下轄歷城縣。

著錄:《中國古籍善本書目》收入明崇禎宋祖法、葉承宗纂修之《歷城縣志》十六卷,爲崇禎十三年友聲堂刻,清康熙六十一年李師白增修本。此乾隆三十八年刻本著錄於《中國地方志總目提要》。

139　臨晉縣志

DS793. S326L446 1773/W2544

[乾隆]《臨晉縣志》八卷,清王正茂纂修,乾隆三十八年刻本。六冊。半葉九行二十字,小字雙行同。四周雙邊,白口,單魚尾。版心上鐫書名,下鐫卷次。框高 21.7 釐米,寬 14.2 釐米。前有王正茂序,明萬曆三十一年高惟岡、荊養橋,清康熙二十五年王恭先《舊縣志序》等。

王正茂(生卒年不詳),字竹崖,安徽廬江人。進士,乾隆三十六年任臨晉縣邑令。

是書爲清乾隆朝所纂山西《臨晉縣志》。卷一、卷二爲上下篇,卷三爲職官列傳,卷四爲人物列傳,卷五爲貞婦列傳,卷六、卷七爲雜記,卷八爲藝文。

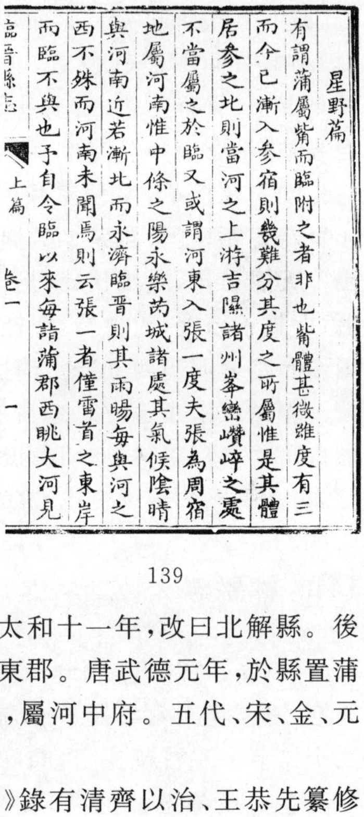
星野篇
有謂蒲屬觜而臨附之者非也觜體甚微雖度有三
而今已漸入参宿則幾難分其度之所屬惟是其體
居参之北則當河之上游吉隰諸州峯巒嶙峭之處
不當屬之於臨又或謂河東入張一度夫張為周宿
地屬河南惟中條之陽永樂芮城諸處其氣候陰晴
與河南近若漸北而永濟臨晋則其雨暘每與河之
西不殊而河南未聞焉則云張一者僅雷首之東岸
而臨不與也予自令臨以來每諳蒲郡西眺大河見
臨晋縣志　上篇　卷一　一

139

臨晉縣沿革:春秋晉解梁邑。秦築壘,以臨晉地,因名臨晉。漢置解縣,屬河東郡,後漢、魏、晉因之。後魏太和十一年,改曰北解縣。後周省。隋開皇十六年,改置桑泉縣,屬蒲州;大業初,屬河東郡。唐武德元年,於縣置蒲州,三年移州治河東,以縣屬之;天寶十三年,更名曰臨晉,屬河中府。五代、宋、金、元皆因之。明屬蒲州。清因之。

著錄:《中國地方志總目提要》。《中國古籍善本目錄》錄有清齊以治、王恭先纂修之《臨晉縣志》十卷,清康熙二十五年刻本。

140　臨潼縣志

DS793. S452L486 1776/W2525

[乾隆]《臨潼縣志》九卷,清史傳遠重輯,清乾隆四十一年刻本。六冊。半葉十行二十二字,小字雙行同。四周雙邊,白口,單魚尾。版心鐫卷次。框高 20 釐米,寬 15 釐米。有圖。前有田錫莘序,臨潼縣志圖等。

史傳遠(生卒年不詳),字伯猷,山西武鄉人。乾隆二十六年進士,乾隆三十九年任臨潼縣知縣。歷任高陵知縣泰安知府,從四品。

是書爲清乾隆朝所纂陝西《臨潼縣志》,凡九卷九門,圖一卷,記事止於乾隆三十九年。卷一爲地理、建置,卷二爲紀事、古跡,卷三爲祠祀、陵墓,卷四爲賦役,卷五爲職官,卷六爲選舉,卷七爲人物,卷八爲藝文,卷九爲志餘。

田錫莘《序》曰:"又舊志之所能詳而不敢略也,余讀而善之。豈惟史君後之繼宰斯土者得此志而精考之,亦不下堂而理矣。此所以儻軍事倥偬之中而懷握槧,小煩費而不能已也者,誠務於其本也。史君爲吾鄉名進士,實爲主筆,襄其事者,橫渠書院院長崐山徐君名德,量亦南中名流也,因史君之請,得牽連書之。"

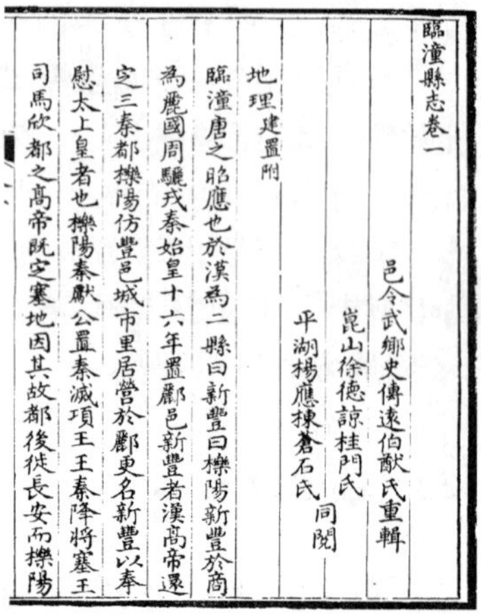
臨潼縣志卷一
邑令武鄉史傳遠伯猷氏重輯
崑山徐德諒桂門氏
平湖楊應棟耆石氏 同閱
地理建置附
臨潼唐之昭應也於漢爲二縣曰新豐曰櫟陽新豐於商
爲麗國周驪戎秦始皇十六年置酈邑新豐者漢高帝還
定三秦都櫟陽仿豐邑城市里居營於酈更名新豐以奉
慰太上皇者也櫟陽秦獻公置秦滅項王王秦降將塞王
司馬欣都之高帝既定塞地因其故都後徙長安而櫟陽

140

臨潼縣沿革:春秋驪戎國。秦爲驪邑。漢高帝七年置新豐縣,屬京兆尹。後漢因之。晉屬京兆郡。後魏及隋因之。唐垂拱二年改曰慶山。天授二年,屬鴻州;大足元年,還屬雍州;神龍元年,復曰新豐;天寶三載,析置會昌縣;七載省新豐,改會昌,曰昭應。五代因之。宋大中祥符八年改曰臨潼。金因之。元屬奉元路。明屬西安府。清因之。

著錄:《中國地方志總目提要》。哈佛燕京圖書館、北京大學圖書館藏有是書。《中國古籍善本目錄》錄有明萬曆《臨潼縣志》,四卷,明王聯芳、武之望纂修;清順治《臨潼縣志》,不分卷,清馬良史、高翔鸞纂修,清順治十八年刻本。

141 林縣志

[乾隆]《林縣志》十卷,首一卷,末一卷,清楊潮觀纂修,清乾隆十六年黄華書院刻本。四冊。半葉九行二十二字。左右雙邊,白口,單魚尾。版心上鎸書名,下鎸卷次及標題。框高18.2釐米,寬 12.8 釐米。有圖。前有清馥序,楊潮觀序等。

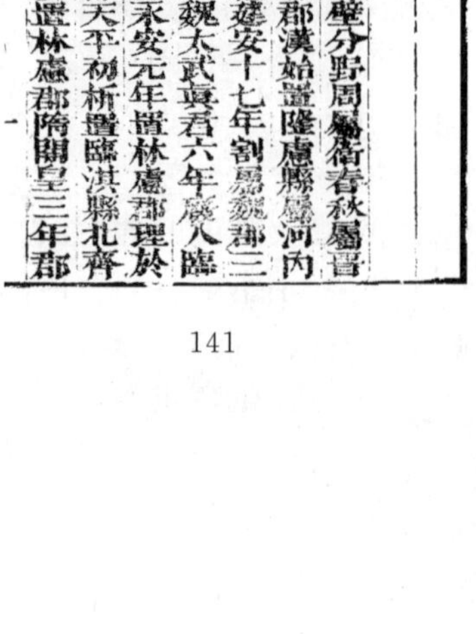
疆域志卷一
沿革
林縣爲古冀州之域天文室壁分野周屬衞春秋屬晉
戰國屬魏後屬趙秦屬邯鄲郡漢始置隆慮縣屬河內
郡後漢避殤帝諱改名林慮建安十七年割屬魏郡三
國屬魏朝歌郡晉屬汲郡北魏太武真君六年廢入臨
漳文帝太和二十一年復置永安元年置林慮郡理於
此屬相州東魏相州林慮郡天平初析置臨淇縣北齊
天保七年郡廢後周平齊復置林慮郡隋開皇三年郡

141

楊潮觀(生卒年不詳),江蘇無錫人。舉人,乾隆十五年任林縣知縣,官至四川瀘州知府。

是書爲清乾隆朝所纂河南《林縣志》,凡八門七十六目,記事止於乾隆十五年。前有卷首,其後卷一爲疆域,卷二爲營建,卷三、卷四爲山川,卷五爲風土,卷六爲賦役,卷七爲選舉,卷八、卷九爲人物,卷十爲秩官。

林縣沿革：夏屬冀州。春秋時先屬衛，後屬晉。戰國時爲韓國臨慮邑，後屬趙國。西漢高帝二年置縣，曰隆慮縣，屬河内郡。東漢延平元年，避殤帝劉隆名諱，改稱林慮縣；建安十七年，改屬魏郡。三國魏屬朝歌郡。晉屬汲郡。後魏太平真君六年，省入鄴縣，太和二十一年復置。永定元年并置林慮郡。北齊郡廢。後周復置。隋開皇三年，郡廢，縣屬相州；十六年，於縣置巖州；大業初，州廢，縣屬魏郡。唐武德二年，復置巖州；五年，州廢，縣仍屬相州。五代、宋因之。金貞祐三年陞爲林州。明洪武三年改爲林縣。清因之。

著錄：《中國地方志總目提要》。哈佛燕京圖書館及北京大學圖書館藏有是書。《中國古籍善本目錄》收錄有清順治《林縣志》十二卷，清王玉麟、閻閭淳纂修，清順治十七年刻本；康熙《林縣志》十三卷，清徐岱、萬兆龍等纂修，清康熙三十三年刻本。

142　臨潁縣志、臨潁縣續志

［順治］《臨潁縣志》八卷，首一卷，清李馥先修，吳中奇纂，清順治十七年初修。四冊。［乾隆］《臨潁縣續志》八卷，清劉沆修，魏運嘉纂，清乾隆十二年刻本。二冊。半葉九行二十一字。四周雙邊，白口，單魚尾。版心上鐫“臨潁縣志”、“臨潁縣續志”，中鐫卷次。框高 20 釐米，寬 14 釐米。前有順治十七年李馥先、吳中奇序，乾隆十二年沈青崖、劉沆、甄汝舟、商有煌序，目錄，凡例，姓氏。

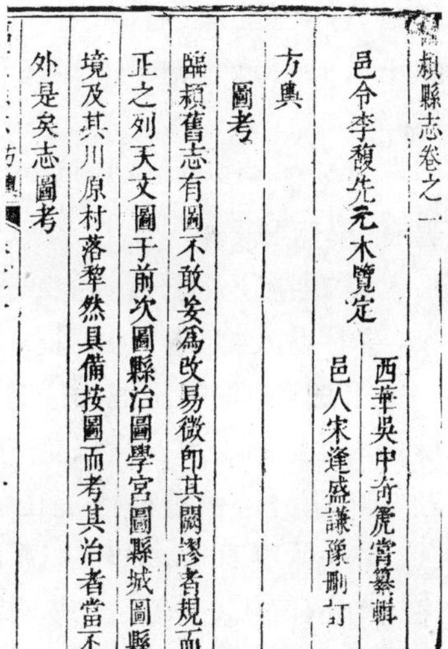
潁縣志卷之一
邑令李馥先元木覽定　西華吳中奇虎嘗纂輯
邑人宋逢盛謙豫刪訂
方輿
圖考
臨潁舊志有圖不敢妄爲改易微卽其闕謬者規而
正之列天文圖于前次圖縣治圖學宮圖縣城圖縣
境及其川原村落犂然具備按圖而考其治者當不
外是矣志圖考

142

李馥先（生卒年不詳），鍾祥人。舉人，順治年間任臨潁邑令。

吳中奇（生卒年不詳），字偶子，西華人。崇禎進士，前明鄉宦。

劉沆（生卒年不詳），字道滋，蠡縣人。舉人，乾隆六年任臨潁知縣。

魏運嘉（生卒年不詳），字禮齋，江右人。舉人。

是書爲清順治、乾隆朝所修河南《臨潁縣志》。卷一爲方輿，卷二爲建置，卷三爲賦役，卷四爲教典，卷五爲官師，卷六爲人物，卷七爲雜稽，卷八爲藝文。

臨潁縣沿革：秦屬潁川郡。西漢置臨潁縣，屬潁川郡，東漢因之。隋置繁昌、臨潁，均屬潁川郡。唐臨潁隸許州潁川郡。宋屬潁昌府。元屬許州隸汴梁路。

著錄：《中國地方志總目提要》。

143　龍虎山志

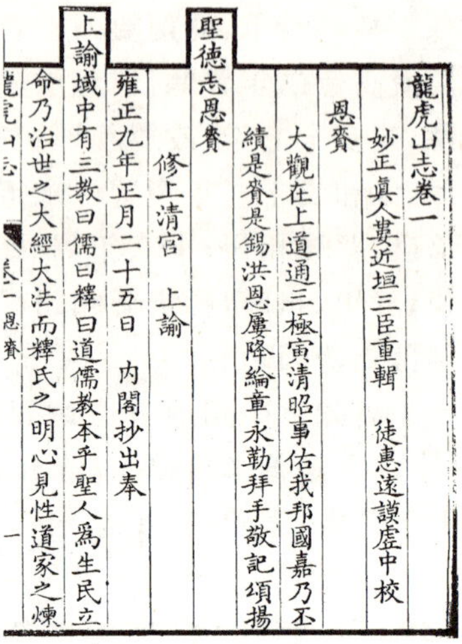
龍虎山志卷一
妙正眞人婁近垣三臣重輯　徒惠遠謨虛中校
恩賚
大觀在上道通三極寅清昭事佑我邦國嘉乃丕
績是賚是錫洪恩屢降綸章永勒拜手敬記頌揚
聖德志恩賚
修上清宮　上諭
雍正九年正月二十五日　内閣抄出奉
上諭域中有三教曰儒曰釋曰道儒教本乎聖人爲生民立
命乃治世之大經大法而釋氏之明心見性道家之煉

143

［乾隆］《龍虎山志》十六卷，清婁近垣重輯，惠遠謨校，乾隆五年上清宫刻本。六冊。半葉十行二十三字。左右雙邊，白口，雙魚尾。版心上鐫書名，中鐫卷次。框高 19.2 釐米，寬 13.8 釐米。前有扉頁，題：“乾隆庚申年鐫，棲碧堂，龍虎山志，大上清宫藏板。”卷首有乾隆五年張鵬翀“重修龍虎山志序”，乾隆五年婁近垣“重修龍虎山志自序”，目錄等。

婁近垣（1688—1776），字朗齋，號三臣，又號上清外史，松江婁縣人。清代正一派道士，先後被雍正、乾隆封爲妙正眞人、通議大夫。著有《南華經註》、《禦選妙正眞人語錄》，刪定《黃籙科儀》，校訂《先天奏告玄科》等。

惠遠謨（1697—1771），字虛中，號澹峰，蘇州玄妙觀道士。曾師事婁近垣，受其法。著有《學吟稿》。

是書卷一爲恩賚，卷二爲山水，卷三爲官府，卷四爲院觀，卷五爲古跡，卷六爲世家，卷七爲人物，卷八爲爵秩，卷九爲田賦，卷十至卷十六爲藝文。

張鵬翀《重修龍虎山志序》：“婁君郎齋名近垣者，能以修身卻病之術裨益聖躬，雩禱齋壇，屢著诚效。世宗憲皇帝特加宠異，錫以眞人封号，为元教主持。且因娄氏忠勤，推本所自，敕重修龍虎山上清宫，發帑鉅萬，遣内大臣董视落成，赐之碑额，以垂永久。……［婁君］特舉舊志重加纂輯，捐資剞劂，粲然成編。”婁近垣《重修龍虎山志自序》：“山有舊志三卷，首刊元翰林院侍講學士元明善編輯，明工部左侍郎張鉞較，五十代、五十一代天師張国祥顯庸修，建武後學王三極續較。向病其簡略，及讀志中舊序始知元編舊志已爲四十三代耆山天師增修至十卷矣。歲月寖久，簡冊靡存，今之三卷乃耆山殘缺之餘編，而非明善所輯之全策，不然何掛漏頗多，而冗雜無次耶？……［吳郡顧尊光］乃旁蒐遠索，考信辨疑，凡得數十條，惜其屬藁未就，遽爲殂謝。垣以一介草莽，遭遇寵光，思祖庭勝蹟，久未編集，實耿於懷，爰稽注籍，并述新恩，綸音宸翰之輝煌，瓊闕瑤臺之壯麗，山川之靈異，人物之瑰奇，予夫爵祿田賦之增設、詩詞記序之敷揚，廣收畢弋，類聚群分，合得一十六卷，以成是山之志。吾徒惠遠謨任校讐焉。”

著錄：是書《中國古籍善本書目》等無著錄。哈佛大學哈佛燕京圖書館、哥倫比亞大學東亞圖書館藏有是書。

144 孟津縣志

［康熙］《孟津縣志》四卷，清徐元燦纂修，清康熙四十八年刻本。四冊。半葉九行十九字，小字雙行同。四周單邊，白口，單魚尾。版心上鐫書名，下鐫卷次。框高 21.4 釐米，寬 13.5 釐米。有圖。前有徐元燦序等。

徐元燦（生卒年不詳），字梅叟，奉天廣寧人。監生，康熙三十五年任孟津縣知縣。

是書爲清乾隆朝所纂河南《孟津縣志》，凡三十二目。卷之一爲星野、沿革、疆域、形勝、山川、古籍、城池、公署、戶口、風俗，卷之二爲職官、宦績、選舉、封贈，卷之三爲祀典、陵墓、理學、忠真、孝友、名碩、文學、義施、隱逸、坊牌、橋渡、土產、祥異，卷之四爲藝文。

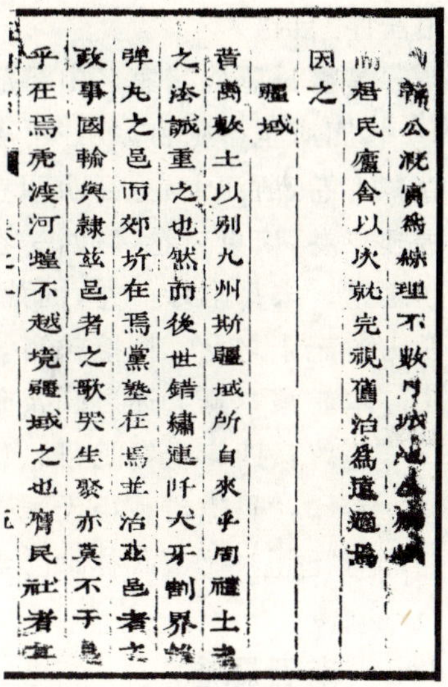
韓公祝賓爲棟理不敗門城池
前君民廬舍以次就完視舊治爲遠過焉
因之
疆域
昔禹敷土以別九州斯疆域所自來乎周禮土者
之法誠重之也然而後世錯繡連阡犬牙制界
彈丸之邑而郊圻在焉黨塾在焉並治茲邑者
政事國輸與隸茲邑者之歌哭生聚亦莫不于是
乎在焉虎渡河蝗不越境疆域之也齊民社者

144

孟津縣沿革：孟津夏屬孟涂氏封國，商爲畿內地。周設平陰、諜城兩邑，秦改邑爲縣。漢時爲諜城、平陰、平縣三縣轄，隸屬河南郡。三國魏時並平縣、平陰、諜城縣三縣爲河陰縣，隸屬河南郡。晉、南北朝時，歸屬屢變，但縣名未改。隋並河陰入洛陽縣，隸屬河南郡。唐初劃河陰出洛陽跨黃河置大基縣，後改爲柏崖縣、河清縣，隸屬河南郡。宋時爲河清縣，隸屬河南府。金改河清縣爲孟津縣後，經元、明、清、中華民國至今，縣名未改。

著錄：《中國地方志總目提要》、《中國地方志聯合目錄》、《中國方志叢書》。哈佛燕京圖書館藏有是書。

145 名山勝槩記

《名山記》、《天下名山勝槩記》四十八卷，明武林刻本。三十二冊。半葉九行二十字。左右雙邊，白口，單魚尾。版心上鐫篇名。框高 19 釐米，寬 13.7 釐米。前有扉頁，題："鐫天下名山勝槩記"。前有湯顯祖"名山記序"，王世貞、王穉登《遊名

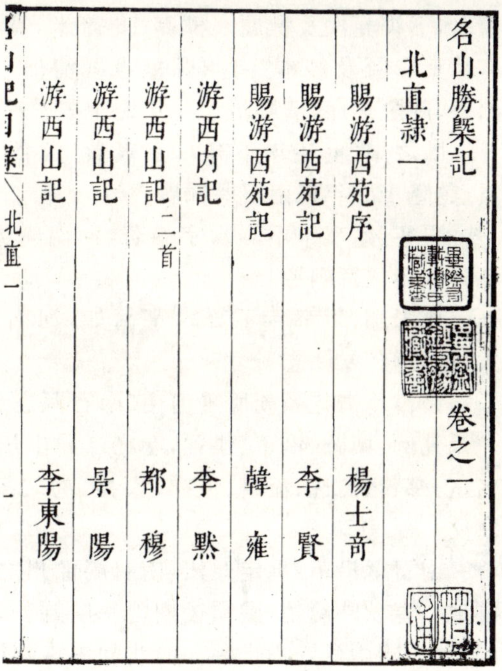
名山勝槩記　卷之一
北直隸一
賜游西苑序　楊士奇
賜游西苑記　李賢
賜游西苑記　韓雍
游西內記　李默
游西山記二首　都穆
游西山記　景陽
游西山記　李東陽

145

山記序》目錄。

是書爲歷代諸家名山游記之集成。

《四庫全書總目》載:"不著撰人名氏,蓋因何鏜之書而增葺之。凡北直隸二卷,南直隸十卷,浙江十卷,江西四卷,湖廣四卷,河南三卷,山東二卷,山西一卷,陝西一卷,福建二卷,廣東二卷,廣西一卷,四川二卷,雲南一卷,貴州一卷。前爲圖一卷,略繪名勝之蹟。末爲附錄一卷,則荒怪之說,神異經、十洲記之類也。所錄古人遊記十之三,明人遊記十之七。採摭頗富,而龎雜特甚。"

本館藏本無上述之圖及附錄卷。

著錄:《四庫全書總目》、《中國古籍善本書目》。

鈐印:"畢際君載積氏藏書"、"畢盛鉅□豫藏書"、"讀易樓藏書記"、"筠圃"。扉頁鈐印有"□□堂"、"武林讀□老鋪藏板"、"墨籔書倉"。

146　南召縣志

[乾隆]《南召縣志》四卷,清陳之熉修,張睿、曹彭詡纂,清乾隆十一年刻本。四冊。半葉八行二十二字,小字雙行同。四周雙邊,白口,單魚尾。版心上鐫書名,下鐫卷次及標題。框高 18 釐米,寬 12.5 釐米。有單葉彩圖及鈔本"南詔縣呈憲綱清冊"。前有任應烈序,陳之熉序,清順治十一年紀中興舊序等。

陳之熉(生卒年不詳),字表黃,江西臨川人。拔貢,乾隆十一年任南召縣知縣。

張睿(生卒年不詳),字愚若,河南虞城人。歲貢,乾隆八年任縣訓導。

曹彭詡(生卒年不詳),字萬如,河南鞏縣人。舉人,曾纂修《鞏縣志》。

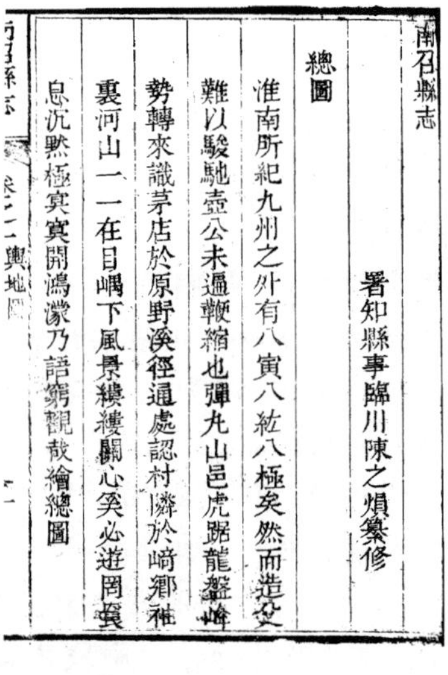
南召縣志
署知縣事臨川陳之熉纂修
總圖
淮南所紀九州之外有八寅八紘八極矣然而造化
難以駿馳壺公未遍鞭縮也彈丸山邑虎踞龍盤峰
勢轉來識茅店於原野溪徑通處認村隣於崎鄉袖
裏河山一一在目峒下風景縷縷關心矣必遊罔眞
息沉黙極寘寘開鴻濛乃語窮觀敢繪總圖
南召縣志　卷之一　輿地圖

146

是書爲清乾隆朝所纂河南《南召縣志》,凡三十門,記事止於清乾隆十一年。卷之一爲凡例、輿圖、沿革、建置,卷之二爲山川、風俗、土產、陵墓、寺觀、古跡、職官、選舉、名宦、鄉賢、隱逸、流寓、災祥、人物,卷之三爲節烈、人瑞、仙釋、賦稅、詳文,卷之四爲藝文。

南召縣沿革:禹定九州,南召屬豫州之域。殷商仍屬豫州,爲謝國封地,周時爲申國地。春秋時屬楚,戰國後期曾一度歸韓。秦昭襄王三十五年,置南陽郡,始置雉縣。兩漢、三國兩晉皆爲雉縣。南北朝屬雉陽郡,置向城。宋、元裁縣,並入南陽縣,設三轄巡檢司。明成化十二年復置縣,因縣城東北隅之南召店爲宛洛大道上商旅息居名驛,故以"南召"爲縣名。清順治十六年再廢縣,並入南陽縣,雍正十二年復置南召縣,縣名至今未易。

著録:《中國地方志總目提要》、《國會圖書館藏中國方志目録》。收入《中國方志叢書》。北京大學圖書館、哈佛燕京圖書館、哥倫比亞大學圖書館入藏是書。

147　内黄縣志

[乾隆]《内黄縣志》十八卷,首一卷,清李湞修,黄之征纂,清乾隆四年刻本。六冊。半葉九行二十字,小字雙行同。左右雙邊,白口,單魚尾。版心上鐫書名,下鐫卷次及標題。框高 18.7 釐米,寬 14.6 釐米。有圖。前有尹會一序,朱定元序,李湞序,董萬山序,滿雲鶴序等。

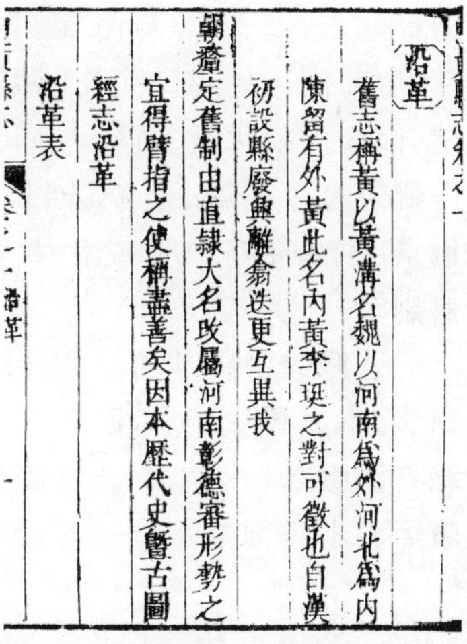
沿革
舊志稱黃以黃溝名魏以河南爲外河北爲內
陳留有外黃此名內黃李斑之對可徵也自漢
初設縣廢興離翕迭更互異我
朝釐定舊制由直隸大名改屬河南彰德審形勢之
宜得臂指之使稱盡善矣因本歷代史暨古圖
經志沿革
沿革表

147

李湞(生卒年不詳),字逢源,山西三原人。歲貢,乾隆二年任内黄縣知縣。

黄之征(生卒年不詳),字誠倩,號毅庵,内黄縣人。舉人,歷任江西信豐等地知縣,内閣中書舍人。

是書爲清乾隆朝所纂河南《内黄縣志》,凡十五門七十二目,記事止于乾隆四年。前有卷首,卷一爲沿革,卷二爲地理,卷三爲建置,卷四爲古跡,卷五爲風土,卷六爲編年,卷七爲學校,卷八爲祠祀,卷九爲賦役,卷十爲職官,卷十一爲選舉,卷十二爲宦績,卷十三至卷十五爲人物,卷十六、卷十七爲藝文,卷十八爲雜記。

内黄縣沿革:漢置内黄縣。魏稱黄河以北爲内,黄河以南爲外,故有内黄、外黄之稱。黄河南岸有外黄和小黄,黄河以北稱内黄。

著録:《中國地方志總目提要》。北京大學圖書館藏有是書。《中國古籍善本目録》録有明萬曆王廷諫、董復亨纂修之《内黄縣志》二十六卷。

148　内鄉縣志

[康熙]《内鄉縣志》十二卷,清竇鼎望修,清康熙三十二年刻本。四冊。半葉九行二十字,小字雙行同。四周雙邊,白口,單魚尾。版心上鐫書名,下鐫卷次及標題。框高 20.2 釐米,寬 13.8 釐米。有圖。前有康熙五十一年漳海張序,竇鼎望序等。

竇鼎望(生卒年不詳),字天衡,直隸宛平人。例監,康熙三十一年任内鄉縣知縣。

是書爲清康熙朝所纂河南《内鄉縣志》。卷一爲輿地,卷二爲建置,卷三爲學校,卷四爲食貨,卷五爲風俗,卷六爲職官,卷七爲選舉,卷八爲人物,卷九爲藝文,卷十爲兵事,卷十一爲災祥,卷十二爲雜紀,記事止於康熙三十一年。

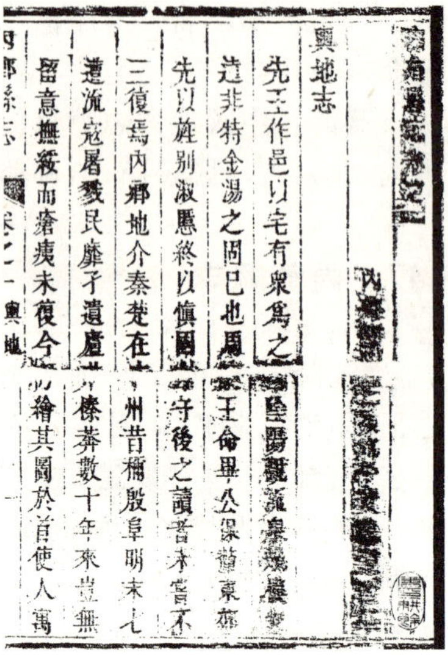
輿地志
先王作邑以宅有衆爲之
造非特金湯之固已也
先以旌別淑慝終以慎固
三復焉內鄉地介秦楚在
遺流寇屠戮民靡孑遺盧
留意撫綏而瘡痍未復今
王命畢公保釐東郊
守後之讀書未嘗不
州昔稱殷阜明末乜
榛莽數十年來豈無
繪其圖於首使人寓
內鄉縣志　卷之二　輿地

148

本館藏本中部分字跡漫漶。

內鄉縣沿革：西周時建酈國，春秋時爲楚之酈邑，戰國時歸秦，屬商鞅封地。秦代設酈縣，屬南陽郡。漢沿秦制。西魏改析陽縣爲中鄉縣，縣治今西峽縣城。隋開皇三年，避文帝父楊忠諱，改中鄉縣爲內鄉縣，改酈縣爲菊潭縣，同屬南陽郡。唐武德二年，廢菊潭入內鄉。元初，縣治所由西峽口遷至渚陽鎮，即今內鄉縣城。同時，淅川、博山兩縣並入內鄉，內鄉兼有今內鄉、西峽、淅川三縣境地，爲內鄉縣面積最大的時期。明成化六年，復置淅川縣。清沿舊制。

著錄：《中國地方志總目提要》。哈佛燕京圖書館、北京大學圖書館藏有是書。《中國方志叢書》收錄有清康熙《內鄉縣志》，竇鼎望原本，張福永增修，康熙五十一刻本。

149　平陽府志

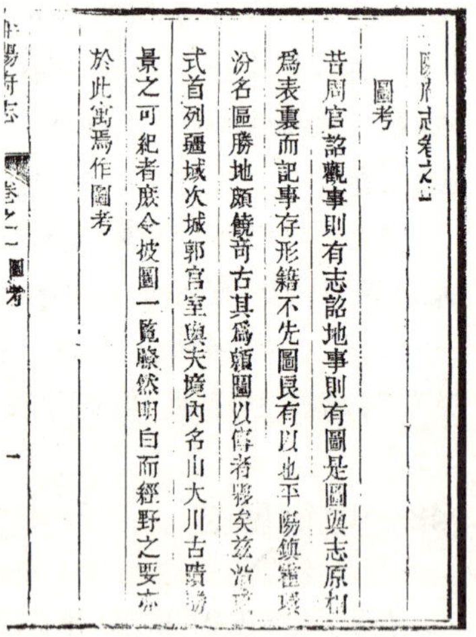
平陽府志卷之二
圖考
昔周官詔觀事則有志詔地事則有圖是圖與志原相
爲表裏而記事存形籍不先圖巳有以也平陽鎮奠環
汾名區勝地頗饒奇古其爲類圖以傳者夥矣茲治
式首列疆域次城郭宮室與夫境內名山大川古蹟勝
景之可紀者庶令披圖一覽瞭然明白而經野之要亦
於此寓焉作圖考
平陽府志　卷之二　圖考　一

149

［乾隆］《平陽府志》三十六卷，清章廷珪纂修，清乾隆元年刻本。十八册。半葉九行二十二字，小字雙行同。四周雙邊，白口，單魚尾。版心上鐫書名，下鐫卷次及標題。框高 21.5 釐米，寬 14.9 釐米。有圖。前有雍正十三年范咸序，乾隆元年章廷珪序，康熙四十七年劉棨序等。

章廷珪(生卒年不詳)，字伸瑞，浙江會稽人。監生，雍正九年任澤州府知府，雍正十二年任平陽府知府。

是書爲清乾隆朝所纂山西《平陽府志》。修於雍正十三年，乾隆元年付梓。凡三十六目，附目六，圖七十五幅。卷之一爲圖考，卷之二爲星野，卷之三爲建置沿革，卷之四爲疆域，卷之五爲山川，卷之六爲關津，卷之七爲城池，卷之八爲公署，卷之九爲學校，卷之十爲祠祀，卷之十一爲戶口，卷之十二爲田賦，卷之十三爲水利，卷之十四爲倉儲，卷之十五爲鹽法，卷之十六爲郵政，卷之十七爲兵防，卷之十八爲帝王，卷之十九爲職官，卷之二十爲宦績，卷之二十一爲選舉，卷之二十二爲封廕，卷之二十三爲人物，卷之二十四爲隱逸，卷之二十五爲烈女，卷之二十六爲仙釋，卷之二十七爲方技，卷之二十八爲寓賢，卷之二十九爲風俗，卷之三十爲物產，卷之三十一爲古蹟，卷之三十二爲陵墓，卷之三十三、三十四爲祥異(歷代兵氛附)，卷之三十五爲雜志，卷之三十六爲藝文。

平陽府沿革：《帝王世紀》所稱“堯都平陽”卽今臨汾。商朝時，臨汾屬冀州之地。春秋時期，臨汾屬諸侯國晉。秦代臨汾屬河東郡。唐朝時，臨汾市屬河東道。南宋時臨汾屬河東南路，由平陽府的十個縣、隰州的四個縣、吉州的二個縣和降州的三個縣共十九個縣組成。元朝時，臨汾爲河東山西道宣慰司晉寧路。明清時重設平陽府，統領三十五個州縣，相當於今臨汾和運城兩地區。

著錄：《中國地方志總目提要》。耶魯大學圖書館、哥倫比亞大學圖書館、中國人民大學圖書館等藏有是書。《中國古籍善本目錄》錄有明傅淑訓、曹樹聲纂修之明萬曆《平陽府志》十卷，明萬曆四十三年刻，清順治二年增修本。

150　蒲城縣志

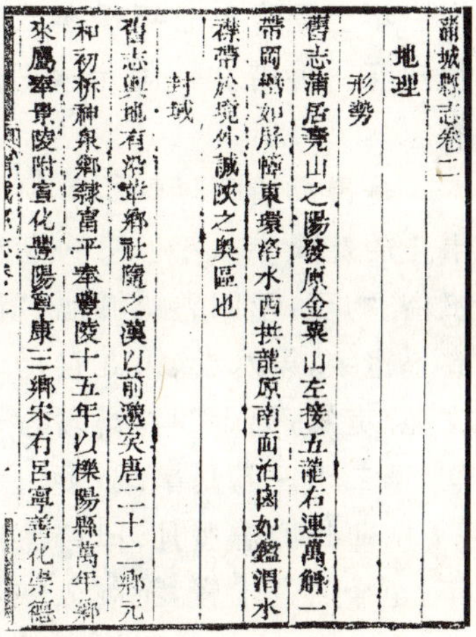
蒲城縣志卷二
地理
形勢
舊志蒲居堯山之陽發原金粟山左接五龍右連萬斛一
帶岡巒如屏幛東環洛水西拱龍原南面泊鹵如盤渭水
襟帶於境外誠陝之奥區也
封域
舊志輿地有沿革鄉社隨之漢以前邈矣唐二十二鄉元
和初析神泉鄉隸富平奉豐陵十五年以櫟陽縣萬年鄉
來屬奉景陵附宣化豐陽寧康三鄉宋有呂寧善化崇德

150

[乾隆]《蒲城縣志》十五卷，清張心鏡纂修，清乾隆四十六年刻本。六冊。半葉十行二十二字，小字雙行同。左右雙邊，黑口，單魚尾。版心上鐫書名，下鐫卷次。框高 18.5 釐米，寬 13.6 釐米。有圖。前有明嘉靖丁酉年楊爵舊志序，韓坤原序，清康熙丙午年鄧永芳原序，乾隆四十七年張心鏡序，張舜舉序等。

張心鏡(生卒年不詳)，山東萊陽人。清乾隆二十四年舉人，乾隆三十四年至四十六年任蒲城縣知縣。

是書爲清乾隆朝所纂陝西《蒲城縣志》，凡九門三十二目，記述以當朝爲要，記事止於乾隆四十五年。卷一爲圖考，卷二、卷三爲地理，卷四爲建置，卷五爲經制，卷六爲職官，卷七、卷八爲選舉，卷九至卷十二爲人物，卷十三至卷十五爲藝文。

蒲城縣沿革：夏商屬雍州。周封賈國。春秋時屬晉。秦代置重泉縣。漢屬左馮翊。後漢因之。晉屬馮翊郡，後廢。後魏太和十一年置南白水縣，屬白水郡。西魏改縣，曰蒲城。隋屬馮翊郡。唐初屬雍州，開元四年改曰奉先，天祐三年改屬同州。後唐還屬雍州。宋建隆中屬同州，開寶四年復曰蒲城，天禧四年改屬華州。金、元、明因之。清雍正十三年屬同州府。

著錄：《中國地方志總目提要》。《中國古籍善本目錄》錄有清康熙《蒲城志》[稿本]，不分卷；康熙《蒲城縣續志》四卷，清汪元仕、何芬纂修，清康熙五十三年刻本；清順治《蒲城志》四卷，清張舜舉、李馥蒸纂修，鄧永芳續修，清順治刻康熙增修本。

151　蒲州府志

［乾隆］《蒲州府志》二十四卷，清喬光烈、周景柱纂修，清乾隆二十年刻本。十冊。半葉九行十八字，小字雙行同。左右雙邊，白口，單魚尾。版心上鐫書名，下鐫卷次及標題。框高 19.4 釐米，寬 14.9 釐米。有圖。前有乾隆十九年白恒文、喬光烈、周景柱序，蒲州府志發凡等。

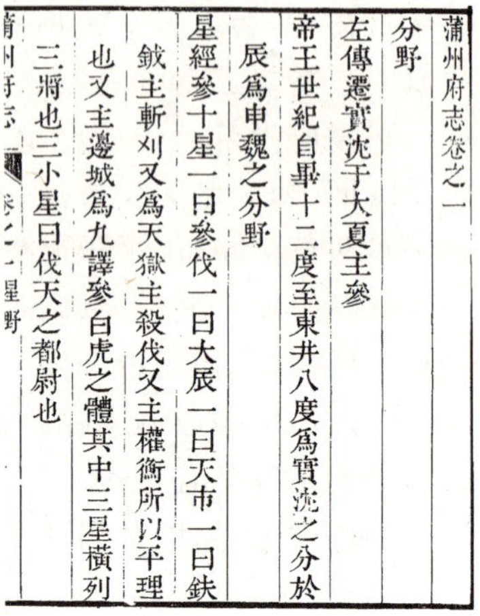
蒲州府志卷之一
分野
左傳遷實沈于大夏主參
帝王世紀自畢十二度至東井八度爲實沈之分於
辰爲申魏之分野
星經參十星一曰參伐一曰大辰一曰天市一曰鈇
鉞主斬刈又爲天獄主殺伐又主權衡所以平理
也又主邊城爲九譯參白虎之體其中三星横列
三將也三小星曰伐天之都尉也
蒲州府志　卷之一　星野

151

喬光烈（生卒年不詳），字敬亭，號潤齋，上海人。清乾隆二年進士，官至湖南巡撫，罷再起，授甘肅布政使。著有《最樂堂集》。

周景柱（生卒年不詳），浙江遂安人。舉人，乾隆十三年至乾隆十七年任寧武知府，乾隆十七年調任蒲州知府。善詩文。除定稿《寧武府志》外，編纂《蒲州府志》。

是書爲清乾隆朝所纂山西《蒲州府志》，分地輿、官政、人物、藝文四部二十四門，記事止於乾隆十八年。第一卷爲星野、地表、沿革、形勝，第二卷爲山川，第三卷爲古跡、風俗、物產，第四卷爲城池、壇廟、官署，第五卷爲學校、田賦、兵衛，第六卷爲職官，第七卷爲宦績，第八卷、第九卷爲選舉，第十卷至第十二卷爲人物，第十三卷爲忠節、孝友、文苑、吏師，第十四卷爲義行、隱逸等，第十五卷爲烈女，第十六卷至第二十二卷爲藝文，第二十三卷爲事紀，第二十四卷爲餘錄。

《蒲州府志發凡》曰："蒲自爲府以來，垂三十載既未有書，卽州之舊志修自康熙五年，至今將九十歲，記載久佚，文獻無徵，兹廣搜遐討，取舊州志于《平陽府志》参合考校，擇是去非，自前甲辰迄今乾隆甲戌，補殘續缺，以成此書。"

蒲州府沿革：永濟古稱蒲坂，最早記載見於《史記・秦本紀》。西漢置蒲反縣，王莽改爲蒲城縣，東漢改爲蒲坂縣。均爲河東郡治所。其後，前趙在蒲坂縣置並州，前秦時改爲雍州，北魏時改爲泰州，北周明帝改爲蒲州。隋開皇十六年，移蒲坂縣於蒲州東，在蒲坂故城置河東縣。大業三年，蒲坂縣並入河東縣。唐朝改蒲州爲河中府。宋、金、元時期迭置河東郡河中府、蒲州等，治所均在河東縣。明洪武二年，河東縣並入蒲州。直至清雍正六年，陞蒲州爲蒲州府，於附郭增置永濟縣，"永濟"縣名自此始。

著録：《中國地方志總目提要》。普林斯頓大學圖書館、加州 Claremont College 圖書館、哥倫比亞大學圖書館、北京大學圖書館等藏有是書。《中國古籍善本目録》收録有清侯康民、賈衡等纂修之《蒲州志》十二卷，清康熙九年刻本。

152　淇縣志

［順治］《淇縣志》十卷，清王謙吉、王南國修，白龍躍、葛漢忠纂，清順治十六年刻本。五冊。半葉八行二十字，小字雙行同。四周單邊，白口，單魚尾。版心上鐫書名，下鐫卷次。框高 22 釐米，寬 14.1 釐米。有圖。前有王謙吉、王南國、關煇祚序等。

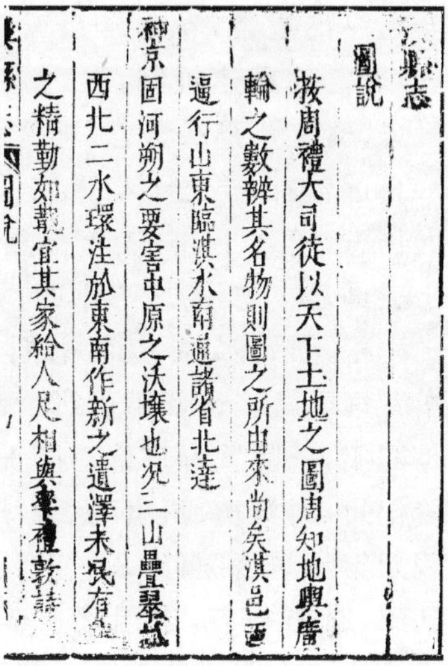
圖說
按周禮大司徒以天下土地之圖周知地輿廣
輪之數辨其名物則圖之所由來尚矣淇邑西
邇行山東臨淇水南通諸省北達
神京固河朔之要害中原之沃壤也況二山疊翠
西北二水環注於東南作新之遺澤未泯有
之精勤如載宜其家給人足相與

152

王謙吉（生卒年不詳），字恂如，直隸永平府灤州籍，江南蘇州吳縣人。貢士，順治十六年任淇縣縣令。

王南國（生卒年不詳），字道南，湖北江陵人。舉人。

白龍躍（生卒年不詳），字潛九，淇縣人。舉人，曾任湖廣衡州府嘉禾縣知縣。

是書爲清順治朝所纂河南《淇縣志》，凡九門四十七目，記事止於順治十七年。部分字跡漫漶。前有圖考，卷之一爲地理志，卷之二爲建置志，卷之三爲貢賦志，卷之四爲祠祀志，卷之五爲官師志，卷之六爲選舉志，卷之七爲人物志，卷之八、九爲藝文志，卷之十爲災祥志。

淇縣沿革：淇縣爲殷沫邑。周初爲衛國。春秋時屬晉，爲朝歌邑。漢置朝歌縣，屬河内郡。後漢建安十七年屬魏郡。三國魏置朝歌郡，尋廢。晉屬汲郡。劉宋仍屬河内郡，後魏廢。東魏復置，又析置臨淇縣，屬林慮郡。隋大業初改曰衛縣，移汲郡来治。唐武德初，陞衛縣爲州；長安三年，復置臨淇縣。五代因之。宋天聖四年屬宋安利軍，熙寧六年降為鎮，並入黎陽（浚縣），元祐初復置，屬濬州。金因之。元憲宗五年改置淇州，又置臨淇路爲倚郭；中統元年，屬大名路；至元三年，屬衛輝路，省臨淇縣入州。明洪武初廢州爲淇縣，屬衛輝府。清因之。

著錄：《中國地方志總目提要》。芝加哥大學圖書館、哥倫比亞大學圖書館藏有是書。美國國會圖書館攝製北平圖書館善本書膠片收錄有嘉靖《淇縣志》十卷，方員、劉伯璋等纂修，明嘉靖十年刊，二十四年增補本。

153　杞縣志

［乾隆］《杞縣志》二十四卷，清周璣修，朱璿瑞纂，清乾隆五十三年刻本。十二冊。半葉十行二十一字，小字雙行同。左右雙邊，白口，單魚尾。版心上鐫書名，下鐫卷次及標題。框高 17.6 釐米，寬 13.3 釐米。有圖。前有周璣序等。

周璣（生卒年不詳），字玉圃，湖南貴陽人。舉人，乾隆四十八年任杞縣知縣。

是書爲清乾隆朝所纂河南《杞縣志》，凡十二門二十四卷，記事止於乾隆五十二年。

卷之一爲聖製，卷之二爲天文志，卷之三、四爲地理志，卷之五爲建置制，卷之六爲禮樂志，卷之七爲田賦志，卷之八爲風土志，卷之九爲職官志，卷之十、十一爲選舉志，卷之十二爲武備志，卷之十三至十八爲人物志，卷之十九、二十爲烈女志，卷之二十一至二十三爲藝文志，卷之二十四爲敘錄志。

杞縣沿革：周初爲杞國。春秋時爲宋雍邱邑。秦置雍邱縣。漢屬陳留郡。後漢及晉因之。後魏孝昌四年，於縣置陽夏郡。隋開皇三年郡廢，十六年改置杞州；大業初，州廢，縣屬梁郡。唐初仍爲杞州，貞觀元年州廢，縣屬汴州。五代晉改曰杞縣，漢周仍曰雍邱，屬開封府，宋因之。金正隆後，復爲杞縣。元屬汴梁路。明屬開封府。清因之。

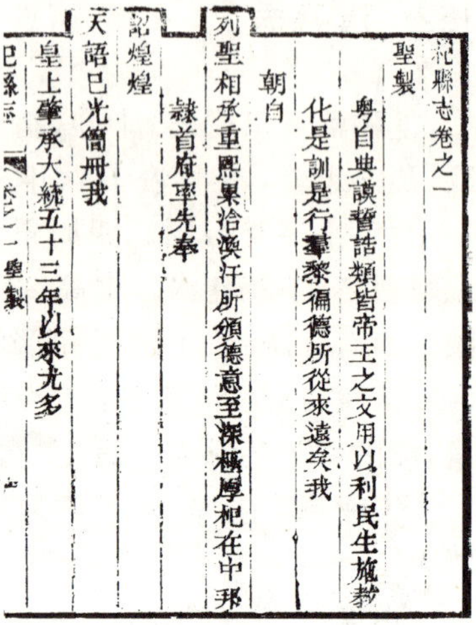
杞縣志卷之一
聖製
粤自典謨誓誥類皆帝王之文用以利民生施教
化是訓是行羣黎徧德所從來遠矣我
朝自
列聖相承重熙累洽渙汗所頒德意至深極厚杞在中邦
隸首府率先奉
詔煌煌
天語已光簡冊我
皇上肇承大統五十三年以來尤多
杞縣志 卷之一 聖製

153

著錄：《中國地方志總目提要》。收入《中國方志叢書》。芝加哥大學圖書館、哥倫比亞大學圖書館、北京大學圖書館藏有是書。《中國古籍善本目錄》收錄有明蔡時雍、王顯志纂修，嘉靖《杞縣志》八卷之明嘉靖二十五年刻本；清李繼烈纂修之康熙《杞縣志》二十卷；清王之衡、潘均纂修之乾隆《杞縣志》二十卷，首一卷。

154 欽定日下舊聞考

DS795.C483 1783A/W804

《欽定日下舊聞考》、《日下舊聞考》一百六十卷，清英廉、于敏中、竇光鼎、朱筠等奉敕編，清乾隆五十三年武英殿刻本。二十四冊。半葉九行二十一字。四周雙邊，白口，單魚尾。版心上鐫書名，下鐫卷次。框高 18.3 釐米，寬 13.9 釐米。前有董誥奉敕書“御製日下舊聞考題詞二首”。後附姜宸英、徐元文、高士奇等原序，朱彝尊自序，王原跋。

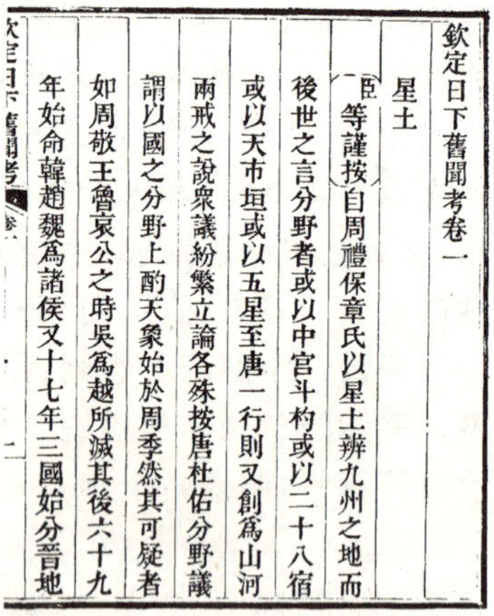
欽定日下舊聞考卷一
星土
臣等謹按自周禮保章氏以星土辨九州之地而
後世之言分野者或以中宮斗杓或以二十八宿
或以天市垣或以五星至唐一行則又創爲山河
兩戒之說衆議紛繁立論各殊按唐杜佑分野議
謂以國之分野上酌天象始於周季然其可疑者
如周敬王魯哀公之時吳爲越所滅其後六十九
年始命韓趙魏爲諸侯又十七年三國始分晉地
欽定日下舊聞考 卷一

154

英廉(1707—1783)，字計六，號夢堂，一號竹井老人，滿洲正白旗人，遼東人。雍正十年舉人，官至大學士。謚文肅。著有《夢堂詩稿》、《欽定皇輿西域圖志》等。

是書是在清朱彝尊《日下舊聞》之基礎上刪繁補缺、援古證今、逐一考據而成，爲迄今所見清代官修的規模最大、編輯時間最長、內容最豐富、考據最詳實之北京史志文獻資料集。始修於乾隆三十八年，成書於乾隆四十七年。全書分爲十八門：卷一爲星土、卷二至卷四爲世紀、卷五至卷八爲形勝、卷九至卷二十八爲國朝宮室、卷二十九至卷三十六爲宫室、卷三十七至卷三十八爲京城總記、卷三十九至卷四十二爲皇城、卷四十三至卷六十一爲城市、卷六十二至卷七十三爲官署、卷七十四至卷八十七爲國朝苑囿、卷八十八至卷一百七爲郊坰、卷一百八至卷一百四十二爲京畿、卷一百四十三至卷一百四十四爲京畿附編、卷一百四十五爲戶版、卷一百四十六至卷一百四十八爲風俗、卷一百四十九至卷一百五十一爲物產、卷一百五十二至卷一百五十四爲邊障、卷一百五十五至卷一百五十六爲存疑、卷一百五十七至卷一百六十爲雜綴。

是書雖仍沿用《日下舊聞》之體例及編次目錄,然内容及篇幅大爲增加。新增"國朝宫室"二十卷、"京城總記"二卷、"皇城"四卷、"國朝苑囿"十四卷,"官署"十二卷從原"城市"門中單列出來,"郊坰"由六卷增爲二十卷,"京畿"由原十卷增爲三十卷。刪去原書"僑治"門。書中有[原]、[補]、[增]字樣,[原]爲朱彝尊原引,[補]爲朱彝尊之子朱昆田之補遺,[增]爲新添入者。朱彝尊原有按語用"朱彝尊原按"五字標明。新增之考證按語則用"臣等謹按"四字標明。

是書參閲古籍近二千種,收集保存了大量有關北京史志、尤其是清代順、康、雍、乾四朝中央機關及順天府、宫室、苑囿、寺廟、園林、山水、古跡諸方面的建置、沿革及現狀的原始資料,具有很高的歷史和學術價值。

《四庫全書總目》曰:"原本所列古蹟,皆引據舊文,誇多務博,不能實驗其有無,不免傳聞訛舛,彼此互岐。亦皆一一履勘遺蹤,訂妄以存眞,闕疑以傳信。所引藝文,或益其所未備,或刪其所可省,務使有關考證,不漏不支。至於列聖宸章,皇上御製,凡涉於神京風土者,悉案門恭載,尤足以昭垂典實,藻繪山川。古來誌都京者,前莫善於三輔黄圖,後莫善於長安志。彝尊原本蒐羅詳洽,已駕二書之上。今仰承睿鑒,爲之正譌補漏,又駕彝尊原本而上之。千古輿圖,當以此本爲準繩矣。"

著錄:《四庫全書總目》、《中國古籍善本書目》。

155 清涼山新志

DS793. S32W843 1701/W1657

《清涼山新志》十卷,清喇嘛老藏丹巴撰,清康熙四十年鴻臚寺刻本。四冊。半葉九行二十字,小字雙行同。四周雙邊,白口,單魚尾。版心上鐫書名,下鐫卷次。框高20.2釐米,寬13.4釐米。前有康熙四十年"御製清涼山新志序",舊志序,老藏丹巴康熙三十三年"新志序"等。

老藏丹巴(生卒年不詳),山東萊州人。原爲北京崇國寺喇嘛。編輯《清涼山新志》十卷,因古跡加新,又添聖祖御匾、御製碑文及御製詩等,舊志未備,清初未修。

老藏丹巴《序》曰:"乃據前書,爰加繕述。雞園上哲,揮毫總禪教之長;鷲嶺名流,結集助討論之力。筆則筆,削則削,室利之生面重開;補者補,蒐者蒐,智海之全身迸現。不負雙林之記,如披五頂之圖。倘閲者能因文而悟道,則陶輪擲於海外,文殊原不住金剛，使高賢知即境以明心，則世界現於掌中，獅子何嘗離佛指？”

是書記述五台山佛教近百年之史，乃于明代鎮澄所編《清涼山志》基礎上，經調查考論證、增刪補綴而成，故名《清涼山新志》。卷一爲一化宇、二原聖，卷二爲三靈跡、四伽藍，卷三爲五崇建，卷四爲六顯應，卷五爲七外護，卷六爲八高僧上，卷七爲八高僧下，卷八爲九緣感，卷九爲十題詠上，卷十爲十題詠下。其中，新增內容主要有：康熙新志序、御書匾額五十二塊、御制碑文十七篇、御制詩九首、阿王老藏塔銘節略、大喇嘛老藏丹貝塔銘、清涼老人談經普說、同住規約、重修五台山眞容院記及釋超揆之十首詩等。

著錄：《中國古籍善本目錄》、《皇朝文獻通考》。

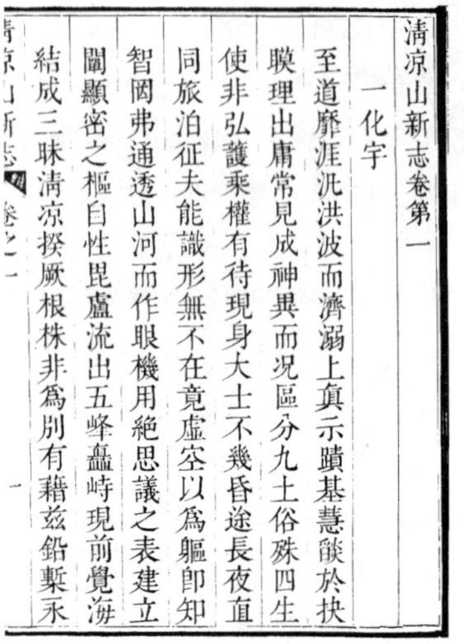
清涼山新志卷第一
一化宇
至道靡涯汎洪波而濟溺上真示蹟基慧燄於扶
暵理出庸常見成神異而況區分九土俗殊四生
使非弘護乘權有待現身大士不幾昏途長夜直
同旅泊征夫能識形無不在竟虛空以爲軀即知
智周弗通透山河而作眼機用絕思議之表建立
闡顯密之樞自性毘盧流出五峯矗峙現前覺海
結成三昧清涼撰厥根株非爲別有藉茲鉛槧永
清涼山新志　卷之一

155

156　曲阜縣志

DS793. S42 W488 1774/W2670

[乾隆]《曲阜縣志》一百卷，清潘相纂修，清乾隆三十九年刻本。十二冊。半葉十一行二十三字。左右雙邊，白口，單魚尾。版心中鐫書名、卷次。框高19.9釐米，寬14.3釐米。前有扉頁，題：“曲阜縣志。乾隆甲午新修，聖化堂藏版。”前有乾隆三十九年李中簡序、潘相自序，目錄。

潘相(1713—1790)，字潤章，號經峰，安鄉人。乾隆六年拔貢生，乾隆二十八年中進士，乾隆三十四年任曲阜知縣。

曲阜縣志卷之一
奎文第一之一
聖祖仁皇帝御製文
幸魯盛典序
朕惟自古帝王聲教翔洽風俗茂美莫不由於崇儒重道典
學右文用能綏詩書之澗澤宣道德之閫奧推厥淵源皆本
洙泗以故追崇之典歷代相仍或躬詣闕里修謁奠之儀濡
志崇容盡誠備物其間禮數隨世損益至於希風服教百代
式型異世同揆莫之或二猗歟盛矣朕臨御以來乘二十載
溯危微之統緒念生安之聖哲恒慮涼薄未克祇承用是夙
夜宣心孜孜不倦惟我至聖先師孔子配天地參陰陽模範

156

是書爲清乾隆朝所修山東《曲阜縣志》。卷一爲御製文，卷二爲御製詩，卷三至卷十四爲圖考，卷十五至卷三十五爲通編，卷三十六至卷五十六爲類記，卷五十七至卷五十九爲聖跡，卷六十、卷六十一爲世家，卷六十二至卷九十八爲列傳，卷九十九爲闕疑，卷一百爲補遺。

潘相《自序》曰：“曲阜舊志肇輯於明嘉靖中，藩僚孔宏幹，厥後知縣孔宏復，孔宏毅相繼增修。國初知縣孔衍淳又即舊版附刻已事，其綱目四：曰土地、人民、政事、文獻。其目九十有二，即今所存六卷三本者。……倥偬之餘，未及三年，已成是書。首奎文二卷以尊聖製，次圖考一十二仿歷史本紀綱目，前編及歷城、諸城、安丘諸志之法。通編二十一、次類記二十一、次聖跡二、賢躅一。次仿《史記》，述孔氏宗子及東野氏、四氏襲職。以後爲世家二、列傳三十七，而以闕疑、補遺終焉。”

曲阜縣沿革：周公因輔政成王，令其子伯禽代爲赴魯就封，建立魯國。春秋時，楚竝魯改其爲魯縣。秦將魯縣屬薛郡，郡治設曲阜。漢初時，曲阜仍爲魯縣，屬豫州部。漢景帝時復置魯國，仍以曲阜爲國都。東漢初年改稱魯國爲魯縣，屬任城郡。後又封廢太子劉強於曲阜，稱東海王，建東海國國都於曲阜，稱曲阜爲東海國。魏晉時期，曲阜仍名魯縣，隸屬豫州部。隋文帝將魯縣改爲汶陽縣。開皇十六年又改稱曲阜縣。唐貞觀元年，廢曲阜縣，將其竝入泗水縣。八年，又恢復曲阜縣。宋眞宗時，改曲阜爲仙源縣。金太宗天會七年，恢復曲阜縣名，屬山東西路兖州府。其後歷經元、明、清三朝至今，曲阜縣名未曾改變。

著錄：《中國古籍善本書目》收錄明孔弘毅纂修，清孔胤淳續修，明崇禎八年刻，清康熙十二年增補印本《曲阜縣志》六卷。此乾隆三十九年刻本著錄於《中國地方志總目提要》。

157　汝陽縣志

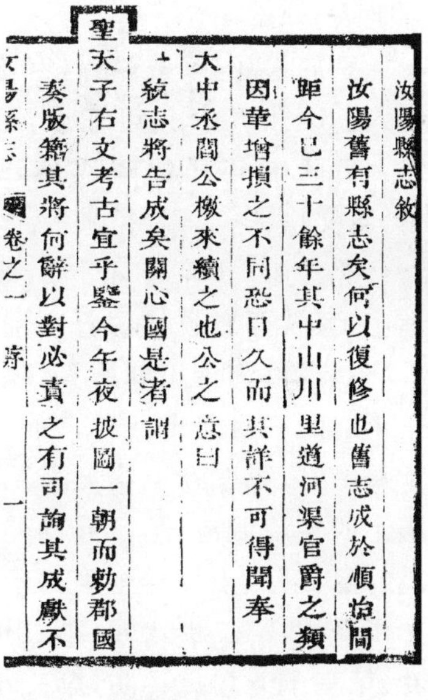
汝陽縣志敘
汝陽舊有縣志矣何以復修也舊志成於順治間
距今已三十餘年其中山川里道河渠官爵之類
因革增損之不同恐日久而其詳不可得聞奉
大中丞閻公檄來纘之也公之意曰
一統志將告成矣關心國是者謂
聖天子右文考古宜乎鑒今午夜披圖一朝而勅郡國
奏版籍其將何辭以對必責之有司詢其成獻不
汝陽縣志　卷之一　序　一

157

［康熙］《汝陽縣志》十卷，清邱天英修，李根茂纂，清康熙二十九年刻本。八册。半葉八行二十字，小字雙行同。四周單邊，白口，單魚尾。版心上鐫書名，下鐫卷次及標題。框高 18 釐米，寬 12.2 釐米。有圖。前有順治十七年紀國珍、羊璘、趙謙舊志序，邱天英序等。

邱天英（生卒年不詳），字象屏，陝西渭南縣人。貢生，康熙十八年任汝陽縣知縣。

是書爲清康熙朝所纂河南《汝陽縣志》，凡九門八十八目，記事止於康熙二十九年。是書羅列子目過於龐雜，分類亦有不當。部分字跡漫漶。卷之一、二爲輿地志，卷之三爲建置志，卷之四爲食貨志，卷之五爲典禮志，卷之六爲爵秩志，卷之七爲職官志，卷之八爲人物志，卷之九爲列傳，卷之十爲藝文。

汝陽縣沿革：汝陽縣原名伊陽縣（1959 年更名），清代以前屬直隸汝州管轄。伊陽縣周時爲陸渾之地。秦代置新城縣，屬三川郡。漢、東漢、三國、魏、晉俱屬河南郡。南北朝、後魏屬南陽郡。隋開皇初，郡廢，改縣，曰伊闕，屬河南郡。唐先天元年始析置伊陽縣，屬河南府河南郡。五代屬河南府。宋熙寧五年廢伊闕爲鎮，改屬伊縣。金屬嵩州。元至元三年，省入嵩州。明初因之，成化十二年，仍置伊陽縣，屬汝州。清因之。

著錄：《中國地方志總目提要》。收入《中國方志叢書》。哈佛燕京圖書館、斯坦佛大學圖書館、北京大學圖書館藏有是書。《中國古籍善本目錄》收錄有清紀國珍、羊璘等纂修之清順治《汝陽縣志》十卷。

158 陝西通志

［雍正］《陝西通志》一百卷，首一卷，清劉於義、沈青崖等監修，雍正十三年刻本。一百冊。半葉十二行二十六字，小字雙行同。四周雙邊，白口，單魚尾。版心上鐫書名，下鐫卷次及標題。框高 22.3 釐米，寬 15.8 釐米。前有凡例，敕修《陝西通志》官員職名，劉於義、史貽直、碩色等上表。

劉於義（？—1748），字喻旃，江蘇武進人。康熙五十一年進士，庶吉士，授編修。乾隆七年任福建巡撫，官至戶部尚書，謚文恪。

沈青崖（生卒年不詳），順天大興人。進士，官陝西布政使司督理糧儲道僉事。

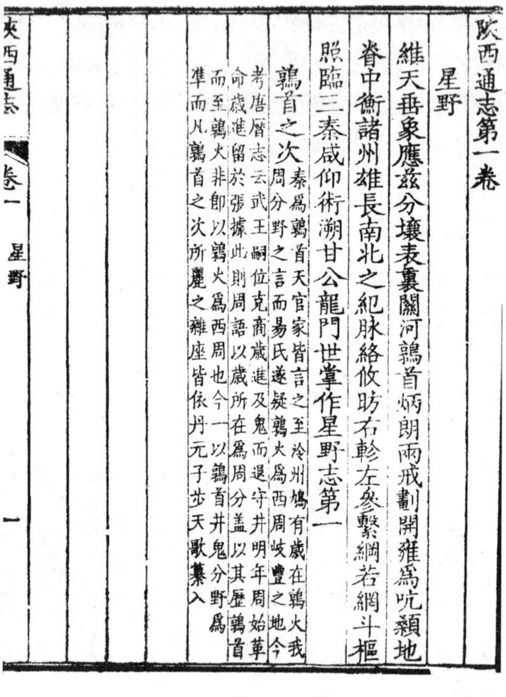
陝西通志第一卷
星野
維天垂象應茲分壤表裏關河鶉首炳朗兩戒劃開雍爲吭䪻地
脊中衡諸州雄長南北之紀脉絡攸昉右軫左參繫綱若綱斗樞
照臨三秦箴仰術溯甘公龍門世掌作星野志第一
鶉首之次秦爲鶉首天官家皆言之至泠州鳩有歲在鶉火我周分野之言而易氏遂疑鶉火爲西周岐豐之地今
考唐曆志云武王嗣位克商歲進及鬼而退守井明年周始革命歲進留於張據此則周語以歲所在爲周分盖以其歷鶉首
而至鶉火非卽以鶉火爲西周也今一以鶉首井鬼分野爲準而凡鶉首之次所麗之雜座皆依丹元子步天歌纂入
陝西通志 卷一 星野 一

158

是書爲清雍正朝所纂《陝西通志》，凡三十二門一百七十八目。前有卷首，第一卷爲星野，第二卷至第五卷爲建置，第六卷、第七卷爲疆域，第八卷至第十三卷爲山川，第十四卷爲城池，第十五卷爲公署，第十六卷、第十七卷爲關梁，第十八卷至第二十卷爲封爵，第二十一卷至第二十三卷爲職官，第二十四卷至第二十六卷爲貢賦，第二十七卷爲學校，第二十八卷、第二十九卷爲祠祀，第三十卷至第三十三卷爲選舉，第三十四卷、第三十五卷爲兵防，第三十六卷爲驛傳，第三十七卷、第三十八卷爲屯運，第三十九卷、第四十卷爲水利，第四十一卷爲鹽法，第四十二卷爲茶馬，第四十三卷、第四十四卷爲物產，第四十五卷爲風俗，第四十六卷、第四十七卷爲祥異，第四十八卷、第四十九卷爲帝系，第五十卷至第五十四卷爲名宦，第五十五卷至第六十九卷爲人物，第七十卷、第七十一卷爲陵墓，第七十二卷、第七十三卷爲古跡，第七十四卷、第七十五卷爲經籍，第七十六卷至第八十二卷爲紀事，第八十三卷、第八十四卷爲德音，第八十五卷至第九十七卷爲藝文，第九十八卷至第一百卷爲拾遺。

《四庫全書總目》曰：“陝西舊通志爲康熙中巡撫賈漢復所修，當時皆稱其簡當。而閱時既久，因革損益，頗不相同。雍正七年敕各省大吏纂輯通志，陝西督撫以其事屬之糧儲道沈青崖。青崖因據漢復舊本,參以明代馬、馮二家之書,斟酌增刪,釐成百卷,分爲三十二類。雍正十二年,於義等始表上之。陝西省治本漢、唐舊都,故紀載較多。如三輔黄圖、長安志皆前人所稱善本,而卷帙既繁,異同亦夥。至其隸轄支郡,若綏葭、鳳、興之類,則又地近邊隅,志乘荒略,不免沿習傳譌。是編訂古證今,詳略悉當,視他志之撦撏附會者較爲勝之。書中閒有案語,以參考同異,亦均典核可取云。”

陝西沿革:陝西以陝原之西得名。戰國時,魏國在洛河下游設上郡,楚國在漢江中游設漢中郡,秦在陝北設上郡。秦在渭河流域另設内史。西漢沿襲秦制,保留上郡與漢中郡,另將秦的内史分爲京兆尹、左馮翊、右扶風,稱爲“三輔”,治所均在長安城。漢武帝時,設十三州刺史部,監察各郡。後改刺史部爲州,州牧或州刺史爲行政長官,形成州、郡、縣三級制。現今的陝西在西漢中期涉及三個州。三國時,今陝西地區大部分由雍州、荊州、益州管轄。東晉至隋統一的二百多年間,南北分裂,戰爭頻繁,行政區劃混亂。唐初,今關中、陝北屬關内道,陝南屬山南道。宋改道爲路,陝西大部分屬於永興軍路,治所在今西安市。金仍用路制,陝西境内的有京兆府路、延路。元設陝西行省,轄今陝西全境及甘肅蘭州以東和内蒙古伊克昭盟中部以南各地。明設陝西布政使司,轄今陝西全境、甘肅嘉峪關以東各地、寧夏和内蒙古伊克昭盟的大部、青海湖以東部分。清仍稱行省或省,清初陝西仍轄今甘肅、寧夏和青海東部,康熙二年年移陝西右布政使駐鞏昌,五年改爲甘肅布政使,移駐蘭州。從此,陝、甘兩省分治。

著録:《中國地方志總目提要》。《中國古籍善本目録》另録有明趙廷瑞、馬理纂修之嘉靖《陝西通志》四十卷,明嘉靖二十一年刻,二十六年增修本;明李思孝、王紹先纂修之萬曆《陝西通志》三十五卷,首一卷,明萬曆三十九年刻本。是書入藏耶魯大學圖書館、華盛頓大學圖書館、普林斯頓大學圖書館、加州Clarement College圖書館。

159 沈邱縣志

DS793. H52 S537 1746/W2641

[乾隆]《沈邱縣志》十二卷,清李鼎玉原修,何原洙續修,魯之璠纂,清乾隆十一年刻本。四冊。半葉十行二十一字。左右雙邊,白口,單魚尾。版心上鐫書名,中鐫卷次。框高22釐米,寬14.5釐米。前有乾隆十一年何原洙“續修沈邱縣志序”,圖經,姓氏,凡例,目録。

何原洙(生卒年不詳),字燮友,奉天人。拔貢,曾任許州州判,鄭州知州。

魯之璠(生卒年不詳),字奐若,臨潁人。拔貢,沈

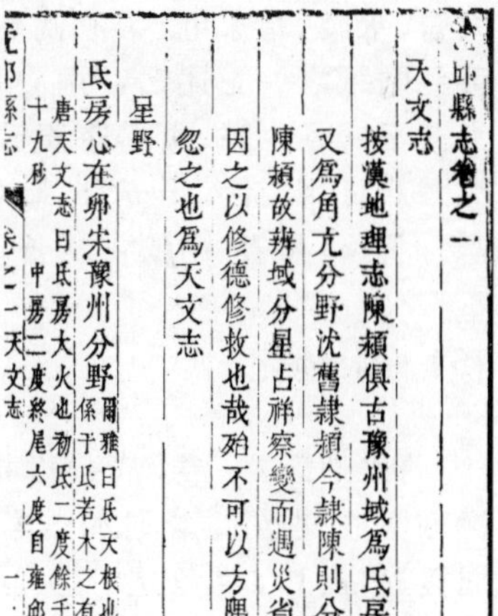
沈邱縣志卷之一
天文志
按漢地理志陳潁俱古豫州域爲氐房心分野
又爲角亢分野沈舊隸潁今隸陳則分野當從
陳潁故辨域分星占祥察變而遇災省咎不可
因之以修德修救也哉殆不可以方隅之限而
忽之也爲天文志
星野
氐房心在卯宋豫州分野爾雅曰氐天根也角亢下係于氐若木之有根宋分
唐天文志曰氐房大火也初氐二度餘千四百一十九秒中房二度終尾六度自雍邱東南接
沈邱縣志 卷之一 天文志 一

159

邱縣儒學教諭屬訓導事。

是書爲清乾隆朝所修河南《沈邱縣志》。卷一爲天文志,卷二爲地理志,卷三爲建置志,卷四爲食貨志,卷五爲祀典志,卷六爲學校志,卷七爲秩官志,卷八爲官師表,卷九爲人物表,卷十爲鄉賢,卷十一爲叢紀,卷十二爲藝文。

沈邱縣沿革:秦屬潁川郡。西漢仍屬潁川。東漢、魏晉因之。隋開皇年間以項城拆置沈州。唐屬潁州,武德四年廢沈州置沈邱縣。宋沈邱縣屬順昌府。元屬潁州,爲沈邱縣。明洪武初省,弘治十一年始置沈邱縣。清因之。

著錄:《中國地方志總目提要》。

160 盛京路程圖

G2309 M8S5/M1501

《盛京路程圖》不分卷,清巾箱鈔本。二冊。無邊框,葉高 14.5 釐米,寬 9.2 釐米。

是書爲清代盛京(今瀋陽)前往各地的路程圖。上冊起於東華門,終於蘇子河附近之地藏寺。下冊起於夏園大營,終於盛京宮。

本館藏本爲墨筆單色繪製,爲自右至左"一"字形開展式水路行程地圖。除地名、驛站名外,尚繪有所行經路綫周圍的山川、河流。書中間有黄色貼紙,註明沿途行經的站數及所需時日。如東華門起,經朝陽門、日壇、東嶽廟、新橋、關東店、藥王廟、御碑亭、八里堡、關帝廟、佟家墳、太平莊、甘露庵、大黄莊等至夏園大營、永陵、溫家屯、栗家溝、顯佑宮、備用房、地藏寺。黄色貼紙之一記述曰:"由夏原大營二十七站,由夏原大營至盛京六站,由盛京至京二十四站,共五十七站,駐蹕八日,共計六十五日。"本館藏本書名采自函套。

著錄:是書《中國古籍善本書目》等無著錄。

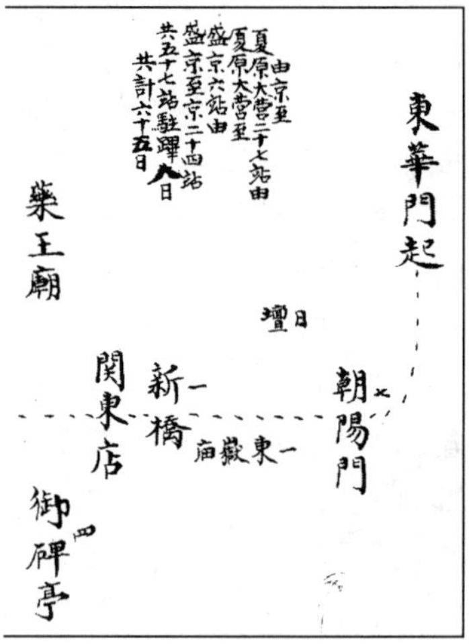

160

161 水地記

GB1337.T32 1777/W757f

《水地記》一卷,清戴震撰,清乾隆四十二年孔繼涵刻微波榭叢書本刻本。半葉十一行二十一字。四周雙邊,白口,單魚尾。版心上鐫書名,中鐫卷次,下鐫"微波榭"。框高 17.9 釐米,寬 14 釐米。

戴震,見 015《聲類表》。

《水地記》卷數不一,有清稿本一卷,清乾隆四十二年孔繼涵家钞本三卷,清钞本五卷等。

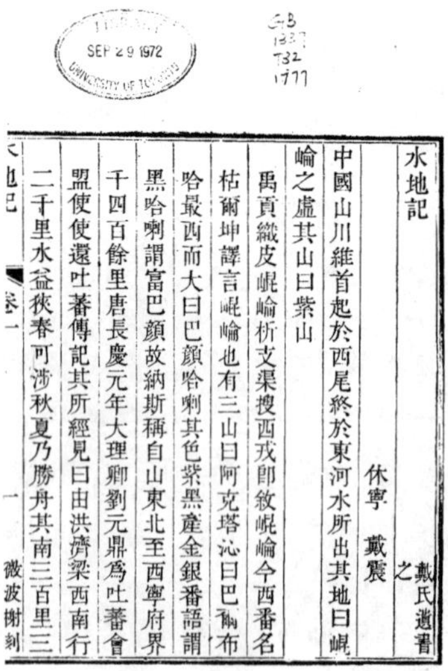

水地記　戴氏遺書之
休寧　戴震
中國山川維首起於西尾終於東河水所出其地曰崐
崘之虛其山曰紫山
禹貢織皮崐崘析支渠搜西戎卽敘崐崘今西番名
枯爾坤譯言崐崘也有三山曰阿克塔沁曰巴爾布
哈最西而大曰巴顏哈喇其色紫黑產金銀番語謂
黑哈喇謂富巴顏故納斯稱自山東北至西寧府界
千四百餘里唐長慶元年大理卿劉元鼎爲吐蕃會
盟使使還吐蕃傳記其所經見曰由洪濟梁西南行
二千里水益狹春可涉秋夏乃勝舟其南三百里三
水地記　卷一　一　微波榭刻

161

本館藏一卷一冊，卷末署“《水地記》卷之一終”。

著錄：《中國古籍善本目錄》。

162 水經

F765

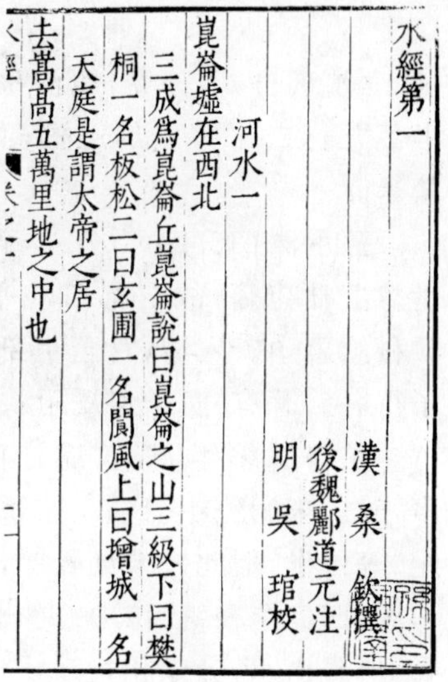
水經第一
漢 桑 欽撰
後魏酈道元注
明 吳 琯校
河水一
崑崙墟在西北
三成爲崑崙丘崑崙說曰崑崙之山三級下曰樊
桐一名板松二曰玄圃一名閬風上曰增城一名
天庭是謂太帝之居
去嵩高五萬里地之中也

162

《水經注》、《水經》四十卷，魏酈道元撰，明吳琯校，明萬曆十三年吳琯刻合刻山海經水經本。十六冊。半葉十行二十字。左右雙邊，白口，單魚尾。版心上鐫書名，中鐫卷次。框高 21 釐米，寬 13.2 釐米。前有方沆“合刻山海經水經序”，萬曆十三年王世懋“重刻水經序”，嘉靖十三年黃省曾“刻水經序”，目錄。

酈道元（470—527），字善長，范陽人。官至御史中尉。事具《魏書·酷吏傳》。

吳琯（生卒年不詳），字仲虛，號雲中，歙縣人，客籍福建漳浦。隆慶辛未進士，曾任婺源縣令。

是書第一卷至第五卷爲河水，第六卷爲汾水、澮水、涑水等，第七卷、第八卷爲濟水，第九卷爲清水、沁水、淇水等，第十卷爲濁漳水、清漳水，第十一卷爲易水、滱水，第十二卷爲聖水、巨馬水，第十三卷爲濕水，第十四卷爲濕餘水、沽水、鮑丘水等，第十五卷爲洛水，第十六卷爲 穀水、甘水、漆水等，第十七卷至第十九卷爲渭水，第二十卷爲漾水、丹水，第二十一卷爲汝水，第二十二卷爲潁水、洧水、潩水等，第二十三卷爲陰溝水、汳水，第二十四卷爲睢水、瓠子水、汶水，第二十五卷爲泗水、沂水，第二十六卷爲沭水、巨洋水、淄水等，第二十七卷、第二十八卷爲沔水，第二十九卷爲沔水、潛水、湍水等，第三十卷爲淮水，第三十一卷爲溳水、淯水等，第三十二卷爲漻水、蘄水、決水等，第三十三卷至第三十五卷爲江水，第三十六卷爲青衣水、洹水、若水等，第三十七卷爲淹水、葉榆水、夷水等，第三十八卷爲資水、漣水、湘水等，第三十九卷爲匯水、深水、鍾水等，第四十卷爲漸江水、斤江水。

《四庫全書總目》曰：“自晉以來，注水經者凡二家。郭璞注三卷，杜佑作《通典》時猶見之。今惟道元所注存。《崇文總目》稱其中巳佚五卷。故《元和郡縣志》、《太平寰宇記》所引滹沱水、洛水、涇水皆不見於今書。然今書仍作四十卷，蓋宋人重刊，分析以足原數也。是書自明以來絕無善本。惟朱謀㙔所校盛行於世，而舛謬亦復相仍。……又《水經》作者《唐書》題曰桑欽。然班固嘗引欽說，與此經文異。道元注亦引欽所作地理志，不曰水經。觀其涪水條中稱廣漢巳爲廣魏，則決非漢時。鐘水條中稱晉寧仍曰魏寧，則未及晉代。推尋文句，大抵三國時人。今既得道元原序，知並無桑欽之文。則據以削去舊題，亦庶幾闕疑之義云爾。”

本館藏本卷首亦題漢桑欽撰，依《四庫全書總目》略去。

著錄：《四庫全書總目》、《中國古籍善本書目》。

鈐印："孫承澤印"、"維堂"。

163　水利書

J2056

《水利書》不分卷，題清孫承澤撰，清鈔本。二冊。半葉九行二十字。無邊框，葉高 24.3 釐米，寬 14.2 釐米。

孫承澤（1592—1676），字耳北，號退谷，益都人。世隸上林苑籍，故自稱曰北平。明崇禎辛未進士，官兵科給事中。入清，官至吏部左侍郎。平生以尊崇朱子得名。著有《庚子消夏記》、《研山齋集》、《學典》等。

是書採編年體，敘述江南各地歷代水利興修之事，詳於宋、元、明三朝。按孫氏有《九州山水考》、《河紀》等傳世，但此書未見著錄，疑爲託傳。

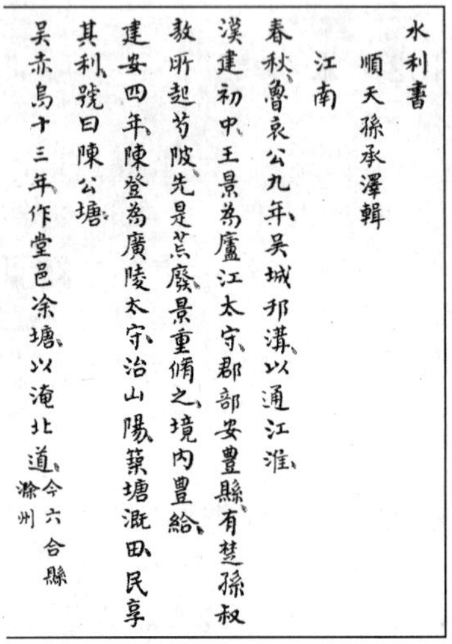
水利書
順天孫承澤輯
江南
春秋、魯哀公九年、吴城邗溝、以通江淮、
漢建初中、王景爲廬江太守、郡部安豐縣、有楚孫叔
敖所起芍陂、先是荒廢、景重脩之、境内豐給、
建安四年、陳登爲廣陵太守、治山陽、築塘溉田、民享
其利、號曰陳公塘、
吴赤烏十三年、作堂邑涂塘、以淹北道、今六合縣滁州

163

《四庫全書總目》中《九州山水考》條下曰："取《禹貢》所載山水，分類相從。山凡四十有三，正導者二十有七，雜見者十有六。水凡四十有二，正導者九，雜見者三十有三。附以澤九，原隰十。冠以水道會通源委，皆首標其名，而以所合諸水旁行斜貫，引以烏絲，略似族譜世系。與地圖之式迥殊。中多附論時事，引明代諸人議論事實以相證佐。如水利海運之類，與經義多不相關。蓋借事抒議，不專爲注經設也。書首標曰格致錄卷，而卷字之上缺一字未鐫。其子目乃題九州山水考上、中、下字。蓋其格致錄中之一種，刊而未竣者耳。"

本館藏本爲墨筆楷書，有朱筆圈點。

著錄：是書《中國古籍善本書目》等無著錄。

164　說嵩

DS793. H52S88 1716a/K794

《說嵩》三十二卷，清景日昣撰，清康熙五十五年嶽生堂刻本。十冊。半葉十一行二十五字。四周雙邊，白口，單魚尾。版心上鐫書名，中鐫卷次，下鐫卷題。框高 20 釐米，寬 14.1 釐米。前有吕履恒序，景日昣自序，馮嗣京序等。

景日昣（1658—?），字東陽，號嵩崖，河南登封人。康熙十二年入嵩陽書院，師從大儒耿介、湯斌。康熙二十六年中舉人，康熙三十年爲進士。歷任肇慶府高要縣知縣，陝西道、山西道、浙江道、江南道、河南道監察御史，鴻臚寺、太仆寺少卿，宗人府府丞，督察院左副都御史，禮部侍郎，戶部侍郎，加禮部尚書銜等。雍正三年於六十九歲時退休回鄉，閉門謝客，專心著述。著有《嵩嶽廟史》、《會善寺志》、《龍潭寺志》、《學制書》、《嵩崖尊生》等。

是書卷一至卷八爲解釋嵩山地名等，卷九爲嵩山之星野與山名沿革，卷十爲形勢、水泉，卷十一爲嵩山建制沿革及歷代帝王巡狩祭祀介紹，卷十二至卷十三爲嵩山地區古跡留存情況，卷十四、卷十五爲金石，卷十六、卷十七爲嵩山人物，卷十八、卷十九爲嵩山物產，卷二十、卷二十一介紹嵩山地區與道教、佛教有關的人物、庵觀、寺廟，卷二十二匯集了歷代記載嵩山地區靈異事跡的資料，卷二十三至卷三十二收集歷代詩、文、賦等。

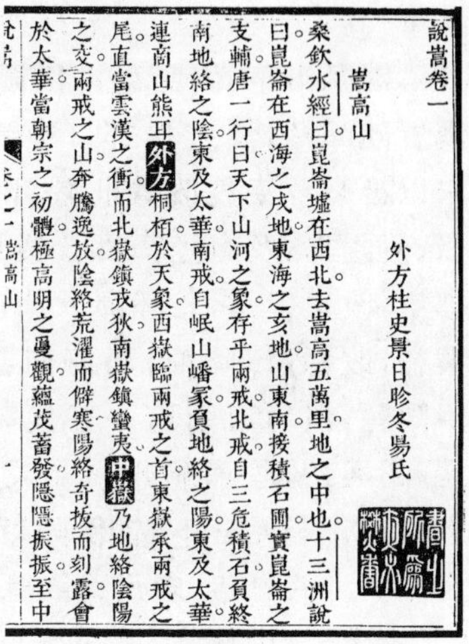
說嵩卷一
外方柱史景日昣冬暘氏
嵩高山
桑欽水經曰崑崙墟在西北去嵩高五萬里地之中也十三洲誌曰崑崙在西海之戌地東海之亥地山東南接積石圃實崑崙之支輔唐一行曰天下山河之象存乎兩戒北戒自三危積石負終南地絡之陰東及太華南戒自岷山嶓冢負地絡之陽東及太華連商山熊耳外方桐栢於天象西嶽臨兩戒之首東嶽承兩戒之尾直當雲漢之衢而北嶽鎮戎狄南嶽鎮蠻夷中嶽乃地絡陰陽之交兩戒之山奔騰逸放陰絡荒濯而僻寒陽絡奇拔而刻露會於太華當朝宗之初體極高明之曼觀蘊茂蓄發隱隱振振至中
說嵩　卷一　嵩高山

164

《四庫全書總目》曰："是書自卷一至卷八，統紀嵩高及二室。卷九以下，分星野、形勝、封域、巡祀、古蹟、金石、傳人、物產、仙釋、摭異、藝林、風什九門。考嵩山爲中嶽，本於《爾雅》、《毛詩》，故《史記》主其說。胡渭《禹貢》錐指信《爾雅》前條，河南華之文，而指後條嵩高爲中嶽乃後人附益。然鄭康成注《大司樂》謂華爲中嶽，而註小宗伯，則以嵩爲中嶽。賈疏謂大司樂註，據鎬京，小宗伯註據洛邑，其說似可與《爾雅》前後二文相證。即云後人附益，而康成已兼據之矣。又外方之爲嵩山，見於《尙書》，孔註《水經注》諸書。金吉甫乃謂嵩高非外方，殊妄。此書於中嶽宗《史記》於外方，引《水經注》。考核殊不繆。然《嵩書》及《嵩山志》、天下名山志之類，於此山形勝沿革，已爲廣徵博輯。此特綜彙舊文，踵而成之耳。"

著錄：《四庫全書總目》、《皇朝文獻通考》。

165　嵩縣志

［乾隆］《嵩縣志》三十卷，清康基淵纂修，清乾隆三十二年刻本。四冊。半葉九行二十二字，小字雙行同。左右雙邊，白口，單魚尾。版心上鐫書名，下鐫卷次及標題。框高 18.2 釐米，寬 13.1 釐米。有圖。前有阿思哈、歐陽永椅、康基淵序等。

康基淵（生卒年不詳），字靜溪，山西興縣人。乾隆進士，乾隆二十八年任嵩縣知縣。乾隆四十四年擢守江西廣信府。

是書爲清乾隆朝所纂河南《嵩縣志》，凡二十四門二十六目，記事止於乾隆三十二年。前有卷首，卷一爲沿革表，卷二爲職官表，卷三爲貢舉表，卷四爲兩程世表，卷五爲沿革，卷六爲星野，卷七爲疆域，卷八爲山川，卷九爲風俗，卷十爲城垣，卷十一爲里保，卷十二爲市鎮，卷十三爲公署，卷十四爲河渠，卷十五爲食貨，卷十六爲學校，卷十七爲祀典，卷十八爲戶口，卷十九爲田賦，卷二十爲倉儲，卷二十一爲兵防，卷二十二爲宅坊亭墓，卷二十三至卷三十爲列傳。

嵩縣沿革：嵩縣爲古伊闕地，春秋時爲陸渾戎地。漢置陸渾縣，屬宏農郡。後漢因之。晉改屬河南郡。宋以後廢。東魏改置北陸渾縣，屬新城郡，又置北荆州、伊陽郡、及南陸渾縣。後周改北荆州。隋開皇初，郡廢，改置伊州，北陸渾入南陸渾，又改曰伏流。隋大業初，改縣，曰陸渾，屬河南郡。唐先天二年，又析置伊陽縣，俱屬河南府。五代時，並陸渾入伊陽。宋因之，紹興初，陞爲順州。金天德三年，更名嵩州，屬南京路。元至元三年，省伊陽縣入州，至元八年，屬南陽府。明洪武二年，廢州爲嵩縣，屬河南府。清因之。

著錄：《中國地方志總目提要》。哈佛燕京圖書館、哥倫比亞大學圖書館藏有是書。《中國古籍善本目錄》收錄有清盧志、李滋纂修之康熙《嵩縣志》，十卷。

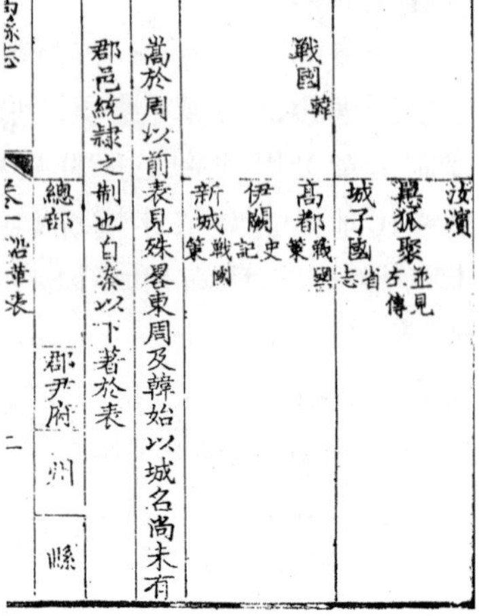
嵩於周以前表見殊畧東周及韓始以城名嵩未有
郡邑統隸之制也自秦以下著於表

165

166　遂平縣志

［乾隆］《遂平縣志》十六卷，首一卷，清金忠濟修，祝暘、魏弘謨纂，清乾隆二十四年刻本。四册。半葉九行二十一字，小字雙行同。左右雙邊，白口，單魚尾。版心上鐫書名，下鐫卷次及標題。框高 19.8 釐米，寬 13.6 釐米。有圖。前有胡寶瑔、金忠濟序，明萬曆十四年王致和舊序，順治十六年張鼎新舊序等。

金忠濟（生卒年不詳），字見清，江南休寧人。乾隆進士，乾隆二十年任遂平縣知縣。

祝暘（生卒年不詳），江南金匱人。監生。

魏弘謨（生卒年不詳），遂平人。舉人。

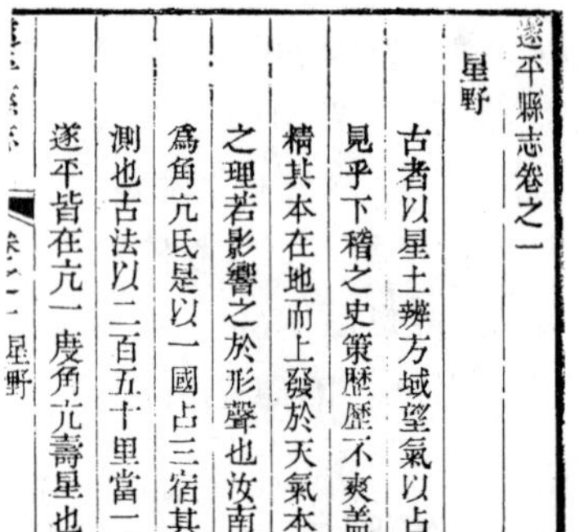
遂平縣志卷之一
星野
古者以星土辨方域望氣以占年象著於上而
見乎下稽之史策歷歷不爽蓋三光者陰陽之
精其本在地而上發於天氣本相屬故其始
之理若影響之於形聲也汝南古鄭地鄭之分
爲角亢氐是以一國占三宿其度數分野部縣
測也古法以二百五十里當一度說者謂西平
遂平皆在亢一度角亢壽星也至治之世人壽

166

是書爲清乾隆朝所纂河南《遂平縣志》，凡十七門五十五目。是書考核精詳，言簡意賅。前有卷首，卷一含星野、輿地、沿革、疆域、山川、古籍，卷二含建置、城池、街坊、封建、巷社、官秩、保集、公署、舖遞、壇壝、武備，卷三含土産、風俗，卷四至卷五含田賦，卷六含水利，卷七至卷八含學校，卷九至卷十含仕籍，卷十一含貢舉，卷十二含名宦、鄉賢，卷十三含貞烈，卷十四含外紀，卷十五、卷十六含藝文。

遂平縣沿革：春秋時爲房子國。漢置吳房縣，屬汝南郡。東漢、三國、魏、晉皆因之。南北朝、後魏改曰遂寧縣，屬襄城郡。隋大業初，復爲吴房縣，仍屬汝南郡。唐元和十二年，李愬平吴元濟，始改曰遂平縣，屬蔡州汝南郡。五代屬蔡州。宋屬蔡州淮康軍。金屬蔡州鎮南軍。元初省入汝陽縣，至元三十年復置，屬汝寧府。明屬仍舊。清因之。

著録：《中國地方志總目提要》。哈佛燕京圖書館、哥倫比亞大學圖書館、芝加哥大學圖書館、北京大學圖書館藏有是書。《中國古籍善本目録》收録有清張鼎新、趙之珩等纂修之清順治《遂平縣志》十五卷。

167　太谷縣志

DS793. S42T357 /W1685

［乾隆］《太谷縣志》八卷，清乾隆三十年清高繼允、姚孔碩、涂逢豫等續修，清刻本。八冊。半葉九行二十字。四周雙邊，白口，單魚尾。版心上鐫書名，下鐫卷次。框高 19 釐米，寬 14 釐米。前有乾隆六十年張增誼、鄧希曾、郭晉序，舊志序例，前志考異，凡例，訂誤等。

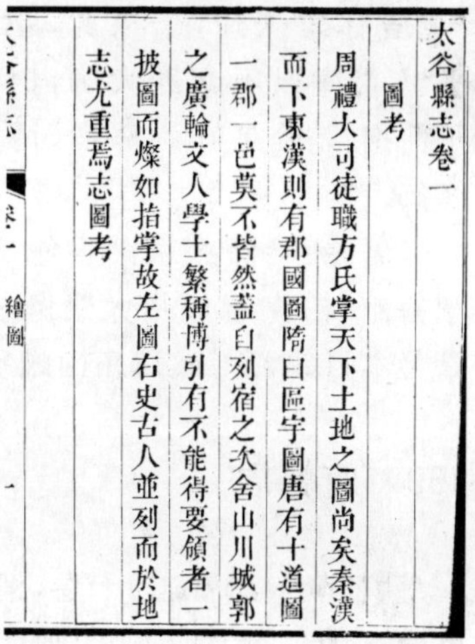
太谷縣志卷一
圖考
周禮大司徒職方氏掌天下土地之圖尚矣秦漢
而下東漢則有郡國圖隋曰區宇圖唐有十道圖
一郡一邑莫不皆然蓋臼列宿之次舍山川城郭
之廣輪文人學士繁稱博引有不能得要領者一
披圖而燦如指掌故左圖右史古人並列而於地
志尤重爲志圖考

167

高繼允（生卒年不詳），梁山人。曾任太谷縣知縣。

姚孔碩（生卒年不詳），桐城人。

涂逢豫（生卒年不詳），江寧人。

是書爲清乾隆朝所修山西《太谷縣志》。卷一爲圖考、星野、疆域，卷二爲沿革、山川、城池、公署、學校、壇廟，卷三爲古跡、水利、田賦、風俗、職官、名宦，卷四爲科目、仕籍，卷五爲人物、列女，卷六爲藝文上、御製，卷七爲藝文中，卷八爲藝文下。

太谷縣沿革：春秋時爲晉國大夫陽處父封邑，西漢因置陽邑縣，屬太原郡。隋開皇十八年改名爲太谷縣，沿用至今。

著録：《中國古籍善本目録》。《中國古籍善本目録》另收録明喬允陞、寇嘉會等纂修之萬曆《太谷縣志》十卷，清順治九年刻本。

168　潭柘山岫雲寺志

DS795. S54 /W1744

《潭柘山岫雲寺志》二卷，清神穆德撰，清光緒九年刻本。二冊。半葉九行十八字，小字雙行同。四周雙邊，白口，單魚尾。版心上鐫書名，下鐫卷次。框高 19 釐米，寬 12.7 釐米。前有清乾隆四年神穆德自序、總目等，卷二前有清光緒九年釋義庵所撰“續刊潭柘山志略序”。

神穆德（生卒年不詳），乾隆年間鑲紅旗人。清宗室，曾任鎮守翔平高等處建威將軍、鑲紅旗都統。

神穆德《自序》云："舊志猶存，聊爲之約編參考卽可補之，不必俟乎女媧也。故留心自任，訪得其鈔本舊志及别傳異記諸文，折衷節取，合編忝訂以成之，名曰《潭柘山岫雲寺志》。"義庵《序》曰："今年夏義庵以避囂來此山，清心念佛，冀消幻業。禪誦之暇，法叔慈雲大師出山志見示，僅到五代，下則闕如，而第五代復無行實傳燈之義，謂之何哉？訝而相問，大師憮然曰，'老僧有志未逮，子來此，不可謂無緣，盍爲我成之乎？'義庵以不文謝大師，曰：'不惟其文，惟其實也。子何拘？'於是詳詢尊宿，博訪逸聞，據事直書，不假修飾。"

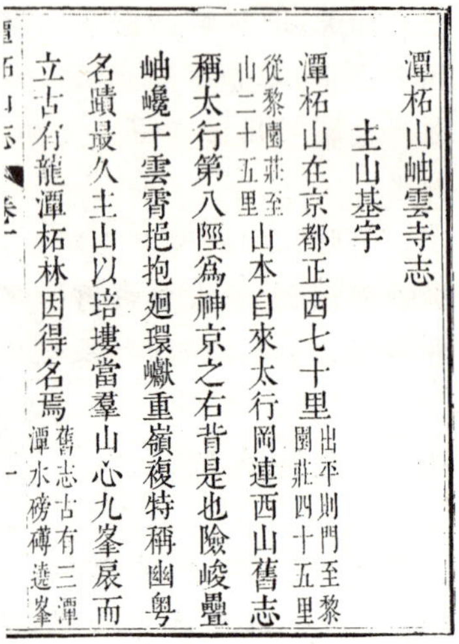
潭柘山岫雲寺志
主山基宇
潭柘山在京都正西七十里出平則門至黎園莊四十五里從黎園莊至山二十五里山本自來太行岡連西山舊志稱太行第八陘爲神京之右背是也險峻疊岫巉千雲霄挹抱廻環巘重嶺複特稱幽粤名蹟最久主山以培塿當羣山心九峯展而立古有龍潭柘林因得名焉舊志古有三潭潭水磅礴遶峯

168

著録：哈佛燕京圖書館、哥倫比亞大學大學東亞圖書館、柏克萊加州大學圖書館入藏是書。《中國古籍善本目録》所録《潭柘山岫雲寺志》七卷清鈔本，與本館所藏不同。

169　唐縣志

［乾隆］《唐縣志》十卷，清黄文蓮修，吴泰來纂，清乾隆五十二年刻本。四冊。半葉十一行二十一字。四周單邊，黑口，雙魚尾。版心上鐫書名，下鐫卷次及標題。框高 17.8 釐米，寬 13.2 釐米。有圖。前有黄文蓮序，康熙六年曲燿辰增補唐縣志跋等。

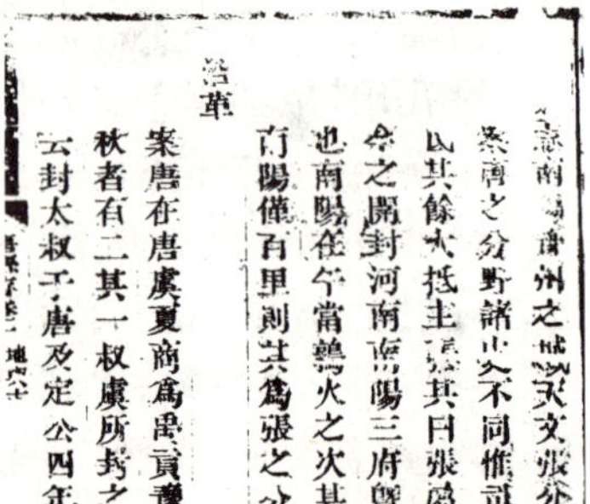
沿革
案唐在唐虞夏商爲冀州之域
秋者有二其一叔虞所封之國
封太叔于唐及定公四年左傳所

169

黄文蓮（生卒年不詳），字芳亭，上海人。歷任沁陽、唐縣知縣。

吴泰來（生卒年不詳），字企晉，號竹嶼，江蘇長州人。乾隆進士，曾任清内閣中書舍人，大梁書院山長。著有《淨名軒集》。

是書爲清乾隆朝所纂河北《唐縣志》，凡八門六十目。卷之一爲地域志，卷之二爲建置志，卷之三爲賦役志，卷之四爲職官志，卷之五爲宦績志，卷之六爲選舉志，卷之七、八爲人物志，卷之九、十爲藝文志。

唐縣沿革：西漢高帝四年置縣，因古爲唐侯國得名唐縣，屬冀州刺史部中山國所轄。西漢景帝三年改國爲中山郡，唐縣屬之。新王莽始建國元年改唐縣爲和親縣。東漢建武元年復名唐縣，仍屬冀州中山國所轄。魏晉因之。北齊撤唐縣並入安喜縣，隋開皇十六年復置唐縣,屬定州博陵郡。唐代屬河北道定州。後梁開平三年改唐縣爲中山縣,後唐同光初復爲唐縣。後晉天福七年改唐縣爲博陵縣,後漢初復名唐縣。宋屬河北西路中山府。金屬河北西路定州所轄。元代改屬保定路。明代隸屬京師省保定府。清初仍屬保定府所轄。

著錄:《中國地方志總目提要》。哈佛燕京圖書館、北京大學圖書館藏有是書。《中國古籍善本目錄》收錄有清王恪纂修之清雍正《續唐縣志略》十卷,清雍正十二年刻本。《中國方志叢書》收錄有清光緒張惇德、陳泳纂修之《唐縣志》十二卷,首一卷,光緒四年刻本。

170 通許縣志

[乾隆]《通許縣志》十卷,清阮龍光修,紹自祐纂,清乾隆三十六年刻本。六冊。半葉十行二十二字,小字雙行同。四周雙邊,白口,單魚尾。版心上鐫書名,下鐫卷次及標題。框高 19.7 釐米,寬 13 釐米。有圖。前有周於知序,阮龍光序,王應佩原序,陳正舊序等。

阮龍光(生卒年不詳),字見田,號雲溪,江西新建人。舉人,乾隆二十七年任通許縣知縣。

紹自祐(生卒年不詳),字葵露,又字斂五,順天大興人。通許咸平書院山長,曾協纂豫省通志。

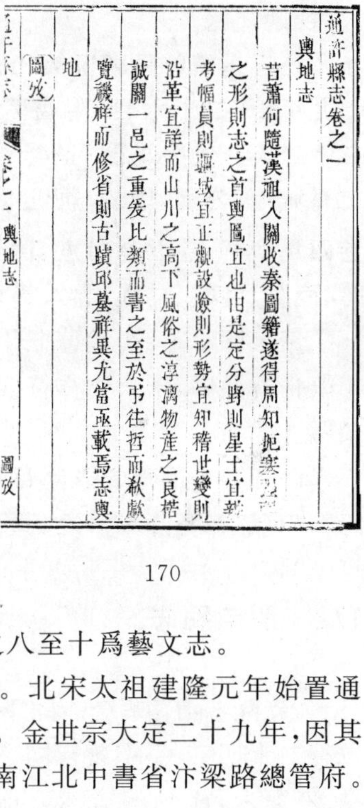
通許縣志卷之一
輿地志
昔蕭何隨漢祖入關收秦圖籍遂得周知阨塞戶口
之形則志之首輿圖宜也由是定分野則星土宜考
考幅員則疆域宜正覘設險則形勢宜知稽世變則
沿革宜詳而山川之高下風俗之淳漓物產之良楛
誠關一邑之重爰比類而書之至於弔往哲而秋獻
覽禨祥而修省則古蹟邱墓祥異尤當亟載焉志輿
地
圖攷
通許縣志 卷之一 輿地志 圖攷

170

是書爲清乾隆朝所纂河南《通許縣志》,凡八門七十一目,記事止於乾隆三十五年。卷之一爲輿地志,卷之二爲建置志,卷之三爲田賦志,卷之四爲禮樂志,卷之五爲官師志,卷之六爲人物志,卷之七爲選舉志,卷之八至十爲藝文志。

通許縣沿革:春秋爲許國地。漢爲陳留、扶溝二縣地。北宋太祖建隆元年始置通許鎮,屬扶溝縣。宋真宗咸平五年置咸平縣,以年號爲名。金世宗大定二十九年,因其與咸平府同名,易名爲通許縣,屬南京路開封府。元屬河南江北中書省汴梁路總管府。明清屬河南省開封府。

著錄:《中國地方志總目提要》。哈佛燕京圖書館、康奈爾大學圖書館藏有是書。《中國古籍善本目錄》收錄有明韓玉、張瑤等纂修之嘉靖《通許縣志》二卷,明嘉靖二十二年刻本;清王應珮、韓鼎纂修之雍正《通許縣志》十卷。

171 萬泉縣志

[乾隆]《萬泉縣志》八卷,清畢宿燾續修,張史筆編輯,清乾隆二十三年刻本。四

册。半葉八行二十字，小字雙行同。四周雙邊，白口，單魚尾。版心上鐫書名，下鐫卷次。框高 21.7 釐米，寬 14.2 釐米。有圖。前有畢宿燾"續修萬泉縣志序"。

畢宿燾(生卒年不詳)，字溥幼，山東文登人。乾隆四年進士，乾隆十八年任山西萬泉知縣，乾隆二十三年陞澤州府同知。官至吏部員外轉戸部郎中。辭官後，賜贈朝議大夫、彰州府知府。著有《吟風弄月詩稿》。

張史筆(生卒年不詳)，萬泉人。乾隆十七年舉人，揀選知縣。

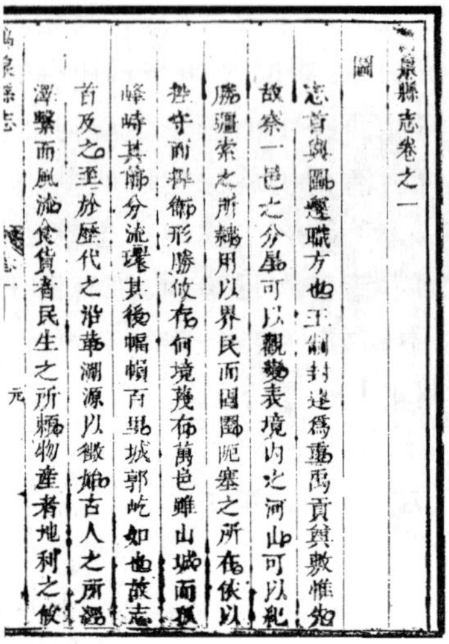
萬泉縣志卷之一
圖
志首輿圖蹙職方也王制封建爲疆禹貢與數惟知
故恭一邑之分畾可以觀變表境内之河山可以紀
勝疆索之所隸用以界民而圖關阨塞之所在依以
扼守而捍衛形勝攸在何境蔑布萬邑雖山城而環
峰峙其節分流環其後幅幀百里城郭屹如也故志
首及之至於歷代之沿革溯源以徵始古人之所經
深繫而風流食貨者民生之所賴物産者地利之攸
萬泉縣志 元

171

是書爲清乾隆朝所纂山西《萬泉縣志》，修於乾隆十九年，凡二十六目，附目六，圖四幅，記事止於乾隆二十二年。卷一爲圖、星野、疆域、山川、建置沿革，卷二爲城池、公署、學校、祠祀，卷三爲貢賦、鹽法、兵防，卷四爲職官，卷五爲名宦、選舉，卷六爲人物、孝義、節烈、流寓、仙釋，卷七爲風俗、古跡、陵墓、寺觀、祥異，卷八爲藝文。

萬泉縣沿革：唐武德三年置萬泉縣。榮河縣曾三易縣名，漢時爲汾陰縣，唐開元十年改稱寶鼎縣，宋大中祥符四年改名榮河縣。1954 年將萬泉、榮河二縣合並，改爲萬榮縣。

著錄：《中國地方志總目提要》。哈佛燕京圖書館亦入藏是書。《中國古籍善本目錄》錄有清瞿亮邦纂修之《萬泉縣志》八卷。

172 渭南縣志

[乾隆]《渭南縣志》十四卷，清汪以誠纂修，清乾隆四十四年刻本。八册。半葉十二行二十四字，小字雙行同。四周單邊，白口，單魚尾。版心上鐫書名，下鐫卷次。框高 20 釐米，寬 14.5 釐米。前有汪以誠、畢沅序等。

汪以誠(生卒年不詳)，字樸存，江蘇江寧人。乾隆十五年舉人，乾隆四十二年任渭南縣知縣，後陞華州知州。

是書爲清乾隆朝所纂陝西《渭南縣志》，記事起於上古，終於乾隆四十二年。是書分十四門，卷一爲地形考，卷二爲舊跡考，卷三爲廟壇祠宇院觀考，卷四爲冢墓考，卷五爲建置考，卷六爲賦役考，卷七爲歷代著聞人考，卷八爲朝著聞人考，卷九爲節烈婦人考，卷十爲選舉考，卷十一爲守令丞尉簿史考，卷十二爲修志源流考，卷十三爲雜考，卷十四爲繪圖考。

汪以誠《序》曰:"大中丞畢公入覲,奏修各志,旋後即諭增輯,時前署令知耀州事黃岡張公鳳鳴甄錄事實以上,四十二年夏以誠奉調承乏,又纍飭本邑紳士廣爲採輯,延請淹雅之士,相與商榷而爲編纂焉。"

渭南縣沿革:渭南縣夏屬雍州。商爲驪戎國地。西周屬畿內。東周、春秋時屬晉。漢爲新豐縣地。東晉前秦苻堅甘露二年,割新豐、鄭縣地,置渭南縣,隸雍州京兆郡。後魏孝明帝改置渭南郡及南新豐縣。北魏孝昌三年改渭南縣爲南新豐縣,並設渭南郡。後周郡廢。隋屬京兆郡。唐武德元年改屬華州,五年屬雍州,天授二年於縣置鴻州,大足元年鴻州廢,還屬雍州。五代周顯德三年改屬華州。宋熙寧六年省入鄭縣,元豐元年復置,仍屬華州。金元因之。明萬曆中改屬西安府。清因之。

渭南志卷之一
沿革
殷 杜預左傳釋例驪戎城在雍州新豐縣殷時國
周 國語晉語獻公卜伐驪戎韋昭注驪戎西戎之別在驪山者也其君男爵姬姓 括地志雍州新豐縣本周驪戎邑
秦 史記秦始皇本紀十六年魏獻地於秦秦置驪邑案晉既得驪戎分晉驪邑即爲魏故得獻之秦 水經注戲水自驪山北逕驪戎城東秦之驪邑矣 又渭水東逕下邽縣故城南秦伐邽置邽戎於此 晉書地里志秦武公伐邽戎置有上邽故加下
漢 漢書地里志京兆尹領新豐下邽二縣左馮翊領蓮勺縣 史記高祖本紀十年更命驪邑爲新豐 韋昭國語注漢高祖徙豐民於驪邑更名新豐在京兆 地里志注應劭曰

172

著錄:《中國地方志總目提要》。《中國古籍善本目錄》錄有清順治尚九遷、朱可衎纂修之《渭南縣志》十六卷。

173 衛藏圖識

DS785. M26 1792a/W1540

《衛藏圖識》四卷,附《蠻語》一卷。清馬少雲(揭)、盛梅溪(繩祖)合撰。清乾隆五十七年刊本。四冊。半葉八行二十字。左右雙邊,黑口,無魚尾。版心鐫卷次及標題。框高 13.6 釐米,寬 9.6 釐米。前有清乾隆五十七年魯華祝序,例言,目錄等。

是書記錄廓爾喀滋擾藏界,清朝興兵西征之史實。分爲《圖考》上下卷,《識畧》上下卷,《蠻語》一卷。

魯華祝《序》曰:"友人少雲馬君,以自打箭爐至唐古忒,向無刻本成書,爰同梅溪盛君,采《四川通志》中《西域》一卷,及無名氏《西域紀事》、《西域志》等書,刪其繁者,聚其散者,整齊其錯雜者,大旨則折衷於《大清會典》,額曰《衛藏圖識》,裒集成若干卷,以圖作識,而所識則不盡於圖。"

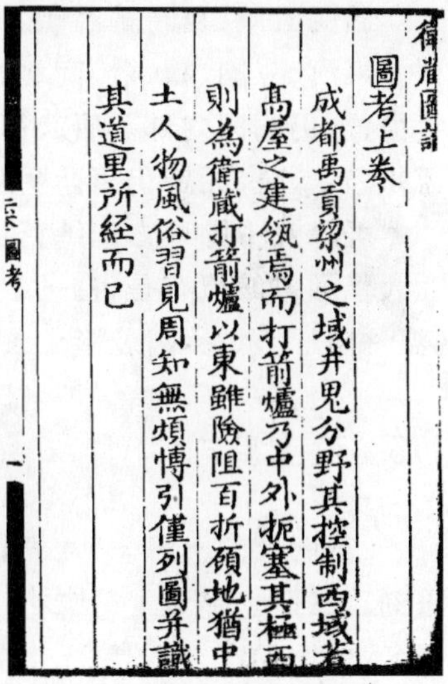
衛藏圖識
圖考上卷
成都禹貢梁州之域井鬼分野其控制西域者高屋之建瓴焉而打箭爐乃中外扼塞其極西則為衛藏打箭爐以東雖險阻百折頗地猶中土人物風俗習見周知無煩博引僅列圖并識其道里所經而已
衛藏 圖考 一

173

著錄:《中國地方志聯合目錄》、《中國少數民族古籍集成》。美國國會圖書館藏有是書。

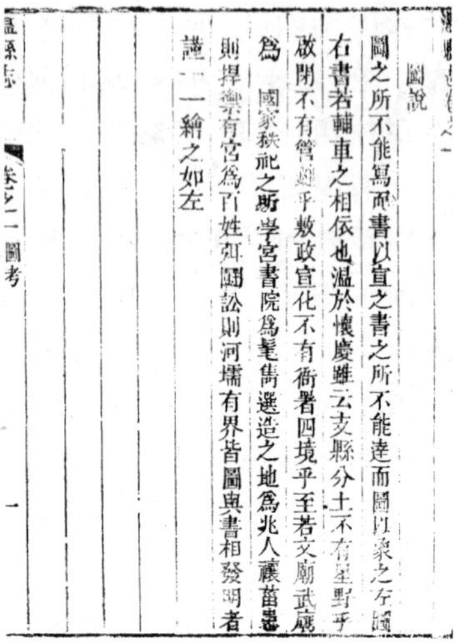
溫縣志卷之一
圖說
圖之所不能寫而書以宣之書之所不能達而圖以象之左圖
右書若輔車之相依也溫於懷慶雖云支縣分土不有星野乎
啟閉不有營邏乎敷政宣化不有衙署四境乎至若文廟武廟
為　國家秩祀之所学宮書院為髦雋選造之地為兆人藏蓄器
則捍禦有宮為百姓弭鬪訟則河壖有界皆圖與書相發明者
謹一一繪之如左
溫縣志　卷之一　圖考　一

174

174　溫縣志

DS793.H52W528 1759/W2632

［乾隆］《溫縣志》十二卷，清王其華修，苗於京纂，清乾隆二十四年刻本。四冊。半葉十二行二十五字，小字雙行，字數不等。四周單邊，白口，單魚尾。版心上鐫書名，下鐫卷次及標題。框高 20.2 釐米，寬 13.2 釐米。有圖。前有王其華序，張第萬曆五年序，康熙三十四年張明達序，乾隆十一年張承謨序等。

王其華（生卒年不詳），福建惠安人。進士，曾任溫縣知縣。

苗於京（生卒年不詳），河南武陟人。舉人。

是書爲清乾隆朝所纂河南《溫縣志》，凡十二門五十九目，記事止於乾隆二十四年。前有卷首，卷之一爲圖，卷之二爲沿革表等，卷之三爲秩官表，卷之四爲選舉表，卷之五爲天文志，卷之六爲地理志，卷之七爲建置志，卷之八爲祠祀志，卷之九爲學校志，卷之十爲田賦志，卷之十一爲宦績志，卷之十二爲人物志。

溫縣沿革：夏時稱溫國。商代祖乙建都於此。周爲畿内邑。漢始置溫縣，屬河内郡。東漢、三國、魏、晉、南北朝、劉宋皆因之。後魏改屬武德郡。北齊廢。隋開皇十六年復置，仍屬河内郡。唐武德四年以縣置平州，尋復爲縣，屬洛州，後屬孟州。五代屬孟州。宋、金、元皆仍舊。明洪武十年省孟州，以縣屬懷慶府。清因之。

著録：《中國地方志總目提要》、《中國地方志聯合目録》。哈佛燕京圖書館、哥倫比亞大學圖書館藏有是書。《中國古籍善本目録》收録有清張承謨、周大津纂修之清乾隆《溫縣志》十六卷，清乾隆十一年刻本。

175　汶上縣志

K2675

［萬曆］《汶上縣志》八卷，明栗可仕撰修，明萬曆三十六年刻本，清康熙年間聞元炅重刻。二冊。半葉十行二十字，小字雙行十九字。四周單邊，白口，單魚尾。版心上鐫書名，中鐫卷次。框高 21.2 釐米，寬 14.2 釐米。前有萬曆三十六年檀芳邃序，目録，編次總例，汶上縣圖考。後有萬曆三十六年栗可仕後序，聞元炅重刻汶上縣舊志跋。

栗可仕（生卒年不詳），任邱人。官至汶上縣知縣。

是書卷之一爲方域志，卷之二爲建置志，卷之三爲職官志，卷之四爲政紀志，卷之五爲宦蹟志，卷之六爲人物志，卷之七爲雜志，卷之八爲藝文志。

檀芳邃《序》曰："今觀其所以爲志者，於汶一人一物、一言一事，凡有關涉，罔不燦然。悉具井然有條，援証確簡，而區畫兼至。如寫峰巒之迤邐，而藉以明礦使之欺殘。圖湖泉之源流，而併以悉漕渠之利害。建制重桑農之場，官守嚴循良之傳。慮承平之久弛，故武功特詳，而復詘蹶張之贋售，以存眞才。”

汶上縣沿革：汶上縣爲古厥國之地。春秋時爲魯國中都地。戰國屬齊，爲平陸邑。漢置東平，陸縣屬東平國。後漢及晉因之。宋初曰平陸，元嘉中改置樂平縣，兼置陽平郡，尋廢。大明元年復置郡。後魏曰東陽，平郡仍治樂平。北齊郡廢。隋開皇十六年，復改樂平，曰平陸，屬魯郡。唐初屬兗州，天寶元年改曰中都，貞元十四年改屬鄆州。五代因之。宋屬東平府。金貞元元年改曰汶陽，泰和八年又改曰汶上。元屬東平路。明屬兗州府東平州。清屬兗州府。

著錄：《千頃堂書目》、《中國古籍善本書目》。

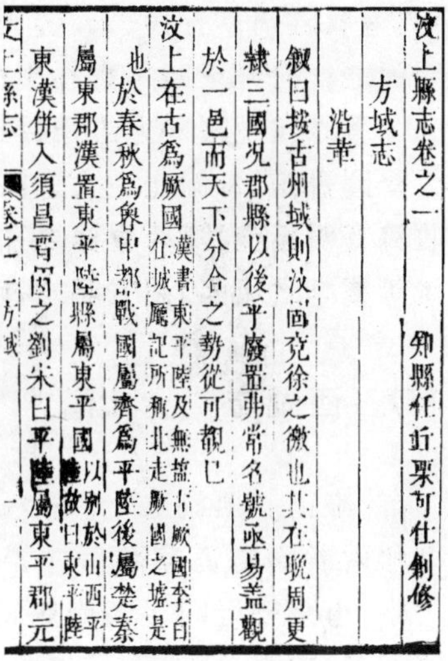
汶上縣志卷之一　知縣任近栗可任刱修
方域志
沿革
敘曰按古州域則汶爲兗徐之徼也其在職周更
隸三國兄郡縣以後乎廢置弗常名號亟易盖觀
於一邑而天下分合之勢從可覩已
汶上在古爲厥國漢書東平陸及無鹽古厥國李白任城廳記所稱北走厥國之墟是
也於春秋爲魯中都戰國屬齊爲平陸後屬楚秦
屬東郡漢置東平陸縣屬東平國以別於山西平陸故曰東平陸
東漢併入須昌晉因之劉宋曰平陸屬東平郡元
汶上縣志　卷之一　方域　一

175

176　武安縣志

[乾隆]《武安縣志》二十卷，圖一卷，清蔣光祖修，夏兆豐纂，清乾隆四年刻本。八冊。半葉九行二十字，小字雙行同。四周雙邊，白口，單魚尾。版心上鐫書名，下鐫卷次及標題。框高 19 釐米，寬 12.2 釐米。有圖。前有尹會一、范璨、張受長、蔣光祖等序。

蔣光祖，見 116《鄧州志》。

夏兆豐(生卒年不詳)，字兩笠，浙江會稽人。

是書爲清乾隆朝所纂河北《武安縣志》。卷之一爲星野，卷之二爲沿革，卷之三爲疆域，卷之四爲山川，卷之五爲城池，卷之六爲建置，卷之七爲學校，卷之八爲祠祀，卷之九爲賦役，卷之十爲風俗，卷之十一爲土產，卷之十二爲職官，卷之十三爲選舉，卷之十四爲宦績，卷之十五爲人物，卷之十六至十八爲藝文，卷之十九爲祥異，卷之二十爲雜記。

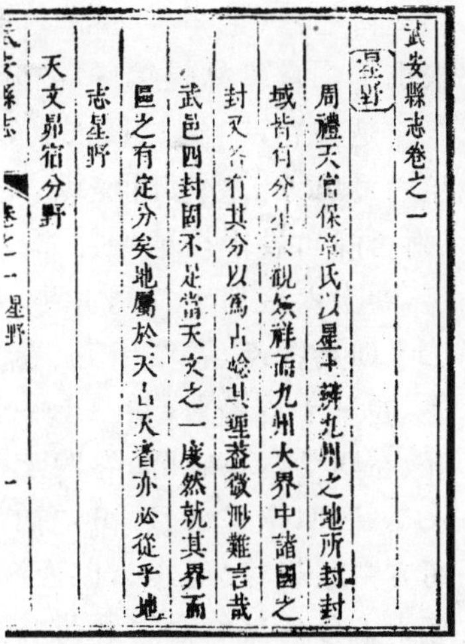
武安縣志卷之一
星野
周禮天官保章氏以星土辨九州之地所封封
域皆有分星以觀妖祥而九州大界中諸國之
封又各有其分以爲占驗其理蓋微渺難言哉
武邑四封固不足當天文之一度然就其界而
區之有定分矣地屬於天占天者亦必從乎地
志星野
天文昴宿分野
武安縣志　卷之一　星野　一

176

武安縣沿革：武安春秋時屬晉。戰國時爲趙之武安邑。秦滅趙，武安屬邯鄲郡。王莽新朝時，改爲桓安。東漢初復名武安。西漢初置武安縣，屬魏郡。隋開皇三年，屬相州；十年改屬磁州；大業初，屬武安郡。唐武德四年，屬磁州；六年，屬洺州；永泰九年，還屬磁州。五代、宋、金因之。元至元二年，武安並入邯鄲縣，後復置，仍屬磁州。明因之。清雍正四年直屬彰德府。

著録：《中國地方志總目提要》。收入《中國方志叢書》。哈佛燕京圖書館、芝加哥大學圖書館、哥倫比亞大學圖書館、北京大學圖書館藏有是書。《中國古籍善本目録》收録有明唐交、陳瑋纂修之嘉靖《武安縣志》四卷，明嘉靖二十六年刻本；清黄之孝、李沆等纂修之康熙《武安縣志》十八卷。

177 西湖志

DS796. H2 H75 1731 /W696

［雍正］《西湖志》四十八卷，清傅王露撰，清雍正九年兩浙鹽驛道庫藏版本。二十冊。半葉九行二十一字，小字雙行同。四周雙邊，白口，單魚尾。版心上鐫書名，中鐫卷次、篇目。框高 19.7 釐米，寬 13.5 釐米。前有扉頁，題："西湖志。雍正九年新纂，兩浙鹽驛道庫藏板。"前有李衛、程元章、郝玉麟、王紘、張若震、顧濟美序，纂修職名，凡例，總目。

傅王露（生卒年不詳），號玉笥，會稽人。康熙乙未進士。官翰林院編修，乾隆辛巳特恩加中允銜。

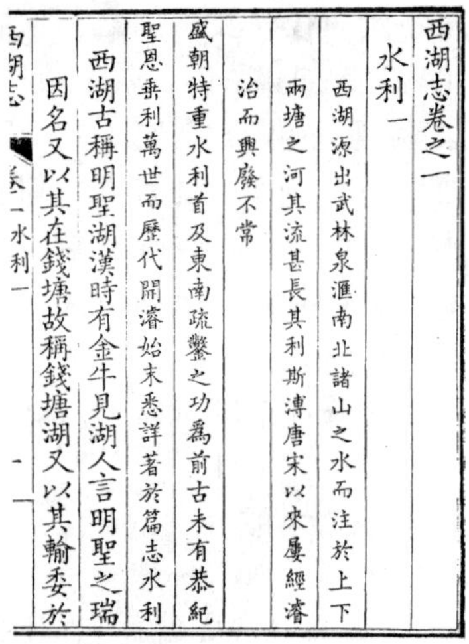
西湖志卷之一
水利一
西湖源出武林泉滙南北諸山之水而注於上下
兩塘之河其流甚長其利斯溥唐宋以來屢經濬
治而興廢不常
盛朝特重水利首及東南疏鑿之功爲前古未有恭紀
聖恩垂利萬世而歷代開濬始末悉詳著於篇志水利
西湖古稱明聖湖漢時有金牛見湖人言明聖之瑞
因名又以其在錢塘故稱錢塘湖又以其輸委於
西湖志 卷一 水利一

177

是書卷一、卷二爲水利，卷三、卷四爲名勝，卷五、卷六爲山水，卷七爲隄塘，卷八爲橋梁，卷九爲園亭（附書院），卷十至卷十三爲寺觀，卷十四、卷十五爲祠宇，卷十六至卷十八爲古跡，卷十九至卷二十一爲名賢，卷二十二、卷二十三爲方外，卷二十四爲物產，卷二十五、卷二十六爲冢墓，卷二十七、卷二十八爲碑碣，卷二十九爲撰述，卷三十爲書畫，卷三十一至卷四十二爲藝文，卷四十三、卷四十四爲詩話，卷四十五、卷四十六爲志餘，卷四十七、卷四十八爲外紀。

《四庫全書總目》曰："初，雍正三年，命浙江總督李衛開濬西湖，越三年而蕆功。時衛方奉詔纂修《通志》，以西湖志自田汝成後久未續輯，因以王露總其事，而以舉人厲鶚等十人分任纂修之。悉仿《通志》之例，分門記載，列目二十。徵引極博，而體例頗涉汎濫。其後梁詩正等復訂爲《西湖志》纂，實據此本而刪潤之云。"

著録：《四庫全書總目》。

178 西華縣志

DS793. H52 H644 1754/W2640

［乾隆］《西華縣志》十四卷，首一卷，清宋恂修，于大猷纂，清乾隆十九年刻本。六冊。半葉十行二十二字，小字雙行同。四周雙邊，白口，單魚尾。版心上鐫書名，中鐫

卷次。框高 21 釐米，寬 15 釐米。前有宋恂序，凡例，目錄，修志姓氏，圖等。

宋恂(生卒年不詳)，字若愚，夾江人。乾隆四年進士，乾隆十二年任西華知縣。

于大猷(生卒年不詳)，金壇人。貢生，曾任山東登州府同知，參與纂修《淮寧縣誌》。

是書爲清乾隆朝所修河南《西華縣志》。卷一爲方輿志，卷二爲河渠志，卷三爲建置志，卷四爲籍賦志，卷五爲職官志，卷六爲選舉志，卷七、卷八爲人物志，卷九爲烈女志，卷十爲補志，卷十一至卷十四爲藝文志。

《中國地方志總目提要》曰："是志爲清代是邑所修最後一部縣誌，資料豐富，内容詳實。"

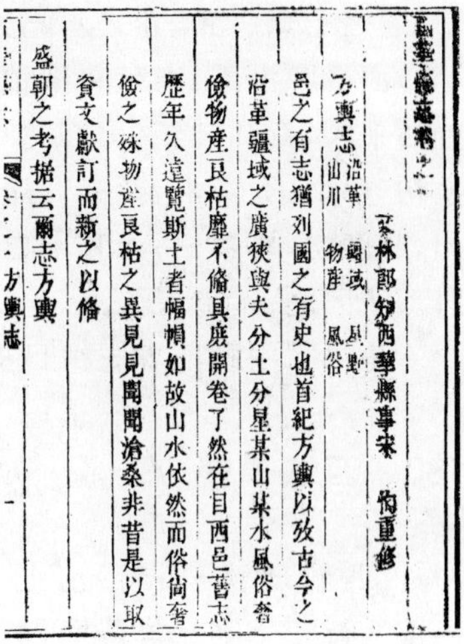
西華縣志卷之一
文林郎知西華縣事宋　恂重修
方輿志 沿革 疆域 星野 山川 物產 風俗
邑之有志猶列國之有史也首紀方輿以孜古今之
沿革疆域之廣狹與夫分土分星某山某水風俗奢
儉物產良楛靡不備具展開卷了然在目西邑舊志
歷年久遠覽斯土者幅幀如故山水依然而俗尚奢
儉之殊物產良楛之異見見聞聞滄桑非昔是以取
資文獻訂而新之以備
盛朝之考據云爾志方輿
西華縣志　卷之一　方輿志　一

178

西華縣沿革：秦屬潁川郡。西漢置長平、西華縣，屬汝南郡、豫州郡。東漢、魏晉因之。隋置鴻溝、西華二縣，屬淮陽郡。唐有箕城、武城、西華等縣，屬陳州淮陽郡。宋屬景西北路，淮寧府。元屬陳州，南京路。明屬河南布政使司開封府。清屬河南布政使司陳州。

著錄：《中國古籍善本書目》收入清王鼎鎮、吳中奇纂修，徐樹庸續修，順治刻康熙增修本《西華縣志》十卷。此乾隆十九年刻本著錄於《中國地方志總目提要》。

179　西平縣志

DS793. H52H674 1690/W2621

[康熙]《西平縣志》十卷，清沈棻纂修，李植續修，清康熙二十九年刻本。四冊。半葉九行二十二字，小字雙行，字數不等。四周單邊，白口，單魚尾。版心上鐫書名，下鐫卷次及標題。框高 19.8 釐米，寬 14.2 釐米。有圖。順治十六年某氏撰舊敘，姜緒等。

沈棻(生卒年不詳)，浙江平湖人。順治進士，康熙元年任邑令。

李植(生卒年不詳)，字培生，直隸安州人。歲貢，康熙二十八年任西平縣知縣，後内陞主事。

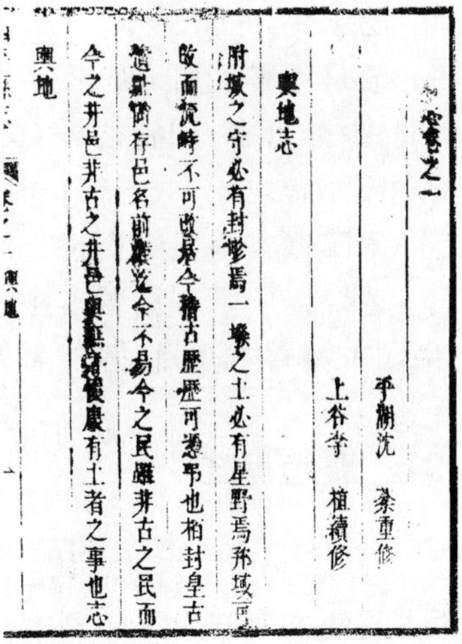
西平縣志卷之一
平湖沈　棻重修
上谷李　植續修
輿地志
附城之守必有封疆焉一邑之土必有星野焉邦域可
考而沉時不可改易今稽古歷歷可憑耶也相封皇古
遺跡猶存邑名前後迄今不易今之民雖非古之民而
今之井邑非古之井邑輿地沿襲有土者之事也志
輿地
西平縣志　卷之一　輿地　一

179

是書爲清康熙朝所纂河南《西平縣志》，凡十門六十五目，記事止於康熙二十八年。部分字跡漫漶。卷之一爲輿地，卷之二爲建置，卷之三爲食貨，卷之四爲典禮，卷之五爲官師，卷之六爲選舉，卷之七爲經武，卷之八爲人物，卷之九爲藝文，卷之十爲外志。

西平縣沿革：春秋時稱柏國。漢高帝四年始置縣，屬豫州汝南郡。後漢建初七年置西平國，章和二年仍爲縣。晉、宋因之。後魏分置襄陽郡。北齊改爲文城郡。隋開皇初，郡廢；大業末，縣廢。唐武德初，復置；貞觀初，省入郾城；天授二年，復置，屬豫州，寶應初，屬蔡州；元和十二年，改屬溵州，尋復故。五代及宋、金因之。元、明屬汝寧府。清因之。

著録：《中國地方志總目提要》。哈佛大學哈佛燕京圖書館藏有清朝同治本。

180 西域瑣談

I1186

《西域瑣談》四卷，清七十一撰，清鈔本。四册。半葉八行二十字。無邊框，葉高 25.8 釐米，寬 14.2 釐米。前有乾隆四十二年七十一自序，目録。

七十一（生卒年不詳），字椿園，姓尼瑪查氏，滿洲正藍旗人。乾隆十九年甲戌科進士，由刑部主事，官新疆糧員，鎮迪道觀察。著有《西域聞見録》。

是書與《西域聞見録》、《遐域瑣談》等大致屬於同書異名，僅序跋、目録有所不同。卷一爲殊方風土（計六十五條），卷二爲新疆軍事，卷三爲新疆各處，卷四爲西陲各國（附絕域諸國）。

七十一《序》曰：“……余居其地最久，因亦有所見聞。於是不辭冗俚，作瑣談以紀之，日見存矣。耳之所聞，少無可處，則置之遊移附會之説，不以攙入。既無左氏浮誇之才，敢爲鄒衍荒唐之論哉。”

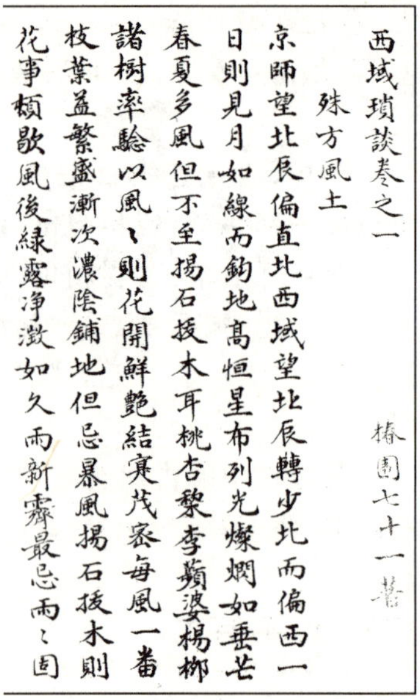
西域瑣談卷之一　　椿園七十一著
殊方風土
京師望北辰偏直北西域望北辰轉少北而偏西一
日則見月如線而鈎地高恒星布列光燦爛如垂芒
春夏多風但不至揚石拔木耳桃杏梨李蘋婆楊柳
諸樹率驗以風〻則花開鮮艷結實茂密每風一番
枝葉益繁盛漸次濃陰鋪地但忌暴風揚石拔木則
花事頓歇風後綠露淨澈如久雨新霽最忌雨〻固

180

本館藏本爲墨筆楷書。

著録：《中國古籍善本書目》著録《遐域瑣談》四卷有清澹寧受鈔本。本館所藏鈔本《中國古籍善本書目》等無著録。

181 襄垣縣志

DS797.75.S54S54 1782/W2560

［乾隆］《襄垣縣志》十卷，含《原志》八卷，《續志》二卷，清李廷芳纂修，李汝霖續修，原志爲清乾隆四十八年刻本，八册，續志光緒六年刻本。半葉十行二十一字，小字雙行同。四周雙邊，白口，單魚尾。版心上鐫書名，下鐫卷次及標題。框高 18.2 釐米，寬 13.2 釐米。有圖。前有劉種之、費淳、盧文昭、李廷芳等序。

李廷芳（生卒年不詳），字彤華，號鶴亭，四川長壽人。乾隆進士，乾隆四十四年任襄垣縣知縣。

李汝霖(生卒年不詳),字雨人,直隸永年人。咸豐進士,曾任互補山東司主事,同治十三年選授襄垣縣知縣。

是書爲清乾隆朝修光緒朝續修山西《襄垣縣志》。《原志》分十六門九十四目,《續志》補目錄十,附目二十。卷一爲輿圖、星野、疆域、沿革,卷二爲建置、職官,卷三爲學校、禮樂、風俗,卷四爲古跡、税賦、恩賜,卷五爲選舉,卷六爲人物、烈女,卷七爲藝文上、中,卷八爲藝文下。續志卷九增倉儲、兵事、災賑等,卷十增孝義、雜記等。

星野志
自庖羲仰觀俯察以七曜二十八宿麗乎十二位於
是黄帝始定星傳高陽氏命重黎序天地帝堯乃命
羲和考定中星而周禮保章氏以星土辨九州之法
所封之域皆有分星以觀妖祥此天文所由來也自
是而後晉有卜偃魯有梓慎鄭有裨竈以及張衡陳
卓錢樂周墳李淳風之輩言天官者蓋亦衆矣顧其
所論分野言人人殊今依
大清一統志潞安府天文觜觹參井分野實沈之次襄
垣準此繪圖考象至各家之説亦附畧以備參焉
襄垣縣志 卷之一 星野 一

181

襄垣縣沿革:襄垣夏屬冀州,商初屬上黨國,後並入黎國。西周復屬上黨國。春秋時,周桓王二十一年地屬魯大夫黨氏食邑,後被赤狄所奪,地歸潞子嬰兒國。周定王十三年晉景公滅赤狄,地歸晉公族食邑。戰國周貞定王十四年,歸晉侯趙襄子領地。襄子筑城於甘水之北,取名襄垣。周安王姬驕二十六年,韓、趙、魏三家分晉,韓首置上黨郡,郡治襄垣城。秦代置襄垣縣,屬上黨郡。西漢王莽建國元年,改襄垣爲上黨亭。東漢光武建武元年,易亭爲縣,復稱襄垣,屬並州上黨郡。北周宣政元年改襄垣爲潞州,開皇三年罷州。開皇十六年於襄垣置韓州,隋大業初罷州爲縣,屬上黨郡。唐武德初,復置韓州於襄垣。貞觀十七年廢韓州,以縣屬潞州。宋太平興國二年屬隆德軍,後屬隆德府。靖康初,屬金河東路潞州屬縣。元至元八年,廢屯留縣並入襄垣,爲潞州轄縣。至元十五年屯留、襄垣分置。明嘉靖八年,襄垣屬潞安府。清襲明制。

著錄:《中國地方志總目提要》。耶魯大學圖書館、北京大學圖書館藏有是書。《中國古籍善本目錄》收錄有清袁良、劉廣纂修之康熙《重修襄垣縣志》十卷,清康熙四十五年刻,康熙五十年增修本。

182 祥符縣志

[乾隆]《祥符縣志》二十二卷,清張淑載修,魯曾煜纂,清乾隆四年刻本。十二册。半葉九行二十字,小字雙行同。四周雙邊,白口,單魚尾。版心上鐫書名,下鐫卷次及標題。框高 19.5 釐米,寬 12.9 釐米。有圖。前有尹會一、魯曾煜、張淑載序,凡例,目錄等。

張淑載(生卒年不詳),字鶴峰,陝西長安人。清雍正八年进士,乾隆元年莅任祥符縣知縣。著有《梁園雪霽》。

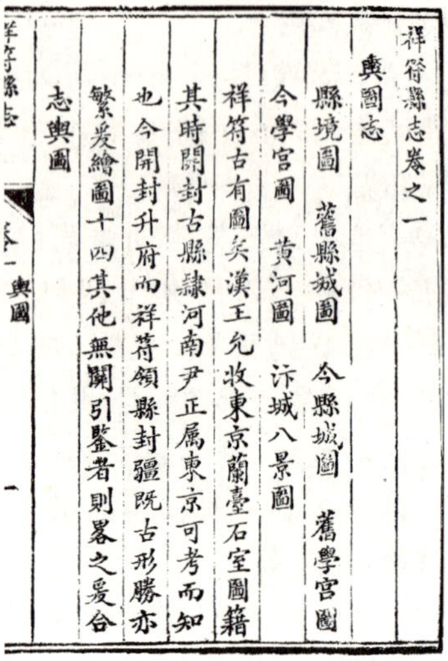
祥符縣志卷之一
輿圖志
縣境圖　舊縣城圖　今縣城圖　舊學宮圖
今學宮圖　黄河圖　汴城八景圖
祥符古有圖矣漢王允收東京蘭臺石室圖籍
其時開封古縣隸河南尹正屬東京可考而知
也今開封升府而祥符領縣封疆既古形勝亦
繁爰繪圖十四其他無關引鑒者則畧之爰合
志輿圖
卷一　輿圖　一

182

魯曾煜(生卒年不詳),字啓人,號秋塍,會稽人。康熙進士,致庶吉士,未授職,乞養親歸。曾主杭州、汴州、廣州書院講席,以教生徒終於家。著有《秋塍文鈔》、《歸田詩存》、《三洲集》等。

是書爲清乾隆朝所纂河南《祥符縣志》,凡十四門一百一十六目,記事止於乾隆三年。卷一爲輿圖志,卷二爲地理志,卷三爲河渠志,卷四爲古跡志,卷五、卷六爲建置志,卷七爲禮樂志,卷八、卷九爲祠祀志,卷十爲田賦志,卷十一爲官師志,卷十二爲選舉志,卷十三爲循吏志,卷十四、卷十五爲人物志,卷十六爲雜事志,卷十七至卷二十二爲藝文志。

魯曾煜《序》曰:"往歲講課大梁書院,祥符邑侯張公以志見屬,不可以卻者,侯之志專而意篤也。……余按部就班,振綱挈領,始於戊午秋七月,逾歲之春而藁脱矣。"

著錄:《中國地方志總目提要》。賓西法尼亞大學圖書館藏有是書;普林斯頓大學東亞圖書館藏有清張俊哲、賈漢復等纂修之順治《祥符縣志》微縮膠片,六卷;哥倫比亞大學東亞圖書館藏有清黃舒昺等纂修之《新修祥符縣志》二十四卷,首一卷,光緒二十四年刻。

183　孝義縣志

DS793. S32H7955 1770/W2553

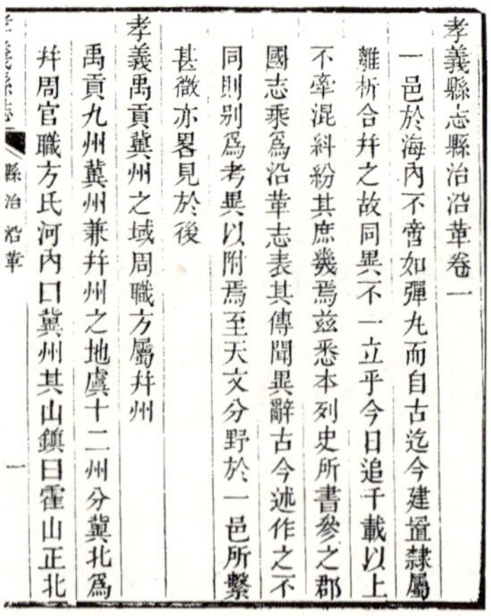
孝義縣志縣治沿革卷一
一邑於海內不啻如彈丸而自古迄今建置隸屬
離析合并之故同異不一立乎今日追千載以上
不牵混糾紛其庶幾焉兹悉本列史所書參之郡
國志乘爲沿革志表其傳聞異辭古今述作之不
同則別爲考異以附焉至天文分野於一邑所繫
甚微亦畧見於後
孝義禹貢冀州之域周職方屬幷州
禹貢九州冀州兼幷州之地虞十二州分冀北爲
幷周官職方氏河內曰冀州其山鎮曰霍山正北
縣治沿革　一

183

[乾隆]《孝義縣志》二十卷,清鄧必安纂修,清乾隆三十五年刻本,八册。半葉十行二十字,小字雙行,字數不等。左右雙邊,白口,單魚尾。版心上鐫書名,下鐫標題及卷次。框高17.8釐米,寬13.8釐米。有圖。前有明嘉靖三十二年張冕、霍冀序,明萬曆三十五年趙訥、劉令譽、趙守安序,清雍正四年方士模序等。

鄧必安(生卒年不詳),字東山,江西南豐人。乾隆甲子舉人,乾隆二十三年任孝義縣知縣。

是書爲清乾隆朝所修山西《孝義縣志》,凡十二門,記事止於乾隆三十五年。包括縣治沿革志一卷,城池疆域志一卷,山川渠堰志二卷,里甲村莊志二卷,田賦積貯志一卷,官司建置志一卷,學校典禮志一卷,物産民俗志一卷,官紳姓名志三卷,人物事蹟志二卷,勝蹟祥異志一卷，藝文恭考志四卷。

孝義縣沿革："孝義縣"爲《左傳宣公十五年》所記載晉景公賞士伯以"瓜衍之縣"。瓜衍縣舊址在今孝義市北的虢城村，古代又稱此地爲"瓜城"。秦漢時，今孝義市境爲茲氏縣南境。東漢末，南匈奴五部入居離石、中陽等地後，曹魏政權遷中陽縣治於今孝義舊城。晉永嘉之亂後中陽縣廢，縣境並入隰城縣。北魏時期，魏政權在今孝義六壁頭村置軍鎮六壁城，以"防離石諸胡"。北魏太和十七年，將孝義境從隰城縣分出設立永安縣，縣治在今孝義市舊城。隋統一後，恢復永安縣舊名。唐貞觀元年，因縣名與涪州的永安縣重名，唐太宗決定改"永安縣"爲"孝義縣"。

著録：《中國地方志總目提要》。哈佛燕京圖書館、加州 Claremont College 圖書館亦藏有是書。日本京都大學人文研究所入藏是書之光緒六年刊本，含鄧必安乾隆三十五年《孝義縣志》及何之煌纂光緒六年《孝義縣續修志》。《中國古籍善本目録》録有首一卷，清方士模纂修之雍正《孝義縣志》十八卷，清雍正四年刻本。

184　新蔡縣志

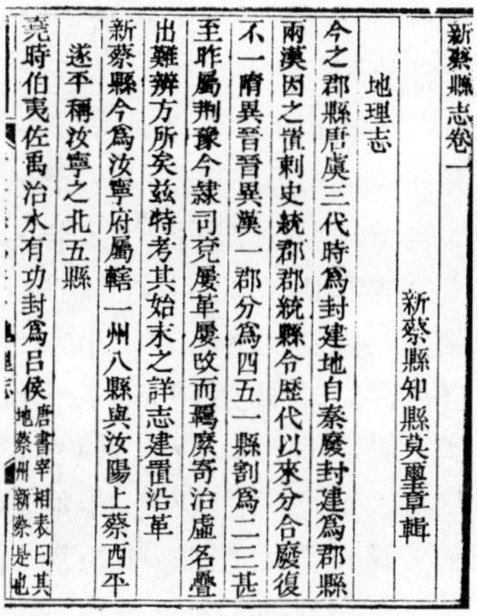
新蔡縣志卷一　新蔡縣知縣莫璽章輯
地理志
今之郡縣唐虞三代時爲封建地自秦廢封建爲郡縣兩漢因之置刺史統郡郡統縣令歷代以來分合廢復不一隋異晉晉異漢一郡分爲四五一縣割爲二三甚至昨屬荆豫今隸司兗屢革屢改而羈縻寄治虛名疊出難辨方所矣兹特考其始末之詳志建置沿革
新蔡縣今爲汝寧府屬轄一州八縣與汝陽上蔡西平遂平稱汝寧之北五縣
堯時伯夷佐禹治水有功封爲呂侯唐書宰相表曰其地蔡州新蔡是也

184

［乾隆］《新蔡縣志》十卷，清莫爾章修，王增纂，清乾隆六十年刻本。四冊。半葉十一行二十一字，小字雙行同。四周雙邊，黑口，雙魚尾。版心上鐫書名，下鐫卷次及標題。框高 16.7 釐米，寬 13.4 釐米。有圖。前有莫爾章序、王增序等。

莫爾章（生卒年不詳），字信圃，廣東安定人。舉人。乾隆五十四年任新蔡縣令。

王增（生卒年不詳），字方川，浙江會稽人。乾隆進士，曾任翰林院編修，時主講於汝陽南湖書院纂有《汝寧府誌》。

是書爲清乾隆朝所纂河南《新蔡縣志》，凡十門，部分門下設子目二十八。卷一爲地理，卷二爲經制、田賦，卷三爲田賦，卷四爲典制、官師，卷五爲官師、宦績，卷六爲選舉，卷七爲人物，卷八爲烈女，卷九爲藝文，卷十爲雜志。

莫爾章《序》曰："長白德公來守是邦，復命余與諸紳士共襄其事，禮聘太史會稽王公總持修輯，將舊稿釐定。"

新蔡縣沿革：春秋時蔡徙都此。秦代置新蔡縣。漢屬汝南郡。後漢因之。晉分屬汝陰郡，惠帝分立新蔡郡，劉宋因之。後魏仍爲新蔡郡治。東魏置蔡州，北齊州廢，改置廣寧郡。隋開皇初，郡廢；十六年，縣改廣寧，置舒州；仁壽初，改縣，曰汝北；大業初，州廢，縣復，曰新蔡，屬汝南郡。唐武德初，復置舒州；貞觀初，州廢，縣屬豫州；寶應初，屬蔡州。五代及宋因之。金泰和八年，改屬息州。元至元三年，並入息州。明洪武四年，復置，屬汝寧府。清因之。

著錄：《中國地方志總目提要》。收入《中國方志叢書》。哈佛燕京圖書館、芝加哥大學圖書館、哥倫比亞大學圖書館、北京大學圖書館藏有是書。《中國古籍善本目錄》收錄有清呂民服、李楗等纂修之康熙《新蔡縣志》八卷。

185　新鐫海内奇觀

A001

《海内奇觀》、《新鐫海内奇觀》十卷，明楊爾曾撰，明萬曆三十七年夷白堂刻。八冊。半葉十行二十四字。四周單邊，白口，單魚尾。版心上鐫"海内奇觀"，中鐫卷次。框高 23 釐米，寬 14.7 釐米。書前有高安陳邦瞻引，錢塘葛寅亮序，萬曆巳酉錢塘楊爾曾自序，及凡例十三條。凡例後註有"錢塘陳一貫繪，新安汪忠信鐫。"

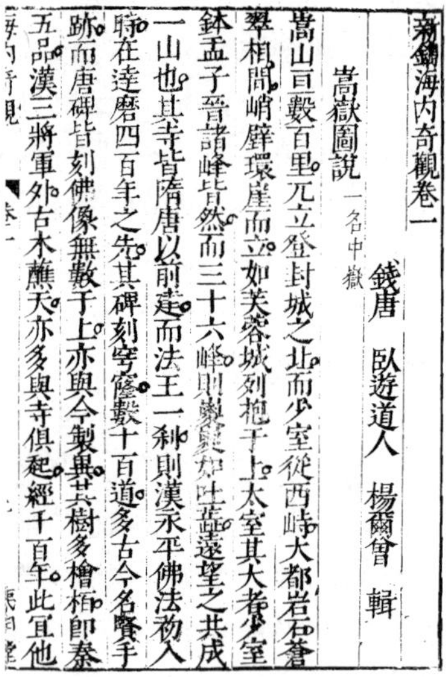
新鐫海內奇觀卷一
錢唐　臥遊道人　楊爾曾　輯
嵩嶽圖說 一名中嶽
嵩山亘數百里兀立登封城之北而少室從西峙大都岩石蒼
翠相間峭壁環崖而立如芙蓉城列抱于上太室其大者少室
鉢盂子晉諸峰皆然而三十六峰則類髮如吐蕋遠望之共成
一山也其寺皆隋唐以前建而法王一刹則漢永平佛法初入
時在達磨四百年之先其碑刻穹窿數十百道多古今名賢手
跡而唐碑皆刻佛像無數于上亦與今製異其樹多檜栢即秦
五品漢三將軍外古木蘸天亦多與寺俱起經千百年此宜他
海內奇觀　卷一　夷白堂

185

楊爾曾（生卒年不詳），字聖魯，號雉衡山人，又號夷白主人，浙江錢塘人。著有《新鐫仙媛紀事》、《韓湘子全傳》、《繡像東西晉全志》。

陳邦瞻引曰："武林楊子，博雅多奇，神情散逸。雖生長湖山之會，而尤抗志天游之表。妙抒心靈，先窮目界。寄興盤礴，假技丹青。首標華夷之巨畛，指掌五嶽之真形。靈山異境，略存髣髴；福地洞天，盡入形容。萬象縮之豪端，千嶂疊之尺幅。丹崖翠辟，依稀若睹；猿啼□戾，惝怳如聞。又不必誦長篇而色飛，哦短詠而解順者矣。比諸三家，得未曾有，命曰奇觀。"

夷白堂，明杭州書坊，長於刊刻各地版畫，其主人卽楊爾曾。

汪忠信（生卒年不詳），徽州著名刻工，鐫刻工藝精湛。

是書第一卷爲序文、凡例十三條、皇明華夷一統圖說、嵩嶽圖說、岱宗圖說、華嶽圖說、衡嶽圖說、白嶽圖說，第二卷爲孔林圖說、西山圖說、金陵圖說、茅山圖說、黃山圖說、浮山圖說、金山焦山北固山圖說、虎丘圖說，第三卷爲西湖圖說、用西湖十景，第四卷爲吳山圖說、詠錢塘十勝、詠五雲六景、天目山圖說，第五卷爲兩越名山圖說、補陀螺假山圖說，第六卷爲天台山圖說、鷹宕山圖說、雁宕山題詠，第七卷爲武夷山圖說、九鯉湖圖說、滕王閣圖說、麻姑山從姑山圖說，第八卷爲匡廬山圖說、黃鶴樓圖說、岳陽樓圖說、赤壁圖說、詠瀟湘八景、峨眉山圖說、三峽圖說、棧道圖說、兩河圖說，第九卷爲太和山圖說，第十卷爲五台山圖說、桂海圖說、七星巖圖說、雞足山圖說、九鼎山圖說、點蒼山圖說。附：十大洞天名考、三十六洞天名考、七十二福地名考、海上仙山名考、海上十渚名考。每一圖說後均有綫刻圖，描繪山川形勢，註明名勝所在。本館藏本爲金鑲玉裝。

著錄:《千頃堂書目》、《中國古籍善本書目》、《美國哈佛大學哈佛燕京圖書館中文善本書志》。

鈐印:“周復揚印”、“真庵”、“元鼎之圖”、“夷白堂”、“復揚”、“虛皇弟子”、“蘆玄閣”。

186 新刊康對先生武功縣志

［萬曆］《武功縣志》、《新刊康對山先生武功縣志》三卷,明康海纂,清孫景烈評註,清乾隆二十六年刻本。二冊。半葉十二行二十五字,小字雙行同,眉欄上刻評。四周雙邊,白口,單魚尾。版心鐫卷次。框高19.7釐米,寬14.4釐米。前有明正德十四年吕柟《武功縣志原序》,瑪星阿、孫景烈等乾隆二十六年《新刊康對山先生武功縣志序》等。

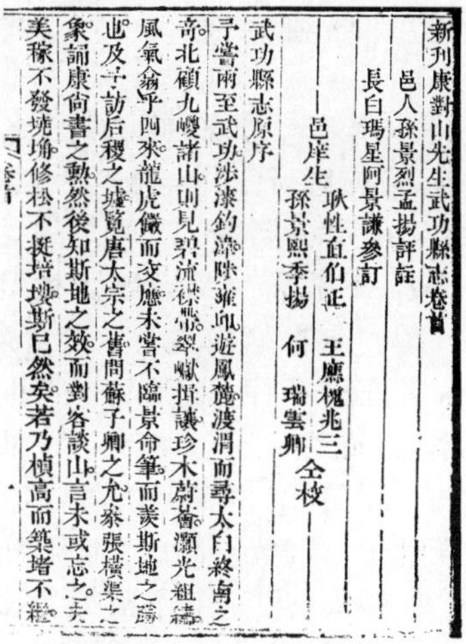
新刊康對山先生武功縣志卷首
邑人孫景烈孟揚評註
長白瑪星阿景謙參訂
邑庠生 耿性直伯正 王應槐兆三 孫景熙季揚 何瑞雲鄉 仝校
武功縣志原序
予嘗兩至武功涉漆釣渭陟雍□遊鳳翥渡渭而尋太白終南之
奇北覩九嵕諸山則見碧流襟帶翠巘揖讓珍木蔚薈灝光紐縞
風氣翕乎四來龍虎儼而交應未嘗不臨景命筆而羨斯地之爲
也及予訪后稷之墟覽唐太宗之舊問蘇子卿之允蔡張橫渠之
象誦康尚書之勳然後知斯地之效而對客談山言未或忘之夫
美稼不發墝埆修松不挺培塿斯已然矣若乃楨高而築堵不縱

186

康海(1475—1540),字德涵,號對山、浒東漁父,武功人。明弘治十五年狀元及第。歷任翰林院修撰、經筵講官,曾參與修憲宗、孝宗兩朝實錄。事具《明史·文苑傳》附見李夢陽傳中。所著《武功縣志》明、清時皆推第一。著有《康對山先生集》、《浒東樂府》、《中山狼院本》等。

是書爲明萬曆朝所纂陝西《武功縣志》。卷之一爲地理、建置、祠祀,卷之二爲田賦、官師,卷之三爲人物、選舉。

《四庫全書簡明目錄》曰:“是書削地志繁濫之例,以山川、城郭、古跡、宅墓併入地理,以官署、學校、津梁、市集併入建置,以祠廟、寺觀併入祠祀,而藝文則用《吳郡志》例,散附各條,故書止七篇,而義例分明,綱目具括。”

《四庫全書總目》曰:“是志僅七篇,曰地理、曰建置、曰祠祀、曰田賦、曰官師、曰人物、曰選舉。凡山川、城郭、古蹟、宅墓皆括於地理。官署、學校、津梁、市集則歸於建置,祠廟、寺觀則總以祠祀。戶口、物產則附於田賦。藝文則用《吳郡志》例,散附各條之下,以除冗濫。官師則善惡並著,以寓勸懲。王士禎謂其文簡事核,訓詞爾雅。石邦教稱其義昭勸鑒,尤嚴而公。鄉國之史,莫良於此,非溢美也。志刻於正德己卯,萬歷間再經刊行,旋復散佚。乾隆二十六年,武功知縣瑪星阿得鈔本於孫景烈,因爲重刊。其圈點細評,皆出景烈之手,頗嫌疣贅。”

武功縣沿革:武功縣爲古邰國地。秦孝公十二年始置縣。漢永平八年置武功縣,屬右扶風。晉以武功屬始平郡。後魏太平真君七年,並武功入盩厔縣,太和十一年,於美陽縣置武功郡。後周建德三年郡廢,置武功縣,屬扶風郡。隋屬京兆郡。唐武德三年,於縣置稷州;貞觀初,州廢,縣屬雍州;天授二年,復置稷州,大足元年,州廢,仍屬雍州;乾寧二年,分屬乾州。後唐同光中,屬鳳翔府;長興初,又屬京兆府。宋政和八年,改屬醴州。金天德三年,屬乾州;大定二十九年,改曰武亭。元復曰武功。明因之。清朝雍正三年，屬乾州，統於西安府。

著録:《四庫全書總目》、《四庫全書簡明目録》、《中國地方志總目提要》、《中國古籍善本目録》。華盛頓大學圖書館、康奈爾大學圖書館、哈佛燕京圖書館藏有是書。

187　新鄉縣志

DS793. H52H77Z4 1749/W2624

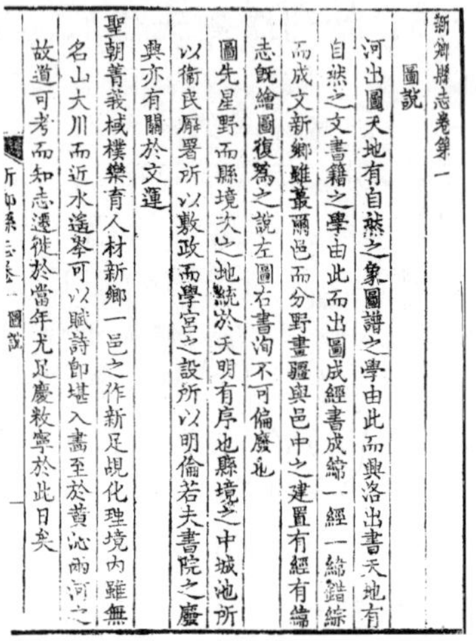
新鄉縣志卷第一
圖說
河出圖天地有自然之象圖譜之學由此而興洛出書天地有
自然之文書籍之學由此而出圖成經書成緯一經一緯錯綜
而成文新鄉雖蕞爾邑而分野畫疆與邑中之建置有經有緯
志既繪圖復爲之說左圖右書洵不可偏廢也
圖先星野而縣境次之地統於天明有序也縣境之中城池所
以衛民廨署所以敷政而學宮之設所以明倫若夫書院之廢
興亦有關於文運
聖朝菁莪棫樸樂育人材新鄉一邑之作新足覘化理境内雖無
名山大川而近水遙岑可以賦詩即堪入畫至於黄沁兩河之
故道可考而知志遷徙於當年尤足慶敉寧於此日矣
新鄉縣志卷一　圖說

187

［乾隆］《新鄉縣志》三十四卷，清趙開元修，暢俊纂，清乾隆十二年刻本。六冊。半葉十二行二十五字，小字雙行同。四周單邊，白口，單魚尾。版心上鐫書名，下鐫卷次及標題。框高 20 釐米，寬 14.2 釐米。有圖。前有趙開元序，明萬曆己卯余相舊跋，萬曆甲午郭庭梧舊序，順治己亥劉正宗序，順治庚子孫奇逢序等。

趙開元(生卒年不詳)，字質齋，江西奉新人。乾隆進士，乾隆五年由河陰調任新鄉縣知縣。

暢俊(生卒年不詳)，字逸群，新鄉縣人。乾隆舉人。著有《冷香吟》、《舉步草》等。

是書爲清乾隆朝所纂河南《新鄉縣志》，正文分二十五類六十四幕，記事止於乾隆十一年。前有卷首，卷之一爲圖說，卷之二至六爲表，卷之七至二十八爲志，卷之二十九至三十四爲列傳。

新鄉縣沿革:新鄉周爲鄘國。漢初爲汲縣地;元鼎六年，分置獲嘉縣，屬河内郡。後漢爲侯國。晉屬汲郡，後省。後魏太和二十三年，復置。北齊廢。隋開皇初，改置新鄉縣，屬河内郡。唐武德初，屬義州;四年，州廢，屬殷州;貞觀元年，還屬衛州。五代因之。宋熙寧六年，入汲縣。元祐二年，復置，屬衛州。金因之。元屬衛輝路。明屬衛輝府。清因之。

著録:《中國地方志總目提要》。是書收入《中國方志叢書》。芝加哥大學圖書館、北京大學圖書館藏有是書。《中國古籍善本目録》收録有明諸珊、李錦纂修之明代正德《新鄉縣志》六卷，明抄本。

188　新修懷慶府志

DS793. H52H8654 1789/W2574

［乾隆］《新修懷慶府志》三十二卷，清布颜、杜琮纂修，清乾隆清五十四年刻本。十六冊。半葉十一行二十二字，小字雙行同。四周單邊，白口，單魚尾。版心上鐫書名，下鐫卷次及標題。框高 18.1 釐米，寬 14.2 釐米。有圖。前有康熙三十四年刘维世、萧瑞苞序等。

杜琮(生卒年不詳)，江西新建人。舉人，乾隆五十四年任懷慶知府。

是書爲清乾隆朝所纂河南《懷慶府志》。凡十四門，記事止於乾隆五十二年，考核精詳，結構嚴謹，爲河南清代諸府志中之上乘之作。是書分：圖經、聖制、沿革、地輿、建置、星野、河渠、兵防、田賦、學校、職官、選舉、人物、金石、藝文、雜記等。圖經含各類繪圖凡二十有三，府縣境九，河渠五，而城署，學宮書院，祠廟附焉，冠以星野。

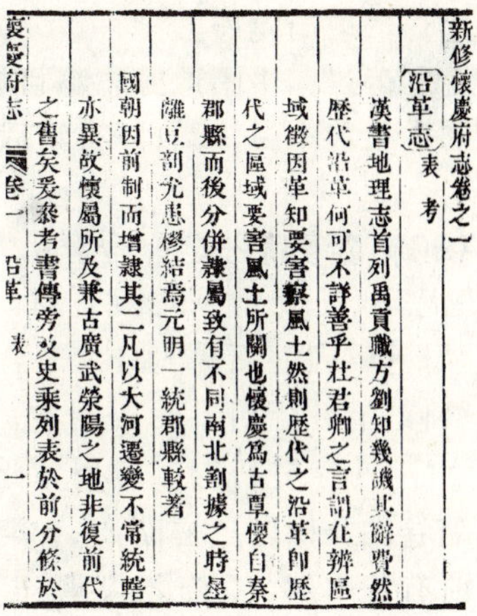
新修懷慶府志卷之一
沿革志 表 考
漢書地理志首列禹貢職方劉知幾譏其辭費然
歷代沿革何可不詳善乎杜君卿之言謂在辨區
域徵因革知要害察風土然則歷代之沿革即歷
代之區域要害風土所關也懷慶爲古覃懷自秦
郡縣而後分併隸屬致有不同南北割據之時瓜
離豆剖尤患繆結爲元明一統郡縣較著
國朝因前制而增隸其二凡以大河遷變不常統轄
亦異故懷屬所及兼古廣武滎陽之地非復前代
之舊矣爰綦者書傳旁攷史乘列表於前分條於
懷慶府志 卷一 沿革 表 一

188

懷慶府領屬八縣，卽濟源、沁陽、博愛、孟縣、溫縣、武陟、原武、陽武。

懷慶府沿革：懷慶夏朝屬冀州，稱覃懷地。商及西周屬畿內地，分屬雍、邘、溫三國。春秋時爲温、向、雍三國之疆。戰國時屬魏衛。秦代屬三川郡，西漢屬冀州河內郡。東漢仍舊。三國屬魏國冀州河內郡。北齊復爲汲郡。隋初廢郡，存州；大業初，復置河內郡。唐武德間，置懷州；天寶間，復爲郡，屬河北道。宋改爲懷州，防禦屬河北西路。金置南懷州，尋爲懷州增置沁南軍節度使。元初，爲懷孟路；延祐中，又爲懷慶路總管府。明洪武元年，改路爲府。清因之。

著錄：《中國地方志總目提要》。賓西法尼亞大學圖書館、芝加哥大學圖書館、美國自然歷史博物館藏有是書。《中國古籍善本目錄》錄有清彭清典、蕭家芝纂修之《懷慶府志》十四卷，清順治十七年刻本。

189 新野縣志

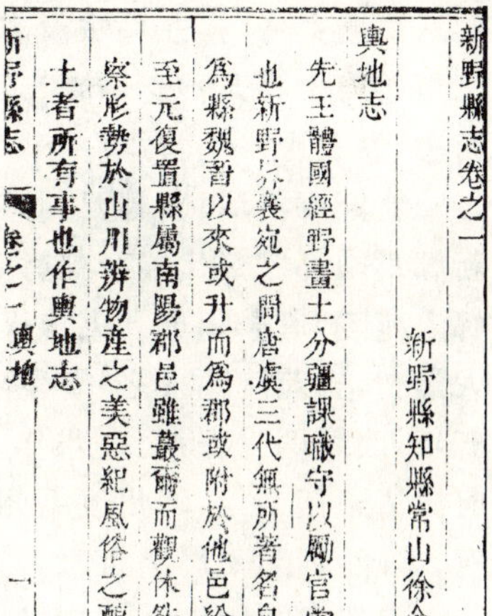
新野縣志卷之一
新野縣知縣常山徐金位纂修
輿地志
先王體國經野晝土分疆課職守以勵官常典至鉅
也新野介襄宛之間唐虞三代無所著名自漢始置
爲縣魏晉以來或升而爲郡或附於他邑紛更屢矣
至元復置縣屬南陽郡邑雖蕞爾而觀休咎於天象
察形勢於山川辨物産之美惡紀風俗之醇漓皆守
土者所有事也作輿地志
新野縣志 卷之一 輿地 一

189

［乾隆］《新野縣志》九卷，首一卷，清徐金位纂修，清乾隆十九年刻本。四冊。半葉九行二十一字，小字雙行同。四周雙邊，白口，單魚尾。版心上鐫書名，下鐫卷次及標題。框高 20.6 釐米，寬 13.2 釐米。有圖。前有徐金位序，崔誼之、趙國佐、張璽、吳國樞原序等。

徐金位（生卒年不詳），字石谿，浙江常山人。雍正十三年選拔宗人府教習，乾隆十八年任新野縣知縣。

是書爲清乾隆朝所纂河南《新野縣志》，凡九門四十七目，記事止於乾隆十八年。卷一爲輿地志，卷二爲建置志，卷三爲秩官志，卷四爲名宦志，卷五爲人物志，卷六爲賦役志，卷七爲古跡志，卷八爲祥異志，卷九爲藝文志。

新野縣沿革：漢置新野縣，屬南陽郡。後漢因之。晉初，爲義陽郡治，後改置新野郡。宋齊及後魏因之。後周郡廢，改縣曰棘陽。隋開皇初，復曰新野；大業初，仍屬南陽郡。唐武德四年，於縣置新州，旋廢縣，屬鄧州；乾元後，省入穰縣。宋金爲新野鎮。元復置縣，屬鄧州。明因之。清屬南陽府。

著錄:《中國地方志總目提要》。哈佛燕京圖書館、北京大學圖書館藏有是書。《中國古籍善本目錄》收錄有清武國樞纂修之康熙《新野縣志》八卷,首一卷。

190　新鄭縣志

新鄭縣志卷之一
沿革考附封建
沿革明而疆域定疆域定而人物顯矣邑自有熊徙都後至鄭
武公滅檜居之曰新鄭鄭滅於韓韓復滅於秦漢始置邑爲新
鄭爲苑陵迄于今所隸既殊稱名亦異其間或分或併或仍或
廢見於史書者備著於篇而以封建附注之綜名義而彙辨徵
較舊志爲特詳焉作沿革考
古有熊氏之墟
(竹書紀年)黄帝軒轅氏居有熊(史註)譙周曰黄帝有熊國君少
典之子也皇甫謐曰有熊今河南新鄭是也(帝王世紀)新鄭縣
卷一　沿革考　一

190

[乾隆]《新鄭縣志》三十一卷,首一卷,清黄本誠纂修,清乾隆四十一年刻本。十二册。半葉十行二十六字,小字雙行同。四周單邊,小黑口,單魚尾。版心鐫卷次及標題。框高20.3釐米,寬13.5釐米。有圖。前有黄本誠"重修新鄭縣志序",順治十六年馮嗣京序等。

黄本誠(生卒年不詳),字思堂,浙江嘉興人。舉人,乾隆四十年任新鄭縣知縣。

是書爲清乾隆朝所纂河南《新鄭縣志》,凡十七門,附子目三十,記事止於乾隆四十年。前有卷首,卷一爲沿革考,卷二爲星野考,卷三爲疆域志,卷四爲風土志,卷五爲山川志,卷六爲建置志,卷七爲職官表,卷八爲循吏傳,卷九爲賦役志,卷十爲學校志,卷十一爲祠祀志,卷十二爲選舉志,卷十三至卷二十爲人物志,卷二十一至卷二十八爲藝文志,卷二十九爲金石志,卷三十爲經籍志,卷三十一爲雜志。

新鄭縣沿革:新鄭西周時爲鄶國。春秋時爲鄭國都。戰國時屬韓,韓滅鄭後仍以新鄭爲國都。秦代置新鄭縣,又分置苑陵、西陵二縣,皆屬河南郡。後漢因之。晉省新鄭入苑陵,屬滎陽郡。東魏天平初,改屬廣武郡。隋開皇十八年,復置新鄭縣,屬管州;大業初,省苑陵縣入之,屬滎陽郡。唐初屬管州,貞觀元年屬鄭州。五代因之。宋熙寧五年,改屬開封府;元豐八年,復屬鄭州。金改屬鈞州,元因之。明隆慶五年,屬開封府。清雍正二年,鈞州改禹州,新鄭屬禹州;雍正十三年,陞許州爲府,新鄭改屬許州府;乾隆六年,又屬開封府。

著錄:《中國地方志總目提要》。哈佛燕京圖書館、哥倫比亞大學圖書館藏有是書。《中國古籍善本目錄》收錄有清朱廷獻、劉日烓纂修之清順治《新鄭縣志》五卷,清馮嗣京、張光祖纂修;清康熙《新鄭縣志》四卷,清康熙三十三年刻本。

191　續修汶上縣志

[康熙]《續修汶上縣志》六卷,清聞元炅續修,清康熙五十六年刻本。二册。半葉

十行二十字。四周單邊,白口,單魚尾。版心上鐫書名,中鐫卷次。框高 21.2 釐米,寬14.2 釐米。前有康熙五十六年金一鳳、聞元炅序,目錄,凡例。

聞元炅(生卒年不詳),錢塘人。官至汶上縣知縣。

是書爲清康熙年間續修之山東《汶上縣志》,卷之一爲方域志、建置志,卷之二爲職官志,卷之三爲政紀志,卷之四爲宦蹟志、人物志,卷之五爲雜志,卷之六爲藝文志。

聞元炅《序》曰:"適逢郡憲金大人謀修志,徵蒐邑乘。遂從縉紳家購得續編,圖議手錄二冊,参酌損益,仿前之條分縷晰者,而載筆從事焉。宜因者仍之,宜補者增之。文省于前,事加於舊,俾百餘年來山川形勢,城郭之興廢,夫風俗之奢儉、厚薄、忠孝、節義、政治損益之實蹟,一一如列,眉如指掌。"

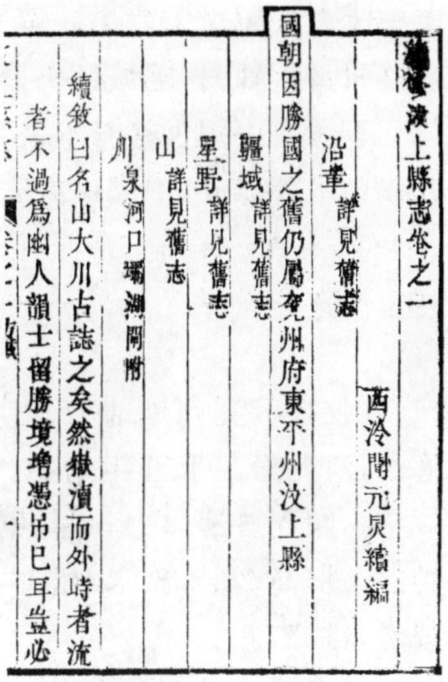
汶上縣志卷之一
西泠聞元炅續編
沿革 詳見舊志
國朝因勝國之舊仍屬兗州府東平州汶上縣
疆域 詳見舊志
星野 詳見舊志
山 詳見舊志
川 泉河口壩濼閘附
續敘曰名山大川古誌之矣然嶽瀆而外峙者流
者不過爲幽人韻士留勝境增憑弔已耳豈必

191

汶上縣沿革:汶上縣春秋時爲魯國中都地,戰國屬齊。漢置東平,陸縣屬東平國。後漢及晉因之。宋初曰平陸,元嘉中改置樂平縣。隋開皇十六年復改樂平,曰平陸,屬魯郡。唐初屬兗州,天寶元年改曰中都,貞元十四年改屬鄆州。五代因之。宋屬東平府,元屬東平路。明屬兗州府東平州。清因之。

著錄:《千頃堂書目》、《中國古籍善本書目》。

192 郾城縣志

[乾隆]《郾城縣志》十八卷,清傅豫纂修,清乾隆十九年刻本。六冊。半葉十行二十一字。左右雙邊,白口,單魚尾。版心上鐫書名,中鐫卷次。框高 16.5 釐米,寬 12.5 釐米。前有乾隆十九年孫和相、劉藻序,修志姓氏,目錄。

傅豫(生卒年不詳),字立齋,號舊溪,高密人。乾隆十年進士,乾隆十一年任邑令。

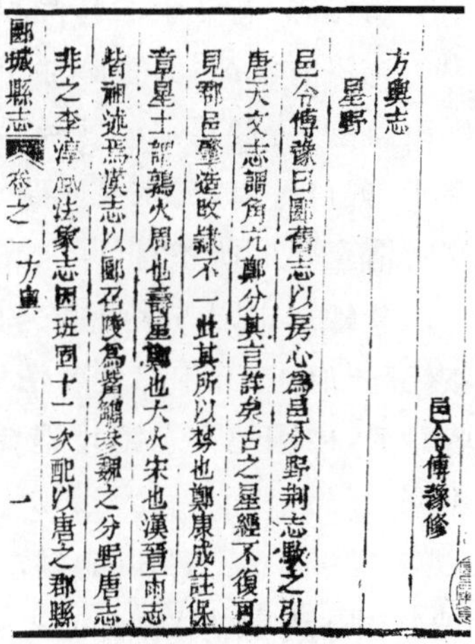
方輿志
邑令傅豫修
星野
邑令傅豫曰郾舊志以房心爲邑分野荆志斆之引
唐天文志謂角亢鄭分其言詳矣古之星經不復可
見郡邑建置政隸不一此其所以棼也鄭康成註保
章星土謂鶉火周也壽星鄭也大火宋也漢晉兩志
皆祖述焉漢志以郾召陵爲鶉尾翼軫之分野唐志
非之李淳風法象志因班固十二次配以唐之郡縣
郾城縣志 卷之一 方輿 一

192

是書爲清乾隆朝所修河南《郾城縣志》。卷一爲方輿志,卷二爲建置志,卷三爲籍賦志,卷四爲典禮志,卷五爲古跡志,卷六爲雜稽志,卷七至卷九爲藝文志,卷十至卷十二爲表,卷十三至卷十八爲列傳。

郾城縣沿革:秦屬潁川郡。漢置郾縣,屬豫州部潁川郡。魏晉時改潁川郡爲鄭州。

唐復改忠武軍。宋陞忠武軍爲潁昌府。元屬汴梁路許州。明樞河南開封府許州。清陞許州爲直隸州，郾城縣仍屬。

著録:《中國古籍善本書目》收入清乾隆趙作霖纂修之《郾城縣志》十卷。此乾隆十九年刻本著録於《中國地方志總目提要》。

193　兗州府志

[乾隆]《兗州府志》三十二卷，首一卷，清陳顧聯纂修，清乾隆三十五年刻本。十二册。半葉十行二十一字。四周雙邊，白口，單魚尾。版心上鐫書名，中鐫卷次。框高 20.5 釐米，寬 14.5 釐米。前有纂修姓氏，圖考，目録。

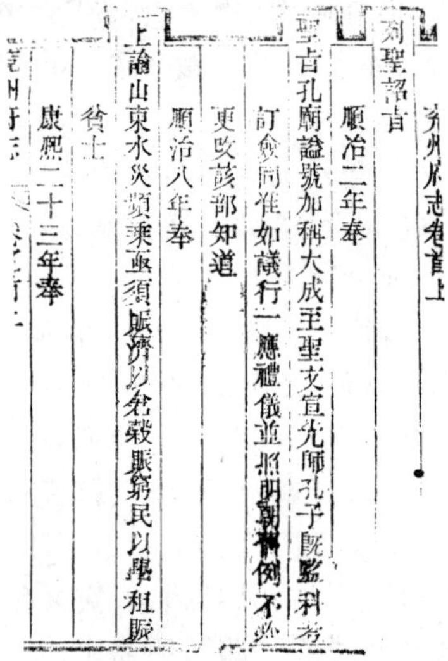
兗州府志卷首上
列聖詔旨
順治二年奉
聖旨孔廟謚號加稱大成至聖文宣先師孔子既監科考
訂僉同准如議行一應禮儀並照明朝舊例不必
更改該部知道
順治八年奉
上諭山東水災頻乘亟須賑濟以君穀賑窮民以學租賑
貧士
康熙二十三年奉

193

是書爲清乾隆朝所修山東《兗州府志》。卷一爲沿革，卷二爲星野，卷三爲山川，卷四爲建置，卷五爲風土，卷六爲帝蹟，卷七至卷十爲闕里，卷十一爲封建，卷十二爲職官，卷十三爲田賦，卷十四至卷十八爲□□，卷十九爲古跡，卷二十爲祠祀，卷二十一爲陵墓，卷二十二爲宦績，卷二十三爲人物，卷二十四爲烈女，卷二十五至卷二十九爲藝文，卷三十爲災祥，卷三十一爲雜志，卷三十二爲辨誤。

兗州府沿革:秦置薛郡、東郡等，皆兗境。漢時置東郡、泰山山陽郡等，屬兗州。東漢改魯國，屬豫州部。魏晉沿漢制。唐改兗州爲永靖軍節度使。宋政和八年置襲慶、東平、興仁等府，屬京東西路。元以兗、濟、單三州屬濟寧路。明陞兗州爲府，降濟寧爲州。清兗州府所領有巨野、嘉祥等縣。

著録:《中國古籍善本書目》收入明易登瀛、盧學禮、于慎行纂修之萬曆二十四年刻本《兗州府志》五十二卷及清康熙張鵬翮、葉鳴鑾纂修《兗州府志》四十卷。此乾隆刻本收録於《中國地方志總目提要》，然該書所録版本共得二十二卷，首一卷，與本館所藏不同。

194　陽武縣志

[乾隆]《陽武縣志》十二卷，清談諟曾修，楊仲震纂，清乾隆十年刻本。八册。半葉九行二十一字。四周雙邊，白口，單魚尾。版心上鐫書名，中鐫卷次。框高 19.3 釐米，

寬 14 釐米。前有扉頁，題："陽武縣志。乾隆九年增修，縣署藏版。"前有乾隆十年朱縺、談諟曾、陳步青序，明張天瑞、清伍九官、安如泰、趙賓等舊序，修志姓氏，凡例，目錄。

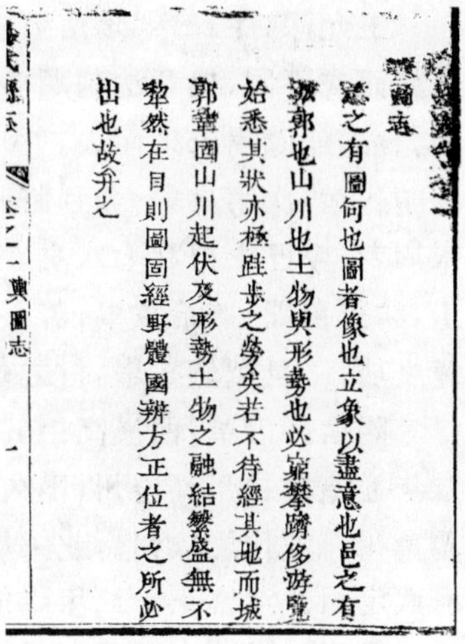
輿圖志

志之有圖何也圖者像也立象以盡意也邑之有城郭也山川也土物與形勢也必窮攀躋侈游覽始悉其狀亦極跬步之勞矣若不待經其地而城郭華國山川起伏及形勢土物之融結繁盛無不犂然在目則圖固經野體國辨方正位者之所必出也故弁之

輿圖志 一

194

談諟曾（生卒年不詳），字松庭。乾隆八年任陽武知縣。

楊仲震（生卒年不詳），字繼伯，陽武人。康熙舉人，候選知縣。

是書爲清乾隆朝所修河南《陽武縣志》。卷一爲輿圖志、沿革志、天文志、疆域志，卷二、卷三爲建置志，卷四爲禮樂志等，卷五爲山川志、古跡志，卷六爲祠祀志，卷七爲田賦志，卷八爲秩官志，卷九、卷十爲人物志，卷十一、卷十二爲藝文志。

陽武縣沿革：秦時始置陽武縣，西漢置原武縣。宋神宗熙寧年間，並原武入陽武，宋哲宗元祐年間復置原武縣。1950 年 3 月，原武、陽武二縣合並爲原陽縣，以二縣首字得名。

著録：《中國地方志總目提要》。

195　陽信縣志

［乾隆］《陽信縣志》八卷，首一卷，清王允深重修，沈佐清等纂，清乾隆二十四年刻本。五冊。半葉九行二十字，小字雙行同。左右雙邊，白口，單魚尾。版心上鐫書名，中鐫卷次、篇名。框高 18 釐米，寬 13.5 釐米。前有乾隆二十四年王允深、沈佐清重修陽信縣志序，圖，康熙二十一年周虔森序，乾隆九年邱天民序，凡例，修志姓氏，目錄。

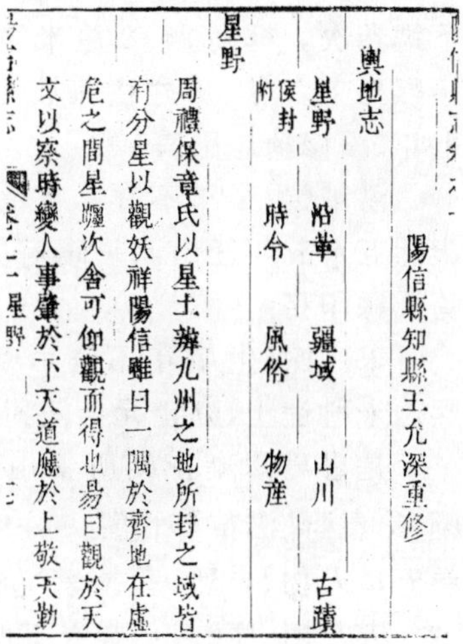
陽信縣知縣王允深重修

輿地志

星野　沿革　疆域　山川　古蹟

附 侯封　時令　風俗　物產

星野

周禮保章氏以星土辨九州之地所封之域皆有分星以觀妖祥陽信雖曰一隅於齊地在虛危之間星躔次舍可仰觀而得也易曰觀於天文以察時變人事肇於下天道應於上敬天勤

星野

195

王允深（生卒年不詳），字季通，鄱陽人。舉人，乾隆十七年任陽信知縣。

沈佐清（生卒年不詳），字補堂。陽信縣教諭。

是書爲清乾隆朝所修山東《陽信縣志》。卷一爲輿地，卷二爲建置，卷三爲田賦，卷四爲典禮，卷五爲職官，卷六爲選舉，卷七爲人物，卷八爲藝文。

王允深《序》曰:“陽信舊志修於康熙壬戌之歲,迄今垂八十載。舊版模糊殘缺,況月異而歲不同,典章法制類多前所未備。前任邱君天民於乾隆九年雅意重修,訂有底艸,會調任滕陽未果而去。……允深隨奉檄,倡捐廉俸,並移會各寅屬刻期,設立志院,迎請各宿,次第具舉,今且將此告竣。夫忽近而圖遠,先不蹈無田所譏,且向所謂聞見未周者,今已十得其七八矣。嗣與兩廣文沈君佐清、王君式軾及少府沈君楷,分遣多士,訪羅舊聞,摭拾故事,苦心焦慮,五閱月而成。遂使八十載將墜之緒,前十年邱峻未竟之功,一旦犁然畢舉,付之剞劂,以永垂不朽。”

陽信縣沿革:西漢高祖五年始置陽信縣,東漢初屬冀州刺史部渤海郡。北魏熙平二年並瀛冀二州爲滄州,不久改爲滄州郡,陽信縣隨屬滄州郡。唐貞觀八年陽信縣改屬德州。五代屬棣州。北宋屬河北東路棣州。元屬中书省濟南路棣州。明初屬濟南府武定州。清雍正十二年陽信縣屬武定府。

著錄:《中國古籍善本書目》錄有康熙二十一年周虔森、張璥等纂修之《陽信縣志》。此乾隆二十四年刻本著錄於《中國地方志總目提要》。

196 猗氏縣志

DS793. S32I283 1792/W2541

[雍正]《猗氏縣志》八卷,清潘鉞纂輯,宋之樹重輯,清雍正七年刻本。四冊。半葉十行二十二字,小字雙行同。左右雙邊,白口,單魚尾。版心上鐫書名,下鐫卷次。框高 21.2 釐米,寬 14.2 釐米。前有潘鉞康熙五十六年、宋之樹雍正七年序,郭九會康熙四十七年《續修猗志引言》等。

潘鉞(生卒年不詳),字清聞,山東濟寧人。貢生,康熙五十五年任山西平陽府同知,康熙五十六年兼攝猗氏縣印務。

宋之樹(生卒年不詳),字鶴千,山東文登人。康熙乙未科進士,雍正元年任猗氏縣知縣。

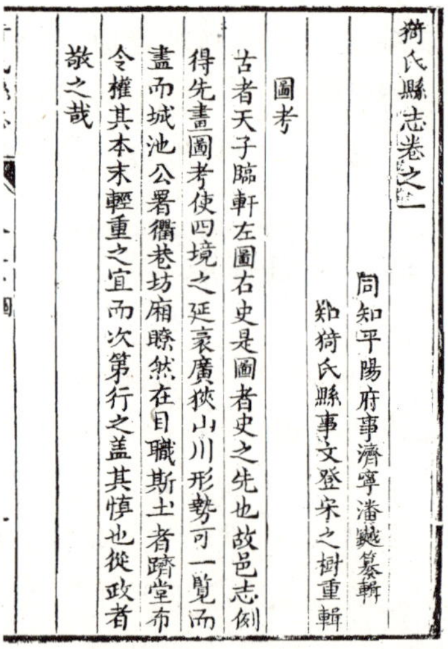
猗氏縣志卷之一
同知平陽府事濟寧潘鉞纂輯
知猗氏縣事文登宋之樹重輯
圖考
古者天子臨軒左圖右史是圖者史之先也故邑志例
得先畫圖考使四境之延袤廣狹山川形勢可一覽而
盡而城池公署衢巷坊廟瞭然在目職斯土者躋堂布
令推其本末輕重之宜而次第行之蓋其慎也從政者
敬之哉

196

是書爲清雍正朝所纂山西《猗氏縣志》。卷一爲圖考、星野、沿革等,卷二爲戶口、田賦、土產等,卷三爲職官、循績,卷四爲選舉、封廕,卷五爲人物、忠烈、孝義等,卷六爲烈女、流寓、古跡等,卷七、卷八爲藝文。

宋之樹《序》曰:“昔歲丁酉署邑事平陽司馬濟寧潘公嘗踵舊志,集名儒而編輯之,適以事去,官書未克,就余承乏玆土,因糾集紳士,理其遺緒,考訂舛訛,並取丁酉以來十三年之事附益於後,凡五閱月而成書。”

猗氏縣沿革:西周爲郇伯封地。春秋時,猗氏、臨晉均屬晉。戰國時屬魏。秦時臨、猗屬河東郡。西漢二年,置解縣及猗氏縣,屬司隸部河東郡。新莽時,屬洮陽郡。

東漢時,屬司隸校尉部。三國時屬曹魏。晉分天下爲十九州,猗氏、解縣屬司州河東郡。南北朝時期,屬北朝元魏司州河東郡。隋開皇三年,汾陽郡與綏化郡均罷,猗氏屬蒲州。唐武德元年,罷郡置蒲州,州治爲桑泉,領河東、猗氏、桑泉、虞鄉四縣。元寶十三年,更桑泉爲臨晉,臨晉縣名自此始。五代建置隨唐,屬河中府。宋至道三年,猗氏、臨晉屬永興軍路河中府。金天德元年,猗氏、臨晉屬河東南路河中府。元屬晉寧路河中府。明洪武二年,罷河中府,改屬平陽府。清屬山西省河東道蒲州府。民國元年廢府,兩縣均直隸於省。

著錄:《中國地方志總目提要》。哈佛大学哈佛燕京圖書館、耶魯大學圖書館亦藏有是書。《中國古籍善本目錄》收錄有明尚馬、孔昭纂修之萬曆《猗氏縣誌》;清陳一魁、衛既齊纂修之康熙《猗氏縣志》十卷。

197　沂州志

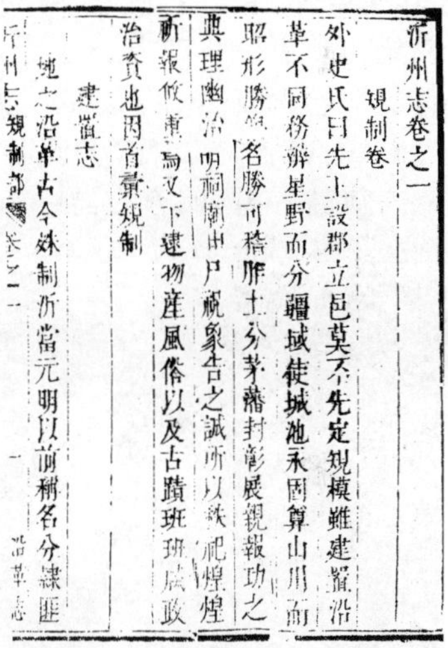
沂州志卷之一
規制卷
外史氏曰先王設郡立邑莫不先定規模雖建置沿
革不同務辨星野而分疆域徒城池永固鎮山川而
昭形勝與名勝可稽胙土分茅藩封彰展親報功之
典理幽治明祠廟由尸祝象古之誠所以秩祀煌煌
祈報攸重焉又下建物産風俗以及古蹟班班咸政
治責也因首彙規制
建置志
沂地之沿革古今殊制沂當元明以前稱名分隸匪
沂州志規制部 卷之一 一 沿革志

197

[康熙]《沂州志》八卷,清邵士修,曹之琦協修,王壏纂,清康熙十三年刻本。八冊。半葉十行二十字,小字雙行同。四周雙邊,白口,單魚尾。版心上鐫書名,中鐫卷次,下鐫篇目。框高 19.5 釐米,寬 13 釐米。前有康熙十三年邵士序,康熙十一年奏疏,康熙十三年王壏序,圖像,康熙十一年兗州府帖文,纂修姓氏,凡例,總目。

邵士(生卒年不詳),字正菴,蕭山人。戊戌科進士,官至沂州知州。

王壏(生卒年不詳),字宜兄。

是書爲清康熙朝所修山東《沂州志》。卷一爲規制部,卷二爲政事部,卷三爲官常部,卷四爲仕進部,卷五、卷六爲人物部,卷七、卷八爲藝文部。

依《沂州志》卷一"建置志":沂州地方秦時置琅琊郡,北魏置郯郡,後周改爲沂洲。隋废州,復州爲琅琊郡,唐又復爲州,宋爲沂州郡,領縣三。金爲沂州,領縣二。元置益都總管府,以沂州並屬縣,曰臨沂。明延其制,臨沂屬兗州府。清復陞沂州爲府。《中國地方志總目提要》謂:"是志以規制等六部爲綱,細目以類歸屬,綱目細明,釐次有序。"

《沂州志》有明万曆三十六年徐汝冀修本及明天啓增修本。清康熙十三年邵士修本,乾隆二十年李希贤修本等。

著錄:《中國地方志總目提要》。

198　御製圓明園圖詠

H923

《御製圓明園圖詠》(《高宗純皇帝圓明園圖詠》、《御製圓明園詩》)二卷,清高宗弘曆撰,鄂爾泰、張廷玉等註,清内府鈔本。二冊。半葉六行十六字,小字双行同。四周雙邊,白口,單魚尾。版心上書“御製詩”,中書題目及格律。框高 19.8 釐米,寬 12.7 釐米。前有世宗憲皇帝“御製圓明園記”,圓明園後記,御製圓明園詩目錄。後有鄂爾泰、張若靄等“御製圓明園詩跋”。

是書上卷含五言律詩四首,五言排律一首,五言古詩二首,五言六韻一首,五言絕句一首,七言古詩二首,七言律詩二首,七言絕句三首,七言排律一首,六言絕句一首,四言古詩一首,清平樂、菩薩蠻詞各一首。下卷含五言律詩二首,五言古詩四首,五言絕句二首,七言古詩二首,七言律詩三首,七言絕句三首,六言律詩一首,四言古詩一首,秋風清、浣溪沙、水仙子詞各一首。

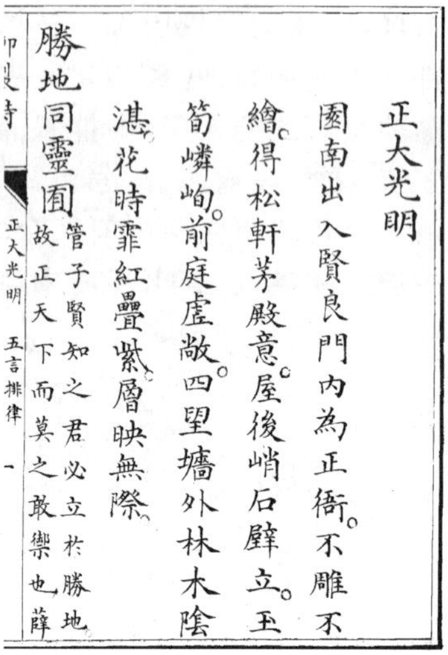
正大光明
園南出入賢良門内為正衙。不雕不繪。得松軒茅殿意。屋後峭石壁立。玉筍嶙峋。前庭虛敞。四望墻外林木陰湛。花時霏紅疊紫。層映無際。
勝地同靈囿 管子賢知之君必立於勝地故正天下而莫之敢禦也薛
御製詩　正大光明　五言排律　一

198-1

198-2

鄂爾泰等《跋》稱:“我世宗憲皇帝葺聖祖仁皇帝賜園,以爲豫游臨御之所。嘗御製爲記,備述緣始。皇上因其舊而居之,親灑天章,敬爲後記,繼志述事,後樂先憂。聖心所存,昭示天下後世者,既詳哉,其言之矣。慈闈視膳之餘,萬幾聽覽之暇,仰觀俯察,暢洽宸襟,觸緒興懷,形諸篇什。爰仿避暑山莊詩例,標舉勝景,分題繪圖,序而詠之,凡四十篇。臣等伏讀,御製後記有曰,‘宫室服御得其宜,適以養性而陶情。失其宜適以玩物喪志,大哉。’”

本館藏本爲墨筆楷書,朱筆圈點,每一詩詞之後均有折葉墨筆詩意白描圖一幅。

著錄:《中國古籍善本書目》、《皇朝通志》。

鈐印:“選季齋藏書印”、“林葉高生”。

199 原武縣志

DS793. H52Y878 1747/W2636

[乾隆]《原武縣志》十卷,清吳文炘修,何遠纂,清乾隆十二年刻本。五冊。半葉九行二十一字,小字雙行,字數不等。四周雙邊,白口,單魚尾。版心上鐫書名,下鐫卷次及標題。框高 19.4 釐米,寬 13.3 釐米。有圖。前有柴瑋、吳文炘、萬侯、胡振組序,明萬曆癸巳張祥、張邦敬、胡希舜等舊序。

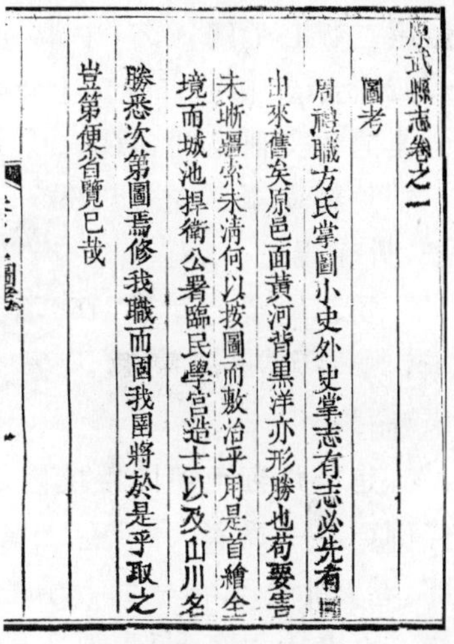
原武縣志卷之一
圖考
周禮職方氏掌圖小史外史掌志有志必先有圖
由來舊矣原邑面黃河背黒洋亦形勝也苟要害
未晰疆索未清何以按圖而敷治乎用是首繪全
境而城池捍衛公署臨民學宮造士以及山川名
勝悉次第圖焉俾我職而圖我圖將於是乎取之
豈第便省覽已哉

199

吳文炘(生卒年不詳),字曉村,江南婁縣人。歲貢,由教習考授原武縣知縣。

是書爲清乾隆朝所纂河南《原武縣志》,凡三十目,記事止於乾隆六年。記事多簡陋。卷之一爲圖考、沿革、星野、疆域、山川、古跡,卷之二爲城池、學校、公署、倉庫、祠祀、鄉鎮、冢墓、風俗,卷之三爲禮樂,卷之四爲賦稅、戶口、郵政,卷之五爲河防,卷之六爲職官、選舉、恩榮,卷之七爲名宦、人物、孝義、烈女,卷之八、九爲藝文,卷之十爲藝文、祥異、補遺。

原武縣沿革:秦時始置陽武縣。西漢置原武縣。宋神宗熙寧年間,並原武入陽武,宋哲宗元祐年間復置原武縣。1950 年 3 月,原武、陽武二縣合並爲原陽縣,以二縣首字得名。

著錄:《中國地方志總目提要》、《中國地方志聯合目錄》。北京大學圖書館、哈佛燕京圖書館、哥倫比亞大學圖書館藏有是書。又《中國古籍善本目錄》收錄有清甯弘舒、裴之量纂修之順治《原武縣志》,二卷;清詹槐芬、戚一變纂修之康熙《原武縣志》六卷,首一卷,宋一卷,清康熙二十九年刻本。

政書類

200 大清會典

W550

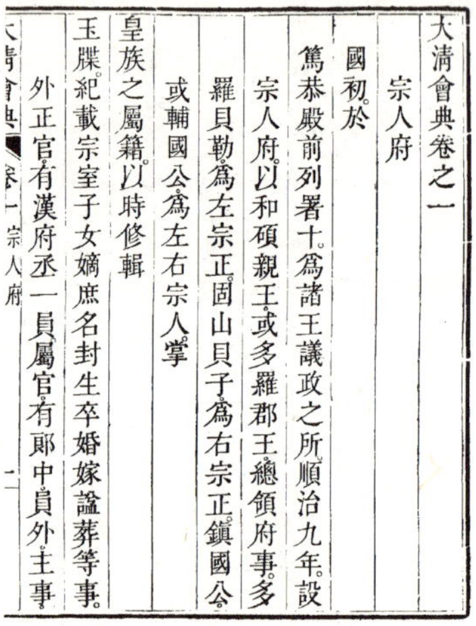
大清會典卷之一
宗人府
國初於
篤恭殿前列署十爲諸王議政之所順治九年設
宗人府以和碩親王或多羅郡王總領府事多
羅貝勒爲左宗正固山貝子爲右宗正鎮國公
或輔國公爲左右宗人掌
皇族之屬籍以時修輯
玉牒紀載宗室子女嫡庶名封生卒婚嫁謚葬等事
外正官有漢府丞一員屬官有郎中員外主事
大清會典　卷一　宗人府　一

200

《大清會典》、《御製大清會典》二百五十卷，清愛新覺羅·允祿、愛新覺羅·允禮等編纂，雍正十年刻本。一百冊。半葉十行二十字。四周雙邊，白口，單魚尾。版心上鐫書名，中鐫卷次。框高 22.7 釐米，寬 17.2 釐米。卷首有雍正十年雍正序，凡例，職名，大清會典開報文冊衙門，目錄。

愛新覺羅·允祿(1695—1767)，清康熙帝第十六子，封莊親王。

愛新覺羅·允禮(1697—1743)，清康熙帝第十七子，封果親王。謚毅。著有《春和堂》、《靜遠齋集》諸集。

是書爲雍正命閣臣撰修之會典，爲康熙二十六年至雍正五年所定各部院衙門禮儀條例。卷一爲宗人府，卷二爲内閣，卷三至卷二十二爲吏部，卷二十三至卷五十六爲戶部，卷五十七至卷一百十爲禮部，卷一百十一至卷一百四十八爲兵部，卷一百四十九至卷一百九十六爲刑部，卷一百九十七至卷二百十四爲工部，卷二百十五爲盛京戶部，卷二百十六爲盛京禮部，卷二百十七爲盛京兵部，卷二百十八爲盛京刑部，卷二百十九、卷二百二十爲盛京工部，卷二百二十一、卷二百二十二爲理藩院，卷二百二十三、卷二百二十四爲都察院，卷二百二十五爲通政使司、大理寺，卷二百二十六至卷二百三十二爲内務府，卷二百三十三爲武備院、上駟院、奉宸苑，卷二百三十四爲翰林院，卷二百三十五爲詹事府、左春坊、右春坊、司經局，卷二百三十六至卷二百三十九爲太常寺，卷二百四十爲順天府、奉天府，卷二百四十一爲光祿寺，卷二百四十二爲太僕寺，卷二百四十三爲鴻臚寺，卷二百四十四爲國子監，卷二百四十五爲六科，卷二百四十六、卷二百四十七爲欽天監，卷二百四十八爲太醫院、五城兵馬司、僧錄司、道錄司，卷二百四十九爲上林苑監，卷二百五十爲鑾儀衛、京衛。

雍正《御製大清會典序》曰："康熙二十三年，聖祖仁皇帝勅命閣臣纂修《大清會典》，起於崇德元年，迄於康熙二十五年。大經大猷，咸臚編載。聖祖仁皇帝歷數綿長，又閱三紀，敬勤愈至。法制增修，憲古宜今，至精至備，可謂規型之盡善，儀典之大成。

而散在卷牘,未及彙輯以葳全書。朕纘承寶位,體皇考之心以爲心,法皇考之政以爲政,其有因時制宜,更加裁定者,無非繼志述事之意,紹聞衣德之思。爰允禮臣蔣廷錫所請,命閣臣開館纂修自康熙二十六年至雍正五年所定各部院衙門禮儀條例,悉行檢閱,照衙門分類編輯。凡經九載,篇帙告竣。於是聖祖仁皇帝臨御六十餘年,立綱陳紀之端,命官敷政之要,首末完具,燦然如日星之炳照。”

著錄:《中國古籍善本書目》。

鈐印:“國子監入學官書”。

201　大選京外各官類例

N1815a/b

《大選京外各官類例》二卷,清光緒三十三年鈔本。二冊。半葉十行二十四字。四周單邊,白口,單魚尾。版心中書“京府通判”。框高 24.5 釐米,寬16.7 釐米。

是書爲清光緒朝之人事任用類例,爲光緒三十三年九月訂。所任用的官員包括:京府通判,部司務,翰林院典簿,翰林院待詔,翰林院孔目,道員,知府,鹽運司運同,同知,直隸州知州,知州,鹽提舉,通判,知縣,直隸州州同,布政司經歷,州同,按察司經歷,直隸州州判,州判,府經歷,縣丞,教授,教諭,訓導等。光緒皇帝曾於光緒二十四年起推行立志改革,則例刪減是其中重要的一項。他曾“命刪訂則例,各衙門按照吏、戶二部刪訂則例,督飭司员悉心編輯,不要産生分歧。內閣昨據吏部、戶部奏刪訂則例辦理情形,當經諭令將核定例章,仿照史表,分門別類,列爲一表,使人易曉。因私刪訂則例,各衙門均當照此办理,以歸划一。著該堂官等督飭司員,悉心編輯,勿稍分歧。”此類例則是改革後的京外各官錄用準則。

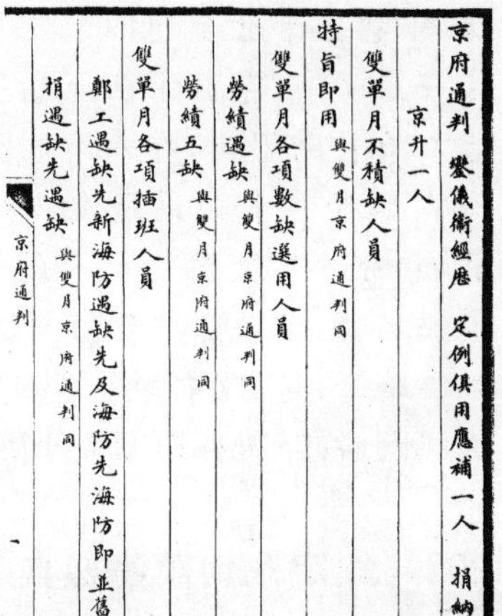
京府通判　鑾儀衛經歷　定例俱用應補一人　捐納一人
京升一人
雙單月不積缺人員
特旨即用　與雙月京府通判同
雙單月各項數缺選用人員
勞績遇缺　與雙月京府通判同
勞績五缺　與雙月京府通判同
雙單月各項插班人員
鄭工遇缺先新海防遇缺先及海防先海防即並舊例銀
捐遇缺先遇缺　與雙月京府通判同
京府通判

201

本館藏本爲墨筆楷書,邊框爲朱絲欄。眉欄偶有任用規章。

著錄:是書《中國古籍善本書目》等無著錄。

202　南巡盛典

DS708. K35/GR220

《南巡盛典》一百二十卷,清高晉等撰,清乾隆三十六年刻本。四十八冊。半葉九行二十二字。四周雙邊,白口,單魚尾。版心上鐫書名,中鐫卷次。框高 21.6 釐米,寬16.9 釐米。卷首有乾隆三十六年乾隆序,乾隆三十一年高晉“奏爲恭請纂修南巡盛典”,高晉“南巡盛典告成表”,乾隆三十三年傅恒奏,乾隆三十三年熊學鵬奏,高晉南巡盛典告成表,凡例,目錄,編撰職員名錄。卷末有高晉奏議,高晉、熊學鵬跋。

高晉(1707—1779),字昭德,高佳氏,清鑲黄旗漢軍。由知縣歷任河道,擢安徽巡撫,尋授江南河道總督,擢兩江總督,統理總河事,授文華殿大學士兼禮部尚書,仍管總督,總河事。卒于任。詔賜優䘏,入祀賢良祠,謚文端。

是書記録乾隆六次出巡之事跡始末、沿途風物、吏治及民生。卷一至卷四爲恩綸,卷五至卷三十六爲天章,卷三十七至卷四十二爲蠲除,卷四十三至卷五十三爲河防,卷五十四至卷五十九爲海塘,卷六十至卷六十七爲祀典,卷六十八至卷七十五爲褒賞,卷七十六至卷八十四爲籲俊,卷八十五至卷八十八爲閲武,卷八十九至卷九十三爲程塗,卷九十四至卷一百五爲名勝,卷一百六至卷一百二十爲奏議。

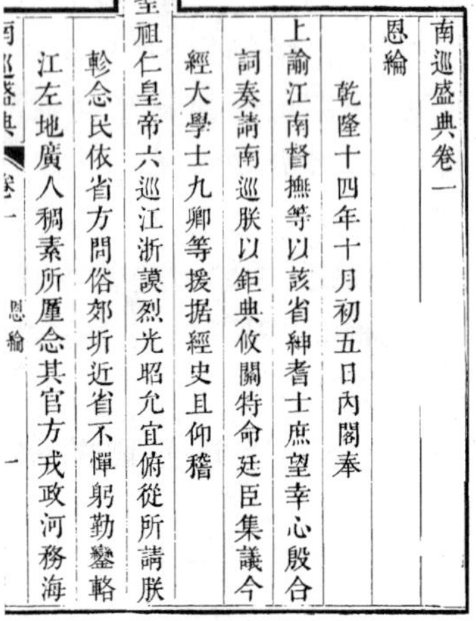
南巡盛典卷一
恩綸
乾隆十四年十月初五日内閣奉
上諭江南督撫等以該省紳耆士庶望幸心殷合
詞奏請南巡朕以鉅典攸關特命廷臣集議今
經大學士九卿等援据經史且仰稽
聖祖仁皇帝六巡江浙謨烈光昭允宜俯從所請朕
軫念民依省方問俗郊圻近省不憚躬勤鑾輅
江左地廣人稠素所廑念其官方戎政河務海
南巡盛典 卷一 恩綸 一

202

著録:是書《中國古籍善本書目》等無著録。加州大學洛杉磯分校圖書館、芝加哥大學圖書館、普林斯頓大學圖書館、哥倫比亞大學東亞圖書館入藏是書。

203 欽定八旬萬壽盛典

D553

《欽定八旬萬壽盛典》一百二十卷,清阿桂等奉敕撰,清乾隆五十七年内府鈔本。六十一册。半葉八行二十一字,小字雙行同。四周雙邊,白口,單魚尾。版心上書書名,中書卷次。框高 20.8 釐米,寬 14 釐米。前有乾隆五十七年阿桂等進表,乾隆五十四年阿桂等奏摺,凡例,目録等。

阿桂,見 073《欽定八旗氏族通譜輯要》。

是書卷一至卷四爲宸章,卷五至卷十七爲聖德,卷十八至卷二十四爲聖功,卷二十五至卷四十九爲盛事,卷五十至卷六十一爲典禮,卷六十二至卷七十六爲恩賚,卷七十七至卷八十爲圖繪,卷八十一至卷一百二十爲歌頌。

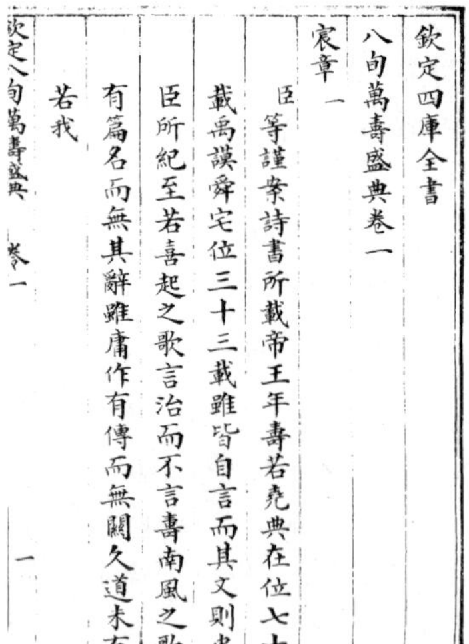
欽定四庫全書
八旬萬壽盛典卷一
宸章一
臣等謹案詩書所載帝王年壽若堯典在位七十
載禹謨舜宅位三十三載雖皆自言而其文則史
臣所紀至若喜起之歌言治而不言壽南風之歌
有篇名而無其辭雖庸作有傳而無闕久道未有
若我
欽定八旬萬壽盛典 卷一 一

203

《凡例》曰:"恭纂八旬萬壽盛典,凡以載德揚輝,臚歡紀盛,溯自乾隆四十五年皇上七旬萬壽。湛恩歲澤,覃及臣民,即宜撰列成編,敷陳美備乃聖懷謙約,未允舉行慶典。届今八旬,週袠薄海内外,始獲効祝抒忱綂。此十年中,炳鑠淳懿之規,積久愈茂,臣等軒鼚鼓舞之願,亦積久彌虔。今所綜輯,敬以古稀爲先庚肇慶,按年類載,綱舉目從,蘄昭久道化成之盛軌。"阿桂等《進表》云:"《盛典》百二十卷,秘録允推爲甲觀,臣等昌任欣喜,踴躍之至,謹將纂成《八旬萬壽盛典》裝潢八函,計四十册,隨表恭進以聞。"

本館藏本之邊框爲朱絲欄,文字爲墨筆楷書鈔寫。圖繪爲墨色綫描。

著録:《四庫全書總目》。

鈐印:"嫏嬛妙境"。

204　欽定大清律例

KT1112. T2 1740 /W698

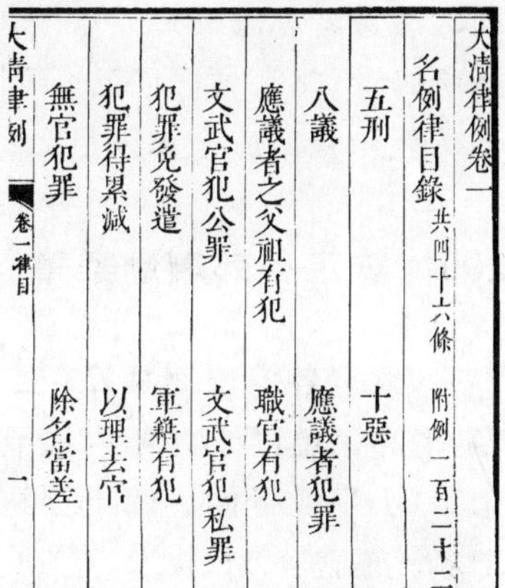

大清律例卷一

名例律目録 共四十六條 附例一百二十二條

五刑　十惡

八議　應議者犯罪

應議者之父祖有犯　職官有犯

文武官犯公罪　文武官犯私罪

犯罪免發遣　軍籍有犯

犯罪得累減　以理去官

無官犯罪　除名當差

大清律例　卷一 律目　一

204

《欽定大清律例》四十七卷,清阿桂等纂修,清乾隆五年武英殿刻本。二十册。半葉九行二十字,小字雙行同。四周雙邊,白口,單魚尾。版心上鐫書名,中鐫卷次,下鐫律條。框高 21.8 釐米,寬 15.7 釐米。前有朱色扉頁,題:"欽定大清律例"。前有朱紅"世祖章皇帝御製大清律序","世宗憲皇帝御製大清律集解序要","世宗憲皇帝上諭",乾隆五年"御製大清律例序"。前有三泰等奏疏、表,官銜,凡例,總目等。

阿桂,見 073《欽定八旗氏族通譜輯要》。

是書卷一爲律目,卷二爲諸圖,卷三爲服制,卷四、卷五爲名律,卷六爲吏律職制,卷七爲吏律公式,卷八爲戶律戶役,卷九爲戶律田宅,卷十爲戶律婚姻,卷十一、卷十二爲戶律倉庫,卷十三爲戶律課程,卷十四爲戶律錢債,卷十五爲戶律市墨,卷十六爲禮律祭祀,卷十七爲禮律儀制,卷十八爲兵律宫衛,卷十九爲兵律軍政,卷二十爲兵律關津,卷二十一爲兵律廄牧,卷二十二爲兵律郵驛,卷二十三至卷二十五爲刑律賊盗,卷二十六爲刑律人命,卷二十七、卷二十八爲刑律鬬毆,卷二十九爲刑律罵詈,卷三十爲刑律訴訟,卷三十一爲刑律受贓,卷三十二爲刑律詐僞,卷三十三爲刑律犯姦,卷三十四爲刑律雜犯,卷三十五爲刑律捕亡,卷三十六、卷三十七爲刑律斷獄,卷三十八爲工律營造,卷三十九爲工律河防,卷四十至卷四十六爲總類,卷四十七爲比引律條。

《四庫全書總目》曰:"乾隆五年奉敕撰。御製序文頒行。凡律目一卷,諸圖一卷,服制一卷,名例律二卷,吏律二卷,戶律七卷,禮律二卷,兵律五卷,刑律十五卷,工律二卷,總類七卷,比引律條一卷。前列凡例十則,及順治初年以來奏議,而恭録世祖章皇帝御製序一篇,聖祖仁皇帝諭旨一道,世宗憲皇帝御製序一篇,諭旨一道,冠於卷首。蓋我朝律文,自定鼎之初,卽詔刑部尚書吳達海等詳考明律,參以國制,勒爲成書,頒布中外。康熙九年,大學士管刑部尚書事對喀納等,復奉詔校正,旋又諭部臣於定律之外,所有條例,或删或存,詳爲考定,隨時增改,刊附律後。逮雍正元年,大學士朱軾、尚書查郎阿等，奉詔續成。我皇上御極之初，卽允尚書傅鼐之請，簡命廷臣逐條考正，以成是編。纂入定例凡一千餘條。而皇心欽恤，道取協中。凡讞牘奏陳，皆辨析纖微，衡量情法，隨事訓示，務準其平。以昭世輕世重之義。又每數載而一修，各以新定之例分附於後。在廷之臣，恭聆玉音，或略迹而原心，或推見以至隱。折以片言，悉斟酌於天理人情之至信。聖人留心庶獄，爲千古帝王之所無。而是編亦爲千古之玉律金科矣。右政書類法令之屬，二部，七十七卷，皆文淵閣著錄，案法令與法家，其事相近而實不同。法家者私議其理。法令者官著爲令者也。刑爲盛世所不能廢，而亦盛世所不尙。玆所錄者，略存梗概而已，不求備也。”

著錄：《四庫全書總目》、《中國古籍善本書目》。

205　欽定各郊壇廟樂章

M1804. C446 1754/W1755

《欽定各郊壇廟樂章》二卷，清張樂盛輯，勵宗萬序，清高宗乾隆十九年内府刊本。一册。半葉十行二十字，小字雙行同。四周雙邊，白口，單魚尾。版心鐫壇名。框高 19.5 釐米，寬 14 釐米。前有勵宗萬序，目錄等。

張樂盛（生卒年不詳），曾任清太常寺丞。

勵宗萬（1705—1759），字滋大，號衣園，又號竹溪，直隸靜海人。康熙六十年進士，入翰林。歷任翰林院侍讀、刑部侍郎、山西學政、國子監司業等。著有《雙清閣詩稿》，輯有《盛京景物輯要》等。

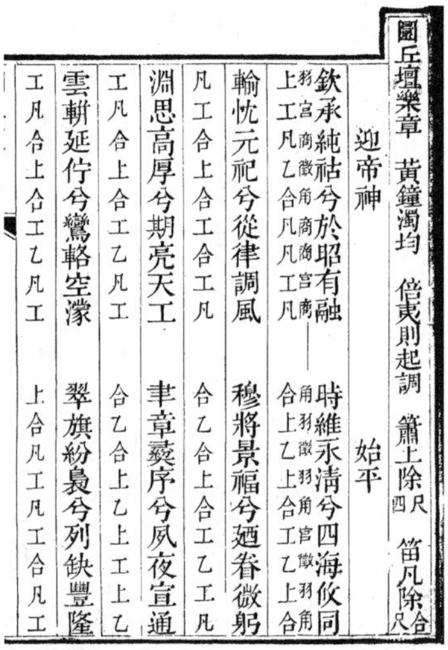
圜丘壇樂章　黃鐘濁均　倍夷則起調　簫上除四尺　笛凡除合尺
迎帝神　始平
欽承純祜兮於昭有融　時維永清兮四海攸同
輸忱元祀兮從律調風　穆將景福兮迺眷微躬
淵思高厚兮期亮天工　聿章彝序兮夙夜宣通
雲輧延佇兮鸞輅空濛　翠旗紛梟兮列缺豐隆

205

是書共包括：圜丘壇、祈穀壇、圜丘行常雩禮、方澤壇、太廟祫祭、太廟四孟、社稷壇、朝日壇、夕月壇、先農壇、天神壇、地祇壇、太歲壇、帝王廟、文廟、府學文廟、社稷壇報祀祈雨祈晴報晴、太歲壇祀祈雨、泰山岱廟、嵩山中嶽廟等壇廟樂章。

勵宗萬《序》曰：“寺丞張樂盛職司樂部，誠慮肄業諸生有換羽移宫之失，於是按其工尺之度，與夫長短清濁之宜，八音十二律之用，合以歌章，彙成全帙。”然《皇朝文獻通考》評之曰：“從前勵宗萬爲太常寺少卿時，寺丞張樂盛編輯《壇廟樂章》，勵宗萬爲之作序，維時已有《律呂正義》一書，而張樂盛所編書内樂章並不仿照，兼註宫商，輒專註工尺，勵宗萬又不爲之定正，所謂不學無術，不可與言樂，亦安能窺《律呂正義》之博洽賅備耶？”

著錄：遼寧省圖書館藏有是書。哈佛大學燕京圖書館藏有光緒二十五年神樂署重刊本。

206　欽定康濟録

HC430. F3 L8/W329

《欽定康濟録》、《康濟録》四卷，清陸曾禹、倪國璉撰，清乾隆四年刻本。六冊。半葉九行二十二字。四周單邊，白口，單魚尾。版心上鐫書名，中鐫卷次。框高 19 釐米，寬 14.5 釐米。卷首有銜名，倪國璉進書奏摺，乾隆四年諭旨，朱定元奏摺，總目。

倪國璉（？—1743），字子珍，一字西昆，號穗疇，浙江仁和人。雍正八年進士，雍正十三年乙卯科，以監察御史充正主考。善繪畫。著有《春及堂集》。

是書爲倪國璉將陸曾禹《救饑譜》增刪修訂而成，主要記録歷代救荒之典章制度。卷一爲前代救援之典，卷二爲先事之政，卷三爲臨事之政，卷四爲事後之政及附録。

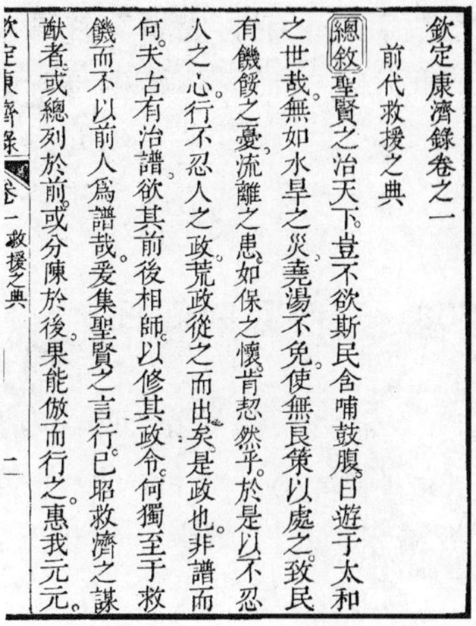
欽定康濟録卷之一
前代救援之典
總敘 聖賢之治天下。豈不欲斯民含哺鼓腹日遊于太和之世哉。無如水旱之災。堯湯不免。使無良策以處之。致民有饑餧之憂。流離之患。如保之懷。肯恝然乎。於是以不忍人之心。行不忍人之政。荒政從之而出矣。是政也。非譜而何。夫古有治譜。欲其前後相師。以修其政令。何獨至于救饑而不以前人爲譜哉。爰集聖賢之言行。已昭救濟之謀猷者。或總列於前。或分陳於後。果能倣而行之。惠我元元。
欽定康濟録 卷一 救援之典 二

206

《四庫全書總目》對該書成書刊刻經過有詳細説明："乾隆四年禦定。初，仁和監生陸曾禹作救饑譜，吏科給事中倪國璉爲檢擇精要，釐爲四卷。會詔翰林科道輪奏經史講義，國璉因恭録進呈。皇上嘉其有裨於實用，命內直諸臣刪潤其詞，剞劂頒布。因賜今名，其書凡分四門。一曰前代救援之典。所録故實，上起唐虞，下及元明，案朝代先後編次。二曰先事之政。分子目六。三曰臨事之政。分子目二十。四曰事後之政。分子目五。又附録者四事。皆先引古事，後系論斷。"

著録：《四庫全書總目》。

207　清嘉慶朝鑲白旗成婚檔案

J2265

《清嘉慶朝鑲白旗成婚檔案》不分卷，清嘉靖年間鈔本。一冊。半葉十行二十二字。四周雙邊，白口，無魚尾。框高 27.5 釐米，寬 17.5 釐米。

是書爲嘉靖、道光兩朝清鑲白旗宗室女選婿之原始記録。朱色刻印之檔案格式如下："　　旗第　　族宗室　　之第　　女　　字輩　　年　　月　　日　　時　　生母　　氏　　之女所出　　年　　月　　日　　時卒年　　歲　　於　　年　　月選　　氏　　爲婿　　本月成婚。"

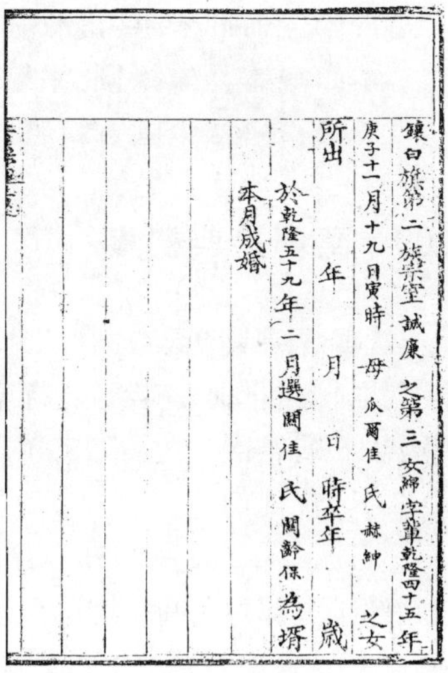
鑲白旗第二族宗室 誠康 之第三女 紳字輩 乾隆四十五年
庚子十一月十九日寅時 母 瓜爾佳 氏 赫紳 之女
所出 年 月 日 時卒年 歲
於乾隆五十九年二月選 關佳 氏 關齡保 為壻
本月成婚

207

本館藏本之文字爲墨筆楷書鈔寫，"第______女"

之數字用朱筆。成婚記錄舉例:"鑲白旗第二族宗室恒遵之第一女奕字輩嘉慶八年癸亥九月十二日子時嫡生母哈佳氏趙那思圖之女所出　　年　　月　　日　　時卒年歲　　於道光三年九月選瓜爾佳氏筆帖式巴杭阿爲婿,本月成婚。"

著録:是書《中國古籍善本書目》等無著録。

208　宋明兵制備覽

《宋明兵制備覽》四卷,清鈔本。五册。半葉十行字數不等,小字雙行。四周雙邊,白口,單魚尾。框高18釐米,寬14釐米。附宋兵制附表,明兵制附表。

是書敘述宋兵制,分爲禁軍、廂兵、鄉兵、招募、揀選、廩禄、訓練、遷補、屯戍,附宋名人論兵奏議。明兵制分爲京、營、衛所、邊防、海防、洪武廣置軍述略、鎮戍,附史可法留都軍政奏等奏、疏及練兵紀實。宋兵制附表後有宋兵制總論一篇,曰:"終宋之世,兵制蓋無變更,悉開國之初之禁兵政策。所變更者,易甲名爲乙名,減甲額增乙額耳。"明兵制附表後有明各代兵制比較總論,涉及洪武時之設衛,永樂之北遷,景泰、成化之營團,嘉靖之後三大營。

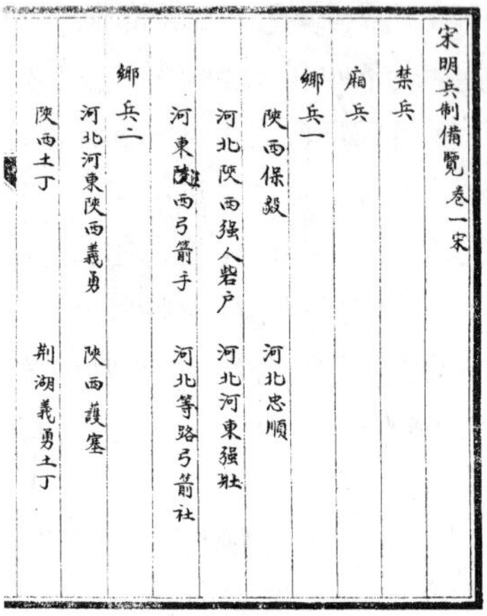
宋明兵制備覽卷一宋
禁兵
廂兵
鄉兵一
陝西保毅 河北忠順
河北陝西強人砦户 河北河東強壯
河東陝西弓箭手 河北等路弓箭社
鄉兵二
河北河東陝西義勇 陝西護塞
陝西土丁 荆湖義勇土丁

208

《四庫全書簡明目録》録有《歷代兵制》曰:"宋陳傅良撰,其書上溯成周鄉遂之法,下迄於宋。而於宋事,指陳利病,言之尤詳。蓋爲南渡以後,冗軍驕卒言也。"

本館藏本爲朱絲欄,墨筆小楷。

著録:是書《中國古籍善本書目》等無著録。

209　萬壽盛典初集

《萬壽盛典初集》一百二十卷,清王原祁、王弈清等奉敕繪撰,清康熙五十六年武英殿刊本。四十册。半葉九行十九字,小字雙行同。四周雙邊,白口,單魚尾。版心上鐫書名,下鐫卷次。框高22.9釐米,寬16.3釐米。前有王掞等"萬壽盛典初集告成進表",奏摺,凡例等。

王原祁(1642—1715),字茂京,號麓臺,一號石師道人,江蘇太倉人。康熙年間進士,曾任户部左侍郎,並爲宫廷作畫及鑑定古畫。康熙四十四年任書畫譜館總裁,參與編寫大型書畫書籍《佩文齋書畫譜》。著有《雨窗漫筆》、《麓臺題畫藁》、《罨畫樓集》等。

是書爲慶賀清聖祖玄燁六旬壽辰而奉敕編制的大型文獻彙編。圖文並俱、繪刻皆精。爲紀實性圖籍。緣自康熙六十壽誕,内外臣民紛赴慶祝,諸臣爲紀此盛典,奏請王

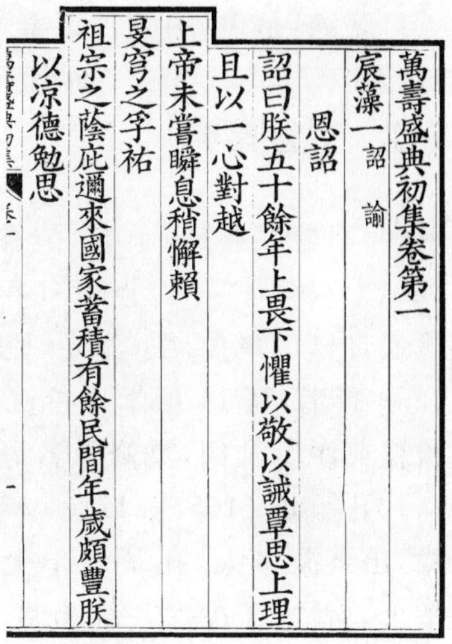
萬壽盛典初集卷第一
宸藻一 詔諭
恩詔
詔曰朕五十餘年上畏下懼以敬以誠覃思上理
且以一心對越
上帝未嘗瞬息稍懈賴
旻穹之孚祐
祖宗之蔭庇邇來國家蓄積有餘民間年歲頗豐朕
以凉德勉思

209

原祁主其事，繪成絹本設色之《萬壽圖》長卷，另以《萬壽圖》爲藍本，校刻圖籍。其中卷四十一、四十二兩卷爲圖，共一百四十八葉，連接起來則成一幅近二十丈畫卷，描繪自暢春園至神武門之間張燈結彩之盛況，表現了清初太平盛世之繁榮景象。圖由宋駿業、王原祁繪成，鐫刻名工朱圭操剞劂。卷一至卷二爲宸藻，卷三至卷八爲聖德，卷九至卷二十二爲典禮，卷二十三至卷三十九爲恩賚，卷四十至卷六十爲慶祝，卷六十一至卷一百十九爲歌頌。

《四庫全書總目》曰："其時臣民泳涵醲化，敷天率土普治懽心。衢歌巷舞之盛，實爲從古所未有。而伏讀詔諭，每以萬姓安，天下福爲兢兢。是書之成，非徒以紀昇平之鉅典，正可以俾萬世臣民仰見至聖持盈保泰之盛心，爲景命延淇之大本也。書中圖二卷，於遐邇臣庶迎鑾呼祝之儀，纖悉具備。亦自有圖繪以來所罕覯。其稾本初爲宋駿業所創，後王原祁等重加修潤而成。一展卷而閭閻殷阜之象，童叟歡躍之忱，恍若目接而身遇之。今悉依原本鉤摹，故幅度視他卷稍贏焉。"

恭纂《萬壽盛典初集告成進表》曰："萬壽之盛典垂一代之鴻編，原任户部侍郎臣王原祁修纂於前，詹事府詹事臣王奕清踵事於後，計歷三稔而周，彙集百二十卷。全書告成，恭呈御覽，熊熊寶氣，下燭西崑，爛爛文光，仰騰東壁，將見無疆。"

著錄：《四庫全書總目》。

210　新編繙譯清語

A169

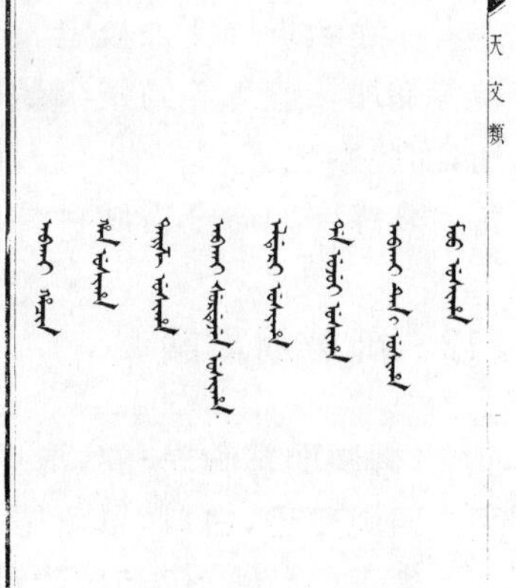
木星
天極
太乙
瑶光
帝車
太子星
帝星
天文類

天文類

210

《新編繙譯清語》、《新纂繙譯清語》二卷，清内府朱絲欄鈔本。二冊。半葉八行，字數不等，漢滿雙文。四周雙邊，白口，單魚尾。版心中書類別。框高 21.4 釐米，寬 13.1 釐米。

是書爲天文類、時令類、地輿類、城郭類、田地類、神佛類、祭祀類、祭祀器皿香供類、鴻稱通用類、君類、旨意類、宮廷衙署類、街道類、禮儀類、朝拜類等的詞彙的官方漢滿互譯手冊。

本館藏本爲墨筆正楷，漢字在上，滿文在下，類別名用朱筆，朱絲欄。

著錄：是書《中國古籍善本書目》等無著錄。

211 幸魯盛典

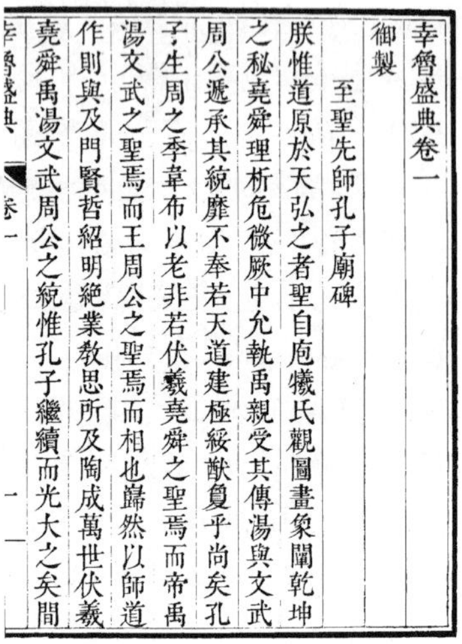
幸魯盛典卷一
御製
至聖先師孔子廟碑
朕惟道原於天弘之者聖自庖犧氏觀圖畫象闡乾坤
之秘堯舜理析危微厥中允執禹親受其傳湯與文武
周公遞承其統靡不奉若天道建極綏猷夐乎尚矣孔
子生周之季韋布以老非若伏羲堯舜之聖焉而帝禹
湯文武之聖焉而王周公之聖焉而相也歸然以師道
作則與及門賢哲紹明絕業教思所及陶成萬世伏羲
堯舜禹湯文武周公之統惟孔子繼續而光大之矣間
幸魯盛典 卷一 一

211

《幸魯盛典》四十卷，清孔毓圻、孔毓埏編撰，清康熙二十八刻本。二十冊。半葉十行二十一字。四周雙邊，白口，單魚尾。版心上鐫書名，中鐫卷次。框高19.9釐米，寬14釐米。卷首有康熙二十八年"御製幸魯盛典序"，凡例，纂修職名等。

孔毓圻（1657—1723），字鍾在，又字翊宸，號蘭堂，山東曲阜人，孔子六十七世孫。康熙六年襲封衍聖公。晉太子少保。諡恭慤。著有《蘭堂集》。

孔毓埏（生卒年不詳），孔子六十七世孫。衍聖公孔毓圻弟。康熙十八年襲職加六級。

是書記錄康熙二十四年拜祭孔廟之事。

《四庫全書總目》關於是書有如下說明："先是，康熙二十三年，聖祖仁皇帝臨幸闕里，親祀孔廟，行九拜之禮。特命留曲柄繖於廟庭。復親製碑文，遣官勒石於孔廟大成門左。周公、孟子諸廟，咸蒙製文刊石。並錄聖賢後裔，給世官以奉祠祀。鉅典裔皇，薄海忻舞。毓圻以聖天子尊師隆軌，超邁古今，宜勒爲成書，垂示來葉。二十四年，疏請纂修。并舉進士金居敬等八人司其事，得旨俞允。至二十七年，成書十八卷，奏進。蒙指示應改正者二十八條，及臣工詩文尚有應遴選錄入者。諭毓圻等覆加校定。會詔發帑金，重建廟庭。御製奎章，摹鐫樂石。尊崇之典，視昔彌加。毓圻等乃續事編摩，增輯完備。凡修成事蹟二十卷，藝文二十卷，刊刻表進，即此本也。"

著錄：《四庫全書總目》。

212 御製朋黨論

《御製朋黨論》一卷，清世宗憲皇帝雍正撰，雍正二年刊本。一冊。半葉九行十六字。四周雙邊，白口，單魚尾。版心鐫書名。框高21.8釐米，寬16.4釐米。

雍正（1678—1735），清世宗，姓愛新覺羅，諱胤禛，康熙帝第四子。康熙六十一年繼位，年號雍正。在位十三年，廟號世宗。著有《朱批諭旨》、《上諭內閣》、《上諭八旗》、《御製文集》等。

是文收入《世宗憲皇帝聖訓》卷十九。撰于雍正二年，並于雍正三年"訓飭士子，文頒行直省各學，每月朔望，令儒學教官傳集該學生員，宣讀訓飭，務令遵守。"撰此文之

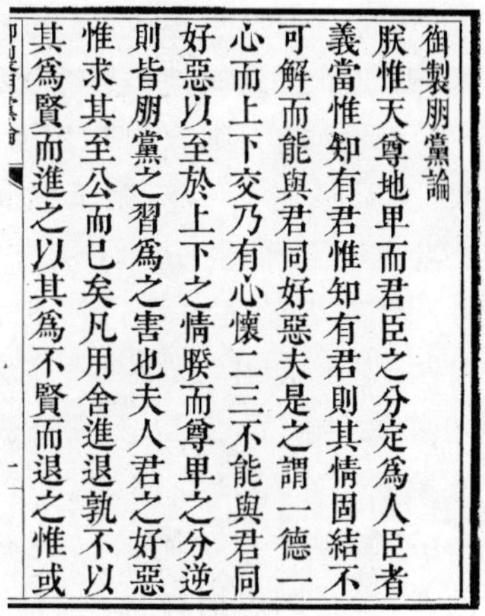
御製朋黨論
朕惟天尊地卑而君臣之分定爲人臣者
義當惟知有君惟知有君則其情固結不
可解而能與君同好惡夫是之謂一德一
心而上下交乃有心懷二三不能與君同
好惡以至於上下之情睽而尊卑之分逆
則皆朋黨之習爲之害也夫人君之好惡
惟求其至公而已矣凡用舍進退孰不以
其爲賢而進之以其爲不賢而退之惟或

212

目的在於“聖祖仁皇帝亦時以朋黨訓誡廷臣，俱不能仰體聖心，每分别門戶，彼此傾陷，分爲兩三黨，各有私人一時無知之流，不入於此卽入於彼，朕在藩邸時，敬慎獨立，深以朋黨爲戒，從不示恩，亦無結怨，設若朕當年在朋黨之內，今日何顏對諸臣？”“皇考之恩賜也，朕平日並未樹立黨援而登踐寶位，爾等亦可知朋黨之無益矣，夫朋友亦五倫之一，往来交際原所不廢，但投分相好止可施於平日至於朝廷公事，則宜秉公持正，不可稍涉黨援之私，朕今御製《朋黨論》一篇，頒示爾等須洗心滌慮，詳玩熟體，如自信素不預朋黨者，則當益加勉勵，如或不能自保，則當痛改前非，務期君臣一德一心，同好惡，公是非，斷不可存門戶之見，卽爾等彼此亦當互相砥礪，時相訓誡，行事共求當理諸臣，不負朕心，則朕可不負皇考付託之重，朕之不負皇考，全在爾諸臣之贊成，朕得爲天下之令主也，諸臣不負朕，朕豈忍負諸臣乎？”

《御製朋黨論》曰：“朕惟天尊地卑，而君臣之分定，爲人臣者，義當惟知有君，惟知有君，則其情固結不可解，而能與君同好惡。夫是之謂一德一心，而上下交，乃有心懷二三，不能與君同好惡，以至於上下之情睽，而尊卑之分逆，則皆朋黨之習爲之害也。”

著錄：《皇朝通志》。

213　正續文獻通考識大編

DS735. M28 1709/GR367

《正續文獻通考識大編》、《識大編》二十四卷，元馬端臨著，明王圻序，清方若珽編，談潤輯，清康熙刻本。十冊。半葉九行二十六字。四周單邊，白口，無魚尾。版心上鐫卷次，中鐫卷名，下鐫“識大編”。框高 19.3 釐米，寬 11.6 釐米。卷首有康熙十一年郭亮序，康熙二十四年潘麒生序，康熙十一年方孝標序，康熙十一年方若珽自序，方若珽原序，凡例三則，凡例四則，康熙十一年方宣嚴紀事，元馬端臨“正文獻通考原序”，明王圻“續文獻通考序”，總目。

馬端臨（1254—1323），字貴與，號竹洲，饒州樂平人。咸淳九年漕試第一。蔭補爲承事郎。元初任慈湖、柯山兩書院山長。著有《大學集傳》、《多識錄》。

是書爲方若珽精減正續《文獻通考》而成，論及歷代帝王制度典章因革損益。卷一爲田賦，卷二爲錢幣，卷三爲戶口，卷四爲職役，卷五爲征榷，卷六爲市糴，卷七爲土貢，卷八爲國用，卷九爲選舉，卷十爲學校，卷十一爲職官，卷十二爲郊祀，卷十三爲宗廟，卷十四爲王禮，卷十五爲樂考，卷十六爲兵考，卷十七爲刑考，卷十八爲經籍，卷十九爲帝係，卷二十爲封建，卷二十一爲象緯，卷二十二爲物異，卷二十三爲輿地，卷二十四爲外國。

郭亮《識大編序》曰："識大編者，余友方繡山先生取《文獻通考》一書，删繁就簡，總制清衷而論斷以出之者也。"潘麒生《序》："［方若珽］因擇其［《文獻通考》］尤要者彙集之，名曰《識大編》。……辛酉歲余過白門，先生復出《識大編》一書流涕以示余，曰：'中郎之書傳之于女，太史公書外甥楊惲傳之，予之今日得母類是乎？願爲我序之。'……於是受其書藏之行笥……"後潘方吉又附言："此板廢閣有年，多爲蟲魚剝蝕者，幸諸同志捐資補刻，且爲較定一二，願公諸同好云。"方孝標《識大編序》："若夫取《通典》、《通考》諸書所載之天官、地理、官制、禮樂、田賦、食貨、灾異、藝文，訂其得失，斷其是非，采而錄之，以惠後學，則數百年尚無其人。余叔計部繡山先生起而爲《識大編》，良有以。……乃取素所熟習之書，如《文獻通考》、《續文獻通考》者，口誦手錄，以之成書。乃又謙謙不自敢居著述，而以庭訓名。又以之，乃以問世。"

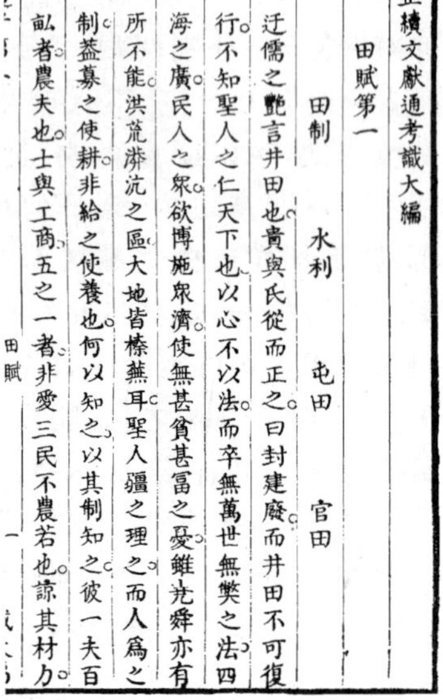
正續文獻通考識大編
田賦第一
田制　水利　屯田　官田
迂儒之艷言井田也貴與氏從而正之曰封建廢而井田不可復
行不知聖人之仁天下也以心不以法而卒無萬世無弊之法四
海之廣民人之衆欲博施衆濟使無甚貧甚富之憂雖堯舜亦有
所不能洪荒滯流之區大地皆榛蕪耳聖人疆之理之而人爲之
制蓋募之使耕非給之使養也何以知之以其制知之彼一夫百
畝者農夫也士與工商五之一者非爱三民不農若也諒其材力
田賦

213

著錄：《中國古籍善本書目》。

214　宗人府選冊

J2227

《宗人府選冊》四卷，清同治六年至九年，清内府朱絲欄鈔本。四册。半葉八行二十一字，另大字、小字字數不等。四周雙邊，白口，單魚尾。版心上鐫書名。框高 16.5 釐米，寬 11.5 釐米。

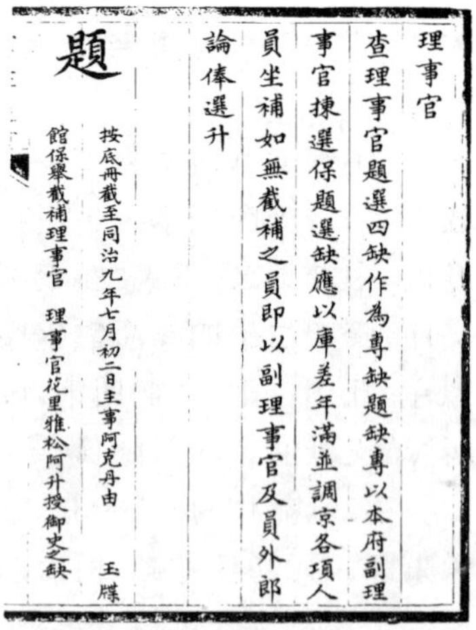
理事官
查理事官題選四缺作爲專缺題缺專以本府副理
事官揀選保題選缺應以庫差年滿並調京各項人
員坐補如無截補之員即以副理事官及員外郎
論俸選升
題
按底册載至同治九年七月初二日主事阿克丹由　玉牒
館保舉截補理事官　理事官花里雅松阿升授御史之缺

214

是書卷一爲各項提選記缺，卷二爲各項候補本府司員，卷三爲各項候補筆帖式計缺，卷四爲候補各項宗室司員。是書記錄宗人府内各類官員的甄選、任用事項。宗人府爲管理皇室宗族的譜牒、爵祿、賞罰、祭祀等項事務的官署。清宗人府沿襲明制，設于順治九年。長官改稱宗令，宗人府所屬有經歷司、左司、右司、銀庫、黄档房、空房、左右翼宗學、八旗覺羅學等部門，分别职掌收發文件、管理宗室内部諸事、登記黄冊、紅冊、圈禁罪犯及教育宗室子弟。

本館藏本爲墨筆楷書，朱絲欄。

著錄：美國國會圖書館藏有清光緒十年至宣統九年《宗人府選冊》四冊。本館藏本《中國古籍善本書目》等無著錄。

時令類

215　古今類傳

PL2275. S4 T8 1692/K66

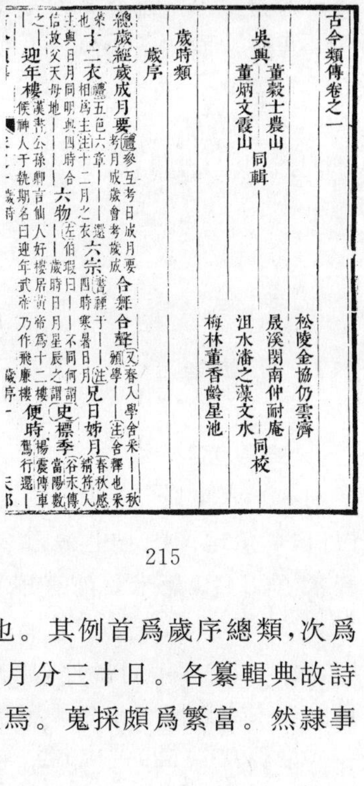
古今類傳卷之一
吳興 董穀士農山 董炳文霞山 同輯
松陵金協仍雲濟
晟溪閔南仲耐庵
泹水潘之藻文水 同校
歲時類
梅林董香齡星池
歲序

215

《古今類傳》四卷，清董穀士、董炳文輯，清康熙三十一年未學齋刻本。四冊。半葉十一行二十八字，小字雙行同。左右雙邊，白口，單魚尾。版心上鐫書名，中鐫卷次，下鐫部類。框高 21 釐米，寬 14 釐米。前有康熙三十一年潘耒序，董穀士自序，歲時類凡例，歲時類目錄。

董穀士（生卒年不詳），字農山，烏程人。

董炳文（生卒年不詳），字霞山，烏程人。

是書卷之一爲歲令、春令，卷之二爲夏令，卷之三爲秋令，卷之四爲冬令。

《四庫全書總目》曰："是書前有潘耒序，稱其兄弟共撰類書，分天、地、人、物爲四部，名曰古今類傳。先以歲時日次一編見示，乃天部中之一種。然則未成之書也。其例首爲歲序總類，次爲春、夏、秋、冬四時類。每於一時一月又先爲總類，後以一月分三十日。各纂輯典故詩文，略註所出，而以通用麗句附諸簡末。其所出則咸不註焉。蒐採頗爲繁富。然隸事在其意義，不在其字句。"

著錄：《四庫全書總目》、《皇朝文獻通考》、《中國古籍善本書目》。

216　日涉編

F723

《日涉編》十二卷，明陳堦輯，徐養量校，明萬曆三十九年刻本。十二冊。半葉九行十九字，小字雙行同。四周單邊，白口，單魚尾。版心上鐫書名，中鐫卷次。框高 22.5 釐米，寬 13.9 釐米。前有萬曆三十九年李光元、董元學、張鶴鳴、張以謙、龍膺、徐養量序，萬階刻《日涉編》題詞，陳堦自序，凡例，後有張雲翼跋。

陳堦（生卒年不詳），字升也，應城人。

《四庫全書總目》曰："是書雜采故實詩歌，按時令編次。每一月爲一卷。先敘月令節候，而三十日以次列之。皆以故實居前，詩歌居後。所採頗爲蕪雜。前有康熙二十七年鞏昌知府文安紀元重刊序，乃惜其列代事迹，有關勸戒者尚未詳錄，非也。至謂其不載閏月爲疎漏，則所言當矣。"

本館藏本爲萬曆辛亥刻本，非清之重刊本。

著錄：《四庫全書總目》、《中國古籍善本書目》。

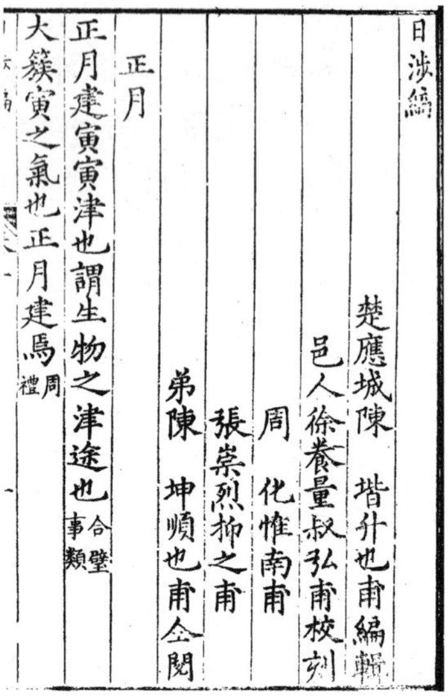
日涉編
楚應城陳　堦升也甫編輯
邑人徐養量叔弘甫校刻
周　化惟南甫
張崇烈抑之甫
弟陳　坤順也甫仝閱
正月
正月建寅寅津也謂生物之津途也合璧事類
大簇寅之氣也正月建焉周禮

216

目録類

217　經義考

E610

《經義考》三百卷，清朱彝尊撰，乾隆二十年曝書亭刻本。六十冊。半葉十二行二十三字。四周單邊，白口，單魚尾。版心上鐫書名，中鐫卷次。框高 19.7 釐米，寬 14.9 釐米。前有扉頁，題："經義考。朱竹垞太史編，曝書亭藏板。"卷首有康熙三十八年陳廷敬序，康熙四十年毛奇齡序，康熙三十三年盧見曾序，總目。卷末有乾隆二十年朱稻孫後序。

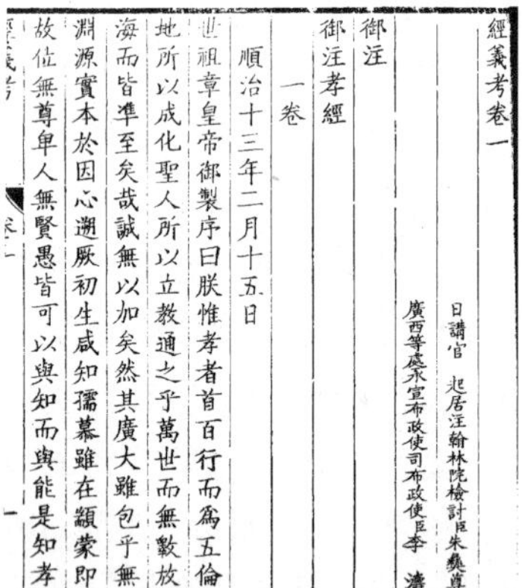
經義考卷一
日講官起居注翰林院檢討臣朱彝尊恭錄
廣西等處承宣布政使司布政使臣李　濤恭校
御注
御注孝經
一卷
順治十三年二月十五日
世祖章皇帝御製序曰朕惟孝者首百行而為五倫之本天地所以成化聖人所以立教通之乎萬世而無斁放之於四海而皆準至矣哉誠無以加矣然其廣大雖包乎無外而其淵源實本於因心遡厥初生咸知孺慕雖在顓蒙即備天良故位無尊卑人無賢愚皆可以與知而與能是知孝者乃生

217

朱彝尊（1629—1709），字錫鬯，號竹垞，又號醧舫，行十，晚號小長蘆釣魚師，又號金風亭長，秀水人。清初著名學者、詞人。康熙己未薦舉博學鴻詞，授翰林院檢討，與修《明史》。著《經義考》、《日下舊聞》、《詞綜》、《韻粹》，輯《明詩綜》百卷。

是書統考歷代經義之書目，分爲八門。每經先註以或存、或闕、或佚、或未見，次載原序跋及諸家論斷。彝尊有所考證亦附著之。卷一爲御注、敕撰，卷二至卷七十一爲易，卷七十二至卷九十七爲書，卷九十八至卷一百十九爲詩，卷一百二十至卷一百二十九爲周禮,卷一百三十至卷一百三十七爲儀禮,卷一百三十八至卷一百六十二爲禮記,卷一百六十三至卷一百六十六爲通禮,卷一百六十七爲樂,卷一百六十八至卷二百十爲春秋,卷二百十一至卷二百二十一爲論語,卷二百二十二至卷二百三十爲孝經,卷二百三十一至卷二百三十六爲孟子,卷二百三十七、卷二百三十八爲爾雅,卷二百三十九至卷二百五十一爲羣經,卷二百五十二至卷二百五十九爲四書,卷二百六十至卷二百六十二爲逸經,卷二百六十三至卷二百六十七爲毖緯,卷二百六十八至卷二百八十爲擬經,卷二百八十一至卷二百八十五爲承師,卷二百八十六宣講(闕)、立學(闕),卷二百八十七至卷二百九十一爲刊石,卷二百九十二爲書壁,卷二百九十三爲鏤版,卷二百九十四爲著錄,卷二百九十五至卷二百九十八爲通說,卷二百九十九爲家學(闕),卷三百爲自敘(闕)。

《四庫全書總目》曰:“是編統考歷朝經義之目,初名《經義存亡考》。惟列存亡二例。後分例曰存,曰闕,曰佚,曰未見,因改今名。凡御注敕撰一卷,《易》七十卷,《書》二十六卷,《詩》二十二卷,《周禮》十卷,《儀禮》八卷,《禮記》二十五卷,《通禮》四卷,《樂》一卷,《春秋》四十三卷,《論語》十一卷,《孝經》九卷,《孟子》六卷,《爾雅》二卷,《羣經》十三卷,《四書》八卷,《逸經》三卷,《毖緯》五卷,《擬經》十三卷,《承師》五卷,《宣講》、《立學》共一卷,《刊石》五卷,《書壁》、《鏤版》、《著錄》各一卷,《通說》四卷,《家學》、《自述》各一卷。其《宣講》、《立學》、《家學》、《自述》三卷,皆有錄無書。蓋撰輯未竟也。每一書前,列撰人姓氏,書名卷數。其卷數有異同者,則註某書作幾卷。次列存、佚、闕、未見字。次列原書序跋,諸儒論說,及其人之爵里。彝尊有所考正者,即附列案語於末。雖序跋諸篇與本書無所發明者,連篇備錄,未免少冗。又《隋志》著錄,凡於全經之内專說一篇者,如易類之《繫辭註》、《乾坤義》,書類之《洪範五行傳》、《古文舜典》,禮類之《夏小正》、《月令章句》、《中庸傳》等,皆與說全經者通敘先後,俾條貫易明。彝尊是書,乃以專說一篇者附錄全經之末。遂令時代參錯,於例亦爲未善。然上下二千年間,元元本本,使傳經原委,一一可稽,亦可以云詳贍矣。至所註佚、闕、未見,今以四庫所錄校之,往往其書具存。彝尊所言,不盡可據。”

著錄:《四庫全書總目》、《中國古籍善本書目》。

218 欽定天祿琳琅書目

K2840

《欽定天祿琳琅書目》十卷,乾隆九年奉詔編;《欽定天祿琳琅書目後編》二十卷,清彭元瑞編,清鈔本。十二册。半葉九行二十二字,小字雙行同。版心上書書名,中書卷次。無邊框,葉高 27 釐米,寬 15.5 釐米。前有“天祿琳琅鑒藏舊版書籍聯句”,提要,凡例等。

彭元瑞 (1731—1803),字掌仍,一字輯五,號雲楣(也作芸楣),南昌人。清乾隆二十二年進士。授編修,歷任禮、兵、吏三部尚書,加太子少保,協辦大學士。爲《高宗實錄》總裁,《四庫全書》副總裁之一。謚文勤。著有《恩餘堂輯稿》、《經進稿》、《知聖道齋跋尾》、《乾隆御定石經考文提要》等。

是書爲清内廷密籍之書目，所錄多爲宋至明諸朝之善本古籍。

《四庫全書總目》曰："乾隆四十年奉敕撰。初乾隆九年，命内直諸臣檢閱祕府藏書，擇其善本，進呈御覽。於昭仁殿列架庋置，賜名曰《天祿琳琅》。迄今三十餘年，祕笈珍函，蒐羅益富。又以詔求遺籍，充四庫之藏。宛委叢編，嫏嬛墜簡，咸出應昌期。因掇其菁華，重加整比。併命編爲目錄，以垂示方來。冠以丁卯御題昭仁殿詩，及乙未重華宫茶宴用天祿琳瑯聯句詩。其書亦以經、史、子、集爲類，而每類之中，宋、金、元、明刊版及影寫宋本各以時代爲次。或一書而兩刻皆工緻，則兩本並存。猶尤袤遂初堂書目例也。一版而兩印皆精好，亦兩本並存。"

本館藏本爲墨筆楷書。

著錄：《四庫全書總目》、《中國古籍善本書目》。

鈐印："啓迪曾觀"、"完顏景賢精覽"、"任齋與子啓迪同觀"、"任齋銘心之品"。

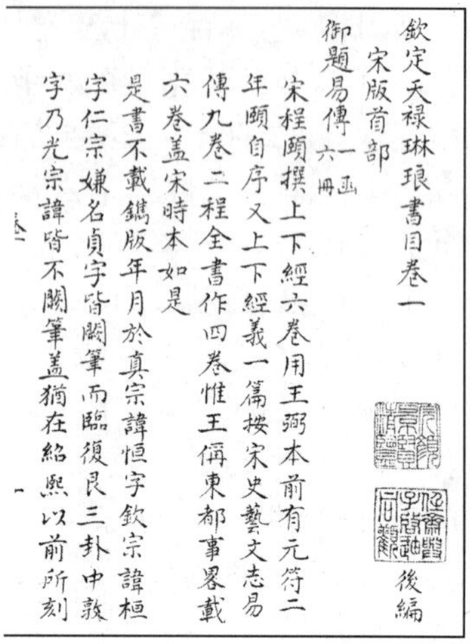
欽定天祿琳琅書目卷一
後編
宋版首部
御題易傳一函六冊
宋程頤撰上下經六卷用王弼本前有元符二
年頤自序又上下經義一篇按宋史藝文志易
傳九卷二程全書作四卷惟王偁東都事畧載
六卷蓋宋時本如是
是書不載鐫版年月於真宗諱恒字欽宗諱桓
字仁宗嫌名貞字皆闕筆而臨復艮三卦中數
字乃光宗諱皆不闕筆蓋猶在紹熙以前所刻

218

219　知聖道齋讀書跋尾

J1625

《知聖道齋讀書跋尾》二卷，清彭元瑞撰，清乾隆間刻本。二冊。半葉八行十九字。四周雙邊，白口，單魚尾。版心上鐫書名，中鐫卷次。框高 22.8 釐米，寬 14.3 釐米。前有總目。

彭元瑞，見 218《欽定天祿琳琅書目》。

是書上卷所论含"《羣經音辨》跋"、"《文淵閣書目》跋"等經部、史部書籍五十二種，下卷所論含"《夢溪筆談》跋"、"《北宋石經》跋"等子部、集部書籍共五十一種。彭氏所論涉及諸書内容及版本，所論雖簡略，但頗有見地。據《中國古籍善本書目》，是書與《恩余堂經進初稿》十二卷，《續稿》二十二卷，《三稿》十一卷，《策問存課》二卷合刊。

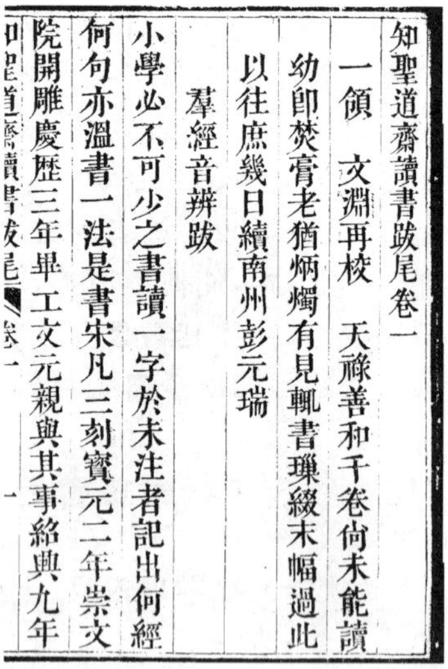
知聖道齋讀書跋尾卷一
一領　文淵再校　天祿善和千卷倘未能讀
幼即焚膏老猶炳燭有見輒書璅綴末幅過此
以往庶幾日續南州彭元瑞
羣經音辨跋
小學必不可少之書讀一字於未注者記出何經
何句亦温書一法是書宋凡三刻寶元二年崇文
院開雕慶歷三年畢工文元親與其事紹興九年
知聖道齋讀書跋尾　卷一

219

本館藏本卷一目錄爲鈔補。

著錄：《中國古籍善本書目》。

紀事本末類

220 東征集

DS895.F75 L36 1732/W128

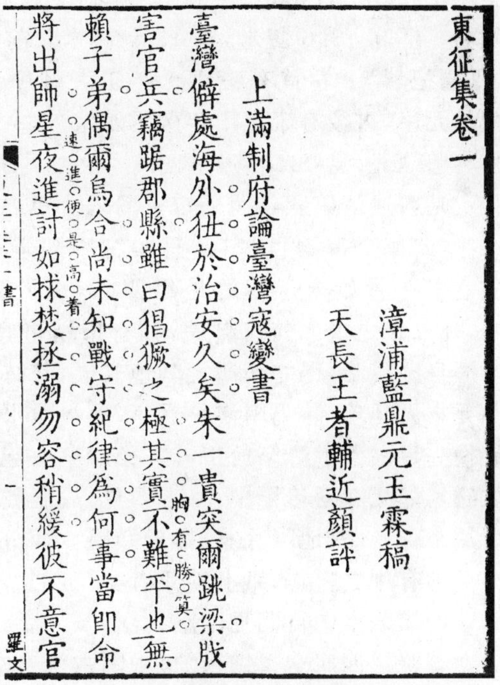
東征集卷一
漳浦藍鼎元玉霖稿
天長王者輔近顏評
上滿制府論臺灣寇變書
臺灣僻處海外狃於治安久矣朱一貴突爾跳梁戕害官兵竊踞郡縣雖曰猖獗之極其實不難平也（胸有勝算）無賴子弟偶爾烏合尚未知戰守紀律爲何事當即命將出師星夜進討如救焚拯溺勿容稍緩彼不意官（速進便是高着）
書
羅文

220

《東征集》六卷，清藍鼎元撰，王者輔評，清雍正十年刻本。三冊。半葉九行二十字。左右雙邊，白口，單魚尾。版心中鐫書名、卷次，下鐫刻工名。框高 18.6 釐米，寬 13.9 釐米。前有扉頁，題："東征集"。卷首有雍正十年王者輔序和康熙六十一年藍廷珍舊序及目錄。

藍鼎元，見 084《脩史試筆》。

是書卷一含"上滿制府論臺灣寇變書"、"與制府論進兵中路書"等九篇，卷二含"檄查埕甲流民"、"檄擒舊社紅毛寮餘孽"等十篇，卷三含"覆制軍論築城書"、"與制軍再論築城書"等八篇，卷四含"論臺鎮不可移澎書"、"覆將弁矜功觖望書"等十一篇，卷五含"料三林逸賊逃歸內地請移廣省擒捕書"、"論下加冬半線二守備書"等十二篇，卷六含"紀十八重溪示諸將弁"、"紀虎尾溪"等十篇。

《四庫全書總目》曰："《東征集》六卷，皆進討時公牘書檄，雖廷珍署名，而其文則皆鼎元作。舊本別行。今附載是書[編者案：《平臺紀畧》]之後，俾事之原委相證益明。其第六卷中紀地形七篇，於山州險要，尤言之井井，可資考證。雍正壬子，鼎元旅寓廣州，始鋟版。天長王輔序之。又有廷珍舊序一篇，作於康熙壬寅，稱擇可存者百篇。而此刻之文止六十篇。蓋鼎元又加刪削，存其精要也。"

本館藏本中行間見圈點。

著錄：《四庫全書總目》、《中國古籍善本書目》。

刻工名：羅文、馮和、雲龍、馮士、馮會、元十、麥嵩、馮秉、雲、麥興。

221　平臺紀畧

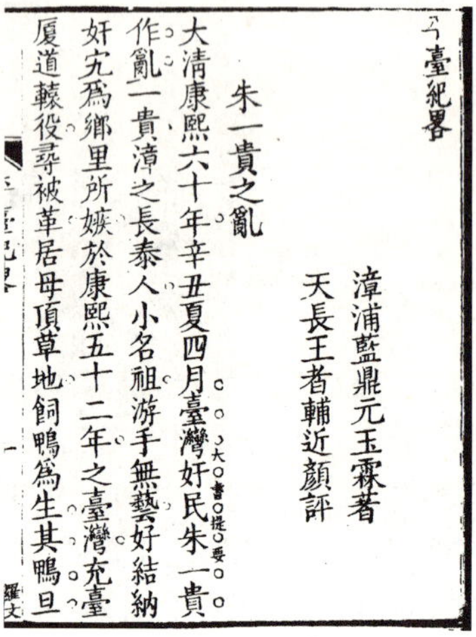
平臺紀畧
漳浦藍鼎元玉霖著
天長王者輔近顏評
朱一貴之亂
大清康熙六十年辛丑夏四月臺灣奸民朱一貴
作亂一貴漳之長泰人小名祖游手無藝好結納
奸宄爲鄉里所嫉於康熙五十二年之臺灣充臺
厦道轅役尋被革居母頂草地飼鴨爲生其鴨旦
羅文

221

《平臺紀畧》一卷，清藍鼎元撰，王者輔評，清雍正十年刻本。一冊。半葉九行十九字，小字雙行五十八字。左右雙邊，白口，單魚尾。版心中鐫書名，下鐫刻工名。框高 18.6 釐米，寬 13.9 釐米。前有扉頁，題："平臺紀畧"。卷首有雍正十年王者輔序和雍正元年藍鼎元序，書後有雍正十年蘭雲錦跋。

藍鼎元，見 084《倚史試筆》。

是書述清康熙年間平定臺灣朱一貴之亂。

《四庫全書總目》曰："是編紀康熙辛丑平定臺灣逆寇朱一貴始末。始於是年四月，迄於雍正元年四月，凡二年之事。前有自序，稱有市靖臺實錄者，惜其未經身歷目睹，得之傳聞。其地其人，其時其事，多謬誤舛錯。乃詳述其實爲此編。蓋鼎元之兄廷珍，時爲南澳總兵官，與福建水師提督施世驃合兵進討。七日而恢復臺灣，旋擒一貴。俄世驃卒於軍。其後餘孽數起，廷珍悉勦撫平之。事後經畫，亦多出廷珍之議。鼎元在廷珍軍中，一一親見，故記載最悉。其敘述功罪，亦無所避忌，頗稱直筆。所論半線一路，地險兵寡，難於鎮壓。後分立彰化一縣，竟從其說。至今資控制之力，亦可謂有用之書，非紙上談兵者矣。"

本館藏本中行間見圈點批語。

著錄：《四庫全書總目》、《中國古籍善本書目》。

刻工名：馮斉、馮士、馮秉、雲、羅文、馮會、麥嵩、裕中、馮和、麥興、程廣。

222　繹史

《繹史》一百六十卷，清馬驌撰，清康熙九年刻本。二十四冊。半葉十一行二十四字，小字雙行，字數不等。左右雙邊，白口，無魚尾。版心上鐫書名，下鐫卷次。框高 19.1 釐米，寬 13.7 釐米。前有李清序，馬驌徵言，目錄等。卷末有《繹史年表》，署"浙江書局刊，丁立誠校，樊熙校，嚴曾鑑校"。卷末套紅印"吳正順號"。

馬驌(1621—1673)，字驄御，又字宛斯，山東鄒平人。清世祖順治十五年中恩科鄉試舉人，次年中進士，任淮安推官，尋改任靈璧知縣。著有《左傳事緯》、《覽左隨筆》、《十三代瑰書》等。

是書記傳說時代至秦朝末年之史。正文分爲太古、三代、春秋、戰國和外錄五部分，一爲太古三皇五帝，共十卷；二爲三代即夏、商、西周，共二十卷；三爲春秋十二公時

繹史卷一　　　太古第一

開闢原始

列子　昔者聖人因陰陽以統天地夫有形者生於無形則天地安從生故曰有太易有太初有太始有太素太易者未見氣也太初者氣之始也太始者形之始也太素者質之始也氣形質具而未相離故曰渾淪渾淪者言萬物相渾淪而未相離也視之不見聽之不聞循之不得故曰易也易無形埒易變而爲一一變而爲七七變而爲九九變者究也乃復變而爲一一者形變之始也清輕者上爲天濁重者下爲地故天地合精萬物化生

白虎通　始起先有太初後有太始形兆既成名曰太素混沌相連視之不見聽之不聞然後剖判清濁既分精出曜布度物施生精者爲三光號者爲五行行生情情生汁中汁中生神明神明生道德道德生文章。

廣雅　太初氣之始也生於酉仲清濁未分也太始形之始也生於戌仲清者爲精濁者爲形也太素質之始也生於亥仲已有素朴而未散也三氣相接至於

事，共七十卷；四爲戰國至秦亡，共五十卷；五爲外錄，記天官、地志、名物、制度等，共十卷。書后列世系圖表與正文配合，“卓然特創，自爲一家之體”。內容詳載歷代治亂興替，及諸子百家之學說、典章制度等。所徵材料除儒家經典，廣採百家之說，經、史、子、集互相印證。考訂頗爲精詳。其體例既具紀事本末特色，又綜合編年體和紀傳體的長處，創集記人、記事、圖表、書表於一書之綜合史書體裁。是書首爲世系圖及年表，含《世系圖》三十七種、《地理圖》《天象圖》十種、《古物圖》八十五種、《建制圖》八種、《譜表》四種、《古文字摹印》八種，不計卷數。以下分爲五個部：太古十卷，三皇五帝，自“開辟原始”至“黄帝紀”。三代二十卷，夏、商、周傳說與故事，自“禹平水土”至“周室東遷”；春秋七十卷，十二公史事，自“魯隱公攝位”至“春秋遺事”；戰國五十卷，三家分晉至秦亡，自“三卿分晉”至“秦亡”；外錄十卷，分天官、律目通考、月令、洪範、地理、詩譜、食貨志、考工記、名物訓詁、古今人表十類。

《四庫全書總目》曰：“是編纂錄開闢至秦末之事。首爲世系圖、年表，不入卷數。次太古十卷，次三代二十卷，次春秋七十卷，次戰國五十卷，次別錄十卷。仿袁樞紀事本末之例，每一事各立標題，詳其始末。惟樞書排纂年月，鎔鑄成篇。此書則惟篇末論斷出驌自作。其事蹟皆博引古籍，排比先後，各冠本書之名。其相類之事則隨文附註。或有異同譌舛以及，依託附會者，並於條下疏通辨證。與朱彝尊《日下舊聞》義例相同。其別錄則一爲天官，二爲律呂通考，三爲月令，四爲洪範五行傳，五爲地理志，六爲詩譜，七爲食貨志，八爲考工記，九爲名物訓詁，十爲古今人表。蓋以當諸史之表志。其九篇亦薈稡諸書之文。惟古今人表則全仍漢書之舊。以所括時代與漢書不相應，而與此書相應也，雖其疎漏牴牾，閒亦不免。而蒐羅繁富，詞必有徵，實非羅泌路史、胡宏皇王大紀所可及。且史例六家，古無此式。與袁樞所撰均可謂卓然特創，自爲一家之體者矣。”

著錄：《中國古籍善本書目》、《四庫全書總目》。

紀傳類

223 漢書評林

F752

《漢書評林》一百卷，明凌稚隆輯，明萬曆十一年凌稚隆自刻本。二十册。半葉十行二十字，眉欄刻評。左右雙邊，白口，單魚尾。版心上鐫書名、卷次，中鐫篇名，首卷首葉下鐫“長洲顧擐書”。框高 23.6 釐米，寬 14 釐米。前有萬曆九年王世貞序，王宗沐、茅坤序，何洛文“凌氏新刻漢書評林序”，萬曆十一年陳文燭序，凡例，姓氏，引用書目，字例，漢世系圖，傳授圖，漢國都地理圖，漢南北軍圖，漢書總評，漢書敘例，舊刻例，

劉知幾曰漢書帝紀此其最勝者

王維楨曰此紀精次楚漢得失興亡之際間多攝籍紀而併入之以故較史記更詳而整

陸深按史記先紀項籍次紀高祖迺詳于楚而略于漢漢書首紀高祖後傳項籍迺詳于漢而略于楚

漢書評林卷之一上

吳興後學凌稚隆輯校

高帝紀第一上

師古曰紀理也統理衆事而繫之於年月者也

高祖荀悅曰諱邦字季邦之字曰國張晏曰禮謚法無高以爲功最高而爲漢帝之太祖故特起名焉師古曰邦之字曰國者臣下所避以相代也沛豐邑中陽里人也應劭曰沛縣也豐其鄉也孟康曰後沛爲郡而豐爲縣師古曰沛者本秦泗水郡之屬縣豐者沛之聚邑耳方言高祖所生故舉其本稱以說之也此下言縣鄉邑告喻之故知邑繫於縣也姓劉氏師古曰本出劉累而范氏在秦者又爲劉因以爲姓母媼文穎曰幽州及漢中皆謂老嫗爲媼孟康曰媼母別名音烏老反師古曰媼女老稱也孟音是矣史家不詳著高祖母之姓氏無得記之故取當時相呼稱號而言也其下王媼之屬意義皆同至如皇甫謐等妄引讖記好奇騁博強爲高祖父母名字皆非正史所說蓋無取

長洲顧檈書

目録。

凌稚隆(生卒年不詳),字以棟,烏程人。著有《春秋左傳評註測義》、《五車韻瑞》等。

是書共有帝紀十三卷,八表九卷,十志十八卷,列傳七十九卷。

王世貞《序》曰:"凌際叔於世無所嗜,獨嗜書。而所嗜書其最爲司馬子長,次則班孟堅二史。蓋不獨嗜之,而又能精治之。際叔之治子長《史記》,悉取古今諸丹鉛之所訓,故揚榷以至進退其事者,凡數十百家,薈而成書,目之曰《評林》。自《史記評林》成,而學士大夫好其書者,麕集於際叔之門,際叔益自喜。以《史記》之例例班史,蓋又二年,所撰班史之評林亦成,凡百十九卷。謂世貞之亦習之也。齎而以書請得一言標其旨。余既卒讀,歎曰盡堅亡後世其無史哉。非無史也,夫人而無能爲史也。所以無能爲史者何? 夫孟堅之爲史也,非盡孟堅史也,後元而前太史公共之矣。"

著録:《中國古籍善本書目》、《美國哈佛大學哈佛燕京圖書館中文善本書志》。

224 季漢書

《季漢書》六十卷,正論一卷,答問一卷,明謝陛輯,鍾人傑校,明末鍾人傑刻本。十冊。半葉九行二十字,小字雙行同。四周單邊,白口,單魚尾。版心上鐫書名,中鐫卷次。框高 21.4 釐米,寬 14.1 釐米。前有鍾人傑序,凡例四十四條。

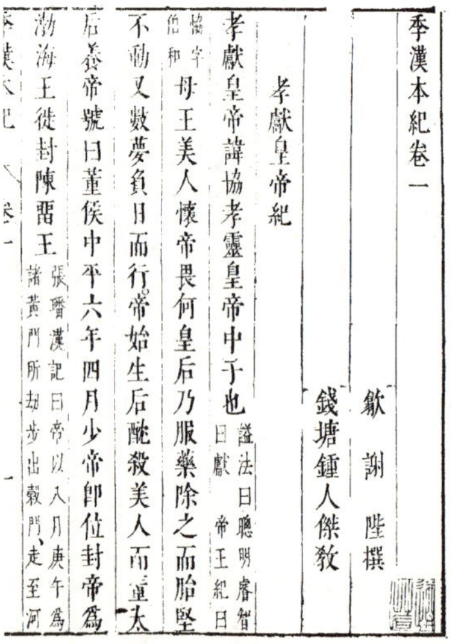
季漢本紀卷一
歙 謝 陛撰
錢塘鍾人傑敎
孝獻皇帝紀
孝獻皇帝諱協孝靈皇帝中子也 諡法曰聰明睿智曰獻 帝王紀曰協字伯和
母王美人懷帝畏何皇后乃服藥除之而胎堅
不動又數夢負日而行帝始生后酖殺美人而董太
后養帝號曰董侯中平六年四月少帝即位封帝爲
渤海王徙封陳留王 張璠漢記曰帝以八月庚午爲諸黃門所刦步出穀門走至河
季漢本紀 卷一

224

謝陛(生卒年不詳),字少連,歙縣人。

《四庫全書總目》曰:"其書遵《朱子綱目義例》,尊漢昭烈爲正統。自獻帝迄少帝,爲本紀三卷。附以諸臣爲内傳。吳魏之君則别爲世家。而以其臣爲外傳。復以董卓、袁紹、袁術、公孫瓚、公孫度及吕布、張揚、陶謙諸人爲載記。凡更事數姓與依附董、袁諸人者則爲雜傳。又别作兵戎始末、人物生歿二表,以括一書之經緯。卷首冠正論五條,荅問二十二條,凡例四十四條,以揭一書之宗旨。中閒義例既繁,創立名目,往往失當。"

著録:《四庫全書總目》、《中國古籍善本書目》。

225 史記論文

《史記論文》一百三十卷,漢司馬遷撰,清吳見思評點,吳興祚參訂,康熙二十六年尺木堂刻本。二十冊。半葉九行二十一字,小字雙行四十二字。左右雙邊,白口,單魚尾。版心上鐫書名，中鐫卷次。框高 19.8 釐米，寬 14.5 釐米。前有扉頁，題："史記論文。晉陵吳齊賢評點。尺木堂藏板。"卷首有康熙二十五年吳興祚序，康熙二十六年万樹跋，目錄等。

吳見思（生卒年不詳），字齊賢，武進人。著有《杜詩論文》。

吳興祚（1632—1698），字伯成，號留村，浙江山陰人。官至廣東廣西總督。著有《宋元詩聲律選》、《史遷句解》、《粵東輿圖》等。

是書爲吳見思評點《史記》，卷次目錄與《史記》同。

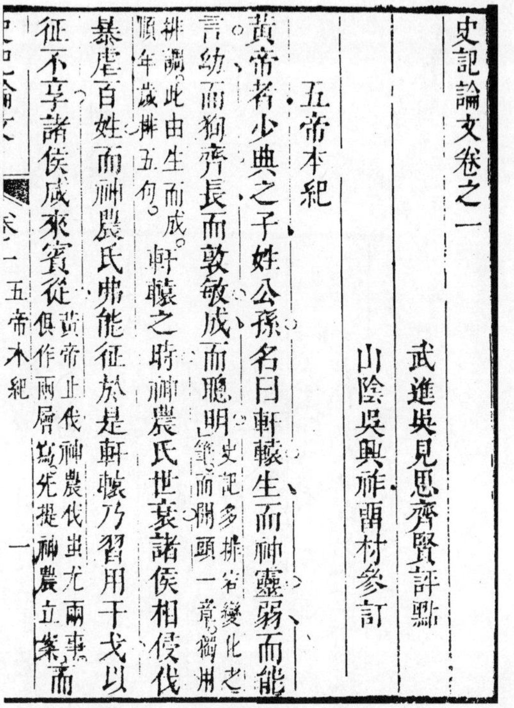
史記論文卷之一
武進吳見思齊賢評點
山陰吳興祚留村參訂
五帝本紀
黃帝者少典之子姓公孫名曰軒轅生而神靈弱而能言幼而徇齊長而敦敏成而聰明（史記多排宕變化之筆而開頭一章獨用排調。此由生而成。順年歲排五句。）軒轅之時神農氏世衰諸侯相侵伐暴虐百姓而神農氏弗能征於是軒轅乃習用干戈以征不享諸侯咸來賓從（黃帝止伐神農伐蚩尤兩事而俱作兩層寫先提神農立案）而
史記論文　卷一　五帝本紀　一

225

吳興祚《史記論文序》敘述了該書成書及刊刻由來："齊賢老生好學至暮年不倦。余令梁溪時，特親造其廬觀所著述，最後出此書見屬，曰是一生苦心所寄，願鏤版行之。余悲其意而諾之。既受而歸，患鞅掌簿書，未遑卒讀。……乃自江左攜而入閩，移粵十載間，皇皇幾務，得以文籍娛悅之時，絕少不獲校讐其鈔本字畫之訛與勾勒句讀之舛。及今丙寅之春，始訂正終卷，微參己私。付之剞劂，而論文之書出焉。"

著錄：《中國古籍善本書目》。

226　史記評林

F751

《史記評林》一百三十卷，"補史記"一卷，明凌稚隆輯，李光縉增補，明萬曆五年凌稚隆自刻本。二十四冊。半葉十行十九字，眉欄刻評。四周單邊，白口，單魚尾。版心上鐫書名、卷次，中鐫篇名。框高 24.3 釐米，寬 13.9 釐米。前有黃洪憲"敘李生增補《史記評林》"，王世貞序，萬曆四年茅坤序，萬曆五年徐中行序，司馬貞"史記索隱序"，後序，補序，開元二十四年張首節"史記正義序"，裴駰"史記集解序"，張首節"史記正義論例"，謚法解，列國分野，帝王譜系圖，五帝、夏、商、周國都地理圖，凡例，引用書目，讀史總評等。

凌稚隆，見 223《漢書評林》。

是書共有帝紀十二卷，年表十卷，八書八卷，世家三十卷，列傳七十卷，附補史

后頌之曰秦興滅
學廢宗譜不立及
漢司馬遷修史記
上述黃帝下迄麟
趾採世本世系而
作帝紀採周譜國
語而作周家由是
人乃知姓氏之所
出

史記評林卷之一

吳興凌稚隆輯校
温陵李光縉增補

五帝本紀第一

裴駰曰凡是徐氏義稱徐姓名以別之餘者悉是駰註解并集衆家義○司馬貞索隱曰紀者記也本其事而記之故曰本紀又紀理也絲縷有紀而帝王書稱紀者言爲後代綱紀也○正義曰鄭玄註中候敇省圖云德合五帝坐星者稱帝又坤靈圖云德配天地在正不在私曰帝按太史公依世本大戴禮以黃帝顓頊帝嚳唐堯虞舜爲五帝譙周應劭宋均皆同而孔安國尚書序皇甫謐帝王世紀孫氏註世本並以伏犧神農黃帝爲三皇少昊顓頊高辛唐虞爲五帝裴松之史目云天子稱本紀諸侯曰世家本者繫其本系故曰本紀者理也統理衆事繫之年月名之曰紀第者次序之目一者舉數之由故曰五帝本紀第一○又曰禮云動則左史書之言則右史書之正義曰左陽故記動右陰故記言

卷一　五帝本紀　一

記一卷。

·王世貞《序》曰:“太史公《史記》成於天漢,而重於宣元之間。班固氏欲自伸其業,故互見其瑜瑕。而王充、劉知幾因之,皆有所指駁,而其錯節衍語,異音奥旨,未易通解。以故徐廣、韋昭、裴駰、鄒誕生、劉伯莊、司馬貞、張守節之流咸爲之訓,故考索學士大夫乃始彬彬成誦矣。然自東京以前,往往橅覈其體裁,而澗略於辭法。至陸機、劉勰輩,乃稍頌稱其文。而後世因之。第名爲之小,柢而實爲之祖述者,班固氏也。……世貞曰:‘余讀《史記》者三,嘗掩卷而歎其未逮也,乃今凌際叔先之矣。際叔之爲《史記》也,其言則自註釋以至贊隲,其人則自二漢以及嘉隆,無所不附載。而時時旁引它子史,以己意撮其勝,而爲之宣明。蓋一發簡而瞭然若指掌。又林然若列瓌寶於肆而探之也。自今而後,有能紹明司馬之統,而稱良史至文者,捨際叔奚擇哉?或謂褚先生之續武紀與他傳也,胡以弗刪也?’曰:際叔任述者也,非任删者也。其既已知之,毋嫌乎武夫之淆璧也。然何以稱評林也?夫有訓詁者在而獨稱評,志評也,其於際叔取志焉可也。”凌稚隆《史記評林凡例》稱:“玆刻更閲百家之書,如《史通》、《史要》、《史鉞》、《史義》、《唐宋確論》、《史綱辯疑》、黄東發《日鈔》、丘瓊山《世史正綱》、日格子《學史》之類,凡有發明《史記》者,各視本文,標揭其上。間有總論一篇,大旨者録於篇之首尾,事提其要,文鉤其玄,庶其大備耳。”

本館藏本之“凡例”、“姓氏”、“引用書目”爲墨筆小楷鈔補。

著録:《中國古籍善本書目》、《美國哈佛大學哈佛燕京圖書館中文善本書志》。

227 五代史

A240

《五代史》七十四卷,宋歐陽修撰,徐無黨註,明楊愼點評,明存古齋刻本。十二冊。半葉九行二十字,小字雙行同。左右雙邊,白口,單魚尾。版心上鐫書名,中鐫卷次。框高 19.5 釐米,寬 14 釐米。前有陳師錫序及目録。

歐陽修(1007—1072),字永叔,號醉翁,廬陵人。宋天聖八年進士,官館閣校勘,官至翰林學士、樞密副使、參政知事。謚文忠。著有《毛詩本義》、《新唐書》、《新五代史記》、《六一詩話》、《集古録》、《歐陽文忠集》等。

楊愼,見 047《檀弓》。

是書第一卷至第十二卷爲本紀,第十三卷至第五十七卷爲傳,第五十八卷、第五十九卷爲司天考。

五代史卷第一
梁本紀一 本紀因舊以爲名本原其所始起而紀次其事與時也即位以前其事詳原本其所自來故曲而備之見其起之有漸有暴也即位以後其事略居尊任重所責者大故所書者簡惟簡乃可立法
太祖神武元聖孝皇帝,姓朱氏,宋州碭山午溝里人也。其父誠,以五經教授鄉里,生三子,曰全昱、存、溫。變諱
其書名義在稱王注中 誠卒,三子貧不能爲生,與其母傭食蕭縣人劉崇家。全昱無他材能,然爲人頗長者。存、溫勇有力,而溫尤兇悍。唐僖宗乾符四年,黄巢起曹濮,存
五代史 卷一 一

227

《四庫全書總目》曰:"本名《新五代史記》,世稱《五代史》者,省其文也。唐以後所修諸史,惟是書爲私撰。故當時未上於朝。修殁之後,始詔取其書,付國子監開雕,遂至今列爲正史。大致褒貶祖《春秋》,故義例謹嚴。敘述祖《史記》,故文章高簡。而事實則不甚經意。諸家攻駁,散見他書者無論。其特勒一編者,如吳縝之《五代史纂誤》,楊陸榮之《五代史志疑》,引繩批根,動中要害。雖吹求或過,要不得謂之盡無當也。然則薛史如《左氏》之紀事,本末賅具,而斷制多疎。歐史如《公》、《穀》之發例,褒貶分明,而傳聞多謬。兩家之並立,當如三傳之俱存。尊此一書,謂可兼賅五季,是以名之輕重爲史之優劣矣。且周官太史掌國之六典,漢法亦天下計書先上太史。史之所職,兼司掌故。八書十志,遷固相因。作者沿波,遞相撰述。使政刑禮樂,沿革分明。皆所謂國之大紀也。修作是書,僅司天、職方二考,寥寥數頁,餘槩從删。雖曰世衰祚短,文獻無徵。然王溥《五代會要》蒐輯遺編,尚裒然得三十卷,何以經修編錄,乃至全付闕如。此由信史通之謬談,成茲偏見。元纂宋、遼、金三史,明纂《元史》,國朝纂《明史》,皆仍用舊規,不從修例。豈非以破壞古法,不可以訓乎?此書之失,此爲最大。若不考韓通之褒贈,有所諱而不立傳者。一節偶疎,諸史類然,不足以爲修病也。修之文章,冠冕有宋。此書一筆一削,尤具深心,其有裨於風教者甚大。惟其考證之疎,則有或不盡知者。故具論如右,俾來者有所別白。其註爲徐無黨作,頗爲淺陋。相傳已久,今仍並錄之焉。"

著錄:《四庫全書總目》、《中國古籍善本書目》。

鈐印:"存古齋印"。

別史類

228 東觀漢記

《東觀漢記》二十四卷,漢劉珍、清姚之駰等辑,乾隆六十年掃葉山房刻本。四冊。半葉十二行二十五字,小字雙行七十六字。左右雙邊,白口,單魚尾。版心上鐫書名,中鐫卷次,下鐫"掃葉山房"。框高 21 釐米,寬 14.9 釐米。前有扉頁,題:"東觀漢記。乾隆乙卯年鐫。"卷首有乾隆三十九年乾隆"御製題武英殿聚珍版十韻",乾隆四十二年摺子,目錄。封面題"長沙常氏珍本"。目錄題"武英殿聚珍版原本"。

姚之駰(生卒年不詳),字魯思,錢塘人。康熙己丑進士,官至監察御史。著有《後漢書補逸》、《元明事類鈔》。

東觀漢記卷第一

帝紀一

世祖光武皇帝

光武皇帝諱秀高帝九世孫也承文景之統出自長沙定王發王生舂陵節侯舂陵本在零陵郡節侯孫考侯案考侯原誤作孝侯今從范書城陽恭王祉傳及文選李善注改以土地下濕元帝時求封南陽蔡陽白水鄉因故國名曰舂陵皇考初爲濟陽令有武帝行過宮常封閉帝將生皇考以令舍下濕開宮後殿居之案范書帝紀李賢注引蔡邕碑云光武將生皇考以令舍不顯開宮後殿居之與此合范書謂生于縣舍殊誤建平元年十二月甲子夜帝生時有赤光室中盡明如晝皇考異之使卜者王長卜之長曰此善事不可言是歲有嘉禾生一莖九穗長大于凡禾縣界大豐熟因名帝曰秀先是有鳳凰集濟陽故宮中皆畫鳳凰聖瑞萌兆始形于此帝爲人隆準日角大口美鬚眉長七尺三

是書爲記載東漢光武帝至靈帝的史書，爲清代乾隆時據姚之駰版本，以《永樂大典》所載補葺增訂而成。卷一爲帝紀一“世祖光武皇帝”，卷二爲帝紀二“顯宗孝明皇帝”等四人，卷三爲帝紀三“恭宗孝安皇帝”等六人，卷四爲年表“諸王表”等五表，卷五爲志“地理志”等八篇，卷六爲列傳一“光烈陰皇后”等九人，卷七爲列傳二“齊武王縯”等二十二人，卷八爲列傳三“鄧禹”等十七人，卷九爲列傳四“寇恂”等十二人，卷十爲列傳五“耿純”等二十六人，卷十一爲列傳六“郭晨”等十五人，卷十二爲列傳七“馬援”等十四人，卷十三爲列傳八“伏湛”等十六人，卷十四爲列傳九“朱鮪”等八人，卷十五爲列傳十“丁綝”等二十人，卷十六爲列傳十一“班彪”等五十二人，卷十七爲列傳十二“虞延”等二十五人，卷十八爲列傳十三“第五倫”等三十一人，卷十九爲列傳十四“張酺”等三十二人，卷二十爲列傳十五“張敏”等二十五人，卷二十一爲列傳十六“胡廣”等五十六人，卷二十二爲列傳十七“鮑宣妻”等六人，卷二十三爲載記“劉元”等二十人，卷二十四爲“佚文”等二篇。

乾隆四十二年摺子曰：“今謹據姚本舊文，以永樂大典各韻所載參考諸書，補其闕逸，所增者幾十之六。其書久無刊板，傳寫多訛。姚本隨文鈔錄，謬戾百出。且漢記目錄雖佚，而紀、表、志、傳、載記諸體例，《史通》及各書所載梗概尙一一可尋。姚本不加考證，隨意標題，割裂顛倒，不可殫數。今悉加釐正，分爲帝紀三卷、年表一卷、志一卷、列傳十七卷、載記一卷。其篇第無可考者，别爲佚文一卷。而以漢紀與范書異同附錄於末，雖殘珪斷璧，零落不完，而古澤斑爛，罔非瑰寶。”

著錄：《四庫全書總目》、《中國古籍善本書目》。

229 尚史

w842

《尚史》七十卷，清李鍇撰，清乾隆三十八年悦道樓刻本。二十八冊。半葉十行二十四字，小字雙行，字數不等。左右雙邊，白口，無魚尾。版心上鐫書名，下鐫卷次。框高 19 釐米，寬 12.8 釐米。前有扉頁，題：“尚史。廌青山人纂，悦道樓藏板，乾隆癸巳鐫。”前有彭元瑞，陶易序，李鍇自序，凡例，目錄等。

李鍇(1686—1755)，字鐵君，號眉山，又號廌青山人，晚號焦明子、後髯生，漢軍鑲白旗人。《尚史》卷首自署曰“襄平”，考“襄平”爲漢遼東郡治，清代爲盛京遼陽州地，蓋其祖籍也。鍇由筆帖式，舉博學鴻詞，復舉經學。晚隱於盤山，筑斗室曰睫巢。著有《睫巢集》、《江南社詩》、《腐雅菊譜》等。

是書共有世系圖一卷，本紀五卷，列傳三十四卷，世家十三卷，繫傳四卷，表傳四卷，志十卷，序傳一卷。

《四庫全書總目》曰：“康熙中鄒平馬驌作《繹史》，採摭百家雜說，上起鴻荒，下迄秦代，仿袁樞《紀事本末》之體，各立標題，以類編次。凡所徵引，悉錄原文。雖若不相屬，而實有端緒。鍇是編以驌書爲稾本，而離析其文，爲之翦裁連絡，改爲紀傳之體。作《世系圖》一卷，本紀六卷，世家十五卷，列傳五十八卷，繫六卷，表六卷，志十四卷，序傳一卷。仍於每段之下，各註所出書名。其遺文瑣事不入正文者，則以類附註於句下。蓋體例準諸《史記》，而排纂之法則仿路史而小變之。自序謂始事於雍正庚戌，卒業於乾隆乙丑，閲十六載而後就。其用力頗勤。考古來漁獵百家，勒爲一史，實始於司馬遷。今觀《史記》諸篇，其出遷自撰者，率經緯分明，疎密得當。操縱變化，惟意所如。而其雜採諸書以成文者，非唯事迹異同，時相牴牾，亦往往點竄補綴，不能隱斧鑿之痕。知鎔鑄衆説之難也。此書一用舊文，翦裁排比，使事迹聯屬，語意貫通。體如詩家之集句，於歷代史家特爲創格。較鎔鑄眾說爲尤難。雖運掉或不自如，組織或不盡密，亦可云有條不紊矣。”

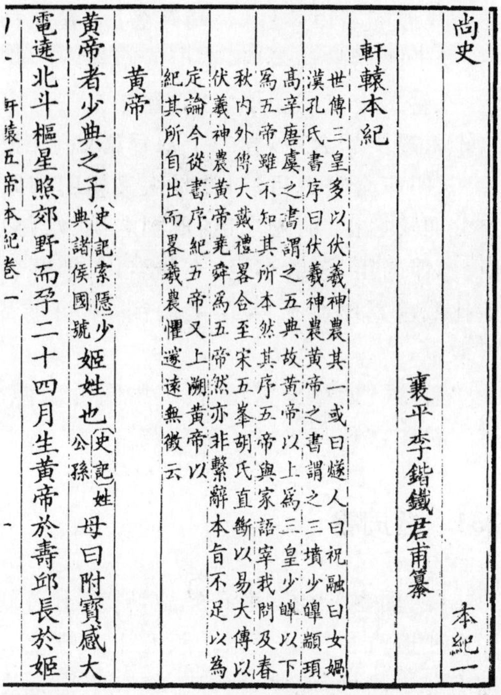
尚史
軒轅本紀　本紀一
襄平李鍇鐵君甫纂
世傳三皇多以伏羲神農其一或曰燧人曰祝融曰女媧漢孔氏書序曰伏羲神農黃帝之書謂之三墳少皞顓頊高辛唐虞之書謂之五典故黃帝以上爲三皇少皞以下爲五帝雖不知其所本然其序五帝與家語宰我問及春秋內外傳大戴禮畧合至宋五峯胡氏直斷以易大傳以伏羲神農黃帝堯舜爲五帝然亦非繫辭本旨不足以爲定論今從書序紀五帝又上溯黃帝以紀其所自出而畧羲農懼邈遠無徵云
黃帝
黃帝者少典之子（史記索隱少典諸侯國號）姬姓也（史記姓公孫）母曰附寶感大電遶北斗樞星照郊野而孕二十四月生黃帝於壽邱長於姬
尚史　軒轅五帝本紀卷一

229

著錄：《中國古籍善本書目》、《四庫全書總目》。

230　續藏書

G832b

《續藏書》二十七卷，明李贄撰，明刻本。四十冊。半葉九行二十字。四周單邊，白口，單魚尾。版心上鐫書名，中鐫卷次。框高 22.8 釐米，寬 14.2 釐米。前有李維禎序，總目，名臣姓氏。

李贄（1527—1602），本名載贄，號卓吾，又號篤吾、宏甫、温陵居士等，晉江人。嘉靖壬子舉人，官至姚安府知府坐。事具《明史》耿定向傳。著有《九正易因》、《藏書》、《史綱評要》、《李温陵集》、《孫子参同》、《初譚集》等。

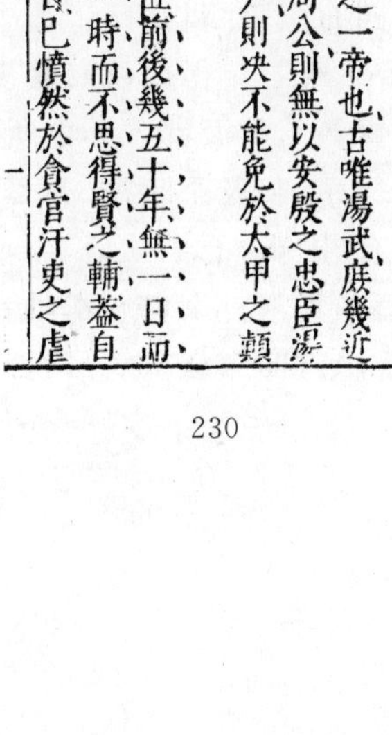
續藏書卷一
臣李贄曰我
太祖高皇帝蓋千萬古之一帝也古唯湯武庶幾近之然武未受命非周公則無以安殷之忠臣湯之受命也晚非伊尹則不能免於太甲之顛覆唯我
聖祖起自濠城以及即位前後幾五十年無一日而不念小民之依無一時而不思得賢之輔蓋自其託身皇覺寺之日已憤然於貪官汙吏之虐

230

是書爲李贄所撰明代名臣傳略。卷一爲開國諸臣，卷二爲開國名臣，卷三、卷四爲開國功臣，卷五至卷七爲遜國名臣，卷八爲靖難名臣，卷九爲靖難功臣，卷十至卷十二爲内閣輔臣，卷十三、卷十四爲勲封名臣，卷十五至卷十八爲經濟名臣，卷十九、卷二十爲清正名臣，卷二十一、卷二十二爲理學名臣，卷二十三爲忠節名臣，卷二十四、卷二十五爲孝義名臣，卷二十六爲文學名臣，卷二十八爲郡縣名臣。

《四庫全書總目》曰："是編又輯明初以來事業較著者若干人，以續前書之未備。其書分開國名臣、開國功臣、遜國名臣、靖難功臣、内閣輔臣、勲封名臣、經濟名臣、理學名臣、忠節名臣、孝義名臣、文學名臣、郡縣名臣諸目。因自記其本朝之事，故議論背誕之處比藏書爲略少。然冗雜顛倒，不可勝舉。……種種踳駁，毫無義例，總無一長之可取也。"

著録：《四庫全書總目》、《中國古籍善本書目》。

鈐印："傳家之寶子孫珍藏"。

231 逸周書

A265

《逸周書》十卷，晉孔晁註，明姜士昌刻本。四冊。半葉九行二十字，小字雙行同。左右雙邊，白口，單魚尾。版心上鐫書名，中鐫卷次。框高 19.8 釐米，寬 14.1 釐米。前有姜士昌序，原序，目録。後有昭德晁公武志，宋李燾"逸周書考"。

姜士昌(1537—1620)，字仲文，丹阳人。明萬曆八年進士，授戶部主事。疏請早建儲位，晉員外郎，陞陝西提學僉事。還朝上疏，觸時宰，被謫以卒，天啓初，贈太常少卿。

是書卷一爲度訓、命訓、常訓、文酌、糴匡，卷二爲武稱、允文、天武、大明武、小明武、大匡、程典、程寤、秦陰、九政、九開、劉法、文開、保開、八繁，卷三爲酆保、大開、小開、文儆、文傳、柔文、大開武、小開武、寶典、酆謀、寤儆、武順、武穆，卷四爲和寤、克寤、克殷、大匡、文政、大聚、世俘、箕子弟、耆德，卷五爲商誓、度邑、武儆、五權、成開、作雒、皇門、大戒，卷六爲周月、時訓、月令、謚法、明堂、嘗麥、本典，卷七爲官人、王會，卷八爲祭公、史記、職方，卷九爲芮良夫、大子晉、王佩、殷祝、周祝，卷十爲武紀、銓法、器服。

《四庫全書總目》曰："舊本題曰《汲冢周書》。考隋《經籍志》、唐《藝文志》，俱稱此書以晉太康二年得於魏安釐王冢中，則汲冢之說，其來已久。然《晉書・武帝紀》及荀朂《束晳傳》，載汲郡人不準所得竹書七十五篇，具有篇名，無所謂《周書》。杜預《春秋集解》後序，載汲冢諸書，亦不列《周書》之目。是《周書》不出汲冢也。攷《漢書・藝文志》先有《周書》七十一篇，今本比班固所紀惟少一篇。陳振孫《書錄解題》稱凡七十篇，敘一篇在其末。京口刊本，始以序散入諸篇，則篇數仍七十有一，與漢志合。"

著録：《四庫全書總目》、《中國古籍善本書目》。

陳寔曰損有餘補不足爲管名記此之節斯

逸周書卷一

晋　孔晁註　王　僎鍾人傑閲

度訓解第一

天生民而制其度聖人爲制法度度小大以正權輕重以極明本末以立中制法度所以立中正立中以補損補損以知足損益以中爲制故知足也□爵以明等極極中也貴賤之等尊卑之中也極以正民正中外以成命內外正則大命成也正上下以順政順其政教政以內□□□自邇彌興自遠遠邇備極終也□微補在□□分微在明知精□□□微分理有明故明王是以敬微而

周書　卷一　一

232　藏書

G832a

《藏書》六十八卷，明萬曆二十七年焦竑刻本。二十四冊。半葉十行二十二字。四周單邊，白口，無魚尾。版心上鐫書名、篇名、卷次。框高 22.1 釐米，寬 14 釐米。前有萬曆二十七年焦竑、劉東星序，紀傳總目前論、後論，世紀列傳總目。

李贄，見 230《續藏書》。

是書爲李贄所撰之史評。分世紀八卷，始自東周九國紛爭，終於元之華夷一統。列傳六十卷，始於大臣傳，終於外臣傳。

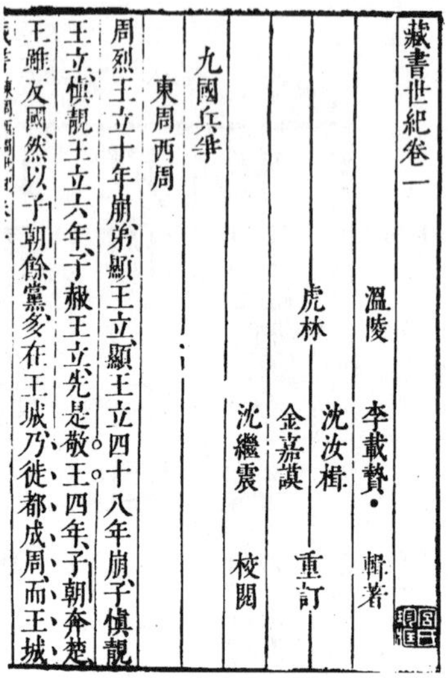
藏書世紀卷一
溫陵　李載贄　輯著
虎林　沈汝楫
金嘉謨　重訂
沈繼震　校閱
九國兵爭
東周西周
周烈王立十年崩弟顯王立顯王立四十八年崩子慎靚
王立慎靚王立六年子赧王立先是敬王四年子朝奔楚
王雖反國然以子朝餘黨多在王城乃徙都成周而王城

232

《四庫全書總目》曰："是編上起戰國，下迄於元，各採摭事蹟，編爲紀傳。紀傳之中，又各立名目。前有自序曰，前三代吾無論矣。後三代漢、唐、宋是也。中間千百餘年，而獨無是非者，豈其人無是非哉。咸以孔子之是非爲是非，固未嘗有是非耳。然則予之是非人也，又安能已。又曰，《藏書》者何？言此書但可自怡，不可示人，故名曰《藏書》也。……贄書皆狂悖乖謬，非聖無法。惟此書排擊孔子，别立褒貶，凡千古相傳之善惡，無不顛倒易位，尤爲罪不容誅。其書可燬，其名亦不足以汚簡牘。特以贄大言欺世，同時若焦竑諸人，幾推之以爲聖人。至今鄉曲陋儒，震其虚名，猶有尊信不疑者。如置之不論，恐好異者轉矜剏獲，貽害人心。故特存其目，以深暴其罪焉。"

著錄：《四庫全書總目》、《中國古籍善本書目》。

鈐印："仲華彭氏家藏"、"農山珍藏"、"宫氏珍藏"。

編年類

233　長編總檔

I1385—1386

《長編總檔》，含《同治十年長編總檔》十二卷、《同治十一年長編總檔》十二卷，清内府鈔本。二十四冊。半葉八行二十一字。四周雙邊，白口，單魚尾。版心上鐫書名。框高 21.6 釐米，寬 15.2 釐米。

“長編”爲清國史館所編纂，其史料来源包括各類上諭、絲綸、外紀、紅本，史書，及軍機處密檔等。乾隆四十八年定制每届十年編輯一次，嘉慶十九年進一步奏定每五年卽行排纂，届時國史館總裁行文内閣、方略館（軍機處檔案藏方略館）各處調齊檔冊，先由在館人員鈔錄齊全，然后分門別類，按日排纂，摘編彙鈔成“長編總檔”。是書爲同治十年、十一年兩年之總檔，按月排序，每月一卷。

本館藏本爲朱絲欄，墨筆小楷，眉欄上有朱筆“外紀”、“硃批”、“月摺”、“上諭”、“勦捕”、“廷寄”等字樣。

著錄：是書《中國古籍善本書目》等無著錄。

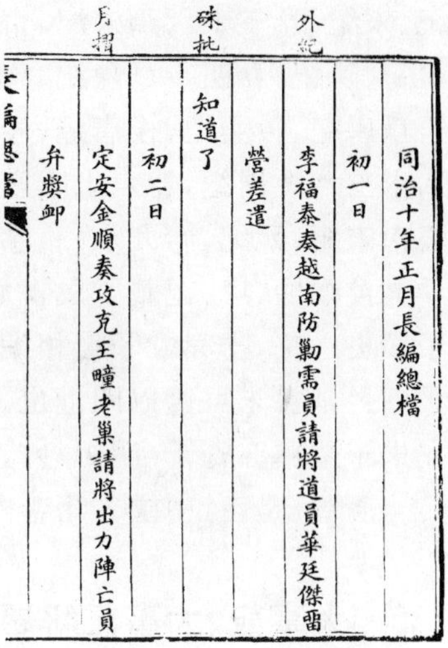
外紀
硃批
月摺
同治十年正月長編總檔
初一日
李福泰奏越南防勦需員請將道員華廷傑留
營差遣
知道了
初二日
定安金順奏攻克王疃老巢請將出力陣亡員
弁奬卹

233

234　尺木堂綱鑑易知錄、御撰資治通鑑綱目

《尺木堂綱鑑易知錄》、《綱鑑易知錄》九十二卷，《御撰資治通鑑綱目》、《御撰資治通鑑明紀綱目》二十卷，清周之炯、吳乘權、周之燦編撰，清乾隆畝仁堂刻本。四十八冊。半葉九行二十字，小字雙行四十字。四周單邊，白口，單魚尾。版心上鐫書名，中鐫卷次，下鐫“尺木堂”。框高 17.9 釐米，寬 13.5 釐米。前有扉頁，題：“綱鑑易知錄。吳大中丞鑑定，山陰周靜專、吳楚材、周星若同輯。畝仁堂藏板。”卷首有康熙五十年吳乘權序，先儒姓氏，目錄，發凡十則。別卷卽《御撰資治通鑑綱目》。前有扉頁，題：“御撰資治通鑑明紀綱目”。卷首有乾隆十一年乾隆序，乾隆十一年張廷玉，王會汾“御撰資治通鑑綱目三編告竣進表”，乾隆四年諭旨，“御撰資治通鑑綱目三編總目錄”。

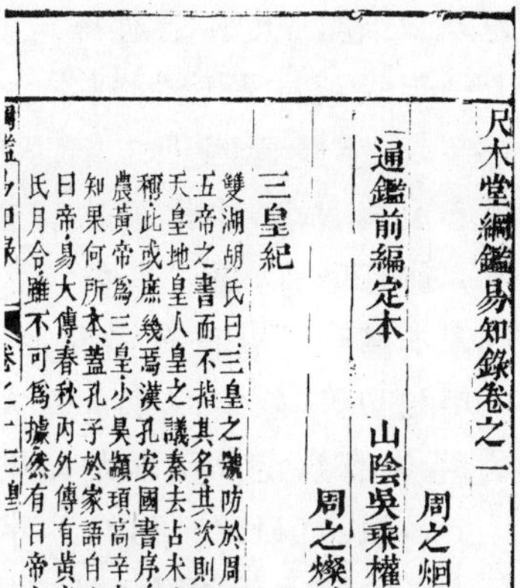
尺木堂綱鑑易知錄卷之一　周之炯靜專
山陰吳乘權楚材同輯
周之燦星若
通鑑前編定本
三皇紀
雙湖胡氏曰三皇之號昉於周禮外史掌三皇五帝之書而不指其名其次則見於秦博士有天皇地皇人皇之議秦去古未遠意者三皇之稱此或庶幾焉漢孔安國書序乃始以伏羲神農黃帝爲三皇少昊顓頊高辛堯舜爲五帝不知果何所本蓋孔子於家語自伏羲以下皆稱曰帝易大傳春秋內外傳有黃帝炎帝之稱呂氏月令雖不可爲據然有曰帝大昊帝炎帝

234

吳乘權（生卒年不詳），字楚材，浙江山陰人。康熙五十年著成《綱鑑易知錄》，另著有《古文觀止》，初版於康熙三十四年。

是書卷一爲三皇紀、五帝紀、夏紀，卷二爲夏紀、商紀、周紀，卷三至卷六爲周紀，卷七爲周紀、秦紀、後秦紀，卷八爲後秦紀，卷九至卷十八爲漢紀，卷十九至卷二十六爲東漢紀，卷二十七爲東漢紀、後漢紀，卷二十八爲後漢紀，卷二十九爲後漢紀、晉紀，卷三十爲晉紀，卷三十一爲晉紀、東晉紀，卷三十二至卷三十四爲東晉紀，卷三十五爲東晉紀、宋紀，卷三十六爲宋紀、齊紀，卷三十七爲齊紀、梁紀，卷三十八爲梁紀，卷三十九爲梁紀、陳紀，卷四十爲陳紀、隋紀，卷四十一爲隋紀，卷四十二至卷五十九爲唐紀，卷六十爲唐紀、後梁紀、後唐紀，卷六十一爲後唐紀，卷六十二爲後晉紀、後漢紀、後周紀，卷六十三爲後周紀，卷六十四至卷七十七爲宋紀，卷七十八至卷八十九爲南宋紀，卷九十爲南宋紀、元紀，卷九十一、卷九十二爲元紀。别二十卷爲明紀。

吳乘權《序》記載了成書始末："乙酉歲[周子靜專、星若]擕其手輯《綱目全編》以示予讀史之法，遂與二子復相編輯，不閒祁寒暑雨者殆六載。……二子屬予鏤版行之世，予曰：'是書未可遽以問世也。姑以私便檢閱自備遺忘，藏之家塾以課弟子已耳。'適予友朱子聖懷亦寄予《明紀鈔略》一編，遂續輯而并付之梓。再閲歲，工始峻。"

著録：是書《中國古籍善本書目》等無著録。

235　大事記、大事記解題、大事記通釋

《大事記》、《吕東萊大事記》十二卷，《大事記解題》十二卷，《大事記通釋》三卷，宋吕祖謙撰，乾隆五十一年武英殿聚珍版刻本。二十冊。半葉八行二十一字，小字雙行四十二字。左右雙邊，白口，單魚尾。版心上鐫書名，中鐫卷次。框高 18.4 釐米，寬 14 釐米。前有扉頁，題："吕東萊大事記。武英殿聚珍版校訂宋本無誤。"卷首有淳熙七年吕祖謙原序，乾隆五十一年紀昀等"欽定四庫全書大事記提要"。《大事記解題》卷末有嘉定五年李大有跋。

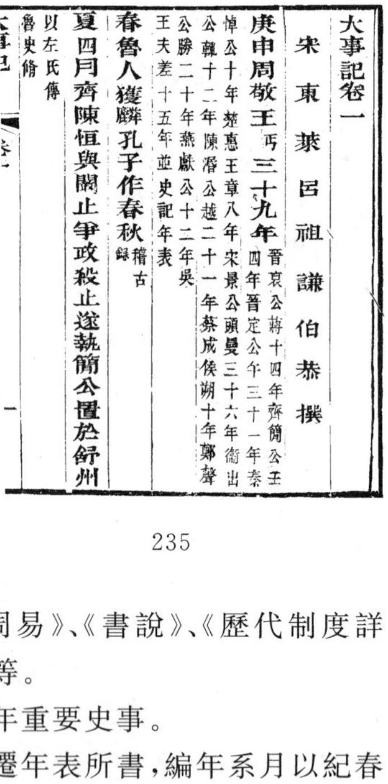
大事記卷一
宋東萊吕祖謙伯恭撰
庚申周敬王丙三十九年 魯哀公蔣十四年齊簡公壬四年晉定公午三十一年秦悼公十年楚惠王章八年宋景公頭曼三十六年衛出公輒十二年陳湣公越二十一年蔡成侯朔十年鄭聲公勝二十年燕獻公十二年吳王夫差十五年並史記年表
春魯人獲麟孔子作春秋 備古録
夏四月齊陳恒與闞止爭政殺止遂執簡公置於舒州
以左氏傳魯史脩

235

吕祖謙(1137—1181)，字伯恭，世稱東萊先生，金華人。隆興元年進士，復中博學鴻詞科，官至直秘閣著作郎，國史院編修。事具《宋史・儒林傳》。著有《古周易》、《書説》、《歷代制度詳説》、《吕氏家塾讀詩記》、《少儀外傳》、《春秋左氏傳續説》等。

是書雜採諸書以記周敬王三十九年至漢武帝征和三年重要史事。

《四庫全書總目》關於該書的記載如下："是書取司馬遷年表所書，編年系月以紀春秋後事。復采輯諸書以廣之。始周敬王三十九年，迄漢武帝征和三年。書法皆祖太史公。所録不盡用《策書》凡例。《朱子語録》所謂伯恭子約宗太史公之學，以爲非漢儒所及者，此亦一證也。其書作於淳熙七年。每以一日排比一年之事。本欲起春秋後迄於五代，會疾作而罷。故所成僅此，然亦足見其大凡矣。"

著録：《四庫全書簡明目録》、《四庫全書總目》。

236 東華録

J1784

《東華録》十六卷,清蔣良騏撰,清鈔本。十六冊。半葉七行十七字。無邊框,白口,無魚尾。葉高 25 釐米,寬 13 釐米。前有蔣良騏跋。

蔣良騏(1723—1788),字千之,全州人。乾隆辛未進士,任國史館纂修。

是書屬編年體清史長編。乾隆三十年國史館重開後,蔣氏任纂修,就《清實録》及其他官書文獻摘録清初六朝五帝史料成書。全書内容按年月日順序排次,起於天命元年,迄於雍正十三年。以國史館在東華門内,故題爲"東華録"。是書編纂成於乾隆年間,初僅以鈔本形式流傳,後有刻本,收入《續修四庫全書》史部之編年類。

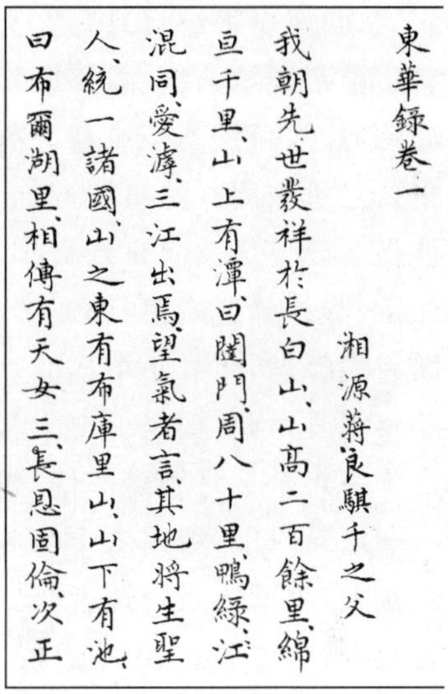
東華録卷一
湘源蔣良騏千之父
我朝先世發祥於長白山山高二百餘里綿
亘千里山上有潭曰闥門周八十里鴨綠江
混同愛滹三江出焉望氣者言其地將生聖
人統一諸國山之東有布庫里山山下有池
曰布爾湖里相傳有天女三長恩固倫次正

236

蔣良騏《跋》曰:"乾隆三十年十月,重開國史館於東華門内稍北。騏以謭陋濫竽纂修館例。凡私家著述,但考爵里,不采實事,惟以實録紅本及各種官修之書爲主。……分别傳事跡及朝章國典、兵禮大政,與列傳有關合者,則以片紙記之,以備遺忘。積之既久,遂成卷軸。"

本館藏本文字爲墨筆楷書鈔寫,有朱筆圈點。

著録:《中國古籍善本書目》。

237 皇清開國方畧

DS783.4.C48 1889/N870

《皇清開國方畧》三十二卷,清阿桂等乾隆三十八年奉敕撰,清乾隆五十一年鈔本。十六冊。半葉八行二十一字,小字雙行同。無邊框,白口,無魚尾。版心上書書名,下書卷次。葉高 27 釐米,寬 18 釐米。前有乾隆三十八年御筆序,阿桂等表奏,目録等。

阿桂,見 073《欽定八旗氏族通譜輯要》。

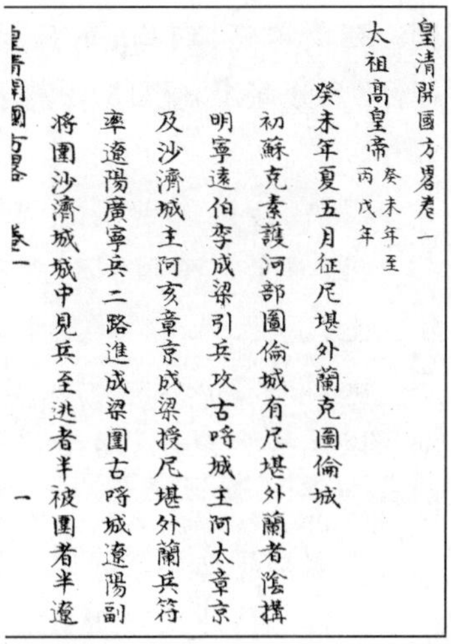
皇清開國方畧卷一
太祖高皇帝癸未年至丙戌年
癸未年夏五月征尼堪外蘭克圖倫城
初蘇克素護河部圖倫城有尼堪外蘭者陰搆
明寧遠伯李成梁引兵攻古哷城主阿太章京
及沙濟城主阿亥章京成梁授尼堪外蘭兵符
率遼陽廣寧兵二路進成梁圍古哷城遼陽副
將圍沙濟城城中見兵至逃者半被圍者半邊
皇清開國方畧 卷一 一

237

是書卷首爲發祥世紀,第一卷至第八卷爲太祖高皇帝癸未年至天命十一年丙寅,第九卷至第三十一卷爲太宗文皇帝初即位未改元天命十一年丙寅九月至崇德八年癸未八月,第三十二卷爲世祖章皇帝崇德八年癸未八月至順治元年甲申十月。

《四庫全書總目》曰:"《皇清開國方略》三十二卷,乾隆三十八年奉敕撰……洎我太宗文皇帝纘承前緒,益擴旼章,日月高衢,煥乎繼照。成湯秉鉞,十一征罔弗奏功。周武臨河,八百國莫不來會。聲靈遐播,制作更新。文德武功,繩先啓後。麟麟炳炳,亦史冊之所未聞。然事閱五朝,時逾十紀,舊臣之所誦說,故老之所歌吟,口耳相傳,或不能盡著於竹帛。而實錄實訓,尊藏金匱,自史官載筆以外,非外廷所得而窺。是以特詔館臣,恭錄締造規模,勒成帝典。冠以發祥世紀一篇,猶商頌之陳元鳥,周雅之咏公劉。雖時代緜邈,年月不可盡詳。而事既有徵,理宜傳信。所以明啓佑之自來也。其餘並編年紀月,列目提綱。自太祖高皇帝癸未年夏五月起兵討尼堪外蘭克圖倫城始,至天命十一年秋七月訓誡羣臣,編爲八卷。自太宗文皇帝御極始,至順治元年世祖章皇帝入關定鼎以前,編爲二十四卷。蓋神功聖德,史不勝書。惟恭述勲業之最顯著,政事之最重大,謨猷之最宏遠者,已累牘連篇,積爲三十二卷矣。唐虞之治,具於典謨。文武之政,布在方策。臣等繕校之餘循環跪讀。創業之艱難,貽謀之遠大,尚可一一仰窺也"。

本館藏本爲墨筆楷書,廣見朱筆圈點。

著錄:《四庫全書總目》、《皇朝文獻通考》、《中國古籍善本目錄》。

238　甲子會紀

E679

《甲子會紀》五卷,明薛應旂編,明嘉靖三十七年玄津草堂刻本。五冊。半葉九行十八字,小子雙行同。四周單邊,白口,單魚尾。版心中鐫書名、卷次。框高 18.3 釐米,寬 13.3 釐米。前有嘉靖三十七年許穀序。

薛應旂,見 008《增訂四書通典人物備考》。

《四庫全書總目》曰:此書"前四卷以六十甲子紀年。上自黃帝八年,下至嘉靖四十二年,爲七十二甲子。又每年之下亦略紀大事,以備檢閱。第五卷則取邵子以元經會之語,略論洪荒以來,而以邵子觀化詩附焉。"

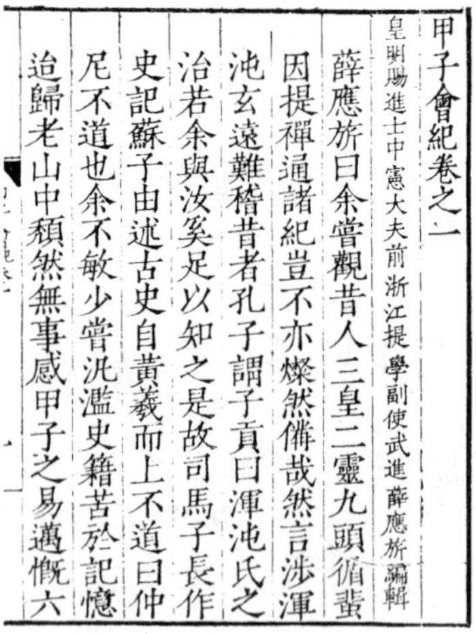
甲子會紀卷之一
皇明賜進士中憲大夫前浙江提學副使武進薛應旂編輯
薛應旂曰余嘗觀昔人三皇二靈九頭循蜚
因提禪通諸紀豈不亦燦然備哉然言涉渾
沌玄遠難稽昔者孔子謂子貢曰渾沌氏之
治若余與汝奚足以知之是故司馬子長作
史記蘇子由述古史自黃羲而上不道曰仲
尼不道也余不敏少嘗汎濫史籍苦於記憶
迨歸老山中頹然無事感甲子之易邁慨六

238

本館藏本卷末題:"嘉靖戊午秋刻于玄津草堂"。

著錄:《四庫全書總目》、《中國古籍善本書目》。

239 歷代帝王統系

DS733. H68/GR441c

《歷代帝王統系》、《歷代帝王統系圖》二卷，明夏洪基彙纂，清刻本。二册。半葉九行二十一字，小字雙行四十二字。四周單邊，白口，無魚尾。版心上鐫書名，中鐫卷次。框高 20.4 釐米，寬 13.8 釐米。卷首有崇禎十六年夏洪基圖序，凡例，目錄。卷末附歷代帝王國都、歷代帝王國號歌。書末朱筆題："道光十年，靜樂堂書。"

夏洪基，見 065《孔門弟子傳略》。

是書卷上爲五帝、夏、商、周、秦、漢、東漢、後漢、魏、吳，卷下爲晉、東晉、宋、齊、梁、陳、北魏、北齊、北周、隋、唐、後梁、後唐、後晉、後漢、後周、宋、南宋、遼、金、元、明。

夏洪基《歷代帝王統系圖序》曰："予生也魯，讀史未能因細爲攷訂而繪之圖。爰自正統，旁及篡竊，列圖於前，繫譜於後，統則循授受之次第，系則分倫序之尊卑，蓋一展卷而瞭然若指諸掌矣。"

著錄：《千頃堂書目》、《中國古籍善本書目》。

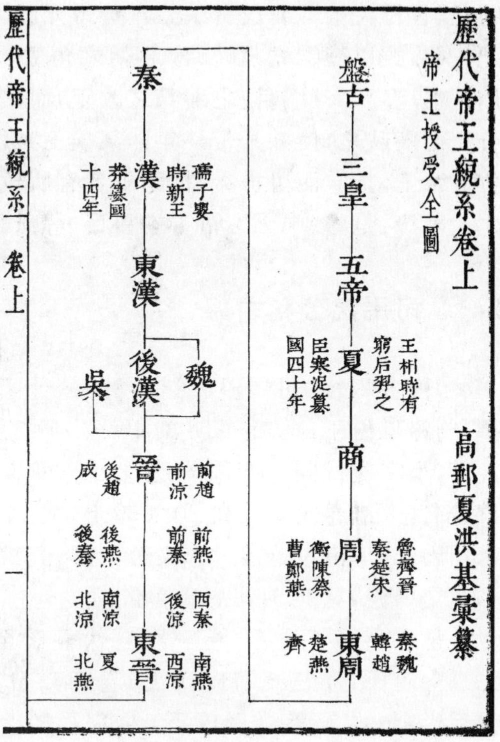

239

240 歷代甲子編年全圖

CE37. H75/GR441d

《歷代甲子編年全圖》、《歷代甲子編年》不分卷，明夏洪基編定，清刻本。一册。半葉九行，字數不等。四周單邊，白口，無魚尾。版心上鐫書名。框高 20 釐米，寬 13.8 釐米。卷首有崇禎十六年夏洪基序，天順八年龔艮熙序，夏洪基論例，總目。卷末朱筆題："道光十年，靜樂堂書。"

夏洪基，見 065《孔門弟子傳略》。

夏洪基《歷代甲子編年序》曰："爰自《春秋》以及《通鑑綱目》諸書，編年之史大備。然而卷帙浩繁，繙閱未易，乃或爲之圖以紀其年，稱便覽矣。而作者紛

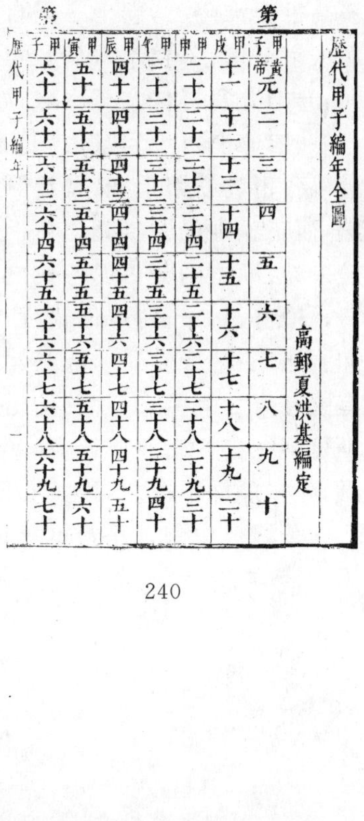

240

紛，互有得失。惟龔氏所編始自黄帝元載者，號全圖焉。第其中書法多未合史義，且止紀正統，雖以三國之鼎峙、南北朝之角立，亦所弗及，則全而有未全者也。予每歉焉。用是本《春秋》、《綱目》之義爲之改正，而又遍攷春秋、戰國諸侯王及後代偏方僭竊諸国分紀而備載之，使知某帝某年卽某侯王某僭竊某年，則一覽而上古近代之甲子正統閏位之帝王，指掌而可得矣，抑讀史者有所攷焉，爰校而付之梓。”

著錄：是書《中國古籍善本書目》等無著錄。

241 司馬温公稽古録

《稽古錄》、《司馬温公稽古録》二十卷，宋司馬光撰，刻録年份不詳，疑爲明刻本。二冊。半葉九行十九字，小字雙行同。四周單邊，白口，單魚尾。版心上鐫書名，下鐫卷次。框高 20.1 釐米，寬 14.1 釐米。前有司馬光“進稽古錄表”，朱文公與鄭知院書，目錄等。

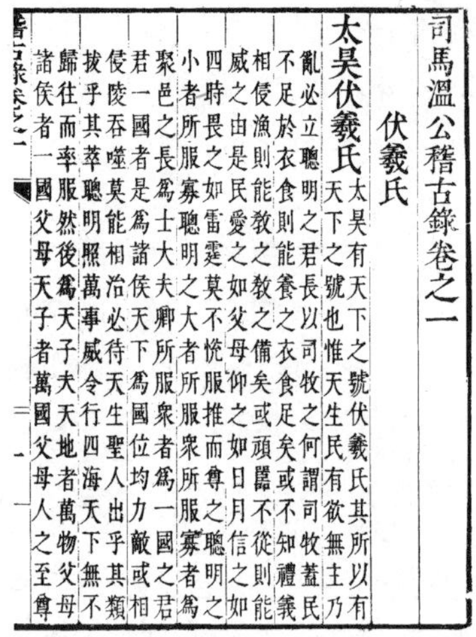
司馬温公稽古錄卷之一
伏羲氏
太昊伏羲氏太昊有天下之號伏羲氏其所以有天下之號也惟天生民有欲無主乃亂必立聰明之君長以司牧之何謂司牧蓋民不足於衣食則能養之衣食足矣或不知禮義相侵漁則能教之教之備矣或頑嚚不從則能威之由是民愛之如父母仰之如日月信之如四時畏之如雷霆莫不悅服推而尊之聰明之小者所服寡聰明之大者所服衆所服寡者爲聚邑之長爲士大夫卿所服衆者爲一國之君君一國者是爲諸侯天下爲國位均力敵或相侵陵吞噬莫能相治必待天生聖人出乎其類拔乎其萃聰明照萬事威令行四海天下無不歸往而率服然後爲天子夫天地者萬物父母諸侯者一國父母天子者萬國父母人之至尊

241

司馬光，見 046《司馬氏書儀》。

是書爲編年史書，卷一爲自伏羲氏至高辛氏，卷二爲陶唐氏，卷三爲有虞氏上，卷四爲自有虞氏下至夏后氏上，卷五爲夏后氏下，卷六爲殷上，卷七爲殷下，卷八爲周上，卷九爲周下至共和初，卷十爲共和元年至靈王，卷十一爲自景王至秦二世，卷十二爲自西漢高祖至淮陽王，卷十三爲自東漢光武至穆帝，卷十四爲自哀帝至唐高祖，卷十五爲自唐太宗至世宗，卷十六爲歷年圖序，卷十七爲本朝自太祖至至道，卷十八爲自眞宗至乾興，卷十九爲自仁宗至康定，卷二十爲自仁宗至英宗。

《四庫全書總目》曰：“是書則上溯伏羲，下訖英宗治平之末，而爲書不過二十卷。蓋以各書卷帙繁重，又歷年圖刻於他人，或有所增損，亂其卷帙。故芟除繁亂，約爲此編，而諸論則仍歷年圖之舊。元祐初表上於朝。陳振孫《書錄解題》曰，越本彙聚諸論於一卷，潭本則分係於各代之後。此刻次第，蓋依潭本，較越本易於循覽。《朱子語錄》曰，《稽古錄》一書，可備講筵，宫僚進讀，小兒讀六經了，令讀之，亦好。末後一表，其言如蓍龜，一一皆驗。今觀其諸論，於歷代興衰治亂之故，反復開陳，靡不洞中得失。洵有國有家之炯鑒，有裨於治道者甚深。故雖非洛學之派，朱子亦不能不重之。足見其不可磨滅矣。南渡以後，龔頤正嘗續其書，今《永樂大典》尚有全本。然是非頗乖於公議，陳振孫深不取之，蓋其心術學問皆非光比，故持論之正亦終不及光也。”

著錄：《中國古籍善本目錄》、《四庫全書總目》、《文獻通考》、《文淵閣書目》。

242　通鑑綱目韻言

通鑑綱目韻言

紀年

周

威烈王二十三年至二十四年　安王元年至二十六年　烈王元年至七年

顯王元年至四十八年　慎靚王元年至六年　赧王元年至五十九年

六王一百四十八年

秦

昭襄王五十二年至五十六年　莊襄王元年至三年　秦王政元年至二十五年

秦昭襄王五十一年滅周，赧王崩，是年漢高帝生。

通鑑綱目韻言　卷上紀年　一　問心堂

242

《通鑑綱目韻言》、《綱目韻言》二卷，清柯鳳彩著，聞人鍵参訂，清康熙六十年問心堂刻本。二冊。半葉九行十九字，小字雙行同，眉欄上刻評。左右雙邊，白口，單魚尾。版心上鐫“通鑑綱目韻言”，下鐫卷次及“問心堂”。框高 21.5 釐米，寬 13.2 釐米。前有扉頁，題：“綱目韻言。四明柯曉崗著，康熙辛丑冬鐫，問心堂藏板。”前有康熙六十年俞卿、柯鳳彩序，發凡，編次等。

柯鳳彩(生卒年不詳)，字曉崗，四明人。約活動於康熙五十九年前後。

是書卷上含東周、秦、西楚、西漢、東漢、魏、吳、西晉、東晉、僭據十六國、南朝、北魏、北周、隋之韻，卷下含唐、梁、晉、漢、周、僭據十一國、北宋、南宋、遼、金、夏、元之韻。

《發凡五則》曰：“兹集照正續綱目，自周烈王迄元順帝。總紀年於篇端，文景以前未有年號，則曰元年至某年。武帝建元以後，但紀年號所歷歲數，如元光六年之類。考在位久近，而事實亦得以次翻閲，乃讀史始事也。”柯鳳彩《序》曰：“則史以載事，情實生焉，隨讀隨記，纂成有韻之言，聊自怡悦，兼備遺忘云爾。過蒙有道見許，謂宜授梓廣傳。”

本館藏本文間有朱筆圈點。

著録：是書《中國古籍善本書目》等無著録。

鈐印：“濤菴書畫鑑藏”、“江兆鯤寧濤菴號崐發”。

243　通鑑輯覽

《通鑑輯覽》、《御批歷代通鑑輯覽》一百十六卷，附《明唐桂二王本末》三卷。清高宗批，傅恒等奉敕撰，清乾隆三十三年刻本。六十冊。半葉十一行二十二字，小字雙行同，眉欄上刻評。四周雙邊，白口，單魚尾。版心上鐫書名，下鐫卷次。框高 17.7 釐米，寬 13.5 釐米。前有扉頁，題：“御批通鑑輯覽”。前有乾隆丁亥年御筆序，御批歷代通鑑輯覽告成進呈表，凡例，職名，總目録等。

傅恒，見 127《皇清職貢圖》。

是書之纂修，肇因於清高宗閱讀明李東陽《歷代通鑑纂要》一書，“以編內採録尚未精審，特敕重加訂正，並增入明代事跡。”

是書起自遠古伏羲氏，止於明末。仿《資治通鑑綱目》體式，然“綱”與“目”皆以大字書之，而以雙行小字補敘史事、附記軼事異説、註明人物、詮釋地名、考辯史實、引述前人註釋和評論等，並間或撰有館臣之考釋評述。

《四庫全書簡明目録》曰："《御批通鑑輯覽》一百十六卷，附明唐桂二王本末三卷，乾隆三十三年奉勅撰，以明正德中李東陽等所修通鑑纂要多所舛漏，乃命詳考史傳，定著此編，凡書法褒貶，一秉聖裁，其沿訛踵謬之處，並親爲論定，以昭千古之是非，至明季福王南渡不久就俘，特命於乙酉一年分註，以存其位，號而唐桂二王，竊據稱戈者，雖黜其年號，亦存其遺事，併詔續爲編録，附於末篇，尤聖人至公之心，度越恒情萬萬者矣。"

著録：《四庫全書總目》、《四庫全書簡明目録》。

鈐印："漢軍鑲黃旗人"、"筠石山房"、"乾隆宸翰"、"惟精惟美"。

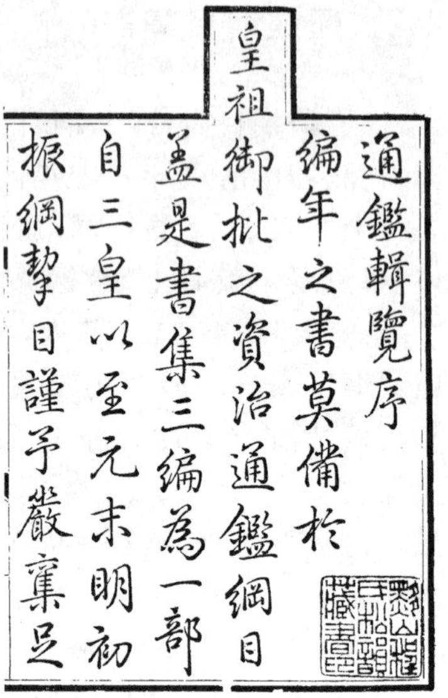
通鑑輯覽序
編年之書莫備於
皇祖御批之資治通鑑綱目
蓋是書集三編為一部
自三皇以至元末明初
振綱挈目謹予嚴稟足

243

244　通鑑擥要

《通鑑擥要》三十七卷，清姚培謙，張景星録，清乾隆二十六年飛鴻堂刻巾箱本。二十册。半葉七行十六字，小字雙行同。左右雙邊，白口，單魚尾。版心上鐫書名，下鐫卷次及帝王名。框高 9.1 釐米，寬 6.5 釐米。前有乾隆十一年陳世倌、黃之雋序，總目，目録等。

姚培謙（1722—1765），字平山，江蘇華亭人。諸生。著有《松桂讀書堂集》、《春帆集》、《自知集》、《樂府及覽古詩》等，註書有《春秋左傳杜註》、《經史臆見》、《樂善堂賦註》、《李義山詩箋註》、《文心雕龍箋註》、《朱子年譜類腋》等。

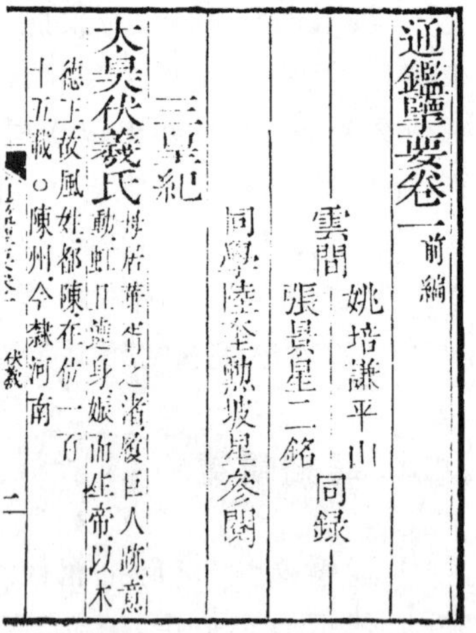
通鑑擥要卷一　前編
雲間　姚培謙平山　張景星二銘　同録
同學陸奎勲坡星參閱
三皇紀
太昊伏羲氏　母居華胥之渚履巨人跡意動虹且遶身娠而生帝以木德王故風姓都陳在位一百十五載○陳州今隸河南
伏羲　二

244

是書分前編二卷，正編十九卷，續編八卷，明史擥要八卷。前編盤古氏至女媧氏，附録卷首起於伏羲氏終於周考王十五年，正編起於周威烈王二十三年終於周世宗縣德六年，續編起於宋太祖建隆元年終於元順帝至正二十七年。

黃之雋《序》曰："憲宗詔儒臣修宋元二史，爲續編，而綱目愈備，合而讀之，卷帙繁重，莫得其要領，同學平山姚氏、二銘張氏，欲次第節鈔全部，縮爲袖珍，名曰《擥要》，以便後學。"

著録：是書入藏哈佛燕京圖書館及紐約公共圖書館。澳大利亞國立圖書館藏有清乾隆十一年飛鴻堂刊本。

245　通鑑釋文辯誤

《通鑑釋文辯誤》、《通鑑辯誤》十二卷，元胡三省輯著，明陳仁錫校訂，明天啓五年陳仁錫刻本。四册。半葉十行二十字，小字雙行同。四周單邊，白口，單魚尾。版心上鐫書名，下鐫卷次。框高 21.9 釐米，寬 14.2 釐米。後有胡三省元至元二十四年序。

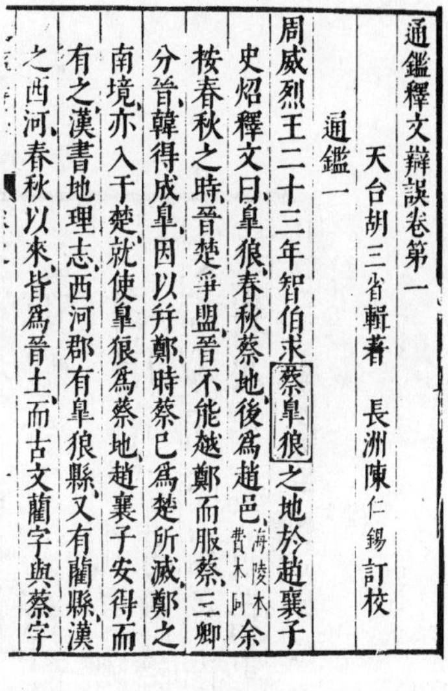
通鑑釋文辯誤卷第一
天台胡三省輯著　長洲陳仁錫訂校
通鑑一
周威烈王二十三年智伯求蔡皋狼之地於趙襄子
史炤釋文曰皋狼春秋蔡地後爲趙邑海陵本費本同余
按春秋之時晋楚爭盟晋不能越鄭而服蔡三卿
分晋韓得成皋因以幷鄭時蔡已爲楚所滅鄭之
南境亦入于楚就使皋狼爲蔡地趙襄子安得而
有之漢書地理志西河郡有皋狼縣又有藺縣漢
之西河春秋以來皆爲晋土而古文藺字與蔡字

245

胡三省(1230—1302)，原名滿孫，字身之，又字景參，號梅澗，元寧海人，宋元之際史學家，浙東史學派之代表人物之一。取《論語》"吾日三省吾身"一句，改名三省。宋寶祐四年進士，任慶元府慈溪尉。潛心治《資治通鑑》，賈似道門客廖瑩中聞其名，聘之校勘《通鑑》，以教授弟子。元世祖至元二十二年完成《資治通鑑音註》及《釋文辯誤》。另著有《竹素園集》、《江東十鑑》、《四城賦》等，然皆散失不可見。

陳仁錫，見 008《增訂四書通典人物備考》。

《四庫全書總目》曰："《通鑑釋文》本南宋時蜀人史炤所作，淺陋特甚。時又有海陵所刊釋文，稱司馬康本。又蜀廣都費氏進修堂版行《通鑑》，亦以注附之，世號龍爪《通鑑》。皆視史炤本差略，而實相蹈襲。三省既自爲《通鑑音注》，復以司馬康釋文本出僞託，而史炤所作譌謬相傳，恐其疑誤後學，因作此書以刊正之。每條皆先舉史炤之誤，而海陵本、龍爪本與之同者，則分注其下。其已見於此書者，音注中卽不復著其說。然如德宗紀韓旻出駱驛一條，音注云，史炤謂駱谷關之驛，余案韓旻若過駱谷關驛，則已通奉天而西南矣。炤說非也。此類隨文考正者，亦不盡見於辨誤。蓋二書本相輔而行，故各有詳略，以便互爲考證也。其書援據精核，多足爲讀史者啟發之助。所云音訓之學，因文見義，各有攸當，不可滯於一隅。又云，晉、宋、齊、梁、陳之疆里，不可以釋唐之疆里。其言實足爲千古注書之法，又不獨爲史炤一人而設矣。"

著録：《四庫全書總目》、《文淵閣書目》。

246　御批歷代通鑑輯覽

《御批歷代通鑑輯覽》、《御批通鑑輯覽》一百二十卷，清傅恒等撰，清乾隆刻本。六十册。半葉十一行二十二字，小字雙行四十四字。四周雙邊，白口，雙魚尾。版心上鐫書名，中鐫卷次。框高 17.8 釐米，寬 13.3 釐米。卷首有乾隆三十二年乾隆御筆序，告

三皇五帝之說辯者紛如惟孔安國書序以伏羲神農黃帝之書爲三墳少昊顓頊高辛唐虞之書爲五典不區分皇帝之號其說較爲簡當

御批歷代通鑑輯覽卷之一

伏羲氏在位一百十五年傳十五世

太昊伏羲氏

帝生于成紀帝母居于華胥之渚履巨人跡意有所動虹且繞之因而始娠生帝于成紀華胥古國寰宇記藍田縣有華胥氏陵成紀故城在今甘肅秦州秦安縣以木德繼天而王故風姓有聖德象日月之明故曰太昊

都陳左傳陳太昊之墟鄭樵通志伏羲都陳宛邱城是也宛邱今河南陳州府治是

始畫八卦

帝德洽上下有龍馬說文龍鱗虫之長玉篇馬武獸也此馬身而龍鱗故曰龍馬負圖出于河孔安國書傳伏羲氏王天下龍馬出河朱子河圖論圖之位一與六共宗而居乎北二與七爲朋而居乎南三與八同道而居乎東四與九爲友而居乎西五與十相守而居乎中乃仰觀象

御批歷代通鑑輯覽 卷之一 伏羲氏 一

成進呈表，凡例，編撰者職名，總目錄。

傅恒，見127《皇清職貢圖》。

是書爲乾隆因不滿明代李東陽等所撰《通鑑纂要》一書，命臣屬重新選輯歷朝事蹟編撰而成。

《四庫全書總目》曰："是書排輯歷朝事蹟，起自黄帝，迄於明代。編年紀載，綱目相從。目所不該者，則别爲分註於其下。而音切訓詁，典故事實，有關考證者，亦詳列焉。蓋内府舊藏明正德中李東陽等所撰《通鑑纂要》一書，皇上幾暇披尋，以其褒貶失宜，紀載蕪漏，不足以備乙覽，因命重加編訂。發凡起例，咸稟睿裁。每一卷成，即繕稾進御。指示書法，悉準麟經。又親灑丹毫，詳加評斷。微言大義，燦若日星。凡特筆昭垂，皆天理人情之極則，不獨詞臣載筆，不能窺見高深，即涑水紫陽亦莫能仰鑽於萬一。所謂原始要終，推見至隱者，文成數萬，其指數千，不可一一縷陳。"

著錄：《四庫全書總目》、《四庫全書簡明目錄》。

鈐印："黟山程氏松韻藏書印"、"乾隆宸翰"、"惟精惟美"。

247　御撰資治通鑑綱目三編

《御撰資治通鑑綱目三編》二十卷，清張廷玉等纂，清乾隆十一年武英殿刻本。四册。半葉十一行二十二字，小字雙行同，眉欄上刻評。四周雙邊，小黑口，雙魚尾。版心上鐫書名及卷次，下鐫提要。框高19.2釐米，寬12.6釐米。前有乾隆序，張廷玉表等。

張廷玉(1672—1755)，字衡臣，號硯齋，安徽桐城人。清保和殿大學士、軍機大臣、太保，曾封三等勤宣伯。乾隆朝，以兩朝元老爲朝廷所重，死後配享太廟。曾纂《康熙字典》、《雍正實錄》，並充《明史》、《國史館》、《清會典》總纂官。

是書略載自元順帝至正二十八年至明崇禎十年之史實。

張廷玉等《表》曰："欽惟皇帝陛下，以天亶之聰，而遜敏有日新之德，而緝熙敦志經考典之功，闡稽古右文之治，凝神乙夜，縱覽千秋，謂纂述相承，莫精於綱目，而典型具在，獨闕於有明，宜遵曩哲之遺規，用勒前朝之成迹，於是親披汗簡，特秉鴻裁，貫終始以立常經，參異同而衡定案，準平繩直提綱，則義極謹嚴，縷析條分舉目，則事期精覈，衷之正史，汰臣僚飾美之詞，證以羣編，削野稗存疑之説，翦裁枝葉，綜括綱維，褒誅定而衮鉞，施法戒明而丹青炳，揆以考亭之法，則聖合於賢，登諸闕里之編，則經尊於史。"

著錄：《中國古籍善本書目》。

鈐印："乾隆宗翰"。

戊申

御撰資治通鑑綱目三編卷一

起戊申元順帝至正二十八年明太祖洪武元年盡壬子明太祖洪武五年　凡五年

元順帝至正二十八年。○明太祖高皇帝洪武元年。○是歲閏七月。元帝出奔。春正月吳相國李善長等尊吳王朱元璋爲皇帝。國號明。

元璋先世家沛。徙句容。再徙泗州。父世珍。始徙濠之鍾離。母陳氏。元璋始生。室中數有光。起。比長。姿貌雄傑。志意廓然。年十七。父母相繼歿。孤無所依。乃入皇覺寺爲僧。至正十二年。從郭子興於濠州。子興奇其狀貌。留爲親兵。戰輒勝。明年。收里中兵。得七百人。子興署爲鎮撫。與徐達湯和等。略定遠。下滁州。得李善長。與語大悅之。留掌書記。十五年。子興卒。劉福通立韓林兒於亳。檄元璋爲副元帥。不受。遂渡江。拔牛渚。下太平。取集慶路。以次略定江左。二十四年。自立爲吳王。建百官。遂降陳理。執張士誠。走方國珍。盡有淮南。浙東。江西。荆楚地。二十七年。命諸將北定中原。善長帥百官勸進。乃以是年春正月乙亥。祀天地於南郊。卽皇帝位。建元洪武。

追尊祖考爲皇帝。

職官類

248　詞林典故

JQ1512. Z4T88 1748/W1449

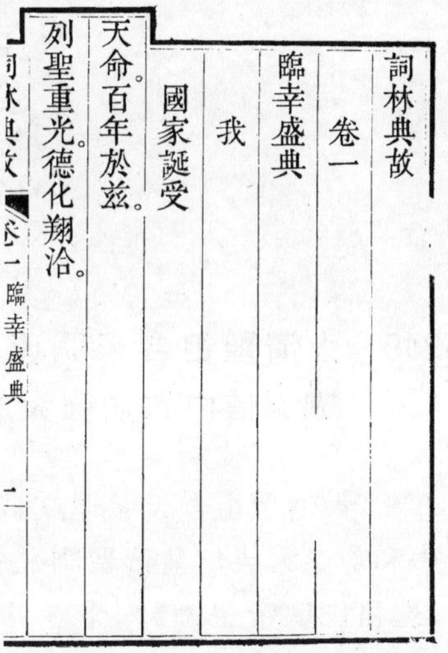
詞林典故
卷一
臨幸盛典
我
國家誕受
天命。百年於兹。
列聖重光。德化翔洽。
詞林典故　卷一　臨幸盛典　二

248

《詞林典故》、《御製詞林典故》八卷，清張廷玉等撰，清乾隆十三年武英殿刻本。十冊。半葉七行十八字，小字雙行同。四周雙邊，白口，單魚尾。版心上鐫書名，下鐫卷次。框高 19.5 釐米，寬 13 釐米。前有乾隆戊辰年乾隆御筆序，“御批歷代通鑑輯覽告成進呈表”，凡例，目錄等。

張廷玉，見 247《御撰資治通鑑綱目三編》。

是書卷一爲臨幸盛典，卷二爲官制，卷三爲職掌，卷四爲恩遇，卷五爲藝文，卷六上爲儀式，卷六下爲廨署，卷七爲題名上，卷八爲題名下。

《御製詞林典故》曰：“《詞林典故》書成，大學士張廷玉等以序請，朕惟六經之士，豈易言哉！而況躋玉堂而列芸署者，盡六經之彦也，木天故事，歷代沿革，具見於斯，則又何言？惟是國家重館閣之選，極優遇之隆，詎止蜚其英聲，將以華國而已哉！如濂溪所謂，文以載道者，捨是無他求，夫布衣韋帶之士，由立言以期，不朽足矣！若夫國家，右文重道，將以淑世熙績，繼往聖之絶學，開萬世之太平，胥是賴焉。名之盛者實難副，任之大者責彌重，譽之來者毁亦隨，其尚思春華秋實之喻，而凜虚車麟楦之譏哉！乾隆戊辰孟春御筆。”

《四庫全書總目》曰：“《詞林典故》八卷，乾隆九年重修翰林院落成，聖駕臨幸，賜宴賦詩。因命掌院學士鄂爾泰、張廷玉等纂輯是書。乾隆十二年告成奏進，御製序文刊行。凡八門。一曰臨幸盛典，二曰官制，三曰職掌，四曰恩遇，五曰藝文，六曰儀式，七曰廨署，八曰題名。臨幸盛典，卽述乾隆甲子燕飲賡歌諸禮，以爲是書所緣起，故弁冕於前。官制職掌皆由西漢以至國朝，以待詔之選，寫書之官，皆自漢肇其端也。恩遇則斷自唐代，以專官自唐始也。於列聖及我皇上寵渥之典，别分優眷、遷擢、侍宴、賚予、詞科、考試、議敘、贈恤八子目，著聖代右文逺逾前古也。藝文惟收唐以來御製及應制諸作，而詞館唱和不與焉，美不勝收也。儀式、廨署亦皆斷自唐代，與恩遇門同例，題名則惟載國朝，近有徵而逺難詳也。考翰林有志，自唐李肇始。洪遵輯而録之，凡十一家。然皆雜記之類也。其分條列目，彙爲一編者，自程俱麟臺故事始。陳騤以下作者相仍。然皆僅記一代之事。朱彝尊作《瀛洲道古録》，又於今制弗詳。故張廷玉等進書表稱，槐廳芸署，不少前聞。劉井柯亭，獨饒故事。但記載非無散見，而薈萃罕有全書。今仰稟聖裁，始成巨帙。元元本本，上下二千載，始末釐然。稽古崇儒之盛，洵前代之所未有矣。”

著録：《四庫全書總目》、《文獻通考》。

鈐印：“經樓”。

詔令奏議類

249 大清聖祖合天弘運文武睿哲恭儉寬裕孝敬誠信中和功德大成仁皇帝聖訓

W501d

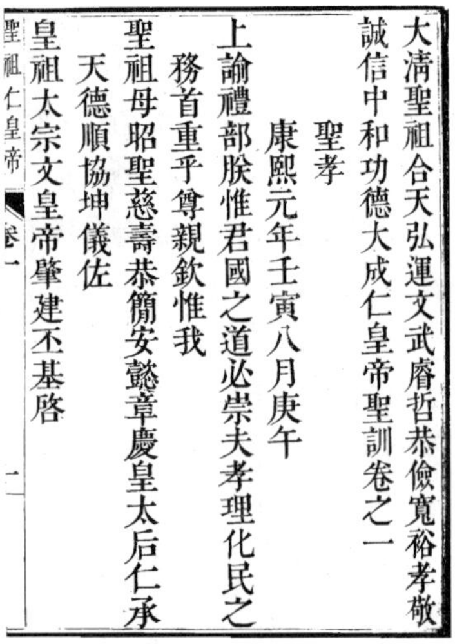
大清聖祖合天弘運文武睿哲恭儉寬裕孝敬
誠信中和功德大成仁皇帝聖訓卷之一
聖孝
康熙元年壬寅八月庚午
上諭禮部朕惟君國之道必崇夫孝理化民之
務首重乎尊親欽惟我
聖祖母昭聖慈壽恭簡安懿章慶皇太后仁承
天德順協坤儀佐
皇祖太宗文皇帝肇建丕基啓
聖祖仁皇帝　卷一

249

《大清聖祖合天弘運文武睿哲恭儉寬裕孝敬誠信中和功德大成仁皇帝聖訓》、《大清聖祖仁皇帝聖訓》、《聖祖仁皇帝聖訓》六十卷，雍正編纂，清乾隆六年刻本。二十三册。半葉九行十八字。四周雙邊，白口，單魚尾。版心上鐫書名，中鐫卷次。框高 24.2 釐米，寬 17 釐米。卷首有乾隆六年乾隆序，目録。

雍正，見 212《御製朋黨論》。

是書卷一爲聖孝，卷二至卷四爲聖德，卷五爲聖學，卷六至卷九爲聖治，卷十爲敬天，卷十一爲法祖，卷十二爲文教，卷十三至卷二十爲武功，卷二十一、卷二十二爲恤民，卷二十三爲任官，卷二十四爲廣言路，卷二十五、卷二十六爲嚴法紀，卷二十七爲理財，卷二十八、卷二十九爲慎刑，卷三十爲重農桑，卷三十一爲興禮樂，卷三十二爲省方，卷三十三至卷三十五爲治河，卷三十六爲澄敘，卷三十七爲賞賚，卷三十八至卷四十一爲蠲賑，卷四十二爲積貯，卷四十三至卷四十六爲飭臣工，卷四十七至卷四十九爲訓將士，卷五十爲褒忠節，卷五十一爲䘏舊勞，卷五十二爲廣幅員，卷五十三爲弘制度，卷五十四爲弭盜，卷五十五爲牧政，卷五十六爲禮前代，卷五十七至卷六十爲柔遠人。

乾隆《聖祖仁皇帝聖訓序》云：“肆我皇考世宗憲皇帝以聖繼聖，用人行政一一仰法前徽，既纂修實録成書，復分類恭輯聖訓五十卷。……爰命儒臣敬謹繕寫，授之剞劂。”

《四庫全書總目》曰：“雍正九年世宗憲皇帝恭編。乾隆六年皇上御製序文刊布。凡三十二類，總一千九百餘則。篇帙視列聖爲富。”

著録:《四庫全書總目》、《中國古籍善本書目》。

250　大清世宗敬天昌運建中表正文武英明寬仁信毅大孝至誠憲皇帝聖訓

W501e

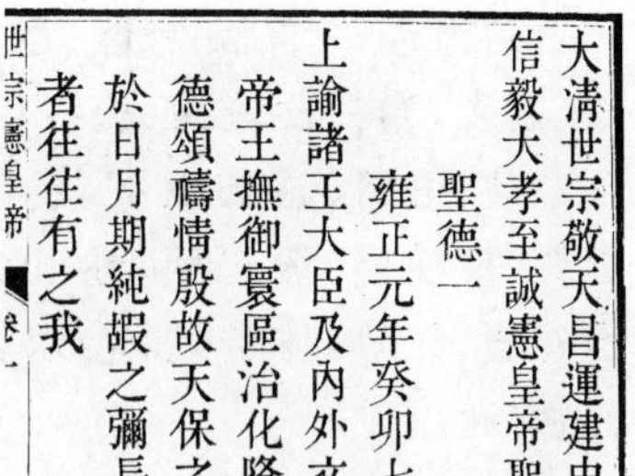

大清世宗敬天昌運建中表正文武英明寬仁
信毅大孝至誠憲皇帝聖訓卷之一
聖德一
雍正元年癸卯七月丙午
上諭諸王大臣及內外文武官員等朕惟自古
帝王撫御寰區治化隆盛中外臣民紀功述
德頌禱情殷故天保之詩卷阿之什擬升恒
於日月期純嘏之彌長祝釐之詞形諸歌詠
者往往有之我
世宗憲皇帝　卷一　一

250

《大清世宗敬天昌運建中表正文武英明寬仁信毅大孝至誠憲皇帝聖訓》、《大清世宗憲皇帝聖訓》、《世宗憲皇帝聖訓》三十六卷,乾隆編纂,清乾隆五年内府本。十六冊。半葉九行十八字。四周雙邊,白口,單魚尾。版心上鐫書名,中鐫卷次。框高 24.2 釐米,寬 17 釐米。卷首有乾隆五年乾隆序,目錄。

乾隆(1711—1799),清高宗,姓愛新覺羅,諱弘曆,雍正帝第四子,自稱文治武功十全老人。

是書卷一、卷二爲聖德,卷三爲聖孝,卷四爲聖學,卷五至卷七爲聖治,卷八爲敬天,卷九爲法祖,卷十爲文教,卷十一爲武功,卷十二爲敦睦,卷十三爲用人,卷十四爲恤臣下,卷十五、卷十六爲愛民,卷十七爲恤兵,卷十八爲察吏,卷十九、卷二十爲訓臣工,卷二十一爲勵將士,卷二十二爲廣言路,卷二十三爲理財,卷二十四爲愼刑,卷二十五爲重農桑,卷二十六爲厚風俗,卷二十七爲治河,卷二十八、卷二十九爲蠲賑,卷三十爲積貯,卷三十一爲謹制度,卷三十二爲崇祀典,卷三十三爲篤勳舊,卷三十四爲褒忠節,卷三十五爲綏藩服,卷三十六爲弭盜。

《四庫全書總目》:“乾隆五年皇上恭編。御製序文刊布。分三十類,九百十六則。卷帙亦極繁富。”

著録:《四庫全書總目》、《中國古籍善本書目》。

251　大清世祖體天隆運定統建極英睿欽文顯武大德弘功至仁純孝章皇帝聖訓

I1127

《大清世祖體天隆運定統建極英睿欽文顯武大德弘功至仁純孝章皇帝聖訓》六卷,清世祖愛新覺羅・福臨撰,清乾隆四年内府鈔本。二冊。半葉九行十八字。四周雙邊,白口,單魚尾。版心上書書名,中書卷次。框高 20 釐米,寬 13.4 釐米。前有康熙二十六年清聖祖序,乾隆四年清高宗序,目錄。

愛新覺羅・福臨(1638—1661),爲皇太极之第九子,崇德八年卽位,改元順治。謚體天隆運定統建極英睿欽文顯武大德弘功至仁純孝章皇帝,廟號世祖。著有《御註孝經》、《御製行狀》、《内政輯要》、《御製人臣儆心錄》、《御註道德經》、《御註太上感應篇》、《萬壽詩》等。

是書卷一含論治道、敬天、聖孝、聖學、謙德、節儉、儆戒，卷二含敦睦、論群臣、求言、納諫、任官，卷三含考績、選舉、誡飭臣下，卷四含理財、恤民、賑濟、重祀典、禮前代、褒忠節，卷五含興文教、諭將帥、招降、諭外藩、仁政、体群情，卷六含安民、愼刑、懲貪佞、除弊、宥過。

清高宗《序》曰："我聖祖仁皇帝躬承先訓，命儒臣分類編輯，計一百一十有三條，彙成聖訓六卷，以傳久遠。我皇考念切紹衣宮庭宵旰，追述先猷。朕從溫清之時聞知，維謹嗣膺大統，志在覲揚，朝夕披陳，具見開國經綸，超越前古，詒謀燕翼，垂裕無窮。是用敬爲剞刻，昭示臣民。俾海隅出日之遠，咸覩光華，寶之如圖球，信之如蓍蔡，是訓是行，欽承勿替，庶幾道德一而風俗同。唐之《政要》、宋之《寶訓》，夫豈可同年而語者哉？"

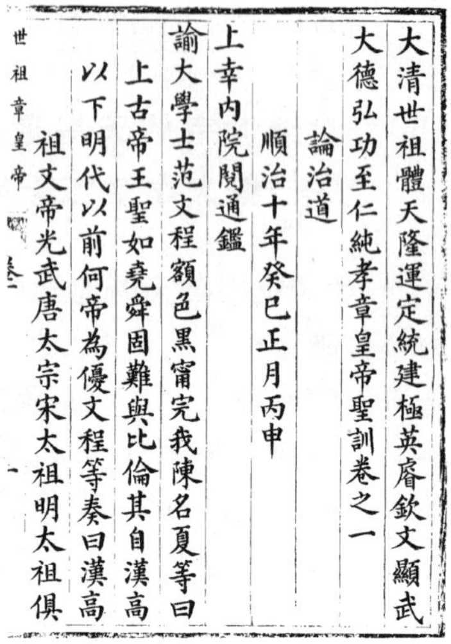
大清世祖體天隆運定統建極英睿欽文顯武
大德弘功至仁純孝章皇帝聖訓卷之一
論治道
順治十年癸巳正月丙申
上幸内院閱通鑑
諭大學士范文程額色黑甯完我陳名夏等曰
上古帝王聖如堯舜固難與比倫其自漢高
以下明代以前何帝為優文程等奏曰漢高
祖文帝光武唐太宗宋太祖明太祖俱
世祖章皇帝 卷一 一

251

《四庫全書總目》云："康熙二十六年聖祖仁皇帝恭編。凡一百一十三則，分三十有二門。乾隆四年皇上御製序文刊布。"

本館藏本邊框爲朱絲欄，文字爲墨筆小楷鈔寫。各卷之間留空白書葉若干。

著錄：《四庫全書》收《世祖章皇帝聖訓》于史部詔令奏議類之詔令之屬。《中國古籍善本書目》亦錄入是書。

252 大清太宗應天興國弘德彰武寬溫仁聖睿孝敬敏昭定隆道顯功文皇帝聖訓

W501b

《大清太宗應天興國弘德彰武寬溫仁聖睿孝敬敏昭定隆道顯功文皇帝聖訓》、《大清太宗文皇帝聖訓》、《太宗文皇帝聖訓》六卷，順治、康熙編纂，清乾隆四年刻本。二冊。半葉九行十八字。四周雙邊，白口，單魚尾。版心上鐫書名，中鐫卷次。框高 24.2 釐米，寬 17 釐米。卷首有康熙二十六年康熙序，乾隆四年乾隆序，目錄。

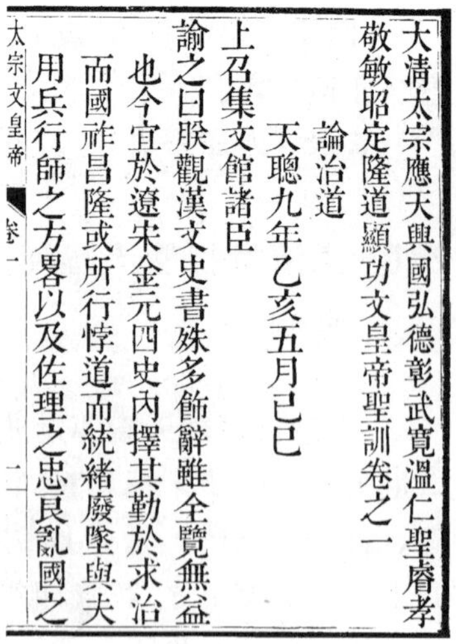
大清太宗應天興國弘德彰武寬溫仁聖睿孝
敬敏昭定隆道顯功文皇帝聖訓卷之一
論治道
天聰九年乙亥五月已巳
上召集文館諸臣
諭之曰朕觀漢文史書殊多飾辭雖全覽無益
也今宜於遼宋金元四史內擇其勤於求治
而國祚昌隆或所行悖道而統緒廢墜與夫
用兵行師之方畧以及佐理之忠良亂國之
太宗文皇帝 卷一 一

252

順治，見 251《大清世祖體天隆運定統建極英睿欽文顯武大德弘功至仁純孝章皇帝聖訓》。

是書卷一爲論治道、訓諸王，卷二爲訓羣臣，卷三爲謙德、寬仁、智略，卷四爲求賢、求言、輯人心、恤民、勸農、興文教，卷五爲訓將、勵將士、懷遠人、訓諸藩，卷六爲恤降、招降、恤舊勞、敦睦、節儉、謹嗜好、禁異端。

《四庫全書總目》云："順治末，世祖章皇帝編次未竟，康熙二十六年聖祖仁皇帝續成。凡一百一十一則，分二十三門。乾隆四年皇上御製序文刊布。"

著錄：《四庫全書總目》、《中國古籍善本書目》。

253　大清太祖承天廣運聖德神功肇紀立極仁孝睿武端毅欽安弘文定業高皇帝聖訓

W501a

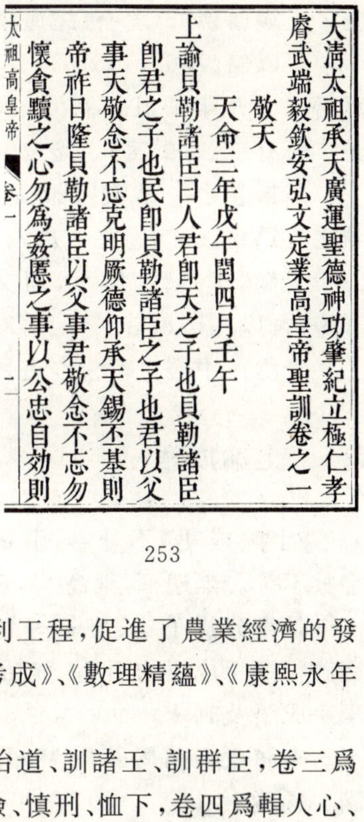
大清太祖承天廣運聖德神功肇紀立極仁孝
睿武端毅欽安弘文定業高皇帝聖訓卷之一
敬天
天命三年戊午閏四月壬午
上諭貝勒諸臣曰人君卽天之子也貝勒諸臣
卽君之子也民卽貝勒諸臣之子也君以父
事天敬念不忘克明厥德仰承天錫丕基則
帝祚日隆貝勒諸臣以父事君敬念不忘勿
懷貪黷之心勿爲姦慝之事以公忠自効則
太祖高皇帝　卷一　一

253

《大清太祖承天廣運聖德神功肇紀立極仁孝睿武端毅欽安弘文定業高皇帝聖訓》、《大清太祖高皇帝聖訓》、《太祖高皇帝聖訓》四卷，愛新覺羅·玄燁編纂，清乾隆四年内府本。一册。半葉九行十八字。四周雙邊，白口，單魚尾。版心上鐫書名，中鐫卷次。框高24.2釐米，寬17釐米。卷首有康熙二十五年康熙序，乾隆四年乾隆序，目錄等。

愛新覺羅·玄燁（1654—1722），清聖祖，順治帝第三子，帝號康熙。八歲繼位，康熙六年親政。執政期間，撤除三藩勢力，統一台灣，平定准噶爾汗噶爾丹叛亂，並抵抗沙俄對東北地區的侵略。積極鼓勵墾荒，廢止圈地令，實施更名田；整修黄河、淮河、運河的水利工程，促進了農業經濟的發展。組織編輯出版《康熙字典》、《古今圖書集成》、《曆象考成》、《數理精蘊》、《康熙永年曆法》、《康熙皇輿全覽圖》等圖書、曆法和地圖。

是書卷一爲敬天、聖孝、神武、智略、寬仁，卷二爲論治道、訓諸王、訓群臣，卷三爲經國、任大臣、用人、求直言、興文治、崇教化、勤修省、節儉、慎刑、恤下，卷四爲輯人心、通下情、明法令、鑒古、賞功、昭信、誡逸樂、謹嗜好。

《四庫全書總目》云："康熙二十五年聖祖仁皇帝恭編。凡九十有二則，分二十六門。乾隆四年我皇上敬製序文。宣付剞劂，昭示萬方。"

著錄：《四庫全書總目》、《中國古籍善本書目》。

254　秦漢人文選玉

C499

《秦漢人文選玉》六卷，《六朝人文選玉》六卷，明王衡輯，張以誠校，明閩建書林余泗泉刻本。六冊。半葉十行二十字，書眉上刻評。四周雙邊，白口，單魚尾。版心上鐫書名，中鐫卷次。框高 21.8 釐米，寬 13.9 釐米。前有扉頁，題："官版秦漢人文選玉，六朝文附。王緱山太史選，書林余泗泉梓。"前有王衡左國人文選玉小引及目錄。

王衡(1564—1607)，字辰玉，號緱山，太倉人。萬曆二十九進士，官翰林院編修。工書法。事具《明史・王錫爵傳》。著有《紀遊稿》、《緱山集》。

張以誠(1568—1615)，字君一，號瀛海。華亭人。萬曆二十九年辛丑科狀元，官翰林院修撰，官至右諭德。著有《毛詩微言》、《國史類記》、《酌春堂集》等。

是書卷之一爲戰國策文，卷之二至四爲西漢文，卷之五爲東漢文，卷之六爲六朝文。

王衡《序》曰："雖然，衡文者，論其文而已。典麗詳瞻，吾以左氏爲首。擇其言尤粹者，化左氏選玉。"

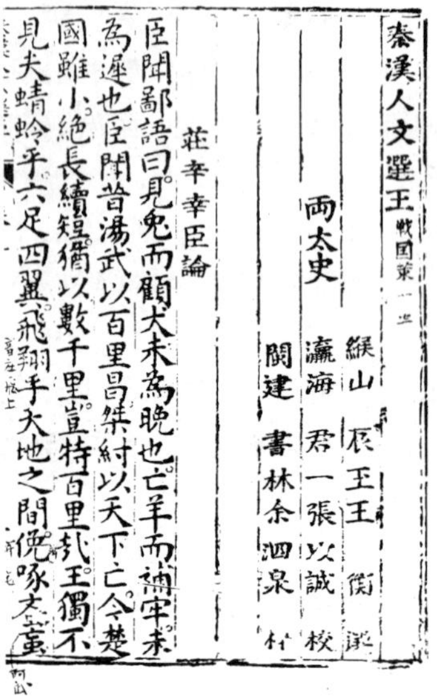
秦漢人文選玉 戰國策一
兩太史 緱山 辰玉王衡 選
瀛海 君一張以誠 校
閩建 書林余泗泉 梓
莊辛幸臣論
臣聞鄙語曰見兔而顧犬未爲晚也亡羊而補牢未爲遲也臣聞昔湯武以百里昌桀紂以天下亡今楚國雖小絶長續短猶以數千里豈特百里哉王獨不見夫蜻蛉乎六足四翼飛翔乎天地之間俛啄蚉

254

著錄：《中國古籍善本書目》收錄是書之書名爲《秦漢六朝人文選玉》。

255　上諭成語

A102

《上諭成語》不分卷，清钞本。六冊。半葉九行，字數不等。無邊框，葉高 29.5 釐米，寬 18.5 釐米。

是書分爲子集、丑集等各集。依筆劃爲序，以滿文註釋漢語成語的語義，包括清帝上諭中使用的各類漢語成語及詞彙。

本館藏本爲墨筆楷書，每行上書漢字成語，下有滿文釋義。

著錄：是書《中國古籍善本書目》等無著錄。

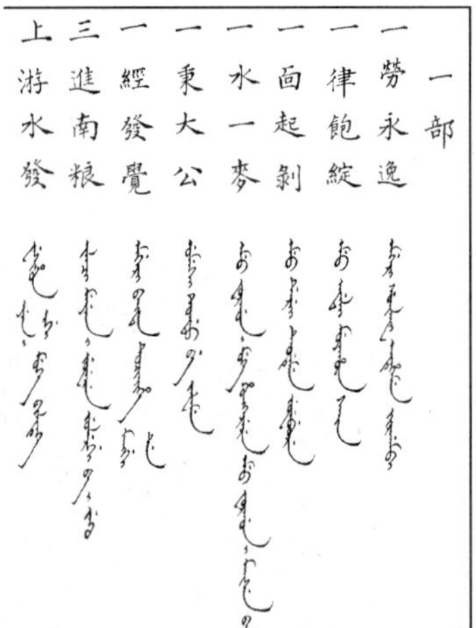
一部
一勞永逸
一律飽綻
一面起剝
一水一麥
一秉大公
一經發覺
三進南粮
上游水發

255

256　硃批諭旨

DS754.7.S5 1738/W2723

《硃批諭旨》、《硃批上諭》不分卷，清世宗胤禛朱批，清乾隆三年武英殿朱墨套印刻本。一百一十二冊。半葉十行二十一字。四周雙邊，白口，單魚尾。版心上鐫書名，下鐫冊名。框高 20.5 釐米，寬 14 釐米。前有雍正十年清世宗上諭，目錄。

雍正，見 249《大清聖祖合天弘運文武睿哲恭儉寬裕孝敬誠信中和功德大成仁皇帝聖訓》。

是書爲雍正朝政務活動的記録。全書收録奏折七千餘件，具折人二百二十三人。起於第一函第一册之范時繹，終於第十八函六册之任蘭枝、尹繼善。

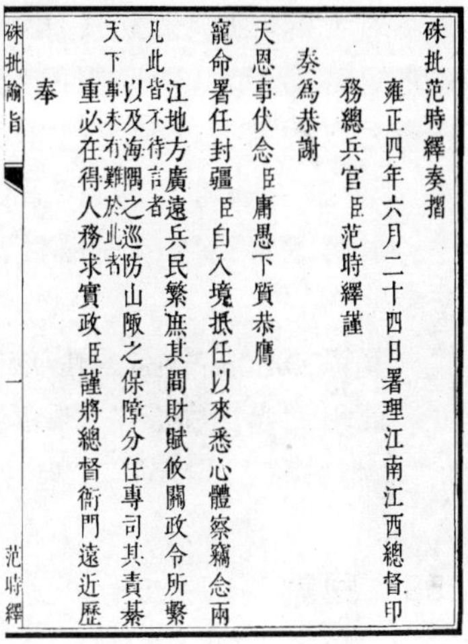
硃批范時繹奏摺
雍正四年六月二十四日署理江南江西總督印
務總兵官臣范時繹謹
奏爲恭謝
天恩事伏念臣庸愚下質恭膺
寵命署任封疆臣自入境抵任以來悉心體察竊念兩
江地方廣遠兵民繁庶其間財賦攸關政令所繫
凡此皆不待言者
以及海隅之巡防山陬之保障分任專司其責綦
天下事未有難於此者
重必在得人務求實政臣謹將總督衙門遠近歷
奏
硃批諭旨 一 范時繹

256

《四庫全書總目》云：是書“雍正十年奉敕校刊，乾隆三年告成。冠以世宗憲皇帝諭旨，殿以皇上御製後序。所載臣工奏摺凡二百二十三人。多者以一人分數册，少者以數人合一册。所奉硃批，一一恭録。或在簡端，或在句旁，或在餘幅。少者數十言，多者每至數百言。其肎綮之處，經御筆圈出抹出者，尤爲詳悉。”

本館藏本奏折爲墨色，批語爲朱色，見於簡端、句旁，或餘幅。

著録：《四庫全書總目》、《中國古籍善本書目》。

雜史類

257　福堂寺人小草

E971

《福堂寺人小草》二十一卷，明劉若愚撰，明鈔本。二册。半葉十行二十四字。版心下書頁碼。無邊框，葉高 26 釐米，寬 15 釐米。前有劉若愚次序。

劉若愚（1541—?），明萬曆年間太監，曾入內直房管理文書筆墨之事。事見《明史》本傳。著有《酌中志》、《四朝雜記》等。

是書爲劉若愚涉魏忠賢案下獄後所述之宫廷事項紀略。分憂危竑議前紀略第一，後紀第二，先帝誕生第三，今上瑞徵第四，三朝典禮之臣第五，先監遺事紀略第六，兩朝椒難紀略第七，正監蒙難紀略第八，逆賢亂政紀略第九，外廷綫索紀略第十，各家經管紀略第十一，本章經手次第第十二，客魏始末紀略第十三，逆賢脅從

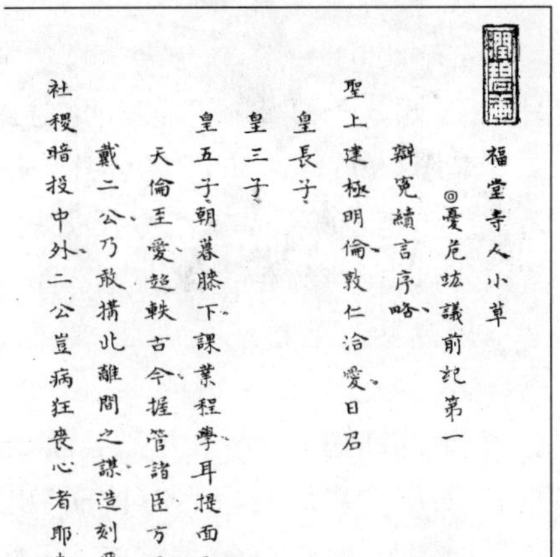
福堂寺人小草
罪臣劉若愚恭纂
◎憂危竑議前紀第一
辯寃續言序略、
聖上建極明倫敦仁洽愛、日召
皇長子
皇三子
皇五子、朝暮膝下、課業程學、耳提面命、父子熙熙兄弟怡怡
天倫至愛、超軼古今、握管諸臣方且賛揚之不暇矣胡樊
戴二公、乃敢搆此離間之謀、造刻飛書謀危
社稷暗投中外、二公豈病狂喪心者耶夫利令智昏、理爲勢奪
一

257

紀略第十四，黑頭爰立伎倆第十五，内府衙門職掌第十六，大内規制紀略第十七，内板經書紀略第十八，内臣服配紀略第十九，見聞瑣事雜記第二十，纍臣自敘第二十一。劉若愚之自敘寫于崇禎己巳年。

《中國古籍善本書目》著錄有劉若愚《酌中志》清鈔本多種。

本館藏本爲墨筆小楷鈔本，廣見朱筆圈點，無著錄。由鈐印可知，此本爲清張蓉鏡舊藏。

著錄：是書《中國古籍善本書目》等無著錄。

鈐印："虞山張氏"、"味經書屋珍藏"、"臣曾鏡印"、"小瑯環福地我"、"曾藏張蓉鏡家"、"潤碧藏"、"若蘅"、"畹芳女士"、"琴川張蓉鏡過目"、"蕘圃"、"芙川氏"。

258　國語

2288

《國語》二十一卷，吳韋昭解，宋庠補音，清刻本。六冊。半葉九行二十字，小字雙行四十字。左右雙邊，白口，單魚尾。版心中鐫書名、卷次，下鐫刻工名。框高 21 釐米，寬 14.5 釐米。卷首有韋昭解敘，宋痒補音敘錄，校補國語凡。

韋昭（204—273），字弘嗣，雲陽人。官至中書僕射。《三國志》作"韋曜"，裴松之註謂爲司馬昭諱也。

宋庠（996—1066），字公序，安陸人。徙居雍邱。天聖二年進士第一，歷官檢校太尉平章事、樞密使，封莒國公，以司空致仕。謚文憲。事具《宋史》本傳。

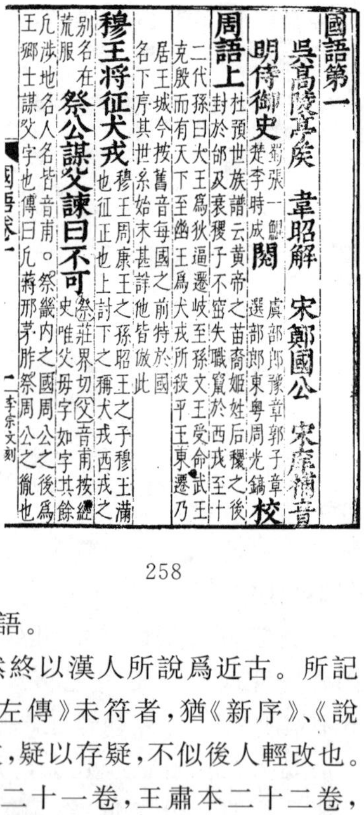
國語第一
吳高陵亭侯　韋昭解　宋鄭國公　宋庠補音
明侍御史蜀張一鯤楚李時成閱虞部郎豫章郭子章選部郎東粵周光鎬校
周語上杜預世族譜云黃帝之苗裔姬姓后稷之後封於邰及衰稷子不窋失職竄於西戎至十二代孫曰大王爲狄逼遷岐至孫文王受命武王克殷而有天下至幽王爲犬戎所殺平王東遷乃居王城今按舊音每國之前特於國名下序其世系始末甚詳他皆倣此
穆王將征犬戎穆王周康王之孫昭王之子穆王滿也征正也上討下之稱犬戎西戎之別名在荒服
祭公謀父諫曰不可祭莊界切又音甫按經史唯父毋字如字其餘凡涉地名人名皆音甫。祭畿内之國周公之後爲王卿士謀父字也傳曰凡蔣邢茅胙祭周公之胤也
國語卷一　二　李宗文刻

258

是書卷一至卷三爲周語，卷四、卷五爲魯語，卷六爲齊語，卷七至卷十五爲晉語，卷十六爲鄭語，卷十七、卷十八爲楚語，卷十九爲吳語，卷二十、卷二十一爲越語。

《四庫全書總目》曰："《國語》出自何人，說者不一。然終以漢人所說爲近古。所記之事，與《左傳》俱迄智伯之亡，時代亦復相合。中有與《左傳》未符者，猶《新序》、《說苑》同出劉向，而時復牴牾。蓋古人著書，各據所見之舊文，疑以存疑，不似後人輕改也。《漢志》作二十一篇。其諸家所注，《隋志》虞翻、唐固本皆二十一卷，王肅本二十二卷，賈逵本二十卷，互有增減。蓋偶然分併，非有異同。惟昭所注本，《隋志》作二十二卷，《唐志》作二十卷。而此本首尾完具，實二十一卷。諸家所傳南北宋版，無不相同。知《隋志》誤一字，《唐志》脱一字也。前有昭自序，稱兼采鄭衆、賈逵、虞翻、唐固之注。今考所引鄭說、虞說寥寥數條，惟賈、唐二家援据駁正爲多。序又稱凡所發正三百七事。今考注文之中，昭自立義者。……不過六十七事。合以所正譌字、衍文錯簡，亦不足三百七事之數。其傳寫有誤,以六十爲三百歟。……此本爲衍聖公孔傳鐸所刊。如魯語公父文伯飲酒一章,注中此堵父詞四字,當在將使鼈長句下,而誤入遂出二字下。小小舛譌,亦所不免。然較諸坊本則頗爲精善。自鄭衆解詁以下,諸書並亡。國語注存於今者,惟昭爲最古。黄震《日鈔》嘗稱其簡潔,而先儒舊訓亦往往散見其中。如朱子注《論語》無所取材,毛奇齡詆其訓材爲裁,不見經傳,改從鄭康成桴材之説。而不知鄭語計億事,材兆物句,昭注曰計,算也,材,裁也,已有此訓。然則奇齡失之眉睫閒矣。此亦見其多資考證也。""國語補音三卷,唐人舊本,宋宋庠補葺。……自漢以來注國語者,凡賈逵、王肅、虞翻、唐固、韋昭、孔晁六家。然皆無音。宋時相傳有音一卷,不著名氏。庠以其中鄯州字推之,知出唐人。然簡略殊甚,乃採《經典釋文》及《説文》、《集韻》等書,補成此編。觀目錄前列二十一篇之名,詳注諸本標題之異同。後列補音三卷,夾注其下曰,庠自撰附於末。知其初本附韋昭注後。後人以昭注世多傳本,遂鈔出別行。明人刊本,又散附各句之下。閒多脱誤。蓋非其舊。此本猶從宋本錄出。其例,存唐人舊音於前。舊音所遺及但用直音而闕反切者,隨字增入,皆以補注二字別之。其釋正文者,大書其字,夾注其音。其釋韋昭注者,亦大書其字,而冠以注字爲別。較陸德明《經典釋文》以朱墨分別經注,輾轉傳寫,遂至混合爲一者,頗便省覽。自記稱舊本參差不一,最後得其同年宋緘本,大體爲詳。因取公私書十五六本,與參互考正,以定是編。其辨證最爲詳核。惜其前二十一卷全佚,僅存此音也。又庠此音實全收唐人舊本,而附益其説,故謂之補。諸家著錄,惟署庠名,殊爲失考。今仍標唐人於前,以存其實焉。"

著錄:《四庫全書總目》、《中國古籍善本書目》。

刻工:楊繼善、毛有倫、李宗文、端約、武光漢、付汝光、張文、孫世傑、徐□賀、葛□、吳升、詩賦、戴谷、葛其、裴龍、孫承愛、溫志明、郭奇、吳山秀、易文、易正文、易玆、惟見、李淮、龍、張希、正文、劉文、有、戴□、詩、毛有。

259 洪武聖政記

J2049

《洪武聖政記》一卷,明宋濂撰,刻錄年代不詳,疑爲明刻本。一冊。半葉十行十八字。左右雙邊,白口,單魚尾。版心鐫書名。框高 16.8 釐米,寬 12.1 釐米。前有宋濂自序。

宋濂,見 010《洪武正韻》。

是書條目爲:嚴祀事第一、正大本第二、昭大分第三、肅軍政第四、絀倖位第五、定民心第六、新舊俗第七。

宋濂《自序》云:"洪惟皇上以布衣受天命,蓋與高帝同。雖當開拓土疆之際,停戈講藝,息馬論道,夜以繼日,無一夕之寧。迨正天位,朝萬國,孳孳圖治,恒若不足,於是綱舉於上,目備於下,誠有非高帝所可及。是故郊廟以及百神之祭禮文咸秩,則祀事嚴矣；御極之日，卽立儲位，以正青宫，則大本定矣；衆建諸王，列封功臣，則大分昭矣；兵戎之衆，自京師達於郡府，率皆設衛，權一出於朝廷，而爲將者不得私，而軍政肅矣；中外官有定制，一革冗濫之弊，而倖位絶矣；冠服有别，防範有嚴，而民志自定，無僭侈矣。他如申禁令、覈實效、育人才、優前代、正禮儀之失、去海嶽之封、嚴宫壼之法、勵忠節之訓、刷積歲之獘，如斯之類，不一而足。……臣備位詞林，以文字爲職業。親見盛德大業，日新月著，於是與僚屬謀取其有關政要者，編集成書，名曰《洪武聖政記》。然而天之高明也，萬物莫不覆焉，地之博厚也，萬物無不載焉，聖人之作也，萬物咸興欣覩焉。故凡金科之頒，玉律之列，著之於商書，刻之於琬琰，傳之於聖子神孫者，將與天地相爲無窮。書曰：‘惟天聰明，惟聖時憲。’詩曰：‘貽厥孫謀，以燕翼子。’此之謂也。其所以致四海雍熙之治，比隆於唐虞三代者，豈不在於兹乎？”

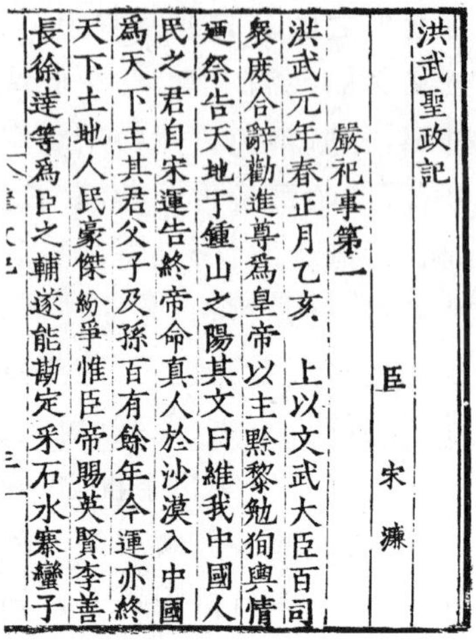
洪武聖政記　臣　宋濂
嚴祀事第一
洪武元年春正月乙亥上以文武大臣百司衆庶合辭勸進尊爲皇帝以主黔黎勉狥輿情廼祭告天地于鍾山之陽其文曰維我中國人民之君自宋運告終帝命真人於沙漠入中國爲天下主其君父子及孫百有餘年今運亦終天下土地人民豪傑紛爭惟臣帝賜英賢李善長徐達等爲臣之輔遂能勘定采石水寨蠻子

259

《四庫全書總目》曰：“是書略倣《貞觀政要》之例，標題分記。分嚴祀事、正大本、肅軍政、絶倖位、定民志、新舊俗六類。而新舊俗下又分申禁令、覈實效、育人才、優前代、正禮樂之失、去海嶽之封、嚴宫闈之法、厲忠節之訓、剗積歲之弊九子目。濂自爲序，見所作文憲集中，蓋當時奏御之書也。梅純《損齋備忘錄》曰，本朝文章近臣，在洪武初，則學士宋濂，其所記當時盛美，有洪武聖政記。自永樂以後，則少師楊士奇，有三朝聖諭錄。至天順改元，則少保李賢，有天順日錄、二錄。皆近有印本，而《聖政記》獨亡，僅見其序文，惜哉。據其所云，則此書在成化閒已無傳本，不知何以得存於今。然勘驗文義，實非贋託。或純偶未見，遽以爲佚歟。然是書之不行於明代，亦可見矣。”

著錄：《文淵閣書目》、《四庫全書總目》、《千頃堂書目》。《中國古籍善本書目》所列多種版本皆與本館所藏不同。

鈐印：“晉江曾簡珍藏書籍印”。

260　路史

J2264

《路史前紀》九卷，《路史後紀》十三卷，《路史國名記》七卷，《路史發揮》六卷，《路史餘論》十卷，宋羅泌纂，明喬可傳校，清刻本。十六冊。半葉十行二十字，小字雙行四十字。四周單邊，白口，單魚尾。版心上鐫書名，中鐫卷次。框高 20 釐米，寬 14.5 釐米。卷首有金堡敘，乾道六年羅泌序，萬曆辛亥朱之蕃“重刻宋羅長源先生路史序”，喬可傳序，萬曆辛亥寄寄齋“重梓路史凡例”，乾道丙申費煇别序，萬曆癸卯張鼎思“豫章刻路史前紀後紀序”，前紀目錄。

羅泌（1131—?），字長源，號歸愚，吉州廬陵人。自少力學，精於詩文，不事科舉。著有《易說》、《六宗論》、《三匯詳證》、《九江詳證》。

是書《前紀》第一卷爲初三皇、敘四太，第二卷爲二靈、九頭紀、敘十紀，第三卷爲循蜚紀，第四卷、第五卷爲因提紀，第六卷至第九卷爲禪通紀。是書《後紀》第一卷至第四卷爲禪通紀，第五卷至第十三卷爲疏仡紀。《國名記》卷甲包括風姓國、姜姓國、姬姓國，卷乙包括釐姓國、偃姓國、嬴姓國、李姓國，卷丙包括高陽氏後、高辛氏後，卷丁包括陶唐氏後、有虞氏後、夏后世後，商氏後，卷戊包括周氏後、周氏世封、周氏族卿、燕召之屬、周之餘族，卷己包括古國、夏商周世侯伯國、古亡國、雜國，卷庚包括漢封建國、漢王子國、東漢異姓侯、封建后論、究言、歸愚子大衍數、大衍說、四象說、國姓衍慶紀原。

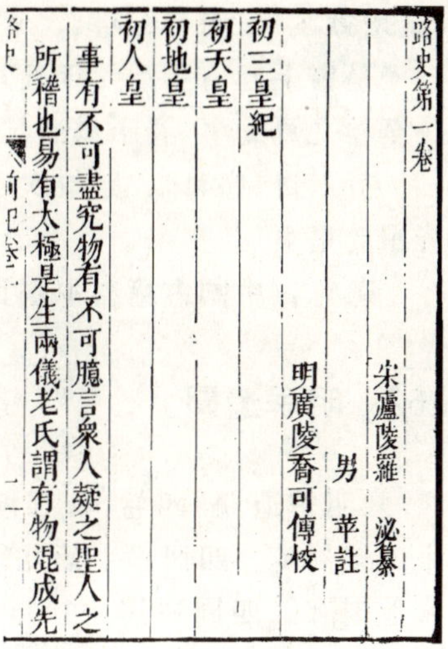
路史第一卷
宋廬陵羅　泌纂
男　苹註
明廣陵喬可傳校
初三皇紀
初天皇
初地皇
初人皇
事有不可盡究物有不可臆言衆人疑之聖人之
所稽也易有太極是生兩儀老氏謂有物混成先
路史　前紀卷一

260

喬可傳《序》曰：“長源公之史予家藏舊矣。……更得豫章所刻前後紀，較之此本差勝，亦未盡善也。遂于視事之餘，深心讐對，□字疏句，志頗不倦。綜一覽之旨，稽二刻之訛，越以年歲乃始告成，卽□剞劂以廣其傳。”

《四庫全書總目》曰：“《路史》四十七卷，宋羅泌撰。……是書成於乾道庚寅。凡前紀九卷，述初三皇至陰康無懷之事。後紀十四卷，述太昊至夏履癸之事。國名紀八卷，述上古至三代諸國姓氏地理，下逮兩漢之末。發揮六卷，餘論十卷，皆辨難考證之文。……至其國名紀、發揮、餘論，考證辨難，語多精核，亦頗有袪惑持正之論。固未可盡以好異斥矣。”

著錄：《四庫全書總目》、《中國古籍善本書目》。

261　明季南畧

DS753. C4482 1671/W1046

《明季南畧》十八卷，清計六奇撰，清康熙十年都城琉璃廠半松居士排字本。十二冊。半葉九行二十字。左右雙邊，白口，單魚尾。版心上鐫書名，中鐫卷次。框高 16 釐米，寬 12 釐米。前有計六奇自序。

計六奇（1622—?），字用賓，號天節子，別號九峰居士，無錫興道鄉人。清順治年間鄉試不舉，遂無意科舉仕進，以坐館教書終其一生。著有《粵滇紀聞》、

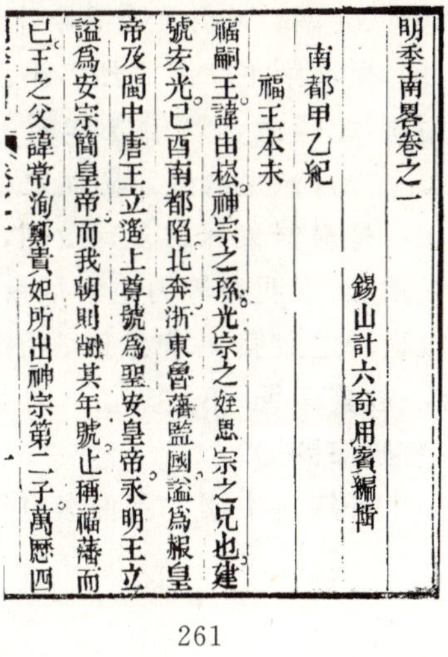
明季南畧卷之一
錫山計六奇用賓編輯
南都甲乙紀
福王本末
福嗣王諱由崧神宗之孫光宗之姪思宗之兄也建
號宏光乙酉南都陷北奔浙東魯藩監國謚爲赧皇
帝及閩中唐王立遥上尊號爲聖安皇帝永明王立
謚爲安宗簡皇帝而我朝則削其年號止稱福藩而
已王之父諱常洵鄭貴妃所出神宗第二子萬歷四

261

《金壇獄案》、《南京紀略》、《辛丑紀聞》等。

是書上起清順治元年五月，止於康熙四年二月，記述南明史略與鄭成功事蹟。卷一至卷九爲紀事，卷十爲浙記，卷十一爲閩記，卷十二爲粵記，卷十三至卷十八爲雜記。

計六奇《序》曰："雖敘次不伦，見聞各异，而筆之所至，雅俗兼收，有明之微緒餘烬，皆畢於是矣。"

著錄：《中國古籍善本書目》。

262 明季遺聞

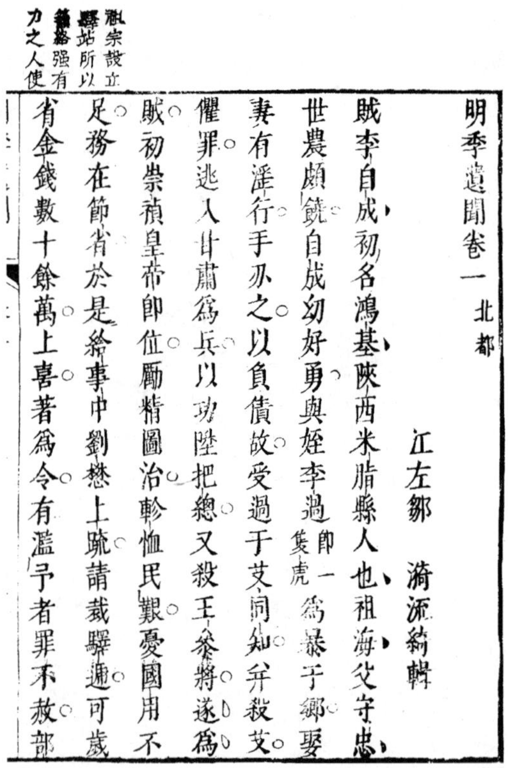

明季遺聞卷一 北都

江左鄒 漪流綺輯

賊李自成，初名鴻基，陝西米脂縣人也。祖海，父守忠，世農。頗饒。自成幼好勇，與姪李過（即一隻虎）爲暴于鄉，娶妻有淫行，手刃之。以負債故，受過于艾同知，并殺艾。懼罪，逃入甘肅爲兵，以功陞把總。又殺王參將，遂爲賊。初崇禎皇帝即位，勵精圖治，軫恤民艱，憂國用不足，務在節省。於是給事中劉懋上疏請裁驛遞，可歲省金錢數十餘萬。上喜，著爲令，有濫予者罪不赦。部

262

《明季遺聞》四卷，清鄒漪撰，清順治十四年刻本。四冊。半葉九行二十字，眉欄上刻評。四周單邊，白口，單魚尾。版心上鐫書名，中鐫卷次。框高19.3釐米，寬13.5釐米。前有鄒漪自序，凡例等。

鄒漪（生卒年不詳），字流綺，又字西邨，常州無錫人。著有《啟禎野乘》等史書。

是書記明季流寇及南明史事，止於永明四年。第一卷爲北都"紀李賊倡亂本末（始辛未四月迄甲申三月）、皇清定鼎燕京之績"，第二卷爲南都上"紀弘光南渡本末（始甲申五月迄九月）"，第三卷爲南都下"紀弘光南渡本末（始甲申十月迄乙酉五月）、皇清削平江浙之烈"，第四卷爲福建、兩廣"紀隆武永曆繼立本末（始乙酉迄庚寅十二月）、皇清底定閩廣之盛"。

是書對東林黨多有微詞，並爲明大臣張縉彥、李明睿等力主崇禎帝南遷一事辯護，故全祖望深詆之。明朱之瑜則曰："明季以道學之故與文學之士互相標榜，大概黨同伐異。鄒漪南直之常鎮人，朋黨之俗不能除；故其毀譽，不足盡信。且其筆亦非史才，但取其時事以備采擇耳。"（見《舜水遺書》、《答野節問》）。

著錄：《中國古籍善本書目》。

263　平叛記

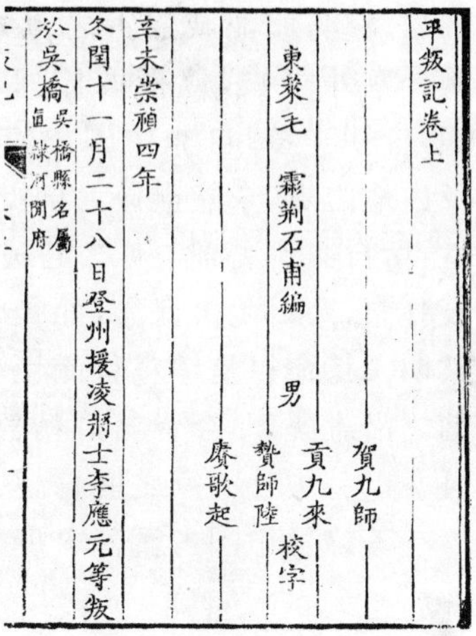
平叛記卷上
東萊毛　霦荊石甫編　男　賀九師　貢九來　贊師陸　賡歌起　校字
辛未崇禎四年
冬閏十一月二十八日登州援凌將士李應元等叛
於吳橋 吳橋縣名屬直隸河間府

263

《平叛記》二卷，清毛霦編，清康熙五十五年刻本。二册。半葉九行二十字，小字雙行同。左右雙邊，白口，單魚尾。版心上鐫書名，下鐫卷次。框高 17.8 釐米，寬 12.9 釐米。前有康熙題："重光單閼歲涂月"。毛霦自序，康熙五十五年辜光旦序。

毛霦(生卒年不詳)，字荊石，掖縣人。

《皇朝文獻通考》曰："是書記崇禎四年叛兵李九成等攻圍萊州始末。大旨著知府朱萬年、總兵楊御蕃、參將彭有謨、巡撫御史徐從治、謝璉等死守全城之功，而著孫元化、劉宇烈、余大成撫寇誤國之罪。始於是年閏十一月二十八日吳橋之激變，終於崇禎六年四月十三日麻坨之捷。分日記載，有綱有目。其事皆霦所目擊，故纖悉具備。"

毛霦《自序》云："使當年之文武諸臣，誰爲墨守，誰爲血戰，誰爲痛哭而乞師，誰爲選愞而縱寇，爲功爲罪，靡不昭然。明季軍政之壞，此亦可見一斑。"辜光旦《序》曰："荊石毛先生以績學緯材雄長海岱閒，同時後輩捩手取功名以去，而先生猶老於諸生，僅以文章流露聲光。所著《平叛記》老宿多稱之，世或未盡見也。先生以萊人談萊事，其所聞見皆不虛。"

著錄:《中國古籍善本目錄》、《皇朝文獻通考》。

264　欽定蒙古源流

《欽定蒙古源流》、《蒙古源流》八卷，蒙古小徹辰薩囊撰，乾隆四十二年譯成漢文，乾隆五十五年刻本。四册。半葉八行十八字。四周雙邊，白口，單魚尾。版心上鐫書名，中鐫卷次。框高 17.8 釐米，寬 13.6 釐米。卷首有乾隆五十五年陸錫熊等提要。

小徹辰薩囊(又譯作薩囊斯辰，1605—?)，鄂爾多斯部人，是伊克昭盟烏審旗的臺吉。有史料記載小徹辰薩囊生於明萬曆三十三年，是庫圖克臺徹辰洪臺吉的後裔。經過多年的努力，直到晚年才用蒙文著述完蒙古文的巨著《哈敦·溫都蘇努·額爾德尼脫卜赤》，時爲清康熙元年，後人漢譯爲《蒙古源流》。

是書以佛教爲綱，記錄蒙古之世系始末、興衰治亂。

《四庫全書總目》敘述了翻譯該書始末："乾隆四十二年奉敕譯進其書。……復以是編宣付館臣，譯以漢文，潤色排比，纂成八卷。"

《皇朝文獻通考》曰："是書體例頗與《永樂大典》中所載《元朝祕史》相類。大率以佛教爲綱，而並載蒙古之世系始末、興衰、治亂之跡。其於塞外立國，傳授源流，以及人名、地名、語言、音韻，皆極詳核，自非中國史官附會影響者可比。惟間及内地之事，未能盡確。前此我皇上因元戎奇渥温得姓，所自必有傳訛，詢之定邊左副將軍喀爾喀親王成衮扎布，乃以此書進御，而後奇渥温爲却特之誤，昭然共明。特命以是編宣付館臣，譯以漢文，排比成帙，從前之沿訛襲謬，今皆釐訂精詳，不特仰窺聖學之神奇，且益以見中外一家之盛焉。”

著録：《中國古籍善本書目》、《四庫全書總目》。

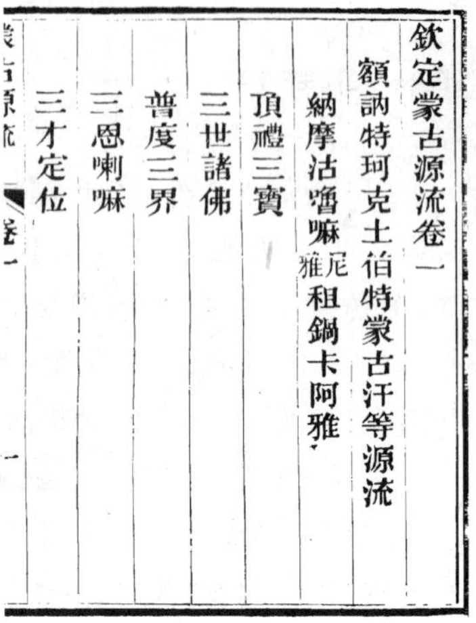
欽定蒙古源流卷一
額訥特珂克土伯特蒙古汗等源流
納摩沽嚕嘛尼雅租鍋卡阿雅
頂禮三寶
三世諸佛
普度三界
三恩喇嘛
三才定位

264

265　三朝要典

M1000

《三朝要典》二十四卷，原始一卷，明顧秉謙、徐紹言等纂修，清李文田批校，清鈔本。六冊。半葉八行十八字。版心上書書名，中書卷次。無邊框，葉高 30.5 釐米，寬 18.5 釐米。前有天啓六年御製序，聖諭，凡例，天啓六年顧秉謙等進表。

是書記明末挺擊、紅丸、移宫三案事。

《千頃堂書目》曰：“天啓五年十月，禮科給事中楊所修請編纂挺擊、紅丸、移宫三案事成書，如《明倫大典》例。六年正月開館，以閣臣顧秉謙、黄立極、馮銓爲總裁，侍郎施鳳來、楊景辰、詹事孟紹虞、曾楚卿爲副，徐紹吉、謝啓光、余煌、朱繼祚、張翀、華琪芳、吴孔嘉、吴士元、楊世芳爲纂修，六月書成。閣臣請其名曰傳信鴻編，曰三大政紀中，旨定今名。崇禎元年五月，編修倪元璐亟言其當毁，詔從之。福王南渡，通政使楊維垣疏請重刋，會金陵失守，不果。”

本館藏本爲墨筆楷書，朱筆眉批。

著録：《千頃堂書目》、《中國古籍善本書目》。

鈐印：“雙煙堂藏”、“溧州王氏無想山所藏書”。

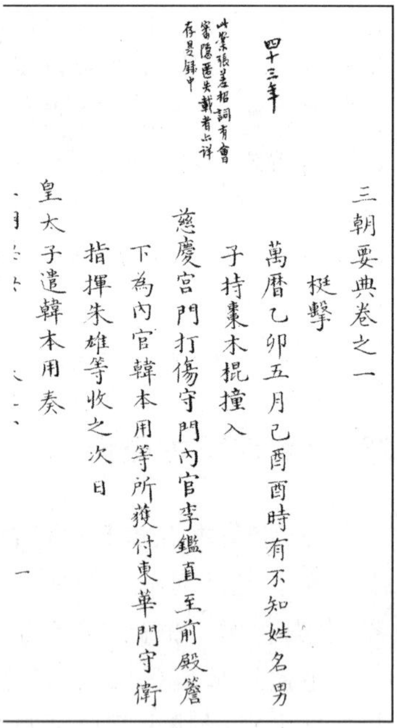
四十三年
此案張差招詞有會審陽遜失載者亦詳存是録中
三朝要典卷之一
挺擊
萬曆乙卯五月己酉酉時有不知姓名男
子持棗木梃撞入
慈慶宫門打傷守門内官李鑑直至前殿簷
下為内官韓本用等所獲付東華門守衛
指揮朱雄等收之次日
皇太子遣韓本用奏

265

266　戰國策

A264

《戰國策》十二卷，明陳仁錫、鍾惺點評，明二乙堂刊本。四冊。半葉九行十八字，小字雙行同。左右雙邊,白口,單魚尾。版心上鐫書名,中鐫卷次。框高 21.2 釐米,寬 14.6 釐米。前有劉向序,曾鞏校序,鮑彪序,二乙堂校註序,總目。

陳仁錫,見 008《增訂四書通典人物備考》。

鍾惺,見 054《詩經》。

是書卷之一爲西周,卷之二爲東周,卷之三爲秦,卷之四爲齊,卷之五爲楚,卷之六爲趙,卷之七爲魏,卷之八爲韓,卷之九爲燕,卷之十爲宋,卷之十一爲衛,卷之十二爲中山。

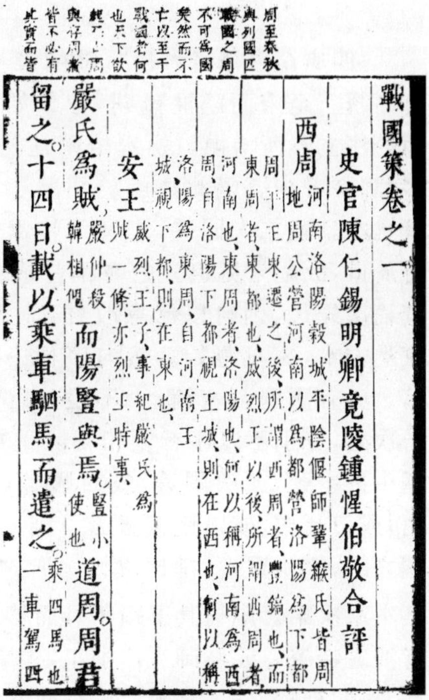
周至春秋與列國匹戰國之周不可爲國矣然而不亡以至于戰國者何也只下欲親不上爲與存周者皆不必有其實而皆

戰國策卷之一

史官陳仁錫明卿竟陵鍾惺伯敬合評

西周 河南洛陽穀城平陰偃師鞏緱氏皆周地周公營河南以爲都營洛陽爲下都周平王東遷之後所謂西周者豐鎬也而東周者東都也威烈王以後所謂西周者河南也東周者洛陽也何以稱河南爲西周自洛陽下都視王城則在西也何以稱洛陽爲東周自河南王城視下都則在東也

安王 威烈王子事紀嚴氏爲賊一條亦烈王時事

嚴氏爲賊,嚴仲殺韓相傀而陽豎與焉。豎小使也道周,周君留之。十四日,載以乘車駟馬而遣之。乘四馬也一車駕四

266

《四庫全書總目》曰:“《戰國策注》三十三卷,舊本題漢高誘注,今考其書,實宋姚宏校本也。《文獻通考》引《崇文總目》曰,《戰國策》篇卷亡闕,第二至第十,第三十一至第三十三闕。又有後漢高誘注本二十卷,今闕第一、第五、第十一至二十,止存八卷。曾鞏校定序曰,此書有高誘注者二十一篇,或曰三十二篇。《崇文總目》存者八篇,今存者十篇。此爲毛晉汲古閣影宋鈔本。雖三十三卷皆題曰高誘注,而有誘注者僅二卷至四卷,六卷至十卷,與《崇文總目》八篇數合。又最末三十二、三十三兩卷,合前八卷,與曾鞏序十篇數合。而其餘二十三卷則但有考異而無注。其有注者多冠以續字。……近時楊州所刊,即從此本錄出,而仍題誘名。殊爲沿誤。今於原有注之卷題高誘注,姚宏校正續注原注已佚之卷則惟題姚宏校正續注,而不列誘名。庶幾各存其眞。”

著錄:《四庫全書總目》、《中國古籍善本書目》。

267 戰國策

E2947

《戰國策》、《殉本戰國策》十卷,宋鮑彪校註,元吳師道重校,元刻本。一册。半葉十一行二十字,小字雙行同。左右雙邊,白口,單魚尾。版心中鐫書名、卷次。框高 21 釐米,寬 14.9 釐米。

鮑彪(生卒年不詳),字文虎,處州縉雲人,一說龍泉人。第進士。歷常州州學教授、太常博士。紹興末,纍官尚書司封員。紹興十七年註《戰國策》成。

吳師道(生卒年不詳),字正傳,蘭谿人。元至治元年進士,官至國子博士,致仕後授禮部郎中。事具《元史·儒學傳》。著有《吳禮部詩話》、《易詩書雜說》、《春秋胡傳附辨》等。

《四庫全書總目》曰："《戰國策》一書編自劉向，注自高誘。至宋而誘注殘闕，曾鞏始合諸家之本校之，而於注文無所增損。姚宏始稍補誘注之闕，而校正者多，訓釋者少。彪此注成於紹興丁卯，其序中一字不及姚本。蓋二人同時，宏又因忤秦檜死，其書尚未盛行於世，故彪未見也。彪書雖首載劉向、曾鞏二序，而其篇次先後，則自以己意改移，非復向鞏之舊。是書竄亂古本，實自彪始。然向序稱中書餘卷，錯亂相糅莒。又有國別者八篇，少不足。臣向因國別者，略以時次之，分別不以序者以相補除重複得三十三篇。又稱中書本號，或曰國策，或曰國事，或曰短長，或曰事語，或曰長書，或曰脩書云云。則向編此書，本裒合諸國之記，刪併重複，排比成帙。所謂三十三篇者，實非其本來次第。彪核其事蹟年月而移之，尚與妄改古書者有間，其更定東西二周，自以爲考據之特筆。元吳師道作補正，極議其誤。考趙與旹《賓退錄》曰，《戰國策》舊傳高誘注，殘闕疎略，殊不足觀。姚令威寬補注，亦未周盡。獨縉雲鮑氏校注爲優。雖間有小疵，多不害大體。惟東西二周一節，極其舛謬，深誤學者。反不若二氏之說。是則南宋人已先言之矣。師道注中所謂補者，卽補彪注。所謂正者，亦卽正彪注。其精核實勝於彪。然彪注疏通詮解，實亦殫一生之力。故其自記稱，四易簹稾後，始悟周策之嚴氏陽豎卽韓策之嚴遂陽堅。而有校書如塵埃風葉之歎。雖踵事者益密，正不得遽没刱始之功矣。"

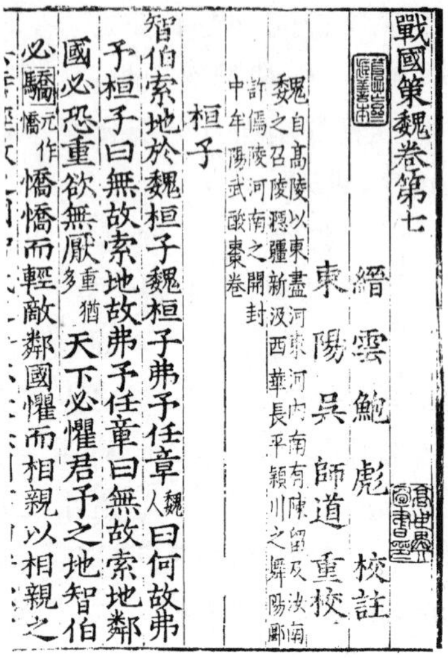
戰國策魏卷第七
縉雲　鮑　彪　校註
東陽　吳　師道　重校
魏自高陵以東盡河東河內南有陳留及汝南之召陵隱彊新汲西華長平潁川之舞陽郾許偃陵河南之開封中牟陽武酸棗卷
桓子
智伯索地於魏桓子魏桓子弗予任章魏人曰何故弗予桓子曰無故索地故弗予任章曰無故索地鄰國必恐重欲無厭重猶多天下必懼君予之地智伯必驕元作憍憍而輕敵鄰國懼而相親以相親之

267

本館藏本一冊，只得是書之'魏卷'第七。封面朱筆題："《殉本戰國策》。一冊，元刊。此本同鄉傅君沅□兄贈之，袁抱存公子由抱轉貽於予一卷，猶耳未足零斷□益於用聊，觀其板式耳。蒼茫齋主人記。"

著錄：《四庫全書總目》、《中國古籍善本書目》。

鈐印："蒼茫齋印"、"蒼茫齋藏善本"、"高氏巽圖書印"。

268　戰國策

DS747.2.C375 1756/K162a

《戰國策》三十三卷，漢高誘註，宋姚宏續註，乾隆二十一年雅雨堂刻本。四冊。半葉十行二十一字，小字雙行四十二字。四周單邊，白口，單魚尾。版心上鐫書名，中鐫卷次，下鐫"雅雨堂"。框高 18.2 釐米，寬 14.3 釐米。前有扉頁，題："高氏戰國策。乾隆丙子鐫，雅雨堂藏板。"卷首有乾隆二十一年盧見曾序，曾鞏"重校戰國策序錄"，"新彫重校戰國策目録”。卷末有李文叔“書戰國策後”，王覺“題戰國策”，孫元忠“書閣本戰國策後”，孫元忠“記劉元父語”等。

高誘（生卒年不詳），东漢涿郡人。少受學於盧植。建安十年任司空掾，旋任东郡濮阳令，後遷監河東。著有《孟子章句》（今佚）、《孝經註》（今佚）、《戰國策註》（今殘）、《淮南子註》（今與許慎註相雜）、《吕氏春秋註》等。

盧見曾，見042《大戴禮記》。

是書共有東周一篇，西周一篇，秦五篇，齊四篇，楚四篇，趙四篇，魏四篇，韓三篇，燕三篇，宋、衛合一篇，中山一篇，共計三十三篇。

盧見曾《序》云：“高氏又嘗注《戰國策》三十三篇，世無其書，前明天啓中，虞山錢宗伯以二十千購之梁溪安氏，乃南宋剡川姚伯聲校正本。後又得梁溪高氏本，互相契刊，遂稱完善。”又稱頌高誘註本：“高註古雅，遠勝鮑氏，其中編次亦與鮑氏逈異。……蓋其學有師承，非趙臺卿、王叔師之比也。惜孟子章句、孝經解不傳，而此書於絳云一炬之後幸而得存，爲刊板行世，好古之士審擇于高、鮑二家，孰得孰失必有能辨之者。”

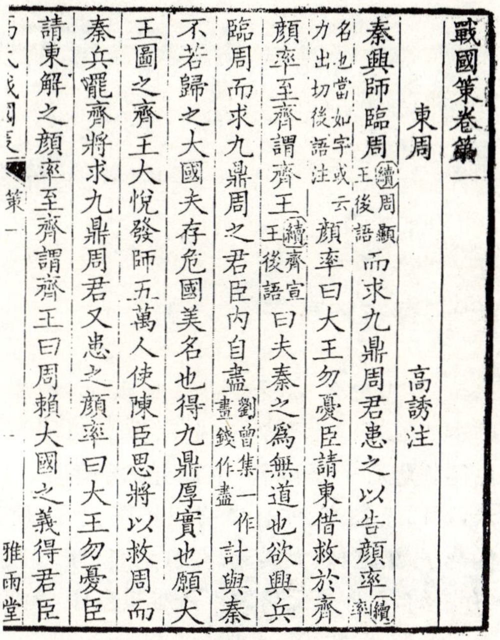
戰國策卷第一

東周　高誘注

秦興師臨周(續)周顯王後語而求九鼎周君患之以告顏率(續)率名也當如字或云力出切後語注顏率曰大王勿憂臣請東借救於齊顏率至齊謂齊王(續)齊宣王後語曰夫秦之爲無道也欲興兵臨周而求九鼎周之君臣內自盡劉曾集一作畫錢作盡計與秦不若歸之大國夫存危國美名也得九鼎厚實也願大王圖之齊王大悅發師五萬人使陳臣思將以救周而秦兵罷齊將求九鼎周君又患之顏率曰大王勿憂臣請東解之顏率至齊謂齊王曰周賴大國之義得君臣

戰國策　卷第一　雅雨堂

268

本館藏本爲《雅雨堂叢書》第三函。

著録：《中國古籍善本書目》。

子　部

儒家類

269　存古約言

H906

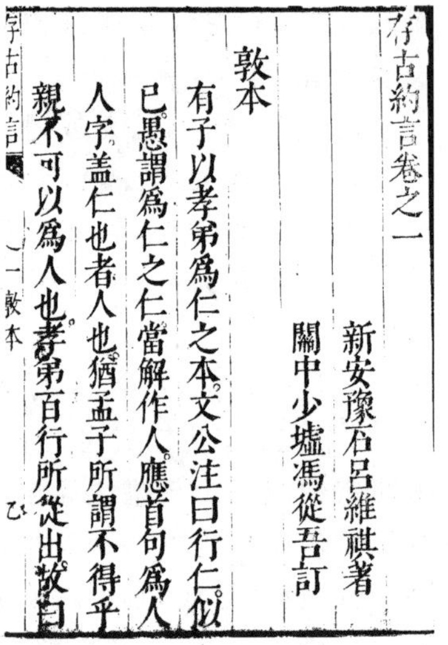
存古約言卷之一
新安豫石呂維祺著
關中少墟馮從吾訂
敦本
有子以孝弟爲仁之本。文公注曰行仁。似
已。愚謂爲仁之仁。當解作人。應首句爲人
人字。蓋仁也者人也。猶孟子所謂不得乎
親不可以爲人也。孝弟百行所從出。故曰
存古約言　卷一敦本　乙

269

《存古約言》六卷，明呂維祺撰，明崇禎四年程侖刻本。二冊。半葉八行十八字。四周單邊，白口，單魚尾。版心上鐫書名，中鐫卷次、篇名。框高20.5釐米，寬13.5釐米。前有崇禎四年鄭三俊、程侖重刻序，馮從吾序，梁之棟《大梁刻〈存古約言〉序》，王維儉《山左刻〈存古約言〉序》，天啓四年呂維祺自序，義例，目錄。

呂維祺，見079《聖賢像贊》。

是書乃彙集歷代治家之道而成。卷之一爲敦本、閑家、厚俗，卷之二爲論冠、論婚、論喪、論祭，卷之三爲服式、宴會、交際、揖讓、柬劄，卷之四爲士大戒、訓士三箴，卷之五爲孝弟詩解，卷之六爲署門七則、廣七則。

《四庫全書總目》曰："是書凡十二篇。首敦本、次閑家、次厚俗、次冠昏喪祭、次服式、次宴會、次交際、次揖讓、次柬劄。大略以朱子《家禮》爲主，並採擇諸家之言，爲條例註釋，而以箴誡格言附於後。亦司馬氏《書儀》、呂氏《鄉約》之支流也。"

著錄：《四庫全書總目》。

270　大學續衍精義删補要覽

H1005

《大學續衍精義删補要覽》、《大學續衍精義》十八卷，明劉洪謨輯，明崇禎二年刻本。十四冊。半葉九行十八字。四周雙邊，白口，單魚尾。版心上鐫書名，中鐫卷次。框高21釐米，寬14.6釐米。前有扉頁，題："劉冏卿奏進大學續衍精義。旨留禦覽。奏進冏署棻輸咐。"前有崇禎七年解學龍"大學續衍精義序"，崇禎六年劉曰棐小引，墨莊記，崇禎二年劉洪謨進表，自序，目錄。書後有劉洪謨冏署棻輸及表。

劉洪謨（生卒年不詳），字惟復，南昌人。萬曆乙未進士，太僕寺少卿，崇禎二年以其書進呈。活動於萬曆三十一年前後。著有《蕪關榷志》。

是書第一卷爲帝王爲治之序，第二卷爲帝王爲學之本，第三卷爲帝王格物致知之要，第四卷爲帝王誠意正心之要，第五卷爲帝王修身之要，第六卷爲帝王齊家之要，第七卷至第十八卷爲帝王治國平天下之要，

宋眞德秀撰《大學衍義》有明丘濬《大學衍義補》及"摘要"、"英華"等多種版本刊行。續《大學衍義》亦有明吳瑞登撰、萬曆刻本之《皇明繩武編擬續大學衍義》，及本館藏之劉洪謨輯《大學續衍精義》。

著録：《千頃堂書目》、《中國古籍善本書目》。

鈐印："撫臺解助刻銀貳拾兩"、"道學陳助刻銀貳拾兩"、"道學王助刻銀壹拾兩"。

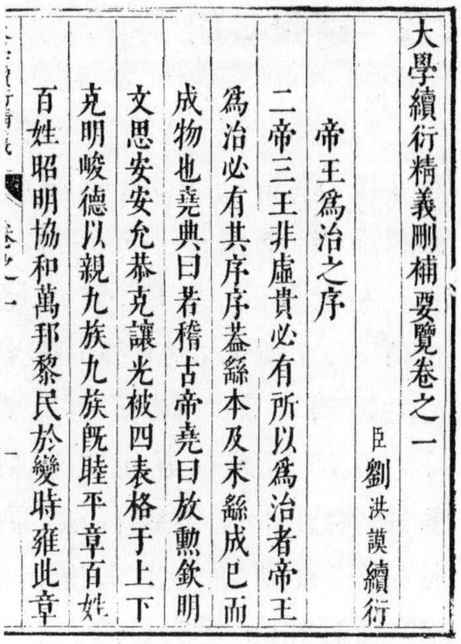
大學續衍精義刪補要覽卷之一
臣劉洪謨續衍
帝王爲治之序
二帝三王非虛貴必有所以爲治者帝王
爲治必有其序序蓋繇本及末繇成已而
成物也堯典曰若稽古帝堯曰放勲欽明
文思安安允恭克讓光被四表格于上下
克明峻德以親九族九族既睦平章百姓
百姓昭明協和萬邦黎民於變時雍此章

270

271　讀書録

B127. N4H64 1525/W925b

《薛文清公讀書録》、《讀書録》二十三卷，明薛瑄撰，明嘉靖四年刻本。六冊。半葉十二行二十二字。左右雙邊，小黑口，雙魚尾。版心上鐫書名，下鐫卷次。框高17.3釐米，寬13.6釐米。前有明嘉靖四年田賦"跋重刊讀書録後"，薛瑄卷首自序等。

薛瑄(1389—1464)，字德溫，號敬軒，山西河津人。進士，曾任大理寺正卿、禮部侍郎、翰林院學士等職，晚年辭官，居家講學、著述。明初程朱理學之代表人物，認爲理在氣中，不能離氣而獨立存在，稱"遍滿天下，皆氣之充塞，而理寓其中"，"理只在氣中，決不可分先后"，"理氣無縫隙，故曰器亦道也，道亦器也"。

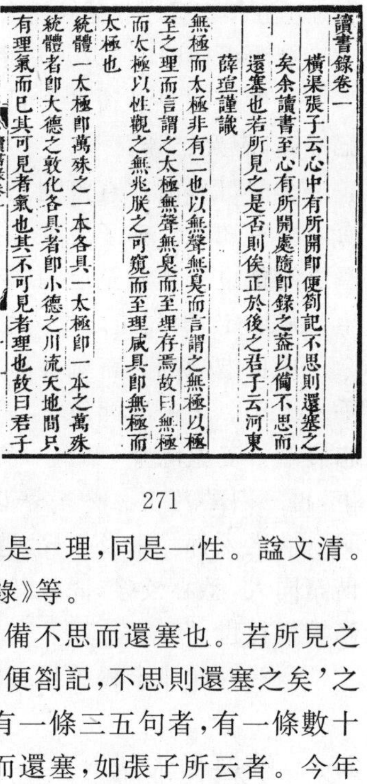
讀書録卷一
横渠張子云心中有所開即便劄記不思則還塞之
矣余讀書至心有所開處隨即録之葢以備不思而
還塞也若所見之是否則俟正於後之君子云河東
薛瑄謹識
無極而太極非有二也以無聲無臭而言謂之無極以極
至之理而言謂之太極無聲無臭而至理存焉故曰無極
而太極以性觀之無兆朕之可窺而至理咸具即無極而
太極也
統體一太極即萬殊之一本各具一太極即一本之萬殊
統體者即大德之敦化各具者即小德之川流天地間只
有理氣而已其可見者氣也其不可見者理也故曰君子

271

但亦接受"理具於心"和"性即理"之觀點，承認物我内外同是一理，同是一性。謚文清。著有《讀書録》、《續讀書録》、《薛文清集》、《薛文清公從政録》等。

薛瑄《序》曰："余讀書，至心有所開處，隨即録之，蓋以備不思而還塞也。若所見之是否，則俟正於後之君子。往年因讀張子'心中有所開，即便劄記，不思則還塞之矣'之言，遂於讀書心中有所開時，隨即劄記，有一條一二句者，有一條三五句者，有一條數十句者，積二十餘年，乃成一集，名曰《讀書録》，蓋以備不思而還塞，如張子所云者。今年又於讀書時，日記所得者，積久復成一集，名曰《讀書續録》。但有得即録，不覺重複者多，欲皆刪去，而意謂即亦以備不思還塞，則辭雖重複，亦可爲屢省之助云。"

著録：《中國古籍善本目録》。

272　讀書日記

W189

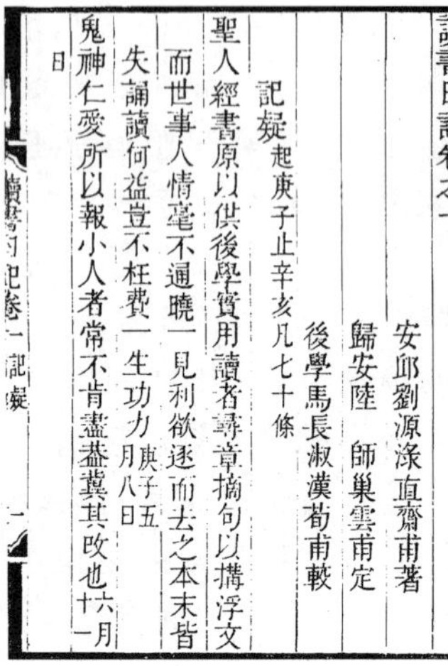

272

《讀書日記》、《劉直叁先生讀書日記》六卷，清劉源渌撰，陸巢云定，馬長淑較；《讀書日記補編》二卷，劉源渌撰，雍正十一年刻本。四冊。半葉十行二十一字。左右雙邊，黑口，雙魚尾。版心中鐫書名、卷次。框高 17.5 釐米，寬 12.6 釐米。前有扉頁，題："劉直齋先生讀書日記。歸安陸巢雲先生刪定，記疑冷語合訂。"卷首有康熙五十九年陸師序，雍正十一年李燾序，康熙五十九年馬長淑"劉直齋先生傳"，雍正五年張在辛"直齋劉先生別傳"，陳舜錫"劉直齋先生墓誌銘"，參訂姓氏，卷次目錄。卷末有康熙四十年馬恒謙、雍正五年馬長淑、雍正五年秦勷跋語。《讀書日記補編》前有雍正五年李瀸序和補編卷次目錄，後有雍正五年孫自務、劉行秉、劉汝飛跋語。

劉源渌(1619—1700)，字崑石，自號直齋，安邱人。著有《近思續録》。

是書爲劉源渌讀書劄記之言。《讀書日記》卷一至卷五記疑，卷六冷語。《讀書日記補編》記疑二卷。

李燾《序》曰："直齋劉先生，一代醇儒，講學於牟山、濰水之間，不務舉業仕進，以故海内少有知者。壬子之秋，餘奉檄代攝安邱……因讀先生所著《日記》一書……確爲實學之總彙也。其源至遠，其旨至微，其体用至大而至正。歲庚子餘年寅，友陸君曹雲先生乃爲鑑定，而先生之門人暨同里後學諸公付諸棗梨，而先生之書乃成。"

馬長淑《跋語》言刻書事云："劉直齋先生《記疑》廿四卷，《冷語》五卷，庋置遺篋中垂三十年。……康熙庚子，歸安陸巢云先生奉使安邱，閲此書，深加激賞，沉潛反覆至忘寢饋。芟繁除蕪，彙爲一集。每刪一卷畢，輒命淑參閲，有所見以硃筆標識，呈之先生，再三斟酌乃定。……舉以質學使陳公狷亭(諱沂震，江南吳縣人)，改名《讀書日記》，攜之入都。未及授梓，遽爾淹逝，定本不復可見。淑恐其久而湮也，即所刪原本，偕諸同人，悉心校讐，間或裁其重複、補其缺漏，按年編次，定爲八卷，付劉先生喆嗣躬修鏤板行世。"

著録：《四庫全書總目》。

273　讀書做人譜

B412

《讀書做人譜》不分卷，清龍炳垣撰，清稿本。二冊。半葉十行二十一字。無邊框，白口，無魚尾。葉高 26 釐米，寬 14.1 釐米。前有目錄。後有同治十一年張燮承跋。

龍炳垣(生卒年不詳)，字曉崖，新繁人。同治時獲賞翰林院待詔銜。著有《朱子講學輯要》、《孝經酌從編串說》等。

是書分爲總論，士譜，孝譜，弟譜，忠譜，夫婦譜，交友譜，仁民譜，愛物譜，師譜，雜記。

龍炳垣于《總論》中曰：“不會畫者有畫譜，不會文者有文譜，不會琴棋書算者有琴棋書算之譜，豈做人而獨無譜乎？吾詔聖賢書籍，都是做人譜子。學者讀書苟能即其言而會之於心，體之樣子。照此作去，大之可爲忠臣、孝子，小之可做端人。正士神而明之，則又做賢人、做聖人。然則以書爲譜，不異于技藝之小譜哉。”張燮承《跋》曰：“此編簡切而亥治。各譜中所引雖寥寥數事，實足感發志意，陶冶性情，爲士譜首列。……同治十有一年三月壬子含山龍炳垣敬書。”

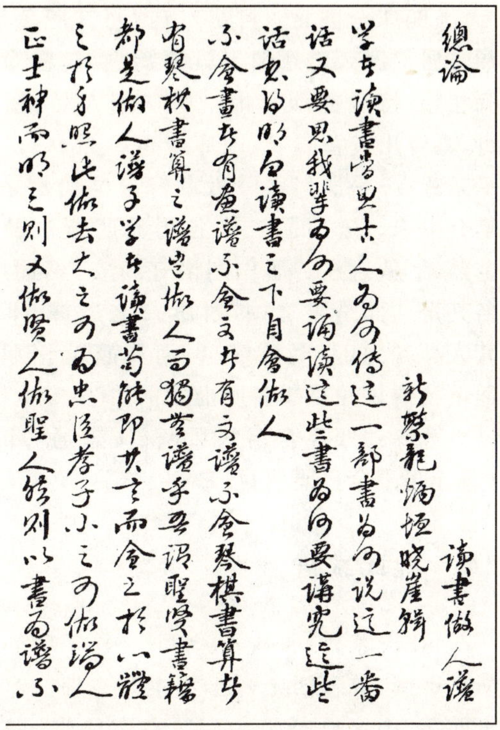
讀書做人譜
新繁龍炳垣曉崖輯
總論
學者讀書當思古人爲何傳這一部書爲何說這一番
話又要思我輩爲何要誦讀這些書爲何要講究這些
話其的明白讀書之下自會做人
不會畫者有畫譜不會文者有文譜不會琴棋書算者
有琴棋書算之譜豈做人而獨無譜乎吾詔聖賢書籍
都是做人譜子學者讀書苟能即其言而會之於心體
之於身照此做去大之可爲忠臣孝子小之可做端人
正士神而明之則又做賢人做聖人然則以書爲譜不

273

本館藏本文字爲墨筆行書钞寫。書葉中夾越峴山館栞宗稷辰《躬恥齋文鈔》爲内襯。按《躬恥齋文鈔》有咸丰元年越峴山館刻本，亦爲本書斷代的佐證。

著錄：是書《中國古籍善本書目》等無著錄。

274　胡敬齋先生居業錄

B127. N4H82 1684/G1563

《胡敬齋先生居業錄》八卷，明胡居仁撰，張有譽編校，江南齡重訂，清康熙二十三年刻本。四冊。半葉十行二十字。四周單邊，白口，單魚尾。版心上鐫書名，下鐫卷次。框高 22.2 釐米，寬 13.3 釐米。前有張有譽、楊廉、余祐、張吉、李楨、吳廷舉等人序，康熙甲子吕瑋序。

胡居仁(1434—1484)，字叔心，號敬齋，餘干縣梅港人。理學家。幼聰敏。弱冠時，奮志聖賢之學，從吳與弼學，遂絕意科舉，筑室於梅溪山中，以講學爲業。尋主白鹿書院，以布衣終身。胡氏之學，以主忠信爲先，以求放心爲要。強調誠敬、愼獨、力行。萬曆中，追謚文敬。著有《胡文敬公集》、《易象鈔》、《居業錄類編》等。

是書第一卷爲心性淵源，第二卷爲學問功夫，第三卷爲聖賢德業，第四卷爲帝王事功，第五卷爲古今制度，第六卷爲天地化生，第七卷爲老佛歸宿，第八卷爲經傳旨趣。

《四庫全書簡明目錄》曰："乃其所著語錄，分十二類。居仁與陳獻章俱出吳與弼之門，獻章出處頗與其師相類，持論亦涉元虛。居仁則人品、學問皆謹嚴篤實，爲青出於藍焉。"《四庫全書總目》曰："是書皆其講學語錄，……居仁與陳獻章皆出吳與弼之門。與弼之學介乎宋、陸之間，二人各得其所近。獻章之學上繼金谿，下啟姚江。居仁則恪守新安，不踰尺寸，故以敬名其齋。而是書之中，辨獻章之近禪，不啻再三。蓋其人品端謹，學問篤實，與河津薛瑄相類。而是書亦與瑄讀書錄竝爲學者所推。"

著錄：《四庫全書總目》、《文獻通考》、《千頃堂書目》、《四庫全書簡明目錄》。

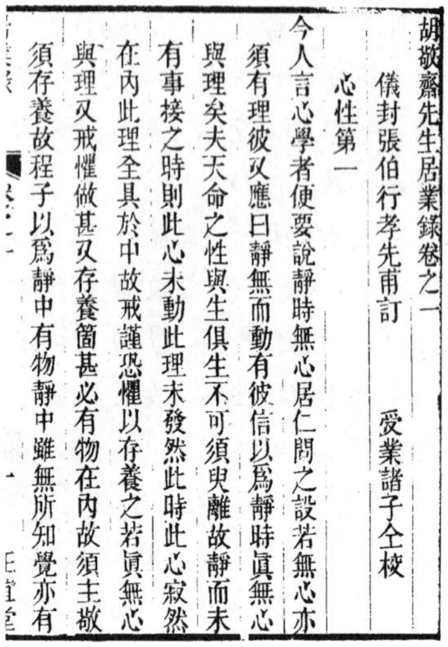
胡敬齋先生居業錄卷之一
儀封張伯行孝先甫訂　受業諸子仝校
心性第一
今人言心學者便要說靜時無心居仁問之設若無心亦須有理彼又應曰靜無而動有彼信以爲靜時眞無心與理矣夫天命之性與生俱生不可須臾離故靜而未有事接之時則此心未動此理未發然此時此心寂然在內此理全具於中故戒謹恐懼以存養之若眞無心與理又戒懼做甚又存養箇甚必有物在內故須主敬須存養故程子以爲靜中有物靜中雖無所知覺亦有

274

275　孔氏家語

B128. C8 A28 1781/K398

《孔氏家語》、《孔子家語》、《孔子家語原註》十卷，漢王肅撰，乾隆四十六年刻本。二冊。半葉十一行二十四字，小字雙行五十字。左右雙邊，白口，單魚尾。版心上鎸書名，中鎸卷次，下鎸"汲古閣原本"。框高18.3釐米，寬13.8釐米。前有扉頁，題："孔子家語原註。乾隆辛丑仲秋鎸。魏東海王子雍註。書業堂藏板。"卷首有王肅序，後序，篇目。卷末有乾隆四十五年李容跋。

王肅(195—256)，字子雍，東海人。官至中領軍、散騎常侍。事具《三國志》。

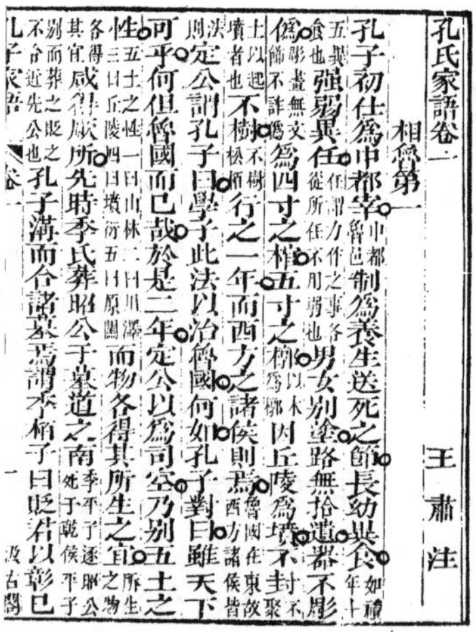
孔氏家語卷一　王肅注
相魯第一
孔子初仕爲中都宰（中都魯邑）制爲養生送死之節長幼異食（如禮年十五異食也）強弱異任（任謂力作之事各從所任不用弱也）男女別塗路無拾遺器不彫僞（彫畫無文飾不詐僞）爲四寸之棺五寸之槨（以木爲槨）因丘陵爲墳不封（不聚土以起墳者也）不樹（不樹松柏）行之一年而西方之諸侯則焉（魯國在東故西方諸侯皆法則）定公謂孔子曰學子此法以治魯國何如孔子對曰雖天下可乎何但魯國而已哉於是二年定公以爲司空乃別五土之性（五土之性一曰山林二曰川澤三曰丘陵四曰墳衍五曰原隰）而物各得其所生之宜（所生之物各得其宜）咸得厥所先時季氏葬昭公于墓道之南（季平子逐昭公死於乾侯平子別而葬之貶之不令近先公也）孔子溝而合諸墓焉謂季桓子曰貶君以彰己

275

是書卷一爲相魯等七篇，卷二爲致思等三篇，卷三爲觀周等四篇，卷四爲六本等三篇，卷五爲颜回等六篇，卷六爲五帝等四篇，卷七爲觀乡等五篇，卷八爲冠頌解等五篇，卷九爲七十二弟子解等四篇，卷十爲曲禮子貢問等三篇。

李容《跋》述及該書重刊原由："王註之舊，終不可復。……用是廣求原本，殫心有年，偶得虞山毛晉汲古閣本，甚善。讀其跋語，知搜求之誠、遇合之巧，固非偶然，誠所謂先得我心矣。固重加考核，付之剞劂。"

著錄：《中國古籍善本書目》。

276　理學宗傳

B126.S77 1667 /G1318

《理學宗傳》二十六卷，清孫奇逢撰，清康熙六年張沐等刻本。八冊。半葉九行二十字，小字雙行同。四周單邊，白口，單魚尾，眉欄上刻評。版心上鐫書名，下鐫卷次。框高18.5釐米，寬13釐米。前有孫奇逢自序，湯斌、張沐序，程啓朱跋等。

孫奇逢，見087《徵君孫先生年譜》《游譜》《中州人物考》。

是書卷一爲周子元公，卷二爲程子純公，卷三爲程子正公，卷四爲張子明公，卷五爲邵子康節，卷六爲朱子文公，卷七爲陸子文安，卷八爲薛子文清，卷九爲王子文成，卷十爲羅文恭公，卷十一爲顧端文公，卷十二爲漢儒考，卷十三爲隋儒考，卷十四爲唐儒考，卷十五至卷十八爲宋儒考，卷十九爲元儒考，卷二十至卷二十五爲明儒考，卷二十六爲補遺。

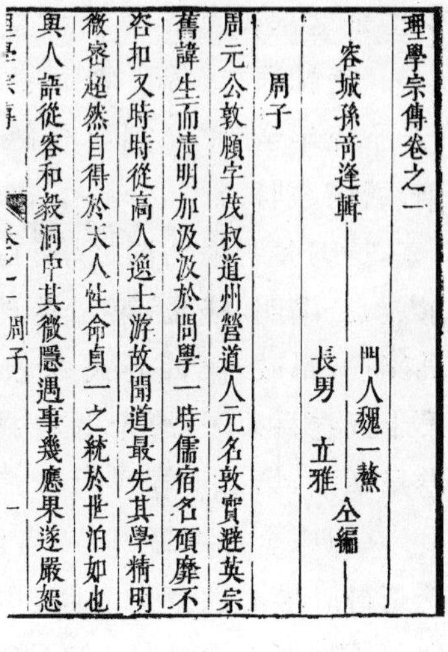
理學宗傳卷之一
容城孫奇逢輯　門人魏一鰲　長男　立雅　仝編
周子
周元公敦頤字茂叔道州營道人元名敦實避英宗
舊諱生而清明加汲汲於問學一時儒宿名碩靡不
咨扣又時時從高人逸士游故聞道最先其學精明
微密超然自得於天人性命貞一之統於世泊如也
與人語從容和毅洞中其微隱遇事幾應果遂嚴慤
理學宗傳　卷之一　周子　一

276

《理學宗傳義例》曰："是編有主有輔，有内有外，十一子其主也，儒之考其輔也。十一子玉諸子其内也，補遺諸子其外也。"清陸隴其《三魚堂賸言》評曰："《理學宗傳》混朱、陸、陽明而一之，蓋未知考正，晚年定論也。但慈湖、龍溪、近溪、海門則列在末卷補遺之中，蓋亦知其非矣。《理學宗傳》章本清心性説，曰心學傳自虞廷，雖曰觀諸孩提之愛敬，則人生之初，其心本無不善，觀之行道，乞人不受嘑蹴，雖牿亡之後，本心猶有未盡泯者，不知此乃聖賢多方引誘，或指點於未喪之前，或指點于既喪之後，無非欲人自識其本心以自存也。不然，人莫不爲孩提也。曾有漸長不爲物引習移者乎？乞人不受嘑蹴，曾有永保此心而勿喪者乎？譬之穀種，不種不生，譬之眞金，不淘不净，近之論心學者，如之何競指衆人見在之心卽與聖人同也？其説甚正，然觀其意，却似以心爲主，而以理從之，不是以理爲主，而以心從之。"

著録：《中國古籍善本目録》、《千頃堂書目》。

277　陸子學譜

B128.L83L53 1732/G1237

《陸子學譜》二十卷，清李紱撰，王士俊校，清雍正十年無怒軒刻本。八冊。半葉十二行二十三字。四周雙邊，白口，單魚尾。版心上鐫書名，下鐫卷次。框高19.3釐米，寬14.7釐米。前有李紱自序，目録等。

李紱（1673—1750），字巨來，號穆堂，江西臨川縣人。康熙十八年進士，官至内閣

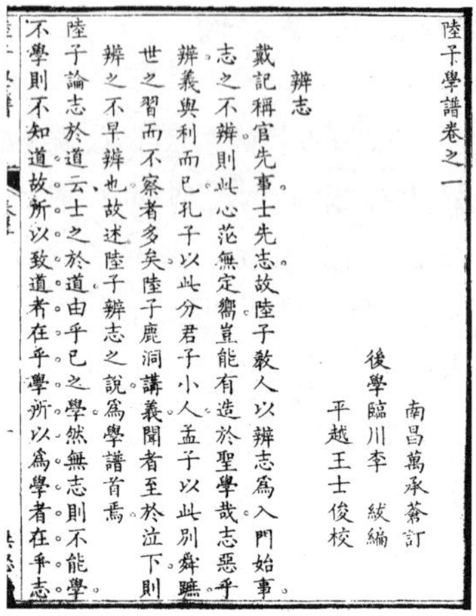
陸子學譜卷之一
南昌萬承蒼訂
後學臨川李紱編
平越王士俊校
辨志
戴記稱官先事士先志故陸子教人以辨志爲入門始事
志之不辨則此心茫無定嚮豈能有造於聖學哉志惡乎
辨義與利而已孔子以此分君子小人孟子以此別舜蹠
世之習而不察者多矣陸子鹿洞講義聞者至於泣下則
辨之不早辨也故述陸子辨志之說爲學譜首焉
陸子論志於道云士之於道由乎已之學然無志則不能學
不學則不知道故所以致道者在乎學所以爲學者在乎志

277

學士兼禮部侍郎。曾奉敕主修《八旗通志》、《廣西通志》、《畿輔通志》等。學宗陸象山。著有《陸子學譜》、《朱子晚年全論》、《陽明學錄》、《春秋一是》、《穆堂類稿、續稿、别稿》。

是編發明陸九淵之學，首列八目，第一卷爲辨志、求放心、講明、踐履，第二卷爲定宗仰、闢異學，第三卷爲讀書、爲政，第四卷爲友教，第五卷家學，第六卷至第十五卷爲弟子，第十七卷爲門人，第十八卷、第十九卷爲私淑，第二十卷爲附錄。

《四庫全書總目》曰："考陸氏學派之端委，蓋莫備於是書。惟必欲牽朱入陸，以就其晚年全論之說。所列弟子如吕祖儉之類，亦不免有所假借。是則終爲鄉曲之私耳。"

著錄：《四庫全書總目》、《皇朝文獻通考》、《皇朝通志》。

278　人倫道德學綱要

J1823

《人倫道德學綱要》不分卷，清李熙編纂，清朱絲欄鈔本。一冊。半葉八行二十字。四周雙邊，白口，單魚尾。框高 24 釐米，寬 15.5 釐米。卷首題"鹽運使銜廩貢生李熙編纂"。

是書爲傳授中國人倫道德學之綱要。李熙曰："編輯人倫道德學，大義之所在，謹按功令，以人倫道德一科，爲學校教士定程。復以宋元明儒兩學案爲之課本。非以兩書取材悉當，特以前無成書，暫取爲用耳。"

本館藏本爲墨筆楷書。

著錄：是書《中國古籍善本書目》等無著錄。

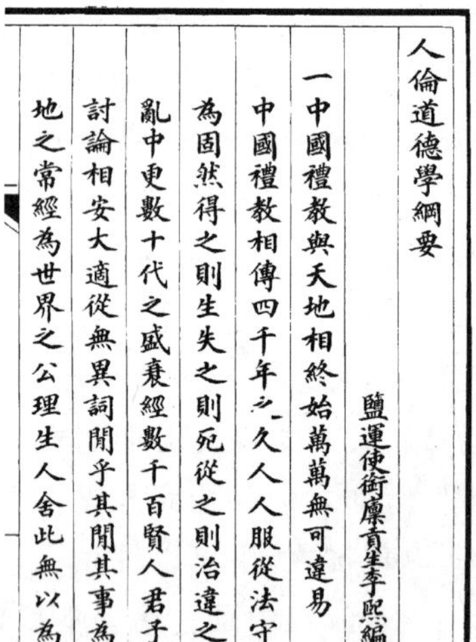
人倫道德學綱要
鹽運使銜廩貢生李熙編纂
一中國禮教與天地相終始萬萬無可違易
中國禮教相傳四千年之久人人服從法守視
爲固然得之則生失之則死從之則治違之則
亂中更數十代之盛衰經數千百賢人君子之
討論相安大適從無異詞間乎其間其事爲天
地之常經爲世界之公理生人舍此無以爲治

278

279　儒門法語

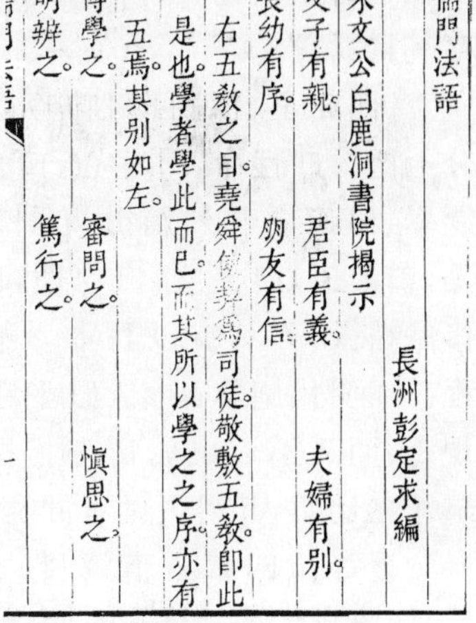
儒門法語　長洲彭定求編
朱文公白鹿洞書院揭示
父子有親。君臣有義。夫婦有別。
長幼有序。朋友有信。
右五教之目堯舜使契爲司徒敬敷五教即此
是也學者學此而已而其所以學之之序亦有
五焉其別如左。
博學之。審問之。愼思之。
明辨之。篤行之。

279

BJ1548. P42 1770/G1214

《儒門法語》不分卷，清彭定求編，清乾隆三十五年刻本。二冊。半葉十行十九字，小字雙行同。左右雙邊，白口，單魚尾。版心鐫書名。框高 18.4 釐米，寬 12.8 釐米。前有彭定求康熙三十六年自序。後有乾隆三十五年彭定求、孫彭啓等跋。

彭定求(1645—1719)，字勤止，一字南畇，號詠眞山人、守綱道人，長洲人。康熙十五年進士，援修撰，歷官侍講，因父喪乞假歸，遂不復出。幼承家學，曾皈依清初蘇州著名道士施道淵爲弟子，又嘗師事湯斌。其爲學"以不欺爲本，以踐行爲要"。著有《周忠介公遺事》、《陽明釋毁錄》、《高望吟》、《南畇文集》等。

彭定求《自序》云："余每見梵書道藏，刊佈流傳，層見疊出，固亦勸勉修持之義。而吾儒家言，但以訓詁佔畢爲進取階梯，異學者流，遂曰儒門淡泊，收拾不住，良足慨矣。竊謂家珍具在，無待乞憐，因裒集先儒集中，擇其講學明道及夫家訓褢約切實精嚴者，錄諸坐隅。自備觀省，亦未敢以問世也。適同志見而善之，樂襄梨棗，或於夫子所云、法語之言、可參證云。"

《四庫全書總目》曰："是編凡錄宋朱子、陸九淵、明薛瑄、吳與弼、陳獻章、王守仁、鄒守益、王敬臣、羅洪先、王畿、顧憲成、高攀龍、蔡懋德、魏校、羅倫、馮從吾、吕坤、孟化鯉、劉宗周、陳龍正、黃道周二十一家講學之語。少或一二條，多至十數條。定求自有所見，即附識於後。其卷首題詞有云，功殊博約，候分頓漸，自朱、陸立言始。要之，入門異而歸墟同，無容偏舉也云云。可以見其宗旨矣。"

著錄：《四庫全書總目》、《皇朝文獻通考》、《中國古籍善本書目》。

280　呻吟語

C498

《呻吟語》六卷，明吕坤撰，明萬曆二十一年刻本。八冊。半葉九行十九字。左右雙邊，白口，單魚尾。版心上鐫書名，中鐫卷次。框高 21.4 釐米，寬 14.7 釐米。前有萬曆二十一年吕坤序，目錄，校正姓氏。

吕坤(1536—1618)，字叔簡，寧陵人。萬曆甲戌進士，官至刑部侍郎。事具《明史》本傳。著有《四禮疑》、《交泰韻》、《四禮翼》等。

是書第一至第三卷爲内篇，除下述《四庫全書總目》中所載各篇外，尚有"養生"一篇，第四至第六卷爲外篇。

《四庫全書總目》曰："此編上三卷爲内篇，下三卷爲外篇，蓋萬歷壬辰刊本也。晚年又手自删補爲呻吟語摘三卷，彌爲簡要。故此本附存其目焉。”

《四庫全書總目》《呻吟語摘》條下又云：“其内篇分七門。曰性命，曰存心，曰倫理，曰談道，曰修身，曰問學，曰應務。外篇分九門。曰世運，曰聖賢，曰品藻，曰治道，曰人情，曰物理，曰廣喻，曰詞章。大抵不侈語精微，而篤實以爲本。不虛談高遠，而踐履以爲程。在明代講學諸家，似乎粗淺。然尺尺寸寸，務求規矩，而又不違戾於情理。視陸學末派之猖狂，朱學末派之迂僻，其得失則有間矣。”

著録：《四庫全書總目》、《中國古籍善本書目》、《美國哈佛大學哈佛燕京圖書館中文善本書志》。

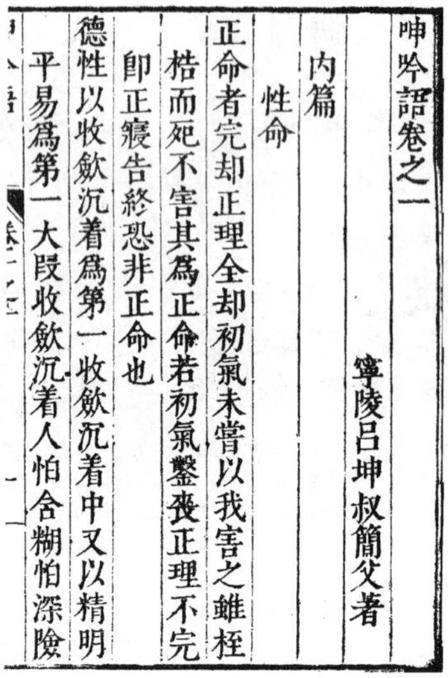
呻吟語卷之一
寧陵呂坤叔簡父著
內篇
性命
正命者完却正理全却初氣未嘗以我害之雖桎
梏而死不害其爲正命若初氣鑿喪正理不完
卽正寢告終恐非正命也
德性以收斂沉着爲第一收斂沉着中又以精明
平易爲第一大段收斂沉着人怕含糊怕深險

280

281　愼言

A086

《愼言》十三卷，明王廷相撰，姚厚校，明嘉靖六年刻本。二册。半葉十行十八字。左右雙邊，白口，單魚尾。版心中鐫書名、卷次。框高 17.8 釐米，寬 14.1 釐米。前有黄芳、王廷相序，張一厚後語，篇目。

王廷相(1474—1544)，字子衡，號浚川，開封蘭考縣儀封鄉人。明宏治壬戌進士，官至兵部尚書。歷任御史、太子太保兼院士。與李夢陽、何景明、康海、王九思、徐禎卿、邊貢並稱爲“前七子”。著有《華陽稿》、《誠齋詩集》、《雅述》、《王氏家藏集》等。

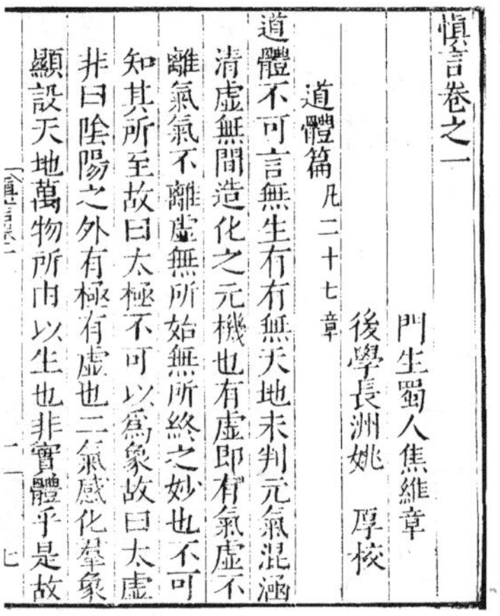
愼言卷之一
門生蜀人焦維章
後學長洲姚　厚校
道體篇凡二十七章
道體不可言無生有無天地未判元氣混涵
清虛無間造化之元機也有虛卽有氣虛不
離氣氣不離虛無所始無所終之妙也不可
知其所至故曰太極不可以爲象故曰太虛
非曰陰陽之外有極有虛也二氣感化羣象
顯設天地萬物所由以生也非實體乎是故

281

是書卷一爲道體，卷二爲乾運，卷三爲作聖，卷四爲問成性，卷五爲見聞，卷六爲潛心，卷七爲御民，卷八爲小宗，卷九爲保傅，卷十爲五行，卷十一爲君子，卷十二爲文王，卷十三爲魯兩生。

王廷相嘉靖六年《自序》稱：“仰觀俯察，驗幽核明。有會於心，即記於冊，二十餘年言積數萬，分爲十三篇，附諸集以藏於家。”

《四庫全書總目》謂：“廷相博學好議論，以經術稱。於星歷、輿圖、樂律、河圖、洛書及周、程、張、朱之書皆有所論駁，然其說頗乖僻。良得其實云。”

著録：《四庫全書總目》、《中國古籍善本書目》。

282　聖學格物通

E621

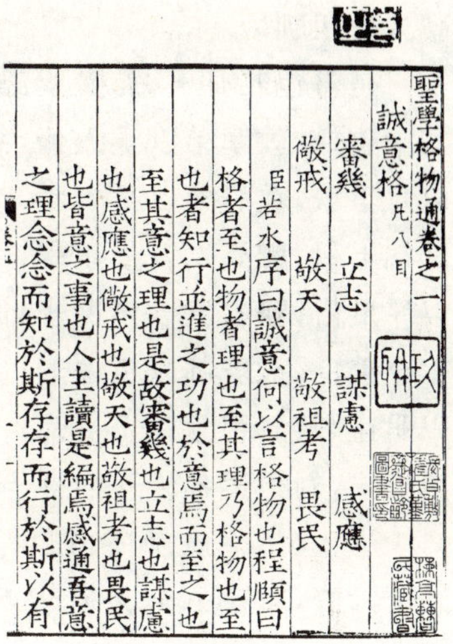
聖學格物通卷之一
誠意格 凡八目
審幾　立志　謀慮　感應
儆戒　敬天　敬祖考　畏民
臣若水序曰誠意何以言格物也程頤曰
格者至也物者理也至其理乃格物也至
也者知行並進之功也於意焉而至之也
至其意之理也是故審幾也立志也謀慮
也感應也儆戒也敬天也敬祖考也畏民
也皆意之事也人主讀是編焉感通吾意
之理念念而知於斯存存而行於斯以有

282

《聖學格物通》一百卷，明湛若水撰，於倫增編，明嘉靖十二年高簡刻本。二十四册。半葉十一行十九字。左右雙邊，白口，單魚尾。版中鐫卷次。框高25.2釐米，寬19釐米。前有嘉靖七年湛若水序，嘉靖十二年吕柟"刻格物通序"，嘉靖七年湛若水進表、纂要録、疏，嘉靖十二年高簡"刻格物通跋"，目録。

湛若水（1466—1560），字元明，增城人。弘治乙丑進士，歷官南京吏、禮、兵三部尚書，事具《明史·儒林傳》。著有《二禮經傳測》、《春秋正傳》、《古樂經傳》等。

是書卷一至卷十七爲誠意格，卷十八至卷二十爲正心格，卷二十一至卷三十爲修身格，卷三十一至卷四十二爲齊家格，卷四十三至卷五十六爲治國格，卷五十七至卷一百爲平天下。

《四庫全書總目》曰："是編乃嘉靖七年若水任南京禮部侍郎時所進。體例略仿《大學衍義》，以致知併於格物，而以格物統貫誠意、正心、修身、齊家、治國、平天下六條。凡誠意格十七卷，分審幾、立志、謀慮、感應、儆戒、敬天、敬祖考、畏民八子目。正心格三卷，無子目。修身格九卷，分正威儀、慎言語、進德業三子目。齊家格十三卷，分謹妃匹、正嫡庶、事親長、養太子、嚴内外、恤孤幼、御臣妾七子目。治國格十四卷，分事君、使臣、立教、興化、事長、慈幼、使衆、臨民、正朝廷、正百官、正萬民七子目。平天下格四十四卷，分公好惡、用人、理財三子目。而用人之中又分學校、舉措、課功、任相、任將、六官六目。理財之中又分修虞衡、抑浮末、飭百工、屯田、馬政、漕運、勸課、禁奪時、省國費、慎賞賜、蠲租、薄斂、恤窮、賑濟十四目。皆雜引諸儒之言，參以明之祖訓，而各以己意發明之。大致與邱濬《大學衍義補》相近。而濬書多徵舊事以爲法戒之資，此書多引前言以爲講習之助。二書相輔而行，均於治道有裨者也。"

著録：《四庫全書總目》、《中國古籍善本書目》。

鈐印："墨香堂藏書印"、"玖琱"、"長白敷槎氏堇齋昌齡圖書印"、"楝亭曹氏藏書"。

283　聖諭廣訓

B5234.C53 S5 /N704

《聖諭廣訓》一卷，《聖諭廣訓直解》二卷，清聖祖康熙撰，清雍正二年内府刻本。三册。半葉八行二十一字。四周雙邊，白口，單魚尾。版心上鐫書名，中鐫篇目。框高25.5釐米，寬16.6釐米。前有雍正序，萬言目録。

康熙，見253《大清太祖承天廣運聖德神功肇紀立極仁孝睿武端毅欽安弘文定業高皇帝聖訓》。

是書包括康熙所撰聖諭，計十六條，一萬餘言。其中包括：敦孝弟以重人倫，篤宗族以昭雍睦，和鄉黨以息爭訟，重農桑以足衣食，尚節儉以惜財用，隆學校以端士習，黜異端以崇正學，講法律以儆愚頑，明禮讓以厚風俗，務本業以定民志，訓子弟以禁非爲，息誣告以全善良，戒匿逃以免株連，完錢糧以省催科，連保甲以弭盜賊，解讐忿以重身命。《聖諭廣訓直解》採用白話形式，對上述各條逐條給予白話直解。

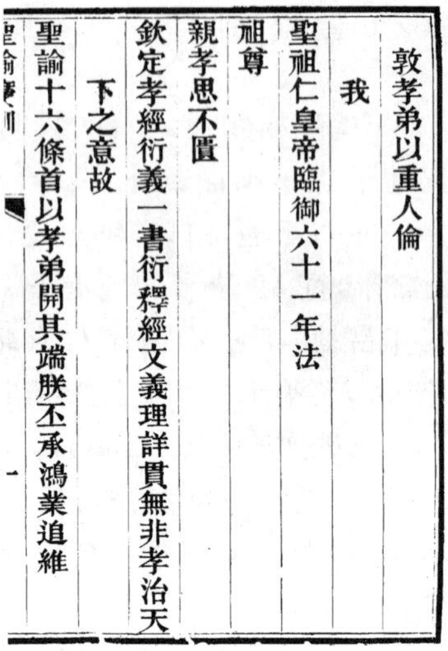
敦孝弟以重人倫
我
聖祖仁皇帝臨御六十一年法
祖尊
親孝思不匱
欽定孝經衍義一書衍釋經文義理詳貫無非孝治天
下之意故
聖諭十六條首以孝弟開其端朕丕承鴻業追維

283

雍正《聖諭廣訓序》曰："聖主仁皇帝……特頒上諭十六條，曉諭八旗及直省兵民人等，自綱常名教之際以至於耕桑作息之間，本末精粗，公私鉅細，凡民情之所習，皆睿慮之所周，視爾編氓誠如赤子。……［朕］謹將上諭十六條尋繹其義，推衍其文，共得萬言，名曰《聖諭廣訓》。"

《四庫全書總目》曰："聖諭十六條，聖祖仁皇帝所頒。廣訓一萬餘言，則我世宗憲皇帝推繹聖謨以垂範奕世者也。粤稽虞代，命契爲司徒，敬敷五教，當時必有誥誡之文。今佚不可考。《周禮》州長正月之吉，各屬其州之民而讀法，以考其德行道藝而勸之，糾其過惡而戒之。又族師，月吉則屬民而讀教法，書其孝弟睦婣有學者。其法今亦不傳。然而聖帝明王膺作君作師之任，其啟迪愚蒙，必反覆丁寧，申以文告，則其制章章可考。故書稱皇極之敷言，是彝是訓，于帝其訓也。惟是歷代以來，如家訓、世範之類，率儒者私教於一家。琴堂諭俗編之類，亦守令自行於一邑。罕聞九重揮翰，爲愚夫愚婦特撰一編。獨明太祖所著《資治通訓》諸書，具載《永樂大典》中，而義或不醇，詞或不雅，世亦無述焉。洪惟我聖祖仁皇帝體天牖下民之意，親揮宸翰，示億兆以典型。我世宗憲皇帝復欽承覺世之旨，鄭重申明，俾家絃戶誦。聖有謨訓，詞約義宏，括爲十有六語不爲少，演爲一萬餘言不爲多。迄今朔望宣讀，士民肅聽，人人易知易從，而皓首不能罄其藴。誠所謂言而世爲天下則矣。"《四庫全書簡明目錄》曰："聖祖仁皇帝親製聖諭十六條頒示天下。雍正二年世宗憲皇帝闡繹覺世牖民之意，演爲廣訓萬言，列在學宮，使共相講肄迄今，朔望宣讀，無不油然感動。蓋周詳剴切，所以入人者深也。"

著録：《四庫全書總目》。

284　聖祖仁皇帝庭訓格言

《聖祖仁皇帝庭訓格言》一卷，清世宗愛新覺羅・胤禛撰，清内府鈔本。一冊。半葉七行二十二字。版心上書“庭訓格言”。無邊框，葉高 29.5 釐米，寬 17.5 釐米。前有雍正八年御製序。

雍正，見 249《大清聖祖合天弘運文武睿哲恭儉寬裕孝敬誠信中和功德大成仁皇帝聖訓》。

是書爲康熙皇帝玄燁教誨其後代之箴言，其内容廣泛，典多出於《四書》、《五經》。

雍正《序》曰：“蓋由我皇考質本生知，而加以好學，聖由天縱，而益以多。能舉天地間萬事萬物之理，融會貫通，以其得之於心者，宣爲至教。視聽言動悉合經常，飲食起居咸成矩度。而聖慈篤摯，啟迪周詳，涵育薰陶，循循善誘。朕四十年來祇聆默識，夙夜凜遵，仰荷纘承，益圖繼述。追思疇昔天倫之樂，緬懷叮嚀告戒之言，既歷歷以在心，尚洋洋其盈耳。謹與誠親王允祉等記録各條，萃會成編恭名爲《庭訓格言》於戲。”

本館藏本爲墨筆楷書。

著錄：《四庫全書總目》。

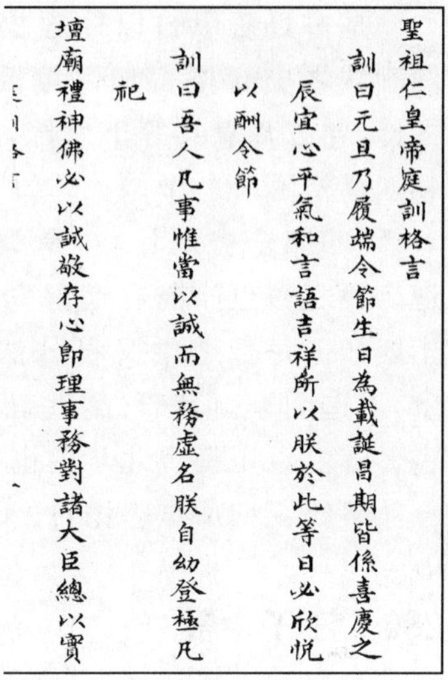
聖祖仁皇帝庭訓格言
訓曰元旦乃履端令節生日為載誕昌期皆係喜慶之
辰宜心平氣和言語吉祥所以朕於此等日必欣悅
以酬令節
訓曰吾人凡事惟當以誠而無務虛名朕自幼登極凡
祀
壇廟禮神佛必以誠敬存心即理事務對諸大臣總以實

284

285　萬世玉衡錄

《萬世玉衡錄》、《御覽萬世玉衡錄》四卷，清蔣伊撰，乾隆二年刻本。四冊。半葉九行二十三字。左右雙邊，白口，單魚尾。版心上鐫書名，中鐫卷次。框高 19.5 釐米，寬 14 釐米。前有扉頁，題：“御覽萬世玉衡錄。”卷首有康熙十二年蔣伊進呈疏，乾隆二年蔣漣奏疏，總目。

蔣伊(1631—1687)，字謂公，號莘田，常熟人。康熙癸丑進士，官至河南提學副使。著有《莘田詩文集》等。

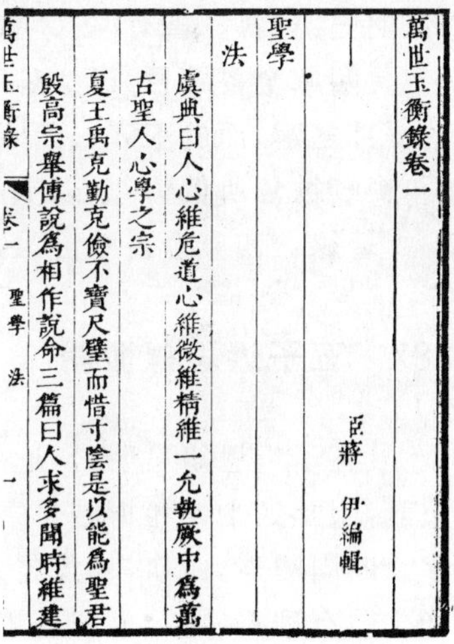
萬世玉衡錄卷一
臣蔣　伊編輯
聖學
法
虞典曰人心維危道心維微維精維一允執厥中爲萬
古聖人心學之宗
夏王禹克勤克儉不寶尺璧而惜寸陰是以能爲聖君
殷高宗舉傅說爲相作說命三篇曰人求多聞時維建
萬世玉衡錄　卷一　聖學　法　一

285

是書爲蔣伊自以往經史中擇取自唐虞至明季有關訓誡之史實格言加以編撰而成。卷一爲聖學等十二條，卷二爲息兵等十六條，卷三爲警外戚等十六條，卷四爲裕國等二十條。

《四庫全書總目》:“是編乃其[蔣伊]初登第後恭進御覽之書也。前有進書奏疏。其書分門編次，共六十四類。每類之中又自分法、戒二類。所採上起唐、虞，下迄明季。其曰《萬世玉衡》者，蓋取司馬遷《天官書》之說，以玉衡爲北斗杓也。”

著録:《四庫全書總目》。

286　汪子中詮

I1363

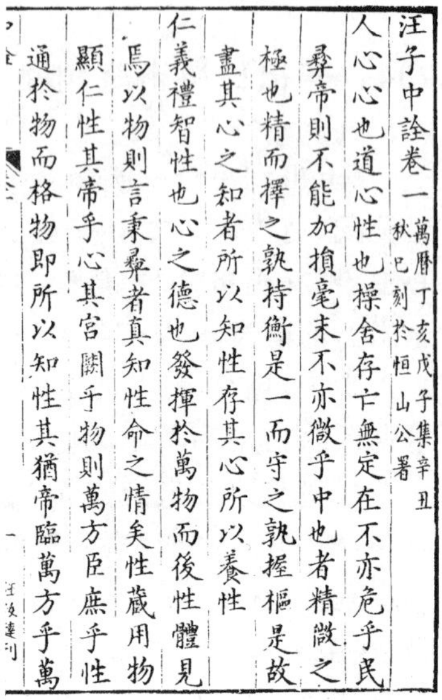
汪子中詮卷一　萬曆丁亥戊子集辛丑秋巳刻於桓山公署
人心心也道心性也操舍存亡無定在不亦危乎民
彝常則不能加損毫末不亦微乎中也者精微之
極也精而擇之孰持衡是一而守之孰握樞是故
盡其心之知者所以知性存其心所以養性
仁義禮智性也心之德也發揮於萬物而後性體見
焉以物則言秉彝者真知性命之情矣性藏用物
顯仁性其帝乎心其宮闕乎物則萬方臣庶乎性
通於物而格物即所以知性其猶帝臨萬方乎萬

286

《汪子中詮》六卷，明汪應蛟撰，明萬曆四十六年敬思堂刻本。六冊。半葉九行二十字。四周單邊，白口，單魚尾。版心上鐫書名，中鐫卷次。框高 21.2 釐米，寬 12.7 釐米。前有萬曆四十六年汪應蛟自序。

汪應蛟(? —1628)，字潛夫，婺源人。萬曆甲戌進士，官至戶部尚書。謚清簡。事具《明史》本傳。著有《古今彝語》、《病吟草》等。

《四庫全書總目》曰:“是編皆其講學之語。起萬歷丁亥，至乙卯，凡二十年。多詳於儒釋之辨，而於王守仁所云無善無惡、心之體一語，論之尤詳。以當日諸儒各立門戶，應蛟欲無所偏倚，故以中詮爲名云。”

著録:《四庫全書總目》、《中國古籍善本書目》。

287　五子近思録發明

B128. C53 C526 1820/GR159

《五子近思録發明》、《近思録發明》十四卷，清施璜纂註，吴日慎、汪鑑閲正，李宗傳重訂，康熙四十四年桐城李寄鴻堂藏版刻本。六冊。半葉九行二十字，小字雙行四十字。四周雙邊，白口，單魚尾。版心上鐫書名，中鐫卷次。框高 19.5 釐米，寬 13.5 釐米。前有扉頁，題:“五子近思録發明。新安施虹玉先生纂註，近思録朱子手集周子、二程子、張子四先生書，共成十四卷。星溪汪氏彙朱子粹言增入各卷末，是爲五子近思録。施氏璜又□□□薛、胡、羅、高四家語録附于各卷末發明，□□生之旨語更詳備，學者宜日置案頭體玩焉。桐城李寄鴻堂藏版。”卷首有康熙四十四年施璜自序，“近思録原編書序”，“五子近思録目次”，“五子近思録發明例”，“五子近思録補編增入書目”。校字蕭明善、李家雋、楊鏡蓉、楊佩之。

施璜(？—1706)，字虹玉，休寧人。事具《江南通志》。著有《誠齋文集》、《思誠錄》、《小學近思錄發明》、《書將規約》等。

是書爲施璜在汪佑《五子近思錄》的基礎上增補而成，以爲讀書人初學四書之用。卷一爲道體八十八條，卷二爲爲學一百六十五條，卷三爲致知一百六十六條，卷四爲存養一百三十四條，卷五爲克治六十三條，卷六爲齊家七十八條，卷七爲出處六十二條，卷八爲治道四十九條，卷九爲治法四十三條，卷十爲臨政處事一百一十四條，卷十一爲教人之道三十八條，卷十二爲警戒改過五十五條，卷十三爲辨别異端三十五條，卷十四爲總論聖賢八十二條。

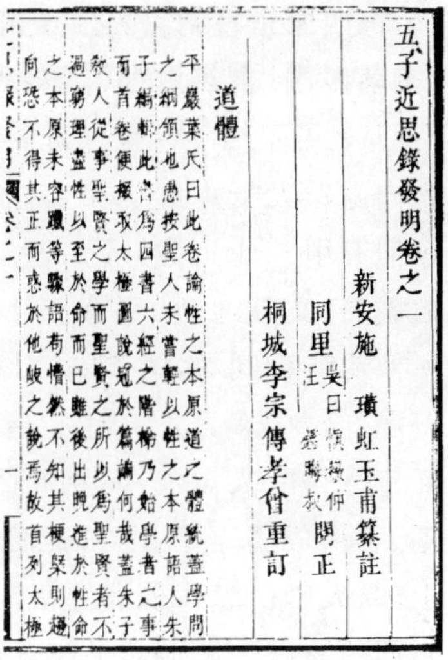
五子近思錄發明卷之一
新安施　璜虹玉甫纂註
同里吳曰慎徽仲　汪[illegible]叔閱正
桐城李宗傳孝偕重訂
道體
平巖葉氏曰此卷論性之本原道之體統蓋學問之綱領也愚按聖人未嘗輕以性之本原語人朱子編輯此書爲四書六經之階梯乃始學者之事而首卷便揭取太極圖說冠於篇端何哉蓋朱子教人從事聖賢之學而聖賢之所以爲聖賢者不過窮理盡性以至於命而已雖後出晚進於性命之本原未容躐等驟語苟懵然不知其梗槩則趨向恐不得其正而惑於他歧之說焉故首列太極
五子近思錄發明卷之一　一

287

施璜《自序》中對編撰此書的目的有清晰描述："[朱子]嘗謂學者曰：'四書者五經之階梯，近思錄者四書之階梯。'……但近思錄在昔有平巖葉氏集解闡發，則先生之精蘊昭然如日星，今五子合編，尚少註解。故璜與同志講習五子於紫陽、還古兩書院者有年，遂自忘其固陋，畧有發明。於葉註之精者，而益求其精，其未及註者，則蒐輯而補之。又嘗讀薛子《讀書錄》、胡子《居業錄》、羅子《困知記》與高子《遺書》，喜其皆由近思以陞入四書五經之堂室者，先後一揆，若合符節；迨讀北平孫氏學約續編，亦謂薛、胡、羅、高四先生，羽翼周、程、張、朱五先生者也。於是彙萃其精要者，以附於各卷之末，蓋卽以四先生之言發明五先生之旨，而意益親切、語更詳備焉。……愚爲此編雖於聖人之蘊不能大有發明，然於窮鄉晚進之士得此而玩心焉，亦庶幾有少資助云。"

著錄：是書《中國古籍善本書目》等無著錄。

288　西山讀書記甲集

M197b

《西山讀書記甲集》、《西山先生眞文忠公讀書記甲集》三十七卷，宋眞德秀撰，宋福州學官刻元明遞修本。一册。半葉九行十六字，小字雙行二十四字。左右雙邊，白口，雙魚尾，包背裝。版心中鐫書名、卷次，下鐫"正佑五年刊補"、"延佑五年補刊"等字樣及刻工。框高 21 釐米，寬 15 釐米。

眞德秀(1178—1235)，字景元、景希、希元，號西山，福建浦城人。南宋慶元五年登進士，官至戶部尚書、參知政事，進資政殿直學士。卒，贈銀青光祿大夫，謚文忠，祀孔廟。事具《宋史・道學傳》。著有《四書集編》、《清源文集》、《西山文集》、《大學衍義》、《西山甲乙稿》、《大學衍義》、《西山告諭文》等。

《四庫全書總目》之《讀書記》條下曰："案陳振孫《書錄解題》，謂《西山讀書記》有甲、乙、丙、丁，甲言性理，中述治道，末言出處。大抵本經史格言，而述以己意。今但有甲三十七卷，丁二卷。乙丙未見。故載於《文獻通考》者僅三十九卷。今世所傳明時舊刊本，甲、丁二記卷數與《書錄解題》合，中多乙記二十二卷。前有開慶元年德秀門人湯漢序，稱《讀書記》惟甲、乙、丁爲成書。甲、丁二記先刊行。乙記上卽《大學衍義》，久進於朝。其下未及繕寫而德秀没。漢從其子仁夫鈔得，釐爲二十二卷，而刊之福州。據此，則丙記原書本闕，乙記爲湯漢所續刊。振孫惟見初行之本，故止於甲丁二記也。甲記自論天命之性至論鬼神，各分標目。前有綱目一篇，具詳論次先後之旨。乙記載虞、夏以來名臣賢相事業，略仿編年之體。前亦有綱目一篇，謂訖於五閏，而書中至唐李德裕而止。蓋撰次未完者。丁記上卷皆論出處大義。下卷分處貧賤、處患難、處生死、安義命、審重輕諸目，與上卷互相發明。德秀《大學衍義》羽翼聖經。此書又分類詮錄，自身心性命，天地五行，以及先儒授受源流，無不臚晰。名言緒論，徵引極多，皆有裨於研究。至於致治之法，衍義所未及，詳者，則於乙記中備著其事。古今興衰治忽之故，亦犁然可睹。在宋儒諸書之中可謂有實際者矣。"

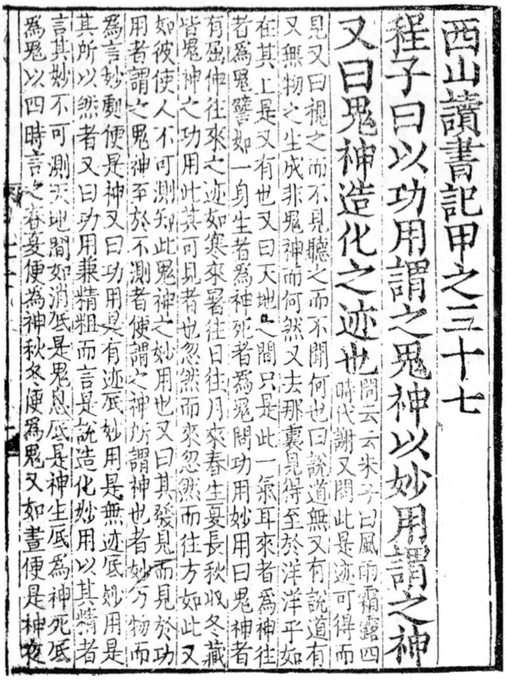
西山讀書記甲之三十七
程子曰以功用謂之鬼神以妙用謂之神
又曰鬼神造化之迹也問云云朱子曰風雨霜露四時代謝又問此是迹可得而見又曰視之而不見聽之而不聞何也曰說道無又有說道有又無物之生成非鬼神而何然又去那裏見得至於洋洋乎如在其上是又有也又曰天地之間只是此一氣耳來者爲神往者爲鬼譬如一身生者爲神死者爲鬼問功用妙用曰鬼神者有屈伸往來之迹如寒來暑往日往月來春生夏長秋收冬藏皆鬼神之功用此其可見者也忽然而來忽然而往方如此又如彼使人不可測知此鬼神之妙用也又曰其發見而見於功用者謂之鬼神至於不測者便謂之神所謂神也者妙萬物而爲言妙處便是神又曰功用是有迹底妙用是無迹底妙用是其所以然者又曰功用兼精粗而言是說造化妙用以其精者言其妙不可測天地間如消底是鬼息底是神生底爲神死底爲鬼以四時言之春夏便爲神秋冬便爲鬼又如晝便是神夜

288

本館藏本一册，僅得是書之三十七卷。

著錄：《四庫全書總目》、《中國古籍善本書目》。

鈐印："李寅"。

刻工：林、志。

289　習是編

《習是編》二卷，清汪聚鑰輯，鄒麒校。清乾隆三十六年刻本。二册。半葉九行二十字。左右雙邊，白口，單魚尾。版心上鐫書名，下鐫卷次。框高 19.6 釐米，寬 12.5 釐米。前有汪聚鑰之婿王邦治序。

汪聚錀(生卒年不詳),字廉石,桐溪人。

是書卷一爲敦倫、檢身、閑家、涉世、慎交、貽謀,卷二爲擇言、處事、務本、安分、小心、大度、讀書、種德、惜福、廣慈。

王邦治《序》曰:“吾外父汪聚錀,廉石公,浙西右族,世代簪纓,博極群書,敦充實學,力黜浮糜,其所蒐羅古人格言懿行,顯微具備,巨細兼該,幾於發名山,窮二酉兩閒之祕岌,不經人見之書,如集千狐之腋以成一裘。”

著録:是書《中國古籍善本書目》等無著録。

鈐印:“王澄”、“宇淖”、“三槐主人”。

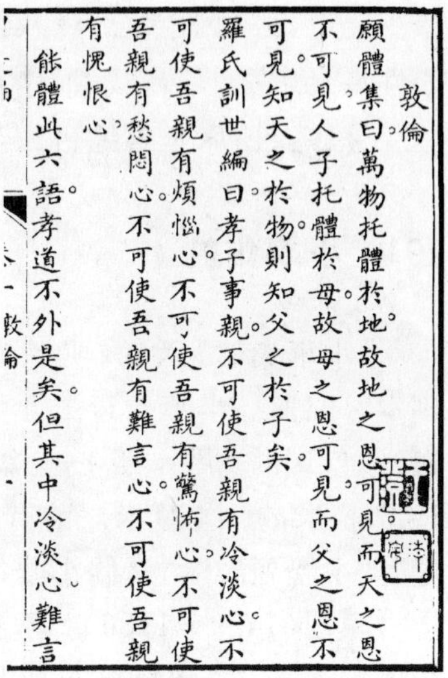
敦倫
顧體集曰萬物托體於地故地之恩可見而天之恩不可見人子托體於母故母之恩可見而父之恩不可見知天之於物則知父之於子矣
羅氏訓世編曰孝子事親不可使吾親有冷淡心不可使吾親有煩惱心不可使吾親有驚怖心不可使吾親有愁悶心不可使吾親有難言心不可使吾親有愧恨心
能體此六語孝道不外是矣但其中冷淡心難言

289

290　閑道録

B128. H561H7 1685/G1426

《閑道録》,又名《愚齋語録》,三卷,清熊賜履撰,清李光地、李玉如、徐秉義校,清康熙二十四年敬業山房刻本。三冊。半葉九行二十字。左右雙邊,白口,單魚尾。版心上鐫書名,下鐫卷次。框高 22 釐米,寬 13.6 釐米。前有康熙二十四年李賛元、施璜序,徐秉義、周銘、劉然跋,清康熙六年蕭企昭跋等。後有康熙十年洪名序。

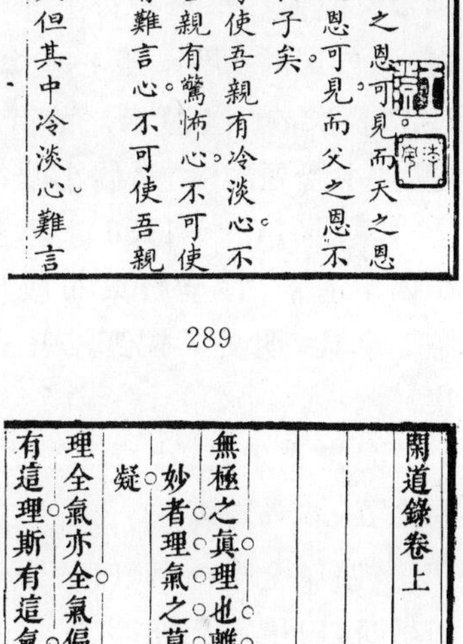
閑道録卷上
延平李玉如
受業門人晉安李光地同校
姑蘇徐秉義
無極之眞理也離不得氣二五之精氣也離不得理妙者理氣之莫測合者理氣之無間妙故合合故凝
理全氣亦全氣偏理亦偏
有這理斯有這氣無這理斯無這氣豈可混而爲一

290

熊賜履,見 085《學統》。

《四庫全書總目》曰:“是書大旨以明善爲宗,以主敬爲要。力闢王守仁良知之學,以申朱子之說。故名曰《閑道》。蓋以楊墨比守仁也。其閒辨駁儒、禪之同異,頗爲精核。惟詞氣之閒,抑揚太過。以朱子爲兼孔子、顔子、曾子、孟子之長,而動詈象山、姚江爲異類。殊少和平之意,則猶東林之餘習也。其中如云,一箇分萬箇,萬箇又分萬箇。萬箇合一箇,一箇又合一箇。然既已合爲一箇,不知所云又合之一箇竟指何物。又云無方無方之方,無體無體之體,無外無外之外,無内無内之内,無終無終之終,無始無始之始。又云自寂自感,自感自寂,恒寂恒感,恒感恒寂。又云無斷無續,無出無入。皆不免故爲杳冥恍惚之詞。又云食知味,行知步,知性知天,亦不外此。尤不免仍涉良知之說。其謂老氏無止無理,不曾無欲。佛氏空止空理,不曾空欲。亦不甚中其病。至謂學不聞道，雖功彌六合，澤及兩間，止是私意，以陰抑姚江之事功。尤爲主張太過，轉以心性爲元虛矣。”

著録：《四庫全書總目》、《皇朝文獻通考》、《皇朝通志》。

291　小學集註

H968

《小學集註》六卷，明陳選集註，明崇禎十年張煊刻本。四冊。半葉十行二十字，小字雙行同。四周雙邊，白口，單魚尾。版心上鐫書名，中鐫卷次。框高 19.7 釐米，寬 14 釐米。前有崇禎八年“御製重刊小學序”，“小學題辭”，“諸儒小學總論”，陳選“小學句讀”。

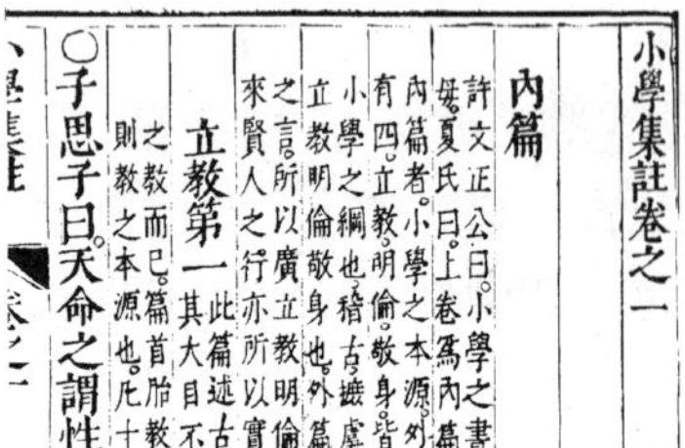
小學集註卷之一　臣陳選集註
內篇
許文正公曰小學之書吾信之如神明敬之如父母夏氏曰上卷爲內篇下卷爲外篇許文正公曰內篇者小學之本源外篇者小學之支流○內篇有四立教明倫敬身皆述虞夏商周聖賢之言乃小學之綱也稽古摭虞夏商周聖賢之行所以實立教明倫敬身也外篇有二嘉言述漢以來賢人之言所以廣立教明倫敬身也善行紀漢以來賢人之行亦所以實立教明倫敬身也
立教第一　此篇述古聖人所以立極教人之法其大目不出乎立明倫之教立敬身之教而已篇首胎教一章則教之本源也凡十三章
○子思子曰天命之謂性率性之謂道脩道之謂教

291

陳選（1429—1486），字士賢，臨海人。明英宗天順四年進士，官至廣東布政使，追贈光祿寺卿。謚恭愍。事具《明史》本傳。著有《宋史道學傳》、《丹崖集》等。

是書爲朱熹《小學》之集註。卷之一至四爲内篇，卷之五、六爲外篇。

《四庫全書總目》曰：“朱子是書，成於淳熙丁未三月。凡内篇四。曰立教，曰明倫，曰敬身，曰稽古。外篇二。曰嘉言，曰善行。考《晦菴集》中有癸卯與劉子澄書，蓋編類此書，實託子澄。其初有文章一門，故書中稱文章尤不可泛，如離騷一篇，已自多了。敘古蒙求亦太多，兼奥澁難讀，非啟蒙之具。卻是古樂府及杜子美詩意思好，可取者多。又有乙巳與子澄書，稱小學見比修改，凡定著六篇云云。……選註爲鄉塾訓課之計，隨文衍義，務取易解。其説頗爲淺近。然此書意取啟蒙，本無深奥。又雜取文集子史，不盡聖言。註釋者推衍支離，務爲高論，反以晦其本旨。固不若選之所註，猶有裨於初學矣。……是書所録皆宋儒所謂養正之功，教之本也。改列儒家，庶幾協其實焉。”

著録：《四庫全書總目》，《中國古籍善本書目》。

鈐印：“吳司典印”、“光音齋珍藏”。

292　新鐫性理奥

I1238

［新鐫］《性理奥》十卷，首一卷，明丁進撰，丁遇校訂，明天啓六年刻本。四冊。半葉九行二十字，眉欄上刻評。四周雙邊，白口，單魚尾。版心上鐫書名，中鐫卷次。框高 19.6 釐米，寬 14 釐米。前有胡維霖、丁遇序，丁進“新鐫性理奥卷之首”，目録，姓氏

目錄。

丁進(生卒年不詳)，字印趨，號甌石，浙江上虞人。明萬曆四十七中進士，爲翰林院庶吉士，授檢討。

是書集宋元諸儒之語錄，涵蓋太極至詩銘贊等多類。卷一爲太極圖、通書，卷二爲西銘、正蒙，卷三爲皇極、内外篇、漁樵、無名公傳，卷四爲啓蒙、家禮、律吕新書，卷五爲洪範、天文、地理、潮汐、鬼神、性命，卷六爲道統、聖賢、諸儒，卷七爲爲學、存養、持敬、主静知行、言行、識量、辯邪、教人、人倫、六經，卷八爲讀書法、史、字、科舉、詩文、諸子，卷九爲歷代全，卷十爲君道、聖學、儲嗣、君臣、治道、禮樂、宗法、謚法、建封、學校、用人、求賢、論官、諫諍、法令、賞罰、王伯、田賦、理財、賑恤、禎異、兵刑、夷狄、詩銘贊。

是書首一卷含周子太極合易繫太極圖、五聲八音八風圖等多幀版刻插圖。

本館藏本曾爲日本人所藏，書末題有："淺田先生遺物，大口直良識。"

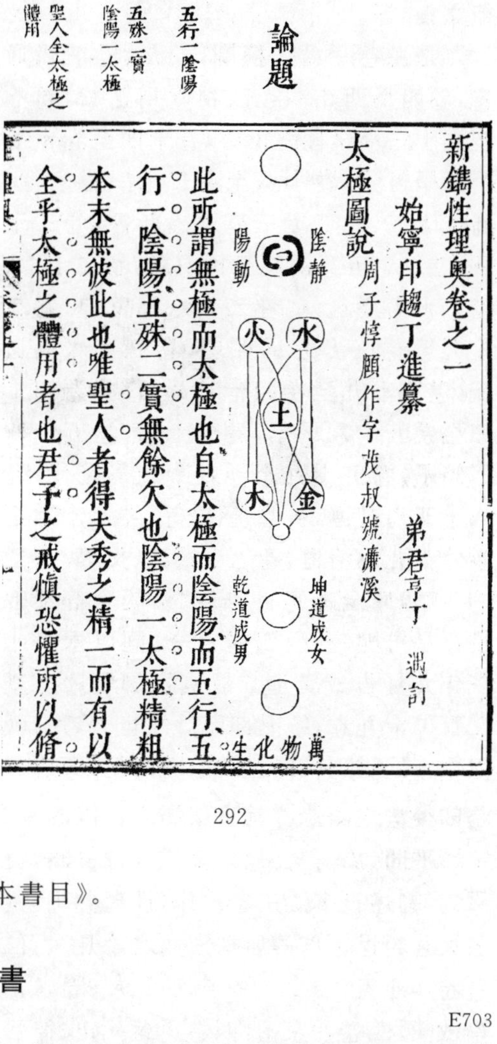
論題
五行一陰陽
五殊二實
陰陽一太極
聖人全太極之體用

新鐫性理奥卷之一
始寧印趨丁進纂　弟君亨丁　遇訂
太極圖說周子惇頤作字茂叔號濂溪

此所謂無極而太極也自太極而陰陽而五行五行一陰陽五殊二實無餘欠也陰陽一太極精粗本末無彼此也唯聖人者得夫秀之精一而有以全乎太極之體用者也君子之戒愼恐懼所以脩

292

著錄：《四庫未收書輯刊》、《中國古籍善本書目》。

293　新刻九我李太史校正大方性理全書

E703

[新刻九我李太史校正]《大方性理全書》、《性理全書》七十卷，明胡廣等撰，李廷機校，明永樂十三年金陵李洪宇刻本。十八册。半葉十行二十字，小字雙行同。四周雙邊，白口，雙魚尾。版心上鐫書名，中鐫卷次。框高 20.8 釐米，寬 14.6 釐米。前有扉頁，題："歷氏名賢大方性理。九我李太史編纂，金陵李洪宇梓行。"前有永樂十三年御製序，胡廣進書表，先儒姓氏及纂修者姓氏，目錄。

胡廣，見 029《周易傳義大全》。

李廷機(1542—1616)，字爾張，號九我，晉江新門外浮橋人。少貧勵學，龍慶四年舉順天鄉試解元，萬曆十一年會元、榜眼，纍官禮部尚書兼東閣大學士。謚文節，入祀學宮。著有《四書臆說》、《春秋講章》、《皇明名臣言行錄》、《性理删》、《燕居錄》、《李文節文集》等。

新刻九我李太史校正大方性理全書卷之一
太極圖　温陵　九我　李廷機　校正
朱子曰太極圖者濂溪先生之所作也先生姓
周氏名惇實字茂叔後避英宗舊名改惇頤家
世道州營道縣濂溪之上博學力行聞道甚早
遇事剛果有古人風爲政精密嚴恕務盡道理
嘗作太極圖通書易通數十篇襟懷飄灑雅有
高趣尤樂佳山水廬山之麓有溪焉先生濯纓
而樂之因寓以濂溪之號而築書堂於其上又
曰先生之學其妙具於太極一圖通書之言亦
皆此圖之蘊而程先生兄弟語及性命之際亦
未嘗不因其說觀通書之誠動靜理性命等章
及程氏書李仲通銘程邵公志顏子好學論等
篇則可見矣潘清逸誌先生之墓敘所著書特
以作太極圖爲稱首然則此圖當爲先生書首
無疑也然先生既手以授二程本因附書後傳
者見其如此遂誤以圖爲書之卒章不復釐正
使先生立象盡意之微指暗而不明而驟讀通

293

是書卷一爲太極圖，卷二、卷三爲通書，卷四爲西銘，卷五、卷六爲正蒙，卷七至卷十三爲皇極經世書，卷十四至卷十七爲易學啓蒙，卷十八至卷二十一爲家禮，卷二十二、卷二十三爲律呂新書，卷二十四、卷二十五爲洪範皇極内篇，卷二十六、卷二十七爲理氣，卷二十八爲鬼神，卷二十九至卷三十七爲性理，卷三十八爲道統，卷三十九至卷四十二爲諸儒，卷四十三至卷五十六爲學，卷五十七、卷五十八爲諸子，卷五十九至卷六十四爲歷代，卷六十五爲君道、君德、聖學等，卷六十六至卷六十九爲治道，卷七十爲詩、文等。

《四庫全書總目》曰：“明胡廣等奉敕撰。是書與《五經四書大全》同以永樂十三年九月告成奏進。故成祖御製序文稱二百二十九卷，統七部而計之也。考自漢以來，弟子錄其師說者，始於鄭記《鄭志》，是卽後世之語錄。其裒諸儒之言以成一書者，則古無是例，《近思錄》其權輿矣。宋景定端平閒，周、程、張、朱諸儒皆蒙襃贈，眞德秀亦以講學有名，得參大政。天下趨朝廷風尚，纂述日多。王孝友作《性理彝訓》三卷，熊節作《性理羣書》二十三卷，於是性理之名大著於世。廣等所採宋儒之說凡一百二十家。其中自爲卷帙者，爲周子《太極圖說》一卷，《通書》二卷。張子《西銘》一卷，《正蒙》二卷。邵子《皇極經世書》七卷。朱子《易學啟蒙》四卷，《家禮》四卷。蔡元定《律呂新書》二卷。蔡沈《洪範皇極内篇》二卷。共二十六卷。自二十七卷以下，捃拾羣言，分爲十三目。曰理氣，曰鬼神，曰性理，曰道統，曰聖賢，曰諸儒，曰學，曰諸子，曰歷代，曰君道，曰治道，曰詩，曰文。大抵龐雜冗蔓，皆割裂襞積以成文，非能於道學淵源眞有鑒别。”

著錄：《四庫全書總目》、《中國古籍善本書目》、《美國哈佛大學哈佛燕京圖書館中文善本書志》。

294　荀子

H984

《名家批點荀子全書》、《荀子》二十卷，唐楊倞註，明末肓石居刻本。六冊。半葉九行十八字，小字雙行同，眉欄上刻評。四周單邊，白口，無魚尾。版心上鐫書名，中鐫卷次。框高 18.9 釐米，寬 13.5 釐米。前有扉頁，題：“合諸名家批點荀子全書，本衙藏板肯石居行。”前有唐元和十三年楊倞序，目錄等。

楊倞(生卒年不詳)，弘農人。與元稹、白居易同時，官東川節度使、刑部尚書。著《荀子註》一書，爲流傳至今《荀子》最早註本。“兩唐書”皆無傳。據其《荀子注序》所記之年，知爲唐憲宗時人。

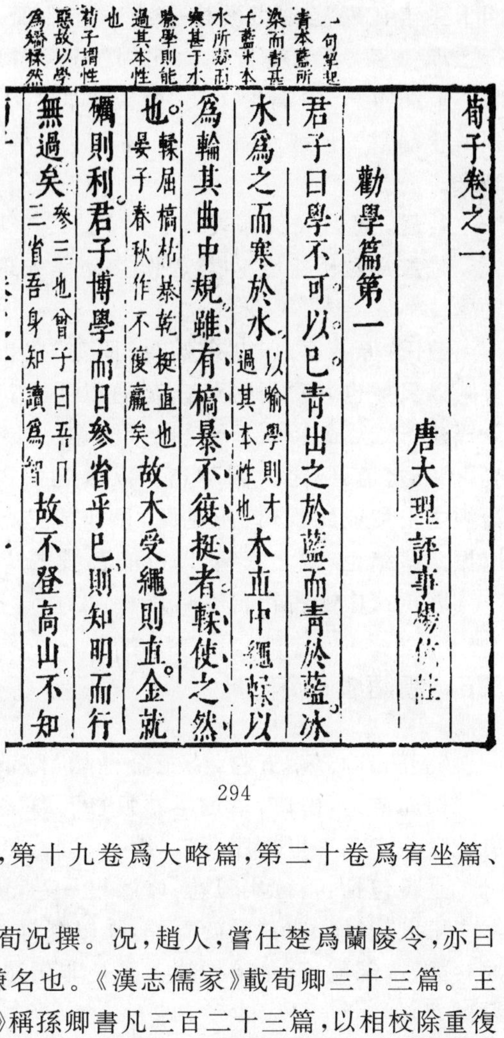

294

是書第一卷爲勸學篇、修身篇，第二卷爲不苟篇、榮辱篇，第三卷爲非相篇、非十二子篇，第四卷爲儒效篇，第五卷爲王治篇，第六卷爲富國篇，第七卷爲王霸篇，第八卷爲君道篇，第九卷爲臣道篇、致仕篇，第十卷爲議兵篇，第十一卷爲強國篇、天論篇，第十二卷爲正論篇，第十三卷爲禮論篇，第十四卷爲樂論篇，第十五卷爲解蔽篇，第十六卷爲正名篇，第十七卷爲性惡篇、君子篇，第十八卷爲成相篇、賦論篇，第十九卷爲大略篇，第二十卷爲宥坐篇、子道篇、法行篇、哀公篇、堯問篇。

《四庫全書總目》曰：“《荀子》二十卷，周荀況撰。況，趙人，嘗仕楚爲蘭陵令，亦曰荀卿。漢人或稱曰孫卿，則以宣帝諱詢，避嫌名也。《漢志儒家》載荀卿三十三篇。王應麟考證謂當作三十二篇。劉向校《書序錄》稱孫卿書凡三百二十三篇，以相校除重復二百九十篇，定著三十三篇，爲十二卷，題曰新書。唐楊倞分易舊第，編爲二十卷，復爲之註，更名荀子，卽今本也。”

著錄：《四庫全書總目》、《中國古籍善本書目》、《美國哈佛大學哈佛燕京圖書館中文善本書志》。

鈐印：“文回齋”。

295　原善

B128. M35T32 1777/G757i

《原善》二卷，《戴氏遺書》之九，《原象》一卷，《戴氏遺書》之十五，清戴震撰，清乾隆四十二年孔繼涵刻微波榭叢書本。一冊。半葉十一行二十一字，小字雙行同。四周雙邊，白口，單魚尾。版心上鐫書名，中鐫卷次及“戴氏遺書”，下鐫“微波榭刻”，卷端註“七經小記”。框高 18.3 釐米，寬 13.2 釐米。

戴震，見 015《聲類表》。

是書爲戴氏主要哲學著作。反程朱理學，倡義理之學。

戴氏《原善序》曰：“余始爲《原善》之書三章，懼學者蔽以異趣也，復援據經言，疏通以明之；而以三章者分爲建首，次成上中下卷，比類合義，燦然端委畢著矣，天人之道，經之大訓萃焉。以今之去古聖哲既遠，治經之士莫能綜貫，習所見聞，積非成是，余言恐未足以振兹墜緒也，藏之家塾，以待能者發之。”

著錄：《中國古籍善本目錄》。

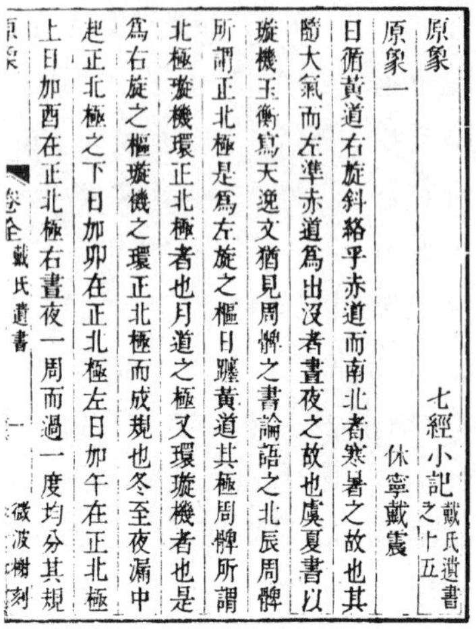
原象　七經小記之十五　戴氏遺書
原象一　休寧戴震
日循黃道右旋斜絡乎赤道而南北者寒暑之故也其
隨大氣而左準赤道爲出沒者晝夜之故也虞夏書以
璇機玉衡寫天逆文猶見周髀之書論語之北辰周髀
所謂正北極是爲左旋之樞日躔黃道其極周髀所謂
北極璇機環正北極者也月道之極又環璇機者也是
爲右旋之樞璇機之環正北極而成規也冬至夜漏中
起正北極之下日加卯在正北極左日加午在正北極
上日加酉在正北極右晝夜一周而過一度均分其規
原象　戴氏遺書　一　微波榭刻

295

296　韻語省心編

J2221

《韻語省心編》五卷，清王金鼎增訂，清鈔本。二冊。半葉十行二十七字，眉欄寫評。四周單邊，白口，單魚尾。版心下鐫“後蘭亭”。框高 19.2 釐米，寬 10.5 釐米。前有乾隆六十年王世耀序(殘)，總目。

是書包括：崇德集三卷，修慝集一卷，辨惑集一卷。

王世耀《序》曰：“爰於春仲，乘以課餘，祖先賢之雅意，搜敗篋之殘書，鐘鳴燈灺，不廢吟聲，按部就班，彙論均語。雖是非頗謬，未必盡合於聖賢，而感發殊深，豈盡不堪以勸誡。”

本館藏本爲墨筆楷書，青絲欄。

著錄：是書《中國古籍善本書目》等無著錄。

297　質孔說

B128.c82 C485 1745/GR337

《質孔說》二卷，周夢顏撰，乾隆十六年刻本。二冊。半葉九行二十一字。四周單邊，白口，單魚尾。版心中鐫書名、卷次。框高 19.4 釐米，寬 13.2 釐米。卷首有乾隆十六年金潮《周安士先生傳》，崑山縣志載《清故例贈文林郎庠生安士周公傳》，周夢顏《告聖廟文》，目錄。卷末有校僞，董金鑑續校。

周夢顏(1656—1739)，一名思仁，字安士，號懷西，崑山人。著有《安士全書》、《萬

▽事天

崇德編

[illegible]

▽事君

[illegible]

韻語省心編

古榕王金鼎重卿編輯

林李翀先生畏天箴皇矣上帝居高聽卑何以事之念念勿欺居心弗淨濁魔為祟舉頭見天云何勿畏彼夜而告以省吾私吾謂帝心未告已知雖有旃檀香不盈室德馨所聞靡遠弗格雖有鮑魚臭不越肆穢念所觸諸天掩鼻世人佩芳以襲其體我衷吾芳惟心是洗洗之又洗如滌腥膻庶幾不滓以對於天

明史紀事仁宗為太子監國時贊善黃淮正直于太子前論說經詩之法太子問楊士奇曰古人為詩者其高下優劣何如對曰詩以言志明良喜起之歌南風解慍之詩唐虞之君其志尚矣後世漢高帝大風歌唐太宗雪恥酬百王之作所尚者霸力皆非王道漢武秋風辭

旨

237

子部

善先資集》、《陰騭文廣義》、《西歸直指》。

是書爲周夢顔對《四書》加以闡發而成。上卷爲儒門宗旨，下卷爲讀書管見。

周夢顔《告聖廟文》敘述了撰寫該書的目的："爰將四書中未發之精藴討論蒐羅以備參攷，而又録出其假託語言有乖王化、有倍綱常者，指出數條，共分二卷，名爲《質孔說》。"

著録：是書《中國古籍善本書目》等無著録。

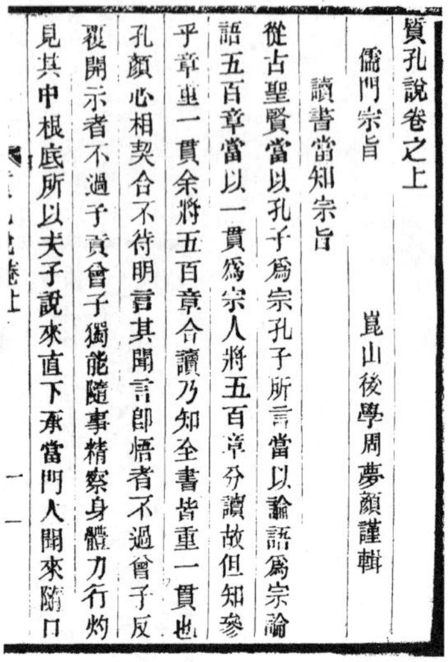
質孔說卷之上
儒門宗旨　崑山後學周夢顔謹輯
讀書當知宗旨
從古聖賢當以孔子爲宗孔子所言當以論語爲宗論
語五百章當以一貫爲宗人將五百章分讀故但知參
乎章重一貫余將五百章合讀乃知全書皆重一貫也
孔顏心相契合不待明言其聞言即悟者不過曾子反
覆開示者不過子貢曾子獨能隨事精察身體力行灼
見其中根底所以夫子說來直下承當門人聞來隨口
質孔說卷上　一

297

298　中說

E664

《中說》、《文中子中說》十卷，隋王通撰，宋阮逸註，明敬忍居刻本。四冊。半葉八行十七字。四周雙邊，白口，單魚尾。版心上鐫書名，中鐫卷次，下鐫"敬忍居"。框高 18.9 釐米，寬 13.7 釐米。前有序，篇目等。

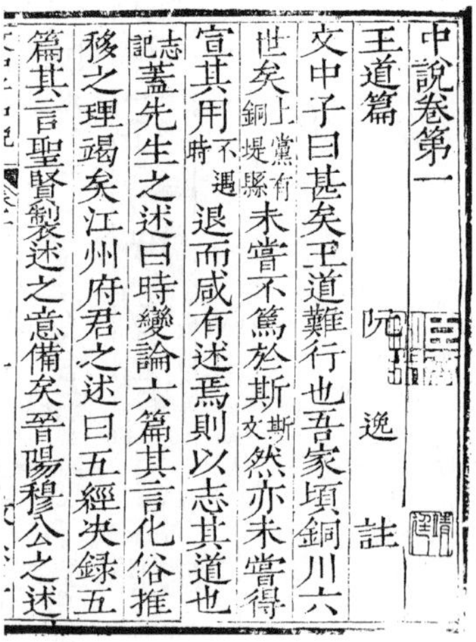
中說卷第一
王道篇　阮　逸　註
文中子曰甚矣王道難行也吾家頃銅川六
世矣上黨有銅堤縣未嘗不篤於斯斯文然亦未嘗得
宣其用不遇時退而咸有述焉則以志其道也
志記蓋先生之述曰時變論六篇其言化俗推
移之理竭矣江州府君之述曰五經決録五
篇其言聖賢製述之意備矣晉陽穆公之述

298

王通（584—617），字仲淹，河東郡龍門縣通化鎮人，爲隋代私人教育家。《隋書》無傳，"兩唐書"王績、王勃、王質傳中均曾提及，然皆極簡略，稱其爲隋末大儒而已。死後，門人弟子私謚爲"文中子"。著有《文中子》、《王氏六經》（或稱《續六經》）。

阮逸（生卒年不詳），字天隱，建州建陽人。天聖五年進士。景祐二年，典樂事。慶曆中，以詩得罪，除名貶竄遠州。皇祐中，特遷戶部員外郎。與胡瑗合著有《皇祐新樂圖記》。

是書各卷篇目分别爲：王道篇、天地篇、事君篇、周公篇、問易篇、禮樂篇、述史篇、魏相篇、立命篇、關朗篇。《中說》一書，有人疑其爲僞作，但大多數學者認爲，此書雖非王通所作，但其原本是王通門弟子姚義、薛收彙編而成的，實爲弟子們對其師言行之回憶及追録。

《四庫全書簡明目録》曰："舊本題隋王通撰，核以事實，多相牴牾。蓋其子福郊、福畤等所依託也。書凡十篇，字字句句皆刻畫《論語》師弟。亦互相標榜，自比孔顏。蓋自漢以來，僭擬聖人自通始，聚徒講學之風，亦自通始。録之以著儒風變古，其所由來者漸也。"

著録：《四庫全書總目》、《欽定天禄琳琅書目》、《中國古籍善本書目》、《四庫全書簡明目録》。

兵家類

299　古方略征

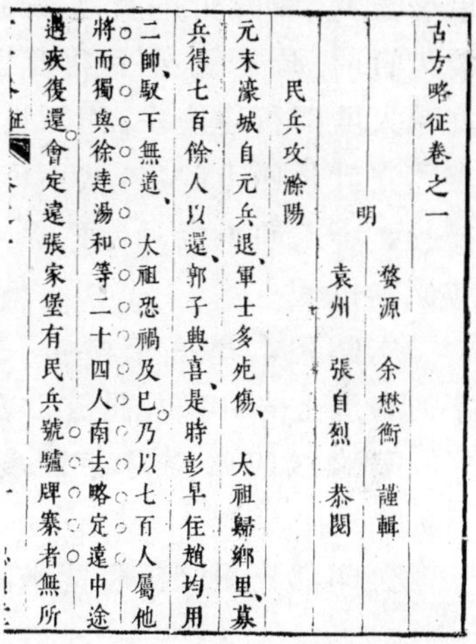
古方略征卷之一
明　婺源　余懋衡　謹輯
袁州　張自烈　恭閱
民兵攻滁陽
元末濠城自元兵退、軍士多死傷、太祖歸鄉里、募兵得七百餘人以還、郭子興喜、是時彭早住趙均用二帥、馭下無道、太祖恐禍及已。乃以七百人屬他將而獨與徐達湯和等二十四人南去略定遠中途遇疾復還。會定遠張家堡有民兵號驢牌寨者無所

299

U101. Y8 1639/W

《古方略征》四十五卷，續編六卷，明余懋衡輯，張自烈閱，明崇禎十三年忠貞堂刻本。二十四册。半葉九行二十字。四周單邊，白口，單魚尾。版心上鐫書名，中鐫卷次，下鐫“忠貞堂”。框高 19.8 釐米，寬13.7 釐米。前有崇禎十二年張自烈、姜日廣序，崇禎十三年徐石麒序，總目，張自烈等緣起，凡例，南冢宰少原余公傳。各部之前有扉頁，題“征部”、“謀部”等，及“計某卷，本衙藏板”。

余懋衡(生卒年不详)，字持國，婺源人。萬曆壬辰進士，官至南京吏部尚書。萬曆二十年前後在世。事具《明史》本傳。著有《關中集》等。

是書分爲征部六卷，謀部十二卷，機部六卷，備部五卷，守部三卷，律部十卷，奇部二卷，間部一卷及續編六卷。

張自烈《緣起》曰：“《古方略》，冢宰余公輯古廟算閫政兵法，擬繕寫呈御覽者。詳觀其書，蓋根抵《春秋》、《左》、《國》、《涑水通鑒》、《紫陽綱目》、《二十一史》、杜氏《通典》、《文獻通攷》、歷代名臣奏議，暨孫吳諸兵家言，或改漏失，或芟除複重，征、謀、機、備、守、律、奇、間，隨類編次若干卷。”

著錄：《千頃堂書目》、《中國古籍善本書目》。

鈐印：“蘭罳心藏書”。

300　金湯借箸

H830

《金湯借箸》十三卷，明周鑑，李長科校訂，明鈔本。十册。半葉九行十八字。無邊框，白口，無魚尾。版心中寫卷次。葉高 24.2 釐米，寬 14.5 釐米。前有崇禎十一年范景文序，崇禎十五年史可法序，總目。書後有周之茂跋。

周鑑(生卒年不詳)，字以人，麻城人。正統進士，授御史。景泰時，按江西大學士陳循子不法，鑑抵其罪，遷雲南副使。後擢山東按察使乞歸。

是書爲守城方略之兵書。分預備第一，清野第二，險要第三，選要第四，制器第五，設防第六，拒禦第七，方略第八，禁約第九，號令第十，營陣第十一，水戰第十二，制勝第

十三，共十三章。

范景文《序》曰："……於是臺公壯心益自激勵，與其友李小有、王元岳商榷城守方略，題曰《金湯借箸》。借箸云者，取謀野則獲之氣也。"史可法《序》曰："《金湯借箸》迺周子臺公手訂者也。其後李小有攜其稿，九袠人邑門行達廣平，而城圍廣平守令相與出。是書畫□守計凡四十餘目，城不能破，曁解嚴歸功是書，謀梓行。小人題爲金湯十貳籌，而行虧北，蓋有所裒益，非原本也。"

本館藏本爲墨筆楷書，行間廣見朱筆圈點及改字。書眉上方亦散見批註。書内有白描綫圖多幅。

著錄：《四庫全書存目叢書》、《中國古籍善本書目》。

鈐印："揚州師氏瓊樓學館藏書印"。

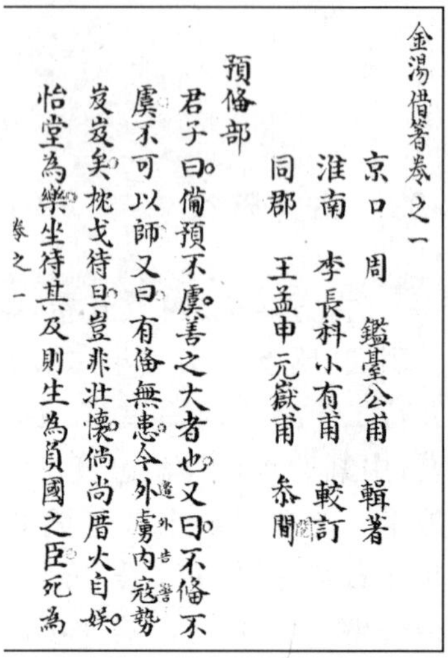
金湯借箸卷之一
京口　周　鑑臺公甫　輯著
淮南　李長科小有甫　較訂
同郡　王孟申元嶽甫　叅閱
預備部
君子曰備預不虞善之大者也又曰不備不
虞不可以師又曰有備無患今外寇內寇勢
岌岌矣枕戈待旦豈非壯懷倘尚厝火自娛
怡堂為樂坐待其及則生為負國之臣死為
卷之一

300

301　救命書

《救命書》一卷，明吕坤撰，明萬曆四十二年喬胤刻本。一冊。半葉八行二十字。四周單邊，白口，單魚尾。版心上鐫書名。框高 21.5 釐米，寬 13.3 釐米。前有萬曆三十五年吕坤序，後有萬曆四十二年喬胤跋。

吕坤，見 280《呻吟語》。

吕坤《序》曰："是書也，信之則爲活人，忽之則爲死鬼，《中谷》之詩曰'啜其泣矣，何嗟及矣。'其他日之謂乎！《園桃》之詩曰'心之憂矣，其誰知之，蓋亦勿思。'其今日之 謂乎！苟思矣，則知我言不妄，而爲計尚疏，必有高識遠見、秘法奇謀出於我之上者，爲之調度安排，而何暇笑我乎哉！噫！公署從來稱傳舍，擊鼓催花，畜艾沒人 聽藥言，隔靴搔癢，固知此書之萬萬不行也，然亦不可無吾言在。萬一余魂有知，必曰悔不用吕某之言也。"喬胤《跋》曰："邑舊有城，卑惡難守，且距堤不及二十武，高下相埒，藉令有綠林潢池之警，是殆爲敵人增負嵎之勢也。司寇吕新吾先生憂之，建議撤去舊城，展拓堤上，四面甃以 磚石，益以甕城，屹然崇墉可守矣。又慮守之無具，且無法也，乃作爲是書，名之曰《救命》。蓋如此則生，不如此則死，眞備急之良方，非故爲無病之呻吟也。先生開府山右時，曾刻

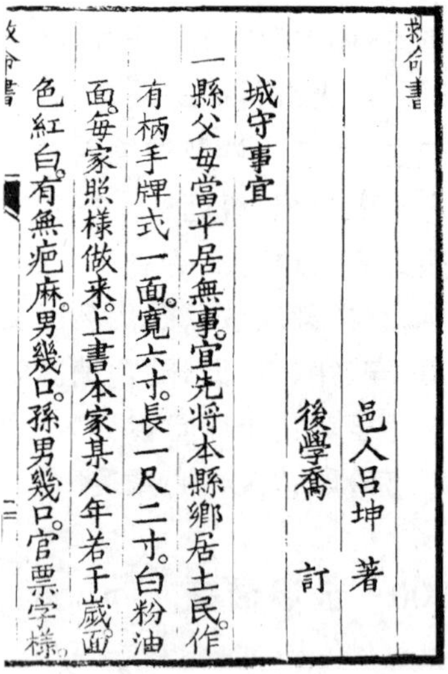
救命書
邑人吕坤　著
後學喬　訂
城守事宜
一縣父母當平居無事宜先将本縣鄉居士民作
有柄手牌式一面寬六寸長一尺二寸白粉油
面每家照樣做來上書本家某人年若干歲面
色紅白有無疤麻男幾口孫男幾口官票字樣
救命書

301

有《城守》一書，大略皆邊防機要，而是書則專爲吾邑區畫，蓋更爲精詳周到云。”

本館藏本喬胤跋後有《河工書》一卷，亦爲吕坤所撰。

著録：《中國古籍善本書目》。

302　唐荊川先生纂輯武編

F800

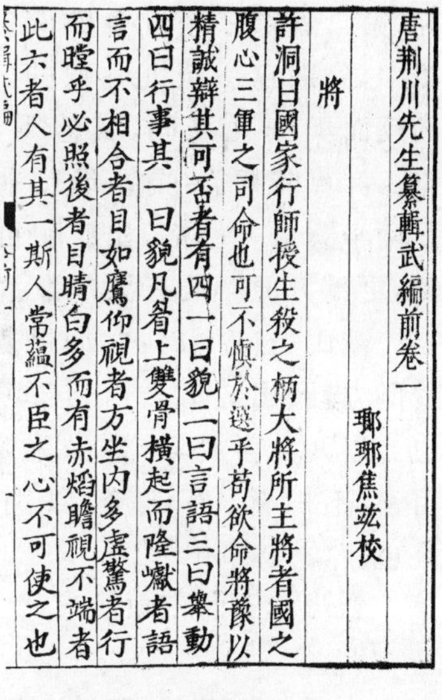
唐荆川先生纂輯武編前卷一
瑯琊焦竑校
將
許洞曰國家行師授生殺之柄大將所主將者國之腹心三軍之司命也可不慎於選乎苟欲命將豫以精誠辯其可否者有四一曰貌二曰言語三曰舉動四曰行事其一曰貌凡眘上雙骨横起而隆巘者語言而不相合者目如鷹仰視者方坐内多虞驚者行而瞠乎必照後者目睛白多而有赤焰瞻視不端者此六者人有其一斯人常藴不臣之心不可使之也

302

《唐荊川先生纂輯武編》、《纂輯武編》十二卷，明唐順之輯，焦竑校，明萬曆四十六年徐象樗曼山館刻本。十二冊。半葉十行二十字。左右雙邊，白口，單魚尾。版心上鐫書名，中鐫卷次。框高 21.4 釐米，寬 13.2 釐米。前有吳用先、姚文蔚序，郭一鶚弁首，目録見於各卷之首。

唐順之，見 091《歷代史纂左編》。

是書爲兵書，分前卷六卷，後卷六卷。

《四庫全書總目》曰：“是書皆論用兵指要，分前、後二集。前集六卷，自將士、行陣至器用、火藥、軍需、雜術凡五十四門。後集徵述古事，自料敵、撫士至堅壁、摧標，凡九十七門。體例略如《武經總要》。所録前人舊說，自孫、吳、穰苴、李筌、許洞諸兵家言，及唐、宋以來名臣奏議，無不摭集。史稱順之於學無所不窺，凡兵法、弧矢、壬奇、禽乙皆能究極原委，故言之俱有本末。……是編雖紙上之談，亦多由閱歷而得，固未可槩以書生之見目之矣。”

著録：《四庫全書總目》、《中國古籍善本書目》。

天文算法類

303　策算

《策算》一卷，清戴震撰。清乾隆四十二年孔繼涵刻微波榭叢書本刻本。半葉十行二十一字。四周雙邊，白口，單魚尾。版心上鐫書名，下鐫“微波榭刻”。框高 18.5 釐米，寬 13.2 釐米。前有乾隆九年戴震自序。

戴震，見 015《聲類表》。

是書爲戴氏二十一歲時所作，論述"耐普爾對數計算法"，策算即"籌算"。籌是用竹或木制成的，一至九每籌正反面各分九格，每格斜分爲二，個位數寫於斜線下角，十位數寫於斜線上角。第一籌正面寫一至九，第二籌寫一至九各數的二倍的數，第三到第九各籌中，分别寫一至九各數的三倍至九倍的數，第一籌的反面與第九籌同，其他籌類此。第五籌的反面爲空。計算時把籌拼攏，進行乘除。清代梅文鼎改斜格爲兩半圓合一位格，比較醒目。后來又將横籌改爲縱籌，更爲方便。又有平方籌、立方籌等專爲開方之用。

戴氏《自序》曰："《周髀算經》商高曰：'數之法出於圓方，圓出於方，方出於矩，矩出於九九八十一，是也。以九九書於策，則盡乘除之用，是爲策算。策取可書，不曰籌，而曰策，以别於古籌算，不使名稱相亂也。"

著録：《安徽古籍叢書》。

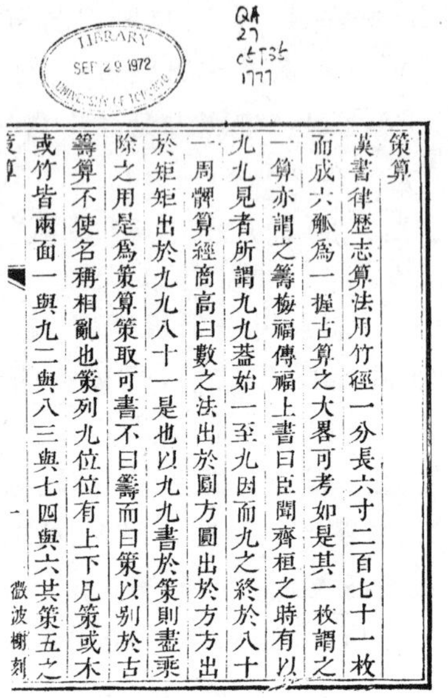

策算
漢書律歷志算法用竹徑一分長六寸二百七十一枚
而成六觚爲一握古算之大畧可考如是其一枚謂之
一算亦謂之籌梅福傳福上書曰臣聞齊桓之時有以
九九見者所謂九九蓋始一至九因而九之終於八十
一周髀算經商高曰數之法出於圓方圓出於方方出
於矩矩出於九九八十一是也以九九書於策則盡乘
除之用是爲策算策取可書不曰籌而曰策以别於古
籌算不使名稱相亂也策列九位位有上下凡策或木
或竹皆兩面一與九二與八三與七四與六共策五之
策算 一 微波榭刻

303

304 大清同治四年歲次乙丑時憲書

J2102

《大清同治四年歲次乙丑時憲書》一卷，清同治年間内府鈔本。一冊。半葉十行或四行，大字十四字，中字三十三字，小字多行五十字。四周雙邊，白口，無魚尾。框高26.4釐米，寬17.9釐米。

時憲曆是按太陽實際的軌道來定節氣的曆法系統。由徐光啓在明崇禎年間奉旨修訂。清顺治二年颁行。清代因避高宗弘曆諱，改稱"時憲書"。是書分都城順天府節氣時刻，年神方位之圖，六十花甲子，十二月按日分之吉神，所宜行事項等，後有同治四年至嘉慶十一年紀事。

本館藏本之文字爲墨筆及朱筆楷書。

著録：《中國古籍善本書目》載是書有

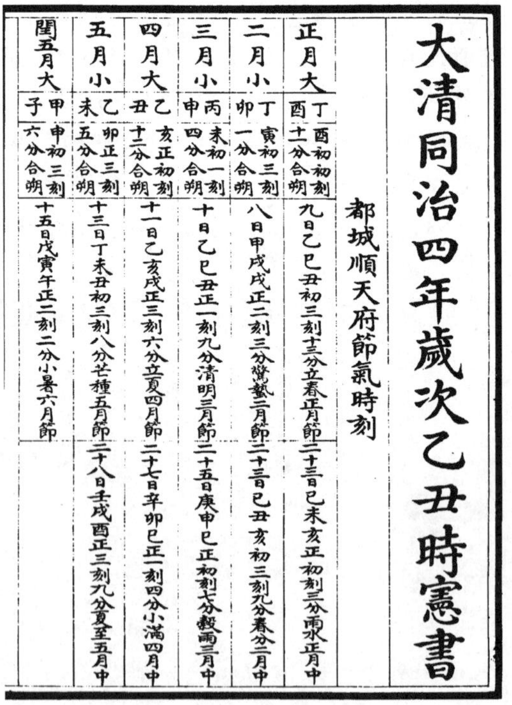
大清同治四年歲次乙丑時憲書
都城順天府節氣時刻
正月大 丁酉 初初刻十一分合朔 九日乙巳丑初三刻十三分立春正月節 二十三日己未亥正初刻三分雨水正月中
二月小 丁卯 寅初三刻一分合朔 八日甲戌戌正三刻三分驚蟄二月節 二十三日己丑亥初三刻九分春分二月中
三月小 丙申 未初一刻四分合朔 十日乙巳丑正一刻九分清明三月節 二十五日庚申巳正初刻七分穀雨三月中
四月大 乙丑 亥正初刻十二分合朔 十一日乙亥戌正三刻六分立夏四月節 二十七日辛卯巳正一刻四分小滿四月中
五月小 乙未 卯正三刻五分合朔 十三日丁未丑初三刻八分芒種五月節 二十八日壬戌酉正三刻九分夏至五月中
閏五月大 甲子 申初三刻六分合朔 十五日戊寅午正二刻二分小暑六月節

304

清同治朱墨刻套印本，現藏北京天文館。本館藏鈔本《中國古籍善本書目》等無著錄。

305 海島算經

QA27. C5L58 1775/W2335

《海島算經》一卷，晉劉徽撰，唐李淳風註，清乾隆三十九年武英殿聚珍版活字刊本。一冊。半葉九行二十一字，小字雙行同。四周雙邊，白口，單魚尾。版心上鐫書名，下鐫“全卷”。框高 19 釐米，寬 11.8 釐米。前有“御製題武英殿聚珍版十韻”，陸錫熊、紀昀、戴震《提要》等。

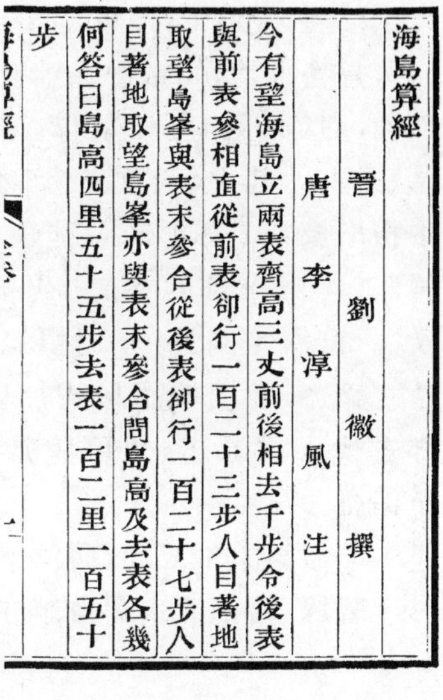
海島算經

晉　劉　徽　撰

唐　李　淳　風　注

今有望海島立兩表齊高三丈前後相去千步令後表與前表參相直從前表卻行一百二十三步人目著地取望島峯與表末參合從後表卻行一百二十七步人目著地取望島峯亦與表末參合問島高及去表各幾何答曰島高四里五十五步去表一百二里一百五十步

305

劉徽（250? —?），山東淄川（或臨淄）人，魏晉之際數學家，中國古典數學理論奠基者之一。著有《九章算術注》、《重差》（唐代易名爲《海島算經》）、《九章重差圖》等。

是書發展了傳統之重差術及勾股測量法，系統闡發並理論總結先秦至兩漢時期中國數學之成就，並提出許多創造性見解。其割圓術、圓周率近似值、四棱錐體積公式證明、出入相補原理等，皆爲古代數學貢獻良多。其處理球體積問題之方法爲祖沖之父子解決此一問題提供了正確途徑。

《四庫全書總目》曰：“據劉徽序《九章算術》有云，徽尋九數有重差之名，凡望極高，測絶深，而兼知其遠者，必用重差，輒造重差，并爲註解，以究古人之意，綴於句股之下，度高者重表，測深者纍矩，孤離者三望，離而又旁求者四望，據此，則徽之書本名《重差》，初無海島之目，亦但附於句股之下，不別爲書，故《隋志》《九章算術》增爲十卷，下云劉徽撰，蓋以《九章》九卷合此而爲十也，而《隋志》、《唐志》又皆有劉徽《九章重差》圖一卷，蓋其書亦另本單行，故別著於錄，一書兩出，至《唐志》兼列劉向《九章重差》一卷，則徽之《重差》既自爲卷，因遂譌劉徽爲劉向，而一書三出耳，今詳爲考證，定爲劉徽之書，至海島之名雖古無所見，不過後人因卷首以海島之表設問而改斯名。”《四庫全書簡明目錄》曰：“原本久佚，今從《永樂大典》錄出，其書本名《重差》，皆測望之術，唐代乃改稱《海島算經》，蓋因第一條以海島之表設問，遂以卷首之字名之耳。”

著錄：《中國古籍善本目錄》、《四庫全書總目》。

306 續天文略

QB17. T32 1777/W757g

《續天文略》二卷，清戴震撰，《戴氏遺書》之一種，清乾隆四十二年孔繼涵刻微波榭叢書本刻本。一冊。半葉十一行二十一字。四周雙邊，白口，單魚尾。版心上鐫書名，中鐫卷次，下鐫“微波榭刻”，框高 18.1 釐米，寬 14 釐米。前有戴震自序。

戴震，見 015《聲類表》。

是書七篇，乃戴震爲清代《續通志》天文曆法部分而作，與《原象》互相關聯。乾隆年間，朝廷開館續鄭樵《通志》，其中《天文略》部分由戴震補續，戴氏在序中指出鄭氏《天文略》“徒襲四史，未能擇之精，語之詳”。其寫作目的在於“或補前書之闕遺，或賡所未及”。寫作體例爲：分類輯錄古代典籍中有關天文曆法之論述，並用按語形式加以辨証評述，實際上爲一部古代天文通志，也可說是一部古代天文資料專題彙編。

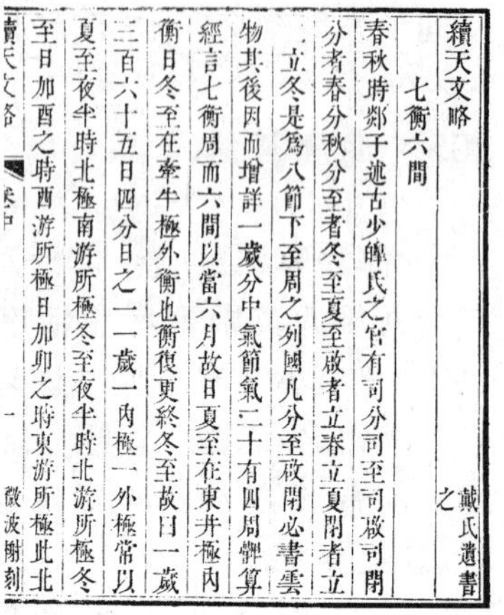
戴氏遺書之
續天文略
七衡六間
春秋時郯子述古少皞氏之官有司分司至司啟司閉
分者春分秋分至者冬至夏至啟者立春立夏閉者立
立冬是爲八節下至周之列國凡分至啟閉必書雲
物其後因而增詳一歲分中氣節氣二十有四周髀算
經言七衡周而六間以當六月故日夏至在東井極內
衡日冬至在牽牛極外衡也衡復更終冬至故曰一歲
三百六十五日四分日之一一歲一內極一外極常以
夏至夜半時北極南游所極冬至夜半時北游所極冬
至日加酉之時西游所極日加卯之時東游所極此北
續天文略　卷中　一　微波榭刻

306

本館藏上中二卷，而無下卷，《清史列傳》作三卷，當是佚一卷也。

著錄：哈佛燕京圖書館亦入藏是書。

小說家類

307　東周列國志

《東周列國志》二十三卷，一百零八回，明馮夢龍撰、清蔡元放評點，乾隆五年書成山房朱墨套印本。十二冊。半葉十二行二十六字，小字朱筆雙行。四周雙邊，朱欄，白口，單魚尾。版心上鐫書名，中鐫卷次，下鐫“書成山房”。框高 16.8 釐米，寬 12.2 釐米。前有扉頁，題“硃套東周列國全志。秣陵蔡元放批評，書成山房開雕。”前有乾隆五年胡宗文序，乾隆元年蔡元放序，讀法，目次，凡例，列國志首引，吳門可觀道人序。首卷前有人物繡像十二幅及題詞。

馮夢龍（1574—1646），字猶龍，吳縣人。崇禎中由貢生官壽寧縣知縣。著有《春秋衡庫》、《别本春秋大全》、《智囊》、《智囊補》及《談槩》。

蔡元放（1736—1770），號七都夢夫、野云主人，秣陵人。清初著名文学家。

本館藏本卷首有“訂正《東周列國志》善本”，可知此書實爲咸豐年間刻本。

著錄：是書《中國古籍善本書目》等無著錄。

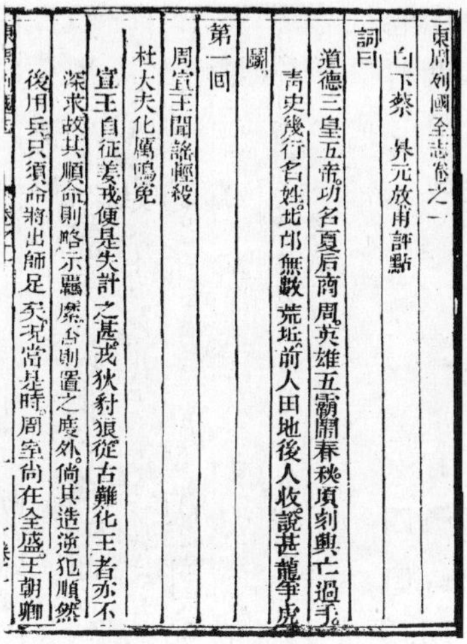
東周列國全志卷之一
白下蔡　昇元放甫評點
詞曰
道德三皇五帝功名夏后商周英雄五霸鬧春秋頃刻興亡過手
青史幾行名姓北邙無數荒坵前人田地後人收說甚龍爭虎
鬭
第一回
周宣王聞謠輕殺
杜大夫化厲鳴冤
宣王自征羌戎便是失計之甚戎狄豺狼從古難化王者亦不
深求故其順命則略示羈縻否則置之度外倘其造逆犯順然
後用兵只須命將出師足矣況當是時周室尚在全盛王朝卿

307

308　耳食錄

PL2735. E5E8 1820/W1512

《耳食錄》十二卷，清樂鈞撰，清乾隆五十七年刊本。六册。半葉八行十七字。四周雙邊，白口，單魚尾。版心上鐫書名，中鐫卷次。框高 13 釐米，寬 9.6 釐米。卷端署“撫州樂宫譜蓮裳”，前有乾隆五十七年梁蘭雪序，樂宫譜自序等。

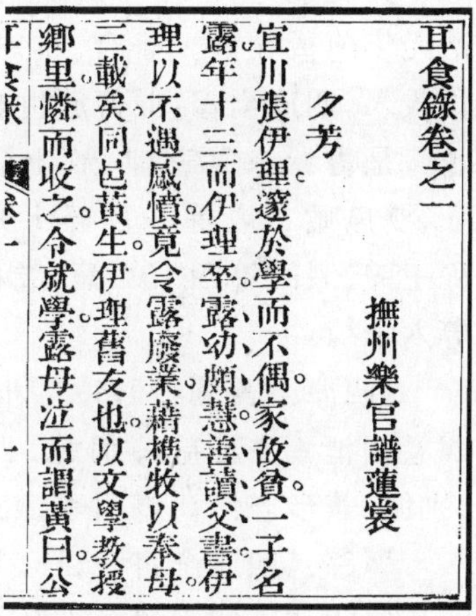
耳食錄卷之一
撫州樂宫譜蓮裳
夕芳
宜川張伊理邃於學而不偶家故貧一子名
露年十三而伊理卒露幼頗慧善讀父書伊
理以不遇感憤竟令露廢業藉樵牧以奉母
三載矣同邑黃生伊理舊友也以文學教授
鄉里憐而收之令就學露母泣而謂黃曰公
耳食錄　卷一　一

308

樂鈞（1766—1814），原名樂宫譜，字元淑，號蓮裳，江西臨川人。翁方綱弟子，嘉慶時舉人。著有《青芝山館詩集》、《駢體文集》、《斷水詞》等。

是書模仿紀昀作品，各卷單設目錄，内容以記錄兒女纏綿故事、鬼怪故事及民間奇聞趣事爲主。

梁蘭雪《序》曰：《耳食錄》“事多出於兒女纏綿、仙鬼、幽渺，間以里巷諧謔，助其波瀾。”

著錄：《販書偶記》記曰：“《耳食錄》十二卷，二編，八卷，道光元年青芝山館重刊，巾箱本。”是書當亦刊行於此時。後收入《筆記小説大觀》與《清代筆記叢刊》，皆作五卷。

309　花陣綺言

I1437

《花陣綺言》、《鍾情麗集》二卷，傳爲明玉峰主人撰，明刻本。二册。半葉九行二十字。四周單邊，白口，單魚尾。版心上鐫書名，中鐫卷次、“鍾情麗集”。框高 20.6 釐米，寬 13 釐米。卷首題：“楚江僊隱石公纂輯，吳門翰史茂生評選”。

是書爲明中季盛行之中篇傳奇小説之一，被收入《古本小説集成》。

著録：《古本小説集成》。

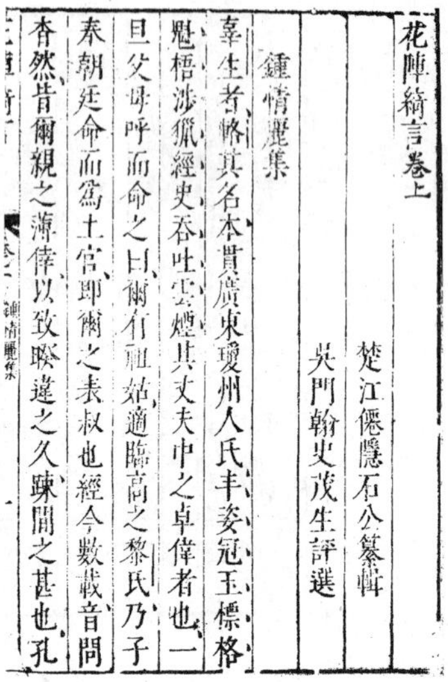
花陣綺言卷上
楚江僊隱石公纂輯
吳門翰史茂生評選
鍾情麗集
辜生者幃其名本貫廣東瓊州人氏丰姿冠玉標格
魁梧涉獵經史吞吐雲煙其文夫中之卓偉者也一
旦父母呼而命之曰爾有祖姑適臨高之黎氏乃子
奉朝廷命而爲土宮即爾之表叔也經今數載音問
杳然昔爾親之薄倖以致睽違之久疎闊之甚也孔

309

310　小窗別紀

《小窗别紀》四卷，明吳從先撰，施沛校，明萬曆四十三年刻本。八册。半葉八行十八字。四周單邊，白口，無魚尾。版心上鐫書名。框高 21.7 釐米，寬 13.2 釐米。前有萬曆四十三年張壽用小序，萬曆四十二年吳從先序，目録。

吳從先（生卒年不詳），好爲俳諧游戲雜文。約順治元年前後在世。著有《小窗自紀》、《艷紀》、《清紀》，均收入《四庫全書》並傳於世。

是書卷一含調神、敖士贊等二十五篇，卷二含畏人、雙魚啾二歲等一百五十九篇，卷三含檄江神責周穆王辟、酒評等四十八篇，卷四含金鳳傳、預示大歸榜等六十篇，

《四庫全書總目》曰：“《小窗自紀》四卷，《艷紀》十四卷，《清紀》五卷，《别紀》四卷，明吳從先撰。……《别紀》兼涉志怪。總明季纖詭之習也。”

著録：《四庫全書總目》、《中國古籍善本書目》。

鈐印：“玉留山房藏書”。

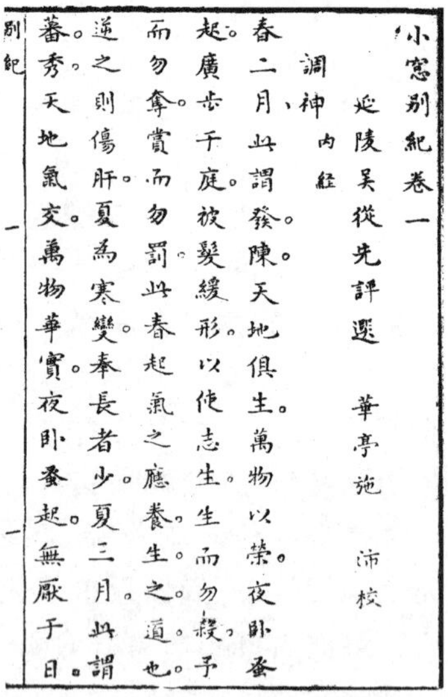
小窗別紀卷一
延陵吳從先評選　華亭施沛校
調神　內經
春二月。此謂發。陳。天地俱生。萬物以榮。夜臥蚤
起。廣步于庭。被髮緩形。以使志生。生而勿殺。予
而勿奪。賞而勿罰。此春氣之應。養生之道也。
逆之則傷肝。夏爲寒變。奉長者少。夏三月。此謂
蕃秀。天地氣交。萬物華實。夜臥蚤起。無厭于日。

310

311　增補繪像山海經廣註

《增補繪像山海經廣註》、《山海經廣註》十八卷，清吳任臣註，清乾隆五十一年金閶書業堂刻本。一函六册。半葉九行二十二字，小字雙行同。左右雙邊，白口，無魚尾。版心上鐫書名，下鐫卷次。框高 19.7 釐米，寬 12.8 釐米。前有康熙五十一年柴紹炳序，康熙五年吳任臣自序，“山海經雜述”等。

吳任臣（生卒年不詳），字志伊，一字爾器，號託園，浙江仁和人。康熙十八年召試

博學鴻詞，授翰林院檢討。著有《十國春秋》、《山海經逸文》、《正韻字體》等。

是書廣註《山海經》，收圖一百四十四幅。

《四庫全書總目》曰："是書因郭璞《山海經註》而補之，故曰《廣註》。於名物訓詁，山川道里，皆有所訂正。雖嗜奇愛博，引據稍繁，如堂庭山之黃金，青邱山之鴛鴦，雖販婦傭奴，皆識其物，而旁徵典籍，未免贅疣。卷首冠雜述一篇，亦涉冗蔓。然掎摭宏富，多足爲考證之資。所列逸文三十四條，自楊慎《丹鉛錄》以下十八條，皆明代之書，所見實無別本。其爲裨販誤記，無可致疑。至應劭《漢書註》以下十四條，則或古本有異，亦頗足以廣見聞也。舊本載圖五卷，分爲五類。曰靈祇，曰異域，曰獸族，曰羽禽，曰鱗介。云本宋咸平舒雅舊稾。雅本之張僧繇。其說影響依稀，未之敢據。其圖亦以意爲之，無論不真出雅與僧繇，即說果確實，二人亦何由見而圖之。故今惟錄其註，圖則從刪。又前列引用書目五百三十餘種，多採自類書。虛陳名目，亦不瑣錄焉。"

著錄：《四庫全書總目》。

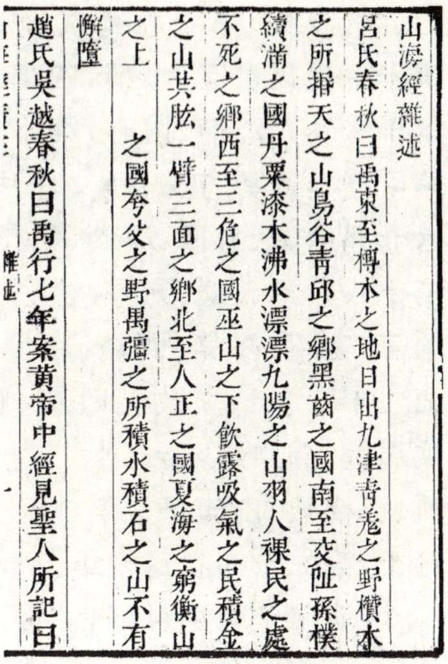
山海經雜述
呂氏春秋曰禹東至榑木之地日出九津青羌之野攢木之所捫天之山鳥谷青邱之鄉黑齒之國南至交阯孫樸續樠之國丹粟漆木沸水漂漂九陽之山羽人裸民之處不死之鄉西至三危之國巫山之下飲露吸氣之民積金之山共肱一臂三面之鄉北至人正之國夏海之窮衡山之上　之國夸父之野禺彊之所積水積石之山不有懈墮
趙氏吳越春秋曰禹行七年案黃帝中經見聖人所記曰

311

法家類

312　管子

H909

《管子》二十四卷，唐房玄齡註，明萬曆十年趙用賢刻管韓合刻本。十二冊。半葉九行十九字，眉欄刻評。四周單邊，白口，單魚尾。版心上鐫書名，中鐫卷次，下鐫刻工。框高 21.9 釐米，寬 12.5 釐米。前有王世貞合刻《管子》、《韓非子》序，向言序，文評，凡例，目錄。

房玄齡（579—648），字喬（一說名喬，字玄齡），臨淄人。隋末舉進士，唐太宗時封爲梁國公。官任中書令、尚書左僕射、司空等。

是書凡二十四卷、八十六篇。第一卷爲牧民、形勢、權修、立政、乘馬，第二卷爲七法、版法，第三卷爲幼官、幼官圖、五輔，第四卷爲宙和、樞言，第五卷爲八觀、法禁、重令，第六卷爲法法、兵法，第七卷爲大匡，第八卷爲中匡、小匡、王言，第九卷爲霸形、霸言、問、謀失，第十卷爲戒地、地圖、恭患、制分、君臣，第十一卷爲君臣、小稱、四稱、正言，第十二卷爲侈靡，第十三卷爲心術、白心，第十四卷爲水地、四時、五行，第十五卷爲勢、正、九變、任法、明法、正世、治國，第十六卷爲内業、封禪、小問，第十七卷爲七臣七主、禁藏，第十八卷爲入國、九守、桓公、度地，第十九卷爲地員、弟子、言昭、修身、問霸、牧民解，第二十卷爲形勢解，第二十一卷爲立政九敗解、版法解、明法解、臣乘馬、乘馬數、問乘馬，第二十二卷爲事語、海王、國蓄、山國軌、山權數、山至數，第二十三卷爲地數、揆度、國準、輕重，第二十四卷爲輕重。

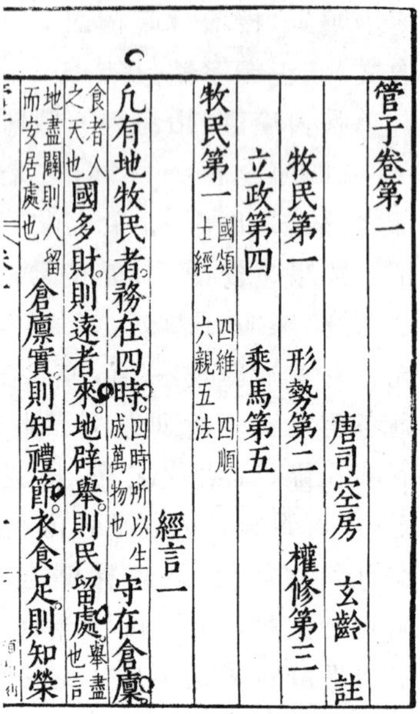
管子卷第一
唐司空房　玄齡　註
牧民第一　形勢第二　權修第三
立政第四　乘馬第五
牧民第一　國頌　四維　四順　十一經　六親　五法
經言一
凡有地牧民者。務在四時。四時所以生成萬物也　守在倉廩。擧盡食者人之天也　國多財。則遠者來。地辟擧。則民留處。擧盡也言地盡闢則人留而安居處也　倉廩實。則知禮節。衣食足。則知榮

312

《四庫全書總目》曰："舊本題管仲撰。劉恕《通鑑外紀》引傅子曰，管仲之書，過半便是後之好事者所加，乃説管仲死後事，輕重篇尤復鄙俗。葉適《水心集》亦曰，管子非一人之筆，亦非一時之書，以其言毛嬙、西施、吴王好劍推之，當是春秋末年。今考其文，大抵後人附會多於仲之本書。其他姑無論。卽仲卒於桓公之前，而篇中處處稱桓公。其不出仲手，已無疑義矣。書中稱經言者九篇，稱外言者八篇，稱内言者九篇，稱短語者十九篇，稱區言者五篇，稱雜篇者十一篇，稱管子解者五篇，稱管子輕重者十九篇。……舊有房元齡註，晁公武以爲尹知章所託。然考《唐書・藝文志》，元齡《註管子》不著録，而所載有尹知章註管子三十卷。則知章本未託名，殆後人以知章人微，元齡名重，改題之以炫俗耳。案《舊唐書》，知章，絳州翼城人。神龍初，官太常博士。睿宗卽位，拜禮部員外郎，轉國子博士。有《孝經註》、《老子註》，今並不傳。惟此註藉元齡之名以存。其文淺陋，頗不足採。"

著録：《四庫全書總目》、《中國古籍善本書目》。

刻工：書後題有"吴郡顧擐書、顧時中、章掖、顧植、劉廷惠、何承德、章扞、顧賢、何承業、吴丙初、顧文、邑人吕廉仝刻。"版心下亦鐫有上述刻工之全名或簡稱。

313　韓子迂評

E678

《韓子迂評》二十卷，明門無子撰，何犿校，明萬曆四十三年門無子潛山木石居自刻本。十册。半葉八行十八字，眉欄刻評，每葉眉欄右端均刻有"子淵"字樣。四周雙邊，白口，雙魚尾。版心上鐫"陳氏山弢"，中鐫書名、卷次。框高 20.6 釐米，寬 13.9 釐米。前有門無子序，元至元三年何犿序，目録。前有牌記，曰："余晚年最愛韓子，論事入髓，

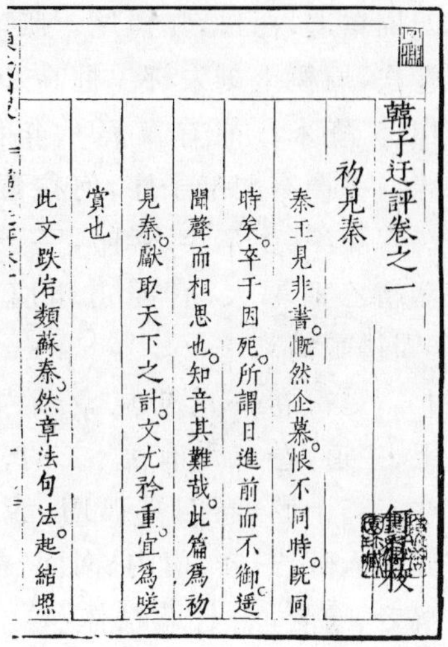
韓子迂評卷之一　何犿校
初見秦
秦王見非書。慨然企慕。恨不同時。既同
時矣。卒于因死。所謂日進前而不御。遥
聞聲而相思也。知音其難哉。此篇爲初
見秦。獻取天下之計。文尤矜重。宜爲嗟
賞也
此文跌宕類蘇秦。然章法句法。起結照

313

爲文刺心。求之戰國之後，楚漢之先，體裁特異，余甚珎之。所恨者世本訛謬，每至脱字、漏句、斷文，錯簡，魯魚亥豕，輒爲廢卷。迨得何氏本，讀之暢然無碍，神骨俱輕，兹刻與同志共覽者，當助余一快。萬曆乙卯三月戊午門無子記。”

是書第一卷爲初見秦、存韓、難言、愛臣、主道，第二卷爲有度、二柄、揚權、八奸，第三卷爲十過，第四卷爲孤憤、説難、和氏，第五卷爲亡徵、三守、備内、南面、飾邪，第六卷爲解老、喻老，第七卷爲説林，第八卷爲觀行、安危、守道、用人、功名、大體，第九至第十四卷爲内外儲説，第十五卷、第十六卷爲難，第十七卷爲難勢、問辦、問田、定法、説疑、詭使，第十八卷爲六反、八説、八經，第十九卷爲五蠹、顯學，第二十卷爲忠孝、人主、飾令、心度、制分。附録有《史記》“韓非傳”，《戰國策》“姚賈濳殺韓非”，《史記》“李斯勸行督責之朮”，蘇軾“韓非論”，蘇轍“韓非論”，楊愼“孔明寫申韓書”。

《四庫全書總目》曰：“舊本題明門無子評。前列元何犿校上。原序署至元三年秋七月庚午，結銜題奎章閣侍書學士。考元世祖、順帝俱以至元紀年，而三年七月以紀志干支排比之，皆無庚午日，疑子字之誤。奎章閣學士院設於文宗天歷二年，止有大學士，尋陞爲學士院，始有侍書學士。則犿進是書在後至元時矣。觀其序中稱，今天下所急者法度之廢，所少者韓子之臣，正順帝時事勢也。門無子自序稱，坊本至不可句讀，最後得何犿本，字字而讐之，皆不失其舊。乃句爲之讀，字爲之品。閒取何氏註而折衷之，以授之梓人云云。葢趙用賢翻刻宋本在萬歷十年，此本刻於萬歷六年，故未見完帙，仍用何氏之本。然犿序稱李瓚註鄙陋無取，盡爲削去。而此本仍閒存瓚註，已非何本之舊。且門無子序又稱，取何註折衷之，則併犿所加旁註亦有增損，非盡其原文。葢明人好竄改古書，以就己意，動輒失其本來。萬歷以後，刻板皆然，是書亦其一也。門無子不知爲誰。陳深序稱門無子俞姓，吳郡人，篤行君子。然新舊志乘皆不載其姓名。所綴評語，大抵皆學究八比之門徑，又出犿註之下。所見如是，宜其敢亂舊文矣。”

本館亦入藏《韓子迂評》之明萬曆六年朱墨套印刻本。

著録：《四庫全書總目》、《中國古籍善本書目》。

鈐印：“魏塘□氏偶園珍藏”。

314　韓子迂評、韓子

C488

《韓子迂評》、《韓子》二十卷，明萬曆六年朱墨套印刻本。六冊。半葉九行二十字。

四周單邊，白口，無魚尾。版心上鐫書名、卷次，眉欄上刻朱評。框高 20.5 釐米，寬 14.5 釐米。前有萬曆六年陳深序及目錄。書後有門無子序，何犿舊序。

陳深（生卒年不詳），字子淵，長興人。嘉靖乙酉舉人，官至雷州府推官。著有《周禮訓雋》。

是書卷一爲初見秦、存韓、難言、愛臣、主道，卷二爲有度、二柄、揚權、八奸，卷三爲十過，卷四爲孤憤、說難、和氏，卷五爲亾微、三守、備内、南面、飾邪，卷六爲解老、喻老，卷七爲說林，卷八爲觀行、安危、守道、用人、功名、大體，卷九至卷十四爲内外儲說，卷十五、卷十六爲難，卷十七爲難勢、問辯、問曰、定法、説疑、説使，卷十八爲六反、八說、八註，卷十九爲五蠹、顯學，卷二十爲忠孝、人主、飭令、心度、别分。

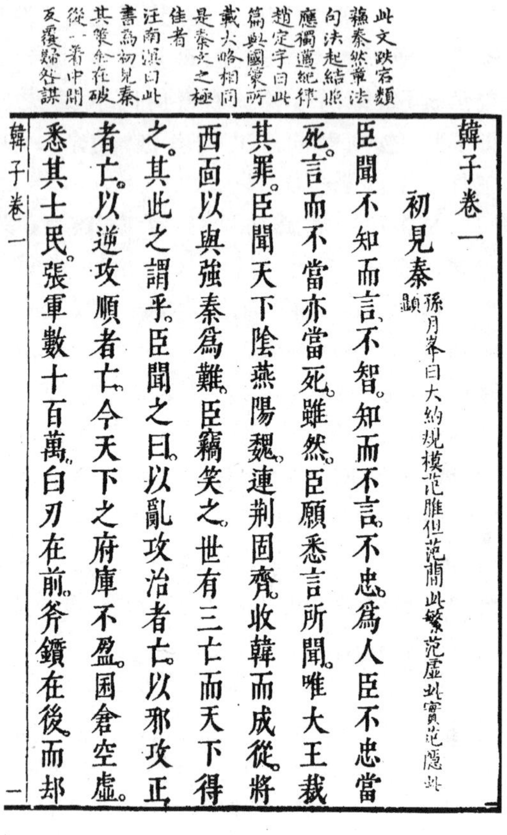
此文跌宕類蘇秦然章法句法起結照應獨邁紀律趙定宇曰此篇與國策所載大略相同是秦文之極佳者汪南溟曰此書爲初見秦其策全在破從一着中間反覆歸咎謀

韓子卷一

初見秦　孫月峯曰大約規模范雎但范簡此繁范虛此實范隱此顯

臣聞不知而言不智。知而不言不忠。爲人臣不忠當死。言而不當亦當死。雖然，臣願悉言所聞，唯大王裁其罪。臣聞天下陰燕陽魏，連荆固齊，收韓而成從，將西面以與強秦爲難。臣竊笑之。世有三亡而天下得之，其此之謂乎。臣聞之曰：以亂攻治者亡，以邪攻正者亡，以逆攻順者亡。今天下之府庫不盈，囷倉空虛，悉其士民，張軍數十百萬，白刃在前，斧鑕在後，而却

韓子卷一　一

314

本館藏本中行間廣見朱筆圈點、劃綫及批註。其中所藏之卷六至卷八爲墨筆楷書鈔補，朱評亦見於書眉之上與行間。

著録：《四庫全書總目》、《中國古籍善本書目》。

鈐印："石蘊玉而山自輝"、"水懷珠而川自媚"、"紀氏藏書之印"、"寶墨山房"、

藝術類

315　草字彙

PL1469.S5 1788 /W636

《草字彙》不分卷，清石梁集，清乾隆五十三年敬義齋刻本。四册。半葉六行字數不等。四周雙邊，白口，無魚尾。版心上鐫部署，中鐫部首。框高 19.6 釐米，寬 13.1 釐米。前有扉頁，題："草字彙。乾隆戊申年鐫，石竪荞集，敬義齋藏板。"前有乾隆五十一年蔣光越序，乾隆五十二年袁日森序，歌行，例畧，歷代草聖。

石梁(生卒年不詳),書法家。善草書。著有《書畫書錄解題》。

蔣光越《序》曰:“菴石先生冥心蒐求,貯名帖甚多。薈萃成編,名曰《草字彙》。字以類分,體由人别。不拘章法,而自然成章。不規一體,而志體皆備。”是書《例畧》云:“每字旁註小楷,若同字叠見,止於第一字註之,其下不註者,借此字也。古來名家甚多,所集止五十餘家。外此遺逸,應自不少。即此五十餘家所書法帖,亦不多得。井蛙醯雞,所見止此。”

著錄:是書《中國古籍善本書目》等無著錄。

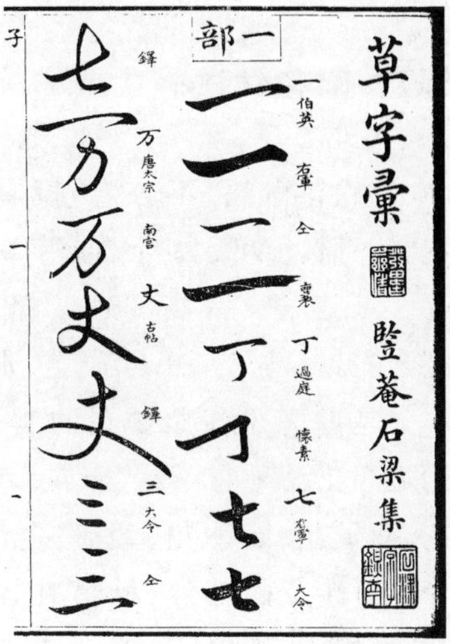

315

316　淳化閣帖釋文

《淳化閣帖釋文》十卷,清朱家標校定,康熙二十二年絅錦堂刻本。二册。半葉九行二十字,小字雙行四十字。四周雙邊,白口,單魚尾。版心上鐫書名,中鐫卷次,下鐫“絅錦堂”。框高 19.8 釐米,寬 14 釐米。前有扉頁,題:“淳化閣帖釋文”。卷首有康熙二十二年馬世濟序,康熙二十二年何亮工序,康熙二十二年朱家標序,“淳化閣帖譜系”,凡例,“淳化閣帖譜系圖說”,“朱清田先生校訂淳化閣帖釋文目次”。

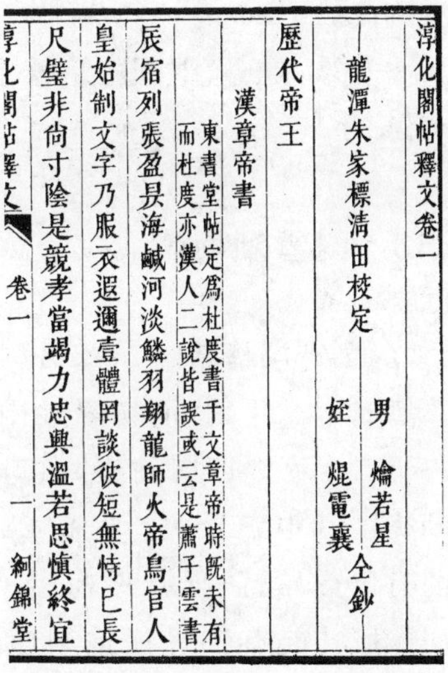
淳化閣帖釋文卷一
龍潭朱家標清田校定　男 熻若星仝鈔
姪 焜電襄
歷代帝王
漢章帝書
東書堂帖定爲杜度書千文章帝時既未有而杜度亦漢人二說皆誤或云是蕭子雲書
辰宿列張盈昃海鹹河淡鱗羽翔龍師火帝鳥官人
皇始制文字乃服衣遐邇壹體罔談彼短無恃己長
尺璧非寸陰是競孝當竭力忠興溫若思慎終宜
淳化閣帖釋文　卷一　一　絅錦堂

316

朱家標,生卒年及生平不詳。

是書收錄校訂歷代法帖。卷一爲漢章帝書等十九條,卷二爲漢張芝書等十九條,卷三爲晉太尉庾元亮書等三十一條,卷四爲梁尚書王筠書等十七條,卷五爲倉頡書等十八條,卷六至卷八爲王羲之書,卷九、卷十爲王獻之書。

馬世濟《序》曰:“吾友朱子清田明經應選之暇,增訂閣帖釋文,其有功于世非尠也。朱子謂……至若閣帖草書釋,惟劉氏次莊。次莊之書,石刻也,非莊糊,未便翻閱。後有泉守常氏雖變易而爲鏤板,然多脱誤,如大禹文、宣頡籀之文,既未經釋,非稱全書。”

著錄:是書《中國古籍善本書目》等無著錄。哈佛燕京圖書館、加州大學伯克利分校圖書館、安大略皇家博物館圖書館入藏是書。

317　礶花做法

J2198

《礶花做法》不分卷，撰者不詳，清稿本。一冊。半葉九行二十字，小字雙行不等。無邊框，葉高 25.5 釐米，寬 13.5 釐米。

是書講述各類煙花的製作方法。所述之煙花品種有礶花、瓶花、水澆蓮、手把花、菊子花、四季花、報喜三元、金盞銀台等。所涉及的部件、材料有趕桶子、方高紙、捲桶、花紙皮子、信子、花藥、梃子等。

本館藏本爲墨筆小楷鈔本，書中多處有刪改。

著錄：是書《中國古籍善本書目》等無著錄。

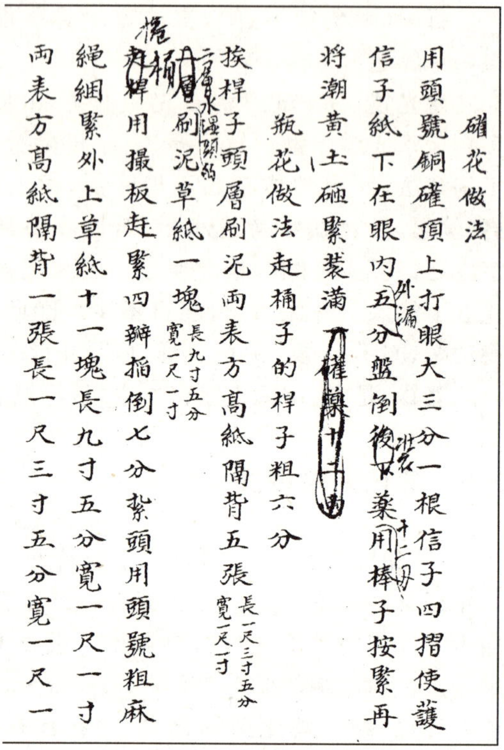
礶花做法
用頭號銅礶頂上打眼大三分一根信子四摺使護
信子紙下在眼内五分外漏盤倒後下藥十二分用棒子按緊再
將潮黄土砸緊裝滿礶藥十二分
瓶花做法趕桶子的桿子粗六分
挨桿子頭層刷泥兩表方高紙隔背五張長一尺三寸五分寛一尺一寸
二層刷泥草紙一塊長九寸五分寛一尺一寸
捲桶桿用撮板趕緊四瓣掐倒七分紮頭用頭號粗麻
繩細緊外上草紙十一塊長九寸五分寛一尺一寸
兩表方高紙隔背一張長一尺三寸五分寛一尺一

317

318　劉雪湖梅譜

K34

《劉雪湖梅譜》二卷，明劉世儒撰，明王思任輯，明萬曆二十三年刻，清初墨妙山房印本。二冊。半葉十一行二十字。四周雙邊，白口，單魚尾。版心上鐫“雪湖梅譜”，中鐫卷次。框高 23.5 釐米，寬 15.7 釐米。前有扉頁，題：“劉雪湖梅譜。會稽鍾式林訂，墨妙山房藏版。”前有王思任重刻序，雪湖小像，目錄。後有徐時行、徐之仁、周路、盛振英跋。

劉世儒（生卒年不詳），字繼相，號雪湖，山陰人。少時見王冕畫梅而悅之。學成，遂負笈賈履，走名山幽谷，遍訪梅花之奇，盡得其情態。王思任謂其行年九十，畫梅八十年，蓋紀實也。活動於明代正德、嘉靖年間。著《劉雪湖梅譜》，嘉靖三十四年成書。

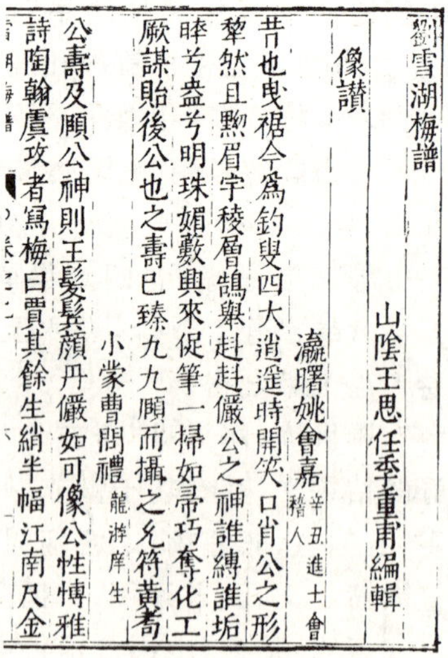
劉雪湖梅譜
山陰王思任季重甫編輯
像讚
瀛暑姚會嘉 辛丑進士會稽人
昔也曳裾今爲釣叟四大逍遥時開笑口肖公之形
犂然且黝眉宇稜層鵠舉赳赳儼公之神誰縛誰垢
睟兮盎兮明珠媚藪與來促筆一掃如帚巧奪化工
厥謀貽後公也之壽已臻九九願而攝之允符黄耇
小棠曹問禮 龍游庠生
公壽及願公神則王髮鬒顔丹儼如可像公性慱雅
詩陶翰虞攻者寫梅曰賈其餘生綃半幅江南尺金

318

是書卷上有贊、序、評林、五言古詩、七言古詩、五言律詩、七言律詩，卷下有五言排律、七言排律、五言絶句、七言絶句、附書、梅訣、梅花式、雪湖詩、跋。

徐時行《跋》曰："舊刻《梅譜》得先生所繪、所詠，並當塗倪中丞南亭公蘭谿唐大史小漁公。海内名家手製，珠玉交輝，固可傳矣。而中有謬且遺焉者，久而失其初也。時行不揣鄙陋，謬者正之，遺者補之，分列上下二册。而風煙雪月以析亥豕，以辨美哉，秋林中之翹楚也。然後付之梓人爲之重鐫焉。庶幾先生之苦心，諸公之雅意，由之不朽。"

本館藏本卷之下有寫意梅圖十二葉。

著録：《千頃堂書目》、《中國古籍善本書目》。

319　御製耕織全圖

《御製耕織全圖》、《耕織圖》一卷，清焦秉貞繪圖，清康熙、雍正、乾隆題詩，清乾隆朝内府刻本。二册。半葉八行十六字。四周單邊，白口，無魚尾。框高 23.8 釐米，寬 21.2 釐米。左葉爲圖，右葉爲三帝御製詩各一首，花框以紫色印。卷前康熙三十五年御製序亦以紫色刷印。

焦秉貞（生卒年不詳），字爾正，山東濟寧人，宫廷畫家。康熙時官欽天監五官正，供奉内廷。繪有《仕女圖》、《秋千閑戲圖》、《池上篇畫意》、《列朝賢后故事》和《張照肖像》等。

康熙南巡得宋人《耕織圖》，因命畫師重繪，每圖附康熙御題行草七言絶句一首，由宫廷鐫刻家朱珪、梅裕鳳雕版。焦秉貞重新編輯了内容與順序，以耕、織各二十三幅的册頁型態，重繪種稻與蠶織生產步驟，並於畫上空白處各題五言詩一首，兼具説明與詠贊之意。康熙又爲每幅另題一首七絶詩加於圖上方，而且親題長序，命名爲《御製耕織全圖》。凡耕圖二十有三，曰浸種、耕、耙耨、耖、碌碡、布秧、初秧、淤蔭荫、拔秧、插秧、一耘、二耘、三耘、灌溉、收刈、登場、持穗、舂碓、簏、簸揚、礱、入倉、祭神；凡織圖二十有三，曰浴蠶、二眠、三眠、大起、捉織、分箔、採桑、上簇、炙箔、下簇、擇繭、窖繭、練絲、蠶蛾、祀謝、緯、織、絡絲、經、染色、攀華、簡帛、成衣。

康熙《御製序》曰："朕早夜勤毖，研求治理。念生民之本，以衣食爲天，嘗讀《豳風》、《無逸》諸篇，其言稼穡蠶桑，纖悉具備。昔人以此被之管絃，列於典誥。有天下國家者，洵不可不留連三復於其際也。西漢詔令最爲近古，其言曰'農事傷則饑之本也，女紅害則寒之原也。'又曰'老耆以壽終，幼孤得遂長。'欲臻斯理者，舍本務其曷以哉？朕每巡省，風謡樂、觀農事於南北土疆之性，黍稌播種之宜，節侯早晚之殊，蝗蝻捕治之法，素愛諮詢，知此甚晰，聽政時恒與諸臣工言之，於豐澤園之側，治田數畦，環以溪水，

319-1

阡陌井然在目，桔槔之聲盈耳，歲收嘉禾數十種。隴畔樹桑，傍列蠶舍，浴繭繅絲，恍然如茆簷蔀屋，因構知稼軒、秋雲亭以臨觀之。古人有言，衣帛當思織女之寒，食粟當念農夫之苦，朕惓惓於此，至深且切也。爰繪《耕織圖》各二十三幅，朕於每幅製詩一章，以吟咏其勤苦，而書之於圖，自始事迄終事，農人胼手胝足之勞，蠶女繭絲機杼之瘁，咸備極其情狀。復命鏤版流傳，用以示子孫臣庶，俾知粒食維艱，授衣匪易。書曰：'惟土物愛厥心，臧庶於斯圖。'有所感發焉。且欲令寰宇之内，皆敦崇本業，勤以謀之，儉以積之，衣食豐饒，以共躋於安和富壽之域，斯則朕加惠元元之至意也夫。"

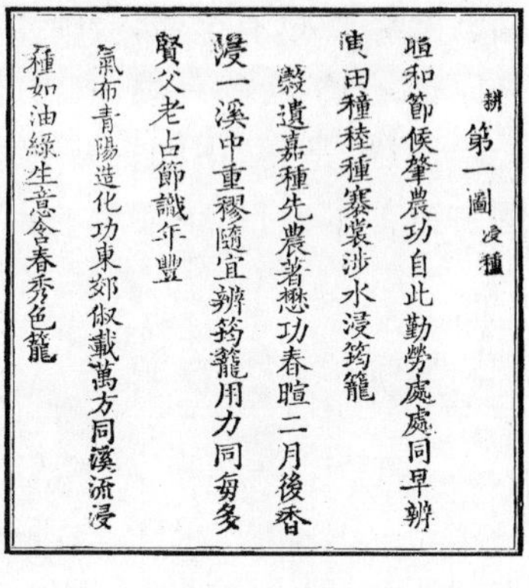
耕 第一圖 浸種
暄和節候肇農功自此勤勞處處同早辦
𡾝田種稑種褰裳涉水浸筠籠
穀遺嘉種先農著懋功春暄二月後香
浸一溪中重穋隨宜辨筠籠用力同匃多
賢父老占節識年豐
氣布青陽造化功東郊俶載萬方同溪流浸
種如油綠生意含春秀色穠

319-2

著錄：《中國古籍善本書目》、《皇朝通志》、《皇朝文獻通考》。

320　增訂金壺字考

PL1497. S45 1759/K1147

《增訂金壺字考》、《金壺字考》一集十九卷，二集二十一卷，補錄一卷，補註一卷，宋釋適之撰，清田朝恒增訂、續編，清乾隆二十四年貽安堂刻本。四冊。半葉八行十七字，小字雙行三十二字。左右雙邊，單魚尾，白口。版心上鐫書名，下鐫卷次。框高 16.2 釐米，寬 12.2 釐米。扉頁題："石齋增訂貽安堂藏板"。前有田朝恒序，發凡，目次等。一集前署"古衲適原編，石門田朝恆石齋增訂"，二集前署"石門田朝恒續編"。

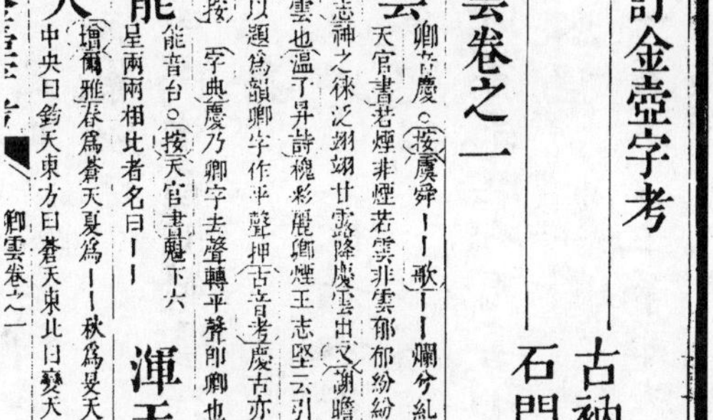
增訂金壺字考
古衲適之原編
石門田朝恒增訂
卿雲卷之一
卿雲
三能
渾天
昊天

320

適之，生卒年及行狀均不詳。《四庫全書總目》錄其所著《金壺記》三卷。

田朝恒（生卒年不詳），字石齋，石門人。

田朝恒《發凡》云："原編七百條，序列參差，不分門類，兹列一十有九卷，仿漢雋等書式揀字之類。"

《四庫全書總目》於《金壺記》下有如下評語："適之始末未詳。案《拾遺》記載周時浮提國獻書生二人，有金壺，壺中墨汁，灑水石皆成篆籀或科斗文字。記之取名，蓋出於此。適之原有《金壺字考》一卷，取書之異音者以類相從，標題二字而音其下。其書具有條理。”

著錄：是書《中國古籍善本書目》著錄。香港大學馮平山圖書館亦入藏是書。《中國古籍善本書目》、《說郛》列《金壺字考》一卷，皆非增訂本。

術數類

321　六壬圖像

E534

《六壬圖像》二十四卷，清鈔本。二十四冊。半葉九行二十字。四周雙邊，朱口，雙魚尾。版心上寫卷次。框高 20 釐米，寬 12.7 釐米。

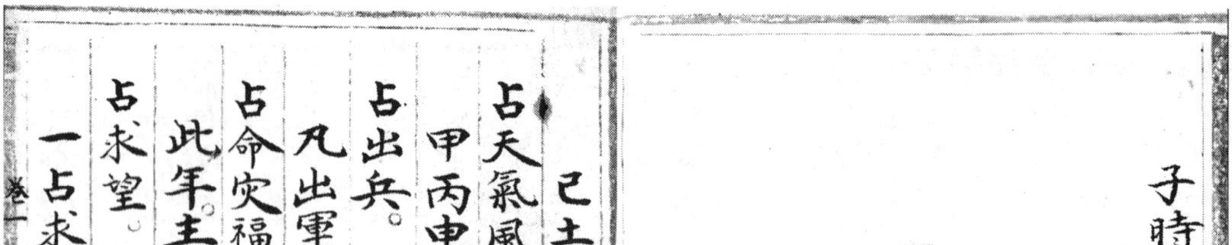

321

是書爲刻印朱絲欄。各卷首均有工筆重彩方位神煞畫像。起於子時正北子位神，終於西北亥位神。神像後有占卜項目及結果。分别有：占天氣風雲、占出兵、占命災福、占求望、占出行、占登山渡水、占婚姻、占疾病、占夜夢、占生産、占行人、占内外宅、占走失、占禽噪、占失物。均爲墨筆小楷書寫。

六壬又稱六壬神課，古術數之一，與太乙神數、奇門遁甲並峙，世稱三式。太乙神數利用天星占運勢，六壬神課占人事進退，奇门遁甲布局取吉。六壬推演先由占時至月將，是無极生太极，再由月將至干支，是太極生两丁，由干支而産生四課，是两丁生四象，再發三傳，卽發三才。然後再布各天將及神煞，用五行生克预测吉凶進退。六壬独取天干壬者，又寄宫于亥，亥屬乾宫，乾是易卦之首，所以取壬。六壬是指干支相配成六十花甲，每干配六支，以壬配六支则爲壬子、壬寅、壬辰、壬午、壬申、壬戌，故稱“六壬”。

《四庫全書總目》《六壬大全》條下曰：“不著撰人名氏。卷首題懷慶府推官郭載騋校，蓋明代所刊也。六壬與遁甲、太乙世謂之三式，而六壬其傳尤古。或謂出於黄帝元女，固屬無稽。要其爲術，固非後世方技家所能造。大抵數根於五行，而五行始於水。舉陰以起陽，故稱壬焉。舉成以該生，故用六焉。其有天地盤與神將加臨，雖漸近奇遁九宫之式，而由干支而有四課，則亦兩儀四象也。由發用而有三傳，則亦一生三，三生萬物也。以至六十四課，莫不原本羲爻，蓋亦易象之支流，推而衍之者矣。……是書，總集諸家遺文。首載入手法總鈐及貴神、月將、德煞、加臨、喜忌，旁採唐宋以來諸論，若括囊雲霄賦課經之類，而緯以心鏡觀月諸篇，採撮頗爲詳備。案《明史・藝文志》有袁祥《六壬大全》三十三卷。名目相同，而卷帙不符，未必卽祥所輯。要其博綜簡括，固六壬家之總匯也。惟是六壬所重，莫過於天乙貴神。陰陽順逆爲吉凶所自出，如匠者之準繩榘矱。而先天之德起於子，後天之德起於未，以五干德合神取貴，承學之士多未究其源。”

著録：是書《中國古籍善本書目》等無著録，書名源于函套。

譜録類

322　遠西奇器圖説録最、新制諸器圖説

A088

《遠西奇器圖説録最》三卷，耶穌會士鄧玉函撰，明王徵譯繪，清鈔本。四冊。半葉九行十九字，墨筆楷書。無欄框，葉高 21.3 釐米，寬 14 釐米。前有王徵天啓七年序及凡例。題記曰：“西海耶穌會士鄧玉函撰，關西景教後學王徵譯繪，金陵後學武位

中較梓”。

《新制諸器圖説》不分卷，明王徵撰，武位中較梓，清鈔本。二冊。九行十八字，墨筆楷書。前有王徵天啓六年自序。

鄧玉函(Joannes Terentius or Johann Schreck，1575—1630)，字函璞，德國康斯坦茨人。天啓元年來華，崇禎二年入曆局修曆。著有《人身概説》、《大測》等。

王徵(1571—1644)，字良甫，號葵心，涇陽人。天啓二年進士。

《遠西奇器圖説録最》卷一爲緒論和重解，卷二爲器解，卷三爲圖説。

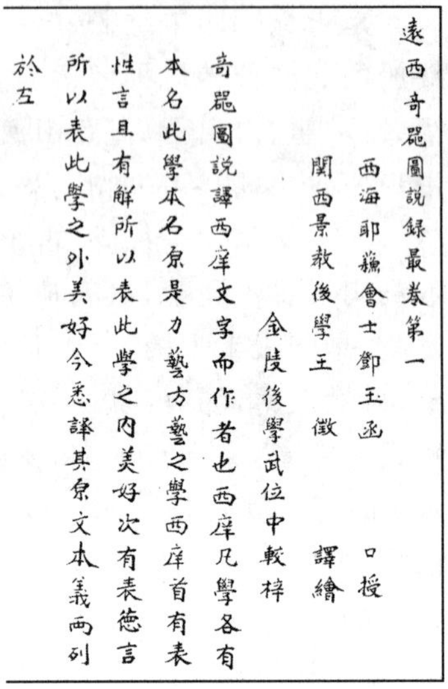
遠西奇器圖說録最卷第一
西海耶穌會士鄧玉函　口授
關西景教後學王　徵　譯繪
金陵後學武位中較梓
奇器圖說譯西庠文字而作者也西庠凡學各有
本名此學本名原是力藝方藝之學西庠首有表
性言且有解所以表此學之內美好次有表德言
所以表此學之外美好今悉譯其原文本義兩列
於左

322

王徵《自序》云：“不甚關民生用品，如飛鳶、水琴等類，又或非國家工作之所急需，則不錄，特錄其最切要者。器誠切矣，乃其作法或難，如一器而螺絲轉太多，工匠不能如何，又或器之工費甚鉅，則不錄，錄其最簡便者。器俱切俱便矣，而一法多種，一種多器，如水法一器有百十多類，或重或繁，則不錄，特錄其最精妙者”。

《新制諸器圖説》分爲：一、引水之器，二、轉磑之器，三、自行車，四、輪壼，五、代耕，六、連弩。

書後《題記》曰：“天啓七年關中了一道人書於望天軒中。”其後有“奇器圖後序”，書中有手繪器物圖十五幅。

本館藏兩書均用《大清律例》書葉背面書寫，應爲清代钞本。

著錄：《中國古籍善本書目》收入明汪應魁刻本《遠西奇器圖説録最》三卷及《新制諸器圖説》一卷。

農家類

323　知本提綱

《知本提綱》十卷，清楊屾著，清乾隆十二年刻本。十冊。半葉十四行十七字，大字佔兩行。四周雙邊，白口，單魚尾。版心上鐫書名，下鐫卷次及卷名。框高 20 釐米，寬 13.8 釐米。前有楊屾自序，提綱源流，凡例等，後有鄭世鐸跋。

楊屾(1687—1785),字雙山。陝西興平人。劉芳《豳風廣義序》曰:“雙山楊子……賦資聰慧,才略性成,自髫年卽抛時文,矢志經濟,博學好問,凡天文、音律、醫、政治,靡不備覽。”強調“夫欲修四業之全,宜先知農務之要”,“農書爲治平四者之首”。故一生致力於農桑研究。著有《論蠶桑要法》、《經國五政綱目》、《豳風廣義》、《修齊直指》等。

是書爲楊氏講學提綱,並由其門人鄭世鐸詳加註釋,首刊於乾隆十二年。全書十卷,十四章。卷一爲本帥元章,卷二上爲事帝章、下爲順命章,卷三上爲帥形章、下爲調攝章,卷四爲分統帥著章,卷五、卷六爲修業章,卷七爲帥家章,卷八爲明倫章,卷九一爲帥學章,卷九二爲全仁章,卷九三爲復命章,卷九四爲欲囿章,卷十爲感應章。其中“修業章”有一部分專講農業生産技術。

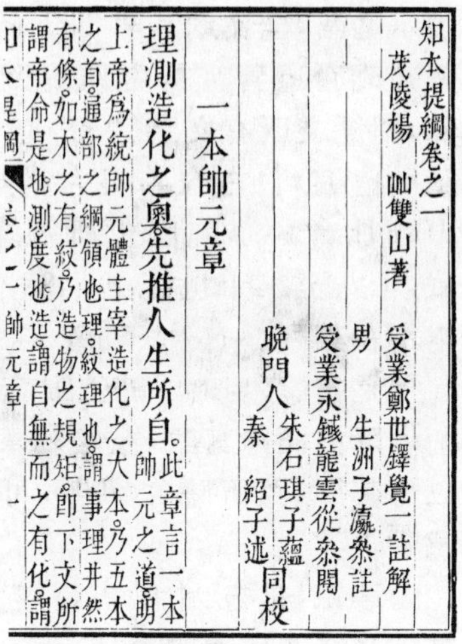
知本提綱卷之一
茂陵楊　屾雙山著　受業鄭世鐸覺一註解
男　生洲子瀛叅註
受業永鍼龍雲從叅閲
晚門人朱石琪子蘊　同校
秦　紹子述
一本帥元章
理測造化之奧先推人生所自。此章言一本帥元之道明上帝爲統帥元體主宰造化之大本乃五本之首逼部之綱領也理紋理也謂事理井然有條如木之有紋乃造物之規矩即下文所謂帝命是也測度也造謂自無而之有化謂
知本提綱　卷之一　帥元章　一

323

楊屾《自序》曰:“仰答我朝涵育保存之澤,故不避勞苦,殫思竭慮,著爲訓蒙專書,詳推帝命自然之理,循序順成,採經傳之節次,挈其綱要,會諸家之異同,取其至是,仍竊附數年查驗之識,忝續其中,廓清私意,盡剪歧出,洗開本面,疏通源流,而以一元、兩間、三序、四命、五本、修業、盡倫、全仁、復命之道,纂敍成帙,分爲一十四章,列爲十卷,名曰《知本提綱》。”

著錄:哈佛大學燕京圖書館藏有是書。

道家類

324　關聖帝君寶訓像註

《關聖帝君寶訓像註》、《關帝寶訓像註》、《關帝寶訓》四卷,撰著者不詳,清雍正九年文采齋刻本。四册。半葉十一行二十二字。四周雙邊,白口,單魚尾。版心上鐫書名,下鐫卷次及標題。框高 18.2 釐米,寬 13.1 釐米。前有序及《關聖帝君覺世寶訓》。前有扉頁,題:“關帝寶訓。雍正辛亥歲鐫”,並印有“是編發願印施求無不應,每套工價、紙張紋銀台連紙者,叁錢叁分;竹紙者,叁錢捌分。向京都琉璃廠東門文采齋甘家刻字鋪告知,不拘多寡,隨時彙印”字樣。

《關聖帝君覺世寶訓》亦稱《覺世經》,成書年代不詳,一般認爲是清初,爲關帝降筆訓示之語，全文約六百四十餘字，要旨是使世人醒悟，俾知改過遷善。是書爲關帝善書之中流通最廣之一部，對經文既有文字註證，亦有繪圖解說。據《關帝事蹟徵信編》、《古今善書大辭典》等書，及北京圖書館、中國社會科學院歷史所圖書室、廣州中山文獻館館藏，十八至二十世紀上半葉有多種註釋本，然本館藏本不在其列。

是書《序》曰："關公訓言，不知所自始，相傳以爲術者降神而錄其語，兹復輯奉行者之事，應而繪之圖，以傳其事，雖不曉文字者，可以口授、目視、耳聞而相感動也。"

著録：是書《中國古籍善本書目》等無著録。韓國首爾光緒八年檀國顯聖殿刻本題名爲《忠義神武靈佑仁勇威顯協天大帝實訓像註》。

關聖帝君覺世寶訓
人生在世貴盡忠孝節義等事方於人道無愧可立
於天地之間若不盡忠孝節義等事身雖在世其心
既死可謂偷生凡人心卽神神卽心無愧心無愧神
若是欺心便是欺神故君子三畏四知以慎其獨勿
謂闇室可欺屋漏可愧一動一靜神明鑒察十目十
手理所必至况報應昭昭不爽乎淫爲諸惡首孝
爲百行原但有逆理於心有愧者勿謂有利而行之
凡有合理於心無愧者勿謂無利而不行若負吾教

324

325　海瓊白眞人語録

I1439

《海瓊白眞人語録》二卷，宋紫壺道士謝顯道撰、林伯謙編，清钞本。二册。半葉八行十九字。四周雙邊，白口，無魚尾。框高20.7釐米，寬15.4釐米。

白玉蟾(1194—1229)，字如晦、紫清、白叟，號海瓊子、武夷散人、瓊山道人，閩清人。創建内丹派南宗，卒後詔封紫清眞人，世稱紫清先生。著有《道德寶章》、《海瓊集》、《 海瓊集詞 》、《海瓊問道集》、《玉隆集》、《上清集》、《武夷集》、《海瓊玉蟾先生文集》等。

是書論述道法精微。含海瓊白玉蟾之語録，傳度謝恩表文，詩詞選，鶴林法語等。

本館藏本爲墨筆小楷鈔本，欄框爲青絲欄。

著録：《道藏目錄詳註》。

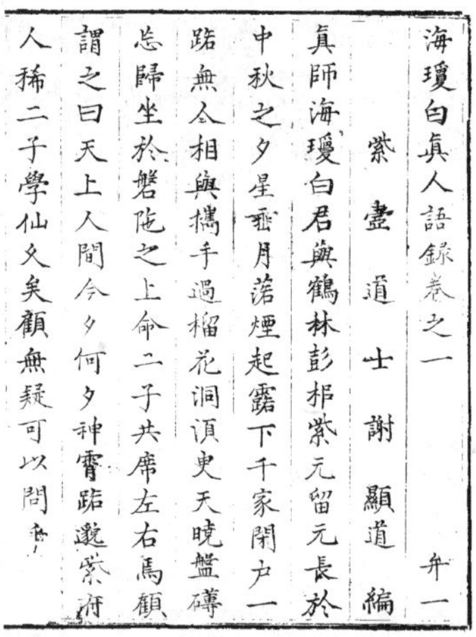
海瓊白眞人語錄卷之一
紫壺道士謝顯道編
眞師海瓊白君與鶴林彭耜紫元留元長於
中秋之夕星垂月落煙起露下千家閉户一
路無人相與攜手過榴花洞頂臾天曉盤礴
忘歸坐於磐陀之上命二子共席左右焉顧
謂之曰天上人間今夕何夕神霄踞蹕紫府
人稀二子學仙久矣頗無疑可以問乎

325

326　老子道德眞經

A026a

《老子道德眞經》二卷，《音義》一卷，明吳興閔齊伋刻朱墨套印本，上下二篇。一册。半葉九行十九字。四周單邊，白口，無魚尾。版心上鐫書名。框高21.1釐米，寬14.9釐米。前有葛玄序及篇目。卷末有"西吳閔齊伋遇五父校"牌記，《老子道德眞經》音義。

葛玄(164—244)，字孝先，丹阳句容人，三国吳道士，爲葛洪的從祖父。曾從左慈學道，受《太清》、《九鼎》、《金液》等丹經，於閤皂山修道。道教尊爲葛仙翁。

是書篇目：上篇爲體道第一、養身第二、安民第三、無源第四、虛用第五、成象第六、韜光第七、易性第八、運夷第九、能爲第十等。下篇爲論德第三十八、法本第三十九、去用第四十、同異第四十一、道化第四十二、偏用第四十三、立戒第四十四、洪德第四十五、儉欲第四十六、鑒遠第四十七、忘知第四十八等。

是書爲典型明末"閔刻"朱墨兩色套版刷印書籍。《中國古籍善本書目》所收明閔齊伋刻套印本《老子道德眞經》二卷亦與《音義》一卷同刊，爲三子合刊十三卷本。

著錄：《中國古籍善本書目》。

鈐印："閔"。

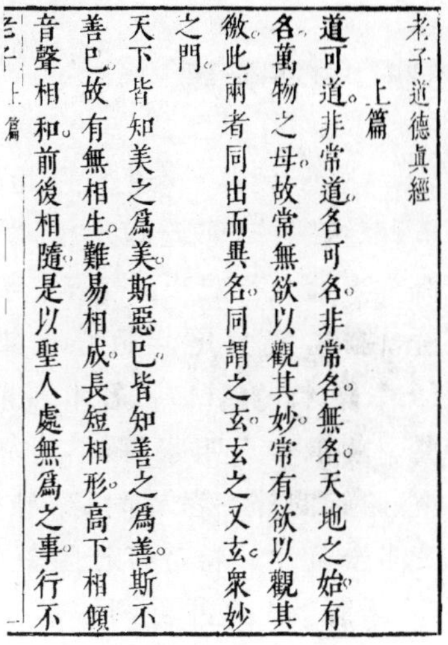
老子道德眞經
上篇
道可道。非常道。名可名。非常名。無名。天地之始。有
名。萬物之母。故常無欲以觀其妙。常有欲以觀其
徼。此兩者同出而異名。同謂之玄。玄之又玄。衆妙
之門。
天下皆知美之爲美。斯惡已。皆知善之爲善。斯不
善已。故有無相生。難易相成。長短相形。高下相傾
音聲相和。前後相隨。是以聖人處無爲之事。行不
老子上篇

326

327　老子道經攷異

BL1900. L25 P5 1783/GR209

《老子道經攷異》、《道德經攷異》二卷，唐傅奕註，清畢沅校註，乾隆四十八年經訓堂刻本。二冊。半葉十一行二十二字。四周單邊，黑口，雙魚尾。版心中鐫書名、卷次。框高 20 釐米，寬 15 釐米。前有扉頁，題："道德經攷異。乾隆癸卯開雕，經訓堂藏板。"卷首有乾隆四十六年畢沅序。

傅奕(555—639)，相州鄴人。學者。精通天文曆數。曾任隋朝禮部屬官。唐初任太使丞，又陞太史令。著有《老子註》、《老子音義》，輯《高識傳》，均佚。

畢沅(1730—1797)，字纕蘅，一字秋帆，自號靈巖山人，鎮洋人。經史學家、文學家。清乾隆二十五年狀元，官至湖廣總督。著有《靈巖山人詩文集》、《靈巖山人詩集》，其他撰述收入《经訓堂叢書》中。

是書爲道德經校註本。畢沅《老子道德經攷異序》敘及刊書緣由："沅所見老子註家不下百餘本，其佳者有數十本。唯唐傅奕多古字古言，且爲世所希傳，故就其本互加參校，間有不合于古者，則折衆說以定所是。"

著錄：是書《中國古籍善本書目》等無著錄。香港中文大學圖書館藏有是書。

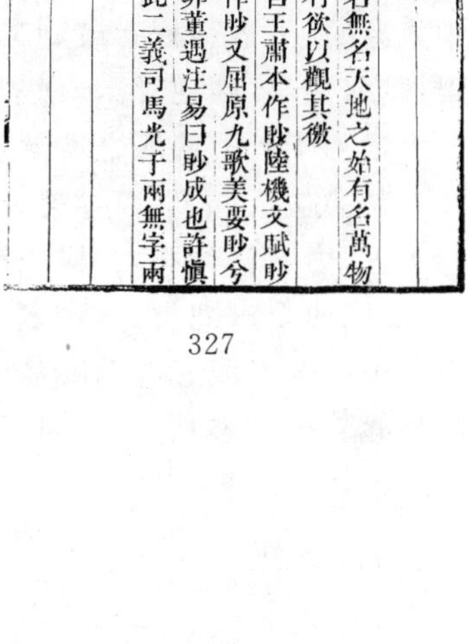
老子道經攷異卷上
唐太史令傅奕校定本
道可道非常道名可名非常名無名天地之始有名萬物
之母故常無欲以觀其妙常有欲以觀其徼
古無妙字易妙萬慮而爲言王肅本作眇陸機文賦眇
衆慮而爲言卽用易文亦作眇又屈原九歌美要眇兮
宜修並是李約本徼作儌非董遇注易曰眇成也許愼
說文解字曰徼循也應從此二義司馬光子兩無字兩
有字斷句王安石同
此兩者同出而異名
陳景元以此兩者同爲句

327

328　老子元翼

《老子元翼》、《道德經元翼》二卷，明焦竑原輯，蘇伍、蘇緝閱梓，郭乾泗重校，乾隆五年三多齋刻本。四册。半葉九行二十一字，小字雙行四十二字。四周雙邊，白口，雙魚尾。版心上鐫書名，中鐫卷次。框高19.7 釐米，寬 14.7 釐米。前有扉頁，題："道德經元翼。彙輯六十四家評註，北海焦弱侯原輯，長白蘇光裕、希餘閱梓。考異附錄，載後備參。山陽郭羲重校。三多齋發兑。"卷首有乾隆五年郭乾泗序，明焦弱侯附序，增義，采摭書目，目錄。後附"老子考異"、"老子附錄"。

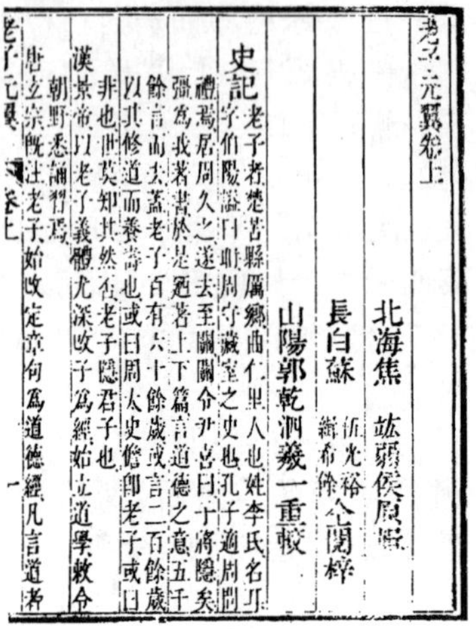
老子元翼卷上
北海焦　竑弱侯原輯
長白蘇　伍光裕 緝希餘 仝閱梓
山陽郭乾泗義一重較
史記老子者楚苦縣厲鄉曲仁里人也姓李氏名耳字伯陽謚曰聃周守藏室之史也孔子適周問禮焉居周久之遂去至關關令尹喜曰子將隱矣彊爲我著書於是迺著上下篇言道德之意五千餘言而去蓋老子百有六十餘歲或言二百餘歲以其修道而養壽也或曰周太史儋即老子或曰非也世莫知其然否老子隱君子也
漢景帝以老子義體尤深改子爲經始立道學敕令朝野悉諷習焉
唐玄宗既注老子始改定章句爲道德經凡言道者
老子元翼　卷上　一

328

焦竑（1540—1620），字弱侯，號澹園，又號漪園，世稱澹園或漪園先生、焦太史，祖籍山東日照，祖上寓居江寧。萬曆己丑進士第一，授翰林院修撰，尋遷東宫講讀官，謫福寧州州同。事具《明史・文苑傳》。著有《焦氏藏書目》、《國史經籍志》、《澹園集》、《莊子翼》、《楞嚴經精解評林》、《楞伽經精解評林》、《圓覺經精解評林》、《法華經精解評林》、《焦氏筆乘正集》、《金陵舊事》等。

是書爲焦竑彙輯六十四家解老子之説並加以闡述而成。卷上爲上經章註、老子翼原序並元翼增義、采摭書目，卷下爲下經章註、考異一編、附錄一編。

著錄：是書《中國古籍善本書目》等無著錄。加州大學伯克利分校圖書館、芝加哥大學圖書館、湖北圖書館、天津圖書館入藏是書。

329　列子

《列子》、《列子通義》八卷，明朱得之撰，明嘉靖四十四年陳汶浩然齋刊本。六册。半葉九行十七字，小字雙行同。四周雙邊，白口，單魚尾。版心上鐫書名及"浩然齋"，中鐫卷次，下鐫刊行者或刻工名。框高 20.7 釐米，寬 16.1 釐米。前有劉向《列子》新書舊序，張湛《讀列評》，《列子通義》總目，《列子》目錄。書前藏書者題記云："乾隆壬寅二月購列子於琉璃廠之瑞錦堂"。

是書包括：天瑞篇卷第一，黄帝篇卷第二，周穆王篇卷第三，仲尼篇卷第四，湯問篇卷第五，力命篇卷第六，楊朱篇卷第七，說符篇卷第八。

《四庫全書總目》曰："舊本題周列禦寇撰。前有劉向校上奏，以禦寇爲鄭穆公時人。……今考第五卷湯問篇中併有鄒衍吹律事，不止魏牟孔穿。其不出禦寇之手，更無疑義。……書凡八篇，與《漢志》所載相合。趙希弁《讀書附志》載，政和中宜春彭瑜爲積石軍倅，聞高麗國《列子》十卷，得其第九篇曰元瑞於青唐卜者云云。今所行本皆無此卷，殆宋人知其妄而不傳歟。其註自張湛以外，又有唐當塗丞殷敬順釋文二卷。此本亦散附各句下。然音註頗爲淆亂，有灼然知爲殷說者，亦有不辨孰張孰殷者。明人刊本往往如是，不足訝也。”

著錄：《四庫全書總目》、《中國古籍善本書目》。

鈐印："朱氏珍玩書印"、"皇明奉國將軍蘊鑴玄甫之印"、"明高皇帝苗裔"、"玄甫"、"蘊鑴之印"。

刻工：汶、山、南、川、吳川、夏等。

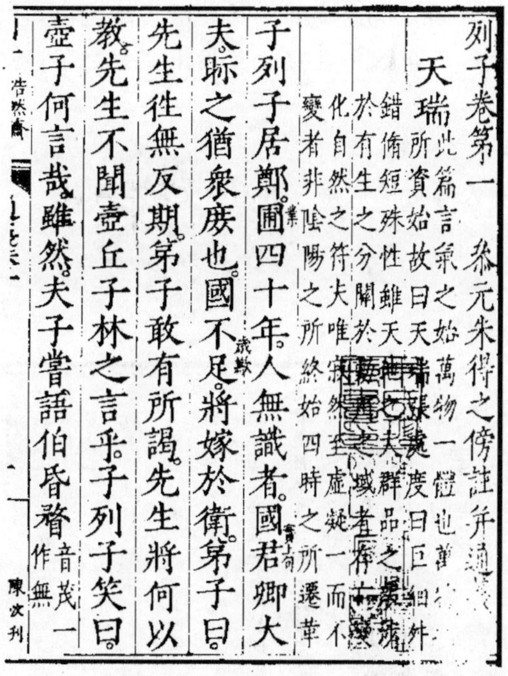
列子卷第一
天瑞
子列子居鄭圃四十年人無識者國君卿大
夫眡之猶衆庶也國不足將嫁於衞弟子曰
先生往無反期弟子敢有所謁先生將何以
教先生不聞壺丘子林之言乎子列子笑曰
壺子何言哉雖然夫子嘗語伯昏瞀 音茂一作無

329

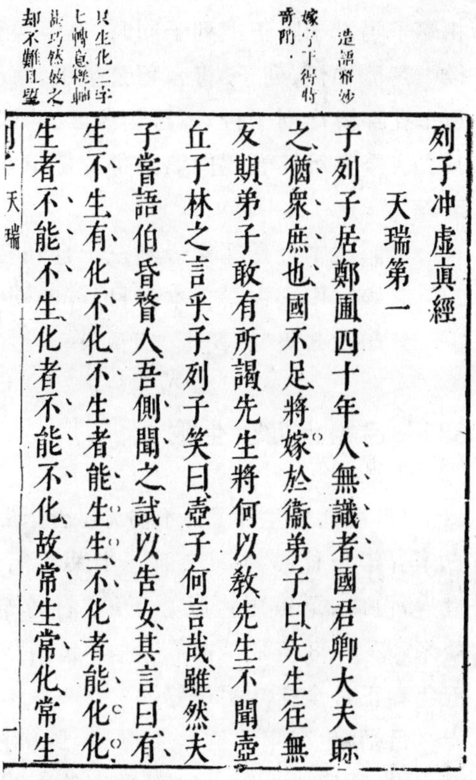
列子沖虛眞經
天瑞第一
子列子居鄭圃四十年人無識者國君卿大夫眡
之猶衆庶也國不足將嫁於衞弟子曰先生往無
反期弟子敢有所謁先生將何以教先生不聞壺
丘子林之言乎子列子笑曰壺子何言哉雖然夫
子嘗語伯昏瞀人吾側聞之試以告女其言曰有
生不生有化不化不生者能生生不化者能化化
生者不能不生化者不能不化故常生常化常生
列子 天瑞 一

330

330　列子沖虛眞經

J1566

《列子沖虛眞經》八卷，明閔齊伋刻朱墨套印本。二冊。半葉九行十九字，眉欄上有朱刻評釋。四周單邊，白口，無魚尾。版心上鐫書名。框高 21.2 釐米，寬 14.6 釐米。前有永始三年劉向序，目錄。卷末有"西吳閔齊伋遇五父校"牌記，音義。

是書上冊含天瑞第一、黄帝第二、周穆王第三、仲尼第四，下冊含湯問第五、力命第六、楊朱第七、說符第八。

劉向《序》後有言曰："按天寶初奉旨，冊爲沖虚眞人，其書改題曰《沖虚眞經》，名冠八篇之首。"此是劉向取二十篇除合而成，都名新書焉。大宋景德四年敕加"至德"二字，號《沖虚至德眞經》。

《四庫全書總目》之《列子》條下云："舊本題周列禦寇撰。前有劉向校上奏，以禦寇爲鄭穆公時人。唐柳宗元集有辨列子一篇，曰穆公在孔子前幾百歲。《列子》書言鄭國皆言子産鄧析。不知向何以言之如此。《史記》鄭繻公二十四年楚悼王四年圍鄭，殺其相駟子陽。子陽正與列子同時，是歲魯穆公十年。不知向言魯穆公時遂誤爲鄭耶。其後張湛徒知怪《列子》書言穆公後事，每不能推知其時，然其書亦多增竄非其實。其言魏牟孔穿皆出列子後，不可信云云。其後高似孫緯略遂疑列子爲鴻濛雲將之流，並無其人。今考第五卷湯問篇中併有鄒衍吹律事，不止魏牟孔穿。其不出禦寇之手，更無疑義。

本館藏本疑是閔齊伋刻三子合刊套印本之一部。

著錄：《中國古籍善本書目》、《美國哈佛大學哈佛燕京圖書館中文善本書志》。

鈐印："齊伋"、"閔十二"。

331　吕祖太極生生數

J2048

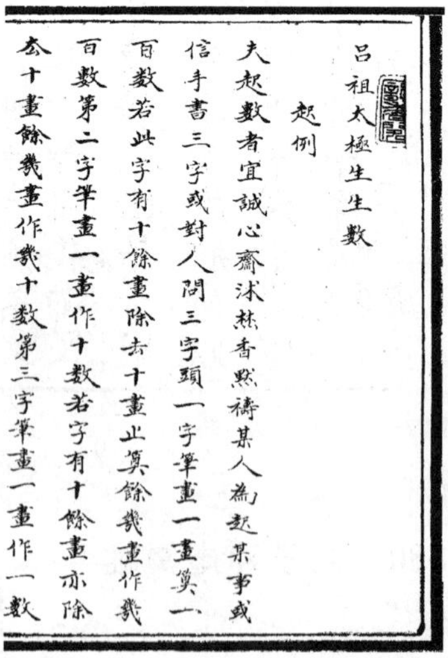
呂祖太極生生數
起例
夫起數者宜誠心齋沐焚香默禱某人爲起某事或
信手書三字或對人問三字頭一字筆畫一畫算一
百數若此字有十餘畫除去十畫止算餘幾畫作幾
百數第二字筆畫一畫作十數若字有十餘畫亦除
去十畫餘幾畫作幾十數第三字筆畫一畫作一數

331

《吕祖太極生生數》不分卷，唐末吕喦撰，清道光二十五年全桂鈔本。二冊。半葉七行二十字。四周雙邊，白口，單魚尾。版心下鐫"石竹齋"。框高 18.8 釐米，寬 11.8 釐米。前有全桂"起例"，題："道光二十五年春正月全桂沐手敬錄"。

吕喦（生卒年不詳），字洞賓，號純陽子，河中府永樂人，自稱回道人。一般認爲生於唐德宗丙子年即貞元十二年。唐寶曆元年中進士，尋棄官入道，隱居終南山。道教全真教奉其爲北五祖之一，世稱"吕祖"。著有《吕祖全書》、《九真上書》、《孚佑上帝文集》、《孚佑上帝天仙金丹心法》等，然多爲讬名之作。

是書《起例》與《諸葛神數》相同，用三個字取數，以零零一至三八四簽文斷事。

全桂《起例》曰:“用三字起之,蓋天、地、人三才之義。抑亦取一生二,二生三,三生万物之義,以字數之多寡不同而算之。蓋取八八六十四卦共合八十四爻之義。其錯綜以成變化,豈尋常世俗所能測識者乎?”

是書版框爲朱絲欄,有横竪綫,成方格。墨筆小楷書寫。六千一百數零之後用朱色。

著録:是書《中國古籍善本書目》等無著録。

鈐印:“韻書閣”、“全桂”、“香儂”、“全桂字顔從號香儂另號鳳橋”。

332　南華發覆

BL1900.C5 H7 1749/GR109

《南華發覆》、《南華經箋註》八卷,明釋性通註,方應祥等校,乾隆十四年云林懷德堂刻本。八冊。半葉九行二十字,小字雙行四十字。四周單邊,白口,單魚尾。版心上鎸卷名,中鎸卷次。框高 21.2 釐米,寬 14.5 釐米。前有扉頁,題:“乾隆乙巳新鋟,西安方孟旋先生較訂,云林懷德堂梓行,南華經箋註”。卷首有天啓六年陳繼儒敘,跋,明釋性通自敘。

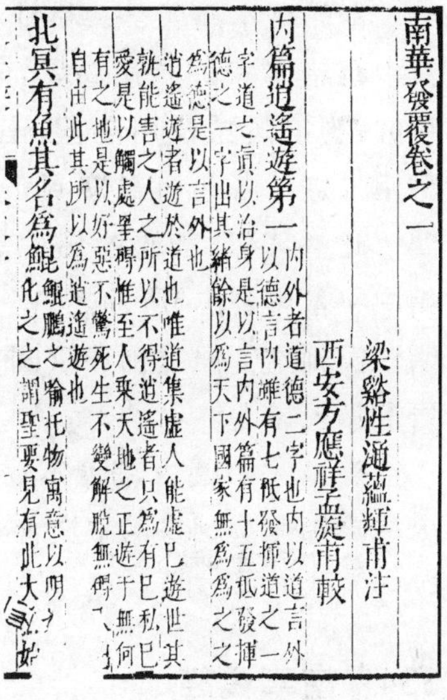
南華發覆卷之一
梁谿性通蘊輝甫注
西安方應祥孟旋甫較
內篇逍遙遊第一
北冥有魚其名爲鯤

332

方應祥(生卒年不詳),字孟旋,西安人。萬曆丙辰進士,山東提學。

是書卷一爲逍遙遊、齊物論、養生主、人間世,卷二爲德充符、大宗師、應帝王,卷三爲駢拇、馬蹄、胠篋、在宥,卷四爲天地、天道、天運,卷五爲刻意、繕性、秋水、至樂,卷六爲達生、山木、田子方、知北遊,卷七爲庚桑楚、徐無鬼、則陽、外物、寓言,卷八爲讓王、盜跖、說劍、漁父、列禦寇、天下。

陳繼儒《南華發覆敘》曰:“《南華發覆》清涼山孔雀庵蘊暉老人所撰也。老人……長於詩,無浮屠語,與之談方内方外之書,旁及《南華經》,往往能結吾輩舌,葢少而習之,長而遊於空山大澤間,所見莫非莊者,積三十年而後發覆之註出焉。”

著録:是書《中國古籍善本書目》等無著録。香港中文大學藏有是書。

333　南華經

A087

《南華經》十六卷,晉郭象註,輯諸名家評釋,宋林希逸口義,劉辰翁點校,明王世貞評點,陳明卿批註,明淩刻四色套印本。八冊。半葉八行十八字,小字雙行同。四周單邊，白口，無魚尾。版心上鐫書名、卷次。框高 20.5 釐米，寬 14.8 釐米。前有徐常吉序，馮夢楨序，沈汝紳小序，總評，楊升菴“題劉須溪小引”，郭子玄序，司馬子長“莊子列傳”。

郭象（約 252—312），字子玄，河南洛陽人。西晉時玄學家。官至黃門侍郎、太傅主簿。著有《莊子註》。

是書卷一至卷四爲内篇，卷五至卷十二爲外篇，卷十三至卷十六爲雜篇。

本館藏本爲墨、朱、粉紅、淺藍四色套印，其中輯諸名家評釋用墨黑，宋林鬳齋口義用粉紅，劉須溪點校用淺藍，王世貞、陳明卿評點用朱紅。各色批註多見於欄首，亦見於行間。此書甚似《美國哈佛大學哈佛燕京圖書館中文善本書志》所錄之《南華經》，可能同屬明淩氏刻本。但哈佛燕京圖書館藏本中無劉辰翁點校。

著錄：《中國古籍善本書目》、《美國哈佛大學哈佛燕京圖書館中文善本書志》。

鈐印：“豫鍾珍藏”。

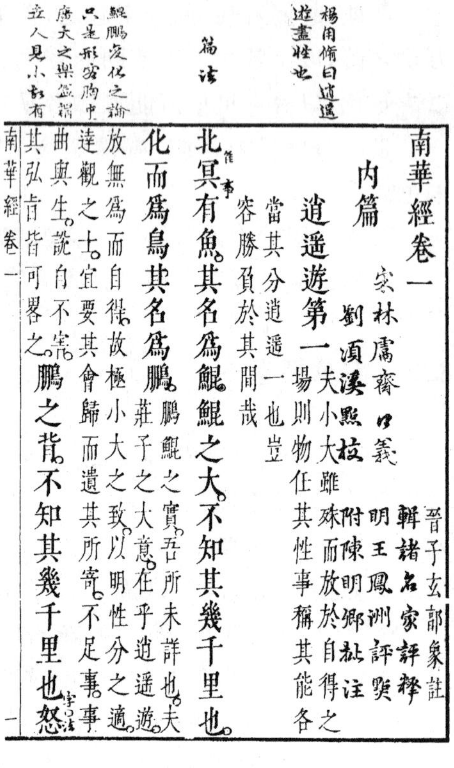

南華經卷一

晉子玄郭象註　輯諸名家評釋

宋林鬳齋口義

明王鳳洲評點　陳明卿批注

劉須溪點校　附

内篇

逍遥遊第一　夫小大雖殊而放於自得之場則物任其性事稱其能各當其分逍遥一也豈容勝負於其間哉

北冥有魚其名爲鯤鯤之大不知其幾千里也化而爲鳥其名爲鵬鵬鯤之實吾所未詳也夫莊子之大意在乎逍遥遊放無爲而自得故極小大之致以明性分之適達觀之士宜要其會歸而遺其所寄不足事事曲與生說自不害其弘旨皆可畧之鵬之背不知其幾千里也怒

南華經卷一　一

333

334　南華眞經

A027

《南華眞經》十卷，晉郭象註，唐陸德明音義，明嘉靖十三年世德堂刻本。十二冊。半葉八行十七字，小字雙行同。卷第一、卷第十爲四周雙邊，卷第二至卷第九爲左右雙邊，白口，單魚尾。首卷版心上鐫“世德堂刊”，各卷中鐫書名、卷次。框高 20 釐米，寬 14.5 釐米。前有郭象序，篇目等。

郭象，見 333《南華經》。

陸德明（556—627），名元朗，以字行，吳縣人。歷仕陳、隋，爲國子助教。唐時拜國子博士。著有《周易註》、《周易兼義》、《易釋文》等。

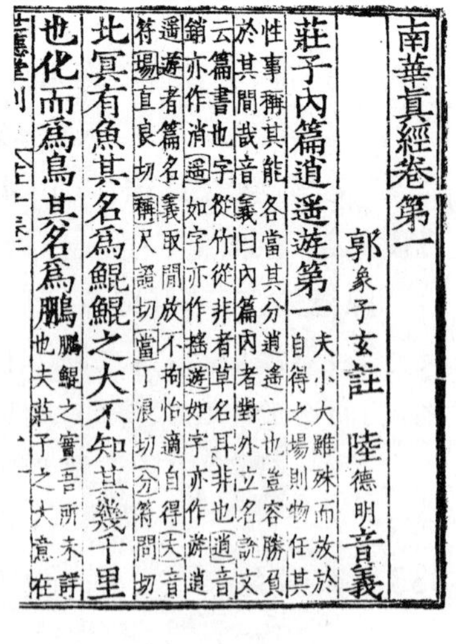

南華眞經卷第一

郭象子玄註　陸德明音義

莊子内篇逍遥遊第一　夫小大雖殊而放於自得之場則物任其性事稱其能各當其分逍遥一也豈容勝負於其間哉

北冥有魚其名爲鯤鯤之大不知其幾千里也化而爲鳥其名爲鵬鵬鯤之實吾所未詳也夫莊子之大意在

世德堂刊

334

是書卷第一至第三爲内篇，卷第四至第七爲外篇，卷第八至第十爲雜篇。

《四庫全書簡明目錄》所載《南華眞經新傳》條下云:“宋王雱撰。唐天寶元年尊《莊子》爲《南華眞經》,雱書葢仍其舊號。所註詳於内篇,畧於外篇、雜篇。大致規仿郭象,而更約其詞。後附《拾遺雜說》一卷,疑其書成以後所補也。”

按《柏克萊加州大學東亞圖書館中文古籍善本書志》,此爲後世翻印世德堂本的顯著特徵。卷第四後有十五葉補印,後註:“總校楊文瑩,分校陳其榮、王彥起校。”

本館藏本第十卷與其他各卷比,紙質明顯不同,後有缺葉。

著錄:《四庫全書簡明目錄》、《中國古籍善本書目》、《柏克萊加州大學東亞圖書館中文古籍善本書志》等。

鈐印:“復正心賞”、“漢陽周氏珍藏”、“子思閣”、“漢陽周貞亮退引民國紀年后所收善本”、“楊彔之印”、“朱氏珍藏”。

335　南華眞經解

《南華眞經解》不分卷,清宣穎撰,王暉吉校,康熙六十年刻本。三冊。半葉九行二十四字,小字雙行同,眉欄上標紅註。四周雙邊,白口,單魚尾。版心上鐫卷名,下鐫《莊子》卷名。框高 20.2 釐米,寬 13.5 釐米。前有康熙六十年張芳序及宣穎自序。

宣穎(生卒年不詳),字茂公。

是書評註《莊子》,不乏精辟之论。

張芳《序》曰:“吾獨惜夫莊與孟同時而不相知也。當是時,儒之嫡傳有子思、子夏,周之傳出於子夏門人,軻之傳出於子思之門人,孟猶嫡傳而莊其別傳也。”

著錄:《中國古籍善本目錄》。

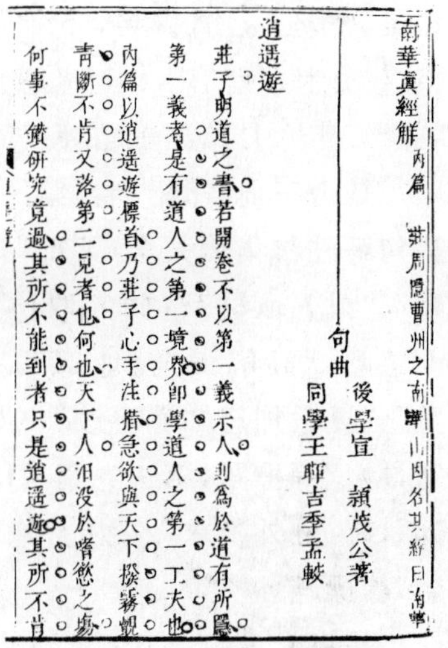
南華眞經解 内篇 莊周隱曹州之南華山因名其經曰南華
後學宣 穎茂公著
句曲 同學王暉吉季孟較
逍遥遊
莊子明道之書若開卷不以第一義示人則爲於道有所隱
第一義者是有道人之第一境界即學道人之第一工夫也
内篇以逍遥遊標首乃莊子心手注措急欲與天下撥霧覩
青斷不肯又落第二見者也何也天下人汩没於嗜慾之場
何事不鑽研究竟過其所不能到者只是逍遥遊其所不肯

335

336　太上感應篇

《太上感應篇》一卷,清惠棟箋註,清乾隆十四年敬恕堂刻本。一冊。半葉七行十七字,小字雙行同。四周雙邊,白口,單魚尾。版心下鐫鈔錄者名。框高 19.4 釐米,寬 13.7 釐米。前有惠棟自序,羅惇衍序等。

惠棟,見 026《鄭氏周易》、《周易乾鑿度》。

惠棟《自序》曰:“雍正之初,先慈抱病,不肖棟日夜嘗葯,又禱於神,發願註《感應篇》,以祈母疾,天誘其衷,母親疾病有間,因念此書感應之速。欲公諸同好而未果。余友楊君石漁見之，嘆曰‘此書得此註，不惟可以勸善，且使後世道家知魏晉以前求仙之本。”

著錄：《中國古籍善本書目》。

鈐印：“精白傳家”、“養田之印”、“明德之後”。

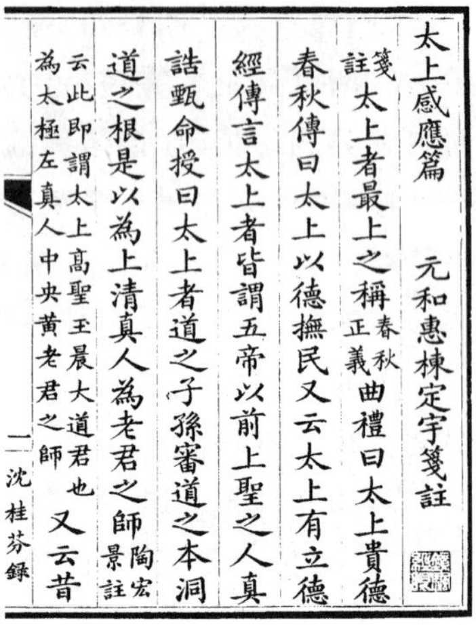
太上感應篇　元和惠棟定宇箋註
箋註　太上者最上之稱 春秋正義 曲禮曰太上貴德
春秋傳曰太上以德撫民又云太上有立德
經傳言太上者皆謂五帝以前上聖之人真
誥甄命授曰太上者道之子孫審道之本洞
道之根是以為上清真人為老君之師 陶宏景註
云此即謂太上高聖玉晨大道君也　又云昔
為太極左真人中央黃老君之師
二　沈桂芬錄

336

337　太上感應篇註解大全

《感應篇註釋全解》、《太上感應篇註解大全》、《太上感應靈篇彙纂句解註釋集美大全》三卷，後附“纂刊功過格”，無名氏撰，清乾隆五年刊本。三冊。半葉九行二十三字，小字雙行二十六字。四周雙邊，白口，無魚尾。版心上鐫書名，下鐫卷次。框高 21 釐米，寬 14.4 釐米。前有《太上感應靈篇》全文，後有王跋序，乾隆五年六月薰沐敬題等。

是書三冊各爲一卷，第一卷爲“《太上感應靈篇彙纂句解註釋集美大全》天部”，有“賞及非義”、“刑及無辜”、“殺人取材”、“傾人取位”等標題，第二卷爲“《太上感應篇註解大全》地部”，有“棄法受賂”，“入輕爲重”、“見殺加怒知過不改”、“如善不爲”、“自罪引他雍塞方術”等標題，第三卷爲“《太上感應篇註解大全》人部”，有“分外營求”、“力上施設”、“婬欲過”、“心毒貌慈”等標題。

太上感應篇註解大全 人部
宋理宗皇帝御書曰
諸惡莫作衆善奉行
二語可括全篇之義
總見善貴於勇行

337

是書卷末無名氏《跋》曰：“敬刊是書，以公海內，未敢復留姓氏，誠恐藉以博名聲，邀福祉，殊非太上感應之說，但願讀是本者，各身體而力行之，則勸善懲惡，可觸目驚心，以爲書紳之法云爾。”

著錄：是書《中國古籍善本書目》等無著錄。遼寧省圖書館亦入藏同名書，然版式與本館所藏略有不同。其爲半葉九行十八字，四周雙邊，白口，無魚尾，框高 20.8 釐米，寬 15.3 釐米。

338　新刻黃掌綸先生評訂神仙鑑

《歷代神仙通鑑》、《三教同原錄》、《新刻黃掌綸先生評訂神仙鑑》二十二卷，明代編修，題“江夏明陽宣史徐道述”，卷十八至卷二十二署“新安融陽亦史程毓奇續”，清黃掌綸、張繼宗訂，清康熙三十九刊本。二十四冊。半葉十行二十二字，眉欄上間刻評。四周單邊，白口，單魚尾。版心上鐫書名，下鐫“華藏”或“華藏圖”。框高 18.8 釐米，寬 12.8 釐米。前有張繼宗等序，目錄等。

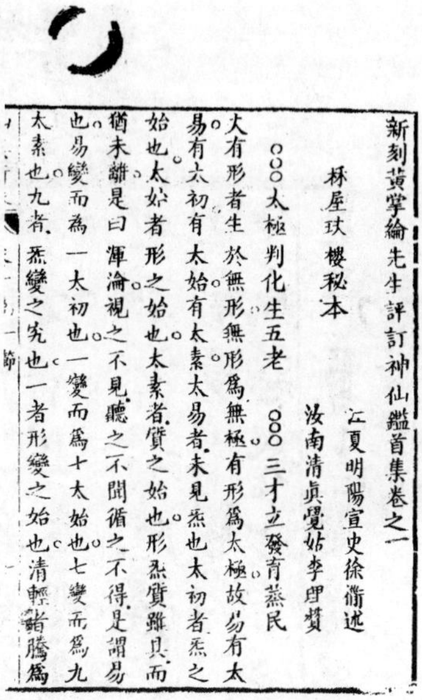
新刻黃掌綸先生評訂神仙鑑首集卷之一
江夏明陽宣史徐衜述
汝南清貞覺姑李理贊
杯屋玖樓秘本
○○太極判化生五老　○○三才立發育蒸民
大有形者生於無形無形爲無極有形爲太極故易有太
易有太初有太始有太素太易者未見炁也太初者炁之
始也太始者形之始也太素者質之始也形炁質雖具而
猶未離是曰渾淪視之不見聽之不聞循之不得是謂易
也易變而爲一太初也一變而爲七太始也七變而爲九
太素也九者炁變之究也一者形變之始也清輕者騰爲

338

張繼宗(1666—1715)，字善述，號碧城，正一道龍虎宗第五十四代天師。清康熙三十五年，獲賜乾坤玉劍。康熙四十二年，授光祿大夫。

是書記錄從上古到明代之神仙歷史，引用失傳已久之《竹書》、《龜鑒》等編年史書。分首、二、三集，首集“仙眞衍派”(卷一至卷八，七十二節)，二集“佛祖傳燈”(卷九至卷十六，七十二節)，三集“聖賢貫脈”(卷十七至卷二十二，五十節)。書中有十紀之說：九頭紀，五龍紀，攝提紀、合雒紀、連通紀、敘命紀、循蜚紀、因提紀、禪(祥)通紀、疏訖紀。九頭紀始於人皇氏一姓九氏，自人皇氏至敘命紀，凡八十三君，歷五龍紀、攝提紀、合雒紀、連通紀、敘命紀。自循蜚紀而後，二十二氏治世。又有因提紀十三氏，皆有世系可記。禪通紀終於炎帝，疏訖則始償使用於黃帝，以迄於周。九頭紀之前，有盤古氏，生十七人，長說：赫天氏。天皇氏：十三人，長曰：天靈。地皇氏：十一人，長曰：地鏗。1. 九頭紀，人皇氏，天英。傳九人，曰九皇氏治世，九頭紀。2. 五龍紀，五皇治世。3. 攝提紀，五十九姓。4. 河雒紀，三姓。5. 連通紀，六姓。6. 敘命紀，四姓。以上八十三君治世。7. 循蜚紀，二十二氏治世。8. 因提紀十三氏。9. 禪(祥)通紀，終於炎帝。10. 疏訖紀，始於黃帝、迄於周。

著錄：是書《中國古籍善本書目》等無著錄。耶魯大學圖書館、普林斯頓大學東亞圖書館藏有是書。

339　莊子獨見

《莊子獨見》不分卷，清胡文英撰，武啓圖訂，清乾隆十七年刻本。四冊。半葉十行十九字，小字雙行同，眉欄上刻評。左右雙邊，白口，單魚尾。版心上鐫卷名，下鐫《莊子》卷名及卷次。框高 16.7 釐米，寬 12.9 釐米。前有武啓圖乾隆十六年序，胡文英自序，“莊子論略”，“讀莊針度”等。

胡文英(生卒年不詳)，字質餘，號繩崖，江蘇武進人。著有《毛詩通議》、《屈騷指掌》、《詩疑義釋》、《詩考補》、《吳下方言考》等。

鯤之大。作一層寫。鵬之大。作兩層寫。

放下北冥先說南冥。是簡飛伸縮之處。

莊子獨見

晉陵胡文英繩崖評釋

雲中武啓圖羲民同訂

內篇逍遥遊第一

北冥有魚。其名爲鯤。鯤之大。不知其幾千里也。化而爲鳥。其名爲鵬。鵬之背。不知其幾千里也。怒而飛。怒如草木怒生之怒其翼若垂天之雲。是鳥也。海運則將徙於南冥。海運言其氣之流轉或指爲鵬風便着實說夢矣南冥者。天池也。齊諧者。志怪者也。此四語欲合欲離意連詞斷游絲結絮故能兩不着地粘往常境作解便成惡套諧之言曰。鵬之徙於南冥也。水擊三是書評註《莊子》，多精辟之論。《莊子論略》曰："莊子眼極冷，心腸極熱。眼冷，故是非不管；心腸熱，故悲慨萬端。雖知無用，而未能忘情，到底是熱腸挂住；雖不能忘情，而終不下手，到底是冷眼看穿。""莊子最深情，人只知三閭之哀怨，而不知漆園之哀怨有甚於三閭也。蓋三閭之哀怨在一國，而漆園之哀怨在天下；三閭之哀在一時，而漆園之哀在萬世。"

著録：《中國古籍善本目録》。

340　莊子南華眞經

A026b

《莊子南華眞經》四卷，戰國莊周撰，明吴興閔齊伋刻朱墨套印本。十冊。半葉九行十九字，眉欄引劉辰翁、王宗沐、袁宏道、許孚遠、李贄、孫鑛、唐順之等諸家評釋。四周單邊，白口，無魚尾。版心上鐫書名。框高 21.1 釐米，寬 14.9 釐米。前有郭象序。卷末有"西吴閔齊伋遇五父校"牌記，若干冊末有《莊子南華眞經》音義共四節。

唐玄宗於天寶元年詔封莊子为"南華眞人"，尊其書爲《南華眞經》。

郭象，見 333《南华眞经》。

是書第一卷爲内篇，第二、三卷为外篇，第四卷爲雜篇，共計三十三篇。朱紅評註見於眉欄與行間。爲閔刻朱墨套印本的典型。

著録：《中國古籍善本書目》。

鈐印："齊伋"、"閔氏遇五"。

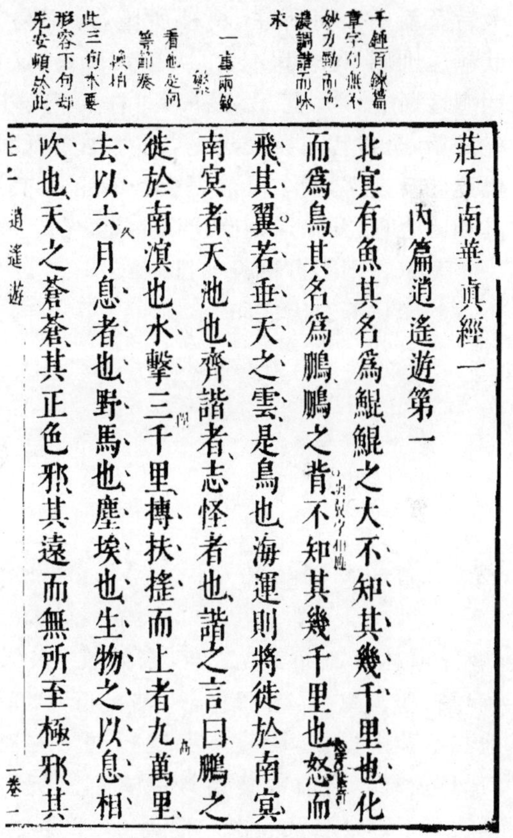
莊子南華眞經一
內篇逍遙遊第一
北冥有魚其名爲鯤鯤之大不知其幾千里也化
而爲鳥其名爲鵬鵬之背不知其幾千里也怒而
飛其翼若垂天之雲是鳥也海運則將徙於南冥
南冥者天池也齊諧者志怪者也諧之言曰鵬之
徙於南冥也水擊三千里摶扶搖而上者九萬里
去以六月息者也野馬也塵埃也生物之以息相
吹也天之蒼蒼其正色邪其遠而無所至極邪其

340

341　莊子因

BL1900. C5L46 1739/G1790

《莊子因》六卷，清林雲銘撰，清乾隆二年輔仁堂刻本。六冊。半葉九行二十二字，小字雙行同，眉欄上刻套紅評註。四周雙邊，白口，單魚尾。版心上鐫卷名，下鐫《莊子》卷次及卷名。框高 20.6 釐米，寬 13.5 釐米。前有康熙二十七年林雲銘《增注莊子因序》，乾隆二年蔡大受序，康熙二年林雲銘自序，凡例等。扉頁刻："千百年眼，中翰蔡虛谷先生鑒定"。

林雲銘(1628—1697),字西仲,侯官人。順治十五年進士,曾官徽州通判。著有《挹奎樓選稿》、《吳山鷇音》、《楚辭燈》等。

是書評註《莊子》。清人薰思凝於王夫之《莊子解序》中曰:"近閩人林氏《莊子因》出,而諸註悉廢。"林氏於是書序中指出讀《莊子》之法爲:"蓋凡讀書家,必先識得字面而後分得句讀,分得句讀而後能尋得通篇大旨及篇中眼目所注、精神所匯,此不易之法也。"而其順序則應"先求其本旨,次觀其段落,又次尋其眼目照應之所在。"(《莊子雜說》)。林氏視《莊子》爲一完整結構,全書旨在發明無爲,而大要爲"因之"一義,並以此涵蓋全文,並名其註爲《莊子因》。其中內七篇有其相因之理,外雜篇則闡述內七篇之旨。

著錄:《中國古籍善本目錄》。

鈐印:"慕玄氏之印"。

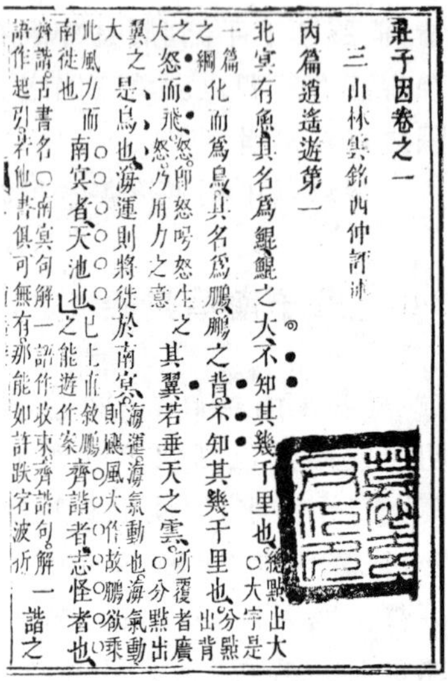
莊子因卷之一
三山林雲銘西仲評述
內篇逍遙遊第一
北冥有魚其名爲鯤鯤之大不知其幾千里也化而爲鳥其名爲鵬鵬之背不知其幾千里也怒而飛其翼若垂天之雲是鳥也海運則將徙於南冥南冥者天池也

341

釋家類

342　禪林寶訓筆說

BL1442. Z4C32 1750a/G2338

《禪林寶訓筆說》二卷,宋妙喜(宗杲),竹庵(士圭)集,淨善重編,清智祥註,清乾隆十五年刻本。一冊。半葉十行二十字,小字雙行同。左右雙邊,小黑口,無魚尾。卷前數葉爲鈔錄文字。版心上鐫"支那撰述",下鐫書名及卷次。框高 21.2 釐米,寬 14.5 釐米。卷後有"京都比丘際存、了育敬募,諸刹重梓,板存潭柘下院翊教寺永遠流通。"

禪林寶訓筆說卷上
楚衡雲峯後學沙門智祥註
明教嵩和尚曰尊莫尊乎道美莫美乎德道德之所存雖匹夫非窮也道德之所不存雖王天下非通也

342

釋智祥(生卒年不詳),明末清初人,湖南衡陽人。曾任明代武職,官至營長,明亡後,母子於衡陽西鄉紫雲峰下建寺,出家潛修。晚年爲弟子講授《禪林寶訓》,並於康熙丙戌年年完成《禪林寶訓筆說》一書。著有《法華授手》一書,成書於康熙癸亥年。

是書旨趣在於“續微學於將墜，發妙理於淺近。……要卽古人之言以達古人之意。”並望後學者“肯綮深思，細心窮玩，融古人之言爲己言，通古人之志爲己志。”是書卷上曰：“此篇誨人道德爲立身之本，尊之美之，最爲急要。”

本館藏本卷上首三葉爲鈔補，墨筆楷書，無邊框。

著錄：是書《中國古籍善本書目》等無著錄。哈佛燕京圖書館藏有是书，倫敦大學亞非學院藏有清乾隆九年海幢寺刻本。

343　大悲心懺

《大悲心懺》不分卷，不著撰人，當爲清釋智旭撰，刻錄年代不詳。二冊。半葉九行十五字，小字雙行，字數不等，行間標註梵語音符。四周雙邊，白口，單魚尾。版心上鐫書名。套紅印刷。框高 22.4 釐米，寬 14.5 釐米。有圖。前有序，凡例等。

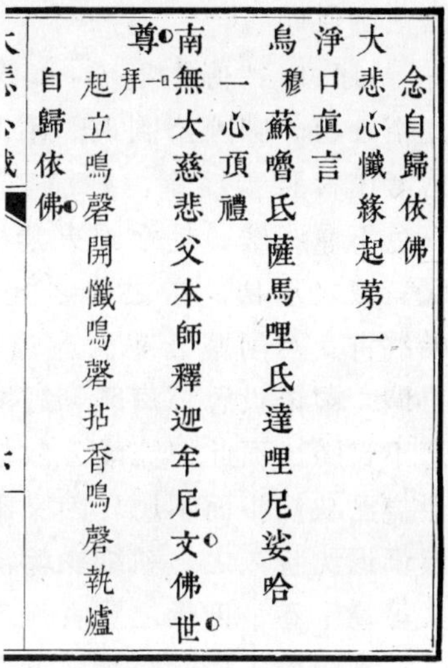
念自歸依佛
大悲心懺緣起第一
淨口眞言
烏穆蘇嚕氏薩馬哩氏達哩尼娑哈
一心頂禮
南無大慈悲父本師釋迦牟尼文佛世
尊。拜一
起立鳴磬開懺鳴磬拈香鳴磬執爐
自歸依佛。

343

智旭（1599—1655），俗姓鍾，字澫益，別號八不道人，江蘇省吳縣人，明代僧。二十三歲出家，法名智旭。二十六歲受菩薩戒。三十三歲入靈峰，造西湖寺。此後歷遊江浙閩皖諸省，閱藏、講述和著作。著有《靈峰宗論》、《請藏因緣》、《楞伽義疏》等。述有《佔察行法》、《戒消災略釋》、《持戒犍度略釋》、《盂蘭盆新疏》、《梵網合注》、《大佛頂玄義文句》、《金剛破空論》、《澫益三頌》、《齋經科註》。《大乘止觀釋要》、《四十二章經》、《遺教經》、《八大人覺解》、《周易禪解》、《唯識心要》、《相宗八要直解》、《彌陀要解》、《四書澫益解》、《法華會義》、《佔察疏》，重治《律要》等。

《凡例》曰：“況今釐定梵音，尤得西來眞諦，故頌咒法應跪頌一遍，立頌一遍，繞壇行頌一遍。行已復跪各七，共成二十一遍……懺悔爲歸宿宗旨，所以吐露愆尤，無遺毫髮，哀祈佛鑒，另換肺腸。”

著錄：是書《中國古籍善本書目》等無著錄。《中國古籍善本書目》錄有《千手千眼觀世音菩薩廣大圓滿無礙大悲心懺》一卷，清釋智旭撰，清康熙二十一年明珠妻覺羅氏刻本。明熹宗天啟二年丁雲鵬繪《觀音菩薩三十二相大悲心懺》刊行，當爲本書所收繪圖。

344　大唐大慈恩寺三藏法師傳

《大唐大慈恩寺三藏法師傳》十卷，唐釋慧立撰，釋彦悰箋，明萬曆年間刻本。一册。半葉十行二十字。四周雙邊，白口，無魚尾。版心上鐫“支那撰述”，中鐫“大慈恩寺三藏法師傳”，下鐫“奄一……奄五”。框高 22.9 釐米，寬 14.9 釐米。前有“大唐大慈恩寺三藏法師傳序”。

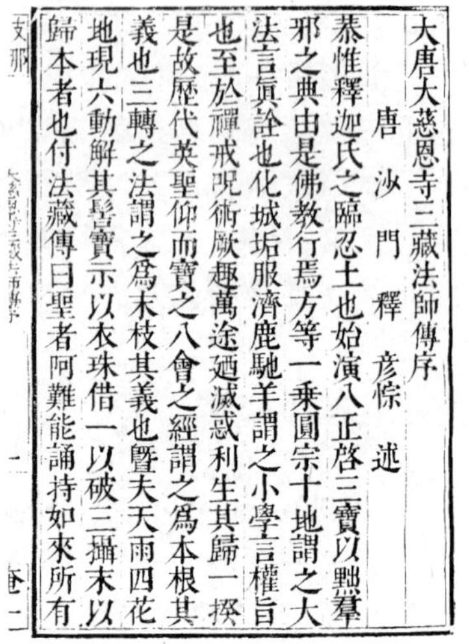
大唐大慈恩寺三藏法師傳序
唐　沙　門　釋　彦悰　述
恭惟釋迦氏之臨忍土也始演八正啓三寶以黜羣
邪之典由是佛教行焉方等一乘圓宗十地謂之大
法言眞詮也化城垢服濟鹿馳羊謂之小學言權旨
也至於禪戒呪術厭趣萬途迺滅惑利生其歸一揆
是故歷代英聖仰而寶之八會之經謂之爲本根其
義也三轉之法謂之爲末枝其義也暨夫天雨四花
地現六動解其髻寶示以衣珠借一以破三攝末以
歸本者也付法藏傳曰聖者阿難能誦持如來所有

344

《序》曰：“傳本五卷，魏國西寺前沙門慧立所述。立俗姓趙。豳國公劉人。隋起居郎司隸從事毅之子。博考儒釋雅善篇章。妙辯雲飛溢思泉涌。加以直詞正色不憚威嚴。赴水蹈火無所屈撓。覩三藏之學行。矚三藏之形儀。鑽之仰之彌堅彌遠。因修撰其事以貽終古。乃削藁云畢。慮遺諸美遂藏之地府。代莫得聞。爾後役思纏痾氣懸鍾漏。乃顧命門徒。掘以啟之。將出而卒門人等哀慟荒𩆌悲不自勝。而此傳流離分散他所。櫐載搜購近乃獲全。因命余以序之。迫余以次之。余撫己缺然拒而不應。因又謂余曰。佛法之事豈預俗徒。況乃當仁苦爲辭讓。余再懷慚退沈吟久之。執紙操翰汍瀾腷臆。方乃參犬羊以虎豹。糅瓦石以琳璆。錯綜本文箋爲十卷。庶後之覽者無或嗤焉。”

本館藏本僅餘是書前五卷。

著錄：《開元釋教錄》、《中國古籍善本書目》。

345　東林十八高賢傳

《東林十八高賢傳》、《東林傳》、《蓮社高賢傳》一卷，不著撰人，明萬曆四十八年姑蘇昆耶宣管覺僊刻本。一册。半葉八行十七字。左右雙邊，白口，單魚尾。框高 18.2 釐米，寬 11.7 釐米。有圖。前有明黄汝亨序，後有宋李沖元記。

是書收錄晉宋時以慧遠爲首僧人居士十八人之事蹟。北宋熙寧年間，經陳舜俞粗加刊正；大觀初年，沙門懷悟復爲詳補；最後又歷考《廬山集》、《高僧傳》及晉宋史，依懷悟本再作補治，始成定本。傳後附《百二十三人傳》和《不入社諸賢傳》兩篇。北宋元豐三年，李伯時作《蓮社十八賢圖》，冠於傳前；次年李沖元作記，附於傳後。

黄汝亨《序》曰：“往余令鍾陵，曾過東林寺虎谿橋上遠公社，竟作牛馬走騷驛之場。爲之慨然。去今十餘年，乃得《東林十八高賢傳》。讀之，諸公皆糞壤富貴，膏肓泉石，心超淨穢之區，境際人天之勝，令人脈脈心動，摳從亡階。況親承接引，妙契因依，豈必入淨土而極樂、上蓮座而興瞻哉？此傳刻在廬山，未獲流布。樂愚上人謀新業于棲賢山中，尋授吳門毗耶室梓行。予故喜而序之，使信奉此傳，人人見遠師，人人會廬山也。余謂上人，尚宜索龍眠十八賢圖附之，以傳千載。”

李沖元《記》曰：“龍眠李伯時，爲余作《蓮社十八賢圖》，追寫當時事。……伯時與余爲從兄，實山林莫逆之友。爲此圖凡三十八日而成。余得之，游居寢飯其下。客來觀者，或未知蓮社事，因記其後，覽者當自得之也。圖成於元豐庚申十二月二十五日。越明年辛酉正月二十六日。”

清代文獻學家王謨考證此書曰：“右蓮社高賢傳一卷。本不著作者姓名。自隋唐志晁陳二家俱未見書。曰原跋，謂自昔出於廬山。宋熙寧間，嘉禾賢良陳舜俞粗加刊正。大觀初，沙門懷悟復爲詳補，而是書始顯。然此十八高賢皆晉宋時人，則此傳亦當爲晉宋時書。”

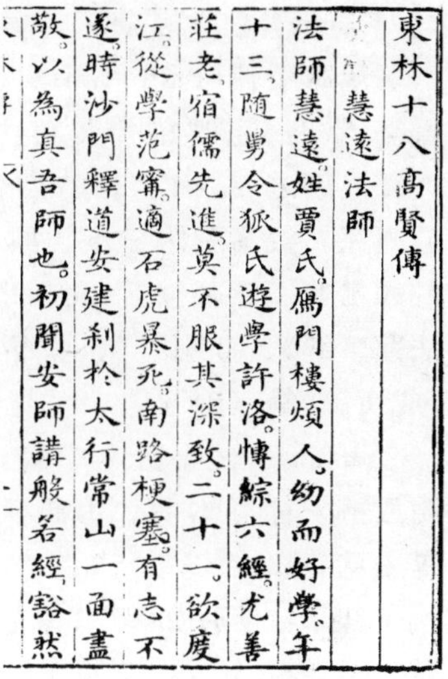
東林十八高賢傳
慧遠法師
法師慧遠。姓賈氏。鴈門樓煩人。幼而好學。年
十三。隨舅令狐氏遊學許洛。博綜六經。尤善
莊老。宿儒先進。莫不服其深致。二十一。欲度
江。從學范甯。適石虎暴死。南路梗塞。有志不
遂。時沙門釋道安建剎於太行常山。一面盡
敬。以為真吾師也。初聞安師講般若經。豁然

345

著錄：《中國古籍善本書目》。柏克萊加州大學圖書館亦藏有是書。

346 佛說觀無量壽佛經 附圖頌

/I1206

《佛說觀無量壽佛經 附圖頌》不分卷，宋釋畺良耶舍譯，明釋傳燈述，清順治十二年刊本。四冊。半葉九行十八字，小字雙行同。四周單邊，白口，無魚尾。版心鐫書名。框高 20.6 釐米，寬 13.8 釐米。前有清順治乙未年褒翁行盛、張文嘉等序。

是書分節列舉《觀無量壽經》之經文，而以圖繪示其文義，並附《七律頌》。

褒翁行盛《序》曰：“居士目睹今禪敝，痛傷祖道淩夷，盡皆向外馳求，攘成傾奪惡習，特拈出此經，以針砭之，使各於斯返照，殆乃挽回風化之急助也。”

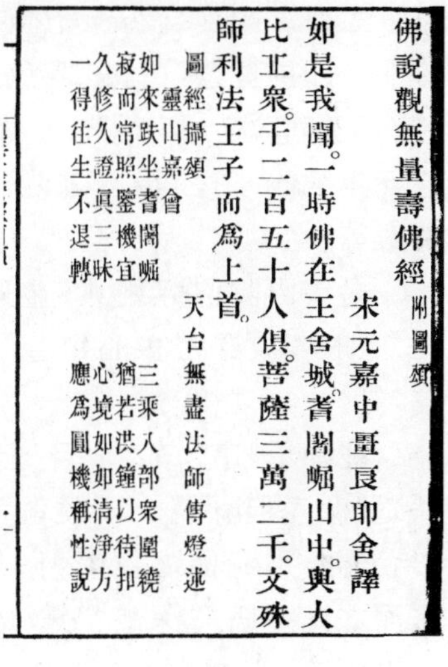
佛說觀無量壽佛經 附圖頌 宋元嘉中畺良耶舍譯
如是我聞。一時佛在王舍城耆闍崛山中。與大
比丘衆。千二百五十人俱。菩薩三萬二千。文殊
師利法王子而為上首。
圖經攝頌 天台無盡法師傳燈述
靈山嘉會
如來趺坐耆闍崛
寂而常照鑒機宜
久修久證眞三昧
一得往生不退轉
三乘八部衆圍繞
猶若洪鐘以待扣
心境如如清淨方
應爲圓機稱性說

346

著錄：《中國古籍善本目錄》。

347 金剛般若波羅蜜經

A178

《金剛般若波羅蜜經》二卷，十六國時後秦鳩摩羅什譯，明燕山碧雲寺沙門大謙註，明刻本。二冊。半葉九行十七字。左右雙邊，白口，單魚尾。版心上鐫書名。框高

21.6 釐米，寬 14.4 釐米。書後有定慧講堂夢義法孫“金剛羅義後跋”。

鳩摩羅什（Kumarajiva，又名鳩摩羅什婆、鳩摩羅耆婆，常略稱爲“羅什”，344—413），中國佛教史上四大譯經師之一，南北朝時期佛教高僧。父籍天竺，生於龜茲。後秦弘始三年姚興派人迎鳩摩羅什入長安，翻譯佛典。譯著包括《大品般若經》、《維摩詰經》、《妙法蓮華經》、《金剛經》、《大智度論》、《中論》、《百論》、《成實論》等三十五部二百九十四卷。

著錄：是書明版本中較通行的有宋楊圭集註本，明成祖朱棣註本等。本館藏本《中國古籍善本書目》等未見著錄。

鈐印：“明月如鏡”、“李勉”。

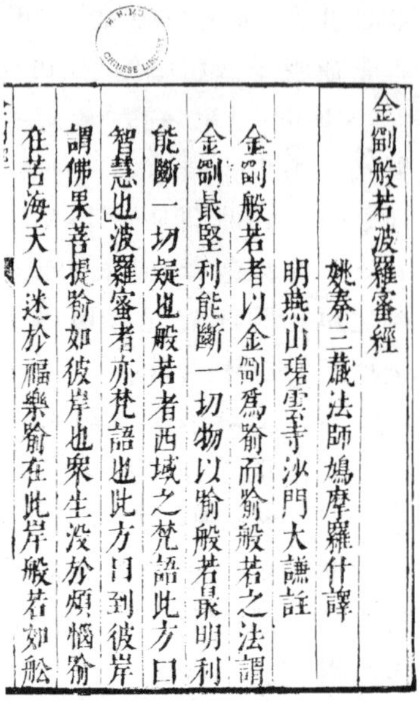
金剛般若波羅蜜經
姚秦三藏法師鳩摩羅什譯
明燕山瑞雲寺沙門大講註
金剛般若者以金剛爲喻而喻般若之法謂
金剛最堅利能斷一切物以喻般若最明利
能斷一切疑也般若者西域之梵語此方曰
智慧也波羅蜜者亦梵語也此方曰到彼岸
謂佛果菩提喻如彼岸也衆生沒於煩惱喻
在苦海天人迷於福樂喻在此岸般若如船

347

348　金剛般若波羅密經直解

《金剛般若波羅密經直解》二卷，封面名《金剛般若波羅密經》，清純陽子解，清乾隆四十八年孫仲欒刊本。二冊。半葉七行十五字，小字雙行同，眉欄上間刻評。四周雙邊，白口，單魚尾。版心上鐫書名“金剛經”，下鐫卷次。框高 15.8 釐米，寬 9.3 釐米。前有乾隆元年純陽子序，後有純陽子跋，乾隆四十六年李奉翰跋等。

是書内收佛經經典《金剛經》、《觀音大士降筆法語》、《般若波羅密多心經直解》、《祖師降壇三十二次偈》等。

金剛般若波羅密經直解　卷上
註。金剛。金中之剛。利而能斷之意。般
若。智慧也。波羅密。到彼岸也。即諸佛
菩薩。超脫究竟之地。經。徑也。言此經。
爲修行之徑路也。
法會因由分第一 說法聚會由此起因
如是我聞。一時佛在舍衛國。祇音岐樹給

348

純陽子《序》曰：“門下士黄子正元，（閭總戎號泰一）憫世人但誦經文不曉經義，請直解於予。予瞿然曰，‘此經爲我佛之傳燈，微妙祕密，予何人斯？敢以蠡測之見妄語高深哉？’黄子請甚力，不獲辭，因節取昔賢之論，而增損之，謬參己見，而串合之。前載註語，既字詮而句釋；後列講旨，復縷晰而條分。或過遞下卷，不凌不躐；或迴顧上意，不漏不遺，務使口吻順適，脈絡貫通，俾誦者對其文，曉其義，如親歷祇樹園中見佛與空生。娓娓問答，向之在暗室者；處處開明，向之遊蠻邦者。言言盡解，亦一大快事也。蓋佛書談空，儒書言實。

解佛之書，以解儒書者解之，則理順詞通。後學之人，一見了然，易於遵循。若於經中之章節，問答起伏聯貫處，概置不講。而多引棒喝堂參之語，以作訓詁。如鏡中華，探之不得；如水中月，捉之不能。揆之我佛傳經之心，斷不如是。茲刻壽世，必有尋文究義，而得阿耨多羅三藐三菩提者。黄子之功，將與佛土並永。豈特勝於三千大千世界，七寶以用布施者哉?”李奉翰《跋》曰：“《傳燈錄》載祖師見黄龍禪師後，洞明大法，作偈曰：‘棄卻瓢囊摵碎琴，於今不戀汞中金，自從一見黄龍後，始覺從前錯用心。’曾降乩於閩中黄總戎泰一家，授以《金剛心經二註》，因傳於世。河東總制山陰何公，前授剞劂，係屬梵本，乾隆已亥餘於清江慈雲寺得觀經註，爲之校讐，欲重付梓人而未果。辛丑仲春，復蒞南河，敬撿發刻。易爲書冊，便於誦覽。”

著錄：《中國古籍善本目錄》。

鈐印：“黄氏珍藏”、“言不盡意”、“佛弟子”、“持敬在一”、“李勉”。

刻工：吳門弟子穆大展、玩松弟子穆孔成。

349 淨土津梁

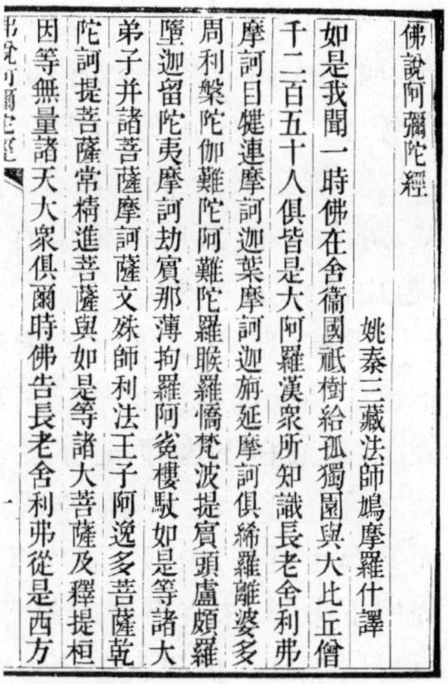
佛說阿彌陀經
姚秦三藏法師鳩摩羅什譯
如是我聞一時佛在舍衛國祇樹給孤獨園與大比丘僧
千二百五十人俱皆是大阿羅漢衆所知識長老舍利弗
摩訶目犍連摩訶迦葉摩訶迦旃延摩訶俱絺羅離婆多
周利槃陀伽難陀阿難陀羅睺羅憍梵波提賓頭盧頗羅
墮迦留陀夷摩訶劫賓那薄拘羅阿㝹樓馱如是等諸大
弟子并諸菩薩摩訶薩文殊師利法王子阿逸多菩薩乾
陀訶提菩薩常精進菩薩與如是等諸大菩薩及釋提桓
因等無量諸天大衆俱爾時佛告長老舍利弗從是西方

349

《淨土津梁》不分卷，清釋了慰編，清乾隆五十年京都衍法寺刻本。九冊。半葉十行二十二字，小字雙行同。四周雙邊，白口，單魚尾。版心上鐫卷名，下鐫卷次。框高 22.5 釐米，寬 14.7 釐米。前有了慰清乾隆五十年序，總目等，後有釋際醒跋。

了慰(1736—1820)，北京衍法寺僧。冊一後牌記題“乾隆四十九年歲次甲辰秋日京都阜成門外衍法寺比丘了慰敬募虔刊淨土三經板存本寺”。

是書内收佛經經典十六種。第一冊爲《佛說阿彌陀經》、《佛說無量壽經》、《佛說觀無量壽佛經》，第二冊爲《淨土十疑論》、《念佛三味寶王論》、《淨土生無生論》，第三册爲《龍舒淨土文》卷上，第四冊爲《龍舒淨土文》卷下，第五冊爲《淨土指歸集》卷上，第六冊爲《淨土指歸集》卷下，第七冊爲《淨土或問》、《淨土法語》，第八冊爲《雲棲西方願文略釋》、《雲棲戒殺文放生文》自註，附《普勸戒殺放生文》、《示沈少宗伯薦夭求子》、《釣弋說》，第九冊爲《蓮花世界詩》。

了慰《序》曰：“淨土文成，復何毫髮可疑於期間哉？但以行雖簡易，理極幽深，不假傳揚，難成溥益。因慕檀越，刻此津梁，期深入于一門，集諸說而殆盡。兩周寒暑，厥事乃終。”《跋》曰：“善哉念佛一門，得此諸說，無機不被，無路不通。統萬流而歸淨土，誠爲一大津梁矣。爰爲題名曰淨土津梁。然而津梁雖設，履踐在人。撩起便行，阿誰無分。”

著錄：是書《中國古籍善本書目》等無著錄。哈佛燕京圖書館藏有民國二十二年上海涵芬樓版《淨土津梁》。

350　妙法蓮華經擊節

K2399

《法華擊節》、《妙法蓮華經擊節》一卷，明釋憨山大師德清述，明萬曆二十六年刻本，玉溪菩提菴釋法濟同古杭佛弟子周大乘等捨資刊刻。一冊。半葉八行十六字。四周單邊，白口，單魚尾。版心上鐫書名。框高 19.5 釐米，寬 12.1 釐米。前有釋憨山大師德清跋語。

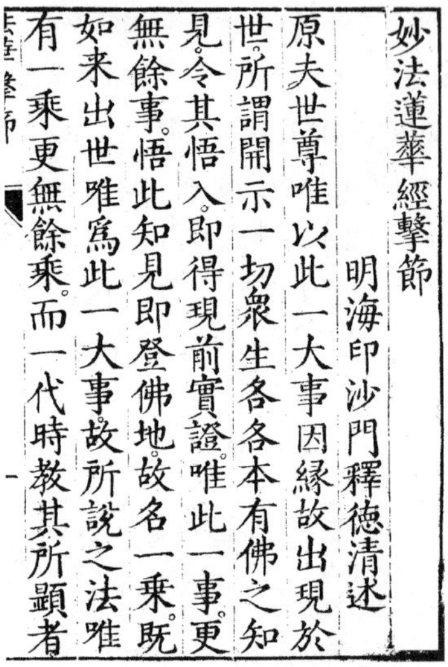

妙法蓮華經擊節
明海印沙門釋德清述
原夫世尊唯以此一大事因緣故出現於
世。所謂開示一切衆生各各本有佛之知
見。令其悟入。即得現前實證。唯此一事。更
無餘事。悟此知見即登佛地。故名一乘。既
如来出世唯爲此一大事。故所說之法唯
有一乘更無餘乘。而一代時教其所顯者

350

憨山大師(1545—1623)，俗姓蔡，法名德清，字澄印，明四大高僧之一，安徽和縣人。十九歲出家，後雲遊各地，主持牢山海印寺。主張禪宗與華嚴宗融合，佛、道、儒三教合一。著有《法華經通義》、《莊子內篇註》等十余種，其門徒彙編有《憨山夢遊集》五十五卷，《憨山語錄》二十卷。

德清《跋》云：“萬曆乙未春，予以弘法罹難被逮。圜中達觀禪師在匡盧，聞報驚歎不已。乃願誦妙法蓮華經百部，以求諸佛神力攝受之也。頃，予蒙恩宥遣之雷陽。是歲冬，道經白下達師，遲予於江上，相晤于旅泊菴。中夜談及此，且曰：‘願以我之心，用公之舌。可乎?’予笑而唯唯。及丙申春，抵戍所，正值饑劫，居不遑處，且卽從事楞伽，而又奔走行間，未暇了此公案。然在白毫光中，不離無量義處三昧也。戊戌夏日，偶菩提樹下弟子，來從遊者十餘輩，相與結夏於穹廬，同誦此經，幾二百部。予時爲舉揚此事以開示之。休夏自恣曰，弟子性澄，請益其綱宗。予因提絜吾佛言外之旨以示之，且將以報達師知予所轉妙法華經，如是而已。老盧云，‘心迷法華轉，心悟轉法華。’然不涉唇胎一句，正不在紙墨文字間也。時會聽者，各各歡喜領受奉行。梓之以廣法施，普願見聞隨喜者。同得現一切色身三昧云。”

著錄：是書《中國古籍善本書目》等無著錄。

351　妙法蓮華經指掌疏事義

BQ2057. T85 1749A/G2268

《妙法蓮華經指掌疏事義》、《法華指掌疏》不分卷，清釋通理撰，乾隆十四年刊本。十二冊。半葉十行二十字。四周雙邊，白口，單魚尾。版心上鐫書名，下鐫標題。框高

19 釐米，寬 13.8 釐米。前有釋性安序。

通理（1701—1782），俗姓趙，字達天，河北新河人。性端穆慧敏，二十歲時正式出家。任北京萬善寺住持，雍正十一年奉召入圓明園校勘藏經。清乾隆癸酉，奉欽命管理國家僧錄司印事務，乾隆四十五年班禪六世入京，通理奉命與其談論佛法，被封爲闡教禪師。著有《法華指掌疏》、《楞嚴經指掌疏》、《圓覺經析義疏》等。

性安《序》曰："法華一經疏言論解甚眾，求其所以便，初心契佛旨明如指掌，深若重淵者，唯我遺光老人之疏爲最焉。"

著錄：是書《中國古籍善本書目》等無著錄。

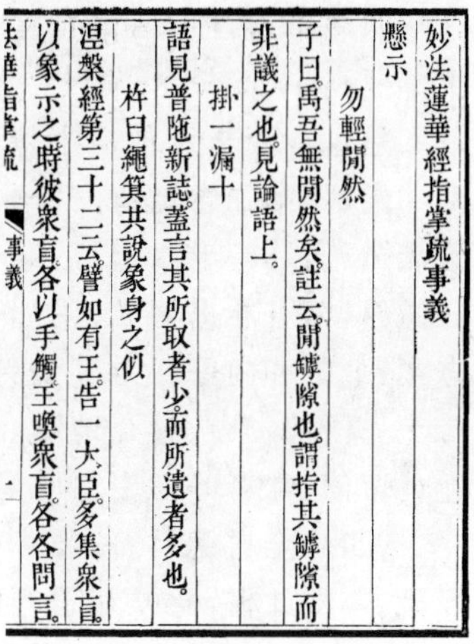
妙法蓮華經指掌疏事義
懸示
勿輕閒然
子曰禹吾無閒然矣註云閒罅隙也謂指其罅隙而
非議之也見論語上
掛一漏十
語見普陀新誌蓋言其所取者少而所遺者多也
杵曰繩箕共説象身之似
涅槃經第三十二云譬如有王告一大臣多集衆盲
以象示之時彼衆盲各以手觸王喚衆盲各各問言
法華指掌疏　事義　上

351

352　尚直編、尚理編

I1399

《尚直編》一卷，《尚理編》一卷，明景隆撰，清鈔本。一册。半葉八行十六字，眉欄書朱評。左右雙邊，白口，雙魚尾。框高 18.4 釐米，寬 12.4 釐米。前有乾隆乙酉顯親王序、後序，後有顯親王批駁續。

景隆（1393—1466），字祖庭，號空谷，蘇州陳氏子弟。明洪熙年間依止石庵和尚於杭州靈隱寺，後入天目山，行持禪宗及淨土法門。著有《緇門警訓》、《淨土詩》等。

顯親王《序》曰："明正統時，有沙門空谷景隆者，著《尚直》、《尚理》二編。精舍中原有钞錄之本。其内多援儒入釋，偏僻不公之論。余曾批駁之，書於本文各條之上。"

本館藏本爲墨、朱筆楷書，朱筆眉批，有朱筆圈點。

著錄：《千頃堂書目》。

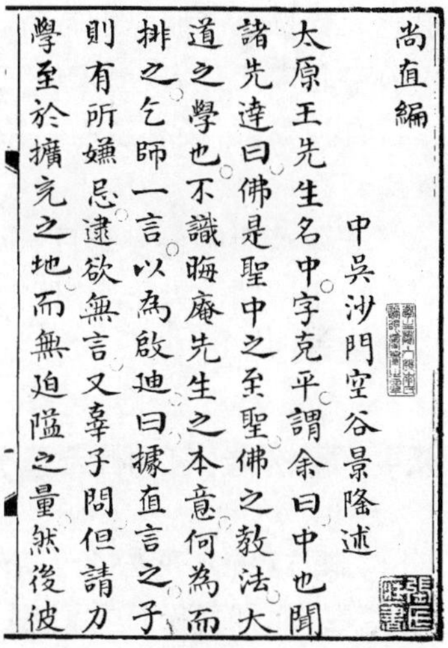
尚直編
中吴沙門空谷景隆述
太原王先生名中字克平謂余曰中也聞
諸先達曰佛是聖中之至聖佛之教法大
道之學也不識晦庵先生之本意何為而
排之乞師一言以為啟迪曰據直言之子
則有所嫌忌遠欲無言又辜子問但請力
學至於擴充之地而無迫隘之量然後彼

352

鈐印："老茂最得意之物"、"摛經堂印"、"顯親王印"、"張氏藏書"、"夢主庵之茂南氏過眼書畫之章"、"心源"、"顯親王藏"、"生敬存禮"、"澹泊明志"。

353　神僧傳

F799

《神僧傳》九卷，卷首題西竺青河髮僧梓，明刻本。十册。半葉九行十九字，眉欄刻評。四周單邊，白口，單魚尾。版心上鐫書名，中鐫卷次。框高 18.5 釐米，寬 11 釐米。前有目錄。

是書含漢至元神僧小傳。第一卷爲摩騰、法惠等十一僧傳，第二卷爲道安、悟詮等二十僧傳，第三卷爲曇無懺、僧達等十六僧傳，第四卷爲玄暢、法聰等二十三僧傳，第五卷爲傳弘、明淨等二十七僧傳，第六卷爲志寬、華嚴和尚等二十五僧傳，第七卷爲慧安、無相等二十一僧傳，第八卷爲地藏、知玄等三十二僧傳，第九卷爲懷信、常羅等三十二僧傳。

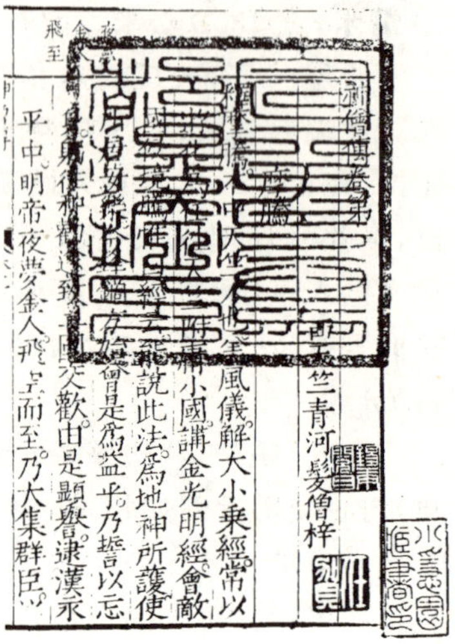
竺青河髮僧梓
風儀解大小乘經常以
小國講金光明經會敵
說此法爲地神所護使
會是爲益乎乃誓以忘
歡由是顯譽逮漢永
平中明帝夜夢金人飛空而至乃大集群臣

353

《四庫全書總目》曰："不著撰人名氏。焦竑《國史經籍志》載此書，卷帙相符，亦不云誰作。所載始于漢明帝時摩騰法蘭，終於元世祖時國師帕克巴，凡二百八人。蓋元人所撰。帕克巴傳稱大德七年卒，皇慶閒追號大覺普惠廣照無上帝師。則書成於仁宗以後也。二百八人中，宋僧僅十六人。十六人中北宋十三人，南宋僅三人。似爲北僧所著。然遼金竟無一人，又不知其何意矣。大旨自神其教，必有靈怪之蹟者乃載，故以神僧爲名。而諸方古德談禪持律者，則槩不錄焉。"

著錄：《四庫全書總目》、《中國古籍善本書目》。

鈐印："繡佛夷子"、"任賢"、"馬過私印"、"師蘧"、"陳傳"、"吳商和印"、"李忠"、"水澧園藏書印"。

354　萬松老人評唱天童覺和尚拈古請益録

K2277

《請益錄》、《萬松老人評唱天童覺和尚拈古請益錄》二卷，元釋萬松行秀評唱，性一校閱，生生道人梓，刻錄年代不詳，疑爲明版本。二冊。半葉八行十八字。左右雙邊，白口，單魚尾。版心上鐫書名，下鐫卷次。框高 19.3 釐米，寬 11.6 釐米。前有無名氏序，各卷卷首列目錄。

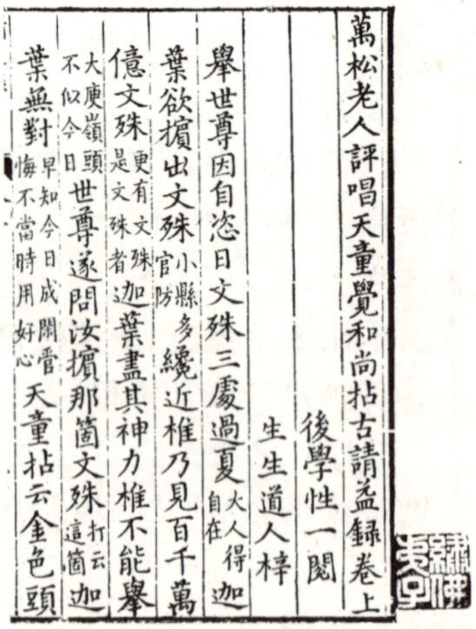
萬松老人評唱天童覺和尚拈古請益録卷上
後學性一閱
生生道人梓
舉世尊因自恣日文殊三處過夏大人得自在迦
葉欲擯出文殊小縣多官防纔近椎乃見百千萬
億文殊更有文殊是文殊者迦葉盡其神力椎不能舉
大庾嶺頭不似今日世尊遂問汝擯那箇文殊打云這箇迦
葉無對早知今日成鬧雪悔不當時用好心天童拈云金色頭

354

萬松行秀（1166—1246），俗姓蔡，自稱萬松野老，金代河內人。金元時曹洞宗著名禪師。十五歲出家於荊州，深得佛法，又精通儒學，深受金章宗器重，賜居燕京西郊棲隱寺，爲元代開國重臣耶律楚材的師父。著有《從容錄》、《請益后錄》、《萬壽語錄》等。

是書爲禪宗語錄，評唱天童覺和尚所著《拈古請益録》。卷上爲文殊過夏、臥輪伎倆、百丈上堂、南泉圓相、洞山尊貴、法燈開堂、香嚴上樹、風穴離微、玄沙過患、蓮華不住、雪峰飯羅、智門蓮華、雲蓋萬戶、睦州在我、法眼如來、馬祖圓相、廣德靈利、雪峰普請、漸源捲簾、保福光境、乾峰三病、溈山問仰、趙州有無、臨濟賓主等，卷下爲文殊出定、雪峰古鏡、長慶示眾、盤山心佛、金峰分院、曹山出世、雲門無滯、乾峰一二、巖頭辭山、南泉水牯、黃蘗問事、仰山問僧、三聖逢人、聲明玄沙、長沙轉物、灌溪二杓、僧問睦州、南園撫掌、雲門前後、壽聖鈞錐、曹山死貓、大慈識病、雪峰三下等。

著錄：是書《中國古籍善本書目》等無著錄。臺北市廣文書局 1971 年出版之《禪學要籍》收入是書。

鈐印："繡佛弟子"。

355　御製大雲輪請雨經

BL1411. M224C53 1782/G2120

《御製大雲輪請雨經》不分卷，清金簡校刊，清乾隆四十七年刊本。二冊。半葉七行十七字，小字雙行，字數不等。四周雙邊，白口，單魚尾。版心上鐫書名。框高 19.5 釐米，寬 13.1 釐米。有圖。文後刻"工部尚書臣金簡恭校刊，普施十方常住信受奉持"。

是書爲隋釋那連提黎耶舍譯。清乾隆年清字經館刻藏滿蒙漢四種文字本，框高 25.5 釐米，寬 12.6 釐米，與本館所藏版本不同。

著錄：哥倫比亞大學東亞圖書館亦藏有是書。

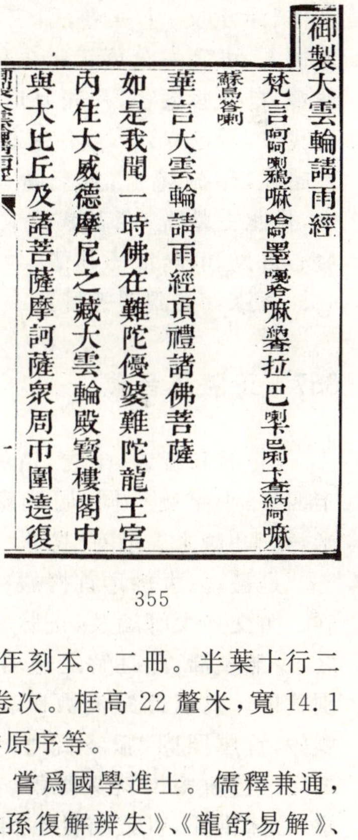
御製大雲輪請雨經
梵言
華言大雲輪請雨經頂禮諸佛菩薩
如是我聞一時佛在難陀優婆難陀龍王宮
內住大威德摩尼之藏大雲輪殿寶樓閣中
與大比丘及諸菩薩摩訶薩衆周帀圍遶復

355

356　增廣龍舒淨土文

BL1411S72W3 1681/G2088

《增廣龍舒淨土文》十二卷，宋王日休撰，清康熙二十年刻本。二冊。半葉十行二十二字。四周雙邊，白口，單魚尾。版心上鐫書名，下鐫卷次。框高 22 釐米，寬 14.1 釐米。前有康熙二十年劉鴻儒、古壽呂、呂元益序，張孝祥原序等。

王日休（生卒年不詳），字虛中，號龍舒居士，龍舒人。嘗爲國學進士。儒釋兼通，尤篤信淨土之說。嘗以特奏名入官，棄不就。著有《春秋孫復解辨失》、《龍舒易解》、《養賢録》、《準繫易解》、《金剛經解》等。

是書卷第一爲淨土起信九篇，卷第二爲淨要總要七篇，卷第三爲普勸修持九篇，卷第四爲修持法門十五篇，卷第五爲感應事蹟三十一篇，卷第六爲特爲勸諭三十六篇，卷第七爲指迷歸要七篇，卷第八爲現世感應十八篇，卷第九爲助修上品十五篇，卷第十爲淨濁如一七篇，卷第十一、卷第十二爲龍舒增廣淨土文。

張孝祥《序》云："友人龍舒王虛中，端靜簡潔，博通群書。訓傳六經諸子數十萬言。

一旦指之曰，‘是皆業習非究竟法，吾其西方之歸。’自是精進，惟佛惟念，年且六十，布衣蔬茹，重趼千里，以是教人。風雨寒暑弗皇恤，閒居日課千拜，夜分乃寢，面目奕奕有光，望之者信其爲有道之士也。紹興辛巳秋，過家君於宣城，留兩月，始見其《淨土文》。凡修習法門與感驗章著具有顛末，將求信道鋟木傳焉，諉余序其書。故爲之題其端。”古壽吕《序》云：“先賢達士及禪門宗師亦多修淨土，惟龍舒王居士信之篤，修之勤，正念現前臨終明白，淨土之歸無疑矣。自利利他，又作《淨土文》十三卷，引三教經書爲證，方便利益開導後人，可謂一念萬年歲久板翳不任披閲。吾姪元益遜齋，自號康廬客，乃先兄道山左丞之子，夙植善本來生我家，行已立，身靡不在道，飢寒病苦周恤有恒。道釋諸經，印施饒益，修行淨業，惟己自知。紛紛盆盎中，見此古罍洗，余甚嘉之，宜其咸稱爲善人君子也，發心重爲刊梓，欲壽其傳。”

著録：《文淵閣書目》。

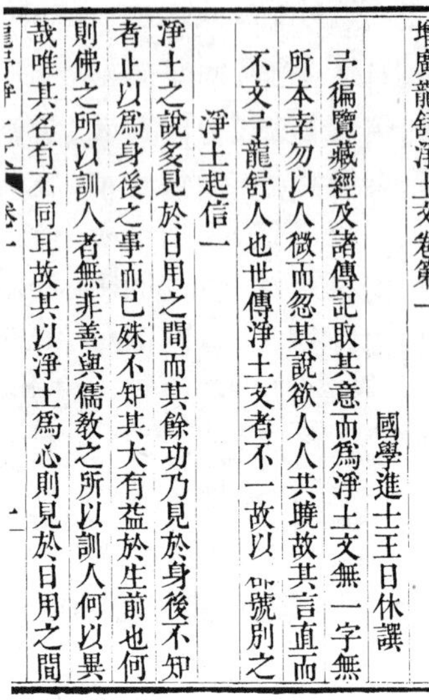
增廣龍舒淨土文卷第一
國學進士王日休譔
予徧覽藏經及諸傳記取其意而爲淨土文無一字無
所本幸勿以人微而忽其說欲人人共曉故其言直而
不文予龍舒人也世傳淨土文者不一故以郡號別之
淨土起信一
淨土之說多見於日用之間而其餘功乃見於身後不知
者止以爲身後之事而已殊不知其大有益於生前也何
則佛之所以訓人者無非善與儒教之所以訓人何以異
哉唯其名有不同耳故其以淨土爲心則見於日用之間

356

357　正脈疏音義

M2408

《正脈疏音義》十卷，清钞本。一冊。半葉六行二十四字，小字雙行同，眉欄寫評。無邊框，葉高 25 釐米，寬 12 釐米。前有“楞嚴經題目大義”。

是書爲《大佛頂首楞嚴經正脉疏》之音義，撰者不詳。明交光大師論及《正脉疏》時曰：“疏者，疏決通釋之，令無壅滯，此註解之通名也。而特標正脈者，疏之别號也。良以此經滿數萬言，文雖長廣，而聖言辭義雙妙，首尾照應，脈絡貫通，無有不相照應，不相通貫之處。舊解多惟就文輒解，更不首尾顧盼，或未見本意，冒昧推原，以致前後不相照應，語脈互成乖反。今疏非敢意外穿鑿，但惟曲順聖經本來語脈而疏導之，務令前後照應，語脈貫通而已。緣此名正脈云。”

本館藏本爲墨筆楷書。

著録：是書《中國古籍善本書目》等無著録。

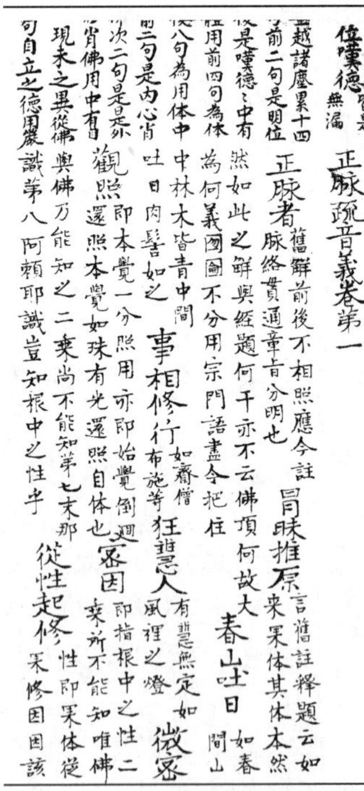
正脉疏音義卷第一
正脉者舊解前後不相照應今註 冒昧推原言舊註釋題云如
脉絡貫通章旨分明也 来果体其体本然
然如此之解與經題何干亦不云佛頂何故大 如春
為何義囫圇不分用宗門語盡令把住 春山吐日 間山
中林木皆青中間 事相修行如齋僧布施等 有慧無定如
吐日肉髻如之 狂慧人風狸之燈 微密
觀照即本覺一分照用亦即始覺倒迴 即指根中之性二
還照本覺如珠有光還照自体也 密因 乘所不能知唯佛
與佛乃能知之二乘尚不能知第七末那 性即果体從
從性起修 果修因因該

357

358　諸佛世尊如來菩薩尊者名稱歌曲

N1650

《諸佛世尊如來菩薩尊者名稱歌曲》不分卷，明成祖朱棣撰，明永樂内府刻本。八冊。半葉十六行三十一字。四周雙邊，黑口，雙魚尾。版心中鐫“歌曲”。框高 28.8 釐米，寬 19.5 釐米。前有永樂十五年序兩篇，目錄。

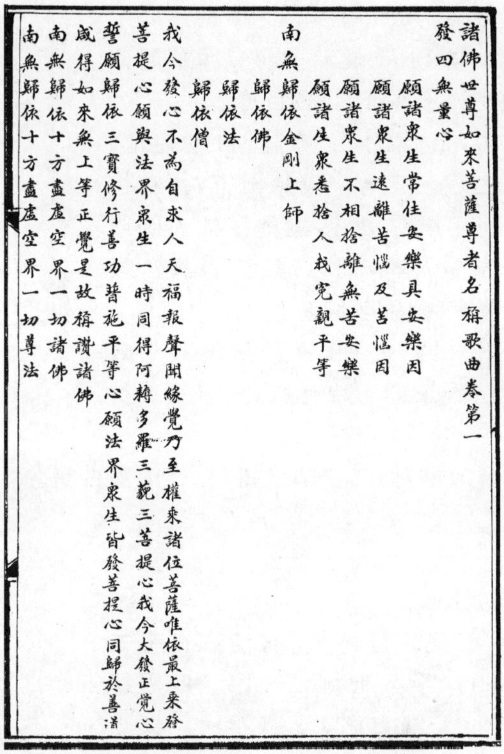
諸佛世尊如來菩薩尊者名稱歌曲卷第一
發四無量心
願諸衆生常住安樂具安樂因
願諸衆生遠離苦惱及苦惱因
願諸衆生不相捨離無苦安樂
願諸生衆悉捨人我究覩平等
南無歸依金剛上師
歸依佛
歸依法
歸依僧
我今發心不爲自求人天福報聲聞緣覺乃至權乘諸位菩薩唯依最上乘發
菩提心願與法界衆生一時同得阿耨多羅三藐三菩提心我今大發正覺心
誓願歸依三寶修行善功普施平等心願法界衆生皆發菩提心同歸於善諸
咸得如來無上等正覺是故稱讚諸佛
南無歸依十方盡虛空界一切諸佛
南無歸依十方盡虛空界一切尊法

358

是書分爲：佛名稱歌曲、世尊名稱歌曲、如來名稱歌曲、菩薩名稱歌曲、尊者名稱歌曲等類。每類又細分爲南、北兩部。

自元代起，佛教音樂南北曲調盛行，佛教的歌贊多采用之，是書亦不例外。本書之前半部爲散曲，後半部爲套曲。明成祖《序》稱：“朕主宰天下，軫念群生，弘體慈悲，發歡喜心，間取諸佛如來、菩薩、尊者名號，著爲歌曲，廣布流通，俾从受持諷詠，積善修因，以共成佛果，日臻快樂，此朕一視同仁之盛心也。然所著歌曲，无慮千百亿佛，無一字而非眞言，無一語而非至善，如布帛菽粟之濟人利世，不可一日而無者。”

本館藏本之序、目錄、卷一及卷二之首葉爲墨筆小楷鈔補，體例均依刻本。

著錄：《千頃堂書目》、《中國古籍善本書目》。

359 竹窗隨筆

I1188

《竹窗隨筆》一卷，《二筆》一卷，《三筆》一卷，明釋袾宏撰，清康熙十年刻本。六冊。半葉十行二十字。四周雙邊，下黑口，無魚尾。版心上鐫“支那撰述”，中鐫書名。框高 22 釐米，寬 14.5 釐米。前有明萬曆四十三年袾宏“竹窗三筆序”，《竹窗隨筆》目錄。

袾宏（1535—1615），俗姓沈，字佛慧，自號蓮池，杭州人。明末四高僧之一。三十一歲始出家，後在杭州昭慶寺受具足戒。晚年居雲棲寺，世稱蓮池大師或雲棲大師。其教學兼華嚴及禪，而以淨土爲歸趣，後世以爲蓮宗第八祖。著有《阿彌陀經疏抄》。

袾宏《竹窗三筆序》曰：“古有《容齋隨筆》，予效之。竹窗之下，是有所感，筆焉。時有所見，筆焉。從初至再，成二帙矣。”

著錄：《欽定天祿琳琅書目》、《千頃堂書目》、《中國古籍善本書目》。

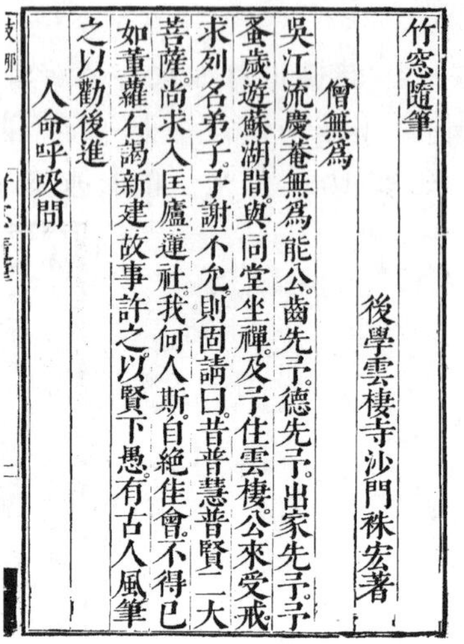
竹窗隨筆
後學雲棲寺沙門袾宏著
僧無爲
吳江流慶菴無爲能公。齒先予。德先予。出家先予。予
蚤歲遊蘇湖間。與同堂坐禪。及予住雲棲。公來受戒
求列名弟子。予謝不允。則固請曰。昔普慧普賢二大
菩薩。尚求入匡廬蓮社。我何人斯。自絕佳會。不得已
如董蘿石謁新建故事許之。以賢下愚。有古人風。筆
之以勸後進
人命呼吸間

359

360 宗鏡錄

W837

《宗鏡錄》一百卷，五代宋延壽纂輯，清雍正十二年御製重刊。二十四冊。半葉十行二十字。四周單邊，白口，單魚尾。版心上鐫書名，下鐫卷次。框高 16.5 釐米，寬 12.2 釐米。前有雍正“御製重刊宗鏡錄序”，宋楊傑序，延壽自序等。

延壽（904—975），俗姓王，字沖立，浙江余杭人，五代宋初僧人。曾任余杭庫吏、華亭鎮將，三十歲從龍冊寺翠岩禪師出家。先在天臺山國清寺結壇修《法華懺》，又到金華天柱峰誦《妙法蓮華經》三年。旋從法眼宗創始人文益（法眼禪師）弟子德韶得法，傳承法眼宗。據《景德傳燈錄》卷二十六及《淨慈寺志》卷八記載，延壽於後周太祖廣順二年住持奉化雪竇寺，因有在此寫成《宗鏡錄》初稿之說。北宋建隆元年，吳越國忠懿王錢請延壽主持重修杭州靈隱寺，重建殿堂 1300 余間，靈隱寺因而中興。次年又接住永明寺（即淨慈寺），忠懿王賜智覺禪師號。《宗鏡錄》在此

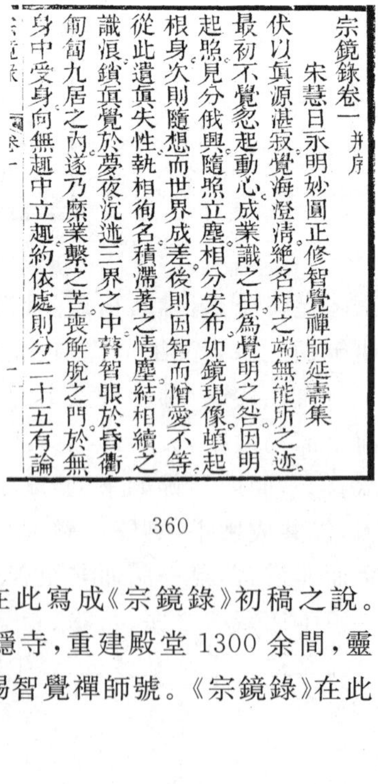
宗鏡錄卷一 并序
宋慧日永明妙圓正修智覺禪師延壽集
伏以眞源湛寂。覺海澄清。絕名相之端。無能所之迹。
最初不覺。忽起動心。成業識之由。爲覺明之咎。因明
起照。見分俄興。隨照立塵。相分安布。如鏡現像。頓起
根身。次則隨想而世界成差。後則因智而憎愛不等。
從此遺眞失性。執相徇名。積滯著之情塵。結相續之
識浪。鎖眞覺於夢夜。沉迷三界之中。瞽智眼於昏衢。
匍匐九居之內。遂乃縻業繫之苦。喪解脫之門。於無
身中受身。向無趣中立趣。約依處則分二十五有。論

360

寺演法堂定稿。開寶三年奉詔於錢塘江邊之月輪峰建造六和塔。認爲唐末以降，禪宗頗多流弊，當時禪師，胸無點墨，邪正不分。故而發憤撰集《宗鏡録》，意在扶衰救弊。著有《萬善同歸集》、《唯心訣》、《神棲安養賦》、《定慧相資歌》、《驚世》等。

是書共分爲標宗章、問答章、引證章三部分。第一卷後半至第九十三卷爲問答章，第九十四卷至第一百卷爲引證章。所謂"標宗"，即"舉一心爲宗"，"立正宗明爲歸趣"。此一心宗，"照萬法如鏡"，《宗鏡録》之立名即由此義而來。問答章則"申問答用去疑情"，引證章則"引眞詮成其圓信"。引證章引証大乘經一百二十種，諸祖語録一百二十種，賢聖集六十種，共三百種。

《文獻通考》曰："鼂氏曰皇朝僧延壽撰，延壽姓王氏，餘杭人，法眼嫡孫也。建隆初，錢忠懿命居靈隱，以釋教東流，中夏學者，不見大全，而天台賢首、慈恩、性相三宗，又互相矛盾，乃立重閣館，三宗知法僧更相詰難，至詖險處，以心宗旨要折衷之，因集方等祕經六十部，華梵聖賢之語三百家，以佐三宗之義，成此書，學佛者誦焉。天臺者，僧知顗也，解《法華經》；賢首者，僧法藏也，述《華嚴經》；慈恩者，僧奘也，譯《般若經》。"

著録：《文淵閣書目》、《文獻通考》、《郡齋讀書志》。

雜家類

361　百家類纂

B465

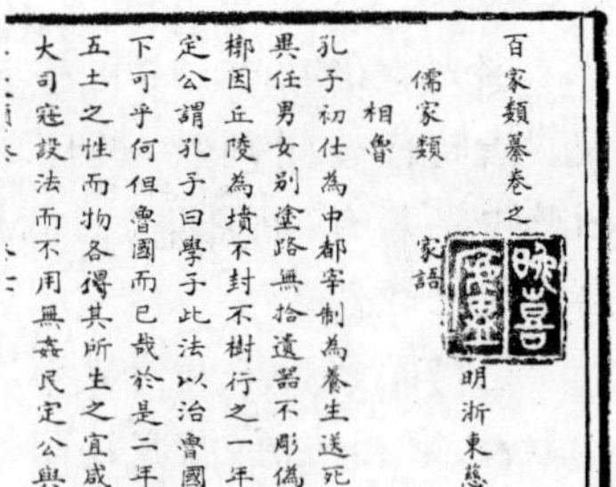
百家類纂卷之　明浙東慈谿後學沈津纂輯
儒家類　家語
相魯
孔子初仕為中都宰制為養生送死之節長幼異食彊弱
異任男女別塗路無拾遺器不彫偽為四寸之棺五寸之
槨因丘陵為墳不封不樹行之一年而四方之諸侯則焉
定公謂孔子曰學子此法以治魯國何如孔子對曰雖天
下可乎何但魯國而已哉於是二年定公以為司空乃別
五土之性而物各得其所生之宜咸得厥所由司空為魯
大司寇設法而不用無姦民定公與齊侯會于夾谷孔子

361

《百家類纂》四十卷，明沈津纂輯，明隆慶元年王嘉賓刻本。十六冊。半葉十一行二十二字。左右雙邊，白口，單魚尾。版心上鐫書名，中鐫卷次。框高 19 釐米，寬 13.5 釐米。前有隆慶元年張時徹序，隆慶元年張思忠刻敘，隆慶元年沈津凡例總敘及目録。書後有隆慶元年王之稷、楊希淳後敘，胡來藩跋語。

沈津（生卒年不詳），號玉壺，慈谿人。嘉靖中官含山縣教諭。

是書卷一至卷十二爲儒家類，卷十三至卷十九爲道家類，卷二十至卷二十三爲法家類，卷二十四爲名家類，卷二十五爲墨家類，卷二十六、卷二十七爲縱横家類，卷二十八至卷三十七爲雜家類，卷三十八至卷四十爲兵家類。每一類之首皆有總類題辭。

《明文海》載《百家類纂》序曰:"《百家類纂》者,羣百家之書,各從其類,而纂次之也。夫百家所從來久矣,禎圖靈篆,玉策金繩,靡得而云,典謨兹降,機見殊門。爰有鏤精掞義之士,各暢其性襟,宣之簡素,勒成一家言。不其彬彬焉、鏘鏘焉于文藝之圃哉。"

本館所藏爲漢陽周氏晚喜廬舊藏,書前之序、卷一大部及書後卷三十九至卷四十佚失,有小楷鈔錄之葉補齊。

著錄:《續文獻通考》、《千頃堂書目》、《中國古籍善本書目》、《美國哈佛大學哈佛燕京圖書館中文善本書志》。

鈐印:"漢陽周氏寶藏"、"貞亮"、"皿得"、"中華民國三年五月漢陽周貞亮率男成侃敬造佛像一區□□一切圖書永無災厄"、"晚喜廬"、"漢陽周氏書種樓藏籍"。

362 北夢瑣言

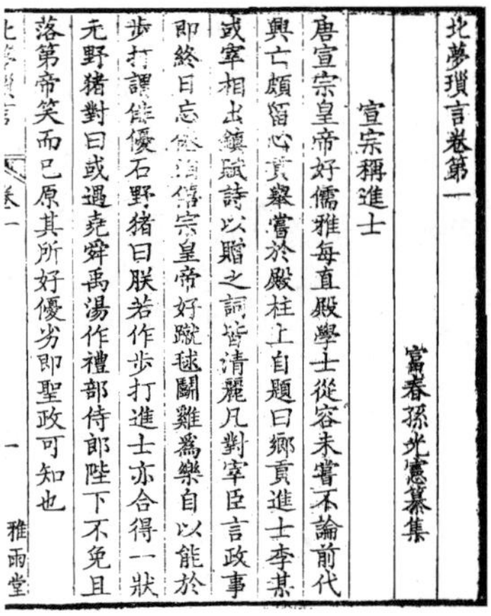
北夢瑣言卷第一
富春孫光憲纂集
宣宗稱進士
唐宣宗皇帝好儒雅每直殿學士從容未嘗不論前代
興亡頗留心貢舉嘗於殿柱上自題曰鄉貢進士李某
或宰相出鎮賦詩以贈之詞皆清麗凡對宰臣言政事
即終日忘倦洎僖宗皇帝好蹴毬鬭雞爲樂自以能於
步打謂俳優石野猪曰朕若作步打進士亦合得一狀
元野猪對曰或遇堯舜禹湯作禮部侍郎陛下不免且
落第帝笑而已原其所好優劣即聖政可知也
北夢瑣言 卷一 一 雅雨堂

362

《北夢瑣言》二十卷,宋孫光憲撰,乾隆二十一年雅雨堂刻本。二冊。半葉十行二十一字。四周單邊,白口,單魚尾。版心上鐫書名,中鐫卷次,下鐫"雅雨堂"。框高 18.2 釐米,寬 14.3 釐米。前有扉頁,題:"北夢瑣言。乾隆丙子鐫,雅雨堂藏板。"卷首有乾隆二十一年盧見曾序,原序,目錄。卷末有孫道明跋,葉石君跋。

孫光憲(約 900—968),字孟文,自號葆光子,貴平人。唐時任陵州判官,後唐時避地江陵,入宋後授黃州刺史。著有《荆臺集》、《橘齋集》、《玩筆傭集》等書,自宋代已散佚。

是書記載唐末五代軼事。卷一爲宣宗稱進士、李太尉英俊等十三篇,卷二爲皮日休獻書、宰相怙權(温庭筠附)等七篇,卷三爲盧肇爲進士狀元、戲改畢諴相名等二十五篇,卷四爲趙令公紅拂子、薛氏子具軍儀等二十六篇,卷五爲令狐公密狀(木團頭附)、李遠譏曹唐等二十五篇,卷六爲吳湘事(劉漢宏附)、裴相生於于闐國事(雙峯禪師文如海道士附)等二十五篇,卷七爲孟浩然趙嘏以詩失意、鄭綮相詩(李程附)等十九篇,卷八爲李太尉與段少常書、孫僕射酹酒(裴迪附)等十二篇,卷九爲孟宏微躁妄、楊收相報楊元價等二十篇,卷十爲狄右丞鄙著紫僧(僧鸞附)、張翱輕傲(李堅白蔣貽恭附)等二十篇,卷十一爲張直方譽裴休、薛侍郎紙裹鷂子等十六篇,卷十二爲盧藩神俊、楊收不學仙等十六篇,卷十三爲草賊號令公、王重榮逐兩帥等八篇,卷十四爲李茂貞脅尹殺宰相、三鎮擁兵殺二相等九篇,卷十五爲披褐至殿門、朱全忠迎駕於鳳翔等十二篇,卷十六爲以酒致禍、蜀使洪飲等十四篇，卷十七爲梁祖爲傭保、梁祖張夫人等十四篇，卷十八爲楊千郎、娠子能語等十四篇，卷十九爲玉界尺、周元豹等十八篇，卷二十爲見馬撫髀、受賂曲法等十五篇。

盧見曾《北夢瑣言序》記敘了該書刊刻始末：“宋太平興國中李昉等奉勅撰《廣記》五百卷，採《瑣言》尤多；前明商氏刻《稗海》，亦有是書，殊失本眞。兹得林屋葉石君萬收藏本，石君又得之吳方山岫，於是孫氏之書犂然完具。余恐其日久散佚，特爲刊布，用廣舊聞。”

本館藏本爲《雅雨堂叢書》第四函。

著錄：《中國古籍善本書目》。

363　菜根譚

BJ1558. C5 H85 1768a/A77

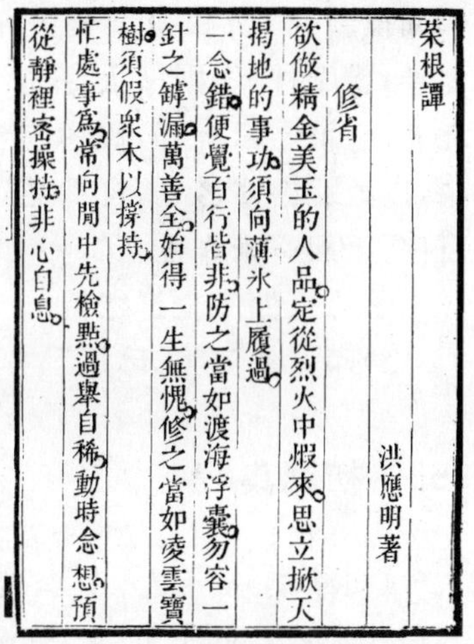
菜根譚
修省　洪應明著
欲做精金美玉的人品。定從烈火中煆來。思立掀天
揭地的事功。須向薄氷上履過。
一念錯。便覺百行皆非。防之當如渡海浮囊。勿容一
針之罅漏。萬善全。始得一生無愧。修之當如凌雲寶
樹。須假衆木以撑持。
忙處事爲。常向閒中先檢點。過舉自稀。動時念想。預
從靜裡密操持。非心自息。

363

《菜根譚》一卷，明洪應明撰，乾隆三十三年潭柘山岫雲寺監院僧來琳刻本。一冊。半葉十行二十字。四周雙邊，白口，無魚尾。版心上鐫書名。框高 20.6 釐米，寬 14.9 釐米。前有乾隆三十三年三山病夫通理“重刊菜根譚序”。

洪應明(生卒年不詳)，字自誠，號還初道人。活動於萬曆二十四年前後。

三山病夫通理《重刊菜根譚序》曰：“戊子之秋，七月既望，余以抱病在山，禁足閱藏。適岫雲監院琮公由京來顧，出所刻《菜根譚》書，命余爲序。……[來琳]惜是書行世已久，紙朽蟲蠹，原板無從稽得，於是命工繕寫，重爲刊刻，請弁言于首，啓迪天下後世。”

本館藏本中行間廣見朱筆圈點。

著錄：是書《中國古籍善本書目》等無著錄。香港大學圖書館藏有是書。

364　池北偶談

PN6267. C5 W35 1691/W546

《池北偶談》二十六卷，明王士禛撰，康熙三十年文萃堂刻本。八冊。半葉十一行二十三字。左右雙邊，黑口，單魚尾。版心上鐫書名、卷次。框高 19.3 釐米，寬 14.7 釐米。前有扉頁，題：“池北偶談。王阮亭先生著。文萃堂藏板。”卷首有康熙三十年王世禛序。每卷前各有目錄。

王士禛(1634—1711)，原名王士禛，因避雍正諱，改名士正，乾隆賜名士禎，字貽上，號阮亭，又自號漁洋山人，山東新城人。清順治十二年進士，官至刑部尚書。諡文簡。著有《古懽録》、《蜀道驛程記》、《秦蜀驛程後記》、《居易録》、《琉球入太學始末》、《漁洋詩話》、《唐賢三昧集》、《香祖筆記》、《分甘餘話》等。

是書卷一至卷四爲談故，卷五至卷十爲談獻，卷十一至卷十九爲談藝，卷二十至卷二十六爲談異。

《四庫全書總目》曰："凡《談故》四卷，皆述朝廷殊典及衣冠勝事。其中如戊己校尉裙帶官之類，亦閒及古制。《談獻》六卷，皆明紀中葉以後及國朝名臣、碩德、畸人、列女。其中如論王縉、張商英、張綵之類，間有摘斥其惡者，蓋附錄也。《談藝》九卷，皆論詩文。領異標新，實所獨擅。全書精粹，盡在於斯。《談異》七卷，皆記神怪，則文人好奇之習，謂之戲錄可矣。池北者，士禛宅西有圃，圃中有池，建屋藏書。取白居易語，以池北書庫名之，自爲之記。庫旁有石帆亭，嘗與賓客聚談其中，故以名書。前有自序，康熙辛未作也。"

著錄：《四庫全書總目》。

鈐印："書"、"雲珍藏"。

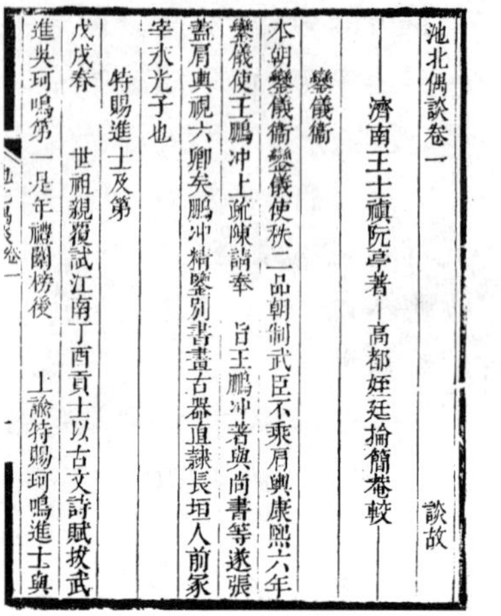
池北偶談卷一　談故
濟南王士禛阮亭著　高郵姪廷掄簡菴較
鑾儀衛
本朝鑾儀衛鑾儀使秩二品朝制武臣不乘肩輿康熙六年鑾儀使王鵬冲上疏陳請奉　旨王鵬冲著與尚書等遂張蓋肩輿視六卿矣鵬冲精鑒別書畫古器直隸長垣人前冢宰永光子也
特賜進士及第
戊戌春　世祖親覆試江南丁酉貢士以古文詩賦拔武進吳珂鳴第一是年禮闈榜後　上諭特賜珂鳴進士與

364

365　初潭集

F829

《初潭集》三十卷，明李贄撰，明閔刻朱墨套印本。八冊。半葉九行十九字，眉欄刻朱評。四周單邊，白口，無魚尾。版心上鐫書名，中鐫卷次。框高 20.5 釐米，寬 14 釐米。前有李贄序，又序，閔邃小引，目錄等。書後有閔宗尼跋。

李贄，見 230《續藏書》。

是書卷之一至四爲夫婦，卷之五至八爲父子，卷之九、十爲兄弟，卷之十一至二十爲師友，卷之二十一至三十爲君臣。

《四庫全書總目》曰："贄有《九正易因》，已著錄。此乃所集說部，分類凡五。曰夫婦，曰父子，曰兄弟，曰君臣，曰朋友。每類之中又各有子目，皆雜採古人事蹟，加以評語。其名曰初潭者，言落髮龍潭時即纂此書，故以爲名。大抵主儒、釋合一之說。"

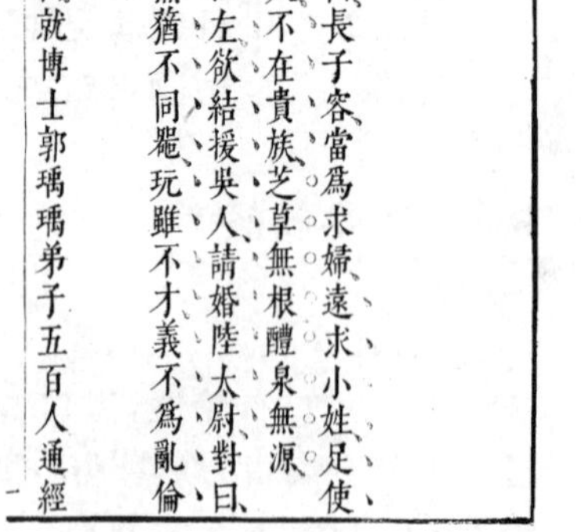
虞陸不同同是賢者
此婿好臉皮
初潭集卷之一
夫婦一
一合婚
虞翻與弟書曰長子容當爲求婦遠求小姓足使生子天其福人不在貴族芝草無根醴泉無源王丞相初在江左欲結援吳人請婚陸太尉對曰培塿無松柏薰蕕不同器玩雖不才義不爲亂倫之始
劉延明年十四就博士郭瑀瑀弟子五百人通經
初潭集　卷一　一

365

本館藏本行間亦有朱刻評，並廣見朱筆圈點。

著録：《四庫全書總目》、《中國古籍善本書目》。

鈐印："閔宗尼印"、"聖伯氏"。

366　大明仁孝皇后勸善書

C508

《大明仁孝皇后勸善書》、《勸善書》二十卷，明仁孝皇后徐氏撰，明永樂五年内府刻本。十六冊。半葉十四行二十八字。四周雙邊，黑口，雙魚尾。版心中鎸書名、卷次。框高 19.2 釐米，寬 13.8 釐米。前有永樂三年仁孝皇后自序。書後有永樂五年皇太子高熾、漢王高煦、趙王高燧後序，永樂五年丘福、胡廣上啓。

成祖仁孝皇后徐氏（1362—1407），濠人，中山王徐达長女。幼貞静純明，好讀書。洪武九年冊爲燕王妃，三十三年冊封爲皇后。卒謚仁孝皇后。

是書各卷兼採儒、釋、道三教勸善擯惡之言謂之"嘉言"，善行之事實謂之"感應"。

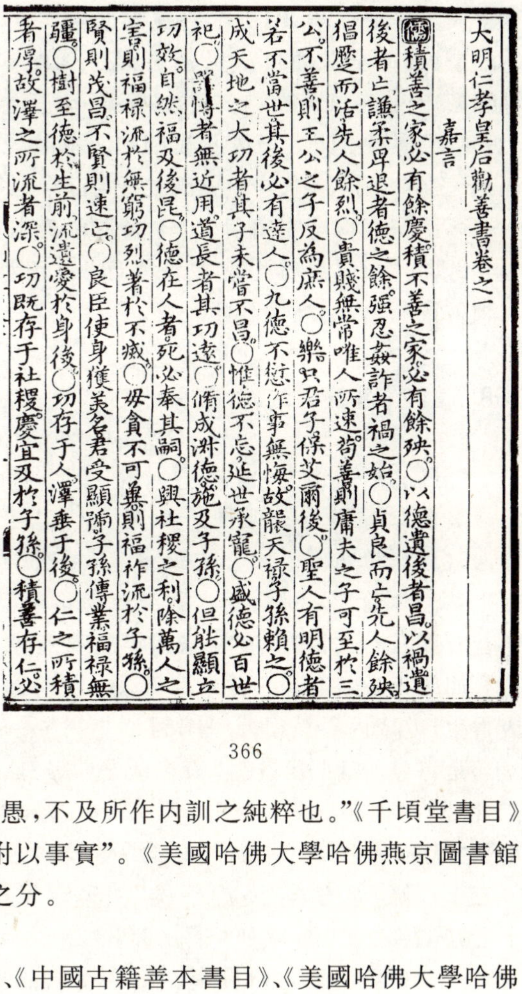
大明仁孝皇后勸善書卷之一
嘉言
書積善之家必有餘慶積不善之家必有餘殃○以德遺後者昌以禍遺後者亡謙柔卑退者德之餘強忍姦詐者禍之始○貞良而亡先人餘殃猖蹶而活先人餘烈○貴賤無常唯人所速苟善則庸夫之子可至於三公不善則王公之子反為庶人○樂只君子保艾爾後○聖人有明德者若不當世其後必有達人○九德不愆作事無悔故饗天祿子孫賴之○成天地之大功者其子未嘗不昌○惟德不忘延世承寵○盛德必百世祀○賢愕者無近用道長者其功遠○脩成淑德施及子孫○但能顯立功效自然福及後昆○德在人者死必奉其嗣○興社稷之利除萬人之害則福祿流於無窮功烈著於不滅○毋貪不可冀則福祚流於子孫○賢則茂昌不賢則速亡○良臣使身獲美名君受顯號子孫傳業福祿無疆○樹至德於生前流遺愛於身後○功存于人澤垂于後○仁之所積者厚故澤之所流者深○功既存于社稷慶宜及於子孫○積善存仁必

366

《四庫全書總目》曰："書成於永樂三年。其所採輯兼及三教。蓋意主勸戒下愚，不及所作内訓之純粹也。"《千頃堂書目》曰：該書"采三教勸善懲惡之言，類頒爲書附以事實"。《美國哈佛大學哈佛燕京圖書館中文善本書志》謂此書有内府刻大小字本之分。

本館藏本當爲永樂五年刻小字本。

著録：《四庫全書總目》、《千頃堂書目》、《中國古籍善本書目》、《美國哈佛大學哈佛燕京圖書館中文善本書志》。

367　丹鉛餘錄

I1080

《丹鉛餘錄》十三卷，明楊慎撰，明嘉靖十六年藍田李氏山房刻本。四冊。半葉十行二十字。四周單邊，白口，無魚尾。版心中鎸書名、卷次。框高 19 釐米，寬 13 釐米。前有嘉靖九年張素序，書後有嘉靖十六年王廷表刻序。

楊慎，見 047《檀弓》。

《四庫全書簡明目錄》曰："明代諸儒惟慎爲博洽，故傲視一世，謂莫能核其眞僞。遂往往贗託古書，佐其辨論。致陳耀文、胡應麟等乘隙而攻，然二家所駁亦互有得失。平心而論，慎所學終在其上也。"

據《四庫全書總目》，是書之天一閣藏本包括"《丹鉛餘錄》十七卷，《續錄》十二卷，《摘錄》十三卷，《總錄》二十七卷。"爲楊慎門人梁佐所校勘本。本館藏本僅有《餘錄》十三卷。刻本年代早于梁氏之嘉靖三十三年本。

著錄：《四庫全書總目》、《中國古籍善本書目》。

鈐印："濰縣高翰生家藏書畫印"、"正雅堂雲煙過目圖書章"、"曾為高鴻載藏"。

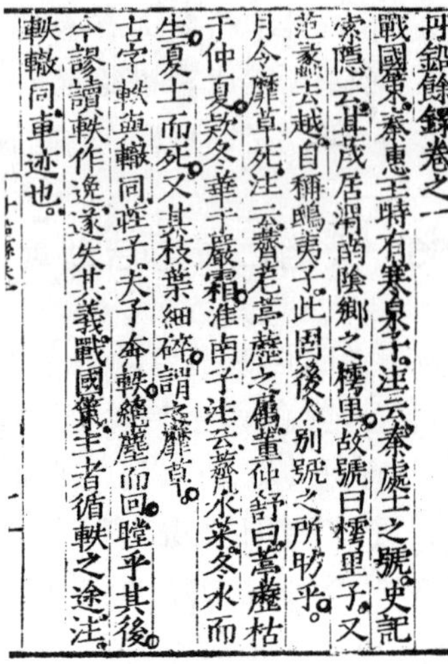
丹鉛餘錄卷之一
戰國策。秦惠王時有寒泉子。注云秦處士之號。史記索隱云甘茂居渭南陰鄉之樗里。故號曰樗里子。又范蠡去越。自稱鴟夷子。此因後人別號之所昉乎。
月令靡草死。注云薺葶藶之屬。董仲舒曰葶藶枯于仲夏。款冬華于嚴霜。淮南子注云薺冬水而生。夏土而死。又其枝葉細碎。謂之靡草。
古字軼與轍同。莊子夫子奔軼絕塵而回瞠乎其後。今謬讀軼作逸。遂失其義。戰國策主者循軼之途。注軼轍同車迹也。

367

368　訂譌雜錄

《訂譌雜錄》十卷，清胡鳴玉撰，查如塡校，乾隆四年戢箴書屋重鐫本。四冊。半葉十行二十字。四周單邊，白口，單魚尾。版心中鐫書名、卷次。框高 18.3 釐米，寬 13 釐米。扉頁題："戢箴書屋重鐫訂譌雜錄"。卷首有序及目次，書後有乾隆四年胡鳴玉跋。

胡鳴玉（生卒年不詳），字廷佩，號吟鷗，青浦人。歲貢生，乾隆丙辰薦舉博學鴻詞。

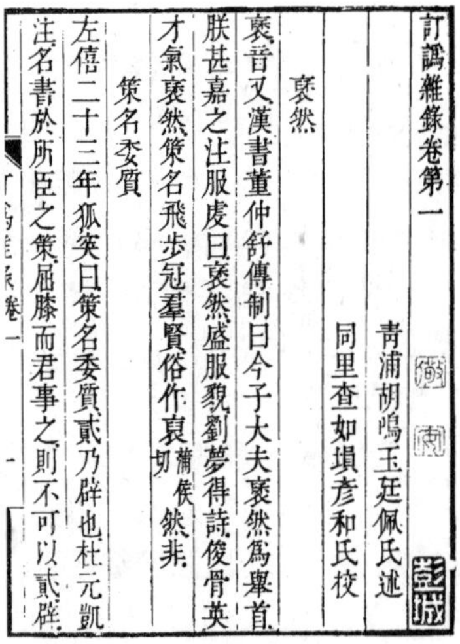
訂譌雜錄卷第一
青浦胡鳴玉廷佩氏述
同里查如塡彥和氏校
褎然
褎音又。漢書董仲舒傳制曰今子大夫褎然爲舉首。朕甚嘉之。注服虔曰褎然盛服貌。劉夢得詩俊骨英才氣褎然。策名飛步冠羣賢。俗作裒（蒲侯切）然非。
策名委質
左僖二十三年狐突曰策名委質貳乃辟也。杜元凱注名書於所臣之策屈膝而君事之則不可以貳辟。

368

是書卷一含"褎然"、"策名委質"等三十五條，卷二含"野處而不暱"、"分野"等三十一條，卷三含"鄭重"、"愀然"等三十一條，卷四含"覽揆初度"、"建瓴"等三十八條，卷五含"漢壽亭侯"、"漢壽侯生辰"等二十七條，卷六含"斷章"、"雍州"等二十九條，卷七含"逃禪"、"齊魯論之名始於漢"等二十四條，卷八含"郢削"、"舉案齊眉"等二十九條，卷九含"濫觴"、"魁"等二十五條，卷十含"雜字音義"。

《四庫全書總目》曰："是編皆考訂聲音文字之譌。大抵採集諸家說部而參以己說。其中有闇合前人者。如《文選》神女賦一條，謂玉字王字顛倒互寫是矣。然始辨其誤者爲姚寬《西溪叢語》，申明其義者爲張鳳翼《文選纂註》，而鳴玉仍反覆力辨之。是未見二說也。揚子法言鴻飛冥冥，弋人何簒一條，鳴玉歷引《後漢書》逸民傳註、陳子昂碑、韓愈詩證今本誤慕是矣。然今本實作簒不作慕。其誤爲慕則自張九齡《感遇詩》孤鴻海上來一首押入遇韻始。以爲近人所誤則非也。龍鍾一條,不取竹名、石名之説是矣。然誤以岑參雙袖龍鍾淚不乾句爲常建詩。又李匡乂《資暇集》所解龍鍾之義乃誤指爲龍爪泥痕。鳴玉未及引駁,亦疎漏也。雙鯉魚一條,駁漢陳勝傳、《宋書》符瑞志魚腹藏書之説是矣。然此語始見蔡邕《飲馬長城窟行》,而但引古詩尺素如霜雪,疊成雙鯉魚。是蔡邕後語,非其本也。凡此偶然失檢,時亦有之。要其但引古書,互相參證,不欲多生新意,自見所長。所以言皆有據,所得反較諸家爲多。狐白之裘,固非一腋。其網羅會稡之勤,亦未可遽没也。”

著録:《四庫全書總目》。

鈐印:“劉”、“絅”、“儆”、“安”、“彭城”、“櫟園”、“文章千古事忠載一生心”。

369　遯世編

K1734

《遯世編》十四卷,明錢一本撰,吳亮采論贊,明眞止堂刻本。六冊。半葉九行二十字,小字雙行同。四周單邊,白口,單魚尾。版心上鐫書名,中鐫類名。框高 22.9 釐米,寬 14.7 釐米。前有吳亮采、陳繼儒序,序言皆不著年月。

錢一本(1539—1610),字國瑞,號啓新,武進人。明萬曆十一年進士,官至福建道監察御史,以建言罷歸,天啓初追贈太僕寺卿。事具《明史》本傳。著有《像鈔》、《像象管見》、《像續鈔》、《四聖一心録》、《範衍》等。

吳亮采(生卒年不詳),字于甫,號眞止居士。

是書品目爲:神隱一、眞隱二、儒隱三、節隱四、俠隱五、哲隱六、達隱七、高隱八、别隱九。

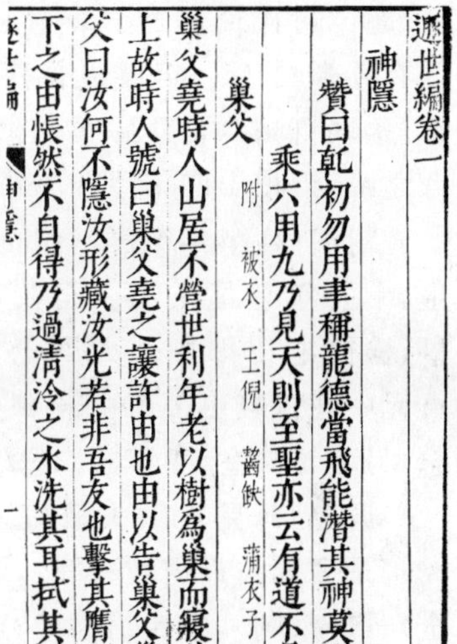
遯世編卷一
神隱
贊曰乾初勿用聿稱龍德當飛能潛其神莫測
乘六用九乃見天則至聖亦云有道不易
巢父 附 被衣 王倪 齧缺 蒲衣子
巢父堯時人山居不營世利年老以樹爲巢而寢其
上故時人號曰巢父堯之讓許由也由以告巢父巢
父曰汝何不隱汝形藏汝光若非吾友也擊其膺而
下之由悵然不自得乃過清泠之水洗其耳拭其目
遯世編　神隱　一

369

陳繼儒《序》曰:“吳采于先生著《遯世編》,蒐古之隱者,列爲九品,前係讚後係論,大約以龍德而隱爲上,其次恨不得取裁于仲尼。”又《尺牘賦》曰:“先生《遯世編》列品既精,贊論更確,讀至‘眞隱’後數言,引何尚之種明逸,以寓感慨,蓋遯世、哭世、救世皆具焉。”

《四庫全書總目》曰:“是編紀古來隱逸之士,自唐虞至元,分神隱、眞隱、儒隱、節隱、俠隱、哲隱、達隱、高隱、别隱九類。蕪雜殊甚,疎漏尤多。如不知姓名謂之眞隱。然所謂阮籍遇蘇門山人卽是孫登,不得曰無姓名也。又顧阿瑛以晚年祝髮入之别隱。褚伯秀本爲黄冠乃入之高隱。梁鴻無排難解紛之事乃入之俠隱。林靈素詭譎羽流亦目曰别隱。皆未爲允協。其他亦多科配未確,簡擇未當者。一本研心經學,所著易解,能自成一家之言，不應此書獨乖剌如是。蓋一本以建言罷歸，姑借此以抒忘情仕宦之志，考據則非其所留意也。”

著錄：《中國古籍善本書目》、《續通志》、《續文獻通考》、《千頃堂書目》。

370 封氏聞見記

封氏聞見記卷第一
唐朝散大夫檢校尚書吏部郎中兼御史中丞封演
道教
本自黃帝至老君祖述其言故稱爲黃老之學戰國時
園寇蒙莊之徒著書咸以黃老爲宗師園寇天瑞篇引
黃帝之書曰谷神不死是爲元牝元牝之門是爲天地
根綿綿若存用之不勤此章黃帝之言而存五千之內
則老氏所書同出已明矣其後學道學儒學墨諸家分
明各爲一教漢武帝進用儒術黃老由是見廢後漢桓
帝夢見老子詔陳相孔壽立廟於苦縣刻石爲銘今
封氏聞見記　卷一　一　雅雨堂

370

《封氏聞見記》十卷，唐封演撰，孫岷自勘，乾隆二十一年雅雨堂刻本。一冊。半葉十行二十一字。四周單邊，白口，單魚尾。版心上鐫書名，中鐫卷次，下鐫“雅雨堂”。框高 18.2 釐米，寬 14.3 釐米。前有扉頁，題：“封氏聞見記。乾隆丙子鐫，雅雨堂藏板。”卷首有乾隆二十一年盧見曾序和目錄。卷末有明吳岫跋，孫岷自轉錄自西嚴秦翁藏本之至正夏庭芝和朱良育之跋，崇禎十四年陸貽典跋。

封演（生卒年不詳），渤海蓨人。天寶中爲太學諸生，十五年登進士第。至德後爲相衛節度使薛嵩從事，檢校屯田郎中。大曆七、八年間曾任邢州刺史。貞元中任檢校吏部郎中兼御史中丞，十六年尚在世，約卒於貞元末。《新唐書・藝文志》另著錄《古今年號錄》、《續錢譜》，皆佚。

盧見曾，見 042《大戴禮記》。

是書卷一爲道教、儒教，卷二爲文字、典籍、石經、聲韻，卷三爲貢舉、制科、銓曹（不全）、風憲（闕），卷四爲尊號、運次、降誕、金鷄、露布、匭使、定諡、明堂、武監、漳濆，卷五爲鹵簿、公牙、官銜、頌德、壁記、豹直、燒尾、花燭、第宅、巾幞、圖畫、長嘯，卷六爲飲茶、打毬、拔河、繩妓、石誌、碑碣、羊虎、紙錢、道祭、忌日，卷七爲視物近遠、海潮、北方白虹、西風則雨、松柏西向（已上闕）、蜀無兔鴿（不全）、月桂子、石鼓、弦歌驛、高唐館（已上又闕）、温湯（增），卷八爲歷山、二朱山、繹山、羑里城、文宣王廟樹、孟嘗鑊、佛圖澄姓、巨骨、大魚腮、竊蟲、辟歷石、魚龍畏鐵，卷九爲剛正、淳信、端慤、貞介、謇諤、抗直、忠鯁、誠節、任使、禮遣、遷善、惠化、推讓、奇政、掩惡、解紛、陵壓、除蠹，卷十爲務尚、諷切、歡狎、祛惑、脩復、贊成、討論、穎悟、敏速、避忌、戲論、失誤、謬識、查談、嘲玩、慙悚、狂譎、侮謔。

《四庫全書簡明目錄》對該書有簡要說明：“原本五卷。此本分爲十卷，而殘闕特甚。前六卷多陳掌故，七卷八卷多記古跡雜論，頗資考證。末二卷則皆載唐代軼事，嘉言懿行居多，惟末附諧謔數條而已。”盧見曾《封氏聞見記序》記敘了該書刊刻始末：“前明東吳吳方山家藏是本[封氏聞見記]，虞山孫岷自得之秦西嚴，同里陸勅先又從孫氏假錄，于是吳中間有藏者。余倩友人訪而得之，與唐摭言校刊行世。”陸貽典《跋》亦記曰：“原本係吾吳吳方山家藏物也，向爲邑中前輩孫伏生所得。孫復從西厳秦翁假别本細勘，不可謂不加詳矣。余與伏生孫岷自善，乃得假而錄之。”秦贇《序》云：“吾同年丹徒蔣春農有舊鈔本，杭州盧抱經又得長塘鮑氏本而合校之。余亦少佐其審擇焉，刊落增正，比舊本爲不俟矣。因復重雕，以廣其傳。”

本館藏本爲《雅雨堂叢書》第四函。

著錄：《四庫全書簡明目錄》、《中國古籍善本書目》、《四庫全書總目》。

371 陔餘叢考

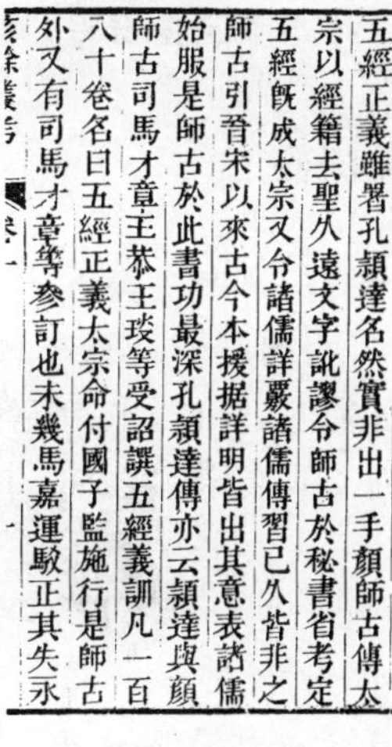
陔餘叢考卷一　陽湖　趙翼　耘菘
正經正義
五經正義雖署孔穎達名然實非出一手顏師古傳太宗以經籍去聖久遠文字訛謬令師古於秘書省考定五經既成太宗又令諸儒詳覈諸儒傳習已久皆非之師古引晉宋以來古今本援据詳明皆出其意表諸儒始服是師古於此書功最深孔穎達傳亦云穎達與顏師古司馬才章王恭王琰等受詔譔五經義訓凡一百八十卷名曰五經正義太宗命付國子監施行是師古外又有司馬才章等參訂也未幾馬嘉運駁正其失永

371

《陔餘叢考》四十三卷，清趙翼撰，清乾隆五十五年壽考堂刊本。十六冊。半葉十一行二十一字，小字雙行三十一字。左右雙邊，白口，單魚尾。版心上鐫書名，下鐫卷次。框高 18 釐米，寬 13.2 釐米。前有乾隆五十六年吳錫麒序、趙翼小引等。

趙翼（1727—1814），字雲崧，一字耘松，號甌北，晚號三半老人，江蘇常州府湖陽縣人。乾隆二十六年進士，授翰林院編修。曾任鎮安、廣州知府，官至貴西兵備道。乾隆三十七年，辭官家居，曾主講揚州安定書院。著有詩集五十三卷及《甌北詩話》，史學著作有《廿二史札記》、《檐曝雜記》、《皇朝武功紀盛》等。

是書爲學術筆記，爲後來史學成熟之作《廿二史札記》之基礎。是書分四十三卷，其中經學四卷（卷一至卷四），廿四史十卷（卷五至卷十四），通鑑鋼目一卷（卷十五），重要史事五卷（卷十六至卷二十），詩文雜事四卷（卷二十一至卷二十四），一般史事與制度八卷（卷二十五至卷三十二），雜俎十一卷（卷三十三至卷四十三）。

趙翼於卷首《小引》稱：“余自黔西乞養歸，視之暇，乃理故業，日夕惟手一編，有所得，輒劄記别紙，積久遂得四十餘卷。以其爲循陔時所輯，故名曰《陔餘叢考》。”

著錄：是書《中國古籍善本書目》等無著錄。康奈爾大學圖書館、柏克萊加州大學圖書館及香港中文大學圖書館藏有是書。

372 古言

《古言》二卷，明鄭曉輯，明嘉靖四十四年刻本。四冊。半葉八行十六字，小字雙行同。四周雙邊，白口，單魚尾。版心中鐫書名、卷次。框高 21 釐米，寬 13.1 釐米。前有鄭曉序。

鄭曉，見 060《皇明北虜考》。

《四庫全書總目》曰："此編則隨筆成文，議論時有偏僻，引據亦不免疎舛。如謂公孫宏勝司馬光。謂王安石遠過韓、范、富、歐。謂王通勝董仲舒。謂柳宗元勝韓愈。謂張子勝程子。甚至謂堯、舜非生知安行。皆務爲高論而不近理。……不一而足，尤不可爲訓。至於以《竹書紀》伊尹事誤爲《逸周書》，以《大禹謨》爲《今文尚書》之類。小小筆誤，又不足言矣。"

著録：《四庫全書總目》、《中國古籍善本書目》。

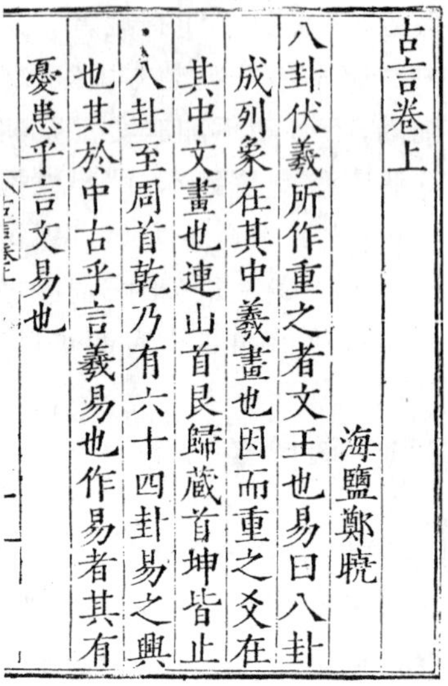
古言卷上
海鹽鄭曉
八卦伏羲所作重之者文王也易曰八卦
成列象在其中義畫也因而重之爻在
其中文畫也連山首艮歸藏首坤皆止
八卦至周首乾乃有六十四卦易之興
也其於中古乎言義易也作易者其有
憂患乎言文易也

372

373　廣快書

E706

《廣快書》、《廣快書五十種》五十卷，明何偉然撰，吴從先校，明萬曆年間刻本。十六册。半葉八行十八字。左右雙邊，白口，無魚尾。版心上鐫書名，中鐫卷次。框高 20 釐米，寬 13.8 釐米。前有何偉然序，目録。

何偉然(生卒年不詳)，字仙臞，仁和人。與閔景賢同編《快書》。

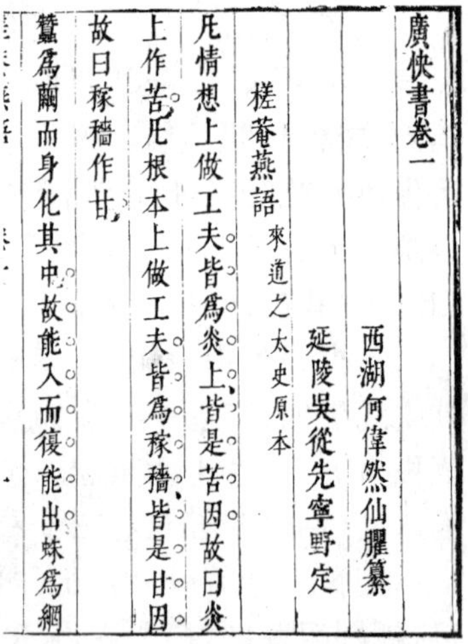
廣快書卷一
西湖何偉然仙臞纂
延陵吴從先寧野定
槎菴燕語　來道之太史原本
凡情想上做工夫皆爲炎上皆是苦因故曰炎
上作苦凡根本上做工夫皆爲稼穡皆是甘因
故曰稼穡作甘
蠶爲繭而身化其中故能入而復能出蛛爲網

373

是書卷一爲槎菴燕語，卷二爲碣石宫曼語，卷三爲一聲鶯，卷四爲何之子，卷五爲秋粧樓眉判，卷六爲儒禪，卷七爲瀾堂夕話，卷八爲史輪，卷九爲無盡燈，卷十爲卽山論，卷十一爲千一錄客談，卷十二爲海樵子，卷十三爲玉笑零音，卷十四爲尋常事，卷十五爲世書，卷十六爲燕貽法錄，卷十七爲月涙，卷十八爲秋水鏡，卷十九爲桂枝女子傳，卷二十爲審是帙，卷二十一爲花錫新命，卷二十二爲丹甑，卷二十三爲弋說，卷二十四爲璅言，卷二十五爲雜記，卷二十六爲抽史，卷二十七爲松霞冠贅言，卷二十八爲獨鑒錄，卷二十九爲善言者言，卷三十爲讀五胡載記，卷三十一爲蒲團上語，卷三十二爲青鏤管夢，卷三十三爲正法眼，卷三十四爲倉庚集，卷三十五爲有情癡，卷三十六爲山游十六觀，卷三十七爲蟲天志，卷三十八爲曲讌，卷三十九爲識小編，卷四十爲珠採，卷四十一爲照心犀，卷四十二爲士令，卷四十三爲長嘯餘，卷四十四爲嘔絲，卷四十五爲斷肉編，卷四十六爲瞻禮舍利記，卷四十七爲天爵堂筆餘，卷四十八爲戲瑕，卷四十九爲十影君傳，卷五十爲海味索隱。

《四庫全書總目》曰:“偉然初刻《快書》五十種,與閔景賢同訂。玆又以五十種廣之,同訂者吳從先也。所採皆取明人說部,每一書爲一卷,卷帙多者則刪㓝其文。立名詭異。有曰一聲鶯者,有曰有情癡者,有曰照心犀者,有曰嘔絲者。所謂萬病可醫,俗不可醫者歟。從先嘗選明一代布衣之詩,名布衣權,惟紫淀老人張文峙家藏有寫本。明季兵燹,遂亡佚。而快書百種,最下最傳。蓋其輕儇佻薄,與當時士習相宜耳。”

著錄:《四庫全書總目》、《中國古籍善本書目》。

374 鴻苞集

《鴻苞集》四十八卷,明屠隆撰,明萬曆三十八年茅元儀刻本。二十四冊。半葉九行十九字。四周單邊,白口,單魚尾。版心中鐫卷次。框高 20.8 釐米,寬 14.3 釐米。前有萬曆三十八年黃汝亨序,張應文鴻苞居士傳,目錄等。

屠隆(1543—1605),字長卿,鄞縣人。萬曆丁丑進士,官至禮部儀制司主事。事具《明史・文苑傳》附載徐渭傳中。著有《由拳集》、《白榆集》等。

是書卷一至卷四講天地萬物,卷五至卷十六講古今人物,卷十七、卷十八講文章、詩詞,卷十九至卷二十一講博物,卷二十二至卷二十六講推理、知命,卷二十七至卷四十二講儒、釋、道三教,卷四十三至卷四十八講世間百態。

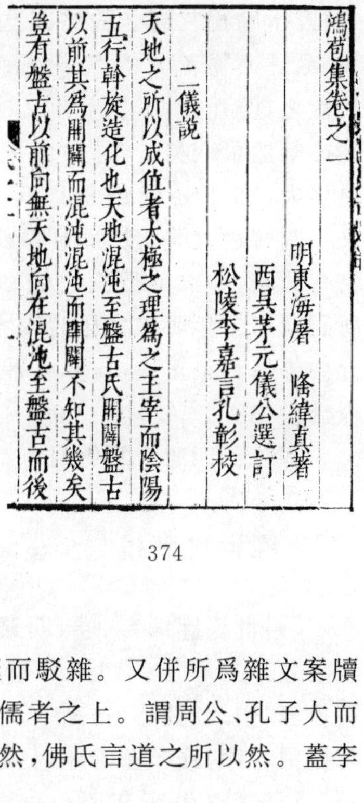
鴻苞集卷之一
明東海屠　隆緯真著
西吳茅元儀公選訂
松陵李嘉言孔彰校
二儀說
天地之所以成位者太極之理爲之主宰而陰陽
五行斡旋造化也天地混沌至盤古氏開闢盤古
以前其爲開闢而混沌混沌而開闢不知其幾矣
豈有盤古以前向無天地向在混沌至盤古而後

374

《四庫全書總目》曰:“此書乃隆晚年所著。其言放誕而駁雜。又併所爲雜文案牘同編入之,體例尤爲餖飣。大旨躭於二氏之學,引而加於儒者之上。謂周公、孔子大而化之之謂聖,老子、釋迦聖不可知之謂神。儒者言道之當然,佛氏言道之所以然。蓋李贄之流亞也。”

著錄:《四庫全書總目》、《中國古籍善本書目》。

375 澗泉日記

《澗泉日記》三卷,宋韓淲撰,清四庫館臣陸錫熊、紀昀、鄭際唐校訂,清乾隆三十九年武英殿活字印聚珍版叢書本。三冊。半葉九行二十一字。四周雙邊,白口,單魚尾。版心上鐫書名,下鐫卷次。框高 14.2 釐米,寬 9.3 釐米。前有“御製題武英殿聚珍版十韻”,陸錫熊、紀昀、鄭際唐乾隆四十一年序等。

韓淲(1159—1224),字仲止,號澗泉,祖籍開封,南渡後隸籍上饒,元吉子。早年以

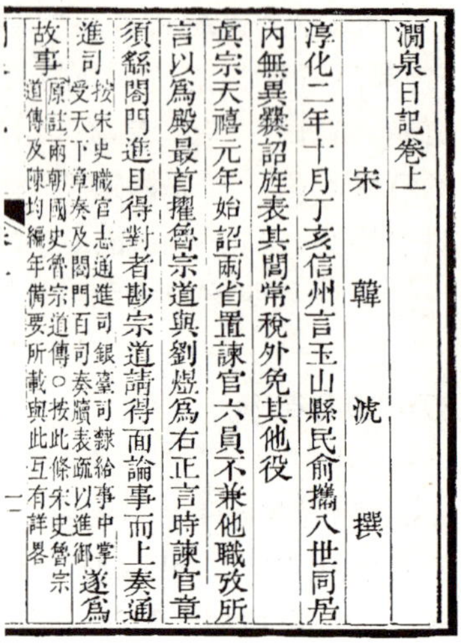
澗泉日記卷上
宋　韓　淲　撰
淳化二年十月丁亥信州言玉山縣民俞攜八世同居
內無異爨詔旌表其閭常稅外免其他役
真宗天禧元年始詔兩省置諫官六員不兼他職歿所
言以爲殿最首擢魯宗道與劉燁爲右正言時諫官章
須繇閤門進且得對者惟宗道請得面論事而上奏通
進司按宋史職官志通進司銀臺司隸給事中掌受天下章奏及閤門百司奏牘表疏以進御遂爲
故事原註兩朝國史魯宗道傳○按此條宋史魯宗道傳及陳均編年備要所載與此互有詳畧

375

父蔭入仕，爲平江府屬官，後爲朝官。寧宗慶元六年藥局官滿，嘉泰元年曾入吳應試。未幾被斥，家居二十年。著有《澗泉集》、《澗泉詩余》等。

是書爲記錄宋代史實、品評人物及考證經史之學術筆記，對宋史和文學研究皆有一定的參考價值。

《四庫全書總目》曰："是書《宋史・藝文志》不著錄，無從知其卷帙之舊。今以散見《永樂大典》中者裒合排次，勒爲三卷。約略以次相從。其有關史事者居前，品評人物者次之，考證經史者又次之，品定詩文者又次之，雜記山川古蹟者又次之。雖未必盡復其舊，然亦粲然可觀矣。考《東南紀聞》載淲清高絶俗，不妄見貴人，亦不妄受餽遺。其人品學問，既具有根柢。又參政韓億之裔，吏部尚書韓元吉之子，其親串亦皆當代故家，如東萊吕氏之類。故多識舊聞，不同剿說。所記明道二年明肅太后親謁太廟事，可證石林燕語之誤。大觀四年四月命禮部尚書鄭允中等修哲宗正史事，亦可補史傳之遺。其他議論，率皆精審。在宋人說部中，固卓然傑出者也。"

著錄：《四庫全書總目》、《中國古籍善本書目》、《文淵閣書目》。

376　經世環應編

B384

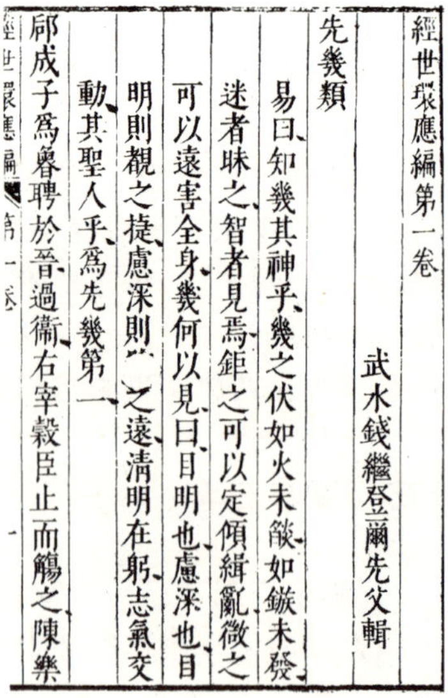
經世環應編第一卷
武水錢繼登爾先父輯
先幾類
易曰知幾其神乎幾之伏如火未燃如鏃未發
迷者昧之智者見焉鉅之可以定傾緝亂微之
可以遠害全身幾何以見曰目明也慮深也目
明則覩之捷慮深則[illegible]之遠清明在躬志氣交
動其聖人乎爲先幾第一
郈成子爲魯聘於晉過衛右宰穀臣止而觴之陳樂

376

《經世環應編》八卷，明錢繼登撰，明刻本。十冊。半葉九行二十字。四周單邊，白口，單魚尾。版心上鐫書名，中鐫卷次。框高 21.6 釐米，寬 13.2 釐米。前有楊瞿崍序，錢繼登自序，目錄。

錢繼登（生卒年不詳），字爾先，又字龍門，嘉善人。萬曆丙辰進士，官至僉都御史。

是書卷一爲先機，卷二爲應卒，卷三爲圖大，卷四爲心計，卷五爲決疑，卷六爲解紛，卷七爲用譎，卷八爲料事。

《四庫全書總目》曰："是書所採皆史籍權變之術，亦省括編之流也。"

錢繼登《自序》曰："暇日繙閱史籍，錄古人所爲經世者八種。一動、一靜，悉有奇智，名曰《環應編》梓之。"

著録:《四庫全書總目》、《中國古籍善本書目》。

377 快書

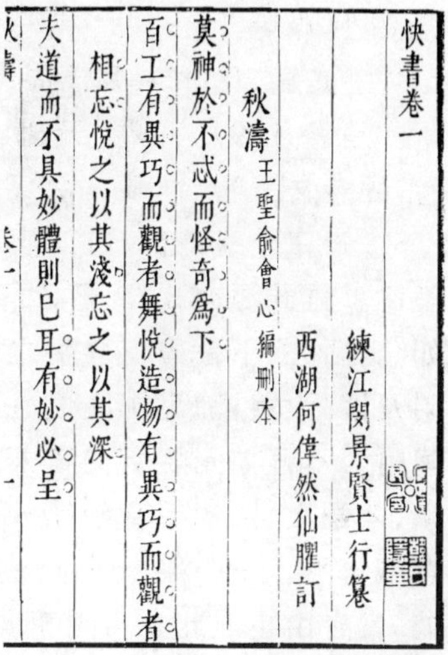
快書卷一
練江閔景賢士行纂
西湖何偉然仙臞訂
秋濤 王聖俞會心編删本
莫神於不忒而怪奇爲下
百工有異巧而觀者舞悅造物有異巧而觀者
相忘悅之以其淺忘之以其深
夫道而不具妙體則已耳有妙必呈
快書 卷一 一

377

《快書五十種》、《快書》五十卷,明閔景賢輯,何偉然校訂,明天啓六年快堂刻本。二十四册。半葉八行十八字。四周單邊,白口,無魚尾。版心上鐫書名,中鐫卷次。框高 21.1 釐米,寬 14.4 釐米。前有天啓六年何偉然序,閔景賢自序,校閲姓氏,目録。

閔景賢(生卒年不詳),字士行,烏程人。著有《法楹》等。

何偉然,見 373《廣快書》。

是書卷一爲秋濤,卷二爲光明藏,卷三爲晉塵,卷四爲瑩燈,卷五爲月鏡,卷六爲譚輅,卷七爲白雲梯,卷八爲鷩筵辦,卷九爲鑑古瑣譚,卷十爲黄辭,卷十一爲緑雪亭雜言,卷十二爲竹忩和筆,卷十三爲雅述,卷十四爲枕餘,卷十五爲存論,卷十六爲環碧齋小言,卷十七爲玉振,卷十八爲郎川答問,卷十九爲頂門針,卷二十爲德山暑譚,卷二十一爲閑情十二撫,卷二十二爲鴛鴦譜,卷二十三爲姝聯,卷二十四爲惑溺供,卷二十五爲雙門調,卷二十六爲含少論略,卷二十七爲擬易,卷二十八爲石桃丙舍草,卷二十九爲史遺,卷三十爲書憲,卷三十一爲讀書通,卷三十二爲諸子斟淑,卷三十三爲觀老莊影響論,卷三十四爲測莊,卷三十五爲草木子,卷三十六爲交友觀,卷三十七爲七幅菴,卷三十八爲九發,卷三十九爲錢冒,卷四十爲客齋使令,卷四十一爲雅俗辨,卷四十二爲書史紀原,卷四十三爲畫塵,卷四十四爲花案,卷四十五爲十處士傳,卷四十六爲奕律,卷四十七爲五嶽臥游,卷四十八爲文苑四史,卷四十九爲法楹,卷五十爲才鬼記。

《四庫全書總目》曰:"是編割裂諸家小品五十種,彙爲一集。大抵儇薄纖佻之言。又多竄易名目。如《會心編》改名《秋濤》,《醒言》改名《光明藏》之類,不一而足。甚至周守忠之《姬侍類偶》改名《姝聯》。姝卽姬侍,聯卽類偶也。亦可謂拙陋矣。"

著録:《四庫全書總目》、《中國古籍善本書目》。

鈐印:"庸齋藏書"、"戴道光"、"明淨書室"。

378 困學紀聞

《困學紀聞》二十卷,宋王應麟撰,清何焯評,閻若璩箋,清乾隆三十年汪垕桐華書塾刻本。半葉十一行二十五字,小字雙行三十四字。左右雙邊,白口,單魚尾。版心上鐫書名，下鐫卷次。框高18.8釐米，寬13.2釐米。前有元至治二年牟應龍序，明萬曆三十一年吳獻台序，自敘，目錄等。

王應麟，見026《鄭氏周易》《周易乾鑿度》。

是書凡說經八卷，天道、地理、諸子二卷，考史六卷，評詩文三卷，雜識一卷。

《四庫全書總目》曰："應麟博洽多聞，在宋代罕其倫比。雖淵源亦出朱子，然書中辨正朱子語誤數條，如《論語註》不舍晝夜舍字之音，《孟子註》曹交曹君之弟及謂《大戴禮》爲鄭康成註之類。皆考證是非，不相阿附。不肎如元胡炳文諸人堅持門戶，亦不至如明楊慎、陳耀文、國朝毛奇齡諸人肆相攻擊。蓋學問既深，意氣自平。……絶無黨同伐異之私。所考率切實可據，良有由也。此本乃國朝閻若璩、何焯所校。各有評註，多足與應麟之說相發明。今仍從刊本，附於各條之下，以相參證。……焯動以詞科之學輕相詬厲。考應麟博極羣書，著述至六百餘卷。焯之所聞见，恐未能望其津涯。未免輕於立論，是即不及若璩之一徵。以其拾遺補罅，一知半解，亦或可採。故仍並存之，不加芟薙焉。"

王應麟《自敘》曰："幼承義方，晚遇囏屯，炳燭之明，用志不分，困而學之，庶自別于下民，開卷有得，述爲紀聞，深寧叟識。"

著錄：《中國古籍善本目錄》、《四庫全書總目》。

鈐印："風流本色"、"志不在溫飽"、"郎錦騮章"、"郎氏家藏"。

困學紀聞卷之一　浚儀　王應麟　伯厚
易
危者使平易者使傾易之道也處憂患而求安平者其惟危懼乎
故乾以惕无咎震以恐致福
脩辭立其誠脩其內則爲誠脩其外則爲巧言易以辭爲重上繫
終於默而成之養其誠也下繫終於六辭驗其誠不誠也辭非
止言語今之文古所謂辭也
履霜戒於未然月幾望戒於將然易貴未然之防至於幾則危矣
潛龍以不見成德管寧所以箴邴原也全身以待時杜襲所以戒
繁欽也易曰括囊无咎无譽
困學紀聞　卷一　一

378

379　李卓吾批點世說新語補

B353

《世說新語補》、《李卓吾批點世說新語補》二十卷，後漢劉宋劉慶義原撰，明何良俊增，王世貞刪定，王世懋批釋，李贄批點，張文柱校註，明萬曆十三年張文柱刻本。六冊。半葉九行十八字，小字雙行同，眉欄刻評。四周單邊，白口，無魚尾。版心上鐫書名、卷次。框高20.6釐米，寬14釐米。前有扉頁，題："李卓吾批點世說新語補。王鳳洲先生鑑定，書林余圯孺梓。"書前另有"李卓吾批點世說新語舊序"，凡例十則，釋名，目錄。

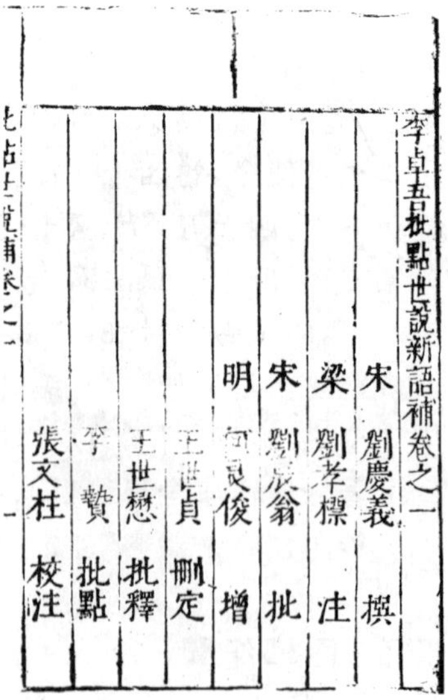
李卓吾批點世說新語補卷之一
宋　劉慶義　撰
梁　劉孝標　注
宋　劉辰翁　批
明　何良俊　增
王世貞　刪定
王世懋　批釋
李贄　批點
張文柱　校注

379

何良俊(1506—1573),字元朗,號柘湖,華亭人。嘉靖貢生,薦授南京翰林院孔目,題書房名曰四友齋。著有《四友齋叢說》、《書畫銘心錄》、《何氏語林》等。

是書卷之一、二爲德行,卷之三、四言語,卷之五、六爲文學,卷之七爲方正,卷之八爲雅量,卷之九、十爲賞譽,卷之十一爲品藻,卷之十二爲規箴,卷之十三爲豪爽等,卷之十四爲傷逝、棲逸,卷之十五爲賢媛、數解,卷之十六爲巧藝、寵禮、任誕,卷之十七爲任誕、排調,卷之十八爲排調、輕詆,卷之十九爲輕詆、假譎等,卷之二十爲尤悔、紕漏等。

著錄:《四庫全書總目》、《千頃堂書目》、《中國古籍善本書目》。

380　夢溪筆譚、筆譚補、儲華谷祛疑說纂

I1372

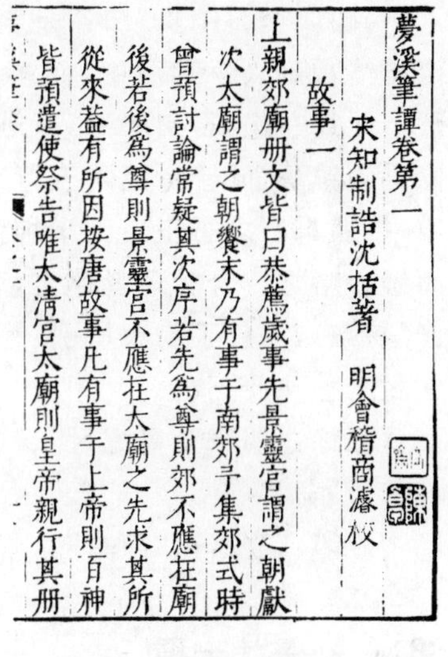
夢溪筆譚卷第一
宋知制誥沈括著　明會稽商濬校
故事一
上親郊廟册文皆曰恭薦歲事先景靈宮謂之朝獻次太廟謂之朝饗末乃有事于南郊予集郊式時曾預討論常疑其次序若先為尊則郊不應在廟後若後為尊則景靈宮不應在太廟之先求其所從來盖有所因按唐故事凡有事于上帝則百神皆預遣使祭告唯太清宮太廟則皇帝親行其册

380

《夢溪筆譚》二十六卷,《筆談補》一卷,《儲華谷祛疑說纂》一卷,宋沈括撰,明商濬校,明萬曆商濬刻本。八冊。半葉九行二十字。四周單邊,白口,單魚尾。版心上鐫書名,中鐫卷次。框高 20.5 釐米,寬 14 釐米。

沈括(1031—1095),字存中,錢塘人,寄籍吳縣。登嘉祐八年進士,熙寧中官至翰林學士,龍圖閣待制坐議城。永樂事謫筠州團練副使,後復光祿寺少卿,分司南京,卜居潤州以終。夢溪卽其晚年所居地。事具《宋史》沈遘傳中。

商濬(生卒年不詳),卽商維濬,字陽初,會稽人。世所傳商氏《稗海》卽所輯也。

《四庫全書總目》曰:"祝穆《方輿勝覽》曰,沈存中宅在潤州朱方門外。存中嘗夢至一處小山,花如覆錦,喬木覆其上,夢中樂之。後守宣城,有道人無外者,爲言京口山川之勝,郡人有地求售,以錢三十萬得之。元祐初,道過京口,登所買地,卽夢中所遊處,遂築室焉,名曰夢溪。是書蓋其閒居是地時作也。凡分十七門。曰故事,曰辨證,曰樂律,曰象數,曰人事,曰官政,曰權智,曰藝文,曰書畫,曰技藝,曰器用,曰神奇,曰異事,曰謬誤,曰譏謔,曰雜志,曰藥議,共二十六卷。又有《補筆談》三卷,《續筆談》一卷,舊本別行。近時馬氏刻本始合之,而重編《補筆談》爲三卷,《續筆談》十有一條附於末。其序有曰,世所傳《補筆談》,每篇首必題所補之卷。又有前幾件及中與後之分。如補第二卷後十件之類,似非後人所得而剏。其爲舊本無疑。原書二十六卷,不補者十。餘名有補。今以其書校考之,多不合。……又若原書止二十六卷。今其所補有自二十七以至三十者,益不可曉。又云,《通考筆談》二十六卷,今所行者是。《宋史》則二十五卷,鄭樵《通志藝文略》則二十卷。分併不恒有如此者,吾所以放筆爲之更定也云云。今案《宋史·藝文志》,顚倒舛謬,觸目皆是。其二十

五卷之説，原可置之不論。至《通志》二十卷之説，則疑括初本實三十卷，鄭樵據以著録。因輾轉傳刻，闕其一筆，故誤三爲二。其後勒著定本，定爲二十六卷，乾道二年湯修年據以校刻，頗爲完善。遂相承至今。而所謂《補筆談》、《續筆談》者，則乾道本原未載。或稾本流傳，藏弆者欲爲散附各卷，逐條標識，其所據者仍是三十卷之初本。故所標有二十七卷三十卷之目，實非括之所自題，分類顛舛，固不足異也。"

本館藏《儲華谷祛疑説纂》題宋沈括撰，實爲宋儲泳撰，收入商維濬《稗海》四十六種二百八十五卷，《續稗海》二十四種一百四十一卷。

儲泳，字文卿，號華谷，僑居華亭。工於吟咏，其詩集今已失傳。

《四庫全書總目》曰："是書以平生篤好術數，久而盡知其情僞，因作此以辨之。明商維濬嘗刻入《稗海》中，而多所删削，僅存十之五六。題曰《祛疑説纂》，殊非儲氏之舊。此爲左圭《百川學海》所載，蓋猶當時完本也。中間惟辨脈一條爲論醫理，墨説一條爲論雜藝，餘皆考陰陽五行家言及闢方士幻妄之術與黄白之説。其論鬼神爲氣之聚散，持煉爲心之誠正。又謂神像之靈靈於人心。又謂陰陽拘忌之説大而繁者避之，小而緩者略之。合於理者存之，背於理者去之。其言皆平易切實，足以警醒世俗。泳嘗作《易説》，見於丁易東所引。又嘗爲老子註。蓋雖泛濫道術，而能折衷於經義者，宜其立説之悉軌於正也。"

著録：《四庫全書總目》、《中國古籍善本書目》。

鈐印："立齋"、"陳卓"。

381　秘書廿一種

DS747.C45 1668a，DS747.C42 1668a /W996

《秘書廿一種》九十四卷，清汪士漢編，清翁同龢批，清康熙七年汪士漢據明刻《古今逸史》版重編本。二冊。半葉十行二十字，小字雙行同。左右雙邊，白口，單魚尾。版心上鐫書名，中鐫卷次。框高20釐米，寬13.4釐米。各卷首有汪士漢序。

汪士漢（生卒年不詳），新安人，著有《古今記林》。

《四庫全書總目》曰："《二十一種》者，其中《三墳》爲宋人僞書。《楚史檮杌》、《晉史乘》爲元人僞書。《劍俠傳》、《竹書

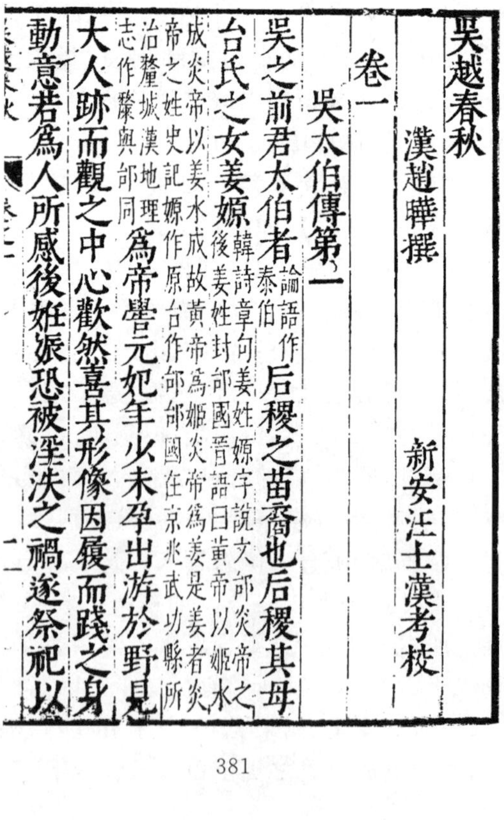
吳越春秋
漢趙曄撰　新安汪士漢考校
卷一
吳太伯傳第一
吳之前君太伯者論語作泰伯后稷之苗裔也后稷其母台氏之女姜嫄韓詩章句姜姓嫄字說文邰炎帝之後姜姓封邰國晉語曰黃帝以姬水成炎帝以姜水成故黃帝為姬炎帝為姜是姜者炎帝之姓史記嫄作原台作邰邰國在京兆武功縣所治釐城漢地理志作斄與邰同為帝嚳元妃年少未孕出游於野見大人跡而觀之中心歡然喜其形像因履而踐之身動意若為人所感後妊娠恐被淫泆之禍遂祭祀以

381

紀年》爲明人僞書。《續博物志》雖不僞而以南宋人爲晉人，亦爲疎舛。今已皆辨證於本書之下。此因士漢裒輯刊刻，别立總名，姑存其目備考焉。”

本館藏有第二、第十卷：《吳越春秋》、《楚史檮杌》、《晉史乘》、《竹書紀年》。

著録：《四庫全書總目》、《中國古籍善本書目》。

382 墨子

墨子卷之一
兵部侍郎兼都察院右副都御史巡撫陝西等處地方贊理軍務兼理糧餉鎮洋畢沅校注
親士第一衆經音義云倉頡篇曰親愛也近也說文解字云士从一从十孔子曰推十合一爲士玉篇云傳曰通古今辯不然謂之士此與脩身篇無稱子墨子云疑翟所著也
入國而不存其士則亡國矣見賢而不急則緩其君矣非賢無急非士無與慮國緩賢忘士而能以其國存者未曾有也昔者文公出走而正讀如征天下桓公去國而霸諸侯越王勾踐遇吳王之醜而尚攝中國之賢君尚與上通攝合也謂合諸侯郭璞注爾雅云聶合攝同聶三子之能達名成功於天下也皆於其國抑而大醜也猶曰安其大醜廣雅云抑安也太上無敗李善文選注云河上公注老子云太上謂太古無名之君也其次敗而有以成此之謂用民吾聞之曰非

382

《墨子》十六卷，清畢沅校註，清乾隆四十九年畢氏靈巖山館刻經訓堂叢書本。五冊。半葉十一行二十二字，小字雙行同。四周單邊，黑口，雙魚尾。版心中鎸書名、卷次。框高19.8釐米，寬14.5釐米。前有扉頁，題：“墨子十五卷。篇目考附，乾隆甲辰閏三月開琱，靈巖山館藏版。”前有乾隆四十九年畢沅、孫星衍序，《墨子》篇名考。

《四庫全書總目》曰：“舊本題宋墨翟撰。考《漢書·藝文志》墨子七十一篇，註曰名翟，宋大夫。《隋書·經籍志》亦曰宋大夫墨翟撰。然其書中多稱子墨子，則門人之言，非所自著。又諸書多稱墨子名翟。《因樹屋書影》則曰墨子姓翟，母夢烏而生，因名之曰烏，以墨爲道。今以姓爲名，以墨爲姓，是老子當姓老耶。其說不著所出，未足爲據也。宋《館閣書目》稱《墨子》十五卷六十一篇，此本篇數與漢志合，卷數與《館閣書目》合。惟七十一篇之中僅佚節用下第二十二，節葬上第二十三，節葬中第二十四，明鬼上第二十九，明鬼下第三十，非樂中第三十三，非樂下第三十四，非儒上第三十八，凡八篇。尚存六十三篇，與館閣書目不合。陳振孫《書録解題》又稱有一本止存十三篇者，今不可見。或後人以兩本相校，互有存亡，增入二篇歟。抑傳寫者譌以六十三爲六十一也。”

著録：《四庫全書總目》、《中國古籍善本書目》。

鈐印：“張瀛羅印”、“石州”。

383 七修類藁

《七修類藁》五十一卷，明郎瑛撰，清乾隆四十年耕煙草堂刻本。十六冊。半葉九行二十字，小字雙行同。左右雙邊，白口，無魚尾。版心上鎸書名，下鎸卷次及卷名。框高13.1釐米，寬9.2釐米。前有陳仕賢原序，周啓重刊序等。扉頁署：“仁和郎仁寶著”。

郎瑛(1487—1566)，字仁寶，仁和人。因身患疾病而淡於功名。稍長，乃博覽藝文，探討經史，辨同異，考謬誤。著有《青史衮鉞》、《萃忠録》等。

是書按類編排，卷一至卷六爲天地類，卷七至卷十四爲國事類，卷十五至卷十八爲義理類，卷十九至卷二十八爲辯証類，卷二十九至卷三十九爲詩文類，卷四十至卷四十七爲事物類，卷四十八至卷五十一爲奇謔類。

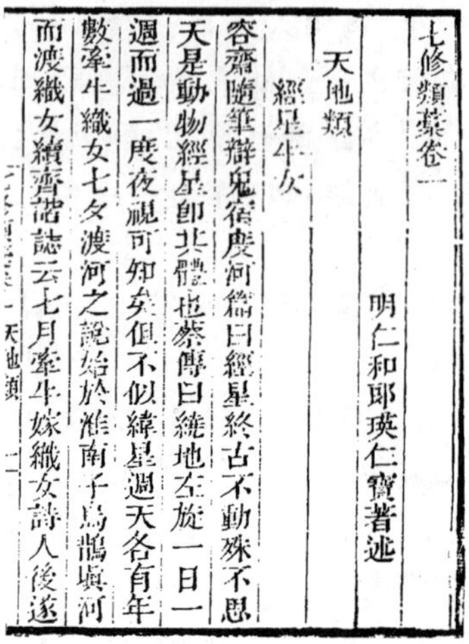
七修類藁卷一
明仁和郎瑛仁寶著述
天地類
經星牛女
容齋隨筆辯鬼宿度河篇曰經星終古不動殊不思
天是動物經星卽其體也蔡傳曰繞地左旋一日一
週而過一度夜覾可知矣但不似緯星週天各有年
數牽牛織女七夕渡河之說始於淮南子烏鵲塡河
而渡織女續齊諧誌云七月牽牛嫁織女詩人後遂

383

《原序》曰："杭庠士郎生瑛，積學待問而不遇，著《七修類藁》若干卷。寓聞諸縉紳爲梓其傳，予取而覽焉，其言測天地之高深，明國家之典故，研窮義理，辯證古今。掇詩文而拾其遺，捃事物而章其賾。以至奇怪詼謔之事，無不採錄。雖雅俗並陳，巨細畢舉，然類聚條分，雜而不越。於稽其意，無非擴問學、釋疑惑、維世教，以昭勸戒，有風人之義焉；且考據詳明，蘊蓄該博，議論之亹亹有度，其究心良亦勤矣，詎不足以輔翼經史，訂證事理耶？吾聞生篤志好古，遇奇書異帙，輒購求之，至傾貲罔恡，故學富而家日貧，幽憂抑鬱，惟典籍是適，雖至屢空，而蒐誦不輟，其種績之富有自哉！太史公論虞卿非窮愁，亦不能著書，殆生之謂矣。"

著錄：《中國古籍善本目錄》、《續文獻通考》、《千頃堂書目》。

384　清秘述聞

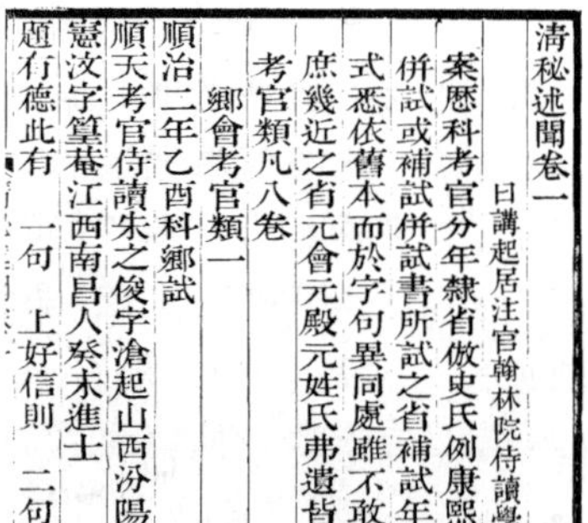
淸秘述聞卷一
日講起居注官翰林院侍讀學士法式善編
案歷科考官分年隸省倣史氏例康熙初因軍事停科後或
倂試或補試倂試書所試之省補試年分歸入本科題目規
式悉依舊本而於字句異同處雖不敢强爲附會占三從二
庶幾近之省元會元殿元姓氏弗遺皆足備考證焉述鄉會
考官類凡八卷
鄉會考官類一
順治二年乙酉科鄉試
順天考官侍讀朱之俊字滄起山西汾陽人壬戌進士檢討羅
憲汶字篁菴江西南昌人癸未進士
題行德此有　一句　上好信則　二句　在於王所　王　不善

384

《清秘述聞》二卷，清法式善撰，嘉慶四年刻本。二冊。半葉十二行二十四字。四周單邊，小黑口，雙魚尾。版心上鐫書名，下鐫卷次。框高 18.8 釐米，寬 13.6 釐米。前有嘉慶三年翁方綱序，嘉慶四年王蘇序，法式善自序等。

法式善（1752—1813），字開文，號時帆，一號梧門，伍堯氏，察哈爾正黃旗。乾隆四十五年進士，選庶吉士散館授檢討，四十八年晉國子監司業，纍官至祭酒。參與武英殿《四庫全書》編纂，並校《皇朝文類》及《全唐文》等。著有《槐廳載筆》、《陶廬雜錄》、《存素堂文集》等。

是書爲史料筆記，記自順治初至嘉慶四年歷科考試題目、考官、學政姓名、籍貫、出身等，對研究清科舉制度頗有參考價值。其所記載典章制度，補充了文獻資料之缺漏。

著錄：是書《中國古籍善本書目》等無著錄。哈佛燕京圖書館、柏克萊加州大學圖書館、香港中文大學圖書館藏有是書。

鈐印:“松門書畫之印”、“詩寵書畫印”。

385　清寤齋心賞編

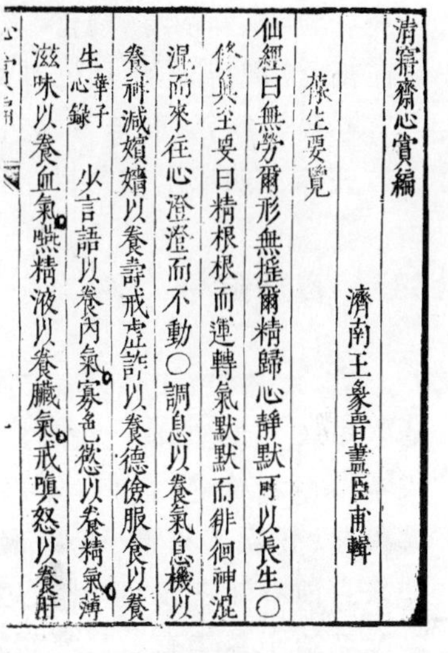
清寤齋心賞編
濟南王象晉藎臣甫輯
葆生要覽
仙經曰無勞爾形無搖爾精歸心靜默可以長生○
修真至要曰精根根而運轉氣默默而徘徊神混
混而來往心澄澄而不動○調息以養氣息機以
養神減嬪嫱以養壽戒虛詐以養德儉服食以養
生華子心錄　少言語以養內氣寡色慾以養精氣薄
滋味以養血氣嚥精液以養臟氣戒嗔怒以養肝
心賞編

385

《清寤齋心賞編》、《心賞編》不分卷,明王象晉輯,明万卷樓刻本。二冊。半葉九行二十字。四周單邊,白口,單魚尾。版心上鐫書名。框高 20.7 釐米,寬 14.3 釐米。前有癸酉王象晉題詞及目錄。

王象晉(1561—1653),字藎臣、子進,又字三晉,一字康候,號康宇,自號名農居士,桓臺新城人。萬曆甲辰進士,官至浙江右布政使。著有《羣芳譜》、《翦桐載筆》等。

《四庫全書總目》曰:“是書分六類。曰葆生要覽,曰儆身懿訓,曰佚老成說,曰涉世善術,曰書室清供,曰林泉樂事。皆摭明人說部爲之,猶陳繼儒諸人之習氣也。”

著錄:《四庫全書總目》、《中國古籍善本書目》。

386　權衡一書

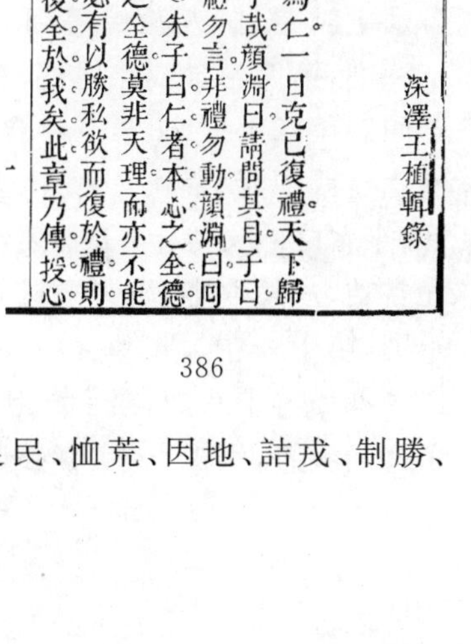
權衡一書卷一
深澤王植輯錄
求仁 目二
聖賢言仁
顏淵問仁子曰克己復禮爲仁一日克己復禮天下歸
仁焉爲仁由己而由人乎哉顏淵曰請問其目子曰
非禮勿視非禮勿聽非禮勿言非禮勿動顏淵曰回
雖不敏請事斯語矣論語○朱子曰仁者本心之全德
禮者天理之節文也心之全德莫非天理而亦不能
不壞於人欲故爲仁者必有以勝私欲而復於禮則
事皆天理而本心之德復全於我矣此章乃傳授心
權衡一書　求仁　一

386

《權衡一書》四十一卷,清王植撰,清乾隆元年崇雅堂刻本。二十四冊。半葉十行二十字。四周雙邊,白口,單魚尾。版心上鐫書名,中鐫卷名。框高 17.9 釐米,寬 12.4 釐米。前有王植自序,例言,編目等。

王植(生卒年不詳),字懷三,又作槐三,直隸深澤人。康熙六十年進士,授廣東和平縣知縣,官至邳州知州,後以病休。事具《清史列傳》。著有《崇雅堂集》、《四書參註》、《韻舉》、《讀史紉要》等。

是書共分爲大目四十,細目一百四十九,每大目爲一卷。各卷分別爲:求仁、主敬、稽古、訂訛、論世、經國、審權、正學、崇識、啓悟、修辭、審變、致果、弘謨、救亂、量入、篤棐、飭治、貞守、明義、砥廉、用諫、慎獄、敦厚、裕量、治家、篤親、慎交、肅神、應天、辯妄、任官、足民、恤荒、因地、詰戎、制勝、擇術。

《四庫全書總目》曰："是編雜採諸書之言，而閒斷以己意。分類四十，子目一百四十九。每一類爲一卷，惟《制勝》分二子卷，故爲四十一卷。其曰《權衡》一書者，自序謂王充有論衡，蘇洵有《權書》，《論衡》、《權書》皆爲一家之私意，而此一書則合古今之嘉言而爲之《權衡》也。然惟其爲一家之言，故其析理有定說，雖偏而不雜。植乃聚百家之言連篇累牘，繁而無章，忽似類書，忽似說部，其病正在不主一家也。"

著錄：《四庫全書總目》、《皇朝文獻通考》。

387　容齋隨筆

H998

《容齋隨筆》十六卷，宋洪邁撰，明崇禎三年馬元調刻本。九冊。半葉九行十八字。左右雙邊，白口，無魚尾。版心中鐫書名、卷次。框高 19.4 釐米，寬 13.4 釐米。前有謝三賓"重刻《容齋隨筆》五集序"，弘治十一年李瀚"《容齋隨筆》五集舊序"，何異"《容齋隨筆》五集總序"，崇禎三年馬元調"重刻《容齋隨筆》紀事"。

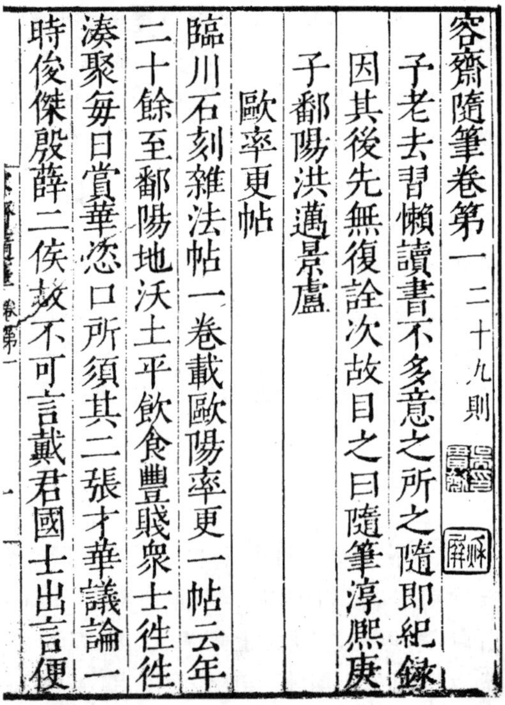
容齋隨筆卷第一　二十九則
子老去習懶讀書不多意之所之隨即紀錄因其後先無復詮次故目之曰隨筆淳熙庚子鄱陽洪邁景盧
歐率更帖
臨川石刻雜法帖一卷載歐陽率更一帖云年二十餘至鄱陽地沃土平飲食豐賤衆士往往湊聚每日賞華恣口所須其二張才華議論一時俊傑殷薛二侯故不可言戴君國士出言便

387

洪邁（1123—1202），字景盧，號容齋，鄱陽人，皓之子。紹興十五年進士，歷官端明殿學士。事具《宋史》本傳。著有《夷堅志》等。

是書第一卷含歐率更帖、羅處士志、唐平蠻帖等二十五則，第二卷含唐重牡丹、長歌之哀、韋蘇州等二十四則，第三卷含進士試題、儒人論佛書、和歸去來等二十一則，第四卷含張浮休書、溫公客位牓、李頎詩等二十三則，第五卷含漢唐八相、六卦有坎、晉之亡與秦隋異等二十五則，第六卷含建武中元、帶職人轉官、上下四方等十九則，第七卷含孟子書百里奚、魏柳爲文之旨、李習之論文等十八則，第八卷含諸葛公、沐浴佩玉、談叢失實等十五則，第九卷含霍光賞功、尺錘取半、漢文失材等二十八則，第十卷含楊彪陳羣、袁盎溫嶠、日飲亡何等二十則，第十一卷含將帥貪功、漢二帝治盜、漢唐封禪等十六則，第十二卷含利涉大川、光武棄馮衍等十八則，第十三卷含諫說之難、韓馥劉璋、蕭房知人等十八則，第十四卷含張文潛論詩、漢祖三詐、有心避禍等十七則，第十五卷含張文潛哦蘇杜詩、任安田仁、杜延年杜欽等十九則，第十六卷含文章小伎、三長月、兄弟直西垣等十九則。

《四庫全書總目》曰："其書先成《隨筆》十六卷，刻於婺州。淳熙間傳入禁中，孝宗稱其有議論。邁因重編爲《續筆》、《三筆》、《四筆》、《五筆》。《續筆》有隆興三年自序。《三筆》有慶元二年自序。《四筆》有慶元三年自序。亦各十六卷。而《五筆》止十卷，蓋未成而邁遂没矣。其中自經史諸子百家以及醫卜星算之屬，凡意有所得，即隨手札記。辯證考據，頗爲精確。……惟自序稱作一筆首尾十八年，二筆十三年，三筆五年，四筆不費一歲。蓋其晚年撰夷堅志，於此書不甚關意，草創促速，未免少有牴牾。……前有嘉定壬申何異序，明李瀚、馬元調先後刊行之。考《永樂大典》所載應俊合輯《琴堂諭俗編》中，有引《容齋隨筆》所論服制一條，而今本無之。豈尚有所脱佚歟？明人傳刻古書，無不竄亂脱漏者，此亦一證矣。"

著録：《四庫全書總目》、《中國古籍善本書目》、《美國哈佛大學哈佛燕京圖書館中文善本書志》。

鈐印："吴貫勉"、"秋屏"。

388　少室山房筆叢

E624

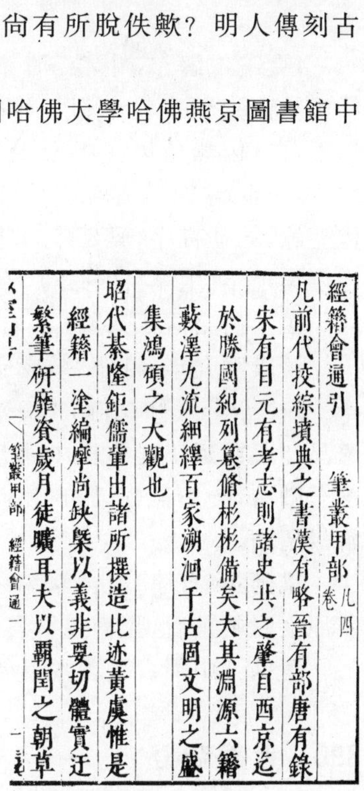
經籍會通引　筆叢甲部卷凡四
凡前代捃綜墳典之書漢有略晉有部唐有録
宋有目元有考志則諸史共之肇自西京迄
於勝國紀列蕞脩彬彬備矣夫其淵源六籍
藪澤九流細繹百家溯洄千古固文明之盛
集鴻碩之大觀也
昭代綦隆鉅儒輩出諸所撰造比迹黄虞惟是
經籍一塗編摩尚缺槩以義非要切體實迂
繁筆研靡資歲月徒曠耳夫以羈閭之朝草
筆叢甲部　經籍會通一

388

《少室山房筆叢》四十八卷，明胡應麟撰，江湛然輯，趙鳳城校，明萬曆十七年刻本。十七册。半葉九行十八字。四周單邊，白口，單魚尾。版心上鐫書名，中鐫部類名。框高 20 釐米，寬 13.1 釐米。前有陳文燭序，萬曆十七年胡應麟"經籍會通引"。

胡應麟(1551—1602)，字元瑞，號少室山人，别號石羊生，蘭谿縣城北隅人。明萬曆四年鄉試中舉。時王世貞執詞壇牛耳，對其推崇備至，列爲暮年所交五子之一。著有《少室山房筆叢正集》、《少室山房類稿》等。事見《明史・文苑傳》附載世貞傳中。

《四庫全書總目》曰：此書"正集三十二卷，續集十六卷。……此其生平考据雜説也。分正續二集，爲書十六種。曰《經籍會通》四卷，皆論古來藏書存亡聚散之迹。曰《史書佔畢》六卷，皆論史事。曰《九流緒論》三卷，皆論子部諸家得失。曰《四部正譌》三卷，皆考證古來僞書。曰《三墳補遺》二卷，專論《竹書紀年》、《逸周書》、《穆天子傳》三種，以補三墳之闕。曰《二酉綴遺》三卷，皆採摭小説家言。曰《華陽博議》二卷，皆雜述古來博聞强記之事。曰《莊嶽委譚》二卷，皆正俗説之附會。曰《玉壺遐覽》四卷，皆論道書。曰《雙樹幻鈔》三卷，皆論内典。曰《丹鉛新録》八卷，曰《藝林學山》八卷，則專駁楊慎而作。其中徵引典籍，極爲宏富，頗以辨駁自矜。而舛謁處多不能免。……自萬歷以後，心學横流，儒風大壞，不復以稽古爲事。應麟獨研索舊文，參校疑義，以成是編。雖利鈍互陳，而可資考證者亦不少。朱彝尊稱其不失讀書種子，誠公論也。楊愼、陳耀文、焦竑諸家之後，録此一書，猶所謂差強人意者矣。”

著録：《四庫全書總目》、《千頃堂書目》、《中國古籍善本書目》。

389　聖諭像解

B5234.C53Z53/G2240

《聖諭像解》二十卷，清梁延年撰，清康熙二十年梁氏承宣堂刻本。十册。半葉十行二十一字。四周單邊，白口，無魚尾。版心上鐫書名及卷次，下鐫“承宣堂”。框高 24.4 釐米，寬 15.5 釐米。前有康熙十六條聖諭，龔佳育序，梁延年自序，凡例等。

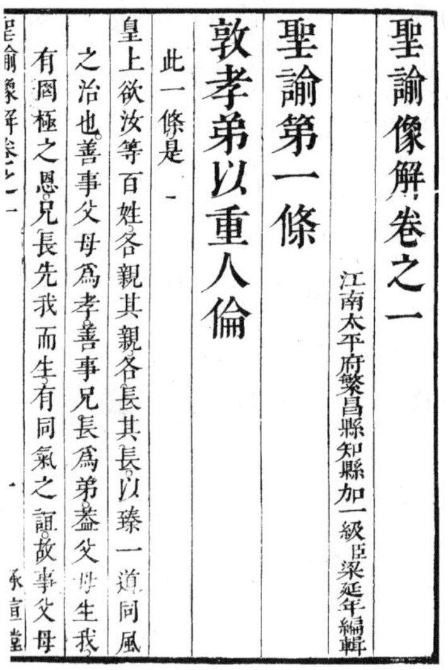
聖諭像解卷之一
江南太平府繁昌縣知縣加一級臣梁延年編輯
聖諭第一條
敦孝弟以重人倫
此一條是
皇上欲汝等百姓各親其親各長其長以臻一道同風
之治也善事父母爲孝善事兄長爲弟蓋父母生我
有罔極之恩兄長先我而生有同氣之誼故事父母
聖諭像解卷之一　承宣堂

389

梁延年(生卒年不詳)，奉天正藍旗人。舉人，康熙十二年任繁昌縣知縣，二十七年任廣西府知府。

清康熙九年，特頒“敦孝弟、篤宗族、和鄉黨、重農桑……”等十六條聖諭，“以爲化民成俗之本”。安徽繁昌知縣梁延年從史冊中選出符合聖諭之古人事蹟，配合圖繪，於康熙二十年出版《聖諭像解》，以“圖像”解說聖諭。

梁延年《自序》曰：“摹繪古人事跡於上諭之下，並將原文附載其后，嘉言懿行各以類從，且粗爲解説，使易通曉。”

著録：《中國古籍善本目録》。

390　世説新語

J1578

《世説新語》三卷，宋劉義慶撰，梁劉孝標註，明淩濛初訂，明淩濛初刻本。三册。半葉九行二十字，小字雙行同，眉欄刻評。左右雙邊，白口，單魚尾。版心上鐫書名，中鐫卷次。框高 23.4 釐米，寬 12.5 釐米。《世説新語》目録見於《世説新語補》目録之後。

劉義慶(403—444)，彭城人。南朝宋文學家。劉宋宗室，襲封臨川王。著有《徐州先賢傳》，編有《幽明録》、《宣驗記》等，但皆已散佚，現僅存《世説新語》一書。

劉孝標(463—522)，名峻，字孝標，平原人。南朝齊梁間學者、文學家。以註釋劉義慶等《世説新語》而著聞於世。事具《梁書》。

是書卷上之上爲德行、言語，卷上之下爲政事、文學，卷中之上爲方正、雅量、識鑑，卷中之下爲賞譽、品藻、規箴、捷悟、夙惠、豪爽，卷下之上爲容止、自新、企羡、傷逝、棲逸、賢媛、術解、巧藝、寵禮、任誕、簡傲，卷下之下爲排調、輕詆、假譎、黜免、儉嗇、汰侈、忿狷、讒險、尤悔、紕漏、惑溺、仇隙。

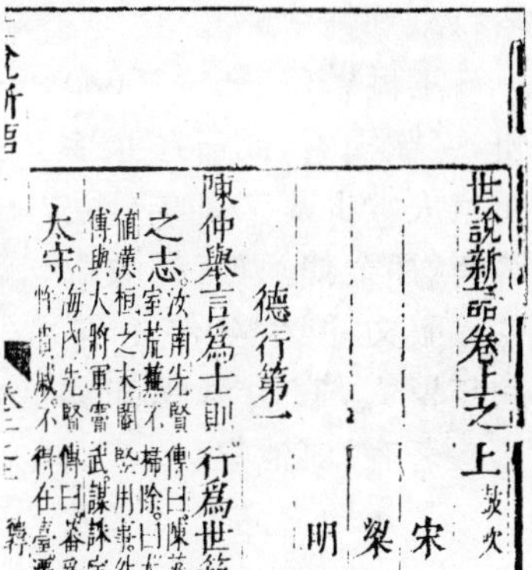
世說新語卷上之上
宋 劉義慶 撰
梁 劉 峻 注
明 凌濛初 訂
德行第一
陳仲舉言爲士則，行爲世範，登車攬轡，有澄清天下之志。
至便問徐孺子所在

390

《四庫全書總目》曰："黄伯思《東觀餘論》謂，世説之名肇於劉向，其書已亡。故義慶所集名《世説新書》。段成式《酉陽雜俎》引王敦澡豆事，尚作《世説新書》可證。不知何人改爲新語，蓋近世所傳。然相沿已久，不能復正矣。所記分三十八門，上起後漢，下迄東晉。皆軼事瑣語，足爲談助。唐《藝文志》稱劉義慶《世説》八卷，劉孝標續十卷。《崇文總目》惟載十卷。晁公武謂當是孝標續義慶元本八卷，通成十卷，又謂家有詳略二本，迥不相同。今其本皆不傳。惟陳振孫《書錄解題》作三卷，與今本合。其每卷析爲上下，則世傳陸游所刊本已然，蓋卽舊本。至振孫載汪藻所云，敘錄二卷，首爲考異，繼列人物、世譜、姓字、異同，末記所引書目者，則佚之久矣。自明以來，世俗所行凡二本：一爲王世貞所刊，註文多所刪節，殊乖其舊；一爲袁褧所刊，蓋卽從陸本翻雕者。雖板已刓敝，然猶屬完書。義慶所述劉知幾《史通》，深以爲譏。然義慶本小説家言，而知幾繩之以史法，擬不於倫，未爲通論。孝標所注特爲典贍，高似孫緯略亟推之。其糾正義慶之紕繆，尤爲精核。所引諸書，今已佚其十之九，惟賴是注以傳。故與裴松之《三國志注》、酈道元《水經注》、李善《文選注》，同爲考證家所引據焉。"

著錄：《四庫全書總目》、《中國古籍善本書目》。

391　世說新語補

《世説新語補》、《重刻世説新語補》二十卷，劉宋劉義慶撰，梁劉孝標註，明何良俊撰，王世貞刪定，王世懋評，張文柱註，清乾隆二十七年黄汝林補訂，茂清書屋刻本。八冊。半葉九行十八字，小字雙行同。左右雙邊，白口，單魚尾。版心上鎸書名"世説補"，中鎸卷次，下鎸"茂清書屋"。框高 17.5 釐米，寬 12.9 釐米。前有劉應登、陳文燭"《世説新語》舊序"，黄汝琳"重訂《世説新語補》序"等。

何良俊，見 379《李卓吾批點世説新語補》。

王世貞(1526—1590)，字元美，號鳳洲，又號弇州山人，江蘇太倉人。嘉靖二十六年進士，授刑部主事，屢遷員外郎、郎中，又爲青州兵備副使。著有《弇山堂別集》、《嘉靖以來首輔傳》等。

王世懋(1536—1588),王世貞弟,字敬美,别號麟州,又號損齋,或曰牆東生。嘉靖三十八年進士,官至南京太常少卿。事具《明史·文苑傳》其兄世貞傳中。著有《卻金傳》、《三郡圖說》、《閩部疏》等。

張文柱(生卒年不詳),字仲立,崑山人。萬曆十六年舉人,官臨清縣知縣。活動於萬曆三十一年前後。著有《溟池集》。

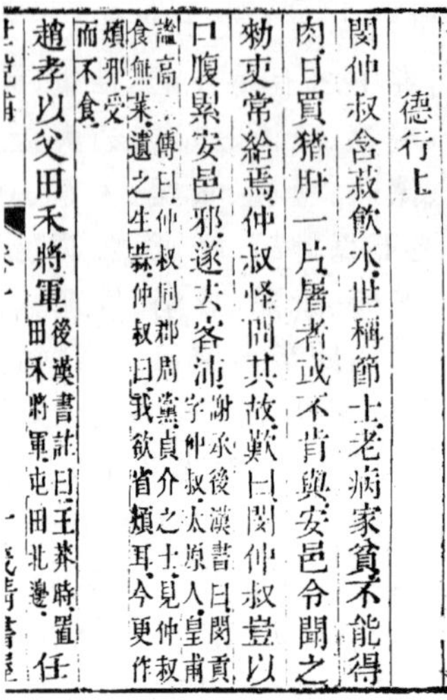
世說新語補卷第一

德行上

閔仲叔含菽飲水世稱節士老病家貧不能得肉日買猪肝一片屠者或不肯與安邑令聞之勑吏常給焉仲叔怪問其故歎曰閔仲叔豈以口腹累安邑邪遂去客沛謝承後漢書曰閔貢字仲叔太原人皇甫謐高士傳曰仲叔同郡周黨貞介之士見仲叔食無菜遺之生蒜仲叔曰我欲省煩耳今更作煩邪受而不食

趙孝以父田禾將軍後漢書註曰王莽時置任田禾將軍屯田北邊

391

是書第一卷、第二卷爲德行上下、言語上,第三卷、第四卷爲言語中下、政事,第五卷、第六卷爲文學、方正上,第七卷爲方正下、雅量上,第八卷爲雅量下、識鑑,第九卷、第十卷爲賞譽上下、品藻上,第十一卷爲品藻下、規箴上,第十二卷爲規箴下、捷悟、夙惠,第十三卷爲豪爽、容止、自新、企羨,第十四卷爲傷逝、棲逸,第十五卷爲賢媛、術解,第十六卷爲巧藝、崇禮、任誕上,第十七卷爲任誕下、簡傲、排調上,第十八卷爲排調下、輕詆上,第十九卷爲輕詆下、假譎、黜免、儉嗇、汰侈、忿捐、讒險,第二十卷爲尤悔、紕漏、惑溺、仇隙。

《四庫全書總目》曰:“舊本題明何良俊撰補,王世貞刪定。良俊有《四友齋叢說》,世貞有《弇山堂别集》,皆已著錄。前有康熙丙辰富陽章紱序,稱雲閒何元朗仿《世說新語》爲《語林》,甚爲當時所稱。但其詞錯出,王弇州、麟洲又取而刪定之,改名《世說新語補》。幾百年來,梨棗不啻數十易。惟吳興凌初成原刻,悉遵古本,分爲六卷。附以王世貞所訂,名曰《鼓吹》云云。良俊《語林》三十卷,於漢、晉之事全採《世說新語》,而摭他書以附益之。本非補《世說新語》,亦無《世說補》之名。凌濛初刊劉義慶書,始取《語林》所載,削去與義慶書重見者,别立此名,託之世貞。蓋明季作僞之習,紱從而信之,殊爲不考。然紱序字句鄙倍,詞意不相貫屬,疑亦出書賈依托。觀其所刊目錄,列補編於前,列原書於後。而三十六門之名,一頁中重見疊出,不差一字,豈識黑白者所爲哉?”

著錄:《四庫全書總目》、《中國古籍善本書目》。

392 說類

E588

《說類》六十二卷,明葉向高編,林茂槐增刪,明刻本。二十冊。半葉十行二十一字。左右雙邊,白口,單魚尾。版心上鐫書名,中鐫卷次。框高 22.5 釐米,寬 14.5 釐米。前有扉頁,題:“蘇文忠公全集。陳明卿太史訂正,文盛堂藏板。”前有葉向高序,目錄。

葉向高(1559—1627),字進卿,號臺山,福清人。萬曆癸未進士,官至東閣大學士。謚文忠。事具《明史》本傳。

林茂槐(生卒年不詳),字穉虛,福清人。萬曆乙未進士,官至吏部郎中。著有《諸書字考》。

是書卷一爲天文,卷二爲歲時,卷三爲地理,卷四爲帝王,卷五爲后妃,卷六爲儲戚,卷七爲宰相,卷八爲官職,卷九爲臣道,卷十爲政術,卷十一爲刑法,卷十二爲禮儀,卷十三爲歌樂,卷十四爲凶喪。卷十五至卷二十一爲文事,卷二十二爲武部,卷二十三爲邊塞,卷二十四爲外國,卷二十五爲科名,卷二十六爲世胄,卷二十七爲人倫,卷二十八爲人物,卷二十九爲婦人,卷三十爲身體,卷三十一至卷四十人事,卷四十一爲釋教,卷四十二爲道教,卷四十三至卷四十五爲靈異,卷四十六爲方術,卷四十七爲巧藝,卷四十八爲居處,卷四十九爲貨寶,卷五十爲璽印,卷五十一爲服飾,卷五十二爲飲食,卷五十三爲器用,卷五十四爲雜物,卷五十五爲災祥,卷五十六爲果部,卷五十七爲草部,卷五十八爲木部,卷五十九爲鳥部,卷六十爲獸部,卷六十一爲鱗介部,卷六十二爲蟲豸部。

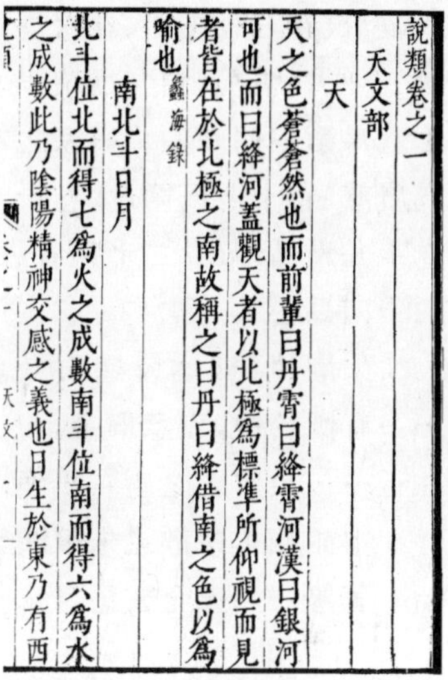
說類卷之一
天文部
天
天之色蒼蒼然也而前輩曰丹霄曰絳霄河漢曰銀河
可也而曰絳河蓋觀天者以北極爲標準所仰視而見
者皆在於北極之南故稱之曰丹曰絳借南之色以爲
喻也蠡海錄
南北斗日月
北斗位北而得七爲火之成數南斗位南而得六爲水
之成數此乃陰陽精神交感之義也日生於東乃有西

392

《四庫全書總目》曰:"是書摘唐宋說部之文,分類編次。每類之下,各分子目。每條下悉註原書。然皆習見之典,别無新異。其上細書評語,體例尤爲近俗。"

著錄:《四庫全書總目》、《千頃堂書目》、《中國古籍善本書目》。

393 四本堂座右編

《四本堂座右編》二十四卷,清韓山子、朱潮遠編,康熙三年四本堂刻本。八册。半葉八行十八字。四周雙邊,白口,單魚尾。版心上鐫書名,中鐫卷次。框高 20 釐米,寬 14.3 釐米。前有扉頁,題:"四本堂座右編二集。韓山子手輯。三集嗣出。"卷首有康熙三年朱潮遠敘,凡例,四本堂主人序,千秋大雅方,廣仁方,目次。卷末有四本堂牌記。

朱潮遠(生卒年不詳),字卓月,揚州人。

是書雜採前人修身治家之言行、因舊文而稍加刪潤而成。列起家、治家、齊家、保家四門,每門又各分六子目,每目爲一卷。卷一至卷六爲第一門讀書爲起家之本,卷一爲讀書、卷二爲敬畏、卷三爲學識、卷四

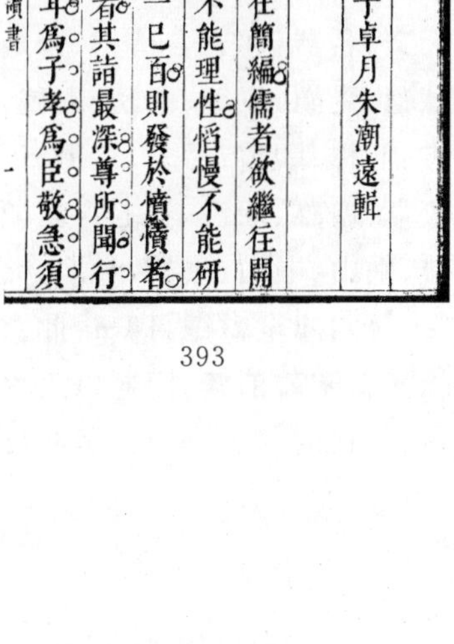
四本堂座右編卷之一
邗水韓山子卓月朱潮遠輯
讀書
聖賢之精神心術具在簡編儒者欲繼往開
來毋論誦讀然險躁不能理性悟慢不能研
精必其日就月將人一已百則發於憤憤者
其見益卓開於寘寘者其詣最深尊所聞行
所知勿徒取辦於口耳爲子孝爲臣敬急須

393

爲政治、卷五爲志節、卷六爲雅量。卷七至卷十二爲第二門勤儉爲治家之本，卷七爲勤儉、卷八爲惜福、卷九爲詒謀、卷十爲種德、卷十一爲勤誡、卷十二爲靜觀。卷十三至卷十八爲第三門和順爲齊家之本，卷十三爲和順、卷十四爲敦倫、卷十五爲口德、卷十六爲廣慈、卷十七爲閑逸、卷十八爲明敏。卷十九至卷二十四爲第四門循理爲保家之本，卷十九爲循理、卷二十爲省愆、卷二十一爲知止、卷二十二爲攝生、卷二十三爲好還、卷二十四爲心穴。

朱潮遠《四本堂座右編敘》論及編書由來："當甲辰之春，患足初起，養屙草閣。……有慨於中，克意群書。凡可澡性浴德、善世淑人，先後一揆，顯晦一致，故易識前言往行……余將置之座右爲鹿門、圯上之師。"

本館藏本中散見朱筆圈點。

著錄：《四庫全書總目》。

394 天祿閣外史

A275

《天祿閣外史》八卷，漢黃憲撰，宋韓洎賛，明刻本。四冊。半葉九行二十字，眉端刻評。左右雙邊，白口，單魚尾。版心上鐫書名，中鐫卷次。框高 19.5 釐米，寬 14 釐米。前有姑蘇王鏊嘉靖二年序，總評，目錄。

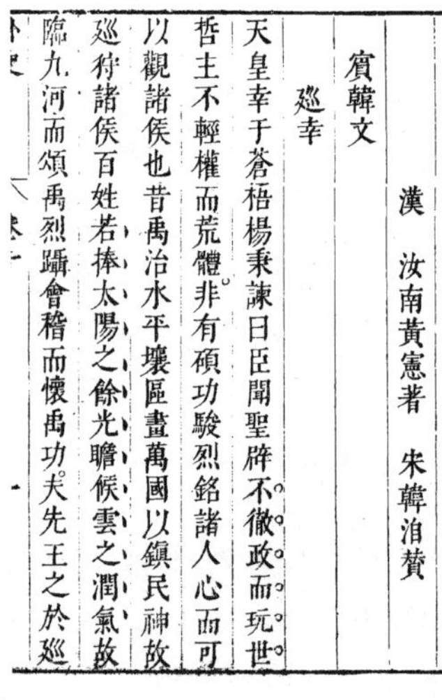
天祿閣外史卷一
漢 汝南黃憲著 宋韓洎賛
賓韓文
巡幸
天皇幸于蒼梧楊秉諫曰臣聞聖辟不徹政而玩世哲主不輕權而荒體非有碩功駿烈銘諸人心而可以觀諸侯也昔禹治水平壤區畫萬國以鎮民神故巡狩諸侯百姓若捧太陽之餘光瞻候雲之潤氣故臨九河而頌禹烈蹕會稽而懷禹功夫先王之於巡

394

王鏊(1450—1524)，字濟之，吳縣人。成化年授編修。弘治時歷侍講學士，充講官。正德初纍進戶部尚書文淵閣大學士。著有《姑蘇志》、《孔子家語》、《守溪筆記》等。

是書卷一含賓韓文二十一篇，卷二含辭受、避邪、時勢、樂論、士論、玉論、重賢、論易、嶧山、君賜、出處、天文、名器，卷三含待士、齊姬、將才、封禪、留賢，卷四含入梁、圖霸、辭爵、継立、桃林、諫獵、受饋、卜諫、取謗、去魏，卷五含遇樵、待樵、誅賞、盟會、琴論、燕居、遷論、黨錮、見幾、上林、觀雪、污史、三軍、去秦，卷六含適晉、逆旅、傷時、謀國、防胡、一一五難、修德、董卓、蟾臺、貽書，卷七含至關、招賢、問疾、尊王、自強、平刑、黜陟、請金、辭爵、火災、避難、岷山、黽山、去蜀，卷八含去就、時勢、田獵、恥辱、色荒、晉使、陽山、歸韓、感時。

《四庫全書總目》曰：此書"舊本題漢黃憲撰。前有晉謝安、唐田宏、陸贄題詞。每篇又有宋韓洎贊，而冠以王鏊之序。詞旨凡鄙，顯出一手。朱國楨《湧幢小品》載徐應雷、黃叔度二誣辨曰：'黃叔度言論風旨無所傳聞。入明嘉靖之季，崑山王舜華名逢年，有高才奇癖，著《天祿閣外史》，託於叔度以自鳴。舜華爲吾友孟肅諸大父，行余猶及見其人。知其著《外史》甚確。自初出有纂入東漢文者，時舜華尚在。而天下謂《外史》出祕閣，實黄徵君著，則後世曷從核眞贋乎？’又李詡《戒菴漫筆》曰：‘《天祿閣外史》乃近年崑山王逢年所詭託者。邇有餘姚人御史某，沾沾以文學自喜，雜此文於左、國、司馬諸篇中刊行，頒於蘇常四郡學官，令諸生誦習之，殆亦一奇事也。’據其所記，則此書出王逢年，明人已早言之。考張孔教《雲谷卧餘》，所言亦合。而流傳之本，仍題黄憲，殆不可解。王鉞《讀書蕞殘》曰，其賓秦文中有黨錮一篇，考《後漢書》本傳，陳蕃爲三公，臨朝嘆曰，叔度若在，吾不敢先佩印綬。是黨禍未起，憲已謝世矣。又賓晉文有董卓篇，益不相見。辨其僞迹甚明。惟謂傳自謝安，或者卽其門下士及子弟所爲。則仍爲僞序所欺，失考甚矣。”

著錄：《四庫全書總目》、《嘉業堂明善本書目》、《美國哈佛大學哈佛燕京圖書館藏中文善本書志》。

鈐印：“金玉君子”。

395　通雅

《通雅》五十二卷，明方以智撰，清姚文燮校訂，清康熙五年立教館刻本。半葉十行二十四字，小字雙行同。四周單邊，白口，單魚尾。版心上鐫書名，中鐫卷次，下鐫標題。框高 21 釐米，寬 12.7 釐米。前有姚文燮序，明方以智序，凡例等。

方以智（1611—1671），字密之、鹿起，號曼公、龍眠愚者，桐城人。明崇禎十三年進士，任翰林院檢討。清初，出家爲僧，改名弘智，字無可，别號大智、藥地、浮山、愚者大師等。精研天文、地理、韻律、歷史，率皆學有所成。於醫學亦有研究，對西洋輸入之醫藥亦有所涉獵。事具《明史》本傳。著有《東西均》、《物理小識》。

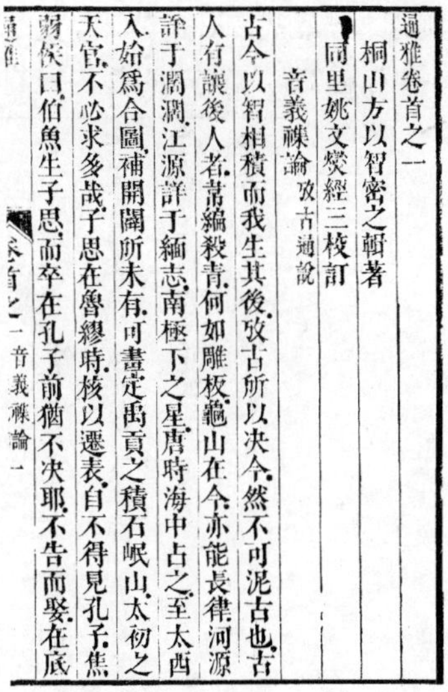
通雅卷首之一
桐山方以智密之輯著
同里姚文燮經三校訂
音義襍論 攷古通說
古今以智相積而我生其後攷古所以決今然不可泥古也古人有讓後人者韋編殺青何如雕板龜山在今亦能長律河源詳于闐闐江源詳于緬志南極下之星唐時海中占之至太西入始爲合圖補開闢所未有可盡定禹貢之積石岷山太初之天官不必求多哉子思在魯繆時核以遷表自不得見孔子焦竑曰伯魚生子思而卒在孔子前猶不決耶不告而娶在底
通雅　卷首之一　音義襍論　一

395

是書共五十卷，凡二十二門，一百六十七子目。以續廣張華撰《博物志》爲意，以蒐羅天下各類怪異之事爲主。第一卷至第三卷爲天道，第四卷爲時序，第五卷至第八卷爲地形，第九卷至第十一卷爲斧扆，第十二卷至第十五卷爲靈異，第十六卷、第十七卷爲職官，第十八卷至二十卷爲人倫，第二十一卷爲高逸，第二十二卷爲方伎，第二十三卷、第二十四卷爲閨壼，第二十五卷爲體形，第二十六卷至第三十卷爲藝苑，第三十一卷、第三十二卷爲武功，第三十三卷至第三十五卷爲武功，第三十六卷爲居處，第三十七卷爲珍寶，第三十八卷爲服飾，第三十九卷、第四十卷爲器用，第四十一卷爲食飲，第四十二卷、第四十三卷爲草木，第四十四卷至第四十八卷爲鳥獸，第四十九卷、第五十卷爲蟲魚。

《凡例》曰："此書本非類書，何類也，強記甚難，隨手筆之以俟後證，久漸以襍，襍不如類矣，亦子謙愚公，俟子孫之意也。《爾雅》爲十三經之小學，故用其分例，釋詁，則合其言訓而附以謰語、重言。一字之詁，則別編字書，此可不必矣。其餘釋地、釋天、釋器之類，則有專有合；服、食、樂、附、器，皆器也，古人不似後人之求詳整也，然後人之詳整便，故分之。草木、鳥獸之後，畜各爲條，此則附焉。其意猶之《爾雅》之箋翼也，常所稱用，不煩疑辯者，無所事載矣。"

著錄：《中國古籍善本目錄》、《四庫全書總目》。

396 推背圖

E2042

《推背圖》一卷，傳袁天罡、李淳風撰，清道光年間钞本。一冊。行數、字數各異。無邊框，葉高 24.3 釐米，寬 15 釐米。有彩色水墨圖，前有"唐司天曆袁天罡、李淳風進《推背圖》表，袁李家藏。"後有山東修壕溝挖出碑文，燒餅歌。

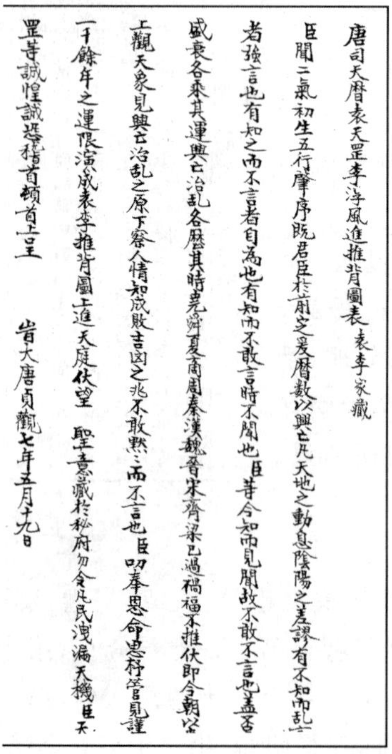
唐司天曆袁天罡李淳風進推背圖表 袁李家藏
臣聞二氣初生五行肇序既君臣於前定爰曆數以興亡凡天地之動息陰陽之差謬有不知而亂言
者強言也有知之而不言者自爲也有知而不敢言時不聞也臣等今知而見聞故不敢不言也蓋否
盛衰各來其運興亡治乱各歷其時堯舜夏商周秦漢魏晉宋齊梁已過禍福不推伏即今朝[illegible]
上觀天象見興亡治乱之原下察人情知成敗吉凶之兆不敢默〻而不言也臣叨奉恩命忠抒管見謹
一千餘年之運限演成袁李推背圖上進天庭伏望 聖意藏於秘府勿令凡民洩漏天機臣天
罡等誠惶誠恐稽首頓首上呈 旹大唐貞觀七年五月十九日

396-1

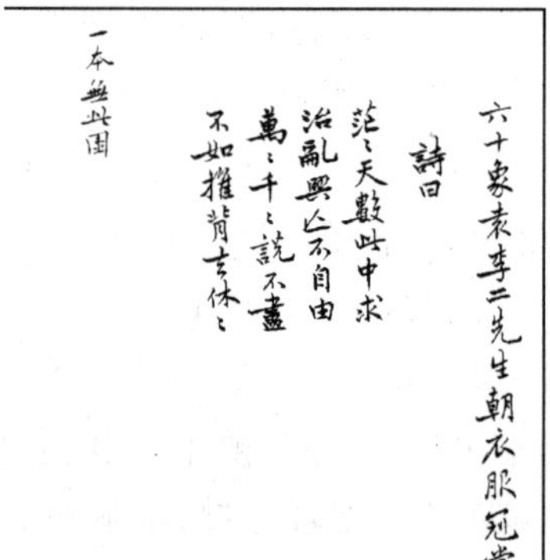

396-2

是書有六十及七十二圖像本，以卦分系之。每幅圖像之下均有讖語，並附有“頌曰”詩四句，預言後世兴旺治亂之事。因其詩句多模棱两可，引致後世各種不同的解釋。

《宋稗類鈔》曰：“唐李淳風作《推背圖》，五季之亂，王侯崛起，人有倖心。故其學益熾，開口張弓之讖，吳越至以偏名其子，而不知兆昭武基命之烈也。宋興受命之符尤爲著明。藝祖卽位，始詔禁讖書，懼其惑民志，以繁刑辟。然圖傳已數百年，民間多有藏本，不可復收拾。有司患之。一日趙韓王以開封具獄奏，因言‘犯者至衆，不可勝誅’。上曰‘不必多禁，正當混之耳。’乃命取舊本，自已驗之外，皆紊其次而雜書之，凡爲百本，使與存者並行。於是博者懵其先後，莫知其孰譌，間有存者，不復驗亦棄弗藏矣。”

本館藏本爲六十四圖像本，墨筆小楷，圖像均爲水墨彩繪。“詩曰”之後有依甲子紀年記述之預言文字，用朱筆。卷末題：“此書鈔本原藏粵東蒙都堂祠樑内，未有傳錄。”

著錄：是書《中國古籍善本書目》等無著錄。

397　文昌雜録

文昌雜録卷第一
南安　龎元英　懋賢
元豐壬戌五月朔上御文德殿視朝仗衛如式旣退三
省已下職事官各釐新務葢一時之榮遇也
初三日詔曰先王以道在天下列而爲事陳而爲法人
各有分然後安官各有守然後治三代以降累世相仍
寖迷本原遂亂名實餘弊斯積其流及今朕閔古弗還
因時改造是正百職建復六聯先後重輕粗獲條次大
小貴賤迭相維持差擇羣材分委成憲佇觀來効共致
丕平敢有弗欽將底厥罪新除省臺寺監官詳定官制
文昌雜録　卷一　一　雅雨堂

397

《文昌雜録》六卷，宋龎元英撰，乾隆二十一年雅雨堂刻本。一冊。半葉十行二十一字。四周單邊，白口，單魚尾。版心上鐫書名，中鐫卷次，下鐫“雅雨堂”。框高 18.2 釐米，寬 14.3 釐米。前有扉頁，題：“文昌雜錄。乾隆丙子鐫，雅雨堂藏板。”卷首有乾隆二十一年盧見曾序和衛傳序，卷末有補遺和龎元英跋。

龎元英（生卒年不詳），字懋賢，單州人。官朝散大夫，元豐壬戌官主客郎中。著有《談藪》、《南齊雜錄》等。

《四庫全書總目》對該書有簡要說明：“元豐壬戌，元英官主客郎中。在省四年。時官制初行，所記一時聞見，朝章典故爲多。通典載尚書省爲文昌天府，故以名書。”

盧見曾《文昌雜錄序》記敘了該書刊刻緣由：“此書刻本無多，爲梓以行世。”

本馆藏本爲《雅雨堂叢書》第四函。

著錄：《中國古籍善本書目》。

398　息齋藏書

B126. C563/K372

《息齋藏書》十二卷，明裴希度輯，趙懷倩參訂，康熙二年刻本。八冊。半葉九行二十字。四周單邊，白口，單魚尾。版心上鐫書名，中鐫卷次。框高 19.8 釐米，寬 13.7 釐米。前有扉頁，題："息齋藏書。本衙藏板。"卷首有康熙二年懷倩子序，康熙二年中菴子自序，凡例，目錄。

裴希度（生卒年不詳），字晉卿，號中菴，陽曲人。崇禎甲戌進士，官監察御史。入清，官至太常寺少卿。

是書卷一爲儒經撮要，卷二爲道統中一經，卷三至卷五爲四子丹元，卷六爲學鏡約，卷七爲心聖直指，卷八至卷十爲嘉言存略，卷十一爲公餘證可，卷十二爲麈譚摘。

《四庫全書總目》評價該書曰："是書……皆講學之言。中閒多與蔚州魏象樞書問辨論。卷首凡例謂，自一卷至十卷皆古先聖賢之前言往行，閒出臆見，以發攄其底蘊。十一卷之證可、十二卷之麈譚摘，則同人之書札往來，與夫座譚有涉名教者。今核是編，其中四子丹元，舉濂溪、明道、象山、陽明而不及朱子。其生平宗主，已可概見。至道統中一經，多以二氏之言互證，亦未免於雜也。"

著錄：《四庫全書總目》、《中國古籍善本書目》。

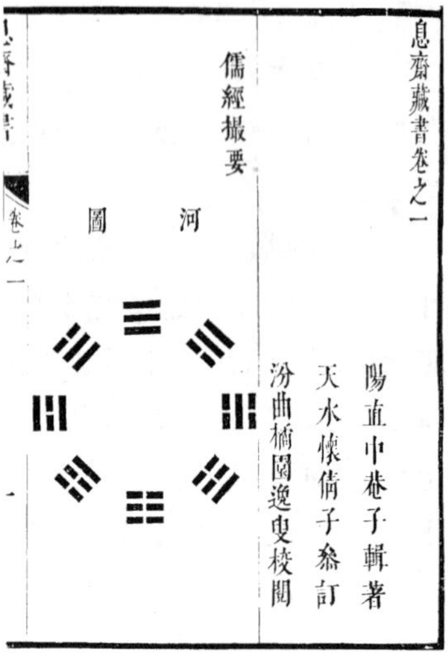
息齋藏書卷之一
陽直中菴子輯著
天水懷倩子叅訂
汾曲楠園逸叟校閱
儒經撮要
河圖

398

399　新鐫翰林三狀元會選二十九子品彙釋評

H991

［新鐫］《翰林三狀元會選二十九子品彙釋評》、《二十九子品彙釋評》十三卷，明焦竑校正，翁正春閱，朱之蕃圈點，明刻本。八冊。半葉十行二十四字，小字雙行同，眉欄刻評。四周單邊，白口，雙魚尾。版心上鐫書名，中

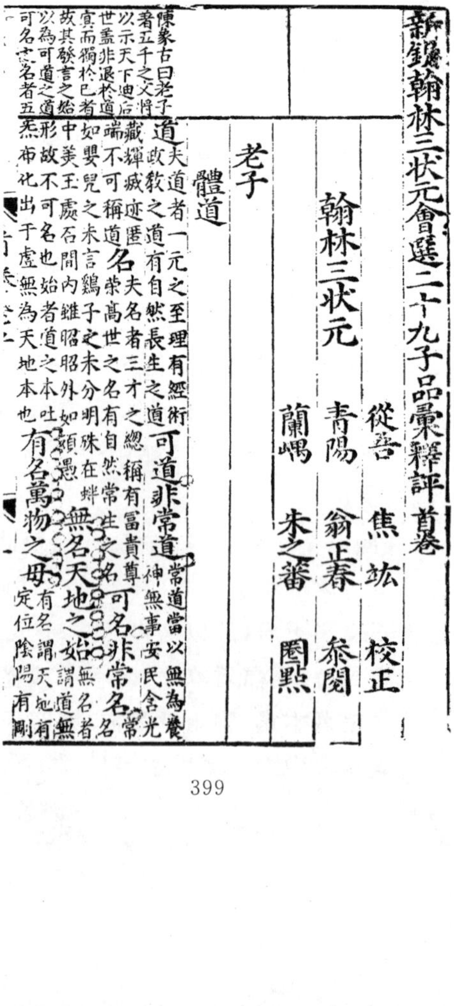
新鐫翰林三狀元會選二十九子品彙釋評首卷
從吾　焦竑　校正
青陽　翁正春　叅閱
翰林三狀元
蘭嵎　朱之蕃　圈點
老子
體道
道可道非常道名可名非常名無名天地之始有名萬物之母

399

鐫卷次、篇名。框高 21.4 釐米，寬 12.3 釐米。

焦竑，見 328《老子元翼》。

《四庫全書總目》曰："題曰翰林三狀元會選，前列焦竑、翁正春、朱之蕃三人名。其書雜録諸子，毫無倫次。評語亦皆託名，謬陋不可言狀。蓋坊賈射利之本，不足以當指摘者也。"

著録：《四庫全書總目》、《中國古籍善本書目》。

400　新鐫諸子拔萃

E683

《新鐫諸子拔萃》八卷，明李雲翔評選，明天啓七年唐建元、張賓宇刻朱墨套印本。十六冊。半葉九行十八字，眉欄上及行間刻評。四周單邊，白口，單魚尾。版心上鐫書名，中鐫卷次、篇名。框高 20.1 釐米，寬 13.5 釐米。前有扉頁，題："諸子拔萃。江上李爲霖評選，合諸名家首評，秣陵唐翼甫、張賓宇梓行。"前有天啓七年于仕廉序，李云翔序，諸名公恭選諸子凡例，諸名公恭選諸子姓氏，恭閲師友姓氏，諸名公恭選諸子拔萃目録。

李雲翔（生卒年不詳），字爲霖，江都人。

是書卷之一、二爲原道類，卷之三爲君道類，卷之四爲圖治類，卷之五爲盛德類、明哲類、先知類、臣紀類、策問類、仕進類、諫諍類、諷喻類，卷之六爲使命類、遇合類、名位類、士品類、修身類、學問類、著述類，卷之七爲音樂類、邊防類、兵機類、形勝類、災異類、隱逸類、卜筮類、适國類，卷之八爲引喻類。

《四庫全書總目》曰："是書成於天啟丁卯。取坊本諸子彙函割裂其文，分爲二十六類。其杜撰諸子名目，則一仍其舊。古今荒誕鄙陋之書，至諸子彙函而極。此書又爲之重儓。天下之大，亦何事靡有也。"

本館藏本首卷前一冊爲朱筆界欄，爲竹簡式樣。全書行間廣見朱筆圈點。

著録：《四庫全書總目》、《中國古籍善本書目》。

401　新刻辟塵珠

K2213

《辟塵珠》、《新刻辟塵珠》一卷，明胡文煥輯，明萬曆二十一年胡氏文會堂刻本。一冊。半葉十行二十字，小字雙行同。左右雙邊，白口，雙魚尾。版心鐫書名。框高19.3釐米，寬 13.3 釐米。前有萬曆二十一年胡文煥自序、莊汝敬序等，後有胡光盛跋。

胡文煥（生卒年不詳），字德甫，一作德父，號全菴，一號抱琴居士，錢塘人。約明神宗萬曆中前後在世。著有《奇貨記》、《犀佩記》、《三晉記》、《余慶記》、《歷世統譜圖》、《古器具名》、《文會堂琴譜》、《詩學彙選》等。

胡文煥《自序》曰："余性素樂恬淡、厭塵擾，閲考槃路槃錄、棲逸傳、玉壺、冰玉屑等

郭東郭曰人之所言與思皆道然道至精至粹無臭無声却以言與思求之者

新鐫諸子拔萃卷之一

明　邦江　李雲翔　爲霖甫　評選

秣陵　社友　唐提元　垣之甫　叅閱

唐建元　翼甫甫　較梓

原道類

〇一宇篇　關尹子

關尹子曰非有道不可言不可言卽道非有道不可思不可思卽道天物怒流人事錯錯然若若乎回也戛戛乎鬭也勿勿乎猶切切也似而非也

諸子拔萃　卷一　一宇篇　關尹子　一

書，有契于中，乃以其尤萃者，拔而輯之。名之曰《辟塵珠》。”

著錄：《中國古籍善本書目》。

鈐印：“讀書多樂趣”。

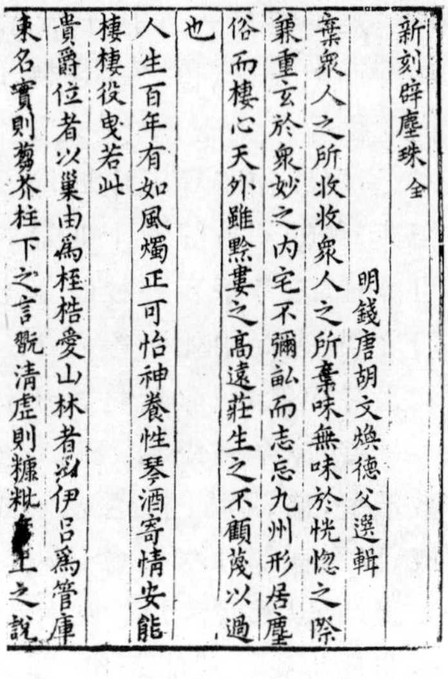
新刻辟塵珠 全
明錢唐胡文煥德父選輯
棄衆人之所收收衆人之所棄味無味於恍惚之際
兼重玄於衆妙之内宅不彌訟而志忘九州形居塵
俗而棲心天外雖黔婁之高遠莊生之不顧蔑以過
也
人生百年有如風燭正可怡神養性琴酒寄情安能
棲棲役曳若此
貴爵位者以巢由爲桎梏愛山林者以伊吕爲管庫
東名實則芻芥柱下之言翫清虚則糠粃[illegible]上之説

401

402　雪菴清史

B327

《雪菴清史》五卷，明樂純撰，明萬曆四十二年李少泉刻本。四册。半葉八行十八字。四周單邊，白口，無魚尾。版心上鐫書名，中鐫卷次。框高 21 釐米，寬 13.5 釐米。前有扉頁，題：“刻陳眉公評點雪菴清史、清景、清供、清課、清醒、清福。金陵書林李少泉梓。”前有劉祖顔序，萬曆四十二年余應虬序，樂純自序及目録，後有劉起漢跋。

樂純（生卒年不詳），字白未，一作字白禾，《四庫全書總目》作“字思白”，號雪庵，晚號天胡子。福建沙縣廩生。善書、畫、詩、詞，博通經史諸子，兼精音律。著有《紅雨樓集》。

是書各卷分别爲：清景一卷，清供二卷，清課三卷，清醒四卷，清福五卷。

《四庫全書總目》謂：“是書皆小品，雜言。分清景、清供、清課、清醒、清福爲五門，每門又各立子目。大抵明季山人潦倒恣肆之言。拾屠隆、陳繼儒之餘慧，自以爲雅人深致者也。”

著錄：《四庫全書總目》、《千頃堂書目》、《美國哈佛大學哈佛燕京圖書館中文善本書志》。

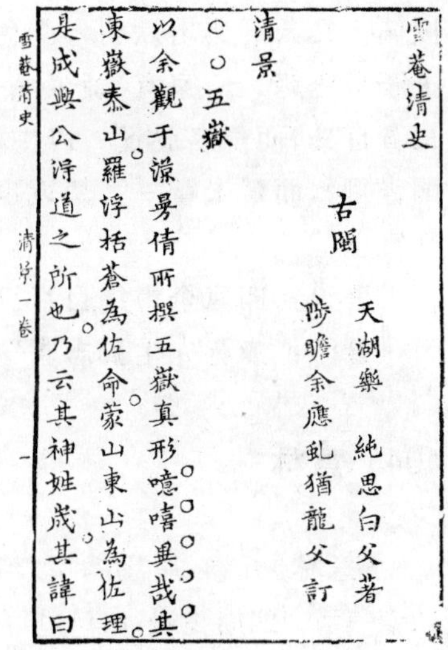
雪菴清史
天湖樂純思白父著
古閩
陟瞻余應虬猶龍父訂
清景
○五嶽
以余觀于滇男倩所撰五嶽真形。噫。嘻。異哉。其
東嶽泰山羅浮括蒼爲佐命。蒙山東山爲佐理。
是成與公浮道之所也。乃云其神姓戕。其諱曰
雪菴清史　清景一卷　一

402

403　疑耀

E702

《疑耀》七卷，明張萱撰，明萬曆三十六年刻本。六册。半葉八行十六字。四周單邊，白口，單魚尾。版心上鐫書名，中鐫卷次。框高 19 釐米，寬 12.9 釐米。前有萬曆三十六年王穉題辭，分卷目録。

張萱（1558—1641），字孟奇，號九嶽、西園，廣東博羅人。明萬曆十年舉人，歷任内閣中書、戶部郎中、平越知府。曾參與編修國史，入侍經筵。參與編纂《文淵閣書目》。著有《彙雅》、《蘇子瞻春夢記》、《西園全集》等。

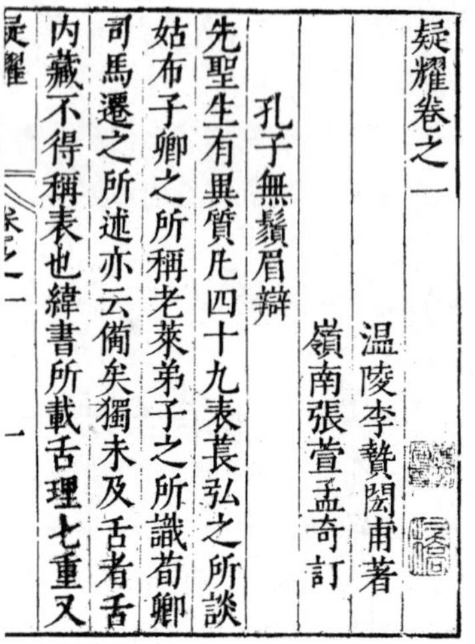
疑耀卷之一
温陵李贄閎甫著
嶺南張萱孟奇訂
孔子無鬚眉辯
先聖生有異質凡四十九表長弘之所談
姑布子卿之所稱老萊弟子之所識荀卿
司馬遷之所述亦云備矣獨未及舌者舌
內藏不得稱表也緯書所載舌理七重又
疑耀　卷之一　一

403

是書卷之一含孔子無鬚眉辯、舜有兄妹、生子無功等三十三篇，卷之二含柳子厚非國語、施全、賈誼蘇洵薄德等六十七篇，卷之三含八分隸楷辯、丘明非姓左、蚩尾誤作鴟等五十四篇，卷之四含圖書生剋、雲列祀典、拜帖不古等五十四篇，卷之五含蒼梧寄生酒、螬可療日、朱考亭妄評杜詩等七十五篇，卷之六含茶、樂府之誤、書簡用死罪等六十三篇，卷之七含纂修恩賞、看畫時知孤寒、龍無髓等五十九篇。

《四庫全書總目》曰："是編前有張萱序，稱'負笈數千里，修謁其門，迺裒一編見示，屬以訂正。戊申歲，以地官郎分務吳會，登梓以傳'。云云。案贄恃才妄誕，敢以邪說誣民。所作《藏書》至謂毋以孔夫子之是非是非我。其他著作，無一非狂悖之詞。而是編考證故實，循循有法，雖閒倡儒佛歸一之說，其言亦謹而不肆。至云儒不必援佛，佛不必援儒。又云經典出六朝人潤色，非其本眞。且與贄論相反，斷乎不出其手。王士禎《古夫于亭雜錄》云，家有《疑耀》一書，凡七卷，乃李贄所著，而其門人張萱序刻者。余嘗疑爲萱自纂，而駕名於贄。以中數有校祕閣書及修玉牒等語。萱嘗爲中書舍人，纂《文淵閣書目》，而贄未嘗一官禁近也。……舊以惡贄之故，併屏斥之，過也。今改題萱名，從其實也。"

著録：《四庫全書總目》、《中國古籍善本書目》。

鈐印："無竟先生獨志堂"、"東海曹氏珍藏書畫"、"二橋"、"樵窗長壽"。

404　意林

《意林》五卷，唐馬總撰，清乾隆三十九年武英殿活字印聚珍版。十冊。半葉九行二十一字。四周雙邊，白口，單魚尾。版心上鐫書名，中鐫卷次。框高 19.2 釐米，寬 12.2 釐米。前有御製題武英殿聚珍版十韻，御題《意林》三絕句，目錄，戴叔倫、柳伯存原序。

馬總（生卒年不詳），字元會，一稱會元，扶風人。歷任方鎮，終于戶部尚書，贈右僕射。謚懿。陳振孫《書錄解題》稱其仕至大理評事。著有《奏議集》、《通曆》、《唐年小錄》等。

是書卷一含鬻子一卷、太公金匱二卷、太公六韜六卷等二十種，卷二含列子八卷、莊子十卷、王孫子一卷等十五種，卷三含鹽鐵論十卷、說苑二十卷、新序三十卷等九種，卷四含風俗通三十一卷、商君書四卷、阮子四卷等七種，卷五含周生烈子五卷、旬悅申鑒五卷、仲長統昌言十卷等二十種。

《四庫全書總目》曰:“《唐書》總本傳但稱其系出扶風,不言爲何地人,其字《唐書》作會元,而此本則題曰元會,均莫能詳也。傳稱其歷任方鎮,終於戶部尚書,贈右僕射,謚曰懿。陳振孫《書錄解題》稱總仕至大理評事,則考之未審矣。初梁庾仲容取周秦以來諸家雜記凡一百七家,摘其要語爲三十卷,名曰《子鈔》。總以其繁略失中,復增損以成此書。宋高似孫子略稱《仲容子鈔》,每家或取數句,或一二百言。馬總《意林》一遵庾目,多者十餘句,少者一二言,比子鈔更爲取之嚴,錄之精。今觀所采諸子,今多不傳者,惟賴此僅存其槩。其傳於今者,如老、莊、管、列諸家,亦多與今本不同。不特孟子之文如《容齋隨筆》所云也。前有唐戴叔倫、柳伯存二序,與《文獻通考》所載相同。《唐志》著錄作一卷。叔倫序云三軸,伯存序又云六卷。今世所行有二本,一爲范氏天一閣寫本,多所佚脫。是以御題詩有‘太元以下竟佚之’之句。此本爲江蘇巡撫所續進,乃明嘉靖己丑廖自顯所刻。較鮑氏本少戴、柳二序,而首尾特完整。然考子鈔原目,凡一百七家,此本止七十一家。洪氏載總所引書尚有蔣子、譙子、鍾子、張儼、默記、裴氏新書、袁淮正書、袁子正論、蘇子、張顯析言、于子、顧子、諸葛子、陳子要言、符子諸書,此本不載。又《通考》稱今本相鶴經自《意林》鈔出,而《永樂大典》有風俗通、姓氏篇,題曰出馬總《意林》,此本亦並無之。合計卷帙,當已失其半,併非總之原本矣。然殘璋斷璧,益可寶貴也。”

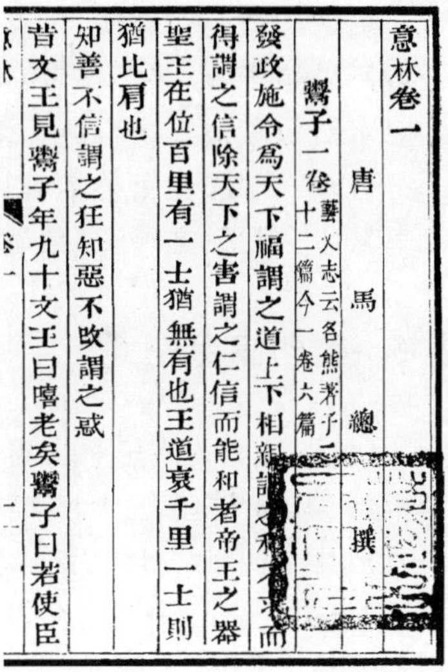
意林卷一　唐　馬　總　撰
鬻子一卷 藝文志云名熊著子二十二篇今一卷六篇
發政施令爲天下福謂之道上下相親謂之和不求而
得謂之信除天下之害謂之仁信而能和者帝王之器
聖王在位百里有一士猶無有也王道衰千里一士則
猶比肩也
知善不信謂之狂知惡不改謂之惑
昔文王見鬻子年九十文王曰嘻老矣鬻子曰若使臣

404

著錄:《四庫全書總目》、《中國古籍善本書目》。

鈐印:“慕玄氏之印”。

405　意林語要

A092

《意林語要》五卷,唐馬總輯,明鈔本。五冊。半葉九行十九字,小字雙行同。無邊框,葉高28釐米,寬15釐米。前有廖自顯嘉靖九年序,目錄,後有西岷跋。

馬總,見404《意林》。

《四庫全書總目》中《意林》條下云:“初,梁庾仲容取周、秦以來諸家雜記凡一百七家,摘其要語爲三十卷,名曰子鈔。總以其繁略失中,復增損以成此書。宋高似孫子略稱仲容子鈔,每家或取數句或一二百

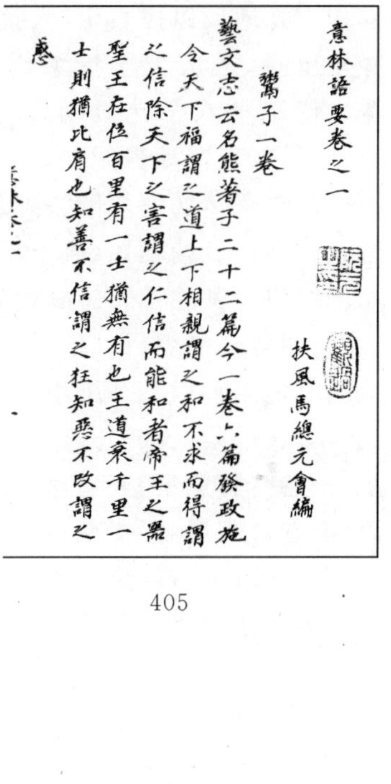
意林語要卷之一
扶風馬總元會編
鬻子一卷
藝文志云名熊著子二十二篇今一卷六篇發政施
令天下福謂之道上下相親謂之和不求而得謂
之信除天下之害謂之仁信而能和者帝王之器
聖王在位百里有一士猶無有也王道衰千里一
士則猶比肩也知善不信謂之狂知惡不改謂之
惑

405

言。馬總《意林》一遵庾目，多者十餘句，少者一二言，比《子鈔》更爲取之嚴，錄之精。今觀所采諸子，今多不傳者，惟賴此僅存其槩。”

本館所藏似爲廖自顯嘉靖九年刻本之鈔本，墨筆楷書，金鑲玉裝。

著錄：《中國古籍善本書目》。

鈐印：“阮元之印”、“觀過”。

406　義門讀書記

PL2261.H62 1769/K667

《義門讀書記》五十八卷，清何焯撰，蔣惟鈞編，清乾隆三十四年刻本。十二冊。半葉十四行二十二字。左右雙邊，黑口，單魚尾。版心中鐫書名及篇名。框高14.7釐米，寬11.5釐米。前有扉頁，題：“何義門先生讀書記”。前有乾隆十六年從子堂序，乾隆三十四年蔣元益序，凡例，乾隆三十四年何忠相跋，目錄。

何焯(1661—1722)，字潤千，改字屺瞻，晚號茶仙，先世曾以義門旌，江蘇長洲人，學者稱“義門先生”。康熙二十四年充拔貢生，後賜舉人，康熙四十一年用直隸巡撫李光地薦以拔貢生，入直内廷尋特賜進士出身，改庶吉士授編修，值南書房。尋命侍讀皇八子允貝勒府，兼武英殿纂修。著有《義門讀書記》。

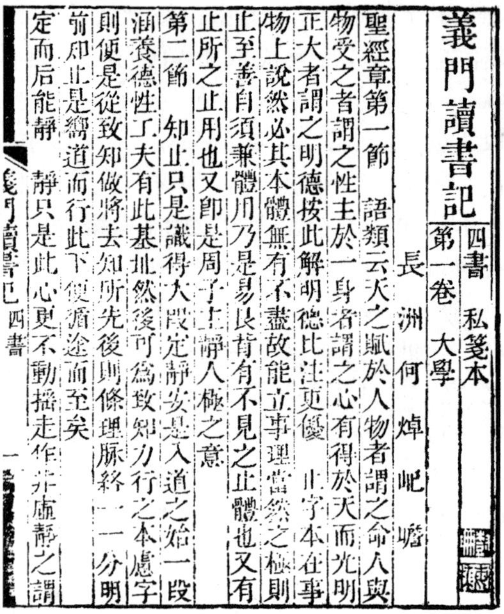
義門讀書記　四書　第一卷　私箋本　大學
長洲何焯屺瞻
聖經章第一節　語類云天之賦於人物者謂之命人與物受之者謂之性主於一身者謂之心有得於天而光明正大者謂之明德按此解明德比注更優　止字本在事物上說然必其本體無有不盡故能立事理當然之極則止至善自須兼體用乃是易艮背有不見之止體也又有止所之止用也又即是周子主靜人極之意
第二節　知止只是識得大段定靜安是入道之始一段涵養德性工夫有此基址然後可爲致知力行之本處字則便是從致知做將去知所先後則條理脈絡一一分明前卽止是嚮道而行此下便循途而至矣
定而后能靜　靜只是此心更不動搖走作非虛靜之謂
義門讀書記　四書　一

406

是書爲清儒何焯闡發經義、評閱史書、闡釋詩文之讀書劄記，其中經義考涉及《大學》、《中庸》、《論語》、《孟子》、《詩經》等。史籍考廣采《春秋》三傳以下至《五代史》等書中的紀傳及其註釋。詩評對詩、賦、騷、文等類別及陶、杜、韓、柳、歐等諸家均有論釋。

《四庫全書總目》曰：“焯文章負盛名，而無所著作傳於世。没後，其從子堂，裒其點校諸書之語爲六卷。維鈞益爲蒐輯，編爲此書。凡四書六卷，《詩》二卷，《左傳》二卷，《公羊》、《穀梁》各一卷，《史記》二卷，《漢書》六卷，《後漢書》五卷，《三國志》二卷，《五代史》一卷，《韓愈集》五卷，《柳宗元集》三卷，《歐陽修集》二卷，《曾鞏集》五卷，《蕭統文選》五卷，《陶潛詩》一卷、《杜甫集》六卷，《李商隱集》二卷。考證皆極精密。其《兩漢書》及《三國志》，乾隆五年禮部侍郎方苞校刊經史，頗採其說云。”

著錄：《四庫全書總目》。

鈐印:"閱微草堂"。

407　懿行編

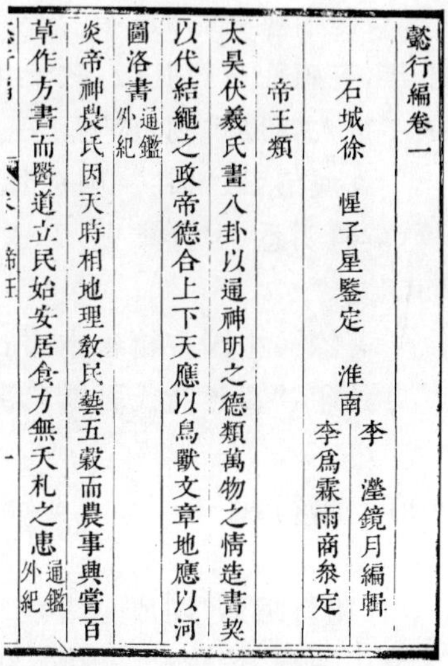
懿行編卷一
石城徐　惺子星鑒定　淮南　李　瀅鏡月編輯
李爲霖雨商叅定
帝王類
太昊伏羲氏畫八卦以通神明之德類萬物之情造書契
以代結繩之政帝德合上下天應以鳥獸文章地應以河
圖洛書通鑑外紀
炎帝神農氏因天時相地理教民藝五穀而農事興嘗百
草作方書而醫道立民始安居食力無夭札之患通鑑外紀

407

《懿行編》八卷,清李瀅編輯,李爲霖參定。清乾隆十二年刻本。四册。半葉九行二十二字,小字雙行同。四周雙邊,白口,單魚尾。版心上鐫書名,下鐫卷次。框高 20.8 釐米,寬 14 釐米。前有康熙六年魏禧序,張九徵序,李瀅自序等。

李瀅(生卒年不詳),字鏡月,號蒿庵,高郵人(《四庫全書總目》作"瀅字鏡石,揚州興化人"存疑)。著有《敦好堂集》,與吳煒共撰《增定廬山志》等。

是書卷一爲帝王、后妃、大臣,卷二爲諫臣、用賢、知幾,卷三爲撫綏、蠲賑、矜恤、方正,卷四爲廉介、將帥、盡忠、篤義,卷五爲理學、教子、事親,卷六爲兄弟、夫婦、師友、賢媛,卷七爲德量、長厚、仁民、愛物,卷八爲敬慎、恬退、遠色、儉約、隱逸。

《四庫全書總目》曰:"其書取諸史中嘉言懿行可爲法程者,分類標題。紀事之後,閒爲論斷。遠自上古,近至明代,凡二十九門。每條皆載所採書名,而於前人論斷亦節取其一二焉。"

著録:《四庫全書總目》、《皇朝通志》。

408　因樹屋書影

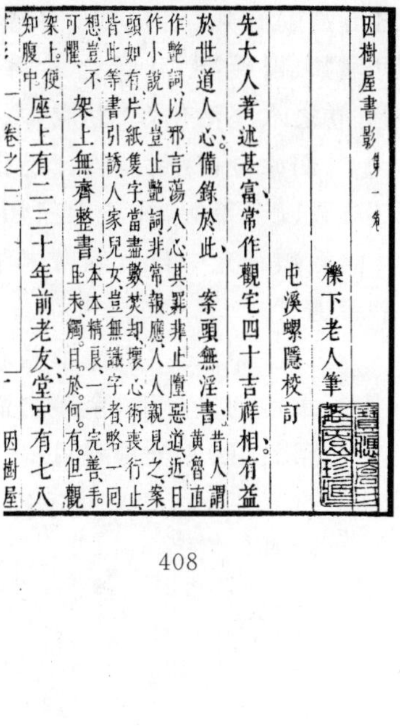
因樹屋書影第一卷
櫟下老人筆
屯溪螺隱校訂
先大人著述甚富常作觀宅四十吉祥相有益
於世道人心備錄於此　案頭無淫書昔人謂黃魯直
作艷詞以邪言蕩人心其罪非止墮惡道近日
作小說人豈止艷詞非常報應人人親見之案
頭如有片紙隻字當盡數焚却壞心術喪行止
皆此等書引誘人家兒女豈無識字者略一同
想豈不可懼　架上無齊整書且未觸且於何有但觀
本本精良一一完善手
架上便知腹中　座上有二三十年前老友堂中有七八

408

《書影》、《因樹屋書影》十卷,清周亮工撰,清惠棟、吳雲(屯溪螺隱)校訂,清雍正三年因樹屋刻本。十册。半葉九行十八字,小字雙行同。四周單邊,白口,單魚尾。版心上鐫書名,中鐫卷次,下鐫"因樹屋"。框高 17.2 釐米,寬 12.8 釐米。前有康熙六年姜承烈序,徐方、張遂辰等序,鄧漢儀、高阜、黃虞稷等跋。

周亮工(1612—1672),字元亮、減齋、緘齋,號陶庵、櫟老、櫟下生,河南祥符人,久居金陵。崇禎庚辰年進士,官御史。明亡,南奔投福王。清兵南下,降清,歷任福建左布政使、戶部右侍郎、江南布政司參政、江南江安督糧道等職。著有《賴古堂藏印》、《賴古堂家印譜》、《印人傳》、《賴古堂文集》、《尺牘新抄》、《賴古堂藏畫》、《全濰紀略》、《閩小紀》、《讀畫録》等。

《因樹屋書影》爲順治十六年作者因事系獄時所作。曾於康熙六年付梓金陵，康熙十年，有感而自毁其版，數十年後，世間已少見流傳，其子周在延四處蒐訪舊本，於雍正二年得人資助重刻，於雍正三年刻成，始得重新流行於世。

鄧漢儀《跋》曰："《因樹屋書影》者，櫟園先生昔在請室時所撰述也。其書記載精覆，辯證明悉，上自經史，下逮聞見，凡可以正人心、翼世教、廣學識、弘風雅者，無不筆而記之。"

著錄：《中國古籍善本書目》。

鈐印："賓應喬氏吾匳珍藏"。

409　庸行編

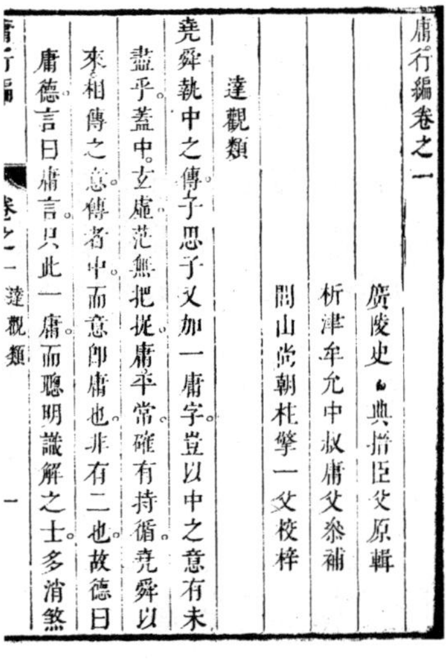
庸行編卷之一
廣陵史▲典搢臣父原輯
析津牟允中叔庸父㕘補
閩山尚朝柱擎一父校梓
達觀類
堯舜執中之傳子思子又加一庸字豈以中之意有未盡乎蓋中玄虛茫無把捉庸平常確有持循堯舜以來相傳之意傳者中而意即庸也非有二也故德曰庸德言曰庸言只此一庸而聰明識解之士多消煞
庸行編　卷之一　達觀類　一

409

《庸行編》，《四庫全書總目》作《庸行篇》，八卷，清牟允中補輯，清康熙三十年刻本。四冊。半葉九行二十一字。四周單邊，白口，單魚尾。版心上鐫書名，下鐫卷次及標題。框高 20.1 釐米，寬 13 釐米。前有葛震、王掞等序，牟允中自序等。

牟允中（生卒年不詳），字叔庸，天津人。

是書卷之一爲達觀類、德量類、檢身類等，卷之二爲操守類、敬畏類、讀書類等，卷之三爲孝行類、忠順類、刑于類等，卷之四爲和睦類、慎交類、正家類等，卷之五爲勤儉類、惜福類、積德類等，卷之六爲體恤類、思議類、醫藥類等，卷之七爲攝生類、婚姻類、喪祭類等，卷之八爲治化類、勸戒類、對越類等。

《四庫全書總目》曰："是書因揚州史典願體集而參補之。皆先正格言，分門編輯，自達觀以至警醒，凡三十三類。每類採輯數十則，大都取其明白顯易，可以訓俗化愚。其立教類有允中自著讀書之法，兼論及於時文，並引八股講論數條。蓋以訓其家塾子弟者也。"

王掞《序》曰："析津牟君叔庸，裒集先哲遠賢之格言，爲書八卷，凡三十三類，名曰《庸行編》，刊之行世，余讀之而嘆叔庸之爲世道人心計者，至深切也。"

著錄：《四庫全書總目》、《皇朝通志》。

410　擇識録

BJ1568. C5F3 1793/G1691

《擇識録》九卷，清方中編，清乾隆五十八年刻本。四册。半葉九行二十字。左右雙邊，白口，單魚尾。版心上鐫書名，下鐫卷次及標題。框高 19.2 釐米，寬 13.9 釐米。前有羅國俊、徐觀海、邵孟遴等序。

方中（生卒年不詳），字今吾，安徽桐城人。曾任職都昌縣署。

是書採録前言往行切於身心吏治者，自周末迄於前明。卷一爲力學，卷二爲辨志，卷三爲存心，卷四爲修身，卷五爲處事，卷六爲待人，卷七爲教家，卷八爲從政，卷九爲勸懲。

方中《序》曰："戊申春，需次京師，旅榻三載，居閑獨處，前言往行切於身心吏治者，反覆詳觀，不能釋手，隨時鈔録，日積月累，卷帙遂繁，爰分門别類，以爲一己楷模，無敢有出而問世之意。"徐觀海《序》曰："桐城今吾先生學有源本，古訓是式。著有《擇識録》九卷，始於自治，終於治人。"

著録：是書《中國古籍善本書目》等無著録。

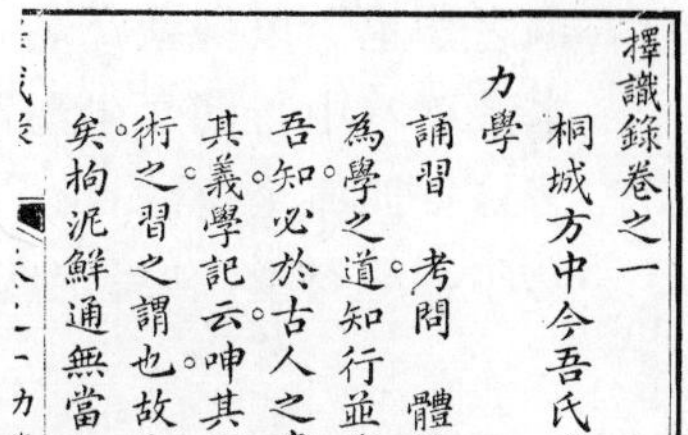
擇識錄卷之一
桐城方中今吾氏編輯
力學
誦習　考問　體驗　傳述
為學之道知行並進為學之序行後知先欲致
吾知必於古人之書取之不能舉其辭安能通
其義學記云呻其佔畢誦之謂也又曰蛾子時
術之習之謂也故力學之功必自誦習始誦習
矣拘泥鮮通無當也於是考之於古問之於今

410

411　擇執録

BJ1548. W314 1673/GR76

《擇執録》十二卷，清王家啓撰，康熙十二年刻本。三册。半葉九行二十三字。四周單邊，白口，單魚尾。版心上鐫書名及卷名，中鐫卷次。框高 21.4 釐米，寬 13.5 釐米。前有康熙十二年王家啓序。

王家啓（生卒年不詳），字誠菴，蔚縣人。順治辛卯舉人，官廣東新會縣知縣。

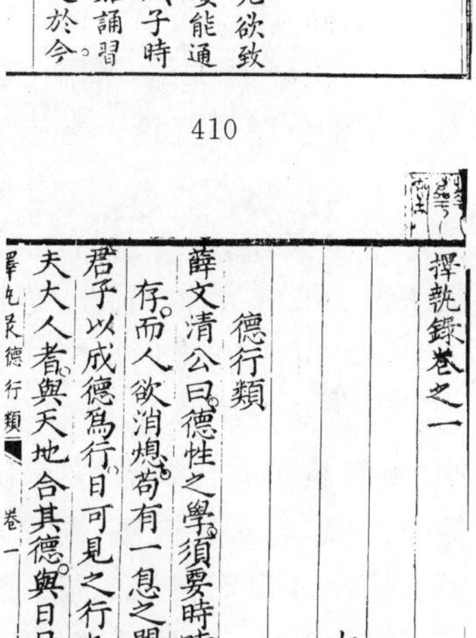
擇執録卷之一
古代誠菴王家啓編次
德行類
薛文清公曰德性之學須要時時刻刻提撕警省則天理常
存而人欲消熄苟有一息之間則人欲長而天理微矣
君子以成德為行日可見之行也
夫大人者與天地合其德與日月合其明與四時合其序與

411

是書卷一爲德行類、學問類、内省類，卷二爲敦倫類、齊家類、教子類，卷三爲勤儉類、義命類、忍辱類，卷四爲口德類、陰騭類、器量類，卷五爲誠信類、志節類、循禮類，卷六爲政治類、清介類、公恕類，卷七爲持類、止足類、謹畏類，卷八爲韜穎類、達觀類、改過類，卷九爲田産類、攝生類、隱逸類，卷十爲好名類、猥薄類、僭侈類，卷十一爲善惡類、禍福類、果報類，卷十二爲雜著類。

《四庫全書總目》曰:“是書雜採嘉言善事,分三十四門。蓋鄉閭勸善之書,趙善璙自警編之類也。以擇執爲名,過其實矣。”

本館藏本中行間見朱墨圈點及批語。

著錄:《四庫全書總目》。

鈐印:“萼萼堂”、“馬定印”。

412　摭言

《摭言》十五卷,五代王定保撰,乾隆二十一年雅雨堂刻本。二冊。半葉十行二十一字。四周單邊,白口,單魚尾。版心上鐫書名,中鐫卷次,下鐫“雅雨堂”。框高18.2釐米,寬14.3釐米。前有扉頁,題:“摭言。乾隆丙子鐫,雅雨堂藏板。”卷首有乾隆二十一年盧見曾序和目錄。卷末有朱彝尊跋,王士正跋。

王定保(870—954),字翊聖,江西南昌人。五代筆記小說家,晚唐著名詩人吳融之婿。唐光化三年登進士第。官至中書侍郎、同平章事。據《四庫全書提要》,其卒年當在後周世宗顯德元年以後。

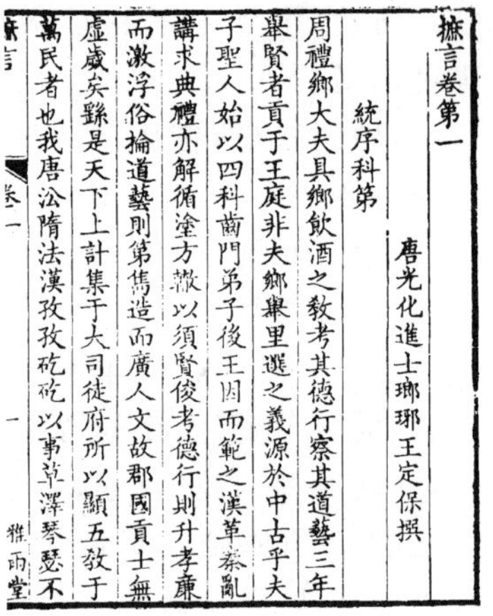
摭言卷第一
唐光化進士瑯琊王定保撰
統序科第
周禮鄉大夫具鄉飲酒之敎考其德行察其道藝三年舉賢者貢于王庭非夫鄉舉里選之義源於中古乎夫子聖人始以四科齒門弟子後王因而範之漢革秦亂講求典禮亦解循塗方澈以須賢俊考德行則升孝廉而激浮俗掄道藝則第雋造而廣人文故郡國貢士無虛歲矣緜是天下上計集于大司徒府所以顯五敎于萬民者也我唐沿隋法漢孜孜矻矻以事草澤琴瑟不
摭言　卷一　一　雅雨堂

412

是書記唐朝進士應舉登科雜事。卷一爲統序科第、貢舉釐革并行鄉飲酒等十六條,卷二爲京兆有解送、元和元年登科記京兆等第牓序等十二條,卷三爲散序、謝恩等九條,卷四爲節操、與恩地舊交等四條,卷五爲切磋、以其人不稱才試而後驚二條,卷六爲公薦(門生薦座主、師友相薦附),卷七爲起自寒苦(不第卽貴附)、好放孤寒等四條,卷八爲通牓、主司撓悶等十八條,卷九爲防慎不至、誤掇惡名等九條,卷十爲載應不捷聲價益振、海敘不遇等三條,卷十一爲反初及第、反初不第等八條,卷十二爲自負、輕佻(戲謔嘲咏附)等四條,卷十三爲敏捷、矛盾等四條,卷十四爲主司稱意、主司失意,卷十五爲雜記、條流進士等七條。

盧見曾《序》記敘了該書刊刻始末:“此書行世絕少。吾鄉漁陽山人謂與《封氏見聞記》皆秘本可貴重者,特刊布以廣其傳。”

本館藏本爲《雅雨堂叢書》第四函。

著錄:《中國古籍善本書目》。

413　智品

《智品》十三卷,明樊玉衡撰,於倫增編,明萬曆四十二年刻本。十八冊。半葉十行二十字。左右雙邊，白口，單魚尾。版心上鐫書名，中鐫卷次。框高 21.2 釐米，寬 14.2 釐米。前有王錫爵題辭，於倫序，日愼居士題《智品》漫記。

樊玉衡(生卒年不詳)，字元之，黃岡人。萬曆乙未進士，官崑山縣知縣。

於倫(生卒年不詳)，字惇之，黃岡人。萬曆辛丑進士，官至右通政。

是書卷一爲神品，卷二、卷三爲妙品，卷四至卷七爲能品，卷八、卷九爲雅品，卷十爲具品，卷十一、卷十二爲譎品，卷十三爲盜品。

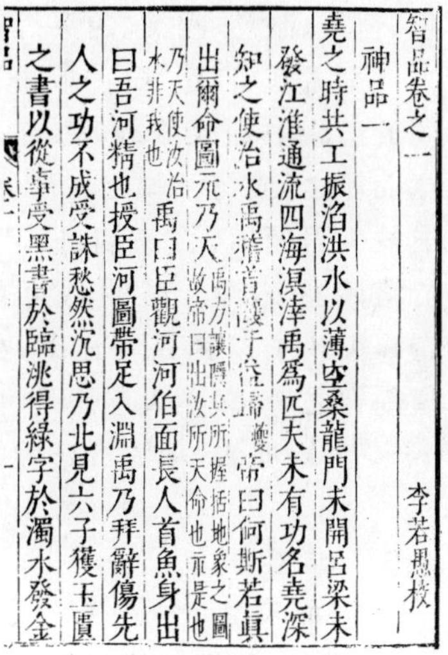
智品卷之一　李若愚校
神品一
堯之時共工振滔洪水以薄空桑龍門未開呂梁未
發江淮通流四海溟涬禹爲匹夫未有功名堯深
知之使治水禹辭首讓于益帝夔帝曰何斯若眞
出爾命圖示乃天禹方讓握其所握括地象之圖啟帝曰出汝所天命也示是也
乃天使汝治水非我也禹曰臣觀河河伯面長人首魚身出
曰吾河精也授臣河圖帶足入淵禹乃拜辭傷先
人之功不成受誅愁然沉思乃北見六子獲玉匱
之書以從事受黑書於臨洮得綠字於濁水發金
智品　卷一　一

413

《四庫全書總目》曰:“是編蒐輯古初至明代用智之事，分爲七門。一曰神品，察兆於未萌者也。二曰妙品，知幾於將至者也。三曰能品，救敗於已然者也。四曰雅品，端士之善應變者也。五曰具品，小才之偶見長者也。六曰譎品，純任術者也。七曰盜品，陰賊害正者也。雜隸古事，而皆不著其所出。如趙簡子欲殺孔子之事，出宋人僞子華子。管仲諸事，出管子輕重諸篇。詞皆依託，而信爲實然。未免失於考證。又輔過絺疵得列神品，與大禹同科。而文王、周公乃僅入妙品。殊爲倒置。至竇良女蠟書滅賊，厥志可尚，而乃列之盜品中。尤乖剌矣。”

著錄:《四庫全書總目》、《中國古籍善本書目》。

類書類

414　百家摘奇

E691

《百家摘奇》四卷，明劉孟雷輯，徐守謙校，明萬曆二十六年刻本。四冊。半葉九行十七字。四周雙邊，白口，單魚尾。版心上鐫書名，中鐫卷次。框高 21.7 釐米，寬14.9 釐米。前有萬曆二十六年劉孟雷敘及楊正芳跋語。

劉孟雷(生卒年不詳)，字靜之，廬陵人。萬曆十一年知池州。從學念庵羅氏，遷蜀後爲諸生講授儒學。

是書卷之一含造化、形勢、君臣、君道、順治、折衝等篇，卷之二含吏治、士道、謹行、高尚、躁進、競力等篇，卷之三含順事、傳言、泥古、達變、論學等篇，卷之四含求師、養氣、習染、制慾、論文、論兵等篇。

劉孟雷《自序》曰："取署中所殘留編如六子諸書，間於道觀中抽取藏經，苟有裨于儒學者，悉採焉。或章而節之，或句而聯之。命諸生手錄，類分條析，久之成帙。因題曰《百家摘奇》。"楊正芳《跋》稱："是編刻於洛陽徐茹沖。茹沖乃篤信聖學者，命名《百家摘奇》，夫諸子以其異者爲奇，兹編則以同者爲奇，若非聖侮智之譚，多不入選。是可以窮文家奇正之變矣。"

著錄：是書《中國古籍善本書目》等無著錄。

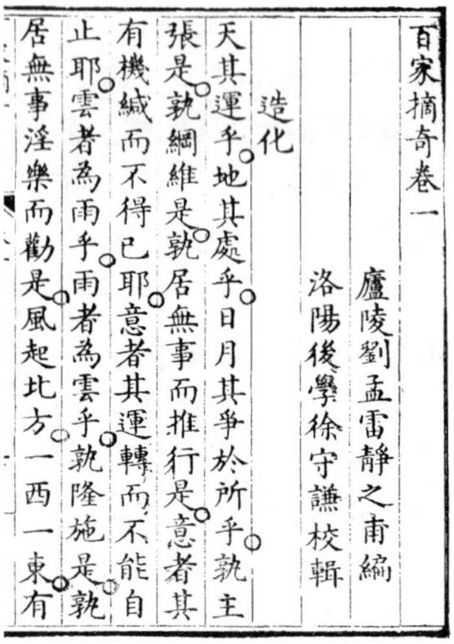
百家摘奇卷一
廬陵劉孟雷静之甫編
洛陽後學徐守謙校輯
造化
天其運乎地其處乎日月其爭於所乎孰主
張是孰綱維是孰居無事而推行是意者其
有機緘而不得已耶意者其運轉而不能自
止耶雲者為雨乎雨者為雲乎孰隆施是孰
居無事淫樂而勸是風起北方一西一東有

414

415 編珠

《編珠》四卷，《續編珠》二卷，隋杜公瞻撰，清高士奇輯，清康熙三十七年刻本。二冊。半葉十行二十字。四周雙邊，小黑口，無魚尾。版心上鐫書名，下鐫卷次及標題。框高 17.2 釐米，寬 11.8 釐米。前有康熙三十二年徐乾學序，康熙三十七年高士奇序，杜公瞻原序等。

杜公瞻(生卒年不詳)，中山人，或曰博陵曲陽人。歷任著作佐郎散騎常侍，終于安陽令。著有《荊楚歲時記》。

高士奇(1645—1704)，字澹人，號瓶廬，又號江村，賜號竹窗，錢塘人。以諸生供奉内廷，爲翰林院侍講學士。官詹府少詹事、禮部侍郎。謚文恪。充《大清一統志》副總裁官。著有《春秋地名考略》、《左傳紀事本末》、《清吟堂全集》、《江村销夏錄》、《天錄識余》、《扈從目錄》等。

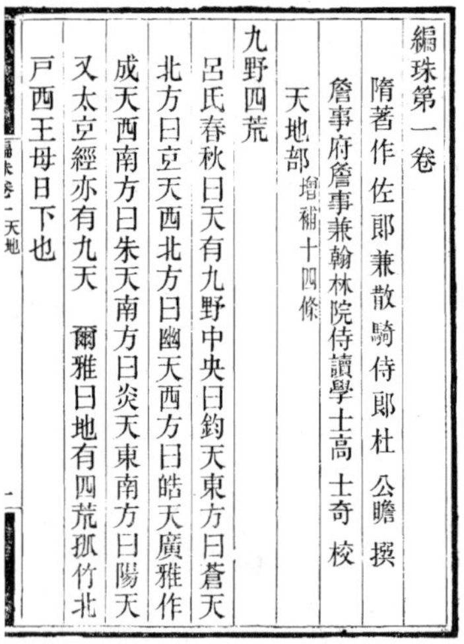
編珠第一卷
隋著作佐郎兼散騎侍郎杜公瞻撰
詹事府詹事兼翰林院侍讀學士高士奇校
天地部 增補十四條
九野四荒
呂氏春秋曰天有九野中央曰鈞天東方曰蒼天
北方曰玄天西北方曰幽天西方曰皓天廣雅作
成天西南方曰朱天南方曰炎天東南方曰陽天
又太玄經亦有九天 爾雅曰地有四荒孤竹北
戸西王母日下也

415

是書第一卷爲天地部、山川部，第二卷爲居處部、儀衛部、音樂部、第三卷爲服玩部、珍寶部、增綵部、酒膳部，第四卷爲黍稷部、菜蔬部、果實部、車馬部、舟楫部。

是書《原序》曰："皇帝在江都，日好爲雜咏及新體詩，偶緣屬思，顧謂侍讀學士曰：'今經籍浩汗，子史恢博，朕每繁閲覽，欲其故實簡者，易爲比風。'爰命微臣編錄，得窺書囿，故目之曰《編珠》。其朱書者，故實墨書者，正義時大業七年正月奉勅撰進，勒成四卷。"徐乾學《序》曰："《編珠》四卷，隋大業七年著作佐郎杜公瞻奉勅撰也。凡十四門，門各有類，惟取其事之切於用者，故卷袠不多，攷隋《經籍》、唐《藝文》二志，並無此書，他書錄亦皆不著，蓋凋零磨滅久矣，詹事江村高公偕余奉命校勘閣中書籍得之，已逸其後二卷，詹事喜而錄之，既南歸，則又加之是正，而博采故實，以補其闕，仍爲四卷，又廣其門類之未備者，外爲二卷，《編珠》乃爛然成書矣。"高士奇《序》曰："曩直大内南書房奉命檢閱内庫書籍，於廢紙堆中得隋著作佐郎杜公瞻《編珠》一冊，原目凡四卷遺其半，遍覓不可得，因手鈔之，藏笥篋間，己巳歸寓平湖，端居多暇，出而校讐，愛其精粹，輒因原目，補爲四卷，又廣其類之未具者，爲二卷。"

《四庫全書簡明目錄》曰："《編珠》二卷，《補遺》二卷，《續編珠》二卷，舊本題隋杜公瞻撰，其《補遺》及《續》則國朝高士奇作也。公瞻書《宋志》著録，然《文淵閣書目》不載。士奇稱得自内庫，殊不可信，其中多犯隋諱，尤爲可疑，殆與所補所續均一手僞作，以所引皆唐以前書，頗爲古雅，故知其贋，而仍存之。"《四庫全書總目》又曰："案《編珠》，《隋志》不載。《唐志》但有杜公瞻《荊楚歲時紀》一卷，而無此書。《宋志》始著於錄。然世無傳本，始出於士奇家。其序稱於内庫廢紙中得之。原目凡四卷，佚其半。遍覓不可得，輒因原目補爲四卷。又廣其類之未具者爲二卷。首載大業七年公瞻自序，稱奉敕撰進，其結銜題著作佐郎兼散騎侍郎。又有徐乾學序，稱杜公瞻無所表著，《談藪》載隋京兆杜公瞻嘗邀楊玠過宅，酒酣嘲謔者，即此公瞻無疑。今觀其書，隸事爲對，略如徐堅《初學記》之體。但前無序事，後無詩文。原目分天地、山川、居處、儀衛、音樂、器玩、珍寶、繒綵、酒膳、黍稷、菜蔬、果實、車馬、舟楫。所存者音樂以上五門而已。顧煬帝諱廣，故廣川改長河。《廣雅》改《博雅》。而此書桂林水條下引《廣州山川記》，治雞水條下引《廣州記》，柏心桂條下引伏滔《北征記》稱廣陵縣，城南門三條路條下引班固《西都賦》披三條之廣路。隋高祖之父諱忠，故《隋書》忠節改誠節。而此書斬馬劍條下引《漢書》王莽斬董忠事，此猶可曰臨文不諱，未必盡拘。又菖蒲海一條本與茱萸江爲對，菖字從草無疑矣。而條下所註乃引《漢書・西域傳》於闐河與葱嶺合，東流注菖蒲海。今檢《漢書》乃蒲昌，非菖蒲也。唐以前書不應荒謬至此。此尚可曰一時失記。至於音樂門南城鼓一條引《樂府解題》曰，鼓吹曲有巫山高戰城南。則非惟文理未安，且《樂府解題》一書古不著錄，始見於《崇文總目》，云不知撰人名氏，列於吳兢《樂府古題要解》之後。郭茂倩《樂府詩集》漢鐃歌上之回篇引之，直題曰吳兢。雖未必確，然其書晚出，必非六朝舊籍無疑也。公瞻安得而見之。或明人所依豔，士奇偶未審歟。楊士奇《文淵閣書目》、張萱《内閣書目》俱不著錄。《永樂大典》於前代類書如《四六叢珠》、《截江網》之類無不具採，亦不登其一字。知其出明中葉以後矣。以其採擷詞華，頗爲鮮豔。士奇所續，亦皆取唐以前事，較他類書爲近古。故疑以傳疑，姑存以備參考焉。"

朱彝尊《曝書亭集》則曰："隋安陽令中山杜公瞻撰《編珠》四卷，新舊《唐書》志經籍藝文無之，至宋始著於録，其書流傳特罕，故晁氏《郡齋讀書志》、趙氏《附志》、陳氏《書録解題》均未之載。"

著錄：《四庫全書總目》、《中國古籍善本目錄》、《四庫全書簡明目錄》。

416　楚騷綺語

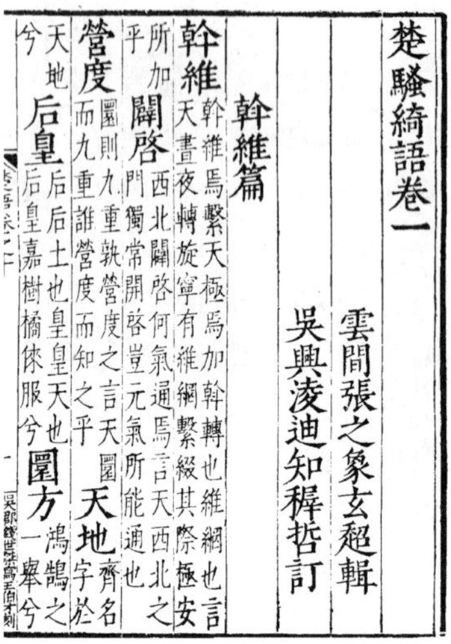
楚騷綺語卷一
雲間張之象玄超輯
吳興淩迪知穉哲訂
幹維篇
幹維幹維馬繫天極焉加幹轉也維綱也言天晝夜轉旋寧有維綱繫綴其際極安
所加乎闕啓西北闕啓何氣通焉言天西北之門獨常開啓豈元氣所能通也
營度圜則九重孰營度之言天圜而九重誰營度而知之乎天地齊名字於
天地兮后皇后后土也皇皇天也后皇嘉樹橘徠服兮圜方鴻鵠之一舉兮
楚騷綺語卷一　一
吳郡錢世傑寫王伯才刻

416

《楚騷綺語》六卷，明張之象輯，明萬曆吳郡淩氏刻本。六冊。半葉八行十七字，小字雙行同。左右雙邊，白口，單魚尾。版心中鐫"楚語"、卷次，下鐫刻工。框高 18.5 釐米，寬 12.5 釐米。前有萬曆四年淩迪之序，目錄。

張之象(1496—1577)，字月鹿，又字玄超，别號碧山外史，晚年號王屋山人，上海縣龍華里人。嘉靖中官浙江按察司知事。事具《明史・文苑傳》附載文徵明傳中。著有《四聲韻補》、《韻學統宗》、《詩學指南》、《詩紀類林》、《彤管新編》、《古詩類苑》、《唐詩類苑》、《唐雅》、《回文類聚》、《史記發微》、《史記評林》、《太史史例》、《鹽鐵論新舊注》等。

是書摘録《楚辭》字句，附以註解，編輯成書。卷一有幹維、皇天、沖天、寥廓、下土、接徑、峻高、浸氛、遂古、代序，卷二有前聖、皇羲、登立、國家、法度、聖明、思君、感時、謬愚，卷三有曼著、誹俊、不耦、中情、罹殃、軫懷、思慮，卷四有臨睨、康樂、瑞圖、吉占、問師、索合、美容、情質、雕題、天祿、上帝、天道、帝宫、修幕、承雲，卷五有桂舟、水車、雲旌、伐器、鉅寶、帝服、肴羞、草木，卷六有鳳凰、麒麟、蛟龍、靈龜、蟲豸、龍舉、翱翔、慕予、自修、相和、是繼、一見、日娭、難當、考之、所在、願進、有芷、無私、固然、未形、莫黄、何爲、不阿、若日。

《四庫全書總目》曰："是書摘《楚辭》字句以供撏撦，已爲剽剟之學。又參差雜録於二十五賦，不復著出自何篇。亦與黄省曾《騷苑》同一紕陋。"

著録：《四庫全書總目》、《千頃堂書目》、《中國古籍善本書目》。

刻工：吳郡仇鵬、吳郡錢世傑、王伯才、顧時中、顧植、彭天恩、夏邦彦等。

417　對類

《對類》二十卷，明吳勉學考註，徐智督刊，明新安吳勉學刻本。十二冊。半葉十二行二十四字。左右雙邊，白口，單魚尾。版心上鐫書名，中鐫卷次。框高 18.2 釐米，寬 13.1 釐米。前有總目，習對發蒙格式，切韻六十字訣，習對定式，習對歌，目録。

吳勉學(生卒年不詳)，字肖愚，又字師古，萬曆間安徽歙縣人。以"師古齋"爲刻書堂號。世代業商，官光祿署丞。後棄官專事刻書，爲明隆慶、萬曆間徽州府著名刻坊"師古齋"主人，以刻書著稱於世。所刻之書内容廣泛，經、史、子、集、叢書並重。輯有

《河間六書》等。

是書卷一爲天文門,卷二爲地理門,卷三爲節令門,卷四爲花木門,卷五爲鳥獸門,卷六爲宫室門,卷七爲器用門,卷八爲人物門,卷九爲人事門,卷十爲身體門,卷十一爲衣服門,卷十二爲聲色門,卷十三爲珍寶門,卷十四爲飲饌門,卷十五爲文史門,卷十六爲數目門,卷十七爲干支門,卷十八爲卦名門,卷十九爲通用門,卷二十爲巧對門、連綿門、疊字門。

《四庫全書總目》曰:"《對類》,二十卷,不著撰人名氏,亦不詳時代。凡二十門,蓋村塾課蒙之本。驗其格式,猶明中葉所刊也。"

著錄:《四庫全書總目》、《中國古籍善本書目》。

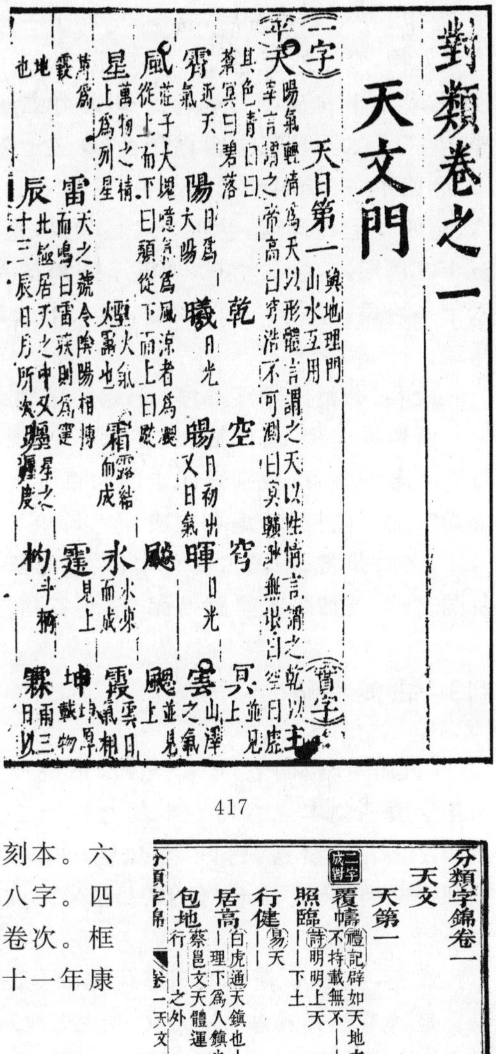
對類卷之一
天文門
天日第一

417

418 分類字錦

PL1497. H62 1722a/W460

《分類字錦》、《御製分類字錦》六十四卷,清何焯、陳鵬年等編纂,清康熙六十一年刻本。六十四册。半葉八行二十四字,小字雙行四十八字。四周雙邊,白口,單魚尾。版心上鐫書名,中鐫卷次。框高 18.5 釐米,寬 12.8 釐米。卷首有康熙六十一年康熙序,編撰者職名,目錄。

何焯,見 406《義門讀書記》。

陳鵬年(1663—1723),字北溟,别字滄洲,湖南湘潭人。康熙三十年進士,官至河道總督。謚恪勤。著有《道榮堂文集》、《滄洲詩集》、《歷任政略》、《分類字錦》、《物類輯古略》、《月令輯要》等書。

是書爲乾隆命臣屬從歷代典籍中采掇成語,裁爲駢偶,分類編輯而成的類書。每類以二字、三字、四字爲次,各詳引原書,註於條下。卷一、卷二爲天文,卷三、卷四爲節令,卷五、卷六爲地理,卷七至卷九爲山

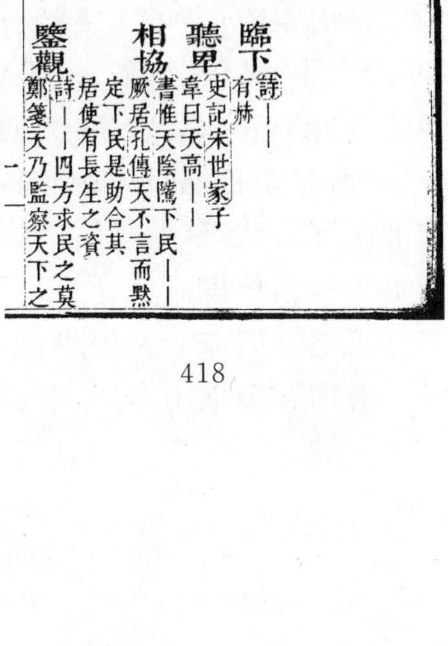
分類字錦卷一
天文
天第一

418

水，卷十、卷十一爲帝后，卷十二、卷十三爲倫常，卷十四、卷十五爲肢體，卷十六、卷十七爲人物，卷十八至卷二十爲佩服，卷二十一、卷二十二爲飲饌，卷二十三、卷二十四爲宫室，卷二十五至卷二十七爲器用，卷二十八、卷二十九爲禮儀，卷三十、卷三十一爲音樂，卷三十二至卷三十四爲職官，卷三十五至卷三十八爲政教，卷三十九、卷四十爲文事，卷四十一、卷四十二爲武備，卷四十三、卷四十四爲技藝，卷四十五爲境遇，卷四十六、卷四十七爲釋道，卷四十八爲菽粟，卷四十九爲布帛，卷五十爲珍寶，卷五十一、卷五十二爲果木，卷五十三、卷五十四爲花卉，卷五十五至卷五十八爲鳥獸，卷五十九、卷六十爲蟲魚，卷六十一爲數目，卷六十二爲卦名，卷六十三爲偶字、通用，卷六十四爲祥瑞。

康熙《御製分類字錦序》記錄了該書編撰緣起："朕山莊避暑敕幾之暇，以翰墨自怡。而卷帙充積，廣博鮮要，爰命何焯、陳鵬年等薈萃經、史、子、集，下至説部諸書，採擇其字之麗雅者，釐别爲四十門六百一十八類，每類又分成對備用，共六十四卷，名曰分類字錦。閲三載，編纂告成。"

著録：是書《中國古籍善本書目》等無著録。加州大學洛杉磯分校圖書館、哈佛燕京圖書館、芝加哥大學圖書館、湖北省圖書館、天津圖書館藏有是書。

419 古雋考略

C513

《古雋考略》四卷，明顧充輯，羅賜祥校，明萬曆二十七年李楨等刻本。六册。半葉七行十二字，小字雙行二十四字。左右雙邊，白口，雙魚尾。版心上鐫書名，中鐫類别。框高 17.6 釐米，寬 12.2 釐米。前有總目，後有重刻小語。

顧充，見 104《新鐫增定歷代捷録全編》。

是書卷一爲禮集，分天文、時令、地理、宫室；卷二爲樂集，分君道、臣道、用人、官職、女職、人氏、人物、人名；卷三爲射集，分神祭、身體、冠服、飲食、器具；卷四爲御集，分文事、武備、旌旂、人事；卷五爲書集，分財用、珍寶、草木、鳥獸；卷六爲數集，分通用、外國、雜教、刑獄、死喪、疾病、雙稱、各音、雙字。

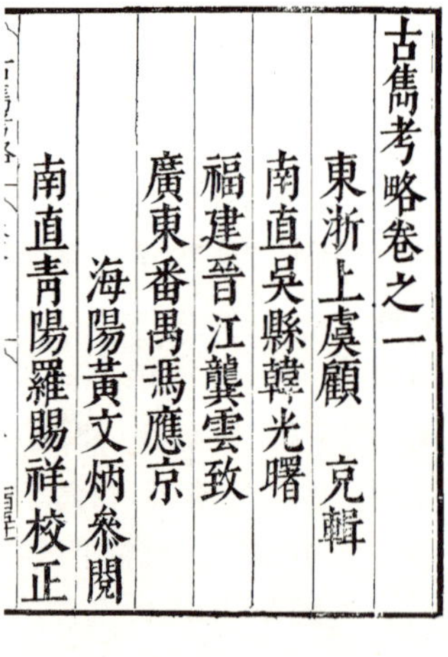
古雋考略卷之一
東浙上虞顧　充輯
南直吳縣韓光曙
福建晉江龔雲致
廣東番禺馮應京
海陽黃文炳參閱
南直青陽羅賜祥校正

419

《四庫全書總目》曰："是書摘録古人雋語，爲類三十有四。附以註釋，亦間有考證。末有重刻自跋，稱始集《古雋》於定海學宫，鏤版行之。而嫌其未備，更加增輯云云。然究亦未能精核也。"

著録：《四庫全書總目》、《中國古籍善本書目》。

鈐印："金桌山房"、"李氏藏書"。

420　古學彙纂

A201

《古學彙纂》十卷，明周時雍輯，方震儒、田有年評定，俞時篤、張星重訂，明崇禎十五年愛日齋刻本。十四冊。半葉九行二十六字。四周單邊，白口，無魚尾。版心上鐫書名、卷次，下鐫“愛日齋”。框高 20.5 釐米，寬 14.8 釐米。前有方震孺序、王心一敘，崇禎十四年張夢易序，崇禎十五年劉城、袁良弼、楊兆儀、鄭敷教序，周時雍纂述，撰規十則。

周時雍(生卒年不詳)，字芑烝，常州人。

是書第一卷、第二卷爲君道，第三卷、第四卷爲典制，第五卷爲臣道，第六卷爲儒術，第七卷爲民行，第八卷爲法象，第九卷爲稽古，第十卷爲博物。

周時雍《纂述》謂：“予少嗜古，留情著述，所見有得，輒十指爲勞。既而綜覈博識，自上墳典，下迄明文，廣蒐古今坊刻五百餘種，秘藏抄本一百有奇，殫精五載，手自輯錄，靡不賞其春華，擷其秋實，用以自娛，因賈人之請，出以問世，志弗私也。”

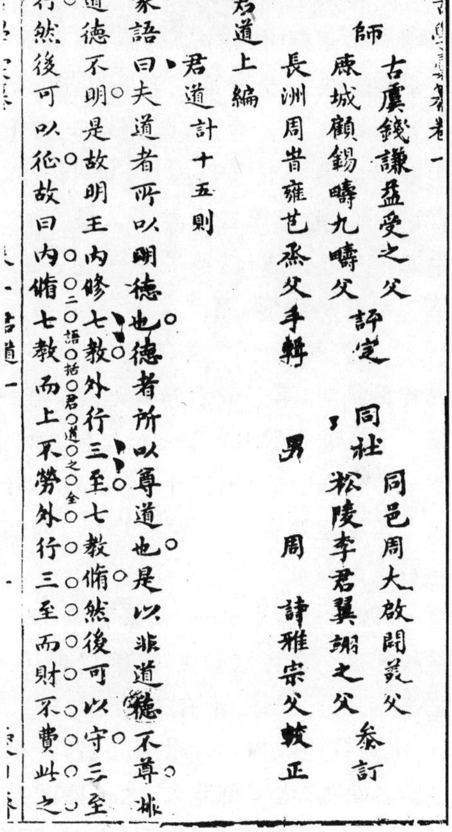
古學彙纂卷一
古虞錢謙益受之父　同邑周大啟闓爰父
師　康城顧錫疇九疇父　評定　同社　松陵李君翼翊之父　參訂
長洲周旹雍芑烝父手輯　男　周　詩雅宗父較正
君道上編
君道計十五則
家語曰夫道者所以明德也德者所以尊道也是以非道德不尊非
道德不明是故明王內修七教外行三至七教脩然後可以守三至
行然後可以征故曰內脩七教而上不勞外行三至而財不費此之
二語括君道之全

420

著錄：《中國古籍善本書目》、《美國哈佛大學哈佛燕京圖書館中文善本書志》。

鈐印：“講幄詞臣”、“習庵”、“曹作虎”、“北平謝氏藏書印”等。

421　廣博物志

AE4. T85 1761/G1349

《廣博物志》五十卷，明董斯張輯，明楊鶴訂，明萬曆三十五年高暉堂刻本。四十冊。半葉九行十八字，小字雙行同。四周單邊，白口，單魚尾。版心上鐫書名，中鐫卷次，下鐫刻工及“高暉堂”三字。框高 20.3 釐米，寬 15.2 釐米。前有明朱國禎、韓敬等序。

董斯張(1586—1628)，字遐周，烏程人。無功名。《列朝詩集小傳》曰：斯張“少負雋才，爲同里吳允兆所許。長興吳門王亦房唱賡唱，善病，藥裹不去口，喀喀嘔血，猶伏床枕書。年未四十而卒。”著有《靜嘯齋集》、《吳興備志》等。

是書共五十卷，凡二十二門，一百六十七子目。以續廣張華撰《博物志》爲意，以蒐羅天下各類怪異之事爲主。第一卷至第三卷爲天道，第四卷爲時序，第五卷至第八卷爲地形，第九卷至第十一卷爲斧扆，第十二卷至第十五卷爲靈異，第十六卷、第十七卷爲職官，第十八卷至第二十卷爲人倫，第二十一卷爲高逸，第二十二卷爲方伎，第二十三卷、第二十四卷爲閨壼，第二十五爲體形，第二十六卷至第三十卷爲藝苑，第三十一卷、第三十二卷爲武功，第三十三卷至第三十五卷爲武功，第三十六卷爲居處，第三十七卷爲珍寶，第三十八卷爲服飾，第三十九卷、第四十卷爲器用，第四十一卷爲食飲，第四十二卷、第四十三卷爲草木，第四十四卷至第四十八卷爲鳥獸，第四十九卷、第五十卷爲蟲魚。

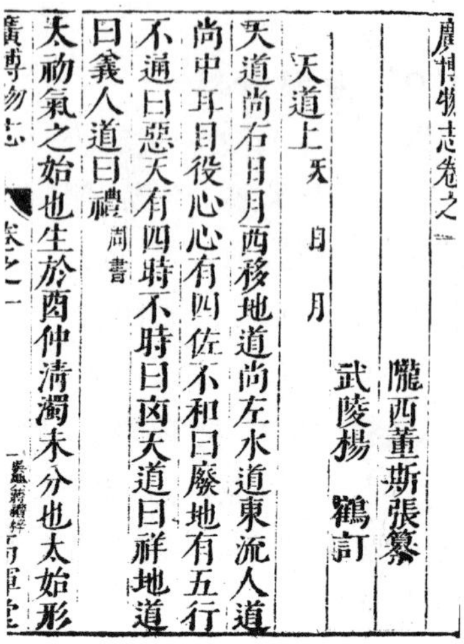
廣博物志卷之一
隴西董斯張纂
武陵楊　鶴訂
天道上　天　日　月
天道尚右日月西移地道尚左水道東流人道
尚中耳目役心心有四佐不和曰厲地有五行
不通曰惡天有四時不時曰凶天道曰祥地道
曰義人道曰禮　周書
太初氣之始也生於酉仲清濁未分也太始形
廣博物志　卷之一　一

421

《四庫全書總目》曰："晉張華《博物志》世所傳本，眞僞相淆，簡略亦甚。南宋李石嘗續其書。雖旁摭新文，尚因仍舊目。斯張從而廣之，遂全改華之體例，變爲分門隸事之書。凡分大目二十有二，子目一百六十有七。所載始於《三墳》，迄於隋代。詳略互見，未能首尾賅貫。其徵引諸書，皆標列原名，綴於每條之末，體例較善。而中閒亦有舛駁者。如《太平御覽》、《太平廣記》皆採摭古書，原名具在。乃斯張所引，凡出自二書者，往往但題《御覽》、《廣記》之名，而没所由來，殊爲不明根據。又《圖經》不言某州，地志不言某代，隨意剽掇，亦頗近於裨販。《三墳》爲毛漸僞撰，漢《雜事祕辛》爲楊慎贋作，世所共知。乃好異喜新，雜然並載，更不免疎於持擇。至若孔疏、鄭箋，牽連滿幅。道經、釋典，採錄盈篇。愛博貪多，尤傷枝蔓。然其蒐羅旣富，唐以前遺文墜簡，裒聚良多。在明代諸類書中，固猶爲近古矣。"

著錄：《中國古籍善本目錄》、《四庫全書總目》。

422　何陋山房選定藝文珠璣類編

I1179

《何陋山房選定藝文珠璣類編》、《藝文珠璣類編》不分卷，清章蔭輯，清鈔本。十六冊。半葉九行，字數不等。無邊框，葉高 27.5 釐米，寬 13.5 釐米。前有目錄。

是書採用類書體，分爲提名類、科貢類、武備類、忠烈類、孝行類、寺廟類、禪語類、技藝類、稱賀類、祝壽類、封蔭類、休致類、隱逸類、女貞類等。每一類内彙集各類文獻中有關之論述及各家文章。所引之文上至《春秋左傳》，下至明代文獻。

本館藏本爲墨筆小楷，有朱笔圈點。

著錄：是書《中國古籍善本書目》等無著錄。

鈐印："章蔭"、"伯棠氏"。

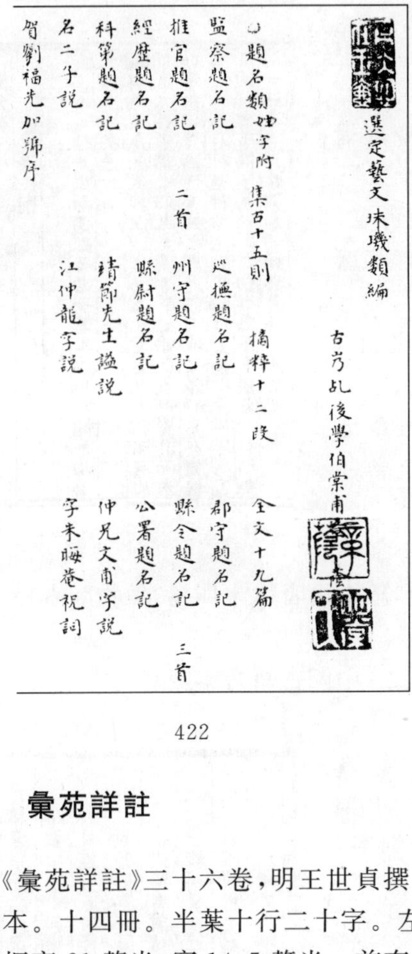
選定藝文珠璣類編
古岁乩後學伯棠甫
山題名類 姓字附 集百十五則 摘粹十二段 全文十九篇
監察題名記 巡撫題名記 郡守題名記
推官題名記 二首 州守題名記 縣令題名記 三首
經歷題名記 縣尉題名記 公署題名記
科第題名記 靖節先生謚說 仲兒文甫字說
名二子說 江仲龍字說 字朱晦菴祝詞
賀劉福先加錫序

422

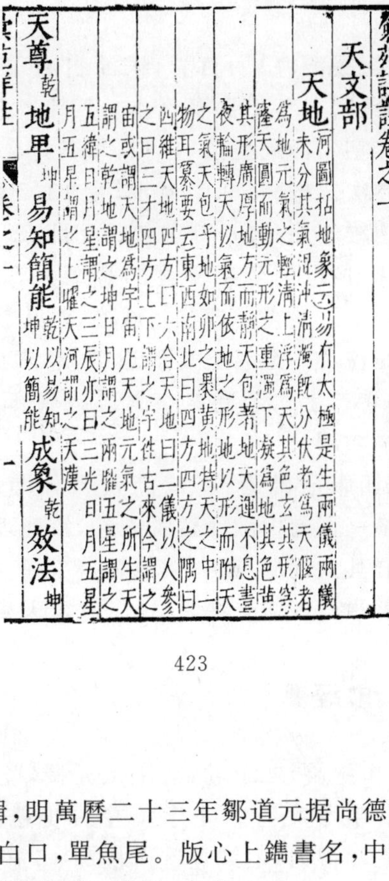
彙苑詳註卷之一
天文部
天地 河圖括地象云易有太極是生兩儀兩儀未分其氣混沌清濁既分伏者爲天偃者爲地元氣之輕清上浮爲天其色玄其形穹窿天圓而動元形之重濁下凝爲地其色黃其形廣厚地方而靜天包著地以形運不息晝夜輪轉天以氣而依地之形地以形而附天物之氣包乎地如卵之裹黃地特天之中日一耳纂要云東西南北曰四方四方之隅曰四維天地四方曰六合天地曰二儀以人參之曰三才四方上下謂之宇往古來今謂之宙或謂天地爲宇宙天地元氣之所生天謂之乾地謂之坤日月謂之兩曜五星謂之五緯日月星謂之三辰亦曰三光日月五星謂之七曜天河謂之天漢
天尊乾地卑坤易知簡能乾以易知坤以簡能成象乾效法坤

423

423 彙苑詳註

A002

《彙苑詳註》三十六卷，明王世貞撰，鄒善長輯，明萬曆二十三年鄒道元据尚德堂藏板刻本。十四冊。半葉十行二十字。左右雙邊，白口，單魚尾。版心上鐫書名，中鐫卷次。框高 21 釐米，寬 14.5 釐米。前有車大任、黃鳳翔序，目錄，書名。

王世貞，見 391《世說新語補》。

鄒善長(生卒年不詳)，字晞茂，晉江人。太學卒業。

是書各卷依次包括：天文、歲時、地理、皇與、世系、人物、人品、技藝、三教、官職、人事、文史、宮室、珍寶、器用、布帛、衣服、身體、飲食、花、草木、果蔬、走獸、鱗介、昆蟲等部。所列書名涵蓋經、史、子、集各部，達數百種。

按《四庫全書總目》，此書"首列引用書目，似乎浩博。其實就唐宋諸類書採掇而成。觀官職門中所列，皆用宋制，知爲剽剟《事文類聚》、《合璧事類》而成矣。疑亦託名世貞者也。"

著錄:《四庫全書總目》、《中國古籍善本書目》、《普林斯敦大學葛思德東方圖書館中文善本書目》。

鈐印:“渭陽”。

424 記纂淵海

B455

《記纂淵海》一百卷,宋潘自牧纂集,明王嘉賓補遺,明萬曆七年王嘉賓刻本。四十八冊。半葉十二行二十二字。四周雙邊,白口,單魚尾。版心上鐫書名,中鐫卷次。框高19.1釐米,寬13.7釐米。前有萬曆己卯胡維新序(殘),刻書名氏及目錄。

潘自牧(生卒年不詳),金華人。慶元元年進士,官龍游令。是書題曰福州教授,蓋其著書時官也。

是書卷一至卷五爲天道部,卷六至卷二十五爲地理部,卷二十六至卷八十九爲人事部,卷九十至卷一百爲物類部。

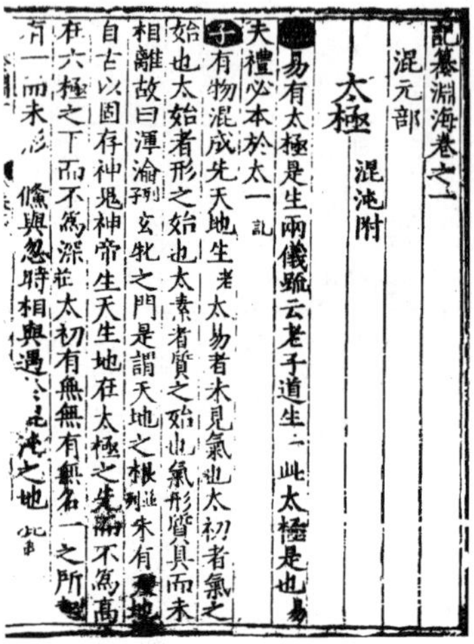
記纂淵海卷之一
混元部
太極 混沌附
易有太極是生兩儀疏云老子道生一此太極是也易
夫禮必本於太一記
子有物混成先天地生老太易者未見氣也太初者氣之
始也太始者形之始也太素者質之始也氣形質具而未
相離故曰渾淪列子玄牝之門是謂天地之根
自古以固存神鬼神帝生天生地在太極之先而不爲高
在六極之下而不爲深莊太初有無無有無名一之所
有一而未形
儵與忽時相與遇於混沌之地

424

《四庫全書總目》曰:“是書分門隸事,與諸家略同。惟一百卷中敘天道者五卷,敘地理者二十卷,敘人事者六十四卷,敘物類者僅十一卷。詳其大而略其細,與他類書小異。”

著錄:《四庫全書總目》、《欽定天祿琳琅書目》、《中國古籍善本書目》。

425 巾經纂

BJ1568.C5 S8/GR153

《巾經纂》二十卷,清宋宗元撰,乾隆十六年刻本。八冊。半葉九行二十字。左右雙邊,白口,單魚尾。版心上鐫書名,中鐫卷次。框高15釐米,寬11釐米。前有扉頁,題:“巾經纂”。卷首有乾隆十六年宋宗元序及全集目錄。每四卷前又各有一子目錄。

宋宗元(1710—1779),字少光,又字魯儒,號慤庭,江蘇元和人。乾隆三年中舉。歷直隸成安、良鄉知縣,晉天津道,遷光祿寺少卿。

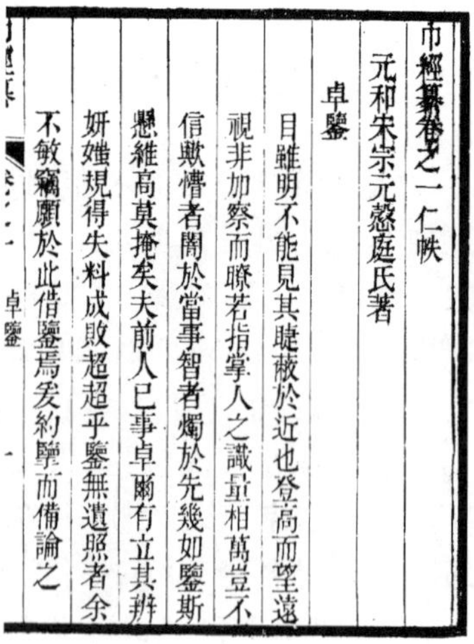
巾經纂卷之一 仁帙
元和宋宗元慤庭氏著
卓鑒
目雖明不能見其睫蔽於近也登高而望遠
視非加察而瞭若指掌人之識量相萬豈不
信歟懵者闇於當事智者燭於先幾如鑒斯
懸維高莫掩奚夫前人已事卓爾有立其辨
妍媸規得失料成敗超超乎鑒無遺照者余
不敏竊願於此借鑒焉爰約舉而備論之

425

是書爲宋宗元讀書心得。卷一至卷四爲仁帙:卷一爲卓鑒,卷二爲遠猷,卷三爲偉度,卷四爲慧力。卷五至卷八爲義帙:卷五爲仁方,卷六爲政術,卷七爲粒民，卷八爲折獄。卷九至卷十二爲禮帙：卷九爲師謀，卷十爲經務，卷十一爲諷諭，卷十二爲說辭。卷十三至卷十六爲智帙：卷十三爲控馭，卷十四爲妙應，卷十五爲利導，卷十六爲沈歲。卷十七至卷二十爲信帙：卷十七爲窮變，卷十八爲處嫌，卷十九爲釋紛，卷二十爲奇譎。

宋宗元《自序》曰："曩者有寫經以藏之巾箱，用備遺軼，便稽覽者，竊師其義，隨所覩聞，纂集百一，頻年咄咄，聊亦成編。"

著録：是書《中國古籍善本書目》等無著録。

426 金谿順齋張先生策海

J1581

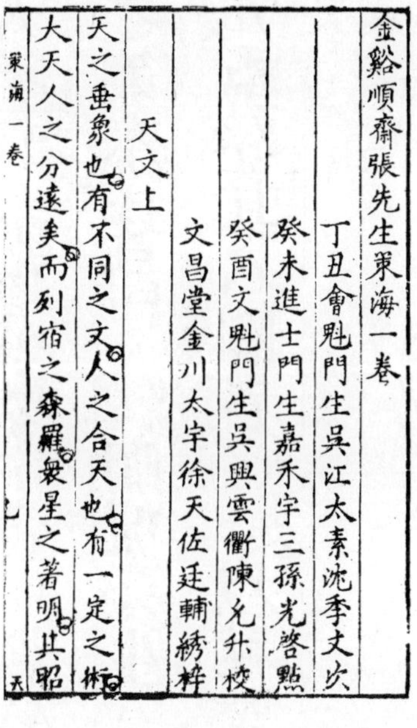
金谿順齋張先生策海一卷
丁丑會魁門生吳江太素沈季文次
癸未進士門生嘉禾宇三孫光啓點
癸酉文魁門生吳興雲衢陳允升校
文昌堂金川太宇徐天佐廷輔綉梓
天文上
天之垂象也有不同之文人之合天也有一定之術
大天人之分遠矣而列宿之森羅衆星之著明其昭
策海一卷　天

426

《金谿順齋張先生策海》、《策海》二十二卷，附録一卷，明張應雷撰，孫光啓點，陳允升校，明萬曆十四年徐天佐文昌堂刻本。十二册。半葉八行二十字。四周單邊，白口，無魚尾。版心上鐫書名、卷次。框高20.5釐米，寬11.4釐米。前有萬曆十四年孫光啓序，阮子孝舊序，凡例，取用書目，目録，附録目録。

張應雷（生卒年不詳），字思豫，號順齋，金谿人。隆慶辛未進士，授湖州府推官。著有《金谿文獻考》。

是書卷一含天文等，卷二含聖治等，卷三含官制等，卷四含田制等，卷五含廟祀等，卷六含將、武經等，卷七含刑工等，卷八含干支、韻法等，卷九含五經、儒學等，卷十含史論等，卷十一含帝王，卷十二含三代至西漢之明臣，卷十三含東漢至五代之明臣，卷十四含宋至元之明臣，卷十五含性理摘，卷十六含左傳摘，卷十七含胡傳摘，卷十八含國語摘，卷十九含戰國策摘，卷二十含昭明文摘，卷二十一、卷二十二爲雜文。

《凡例》云："是編原刻於浙江蘇州金陵，有《策選》、《内科策》、《外科策》三集，各自不同。今合爲一，又加損益。"

著録：是書《中國古籍善本書目》等無著録。

427 精選故事黄眉

J1772

《精選故事黄眉》十卷，明鄧志謨輯，明萬曆刻本。三册。半葉九行二十一字，小字雙行，眉欄刻評。四周單邊，白口，無魚尾。版心上鐫"故事黄眉"及卷次。框高21釐米，寬13.4釐米。前有萬曆丙辰董其昌序，目録。

精選故事黄眉卷一

饒郡鄧百拙生　彙編

上蘇札　●天　求久字足下善于書曠天之雨粟也泰徙求一擲流寫懸下爲賜字欣躍勿輔以卯椽者乾　丘某語

象

乾象

雨金雨粟（史記）夏禹之時、天雨金三日、百姓殷富、（事文類聚）

上古蒼頡、（古帝王號）製字、天雨其粟、

（晉書）能襄至孝毋死

家貧不能辦葬事、天雨其錢、遂得襄事（其葬事）

夢登天所（史記）秦穆公夢至帝所、觀鈞天廣樂（中央曰鈞天）帝

錫之策、秦遂昌（晉書）陶侃夢生八翼、飛而上天、見天

門九重、登其八、閽者（守門天吏）以杖擊之、因墜地、折左翼

故事黄眉　卷一　一

鄧志謨(1559—?),字景南,號竹溪散人,饒安人。嘗遊閩,爲余氏塾師,所著多爲余氏萃慶堂刊行。著有《故事白眉》、《事類捷録》、《山水爭奇》等。

是書爲古詩類書,共分爲乾象類、坤輿類、歲時類、帝統類、官品類、人品類、倫道類、藝術類、異教類、女子類、身體類、美德類、劣性類、吉禮類、凶禮類、人事類、仕進類、居室類、器用類、衣服類、文史類、寶貨類、飲饌類、衆花類、衆木類、果賞類、百草類、翼禽類、蹄獸類、畜産類、水族類、昆蟲類。

董其昌《序》曰:是編"從諸經、傳、子、史百氏中,纂出分門别類,曲盡古今事跡,紀某事則標額曰出某書,考某書則點綴曰屬某事。援引根據,註釋詳明。且門類之中,先列故事,後列四六。以故事可資乎四六,四六可印乎故事也。"

著録:《中國古籍善本書目》。

428 劉氏鴻書

B452

《劉氏鴻書》一百八卷,明劉仲達纂輯,湯賓尹删正,明萬曆刻本。五十六册。半葉十行二十一字。四周單邊,白口,單魚尾。版心上鐫書名,中鐫卷次。框高 20.7 釐米,寬 14.3 釐米。前有萬曆三十八年李維禎、焦竑序,萬曆三十九年湯賓尹序,陶朗先牋,黄景星引,凡例,公校名家姓氏,類目,目録。

劉仲達(生卒年不詳),字九逵,宣城人。

是書之總類分爲:天文、地理、歲時、世係、三教、人品、官職、文史、身體、宫室、飲食、衣帛、珍寶、器用、音樂、方術、花木、鳥獸、鱗介、昆蟲、録異、紀寵,共二十四類。

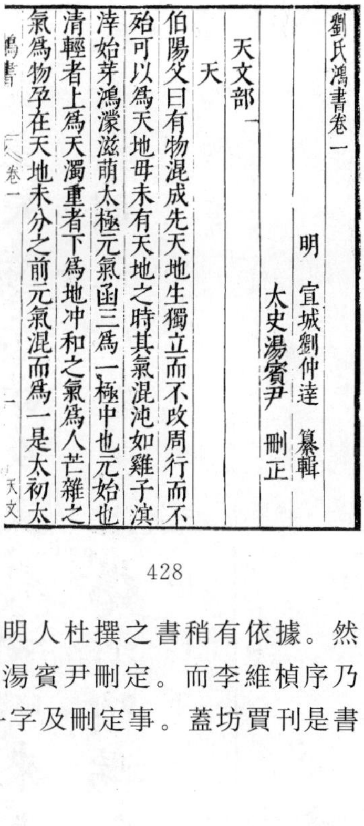
劉氏鴻書卷一
明 宣城劉仲達 纂輯
太史湯賓尹 删正
天文部一
天
伯陽父曰有物混成先天地生獨立而不改周行而不
殆可以爲天地母未有天地之時其氣混沌如雞子溟
涬始芽鴻濛滋萌太極元氣函三爲一極中也元始也
清輕者上爲天濁重者下爲地冲和之氣爲人芒雜之
氣爲物孕在天地未分之前元氣混而爲一是太初太
鴻書 卷一 一 天文

428

《四庫全書總目》曰:"是書分二十四類,又分子目二百六十有奇。事實詞章,相雜而載。每條皆註所出,較明人杜撰之書稍有依據。然大抵轉引類書,不盡出於本文,則亦裨販之學也。卷端題湯賓尹删定。而李維楨序乃稱校信念讎與有力者爲李成白、謝少連。賓尹序中亦無一字及删定事。蓋坊賈刊是書時,以仲達諸生,恐不見重,借名於賓尹耳。"

著録:《四庫全書總目》。

429 名句文身表異録

K2277

《表異録》、《名句文身表異録》二十卷,明王志堅輯,明崇禎十四年刻本。四册。半葉九行二十字,有朱筆圈點。四周單邊,白口,無魚尾。版心上鐫書名,下鐫標題及卷

名句文身表異録

珠塢山農王志堅輯

天文部一　象緯類

袁宏與范曾書四海鼎沸天轡將移魏鄴賦曰天宇駭地廬驚

潜夫論世主欲無功之人而强富之則是與天鬬也况使無德之人與皇天鬬而欲久立自古以來未之嘗聞也又曰民安樂則天心慰天心慰則陰陽和天鬬天總語皆奇嘗聞一作嘗有則天心慰下一有者也兩字

次。框高 21.5 釐米,寬 14 釐米。前有王志慶明崇禎十四年序。

王志堅(1576—1633),字弱生,一字聞修,號淑士,昆山人。明萬曆三十八年進士。授南京兵部主事,遷員外郎中。天啓二年起督浙江驛傳,崇禎四年,以僉事督湖廣學政,卒於官。著有《四六法海》、《讀史商語》、《王聞修先生河渚集》、《古文瀆編》等。

是書卷一爲天文部,卷二爲地理部,卷三爲人物部,卷四爲宫室部,卷五爲器用部,卷六爲音樂部,卷七爲軍旅部,卷八爲植物部,卷九爲動物部,卷十爲人事部,卷十一爲國事部,卷十二爲職官部,卷十三爲刑法部,卷十四爲錢幣部,卷十五爲藝文部,卷十六爲仙趣部,卷十七爲佛乘部,卷十八爲栖逸部,卷十九爲技術部,卷二十爲通用部。

王志慶《序》曰:"河渚先生上下古今纂述百氏,其所編輯《原瀆諸編》與《史商説刪》等書,半已爲世傳誦,歿後八年而其所集《表異録》始出,蓋批閲之間,或字或句,偶有深奥,輒筆録之,一時寄興,非欲成書也。久集爲冊,遂傳家塾。近始□一二本,友人遂爭購之,目授之梓。書成,予讀而嘆曰:先生之學豈在是乎?而世購之若此耶?先生學術,極有原本,其綜合史氏,貫通千載,如老吏折獄,又如心計之賈。"

本館藏本各頁皆經裱幀。

著録:《千頃堂書目》、《中國古籍善本書目》。

鈐印:"小西湖長"、"青珊瑚館"、"李劼所藏書畫金石"。

430 佩文韻府、韻府拾遺

W2720

《佩文韻府》一百六卷,清張玉書、蔡升元等輯,清康熙五十一年至五十二年内府刻本;《韻府拾遺》一百六卷,清汪灝、何焯等輯,清康熙五十九年内府刻本。共二百一十二冊。半葉十二行二十六字,小字雙行同。四周雙邊,白口,單魚尾。版心上鐫書名,中鐫卷次。框高 16.4 釐米,寬 11 釐米。《佩文韻府》前有扉頁,題:"佩文韻府"。前有康熙五十年御制《佩文韻府》序,《佩文韻府》纂修監造官員職名。《韻府拾遺》前有康熙五十九年序,校勘官名。

張玉書(1642—1711),字素存,江南丹徒人。順治辛丑進士,選庶吉士,歷任翰林院編修、國子監司業、文華殿侍講學士兼戸部尚書。康熙十八年主持修《明史》,先後出任《平定朔漠方略》、《佩文韻府》、《康熙字典》總裁官。謚文貞。著有《文貞集》。

是書基於元陰時夫《韻府群玉》明凌稚隆《五車韻瑞》增補而成。全書收單字一萬九千多個,典故五十多萬條。每個韻部排列同韻部的字,在字下列出以此字收尾的詞。書中以單字統詞語,按《平水韻》一〇六韻排列;於每字的字頭下,用反切註音,後有訓釋及出處。

《四庫全書總目》云:"考《唐書·藝文志》載顔眞卿《韻海鏡源》二百卷。釋皎然陪顔使君修《韻海》畢,東溪泛舟餞諸文士詩,有外史刊新韻,中郎定古文,菁華兼百氏,縑

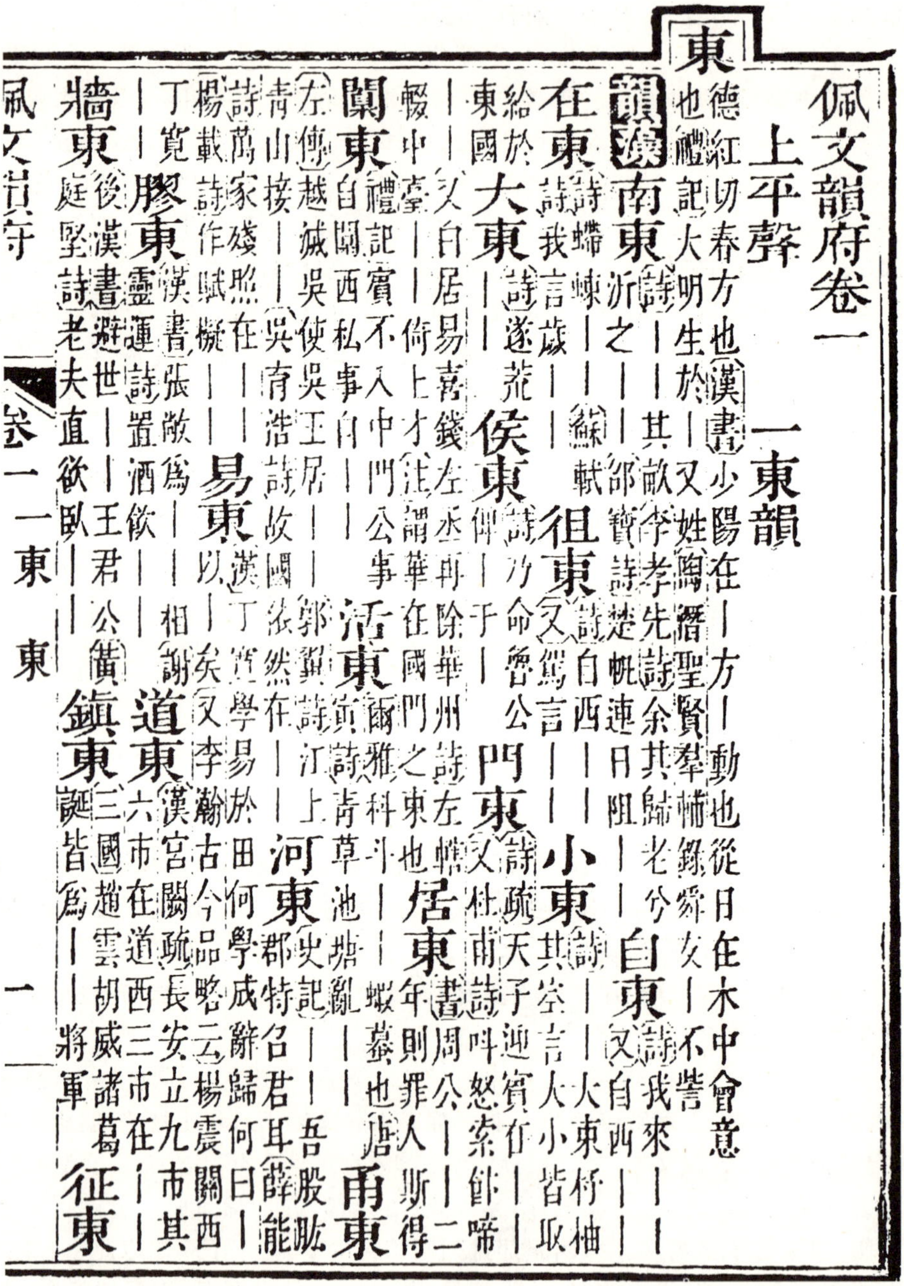

佩文韻府卷一

上平聲　一東韻

東 德紅切春方也漢書少陽在｜方｜動也從日在木中會意 也禮記大明生於｜又姓陶潛聖賢羣輔錄舜友｜不訾

韻藻 南東 詩｜｜其畝李孝先詩余其歸老兮 沂之｜｜部寶詩楚帆連日阻｜｜ 自東 詩我來｜｜ 又自西｜｜

在東 詩蝃蝀｜｜蘇軾 詩我言歲｜｜ 徂東 詩自西｜｜ 又駕言｜｜ 小東 詩｜｜大東杼柚 其空言人小皆取

給於 東國 大東 詩遂荒 ｜｜ 侯東 詩乃命魯公 俾｜于｜ 門東 詩疏天子迎賓在｜｜ 又杜甫詩叫怒索餅啼

｜｜又白居易喜錢左丞再除華州詩左轄 轂中臺｜｜倚上才注謂華在國門之東也 居東 書周公｜｜二 年則罪人斯得

闕東 禮記賓不入中門公事 自闕西私事自｜｜ 活東 爾雅科斗｜｜蝦蟇也唐 貢詩青草池塘亂｜｜ 甬東

左傳越滅吳使吳王居｜｜郭璞詩汀上 青山接｜｜吳育浩詩故國依然在｜｜ 河東 史記｜｜吾股肱 郡特召君耳薛能

詩萬家殘照在｜｜ 楊載詩作賦擬｜｜ 易東 漢丁寬學易於田何學成辭歸何曰｜ 以｜矣又李瀚古今品略云楊震關西

丁寬 ｜｜ 膠東 漢書張敞為｜｜相謝 靈運詩置酒飲｜｜ 道東 漢宮闕疏長安立九市其 六市在道西三市在｜｜

牆東 後漢書避世｜｜王君公黃 庭堅詩老夫直欲臥｜｜ 鎮東 三國趙雲胡威諸葛 誕皆為｜｜將軍 征東

佩文韻府　卷一　一東　東　一

430

雅備三墳句。其自註又有魯公著書，依《切韻》起東字脚語。然則分韻隸事，始自眞卿。今其書不傳。宋、元間作者頗夥，謂之詩韻。其傳於今者惟《韻府羣玉》爲最古。至明又有《五車韻瑞》。然皆疎漏不完,舛譌相踵。楊愼作《均藻》,朱彜尊作《韻粹》,其子昆田又作《三體摭韻》,皆欲補陰氏、凌氏之闕,而仍未賅備。是以我聖祖仁皇帝特詔儒臣,蒐羅典籍,輯爲是編。每字皆先標音訓。所隸之事凡陰氏、凌氏書所已採者,謂之韻藻,列於前。兩家所未採者,别標增字,列於後。皆以兩字、三字、四字相從,而又各以經史子集爲次。其一語而諸書互見者,則先引最初之書,而其餘以次註於下。又别以事對摘句附於其末。原本不標卷第,但依韻釐爲一百六卷。而中分子卷二十有四。今以篇頁繁重,編爲四百四十四卷。自有《韻府》以來,無更浩博於是者。俯視陰氏、凌氏之書,如滄海之於蠡勺矣。”

本館藏本卷首目錄後有牌記,題:“嶺南潘氏海山仙館藏版”。

著錄:《四庫全書總目》、《中國古籍善本書目》。

431 潛確居類書

C522

《潛確居類書》、《潛確類書》一百二十卷,明陳仁錫輯,明崇禎年間刻本。八十冊。半葉十行二十字,小字雙行同。四周單邊,白口,單魚尾。版心上鐫書名,中鐫卷次,下鐫部類。框高 21.2 釐米,寬 14.2 釐米。前有陳仁錫自序,類書槩旨,徵閱書目,總目。

陳仁錫,見 008《增訂四書通典人物備考》。

是書卷一至卷三爲玄象,卷四、卷五爲歲時,卷六至卷四十七爲區宇,卷四十八至卷六十爲人倫,卷六十一至卷六十四爲外方,卷六十五至卷八十二爲藝習,卷八十三至卷八十五爲稟受,卷八十六爲遭遇,卷八十七爲交與,卷八十八至卷九十四爲服御,卷九十五、卷九十六爲飲啖,卷九十七至卷一百二爲藝植,卷一百三爲藝習,卷一百四至卷一百二十爲飛躍。

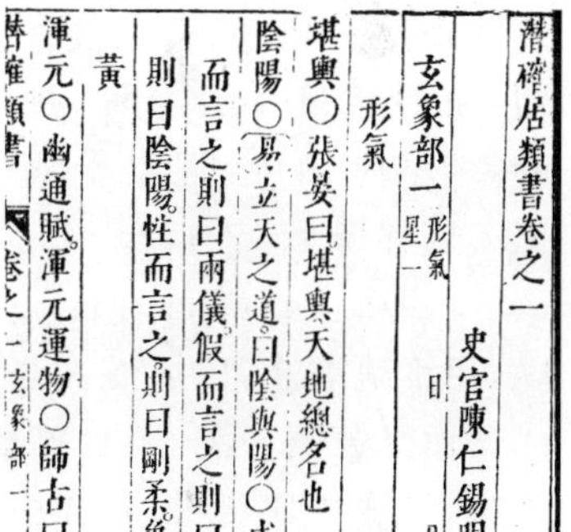
潛確居類書卷之一
史官陳仁錫明卿父纂輯
玄象部一 形氣 星一 日 月
形氣
堪輿○張晏曰堪輿天地總名也
陰陽○易立天之道曰陰與陽○成公綏天地賦體
而言之則曰兩儀假而言之則曰乾坤氣而言之
則曰陰陽性而言之則曰剛柔色而言之則曰玄
黃
渾元○幽通賦渾元運物○師古曰渾元天地之氣
潛確類書 卷之一 玄象部一 一 形氣

431

陳仁錫《類書槩旨》曰:“舊刻如《事文類聚》、《初學記》、《北堂書鈔》、《杜氏通典》、《白孔六帖》等率爲詞家宗,總挈諸家之要。則《唐類函》一書,實爲該瞻,顧迄楊隋,難稱觀止。玆刻遠規,羲昊近逮。”《自序》又云:“此書予十六歲時讀書瑤林之潛確居,嘉與博碩,捃拾成帙,而刻成于崇禎庚午六月渡江之辰,續訂于辛未九月冊封之竣,又明季六月始僝功。”

著錄:《千頃堂書目》、《中國古籍善本書目》、《柏克萊加州大學東亞圖書館中文古籍善本書志》。

432 群書考索

F742

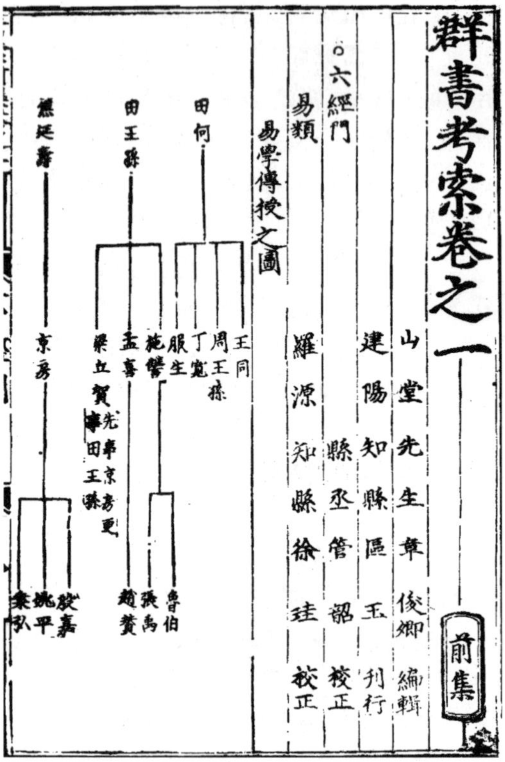

432

《群書考索》、《山堂群書考索》二百一十二卷,宋章如愚輯,明管韶等校,明正德三年刻本。六十四冊。半葉十四行二十八字,小字雙行同。四周雙邊,黑口,雙魚尾。版心上鐫書名、卷次,中鐫篇名。框高 20 釐米,寬 13 釐米。前有"山堂先生眞像"及事蹟,前集、後集、續集、别集之前均有綱目,目錄。

章如愚(生卒年不詳),字俊卿,號山堂,南宋婺州金華人。慶元進士,改知貴州,開禧初被召疏陳時,政忤韓侂胄,罷歸,結草堂山中,與士子講學。事具《宋史·儒林傳》。

《四庫全書總目》曰:"宋自神宗罷詩賦,用策論取士,以博綜古今,參考典制相尚。而又苦其浩瀚,不可猝窮。於是類事之家,往往排比聯貫,薈稡成書,以供場屋採掇之用。其時麻沙書坊,刊本最多。大抵出自鄉塾陋儒。勦襲陳因,多無足取。惟章俊卿山堂《羣書考索》最爲精博。是編於經史百家之異同,歷代制度之沿革,條列件繫,亦尙有體要。雖其書亦專爲科舉而設。然宋一代之朝章國典,分門别類,序述詳明,多有諸書不載者。實考證家所取資,未可以體例近俗廢也。"又據《四庫全書總目》:"史稱所著有文集行世,今已散佚。惟此書猶存。凡分四集。前集六十六卷,分六經、諸子、百家、諸經、諸史、聖翰、書目、文章、禮樂、律吕、歷數、天文、地理十三門。後集六十五卷,分官制、學制、貢舉、兵制、食貨、財用、刑法七門。續集五十六卷,分經籍、諸史、文章、翰墨、律歷、五行、禮樂、封建、官制、兵制、財用、諸路、君道、臣道、聖賢十五門。别集二十五卷,分圖書、經籍、諸史、文章、律歷、人臣、經藝、財用、兵制、四裔、邊防十一門。宋自南渡以後,通儒尊性命而薄事功,文士尚議論而尠考證。如愚是編,獨以考索爲名。言必有徵,事必有據,博采諸家而折衷以己意。不但淹通掌故,亦頗以經世爲心。在講學之家,尚有實際。惟其書卷帙浩繁,又四集不作於一時,不免有重複牴牾之處。如前集六經門外又立諸經一門,其文互相出入。諸子百家門中以晏子、荀子、揚子、文中子之類爲諸子。以管子、商子、韓非子、淮南子之類爲百家。亦不知何以分别。……皆前後牴牾,疎於決擇。然大致綱羅繁富，考據亦多所心得。在宋人著述之中，較《通考》雖體例稍雜，而優於釋經。較《玉海》雖博贍不及，而詳於時政。較黃氏日鈔則條目獨明。較吕氏制度詳説則源流爲備。前人稱蘇軾詩如武庫之兵，利鈍互陳。如愚是編，亦可以當斯目矣。”

著録：《四庫全書總目》、《中國古籍善本書目》。

鈐印：“伯寅藏書”、“葉名澧印”。

433　三才藻異

AE4. T8 1689/GR526

《三才藻異》三十三卷，清屠粹忠撰，清康熙二十八年栩園刻本。十六冊。半葉八行十九字，小字雙行三十八字。四周雙邊，白口，單魚尾。版心上鐫書名，中鐫卷次，下鐫“栩園”。框高 19 釐米，寬 14.8 釐米。卷首有張瑤芝序，余吉序，康熙二十八年屠粹忠自敘，凡例，總目，目録。

屠粹忠（？—1706），字純甫，號芝巖，寧波府定海人。清順治十五年進士，官至兵部尚書。著有《採芝堂詩》等。

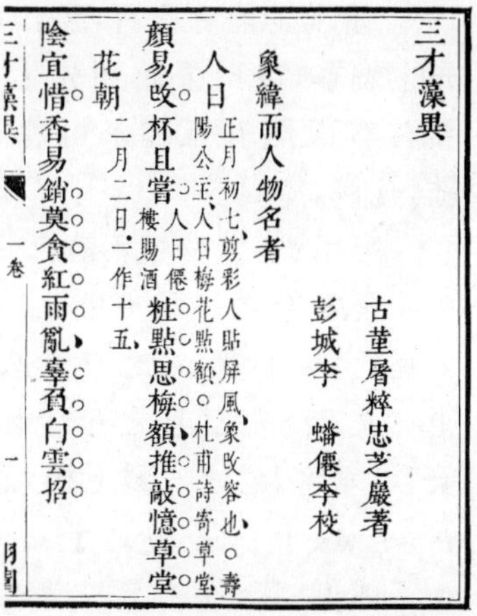

433

是書將歷代典故分類編撰以備吟詠之需，每條下有簡註。卷一爲“象緯而人物名者”，卷二爲“形勝而象緯名者”，卷三爲“形勝而人名者”，卷四爲“形勝而器物名者”，卷五爲“形勝而植物名者”，卷六爲“形勝而動物名者”，卷七爲“物類而象緯名者”，卷八爲“物類而形勝名者”，卷九爲“境物而人體名者”，卷十爲“人而奇行傳者”，卷十一爲“藝術而絕勝者”，卷十二爲“遷釋而異著者”，卷十三爲“隱逸而名傳者”，卷十四爲“人而別號傳者”，卷十五爲“事傳而無姓氏者”，卷十六爲“列女而異傳者”，卷十七爲“閨秀而詩傳者”，卷十八爲“器物而人名者”，卷十九爲“器物而植物名者”，卷二十爲“器物而動物名者”，卷二十一爲“植物而人名者”，卷二十二爲“植物而器物名者”，卷二十三爲“植物而動物名者”，卷二十四爲“動物而人名者”，卷二十五爲“動物而器物名者”，卷二十六爲“動物而植物名者”，卷二十七爲“境物而異名者”，卷二十八爲“物類而色異者”，卷二十九爲“境物而重名者”，卷三十爲“境物而數記者”，卷三十一爲“物類而互名者”，卷三十二爲“人物而變化者”，卷三十三爲“物類補遺”。

《四庫全書總目》曰：“是編取故實可備題咏者，分類標題。其目盈萬，各括以四言二韻。蓋類書之支流，而蒙求之變體也。然襞績成文，繁蕪無當。自序謂歷二十四載而成，亦勞而無補矣。”

著録：《四庫全書總目》、《中國古籍善本書目》。

434　尚友錄

J305

《尚友錄》二十二卷，明廖用賢編纂，張伯琮補輯，張坦讓參訂，康熙五年天禄齋刻本。十二冊。半葉七行二十字，小字雙行四十字。四周單邊，白口，無魚尾。版心上鐫書名，中鐫卷次。框高 17.4 釐米，寬 13.3 釐米。前有扉頁，題："增補尚友録。綏安廖賔于先生編纂，晴川張鶴湄先生補輯，溦水天禄齋藏板。"卷首有康熙五年陸求可序，萬曆四十五年廖用賢自敘，凡例，總目。

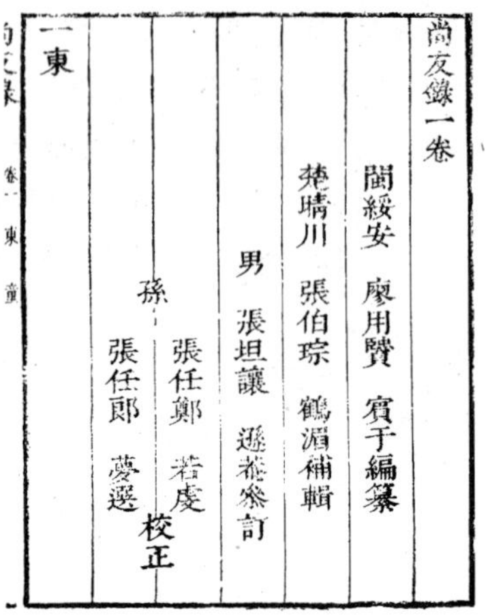
尚友錄一卷
閩綏安　廖用贒　賓于編纂
𣏌晴川　張伯琮　鶴湄補輯
男　張坦讓　遜菴參訂
孫　張任鄭　若虔
張任郎　夢遜　校正
一東

434

廖用賢（生卒年不詳），字賓于，建寧人。

是書卷之一爲一東、二冬、三江、四支、五微，卷之二爲六魚、七虞，卷之三爲八齊、九嘉、十灰，卷之四爲十二文、十三元，卷之五爲十四寒、十五山，卷之六爲一先、二蕭，卷之七爲三肴、四豪、五歌、六麻，卷之八爲七楊，卷之九爲王，卷之十爲楊、揚、陽等，卷之十一爲汪、八庚、九青、十蒸、十一尤，卷之十二爲劉、丘、尤、鄒、牛等，卷之十三爲十二侵、十三覃、十四鹽、十五咸、一董，卷之十四爲二腫、三講、四紙，卷之十五爲六語、七鹿、八薺、九蟹、十一軫、十三阮，卷之十六爲十四早、十五潸、十六銑等，卷之十七爲二十七寢、二十八感、二十九琰等，卷之十八爲九泰、十卦、十一隊等，卷之十九爲二十三樣、二十四敬、二十五徑等，卷之二十爲二沃、三覺、四質等，卷之二十一爲十二陌、十二錫、十三職方等，卷之二十二爲五微、六魚、七虞等。

《四庫全書總目》簡要論及該書："是書成於天啟中。蒐採古人事實，以韻爲綱，以姓爲目，其例一如萬姓統譜。諸所紀載，詳略失宜，無所考證。蓋亦爲應俗作也。"

著録：《四庫全書總目》。

435　事物紀原補遺

J1716

《事物紀原補遺》不分卷，清鈔本。二冊。半葉九行二十字。無邊框，葉高 26 釐米，寬 15.5 釐米。

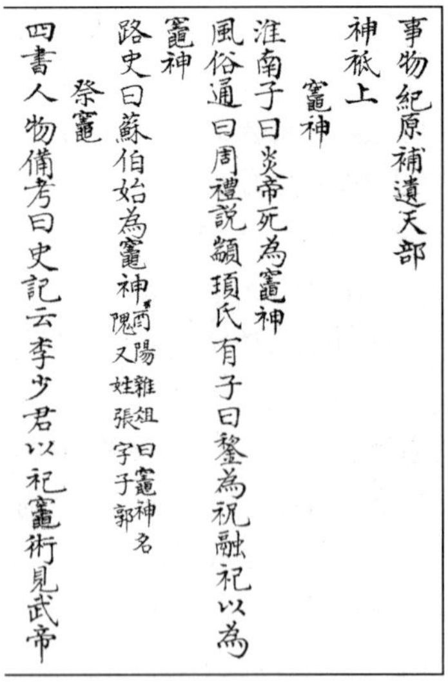
事物紀原補遺天部
神祇上
竈神
淮南子曰炎帝死為竈神
風俗通曰周禮説顓頊氏有子曰黎為祝融祀以為
竈神
路史曰蘇伯始為竈神酉陽雜俎曰竈神名隗又姓張字子郭
祭竈
四書人物備考曰史記云李少君以祀竈術見武帝

435

是書爲類書，著者不詳，依《事物紀原》體例，分爲天、地、人物、經、史、子、集各部。引證文獻鉤沉事物之源起，以達"原其始，推其自"之目的。《事物紀原》

有宋高承輯之各類版本流傳於世。

《四庫全書簡明目録》《事物紀原》條下曰:“宋高承撰,考《書録解題》稱,(高)承書凡二百十七事,而此本乃多至一千七百六十五事,非陳振孫所記,有訛。即後人有所竄入也。其書於一事一物,皆考索古書,求其緣起,雖不必盡確,而多可以資博識。”

本館藏本爲墨筆楷書。

著録:是書《中國古籍善本書目》等無著録。

436 事物異名録

AE4. L457 1788/GR71

《事物異名録》四十卷,清厲荃原輯,關槐增纂,清乾隆五十三年刻本。十二冊。半葉十一行二十一字。左右雙邊,白口,單魚尾。版心上鐫書名,中鐫卷次。框高16.8釐米,寬10.9釐米。前有扉頁,題:“事物異名録。乾隆戊申年,粵東鋟本。”前有清乾隆五十三年孫士毅序,乾隆四十一年厲荃原序,凡例,目録。

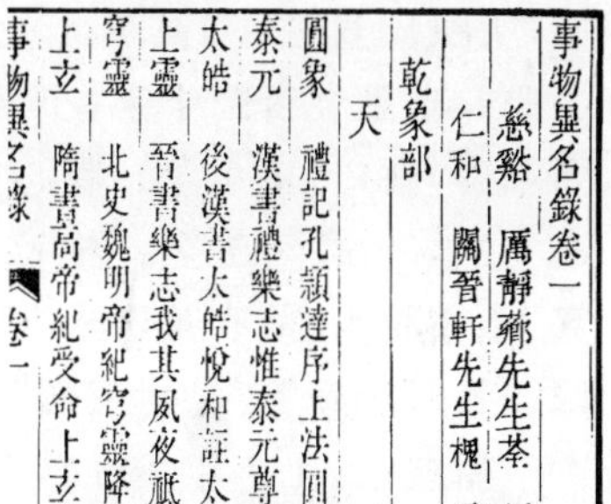
事物異名錄卷一
慈谿 厲靜薌先生荃 原輯
仁和 關晉軒先生槐 增纂
乾象部
天
圓象 禮記孔穎達序上法圓象下參方載
泰元 漢書禮樂志惟泰元尊師古註泰元天也
太皓 後漢書太皓悅和註太皓天也
上靈 晉書樂志我其夙夜祗事上靈
穹靈 北史魏明帝紀穹靈降祜麟趾衆繁
上玄 隋書高帝紀受命上玄廓清區宇
事物異名錄 卷一 一

436

關槐(1749—1806),字晉卿,號雲巖,晚號青城山人,浙江仁和人。乾隆年間供奉内廷,官至禮部侍郎,詞章翰墨,脱穎不群。活動於十八世紀中葉。著有《群仙臚祝軸》、《溪山秋爽軸》等。

厲荃(生卒年不詳),號靜薌,慈溪人。曾任清大雷縣縣令。

是書凡四十卷。分乾象、歲時、形貌、品術、書籍、樹木等三十九部,部下分類,類下記性質相同的事物,每事以通稱標題,次列異名。卷一爲乾象部,卷二爲歲時部,卷三爲坤輿部,卷四、卷五爲郡邑部,卷六爲形貌部,卷七爲倫屬部,卷八爲爵位部,卷九爲品術部,卷十爲禮制部,卷十一爲音樂部,卷十二爲政治部,卷十三爲人事部,卷十四爲宫室部,卷十五爲飲食部,卷十六爲服飾部,卷十七爲舟車部,卷十八爲耕織、漁獵部,卷十九爲器用部,卷二十爲書籍部,卷二十一爲文具部,卷二十二爲武器部,卷二十三、卷二十四爲蔬穀部,卷二十五爲布帛、珍寶部,卷二十六爲玩戲、年齒部,卷二十七爲佛釋、仙道部,卷二十八爲神鬼部,卷二十九、卷三十爲藥材部,卷三十一爲百草部,卷三十二爲樹木部,卷三十三爲花卉部,卷三十四爲果瓜部,卷三十五、卷三十六爲禽鳥部,卷三十七爲獸畜部,卷三十八爲水族部,卷三十九、卷四十爲昆蟲部。

孫士毅《序》曰:“《事物異名録》四十卷,慈溪厲明府靜薌先生原輯,晉軒學使關前輩增纂而釐訂之者也。四明古歡堂本,乾隆四十一年丙申曾刻於江南望江縣屬。按厲自敘稱,學使遊其門,性嗜書,所藏多善本,相與比勘蒐輯,又爲增所未備,分類别部,想見晨夕寖極觀摩之盛事。洎歲丁未，督學莅粵，尊甫東皐先生遂攜其書來粵，士爭先快覩，請開雕，以廣其傳。”

著録：是書《中國古籍善本書目》等無著録。

437 書言故事大全

E686

《書言故事大全》十二卷，宋胡繼宗撰，明陳玩直註，明萬曆十七年刻本。十二冊。半葉九行二十字，小字雙行同。四周單邊，白口，單魚尾。版心上鐫書名，中鐫卷次，下鐫刻工名。框高 19.6 釐米，寬 12.4 釐米。前有萬曆十七年程涓序，目録，“玉曆頒新”、“華封三祝”插圖兩幅。

胡繼宗(生卒年不詳)，盧陵人。

是書爲童蒙讀本，爲初學之便，以廣見聞。卷之一爲人君等十一項，卷之二爲親戚等十五項，卷之三爲師儒等十七項，卷之四爲神仙等二十四項，卷之五爲身體說等十七項，卷之六爲聲名等十一項，卷之七爲怨讎等十七項，卷之八爲科第等十六項，卷之九爲朝制等二十八項，卷之十爲天文等三十項，卷之十一爲都邑等十八項，卷之十二爲酒等二十七項。

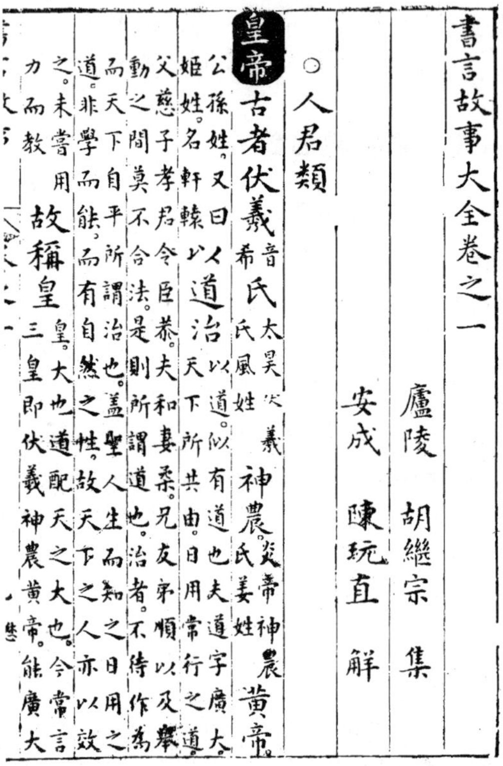
書言故事大全卷之一
廬陵 胡繼宗 集
安成 陳玩直 解
○人君類
皇帝 古者伏羲音希氏太昊伏羲氏風姓神農炎帝神農氏姜姓黃帝公孫姓。又曰姬姓。名軒轅以道治以道。以有道也。夫道字廣大。天下所共由。日用常行之道。父慈子孝，君令臣恭。夫和妻柔。兄友弟順，以及舉動之間，莫不合法。是則所謂道也。治者。不待作爲而天下自平，所謂治也。蓋聖人生而知之，日用之道。非學而能。而有自然之性。故天下之人亦以效之。未嘗用力而教故稱皇皇。大也。道配天之大也。今常言三皇即伏羲神農黃帝。能廣大

437

程涓《序》曰：“其書彙以盧陵胡繼宗，解以安成陳玩直，于述家最晚出。而採取最簡竅記事，視徐堅之初學，而靡排語聚。倣歐陽詢之藝文，而黜繁蕪摘要。若陰氏之群玉而罔龐雜，彬彬乎一家言哉。……吳伯仁專極群書館，居之暇得玆書善本，因刻而布焉。”

著録：《千頃堂書目》、《中國古籍善本書目》。

438 歲華紀麗

PL2451.H45 /J2205

《歲華紀麗》四卷，唐韓鄂撰，明胡震亨、毛晉同訂。明刻本。二冊。半葉九行十八字，小字双行同。左右雙邊，白口，單魚尾。版心上鐫書名，下鐫卷次。前有沈士龍、胡震亨序。

韓鄂，生卒年及行狀均不詳，史傳中不載，僅《新唐書・藝文志》、《宋史・藝文志》

著錄其作《歲華紀麗》與《四時纂要》。《四庫存目叢書》卷末提要云："考唐書宰相世系表載，韓休之弟殿中丞偆，偆之子河南兵曹參軍滌，鄂乃滌之曾孫。"韓休死於開元二十七年，距唐亡一百六十七年，據此，韓鄂當爲唐末或五代初人。

是書分四時、十二月節序，以事實爲偶儷之句附著之。

《四庫全書總目》曰："其書以四時節候分門隸事，各編爲駢句，略如《北堂書鈔》六帖之體。《唐志》、《宋志》皆列其名。陳振孫《書錄解題》亦載之。然久無傳本。此本爲胡震亨《祕冊函》中所刻，毛晉收其殘版，以入《津逮祕書》者。震亨跋稱得之鄭曉家。王士禎《居易錄》以爲卽震亨僞造。案錢曾《讀書敏求記》云，《歲華紀麗》舊鈔，卷終闕字數行，又失去末葉。後見章邱李中麓藏宋刻本，脫落正同。是此書確出宋本，不由震亨之依托。然《書錄解題》稱其采經史子傳歲時事類聚，而以儷句間之。此本乃全作儷句，已不相合。又儷句拙陋殊甚，所引書不過數十種，而割裂餖飣，往往不成文句。且《杜陽雜編》，蘇鶚所作。鶚，僖宗光啟中進士，已屆唐末，《摭言》，王定保所作。定保，昭宗光化三年進士，已入五代。鄂安得引二人之書。至中引四時纂要一條，考之唐志，是書卽鄂所作。鄂又何至自引已作。況鄂既唐人，不應稱唐元宗及唐時。均屬疑竇。曾所云云，正未可據爲定論也。"

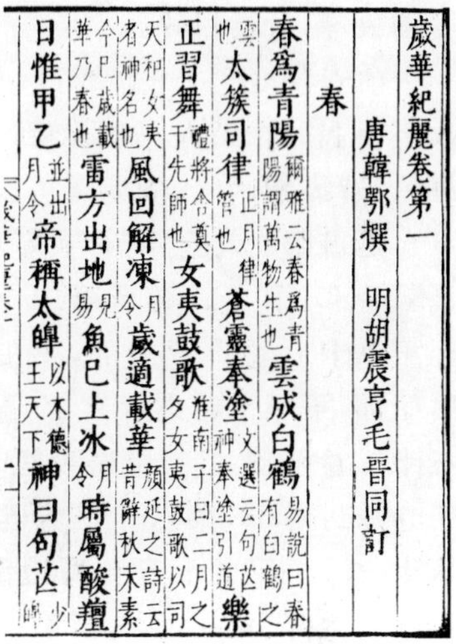
歲華紀麗卷第一
唐韓鄂撰　明胡震亨毛晋同訂
春
春爲青陽爾雅云春爲青陽謂萬物生也雲成白鶴易說曰春有白鶴之
雲也太簇司律正月律管也蒼靈奉塗文選云句芒神奉塗引道樂
正習舞禮將舍奠于先師也女夷鼓歌淮南子曰二月之夕女夷鼓歌以司
天和女夷者神名也風回解凍月令歲適載華顏延之詩云昔辭秋未素
今已歲載華乃春也雷方出地易見魚已上冰月令時屬酸羶
日惟甲乙並出月令帝稱太皞以木德王天下神曰句芒少皞

438

清姚覲元《惜抱軒書錄》曰："《歲華紀麗》，唐韓鄂撰，鄂爵位無攷，以唐宰相世系表推之，韓休之弟，殿中丞名偆，偆之子，河南兵曹參軍滌，鄂乃滌之曾孫也。《歲華紀麗》者，起自元正，訖於除歲，擇其事之典麗者，編爲駢句，分彙於各時之下，馬氏端臨亦載其目於《通考歲時類》中，然今傳本，實類書也。王士正以爲海鹽胡孝轅所僞造，然錢曾《讀書敏求記》云：'《歲華紀麗》舊鈔卷終闕字數行，又失去末頁，後見章邱李中麓藏宋刻本，脫落正同。'是此書確係舊傳本，王士正所聞，爲未審矣。"

著錄：《中國古籍善本書目》、《四庫全書總目》、《文獻通考》。

439　唐類函

D564

《唐類函》二百卷，明俞安期輯，徐顯卿校訂，明萬曆三十一年刻本。四十冊。半葉十行二十字。四周單邊，白口，單魚尾。版心上鐫書名，中鐫卷次。框高 21 釐米，寬 14 釐米。前有萬曆三十一年申時行刻序，沈思孝序，目錄兩卷，凡例二十二則，總目，增補目錄，分卷目錄。

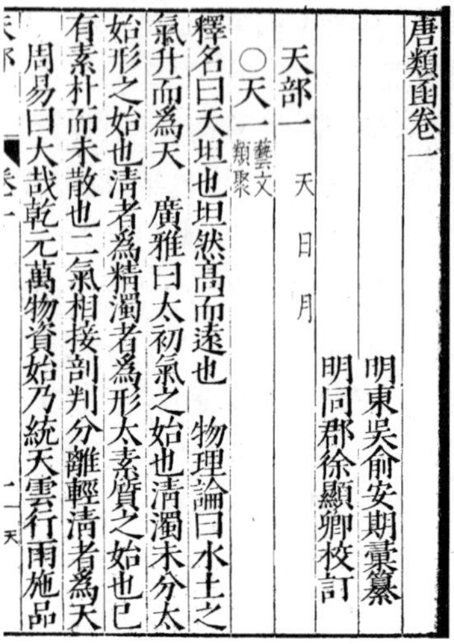
唐類函卷一
明東吳俞安期彙纂
明同郡徐顯卿校訂
天部一　天　日　月
○天一 藝文類聚
釋名曰天坦也坦然高而遠也　物理論曰水土之
氣升而爲天　廣雅曰太初氣之始也清濁未分太
始形之始也清者爲精濁者爲形太素質之始也已
有素朴而未散也二氣相接剖判分離輕清者爲天
周易曰大哉乾元萬物資始乃統天雲行雨施品

439

俞安期（1551—1627?），初名策，字公臨，更名後改字羨長，吳江人，徙陽羨，老於金陵。著有《寥寥集》、《詩雋類函》、《類苑瓊英》等。

是書第一卷至第五卷爲天部，第六卷至第十一卷爲歲時部，第十二卷至第二十卷爲地部，第二十一卷至第二十七卷爲帝王部，第二十八卷、第二十九卷爲后妃部，第三十卷爲儲宫部，第三十一卷爲帝戚部，第三十二卷至第六十卷爲設官部，第六十一卷、第六十二卷爲封爵部，第六十三卷至第八十卷爲政術部，第八十一卷至第九十五卷爲禮儀部，第九十六卷至第一百卷爲樂部，第一百一至第一百七卷爲文學部，第一百八至第一百一十五卷爲武功部，第一百一十六卷至第一百二十卷爲邊塞部，第一百二十一卷至第一百四十六卷爲人部，第一百四十七卷爲釋部，第一百四十八卷爲道部，第一百四十九卷爲靈異部，第一百五十卷爲方術部，第一百五十一卷爲巧藝部，第一百五十二卷爲京邑部，第一百五十三卷、第一百五十四卷爲州郡部，第一百五十五卷至第一百六十卷爲居處部，第一百六十一卷、第一百六十二卷爲產業部，第一百六十三卷爲火部，第一百六十四卷、第一百六十五卷爲珍寶部，第一百六十六卷爲布帛部，第一百六十七卷爲儀飾部，第一百六十八卷至第一百七十二卷卷服飾部，第一百七十三卷爲器物部，第一百七十四卷爲舟部，第一百七十五卷爲車部，第一百七十六卷至第一百七十九卷爲食物部，第一百八十卷爲五穀部，第一百八十一卷爲葯菜部，第一百八十二卷至第一百八十四卷爲果部，第一百八十五卷、第一百八十六卷爲草部，第一百八十七卷至第一百八十九卷爲木部，第一百九十卷至第一百九十三卷爲鳥部，第一百九十四卷至第一百九十七卷爲獸部，第一百九十八卷、第一百九十九卷爲鱗部，第二百卷爲蟲豸部。

《四庫全書總目》曰："此書取唐人類書，刪除重複，彙爲一函，分四十三部。每部皆列《藝文類聚》於前，而《初學記》、《北堂書鈔》、《六帖》次之。取材不濫，於諸類書中爲近古。惟時令兼取韓鄂《歲華紀麗》，未免非前四書之倫。又事關政典者既剟取杜佑《通典》補之，又寥寥數條，挂一漏萬，體例皆爲未善。且顛倒補綴，訛舛亦多。同時吳允兆亦有是編，但無六帖。議者謂兩書並出，殊爲無謂。允兆遂舉以讓安期。其中體例，亦有兼採允兆書者。安期凡例嘗言之，不自諱也。"

著錄：《四庫全書總目》、《中國古籍善本書目》。

440　問奇典註

J1644

《問奇典註》六卷，清唐英撰，張昞校，清鈔本。二冊。行數、字數不等，小字雙行。無邊框，葉高 27 釐米，寬 14.5 釐米。

唐英(1682—1756)，字俊公，號蝸寄居士，遼寧瀋陽人，隸漢軍正白旗。清雍正和乾隆朝内務府員外郎，事於養心殿，江西景德鎮御窯廠督陶官，以其對瓷器製作的卓越貢獻而聞名。同時在戲曲、繪畫、篆刻、詩詞等方面也多有建樹。著有《陶冶圖編次》、《窯器肆考》、《陶務敘略》、《陶冶圖說》、《陶成紀事》、《陶人心語》；有傳奇、雜劇《轉天心》、《面缸笑》、《十字坡》等。

是書按部首引證文獻，對生僻詞彙進行釋義、音辯。起於日部，終於戈部。

本館藏本僅有卷一之兩冊，爲墨筆楷書。

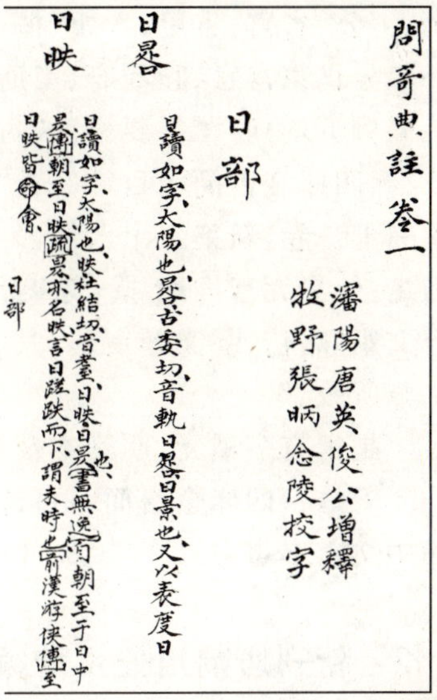
問奇典註卷一
瀋陽唐英俊公增釋
牧野張昞念陵校字
日部
日晷
日映

440

著錄：《中國古籍善本書目》載有《問奇典註》有清乾隆十一年唐氏古柏堂刻本。本館藏本《中國古籍善本書目》等無著錄。

441　新編古今事文類聚

A101

《新編古今事文類聚》前集六十卷、後集五十卷、續集二十八卷、别集三十二卷，宋祝穆輯；新集三十六卷、外集十五卷，元富大用輯，明刻本。總計九十六冊。半葉十四行二十八字，小字雙行同。四周雙邊，黑口，雙魚尾。版心中鐫書名、卷次。框高 19.2 釐米，寬 13.1 釐米。前有祝穆淳佑六年序，總目，目錄。

祝穆(生卒年不詳)，初名丙，字和甫，歙州人，徙建寧崇安。幼孤，嘗從姑父朱熹學。著有《方輿勝覽》。

是書前集分爲天道、天時、地理、帝系、人道、仕進、佛仙、民業、技藝、樂生、嬰疾、神鬼、喪事等部。後集分爲人倫、娼妓、奴僕、肖貌、穀菜、林木、竹筍、果實、花卉、鱗蟲、介蟲、毛蟲、羽蟲、蟲豸等部。續集又

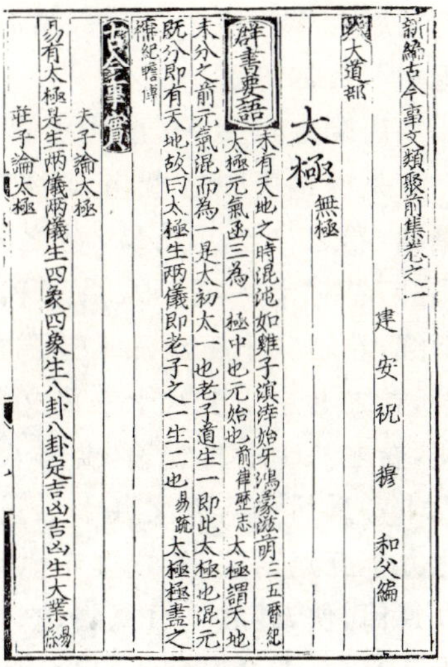
新編古今事文類聚前集卷之一
建安祝穆和父編
天道部
太極　無極
群書要語
古今事實
莊子論太極

441

分爲：居處、香茶、燕飲、食物、燈火、朝服、冠履、衣衾、樂器、歌舞、璽印、珍寶、器用等

部。別集分爲儒學、文章、書法、文房四有、禮樂、性行、仕進、人事等部。新集分爲三師、三公、省官、省屬、六曹、樞密院、御史臺、諸院、國史、諸寺、諸監、殿司、諸庫局等部。外集分爲東宮官、睦親府、王府官、節使、統軍司、都司使、諸提舉、路官、縣官等部。每一條目下均列“羣書要語”、“古今事實”、“古今文集”，羅列詳盡。

《四庫全書簡明目錄》曰：“《事文類聚》前集六十卷，後集五十卷，續集二十八卷，別集三十二卷，新集三十六卷，外集十五卷，遺集十五卷。前、後、續、別四集皆宋祝穆撰，新集、外集元富大用 撰，遺集元祝淵撰。穆書每類皆始以羣書要語，次古今事實，次古今文集，略仿《藝文類聚》。其詩文多載全篇，亦復相同。大用、無淵相繼增加體例，皆一無所改。”

是書有多種元、明刻本及清印本，本館藏本曾被鑑定爲元版。

著錄：《四庫全書簡明目錄》、《中國古籍善本書目》、《美國哈佛大學哈佛燕京圖書館中文善本書志》。

442　新刊唐荊川先生稗編

G831

[新刊]《唐荊川先生稗編》一百二十卷，明唐順之輯，左黍校，明萬曆九年茅一相文霞閣刻本。八十冊。半葉十行二十字。四周雙邊，白口，單魚尾。版心上鐫書名，中鐫卷次。框高 19.1 釐米，寬 13.5 釐米。前有萬曆九年茅坤序，自序，萬曆九年茅一相“文霞閣稗編引”，目錄等。

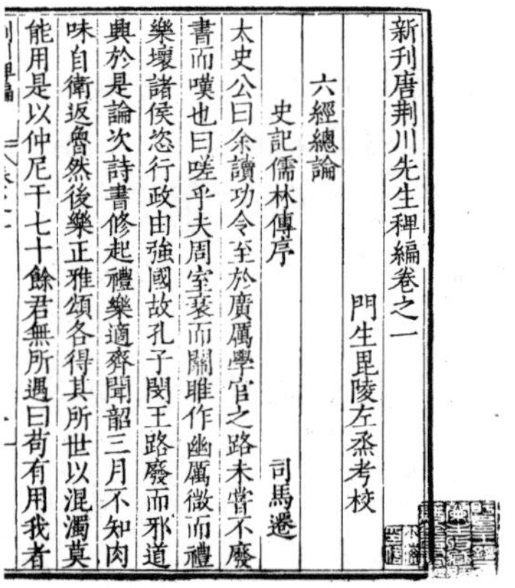
新刊唐荆川先生稗編卷之一
門生毘陵左柔考校
六經總論
史記儒林傳序　司馬遷
太史公曰余讀功令至於廣厲學官之路未嘗不廢
書而嘆也曰嗟乎夫周室衰而關雎作幽厲微而禮
樂壞諸侯恣行政由强國故孔子閔王路廢而邪道
興於是論次詩書修起禮樂適齊聞韶三月不知肉
味自衛返魯然後樂正雅頌各得其所世以混濁莫
能用是以仲尼干七十餘君無所遇曰苟有用我者

442

唐順之，見 091《歷代史纂左編》。

是書爲唐順之彙考萬物之集成。卷之一爲六經總論，卷之二至五爲易，卷之六、七爲書，卷之八至十爲詩，卷之十一至十八爲春秋，卷之十九至二十二爲禮經，卷之二十三至三十五爲禮，卷之三十六至四十二爲樂，卷之四十三至七十一爲諸家，卷之七十二至八十三爲文藝，卷之八十四、八十五爲畫，卷之八十六爲古器、琴、射、奕，卷之八十七爲總論，卷之八十八爲君、相，卷之八十九爲將，卷之九十爲諫、政，卷之九十一爲后、儲，卷之九十二爲宗、戚、主，卷之九十三爲宦、倖，卷之九十四爲奸、篡，卷之九十五爲封建，卷之九十六爲鎮、亂，卷之九十七爲夷，卷之九十八爲名世，卷之九十九爲節、俠，卷之一百爲隱逸、列婦、方技，卷之一百一、一百二爲吏，卷之一百三至一百十一爲戸，卷之一百十二、一百十三爲禮，卷之一百十四至一百十七爲兵，卷之一百十八、一百十九爲刑，卷之一百二十爲工。

《四庫全書總目》曰：“是編義例略仿章如愚《山堂考索》，薈萃羣言，區分類聚。其大旨欲使萬事萬物畢貫通於一書。故鉅細兼陳,門目浩博。始之以六經,終之以六官。六經所不能盡,則條次以九流諸家之學術。凡爲類二十有七。六官所不能盡,則賅括以歷代之史傳。凡爲類二十有五。其門人左烝先爲之考校付梓。烝没而書多殘闕。茅一相復加釐正刊行。所引書名、人名原本錯互不合者,一相亦爲訂正。然卷帙旣繁,檢校難徧。牴牾舛駁,尙往往而有。……玉瑕珠纇,頗纍全書。特以其網羅本富,涉獵攸資。當語錄盛行之時,尙不失爲徵實之學。錄備多識之一助,固亦無不可焉。”

著錄:《四庫全書總目》、《中國古籍善本書目》。

鈐印:“盱台王錫元蘭生收藏經籍金石文字印”。

刻工:茅坤序首葉版心下鐫“烏程周雷刻”,其他版心下鐫的刻工名有周邦明刻、金汝南、罗三等。

443　玉海

A179a

《玉海》二百卷,宋王應麟撰,元至元六年慶元路儒學刻,明遞修玉海本。本館藏一冊。半葉十行二十字,小字雙行。左右雙邊,白口,雙魚尾,蝴蝶裝。版心中鐫“玉海”及卷次,下鐫刻工。框高22.5釐米,寬13釐米。

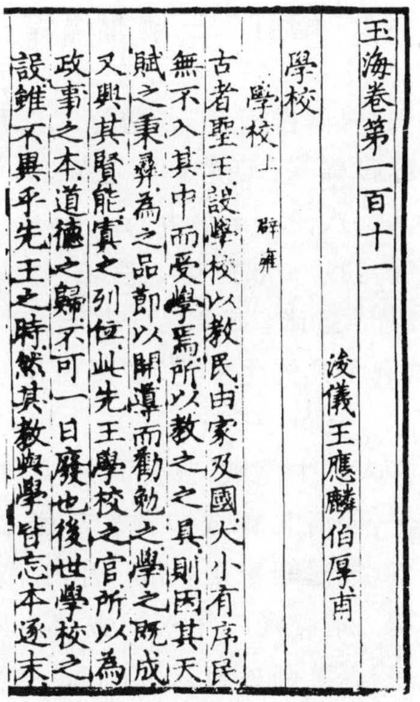
玉海卷第一百十一
浚儀王應麟伯厚甫
學校
學校上 辟雍
古者聖王設學校以教民由家及國大小有序民
無不入其中而受學焉所以教之之具則因其天
賦之秉彝爲之品節以開導而勸勉之學之旣成
又興其賢能寘之列位此先王學校之官所以爲
政事之本道德之歸不可一日廢也後世學校之
設雖不興乎先王之時然其教與學皆忘本逐末

443

王應麟,見026《鄭氏周易》《周易乾鑿度》。

《四庫全書總目》曰:“是書分天文、律憲、地理、帝學、聖製、藝文、詔令、禮儀、車服、器用、郊祀、音樂、學校、選舉、官制、兵制、朝貢、宮室、食貨、兵捷、祥瑞二十一門。每門各分子目,凡二百四十餘類。宋自紹聖置宏詞科,大觀改詞學兼茂科。至紹興而定爲博學宏詞之名,重立試格。於是南宋一代,通儒碩學多由是出,最號得人。而應麟尤爲博洽。其作此書,卽爲詞科應用而設。故臚列條目,率鉅典鴻章。其採錄故實,亦皆吉祥善事,與他類書體例迥殊。然所引自經史子集,百家傳記,無不賅具。而宋一代之掌故,率本諸實錄、國史、日歷、尤多後來史志所未詳。其貫串奥博,唐、宋諸大類書未有能過之者。何焯評點《困學紀聞》,動以詞科詆應麟,特故爲大言,不足信也。其書元時嘗刊於慶元路,版已久佚。今江寧有南京國子監刊本,以應麟所著《詩考》、《詩地理考》、《漢藝文志考》、《通鑑地理通釋》、《王會篇解》、《漢制考踐阼篇解》、《急就篇解》、《小學紺珠》、《姓氏急就篇》、《周易鄭註》、《六經天文编》、《通鑑答問》等書附梓於後。案明貝瓊《淸江集》有所作應麟孫王厚墓誌,稱應麟著《玉海》,未脫稾而失。

後復得之，中多闕誤。厚考究編次，請於閫帥鋟梓，并他書十二種以傳。據此，則諸書附梓，實始於元代。惟瓊稱慶元初刻之時，附書十二種，而今爲十三種。慶元刊書原序，亦言公書鋟於郡學者凡十有四，《玉海》其一。則十三種爲不誤。或《清江集傳》寫之誤歟。又卷首載浙東道宣慰司刊書牒文，稱《玉海》實二百卷，而今本乃合《辭學指南》爲二百四卷。《婺郡文學》李桓序所列卷目，已與今同。疑即當時校刊者所附入。相沿已久，今亦仍之。至他書之附刻者，則各從其類，別著於錄焉。其曰《玉海》者，本於張融集名。實則仿梁武所集《金海》之例，而變其稱也。”

本館藏本僅得是書之一百十一卷“學校”門。

著錄：《四庫全書總目》、《中國古籍善本書目》。

刻工：“修”、“王”、“正”、“周”、“徐”、“衍”、“珪”、“用”、“忠”。

444　增訂二三場羣備考

《群書備考》、《增訂二三場群書備考》、《增訂全場群書備考》四卷，明袁黄撰，明崇禎十五年大觀堂刻本。八冊。半葉九行二十一字，小字雙行同。四周單邊，白口，單魚尾。版心上鐫書名，下鐫卷次。框高21.4釐米，寬13.1釐米。前有沈昌興序。卷端署：“袁了凡先生手定”、“闈務秘笈”。

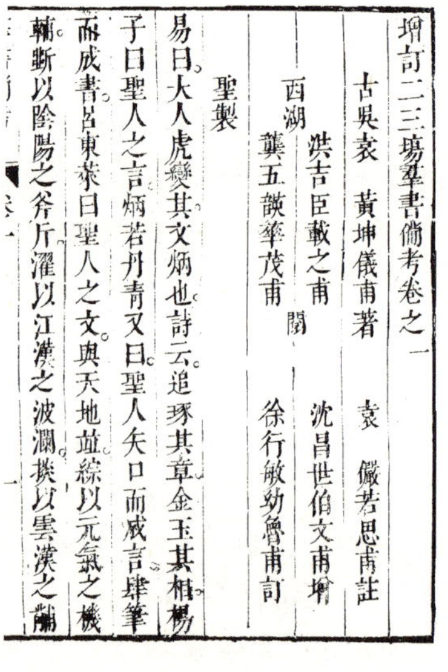
增訂二三場羣書備考卷之一
古吳袁　黃坤儀甫著　袁　儼若思甫註
西湖　洪吉臣載之甫　沈昌世伯文甫增
龔五韺華茂甫　閲　徐行敏幼魯甫訂
聖製
易曰大人虎變其文炳也詩云追琢其章金玉其相楊
子曰聖人之言炳若丹青又曰聖人矢口而成言肆筆
而成書呂東萊曰聖人之文與天地並綜以元氣之機
輔斲以陰陽之斧斤濯以江漢之波瀾揆以雲漢之劑

444

袁黄（1533—1606），初名表，字坤儀，號了凡，嘉善人。少聰敏，曾受教於雲谷禪師。萬曆十四年中進士，任河北寶坻知縣。萬曆二十年，調任兵部職方主事，後罷歸家居，閉戶著書。天啟元年追贈尚寶司少卿。清乾隆二年入祀魏塘書院六賢祠。著有《祈嗣眞詮》、《皇都水利》、《評註八代文宗》、《春秋義例》、《論語箋疏》、《袁氏易傳》、《史記定本》、《袁氏政書》、《兩行齋集》、《寶坻勸農書》、《袁了凡家訓》、《袁了凡綱鑒》、《羣書備考》、《石經大學解》、《曆法新書》、《中庸疏意》、《攝生三要》等。

是書各卷單列目錄，卷一爲聖制、聖學、道學、性學、經傳、周易、尚書、毛詩、春秋等，卷二爲天文圖、象緯、歷數、日食、分野、正朔等，卷三爲治道、親政、語令、賞罰等，卷四爲禮樂、律呂、郊祀、藉田等。

沈昌興《序》曰：“了凡先生是書，誠爲輯美。條類固爾詳明，詞類又極統貫，不必窮經，而諸經之大旨已該。”

著錄：《中國古籍善本書目》、《千頃堂書目》。

445 註釋白眉故事

AE17. H72 1702/GR168

《註釋白眉故事》、《白眉故事》四卷，許以忠集，鄧志謨校，康熙四十一年聚錦堂刻本。四冊。半葉十行二十五字，小字雙行五十字。四周單邊，白口，單魚尾。版心上鐫書名，中鐫卷次。框高 20 釐米，寬 12 釐米。前有殘缺扉頁，題："增補白眉故事。康熙壬午重刻。許貫日先生註釋，内附新箋，名公尺牘。聚錦堂梓。"卷首有鄧志謨弁言，目錄。

許以忠，明代人，生卒年及生平不詳，約生活於明萬曆三十七年。

是書分類彙集歷代典故出處並加註釋。卷一爲君道部、官品部，卷二爲人道部，卷三爲法教部、人品部，卷四爲交際部，卷五爲德器部、庸劣部，卷六爲人學部、人事部，卷七爲吉事部、凶事部、雜劇部，卷八爲仕進部，卷九爲天文部、地理部、歲時部、宮室部、花木部，卷十爲禽獸部、器用部、珍寶部、衣服部、身體部、飲食部。

鄧志謨《故事白眉弁言》敘及書名由來："是書也坊間其□□矣，然莫是是之最良也。故題曰故事白眉，蓋取馬氏五常云。"

著錄：是書《中國古籍善本書目》等無著錄。

鈐印："啓錦文記圖書"。

446 子史精華

AE4. T95 1880z/GR471

《子史精華》、《御製子史精華》一百六十卷，清允祿、允禮等撰，清雍正五年刻本。八冊。半葉十六行四十九字，小字雙行九十八字。四周雙邊，白口，單魚尾。版心上鐫書名，中鐫卷次。框高 15.2 釐米，寬 11 釐米。卷首有雍正五年雍正序，職名，目錄等。

允祿、允禮，見 200《大清會典》。

是書卷一至卷五爲天部，卷六至卷十二爲地部，卷十三至卷二十爲帝王部，卷二十一至卷二十三爲皇親部，卷二十四至卷二十七爲歲時部，卷二十八至卷三十六爲禮儀部，卷三十七至卷四十四爲設官部，卷四十五至卷六十四爲政術部，卷六十五至卷七十一爲文學部，卷七十二至卷七十六爲武功部，卷七十七至卷八十爲邊塞部，卷八十一至卷八十六爲倫常部，卷八十七至卷九十六爲品行部，卷九十七至卷一百四爲人事部，卷一百五至卷一百六爲樂部，卷一百七至卷一百十爲釋道部，卷一百十一至卷一百十五爲靈異部，卷一百十六至卷一百十九爲方術部，卷一百二十至卷一百二十二爲巧藝部，卷一百二十三、卷一百二十四爲形色部，卷一百二十五至卷一百三十二爲言語部，卷一百三十三、卷一百三十四爲婦女部，卷一百三十五至卷一百四十二爲動植部，卷一百四十三、卷一百四十四爲儀飾部，卷一百四十五、卷一百四十六爲服飾部，卷一百四十七、卷一百四十八爲居處部，卷一百四十九、卷一百五十爲産業部，卷一百五十一、卷一百五十二爲食饌部，卷一百五十三、卷一百五十四爲珍寶部，卷一百五十五至卷一百六十

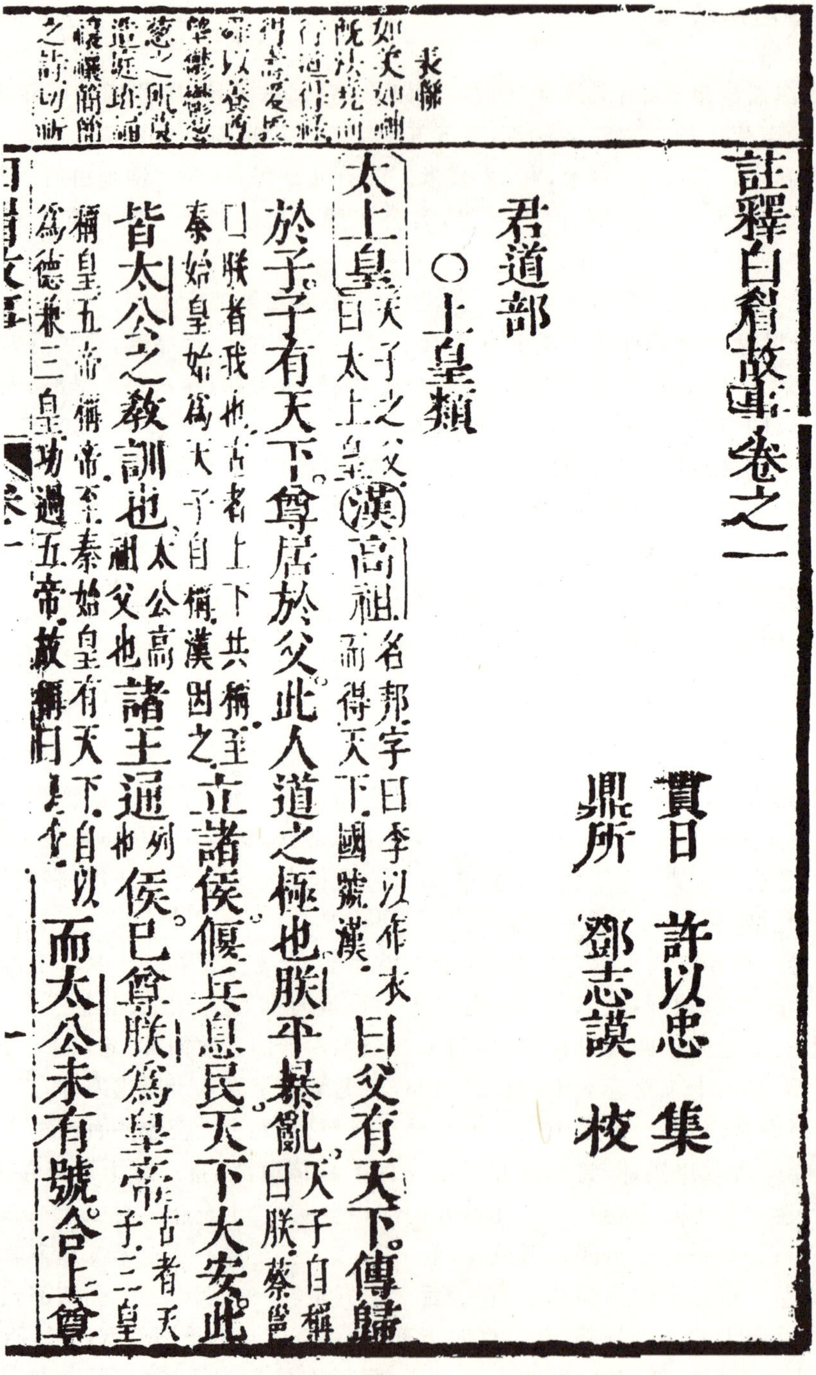

表聯

註釋白眉故事卷之一

貫日　許以忠　集

鼎所　鄧志謨　校

君道部

〇上皇類

太上皇（天子之父曰太上皇）漢高祖（名邦，字曰季，以布衣而得天下，國號漢）曰：父有天下，傳歸於子；子有天下，尊居於父。此人道之極也。朕（天子自稱曰朕。蔡邕曰：朕者，我也。古者上下共稱，至秦始皇始爲天子自稱，漢因之）平暴亂，立諸侯，偃兵息民，天下大安。此皆太公之教訓也（太公，高祖父也）。諸王通（列也）侯已尊朕爲皇帝（古者天子，三皇稱皇，五帝稱帝，至秦始皇有天下，自以爲德兼三皇，功過五帝，故稱曰皇帝），而太公未有號。今上尊

白眉故事　卷一　一

445

子史精華卷一

天部一

天

涓陽無計量［管子］天｜｜｜｜｜地化生無法崖［注］涓古育字天以陽氣育生萬物物生不可計量　若鼓有桴［管子］夫天地一險一易｜｜之｜｜撾擂則擊［注］桴當爲擊險易猶否泰夫天地否泰應德而至猶鼓之合響應擊而鳴者也　萬物槖［管子］天地｜｜之｜也天地苴萬物故曰萬物之槖［注］苴裹萬物在天地之中故爲槖也　四時云下［管子］天不動｜｜｜而萬物化［注］云運動貌也　常象［管子］天有｜地有常形人有常禮一設而不更此謂三常　動化從新［管子］天地不可留故｜｜故｜｜［注］天施地化日夜不息故能生成不已以天地變不可留停故動化其故以就其新然亦循故之四時周而復始無所易之也　虛滿合離［管子］夫運謀者天地之｜｜也［注］言歷運之謀崇替相因若天地之有虛滿合離乃理之不可已者也春夏爲合秋冬爲虛　精氣有五［管子］且夫天地｜｜｜｜不必爲沮［注］謂五行之時也其時之氣不能必則爲沮敗也　虛其無形［管子］天之道｜｜｜｜虛則不屈無形則無所位逆無所位逆故徧流萬物而不變［注］逆逆也　苞物衆［管子］｜｜｜者莫大於天地化物多者莫多於日月　或維之［管子］天｜｜地或載之天莫之維則天以墜矣地莫之載則地以沈矣夫天不墜地不沈夫或維而載之也夫　以九制［管子］天道｜｜｜地理以八制人道以六制［注］九老陽之數以老陽制天所以君長之也　粵宛［管子］天爲｜｜草木養長五穀蕃實秀大［注］粵專也宛順也天爲厚順不逆時氣也　因人［管子］天｜｜聖人因天

主正［管子］天｜｜地主平人主安靜［注］平分四時天之正也　大圓［管子］人能正靜皮膚裕寬耳目聰明筋信而骨强乃能戴｜｜而履大方［注］大圓天也　萬物母［老子］無名天地之始有名｜｜之｜［注］有名謂天地　槖籥［老子］天地之間其猶｜｜乎虛而不屈動而愈出　能長生［老子］天長地久天地所以能長且久者以其不自生故｜｜｜｜　法道［老子］人法地地法天天｜｜道法自然　得一以清［老子］天｜｜｜地得一以寧　不爭善勝

不言善應［老子］天之道｜｜而｜｜而｜｜不名而自來　道猶張弓［老子］天之｜其｜｜乎高者抑之下者舉之有餘者損之不足者與之天之道損有餘而補不足　利而不害［老子］天之道｜｜聖人之道爲而不爭　日暴夜息風乾露濡［文子］天設日月列星辰張四時調陰陽｜以｜之｜以｜｜以｜之｜以｜之　圓而無端［文子］天｜｜｜｜故不得觀其形　且冬且夏［文子］陰陽不能常｜｜｜｜月不知晝日不知夜　元運無窮［子華子］太初之中氣也天帝得之｜乎｜｜　長贏隨以擊斂沍冷閉以斂榮［子華子］夾明｜｜不能盡其所以爲溫也必｜之｜之｜而爲秋元武｜｜不能盡其所以爲寒也必｜之｜｜｜之氣而爲春孰爲此者天也　出三入一［子華子］天之精氣其大數常｜｜而｜｜｜一之謂專二之謂耦三之謂化專者才也耦者幹也化者神也　徧覆包涵昭明顯融［子華子］天之所以爲大也｜｜｜帝之所以爲功也　捭闔［鬼谷子］｜｜者天地之道捭闔者以變動陰陽四時開閉以化萬物縱橫反出反覆反忤必由此矣　持樞［鬼谷子］｜｜謂春生夏長秋收冬藏天之正也　左舒［尸子］天｜｜而起牽牛翹右闢而起昴畢

爲器物部。

《四庫全書總目》曰："康熙末聖祖仁皇帝勅修，雍正五年世宗憲皇帝御定頒行。四庫之中，惟子、史最爲浩博，亦最爲蕪雜。蓋紀傳、編年以外，凡稗官野記，皆得自託於史。儒家以外，凡異學方技，皆得自命爲子。學者雖病其冗濫，而資考證、廣學問者，又錯出其中，不能竟廢，卷帙所以日繁也。或寒門細族，艱於購求。或僻壤窮鄉，限於耳目。則涉覽有所不能徧。或貪多務得，不別瑕瑜。或嗜異喜新，偏矜荒誕。則持擇有所不能精。於是刪纂之學興焉。然摘錄之本，如庾仲容之《子鈔》……馬總之《意林》，簡略不詳。錢端禮之《諸史提要》，疎陋寡緒。楊侃之《兩漢博聞》、林鉞之《漢雋》偏舉不全。卽洪邁之《經子法語》、《諸史精語》，吕祖謙之《十七史詳節》，亦未爲善本。明人所輯，叢脞彌甚，益自鄶無譏。聖祖仁皇帝嘉惠藝林，特命纂輯此編，俾其知津逮。分三十類，子目二百八十。凡名言雋句，採掇靡遺。大書以標其精要，分註以詳其首尾。原原本本，條理秩然。繁簡得中，翦裁有法。守兹一帙，可以富擬百城。於子史兩家，誠所謂披沙而簡金，集腋而爲裘矣。"

著録：《四庫全書總目》。

447　左粹類纂

H983

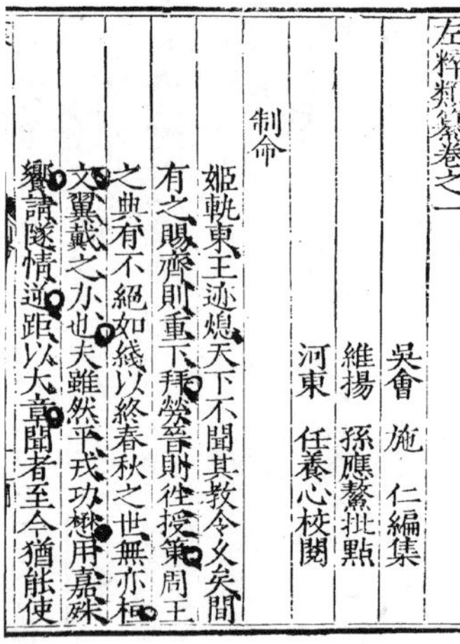
左粹類纂卷之一
吳會　施　仁編集
維揚　孫應鰲批點
河東　任養心校閱
制命
姬轍東王迹熄天下不聞其教令久矣閒
有之賜齊則重下拜勞晉則往授策周王
之典有不絕如綫以終春秋之世無亦桓
文翼戴之力也夫雖然平戎功懋用嘉殊
饗請隧情逆距以大章聞者至今猶能使

447

《左粹類纂》十二卷，明施仁輯，孫應鰲批點，任養心校閲，明萬曆十一年蔣希孔刻本。八册。半葉十行二十一字，小字雙行同，眉欄上刻評。四周雙邊，白口，單魚尾。版心上鐫卷次，中鐫篇名，下鐫春秋國名。框高 19.9 釐米，寬 14.6 釐米。前有萬曆十一年姚士觀、任養心序，嘉靖八年黄省曾序，嘉靖四十二年孫應鰲左粹題評序，凡例，音釋，目録。後有蔣希孔後序。

施仁（生卒年不詳），字宏濟，長洲人。嘉靖戊子舉人。

孫應鰲（1527—1586），字山甫，號淮海，貴州清平人，常居如皋。嘉靖三十二年進士，爲戶科給事中，出補江西僉事。歷任湖廣布政使右布政、右僉都御史巡撫鄖陽、大理寺卿，遷禮部侍郎，官至南京工部尚書。謚文恭。著有《淮海易談》、《律吕分解》、《學孔精言舍匯稿》等。

是書將《左傳》各篇依類書之體分爲十二類。卷一爲制命，卷二爲諫諍，卷三爲戒諭，卷四爲辯說，卷五爲議論，卷六爲賦詩，卷七爲謀略，卷八爲政事，卷九爲薦舉，卷十爲辭讓，卷十一爲逆料，卷十二爲夢卜。

《四庫全書總目》曰："兹編以《左傳》所紀之事，分十五門編載。變解經之書爲類事之書，去春秋之義遠矣。"

著録：《四庫全書總目》、《中國古籍善本書目》。

集　部

唐别集類

448　白氏長慶集

F745

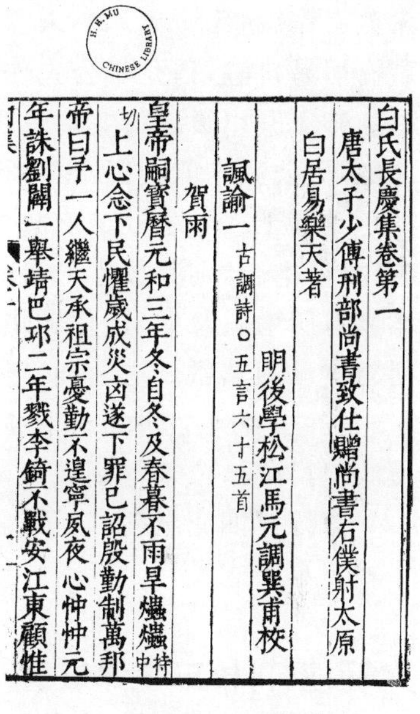
白氏長慶集卷第一
唐太子少傅刑部尚書致仕贈尚書右僕射太原
白居易樂天著　　明後學松江馬元調巽甫校
諷諭一　古調詩○五言六十五首
賀雨
皇帝嗣寶曆元和三年冬自冬及春暮不雨旱爞爞持中
切上心念下民懼歲成災凶遂下罪己詔殷勤制萬邦
帝曰予一人繼天承祖宗憂勤不遑寧夙夜心忡忡元
年誅劉闢一舉靖巴邛二年戮李錡不戰安江東顧惟

448

《白氏長慶集》七十一卷，唐白居易撰，明馬元調校，明萬曆三十四年馬元調刻本。二十六册。半葉十行二十一字。左右雙邊，白口，單魚尾。版心上鐫書名，中鐫卷次。框高20.5釐米，寬14釐米。前有長慶四年元稹序，宋祁《新唐書》白居易本傳，李商隱《太原白公墓碑銘并序》，陶穀述《龍門重修白樂天影堂記》，目錄等。

白居易（772—846），字樂天，號香山居士，世稱白傅、白文公，下邽人。官至太子少傅。謚文。

是書卷第一至卷第四爲諷喻，卷第五至卷第八爲閒適，卷第九至卷第十二爲傷感，卷第十三至卷第二十爲律詩，卷第二十一爲格詩謌行雜体，卷第二十二爲格詩雜体，卷第二十三至卷第三十五爲律詩，卷第三十六爲半格体，卷第三十七爲律詩，卷第三十八爲詩賦，卷第三十九爲銘、贊、箴、謠、偈，卷第四十爲哀祭文，卷第四十一爲碑碣，卷第四十二爲墓誌銘，卷第四十三爲記序，卷第四十四爲書，卷第四十五爲書序，卷第四十六爲書、頌、議、論、狀，卷第四十七爲試、策問、制誥，卷第四十八卷至卷第五十三爲中書制誥，卷第五十四至卷第五十七爲翰林制誥，卷第五十八至卷第六十一爲奏、狀，卷第六十二至卷第六十六爲策林，卷第六十七爲判，卷第六十八爲碑、誌、序、記、表、贊、論衡書，卷第六十九爲碑、序、解、祭文、記，卷第七十爲銘、誌、贊、序、祭文、記、辭、傳，卷第七十一爲碑、記、銘、吟、偈。

《四庫全書總目》曰："案錢曾《讀書敏求記》稱所見宋刻居易集兩本，皆題爲《白氏文集》，不名《長慶集》。汪立名校刻《香山詩集》，亦謂寶歷以後之詩不應槩題曰長慶。今考居易嘗自寫其集，分置僧寺。據所自記，太和九年置東林寺者二千九百六十四首，勒成六十卷。開成元年置於聖善寺者三千二百五十五首，勒成六十五卷。開成四年置於蘇州南禪院者凡三千四百八十七首，勒爲六十七卷。皆題曰《白氏文集》。開成五年置於香山寺者凡八百首，合爲十卷。則別題曰《洛中集》。惟長慶四年元稹作《白氏長慶集》序，稱盡徵其文，手自排纂，成五十卷，二千一百九十一首。又稱明年當改元長慶，訖於是，因號曰白氏長慶集。則長慶一集，特穆宗甲辰以前之作。曾及立名所辨，不爲無據。然《唐志》載《白氏長慶集》七十五卷，宋志亦載《白氏長慶集》七十一卷，而《白氏文集》之名轉不著錄。又高斯得《恥堂存稾》有《白氏長慶集》序。宋人目錄傳於今者，晁公武《讀書志》、尤袤《遂初堂書目》、陳振孫《書錄解題》，亦均作《白氏長慶集》。則謂宋刻必作《白氏文集》，亦未盡然。況元稹之序本爲《長慶集》作，而《聖善寺文集》記中載有居易自註，稱元相公先作集序并目錄一卷在外。則長慶集序已移弁開成新作之目錄。知寶歷以後之詩文均編爲續集，襲其舊名矣，未可遽以總題長慶爲非也。其卷帙之數，晁公武謂前集五十卷，後集二十卷，續集五卷。今亡三卷，則當有七十二卷。陳振孫謂七十一卷之外又有外集一卷，亦當有七十二卷。而所標總數乃皆仍爲七十一卷，與今本合，則其故不可得詳。至彭叔夏《文苑英華》辨證謂集中進士策問第二道，俗本妄有所增。又馮班《才調集》評亦稱每卷首古調、律詩、格詩之目爲重刻改竄。則今所行本已迥非當日之舊矣。”

按《柏克萊加州大學東亞圖書館中文古籍善本書志》，此馬元調刻本是其《元氏長慶集》付梓后，依宋本刻成。

著錄：《四庫全書總目》、《中國古籍善本書目》、《柏克萊加州大學東亞圖書館中文古籍善本書志》。

449　重刊校正笠澤叢書

《笠澤叢書》、《重刊校正笠澤叢書》，分甲乙丙丁四卷，《補遺》一卷，唐陸龜蒙撰，清雍正九年陸鍾煇依元后至元五年刻本重刊。四冊。半葉十行十八字，小字雙行同。左右雙邊，白口，雙魚尾。框高 19.7 釐米，寬 12.8 釐米。版心鐫書名、卷次簡爲“叢甲”“叢乙”等。前有目錄，宋元符三年樊開陸魯望文集序，陸龜蒙自序等。後有雍正辛亥陸鍾煇跋，元後至元五年陸龜蒙十一世孫陸德原跋。

陸龜蒙（？—881），字魯望，别號天隨子、江湖散人、甫里先生，江蘇吳江人。曾任湖州、蘇州刺史幕僚。唐昭宗於光化三年追贈右補闕。著有《甫里先生文集》等。

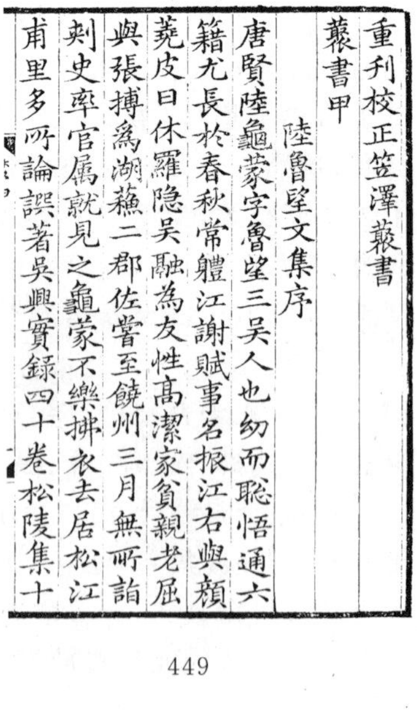
重刊校正笠澤藂書
藂書甲
陸魯望文集序
唐賢陸龜蒙字魯望三吳人也幼而聦悟通六籍尤長於春秋常體江謝賦事名振江右與顔蕘皮日休羅隐吳融為友性高潔家貧親老屈與張搏為湖蘇二郡佐嘗至饒州三月無所詣刺史率官屬就見之龜蒙不樂拂衣去居松江甫里多所論譔著吳興實録四十卷松陵集十

449

孫德厚《笠澤藂書跋》曰:“右《笠澤藂書》三卷,唐甫里先生之所論著也。先生既自號天隨子,又自謂江湖散人,其所著書有《松陵集》,有《吳興實録》,而此編又謂之《笠澤藂書》者,蓋以其藂脞細碎,多補遺殘編,然起甲迄丁,篇什不滿百,豈猶有待於後歟?先生出處,大致已見唐書《隱逸傳》,至於樊開,則爲文集序,朱衮則又爲文集後序,然皆不出于《唐書》《列傳》也。嗚呼!唐自懿僖以後,不惟士氣萎薾,文章亦與時高下,先生當此時,憤鬱窮愁,非悼已也,忼慷論列,非求知也,特以積之厚則發之宏,身之窮則言之暢也。顧其志,既不能自達於廟朝之崇深,又不能自暴著於天下四海,隱約在下而山林江海,蛟鯨蛇虎,吞噬肆毒,士幾無所容其身,而先生牛衣之所呻吟,鸖垤之所嘆恨者,豈爲流連光景,陶寫性情之具哉?特以先生之澤,更大亂而猶存,故雖一嚬一蹙,不忘愛君憂國之誠,傷今思古而作也。”

《四庫全書總目》之《笠澤叢書》條下曰:“此集爲龜蒙自編。以其叢脞細碎,故名叢書。以甲、乙、丙、丁爲次。後又有補遺一卷。宋元符間蜀人樊開始序而梓之。政和初,毘陵朱衮復行校刊,止分上、下二卷,及補遺爲三。此本爲元季龜蒙裔孫德原重鐫。既依蜀本釐爲四卷,而序仍毘陵本作三卷者,字偶誤也。王士禎《漁洋文略》有此書跋,謂得都穆重刊蜀本,内紀錦裙在丙集,迎潮詞在丁集。而此本錦裙乙集,迎潮詞在丙集,敘次又不盡依蜀本之舊,疑德原又有所竄亂矣。龜蒙與皮日休相倡和,見於松陵集者,工力悉敵,未易定其甲乙。惟雜文則龜蒙小品爲多,不及日休文藪時標偉論。然閒情别致,亦復自成一家,固不妨各擅所長也。”

著録:《中國古籍善本目録》、《四庫全書總目》。

450　分類補註李太白詩

E590

《分類補註李太白詩》二十五卷,宋楊齊賢集註,元蕭士贇删補,明刻本。十六册。半葉九行二十字。左右雙邊,白口,單魚尾。版心上鐫書名,中鐫卷次。框高 22.4 釐米,寬 14.2 釐米。前有寶應元年李陽冰序,咸平元年樂史後序,貞元六年劉白泉“唐翰林李君碣記”,宋敏求後序,曾鞏序,元豐三年毛漸序,薛仲邕編“唐翰林李太白年譜”,目録。

楊齊賢(1181—1269),字子見,永州寧遠人。南宋寧宗慶元五年進士,兩應制試第一,執政以賢良方正舉薦,授通直郎。在寧宗、理宗兩朝歷官四十八年。著有《青蓮詩選》、《進卷八略》、《周子年譜》、《蜀樞集》等。

蕭士贇(生卒年不詳),字粹可,寧都人。宋辰州通判,立等之子,篤學,工詩,與吳澄相友善。著有《詩評》二十餘篇及《冰崖集》,俱已久佚,獨此本爲世所傳。

是書卷一爲古賦,卷二爲古風,卷三至卷六爲樂府,卷七、卷八爲歌吟,卷九至卷十二爲贈,卷十三、卷十四爲寄,卷十五爲留别,卷十六至卷十八爲送,卷十九爲詶答,卷二十爲游宴,卷二十一爲登覽,卷二十二爲行役,卷二十三爲紀閑適,卷二十四爲感遇,卷二十五爲題詠、雜詠、閨情、哀傷。

《四庫全書總目》曰："宋楊齊賢集註，而元蕭士贇所刪補也。《杜甫集》自北宋以來註者不下數十家。《李白集》註宋元人所撰輯者，今惟此本行世而已。康熙中，吳縣繆曰芑翻刻宋本《李翰林集》，前二十三卷爲歌詩，後六卷爲雜著。此本前二十五卷爲古賦樂府歌詩，後五卷爲雜文。且分標門類，與繆本目次不同。其爲齊賢改編，或士贇改編，原書無序跋，已不可考。惟所輯註文，則以齊賢曰、士贇曰互爲標題以別之，故猶可辨識。註中多徵引故實，兼及意義。卷帙浩博，不能無失。"《欽定天祿琳琅書目》曰："唐李白著，元楊齊賢集註，蕭士贇補註。二十五卷前載唐李陽冰、宋樂史、宋敏求、曾鞏、毛漸五序，劉全白、李君碣記。……今觀此本，首卷録賦八篇，餘二十四卷皆載詞詩，並無雜著，與振孫所見諸本不惟卷數參差，亦且所收反少。雖載陽冰諸人之序，而皆不仍其舊矣。"

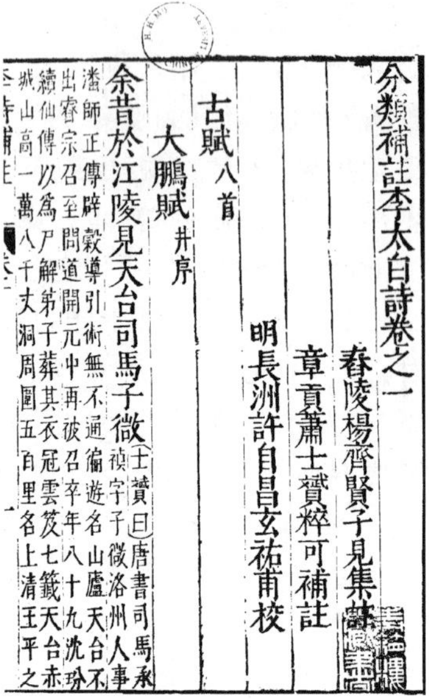
分類補註李太白詩卷之一
春陵楊齊賢子見集註
章貢蕭士贇粹可補註
明長洲許自昌玄祐甫校
古賦八首
大鵬賦并序
余昔於江陵見天台司馬子微

450

按《中國古籍善本總目》，與本館所藏類似的刻本，有萬曆十三年許自昌刻《李杜全集》本，及崇禎三年毛氏汲古閣重修本。

著錄：《四庫全書總目》、《欽定天祿琳琅書目》、《中國古籍善本書目》。

鈐印："青箱樓藏書"。

451 李太白文集

《李太白文集輯註》、《李太白文集》三十六卷，唐李白撰，清王琦輯註，清乾隆二十四年聚錦堂刻本。十六册。半葉十行二十字，小字雙行同。左右雙邊，白口，單魚尾。版心上鐫書名，中鐫卷次。框高 17.5 釐米，寬 13 釐米。前有扉頁，題："李太白文集輯註。聚錦堂藏板。"前有乾隆二十四年齊召南、杭世駿序，趙信序，乾隆二十三年王琦序，目錄。

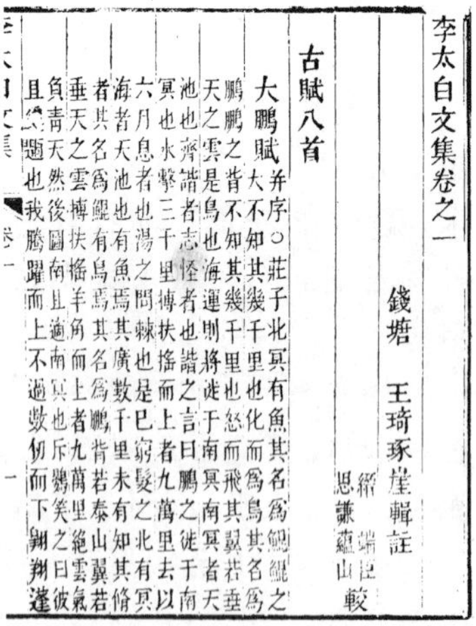
李太白文集卷之一
錢塘 王琦琢崖輯註
古賦八首
大鵬賦并序

451

王琦（1696—1774），字載韓，號琢崖、緈庵，晚號胥山老人，錢塘人。曾考訂《佀山堂類辨》、《慎齋醫書》、《醫林指月》等。

是書卷之一爲古賦，卷之二爲古詩，卷之三至六爲樂府，卷之七至二十五爲古近體詩，卷之二十六爲表書，卷之二十七爲序文，卷之二十八爲記、頌、讚，卷之二十九爲銘、碑、祭文，卷之三十爲詩文、拾遺，卷之三十一至三十六爲附錄。

王琦《序》曰："詩人李杜並稱，古今註杜者百餘家，而李之註傳於世者乃少。余所見楊子見、蕭粹齋、胡孝轅三家，外此寥寥無聞矣。……爰合三家之註訂之，芟柞繁蕪，補增闕畧，析疑匡謬，頻有更定。至於山川、古跡之地形，鳥獸、草木之名狀，尤加詳考，不厭繁複，蓋將以為多識之助，而觀者議其過於綪碎鱗雜，無當於詩之本義。……余承三子之後，捃摭其殘膏剩馥，而廣爲綜緝夫，豈誇多而炫麗哉。將以竟三子之業也。"

著錄：《皇朝文獻通考》、《中國古籍善本書目》。

452 李義山詩集

《李義山詩集》、《箋註李義山詩集》三卷，唐李商隱著，清朱鶴齡箋註，何焯、朱彝尊、紀昀批註，沈厚塽輯評，清三色套印本。三冊。半葉十行二十一字，小字雙行同，眉欄上刻評。左右雙邊，白口，單魚尾。版心上鐫書名，下鐫卷次。各卷終刻有"武林沈映鈐、巴陵方功惠校訂"。前有朱鶴齡順治十六年自序，凡例，《舊唐書文苑傳》，附錄諸家詩評、李義山詩譜等。

朱鶴齡(1606—1683)，字長孺，號愚庵，江蘇吳江人。明諸生。事具《江南通志》本傳。著有《愚庵詩文集》、《讀左日鈔》、《禹貢長箋》、《春秋集説》、《詩經通義》、《易廣義略》、《尚書埤傳》等。

本館藏本疑爲清同治九年广州刻三色套印本。

著錄：《中國古籍善本書目》。

453 唐陸宣公集

《陸宣公集》、《唐陸宣公集》二十二卷，唐陸贄撰，年羹堯訂，王汝驤、張泰基校，清康熙六十一年積雪齋刻本。六冊。半葉十行二十字。四周單邊，白口，單魚尾。版心上鐫書名，下鐫卷次。框高 19.1 釐米，寬 13.2 釐米。有刻工，名"程際生"。前有雍正御筆序(套紅印刷)，年羹堯序，唐權德輿序等。後有清康熙元年王汝驤跋。

陸贄(754—805)，字敬輿，蘇州嘉興人。唐大歷八年進士，中博學弘辭、書判拔萃科。德宗初爲翰林學士，後爲中書舍人，又遷中書侍郎平章事。貞元八年出任宰相，後被貶充忠州别駕，永貞元年卒於任所。謚宣公。著有《陸宣公翰苑集》等。

是書收錄陸贄所擬文稿一百三十七篇。卷一至卷十爲制誥，計八十三篇；卷十一至卷十六爲奏草，計三十二篇；卷十七至卷二十二爲中書奏議，計三十二篇。有制、誥、敕、德音、冊、表、狀、書等。各文均擬有標題，重要文件之前有編者按語。刊行後，自宋至民國時期曾不斷重印，頗受重視。

《欽定天禄琳琅書目》曰："陳振孫《書錄解題》曰，'《陸宣公集》二十二卷，權德輿爲之序，稱《制誥集》十三卷，《奏草》七卷，《中書奏議》七卷。今所存者，《翰苑集》十卷，

感年華之易邁借錦瑟以發端思華年三字一篇之骨三四賦思也五六賦華年也末仍結歸思字○諸家皆以爲悼亡之作

愚按此悼亡之詩也首聯借素女鼓五十弦之瑟而悲泰帝禁不可止以發端言悲思之情有不可得而止者次聯則悲其遽化爲異物腹聯又悲其不能復起之九原曰思華年曰追憶指趣曉然何事紛紛附會乎亡友湘衡亦主余說飲光亦以爲悼亡之詩與吾意合云莊生句取義於鼓盆也但云生平不喜義山詩意爲詞掩郤所未喻

此悼亡詩也意亡者喜彈此故覩物思人因而託物起興也瑟本二十五弦弦斷而爲五十弦矣故曰無端也取斷弦之意也一弦一柱而接思華年二十五而破也胡蝶杜鵑言已化去也珠有淚哭之也玉生烟已葬也猶言埋香瘞玉也此情豈待今

李義山詩集卷上

何焯義門硃筆
朱彝尊竹垞墨筆
紀昀曉嵐藍筆

吳江朱鶴齡箋註　武林沈厚塽輯評

錦瑟

此篇乃自傷之詞騷人所謂美人遲暮也莊生句言付之夢寐望帝句言待之來世滄海藍田言埋韞而不得自見月明日暖則清時而獨爲不遇之人尤可悲也　義山集三卷猶是宋本相傳舊次始之以錦瑟終之以井泥合二詩觀之則吾謂自傷者更無可疑矣

錦瑟無端五十絃〔周禮樂器圖〕雅瑟二十三絃頌瑟二十五絃飾以寶玉者曰寶瑟繪文如錦曰錦瑟〔漢書郊祀記〕泰帝使素女鼓五十絃瑟悲帝禁不止故破其瑟爲二十五絃或曰〔呂氏春秋〕云朱襄氏作五絃瑟以采陰氣以定羣生瞽叟乃拌五絃爲十五絃之瑟命之曰大章舜立乃益八絃以爲二十三絃之瑟此詩五十絃當倒其文爲十五絃與下思華年相應一云五十疑作廿五正用素女事廿人汁切音入古八書二十字多併省爲廿顏之推稽聖賦中山何夥有子百廿但詩家罕用

一絃一柱思華年言其思之歷亂

莊生曉夢迷蝴蝶〔莊子〕昔者莊周夢爲蝴蝶栩栩然蝴蝶也

望帝春心託杜鵑亦其情哀苦〔水經注〕來敏本蜀論望帝者杜宇也從天下女子朱利自江源出爲宇妻遂王於蜀號曰望帝蜀王

李義山詩集　卷上　一

上一紅　上一青

《牓子集》十二卷，序文稱別集、文賦、表狀十五卷，今不傳。據此則陸贄集乃四十二卷，至宋已闕二十卷矣。振孫所謂《翰苑集》卽《制誥集》，其《牓子集》係合《奏草》、《奏議》爲二書，馬端臨《文獻通考》專載《奏議》十二卷，蓋因《制誥》、《奏議》集名既分，原可各自單行，不必合二十二卷，始爲全本，此書所載，皆制誥之文，分以十卷，卽單行之《翰苑集》也。”

年羹堯《序》曰：“有唐敬輿先生制誥、奏議之文，義烈感人心，文章鏘金石，自宋臣蘇軾、范祖禹等元祐進呈以來，人知尊奉，板行不絕，迄於今已如日月經天，江河行地，……顧向所流傳，多訛字，余自受讀以來，留心購校，迄無善本，今於退食之暇，與二三文士校讐而商榷焉，訂訛析疑，……爰授梓人以公諸世。”

著錄：《中國古籍善本書目》、《欽定天祿琳琅書目》、《直齋書錄解題》。

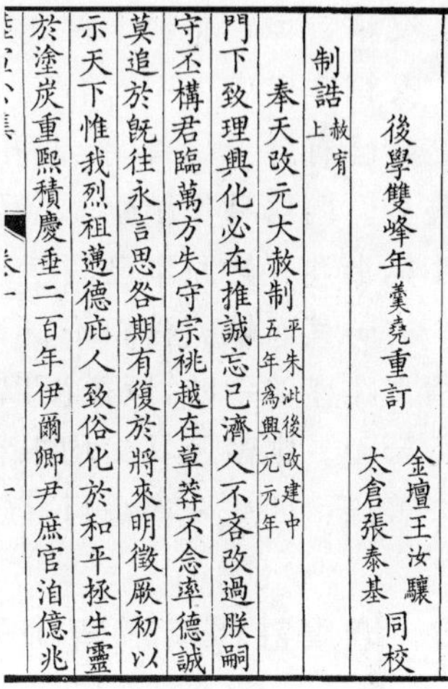
唐陸宣公集卷第一
後學雙峰年羹堯重訂　金壇王汝驤　太倉張泰基　同校
制誥上　赦宥
奉天改元大赦制　平朱泚後改建中五年爲興元元年
門下致理興化必在推誠忘已濟人不吝改過朕嗣
守丕構君臨萬方失守宗祧越在草莽不念率德誠
莫追於既往永言思咎期有復於將來明徵厥初以
示天下惟我烈祖邁德庇人致俗化於和平拯生靈
於塗炭重熙積慶垂二百年伊爾卿尹庶官洎億兆

453

454　元氏長慶集

F744

《元氏長慶集》六十卷，唐元稹撰，明馬元調校，明萬曆三十二年刻本。十冊。半葉十行二十一字。左右雙邊，白口，單魚尾。版心上鐫書名，中鐫卷次。框高21釐米，寬14釐米。前有萬曆三十二年婁堅重刻序，乾道四年劉麟序，凡例，宋祁《新唐書》元稹本傳，元稹墓誌銘，目錄。

元稹（799—831），字微之，河南人。貞元九年明經及第，授校書郎，後官監察御史。事具《唐書》本傳。

是書卷一至卷八前半爲古詩，卷八後半至卷九爲傷悼詩，卷十至卷二十二爲律詩，卷二十三爲古樂府，卷二十四至卷二十六爲新樂府，卷二十七爲賦，卷二十八爲策，卷二十九至卷三十一爲書，卷三十二至卷三十九爲表、狀，卷四十至卷五十爲制誥，卷五十一爲序、記，卷五十二至卷五十八爲碑銘，卷五十九、卷六十爲告、祭文。

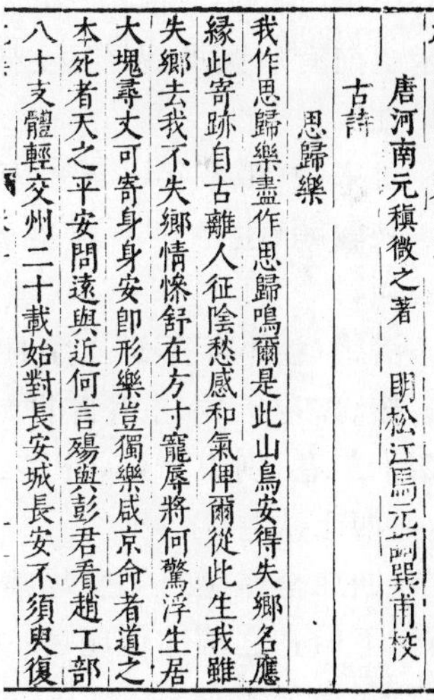
元氏長慶集卷第一
唐河南元稹微之著　明松江馬元調巽甫校
古詩
思歸樂
我作思歸樂盡作思歸鳴爾是此山鳥安得失鄉名應
緣此寄跡自古離人征陰愁感和氣俾爾從此生我雖
失鄉去我不失鄉情慘舒在方寸寵辱將何驚浮生居
大塊尋丈可寄身身安卽形樂豈獨樂咸京命者道之
本死者天之平安問遠與近何言殤與彭君看趙工部
八十支體輕交州二十載始對長安城長安不須臾復

454

《四庫全書總目》曰：“考稹與白居易書，稱河東李明府景儉在江陵時，僻好僕詩章。僕因撰成卷軸。其中有旨意可觀而詞近古往者爲古諷。意亦可觀而流在樂府者爲樂諷。詞雖近古而止於吟寫性情者爲古體。詞實樂流而止於模象物色者爲新題樂府。聲勢沿順，屬對穩切者爲律詩。仍以五七言爲兩體。其中有稍存寄興與諷爲流者爲律諷。又稱有悼亡詩數十首，豔詩百餘首。自十六時至元和七年，有詩八百餘首，成二十卷。又稱昨巴南道中有詩五十首。又書中得七年以後所爲向二百篇。然則稹三十七歲之時已有詩千餘首。《唐書》本傳稱，稹卒時年五十三。其後十六年中，又不知所作凡幾矣。白居易作稹墓誌，稱著文一百卷，題曰《元氏長慶集》。《唐書・藝文志》又載有小集十卷。然原本已闕佚不傳。此本爲宋宣和甲辰建安劉麟所傳，明松江馬元調重刊。……其卷帙與舊說不符，卽標目亦與自敘迥異。不知爲何人所重編。前有麟序，稱稹文雖盛傳一時，厥後浸以不顯。惟嗜書者時時傳錄。某先人嘗手自鈔寫，謹募工刻行云云。則麟及其父均未嘗有所增損。蓋在北宋卽僅有此殘本爾。”

著錄：《四庫全書總目》、《中國古籍善本書目》。

455　增廣註釋音辯唐柳先生集

A066

《增廣註釋音辯唐柳先生集》四十三卷，别集二卷，外集二卷，附錄一卷，唐柳宗元撰，宋童宗說註釋，宋張敦頤音辯，宋潘緯音義，宋刻本。八冊。半葉十三行二十三字，小字雙行同。四周雙邊，白口，雙魚尾。版心中鐫“柳文”。框高 20 釐米，寬 12.6 釐米。前有唐劉禹錫原序，宋陸之淵序並編集姓氏。

童宗說（生卒年不詳），南城人。

張敦頤（生卒年不詳），著有《六朝事蹟編類》。

潘緯（生卒年不詳），字仲寶，雲間人。

按《欽定天祿琳琅書目》：“本書含正集四十三卷，别集二辯，外集二卷，附錄一卷，共四十八卷。”

《四庫全書總目》之《增廣註釋音辯柳集》條下曰：“之淵序但題《柳文音義》。序中所述，亦僅及韓仿、祝充《韓文音義》傳《柳氏釋音》不及宗說與敦頤。書中所註，各以童云、張云、潘云别之，亦不似緯自撰之體例。蓋宗說之註釋，敦頤之音辯，本各自爲書。坊賈合緯之音義，刊爲一編，故書首不以《柳文音義》標目，而别題曰《增廣註釋音辨唐柳先生集》也。其本以

增廣註釋音辯唐柳先生集卷第一
南城先生童宗說註釋
新安先生張敦頤音辯
雲間先生潘緯音義
唐雅
獻平淮夷雅表 案毛詩注云淮夷在淮浦而夷行也吳元濟在淮蔡故曰淮夷宗元擬江漢之詩而作也
臣宗元言臣負罪竄伏違尚書牋奏十有四年 童云禮部郎官掌尚書牋奏宗元以永貞元年自禮部員外郎貶爲刺史至是十四年 聖恩寬宥命守遐壤 謂元和十年爲柳州刺史
懷印曳紱有社有人臣宗元誠感誠荷頓首頓首伏惟
睿聖文武皇帝陛下天造神斷克清大憝 張云徒對反見康誥惡也謂平吳元濟
金鼓一動萬方畢臣太平之功中興之德 潘云冊也詩序周室中興焉
推校千古無所與讓因伏自忖度 潘云忖取本切度待洛切 有方剛

455

宗元本集、外集合而爲一，分類排次，已非劉禹錫所編之舊。而不收王銍僞《龍城錄》之類，則尚爲謹嚴。其音釋雖隨文詮解，無大考證。而於僻音難字，一一疏通，以云詳博則不足。以云簡明易曉，以省檢閱篇韻之煩，則於讀柳文者亦不爲無益矣。舊有明代刊本，頗多譌字。此本爲麻沙小字版，尚不失其眞云。”

本館藏本中所附兜率菴題記謂：“宋刊柳集，十三行，二十三字，法顔楷，且印工甚精。讀其書立可習其字，此宋版書之所以可貴也。書中‘恒’字、‘桓’字均避宋諱，敬闕末筆。”本館藏本僅有第一册，含正集之卷之四，無書前序文。曾有藏家將之鑑定爲南宋閩地建陽竹紙麻沙本。本館藏本爲金鑲玉裝。

著錄：《中國古籍善本書目》所收錄的是書北京大學藏宋刻本爲十二行二十一字，細黑口，四周雙邊間左右雙邊。《四庫全書總目》、《欽定天祿琳琅書目》。《中國古籍善本書目》所列類似本館所藏者，斷代爲明初刻本。

鈐印：“蒼茫齋玫藏精本”、“華陽高氏藏書子孫保之”、“沈韜”、“華陽高氏蒼茫齋玫藏金石書籍記”、“兜率菴”。

宋别集類

456　重刻黃文節山谷先生文集

G863

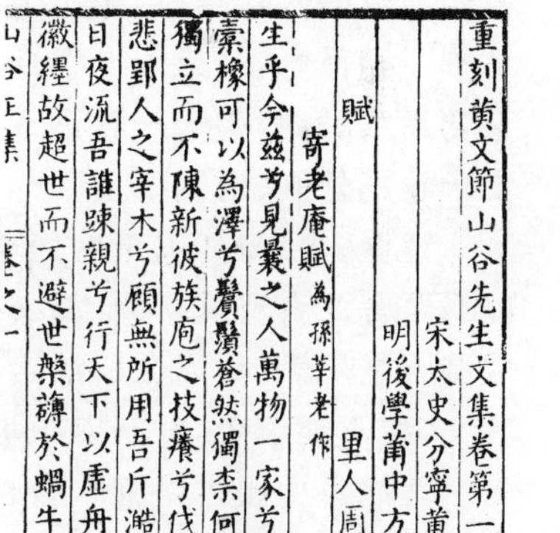
重刻黃文節山谷先生文集卷第一　正集
宋太史分寧黃庭堅魯直著
明後學蕭中方　沆子及校
賦　里人周希令子儀編
寄老庵賦爲孫莘老作
生乎今兹兮見曩之人萬物一家兮券宇宙而無鄰
橐橡可以爲澤兮鬢鬚蒼然獨柰何俯仰以是兮吾
獨立而不陳新彼族庖之技癢兮伐大觚以嘗巧風
悲郢人之宰木兮顧無所用吾斤澔澔汗汗兮黃川
日夜流吾誰踈親兮行天下以虛舟無地以受人之
徽纆故超世而不避世槃礴於蝸牛之宫經行於羊
山谷正集　卷之一　一

456

《重刻黃文節山谷先生文集》、《山谷正集》三十卷，宋黃庭堅撰，明方沆校，明萬曆三十一年刻本。十册。半葉十一行二十字。四周單邊，白口，無魚尾。版心上鎸“山谷正集”，中鎸卷次。框高 21.4 釐米，寬 13.5 釐米。前有萬曆三十一年方沆序，目錄等。

黃庭堅（1045—1105），字魯直，自號山谷道人，晚號涪翁，洪州分寧人。英宗治平進士，官至起居舍人。著有《焦尾集》、《敝帚集》、《山谷内集》、《外集》、《别集》等。

是書爲黃庭堅文集。卷第一爲賦，卷第二至第十爲詩，卷第十一、第十二爲辭，卷第十三爲序，卷第十四、第十五爲記，卷第十六爲贊，卷第十七爲銘，卷第十八爲頌，卷第十九爲論、表、奏狀，卷第二十爲碑、傳、雜著，卷第二十一爲字説，卷第二十二、第二十三爲書，卷第二十四至第二十七爲題跋，卷第二十八爲祭文，卷第二十九、第三十爲墓誌銘。

方沆《序》曰："緣是闕疑，以待後之君子慙恧中藏者九載。于兹不自意假寵太史之靈，門下周孝廉令查生堯安、余生應旂等，以文獻爲己任，慫恿不佞捐薄俸十金，爲都人士嚆矢。……命工殺梨補闕删繁，間有統紀未明者，相與校訂而釐正之。雖未敢謂盡善盡美，大都□可以傳之海内庶幾哉。"方刻本自謂"正集"，不含《外集》及《别集》兩部。

著錄：《中國古籍善本書目》。

457　東坡文選

E632

《東坡文選》二十卷，宋蘇軾撰，明鍾惺評選，明刻本。五冊。半葉九行十九字，眉欄上刻評。四周單邊，白口，無魚尾。版心上鐫書名，中鐫卷次。框高20.2 釐米，寬13.3 釐米。前有鍾惺序，目錄。

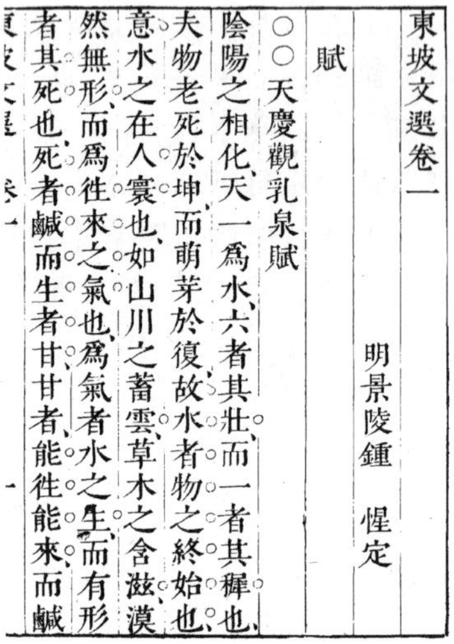
東坡文選卷一
明景陵鍾　惺定
賦
○○天慶觀乳泉賦
陰陽之相化天一爲水六者其壯而一者其穉也
夫物老死於坤而萌芽於復故水者物之終始也
意水之在人寰也如山川之蓄雲草木之含滋漠
然無形而爲往來之氣也爲氣者水之生而有形
者其死也死者鹹而生者甘甘者能往能來而鹹

457

蘇軾(1037—1101)，字子瞻，又字和仲，號東坡居士，眉州眉山人。仁宗嘉祐二年進士，官至禮部尚書。南宋時追謚文忠。著有《東坡全集》、《東坡志林》、《東坡易傳》等。

是書第一卷爲賦，第二卷爲序，第三卷爲記、傳，第四卷至第六卷爲論，第七卷至第九卷爲策，第十卷、第十一卷爲奏議，第十二卷爲表狀、啓，第十三卷至第十五卷爲書，第十六卷爲碑，第十七卷爲墓誌銘，第十八卷爲祭文、説、跋、書事、贊，第十九卷爲銘、頌、祝文、偈、雜文，第二十卷爲外制、内制。

鍾惺《序》曰："夫東坡而非文人也，則可；東坡而文人也，豈有不知其文之妙者哉？以爲吾舍此自有真學問、真文章，理義足乎中，而氣達乎外，膽與識諤諤然於筆墨之下。取戰國之風調，易以已所欲言，而其淵源相去遠矣。世有病戰國之文，無當於道，而愛其文，終不能廢者，吾請以東坡之文代之。"

著錄：《中國古籍善本書目》。哈佛燕京圖書館和其他圖書館藏有此書萬曆十八年閔氏刻朱墨套印本。

458　東坡先生全集

D568

《東坡先生全集》七十五卷，宋蘇軾撰，明文盛堂刻本。四十冊。半葉十行十九字。左右雙邊，白口，無魚尾。版心上鐫書名、卷次。框高 20.4 釐米，寬 14.2 釐米。前有扉頁，題："蘇文忠公全集。陳明卿太史訂正，文盛堂藏板。"前有項煜序，《宋史》本傳，王宗稷《東坡先生年譜》，目錄等。

蘇軾，見 457《東坡文選》。

是書卷一爲賦，卷二至卷五爲論，卷六至卷九爲經義、策，卷十爲序，卷十一、卷十二爲記，卷十三爲傳，卷十四、卷十五爲墓誌銘，卷十六爲行狀，卷十七、卷十八爲碑，卷十九爲銘，卷二十爲頌，卷二十一、卷二十二爲賛、偈，卷二十三至卷三十七爲表狀，卷三十八、卷三十九爲制勑，卷四十爲詔，卷四十一、卷四十二爲敕書、口宣，卷四十三爲内制批答，卷四十四爲内制青詞、齋文、祝文、祭文，卷四十五爲樂語，卷四十六、卷四十七爲啟，卷四十八、卷四十九爲書，卷五十至卷六十一爲尺牘，卷六十二爲青詞、疏文、祝文，卷六十三爲祭文，卷六十四爲雜著，卷六十五爲評史，卷六十六至卷七十一爲題跋，卷七十二、卷七十三爲雜記，卷七十四、卷七十五爲詞。

《四庫全書總目》曰："迄明而傳刻尤多。有七十五卷者，號《東坡先生全集》，載文不載詩，漏略尤甚。"

著録：《四庫全書總目》、《中國古籍善本書目》。

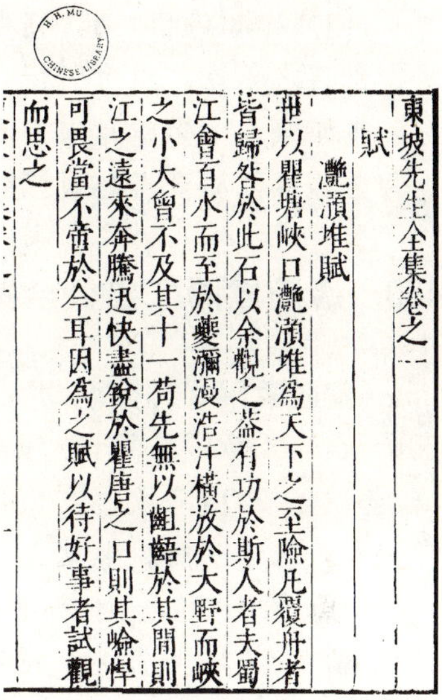

458

459　龍川文集

《龍川文集》三十卷，宋陳亮撰，明崇禎六年鄒質士刻本。六冊。半葉九行十九字。四周單邊，白口，無魚尾。版心上鐫書名、卷次。框高 20.3 釐米，寬 14.1 釐米。前有龍川先生像，自贊，崇禎六年鄒質士序，《宋史》本傳，目録等。

陳亮(1143—1194)，字同甫，號龍川先生，婺州永康人。宋紹熙四年進士第一，官至建康軍節度判官。事具《宋史》本傳。著有《龍川詞》、《三國紀年》等。

是書卷之一爲書疏，卷之二爲中興論，卷之三、四爲問答，卷之五至八爲酌古論，卷之九爲論，卷之十爲經書發題，卷之十一爲策，卷之十二爲三國紀年，卷之十三爲史傳序，卷之十四爲敘說引，卷之十五爲序，卷之十六爲記，卷之十七爲詩，卷之十八爲啓，卷之十九至二十一爲書，卷之二十二爲祝文，卷之二十三至二十五爲祭文，卷之二十六爲行狀、哀詞，卷之二十七至三十爲墓誌銘。

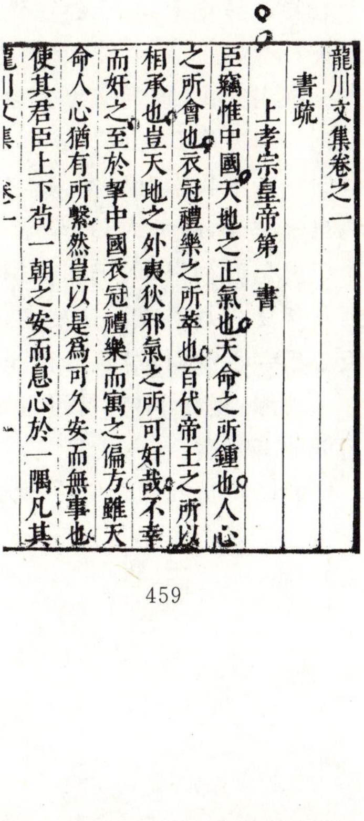

459

《四庫全書總目》謂："亮集凡四十卷。今是集僅存三十卷，蓋流傳既久，已多佚闕，非復當時之舊帙。以世所行者祗有此本，故仍其卷目著之於錄焉。"

本館藏本中多處有朱筆圈點。

著錄：《四庫全書總目》、《中國古籍善本書目》。

460　廬陵歐陽文忠公全集

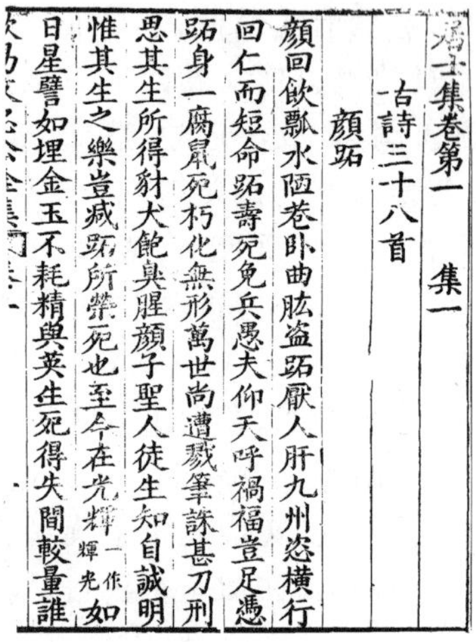
居士集卷第一　集一
古詩三十八首
顔跖
顔回飲瓢水陋巷卧曲肱盗跖厭人肝九州恣横行
回仁而短命跖壽死免兵愚夫仰天呼禍福豈足憑
跖身一腐鼠死朽化無形萬世尚遭戮筆誅甚刀刑
思其生所得豺犬飽臭腥顔子聖人徒生知自誠明
惟其生之樂豈减跖所榮死也至今在光輝一作輝光如
日星譬如埋金玉不耗精與英生死得失間較量誰

460

《廬陵歐陽文忠公全集》、《歐陽文忠公全集》一百五十八卷，宋歐陽修撰，歐陽發、歐陽奕、歐陽棐、歐陽辯、蘇軾等校訂，清歐陽安世等重校，乾隆十二年孝思堂刻本。二十四册。半葉九行二十字。左右雙邊，白口，單魚尾。版心上鐫書名，中鐫卷次。框高22.1釐米，寬16.2釐米。前有扉頁，題："廬陵歐陽文忠公全集。乾隆丙寅重梓。唐書并五代史另刊。孝思堂藏板。"卷首有乾隆十二年彭家屏序，元祐六年蘇軾《居士集序》，宋文忠公小影，蘇軾等像讚，廬陵歐陽文忠公年譜，四朝國史本傳，總目。卷末有《纍朝校刊全集名氏》，歐陽安世《重刊文忠公全集跋尾》。

歐陽修，見227《五代史》。

是書爲歐陽安世主持校訂重刊之歐陽修全集。全書收《居士集》五十卷，《外集》二十五卷，《易童子問》三卷，《外制集》三卷，《内制集》八卷，《表奏書啓四六集》七卷，《奏議集》十八卷，《雜著述》十九卷，《集古錄跋尾》十卷，《書簡》十卷，《附錄》五卷。

歐陽安世《重刊文忠公全集跋尾》記載了重刊經過："乾隆乙丑之春重葺吉州刺史公祠。越冬祭日告成。族尊人命不肖安世曰：'文忠公集板久不新，曷并圖之？'不肖安世曰：'唯唯集未有善本，新之理也。顧維愚不肖疎陋無狀，何能當此。'族尊人曰：'此集自宋歷今，膾炙人口，學者宗之，且淵源之所係也，奚以辭焉？'不肖安世曰：'謹受命。'於是就祠舉事，仍同首祠事者十數人，各出家藏讀本互相檢閱。自丑年十有二月至明年夏六月集成。是集也，向之訛者以正，而疑者闕焉，不敢妄增損一字，存其眞也。板二千六百餘面，竝藏於吉州刺史公祠。"

著錄：是書《中國古籍善本書目》等無著錄。芝加哥大學圖書館、普林斯頓大學圖書館藏有是書。

鈐印："毋我廬"。

461　陸放翁全集

H930

《陸放翁全集》、《放翁全集》六種一百五十七卷，含《渭南文集》五十卷、《劍南詩稿》八十五卷、《放翁逸稿》二卷、《南唐書》十八卷、《家世舊聞》一卷、《齋居紀事》一卷，宋陸游撰，明毛氏汲古閣刻本。四十四册。半葉八行十八字。左右雙邊，白口，無魚尾。版心上鎸書名，中鎸卷次，下鎸“汲古閣”。框高 18.5 釐米，寬 13.5 釐米。前有陸游傳，《渭南文集》、《劍南詩稿》、《南唐書》前有總目及分卷目錄。

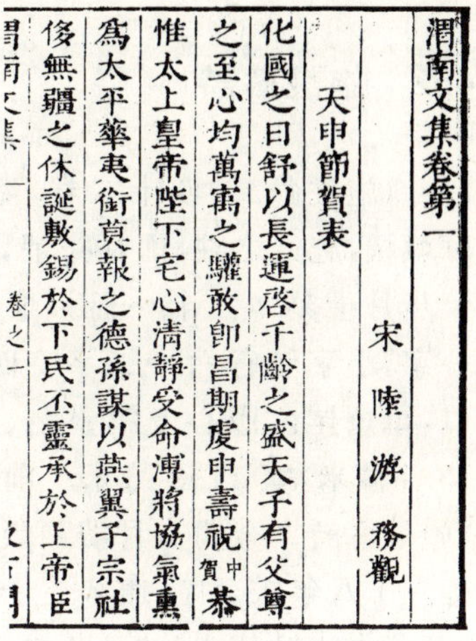
渭南文集卷第一
宋　陸游　務觀
天申節賀表
化國之日舒以長運啓千齡之盛天子有父尊
之至心均萬壽之驩敢即昌期虔申壽祝中賀恭
惟太上皇帝陛下宅心淸靜受命溥將協氣熏
爲太平華夷銜莫報之德孫謀以燕翼子宗社
侈無疆之休誕敷錫於下民丕靈承於上帝臣
渭南文集　卷之一　汲古閣

461

陸游（1125—1210），字務觀，號放翁，越州山陰人。曾任福州寧德縣主簿，孝宗時，受賜進士出身。

《四庫全書總目》之《渭南文集》條曰：“游晚封渭南伯，故以名集。陳振孫《書錄解題》作三十卷。此本爲毛氏汲古閣以無錫華氏活字版本重刊。凡表牋二卷，劄子二卷，奏狀一卷，啓七卷，書一卷，序二卷，碑一卷，記五卷，雜文十卷，墓誌、墓表、壙記、塔銘九卷，祭文、哀辭二卷，天彭牡丹譜、致語共爲一卷，入蜀記六卷，詞二卷，共五十卷。與陳氏所載不同。疑三字五字筆畫相近而譌刻也。末有嘉定三年游子承事郎知建康府溧陽縣主管勸農事子遹跋，稱先太史未病時，故已編輯。凡命名及次第之旨，皆出遺意，今不敢紊。又述游之言曰，劍南乃詩家事，不可施於文，故别名渭南。”《四庫全書簡明目錄》曰：“《劍南詩稿》八十五卷，宋陸游撰，其子子虡編。游留蜀十年，樂其風土，故一生所作總目以劍南，猶元白一生之作統名長慶也。其詩以無日不吟，故體多圓熟，又往往自蹈陳因。然其寄託遥深，風骨遒上者，自不可掩。後人但録其膚濫之作，以供剽竊，遂併游爲世所薄，是則學詩者之誤游，非游誤學詩者矣。”《四庫全書總目》之《南唐書》條曰：“宋初撰錄南唐事者凡六家，大抵簡略。其後撰《南唐書》者有三家，胡恢、馬令及游也。恢書傳本甚稀。王士禎《池北偶》談記明御史李應昇之叔有之，今未之見。惟馬令書與游書盛傳，而游書尤簡核有法。元天歷初，金陵戚光爲之音釋，而博士程塾等校刊之，趙世延爲序。錢曾《讀書敏求記》稱舊本遵史、漢體，首行書某紀某傳卷第幾，而注南唐書於下。王士禎《古夫于亭雜錄》又稱其門人大名成文昭寄以宋槧本，凡十五卷，與今刻十八卷編次小異。今其本均不可見。所行者惟毛晉汲古閣本，刻附《渭南集》後者，已改其體例，析其卷數矣。”

本館藏本之《齋居紀事》末三葉爲楷體鈔補。

著錄：《四庫全書總目》、《中國古籍善本書目》。

鈐印：“平湖審定”。

462　施註蘇詩

《施註蘇詩》四十二卷，總目二卷，宋蘇軾撰，施元之註，邵長蘅補，康熙三十八年步月樓刻本。十一冊。半葉十行二十一字，小字雙行六十二字。四周單邊，黑口，單魚尾。版心上鐫書名、卷次。框高18.4釐米，寬14.3釐米。前有扉頁，題：“施註蘇詩。金閶步月樓藏版。”卷首有康熙三十八年宋犖序，康熙三十八年邵長蘅“題舊本施註蘇詩”，“註蘇姓氏”，“註蘇例言”，“王註正譌”，“東坡先生笠屐圖”，“宋孝宗贈蘇文忠公太師敕”，“宋孝宗御製文忠蘇軾文集贊並序”，《宋史》本傳，蘇轍“東坡先生墓誌銘”，王宗稷編、邵長蘅重訂“東坡先生年譜”，總目上，總目下。

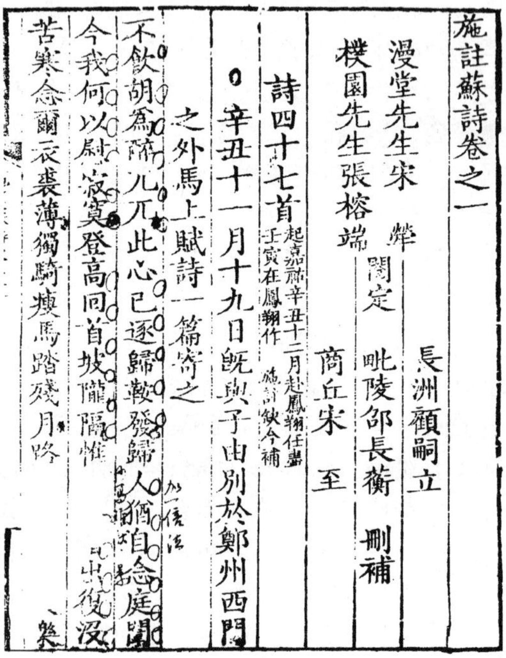
施註蘇詩卷之一
漫堂先生宋　犖　閱定　長洲顧嗣立
樸園先生張榕端　毗陵邵長蘅　刪補　商丘宋　至
詩四十七首 起嘉祐辛丑十二月赴鳳翔任盡壬寅在鳳翔作 施註缺今補
辛丑十一月十九日旣與子由別於鄭州西門之外馬上賦詩一篇寄之
不飲胡爲醉兀兀此心已逐歸鞍發歸人猶自念庭闈今我何以慰寂寞登高回首坡壠隔惟見……苦寒念爾衣裘薄獨騎瘦馬踏殘月路……

462

蘇軾，見457《東坡文選》。

施元之(生卒年不詳)，字德初，吳興人。金貞元二年進士。

邵長蘅(1637—1704)，一名衡，字子湘，號青門山人，江蘇武進人。工于詩文。著有《青門集》，包括《青門簏稿》、《青門旅稿》、《青門賸稿》等。

是書卷一爲“辛丑十一月十九日旣與子由別於鄭州西門之外馬上賦詩一篇寄之”等四十七首，卷二爲“和子由記園中草木十一首”等四十五首，卷三爲“和子由初到陳州見寄二首”等四十五首，卷四爲“游金山寺”等四十七首，卷五爲“焦千之求惠山泉詩”等六十九首，卷六爲“元日次韻張先子野見和七夕寄莘老之作”等四十九首，卷七爲“追和子由去歲試舉人洛下所寄五首”等六十三首，卷八爲“賀陳述古弟章生子”等五十九首，卷九爲“無錫道中賦水車”等六十五首，卷十爲“贈上天竺辯才師”等三十七首，卷十一爲“和文與可洋川園池三十首”等六十六首，卷十二爲“送范景仁游洛中”等四十首，卷十三爲“初別子由”等四十一首，卷十四爲“續麗人行并引”等三十五首，卷十五爲“次韻子由送趙 歸覲錢塘遂赴永嘉”等四十二首，卷十六爲“雲龍山觀燒得雲字”等四十八首，卷十七爲“李公擇過高郵見施大夫與孫莘老賞花詩憶與僕去歲會于彭門折花餽筍故事作詩二十四韻見戲依韻奉答亦以戲公擇云”等四十一首，卷十八爲“書麐公詩後并引"等五十三首，卷十九爲"東坡八首"等七十三首，卷二十爲"次韻孔毅父集古人句見贈五首"等四十九首，卷二十一爲"同年程筠德林求先墳二詩"等五十四首，卷二十二爲"秦少游夢發殯而葬之者云是劉發之柩是歲發首薦秦以詩賀之劉涇亦作因次其韻"等五十一首，卷二十三爲"李憲仲哀辭并引"等四十八首，卷二十四爲"海市并引"等四十三首，卷二十五爲"次韻子由送陳侗知陝州"等四十九首，卷二十六爲"書鼂補之所藏文與可墨竹三首"等四十九首，卷二十七爲"書艾宣畫四首"等四十五首，卷二十八爲"次韻王晉卿惠花栽栽所寓張退傅第中"等五十八首，卷二十九爲"次韻林子中蒜山亭見寄"等五十八首詩，卷三十爲"椶筍并引"等五十七首，卷三十一爲"葉待制求先墳永慕亭詩"等三十九首，卷三十二爲"上巳日與二子迨過遊塗山荆山記所見"等三十六首，卷三十三爲"次韻穆父尚書侍祠郊邱瞻望天光退而相慶引"等四十一首，卷三十四爲"次韻錢穆父馬上寄蔣穎叔二首"等五十七首，卷三十五爲"壺中九華詩并引"等四十五首，卷三十六爲"眞一酒并引"等四十八首，卷三十七爲"食茘支二首并引"等五十一首，卷三十八爲"過於海舶得邁寄書酒作詩遠和之皆粲然可觀子由有書相慶也因用其韻賦一篇并寄諸子姪"等六十三首，卷三十九爲"昔在九江與蘇伯固唱和其略曰我夢扁舟浮震澤雪浪横江千頃白覺来滿眼是廬山倚天無數開青壁蓋實夢也昨日又夢伯固手持乳香嬰兒示予覺而思之蓋南華賜物也豈復與伯固相見於此邪今得来書知已在南華相待數日矣感歎不已故先寄此詩"等五十一首，卷四十爲遺詩"老翁井"等二十九首，卷四十一爲"飲酒二十首并引"等追和陶淵明詩六十二首，卷四十二爲"讀山海經十三首"等追和陶淵明詩六十首。

《四庫全書總目》曰："康熙乙卯，宋犖官江蘇巡撫，始得殘本於藏書家。已佚其卷一、卷二、卷五、卷六、卷八、卷九、卷二十三、卷二十六、卷三十五、卷三十六、卷三十九、卷四十。犖屬武進邵長蘅補其闕卷。長蘅撰《王註正譌》一卷，又訂定王宗稷《年譜》一卷，冠於集首。其註則僅補八卷，以病未能卒業。更倩高郵李必恒續成三十五卷、三十六卷、三十九卷、四十卷。犖又摭拾遺詩爲施氏所未收者得四百餘首，别屬錢塘馮景註之。重爲刊版。乾隆初，又詔内府刊爲巾箱本。取攜既便，遂衣被彌宏。元之原本，註在各句之下。長蘅病其間隔，乃彙註於篇末。又於原註多所刊削，或失其舊。後查慎行作《蘇詩補註》，頗斥其非。亦如長蘅之詆王注。然數百年沉晦之笈，實由犖與長蘅復見於世，遂得以上邀乙夜之觀。且剞劂棗梨，壽諸不朽，其功亦何可盡没歟。"

本館藏本中廣見朱墨圈點及批語。

著錄：《四庫全書總目》、《中國古籍善本書目》。

463　司馬文正公集

《司馬文正公集》八十二卷，宋司馬光撰，清劉組曾重鐫，乾隆十年百祿堂刻本。二十冊。半葉九行二十二字。左右雙邊，白口，單魚尾。版心上鐫書名，中鐫卷次。框高 18.5 釐米，寬 13.9 釐米。前有扉頁，題："司馬文正公集。乾隆甲子年重鐫。百祿堂藏板。"卷首有乾隆九年陳世倌序，乾隆十年史貽直序，乾隆十年沈德潛序，司馬文正公集參訂姓氏、校對姓氏，目錄上、下，首卷。卷末有乾隆十年劉組曾跋。

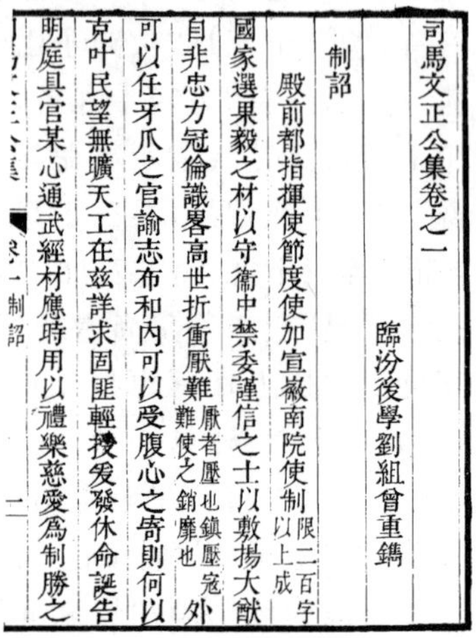
司馬文正公集卷之一　臨汾後學劉組曾重鐫
制詔
殿前都指揮使節度使加宣徽南院使制限二百字以上成
國家選果毅之材以守衛中禁委謹信之士以敷揚大猷
自非忠力冠倫識畧高世折衝厭難厭者壓也鎮壓寇難使之銷靡也外
可以任牙爪之官諭志布和內可以受腹心之寄則何以
克叶民望無曠天工在茲詳求固匪輕授爰發休命誕告
明庭具官某心通武經材應時用以禮樂慈愛爲制勝之
制詔　一

463

司馬光，見 046《司馬氏書儀》。

是書卷一爲制詔，卷二爲表，卷三至卷四十二爲章奏，卷四十三爲賦，卷四十四至卷四十六爲古詩，卷四十七爲古詩、古風長短句、四言古詩、六言古詩，卷四十八至卷五十一爲五言律詩，卷五十二、卷五十三爲七言律詩，卷五十四爲五言排律、七言排律，卷五十五爲五言絕句，卷五十六爲七言絕句，卷五十七爲春帖子詞、樂詞，卷五十八爲挽詩，卷五十九爲銘、箴、頌、贊，卷六十、卷六十一爲論，卷六十二爲議、辯，卷六十三爲評、原、說、述、贈、諭、訓，卷六十四爲策問、疑孟、史剡，卷六十五爲迂書、格，卷六十六至卷六十八爲序，卷六十九爲記，卷七十爲傳，卷七十一爲題跋，卷七十二至卷七十七爲書啓，卷七十八至卷八十爲銘，卷八十一爲碑、行狀、墓表、哀辭，卷八十二爲祭文。

劉組曾《跋》記敘是書刊刻始末："組曾歸里，因購得溫公裔孫所藏傳家集，甲子夏攜至京師，呈於海寧夫子。夫子以是集頗多殘缺失次，有亥豕之訛，命組曾修輯鍥補。組曾受命重鐫，起冬十月至十二月，凡三閱月而工成。卷帙俱仍原本，增列《宋史》本傳附錄遺事以便觀覽。"

著錄：《中國古籍善本書目》。

鈐印："百索齋"、"經國大業"。

464　宋陳龍川先生文集、宋陳龍川先生二集

《宋陳龍川先生文集》二卷，《宋陳龍川先生二集》不分卷，宋陳亮撰，明王佐評，明崇禎七年王佐刻本。二冊。半葉八行十八字，眉欄上刻評。四周單邊，白口，無魚尾。版心上鐫書名、卷次。框高 21 釐米，寬 13 釐米。前有崇禎七年王佐"刻宋陳龍川先生文集序"，程光序，目次。《宋陳龍川先生二集》前有崇禎七年王佐序，《二集》目次。

陳亮，見 459《龍川文集》。

陳亮文集有《龍川文集》明崇禎六年鄒質士刻三十卷本刊行。是書卷一含書六通，卷二含與吕伯恭正字、與王丞相淮、復吕子約、中興遺傳、二烈女傳、外集葉氏原序、本傳及自贊等篇。《二集》含上孝宗書四通，甲辰答朱元晦書。

《四庫全書簡明目録》之《龍川文集》條下曰：“跅弛之士，敢爲大言，使其得志未必不爲趙括、馬謖。然就文論文，其才辨縱横，亦一世之豪也。”

著録：《四庫全書簡明目録》、《中國古籍善本書目》。

刻工：黄惟。

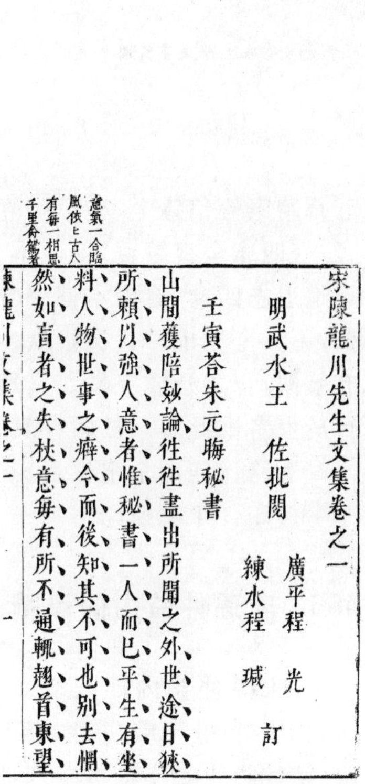
意氣一合臨風快七古人有每一相思千里命駕者
宋陳龍川先生文集卷之一
明武水王　佐批閲　廣平程　光　練水程　珹　訂
壬寅荅朱元晦秘書
山間獲陪妙論往往盡出所聞之外世途日狹
所賴以强人意者惟秘書一人而已平生有坐
料人物世事之癖今而後知其不可也别去惘
然如盲者之失杖意每有所不過輒翹首東望
陳龍川文集卷之一

464

465　宋李忠定公奏議選

《宋李忠定公奏議選》四十四卷，宋李綱撰，清左光先選，李春熙輯，李嗣玄評定、較正，李榮英、李榮芳重訂，康熙四十四年刻本。十六册。半葉十行二十字。四周單邊，白口，單魚尾。版心上鐫書名，中鐫卷次。框高 20 釐米，寬 14 釐米。前有淳熙十年朱熹“宋丞相李忠定公奏議序”，康熙四十四年魏麐徵序，李嗣玄“選例四則”，較訂姓氏，康熙四十四年李榮芳目録上，目録下。卷首一本傳，卷首二行狀上，卷首三行狀中，卷首四行狀下。

李綱(1083—1140)，字伯紀，號梁谿，贈少師，邵武人。政和二年進士，積官至太常少卿，欽宗時授兵部侍郎、尚書右丞。南渡後拜尚書右僕射兼中書侍郎，爲御史所劾，罷爲觀文殿大學士。謚忠定。事具《宋史》本傳。著有《建炎時政記》、《李忠定奏議》、《梁溪集》。

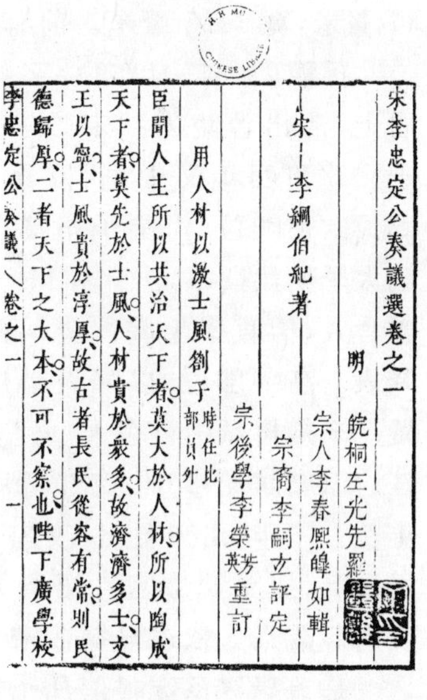
宋李忠定公奏議選卷之一
明　皖桐左光先選
宗人李春熙皞如輯
宋　李綱伯紀著　宗裔李嗣玄評定
宗後學李榮芳重訂
用人材以激士風劄子　時任兵部員外
臣聞人主所以共治天下者莫大於人材所以陶成
天下者莫先於士風人材貴於衆多故濟濟多士文
王以寧士風貴於淳厚故古者長民從容有常則民
德歸厚二者天下之大本不可不察也陛下廣學校
李忠定公奏議卷之一

465

是書爲宋李綱奏議及詩文集。目録上卷一至卷十四爲奏議，卷十五爲公移。目録下卷一爲詔，卷二至卷七爲書，卷八爲序，卷九爲序記，卷十至卷十二爲論，卷十三爲贊、頌、銘、傳，卷十四爲雜文、書事，卷十五爲題跋哀辭祭文，卷十六爲墓誌銘，卷十七爲賦、詩，卷十八至卷二十二爲詩，卷二十三至卷二十五爲靖康傳信錄上、中、下，卷二十六至卷二十九爲建炎進退志。

《四庫全書總目》："此本凡錄奏議十五卷，文十六卷，詩六卷，靖康傳信錄三卷，建炎進退志四卷，冠以本傳一卷，行狀三卷。明萬歷中閩人李嗣元所選。其凡例稱限於貲，不及全刊也。兵燹板佚。國朝康熙己酉，建寧李榮芳又重刊之。稱購得三舊本，皆有殘闕，合之乃成完帙。其用力頗勤。梁溪全集，大抵藏書舊家始有之，世不多見。今行於世者惟此本。故附存其目，不没剞劂之功云。"

著錄：《四庫全書總目》。

鈐印："丁繼離印"。

466　宋孫仲益内簡尺牘

《宋孫仲益内簡尺牘》十卷，宋孫覿撰，門人李祖堯編併註，蔡焯、蔡龍孫增訂，清乾隆十二年刻本。八冊。半葉九行二十字，小字雙行同。四周單邊，黑口，單魚尾。版心上鐫書名，下鐫卷次。框高17釐米，寬11.5釐米。前有浦起龍序。

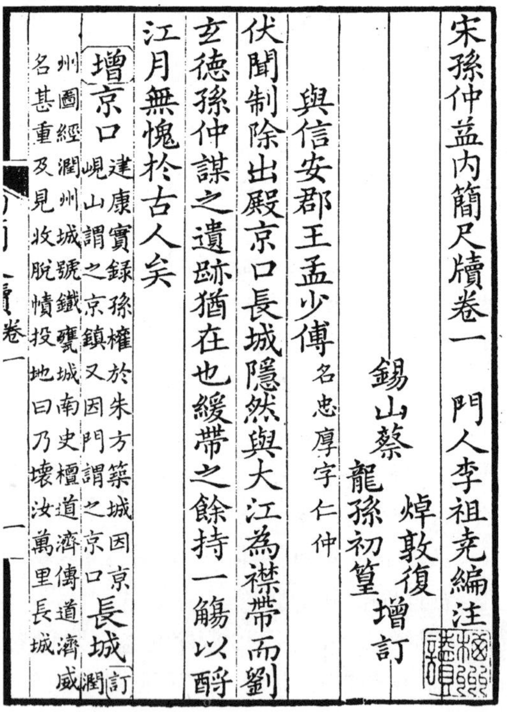
宋孫仲益内簡尺牘卷一　門人李祖尭編注
錫山蔡　焯敦復　龍孫初篁　增訂
與信安郡王孟少傅 名忠厚字仁仲
伏聞制除出殿京口長城隱然與大江為襟帶而劉玄德孫仲謀之遺跡猶在也緩帶之餘持一觴以酹江月無愧於古人矣
增京口 建康實録孫權於朱方築城因京峴山謂之京鎮又因門謂之京口 長城 潤州圖經潤州城號鐵甕城南史檀道濟傳道濟威名甚重及見收脫幘投地曰乃壞汝萬里長城

466

孫覿（1081—1169），字仲益，號鴻慶居士，常州晉陵人。宋徽宗大觀三年進士。政和四年又中詞科，爲秘書省校書郎。欽宗卽位，由國子司業擢侍御史，以論太學生伏闕事，出知和州。未幾召試中書舍人，權直學士院。金兵破汴京，曾草降表。高宗卽位，以降表事斥罷，歸州安置。未幾再試中書舍人。建炎二年，知平江府。歷試給事中、吏部侍郎，兼權直學士院。三年，出知溫州，改知平江府，以擾民奪職，提舉鴻慶宫。紹興元年，起知臨安府。覿爲人依違無操，《宋史》無傳。著有《鴻慶集》傳世。

是書輯錄孫覿書信凡十卷，共八十二通。

《四庫全書總目》曰："覿所撰《鴻慶集》，自三十七卷至五十卷皆書帖。然參校此本，時有不同。"《四庫全書簡明目錄》曰："其文與《鴻慶集》多異同，註中所引覿文亦或爲集所不載，蓋集爲他手所編，此則據其墨迹也，其註多得諸親授，故較任淵之註《山谷集》引證尤詳。

著録:《四庫全書總目》、《中國古籍善本書目》、《續文獻通考》、《千頃堂書目》。
鈐印:“栖弼讀”。

467 宋王忠文公文集

《宋王忠文公文集》、《梅溪集》五十卷,年譜一卷,目録四卷,宋王十朋撰,清唐傳鉎重編,清雍正七年唐傳鉎刻本。十册。半葉十一行二十一字。四周單邊,白口,單魚尾。版心上鐫書名,中鐫卷次。框高 17.8 釐米,寬 13.5 釐米。前有朱熹、黄淮、何文淵原序,雍正六年王歛福、芮復傳、唐傳鉎今序,聞禮、王鶴齡、徐烔文、林培跋,凡例,《宋史》本傳,墓誌銘,梅溪王忠文公年譜,目録。

宋王忠文公文集第一卷
知樂淸縣事楚甯後學唐傳鉎八岸重編
邑後學進士楊森秀淸令校
御試策
問蓋聞監于先王成憲其永無愆遵先王之法而
過者未之有也仰惟祖宗以來立綱陳紀百度著
明細大畢舉皆列聖相授之模爲萬世不刊之典
朕纘紹丕圖恪守洪業凡一號令一施爲靡不稽
諸故實惟祖宗成法是憲是若然晝一之禁賞刑
之具猶昔也而奸弊未盡革賦斂之制經常之度
猶昔也而財用未甚裕取士之科作成之法猶昔

467

王十朋(1112—1171),字龜齡,號梅溪,生於樂清四都左原梅溪村。紹興二十七年進士第一,官龍圖閣學士。謚忠文。事具《宋史》本傳。著有《會稽三賦》、《東坡詩集註》、《王梅溪文集》等。

是書第一卷爲御試策,第二卷至第五卷爲奏議,第六卷爲表狀,第七卷爲經筵講義,第八卷至第十一卷爲策問,第十二卷爲序,第十三卷、第十四卷爲記,第十五卷爲行狀,第十六卷爲誌銘,第十七卷爲祝文,第十八卷爲祭文,第十九卷爲書啓,第二十卷、第二十一卷爲啓,第二十二卷爲劄,第二十三卷爲簡,第二十四卷爲銘、跋、雜著,第二十五卷至第三十一卷爲古詩,第三十二卷至第三十九卷爲律詩,第四十卷至第四十七卷爲絕句詩,卷四十八爲詠史詩,第四十九卷、第五十卷爲賦。

《四庫全書總目》之《梅溪集》條曰:“是集爲正統五年温州教授何璜所校,知府劉謙刻之,黄淮爲序。凡奏議五卷,而冠以廷試策。前集二十卷,後集二十九卷,而附以汪應辰所作墓誌。後有紹熙壬子其子宣教郎聞禮跋,稱文集合前後並奏議五十四卷。與此本合。而《文獻通考》作《梅溪集》三十二卷,續集五卷,并載劉珙之序。今無此序,卷數更多寡不符。應辰墓誌則稱《梅溪前後集》五十卷。與此本亦不相應。疑珙所序者初稾,應辰所誌者晚年續增之稾,而此本則十朋没後其子聞詩聞禮所編次之定稾也。觀應辰稱《尚書》、《春秋》、《論語》、《孟子》講義皆未成書,而此本後集第二十七卷中載《春秋》、《論語》講義數條。則爲蒐輯續入明矣。十朋立朝剛直,爲當代偉人。應辰稱其於文專尚理致,不爲浮虚靡麗之詞。其論事章疏,意之所至,展發傾盡,無所回隱,尤條鬯明白。珙稱其詩渾厚質直,懇惻條暢,如其爲人。今觀全集,淳淳穆穆,有元祐之遺風。二人所言,良非溢美。曹安讕言長語僅稱其祭漢昭烈帝、諸葛亮、杜甫文各數語,未足以盡十朋也。”

著錄:《四庫全書總目》、《中國古籍善本書目》。

468 宋楊文靖公集

《楊文靖公集》、《宋楊文靖公集》、《龜山集》四十卷,附張夏補編《宋楊文靖公年譜》二卷,宋楊時撰,清張夏輯,清康熙四十四年衣南堂刻本。八冊。半葉十行二十字。左右雙邊,白口,單魚尾。版心上鐫書名,中鐫卷次。框高 20.3 釐米,寬 14 釐米。前有扉頁,題:"宋楊文靖公年譜。後學張夏補編,東林道南祠藏板。"前有康熙十六年龔廷歷、張夏、楊慶徵年譜序,宋楊文靖公龜山先生年譜,康熙三十二年徐永言序,康熙三十三年胡獻徵、王燕、汪璲、胡在恪、張伯行序,康熙四十四年張夏跋,《宋楊文靖公全集》各舊鐫本序目,李熙、程敏政、沈暉、林熙春舊序,衣南堂"新鐫《龜山始祖全集》求序小引",目錄。

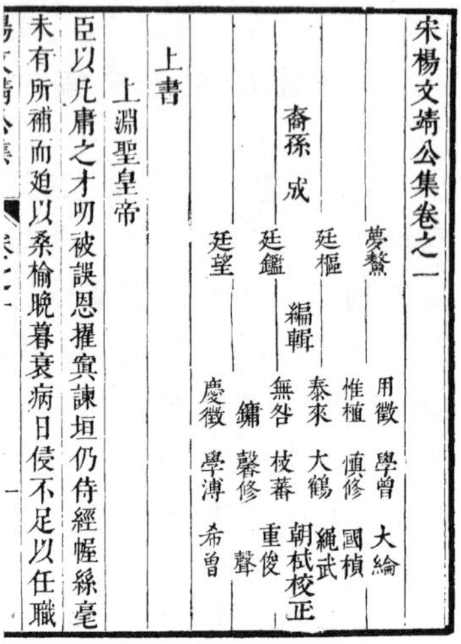
宋楊文靖公集卷之一
裔孫 成 夢鰲 用徵 學曾 大綸
廷樞 惟植 愼修 國楨
編輯 泰來 大鶴 繩武
無咎 枝蕃 朝栻校正
廷鑑 鏞 馨修 重俊 聲
廷望 慶徵 學溥 希曾
上書
上淵聖皇帝
臣以凡庸之才叨被誤恩擢寘諫垣仍侍經幄絲毫
未有所補而廹以桑榆晚暮衰病日侵不足以任職

468

楊時(1053—1135),字中立,號龜山,南劍州將樂人。南宋洛學大家,世稱"龜山先生"。宋熙寧九年進士,官至國子祭酒。高宗卽位除工部侍郎兼侍讀,以龍圖閣直學士提舉杭州洞霄宮。謚文靖。事具《宋史》本傳。著有《二程粹言》、《龜山集》等。

《四庫全書總目》之《楊文靖年譜》條曰:"是編以楊時年譜舊本,詳略失宜,乃參稽史冊語錄文集,訂爲上下二卷。考宋史時本傳,稱時安於州縣,未嘗求聞達,而德望日隆。有爲蔡京謀者,以爲事勢必敗,宜引舊德老成,置諸左右,庶猶可幾及。蔡京然之,乃薦爲祕書郎。此編於七十一歲書……夏以東林託始之故,曲爲文飾,仍不免門戶之見矣。"《龜山集》條曰:"是集凡書奏、表劄、講義、經解、史論、啟記、序跋各一卷,語錄四卷,荅問二卷,辨二卷,書七卷,雜著一卷,哀辭、祭文一卷,狀述一卷,誌銘八卷,詩五卷。時受蔡京之薦,雖朱子亦不能無疑。然葉夢得爲蔡京門客,南渡後作《避暑錄話》、《石林詩話》諸書,尚祖護熙寧、紹聖之局。時於蔡京旣敗以後,卽力持公論。集中載上欽宗第七疏,詆京與王黼之亂政,而請罷王安石配享。則尚非始終黨附者比。又於靖康被兵之時,首以誠意進言,雖未免少迂。而其他排和議、爭三鎮、請一統帥、罷奄寺守城以及茶務、鹽法、轉般、糴買、坑冶、盜賊、邊防、軍制諸議,皆於時勢安危,言之鑿鑿。亦尚非空談性命,不達世變之論。蓋瑕瑜並見,通蔽互形。過譽過毁,皆講學家門戶之私,不足據也。時受學程子,傳之沙縣羅從彥,再傳爲延平李侗,三傳而及朱子,開閩中道學之脈。其東林書院存於無錫,又爲明季講授之宗。本不以文章見重,而篤實質樸,要不失爲儒者之言。舊版散佚,明宏治壬戌,將樂知縣李熙重刊,併爲十六卷。後常州東林書院刊本，分爲三十六卷。宜興刊本，又併爲三十五卷。萬歷辛卯，將樂知縣林熙春重刊，定爲四十二卷。此本爲順治庚寅時裔孫令聞所刊，其卷帙一仍熙春之舊云。”

著録：《四庫全書總目》。

469　蘇長公密語

I1178

《東坡密語》、《蘇長公密語》十六卷，首一卷，宋蘇軾撰，明吳京輯，明天啓四年安止堂刻朱墨套印本。十冊。半葉八行十九字。四周單邊，白口，無魚尾。版心上鐫書名，中鐫卷次。框高 20.6 釐米，寬 13.5 釐米。前有扉頁，題：“安止堂選諸公批評《東坡密語》。本衙藏板，思誠齋周心吾兑客。”前有天啓二年吳用先“序坡仙密語”，目録，黄庭堅“蘇子瞻像贊”，蘇子瞻自評文，蘇子瞻本傳。卷端署“新安後學吳京省之甫纂輯”。

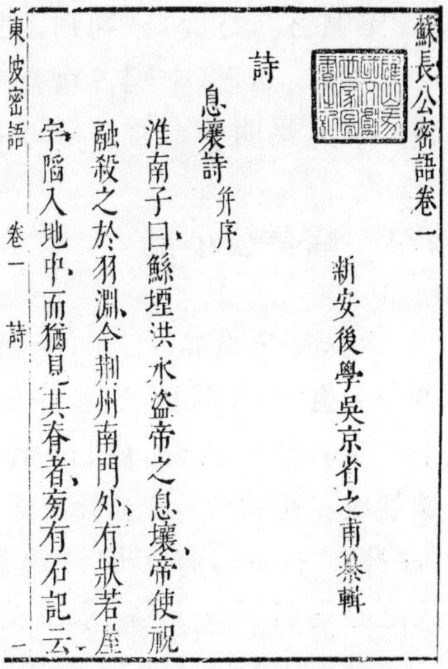
蘇長公密語卷一
新安後學吳京省之甫纂輯
詩
息壤詩并序
淮南子曰鯀堙洪水盜帝之息壤帝使祝
融殺之於羽淵今荊州南門外有狀若屋
宇陷入地中而猶見其脊者旁有石記云
東坡密語　卷一　詩　一

469

蘇軾，見 457《東坡文選》。

是書卷一爲詩，卷二爲銘，卷三爲頌，卷四爲贊，卷五爲序，卷六爲記，卷七爲傳，卷八爲評史，卷九爲雜著，卷十爲説，卷十一爲尺牘，卷十二爲書後，卷十三爲題跋、記事，卷十四爲誌銘，卷十五爲祭文，卷十六爲志林。

是書有明李一公輯選之六卷本，爲天啓元年朱墨套印本。李一公《序》曰：蘇長公文“姑略其論、策、奏疏諸文之顯易窺者，而独取頌、偈、銘、贊、記、傳諸文之最沉密者，時密密佩服不置。既乃遍輯諸名公評選附録參證。”

本館藏之十六卷本悉收頌、贊等一四八篇，比六卷本增添傳二首、評史十一首、雜著二十四首、論二首、説二首，疑爲李一公評選本之增補本。

著録：《中國古籍善本書目》。

鈐印：“確山馬氏文獻世家圖書之記”。

470　蘇長公啓選

A143

《蘇長公啓選》二卷，宋蘇軾撰，明鍾惺、譚元春同選，明刻朱墨套印本。二冊。半葉九行十八字。四周單邊，白口，無魚尾。框高 21.5 釐米，寬 14 釐米。無序跋。

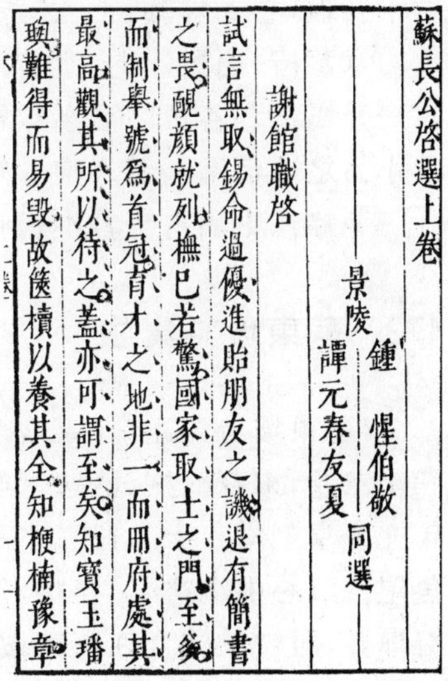
蘇長公啓選上卷
景陵　鍾　惺伯敬
譚元春友夏　同選
謝館職啓
試言無取錫命過優進貽朋友之譏退有簡書
之畏靦顔就列撫已若驚國家取士之門至爲
而制舉號爲首冠育才之地非一而冊府處其
最高觀其所以待之蓋亦可謂至矣知寶玉瑨
瑰難得而易毀故襲櫝以養其全知楩楠豫章

470

蘇軾，見 457《東坡文選》。

鍾惺，見 054《詩經》。

譚元春（1586—1637），字友夏，竟陵人。與鍾惺同爲“竟陵派”創始者。著有《譚友夏合集》。

是書共錄蘇長公啓八十三首，卷首有啓選目次，卷末註“蘇長公四卷終”。首篇爲“謝館職啓”，終篇爲“湖州上監司先狀”。

著錄：是書《中國古籍善本書目》等無著錄。《中國古籍善本書目》收入《蘇長公表啓》五卷，爲明李卓吾等評，明錢槓輯，明萬曆凌濛初刻朱墨套印本，含表三卷、啓二卷。

471　蘇長公小品

J1673

《蘇長公小品》二卷，宋蘇軾撰，明王納諫編，明萬曆三十九年章萬椿心遠軒刻本。二冊。半葉九行二十一字。四周單邊，白口，無魚尾。版心上鐫書名，中鐫卷次。框高 21.6 釐米，寬 12.8 釐米。前有王納諫《序蘇文小品》，牌記題：“萬曆辛亥八月既望，雕于章氏之心遠軒。”汪元哲、章萬椿題辭，目錄。

蘇軾，見 457《東坡文選》。

王納諫（生卒年不詳），字聖俞，江都人。萬曆丁未進士，授行人使榮藩，官至吏部主事。著有《會心言》、《初日齋集》、《古文啓秀》等。

是書卷上含“老饕賦”、“李伯時所畫沐猴馬贊”等六十九篇，卷下含“武王”、“跋草書後”等一百又二篇。

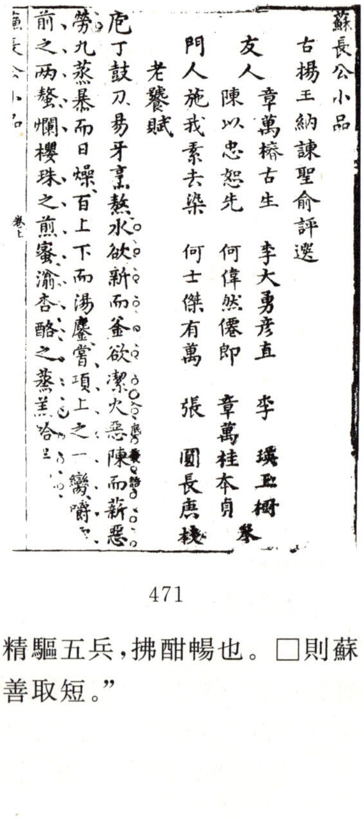
蘇長公小品
古揚王納諫聖俞評選
友人　章萬椿古生　李大勇彥直　李璵巫樹
陳以忠恕先　何偉然儋郎　章萬桂本貞　參
門人施我素去染　何士傑有萬　張圖長庚校
老饕賦
庖丁鼓刀易牙烹熬水欲新而釜欲潔火惡陳而薪惡
勞九蒸暴而日燥百上下而湯鏖嘗項上之一臠嚼
前之兩螯爛櫻珠之煎蜜滃杏酪之蒸羔

471

章萬椿《題辭》曰：“世人撿書，多以恣韻激鯨，濤雪飛疊爲奇。若短韻寥寥數行，悽衰柳也。縱語繞萬象，精驅五兵，拂酣暢也。□則蘇文小品之選何謂？蓋人唯寸短，所以喜長。聖俞才長，故善取短。”

著錄：《中國古籍善本書目》。

472　蘇東坡詩集注

PL2685. A17 1782/K350

《蘇東坡詩集注》、《東坡詩集注》、《王施合註蘇詩全集》、《王施合註蘓東坡詩全集》三十二卷，宋蘇軾撰，清錢大昕輯註，洪亮吉纂，李錫恭分編，朱翠庭重定，乾隆四十七年文蔚堂刻本。十二冊。半葉十一行十九字，小字雙行五十六字。左右雙邊，白口，單魚尾。版心中鐫書名、卷次，下鐫文蔚堂及刻工名。框高 17.8 釐米，寬 14.4 釐米。前有扉頁，題：“王施合註蘓東坡詩全集。乾隆壬寅重定。新安朱翠庭纂。”卷首有東坡先生遺像，康熙三十七年顧嗣立序，康熙三十七年楊瑄序，王宗稷編“東坡先生年譜”，《宋史》本傳,目錄,失編。卷末有康熙三十七年李樞後序。

蘇軾,見457《東坡文選》。

錢大昕(1728—1804),字曉徵,號辛楣,又號竹汀,江蘇嘉定人。乾隆十九年進士,官至少詹事。主要著作有《恒言錄》、《十駕齋養新錄》、《廿二史考異》等。

洪亮吉,見112《重修固始縣志》。

李錫恭(生卒年不詳),字協襄,號蘅塘,江蘇太倉人。嘉慶元年進士。官至侍講學士。著有《退直詩存》。

是書爲朱翠庭整理校勘之前人註蘇詩。卷一爲紀行,卷二、卷三爲遊覽,卷四爲古跡,卷五爲詠史,卷六爲述懷,卷七爲書事,卷八爲閒適,卷九爲貽贈,卷十爲簡寄,卷十一至卷十四爲酬和,卷十五、卷十六爲送別,卷十七爲燕集,卷十八爲懷舊,卷十九爲仙釋,卷二十爲慶賀,卷二十一爲禪悟,卷二十二爲時序,卷二十三爲寺觀,卷二十四爲居室,卷二十五爲花木,卷二十六爲泉石,卷二十七爲書畫,卷二十八、卷二十九爲題詠,卷三十爲詠物,卷三十一爲和陶詩,卷三十二爲樂府。

楊瑄《序》記述是書成書經過:"余甥朱翠庭中翰,……性好蘇詩,朝夕手一編,咿唔不輟,嘗借得宋刻編年本,即施武子註者,與梅谿注初無大異,又字句脫落,中間缺至十餘卷,不爲完書,爲惋惜者久之。适有分類善本,得之拊掌稱快。因參互考訂,折衷至當,一仍分類本之舊,而以本傳、年譜置諸卷首,洵能兼二本之長而正流俗舛訛之失者。"李樞《後序》詳細敘述了重刊此書的始末:"樞去歲養痾文正書院。新安朱子翠庭,余表弟也。讀書嗜古,來吳遊學。因商及東坡先生詩註,慨然有志重爲校讐刊刻。其中譌謬舛錯,悉取宋本商略改正。翠庭以樞素耽字學,屬互相檢校。因邀陳勲集武、張星敏求、鄧明璣初驤於書院繕寫。此三君者,皆一時之妙選。……始于丁丑八月,成于戊寅四月,反復校勘,爲工匪易也。……東坡先生畫像,趙文敏所繪,得之石刻中,向藏于家,今特刻諸書首,並附以本傳年譜,庶讀者如見其人,如際其世云。"

本館藏本中廣見朱墨圈點。

著錄:是書《中國古籍善本書目》等無著錄。華盛頓大學圖書館藏有是書。

刻工:鄧玉、邛明、際生、元吉、甘伯、公化、甘明、邛玉、九芃、欽明、邛世、甘典、子佩、志伯、齊乙、九野、齊齊、天一、水沾、張玉、君玉、公昇、鄧子佩、邛欽、蔣太、邛子、中貞、邛啟、九埜。

473　蘇詩續補遺

《蘇詩續補遺》二卷,宋蘇軾撰,清馮景補註,康熙三十八年步月樓刻本。十二册。半葉十行二十一字,小字雙行六十二字。四周單邊,黑口,單魚尾。版心上鐫書名、卷次。框高18.4釐米,寬14.3釐米。卷首有總目。

紀云大段似香山東南行不免小小疵累而五百字一氣相生不容束亦不見修飾筆力殊不可及

蘇東坡詩集注卷第一

嘉定 錢 大昕 輯註
常州 洪 亮吉 纂
太倉 李 錫恭 分編

紀行

壬寅二月有詔令郡吏分往屬縣減決囚禁自十三日受命出府至寶雞虢郿盩厔四縣既畢事因朝謁太平宮而宿於南谿谿堂遂並南山而西至樓觀大秦寺延生觀仙游潭十九日乃歸作詩五百言以記凡所經歷者寄子由趙次公壬寅嘉祐七年也鳳翔有十縣曰天興曰岐山曰扶風

文蔚堂

蘇軾，見457《東坡文選》。

馮景（1652—1715），字山公，一字少渠，浙江錢塘人。國子監生，嘗受知王士禛。著有《幸草》、《樊中集》、《解春集》，頗多散失。

是書卷上“送淡公二首”等古體詩一百四十四首，卷下“過巴東縣不泊聞頗有萊公遺迹”等今體詩二百九十三首。

著録：《四庫全書總目》、《中國古籍善本書目》。

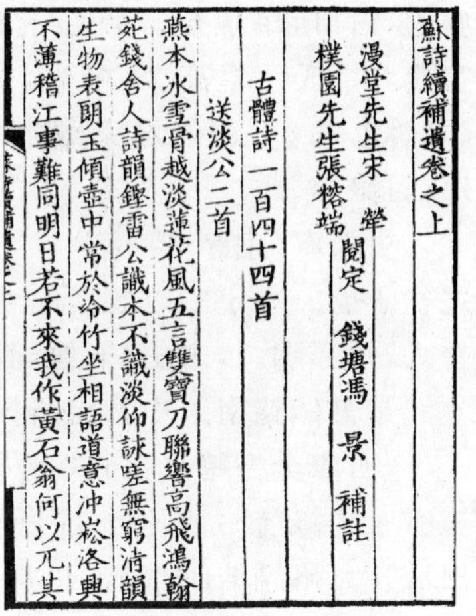
蘇詩續補遺卷之上
漫堂先生宋 犖 閱定
樸園先生張榕端 錢塘馮 景 補註
古體詩一百四十四首
送淡公二首
燕本冰雪骨越淡蓮花風五言雙寶刀聯響高飛鴻翰
苑錢舍人詩韻鏗雷公識本不識淡仰詠嗟無窮清韻
生物表朗玉傾壺中常於吟竹坐相語道意沖崧洛典
不薄稽江事難同明日若不來我作黃石翁何以冗其

473

474　伊川擊壤集

C540

《伊川擊壤集》二十卷，宋邵雍撰，明刻本。六册。半葉十行二十字。四周雙邊，下黑口，無魚尾。版心中鐫書名、卷次。框高20.6釐米，寬14釐米。前有邵雍治平三年序。

邵雍（1011—1077），字堯夫，又稱百源先生，其先范陽人，幼隨父遷共城。屢授官不赴，後居洛陽。謚康節。著有《皇極經世》等。

是書爲邵雍之詩集。共列入“觀棊大吟”、“秋日飲鄭州宋園示管城簿周正叔”、“賀人致政”、“天津新居成謝府尹王君貺尚書”、“後園即事三首”、“十七日錦屏山下謝城中張孫二君惠茶”、“代書寄劒州普安令周士彦屯田”、“答人吟”、“冬至吟”、“不善吟”、“首尾吟”等數百首詩歌。

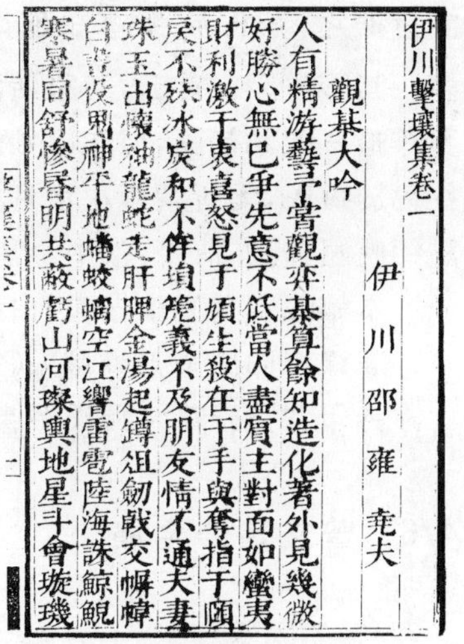
伊川擊壤集卷一　伊川邵雍堯夫
觀棊大吟
人有精游藝予嘗觀弈棊算餘知造化著外見幾微
好勝心無已爭先意不低當人盡賓主對面如蠻夷
財利激于衷喜怒見于頄生殺在于手與奪指于頤
戾不殊冰炭和不侔塤箎義不及朋友情不通夫妻
珠玉出懷袖龍蛇走肝脾金湯起鐏俎劒戟交幃幃
白晝役鬼神平地蟠蛟螭空江響雷雹陸海誅鯨鯢
寒暑同舒慘昏明共蔽虧山河與地星斗會璇璣

474

《欽定天禄琳琅書目》曰：“晁公武《郡齋讀書志》載，邵堯夫《擊壤集》二十卷稱：‘堯夫隱居洛陽，熙寧中與常秩同召，力辭不起。邃於易數始爲學，至二十年不施枕而睡，其精如此。歌詩蓋其餘事，亦頗切理，盛行于時，自爲之序’。云云。是宋時《擊壤集》雍所自刋，此本亦仿宋槧之式，而標爲伊川者，蓋據《宋史》，雍葬親伊水上，遂爲河南人也。”

著録：《文淵閣書目》、《欽定天禄琳琅書目》。

475　友林乙藁

B332

《友林乙藁》不分卷，南宋史彌寧撰，清影宋鈔本。一册。半葉八行十六字。左右雙邊，白口，單魚尾。版心上書頁碼，中書“友乙”，下書書者姓氏。框高 21 釐米，寬 14 釐米。前題：“宋刻《友林乙藁》。顧俠君家藏本。”前有宋乾道癸巳鄭域序，目錄等。

史彌寧(生卒年不詳)，字安卿，鄞縣人。丞相浩之從子也。嘉定中以國子舍生莅春坊事，帶閤門宣贊舍人，知邵陽。《宋史》無傳，其集亦不見於《藝文志》。

是書鈔錄南宋史彌寗所撰詩文百七十首。

《四庫全書總目》曰：“此本猶宋時舊刊，楷法頗爲工緻。凡錄詩一百七十首，前有原序一篇，自稱其名曰域。大略謂浩帥閩時，以庠序諸生最沐稱賞。後四十年，得見彌寧於湘南，因掇拾友林詩稿，命工鋟之。而序末舊闕一翻，失去題署年月，不知其姓爲誰。以詞意推之，蓋作於彌寧知邵陽時也。集中近體詩居多。其《诗禪》一首云，詩家活法類禪機，悟處工夫谁得知。尋著這些關棙子，國風雅頌不難追。觀其持論，似亦以妙悟爲宗，與嚴羽之說相近。然命意遣詞，務取鮮新，乃往往傷於纖仄，无所謂鏡花水月之意。则所謂妙悟者，特一韻之奇，一字之巧而已。特其點綴映媚，時亦清警，沙中金屑，要不可謂之非寶。固亦不妨錄其一長云爾。”

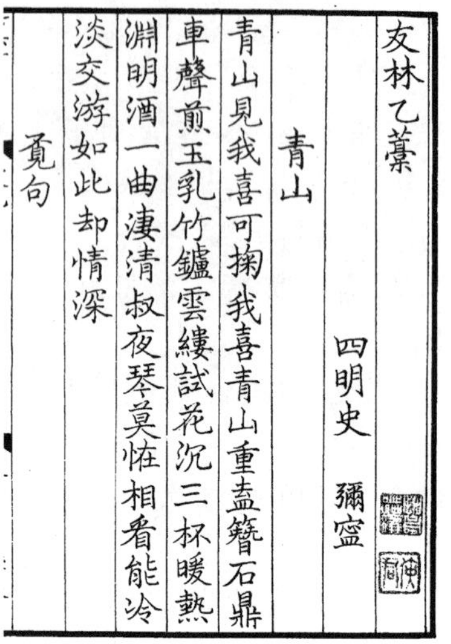
友林乙藁
四明史　彌寗
青山
青山見我喜可掬我喜青山重盍簪石鼎
車聲煎玉乳竹鑪雲縷試花沉三杯暖熱
淵明酒一曲淒清叔夜琴莫惦相看能冷
淡交游如此却情深
覔句

475

本館藏本爲墨筆楷書，白綿紙。

著錄：《四庫全書總目》、《中國古籍善本書目》。

鈐印：“秀野草堂顧氏藏書印”、“顧嗣立印”、“俠君”。

476　曾文定公全集

《曾文定公全集》十七卷，首一卷，宋曾鞏撰，清彭期編訂，清康熙三十二年彭期刻本。十二冊。半葉九行二十字。左右雙邊，白口，單魚尾。版心上鐫書名，中鐫卷次。框高 20.3 釐米，寬 12.5 釐米。前有扉頁，題：“宋曾文定公全集。康熙申壬年新鐫，七業堂校梓。”前有康熙三十二年王謙《曾南豊先生文集》序，宋元豊八年王震舊序，曾南豊先生年譜序，曾南豊先生年譜後序，符遂曾南豊先生詩註序，明隆慶五年邵廉序，清康熙壬申湯來賁序，宋史本傳，校訂凡例，目錄。

曾鞏(1019—1083)，字子固，南豐人。嘉祐二年進士，調太平州司法參軍，召爲集賢，校理出知福明諸州。神宗時官至中書舍人。事具《宋史》本傳。著有《元豐類稿》等。

是書卷一爲疏、劄子，卷二爲奏狀、制，卷三爲擬制、策問，卷四爲洪範傳、議論雜著，卷五爲書，卷六、卷七爲序，卷八、卷九爲記、傳，卷十爲表、牋，卷十一爲啓、狀，卷十二爲祝文、祭告文，卷十三至卷十五爲誌、銘、表、碣，卷十六爲神道碑、行狀、哀詞、金石錄跋，卷十七爲政要策。

王謙《序》曰："集初名《元豐類藁》，屢易其版，多殘缺。毅齋求善本而是正之，整齊其散亂，薈萃其評論，斯無愧其鄉先生者。勉進於道，而凡生先賢之鄉，不能闡幽，以傳以後者，皆得自警焉"。

著錄：《中國古籍善本書目》。

鈐印："七業堂"。

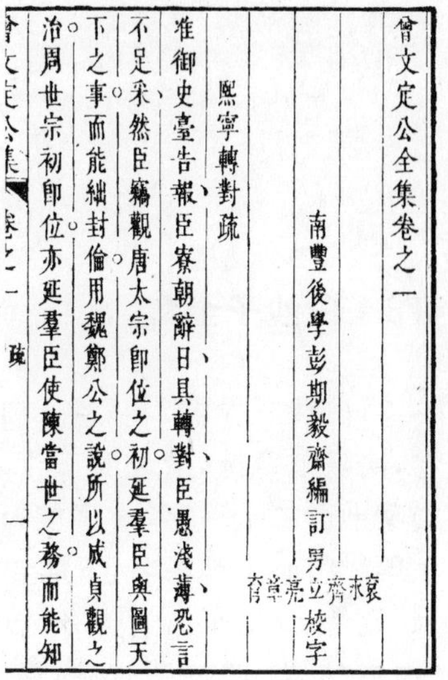
曾文定公全集卷之一
南豐後學彭期毅齋編訂 男袁求齊立齊亮章育校字
熙寧轉對疏
准御史臺告報臣寮朝辭日具轉對臣愚淺薄恐言不足采然臣竊觀唐太宗即位之初延羣臣與圖天下之事而能絀封倫用魏鄭公之說所以成貞觀之治周世宗初即位亦延羣臣使陳當世之務而能知
曾文定公集 卷之一

476

477 趙清獻公集

E685

《趙清獻公集》、《清獻集》十卷，宋趙抃撰，明嘉靖四十一年楊准刻本。四冊。半葉九行二十字。四周單邊，白口，單魚尾。版心上鐫書名，中鐫卷次。框高20.7釐米，寬14釐米。前有扉頁，題："南陽趙氏清獻公文集"。前有景定元年陳仁玉序，成化七年馬嵬序，嘉靖四十一年楊准序，嘉靖元年林有年後序，目錄等。

趙抃（1008—1084），字閱道，衢州西安人。工詩善書。事具《宋史》本傳。

是書第一卷至第四卷爲奏議，第五卷爲奏議、雜文、表狀，第六卷爲五言古詩、七言古詩，第七卷爲五言律詩，第八卷爲五言排律、五言絕句、七言律詩，第九卷爲七言律詩，第十卷爲七言排律、七言絕句、聯句。

《四庫全書總目》曰："是集詩文各五卷，前有天台陳仁玉序。乃從宋嘉定中舊本重刊。所載多關時事。其劾陳執中、王拱辰疏，皆七八上，可以知其伉直。而宋庠、范鎮亦皆見之彈章。古所稱羣而不黨，抃庶幾焉。其詩諧婉多姿，乃不類其爲人。王士禎《居易錄》稱其五言律中暖風一首，芳草一首，杜鵑一首，寒食一首，觀水一首，謂數詩掩卷讀之，豈復知鐵面者所爲。案皮日休《桃花賦序》稱，宋廣平鐵心石腸，而所作梅花賦輕便富豔。得南朝徐庾體。抃之詩情，殆亦是類矣。"

著錄：《四庫全書總目》、《中國古籍善本書目》。

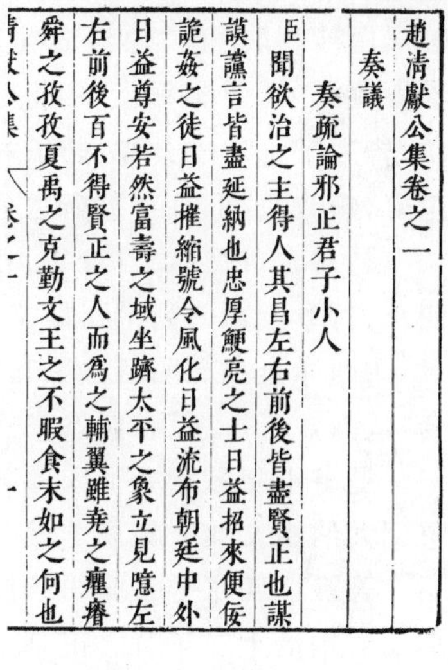
趙清獻公集卷之一
奏議
奏疏論邪正君子小人
臣聞欲治之主得人其昌左右前後皆盡賢正也謀謨讜言皆盡延納也忠厚鯁亮之士日益招來便佞詭姦之徒日益摧縮號令風化日益流布朝廷中外日益尊安若然富壽之域坐躋太平之象立見噫左右前後百不得賢正之人而爲之輔翼雖堯之癯瘠舜之孜孜夏禹之克勤文王之不暇食未如之何也
清獻公集 卷之一

477

明别集類

478　白沙子全集

《白沙子全集》，又名《白沙集》，十卷，另首末二卷，明陳獻章撰，清乾隆三十六年碧玉樓刻本。十冊。半葉十行二十一字，小字雙行同。四周雙邊，白口，單魚尾。版心上鐫書名，下鐫卷次及標題。框高 18.3 釐米，寬 12.9 釐米。卷首有“撫藩學三大人鑑定”。前有“撫粵使者”聞軒鍾音序，歐陽永裿序，翁方綱序，羅僑、高簡、湛若水等序，《明史・儒林傳》，總目，目錄等。後有陳世澤、謝廷知後序。

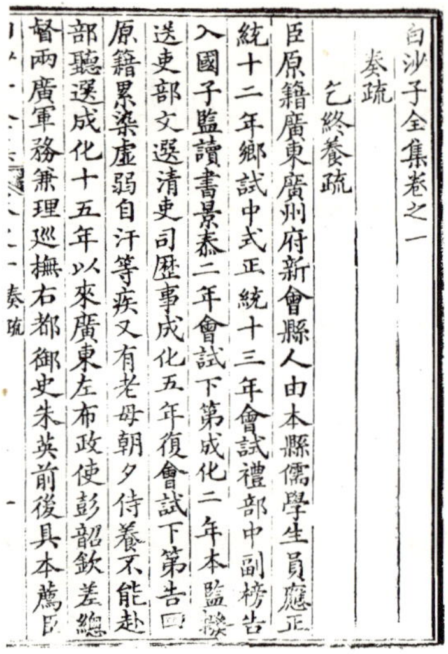
白沙子全集卷之一
奏疏
乞終養疏
臣原籍廣東廣州府新會縣人由本縣儒學生員應正
統十二年鄉試中式正統十三年會試禮部中副榜告
入國子監讀書景泰二年會試下第成化二年本監撥
送吏部文選清吏司歷事成化五年復會試下第告回
原籍累染虛弱自汗等疾又有老母朝夕侍養不能赴
部聽選成化十五年以來廣東左布政使彭韶欽差總
督兩廣軍務兼理巡撫右都御史朱英前後具本薦臣

478

陳獻章(1428—1500)，字公甫，号實齋，别號碧玉老人、玉臺居士、江門漁父、南海樵夫、黃雲老人等，因曾居白沙村，世稱“白沙先生”，廣東新會人。創嶺南學術流派“江門學派”。《明史・儒林傳》曰：“明初諸儒，皆朱子之支流余裔，師承有自，矩獲秩然。曹端、胡居仁篤踐履；謹繩墨，守先儒之正傳，無敢改錯。”而“學術之分，則陳獻章、王守仁始。”

是書卷首爲序、目錄等，卷一爲奏疏、序、記、題跋，卷二爲論、說、題跋等，卷三、卷四爲書，卷五爲傳、行狀、祭文等，卷六至卷十爲各體詩，卷末爲附錄。

《四庫全書簡明目錄》曰：“獻章學本于禪，其詩文亦似高僧作偈，隨口機鋒，偶然有合，或微妙不可思議，偶然率意，或粗野不可嚮邇，故不可爲法，而亦不可竟廢。”

是書由陳獻章九世族孫陳世澤重鐫。世澤《後序》曰：“辛卯歲，世澤與汾江家雲麓重刻大伯祖文恭公集於羊城。”

著錄：《四庫全書簡明目錄》。《中國古籍善本書目》收錄有明萬曆四十年何上新刻本及清順治十二年黃之正刻本。

479　方正學先生遜志齋集

《遜志齋集》、《方正學先生遜志齋集》二十四卷，明方孝孺撰，明張紹謙纂定，俞化鵬重纂，方濳、方聲重編，清康熙三十七年刻本。十六冊。半葉十行二十字。四周單邊，白口，單魚尾。版心上鐫書名，下鐫卷次。框高21.1釐米，寬14釐米。有圖像。前有扉頁，題："方正學先生遜志齋全集。淮南後學俞青嶽重輯。"前有後補入鈔本"清同治二年朝臣奏請將方孝孺從祀學宫"及御批等，明崇禎十五年劉宗周、倪元璐原序，崇禎十六年陳子龍原序，清康熙三十七年俞化鵬《重輯方正學先生文集》序，明盧演、翁明英輯纂《方正學先生年譜》等。

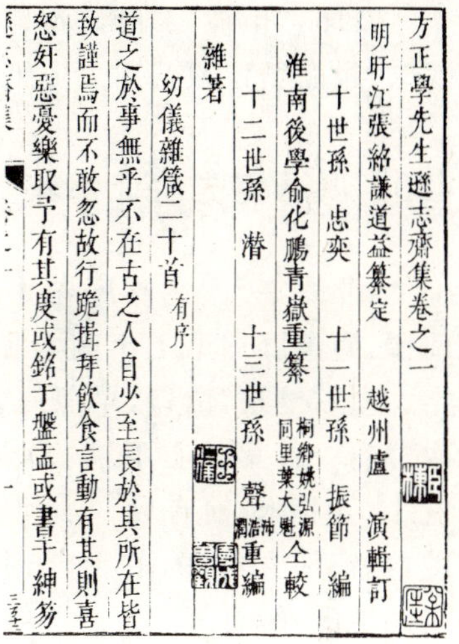
方正學先生遜志齋集卷之一
明盱江張紹謙道益纂定　越州盧　演輯訂
十世孫　忠奕　十一世孫　振節　編
淮南後學俞化鵬青嶽重纂　桐鄉姚弘源　同里葉大魁　仝較
十二世孫　潜　十三世孫　聲沛　浩潤　重編
雜著
幼儀雜箴二十首　有序
道之於事無乎不在古之人自少至長於其所在皆致謹焉而不敢忽故行跪揖拜飲食言動有其則喜怒好惡憂樂取予有其度或銘于盤盂或書于紳笏

479

方孝孺（1357—1402），字希直，一字希古，號遜志，曾以"遜志"名其書齋，蜀獻王改爲"正學"，故世稱"正學先生"，浙江寧海人。曾師從宋濂，歷任陝西漢中府學教授、侍講學士、文學博士。明建文年間任建文帝師，主持京試，推行新政。燕王簒位，抗節死，被株十族。福王時追謚文正。事具《明史》本傳。曾總裁《太祖實錄》、《類要》等書，著有《周易枝詞》、《周禮考次目錄》、《武王戒書注》、《宋史要言》、《基命錄》、《文統》等，皆佚而不傳。現唯存《遜志齋集》及《方正學先生集》。

是書卷一至卷八爲雜著，卷九爲表、箋、啓、書上，卷十、卷十一爲書，卷十二至卷十四爲序，卷十五至卷十七爲記，卷十八爲題跋，卷十九爲贊，卷二十爲祭文、誄、哀辭，卷二十一爲行狀、傳，卷二十二爲碑、表、誌，卷二十三、卷二十四爲古詩、律詩、絶句。

《四庫全書總目》曰："史稱孝孺殉節後，文禁甚嚴，其門人王稌藏其遺稾，宣德後始稍傳播。故其中闕文脱簡頗多。原本凡三十卷，拾遺十卷，乃黄孔昭、謝鐸所編。此本併爲二十四卷，則正德中顧璘守台州時所重刊也。孝孺學術醇正，而文章乃縱横豪放，頗出入於東坡、龍川之閒。蓋其志在於駕軼漢、唐，鋭復三代，故其毅然自命之氣，發揚蹈厲，時露於筆墨之閒。故鄭瑗《井觀瑣言》稱其志高氣鋭，而詞鋒浩然，足以發之。然聖人之道，與時偕行。周去唐、虞僅千年，《周禮》一書已不全用唐、虞之法。明去周幾三千年，勢移事變，不知凡幾，而乃與惠帝講求六官改制定禮。即使燕兵不起，其所設施，亦未必能致太平。正不必執講學家門户之見，曲爲之諱。惟是燕王簒立之初，齊、黄諸人爲所切齒，即委蛇求活，亦勢不能存。若孝孺則深欲藉其聲名，俾草詔以欺天下。使稍稍遷就，未必不接跡三楊。而致命成仁，遂湛十族而不悔。語其氣節，可謂貫金石，動天地矣。文以人重，則斯集固懸諸日月，不可磨滅之書也。都穆《南濠詩話》曰，《方正學先生集》傳之天下，人人知愛誦之。但其中多雜以他人之詩。如勉學二十四首，乃陳子平作。漁樵一首，乃楊孟載作。又有牧牛圖一絶，亦元人作。然兩集互見，古人多有。今姑仍原本錄之，而附存穆説備考焉。"

著錄：《四庫全書總目》、《中國古籍善本書目》。

鈐印:“臣棟”、“師研齋印”、“仁俊”、“梅崖”、“紅豆書屋”、“王氏秘篋”、“憲成曾觀”、“鋭記號定厰荊川太史紙”。

480　馮琢庵先生北海集

A014

《北海集》、《馮琢庵先生北海集》五十八卷,明馮琦撰,明萬曆三十七年刻本。十四册。半葉十行二十字。左右雙邊,白口,單魚尾。版心上鎸書名,中鎸卷次。卷一首葉版心下鎸“章柏水”。框高 20.8 釐米,寬 14.5 釐米。前有陳一元重刻序,于慎行馮宗伯詩敘,馮宗伯文集序,莊天合刻兩部題稿序,李騰芳序,校閲姓氏,總目等。

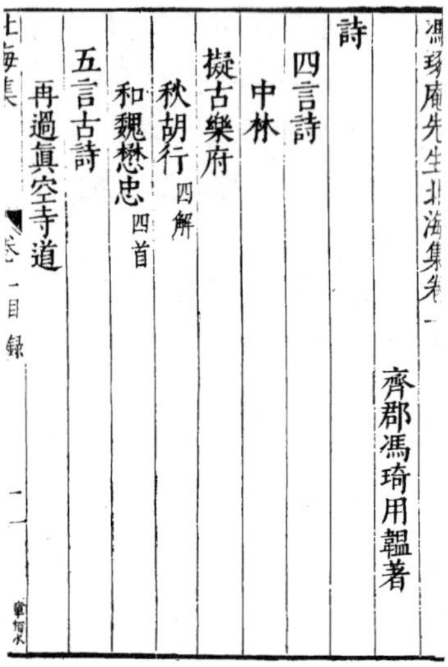
馮琢庵先生北海集卷一
齊郡馮琦用韞著
詩
四言詩
中林
擬古樂府
秋胡行 四解
和魏懋忠 四首
五言古詩
再過眞空寺道

480

馮琦(1558—1603),字用韞,一字琢庵,臨朐人。萬曆五年進士,官至禮部尚書。謚文敏。事具《明史》本傳。著有《國朝典彙》、《宋史紀事本末》、《宗伯集》、《經濟類編》等。

是書卷一至卷五爲詩詞,卷六至卷十一爲序,卷十二爲記,卷十三爲傳、贊、箴、跋,卷十四至卷十七爲墓表、墓誌銘,卷十八爲行狀,卷十九至卷二十爲祭文,卷二十一爲啓,卷二十二至卷二十九爲書牘,卷三十、卷三十一爲誥敕,卷三十二至卷四十爲奏疏,卷四十一爲議,卷四十二爲經筵講章,卷四十三至卷五十二爲日講通鑑直解,卷五十四爲論、表,卷五十五至卷五十七爲策,卷五十八附誌狀。

著録:《千頃堂書目》、《中國古籍善本書目》。

鈐印:“閩中孫維起藏書印”、“侯官黄宗彝印”、“侯官劉筠川藏書印”。

刻工:郭成望、王臣、朱士奇等。

寫工:劉成憲、章鐸。

481　高子遺書

C479

《高子遺書》十二卷,明高攀龍撰,陳龍正輯,明崇禎年間刻本。八册。半葉九行十九字。四周單邊,白口,單魚尾。版心上鎸書名,中鎸卷次,下有刻工名。框高 21.5 釐米,寬 14.4 釐米。前有崇禎元年誥命,崇禎五年錢士升序,崇禎四年陳龍正序,陳龍正小序,目録。

高攀龍(1562—1626),字存之,又字雲從、景逸,無錫人。萬曆十七年進士,授行人。官至左都御史,贈太子少保,兵部尚書。謚忠憲。事具《明史》本傳。著有《周易易簡說》。

是書卷一爲語，卷二爲劄記，卷三爲經說辨贊類，卷四爲講義，卷五爲語錄，卷六爲詩，卷七爲疏、揭、問，卷八爲書，卷九爲序，卷十爲碑、傳、記、譜、訓，卷十一爲誌、表、狀、祭文，卷十二爲題跋、雜書，附錄題詠、贊跋、墓誌銘、行狀、祭文一卷。

《四庫全書總目》曰："攀龍出趙南星之門，淵源有自。其學以格物爲先，兼取朱、陸兩家之長。操履篤實，粹然一出於正。初自輯其語錄文章爲就正錄。後其門人嘉善陳龍正編爲此集。……其講學之語，類多切近篤實，闡發周密。詩意冲澹，文格清遒，亦均無明末纖詭之習。蓋攀龍雖亦聚徒講學，不免漸染於風尚。然嚴氣正性，卓然自立，實非標榜門戶之流。故立朝大節，不愧古人。發爲文章，亦不事詞藻，而品格自高。此眞之所以異於僞歟。"

著錄：《四庫全書總目》、《中國古籍善本書目》。

刻工：陶明、朱臣、陶見、梁仲、茹松、王臣、陶仲、罗宿、陳、張、朱明、王明、罗冠、甘玉、劉淳、劉秀、陶瑞、劉沖、朱華、胡禮、高所、穆斗、木還、王陽、高侖、于山、李雙、徐長、王起、吳仲、潘華、孫仕、陳祥、陶文。

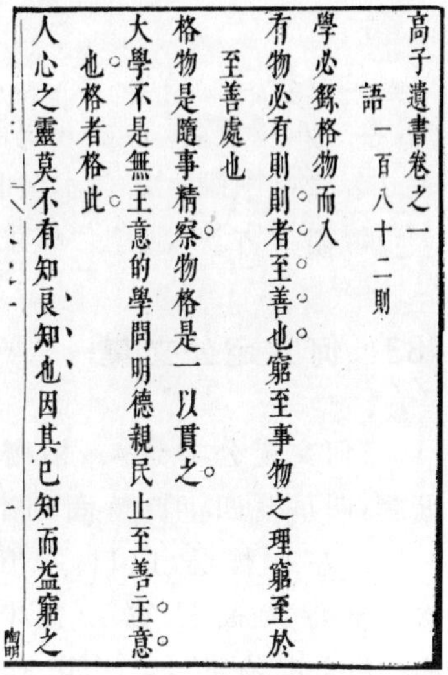
高子遺書卷之一
語一百八十二則
學必繇格物而入。
有物必有則則者至善也窮至事物之理窮至於
至善處也
格物是隨事精察物格是一以貫之。
大學不是無主意的學問明德親民止至善主意。
也格者格此。
人心之靈莫不有知良知也因其已知而益窮之

481

482　郭文簡公文集

PL2698.K843 1674/W1832

《郭文簡公文集》六卷，明郭朴撰，清康熙十三年思齋軒刻本。一冊。半葉九行二十一字。四周雙邊，白口，單魚尾。版心上鐫書名，下鐫卷次。前有董襄序，郭爕《天恩存問謝表》等，後有康熙十四年郭樸世孫郭之穎、郭度昌等跋。

郭朴（1511—1593），字質夫，世稱東野先生，河南安陽人。嘉靖十四年進士。嘉靖四十年任吏部尚書，四十五年任太子太傅兼武英殿大學士。著有《萬曆彰德府續

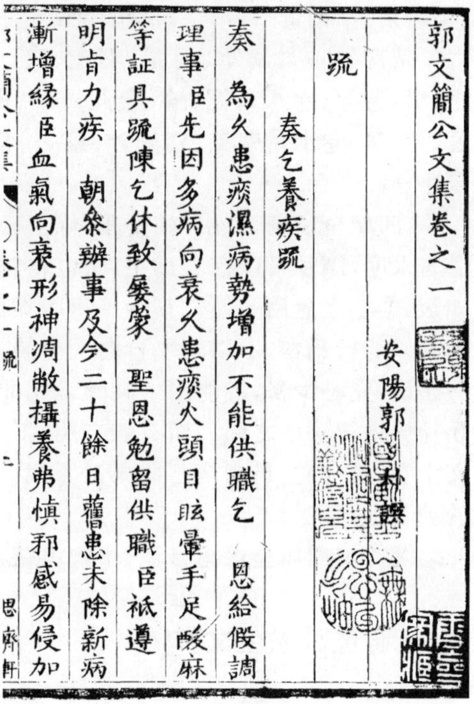
郭文簡公文集卷之一
安陽郭　朴撰
疏
奏乞養疾疏
奏為久患痰濕病勢增加不能供職乞　恩給假調
理事臣先因多病向衰久患痰火頭目眩暈手足痠麻
等証具疏陳乞休致屢蒙　聖恩勉留供職臣祗遵
明旨力疾　朝參辦事及今二十餘日舊患未除新病
漸增緣臣血氣向衰形神凋敝攝養弗慎邪感易侵加

482

志》等。

是書卷之一爲疏、序、記、書、傳，卷之二爲碑、墓誌銘，卷之三爲墓表、墓碣、墓石後，卷之四爲雜著，卷之五爲詩，卷之六爲附。

著錄：《中國古籍善本書目》。

鈐印："古鉄硯齋"、"事求可以問心"、"雪齋家藏"、"雲無心而出岫"。

483　何文定公文集

I1198

《何文定公文集》、《柏齋先生文集》十一卷，明何瑭撰，明萬曆四年賈待問刻本。四冊。半葉十行二十一字。左右雙邊，白口，無魚尾。版心上鐫書名、卷次。框高 20 釐米，寬 12 釐米。前有賈待問重刻序，張鹵"何文定公傳"，吳三樂、孔天胤、許宗魯序，目錄等。

何瑭(1474—1543)，字粹夫，號柏齋，懷慶(一作武陟)人。弘治壬戌進士，歷工、戶、禮三部侍郎，進南京右都御史。謚文定。事具《明史・儒林傳》。著有《柏齋集》、《柏齋三書》、《醫學管見》等。

是書卷一爲講章、奏議、奏疏、表，卷二至卷六爲序、引，卷七、卷八爲記、論，卷九爲說、書、跋、策問、雜著、傳、讚，卷十爲碑銘、墓誌銘、墓表、祭文，卷十一爲自序、詩。

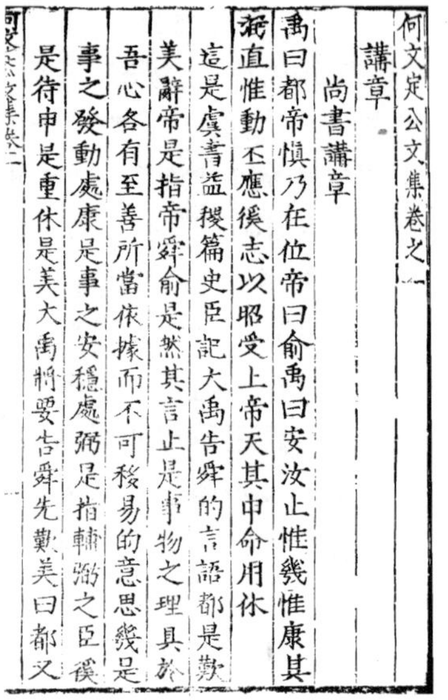
何文定公文集卷之一
講章
尚書講章
禹曰都帝慎乃在位帝曰俞禹曰安汝止惟幾惟康其
弼直惟動丕應徯志以昭受上帝天其申命用休
這是虞書益稷篇史臣記大禹告舜的言語都是歎
美辭帝是指帝舜俞是然其言止是事物之理具於
吾心各有至善所當依據而不可移易的意思幾是
事之發動處康是事之安穩處弼是指輔弼之臣徯
是待申是重休是美大禹將要告舜先歎美曰都又

483

《四庫全書總目》中《柏齋集》條下云："瑭篤行勵志，其論學一以格致爲宗。集中送湛若水序，謂甘泉以存心爲主，予以格物致知爲先。非存心固無以爲格致之本。物格知至，則心之體用益備。其生平得力在此。故當時東南學者多宗王守仁良知之說，而瑭獨以躬行爲本，不以講學自名。然論其篤實，乃在講學諸家上。至如均徭、均糧、論兵諸篇，究心世務，皆能深中時弊。尤非空談三代，迂疎無用者比。雖其文體樸質，不斤斤於格律法度之閒。而有體有用，不支不蔓，與雕章繪句之學固又當別論矣。集凡文十卷，詩一卷，爲嘉靖己酉鄭王所刻。鄭世子載堉，即瑭之甥。其律數之學，皆受之於瑭者也。"

著錄：《四庫全書總目》、《中國古籍善本書目》。

484　蔣道林先生文粹

I1396

《蔣道林先生文粹》、《蔣道林集》八卷，《古大學義》一卷，《桃岡精舍訓規》一卷，《道林先生講義》一卷，《蔣道林先生陶岡日錄》一卷，明蔣信撰，明萬曆四年刻本。五冊。

半葉十行二十二字。四周雙邊，白口，單魚尾。版心上鐫書名，中鐫卷次。框高 22 釐米，寬 13.5 釐米。前有萬曆四年周潭、汪尚寧序，目錄等。

蔣信（1483—1559），字卿實，號道林，門人稱“正學先生”，常德人。嘉靖壬辰進士，纍官四川僉事，貴州提學副使。嘗師王守仁，又師湛若水。事具《明史・儒林傳》附載若水傳末。著有《桃岡日錄》、《新泉問辨錄》等。

是書卷之一至三爲序類，卷之四爲序類、說類、記類、銘箴類，卷之五爲銡銘類，卷之六爲文類，卷之七爲論，卷之八爲書類。

《四庫全書總目》曰：“是集爲其門人姚學閔所編。其文不事華藻，惟直抒胸臆，期於明暢而止。蓋信嘗從王守仁於龍場驛，後又從湛若水遊，所重惟在講學耳。”《四庫全書總目》之《道林諸集》條目下又曰：“是編乃其卜築桃岡時與諸弟子講學之書，而其門人章評所刊者。首《古大學義》，專釋《大學》；次桃岡講義，摘取論孟諸條，附以論斷。又《桃岡日錄》則與門人問荅語錄也。《桃岡訓規》，則讀書日程也。《傳疾錄》，則疾痛時記也。史稱信初從守仁游，時未以良知教。後從若水游最久，其學得之若水者爲多。又稱其踐履篤實，不尚虛談。蓋猶未盡入於禪者。卷末有附談一則，稱評爲斗陽子，讀書九山者二十年，有太乙丈人者哂之，無名先生者論之。惝恍無憑，斯則末流放失，全入於二氏者矣。”

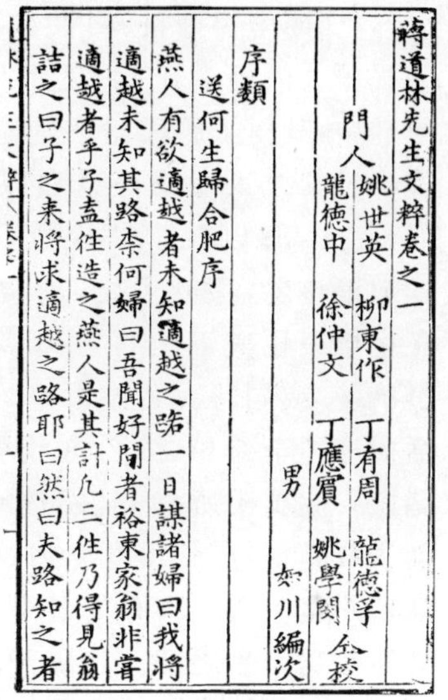
蔣道林先生文粹卷之一
門人 姚世英 柳東作 丁有周 龍德孚
龍德中 徐仲文 丁應賓 姚學閔 仝校
男 如川 編次
序類
送何生歸合肥序
燕人有欲適越者未知適越之路一日謀諸婦曰我將適越未知其路柰何婦曰吾聞好閒者裕東家翁非嘗適越者乎子盍往造之燕人是其計凡三往乃得見翁詰之曰子之來將求適越之路耶曰然曰夫路知之者

484

著錄：《四庫全書總目》、《中國古籍善本書目》。

485 康對山先生文集

《康對山先生文集》、《對山文集》十卷，明康海撰，清張書紳、何瑞校，清乾隆二十六年武功縣刻本。六冊。半葉十行二十字。四周雙邊，白口，單魚尾。版心上鐫“對山文集”，中鐫卷次。框高 20 釐米，寬 13.5 釐米。前有扉頁，題：“康對山先生文集。乾隆辛巳孟秋選刻，武功縣藏板。”前有乾隆二十六年長白瑪序，明萬曆九年王世懋舊序，乾隆二十六年孫景烈選序，諸家評語，目次。

康海，見 186《新刊康對先生武功縣志》。

是書第一卷爲策、論，第二卷爲書，第三卷、第四卷爲序，第五卷爲記、雜著，第六卷爲碑、墓表，第七卷爲墓誌，第八卷爲墓誌、祭文、行狀，第九卷爲賦、琴曲、四言詩、五言古詩，第十卷爲七言古詩、五言律詩、五言排律、七言排律、五言絕句、七言絕句。

《四庫全書總目》曰:"其詩文集自明以來凡四刻。一爲張太微所選,一爲王世懋所選,互有去取。國朝康熙中,其里人馬氏始裒其全集刻之江寧。此本乃乾隆辛巳其里人編修孫景烈以所藏張太微本又加刊削而刻之。海以救李夢陽故,失身劉瑾。瑾敗,坐廢。遂放浪自恣,徵歌選妓,於文章不復精思,詩尤頹縱。王世懋序稱其五七言古律多率意之作。又慕少陵直攄胸臆,或同時人名號爵里,韻至便押,不屭於雅。朱孟震序述李維楨之言,亦稱張太微本珷玞燕石,閒列錯陳。故馬氏所增刊,頗傷蕪雜。景烈此本雖晚出,而去取謹嚴,於詩汰之尤力,較諸本特爲完善,已足盡海所長矣。明人論海集者是非不一,要以俞汝成文過於詩語爲不易之評。其擬廷臣論寧夏事狀,及鑄錢論諸篇,尤頗切時弊。崔銑、吕柟皆以司馬遷比之。誠爲太過。然其逸氣往來,翛然自異,固在李夢陽等剽剟秦漢者上也。"

著録:《四庫全書總目》、《中國古籍善本書目》。

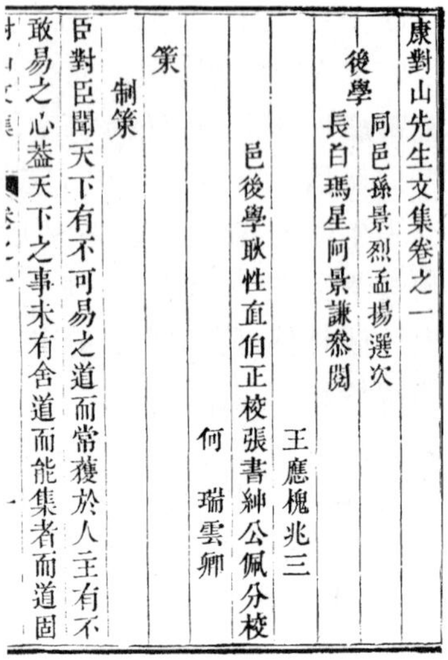
康對山先生文集卷之一
後學 同邑孫景烈孟揚選次
長白瑪星阿景謙叅閱
邑後學耿性直伯正校張書紳公佩分校
王應槐兆三
何瑞雲卿
策
制策
臣對臣聞天下有不可易之道而常獲於人主有不
敢易之心葢天下之事未有舍道而能集者而道固

485

486 龍谿王先生全集

E643

《龍谿王先生全集》二十二卷,明王畿撰,丁賓編,張汝霖校,明萬曆四十三年丁賓、張汝霖重刻本。十二冊。半葉十行二十字。左右雙邊,白口,單魚尾。版心上鐫書名,中鐫卷次,首卷首葉下鐫刻工名。框高 21 釐米,寬 14.2 釐米。前有萬曆十五年蕭良幹舊序,萬曆四十三年張汝霖《重刻龍谿先生集紀事》,目録。

王畿(1498—1583),字汝中,號龍谿,浙江山陰人。嘉靖壬辰進士,官至兵部武選司郎中。事具《明史·儒林傳》。著有《龍谿語録》。

是书卷一至卷八爲語録,卷九至卷十二爲書,卷十三、卷十四爲序,卷十五、卷十六爲雜著,卷十七爲記、説,卷十八爲詩,卷十九爲祭文,卷二十爲狀、誌、表、傳,卷二十一爲大象義述,卷二十二爲徐存齋公撰先生傳、趙麟陽公撰先生墓誌銘、張揚和公吊先生文。

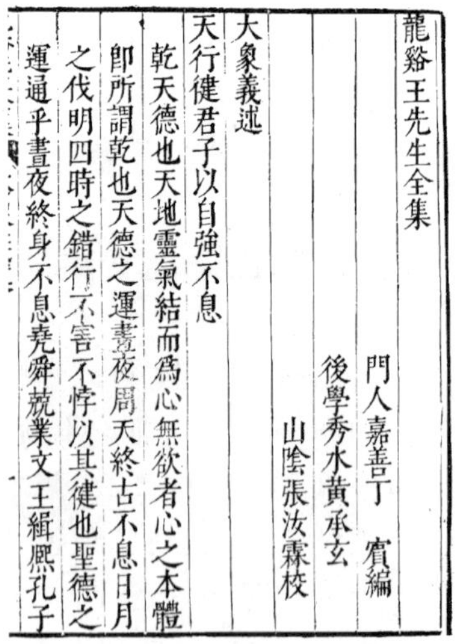
龍谿王先生全集
門人嘉善丁賓編
後學秀水黃承玄
山陰張汝霖校
大象義述
天行健君子以自強不息
乾天德也天地靈氣結而為心無欲者心之本體
即所謂乾也天德之運晝夜周天終古不息日月
之伐明四時之錯行不害不悖以其健也聖德之
運通乎晝夜終身不息堯舜兢業文王緝熈孔子

486

《四庫全書總目》曰:“畿傳王守仁良知之學,而漸失其本旨。如謂虛寂微密是千聖相傳之祕,從此悟入,乃範圍三教之宗。又謂佛氏所說本是吾儒大路。是不止陽儒而陰釋矣。故史稱其雜以禪機,亦不自諱。史又載畿嘗言學當致知見性而已。應事有小過,不足累。故在官不免干請,以不謹斥。蓋王學末流之恣肆,實自畿始。《明史》雖收入儒林傳,而稱士之浮誕不逞者率自名龍谿弟子云云。深著其弊,蓋有由也。是集爲其子應斌、應吉所編。凡語錄八卷,書序、雜著、記說其九卷,詩一卷,祭文、誌狀、表傳二卷。其門人蕭良榦刊之。丁賓又爲重鐫,而益以大象義述一卷,傳誌、祭文一卷。”

著錄:《四庫全書總目》、《中國古籍善本書目》。

刻工:劉賢。

487 鹿忠節公集

K643b

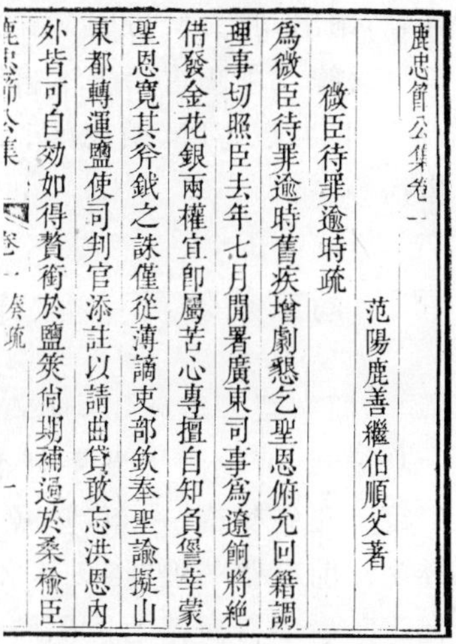
鹿忠節公集卷一
范陽鹿善繼伯順父著
微臣待罪逾時疏
爲微臣待罪逾時舊疾增劇懇乞聖恩俯允回籍調理事切照臣去年七月開署廣東司事爲遼餉將絶借發金花銀兩權宜節屬苦心專擅自知負譽幸蒙聖恩寬其斧鉞之誅僅從薄譴吏部欽奉聖諭擬山東都轉運鹽使司判官添註以請由貸敢忘洪恩內外皆可自効如得贅銜於鹽筴倘期補過於桑榆臣
鹿忠節公集 卷一 奏疏 一

487

《鹿忠節公集》二十一卷,明鹿善繼撰,清刻本。二冊。半葉九行二十字。四周雙邊,白口,單魚尾。版心上鐫書名,中鐫卷次及文類,下鐫卷次。框高19.9釐米,寬13.4釐米。前有范景文、茅元儀序。

鹿善繼(1575—1636),字伯順,號乾岳,晚年自號江村漁隱,直隸定興人。明萬曆四十一年賜進士出身,觀使兵部。後授戶部山東司主事,職鹽法。謚忠節。事具《明史》本傳。著有《四書說約》、《前督師紀略》、《後督師紀略》、《認理提綱》、《尋樂大旨》、《車營百八答》、《尋聲》、《認眞草》、《金花始末》、《馬房本末》、《農曹草》、《粵東鹽法議》、《福建鹽法議》、《歸裡草》、《麈談》、《無欲齋詩草》等。

是書卷一、卷二爲奏疏,卷三爲奏疏、揭,卷四爲覆疏,卷五至卷七爲序,卷八爲記、紀,卷九爲墓誌銘、墓表、行略,卷十爲議,卷十一爲議、說、引,議,卷十二爲祭文,卷十三爲疏、讚、啓,卷十四爲公移,卷十五至卷二十一爲書。

著錄:《中國古籍善本書目》。

488 茅鹿門先生文集

E639

《茅鹿門先生文集》三十六卷,明茅坤著,明萬曆十六年刻本。十二冊。半葉十行十九字。左右雙邊,白口,單魚尾。版心上鐫文類,中鐫卷次,首卷首頁下鐫“金陵戴應試刻”,有刻工。框高20.5釐米,寬14.5釐米。前有王宗沐序,白華樓稿序,觀察鹿門茅公像贊,莫如忠“鹿門先生像贊”,目錄等。

茅坤，見 094《史記抄》。

是書卷之一至九爲書，卷之十至十八爲序，卷之十九爲傳，卷之二十爲記，卷之二十一爲碑，卷之二十二至二十四爲墓誌銘，卷之二十五爲墓表，卷之二十六、二十七爲祭文，卷之二十八爲行狀、墓碣，卷之二十九爲家乘錄，卷之三十至三十二爲雜著，卷之三十三爲表、策，卷之三十四爲續策，卷之三十五爲附，卷之三十六爲丹徒名臣公移。

王宗沐《序》稱：茅公之文"大都鞭霆駕風，如江河万狀，不可涯矣；而其反復詳略形勢，淋漓点綴，悲喜在掌，則出司馬遷、班固，而自得陶鑄，成一家言。"

著錄：《中國古籍善本書目》。

刻工：戴應聘、戴應詔、王化、王承、黄詔、邵良卿、崔河等。

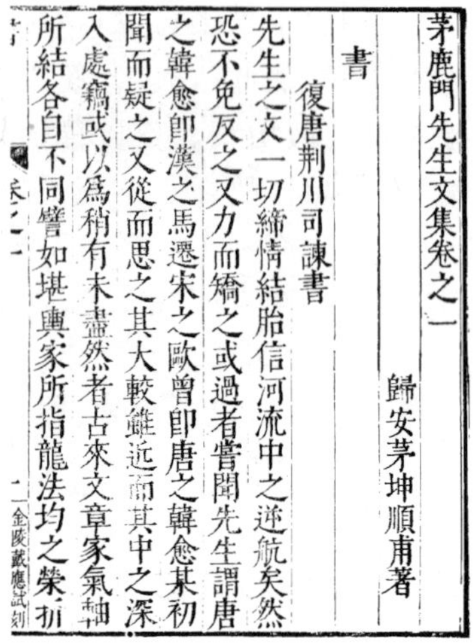
茅鹿門先生文集卷之一
歸安茅坤順甫著
書
復唐荊川司諫書
先生之文一切締情結胎信河流中之逆航矣然
恐不免反之又力而矯之或過者嘗聞先生謂唐
之韓愈即漢之馬遷宋之歐曾即唐之韓愈某初
聞而疑之又從而思之其大較雖近而其中之深
入處竊或以爲稍有未盡然者古來文章家氣軸
所結各自不同譬如堪輿家所指龍法均之榮折
金陵戴應試刻

488

489　商文毅公集

PL2698. S37 1659/W1425

《商文毅公集》、《素庵文集》六卷，明商輅撰，清張一魁編輯，清順治十五年刻本。四冊。半葉十行二十二字。左右雙邊，白口，單魚尾。版心上鐫書名，下鐫卷次。前有張一魁"增刻太傅商文毅公文集序"，劉健惕序。卷末有商輅七世孫商德協等跋。

商輅（1414—1486），字弘載，號素庵，浙江淳安人。明英宗正統十年狀元，初授翰林院修撰，纍官至吏部尚書、謹身殿大學士。謚文毅。事具《明史》本傳。著有《商文毅疏稿略》、《蔗山筆塵》、《續資治通鑑綱目》等。

是書共六卷，各卷單列目錄，以文體分類，第一卷爲文、論、策、疏，第二卷、第三卷爲序，第四卷爲記，第五卷爲詩，第六卷爲銘。

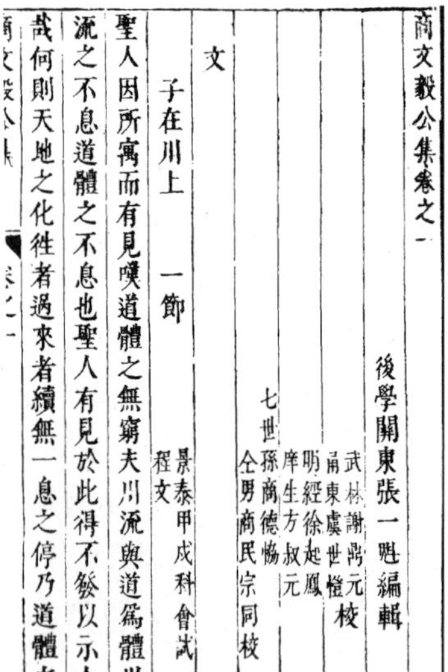
商文毅公集卷之一
後學關東張一魁編輯
武林謝嵩元
甬東虞世櫈校
明經徐起鳳
庠生方叔元
七世孫商德協
仝男商民宗同校
文
子在川上　一節
景泰甲戌科會試程文
聖人因所寓而有見嘆道體之無窮夫川流與道爲體川
流之不息道體之不息也聖人有見於此得不發以示人
哉何則天地之化往者過來者續無一息之停乃道體之
商文毅公集　卷之一

489

著錄：《四庫全書總目》、《中國古籍善本書目》、《千頃堂書目》。

490　宋文憲公集

PL2694. S8 1682/W137a

《宋文憲公集》、《宋文憲先生集》十一卷，明宋濂撰，清張汝瑚選評，康熙二十一年溫陵書林刻本，視古堂藏版。四冊。半葉十行二十字，小字雙行四十字。四周單邊，白口，單魚尾。版心上鐫書名，中鐫卷次。框高 21.9 釐米，寬 14.7 釐米。前有二扉頁，一題："明五大家集。晉江張夏鍾先生評選，宋文憲先生，王遵巖先生，方正學先生，唐荊川先生，歸震川先生。視古堂藏版。"一題："宋文憲先生集。康熙二十一年，晉江張夏鍾先生評選，溫陵書林梓行。"卷首有張汝瑚明八大家總序，張汝瑚序，張汝瑚"宋文憲先生傳"，明五大家姓氏，目錄等。

宋濂，見 010《洪武正韻》。

張汝瑚（生卒年不詳），字夏鍾，號慮岩，福建晉江人。崇禎壬午舉人，康熙五年任山西清源縣管糧通判。

是書爲張汝瑚甄選之宋濂著述，每文之後附有簡短評語。卷一爲賦二篇、頌五篇、表一篇，卷二爲序十二篇，卷三爲序十四篇，卷四爲序十二篇，卷五爲傳十一篇，卷六爲傳十一篇，卷七爲記十五篇，卷八爲論、議各二篇、說、解各一篇、辯三篇、諭二篇、書事二首，卷九爲雜書三篇、文四篇、題九篇、跋七篇，卷十爲難、語、志、錄各一篇、辭四篇、贊四篇、銘二篇，卷十一爲墓誌銘四篇、墓碣、神道碑、墓碑各一篇、碑二篇。

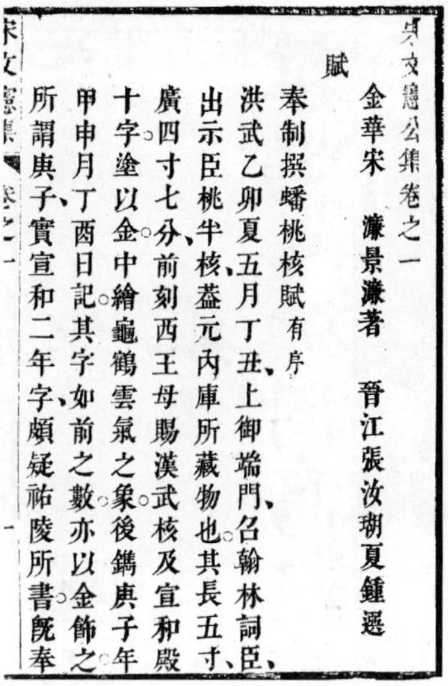
宋文憲公集卷之一
金華宋　濂景濂著　晉江張汝瑚夏鍾選
賦
奉制撰蟠桃核賦有序
洪武乙卯夏五月丁丑、上御端門、召翰林詞臣、出示臣桃半核、蓋元內庫所藏物也、其長五寸、廣四寸七分、前刻西王母賜漢武核及宣和殿十字。塗以金、中繪龜鶴雲氣之象、後鐫庚子年甲申月丁酉日記其字如前之數、亦以金飾之所謂庚子、實宣和二年、字頗疑祐陵所書、既奉
宋文憲集　卷之一

490

張汝瑚《總序》曰："尚論有明之世，其能爲古文辭者不下千餘。若其質之程朱而不謬、繩以韓歐而不悖者，吾得八人焉，曰宋景濂、王子充、方希直、李賓之、王伯安、王道思、唐應德、歸熙甫。之八君子者，節義事功，俱未暇論，觀其著書，無一言之不合于道者，不亦彬彬乎？"

著錄：是書《中國古籍善本書目》等無著錄。

491　太史升菴遺集

E717

《太史升菴遺集》二十六卷，明楊愼撰，孫金吾輯，王象乾校，明萬曆三十四年刻本。四冊。半葉十行二十字。四周雙邊，白口，單魚尾。版心上鐫書名，中鐫卷次。框高 22.4 釐米，寬 14.7 釐米。前有萬曆三十四年湯日昭序，目錄，後有王尚脩跋。

楊愼，見 047《檀弓》。

是書卷之一爲古樂府，卷之二、三爲五言古詩，卷之四至六爲七言古詩，卷之七、八爲五言律詩，卷之九爲五言排律，卷之十至十五爲七言律詩、七言排律、六言排律，卷之十六爲五言絕句，卷之十七至十九爲七言絕句，卷之二十爲碑文、記，卷之二十一爲記，卷之二十二、二十三爲序，卷之二十四爲題辭、詮、說、書牘，卷之二十五爲書、跋，卷之

太史升菴遺集卷之一

成都楊　慎著　孫金吾宗吾輯

濟南王象乾校　丹陽湯日昭閲

古樂府

嬉春曲

銀幡彩燕參差光蘆酒吸筩蘭葐香裁紅暈碧行盤玉蕨紫蕪青映韭黃九微火煖銀簧冷笑倩春蔥捲春餅花奴扶醉稽山頽更瀹龍團澆茗芋

雞鳴曲

雞鳴蟠桃樹烏起扶桑枝燭龍停旦曜咸池驚金螭

二十六爲跋、贊、箴、祭文。

湯日昭《序》云："太史楊升菴先生舊刻有八十一卷，而制府新城王公近復採輯遺書，若古雋、若詞品、若韻寶，諸編凡七種行於世。"

《四庫全書總目》之《升菴集》條下評曰："慎以博洽冠一時，其詩含吐六朝，於明代獨立門戶。文雖不及其詩，然猶存古法，賢於何、李諸家窒塞艱澀，不可句讀者。蓋多見古書，薰蒸沉浸，吐屬自無鄙語，譬諸世祿之家，天然無寒儉之氣矣。至於論說考證往往恃其強識，不及檢核原書，致多疎舛。又恃氣求勝，每說有窒礙，輒造古書以實之。遂爲陳耀文等所詬病，致糾紛而不可解。"

著錄：《四庫全書總目》、《千頃堂書目》、《中國古籍善本書目》。

鈐印："黃銅"、"元歐"。

492　唐荊川集

PL2698. T35 1681/W137d

《唐荊川集》、《唐荊川先生集》六卷，明唐順之撰，清張汝瑚選評，康熙郢雪書林刻本。四冊。半葉十行二十字，小字雙行四十字。四周單邊，白口，單魚尾。版心上鐫書名，中鐫卷次。框高 21.9 釐米，寬 14.5 釐米。前有扉頁，題："唐荊川先生集。晉江張夏鍾先生評選，郢雪書林梓行。"卷首有康熙二十年張汝瑚序、張汝瑚"唐荊川先生傳"，目錄。

唐順之，見 091《歷代史纂左編》。

是書爲張汝瑚甄選唐順之著述而成，每文之後附有簡短評語。卷一爲議一篇、序二十九篇，卷二爲記十五篇、傳四篇，卷三爲訓、讀、說各一篇、題跋六篇、贊三篇、銘十篇、誌一篇，卷四爲書三十五篇，卷五爲書十九篇，卷六爲祭文三篇、墓表六篇、墓誌銘十一篇。

張汝瑚《序》曰："余謂當世膾炙先生文，特玩賞其序、記、傳、贊，與夫墓表、誌銘等編耳。不知先生林居三十載，屏嗜絕欲，專精致神，奧義渺論，雲蒸川湧，盡見之于書牘。"

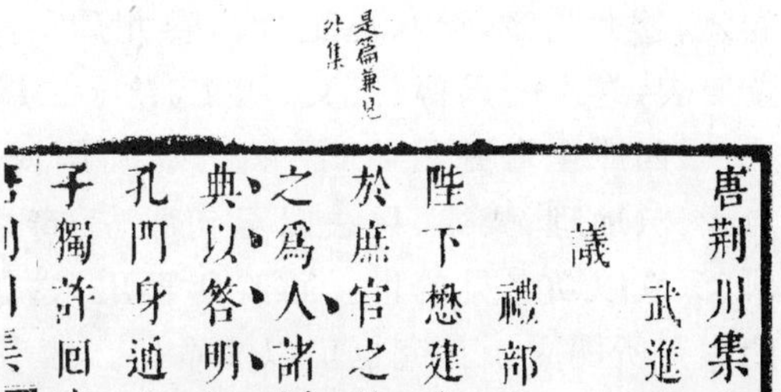
是篇兼見外集

唐荊川集卷之一

武進唐順之應德著　晉江張汝瑚夏鍾選

議

禮部左侍郎薛瑄從祀議

陛下懋建皇極身作君師惠然留意理學之臣博採於庶官之論欲以定祀典而彰潛德甚盛心也夫瑄之爲人諸臣論之詳矣臣可無說也臣請折衷之祀典以答明詔可乎臣聞聖人之道有宗傳有羽翼蓋孔門身通六藝者七十人其德行稱者纔四人而夫子獨許回庶幾其三人又不與也一貫語之參賜而

492

著錄:是書《中國古籍善本書目》等無著錄。天津圖書館藏有是書。

493 唐荊川先生文集

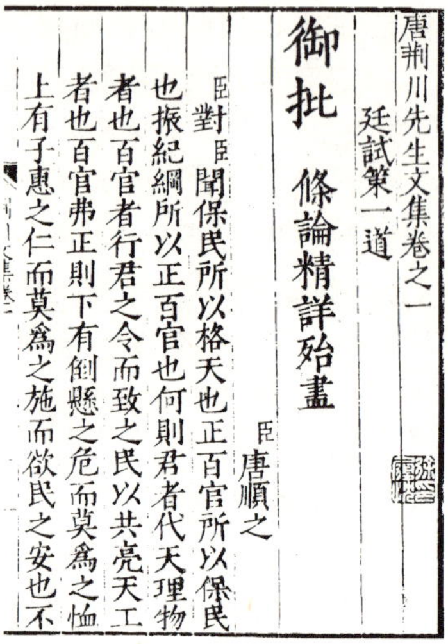
唐荆川先生文集卷之一
廷試策一道
御批 條論精詳殆盡
臣唐順之
臣對臣聞保民所以格天也正百官所以保民
也振紀綱所以正百官也何則君者代天理物
者也百官者行君之令而致之民以共亮天工
者也百官弗正則下有倒懸之危而莫爲之恤
上有子惠之仁而莫爲之施而欲民之安也不

493

《唐荊川先生文集》十二卷,明唐順之撰,明嘉靖二十八年刻本。十二冊。半葉十行二十字。四周單邊,白口,單魚尾。版心中鐫書名、卷次,下鐫刻工名。框高20.8釐米,寬14釐米。前有嘉靖二十八年王慎中序,目錄等。

唐順之,見091《歷代史纂左編》。

是書卷一爲策,卷二、卷三爲詩,卷四、卷五爲書,卷六、卷七爲序,卷八爲記、說,卷九爲墓誌銘,卷十爲墓誌表,卷十一爲傳、祭文、雜文,卷十二爲雜文。

《四庫全書總目》曰:“順之學問淵博,留心經濟。自天文、地理、樂律、兵法以至句股、壬奇之術,無不精研,深欲以功名見於世。雖晚年再出,當禦倭之任,不能大有所樹立。其究也仍以文章傳。然考索既深,議論具有根柢,終非井田、封建之游談。其文章法度,具見文編一書。所錄上自秦、漢以來,而大抵從唐、宋門庭沿溯以入。故於秦、漢之文,不似李夢陽之割剝字句,描摹面貌。於唐、宋之文,亦不似茅坤之比擬間架,掉弄機鋒。在有明中葉,屹然爲一大宗。至其末年遁而講學,文格稍變。集中如與王慎中書云,近來將四十年前伎倆,頭頭放捨。四十年前見解,種種抹殺,始得見些影子云云。則薰蒸語錄,與之俱化,分別觀之可矣。其集爲無錫安如石所編,王慎中爲之序。蓋二人早年論文不合,及其老也,客氣漸盡,乃互相傾挹云。”

著錄:《四庫全書總目》、《中國古籍善本書目》。

鈐印:“徐履忱印”。

刻工:何亨、何田、何鳳、方瑞、何兗、何敖、何元、沈高、何恩、元亨等。

494 外制集

《外制集》不分卷,明高拱編,清康熙二十八年籠春堂刻本。二冊。半葉九行十八字。四周雙邊,白口,單魚尾。版心上鐫書名。框高19.5釐米,寬13.7釐米。前有扉頁,刻“遵依原本,康熙己巳重刻”,並紅印曰:“恩綸普錫代天傳宣”,有高拱自序。

高拱(1512—1578),字肅卿,號中玄,河南新鄭人。明嘉靖進士,明嘉靖、隆慶時大臣,穆宗爲裕王時,任侍講學士。嘉靖四十五年以徐階薦,拜文淵閣大學士。隆慶三年冬,授大學士兼掌吏部事。隆慶四年,進少師兼太子太師、尚書、大學士,後進柱國,中極殿大學士。著有《高文襄公集》。

嘉靖乙巳，明世宗令輔臣舉編修二人，檢討三人，於中秘撰文官誥敕，拱時在列，是編乃其代言之稿也。前有自序稱，“掌誥勅者，初以閣學或翰詹掌貳，後乃屬之兩院供事官，至是始復翰林之舊。”高拱《自序》又云：“朝廷訓迪百官之意，非敢遂謂得體也，積稿頗多，歲久不復見。歸田之暇，偶於書笥中得數紙，旋復檢素，則散失者多十存一二而已。”

著録：《四庫全書總目》、《中國古籍善本目録》。

鈐印：“詠雲葛盧祕藏”。

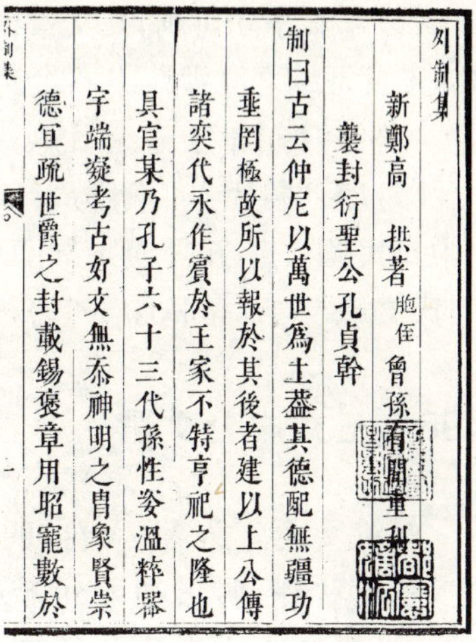
外制集
新鄭高　拱著　胞侄　曾孫有聞重刊
襲封衍聖公孔貞幹
制曰古云仲尼以萬世爲土蓋其德配無疆功
垂罔極故所以報於其後者建以上公傳
諸奕代永作賓於王家不特亨祀之隆也
具官某乃孔子六十三代孫性姿溫粹器
宇端凝考古好文無忝神明之冑象賢崇
德亙疏世冑之封載錫褒章用昭寵數於

494

495　王文成公全書

B456

《王文成公全書》三十八卷，明王守仁撰，明萬曆二十四年熊惟學刻本。二十冊。半葉九行十九字。四周雙邊，白口，單魚尾。版心上鐫書名，中鐫卷次，下有刻工。框高 18.4 釐米，寬 13.7 釐米。前有徐階序，萬曆二十四年熊惟學序，新建侯文成王公小像及贊，隆慶二年制誥，徐愛、鄒守益、王畿舊序，徐階“陽明先生文録續編序”，目録等。

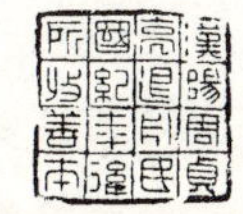

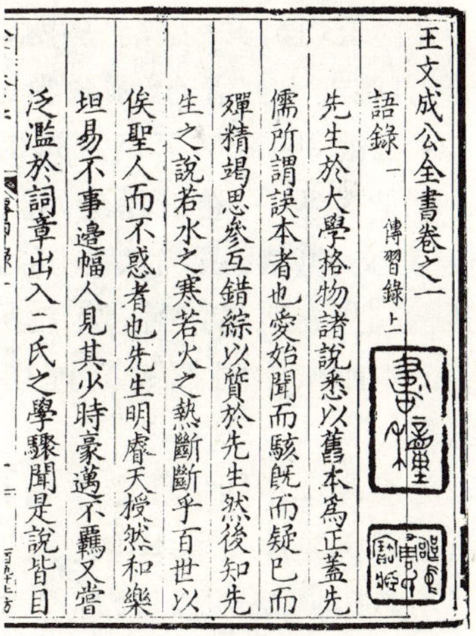
王文成公全書卷之一
語錄一　傳習錄上
先生於大學格物諸說悉以舊本爲正蓋先
儒所謂誤本者也愛始聞而駭既而疑已而
殫精竭思參互錯綜以質於先生然後知先
生之說若水之寒若火之熱斷斷乎百世以
俟聖人而不惑者也先生明睿天授然和樂
坦易不事邊幅人見其少時豪邁不羈又嘗
泛濫於詞章出入二氏之學驟聞是說皆目

495

王守仁（1472—1529），字伯安，因曾講學陽明洞，人稱“陽明先生”，浙江餘姚人。弘治進士，歷任刑、兵部主事、盧陵知縣，纍擢都察院右僉都御史，巡撫南贛、右副都御史，世襲錦衣衛副千戶，嘉靖時官至兵部尚書，封新建伯，總督兩廣軍務。謚文成。事具《明史》本傳。著有《陽明鄉約法》、《陽明保甲法》、《傳習録》、《大學問》、《王文成公全書》等。

《四庫全書總目》曰：“是書首編語録三卷爲《傳習録》，附以《朱子晚年定論》。乃守仁在時，其門人徐愛所輯，而錢德洪刪定之者。次文録五卷，皆雜文。別録十卷，爲奏疏、公移之類。外集七卷，爲詩及雜文。續編六卷，則文録所遺，搜輯續刊者。皆守仁歿後，德洪所編次。後附以年譜五卷，世德記二卷，亦德洪與王畿等所纂集也。其初本各自爲書。隆慶壬申，御史新建謝廷傑巡按浙江，始合梓以傳，仿《朱子全書》之例以名之。蓋當時以學術宗守仁，故其推尊之如此。守仁勲業氣節，卓然見諸施行。而爲文博大昌達，詩亦秀逸有致。不獨事功可稱，其文章自足傳世也。此書明末版佚，多有選輯别本以行者。然皆闕略，不及是編之詳備焉。”

著録：《四庫全書總目》、《中國古籍善本書目》。

鈐印：“檢過”、“漢陽周氏書種樓藏籍”、“漢陽周貞亮退引民國紀年後所藏善本”、“中華民國三年五月漢陽周貞亮率男戌侃敬造佛像一龕愿一切圖書永無災難”、“漢陽周氏寶藏”、“貞亮私印”、“書種”。

496　王文成公文選

A083

《王文成公文選》八卷，明王守仁撰，王畿選定、編述，鍾惺點評，明崇禎六年金閶陶珽溪香館刻本。八冊。半葉九行十九字。四周單邊，白口，無魚尾。版心中鐫書名、卷次。框高 19.8 釐米，寬 14.8 釐米。前有扉頁，題：“王文成公文選。鍾伯敬先生評點，金閶溪香館發梓。”前有鍾惺、陶珽序，王畿重刻序，目録等。

王守仁，見 495《王文成公全書》。

陶珽(1573—?)，字葛閬，號不退，又號稚圭、天臺居士，姚安人。著有《續説郛》等。

王畿，見 486《龍谿王先生全集》。

是書卷一、卷二爲疏，卷三爲書，卷四爲序、記、書後、祭文、墓表、跋、說、碑，卷五爲策、公移，卷六爲賦、詩，卷七、卷八爲年譜。年譜另有李贄刪定。

本館藏本眉欄鐫刻鍾惺點評，書中多處有朱筆圈點。

著録：《中國古籍善本書目》、《美國哈佛大學哈佛燕京圖書館中文善本書志》。

鈐印：“皇明文章理學經濟名臣”、“寧信目而不信耳”。

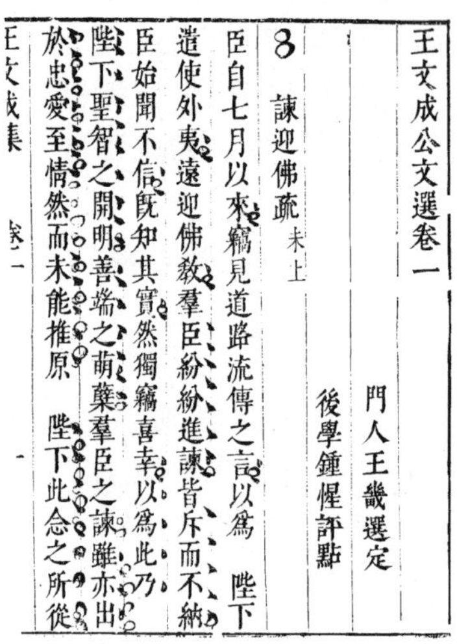
王文成公文選卷一
門人王畿選定
後學鍾惺評點
8 諫迎佛疏 未上
臣自七月以來竊見道路流傳之言以為 陛下
遣使外夷遠迎佛教群臣紛紛進諫皆斥而不納
臣始聞不信既知其實然獨竊喜幸以為此乃
陛下聖智之開明善端之萌蘗群臣之諫雖亦出
於忠愛至情然而未能推原 陛下此念之所從
王文成集 卷一

496

497　王遵巖集

PL2698. W413 1682/W137c

《王遵巖集》、《王遵巖先生集》十卷，明王慎中撰，清張汝瑚選評，康熙二十一年郢雪書林刻本。四冊。半葉十行二十字，小字雙行四十字。四周單邊，白口，

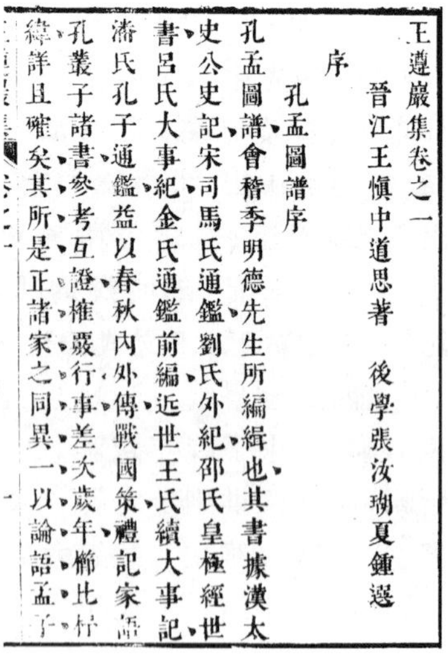
王遵巖集卷之一
晉江王愼中道思著　後學張汝瑚夏鍾選
序
孔孟圖譜序
孔孟圖譜會稽季明德先生所編緝也其書據漢太
史公史記宋司馬氏通鑑劉氏外紀邵氏皇極經世
書呂氏大事紀金氏通鑑前編近世王氏續大事記
諸氏孔子通鑑益以春秋內外傳戰國策禮記家語
孔叢子諸書參考互證權覈行事差次歲年櫛比件
繫詳且確矣其所是正諸家之同異一以論語孟子

497

單魚尾。版心上鎸書名，中鎸卷次。框高 20.7 釐米，寬 14.3 釐米。前有扉頁，題："王遵巖先生集。晉江張夏鍾先生評選，郢雪書林梓行。"卷首有康熙二十一年張汝瑚序，張汝瑚"王遵巖先生傳"，目錄等。

王愼中(1509—1559)，字道思，初號遵巖居士，後號南江，晉江人。嘉靖丙戌進士，官至河南布政使參政。事具《明史・文苑傳》。著有《遵巖集》、《玩芳堂摘稿》等。

是書爲張汝瑚甄選王愼中著述而成，每文之後附有簡短評語。卷一、卷二爲序各十七篇，卷三、卷四爲序各十九篇，卷五爲序十七篇，卷六爲書三十篇，卷七爲記二十二篇，卷八爲傳五篇、碑三篇、雜著七篇，卷九爲墓表六篇、行狀兩篇，卷十爲誌銘十一篇、祭文十篇。

著錄：是書《中國古籍善本書目》等無著錄。復旦大學圖書館藏有是書。

498　吳詩集覽

《吳詩集覽》二十卷，明吳偉業撰，顧湄、許旭原編，清靳榮藩集覽，乾隆四十年淩雲亭刻本。十六冊。半葉九行二十一字，小字雙行四十二字。四周雙邊，黑口，單魚尾。版心上鎸書名，中鎸卷次。框高18.2 釐米，寬 13.3 釐米。前有扉頁，題："吳詩集覽，乾隆四十年春鎸，淩雲亭藏版。"卷首有靳榮藩"恭和聖製題吳梅村集元韻"，康熙四十五年陳廷敬"吳梅村先生墓表"，康熙十二年顧湄"吳梅村先生行狀"，乾隆四十年王鳴盛序，乾隆四十年潘應椿序，乾隆三十五年靳榮藩序，凡例，目錄。卷末有《吳詩談藪》。

吳偉業(1609—1672)，字駿公，字梅村，江蘇太倉人。明崇禎四年進士，官左庶子。弘光朝，任少詹事。入清順治時，官國子監祭酒。事具《清史稿》本傳。著有《梅村集》。

顧湄(生卒年不詳)，字伊人，江蘇太倉州人。工詩，與黃與堅等稱"婁東十子"。著有《水鄉集》。

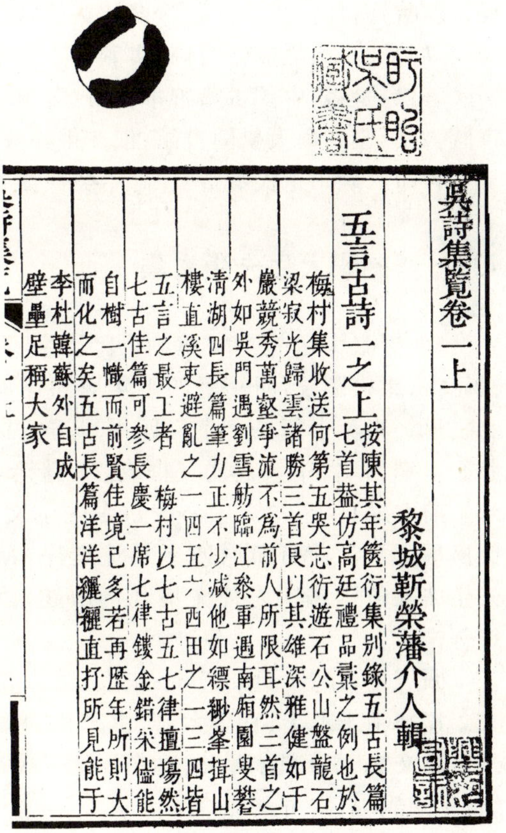

吳詩集覽卷一上
黎城靳榮藩介人輯
五言古詩一之上 按陳其年篋衍集錄五古長篇七首益仿高廷禮品彙之例也於梅村集收送何第五吳志衍遊石公山盤龍石梁寂光歸雲諸勝三首艮以其雄深雅健如千巖競秀萬壑爭流不爲前人所限耳然三首之外如吳門遇劉雪舫臨江參軍遇南廂園叟晉清湖四長篇筆力正不少減他如繹䌷峯揖山樓直溪吏避亂之一四五六西田之一三四皆五言之最工者梅村以七古五七律擅場然七古佳篇可參長慶一席以七律鑱金錯采儘能自樹一幟而前賢佳境已多若再歷年所則大而化之矣五古長篇洋洋灑灑直抒所見能于李杜韓蘇外自成壁壘足稱大家

498

許旭(生卒年不詳),字九日,江蘇太倉州人。明末諸生。明亡不仕。著有《秋水集》、《清史列傳》行於世。

靳榮藩(1726—1784),字介人,號綠溪,黎城人。乾隆十三年進士。著有《綠溪詩》、《綠溪語》、《讀史劄記》等。

是書爲靳榮藩所註之吳偉業詩集。卷一至卷三爲五言古詩六十一首,卷四至卷七爲七言古詩八十八首,卷八至卷十爲五言律詩三百一十三首,卷十一至卷十五爲七言律詩三百一十二首,卷十六爲五言排律九首,卷十七爲五言絕句卅五首、六言絕句十二首、七言絕句八十六首,卷十八爲七言絕句一百一十八首,卷十九、卷二十爲詩餘九十二首。

王鳴盛《吳詩集覽序》云:"梅村祭酒詩衣被海内百餘年矣,而未有註。右靳介人先生深于詩學,孜孜汲古。由戊辰名進士筮仕中州及畿甸,公餘拄笏,時時掉頭作苦吟聲。酷嗜梅村詩,遂爲註之。覈其典故,稽其出處,參伍其平生行事、師友淵源、州次部居,年經月緯,久之成帙,目曰集覽。不遠數千里郵示,屬爲之序。"

著錄:是書《中國古籍善本書目》等無著錄。加州大學伯克利分校圖書館、哈佛燕京圖書館、康奈爾大學圖書館、俄亥俄州立大學圖書館藏有是書。

鈐印:"陸川王氏藏書"、"盱眙吳氏藏書"。

499　新刻張太岳先生文集

E700

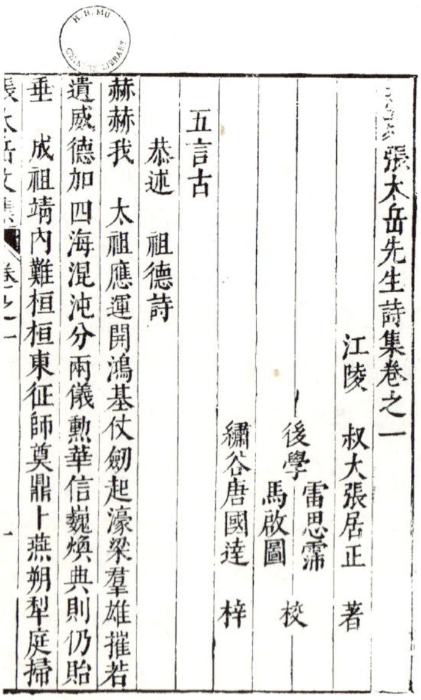
新刻張太岳先生詩集卷之一
江陵　叔大張居正　著
後學　雷思霈　馬啓圖　校
繡谷唐國達　梓
五言古
恭述　祖德詩
赫赫我　太祖應運開鴻基仗劒起濠梁羣雄摧若
遺威德加四海混沌分兩儀勳華信巍煥典則仍貽
垂　成祖靖內難桓桓東征師奠鼎卜燕朔犁庭掃

499

《新刻張太岳先生文集》四十七卷,明張居正撰,雷思霈、馬啓圖校,明萬曆四十年唐國達廣慶堂刻本。十二冊。半葉十行二十字。四周單邊,白口,單魚尾。版心上鐫書名,中鐫卷次。框高 22 釐米,寬 13.9 釐米。前有扉頁,題:"文忠公太岳張先生文集。繡谷唐氏廣慶堂刊。"前有萬曆四十年沈鯉序,吕坤"書太岳先生文集後",編次先公文集凡例敬題,劉芳節評,目錄等。

張居正(1525—1582),字叔大,號太岳,湖广江陵人。嘉靖丁未進士,官至太師,吏部尚書,中極殿大學士。謚文忠。事具《明史》本傳。著有《書經直解》、《帝鑑圖說》、《太岳雜著》等。

是書第一卷至第七卷爲詩集,第八卷至第四十六卷爲文集。

《四庫全書總目》曰:"神宗初年居正獨持國柄。後毀譽不一,迄無定評。要其振作有爲之功，與威福自擅之罪，俱不能相掩。至文章本非所長。集中奏疏、啟劄最多，皆在廟堂時論事之作。往往縱筆而成，未嘗有所鍛鍊也。”

著録:《四庫全書總目》、《中國古籍善本書目》。

500　徐文長文集

F730

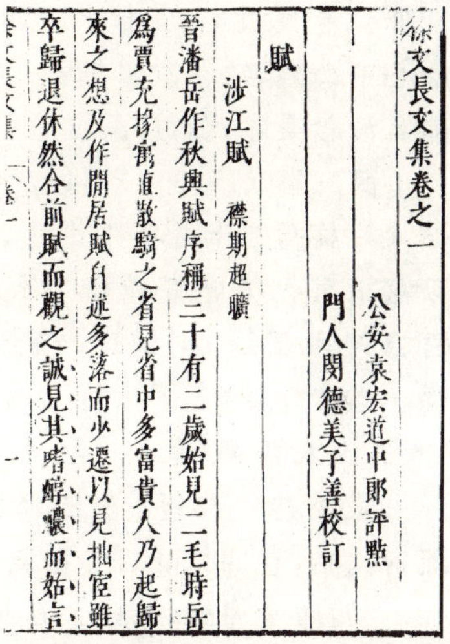
徐文長文集卷之一
公安袁宏道中郎評點
門人閔德美子善校訂
賦
涉江賦　襟期超曠
晉潘岳作秋興賦序稱三十有二歲始見二毛時岳
爲賈充掾寓直散騎之省見省中多富貴人乃起歸
來之想及作閒居賦自述多落而少遷以見拙宦雖
卒歸退休然合前賦而觀之誠見其嗜歸懷而始言

500

《徐文長文集》三十卷，明徐渭撰，袁宏道評，閔德美校，明刻本。十五冊。半葉九行二十字。四周單邊，白口，單魚尾。版心上鐫書名，中鐫卷次。框高21.3釐米，寬14.1釐米。前有陶望齡、袁宏道“徐文長傳”，目録。

徐渭(1521—1593)，字文清，後更字文長，號青藤老人、青藤道士、天池生、山陰布衣等，山陰人。擅畫水墨花卉。著有《筆元要旨》、《四聲猿》、《歌代嘯》、《南詞敘録》等。

是書卷之一爲賦，卷之二爲樂府，卷之三爲四言古詩，卷之四爲五言古詩，卷之五爲七言古詩，卷之六爲五言律詩，卷之七爲七言律詩，卷之八爲五言排律，卷之九爲七言排律，卷之十爲五言絕句、六言絕句，卷之十一爲七言絕句，卷之十二爲七言題畫絕句，卷之十三爲詞，卷之十四爲表，卷之十五爲疏，卷之十六爲啓，卷之十七爲書，卷之十八爲論，卷之十九爲策，卷之二十爲序，卷之二十一爲跋，卷之二十二爲贊，卷之二十三爲銘，卷之二十四爲記，卷之二十五爲碑，卷之二十六爲傳，卷之二十七爲墓誌銘，卷之二十八爲行狀，卷之二十九爲祭文，卷之三十爲雜著。

《四庫全書總目》曰:“陶望齡作渭小傳，載渭嘗自言書第一，詩二，文三，畫四。今其書畫流傳者，逸氣縱横，片楮尺縑，人以爲寶。其詩欲出入李白、李賀之間，而才高識僻，流爲魔趣。選言失雅，纖佻居多。譬之蒽管幺絃，淒清幽渺，足以感蕩心靈。而揆以中聲，終爲别調。觀袁宏道之激賞，知其臭味所近矣。其文則源出蘇軾，頗勝其詩。故唐順之、茅坤諸人皆相推挹。中多代胡宗憲之作，進白鹿前後二表，尤世所豔稱。……渭所著有文長集、闕篇、櫻桃館集三種，鍾瑞先合刻之，以成此集。又有商濬所刻，題曰《徐文長三集》者，亦卽此本。前有陶望齡、袁宏道所作二傳。宏道以爲一掃近代蕪穢之習。其言太過。望齡以爲文長負才性，惟不能謹防節目。跡其初終，蓋有處士之氣。其詩與文亦然，雖未免瑕纇，咸成其爲文長而已，是則平心之論也。”

著録:《四庫全書總目》、《中國古籍善本書目》。

501 薛文介公文集

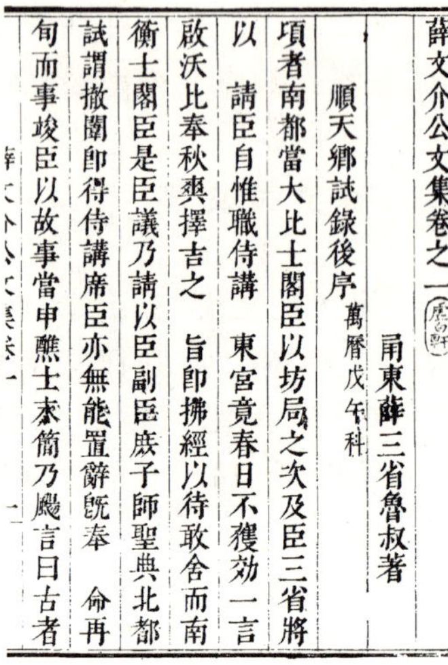
薛文介公文集卷之一
甬東薛三省魯叔著
順天鄉試録後序 萬曆戊午科
項者南都當大比士閣臣以坊局之次及臣三省將
以 請臣自惟職侍講 東宮竟春日不獲効一言
啟沃比奉秋爽擇吉之 旨即拂經以待敢含而南
銜士閣臣是臣議乃請以臣副臣庶子師聖典北都
試謂撤闈即得侍講席臣亦無能置辭既奉 命再
旬而事竣臣以故事當申飭士本旨乃颺言曰古者

501

《薛文介公文集》四卷，明薛三省撰，明崇禎刻本。二册。半葉九行二十字。四周雙邊，白口，無魚尾。版心中鐫書名、卷次。框高 20.2 釐米，寬 13.8 釐米。前有淩義渠序，金鉉“薛文介公傳”，目錄。

薛三省（1558—1634），字魯叔，別字天谷，定海縣城人。萬曆二十九年中進士，爲庶吉士，授檢討，繼充東宮講官。後歷任禮部右侍郎兼侍讀學士、經筵講官、《神宗實録》副總裁、禮部左侍郎、吏部左侍郎等職。謚文介，贈太子太保。著有《易蠡》、《春秋辨疑》、《天谷山人詩集》等。

是書卷一爲序，卷二爲序、策、頌、書牘，卷三爲疏、揭、誥，卷四爲議、記、墓誌銘、墓表、傳。

《四庫全書總目》曰：“是編有文無詩，奏疏幾居其半，奏疏中辭謝者又居其半。惟請福王之國一疏，最爲激切，其官檢討時所上也。”

著録：《四庫全書總目》、《中國古籍善本書目》。

鈐印：“虛白軒”。

502 陽明先生集要三編

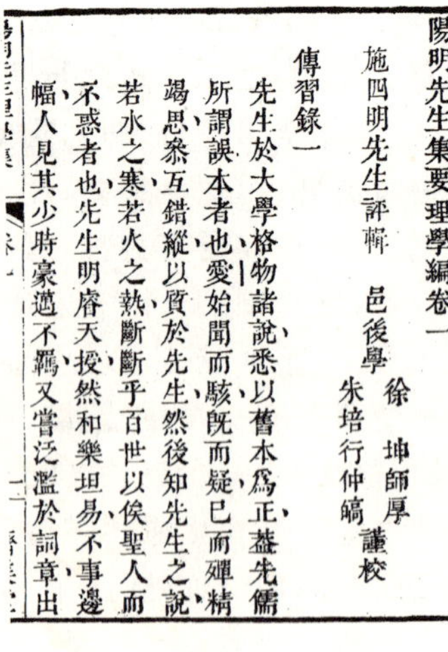
陽明先生集要理學編卷一
施四明先生評輯 邑後學 徐 坤師厚
朱培行仲縞 讎校
傳習錄一
先生於大學格物諸說悉以舊本爲正蓋先儒
所謂誤本者也愛始聞而駭既而疑已而殫精
竭思參互錯縱以質於先生然後知先生之說
若水之寒若火之熱斷斷乎百世以俟聖人而
不惑者也先生明睿天授然和樂坦易不事邊
幅人見其少時豪邁不羈又嘗泛濫於詞章出

502

《陽明先生集要三編》十四卷，年譜一卷，明王守仁撰、施邦曜輯，清光緒五年黔南重刊。六册。半葉十行二十字，眉欄上刻評。左右雙邊，白口，單魚尾。版心上鐫書名，下鐫卷次、刻工。框高 17 釐米，寬 12.5 釐米。扉頁題：“板存貴州省城外扶風山揚名祠”。前有王立準明崇禎八年原跋，顔繼祖、曹惟才、王命瑞、黃道周等崇禎八年原序，林肇元、徐坤、黃璋、張廷枚乾隆五十二年序，施邦曜原序等。

王守仁，見 495《王文成公全書》。

是書首卷爲年譜，分爲三集，《理學集》卷一爲傳習録，卷二爲語録、大學問，卷三、卷四爲書、序；《經濟集》卷一爲奏疏公移、平閔廣寇，卷二至卷七爲平橫水桶岡等;《文章集》卷一爲書、序,卷二爲記、説,卷三爲書卷、墓誌、墓碑、傳、論、箴、銘、文、祭文。

張廷枚《序》曰:"《陽明王先生集要三編》,施四明先生手輯、評點,鋟版蜀中,旋即散佚,流傳絶少,廷枚家素有不足本,購之良久始得三缺本,合成全璧,甲辰於蠡城書賈擔頭復得善本,較前所得者刷印尤勝,爲之狂喜,……因畀以原本剖劂,八閲月始竣。"

著録:《中國古籍善本書目》收録有明崇禎八年王立準刻《陽明先生集要》十五卷;清乾隆五十二年濟美堂刻《陽明先生集要四種》十五卷,施邦曜編。

鈐印:"横秋閣"、"檀竟藏本"、"翁"。

503 楊文弱先生集

N462

《楊文弱先生集》五十七卷,明楊嗣昌撰,明鈔本。二十冊。半葉十行二十二字,小字雙行同,墨筆楷書。左右雙邊,黑口,單魚尾。版心中鐫書名、卷次。框高18.3釐米,寬12.8釐米。前有楊文弱先生遺像。

楊嗣昌(1588—1641),字文弱,武陵人。萬曆三十年進士。崇禎元年任河南副使加右參政,七年,拜兵部右侍郎兼右僉都御史,九年,起爲兵部尚書,十一年,改禮部尚書兼東閣大學士。著有《武陵競渡略》等。

是書卷一至卷四十二爲疏,卷四十三、卷四十四爲招對紀事,卷四十五至卷五十三爲書,卷五十四、卷五十五爲詩,卷五十六、卷五十七爲記。

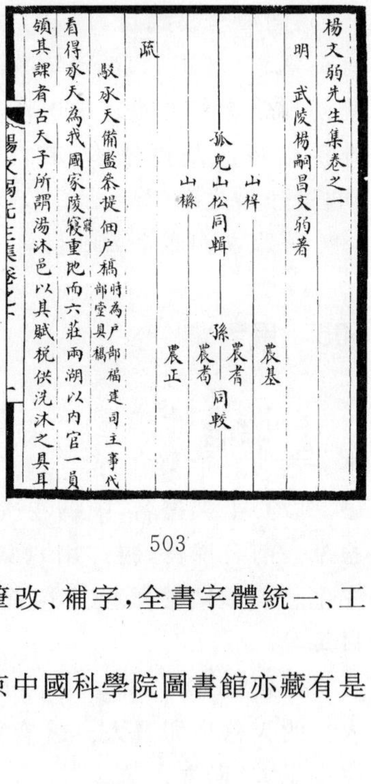
楊文弱先生集卷之一
明　武陵楊嗣昌文弱著
山梓　農基
孫兜山松同輯　孫農者　農者　同較
山橡　農正
疏
駁承天備監糸提佃户稱時爲户部福建司主事代部堂具稿
看得承天爲我國家陵寢重地而六莊兩湖以内官一員
領其課者古天子所謂湯沐邑以具賦税供洗沐之具耳

503

本館所藏鈔本爲墨印版框,墨筆小楷鈔文,間有朱筆改、補字,全書字體統一、工整。單卷總高37.2釐米,寬22.6釐米。

著録:《四庫禁燬書叢刊》、《中國古籍善本書目》,北京中國科學院圖書館亦藏有是書舊鈔本。

504 仰節堂集

D595

《仰節堂集》十四卷,明曹于汴撰,吕崇烈重刊,康熙二年弘運書院刻本。四冊。半葉八行二十字。四周雙邊,白口,單魚尾。版心上鐫書名,中鐫卷次。框高21.1釐米,寬14釐米。卷首有康熙二年吕崇烈序,弘運書院重刻姓氏,天啓六年序,天啓五年馮從吾序,天啓四年高攀龍序,天啓三年戴任後語,天啓四年劉在庭小引。每卷前各有分卷目録。

曹于汴(1554—1630),字自梁,安邑人。萬曆壬辰進士,官至左僉都御史。事具

《明史》本傳。著有《共發編》。

是書卷一爲序十六篇，卷二爲序二十三篇，卷三爲引二篇、題跋二十七篇，卷四爲記二十二篇，卷五爲墓誌銘十四篇，卷六爲祭文八篇，卷七爲議三篇，卷八爲尺牘十一篇，卷九爲尺牘十篇、讚六篇、銘一篇，卷十爲表策三篇，卷十一爲約言七篇，卷十二爲五言古詩一百三十九首、七言古詩十六首，卷十三爲五言律詩十三首、七言律詩二十六首，卷十四爲五言絕句一百三十六首、七言絕句五十六首。

《四庫全書總目》曰："是集文十一卷，詩三卷。前有高攀龍、馮從吾序，于汴嘗從二人講學故也。……集初刻於首善書院。甲申版燬於兵。康熙癸卯初，其外孫景望蘧購得殘本，其門人吕崇烈鳩鄉人醵金重刊，崇烈爲之序。"

著錄：《四庫全書總目》。

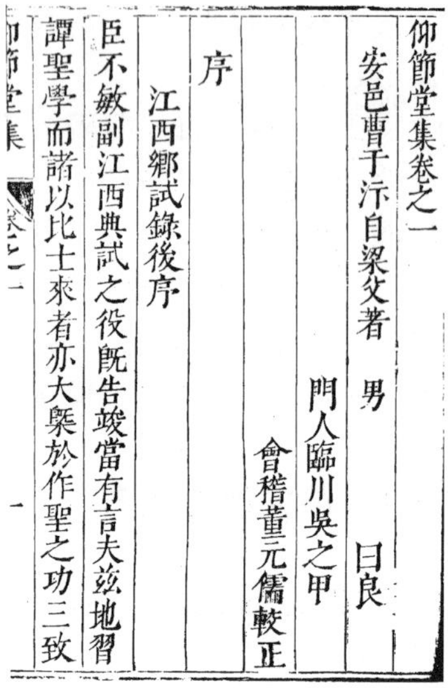
仰節堂集卷之一
安邑曹于汴自梁父著　男　曰良
門人臨川吳之甲
會稽董元儒較正
序
江西鄉試錄後序
臣不敏副江西典試之役既告竣當有言夫茲地習
譚聖學而諸以比士來者亦大槩於作聖之功三致

504

505　用六集

《用六集》十二卷，明刁包撰，康熙三年順積樓刻本。六冊。半葉九行二十字。左右雙邊，白口，單魚尾。版心上鐫書名，中鐫卷次。框高 18.9 釐米，寬 14 釐米。前有扉頁，題："用六集。康熙甲辰梓。刁蒙吉先生著。順積樓藏板。"卷首有康熙三年魏象樞序及目錄等。

刁包（1603—1669），字蒙吉，號用六居士，祁州人。明天啓辛卯舉人。著有《易酌》、《四書翊註》、《潛室劄記》、《斯文正統》。

是書爲刁包文集。卷一至卷四爲書，卷五、卷六爲序，卷七至卷九爲論，卷十爲記、疏、引，卷十一爲說，卷十二爲上古會語、仁輔會問答。

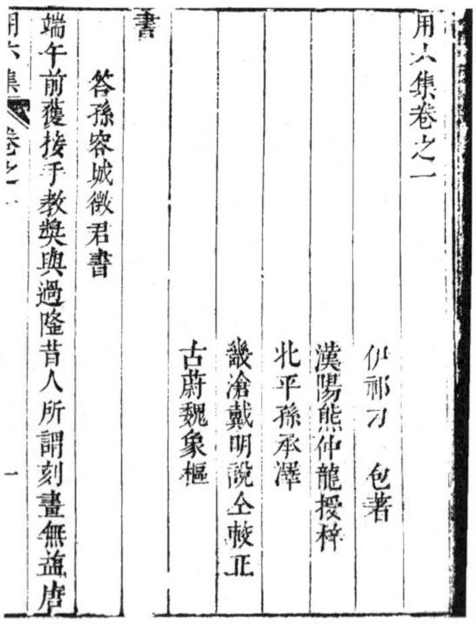
用六集卷之一
伊祁刁　包著
漢陽熊仲龍授梓
北平孫承澤
畿滄戴明說仝較正
古蔚魏象樞
書
答孫容城徵君書
端午前獲接手教與過隆昔人所謂刻畫無鹽唐

505

《四庫全書總目》曰："是集包所手編，自謂有得於易，故取永貞之義，以用六爲名。其中如寄魏環極書，……語皆平易近人。又謂時文之士不知考究史事，昧於治亂之原。每舉春秋綱目書法，風諭學者。在講學家中，較空談心性者特爲篤實。然持論每多苛刻，……又如重修秦王廟疏，多引委巷無稽之言，不知折衷於古。亦其所短也。"

著錄:《四庫全書總目》。

506　虞德園先生集

E635

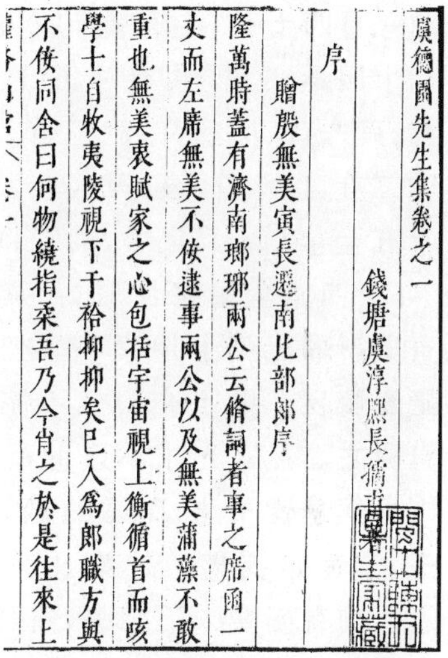
虞德園先生集卷之一　錢塘虞淳熙長孺甫

序

贈殷無美寅長遷南比部郎序

隆萬時蓋有濟南瑯琊兩公云脩詞者事之廟爾一

丈而左席無美不佞逮事兩公以及無美蒲藻不敢

重也無美衷賦家之心包括宇宙視上衡循首而咳

學士自收夷陵視下于袷抑抑矣已入爲郎職方與

不佞同舍曰何物繞指柔吾乃今肖之於是往來上

506

《虞德園先生集》、《壧務山館文集》二十五卷,明虞淳熙撰,黄汝亨等校,明天啓三年壧務山館刻本。六冊。半葉十行二十字。四周單邊,白口,單魚尾。版心上鐫"壧務山館",中鐫卷次。框高 21.5 釐米,寬 14.1 釐米。前有張師繹序,天啓三年黄汝亨序,李日華序,黄汝亨等校刻姓氏,目錄等。

虞淳熙(1553—1621),字長孺,浙江錢塘人。萬曆十一年進士。官至吏部稽勛司郎中。著有《塤篪音》、《孝經邇言》、《今文孝經説》、《孝經集靈》等。

是書卷之一至六爲序,卷之七爲記,卷之八爲碑,卷之九爲傳,卷之十、十一爲墓誌銘,卷之十二爲墓表、墓碣,卷之十三爲行狀,卷之十四爲行述,卷之十五爲誄、頌、贊,卷之十六爲祭文,卷之十七爲表、論、策,卷之十八爲啓,卷之十九爲募緣疏,卷之二十爲錢塘志序論、說、辯,卷之二十一爲題跋,卷之二十二爲雜著,卷之二十三至二十五爲書。

《千頃堂書目》載,虞淳熙有《德園全集》六十卷刊行。《四庫禁毀書叢刊·集部》載:"此書共有三十三卷,其中文集二十五卷、詩集八卷。"

本館藏僅有文集之二十五卷。

著錄:《千頃堂書目》、《四庫禁毀書叢刊》、《中國古籍善本書目》。

鈐印:"閩中陳氏卓生家藏"。

507　玉茗堂集

I1149

[獨深居點定]《玉茗堂集》三十卷,含《賦集》四卷、《詩集》十三卷、《文集》七卷、《尺牘》六卷,明湯顯祖撰,明崇禎刻本。九冊。半葉九行二十字,眉欄上刻評。四周單邊,白口,無魚尾。版心上鐫書名,中鐫卷次。框高 19.8 釐米,寬 13.9 釐米。前有崇禎九年陳洪謐、沈際飛序,鄒迪光"臨川湯先生傳",總目。《賦集》、《詩集》、《文集》、《尺牘》前各有題詞和原序。

湯顯祖(1550—1616),字義仍,號若士,別號玉茗堂主人,臨川人。萬曆辛丑進士,官至禮部主事,終於遂昌縣知縣。《明史》有傳。著有《五侯鯖字海》、《玉茗堂四夢》等。

是書卷一至卷四爲賦,共二十九首;卷五至卷十七爲詩,共有五言古詩一百九十三

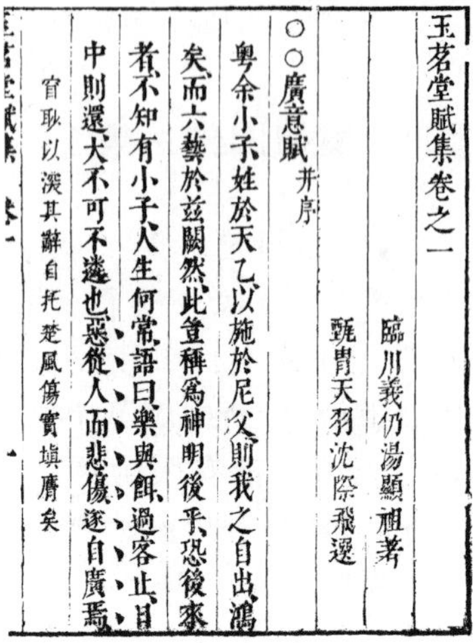
玉茗堂賦集卷之一
臨川義仍湯顯祖著
甦胥天羽沈際飛選
○○廣意賦 并序
粵余小子姓於天乙以施於尼父則我之自出鴻
矣而六藝於茲闕然此詎稱爲神明後乎恐後來
者不知有小子人生何常語曰樂與餌過客止目
中則還大不可不遂也惡從人而悲傷遂自廣焉
官恥以漢其辭自托楚風殤實塡膺矣
玉茗堂賦集 卷一

507

首、七言古詩八十五首、五言排律四十六首、七言排律四首、五言律詩六十首、七言律詩二百十九首、五言絕句一百四十首、七言絕句六百七十六首；卷十八至卷二十四爲文集，共有序五十二首、題詞五首、記十三首、碑八首、文三首、說三首、解一首、論一首、表一首、頌二首、讚六首、哀辭二首、誌銘六首、墓表二首；卷二十五至卷三十爲尺牘，共二百九十三首。

《四庫全書總目》曰："顯祖於王世貞爲後進。世貞與李攀龍持上追秦、漢之說，奔走天下。歸有光獨詆爲庸妄。顯祖亦毅然不附，至塗乙其四部稾，使世貞見之。然有光才不逮世貞，而學問深密過之。顯祖則才與學皆不逮，而議論識見則較世貞爲篤實。故排王、李者亦稱焉。是集凡詩十三卷，文十卷，尺牘六卷。前有南豐朱廷誨序，稱其解陰符五賊禽制之法。序春秋輯略，發仁孝動天下之旨。記小辨明復小乾大之一致。非無根據之學者，然終非有光匹也。"

著錄：《四庫全書總目》、《中國古籍善本書目》。

508　蟄菴日錄

PL2451.G87 1624/J2246

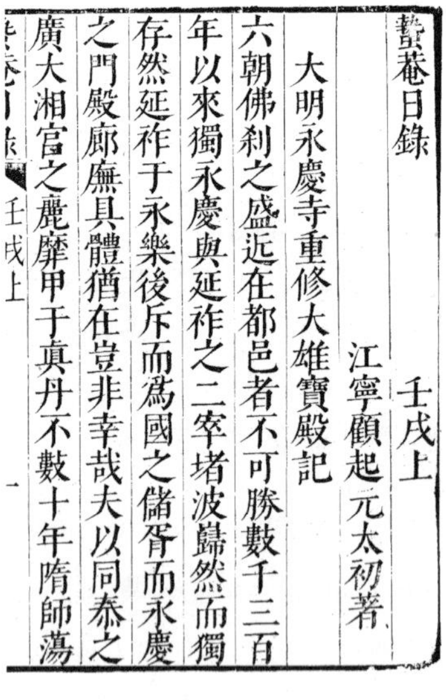
蟄菴日錄
壬戌上
江寧顧起元太初著
大明永慶寺重修大雄寶殿記
六朝佛刹之盛匹在都邑者不可勝數千三百
年以來獨永慶與延祚之二寺堵波巋然而獨
存然延祚于永樂後斥而爲國之儲胥而永慶
之門殿廊廡具體猶在豈非幸哉夫以同泰之
廣大湘宮之麗靡甲于真丹不數十年脩師蕩
蟄菴日錄 壬戌上

508

《蟄菴日錄》四卷，明顧起元撰，明天啓四年刻本。二冊。半葉八行十八字。四周單邊，白口，單魚尾。版心上鐫書名，下鐫卷次。框高 22 釐米，寬 13.6 釐米。前有顧起元自序。

顧起元(1565—1628)，字太初，晚號遯園居士，江寧人。萬曆二十六年進士。歷官國子監祭酒、吏部左侍郎，兼翰林院侍讀。謚文莊。著有《客座贅語》、《遁園漫藁》、《金陵古金石考》、《金陵古今圖考說略》、《諸寺奇物記》、《中庸外傳》、《說略》等。

《四庫全書總目》曰："是集乃其天啟壬戌、癸亥兩年所作詩文。曰蟄菴者，自序謂足瘍至冬輒發，每寒月卽自藺一室，塞向墐戶，嘗自笑以爲似昆蟲之入蟄，因以名其菴云。"

著錄：《四庫全書總目》、《續文獻通考》、《千頃堂書目》。

509 左侍御公集

《左侍御公集》、《左侍御公奏議》一卷，明左光斗撰，清刻本。一冊。半葉十行二十字。左右雙邊，白口，單魚尾。版心上鐫書名。框高 17.8 釐米，寬 13.8 釐米。前有康熙元年聶芳、徐石麒、吳瞟侯序，目錄等。後有左國鼎跋。

左光斗（1575—1625），字遺直，桐城人。左僉都御史。贈太子少保右副都御史，謚忠毅。

是書含“入告自矢疏”、“入境糾劾疏”等奏疏二十六篇。

左国鼎《跋》曰：“此吾父封事數卷而梓以行世者。……鼎兄弟正圖剞劂，未之逮也。……［聶魯菴］捐俸授棗，校正精勤，甚盛心哉。”

著錄：《中國古籍善本書目》。

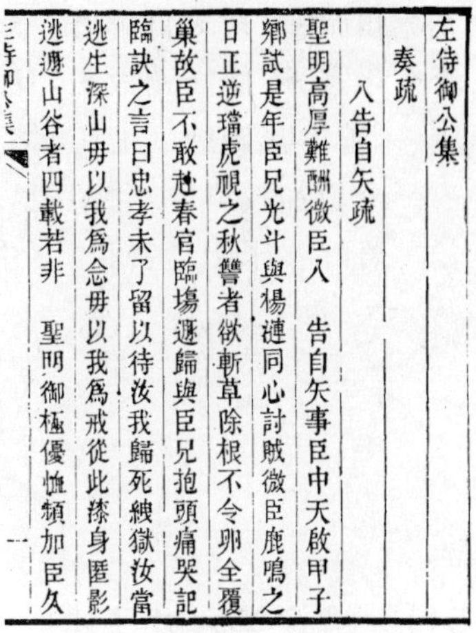
左侍御公集
奏疏
入告自矢疏
聖明高厚難酬微臣入 告自矢事臣中天啟甲子
鄉試是年臣兄光斗與楊漣同心討賊微臣鹿鳴之
日正逆璫虎視之秋譬者欲斬草除根不令卵全覆
巢故臣不敢赴春官臨場遯歸與臣兄抱頭痛哭記
臨訣之言曰忠孝未了留以待汝我歸死縲獄汝當
逃生深山毋以我為念毋以我為戒從此潦身匿影
逃遯山谷者四載若非 聖明御極優恤頻加臣久

509

510 左忠毅公集

《左忠毅公集》三卷，明左光斗撰，清刻本。三冊。半葉十行二十字。左右雙邊，白口，單魚尾。版心上鐫書名，中鐫卷次。框高 17.7 釐米，寬 13.6 釐米。前有方震孺“左忠毅公文集序”，崇禎十六年陳子龍“左忠毅公文集序”，方中履“左忠毅公奏議序”，“明史列傳　左光斗傳”及目錄。后有左光先“先忠毅公文集跋”及左国材“先忠毅公文集跋”。各卷前有分卷目錄。

左光斗，見 509《左侍御公集》。

是書卷一含“懇乞聖明御朝疏”、“枚卜既已不平疏”等奏疏十五篇，卷二含“地方興化有機疏”“比例建立武學疏”等奏疏十五篇，附“国柱公代父愬冤疏”等奏疏三篇，卷三含五言古詩十五首、七言古詩六首、五言律詩九十九首、七言律詩五十三首、五言排律二首、五言絕句八首、七言絕句二十三首。

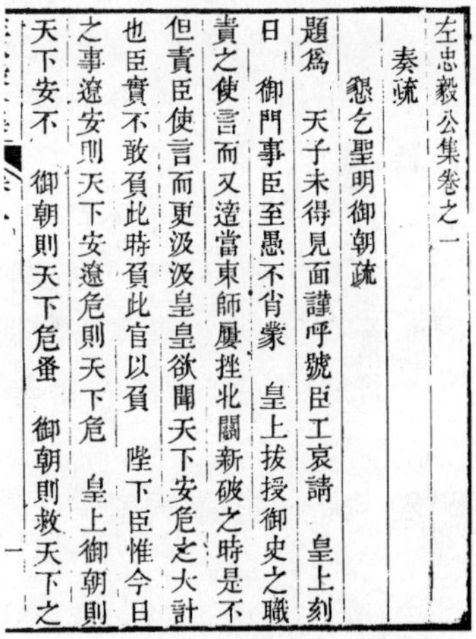
左忠毅公集卷之一
奏疏
懇乞聖明御朝疏
題為 天子未得見面謹呼號臣工哀請 皇上刻
日 御門事臣至愚不肖蒙 皇上拔授御史之職
責之使言而又遘當東師屢挫北關新破之時是不
但責臣使言而更汲汲皇皇欲聞天下安危之大計
也臣實不敢負此時負此官以負 陛下臣惟今日
之事遼安則天下安遼危則天下危 皇上御朝則
天下安不 御朝則天下危蚤 御朝則救天下之

510

左光先《先忠毅公文集跋》曰：“先是訟冤闕下，刻有數篇。因資斧匱絕，不倫不備，臭味諸君子，慫竟厥成。……今始授梓中，有《典兵》、《三十二斬》諸疏。……時戒心璫禍，遂付祖龍。……力搜其遺稿如許耳。”左國材《先忠毅公文集跋》曰：“生平著作，家人盡付祖龍。卽《二魏》、《交通》、《三十二可斬疏》亦不復存，傷哉！餘可知。已侍御叔父蒐輯諸稿，初刻自閩署。嗣緣寇亂，頻移散失。不孝輩再刻于金陵，適遘鼎革之會，泛宅浮家，不能攜歸故土，且又失之。目今行世乃粵東所率就者，合計三經，剞劂究未成一，善本無論繕寫匪工，格式失體，兼以陶陰焉馬之訛，飜害意義，難乎免訾文獻矣。……今敬加校訂，重付鉛槧，非敢有異前錄。"

著錄：《千頃堂書目》、《中國古籍善本書目》。

曲　類

511　繪像第六才子書

PL2693. h8 1733/W195

《繪像第六才子書》、《西廂記》、《第六才子書》八卷，元王實甫撰，雍正十一年刻本。十二冊。半葉八行十六字。四周雙邊，白口，單魚尾。版心上鐫書名，中鐫卷次。框高 9.8 釐米，寬 7 釐米。卷首有雍正十一年程士任"重刻繡像六才子書序"，目錄，繡像二十一幅。

王實甫（生卒年不詳），名信德，大都人。主要活動時期略同於關漢卿，雜劇大家。著有《吕蒙正風雪破窯記》等雜劇十三種刊行。

著錄：是書《中國古籍善本書目》等無著錄。

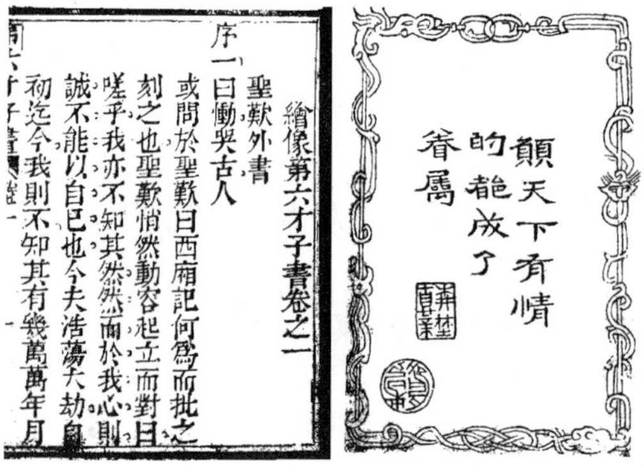
繪像第六才子書卷之一
聖歎外書
序一曰慟哭古人
或問於聖歎曰西廂記何爲而批之刻之也聖歎悄然動容起立而對曰嗟乎我亦不知其然然而於我心則誠不能以自已也今夫浩蕩大劫自初迄今我則不知其有幾萬萬年月

511

512　念一史彈詞註

PL2698. Y36N5 1741/W2188

《念一史彈詞註》，二卷，明楊慎撰，清吳如珩註，清乾隆六年玲瓏山館刻本。二冊。半葉十行十九字，小字雙行同。左右雙邊，白口，單魚尾。版心鐫"念一史彈詞"，下鐫卷次。框高 18.5 釐米，寬 13 釐米。前有陳倓清乾隆二年序。

楊慎，見 047《檀弓》。

吳如珩（生卒年不詳），字蔭穀。

著錄：是書《中國古籍善本書目》等無著錄。本館

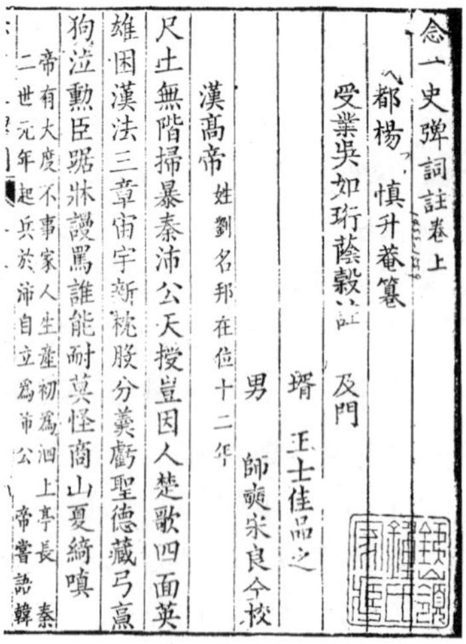
念一史彈詞註卷上
都楊　慎升菴箸
受業吳如珩蔭穀註　及門
增　王士佳品之
男　師奭宋良今校
漢高帝　姓劉名邦在位十二年
尺土無階掃暴秦沛公天授豈因人楚歌四面英雄困漢法三章宙宇新秕股分羹虧聖德藏弓烹狗泣勳臣踞牀謾罵誰能耐莫怪商山夏綺嗔
帝有大度不事家人生産初爲泗上亭長秦二世元年起兵於沛自立爲沛公　帝嘗詬韓

512

另藏有清乾隆三年刻本，前有鄭變序。

鈐印："鉄嶺鍾氏家藏"。

513　廿一史彈詞註

PL2698. Y36N5 1727/W899

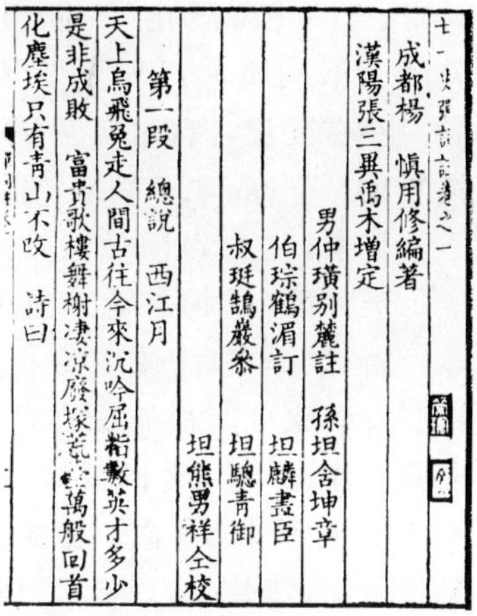
廿一史彈詞註卷之一
成都楊　愼用修編著
漢陽張三異禹木增定
男仲璜別麓註　孫坦舍坤章
伯琮鶴湄訂　坦麟書臣
叔珽鵠巖叅　坦驄青御
坦熊男祥仝校
第一段　總說　西江月
天上烏飛兔走人間古往今來沉吟屈指數英才多少
是非成敗　富貴歌樓舞榭淒凉廢塚荒臺萬般回首
化塵埃只有青山不改　詩曰

513

《廿一史彈詞註》、《彈詞註》十卷，明楊愼編著，清張三異增定，張仲璜註，張伯琮湄訂，清雍正五年樹玉堂刻本。八冊。半葉十一行二十一字，小字雙行同。四周單邊，白口，單魚尾。版心上鐫書名，下鐫卷次。框高 17.5 釐米，寬 13.4 釐米。前有明天啓三年宋鳳翔舊序，張三異序，康熙四十九年張仲璜"明紀彈詞序"等。

楊愼，見 047《檀弓》。

張三異(生卒年不詳)，漢陽人。進士。康熙七年任浙江紹興知府。

是書卷一爲總說，卷二爲說三代，卷三上爲說秦漢，卷三下爲說秦漢，卷四爲說三分兩晉，卷五爲說南北史，卷六爲說五胡，卷七爲說隋唐二代，卷八上爲說五代史，卷八下爲說五代史，卷九上爲說宋遼金夏，卷九下爲說宋遼金夏，卷十爲說元史，卷十一爲明史彈詞註。

張三異《序》曰："余居恒披史，每思數十家之浩繁，讀者猝難竟業，思得一指南捷訣，俾羲軒而下、元明以上，條分縷析，言約旨該，觀者瞭如指掌，誦者洋洋盈耳，於以引掖兒輩、祕之家塾，卒戛戛乎難之。乃偶於書肆断簡中，得用修楊先生廿一史彈詞，而竊歎先生之先獲我心也。先生以元輔令嗣，舉制科大元，爲天下第一聞人，……獨是先生以曠世逸才，擅一代著作手，極往古來今興亡治亂之推遷，以及正閏僭竊之升沉，數十百家，言人人殊，而先生按節諧聲、引商刻羽，出之一唱三歎，寓至微於至顯之中，藏至奇於至平之內，是非全史博通、五車淹貫，能窺此乎？第恐初學涉獵未遇，達此失彼，將先生爲勸爲懲、扶正人心之意，把卷茫然欲臥者矣。爰命璜兒一一詳爲註釋，務使事實可稽，義蘊昭晰。歷寒暑、數易稿，而書始成，雖全史蘊藉未易表著，而屬詞比事，先生之苦心庶幾若睹矣。嗣有知者，謂先生約眾史之班駁，爲便覽之新聲，俾讀者事半功倍，以爲扶誘之功臣，可也。若謂揉全史之莊重，作艷綺之柔詞，爲涑水鄱陽昆陵諸公之罪人，則不可也。謂斯註釋發明隱義，爲古學片筏，作彈詞演義，可也。若謂援古引經，小處明晰，断章取義，序次井然，於勸懲大義，可爲前賢後哲之功臣，則不敢也。"

著録：《中國古籍善本書目》。

鈐印："獨志堂印"、"王榮管印"。

514　念一史彈詞註

《念一史彈詞註》二卷，明楊慎撰，清吳如玠註，清乾隆三年刻本。二冊。半葉十行十九字，小字雙行同。左右雙邊，白口，單魚尾。版心上鐫“彈詞註”，下鐫卷次。框高 18.5 釐米，寬 13 釐米。前有鄭燮序。

楊慎，見 047《檀弓》。

吳如玠，見 512《念一史彈詞註》。

著錄：是書《中國古籍善本書目》等無著錄。哥倫比亞大學東亞圖書館藏有是書。本館另藏有《二十一史彈詞注》十卷，明楊慎編著，張三異增定；清雍正五年樹玉堂刻本及《念一史彈詞注》二卷，明楊慎撰，清吳如玠注，清乾隆六年玲瓏山館刻本。

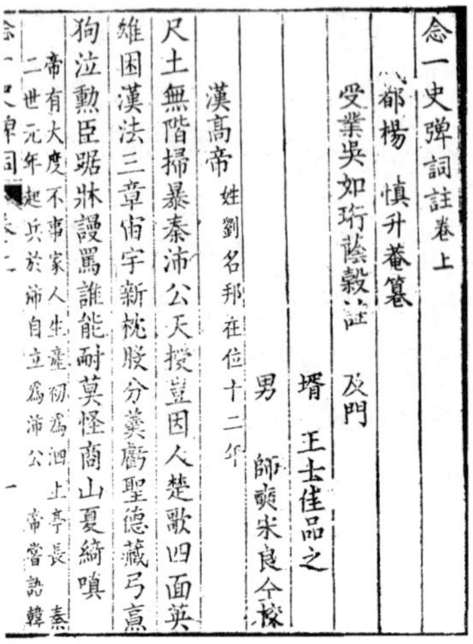
念一史彈詞註卷上
成都楊　慎升菴纂
受業吳如玠蓀穀註　及門
壻　王士佳品之
男　師顏宋良仝校
漢高帝　姓劉名邦在位十二年
尺土無階掃暴秦沛公天授豈因人楚歌四面英
雄困漢法三章宙宇新桃脫分羹虧聖德藏弓烹
狗泣勳臣踞牀謾罵誰能耐莫怪商山夏綺嗔
帝有大度不事家人生產初為泗上亭長秦
二世元年起兵於沛自立為沛公　帝嘗語韓

514

515　徐長文四聲猿

《徐長文四聲猿》四卷，明徐渭撰，袁宏道評點，明萬曆四十二年鍾人傑刻本。一冊。半葉九行二十字，小字單行同。四周單邊，白口，單魚尾。版心上鐫“四聲猿”，下鐫頁碼。框高 21.5 釐米，寬 14.2 釐米。前有鍾人傑《四聲猿》引。

徐渭，見 500《徐文長文集》。

是書內收“狂鼓史漁陽三弄”、“玉禪師翠鄉一夢”、“雌木蘭替父從軍”、“女狀元辭凰得鳳”四出雜劇。

鍾人傑《〈四聲猿〉引》曰：“漁陽鼓快吻於九泉，翠鄉淫毒憤於再世，木蘭、春桃，以一女子而銘絕塞、標金閨，皆人生至奇至怪之事，使世界駭咤震動者也。……袁中郎先生未識長文名，見四劇驚嘆以爲異人，海內始知有長文，此太玄於垣譚也。予因得中郎所點評者，圖而行之。或謂點評詞，受其詳強，不礙版乎，圖奚爲圖，以發劇之意氣也。北拍在絃，而不在版，予固審所從矣。”

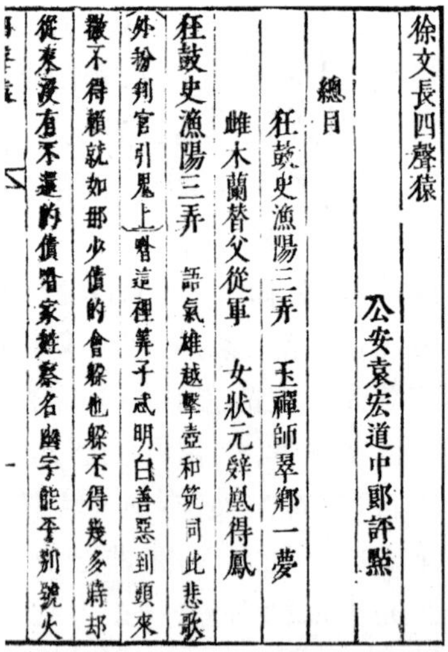
徐文長四聲猿
公安袁宏道中郎評點
總目
狂鼓史漁陽三弄　玉禪師翠鄉一夢
雌木蘭替父從軍　女狀元辭凰得鳳
狂鼓史漁陽三弄　語氣雄越擊壺和筑司此悲歌
外扮判官引鬼上　咱這裡算子忒明白善惡到頭來
撒不得賴就如那少債的會躲也躲不得幾多時却
從來沒有不還的債咱家姓察名幽字能平別號火

515

是書與《徐文長文集》三十卷一併由鍾人傑於萬曆四十二年刊行。

著錄：《四庫全書存目叢書》、《中國古籍善本書目》。

鈐印：“清芬堂書畫記”。

516　異方便淨土傳燈歸元鏡三祖實錄

《淨土傳燈歸元鏡》、《歸元鏡》、《異方便淨土傳燈歸元鏡三祖實錄》二卷，清釋智達撰，清乾隆四十九年刻本。二冊。半葉十行二十字，小字雙行同。四周單邊，白口，單魚尾。版心上鐫書名，下鐫卷次。框高 19.8 釐米，寬 14 釐米。前有嚴而和等序，規約、目次等，並有題"方便歸元"、"開殿神運"等的白描圖二十幅。後有跋，並署"乾隆甲辰秋九月重刊板存西直門內龍王廟流通"。

異方便淨土傳燈歸元鏡三祖實錄卷之上
古杭報國嗣法沙門智達拈頌　弟子德日閱錄
傳燈總敘分第一　末扮韋馱上
〔西江月〕吾乃韋馱天將，神功感應三洲，降魔勇健我爲頭，護法安僧領袖。○淨土傳燈實錄，蓮宗三祖因由，重提公案示眞修，普願諸賢叅究。今日道場演法，係三位祖師實行，聽咱總道者。〔內齊應介〕
〔絳都春〕人天普集，把法音演暢，西方弘願，我佛垂慈，權巧處極讚彌陀一卷，遂爾傳燈蓮宗勝社，首在廬山建，修行捷徑兼收利鈍，方便○喜得壽祖中興

516

智達（生卒年不詳），別號心融，自稱嬾融道人，時又稱心師，明萬曆間杭州報國寺僧。

是書採晉時廬山遠公、五代時永明壽禪師、明隆萬時雲棲蓮池大師、三人在俗以至出家成道傳燈實行，皆據本傳塔銘爲主，意在勸人念佛戒殺茹齋，求生西方，以三祖作標榜，錄皆眞經眞呪，眞法眞理，眞祖實事，眞心發願，借人顯法，權巧化導，故不曰傳奇，而曰實錄，不曰齣，而曰分錄。分四十二分。取華嚴經四十二字母之義。其中曲白皆本藏經語錄。不等泛常戲劇云。佛經云："歸元無二路，方便有多門。"作此錄者，或顯理，或顯事，或事理互融，或眞妄兩顯，故取名歸元鏡云。

著錄：《中國古籍善本書目》。

楚辭類

517　楚辭

《楚辭》不分卷，楚屈原撰，［日］天保十二年田澤仲舒鈔本。五冊。半葉八行二十字，眉欄寫評。四周單邊，白口，無魚尾。版心下鐫"庚子"、"函碕文庫"。框高 21.2 釐米，寬 13.3 釐米。

是書分爲離騷、續離騷、招魂、天問等篇。錄有朱子、顔師古、王逸、蔡邕、劉知幾、吳仁傑、林西仲、方密之、錢泉之等評註。

是書依朱熹《楚辭集註》等擇鈔而成。

《四庫全書總目》之《楚辭集註》條曰："宋朱子撰。以後漢王逸《章句》及洪興祖《補註》二書，詳於訓詁，未得意旨。乃檃括舊編，定爲此本。以屈原所著二十五篇爲《離騷》，宋玉以下十六篇爲《續離騷》。隨文詮釋，每章各繫以興、比、賦字。"

本館藏本爲朱絲欄，墨筆楷書。田澤仲舒在鈔本之第四冊後書："仲氏今年早春一聯云'天生君子輔皇極，地縱閒人養本眞。'余以手澤書揭在璧間，醫生橘原仁菴見之，稱讚不已，請余續爲一律。只恐貂狗不屬，貽笑後人。於時草屈子'招魂'篇註，故語及之云。"在版心下鎸"函碕文庫"的鈔本在日本尚有唐李義山纂，宋王君玉、蘇子瞻續纂之《雜纂四部》等。

著錄：是書《中國古籍善本書目》等無著錄。

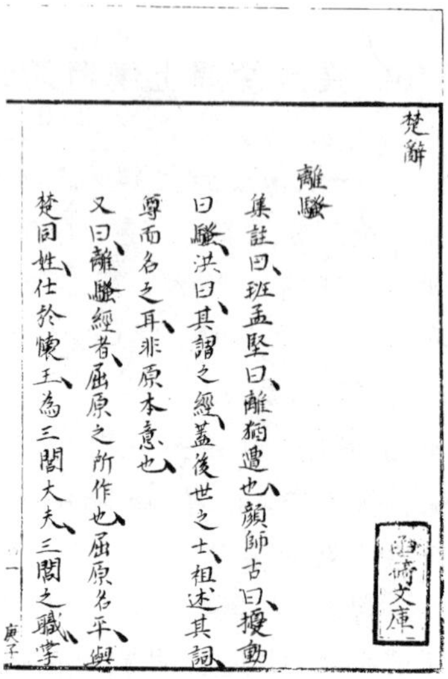
楚辭
離騷
集註曰、班孟堅曰、離猶遭也、顏師古曰、擾動
曰騷、洪曰、其謂之經、蓋後世之士、祖述其詞、
尊而名之耳、非原本意也、
又曰、離騷經者、屈原之所作也、屈原名平、與
楚同姓、仕於懷王、為三閭大夫、三閭之職、掌
函碕文庫

517

清别集類

518 安雅堂集

《安雅堂集》，清宋琬撰，内收入《安雅堂文集》二卷，《安雅堂詩》一卷，《安雅堂未刻稿》八卷，《二鄉亭詞》三卷，《祭皐陶》一卷，清康熙三十八年刻本。十六冊。半葉九行十九字。左右雙邊，白口，單魚尾。版心上鎸書名，下鎸卷次及標題。前有周金然、張重啓序，王熙序，尤侗、程康莊等序。

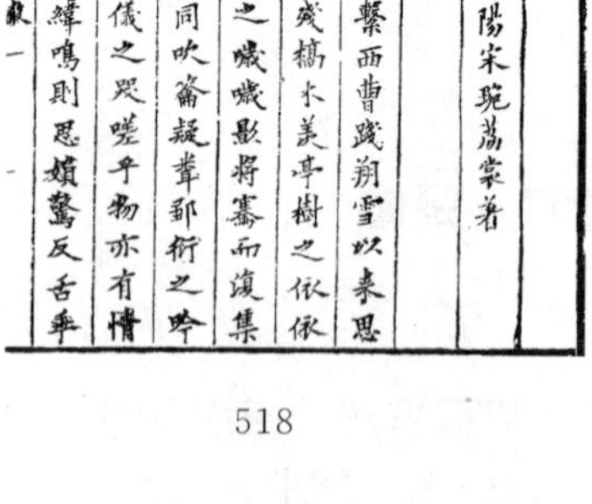
安雅堂文集卷之一
萊陽宋琬荔裳著
蟬歎賦有序
余以牢脩之獄淹縶西曹踐朔雪以來思
青秋飈而未㚇摧殘槁木美亭樹之依依
半苦暮蟲感鳴蜩之嘒嘒影將寒而復集
聲既斷而還飛氣同吹籥疑輩鄒衍之吟
節類援琴似佐鐘儀之哭嗟乎物亦有情
心焉匪石是以絡緯鳴則思婦驚反舌乘

518

宋琬(1614—1674)，字玉叔，號荔裳，萊陽人。清順治四年進士，授戶部主事，纍遷吏部郎中，出爲隴西道，順治十八年擢浙江按察使，康熙十一年授四川按察使。著有《安雅堂全集》、《入蜀集》、《二鄉亭詞》、《祭皐陶》等。

張重啓《重刻安雅堂集序》云："先生舊刻《安雅堂集》文賦詩詞共若干卷，喪亂后，板葉殘缺，其仲子思勃補緝訂正，復成完璧。今春二月，薄游都門，垂泣囑余曰：'先大夫刻集，大人先生前後各有序矣，同里戚誼之篤，知交之深者，莫如子，子無言，何以慰先大夫於九原乎？'嗚呼！先生學富五車，胸羅二酉，文則追蹤兩漢，賦則媲美三都，詩兼庾鮑李杜之長，詞擅秦柳蘇黄之勝。海之内五十餘年以來，無不知荔裳先生之人者。"王士禎《池北偶談》曰："康熙以來詩人，無出南施北宋之右，宣城施閏章愚山，萊陽宋琬荔裳是也。"

著錄：《皇朝文獻通考》。

519 讀杜心解

《讀杜心解》六卷，清浦起龍撰，雍正二年静寄東軒刻本。十二册。半葉十行二十二字，小字雙行六十六字。左右雙邊，白口，單魚尾。版心上鐫書名，中鐫卷次，下鐫"寧我齋"。框高 18.9 釐米，寬 13.5 釐米。前有扉頁，題："讀杜心解。錫山浦起龍是正。少陵全書。静寄東軒藏板。"卷首上有題辭，雍正二年浦起龍發凡，《舊唐書》文苑本傳，《新唐書》本傳，元微之撰"墓誌銘"。卷首下讀總目，杜氏世系表略，少陵編年詩目譜，讀杜提綱。每卷前又各有分目。

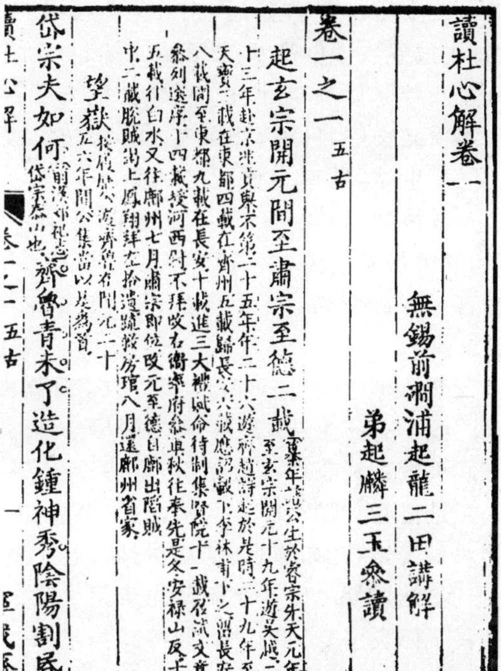

讀杜心解卷一
無錫前澗浦起龍二田講解
弟起麟三玉參讀
卷一之一 五古
起玄宗開元間至肅宗至德二載
望嶽
岱宗夫如何，齊魯青未了。造化鍾神秀，陰陽割昏
讀杜心解 卷一之一 五古 一

519

浦起龍(1679—1762)，字二田，無錫人。雍正甲辰進士，官蘇州府教授。著有《史通通釋》。

是書卷一爲五言古詩二百六十三首，卷二爲七言古詩一百四十一首，卷三爲五言律詩六百三十首，卷四爲七言律詩一百五十一首，卷五爲五言排律一百二十七首、七言排律八首，卷六爲五言絕句三十一首、七言絕句一百零七首。

《四庫全書總目》曰："此書雖總題六卷。而卷首分上下二册，不入卷數，卷一分子卷六，卷二分子卷三，卷三分子卷六，卷四分子卷二，卷五分子卷五，卷六分子卷二，實二十六卷也。自昔註杜詩者，或分體，或編年。起龍是編，則於分體之中又各自編年，殊爲繁碎。……自有别集以來，無此編次法也。其閒考訂年月，印證時事，頗能正諸家之疎舛。而句下之註，漏略特甚。篇末之解，繳繞亦多。又詮釋之中，每參以評語，近於點論時文，彌爲雜糅。與所撰《史通通釋》評與註釋夾雜成文者同一有乖體例。殆好學深思之士而不善用所長者歟？"

著録:《四庫全書總目》、《中國古籍善本書目》。

520　二希堂文集

PL2727.S17 1756/M506

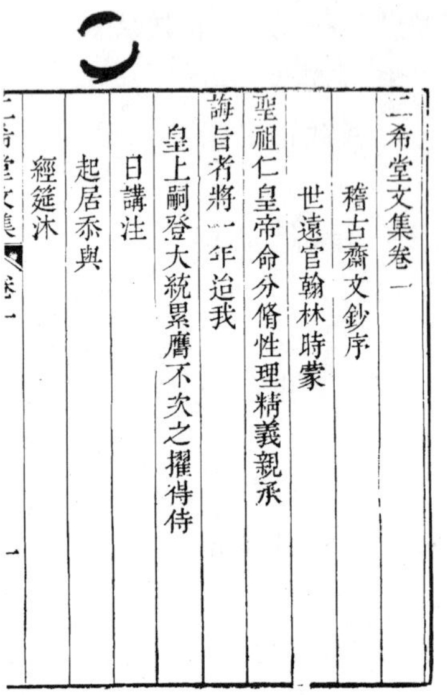
二希堂文集卷一
稽古齋文鈔序
世遠官翰林時蒙
聖祖仁皇帝命分脩性理精義親承
誨旨者將一年迨我
皇上嗣登大統累膺不次之擢得侍
日講注
起居忝與
經筵沐

520

《二希堂文集》十一卷,卷首一卷,清蔡世遠著,汪由敦、李清植校訂,乾隆二十一年刻本。六冊。半葉九行二十字。左右雙邊,白口,單魚尾。版心上鐫書名,中鐫卷次。框高 20.8 釐米,寬 14.5 釐米。卷首有雍正八年弘曆皇四子序,平郡王皇五子序,乾隆二十一年雷鋐後序,目録,目録之後有雷鋐附跋。

蔡世遠,見 067《歷代名儒傳》。

汪由敦(1692—1758),初名汪良金,字師茗,號謹堂,又號松泉居士,安徽休寧人。雍正二年進士,由編修官至吏部尚書,贈太子太師。謚文端。著有《松泉詩文集》。

李清植(1690—1743),字立侯,别號穆亭,安溪縣人。雍正二年進士,纍官至内閣學士兼禮部左侍郎,充武英殿總裁兼理經史館事,主持校刊《十三經》和《二十四史》。

是書卷首賦頌序等六篇,卷一至卷四爲序,卷五爲記,卷六爲傳,卷七爲論、説、書,卷八爲書,卷九爲墓表、誌銘、行狀,卷十爲祝文、祭文,卷十一爲雜著。

雷鋐《附跋》曰:"記稿藏鋐篋笥。《二希堂集》鋟板時,鋐以庶常假歸。迨至都,交師長子倬雲手。倬雲謂將并梓詩集補入。此記。"

《四庫全書總目》曰:"是編乃其[蔡世遠]所作雜文。冠以耕籍賦聖主親詣太學頌,青海平定詩序,日月合璧五星連珠頌,河清頌,樂善堂文鈔序,共六篇爲卷首,志榮遇也。其餘序四卷,記一卷,傳一卷,論、説、書共二卷、墓表、誌銘、行狀共一卷,祝文、祭文共一卷,雜著一卷。目録之後有其門人寧化雷鋐附跋,稱其堂所以名二希者,世遠嘗自作記,言學問未敢望朱文公,庶幾其眞希元乎?事業未敢望諸葛武侯,庶幾其范希文乎?其務以古賢自期,見於是矣。前有雍正庚戌皇上在藩邸時親製序一篇,稱其講學鼇峯,教人以忠信孝弟仁義,發明濂、洛、關、閩,淵源有自也。及立朝,而風采議論、嘉言讜議,足以爲千百世治世之良規,則又國家棟梁之任也。今觀其文,溯源於六經,闡發周、程、張、朱之理,而運以韓、柳、歐、蘇之法度。所謂藴之爲德行,行之爲事業,發之爲文章者,吾於先生見之。煌煌天語,載在簡端。睿鑒品題,昭示中外。非惟一時之恩遇,實亦千古之定論矣。迨我皇上龍飛御極,於甘盤舊學,篤念彌深。乾隆己卯,諭正文體,舉世遠之文爲標準。癸巳,詔編纂四庫全書,世遠著作又蒙褒録。且綵綸宣示,均字而不名。寵禮儒臣，於斯爲極。”

著録：《四庫全書總目》。

521　緝齋文集、緝齋詩稿

PL2727. S14 1785/W1696b

《緝齋文集》八卷，首一卷，附録二卷，《緝齋詩稿》八卷，兩書合刊，題名曰《二希堂緝齋文詩和編》，清蔡新撰，清乾隆五十年二希堂刻本。八册。半葉九行二十一字。四周雙邊，白口，單魚尾。版心上鐫“緝齋文集”、“緝齋詩稿”，中鐫卷次。框高 19.5 釐米，寬 12.5 釐米。前有目録。

蔡新（1707—1799），字次明，號葛山，别號緝齋，漳浦人。乾隆元年進士。官至經筵講官協辦大學士，吏部尚書。謚文恭。

《緝齋文集》卷首爲經史講義，卷之一爲奏疏，卷之二爲頌、雅，卷之三爲賦、策、論，卷之四爲書、序，卷之五爲序，卷之六爲記、墓誌銘，卷之七爲墓表、傳、文、行述，卷之八爲跋、雜著。

著録：《中國古籍善本書目》。

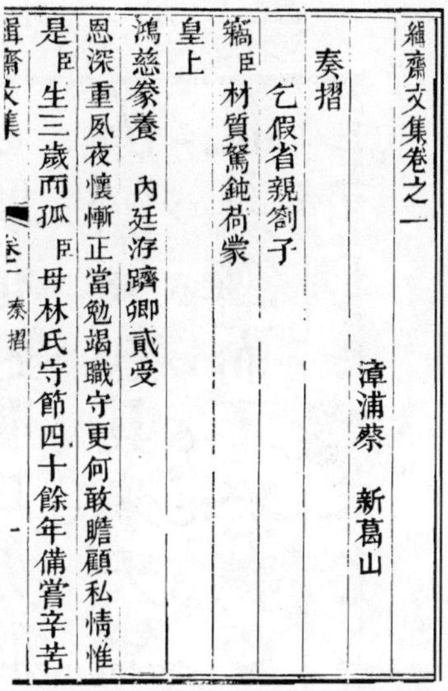
緝齋文集卷之一
漳浦蔡　新葛山
奏摺
乞假省親劄子
竊臣材質駑鈍荷蒙
皇上
鴻慈豢養　內廷洊躋卿貳受
恩深重夙夜懔懍正當勉竭職守更何敢瞻顧私情惟
是臣生三歲而孤臣母林氏守節四十餘年備嘗辛苦
緝齋文集　卷之一　奏摺　一

521

522　笠翁全集

PL2698. L52 1730/W316

《笠翁全集》、《笠翁一家言全集》、《李先生一家言全集》十卷，《閑情偶集》六卷，清李漁撰，雍正八年芥子園藏板刻本。二十四册。半葉九行二十字。四周單邊，白口，單魚尾。版心上鐫書名，中鐫卷次，下鐫“芥子園藏板”。框高 17.3 釐米，寬 12.8 釐米。前有扉頁，題：“笠翁一家言全集。惟德行。”卷首有康熙九年包璿敘，康熙十一年李漁“一家言釋義”（即自序），雍正八年芥子園主人弁言，總目。每卷前又各有分目。

李漁（1610—1680），初名仙侶，後改名漁，字謫凡，號笠翁，江蘇如皋人。十八歲補博士弟子員。後居於南京，把居所命名爲“芥子园”。著有《凰求凤》、《玉搔头》、《肉蒲團》、《覺世名言十二樓》、《無聲戲》、《連城壁》等。

是書爲《李漁文集》、《耐歌詞》、《閑情偶寄》等雜著合編而成。《笠翁文集》卷一爲賦、序、壽序、祭文，卷二爲記、傳、贊、辯、露布、説、疏、券、誓、銘、引、跋、文、紀略、解，卷三爲書，卷四爲聯，卷五爲五言古詩、七言古詩、五言律詩，卷六爲七言律詩，卷七爲五言絶句、六言絶句、七言絶句，卷八爲小令、中調、長調，卷九爲五帝紀、商紀、周紀、秦紀、西漢紀、東漢紀，卷十爲西晉紀、東晉紀、南北朝紀、唐紀、五代紀、宋紀、元紀。《閑

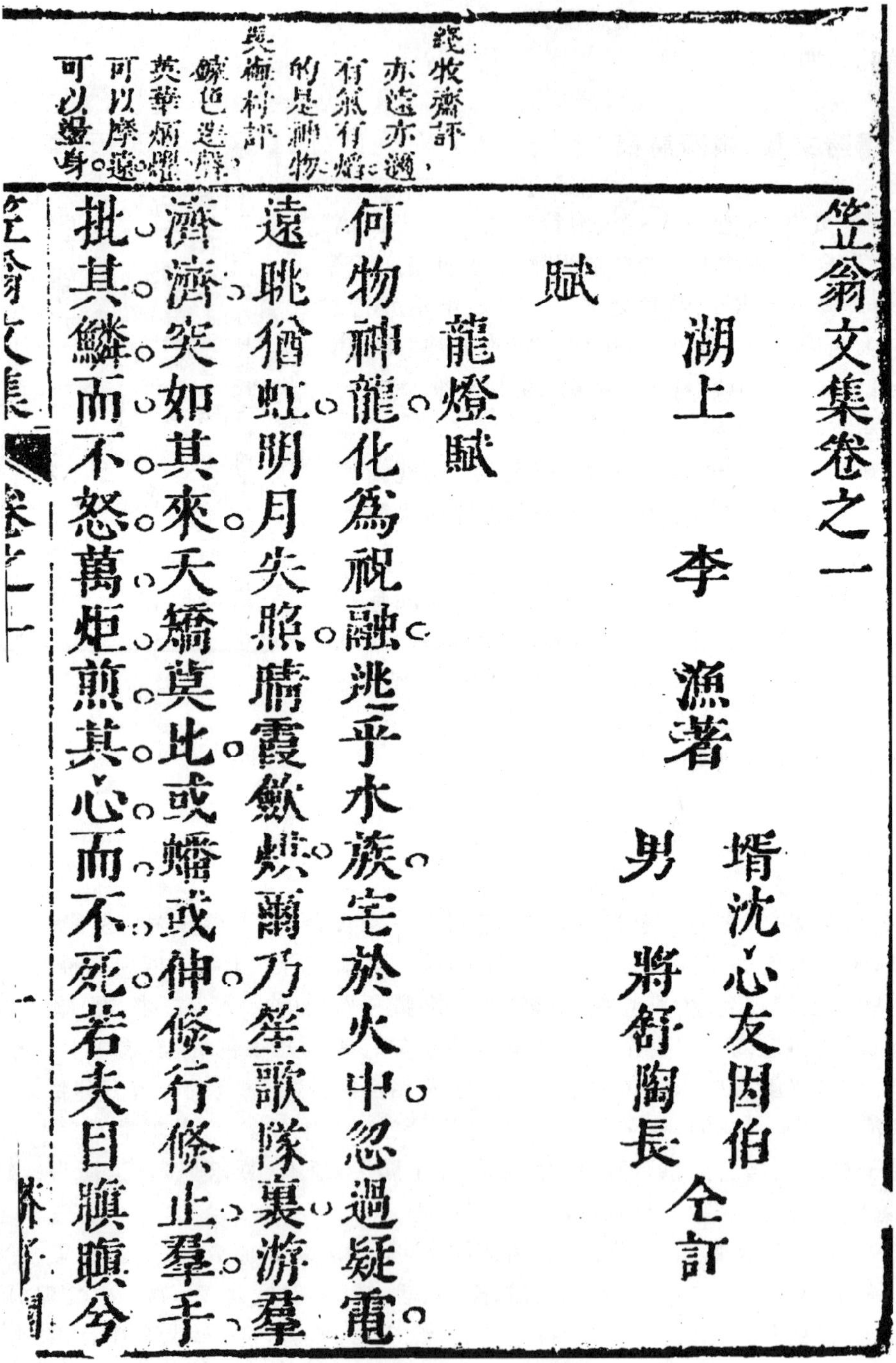

錢牧齋評：亦遠亦邇，有氣有燄，的是神物。
吳梅村評：鱗色選辭，英華爛縵，可以摩遠，可以盪身。

笠翁文集卷之一

湖上　李　漁著

壻沈心友因伯
男　將舒胸長　仝訂

賦

龍燈賦

何物神龍化爲祝融逃乎水族宅於火中忽過疑電遠眺猶虹明月失照晴霞斂烘爾乃笙歌隊裏游羣濟濟突如其來夭矯莫比或蟠或伸倏行倏止羣手批其鱗而不怒萬炬煎其心而不死若夫目瞋瞋兮

情偶集》卷一、卷二爲詞曲部，卷三爲聲容部，卷四爲居室部、器玩部，卷五爲飲饌部、種植部，卷六爲頤養部。

李漁《一家言釋義》中談及書名由來："一家言爲何？余生平所爲詩文及雜著也。……凡余所爲詩文雜著，未經繩墨，不中體裁，上不取法於古，中不求肖於今，下不覬傳於後，不過自爲一家。"芥子園主人《弁言》則敘述了該書成書經過："其[笠翁]最膾炙人口者如詩文之《一家言》，詩餘之《耐歌詞》、讀史之《論古》、閑情之《偶寄》，皆不傍前人之一籬，不拾名流之一唾，……但所著皆各成一冊，搆取者見先生之一班卽欲窺先生之全體，……每至坊間，咸以先生全集爲詢。故特取先生之襍著合成一書，校其魯魚，正其亥豕，集眾腋以爲裘，穿明珠而作串，言曰《一家言全集》。"

著錄：是書《中國古籍善本書目》等無著錄。哈佛大學哈佛燕京圖書館、香港大學圖書館藏有是書。

523 鹿洲初集

《鹿洲初集》二十卷，清藍鼎元撰，曠敏本編，雍正十年刻本。八冊。半葉九行二十字，小字雙行五十八字。左右雙邊，白口，單魚尾。版心上鐫書名、卷次，下鐫刻工。框高18.6釐米，寬13.9釐米。前有扉頁，題："鹿洲初集"。卷首有雍正四年和雍正十年曠敏本序，康熙二十四年沈涵心舊序，康熙二十四年張伯行舊序，康熙六十年汪紳文序，目錄，鹿洲小圖，雍正八年藍鼎元自述及藍鼎元行述。

藍鼎元，見084《脩史試筆》。

曠敏本(1699—1782)，字魯之，號岣嶁，世稱岣嶁先生，湖南衡山人。乾隆元年進士。曾爲岳麓書院山長。著有《周易啓蒙》、《南嶽志》等。

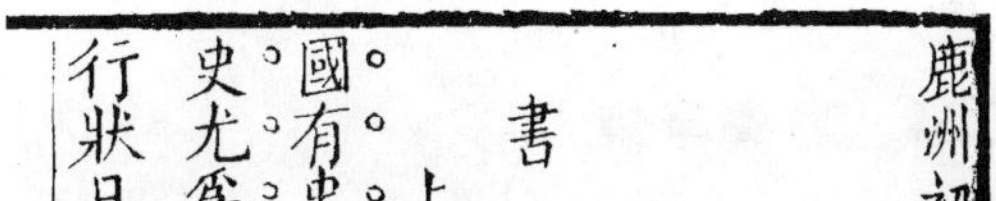
鹿洲初集卷一
漳浦藍鼎元玉霖著
衡山曠敏本魯之評
書
上陳大中丞請修明史綱目書
直起老辣
國有史官助賞罰者也前事不忘後事之師若勝國
史尤爲殷鑒史所重在褒貶是非非止記事記言作
行狀日錄已也是以垂法戒昭勸懲誅亂賊干旣死
鹿洲初集卷一 書 一

523

是書卷一爲書七篇，卷二爲書四篇，卷三爲書十一篇，卷四爲序九篇，卷五爲序十二篇，卷六爲序十九篇，卷七爲傳十篇，卷八爲傳二十二篇，卷九爲傳十五篇，卷十爲記十九篇，卷十一爲論十九篇，卷十二爲說十九篇，卷十三爲說十五篇，卷十四爲考五篇，卷十五爲賦、檄、銘、箴、贊、署、事錄十四篇，卷十六爲讀傳、書後、跋十四篇，卷十七爲壽文六篇，卷十八爲告文、祭文八篇，卷十九爲哀辭五篇，卷二十爲行狀、墓誌銘、墓表八篇。

《四庫全書總目》曰："是集爲其友曠敏本所編。初定於雍正丙午。越六年壬子，又合其續稾，重汰定之，仍爲二十卷。故前有敏本序，序後又有敏本紀，各述其始末。鼎元喜講學，尤喜講經濟，於時事最爲留心。集中如論閩、粵、黔諸省形勢，及征剿臺灣事宜，皆言之鑿鑿，得諸閱歷，非紙上空談。至於所敘忠孝節烈諸事，亦染生動，足裨風教。其中如論直隸水利之類，生長南方，不能達北方水性，未免掇拾陳言。與顧太史書之類自雪寃謗，雜以輕薄謔詈，尤所養不純。然文筆條暢，多切事理，在近人文集之中猶可謂有實際者也。"

本館藏本中行間見圈點。

著錄：《四庫全書總目》、《中國古籍善本書目》。

刻工：羅文、雲龍、麥嵩、馮士、馮和、麥興、馮秉、馮會、馮云龍。

524 曝書亭集

PL2703. A1 17—/W229

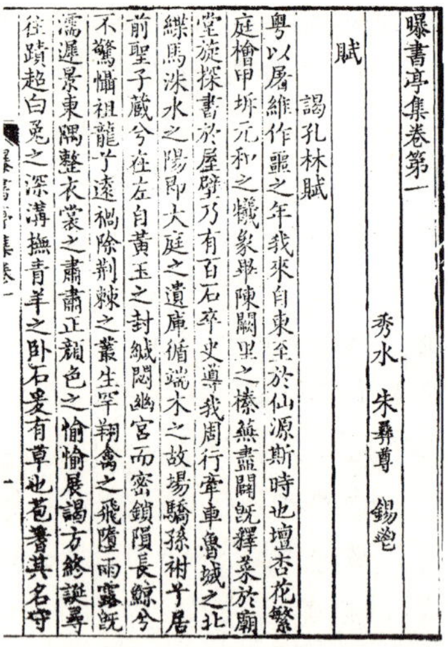
曝書亭集卷第一
賦
秀水 朱彝尊 錫鬯
謁孔林賦
粵以屠維作噩之年我來自東至於仙源斯時也壇杏花繁
庭檜甲坼元和之犧象畢陳闕里之榛蕪盡闢既釋菜於廟
堂旋採書於屋壁乃有百石卒史導我周行牽車魯城之北
絓馬洙水之陽即大庭之遺庫循端木之故場騎孫枏乎居
前聖子藏兮在左自黃玉之封緘閟幽宮而密鎖隕長鯨兮
不驚憪祖龍乎遠禍除荊棘之叢生罕翔禽之飛墮雨露既
濡遲景東隅整衣裳之肅肅正顏色之愉愉展謁方終誕尋
往蹟超白兔之深溝撫青羊之卧石爰有草也苞耆其名守

524

《曝書亭集》八十卷，附錄一卷，清朱彝尊撰；《笛漁小稾》十卷，朱昆田撰，朱桂孫、朱稻孫校，朱振祖、朱賜書覆校，清康熙刻本。二十冊。半葉十二行二十三字。左右雙邊，白口，單魚尾。版心上鐫書名，中鐫卷次。框高 19.5 釐米，寬 13.5 釐米。《曝書亭集》前有扉頁，題："曝書亭集"。卷首有王世禎、魏禧、查慎行等原序，目錄。《笛漁小稾》前有扉頁，題："笛漁小稾"。卷首有高層雲序及目錄。

朱彝尊，見 217《經義考》。

朱昆田（1652—1699），字西畯，秀水人，朱彝尊之子。著有《三體摭韻 》、《南北史識小錄》。

是書爲朱彝尊生平著述全集。卷一爲賦，卷二至卷二十三爲古今詩，卷二十四至卷三十爲詞，卷三十一至卷三十三爲書，卷三十四至卷四十一爲序，卷四十二至卷五十五爲跋，卷五十六至卷五十八爲考，卷五十九爲論，卷六十爲議、釋、說、策問，卷六十一爲頌、贊、箴、銘、辭、零丁、答問、募疏，卷六十二至卷六十四爲傳，卷六十五至卷六十七爲記，卷六十八爲題名，卷六十九至卷七十一爲碑，卷七十二、卷七十三爲墓表，卷七十四至卷七十九爲墓誌銘，卷八十爲行狀、誄、哀辭、祭文。附錄葉兒樂府。《笛漁小稾》收古今詩十卷。

《四庫全書總目》曰:"此集凡賦一卷,詩二十二卷,皆編年爲次。始於順治乙酉,迄於康熙己丑,凡六十五年之作。其紀年皆用爾雅歲陽歲陰之名,從古例也。詞七卷,曰江湖載酒集,曰茶煙閣體物集,曰蕃錦集。雜文五十卷,分二十六體。附錄葉兒樂府一卷,則所作小令也"。

著錄:《中國古籍善本書目》、《四庫全書總目》。

鈐印:"衣德堂"、"怡堂珍藏"、"君隱之後"。

525　潛虛先生文集

PL2727. A48/W1136

《潛虛先生文集》、《南山集》十四卷,清戴名世撰,尤雲鶚編,清刻本。八册。半葉十行二十三字。四周單邊,白口,單魚尾。版心上鐫書名,中鐫卷次,下刻"乙酉刊"。疑當爲清道光乙酉年,時戴氏族人戴鈞衡編《潛虛先生文集》並刊行於世。前有方苞及尤雲鶚等序。

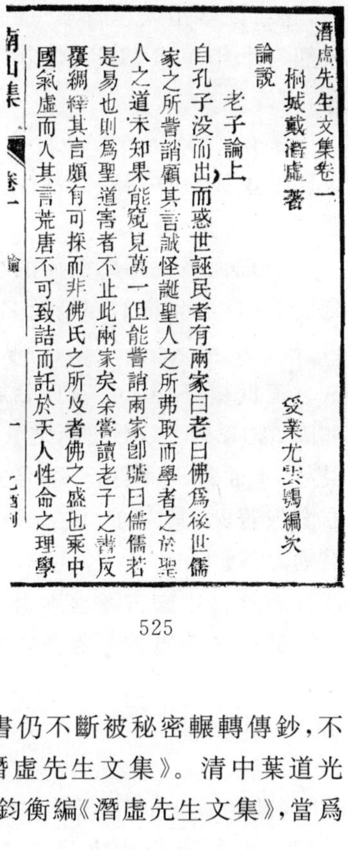
潛虛先生文集卷一
桐城戴潛虛著　受業尤雲鶚編次
論說
老子論上
自孔子沒而出而惑世誣民者有兩家曰老曰佛爲後世儒家之所嘗詬厲其言誠怪誕聖人之所弗取而學者之於聖人之道未知果能窺見萬一但能嘗詬兩家即號曰儒儒若是易也則爲聖道害者不止此兩家矣余嘗讀老子之書反覆紬繹其言頗有可採而非佛氏之所及者佛之盛也乘中國氣虛而入其言荒唐不可致詰而託於天人性命之理學
南山集　卷一　論　一　乙酉刊

525

戴名世(1653—1713),字田有、褐夫,號藥身,又號憂庵,安徽桐城人。因家居桐城南山,後世遂稱"南山先生",亦稱"潛虛先生"。清康熙四十八年中進士第一,殿試中一甲二名,授翰林院編修。著有《孑遺錄》、《崧山集》、《憂患集偶》等。

是書共十四卷,以文體分類,卷一爲論,卷二至卷四爲序跋,卷五爲書,卷六爲序,卷七至卷九爲傳,卷十爲銘文,卷十一、卷十二爲記,卷十三爲旅行日記,卷十四爲附錄。

《南山集》原刻本於清代屢遭禁毀,已不可見。然此書仍不斷被秘密輾轉傳鈔,不時易名而流傳民間。爲避迫害者耳目,或將其易名爲《潛虛先生文集》。清中葉道光後,文化控制漸鬆弛,故刻本漸增。如道光年間其族人戴鈞衡編《潛虛先生文集》,當爲本館之藏本。

方苞《序》曰:"吾友褐夫,卜宅於桐城之南山而歸隱焉,從游之士,刻其所爲古文,適成,因名曰《南山集》。其文多未歸時所作,而以茲所居名焉,著其志世。余自有知識,所見聞當世之士,學成而並於古人者,無有也;其才之可拔以進於古者,僅得數人,而莫先於褐夫。……其載筆墨以游四方,喜述舊聞,記山水之勝,而以傳序說請者,亦時時應焉,故世復稱其古文,是集所載是也。"

著錄:《中國古籍善本書目》。

526　渠亭山人半部藁

PL2705. A4A6 1689

《渠亭山人半部藁》不分卷，分爲初刻、二刻、三刻及四刻，清張貞撰，清康熙三十年(1691)讀夢堂刻本。八冊。半葉九行十九字。初刻爲左右雙邊，黑口，雙魚尾，其它爲左右雙邊，白口，無魚尾。版心上鐫書名，中鐫文類。框高 17.9 釐米，寬 13 釐米。前有扉頁，題："渠亭山人半部藁"。前有"張杞園先生小像"，康熙三十年王世禎序，高珩序，康熙二十八年張貞自序，目錄等。

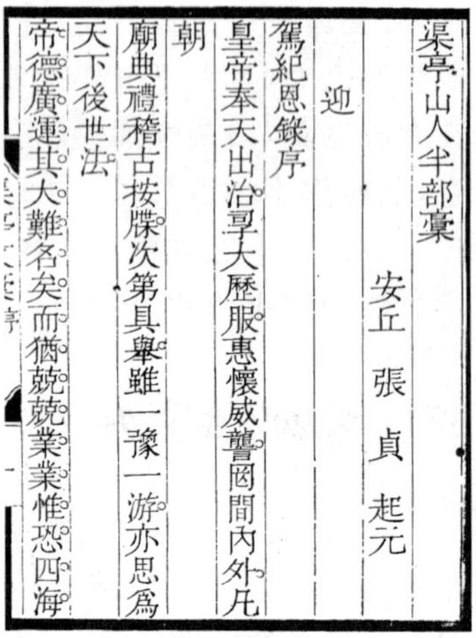
渠亭山人半部藁　安丘　張　貞　起元
迎
駕紀恩錄序
皇帝奉天出治享大歷服惠懷威讋囹間內外凡
朝
廟典禮稽古按牒次第具舉雖一豫一游亦思爲
天下後世法
帝德廣運其大難名矣而猶兢兢業業惟恐四海

526

張貞(1689—1722?)，字起元，號杞園，安邱人。康熙壬子拔貢官，翰林院孔目。著有《杞紀》、《渠丘耳夢録》、《庸書》等。

是書爲張貞各類文稿的合集。初刻題名曰《渠亭文稾》，二刻題名曰《或語集》，三刻題名曰《潛州集》，四刻題名曰《娱老集》。目錄提及的文類包括序、記、紀行、說、表、書、碑、傳、墓表、墓誌銘、行狀、哀辭、誄、祭文、書事、讚、銘、題跋等。

王世禎《序》曰："安丘張君杞園與吾弱冠定交青州，餘三十年而不變。詩云：'風雨如晦，雞鳴不已'，君寔有之。君博雅能鑒別書畫、古鼎彝之屬，精金石篆刻。閑歲出遊吴越，不通鈴下，與高士名僧解后山水，閑觴詠以爲樂。既而購書千百卷，果然以歸。君之人若此，其文亦如之。所謂勁而不詭，舒而不俗。向求之數十年而未見者，乃近于君遇之哉。"

著錄：《中國古籍善本書目》。

鈐印："曾為古平壽郭申堂藏"。

527　使黔集

PL2727. A68 S5/A199

《使黔集》二卷，清湯右曾撰，康熙三十六年刻本。二冊。半葉十行十九字。左右雙邊，黑口，單魚尾。版心上鐫書名、卷次。框高 16.9 釐米，寬 13.5 釐米。卷首有康熙三十六年宋犖序。

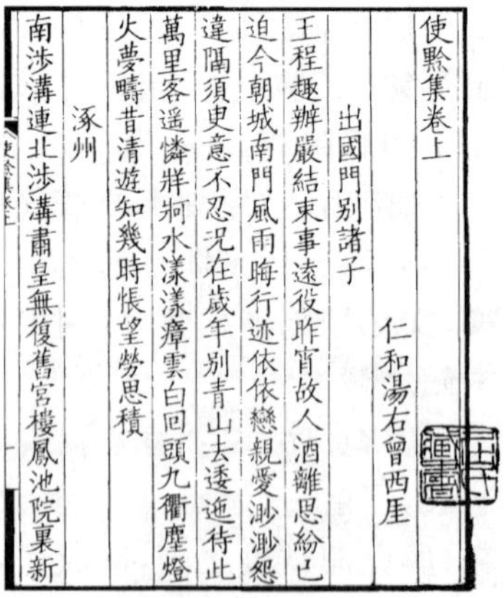
使黔集卷上
仁和湯右曾西厓
出國門别諸子
王程趣辦嚴結束事遠役昨宵故人酒離思紛已
迫今朝城南門風雨晦行迹依依戀親愛渺渺懇
違隔須史意不忍況在歲年别青山去逶迤待此
萬里客遥憐牂牁水漾漾瘴雲白回頭九衢塵燈
火夢疇昔清遊知幾時悵望勞思積
涿州
南涉溝連北涉溝肅皇無復舊宮樓鳳池院裏新

527

湯右曾(1656—1722)，字西厓，仁和人。康熙二十七年進士，官吏部侍郎。著有《懷清堂集》。

是書爲湯右曾康熙三十五年典試貴州期間所作詩集。

宋犖《序》記錄了該書成書始末:"今上三十有五年,當賓興之期。而翰林院編脩湯君西崖乃奉命往典貴州試事。西崖故以能文章負盛名,是行往返一萬餘里,其途之所歷,凡土物謠俗之異、英雄割據戰鬭之遺蹟、與夫登臨遊覽、草木鳥獸之情狀,一一於詩見之。詩凡若干首,釐爲二卷,而總係之於黔,曰《使黔集》。"

著錄:《中國古籍善本書目》。

鈐印:"屈氏藏書"。

528　式古堂集

PL2705. A557 1777/M405

《式古堂集》一卷,清張雲翼撰,乾隆四十二年刻本。一冊。半葉八行十八字。左右雙邊,白口,無魚尾。版心上鐫書名。框高 19.5 釐米,寬 13.1 釐米。前有扉頁,題:"式古堂集。乾隆丁酉。"

是書爲張雲翼文集。收入張雲翼所撰"靜觀堂記"、"清苑山記"、"鼓山記"、"靜觀池雙蓮記"、"宋仁宗謂吳育嫉惡大過論"等篇。

本館藏本之內襯爲清張英撰《聰訓齋語》,半葉十行二十二字,四周雙邊,白口,單魚尾。書內夾書籤,鈐"八千卷樓珍藏善本"。

著錄:是書《中國古籍善本書目》等無著錄。

鈐印:"王懿榮印"。

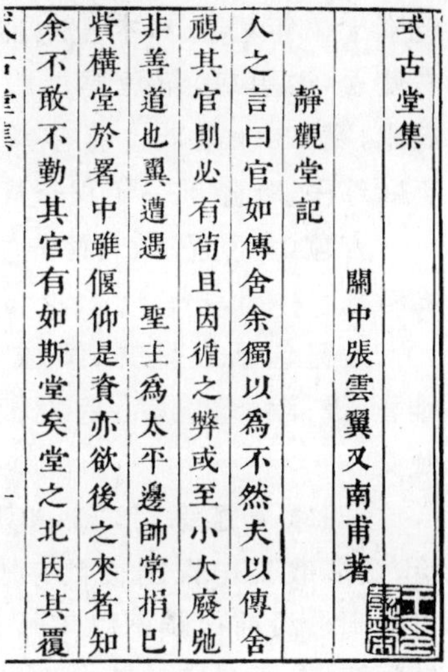
式古堂集
關中張雲翼又南甫著
靜觀堂記
人之言曰官如傳舍余獨以爲不然夫以傳舍
視其官則必有苟且因循之弊或至小大廢弛
非善道也冀遭遇　聖主爲太平邊帥常捐巳
貲構堂於署中雖偃仰是資亦欲後之來者知
余不敢不勤其官有如斯堂矣堂之北因其覆
式古堂集　一

528

529　雙魚偶存

PL2705.12 Z53 1774/W2217

《雙魚偶存尺牘》、《雙魚偶存》二卷,清朱穎著,申萬錦校,清乾隆三十九年刻本。二冊。半葉十行十九字,眉欄上間有註。左右雙邊,白口,單魚尾。版心上鐫書名,下鐫卷次。框高 17 釐米,寬 13 釐米。封面手書"松泉記",內寫"嘉慶丙子新正初五日,琉璃廠西首,一任他王孫公子。"前有清乾隆三十九年申萬錦序。

朱穎(生卒年不詳),雲浦人。著有《秋蟬吟草》。

是書收朱穎往來書札若干。

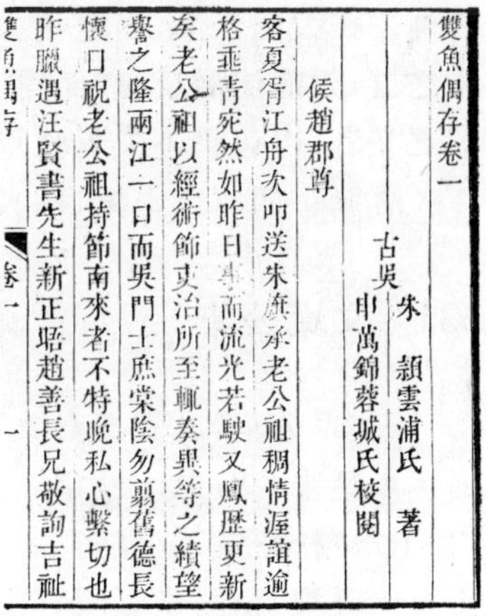
雙魚偶存卷一
古吳　朱　穎雲浦氏　著
申萬錦蓉城氏校閱
候趙郡尊
客夏胥江舟次叩送朱旗承老公祖稠情渥誼逾
格垂青宛然如昨日而流光若駛又鳳歷更新
矣老公祖以經術飾吏治所至輒奏異等之績望
譽之隆兩江一口而吳門士庶棠陰勿翦舊德長
懷口祝老公祖持節南來者不特晚私心繫切也
昨臘遇汪賢書先生新正晤趙善長兄敬詢吉祉
雙魚偶存　卷一　一

529

申萬錦《序》曰:"同門雲浦朱先生,負異才而性恬淡,好讀書,舞勺之年,鄉黨中卽錚錚有聲譽,第其人體同年,實不沾沾於舉子業,而兵農禮樂之事靡不究，經史騷雅之書靡不窺。迨壯，爲當時名公卿所特色。”“余知是書一出，行見大江南北，紙价更倍於洛陽，然後至於具有雙眼不同於阿私所好。”

著錄：是書《中國古籍善本書目》等無著錄。中國社會科學院藏有是書。

530　望溪集

PL2708. A56 1746/A55

《望溪集》不分卷，清方苞撰，王兆符、程崟輯，清乾隆十一年程崟刻本。八冊。半葉九行十九字。左右雙邊，中黑口，單魚尾。版心上鐫書名。框高 20.6 釐米，寬 13.3 釐米。前有雍正元年王兆符序，乾隆五年顧琮序，乾隆十一年程崟序，編次條例，目錄。

方苞，見 087《徵君孫先生年譜》、《游譜》、《中州人物考》。

是書包括進呈文、讀經文、讀子史文、書文集後、雜著、書、論、墓誌銘、墓表、哀辭、祭文、騷、補遺等各類文。

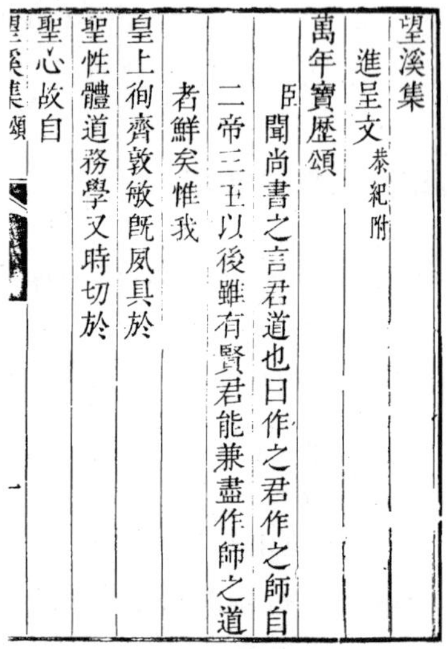
望溪集
進呈文 恭紀附
萬年寶歷頌
臣聞尚書之言君道也曰作之君作之師自
二帝三王以後雖有賢君能兼盡作師之道
者鮮矣惟我
皇上徇齊敦敏既夙具於
聖性體道務學又時切於
聖心故自

530

《四庫全書總目》曰：“其古文雜著，生平不自收拾，稾多散失。告歸後門弟子始爲裒集成編，大抵隨得隨刊。故前後頗不以年月爲詮次。苞於經學研究較深，集中說經之文最多。大抵指事類情，有所闡發。其古文則以法度爲主。嘗謂周、秦以前，文之義法無一不備。唐、宋以後，步趨繩尺而猶不能無過差。是以所作上規史、漢，下倣韓、歐，不肎少軼於規矩之外。雖大體雅潔，而變化太少，終不能絶去町畦，自闢門戶。然其所論古人槼度與爲文之道，頗能沈潛反覆，而得其用意之所以然。故雖蹊徑未除，而源流極正。近時爲八家之文者，以苞爲不失舊軌焉。”

著錄：《四庫全書總目》、《皇朝文獻通考》、《中國古籍善本書目》。

531　文貞公集

PL2705. A554 1792/W70

《文貞公集》、《張文貞集》十二卷，清張玉書撰，清乾隆五十七年松蔭堂刻本。六冊。半葉十一行二十一字。左右雙邊，白口，單魚尾。版心上鐫“文貞公集”，中鐫卷次，下鐫“松蔭堂”。框高 18 釐米，寬 14.2 釐米。前有扉頁，題：“張文貞公集。乾隆五十七年春鐫，松蔭堂藏版。”前有《欽定四庫全書提要》《張文貞集》條，儲大文、曹文埴、馮應榴序，目錄。

張玉書，見 430《佩文韻府》《韻府拾遺》。

是書卷一爲賦、頌、表，卷二爲疏，卷三爲疏、議、書、考、說，卷四、卷五爲序，卷六爲跋、記，卷七爲紀，卷八爲紀、傳、贊、策問，卷九爲碑，卷十至卷十二爲墓誌。

《四庫全書簡明目錄》曰："玉書詩文皆春容大雅，爲鳴盛之和聲。其所記述舊典，考訂詳明，歷舉沿革尤多，有資於掌故。惟遺稿僅存，未經刪定。募疏祭文之類，収載蕪雜，頗病榛楛勿翦。今汰其冗濫，釐爲一十二卷。"

著錄：《四庫全書總目》、《中國古籍善本書目》。

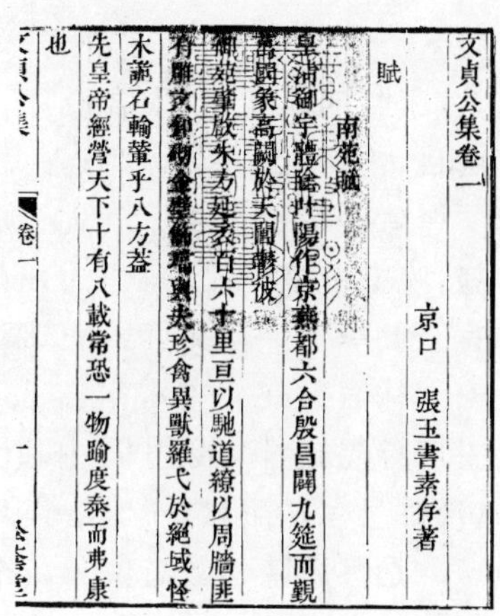
文貞公集卷一
京口　張玉書素存著
賦
南苑賦
皇清御宇[illegible]陽作京[illegible]都六合殷昌闢九筵而覲
[illegible]國象高闕於天閶[illegible]彼
御苑肇啟朱方延袤百六十里亘以馳道繚以周牆匪
有雕[illegible]與夫珍禽異獸羅弋於絕域怪
木叢石輪輦乎八方蓋
先皇帝經營天下十有八載常恐一物踰度泰而弗康
也
卷一　一

531

532　問詩樓合選

《問詩樓合選》不分卷，清佟佳氏著，清乾隆五十七年鈔本。一册。半葉九行十六字。四周單邊，白口，無魚尾。版心無鐫字。框高 18.9 釐米，寬 12.4 釐米。前有作者自序，後有曹貞秀跋。

佟佳氏(1737—1809)，號天然主人、天然女史，滿族女詩人，多爾袞五世孫睿恪親王如松之繼配福晉。著有詩集《問詩樓合選》、《穗帷淚草烏私存草》及《虛窗雅課》，間有詩作眞實記錄其所歷世道炎涼及孀居之苦。

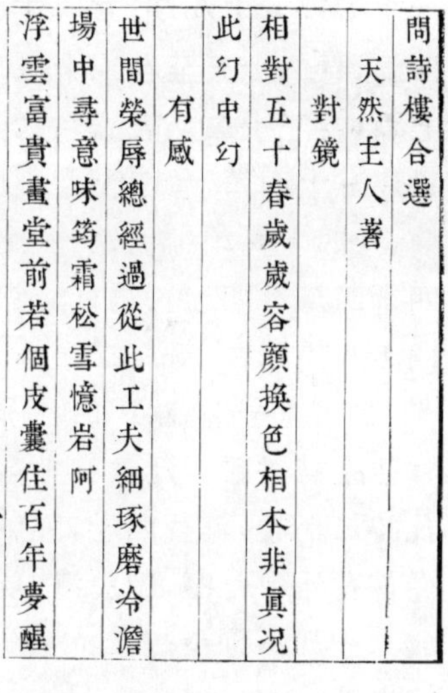
問詩樓合選
天然主人著
對鏡
相對五十春歲歲容顏換色相本非眞况
此幻中幻
有感
世間榮辱總經過從此工夫細琢磨冷澹
場中尋意味筠霜松雪憶岩阿
浮雲富貴畫堂前若個皮囊住百年夢醒

532

佟佳氏《自序》曰："予生長閨閣，幼爲父母所鍾愛，以愛之切而訓之備詳，不以女子而異視也。……後於乾隆丙申之歲，因課女而延得嶺南女史梅軒，晨夕晤對，復萌于喁間作，皆可謂一時之樂。今忽忽數十年，雪樓、習幽，後先凋謝，即梅軒亦捨我而去。此三人者，所适不偶，其詩亦未能與唐宋名媛相追擬，而故人手跡在笥，於今昔去來之際，有足感者，因刪取予詩數篇付刊，並以三人所作附存於後。"

著錄：是書《中國古籍善本書目》等無著錄。

533　午亭文編

《午亭文編》五十卷，清陳廷敬撰，林佶輯錄，乾隆四十三年刻本。十六册。半葉十一行二十一字。左右雙邊，白口，單魚尾。版心上鐫書名、卷次。框高 19 釐米，寬 15

釐米。前有扉頁，題："午亭文編"。卷首有陳廷敬自敘，康熙四十七年林佶後序，乾隆四十三年徐昆跋，總目。

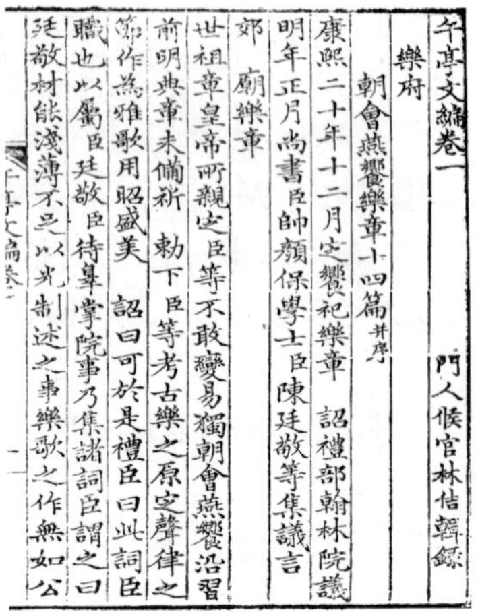
午亭文編卷一　門人候官林佶輯錄
樂府
朝會燕饗樂章十四篇并序
康熙二十年十二月定饗祀樂章　詔禮部翰林院議
明年正月尚書臣帥顏保學士臣陳廷敬等集議言
郊　廟樂章
世祖章皇帝所親定臣等不敢變易獨朝會燕饗沿習
前明典章未備新　勅下臣等考古樂之原定聲律之
節作爲雅歌用昭盛美　詔曰可於是禮臣曰此詞臣
職也以屬臣廷敬臣待皋掌院事乃集諸詞臣謂之曰
廷敬材能淺薄不足以光制述之事樂歌之作無如公

533

陳廷敬（1638—1712），原名陳敬，字子端，號說巖，晚號午亭山人，澤州人。順治戊戌進士改庶吉士，官至大學士。謚文貞。任《康熙字典》總裁官。

林佶（1660—?），字吉人，號鹿原，侯官人。康熙壬辰特賜進士，授内閣中書。佶詩師陳廷敬。著有《漢甘泉宫瓦記》、《樸學齋集》。

是書爲陳廷敬詩文集。卷一爲"朝會燕饗樂章十四篇并序"等五十二篇，卷二爲樂府三十七首，卷三至卷七爲古體詩三百二十一首，卷八至卷二十爲今體詩一千七百七十九首，卷二十一至卷二十四爲雜著二十四篇，卷二十五至卷二十八爲經解，卷二十九爲講筵奏對錄，卷三十、卷三十一爲疏十七篇，卷三十二爲表、論、對，卷三十三、卷三十四爲史評四十三篇，卷三十五、卷三十六爲序三十四篇，卷三十七爲序、引、疏十九篇，卷三十八爲記十三篇，卷三十九爲書十五篇，卷四十爲頌、箴、銘、贊十三篇，卷四十一、卷四十二爲傳七篇，卷四十三爲阡表，卷四十四至卷四十六爲墓誌銘二十七篇，卷四十七爲神道碑、墓碑、墓表、祭文十七篇，卷四十八爲題跋、雜文二十篇，卷四十九、卷五十爲杜律詩話。

《四庫全書總目》曰："[陳廷敬]嘗著《尊聞堂集》八十卷，晚年手定爲此編，其門人林佶繕寫付雕。廷敬有午亭山村在陽城，因《水經注》載沁水逕午壁亭而名，因以名集。凡詩二十卷，雜著四卷，經解四卷，奏疏序記及各體文共二十卷，杜律詩話二卷。……卷首有廷敬自序，謂於汪[琬]、王[士禎]不苟雷同，然蹊逕雖殊，而分途並騖，實能各自成家。其不肎步趨二人者，乃所以能方駕二人歟？此固非依門傍戸、假借聲譽者所知也。"

著錄：《四庫全書總目》。

鈐印："桐莆吟館"。

534　西陂類稿

PL2724. U586 H7 1711/W459

《西陂類稿》五十卷，清宋犖撰，康熙五十年刻本。二十冊。半葉十行十九字。四周單邊，白口，單魚尾。版心上鐫書名，中鐫卷次。框高 18.6 釐米，寬 14.4 釐米。前有扉頁，題："西陂類稿"。卷首有康熙五十年陳廷敬總序，舊刻詩詞及新編文藁各序，目錄。卷末有湯右曾"墓誌銘"，周龍藻"墓表"，宋致等"行狀"。

宋犖(1634—1713),字牧仲,號漫堂、西陂、縣津山人、西陂老人、西陂放鶴翁、白馬客裔,河南商丘人。官至吏部尚書。著有《漫堂説詩》、《江左十五子詩選》等。

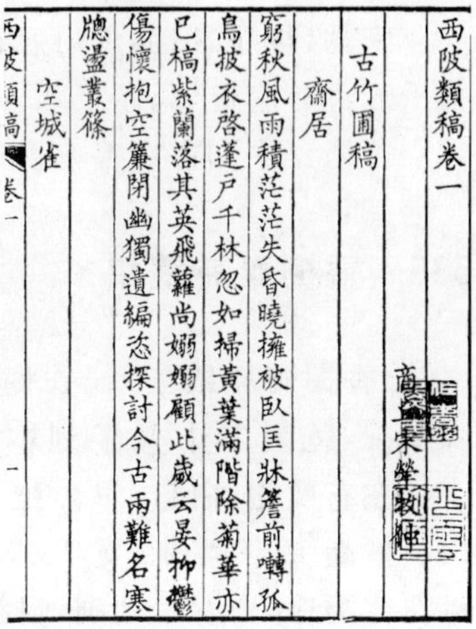
西陂類稿卷一　商丘宋犖牧仲
古竹圃稿
齋居
窮秋風雨積茫茫失昏曉擁被卧匡牀簷前轉孤
鳥披衣啓蓬戶千林忽如掃黃葉滿階除菊華亦
已槁紫蘭落其英飛雜尚嫋嫋顧此歲云晏抑鬱
傷懷抱空簾閉幽獨遺編恣探討今古兩難名寒
牕溢叢篠
空城雀
西陂類稿　卷一　一

534

是書爲宋犖詩文集。卷一爲“古竹圃稿”,卷二爲“將母樓稿”,卷三爲“古竹圃續稿”,卷四爲“雙江倡和集”,卷五爲“回中集”,卷六爲“續都官草”、“海上雜詩”,卷七至卷十一爲“漫堂草”,卷十二爲“廬山詩”、“述鹿軒詩”,卷十三爲“述鹿軒詩”,卷十四爲“滄浪亭詩”,卷十五爲“迎鑾集”,卷十六爲“紅橋集”,卷十七爲“滄浪亭詩”,卷十八爲“清德堂詩”,卷十九、卷二十爲“藤陰酬倡集”,卷二十一爲“樂春園詩”,卷二十二爲“聯句集”,卷二十三爲“楓香詞”,卷二十四爲“序”,卷二十五、卷二十六爲“記”,卷二十七爲“雜著”,卷二十八爲“題跋”,卷二十九爲“尺牘”,卷三十爲“行述”,卷三十一爲“行述墓誌祭文”,卷三十二至卷三十七爲“奏疏”,卷三十八、卷三十九爲“公移”,卷四十至卷四十二爲“迎鑾日記”,卷四十一爲“迎鑾二記”,卷四十二爲“迎鑾三記”,卷四十三、卷四十四爲“筠廊偶筆”,卷四十五、卷四十六爲“筠廊二筆”,卷四十七至卷五十爲“漫堂年譜”。

陳廷敬《總序》曰:“吾友商丘先生所爲詠歌風雅之文曰某稿某集者,數之凡三十有四,而書、奏、序、記,辭令之文稱是焉。於是綜其條貫,列其敘位,次其時月,别其游處,臚其嚮所名者,匯爲全編,名《西陂類稿》。西陂者,舊廬也。”

著録:《中國古籍善本書目》、《四庫全書總目》。

鈐印:“少雲珍藏”。

535　香樹齋詩集

PL2705.I378 A17 1750/D571a

《香樹齋詩集》十八卷,清錢陳羣撰,乾隆十六年刻本。六册。半葉十行十九字。左右雙邊,白口,單魚尾。版心上鐫書名,中鐫卷次,下鐫“庚午補刻”。框高17.2釐米,寬13.5釐米。卷首有乾隆三年陸奎勳序,乾隆十六年汪由敦序,彭啓豐序,目録。卷末有乾隆十六年宋弼後序。

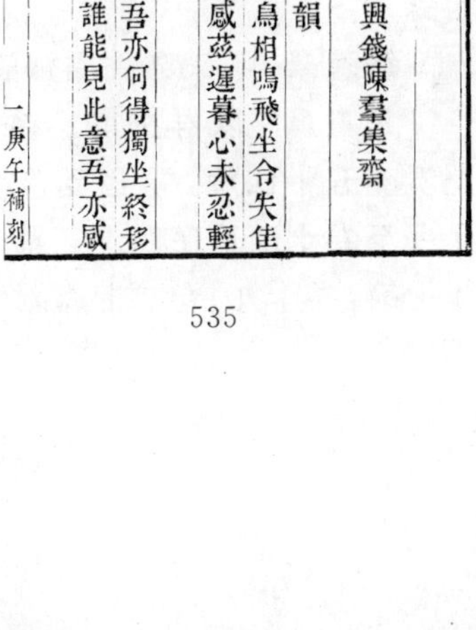
香樹齋詩集卷一　嘉興錢陳羣集齋
感遇十二首用張曲江韻
纖絺御當夏浣風弄明潔林鳥相鳴飛坐令失佳
節名花如美人無言自怡悅感茲遲暮心未忍輕
一折
日景靜虛晝草木含孤清顧吾亦何得獨坐終移
情飛沉理所適造化秉至精誰能見此意吾亦感
吾誠
香樹齋詩集　卷一　一　庚午補刻

535

錢陳羣(1686—1775),字主敬,號香樹,又號集齋、柘南居士，浙江嘉興人。康熙六十年進士，官至刑部左侍郎，加刑部尚書書銜。謚文端。

是書收錢陳羣辛未以前所作古今體詩凡一千五百四首。

宋弼《後序》曰：“少司寇香樹先生彙辛未以前所作詩，屬門人宋弼排纂而授之梓。凡千五百首有奇，爲卷十八。工既竣，命序於後。”

著錄：《中國古籍善本書目》。

536 香樹齋詩續集

《香樹齋詩續集》、《香樹齋續集》三十六卷，清錢陳羣撰，乾隆二十九年刻本。九冊。半葉十行十九字。左右雙邊，白口，單魚尾。版心上鐫書名，中鐫卷次。框高 17.6 釐米，寬 13.3 釐米。卷首有乾隆十九年沈德潛序，齊召南題詞，目錄。

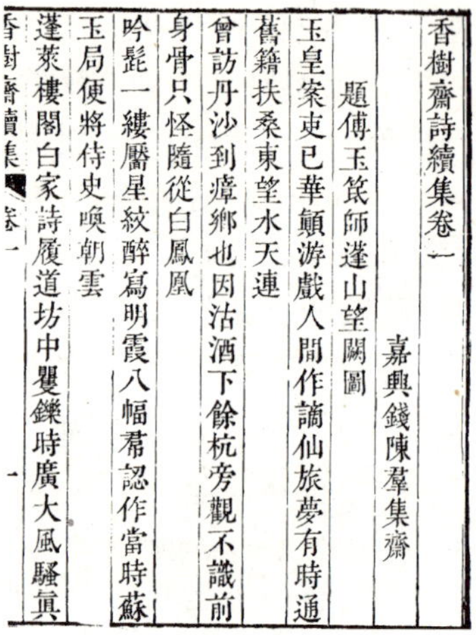
香樹齋詩續集卷一
嘉興錢陳羣集齋
題傅玉笈師蓬山望闕圖
玉皇案吏已華顛游戲人間作謫仙旅夢有時通
舊籍扶桑東望水天連
曾訪丹沙到瘴鄉也因沽酒下餘杭旁觀不識前
身骨只怪隨從白鳳凰
吟髭一縷曆星紋醉寫明霞八幅帬認作當時蘇
玉局便將侍史喚朝雲
蓬萊樓閣白家詩履道坊中矍鑠時廣大風騷眞
香樹齋續集 卷一

536

錢陳羣，見 535《香樹齋詩集》。

是書收錄錢陳羣壬申以後古今體詩凡二千六百七十九首。

沈德潛《序》曰：“乾隆辛未歲，少司寇錢先生卷《香樹齋詩》十八卷，進呈上覽。……今將刊其壬申以後詩爲續集，凡四卷。潛伏而誦之，知前集中半屬應制賡和、持節四方、登臨懷古之作，而續集所編多歸里燕居詩也。”

著錄：《中國古籍善本書目》。

537 香樹齋文集

《香樹齋文集》二十八卷，清錢陳羣撰，乾隆二十九年刻本。七冊。半葉十行十九字。左右雙邊，白口，單魚尾。版心上鐫書名，中鐫卷次。框高 17.6 釐米，寬 13.5 釐米。卷首有乾隆二十九年沈德潛序，目錄。

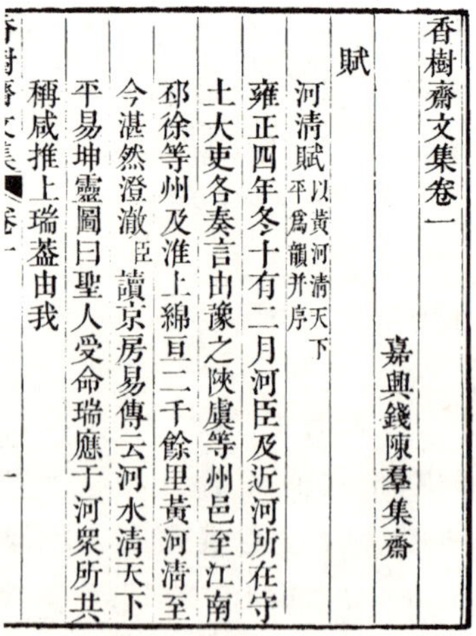
香樹齋文集卷一
嘉興錢陳羣集齋
賦
河清賦以黃河清天下平爲韻并序
雍正四年冬十有二月河臣及近河所在守
土大吏各奏言由豫之陝虞等州邑至江南
邳徐等州及淮上綿亘二千餘里黃河淸至
今湛然澄澈臣謹京房易傳云河水清天下
平易坤靈圖曰聖人受命瑞應于河眾所共
稱咸推上瑞蓋由我
香樹齋文集 卷一

537

錢陳羣，見 535《香樹齋詩集》。

是書爲錢陳群文集。卷一爲賦四篇，卷二至卷六爲奏疏五十四篇，卷七至卷十爲尺牘卷六十七篇，卷十一至卷十四爲序四十三篇，卷十五至卷十八爲跋六十七篇，卷十九、卷二十爲記十四篇，卷二十一爲傳十三篇，卷二十二、卷二十三爲祭文二十三篇，卷二十四、卷二十五爲墓誌銘十二篇，卷二十六爲行狀二篇，卷二十七、卷二十八爲雜著十三篇。

沈德潛《序》曰："予於先生爲後進，當其同朝休沐下直，輒相過從，商搉文史。及乎彼此抽簪一棹，互相往來，時接先生言論風旨。歲辛巳，帝倣香山九老之會，恭祝慈寧萬壽，予亦許隨先生后得繪像賦詩，今又序先生文集，挂名卷中，何其幸與！"

著録：《中國古籍善本書目》。

538　香樹齋文集續鈔

《香樹齋文集續鈔》五卷，清錢陳羣撰，乾隆二十九年刻本。二册。半葉十行十九字。左右雙邊，白口，單魚尾。版心上鐫書名，中鐫卷次。框高 17.6 釐米，寬 13 釐米。卷首有目錄。

錢陳羣，見 525《香樹齋詩集》。

是書爲錢陳羣文集。卷一含謝、恭書、恭跋、序、墓誌銘等類文二十三篇，卷二含序、傳、表、墓誌銘等類文二十五篇，卷三含跋、序、祭文等類文三十篇，卷四含序、後、傳、書等類文二十一篇，卷五含恭跋、恭謝、奏摺等類文二十七篇。

著録：《中國古籍善本書目》。

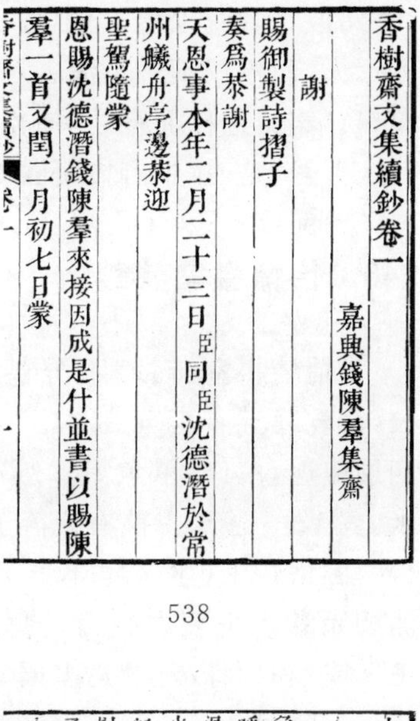
香樹齋文集續鈔卷一
嘉興錢陳羣集齋
謝
賜御製詩摺子
奏爲恭謝
天恩事本年二月二十三日臣同臣沈德潛於常
州艤舟亭邊恭迎
聖駕隨掌
恩賜沈德潛錢陳羣來接因成是什並書以賜陳
羣一首又閏二月初七日掌
香樹齋文集續鈔　卷一

538

539　小倉山房尺牘

《小倉山房尺牘》六卷，清袁枚撰，洪錫豫輯，清乾隆五十四年隨園藏版。上下兩冊。半葉十一行二十一字。左右雙邊，白口，單魚尾。版心上鐫書名，中鐫卷次。框高 16.6 釐米，寬 12.6 釐米。前有扉頁，刻有"乾隆己酉，翻刻必究"及"隨園藏版"，並有洪錫豫序及目錄。

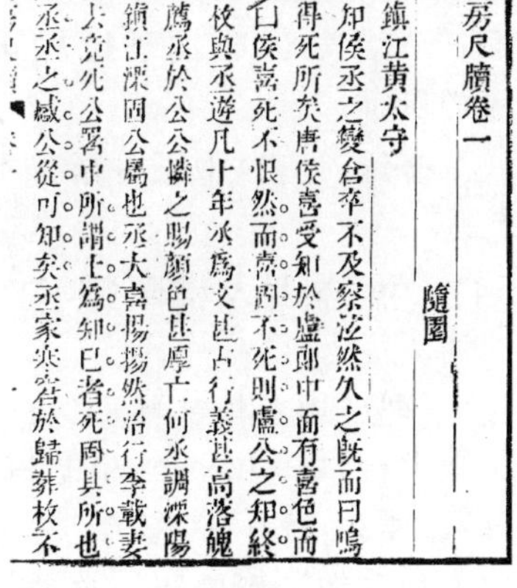
小倉山房尺牘卷一　隨園
答鎮江黃太守
急足至知侯丞之變倉卒不及察茫然久之旣而曰嗚
呼侯丞得死所矣唐侯喜受知於盧郎中而有喜色而
過昌黎曰侯喜死不恨然而喜則不死則盧公之知終
未深也枚與丞遊凡十年丞爲文甚古行義甚高落魄
江南枚薦丞於公公憐之賜顏色甚厚亡何丞調溧陽
尉公守鎮江溧固公屬也丞大喜揚揚然治行李載妻
子以去去竟死公署中所謂士爲知己者死固其所也
公之知丞丞之感公從可知矣丞家寒客於歸葬枚不

539

袁枚（1716—1798），字子才，號簡齋，一號存齋，世稱隨園先生，晚年自號倉山居士、隨園老人等，錢塘人，祖籍慈溪。乾隆四年進士，選庶吉士，入翰林院。乾隆七年改發江南，歷任溧水、江浦、沭陽、江寧等地知縣。乾隆十四年辭官，居於江寧小倉山隨園。遂絕跡仕途。主持乾隆詩壇,爲性靈派領袖。事具《清史稿》卷四八五。著有《小倉山房詩集》、《小倉山房文集》、《隨園詩話》、《子不語》、《隨園尺牘》、《隨園隨筆》等十來種。

是書輯錄袁枚書信,凡六卷,共二百八十一通。

洪錫豫《序》云:"故先生所爲尺牘,隨作隨棄。今冬先生過揚州,豫從其弟子劉霞裳處鈔得若干,讀之意趣横生,殊勝蘇黄小品。且其中論政、論古、論文學,極有關係,在他人必闌入正集矣。而先生棄若涕唾,未免太忍。豫故爭之曰,'先生以四六爲外集,其嚴畫古文界限之意,業已了然,尺牘每況愈下,豫豈不知?'然而齊桓公謂管仲曰,'仲父但知教我以善,而不教我以不善,我又安知善之所以爲善耶?今先生既以嚴且潔者示人,而不以不嚴不潔者示人,則學者又何由知古文與尺牘所由判别之故哉?'先生笑曰:'諾!'遂梓而存之,僅得六卷。"

著錄:是書《中國古籍善本書目》等無著錄。哈佛大學哈佛燕京圖書館藏有是書。

540 怡情書室詩鈔

《怡情書室詩鈔》不分卷,清睿恪親王著,子淳穎校,清乾隆五十四年刻本。一册。半葉八行十六字。四周雙邊,白口,單魚尾。版心鐫書名。框高 17.2 釐米,寬 12.4 釐米。前有乾隆五十三年皇十一子序。

睿恪親王(生卒年不詳),號素心主人,應爲清朝開國元勳多爾衮之後裔。据《皇清開國方略》,"睿親王",或"和碩睿親王"爲多爾衮之封號。

乾隆皇十一子《序》曰:"睿親王以《怡情書室詩鈔》示余,曰:'前人手著詩也,願序之,將鋟而藏諸家。'余讀其詩,根源理道思正而辭淳,緣情間作而不詭於風雅。"

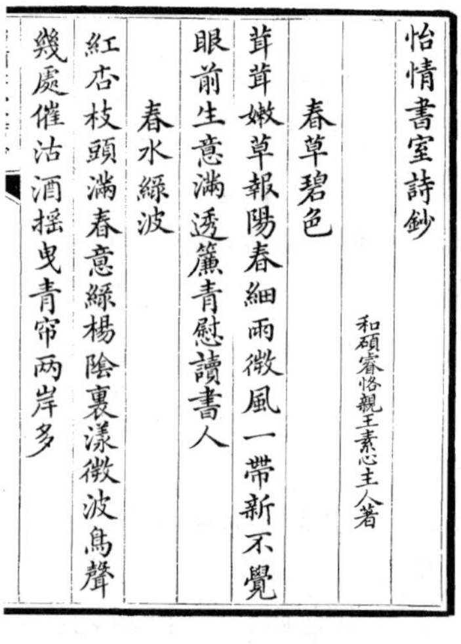
怡情書室詩鈔
和碩睿恪親王素心主人著
春草碧色
茸茸嫩草報陽春細雨微風一帶新不覺
眼前生意滿透簾青慰讀書人
春水綠波
紅杏枝頭滿春意綠楊陰裏漾微波鳥聲
幾處催沽酒摇曳青帘兩岸多

540

著錄:是書《中國古籍善本書目》等無著錄。遼寧省圖書館藏有是書。

541 漁洋山人精華録

《漁洋山人精華録》十卷,清王士禛撰,林佶編,清康熙三十九年林佶刊本。四册。半葉十一行二十一字,小字雙行,字數不等。左右雙邊,白口,單魚尾。版心鐫"精華録"。框高 18.4 釐米,寬 14.7 釐米。卷首有"門人侯官林佶編"。前有禹之鼎繪"漁洋山人戴笠像",梅庚題詞及總目等。

王士禛,見 364《池北偶談》。

是書第一卷至第四卷爲古體詩,第五卷至第十卷爲今體詩。

林佶《跋》曰："吾師新城王先生以詩學爲海内宗師者四十餘年，其詩曰《漁洋集》、《漁洋續集》、《南海集》、《蠶尾集》、《蜀道集》、《雍益集》，通三千餘篇。門人盛侍御曹祭酒嘗仿宋蜀人任淵纂《豫章集》之例，擇其尤合作者千餘，以爲精華，錄凡十卷。康熙庚辰夏先生以授門人林佶，佶承命編錄，稍有增減，皆任氏所謂叢桂崇蘭奇玉特珠者。"

《四庫全書總目》曰："當康熙中，其聲望奔走天下。凡刊刻詩集，無不稱漁洋山人評點者，無不冠以漁洋山人序者。下至委巷小說，如《聊齋志異》之類，士禎偶批數語於行間，亦大書王阮亭先生鑒定一行，弁於卷首，刊諸梨棗以爲榮。"

著錄：《四庫全書總目》、《中國古籍善本書目》。

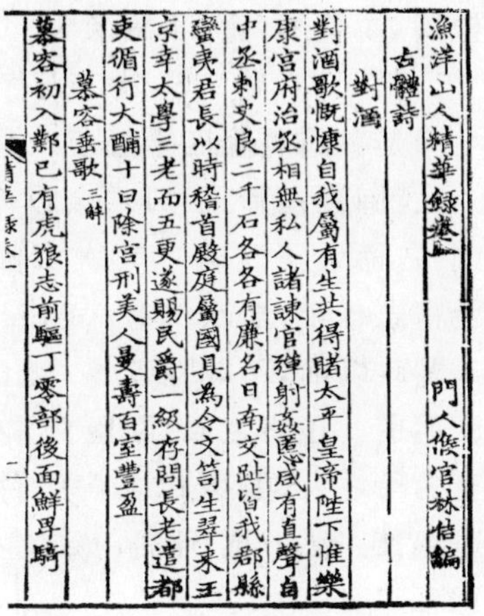
漁洋山人精華錄卷一　門人候官林佶編
古體詩
對酒
對酒歌慨慷自我蜀有生共得睹太平皇帝陛下惟樂
康宮府治丞相無私人諸諫官弹射姦慝咸有直聲自
中丞刺史良二千石各各有廉名日南交趾皆我郡縣
蠻夷君長以時稽首殿庭屬國具為令文笥生犇來王
京幸太學三老而五更遂賜民爵一級存問長老遺都
吏循行大酺十日除宮刑美人曼壽百室豐盈
慕容垂歌 三解
慕容初入鄴已有虎狼志前驅丁零部後面鮮卑騎

541

542 漁洋山人文略

PL2732. A56 1695/W1031

《漁洋文略》、《漁洋山人文略》十四卷，清王士禛撰，清康熙三十四年刊本。五冊。半葉十行十九字。左右雙邊，白口，單魚尾。版心上鐫書名，中鐫卷次。框高16釐米，寬12.9釐米。前有"嘉定受業門人"張雲章序及目錄等。

王士禛，見364《池北偶談》。

是書第一卷至第三卷爲各類文集之序，第四卷爲記，第五卷、第六卷爲傳，第七卷至第九卷爲墓誌銘，第十卷至第十一卷爲祭文，第十二卷爲跋文，第十三卷、第十四卷爲祭文、碑文、疏等。

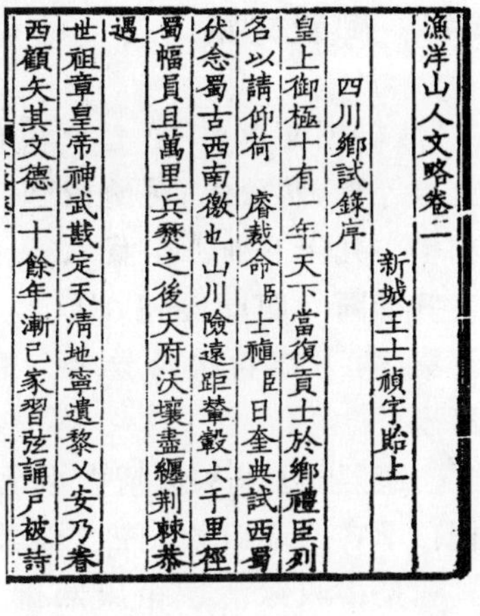
漁洋山人文略卷二
新城王士禛字貽上
四川鄉試錄序
皇上御極十有一年天下當復貢士於鄉禮臣列
名以請仰荷　睿裁命臣士禛臣日奎典試西蜀
伏念蜀古西南徼也山川險遠距輦轂六千里徑
蜀幅員且萬里兵燹之後天府沃壤盡纏荆棘恭
遇
世祖章皇帝神武戡定天清地寧遺黎乂安乃眷
西顧矢其文德二十餘年漸已家習弦誦戶被詩

542

《四庫全書總目》曰："士禛以詩名一時，而古文特以天姿朗悟，自然修潔，實則非所專門。雲章序謂以先生爲今之太白、子美，羣知非溢美矣。語以先生之文，昌黎、柳州之文也，容有或信或不信者。葢當時公論已爾，而雲章必以詩文並稱，非篤論矣。"

著錄：《四庫全書總目》、《中國古籍善本書目》。

543 御製古稀說

PL2722. E55 K83 1780/W1637

《御製古稀說》一卷，清高宗弘曆撰，《古稀頌》一卷，清彭元瑞撰，清乾隆四十五年内府刻本。一冊。半葉七行十六字，頌十八字。四周雙邊，白口，單魚尾。版心鐫書名。

框高 23 釐米，寬 14 釐米。

彭元瑞，見 218《欽定天祿琳琅書目》。

是書爲乾隆四十五年八月乾隆七旬寿辰時所撰。

《御製古稀說》曰："余以今年登七秩，因用杜甫句刻'古稀天子之寶'，其次章即繼之，曰，猶日孜孜，蓋予宿志有年，至八旬有六即歸政，而頤志於寧壽宮，其未歸政以前，不敢弛乾惕，猶日孜孜，所以答天庥而勵已躬也。正壽之辰，羣臣例當進獻辭賦，於是，彭元瑞有古稀之九頌，既以文房等件賜之，以旌其用意新而遣辭雅，顧一再翻閱，頗有不得不爲之說，以申予意者。"

著錄：《中國古籍善本目錄》、《皇朝文獻通考》。

欽印："乾隆禦覽之寶"。

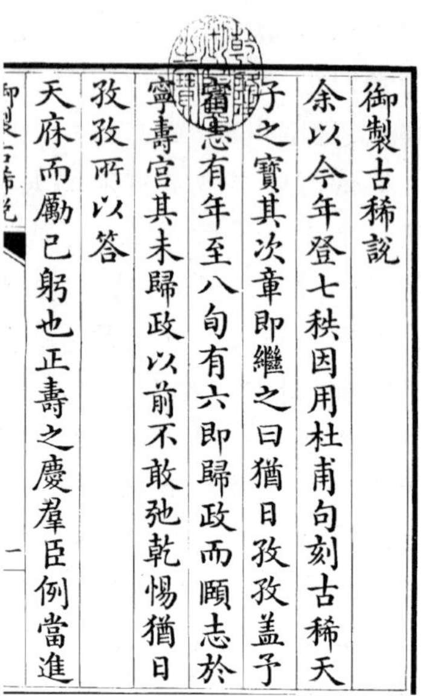
御製古稀說
余以今年登七秩因用杜甫句刻古稀天
子之寶其次章即繼之曰猶日孜孜蓋予
宿志有年至八旬有六即歸政而頤志於
寧壽宮其未歸政以前不敢弛乾惕猶日
孜孜所以答
天庥而勵己躬也正壽之慶羣臣例當進

543

544　御製文集

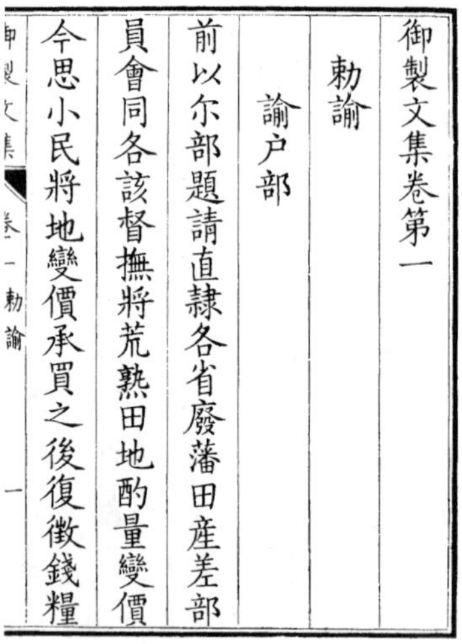
御製文集卷第一
敕諭
諭户部
前以尔部題請直隸各省廢藩田產差部
員會同各該督撫將荒熟田地酌量變價
今思小民將地變價承買之後復徵錢糧

544

《御製文集》一百七十六卷，清聖祖康熙著，張英、允祿等纂，蔣陳錫、蔣漣校刊，清康熙五十三年武英殿刻本。九十八册。半葉六行十六字或八行十八字，小字雙行同。四周雙邊，白口，單魚尾。版心上鐫書名及集次，下鐫卷次及卷名。框高 18.2 釐米，寬 12.8 釐米。

康熙，見 253《大清太祖承天廣運聖德神功肇紀立極仁孝睿武端毅欽安弘文定業高皇帝聖訓》。

是書收錄清聖祖康熙御製詩文，前後共分四集，以次成編，自康熙二十二年癸亥以前爲初集，共四十卷；自康熙三十六年丁丑以前爲二集，共五十卷；自康熙五十年辛卯以前爲三集，共五十卷。皆大學士張英等所編。至五十一年壬辰以後，六十一年壬寅以前，世宗憲皇帝嗣踐祚，始命和碩莊親王允祿，編爲四集，三十六卷，通一百七十六卷，合爲一編。別有御製詩集二十八卷，乃高士奇等所校刊。

《欽定國子監志》曰："《聖祖仁皇帝御製文集》初集至四集版，共四千三百二十六面，康熙五十二年刊。"

《皇朝文獻通考》曰："《聖祖仁皇帝御製文集》一百七十六卷。臣等謹按，康熙五十年大學士張英等恭編。凡三集，第四集則雍正十年和碩莊親王允祿等恭編。洪惟聖祖仁皇帝寶祚延洪，大文丕煥，萬幾之暇，寓志藝林，故前後所編凡勅諭、奏書、表論、辨解、序記、説跋、碑頌、贊銘、祭文、雜著、詩賦各體，自癸亥以前爲初集，四十卷；丁丑以前爲二集，五十卷；辛卯以前爲三集，五十卷；壬辰至壬寅爲四集，三十六卷。通一百七十六卷。聖人之著作日新，貫絡綱維，包涵宇宙，闡事物難窮之義，濬古今未盡之藏，允宜昭示萬年，炳光二曜，具徵聖學高深，洵非末學之士所能仰窺睿裁於萬一已。”

本館藏有十二函共九十八卷。

著録：《皇朝文獻通考》、《中國古籍善本目録》。

545　酌雅齋丹黃消夏録

BJ1568. C5F8 1761/G1631

《酌雅齋丹黃消夏録》不分卷，清福增格撰，清康熙二十六年刻本。二冊。半葉八行十八字。四周雙邊，白口，無魚尾。版心鐫“酌雅齋藏本”。前有福增格自序。

福增格（生卒年不詳），字贊咸，號松巖。滿洲正黃旗人，清大學士伊桑阿孫，山西總督伊都立子也。以怡王府儀賓（女婿）擢散秩大臣，出爲山西總兵官，旋遷步軍總尉兼副都統，轉盛京兵部侍郎，乾隆二十五年至乾隆二十七年任廣州將軍。著有《酌雅齋詩集》、《酌雅齋詩餘》等。

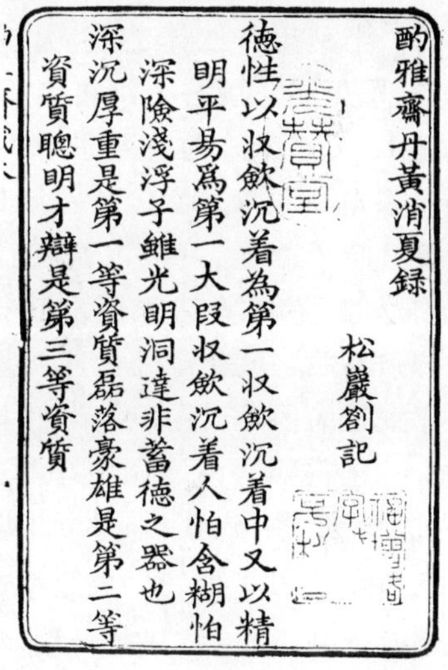
酌雅齋丹黃消夏録
松巖劄記
德性以收斂沉着為第一收斂沉着中又以精
明平易為第一大段收斂沉着人怕含糊怕
深險淺浮子雖光明洞達非蓄德之器也
深沉厚重是第一等資質磊落豪雄是第二等
資質聰明才辯是第三等資質

545

福增格《自序》云：“余少年時極喜吕新吾先生先生《呻吟語》，每讀之中夜，不能釋卷，……事事物物，不能出其範圍，眞有體有用，透髓之言也。每於退食之暇，擇其有當於心者，手自劄記，綴寫成帙，行以自警。乾隆己卯來江南，得晤陳榕門撫軍，誠摯愷切，君子人也，一見定交。適予蒙恩由鎮海調任粤東，臨别執手悵然，出一書，乃榕門手訂吕子節要以贈行。粤行舟中，忝以予囊隨選本，復加訂校，編爲一卷，刻之存於家，以勉諸弟輩，並志良友臨别贈言之誼。”

著録：是書《中國古籍善本書目》等無著録。

鈐印：“先贊堂”、“酌雅齋書畫印”。

總集類

546　蔡氏九儒書

PL2687. T64M8 1868/W1384

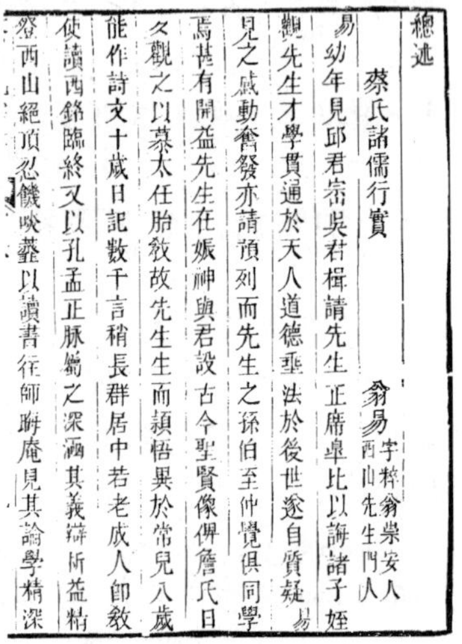
總述
蔡氏諸儒行實　翁易 字粹翁崇安人 西山先生門人
易幼年見邱君崇吳君楫請先生正席卑比以誨諸子姪
觀先生才學貫通於天人道德垂法於後世遂自質疑易
見之感動奮發亦請預列而先生之孫伯至仲覺俱同學
焉甚有開益先生在娠神與君設古今聖賢像俾詹氏日
夕觀之以慕太任胎教故先生生而穎悟異於常兒八歲
能作詩文十歲日記數千言稍長群居中若老成人卽教
使讀西銘臨終又以孔孟正脈鑰之深涵其義辯析益精
登西山絕頂忍饑啖薺以讀書往師晦庵見其論學精深

546

《蔡氏九儒書》九卷，首一卷，明萬曆三十三年蔡有鵾編纂，清蔡重輯，清同治七年三餘書屋刊本。六冊。半葉十行二十二字，小字雙行同。四周單邊，白口，單魚尾。版心上鐫書名，下鐫卷次。框高 20 釐米，寬 13.7 釐米。前有蔡學蘇"重刻九儒緣起"，蔡有鵾、俞德光等原序，雍正十一年蔡重跋，目錄等。又臚列萬曆時余德光、尹洪甫、劉朝陽、李京，雍正間蔡世遠、周學健、張煒等諸家序。其後爲"蔡氏事蹟總述"，收錄翁易"蔡氏諸儒行實述"、劉應季"蔡氏諸儒言行錄序"、道統圖序、歷朝典章、書院沿革等，凡二十五篇。

是書輯錄南宋閩中理學家蔡發、蔡元定、蔡淵、蔡沆、蔡沈、蔡格、蔡模、蔡杭、蔡權一門九人之文集。蔡氏自蔡發以天地《易》象之學起家，其家四代紹續箕裘，成爲閩學世家。蔡氏學者各自俱有著述傳世，然無將一門之文合爲一集者，自宋歷元、明，文集散落，所謂"棼若亂絲，散若晨星"。明萬曆三十三年。蔡氏十五世孫有鵾蒐羅當時所存文獻輯編爲此集。然經兵亂，其書亦罕傳，清雍正癸丑（十一年）蔡氏十七代孫重又據依萬曆本，增補數編，再付梓行。至同治間，蔡氏三十一世孫學蘇重新刊刻，歷時六年始成。後光緒間有所增補，復加重刊。

是書正文九卷，一卷敘一儒，以其名號爲題。卷一爲牧堂（蔡發），卷二爲西山（蔡元定），卷三爲節齋（蔡淵），卷四爲復齋（蔡沆），卷五爲素軒（蔡格），卷六爲九峰（蔡沈），卷七爲覺軒（蔡模），卷八爲久軒（蔡杭），卷九爲靜軒（蔡權），其卷帙以'西山'爲最多。每一集獨自爲卷，依次收錄其小傳、畫像、贊及本人文章，其後又有時人及後學所作奏薦、序跋、吊祭諸文。卷中正文時有句讀、圈點。蔡氏著述已屬罕傳，是集又彙聚蔡氏學者之文爲一集，並附錄歷代褒贈典章，於研究蔡氏家學及南宋理學源變興衰頗有裨益。書中所附諸家序跋，又爲研究該集版本源流之極好資料。

《四庫全書總目》卷一百九十三著錄《蔡氏九賢全書》九卷，稱是集所收"各載其遺詩而略紀其生平梗概"，謂"前有俞德光序，以伏羲、舜、孔子比諸蔡，尤妄之甚矣"，《四庫全書總目》收入存目，據此推測其書當與本書不同。

本館所藏《蔡氏九儒書》六冊，另有首卷及卷一，共一冊。

著錄：《中國古籍善本目錄》。哈佛燕京圖書館藏有是書。

547 尺牘雋言

C538

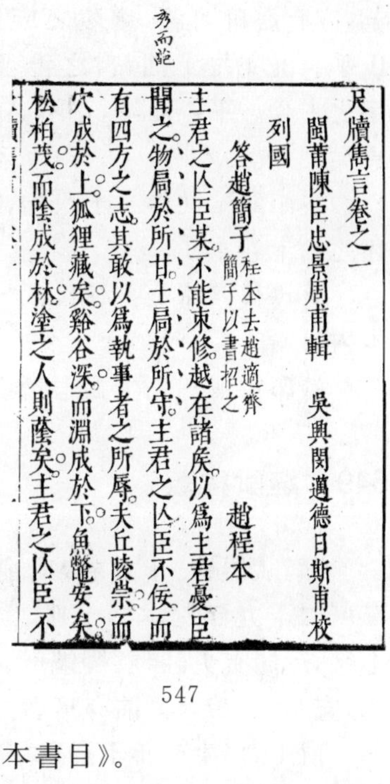
尺牘雋言卷之一
閩莆陳臣忠景周甫輯　吳興閔邁德日斯甫校
列國
答趙簡子 秖本去趙適齊 簡子以書招之　趙程本
主君之亾臣某不能束修越在諸侯以爲主君憂臣
聞之物局於所甘士局於所守主君之亾臣不佞而
有四方之志其敢以爲執事者之所辱夫丘陵崇而
穴成於上狐狸藏矣谿谷深而淵成於下魚鼈安矣
松柏茂而陰成於林塗之人則蔭矣主君之亾臣不

547

《尺牘雋言》十二卷，明陳臣忠輯，閔邁德校，明萬曆閔邁德刻朱墨套印本。六冊。半葉九行二十字，小字雙行同，書眉刻朱評。四周單邊，白口，無魚尾。版心上鐫書名，中鐫卷次。框高 20.9 釐米，寬 13.5 釐米。前有陳玉輝序。

陳臣忠（生卒年不詳），字景周，莆田人。萬曆甲辰進士，官至南京刑部郎中。

是書卷一爲列國，卷二爲漢，卷三爲後漢，卷四爲季漢，卷五爲晉，卷六爲宋，卷七爲梁，卷八爲陳，卷九、卷十爲唐，卷十一、卷十二爲宋。

《四庫全書總目》曰："是書摘錄古人書牘，自周秦訖於宋元。各爲點論，以朱墨版印之。去取既乏鑒裁，評論亦無可採。"

本館藏本内廣見朱筆圈點。

著錄：《四庫全書總目》、《千頃堂書目》、《中國古籍善本書目》。

548 赤牘清裁

I1404

《赤牘清裁》二十八卷，明楊慎輯，王世貞增修，明嘉靖三十七年刻本。六冊。半葉十行二十字，小字雙行同。左右雙邊，白口，單魚尾。版心中鐫書名、卷次。框高 19.8 釐米，寬 13.9 釐米。前有嘉靖三十七年王世貞序，後有王世懋後序。

楊慎，見 047《檀弓》。

王世貞，見 391《世説新語補》。

《四庫全書總目》曰："是書蓋因楊慎原本而增修之。慎所錄自左史迄於六朝，共爲八卷。世貞益爲二十八卷，復採唐代至明之作通爲六十卷。又旁搜稗史，得梁隋以前佚作四十餘條，爲補遺一卷。然眞贋錯雜，簡擇未爲盡善也。慎書本作赤牘，世貞改爲尺字。趙崡石墨鐫華曰，宋游師雄墓誌，書只尺作只赤，赤與尺通。楊用修以尺牘爲赤牘，本之禽經雉上有丈，鷃上有赤。王元美又引華山石闕云，高二丈二赤。平等寺碑云，高二丈八赤。而疑其隱僻，故改作尺牘。據此志則宋已多用之，非僻也云云。崡好金石之文，故字體喜於從古。然書契之作，將使百官治而萬民察。原取其人人共喻。必用假借之古字，使學士大夫讀之而駭。義雖有據，事實難行。如歐陽書作歐羊，亦有漢碑可證，廬陵之族豈肎從之改氏乎。況文之工拙，書之善否，亦不絕在字之古今。平心而論，正不必是慎而非世貞矣。”

本館藏本共得二十八卷，非《總目》所述之六十卷本。

著錄：《四庫全書總目》、《中國古籍善本書目》。

鈐印：“無竟先生獨志堂物”、“漢星”。

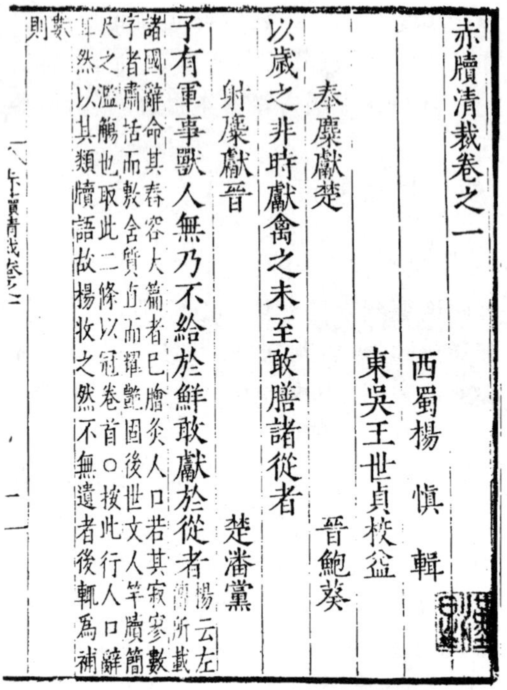
赤牘清裁卷之一
西蜀楊　愼　輯
東吳王世貞校益
奉槖獻楚　晉鮑葵
以歲之非時獻禽之未至敢膳諸從者
射槖獻晉　楚潘黨
予有軍事獸人無乃不給於鮮敢獻於從者楊云左潘黨所載
諸國辭命其春容大篇者已膾炙人口若其寂寥數字者肅括而敷舍質直而耀艷固後世文人竿牘簡尺之濫觴也取此二條以冠卷首○按此行人口辭耳然以其類牘語故楊收之然不無遺者後輒爲補數則

548

549　辭賦標義

M1241

《辭賦標義》十八卷，明俞王言輯，明萬曆二十九年刻本。十冊。半葉六行十七字，行間有夾註，眉欄鐫評。四周單邊，白口，無魚尾。版心中鐫卷次。框高 24 釐米，寬 14.3 釐米。前有萬曆二十九年俞王言序，凡例，目錄。

俞王言(生卒年不詳)，字皐如，新安人。著有《金剛標指》。

是書卷一爲離騷，卷二爲九歌、天問，卷三爲九章，卷四爲遠遊、卜居、漁父，卷五爲九辨、招魂、大招，卷六爲惜誓、吊屈原、招隱士、哀時命、反離騷，卷七爲兩都賦，卷八爲兩京賦，卷九爲三都賦，卷十至卷十七爲南都賦、閑情賦等三十六篇，卷十八附七發、七啓、七命、封禪、劇秦新美、典引。

《凡例》曰：“是編專標辭賦，取其識之博也。然辭以屈宋爲宗，故楚辭並入賦。以雄渾典麗爲主，故雖兩漢六朝名家，亦時有採擇焉。至駢偶靡曼之音，則一概不錄。”

著錄：《千頃堂書目》、《中國古籍善本書目》。

550　翠娛閣評選皇明十六家小品

C509

《翠娛閣評選皇明十六家小品》、《皇明十六家小品》三十二卷，明陸雲龍輯評，明崇禎六年陸雲龍翠娛閣刻本。總不分卷，個人小品下分爲二卷、共三十二卷。十六冊。半葉九行十九字，書眉上刻評。四周單邊，白口，無魚尾。版心上鐫書名、卷次。框高 20.4 釐米，寬 14 釐米。前有墨筆楷書鈔寫扉頁，題：“皇明十六家小品。翠娛閣評選、騷辭之文依詩取興故篇中凡善鳥香草以配忠貞惡禽臭物以比讒佞靈脩美人以例君父宓妃佚女以譬賢臣虬龍鸞鳳以托君子飄風雲霓以為小人詞溫而雅義皎而芳真可謂蟬脫濁穢之中浮游塵埃之外者矣

熊繹為顓頊之後周封楚子至楚武王生子瑕受屈為卿故與楚同祖

辭賦標義卷之一

新安俞王言皐如標義

鄭之槃逸少叅訂

離騷經第一　屈原

屈原盡忠被讒抑鬱無與語故作離騷以感悟楚王離遭也騷憂也諸註各異前後多不通貫今細心研究悉為折衷

本宅藏版”，目錄。前有何衛然序，崇禎六年陸雲龍序，丁允和序，陸雲龍《蓋聞》，以及《續西湖志》、《明文歸》等書的徵文啓事。

陸雲龍（生卒年不詳），字雨侯，號孤憤生，浙江錢塘人。約天啓七年前後在世。生平無考。著有《遼海丹忠錄》、《魏忠賢小說斥奸書》。刊評有《皇明八大家》、《明文歸》、《翠娛閣評選行笈必携》等。

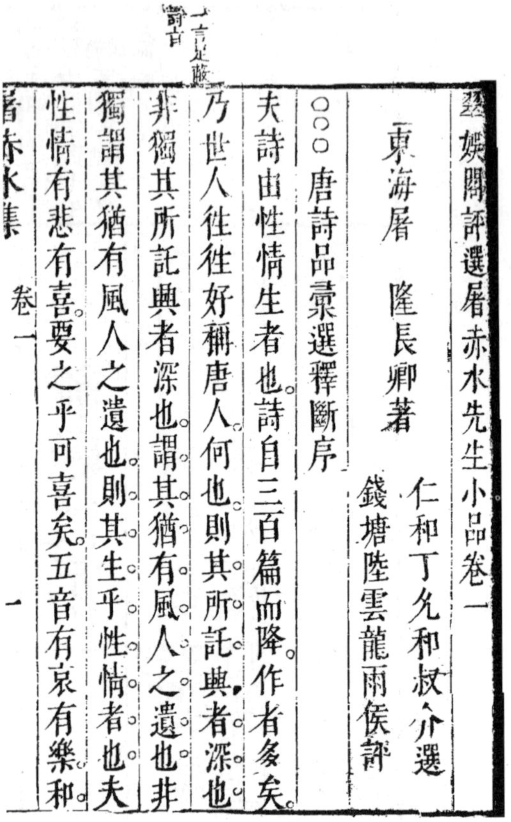
翠娛閣評選屠赤水先生小品卷一
東海屠隆長卿著
仁和丁允和叔介選
錢塘陸雲龍雨侯評
唐詩品彙選釋斷序
夫詩由性情生者也詩自三百篇而降作者多矣
乃世人往往好稱唐人何也則其所託興者深也
非獨其所託興者深也謂其猶有風人之遺也非
獨謂其猶有風人之遺也則其生乎性情者也夫
性情有悲有喜要之乎可喜矣五音有哀有樂和
屠赤水集　卷一　一

550

是書各家小品篇名分別爲：《翠娛閣評選屠赤水先生小品》，卷前有陸雲龍序及目次；《翠娛閣評選鍾伯敬先生小品》，卷前有陸雲龍序及目次；《翠娛閣評選曹能始先生小品》，卷前有崇禎五年陸雲龍序及目次；《翠娛閣評選湯若士先生小品》，卷前有崇禎五年陸雲龍序及目次；《翠娛閣評選文太青先生小品》，卷前有崇禎五年陸雲龍序及目次；《翠娛閣評選董思白先生小品》，卷前有崇禎五年陸雲龍序及目次；《翠娛閣評選袁小修先生小品》，卷前有崇禎五年陸雲龍序及目次；《翠娛閣評選黃貞文先生小品》，卷前有陸雲龍序及目次；《翠娛閣評選李本寧先生小品》，卷前有陸雲龍序及目次；《翠娛閣評選虞德園先生小品》，卷前有崇禎五年丁允和序及目次；《翠娛閣評選陳眉公先生小品》，卷前有崇禎五年陸雲龍序及目次；《翠娛閣評選王季重先生小品》，卷前有崇禎五年陸雲龍序及目次；《翠娛閣評選陳明卿先生小品》，卷前有陸雲龍序及目次；《翠娛閣評選張侗初先生小品》，卷前有崇禎五年陸雲龍序及目次；《翠娛閣評選徐文長先生小品》，卷前有陸雲龍序及目次。各卷之小品文體含序、跋、傳、記、賦、書、表、論、贊、啓、疏、祭文、墓誌銘、尺牘、雜著等。

《四庫全書總目》曰：“是編評選屠隆、徐渭、李維楨、董其昌、湯顯祖、虞淳熙、黃汝亨、王思任、袁宏道、文翔鳳、曹學佺、陳繼儒、袁中道、陳仁錫、鍾惺、張鼐十六家之文，每篇皆有評語。大抵輕佻猥薄，不出當時之習。前有何偉然序。偉然卽嘗刻廣快書者，宜其氣類相近矣。”

著錄：《四庫全書總目》、《中國古籍善本書目》。

551 董仲舒集

J1636

《董仲舒集》一卷，漢董仲舒撰，明汪世賢校，明萬曆天啓間新安汪氏刻本。一冊。半葉九行二十字。左右雙邊，白口，單魚尾。版心上鐫書名。框高 20 釐米，寬 13.6 釐米。前有李東陽"董子書院記"，目錄，董仲舒傳。

董仲舒（前 179—前 104），清河廣川人。專治《春秋公羊傳》。曾任博士、江都相及胶西王相。漢武帝納其"諸不在六藝之科、孔子之術者，皆絕其道，勿使並進。"之議，形成"罢黜百家，独尊儒术"之格局。

是書共收入董仲舒所撰"賢良三策"、"士不遇賦"、"山川頌"、"詣丞相公孫弘記室書"、"高廟園災對"、"雨雹對"、"郊祀對"、"乞種麥限田章"、"粵有三人對"諸文。

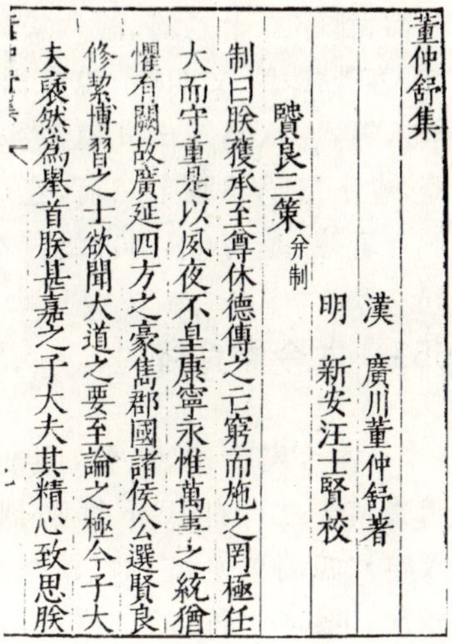
董仲舒集
漢 廣川董仲舒著
明 新安汪士賢校
賢良三策 幷制
制曰朕獲承至尊休德傳之亡窮而施之罔極任
大而守重是以夙夜不皇康寧永惟萬事之統猶
懼有闕故廣延四方之豪雋郡國諸侯公選賢良
修絜博習之士欲聞大道之要至論之極今子大
夫褎然爲舉首朕甚嘉之子大夫其精心致思朕

551

《文獻通考》曰："陳氏曰，漢膠西相廣川董仲舒撰，隋唐志皆二卷。今惟録本傳中三策及《古文苑》所載，士不遇賦、詣公孫弘記室書二篇而已。其序篇略本傳語亦載《古文苑》。仲舒平生著書如《玉杯》、《繁露》、《清明》、《竹林》之類，其泯沒不存者多矣，所傳繁露，亦非本眞也。"

據《中國古籍善本書目》，是書爲新安汪氏所刻《漢魏六朝二十一名家集》之第一百二十三卷。

著錄：《文獻通考》、《中國古籍善本書目》。

552 方正學集

PL2698. F32 F3 1682/W137b

《方正學集》、《方正學先生集》十三卷，明方孝孺撰，清張汝瑚選評，康熙視古堂刻本。四冊。半葉十行二十字，小字雙行四十字。四周單邊，白口，單魚尾。版心上鐫書名，中鐫卷次。框高 21.9 釐米，寬 14.5 釐米。前有扉頁，題："方正學先生集。晉江張夏鍾先生評選，視古堂藏板。"卷首有張汝瑚序，目錄。

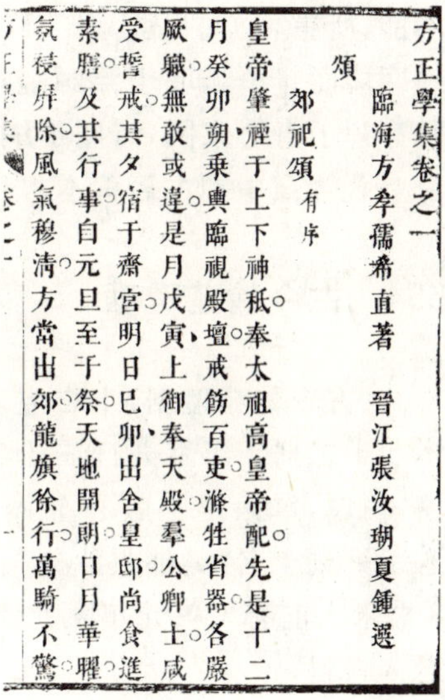
方正學集卷之一
臨海方孝孺希直著　晉江張汝瑚夏鍾選
頌
郊祀頌 有序
皇帝肇禋于上下神祇。奉太祖高皇帝配。先是十二
月癸卯朔。乘輿臨視殿壇。戒飭百吏滌牲省器。各嚴
厥職。無敢或違。是月戊寅。上御奉天殿。羣公卿士咸
受誓戒。其夕宿于齋宫。明日巳卯。出舍皇邸。尚食進
素膳。及其行事。自元旦至于祭天地開朗。日月華曜。
氣祲屏除。風氣穆清。方當出郊。龍旗斾行。萬騎不驚

552

方孝孺，見 479《方正學先生遜志齋集》。

是書爲張汝瑚甄選方孝孺著述編輯而成，每文之後附有簡短評語。卷一爲頌二篇、表一篇、箋二篇、銘

三篇、雜銘二十二篇、箴八篇，卷二爲序十九篇，卷三爲釋三篇、論七篇，卷四爲策問三首、客談二事、文四篇、説三篇、解一篇，卷五爲宗儀九首，卷六爲記十八篇，卷七爲贊四十八篇，卷八爲讀十九篇，卷九爲碑三篇、傳五篇，卷十爲書十二篇，卷十一爲書十四篇，卷十二爲題跋十三篇，卷十三爲祭文二篇、行狀、目標、墓碣、哀辭各一篇。

著錄：是書《中國古籍善本書目》等無著錄。

553　古今辭命達

J1594

《古今辭命達》八卷，明胡正心纂輯，胡正言校正，明崇禎十二年胡氏十竹齋刻本。四冊。半葉八行十八字。四周單邊，白口，單魚尾。版心上鐫書名，中鐫卷次，下鐫“十竹齋”。框高 20.3 釐米，寬 13.5 釐米。前有崇禎十二年范文火引，白，目次。

胡正言，見 014《千文六書統要》。

是書卷之一含春秋戰國、西漢、東漢尺牘答文，卷之二含晉、六朝、唐尺牘答文，卷之三、四含宋尺牘答文，卷之五至八含明尺牘答文。

《古今辭命達白》有云：“尺牘者，辭命之流。孔子於爲命，取鄭四臣于辭，曰達而已矣。又曰我辭命，則不能，所重可知。固其唯用，在于抒情愫，切事理，通達靡間而止。無取于浮譚曼語，爲兹所集，一本於是。凡有裨于身心家國，有關于綱常名教者，極羅致之。”

著錄：《中國古籍善本書目》。

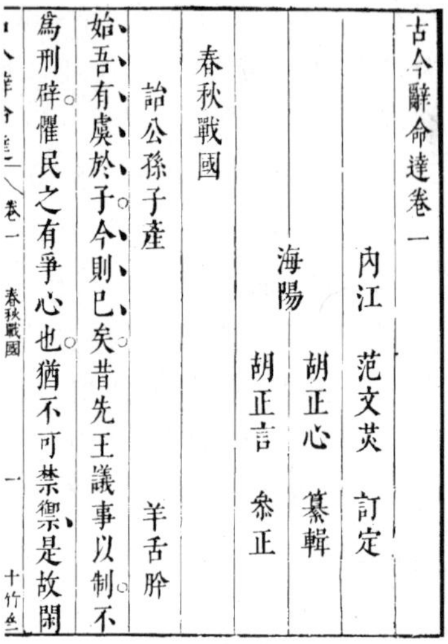
古今辭命達卷一
內江　范文炗　訂定
海陽　胡正心　纂輯
胡正言　叅正
春秋戰國
詒公孫子產　羊舌肸
始吾有虞於子今則已矣昔先王議事以制不
爲刑辟懼民之有爭心也猶不可禁禦是故閑

553

554　古今翰苑瓊琚

B351

《古今翰苑瓊琚》十二卷，明楊慎輯，孫鑛評，明刻本。十二冊。半葉九行二十字，小字雙行同。左右雙邊，白口，單魚尾。版心上鐫書名，中鐫卷次，首葉版心下鐫刻工名“吳郡張欽刻”。框高 22.3 釐米，寬 13.8 釐米。前有天啓元年陳元素序，孫鑛序，總目，凡例，選入書目。

楊慎，見 047《檀弓》。

是書卷一爲唐虞，卷二爲列國，卷三爲兩漢，卷四

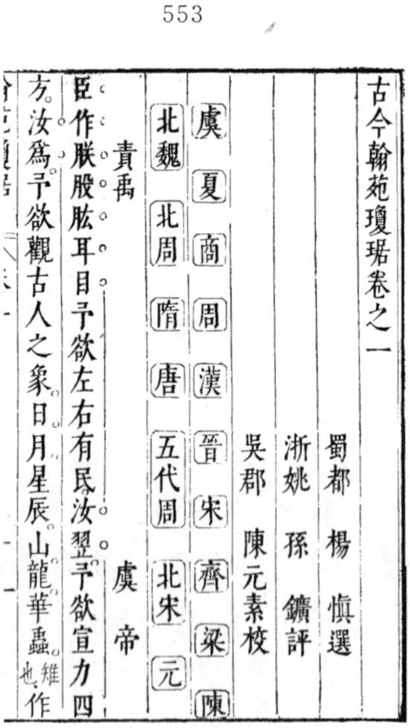
古今翰苑瓊琚卷之一
蜀都　楊　慎選
浙姚　孫　鑛評
吳郡　陳元素校
虞　夏　商　周　漢　晉　宋　齊　梁　陳
北魏　北周　隋　唐　五代周　北宋　元
責禹　虞帝
臣作朕股肱耳目予欲左右有民汝翼予欲宣力四
方汝爲予欲觀古人之象日月星辰山龍華蟲

554

爲西晉，卷五爲隋唐，卷六爲兩宋，卷七至卷十爲國(明)朝，卷十一、卷十二爲四六啓。

《四庫全書總目》指本書“舊本題明楊愼編，其書餖飣補綴，類鄉塾兔園冊子。中閒割裂尙書，尤爲庸妄。疑非愼之所爲。”

著録:《四庫全書總目》、《中國古籍善本書目》、《美國哈佛大學哈佛燕京圖書館中文古籍善本書志》。

555　古今濡削選章

D565

《古今濡削選章》四十卷，明李國祥輯，明萬曆二十九年刻本。三十冊。半葉十行二十字。左右雙邊，白口，單魚尾。版心上鐫書名，中鐫卷次。框高 21 釐米，寬 13 釐米。前有萬曆二十九年李國祥序，凡例，總目，增補目録及分卷目録。

李國祥(生卒年不詳)，字休徵，南昌人。天啓中官開封府同知。著有《松門山房稿》。

是書總目含宰執、詹事、翰林、吏部、戸部、禮部、兵部、刑部、工部、都察院、通政司、大理寺、六科、尚寶司、中書科、太常寺、光祿寺、國子監、大僕寺、詹府、鴻臚寺、行人司、欽天監、太醫院、上林苑、兵馬司、五軍都督府、錦衣衛、勲戚、王府、佈政司、按察司、運司、府、縣、總兵、都司、謫降、敘復、封蔭、存問、婚姻、鄉飲、贈謝，計四十四類，爲四六書啓之選録。

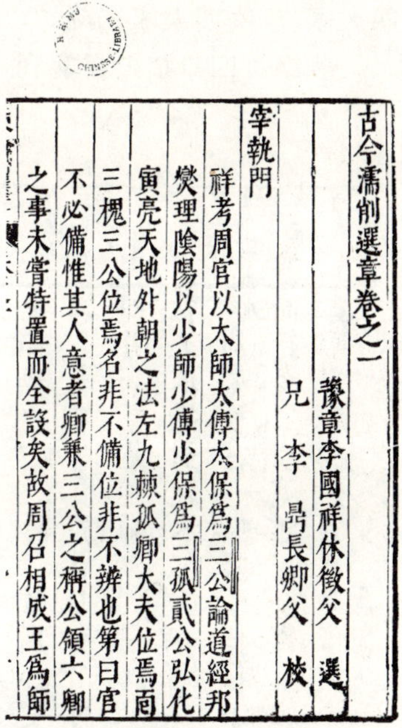
古今濡削選章卷之一
豫章李國祥休徵父 選
兄 李 鼎長卿父 校
宰執門
祥考周官以太師太傅太保爲三公論道經邦
燮理陰陽以少師少傅少保爲三孤貳公弘化
寅亮天地外朝之法左九棘孤卿大夫位焉面
三槐三公位焉名非不備位非不辨也第曰官
不必備惟其人意者卿兼三公之稱公領六卿
之事未嘗特置而全設矣故周召相成王爲師

555

《四庫全書總目》曰:“是書選録四六書啟，以官制爲類。每類之首，載官制考一篇。所選上起六朝，下迄宋、明，而宋、明尤詳。國祥及其弟鼎作亦附焉。大抵爲應酬而作。其體則總集，其實則類書也。”

著録:《四庫全書總目》、《中國古籍善本書目》、《美國哈佛大學哈佛燕京圖書館中文善本書志》。

556　古今文統

C510

《古今文統》十六卷，明張以忠輯，陳仁錫評，明崇禎二年刻本。三十三冊。半葉十行二十字，小字雙行同，眉欄刻評。四周單邊，白口，單魚尾。版心上鐫書名，中鐫卷次及文章題目。框高 23 釐米，寬 14.6 釐米。前有崇禎二年陳仁錫、毛湛脩、張以忠序，漫書，目録等。

陳仁錫，見 008《增訂四書通典人物備考》。

張以忠(生卒年不詳),武陵人。

是書卷第一至卷第二爲《春秋》、《禮記》,卷第三爲戰國七雄文,卷第四至卷第六爲西漢文,卷第七爲東漢文,卷第八爲季漢文附魏文、六朝文,卷第九至卷第十一爲唐文,卷第十二至卷第十四爲宋文,卷第十五、卷第十六爲國朝(明)文。

《漫書》稱:"始選文統昉於左氏傳,文迄於昭代,專取十有二家,以體裁爲主,他不暨及。兹因狗賈人之請,古兼有所存,未敢示所取捨,俟是書先行,嗣有古四大家、唐宋四大家、皇明四大家三刻。"

著錄:《四庫禁毀書叢刊》、《中國古籍善本書目》。

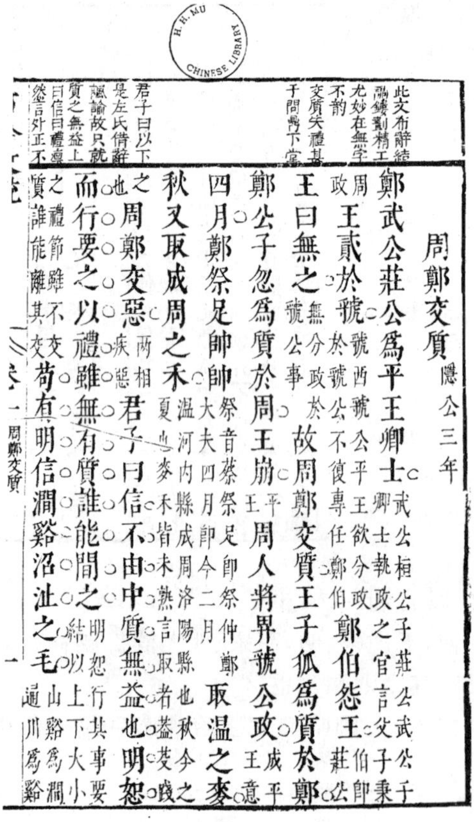
周鄭交質 隱公三年
鄭武公莊公爲平王卿士
王貳於虢鄭伯怨王
王曰無之故周鄭交質王子狐爲質於鄭
鄭公子忽爲質於周王崩周人將畀虢公政
四月鄭祭足帥師取溫之麥
秋又取成周之禾周鄭交惡
君子曰信不由中質無益也明恕
而行要之以禮雖無有質誰能間之
苟有明信澗谿沼沚之毛

556

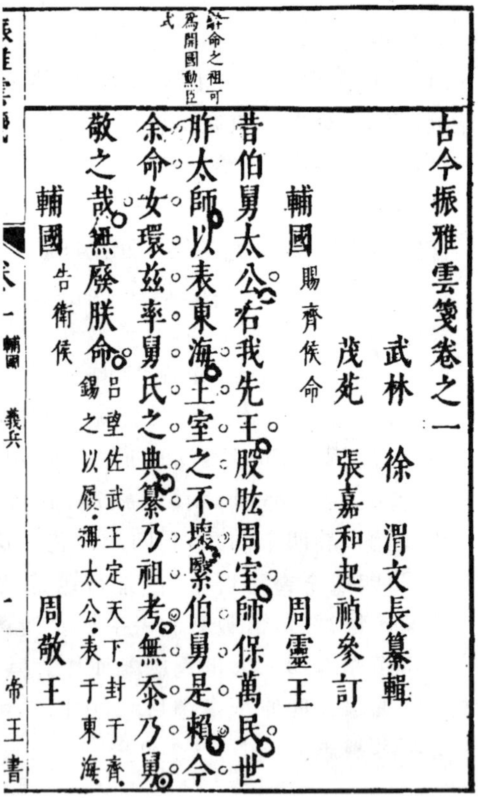
古今振雅雲箋卷之一
武林 徐 渭文長纂輯
茂苑 張嘉和起禎參訂
輔國 賜齊侯命 周靈王
昔伯舅太公右我先王股肱周室師保萬民世
胙太師以表東海王室之不壞繄伯舅是賴今
余命女環茲率舅氏之典纂乃祖考無忝乃舊
敬之哉無廢朕命 呂望佐武王定天下封于齊錫之以履稱太公表于東海
輔國 告衛侯 周敬王
許命之祖可爲開國勳臣式
振雅雲箋 卷一 輔國 帝王書

557

557 古今振雅雲箋

K1723

《古今振雅雲箋》、《振雅雲箋》十卷,附《通俗雲箋》二卷,明徐渭纂輯,張嘉和参訂,明刻本。八冊。半葉九行十八字,小字雙行同,眉欄鐫評。四周單邊,白口,單魚尾,版心上鐫書名,下鐫卷次及標題。框高 22.3 釐米,寬 12.8 釐米。前有文安之序、朱之俊序，目錄等。《通俗雲箋》前有張嘉和序。

徐渭，見 500《徐文長文集》。

文安之《序》曰："客有傳徐文長所刪尺牘者，余受而披之，撮眾想之菁華，搜群言之隱積，……乃因言會道，是可騁千載而通情，懸百金而定字矣。"

著錄：《中國古籍善本書目》、《內閣文庫漢籍分類目錄》。

558 古論玄箸

A024

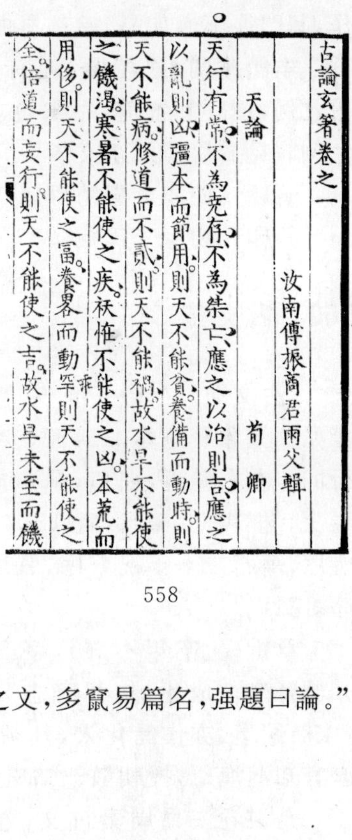
古論玄箸卷之一
汝南傅振商君雨父輯
天論　荀卿
天行有常不為堯存不為桀亡應之以治則吉應之以亂則凶彊本而節用則天不能貧養備而動時則天不能病修道而不貳則天不能禍故水旱不能使之饑渴寒暑不能使之疾祆怪不能使之凶本荒而用侈則天不能使之富養畧而動罕則天不能使之全倍道而妄行則天不能使之吉故水旱未至而饑

558

《古論玄箸》、《古論元箸》八卷，明傅振商輯，明萬曆四十年順德國士書院刻本。八冊。半葉九行二十字。四周單邊，白口，單魚尾。版心上鐫書名，中鐫卷次。框高 22.2 釐米，寬 14.5 釐米。前有傅振商序，目錄。

傅振商（1573—1640），字君雨，亦作君羽，汝南人。明萬曆三十五年進士。著有《愛鼎堂文集》、《杜詩分類》、《蜀藻幽勝集》、《四家詩選》等。

是書卷一含天論、箴天論、隨志渾天論等，卷二含書論、秦誓論、洪範論等，卷三含正統論、帝王所尚論、伊尹放太甲論等，卷四含秦楚之際月表論、項籍論、王命論等，卷五含東晉元魏正閏論、宋略總論、恩倖傳論等，卷六含君道論、爲君難論、大臣論等，卷七含理亂論、汜論、朋黨論等，卷八含原道論、天爵論、四維論等。

《四庫全書總目》有錄，並謂此書"雜採戰國至唐、宋之文，多竄易篇名，强題曰論。"

本館藏本内多處有朱筆圈點。

著錄：《四庫全書總目》、《中國古籍善本書目》。

559 古詩歸

G875

《古詩歸》、《詩歸》十五卷，明鍾惺、譚元春輯，吳德興、閔振業、閔振聲校，明閔振業、閔振聲刻三色套印本。十六冊。半葉九行十八字，小字雙行同，眉欄上刻評。四周單邊，白口，無魚尾。框高 20.5 釐米，寬 14.5 釐米。前有萬曆四十五年鍾惺、譚元春序，吳德興序，閔振業小引，凡例及姓氏。各卷首有該卷目錄。

鍾惺，見 054《詩經》。

譚元春，見 470《蘇長公啓選》。

鍾惺《序》曰："書成自古逸至隋凡十五卷，曰《古詩歸》。初唐五卷，盛唐十九卷，中唐八卷，晚唐四卷，凡三十卷，曰《唐詩歸》。”

《四庫全書總目》曰：“是書凡古詩十五卷，唐詩三十六卷。大旨以纖詭幽渺爲宗，點逗一二新雋字句，矜爲元妙。又力排選詩惜羣之說，於連篇之詩隨意割裂，古來詩法於是盡亡。至於古詩字句，多隨意竄改。……朱彝尊詩話謂是書乃其鄉人託名。今觀二人所作，其門徑不過如是，殆彝尊曲爲之詞也。”

本館藏閔刻《詩歸》僅有《古詩歸》十五卷。依該書凡例，鍾評悉置前，用朱色。譚評置後，用黛色。二色刻評見於眉欄及正文後。

著録：《四庫全書總目》、《中國古籍善本書目》。

鈐印：“内野李氏藏”。

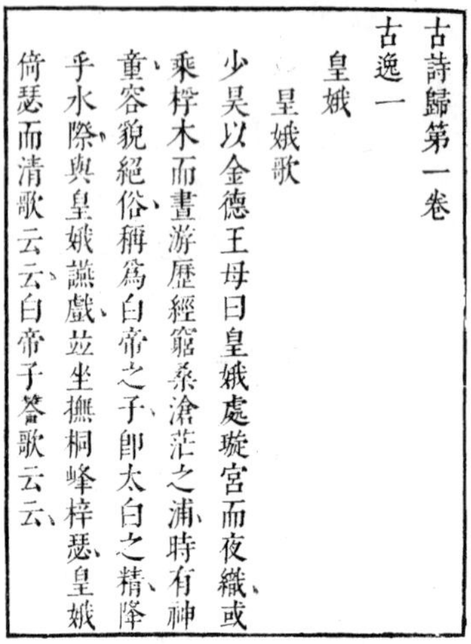
古詩歸第一卷
古逸一
皇娥
皇娥歌
少昊以金德王母曰皇娥處璇宮而夜織或乘桴木而晝游歷經窮桑滄茫之浦時有神童容貌絕俗稱爲白帝之子卽太白之精降乎水際與皇娥讌戲並坐撫桐峰梓瑟皇娥倚瑟而清歌云云白帝子答歌云云

559

560　古文苑

M599

《古文苑》二十一卷，宋章樵註釋，明萬曆二十一年姑蘇張象賢刻本。四冊。半葉八行十八字，小字雙行同。左右雙邊，白口，單魚尾。版心上鐫書名，中鐫卷次。框高 20 釐米，寬 12.7 釐米。前有紹定壬辰章樵序，萬曆二十年祝繁序，張琳、萬曆二十一年張士騏序，總目。

章樵（生卒年不詳），字升道，臨安人。以朝奉郎知吳縣事。成化《杭州府志》則作昌化人，知處州事。《宋詩紀事》亦作昌化人，其號曰峒麓，嘉定元年進士，歷官知漣海軍，授朝散郎知處州。

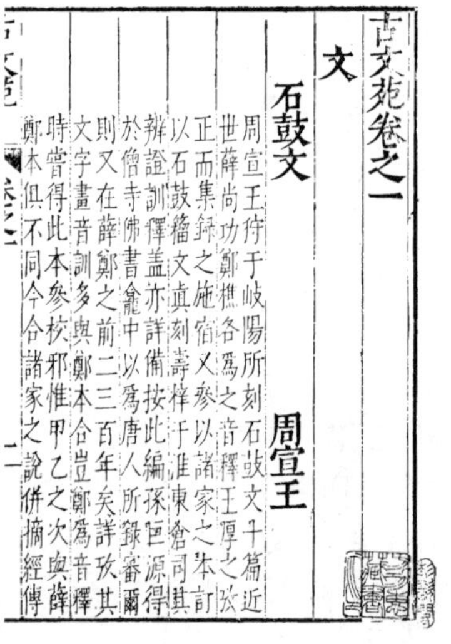
古文苑卷之一
文
石鼓文　周宣王
周宣王狩于岐陽所刻石鼓文十篇近世薛尚功鄭樵各爲之音釋王厚之攷正而集録之施宿又參以諸家之本訂以石鼓籀文眞刻壽梓于淮東倉司其辨證訓釋蓋亦詳備按此編孫巨源得於僧寺佛書龕中以爲唐人所録審爾則又在薛鄭之前二三百年矣詳玫其文字畫音訓多與鄭本合豈鄭爲音釋時嘗得此本參校邪惟甲乙之次與薛鄭本俱不同今合諸家之說併摘經傳

560

是書卷一爲周秦古文，卷二至卷七爲漢賦，卷八爲漢歌曲、漢晉詩，卷九爲齊梁詩，卷十爲勑、啓、書，卷十一爲對、狀，卷十二爲頌、述，卷十三爲贊、銘，卷十四至卷十六爲箴，卷十七爲雜文，卷十八爲記、碑，卷十九爲碑，卷二十爲誄，卷二十一爲雜賦。

《四庫全書總目》曰：是書“不著編輯者名氏。《書錄解題》稱，世傳孫洙巨源於佛寺經龕中得之唐人所藏。所錄詩賦雜文，自東周迄於南齊，凡二百六十餘首，皆史傳、文選所不載。然所錄漢、魏詩文多從《藝文類聚》、《初學記》删節之本，石鼓文亦與近本相同，其眞僞蓋莫得而明也。南宋淳熙間，韓元吉次爲九卷。至紹定間，章樵爲之註釋。明成化壬寅，福建巡按御史張世用得本刊之。樵序稱有首尾殘闕者，姑存舊編，復取史冊所遺，以補其數，釐爲二十卷。又有雜賦十四首、頌三首，以其文多不全，别爲一卷，附於書末。共爲二十一卷。則已非經龕之舊本矣。”

著錄:《四庫全書總目》、《中國古籍善本書目》。

鈐印:“方功惠藏書印”、“滴繡閣”。

561　古樂苑

G859

《古樂苑》五十二卷,明梅鼎祚補正,吕胤昌校閲,明萬曆十九年刻本。二十冊。半葉十行二十一字,小字雙行同。左右雙邊,白口,單魚尾。版心上鐫書名,中鐫卷次,下鐫刻工。框高 21.5 釐米,寬 14.4 釐米。前有萬曆十九年汪道昆序,凡例,總目等。

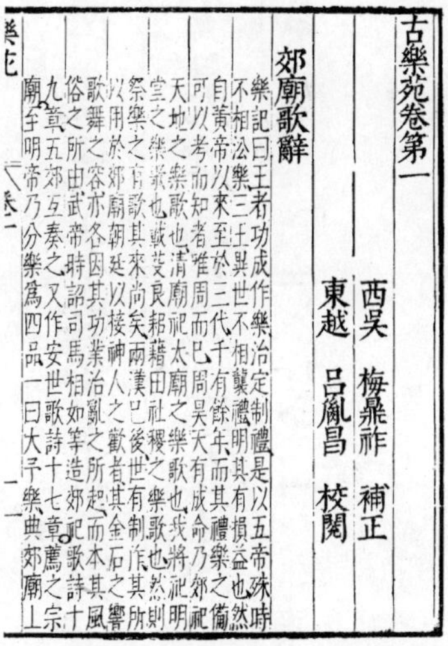
古樂苑卷第一
西吴　梅鼎祚　補正
東越　吕胤昌　校閲
郊廟歌辭
樂記曰王者功成作樂治定制禮是以五帝殊時不相沿樂三王異世不相襲禮明其有損益也然自黄帝以來至於三代千有餘年而其禮樂之備可以考而知者唯周而已周吴天有成命乃郊祀天地之樂歌也清廟祀太廟之樂歌也我將祀明堂之樂歌也載芟良耜藉田社稷之樂歌也然則祭樂之有歌其來尚矣兩漢已後世有制作其所以用於郊廟朝廷以接神人之歡者其金石之響歌舞之容亦各因其功業治亂之所起而本其風俗之所由武帝時詔司馬相如等造郊祀歌詩十九章五郊互奏之又作安世歌詩十七章薦之宗廟至明帝乃分樂爲四品一曰大予樂典郊廟上

561

是書爲梅鼎祚所輯之古樂府詩集,止於南北朝。卷首爲古歌辭,卷第一至卷第五爲郊廟歌辭,卷第六、卷第七爲燕射歌辭,卷第八至卷第十一爲鼓吹曲辭,卷第十二、卷第十三爲横吹曲辭,卷第十四至卷第二十二爲相和歌辭,卷第二十三至卷第二十六爲清商曲辭,卷第二十七至卷第二十九爲舞曲歌辭,卷第三十、卷第三十一爲琴曲歌辭,卷第三十二至卷第四十爲雜曲歌辭,卷第四十一至卷第四十九爲雜歌謠辭,卷第五十爲雜曲歌辭,卷第五十一爲仙歌曲辭,卷第五十二爲鬼歌曲辭。

《四庫全書總目》曰:“是編因郭茂倩《樂府詩集》而增輯之。郭本止於唐末,此本止於南北朝,則用左克明《古樂府》例也。……其解題亦頗有所增益。雖有絲麻,無棄菅蒯,存之亦可資考證也。其衍錄四卷,記作者爵里及諸家評論。蓋剽剟馮惟訥《詩紀別集》而稍爲附益,多採楊慎等之說。今亦並錄之,備參訂焉。”

著錄:《四庫全書總目》、《中國古籍善本書目》、《美國哈佛大學哈佛燕京圖書館中文善本書志》。

刻工:劉仁、陳才等。

562　顧太史評閲唐宋四大家文選

E718

《顧太史評閲唐宋四大家文選》四十二卷,明歸有光輯,顧錫疇評,明崇禎四年刻本。二十四冊。半葉九行二十字,眉欄上刻評。四周單邊,白口,單魚尾。版心上鐫書名,中鐫卷次、篇名。框高 20 釐米,寬 13.5 釐米。前有扉頁,題:“顧太史評閲唐宋四大家文選。歸震川先生定本。”前有歸有光題,崇禎四年顧錫疇序,韓、柳、歐、蘇各家文集之前分别有徐開雍序,目錄。

昌黎一生大節所在讀之正氣凜凜 [illegible]

唐大家韓昌黎文公文選卷之一

太僕震川歸有光 選輯

吳 太史瑞屏顧錫疇 評閱

後學文昭徐開雍 參定

表狀議

論佛骨表

臣某言伏以佛者夷狄之一法耳自後漢時流入中國上古未嘗有也昔者黄帝在位百年年百一十歲少昊在位八十年年百歲顓頊在位七十九年年九

韓文 卷一 表 一

歸有光(1507—1571),字熙甫,號震川,崑山人。嘉靖乙丑進士,官至太僕寺丞。事具《明史·文苑傳》。著有《震川文集》、《三吳水利錄》、《易經淵旨》。

是書韓愈文共八卷;柳宗元文八卷;歐陽洵文十卷,卷首扉頁題"歐陽文忠公文選";蘇軾文十六卷,卷首扉頁題"蘇文忠公文選"。

顧錫疇《序》曰:"讀四家之文者,幸細心暗索,必得其用意之微。若夫理解,則請求之於四子。"

《中國古籍善本書目》收錄明孫礦評選之《四大家文選》,亦爲韓、柳、歐、蘇四家,然每家文集之下僅含二卷。

著錄:是書《中國古籍善本書目》等無著錄。

563　歸震川集

《歸震川集》、《歸震川先生集》十卷,明歸有光著,清張汝瑚選評,康熙郢雪書林刻本。四冊。半葉十行二十字,小字雙行四十字。四周單邊,白口,單魚尾。版心上鐫書名,中鐫卷次。框高 21.5 釐米,寬 14.7 釐米。前有扉頁,題:"歸震川先生集。晉江張夏鍾先生評選,郢雪書林梓行。"卷首有康熙二十一年張汝瑚序,張汝瑚"歸震川先生傳",目錄。

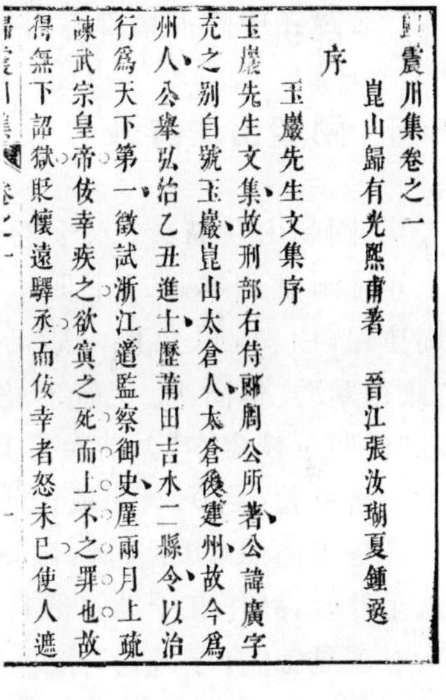
歸震川集卷之一　崑山歸有光熙甫著　晉江張汝瑚夏鍾選
序
玉巖先生文集序
玉巖先生文集、故刑部右侍郎周公所著、公諱廣字充之、別自號玉巖、崑山太倉人、太倉後建州、故今爲州人、公舉弘治乙丑進士、歷莆田吉水二縣令、以治行爲天下第一、徵試浙江道監察御史、屢兩月上疏諫武宗皇帝、佞幸疾之、欲寘之死、而上不之罪也、故得無下詔獄、貶懷遠驛丞、而佞幸者怒未已、使人遮

563

歸有光,見 562《顧太史評閱唐宋四大家文選》。

是書爲張汝瑚甄選歸有光著述而成,每文之後附有簡短評語。卷一爲序二十四篇,卷二爲序二十二篇,卷三爲序二十七篇,卷四爲書十七篇,卷五爲記三十篇,卷六爲傳六篇,卷七爲經解四篇、論十篇,卷八爲志五篇,卷九爲題跋十四篇、頌二篇、說八篇、議三篇、銘二篇,卷十爲誌銘八篇、墓表三篇、誄詞三篇。

著錄:是書《中國古籍善本書目》等無著錄。天津圖書館藏有是書。

564　歸震川先生尺牘

《歸錢尺牘》、《歸震川先生尺牘》二卷,明歸有光撰,顧棫校訂,清康熙三十八年宛委堂刻本。二冊。半葉十行二十字。左右雙邊,黑口,單魚尾。版心中鐫"震川尺牘"、卷次。框高 18.3 釐米,寬 13.3 釐米。前有扉頁,題:"歸錢尺牘。常熟顧漢璋校訂,宛委堂發兑。"前有康熙三十八年汪繹序,目錄。

歸有光,見 562《顧太史評閱唐宋四大家文選》。

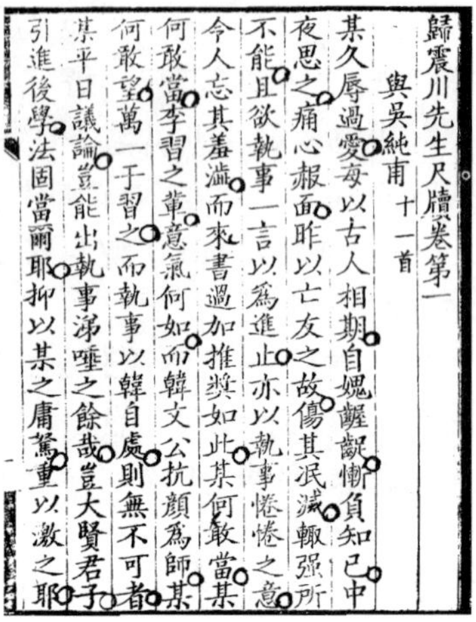
歸震川先生尺牘卷第一
與吳純甫十一首
某久辱過愛每以古人相期自媿齷齪慚負知己中
夜思之痛心赧面昨以亡友之故傷其泯滅輒强所
不能且欲執事一言以爲進止亦以執事惓惓之意
令人忘其羞澁而來書過加推奬如此某何敢當某
何敢當李習之輩意氣何如而韓文公抗顏爲師某
何敢望萬一于習之而執事以韓自處則無不可者
某平日議論豈能出執事涕唾之餘哉豈大賢君子
引進後學法固當爾耶抑以某之庸駑重以激之耶

564

是書卷之一有與吳純甫、李廉甫、沈養吾等尺牘五十餘通，卷之二有與襄府周紀善、答西亭中尉、答族壬等尺牘百二十通。

汪繹《序》曰："讀其全集(《震川全集》)如登岱華，如泛溟渤矣。至其片箋寸幅，偶爾酬應之作，支分派別，僅若一卷、一勺之多。然而其脈長、其源遠，其行、其止，莫不有自然之勢。孤峰秀拔，龍出岱華，異乎雕琢之石也。……顧子漢璋之刻是集也，知其樂之也。"

本館藏本《歸震川先生尺牘》與《錢牧齋先生尺牘》合刊。

著錄:《中國古籍善本書目》。

565　國朝山左詩鈔

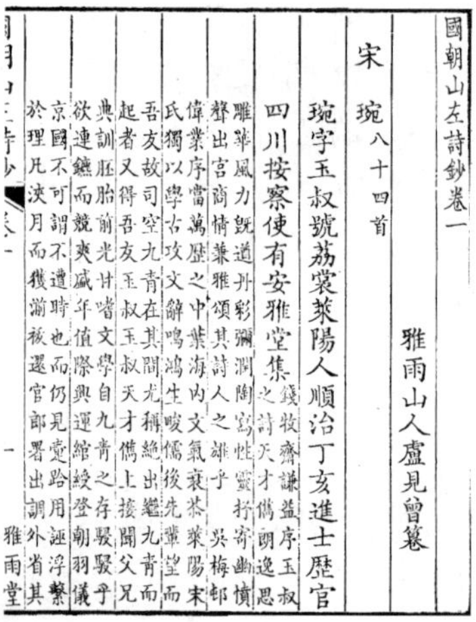
國朝山左詩鈔卷一
雅雨山人盧見曾纂
宋琬八十四首
琬字玉叔號荔裳萊陽人順治丁亥進士歷官
四川按察使有安雅堂集錢牧齋謙益序玉叔之詩天才儁朗逸思
雕華風力既遒丹彩彌潤陶寫性靈抒寄幽憤聲出宮商情兼雅頌其詩人之雄乎吳梅邨
偉業序當萬歷之中葉海內文氣衰苶萊陽宋氏獨以學古攻文辭鳴鴻生畯儒後先輩望而
吾友故司空九青在其間尤稱絕出繼九青而起者又得吾友玉叔玉叔天才儁上接闓父兄
典訓胚胎前光甘嗜文學自九青之存擧擧乎欲連鑣而競爽歲年值際興運綰綬登朝羽儀
京國不可謂不遭時也而仍見躓路用誣浮繫於理凡決月而獲湔祓還官郎署出調外省其
國朝山左詩鈔　卷一　一　雅雨堂

565

《國朝山左詩鈔》六十卷，清盧見曾纂，乾隆二十三年雅雨堂刻本。二十冊。半葉十行二十一字。四周單邊，白口，單魚尾。版心上鐫書名，下鐫卷次及"雅雨堂"。框高 18.3 釐米，寬 13.5 釐米。扉頁紅字註"己卯重校定本"。前有盧見曾自序，凡例，目錄等。

盧見曾，見 042《大戴禮記》。

是書仿照《史通》例，限斷自清初，收錄詩人六百二十餘家，詩作五千九百餘首。另附見詩一百十九首。

盧見曾《自序》曰："余近刊《漁洋感舊集》，爲之補傳，每嘆遺文散失，姓氏無徵，吾鄉文獻今不爲搜輯，再更數十年，零落澌滅盡矣。此後死者所大懼也。竊不自揆，屬同里宋蒙泉弼平原、董曲江元度，及同人，遍搜昭代之詩，上自名公巨卿，下及隱逸方外，莫不畢載。釐爲六十卷，每人各附小傳，俱列鄉里出處。"

著錄:《清史稿》。哥倫比亞大學東亞圖書館、中國人民大學圖書館、遼寧省圖書館等藏有是書。

566 海忠介公集

A206

《海忠介公集》七卷，明海瑞撰，黄秉石評，明天啓四年高淳黄氏刊本。五册。半葉九行二十字。四周單邊，白口，單魚尾。版心上鐫書名，中鐫卷次。框高 19.8 釐米，寬 13.6 釐米。前有黄秉石序，海公遺像。

海瑞（1514—1587），字汝賢，號剛峯，瓊山人。由舉人官至南京右都御史。謚忠介。事具《明史》本傳。著有《元祐黨人碑考》、《備忘集》、《海瑞文集》等。

黄秉石（生卒年不詳），字復子，江寧高淳人。官至嚴州府同知。撰有《偶得紺珠》、《黄氏憶言》等。

是書第一卷、第二卷爲黄秉石海忠介公傳（共分起家、宰邑、危言、撫吴、養眞、留憲六章，第三卷序，第四卷記，第五卷四書義，第六卷、第七卷淳安縣政事。

按《明史·藝文志》載，有《海瑞文集》七卷。

著録：《中國古籍善本書目》。《中國古籍善本書目》録入《海忠介公文集》七卷，《海忠介公傳》二卷，爲明崇禎四年黄秉石刻本。此書亦有明萬曆年間十卷本傳世。

鈐印："伯寅藏書"。

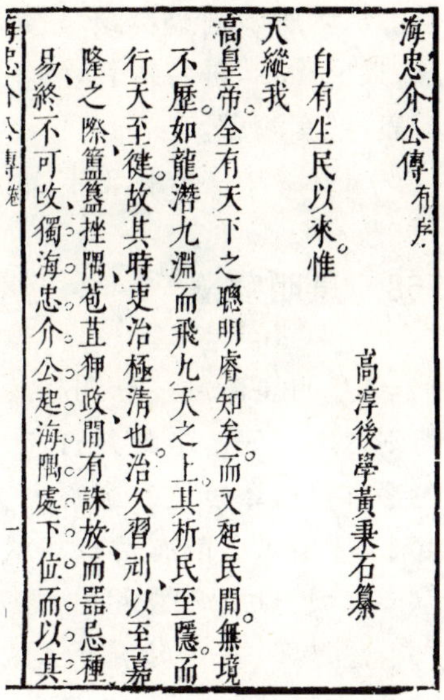
海忠介公傳 有序
高淳後學黃秉石纂
自有生民以來惟
天縱我
高皇帝全有天下之聰明睿知矣而又起民間無境
不歷如龍潛九淵而飛九天之上其析民至隱而
行天至徤故其時吏治極清也治久習玩以至嘉
隆之際簠簋挫隅苞苴狎政間有誅放而囂忌種
易終不可改獨海忠介公起海隅處下位而以其

566

567 漢魏六朝正史文選

H979

《漢魏六朝正史文選》二十四卷，明許清胤、顧在觀輯，明崇禎八年刻本。八册。半葉九行二十字，小字雙行同。四周單邊，白口，單魚尾。版心上鐫篇名。框高 21 釐米，寬 13 釐米。前有許譽卿、陳際泰序，崇禎八年顧在觀序，陳裕、許清胤凡例，總目，分卷目録。

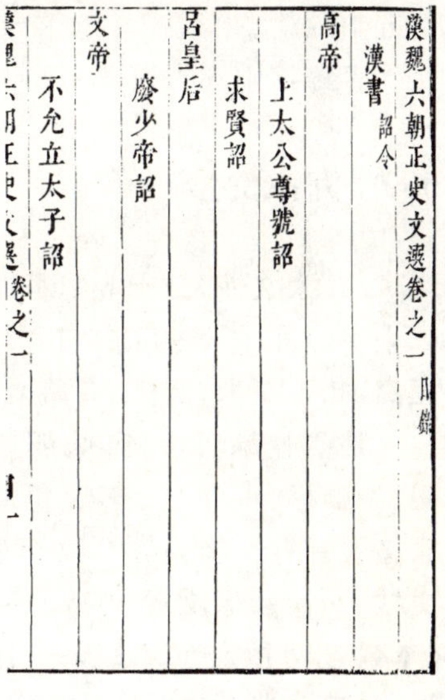
漢魏六朝正史文選卷之一
漢書 詔令
高帝
上太公尊號詔
求賢詔
呂皇后
廢少帝詔
文帝
不允立太子詔

567

是書選《漢書》等正史中之詔令、奏議、雜著、史論等合集而成。卷一至卷六爲《漢書》文，卷七至卷十爲《後漢書》文，卷十一、卷十二爲《三國志》文，卷十三至卷十六爲《晉書》文，卷十七爲《宋書》文，卷十八爲《南齊書》文，卷十九爲《梁書》文，卷二十爲《陳書》文，卷二十一爲《魏書》文，卷二十二爲《北齊書》文，卷二十三爲《周書》文，卷二十四爲《隋書》文。

陳裕等《凡例》曰："文格類繁條爲四目：王者之言則爲詔令，后、太子附之，自上下也。群臣所陳則爲奏議，對策附之，自下上也。相守移教幕僚箋記，家門撰述，若序若論，爲公爲私，併名雜著，然不定之謂也。史臣論贊，或先篇以引事，則有序，或後篇以斷義，則有論。"

著錄：《中國古籍善本書目》。

568　皇明宸藻

H970

《皇明宸藻》一卷，明楊慎輯，孫鑛續輯并評，明天啓刻本。二冊。半葉九行二十字，小字雙行同。左右雙邊，白口，單魚尾。版心上鐫書名。框高 22.2 釐米，寬 13.2 釐米。前有目錄。

楊慎，見 047《檀弓》。

是書與《古今翰苑瓊琚》十二卷合刊。收入明太祖、建文帝、明成祖、仁宗、宣宗、英宗、憲宗、孝宗、武宗、世宗、穆宗之論、諭、敕、書、責、詔、報各類文，凡一百五十餘篇。

著錄：《中國古籍善本書目》。

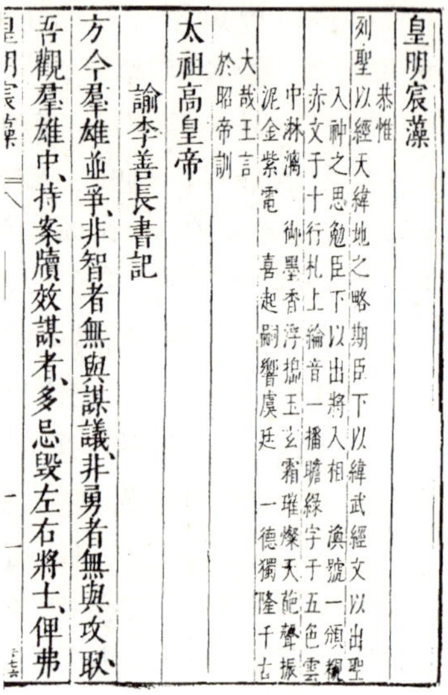
皇明宸藻
恭惟
列聖以經天緯地之略期臣下以緯武經文以出聖
入神之思勉臣下以出將入相渙號一頒觀
赤文于十行札上綸音一播瞻綠字于五色雲
中淋漓 御墨香浮掞玉玄霜璀燦天葩聲振
泥金紫電 喜起賡響虞廷 一德獨隆千古
大哉王言
於昭帝訓
太祖高皇帝
諭李善長書記
方今羣雄並爭、非智者無與謀議、非勇者無與攻取、
吾觀羣雄中、持案牘效謀者、多忌毀左右將士、俾弗

568

569　九家文抄

G868

《九家文抄》二十卷，明刻本。二十冊。半葉九行二十字。左右雙邊，白口，單魚尾。版心上鐫篇名。框高 19.1 釐米，寬 13.6 釐米。

是書收錄唐李商隱、明崔銑、徐渭、汪道昆、李夢陽、湯顯祖、王守仁、李攀龍、王世禎等各家文抄。每家文卷首有目錄。計有：《李義山文抄》一卷、《崔重鳧文抄》一卷、《徐文長文抄》一卷，《汪道昆文抄》二卷，《李獻吉文抄》三卷，《湯若士文抄》二卷、《王伯安文抄》二卷，《李于鱗文抄》三卷，《王元美文抄》五卷。

是書類似明李賓編《八代文鈔》，唯收錄範圍涵蓋唐明兩朝。而李氏《文抄》所收明人無崔銑、汪道昆、李攀龍三家。

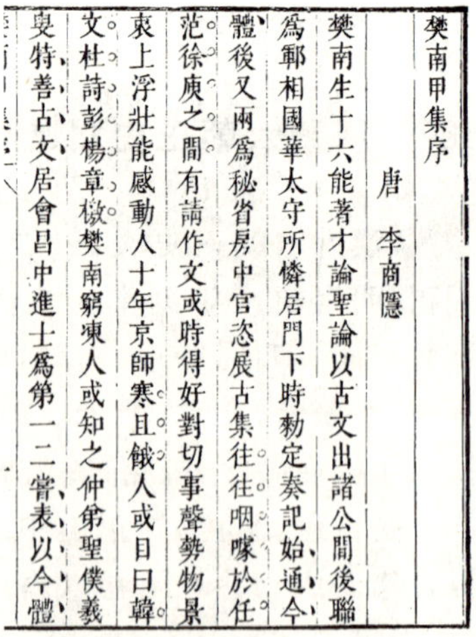
樊南甲集序
唐　李商隱
樊南生十六能著才論聖論以古文出諸公間後聯
爲鄆相國華太守所憐居門下時勑定奏記始通今
體後又兩爲秘省房中官恣展古集往往咽噱於任
范徐庾之間有請作文或時得好對切事聲勢物景
哀上浮壯能感動人十年京師寒且餓人或目曰韓
文杜詩彭楊章檄樊南窮凍人或知之仲弟聖僕義
叟特善古文居會昌中進士爲第一二嘗表以今體

569

著錄：是書《中國古籍善本書目》等無著錄。是書書名據本館藏本函套。

570　賴古堂尺牘新鈔三選結隣集

《賴古堂尺牘新鈔三選結隣集》十六卷，清周亮工輯，清乾隆十九年懷德堂刻本。八冊。半葉九行二十字，眉欄刻評。四周單邊，白口，單魚尾。版心上鐫“結隣集”，中鐫卷次，下鐫“賴古堂”。框高19.3釐米，寬13.1釐米。前有扉頁，題：“尺牘新鈔結隣集。乾隆甲戌新鐫，賴古堂評選，懷德堂藏板。”前有李清、楊彭齡、杜濬、錢陸燦序，凡例，目錄。

周亮工，見408《因樹屋書影》。

是書卷之一含劉宗周、方應祥、高攀龍等十三人尺牘，卷之二含李世熊、曾異撰、林之材等九人尺牘，卷之三含徐芳、陳弘緒、蕭士瑋三人尺牘，卷之四含張萱、曹履吉、陳子壯等十二人尺牘，卷之五含萬時華、陳際臺、羅萬藻等十三人尺牘，卷之六含李春芳、李清、顧九錫等二十三人尺牘，卷之七含趙南星、王崇簡、孫承澤等三十四人尺牘，卷之八含余大成、陈丹衷、傅汝舟等十四人尺牘，卷之九含卓發之、徐日久、卓人月等十八人尺牘，卷之十含黎士弘、周嬰、張光世等二十人尺牘，卷之十一含蘇惟霖、郝承健、劉敷仁等十五人尺牘，卷之十二含何如寵、葉燦、吳用先等二十一人尺牘，卷之十三含錢謙益、姚希孟、吳偉業等十七人尺牘，卷之十四含彭士望、魏兆鳳、魏際瑞等十二人尺牘，卷之十五含唐時、淩世韶、倪嘉慶等二十八人尺牘，卷之十六含祁駿佳、姚士麟、薛岡等三十八人尺牘。

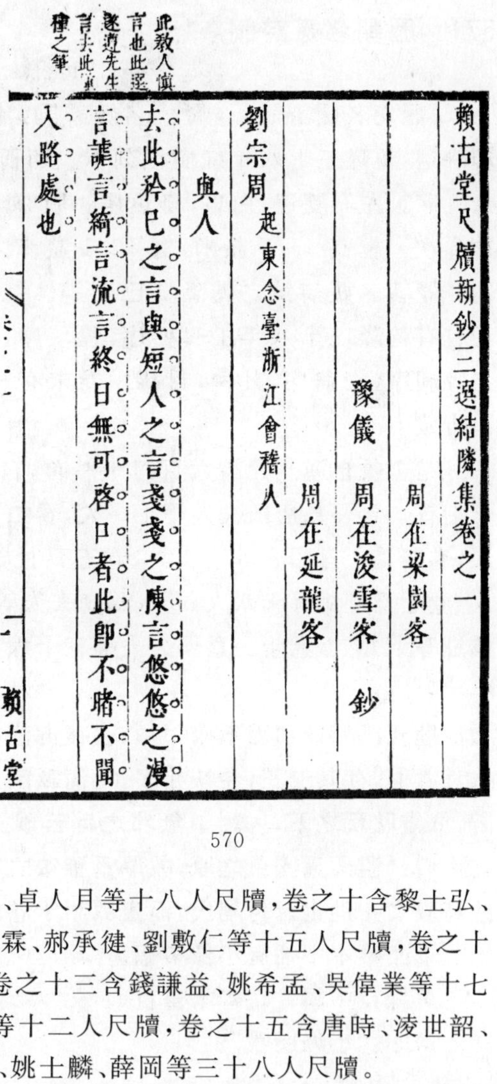
此教人慎言也此選遂遵先生言去此真律之筆

賴古堂尺牘新鈔三選結隣集卷之一

周在梁園客

豫儀　周在浚雪客　鈔

周在延龍客

劉宗周起東念臺浙江會稽人

與人

去此矜己之言與短人之言戔戔之陳言悠悠之漫言謔言綺言流言終日無可啓口者此即不睹不聞入路處也

賴古堂

570

《凡例》云：“尺牘有選斷自數十年以來者。以隆萬之前，歸茅而下一二大家，製作昭然，無事表揚，但欲模範後進，終恃崇尚前修。近如顧涇陽之醇至，馮琢庵之名通，方孟旋之幽奇，曹元甫之婉秀，皆各自成家。”

《四庫禁毀書叢刊》收錄《賴古堂名賢尺牘新鈔》十二卷，《二選藏弆集》十六卷，《三選結隣集》十六卷。

本館僅藏《三選結隣集》。

著錄:《四庫禁毀書叢刊》。

571 歷朝名媛詩詞

PL2278. L8 1773/W1670

《歷朝名媛詩詞》、《歷代名媛詩詞》十二卷,清陸昶評選,乾隆三十八年紅樹樓刻本。四冊。半葉九行十九字。左右雙邊,白口,無魚尾。版心上鐫書名,中鐫卷次。框高 15.6 釐米,寬 13.1 釐米。前有扉頁,題:"歷朝名媛詩詞。乾隆癸巳新鐫。紅樹樓藏板。"卷首有乾隆三十八年王鳴盛序,程琰序,乾隆三十八年陸昶序,漫翁序,凡例,目錄。卷末有林萬棟跋,陸昌吉跋。

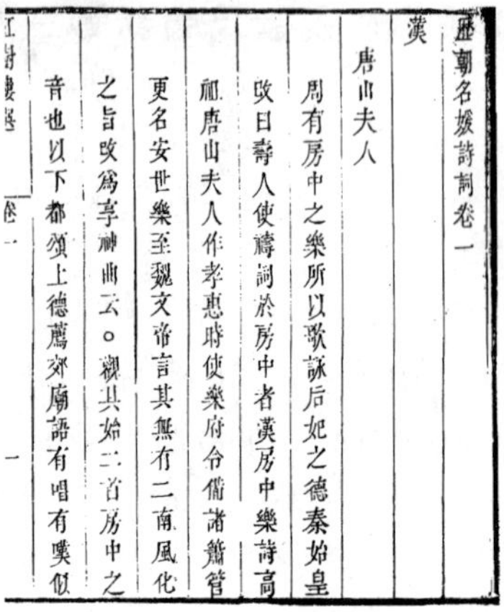
歷朝名媛詩詞卷一
漢
唐山夫人
周有房中之樂所以歌詠后妃之德秦始皇
改曰壽人使禱詞於房中者漢房中樂詩高
祖唐山夫人作孝惠時使樂府令備諸簫管
更名安世樂至魏文帝言其無有二南風化
之旨改爲享神曲云。觀其始二首房中之
音也以下都頌上德薦宗廟語有唱有嘆似

571

是書收自漢至元詩六百三十一首,自隋至元詞六十七首。卷一爲唐山夫人等十一人,卷二爲甄皇后等十七人,卷三爲王玉京等二十三人,卷四爲上官昭容等十八人,卷五爲杜羔妻趙氏等二十四人,卷六爲薛濤等二十三人,卷七爲紅綃等十八人,卷八爲魏夫人等二十一人,卷九爲朱后等二十七人,卷十爲嬌紅等十九人,卷十一爲侯夫人等三十六人,卷十二爲崔氏女等八人,附鬼仙詩詞不敘年代。

陸昶《序》曰:"因不揣固陋,往復淘汰,以竊附經義之餘。……爰自炎漢迄於遼元,汰其六七,存其二三,卷帙弗多,足備諷誦。而其間貞淫雜見,未可盡廢,重爲詮定其事辭,庶幾耽玩之下,一歸于無邪之旨云爾。余外甥李漫翁先生,詩壇老宿,因以質之。先生曰:'溫柔爲國風之原,敦厚爲雅頌之本。善讀者當有會心焉。是編也,出以問世,故詩教之一助也。'付剞氏,而書數語于卷端。"

本館藏本中插有小像多幅。

著錄:《中國古籍善本書目》。

鈐印:"小峰所藏"。

572 梁昭明文選

PL2455. h682 1672/W108

《梁昭明文選》、《文選纂註》十二卷,明張鳳翼纂註,吴芝校訂,清刻本。十二冊。半葉九行二十字,小字雙行二十字。四周單邊,白口,單魚尾。版心上鐫書名,中鐫卷次。框高 20.4 釐米,寬 13.8 釐米。前有扉頁,題:"昭明文選。張伯起先生纂註。蓀溪願好堂藏板。"卷首有張鳳翼序,順治十六年吴來周序,康熙十一年將式序,目錄等。

張鳳翼(1527—1613),字伯起,長洲人。嘉靖甲子舉人。事具《明史·文苑傳》附見皇甫涍傳末。著有《海内名家工畫能事》、《處實堂集》、《夢占類考》。

是書卷一至卷三爲賦,卷四爲賦、詩,卷五、卷六爲詩,卷七爲詩、騷、七,卷八爲詔、策、令、教、策問、表、上書、啓、彈事,卷九爲牋、奏記、書、檄、對、設論,卷十爲設論、辭、序、頌、贊、符命、論贊,卷十一爲論贊、論、連珠,卷十二爲箴、銘、誄、哀文、碑文、墓誌、行狀、弔祭。

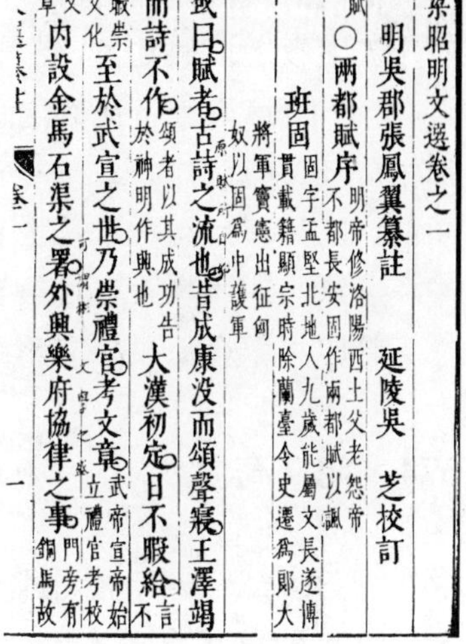
梁昭明文選卷之一
明吳郡張鳳翼纂註　延陵吳　芝校訂
賦
○兩都賦序 明帝修洛陽西土父老怨帝不都長安固作兩都賦以諷
班固 固字孟堅北地人九歲能屬文長遂博貫載籍顯宗時除蘭臺令史遷爲郎大將軍竇憲出征匈奴以固爲中護軍
或曰賦者古詩之流也昔成康沒而頌聲寢王澤竭
而詩不作 頌者以其成功告於神明作興也 大漢初定日不暇給 言不暇崇文化
至於武宣之世乃崇禮官考文章 武帝宣帝始立禮官考校文章
内設金馬石渠之署外興樂府協律之事 銅馬故門旁有

572

《四庫全書總目》曰:“是書雜採諸家詮釋《文選》之說,故曰纂註。然所引多不著所出。夫詮釋義理,可以融會羣言。至於考證舊文,豈可不明依據。言各有當,不得以朱子集傳、集註藉口也。其論《神女賦》王字謁玉,玉字謁王,蓋採姚寬《西溪叢語》之說,極爲精審。其註無名氏古詩,以‘東城高且長’與‘燕趙多佳人’分爲兩篇,十九首遂成二十。不知陸機擬作,文義可尋,未免太自用矣。”

本館藏卷七至卷十二。書中行間見朱墨圈點。

著録:《四庫全書總目》。

鈐印:“杭城柴垛橋姚衙願好堂發兑”、“蓀溪姚氏藏書”。

573 明朝破邪集

I1351

《明朝破邪集》、《聖朝破邪集》八卷,明徐昌治撰,明崇禎十二年版,日安政乙卯翻刻本。八冊。半葉十行二十字。四周雙邊,下黑口,無魚尾。版心上鐫書名、卷次。框高 23.5 釐米,寬 14.8 釐米。前有扉頁,題:“破邪集。安政乙卯冬翻刻。”前有安政乙卯序,例言,避邪題詞,目録。

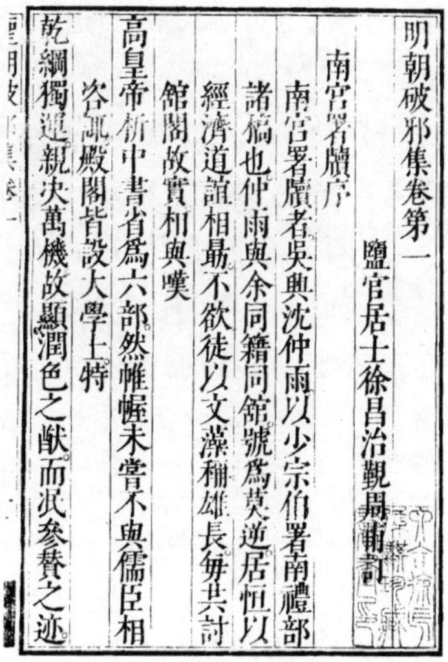
明朝破邪集卷第一
鹽官居士徐昌治覲周甫訂
南宮署牘序
南宮署牘者吳興沈仲雨以少宗伯署南禮部
諸稿也仲雨與余同籍同館號爲莫逆居恒以
經濟道誼相勗不欲徒以文藻稱雄長每共討
館閣故實相與嘆
高皇帝析中書省爲六部然帷幄未嘗不與儒臣相
咨詢殿閣皆設大學士特
乾綱獨運親決萬機故顯潤色之猷而泯參贊之迹

573

徐昌治(生卒年不詳),字周甫,號鹽官居士。著有《昭代芳摹》、《無依道人録》等。

是書彙集明末儒生及佛教僧人反天主教之言論,乃當時國人反教著作之一。

徐昌治《避邪題詞》曰:“偶於中秋偕費隱禪師連舟禾,見其案前所列避邪諸書,若痛斥天主教之以似亂眞,貶佛毀道,且援儒攻儒,有不昭其罪。洞其奸彰,灼其中禍于人,留害于世,胥天下而膺之。懲之不已者,南有宗伯,比有諫臣,娓娓疏論於神宗顯皇帝之前,已稱直窮到底。……删繁就簡,去肉存髓,凡一言一字,可以激發人心,抹殺異類,有補于一時,有功于萬世者,靡不急錄以梓。”

著錄:《四庫禁毀書目叢刊》。

鈐印:“六合徐長孫騏珍藏書畫印”。

574　明文奇賞

C494

《明文奇賞》四十卷,明陳仁錫輯,明天啓三年陳仁錫自刻本。二十册。半葉十行二十一字。四周單邊,白口,單魚尾。版心上鐫書名,中鐫卷次。框高 21.9 釐米,寬 14.2 釐米。前有天啓三年陳仁錫序,總目,分卷目次等。

陳仁錫,見 008《增訂四書通黄人物備考》。

是書含明代宋濂、楊維楨、王褘、劉基、解縉、方孝孺、袁宏道、徐𤜶、陳勳、王衡等一百七十餘人所撰之序、跋、傳、頌、贊、書、論、表、詔、疏、墓誌銘、碑銘、祭文、雜著等各類文章數百篇。

《四庫全書總目》曰:“自宋濂、楊維楨以至陳勳、王衡,凡一百八十餘人。去取亦多未審。蓋務博而不精,好分流品而無緒,悉不免冗雜之失云。”

著錄:《四庫全書總目》、《中國古籍善本書目》。

鈐印:“畬雪藏書”。

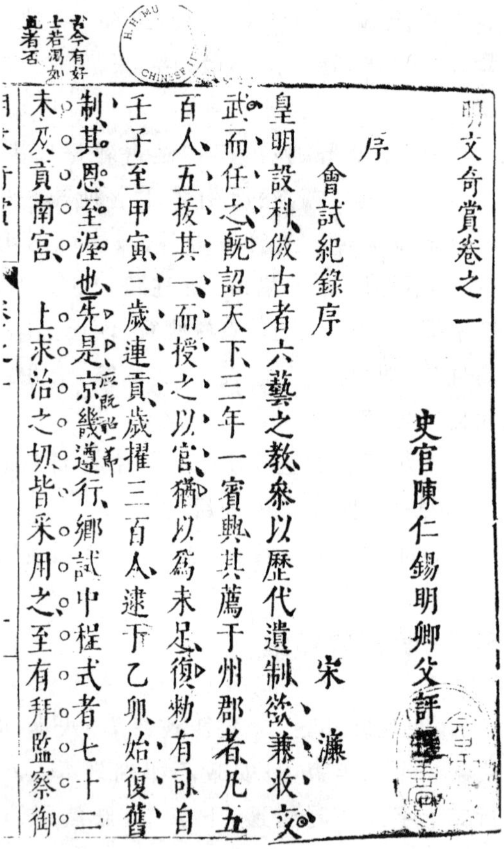
明文奇賞卷之一
史官陳仁錫明卿父評選
序
會試紀錄序　宋濂
皇明設科倣古者六藝之教參以歷代遺制欲兼收文武而任之既詔天下三年一賓興其薦于州郡者凡五百人五拔其一而授之以官猶以爲未足復勑有司自壬子至甲寅三歲連貢歲擢三百人逮下乙卯始復舊制其恩至渥也先是京畿遴行鄉試中程式者七十二未及貢南宮　上求治之切皆采用之至有拜監察御

574

575　名媛詩歸

C535

《名媛詩歸》三十六卷,明鍾惺輯,明刻本。十册。半葉九行十九字,小字雙行同。

左右雙邊，白口，單魚尾。版心上鐫書名，中鐫卷次，卷一首葉下鐫“周明徵書”。框高 20.2 釐米，寬 13.4 釐米。前有鍾惺敘，總目。

鍾惺，見 054《詩經》。

是書卷一爲古逸，卷二爲漢，卷三爲魏、晉，卷四、卷五爲晉，卷六爲宋、齊、梁，卷七爲梁、北魏、北齊、隋，卷八爲迴文，卷九、卷十爲五唐，卷十六、卷十七爲蜀，卷十八至卷二十二爲宋，卷二十三、卷二十四爲元，卷二十五至卷三十六爲明。

《四庫全書總目》曰：“取古今宮閨篇什，裒輯成書，與所撰《古唐詩歸》並行。其間眞僞雜出，尤足炫惑後學。王士禎《居易錄》亦以爲坊賈所託名。今觀書首有書坊識語，稱名媛詩未經刊行，特覓祕本，精刻詳訂云云。核其所言，其不出惺手明甚。然亦足見竟陵流弊，如報讐之變爲行刼也。”

名媛詩歸卷之一
景陵 鍾 惺伯敬點次
古逸
皇娥嫘祖 少昊母也，夜處璇宮而織。晝乘桴木而遊。經歷窮桑滄茫之浦。時有神童容貌絕俗，稱爲白帝子，與娥讌戲，並坐撫桐峯梓瑟，皇娥倚瑟而作清歌，帝子答歌曰：四維八埏眇難極，驅光逐景窮水域，璇宮夜靜當軒織，桐峰文梓千尋直，伐梓作器成琴瑟，清歌流暢樂難極，滄湄海浦來棲息。及皇娥生少昊，號曰窮桑氏。
○清歌
天清地曠浩茫茫，萬象迴薄化無方。男女讌狎作此大本領語。
周明徵書

575

著錄：《四庫全書總目》、《中國古籍善本書目》，《美國哈佛大學哈佛燕京圖書館中文善本書志》。

鈐印：“讀耕齋之家藏”。

576　奇賞齋廣文苑英華、三續古文奇賞廣文苑英華

C487

《奇賞齋廣文苑英華》、《三續古文奇賞廣文苑英華》二十六卷，明陳仁錫輯評，明天啓四年奇賞齋刻本。十六册。半葉十行二十字。四周單邊，白口，單魚尾。版心上鐫書名，中鐫卷次，下鐫“奇賞齋”。框高 20.5 釐米，寬 14.5 釐米。前有天啓四年陳仁錫序及目錄。序之第一頁版心下鐫“章逸素刊”。

陳仁錫，見 008《增訂四書通典人物備考》。

是書卷一至卷四爲賦，卷五爲騷、詔、敕、冊、制，卷六爲詔制，卷七至卷九爲疏，卷十爲表、狀，卷十一爲策、箋、啓、論，卷十二爲銘、箴、戒、規、賛，卷十三、卷十四爲書，卷十五爲記，卷十六至卷十八爲序，卷十九爲雜著，卷二十至卷二十二爲碑，卷二十三爲碑、墓表、墓誌，卷二十四爲墓誌，卷二十五爲行狀、傳，卷二十六爲祭文、哀辭。

《四庫全書總目》曰：“其三續則題曰廣文苑英華。序稱舊有古文類一書，盈數百卷，大率倣英華而廣之。偶得之故家，各從其類，刪成一書。分類尤爲瑣碎。”

著錄：《四庫全書總目》、《中國古籍善本書目》。

雲者臣之狀讀之凉然欲興

奇賞齋廣文苑英華卷之一

史官陳仁錫明卿甫評選

賦

天類

黃雲捧日賦　李程

正月初吉觀大明之東吐間瑞氣而曉出初混色於青山之上猶謂護霜漸凝華於黃道之中分明捧日與抱珥而偶方守人爲匹原夫皇帝御紫宸垂至仁恩覃日域澤被雲津居其中得通理之體察其外想維城之親然後蔚亭亭之彩環杲杲之輪左之右之

廣文苑英華　卷之一　賦類　一　奇賞齋

577　錢牧齋先生尺牘

《牧齋尺牘》、《錢牧齋先生尺牘》三卷，明錢謙益撰，清康熙三十八年宛委堂刻本。三冊。半葉十行二十字。左右雙邊，黑口，單魚尾。版心中鐫“牧齋尺牘”、卷次。框高18.3釐米，寬13.3釐米。前有書名目錄。

錢謙益（1582—1664），字受之，號牧齋，晚號蒙叟、東澗老人，常熟人。明萬曆進士，授翰林院編修，官至禮部侍郎、禮部尚書。著有《初學集》、《有學集》等。

是書卷之一有賀黃陶庵、與項水心、復陳確庵等尺牘九十餘通，卷之二有至瞿稼軒、答陳朱明、與王德操等尺牘七十餘通，卷之三有答杭州通判王，答吳江縣葉、答嘉定龐邑尊等尺牘三十餘通。

本館藏本《歸震川先生尺牘》與《錢牧齋先生尺牘》合刊。

著錄：《中國古籍善本書目》。

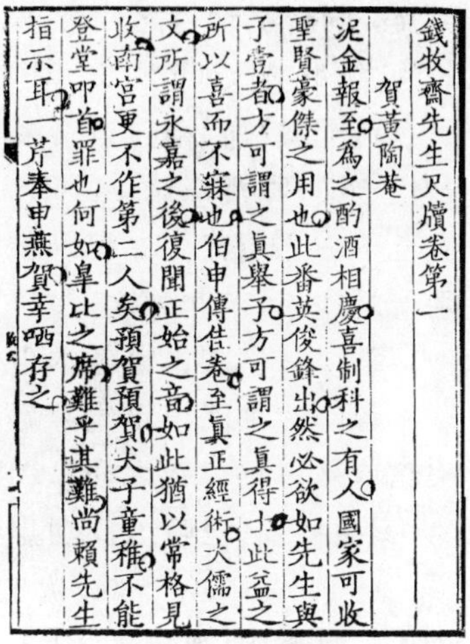
錢牧齋先生尺牘卷第一
賀黃陶菴
泥金報至爲之酌酒相慶喜制科之有人國家可收聖賢豪傑之用也此番英俊鋒出然必欲如先生與子堂者方可謂之眞舉子方可謂之眞得士此益之所以喜而不寐也伯申傳告卷至眞正經術大儒之文所謂永嘉之後復聞正始之音如此猶以常格見收南宮更不作第二人矣預賀預賀犬子童稚不能登堂叩首罪也何如皐比之席難乎其難尚賴先生指示耳一芳奉申燕賀幸哂存之

577

578　三國兩晉南北朝文選

《三國兩晉南北朝文選》十二卷，附輯一卷，明錢士馨、陸上瀾輯，明來復堂刻本。十二冊。半葉九行十九字。左右雙邊，白口，無魚尾。版心上鐫“文總類”，中鐫篇名，下鐫作者，目錄首葉版心下鐫“來復堂”，框高 20.5 釐米，寬 13.5 釐米。前有錢士馨、陸上瀾序，目錄。

錢士馨（生卒年不詳），字稚農，浙江平湖人。明崇禎十五年貢生。研究經史，多所撰述。工書、畫。窮老以死。著有《賡笳集》、《静志居詩話》等。

陸上瀾（生卒年不詳），字芳洲，浙江平湖人。崇禎丙子舉人。著有《檇李詩繫》。

是書含三國文選目之蜀漢文、魏文、

三國文選一
就里 錢士馨 陸上瀾 仝選 同里周譚叅定
蜀漢文
上獻帝表　昭烈皇帝
建安二十一年曹操進爵爲魏王二十四年先主取漢中羣臣因上漢中王號遂表獻帝
臣以具臣之才荷上將之任董督三軍奉辭于外不能掃除寇難匡靖王室久使陛下聖教陵遲六
上獻帝表　乙　昭烈皇帝

578

吳文，兩晉文選目之武帝文、簡文帝文等，南北朝文選目之宋文、南齊文、梁文、陳文、北魏文、北齊文、北周文、隋文及文選附輯之子藉。

錢士馨《序》稱："自秦漢以下，踵武英華，宋元以來，表著不少。唯魏晉以迄周隋，七代之文，零落無緒。故選文自三國始，文以國代統繫爲帙，不復綴以卷次，是覽者或盡合于心之所裁。亦復以議昭明者議我，則亦可以任意而去就之。凡選三國之文三，兩晉之文一，南北朝之文八。"

著録:《中國古籍善本書目》。

鈐印:"都門正雅堂經藏書籍印"、"巴陵方氏碧琳琅舘珍藏古秘書本之印"、"巴陵方氏碧琳琅舘藏書"、"方家書庫"、"巴陵方氏功惠橋甫印"。

579　司馬長卿集

A130

《司馬長卿集》一卷，漢司馬相如撰，明汪士賢校，明天啓六年新安汪士賢刊本。一冊。半葉九行二十字。左右雙邊，白口，單魚尾。版心上鐫書名。框高 19.8 釐米，寬 14 釐米。前有明天啓丙寅王忠陛序，目録。

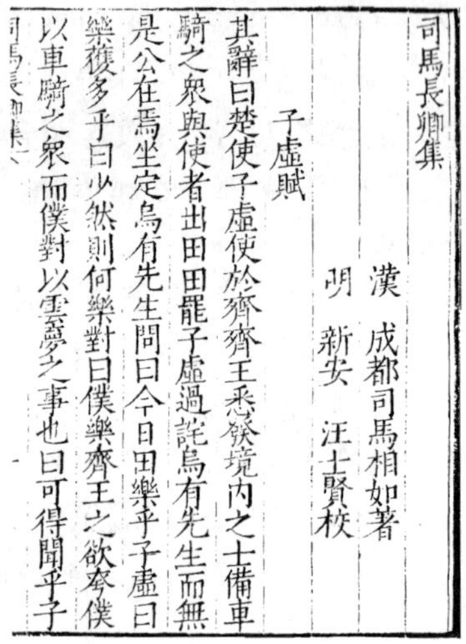
司馬長卿集
漢 成都司馬相如著
明 新安 汪士賢校
子虛賦
其辭曰楚使子虛使於齊齊王悉發境內之士備車
騎之衆與使者出田田罷子虛過詫烏有先生而無
是公在焉坐定烏有先生問曰今日田樂乎子虛曰
樂獲多乎曰少然則何樂對曰僕樂齊王之欲夸僕
以車騎之衆而僕對以雲夢之事也曰可得聞乎子

579

汪士賢(生卒年不詳)，字伯仁，徽州歙縣人。刊刻多種古籍，著名的有《漢魏六朝二十一名家集》、《嵇中散集》、《山居雜誌》。

王忠陛(生卒年不詳)，字元震，山陰人。明天啓年間國子監博士。

是書收録司馬相如賦七首、書二通、檄文一篇、難一篇，並附"白頭吟"一首。

著録:《中國古籍善本書目》。

580　斯文精萃

PL2451. Y45 1764/W1040

《斯文精萃》不分卷，清尹繼善輯，清乾隆二十九年刻本。十二冊。半葉八行二十一字。左右雙邊，白口，單魚尾。版心上鐫書名，中鐫文類，如"漢文"、"晉文"、"賦"、"唐詩五言律"等。框高 17 釐米，寬 11.5 釐米。前有尹繼善序，各冊前列該冊所錄文章標題。

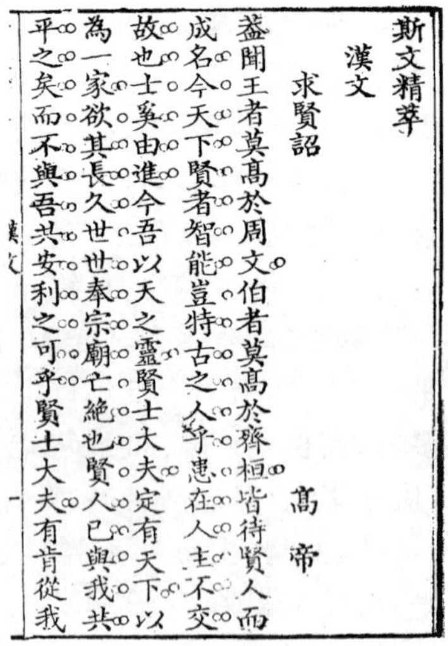
斯文精萃
漢文
求賢詔　高帝
蓋聞王者莫高於周文伯者莫高於齊桓皆待賢人而
成名今天下賢者智能豈特古之人乎患在人主不交
故也士奚由進今吾以天之靈賢士大夫定有天下以
為一家欲其長久世世奉宗廟亡絕也賢人已與我共
平之矣而不與吾共安利之可乎賢士大夫有肯從我

580

尹繼善(1695—1771)，滿洲鑲黃旗人。清雍正元年甲辰恩科进士榜眼及第。官至兩江總督。事具《欽定八旗通志人物志》。著有《尹文端公詩集》。

是集選錄歷代詩文，上起西漢，下迄南宋，但有圈點，而無評註，亦不分卷。惟文分三類：一爲散文，一爲賦，一爲雜體詩。又分六類：一爲五言古體，一爲七言古體，一爲五言律體，一爲七言律體，一爲五言絶句，一爲七言絶句，皆取有關風教之言與道德文章。

尹繼善《自序》曰："昔余奉命滇南，曾取古來詩賦文辭，裒集成書。名曰《斯文精萃》，刊刻流傳。嗣又重刻于關中，皆以遐陬僻壤稽古右文之道，罕有師承。"

著錄：《中國古籍善本書目》。

581　斯文正統

PL2451. T52 1654/M619

《斯文正統》十二卷，清刁包選輯，清順治十一年刻本。十二冊。半葉九行二十字。左右雙邊，白口，單魚尾。版心上鐫書名，中鐫卷次。框高 19.3 釐米，寬 13 釐米。前有刁包序，順治十一年胡延季序，黎甲黄、孫奇逢、張鳳翔序，凡例，目錄。

刁包，見 505《用六集》。

是書卷之一、二爲說，卷之三、四爲論，卷之五、六爲序，卷之七、八爲記，卷之九、十爲書，卷之十一爲策、疏，卷之十二爲劄子、表、誥命、檄、歌、傳、辨、議、狀、旨、引、跋、銘。

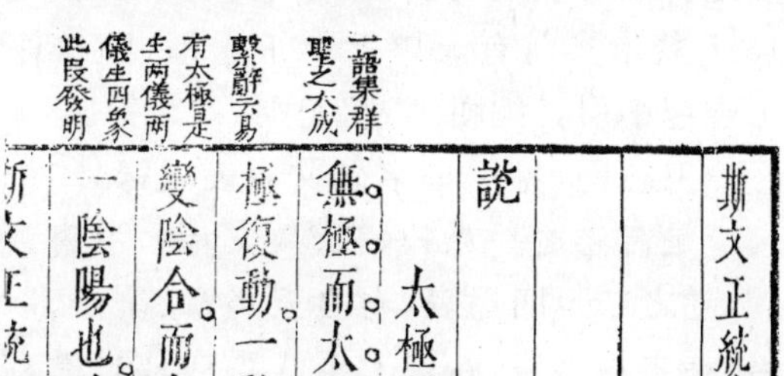
斯文正統卷之一
郴陽後學蒙吉刁　包選輯
從子再雍挍正
說
太極圖說　周敦頤
無極而太極太極動而生陽動極而靜靜而生陰靜極復動一動一靜互爲其根分陰分陽兩儀立焉陽變陰合而生水火木金土五氣順布四時行焉五行一陰陽也陰陽一太極也太極本無極也五行之生
斯文正統　卷之一

581

《四庫全書總目》曰："國朝刁包編。包有《易酌》已著錄。是編所錄歷代理學諸儒之文，凡二百一十有六篇。其凡例稱專以品行爲主，若言是人非，雖絶技無取。蓋本眞德秀《文章正宗》之例，持論可云嚴正。然三代以前，文皆載道。三代以後，流派漸分。猶之衣資布帛，不能廢五采之華。食主菽粟，不能廢八珍之味。必欲一掃而空之，於理甚正，而於事必不能行。即如《文章正宗》，行世已久，究不能盡廢諸集，其勢然也。至蘇軾《大悲閣四大菩薩諸記》，因題製文，原非講學。言各有當，義豈一端？而包於歐陽修本論評語中極詞詆斥。然則眞德秀《西山集》中爲二氏而作者不知凡幾，包既講學，不應不見是集，何以置之不言？豈非以蘇氏爲程子之敵，眞氏則朱子之徒乎？恐未足服軾之心也。”

著錄：《四庫全書總目》。

582　四六法海

F755

《四六法海》十二卷，明王志堅輯，明天啓七年刻本。十二册。半葉十行二十字。四周單邊，白口，單魚尾。版心上鐫書名，中鐫卷次。框高 20.9 釐米，寬 13.5 釐米。前有天啓七年王志堅、陸符序，天啓七年王志慶小引，“編輯大意”七則，目錄等。

王志堅，見 429《名句文身表異録》。

是書卷之一爲敕、詔、赦文、制、手書、德音、教、策問，卷之二至四爲表，卷之五爲章、劄子、狀、彈事、牋、啓，卷之六爲啓，卷之七至八爲書、頌、檄、露布、牒、詩文序，卷之九爲露布、牒、詩文序等。卷之十爲宴集序、贈别序、城山序、記、論，卷之十一爲碑文、墓誌，卷之十二爲行狀、銘、贊、七、連珠、志、哀册文、判、雜著。

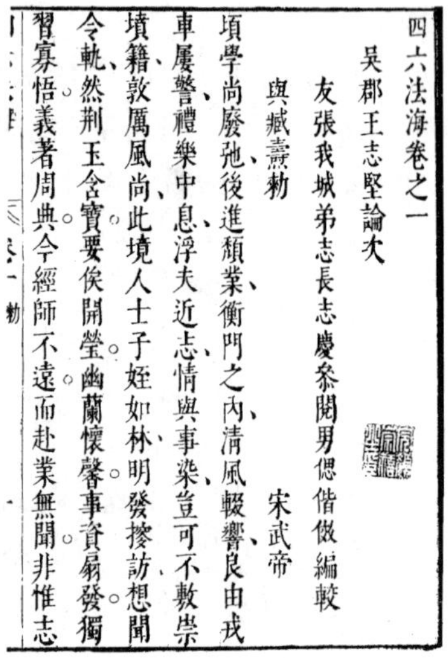
四六法海卷之一
吴郡王志堅論次
友張我城弟志長志慶叅閲男偲偕倣編較
與臧燾勅　宋武帝
頃學尚廢弛後進頽業衡門之內清風輟響良由戎車屢警禮樂中息浮夫近志情與事染豈可不敦崇墳籍敦厲風尚此境人士子姪如林明發搜訪想聞令軌然荆玉含寶要俟開瑩幽蘭懷馨事資扇發獨習寡悟義著周典今經師不遠而赴業無聞非惟志

582

《四庫全書總目》曰：“秦、漢以來，自李斯諫逐客書始，點綴華詞；自鄒陽獄中上梁王書始，疊陳故事；是駢體之漸萌也。符命之作則封禪書典；引問對之文，則答賓戲客難，駸駸乎偶句漸多。沿及晉宋，格律遂成流。迨齊、梁體裁，大判由質實而趨麗藻，莫知其然而然。然實皆源出古文，承流遞變。猶四言之詩至漢而爲五言，至六朝而有對句，至唐而遂爲近體。面目各别，神理不殊，其原本風雅則一也。厥後輾轉相沿，逐其末而忘其本。故周武帝病其浮靡，隋李諤論其佻巧，唐韓愈亦齗齗有古文、時文之辨。降而愈壞，一濫於宋人之啟劄，再濫於明人之表判，剿襲皮毛，轉相販鬻，或塗飾而掩情，或堆砌而傷氣，或雕鏤纖巧而傷雅，四六遂爲作者所詬厲。宋姚鉉撰《唐文粹》，至盡黜儷偶。宋祁修《新唐書》，至全刪詔令。而明之季年，豫章之攻雲間者，亦以沿溯六朝相詆。豈非作四六者不知與古體同源，愈趨愈下，有以啟議者之口乎？志堅此編所錄，下迄於元，而能上溯於魏晉，如敕則託始宋武帝，册文則託始宋公九錫文，表則託始陸機、桓温、謝靈運，書則託始於魏文帝、應瑒、應璩、陸景、薛綜、阮籍、吕安、陸雲、習鑿齒，序則託始陸機，論則託始謝靈運。大抵皆變體之初，儷語散文相兼而用。其齊梁以至唐人，亦多取不甚拘對偶者。俾讀者知四六之文運意遣詞與古文不異，於兹體深爲有功。至於每篇之末，或箋註其本事，或考證其異同，或臚列其始末，亦皆元元本本，語有實徵，非明代選本所可及。據其凡例，雖爲舉業而作。實則四六之源流正變具於是編矣，未可以書肆刊本忽之也。”

著録：《四庫全書總目》、《中國古籍善本書目》。

鈐印：“完顔崇禧之印”、“明善堂珍藏書畫印記”。

583　宋四六選

《宋四六選》二十四卷，清彭元瑞、曹振鏞輯，清乾隆四十一年曹振鏞刻本。十二册。半葉九行二十五字。左右雙邊，白口，單魚尾。版心上鐫書名，下鐫卷次。框高 18.9 釐米，寬 13.5 釐米。前有彭元瑞、曹振鏞序，目録等。

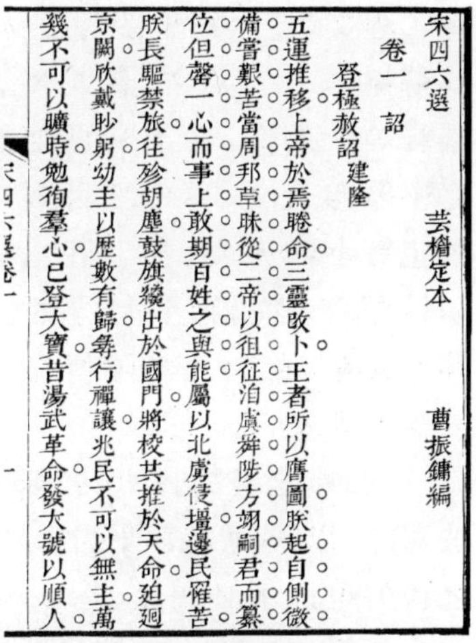
宋四六選　芸楣定本　曹振鏞編
卷一　詔
登極赦詔　建隆
五運推移上帝於焉眷命三靈改卜王者所以膺圖朕起自側微
備嘗艱苦當周邦草昧從二帝以徂征洎虞舜陟方嗣君而纂
位但罄一心而事上敢期百姓之與能屬以北虜侵疆邊民罹苦
朕長驅禁旅往殄胡塵鼓旗纔出於國門將校共推於天命迫迴
京闕欣戴眇躬幼主以歷數有歸遜行禪讓兆民不可以無主萬
幾不可以曠時勉徇羣心已登大寶昔湯武革命發大號以順人
宋四六選卷一　一

583

彭元瑞，見 218《欽定天禄琳琅書目》。

曹振鏞(1755—1835)，字儷笙，號懌嘉，安徽歙縣人。乾隆四十六年進士，選庶吉士，歷任翰林院編修、工部尚書加太子少保、户部尚書兼翰林院掌院學士、軍機大臣、武英殿大學士等職。纂修《會典》、兩朝《實録》、《河工方略明鑒》、《皇朝文類》、《全唐文》皆爲總裁官。謚文正，入祀賢良祠。著有《綸閣廷輝集》、《話雲軒詠史詩》等。

是書卷一爲詔二十五首，卷二爲制四十一首，卷三爲制三十三首，卷四爲制二十七首，卷五爲賀表四十三首，卷六爲進表九首、謝除授表二十一首，卷七爲謝除授表二十六首，卷八爲謝除授表二十九首，卷九爲謝除授表四十四首，卷十爲陳乞表三十一首，卷十一爲賀除授啓二十八首，卷十二爲賀除授啓三十五首，卷十三爲賀除授啓三十五首，卷十四爲賀除授啓三十五首，卷十五爲雜賀啓四十七首，卷十六爲謝除授啓二十七首，卷十七爲謝除授啓二十七首，卷十八爲謝薦舉啓二十六首，卷十九爲雜謝啓三十八首，卷二十爲通啓十八首，卷二十一爲通啓二十七首，卷二十二爲通啓二十六首，卷二十三爲回啓四十五首，卷二十四爲上梁文十首、樂語十四首。

曹振鏞《序》曰：“芸楣先生捃纂有年，乾隆乙未以授門人振鏞，忝仿《文苑英華》、《播芳大全》、《翰苑新書》之例，編次成書，越明年，刻於翠微山麓。”

著録：《中國古籍善本書目》。

584　宋文歸

《宋文歸》二十卷，明鍾惺選評，明集賢堂刻本。四十册。半葉九行二十六字，眉欄上刻評。四周單邊，白口，無魚尾。版心上鐫書名，中鐫卷次，下鐫“集賢堂”。框高

21.4 釐米，寬 11.8 釐米。前有總目，各卷首有該卷目錄。

鍾惺，見 054《詩經》。

是書卷一爲趙普等十七人文，卷二爲范仲淹、司馬光文，卷三爲韓琦等八人文，卷四爲歐陽修文，卷五爲二程文，卷六爲李覯等五人文，卷七爲蘇軾文，卷八爲蘇轍等十一人文，卷九爲王安石等九人文，卷十爲張載等十人文，卷十一爲鄒浩等三人文，卷十二爲黃庭堅等四人文，卷十三爲張來等七人文，卷十四爲江公望等十四人文，卷十五爲胡寅等七人文，卷十六爲胡銓等八人文，卷十七爲陳亮文，卷十八爲陳亮、葉適等五人文，卷十九爲陳傅良等六人文，卷二十爲魏了翁等十人文。

《四庫全書總目》曰："宋文多樸實，而惺以纖巧之法選之，以佻薄之語評之。是爲南轅而北轍，其去取之得失可以不必問矣。"

著錄：《四庫全書總目》、《中國古籍善本書目》。

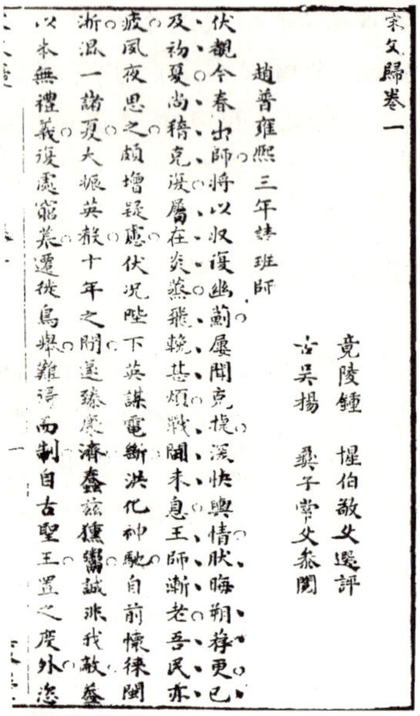
宋文歸卷一
竟陵鍾　惺伯敬父選評
古吳揚　彝子常父叅閱
趙普雍熙三年諫班師
伏覩今春出師將以收復幽薊屢聞克捷深快輿情然晦朔屢更已
及初夏尚稽克復屬在炎蒸飛輓甚煩戰鬭未息王師漸老吾民亦
疲夙夜思之頗增疑慮伏况陛下英謀電斷洪化神馳自前懷徠闕
漸混一諸夏大振英教十年之間遂臻康濟蠢茲獯鬻誠非我敵蓋
以本無禮義復處窮荒遷徙鳥舉難得而制自古聖王置之度外恣

584

585　蘇黃尺牘

PL2735. A5 Z53 1789/W1515

《蘇黃尺牘》四卷，宋蘇軾、黃庭堅撰，清黃始靜輯，朱霆、葉豐纂，清乾隆五十八年同人堂刊本。四冊。半葉九行二十字。左右雙邊，白口，單魚尾。版心上鐫書名，下鐫卷次。框高 12.1 釐米，寬 9.1 釐米。前有扉頁，題"乾隆癸丑年重鐫蘇黃尺牘，同人堂藏版。"有黃始漫"蘇黃尺牘題詞"，卷端署"吳郡黃始靜御箋輯，同學雨水朱霆雨若、茂苑葉豐東銘纂閱。"

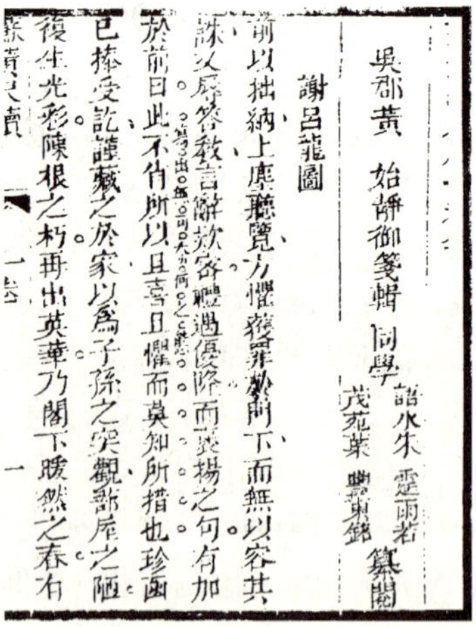
吳郡黃　始靜御箋輯　同學 雨水朱　霆雨若
茂苑葉　豐東銘　纂閱
謝呂龍圖
前以拙納上塵聽覽方懼褻瀆抵罰下而無以容其
誅又辱答教言辭款密禮遇優隆而奬揚之句有加
於前日此不佞所以且喜且懼而莫知所措也珍函
已捧受訖謹藏之於家以為子孫之寶觀部使之陋
復生光彩陳根之朽再出英華乃閣下煦然之春有
蘇黃尺牘　一

585

蘇軾，見 457《東坡文選》。

黃庭堅，見 456《重刻黃文節山谷先生文集》。

是書第一卷、第二卷爲《蘇長公尺牘》，第三卷、第四卷爲《黃山谷尺牘》。偶有小字評註。

黃始漫《蘇黃尺牘題詞》云："大道無朕，奈何跡求？如是跡求，才人糟粕，何處蔑有？心所喜樂，任我竊取，如蠡測海，亦謂是海，如管窺天，不謂非天，海天何常？自得而已。郭向註莊，何復須註？註者自註。何與於莊，請如是觀，毋煩擬議。"

著録:是書《中國古籍善本書目》等無著録。《中國古籍善本書目》録有同名《蘇黄尺牘》九卷,明萬曆刻本;《蘇黄尺牘》八卷,明張所望輯,明萬曆十九年刻本;《聽嚶堂選蘇黄尺牘》四卷,清黄始輯,清課花書屋刻本,王承志批校。

586　蘇黄題跋

《蘇黄題跋》、《東坡題跋》、《山谷題跋》二種十二卷,明黄嘉惠校,明黄嘉惠刻本。八册。半葉九行二十字,眉欄上鐫評。四周單邊,白口,單魚尾。版心上鐫書名,中鐫卷次。框高 20.7 釐米,寬 13.7 釐米。《東坡題跋》前有陳繼儒舊序,黄嘉惠小序。《題跋》、《尺牘》、《小詞》前各有目録。《山谷題跋》、《尺牘》、《小詞》前亦各有目録。

黄嘉惠(生卒年不詳),字長吉,海陽人。編有《蘇黄風流小品》等。

是書分《東坡題跋》四卷,《東坡尺牘》二卷,《東坡小詞》二卷,《山谷題跋》四卷,《山谷尺牘》二卷,《山谷小詞》二卷。

黄嘉惠《小序》曰:"然[蘇黄]二公之風流,皆在小品,從來無拈出者。自聖王俞吏部刻有小品,而僅取什之二三。楊修齡御畢,舉而止於題跋。陳眉公徵君謂二公之最妙在題跋,在尺牘,在小詞。當和之另行。余因取而并采諸評雋雅者,附之每手一篇,眞所謂寐得之醒,愠得知喜者。今人往往於經史欠伸棄暇,咎於齊諧虞初焉,吾請以是集進矣。"

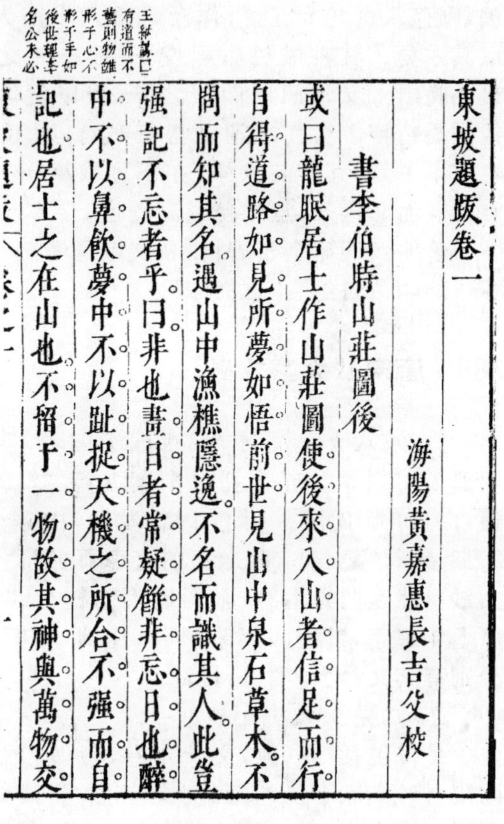
王納諫曰有道而不藝則物雖形于心不形于手如後世稱李名公未必

東坡題䟦卷一

海陽黄嘉惠長吉父校

書李伯時山莊圖後

或曰龍眠居士作山莊圖使後來入山者信足而行自得道路如見所夢如悟前世見山中泉石草木不問而知其名遇山中漁樵隱逸不名而識其人此豈强記不忘者乎曰非也晝日者常疑餅非忘日也醉中不以鼻飲夢中不以趾捉天機之所合不强而自記也居士之在山也不留于一物故其神與萬物交

586

著録:《中國古籍善本書目》。

587　唐人萬首絶句選

《唐人萬首絶句選》七卷,清王士禛編,清雍正十年刻本。二册。半葉十行十九字,小字雙行二十九字,文間有朱筆圈點。左右雙邊,小黑口,雙魚尾。版心上鐫書名,下鐫卷次。框高 18 釐米,寬 12.9 釐米。前有王士禛自序,凡例等。

王士禛,見 364《池北偶談》。

《四庫全書總目》曰:"洪邁《唐人萬首絶句》,務求盈數,踳駁至多。宋倉部郎中福清林清之眞父鈔取其佳者，得七言一千二百八十首，五言一千五十六首，六言十五首，勒爲四卷，名曰《唐絶句選》。見於陳振孫《書錄解》題。蓋十分之中，汰其八分有奇。然其書不傳，無由知其善否。士禎此編，刪存八百九十五首，作者二百六十四人，更十分而取其一矣。其書成於康熙戊子，距士禎之没僅三年，最爲晚出。又當田居閒暇之時，得以從容校理，故較他選爲精審。然其序謂以當唐樂府，則不盡然。樂府主聲不主詞，其采詩入樂，亦不專取絶句。士禎此書，實選詞而非選聲，無庸務爲高論也。"

著錄：《四庫全書總目》、《文獻通考》。

鈐印："自然"、"仁尚印"。

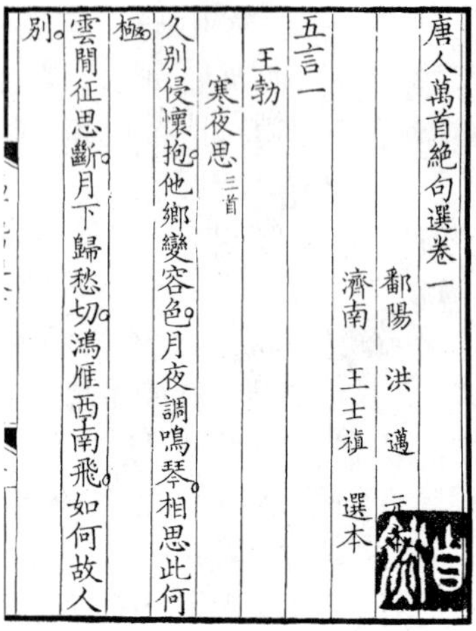
唐人萬首絶句選卷一
鄱陽　洪　邁　元
濟南　王士禛　選本
五言一
王勃
寒夜思三首
久別侵懷抱。他鄉變容色。月夜調鳴琴。相思此何
極。
雲間征思斷。月下歸愁切。鴻雁西南飛。如何故人
別。

587

588　唐宋八大家文鈔

B328

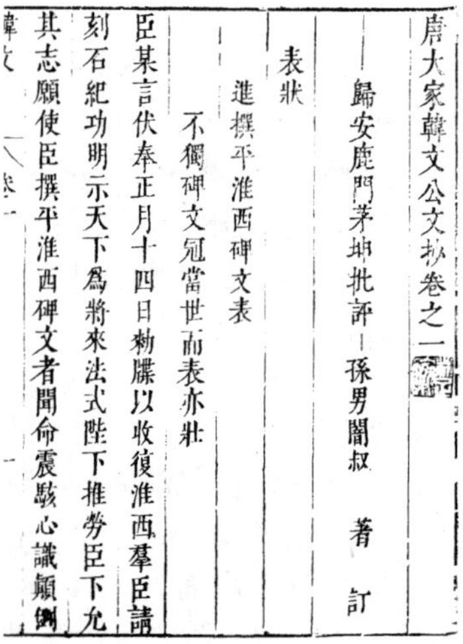
唐大家韓文公文抄卷之一
歸安鹿門茅坤批評　孫男闇叔　著　訂
表狀
進撰平淮西碑文表
不獨碑文冠當世而表亦壯
臣某言伏奉正月十四日勑牒以收復淮西羣臣請
刻石紀功明示天下爲將來法式陛下推勞臣下允
其志願使臣撰平淮西碑文者聞命震駭心識顛倒
韓文　卷一　一

588

《唐宋八大家文鈔》一百四十四卷，明茅坤編撰，明龔太初刻本。五十冊。半葉九行二十字。四周單邊，白口，單魚尾。版心上鐫書名，中鐫卷次。框高 20.8 釐米，寬 14.7 釐米。前有扉頁，題："唐宋八大家文鈔。茅鹿門先生評，金閶龔太初梓行。"前有茅坤萬曆七年總序，崇禎四年茅闇跋，凡例，論例。各家之下分別有其文鈔引，本傳，目錄。

茅坤，見 094《史記抄》。

是書包括：韓（愈）文十六卷，柳（宗元）文十二卷，歐陽（修）文三十二卷，蘇洵文十卷，蘇軾文二十八卷，蘇轍文二十卷，王（安石）文十六卷，曾（鞏）文十卷。

《四庫全書總目》曰："《明史·文苑傳》稱坤善古文，最心折唐順之。順之所著《文編》，唐宋人自韓、柳、歐、三蘇、曾、王八家外，無所取。故坤選八大家文鈔。考明初朱右，已採錄韓、柳、歐陽、曾、王、三蘇之作爲八先生文集，實遠在坤前。然右書今不傳，惟坤此集爲世所傳習。凡韓愈文十六卷。柳宗元文十二卷。歐陽修文三十二卷，附五代史鈔二十卷。王安石文十六卷。曾鞏文十卷。蘇洵文十卷。蘇軾文二十八卷。蘇轍文二十卷。每家各爲之引。說者謂其書本出唐順之，坤據其稾本，刊版以行，攘爲己作，如郭象之於向秀。然坤所作序例，明言以順之及王慎中評語標入，實未諱所自來。則稱爲盜襲者誣矣。其書初刊於杭州，歲久漫漶。萬歷中，坤之孫著，復爲訂正而重刊之，始以坤所批五代史附入歐文之後。今所行者，皆著重訂本也。"

著錄：《四庫全書總目》、《千頃堂書目》、《柏克萊加州大學東亞圖書館中文古籍善本書志》。

鈐印:“集恕堂”、“林足畹”、“蘭如心藏書”。

589 唐宋八大家選

C527

《唐宋八大家文選》、《唐宋八大家選》二十四卷,明鍾惺輯並評,汪應魁刪訂,明崇禎五年汪應魁刻本。十二冊。半葉九行十八字,小字雙行同,書眉刻評。左右雙邊,白口,單魚尾。版心上鐫書名,中鐫卷次。框高19.1釐米,寬13.5釐米。前有扉頁,題:“唐宋八大家文選。鍾伯敬先生評選,金閶貽經堂藏版。”前有崇禎五年倪思輝敘、鍾惺序,汪應魁“刻八大家選引”,凡例,錄鹿門先生文鈔論例暨諸公譚藪,目錄。後有汪應魁後序。

鍾惺,見054《詩經》。

汪應魁(生卒年不詳),明末徽州府著名書商,所屬貽經堂爲著名徽派刻坊,所刻書種類全,版本精。

是書類茅坤之《唐宋八大家文鈔》,選韓愈、柳宗元、歐陽修、蘇軾、蘇洵、蘇轍、王安石、曾鞏各家之文,合編成集,唯卷次以文體劃分。卷一至卷五爲論,卷六爲論、議、辯,卷七、卷八爲策,卷九、卷十爲上書,卷十一爲表、疏、劄子、狀,卷十二、卷十三爲書,卷十四爲書啓,卷十五、卷十六爲序,卷十七爲題後、引,卷十八至卷二十爲記,卷二十一爲傳、賦,卷二十二爲說、解、頌、銘、贊,卷二十三爲對、文、祭文、哀詞,卷二十四爲廟碑、功德碑、墓碑、墓碣、墓表、墓誌銘。

汪應魁《刻八大家選引》曰:“自鹿門先生匯集評定,而奥妙始若揭而醒。又得伯敬先生刪汰,更加品騭。而後學益知所趨赴。以故,愚之不敏,亦幸窺一斑焉。欣出私裁,僭加評釋。雖時有似於傚顰,不免於附贅,大要取掖後進,非必樹幟爭馳也。”

著錄:《中國古籍善本書目》。

鈐印:“天羡堂居士藏書記”、“李伊汶印”、“漁江藏書”、“璜綸私印”、“希文漁江”、“太匏氏章”、“玉蓉”、“伯存”、“鞠籚”。

590 文編

C503

《文編》六十四卷,明唐順之輯,明嘉靖三十五年福州知府胡帛校刊本。三十冊。半葉十行二十字。四周單邊,白口,單魚尾。版心上鐫書名、卷次,中鐫文類,下鐫刻工名。框高19.5釐米,寬14.2釐米。前有嘉靖丙辰唐順之、胡揆序,各卷起首有該卷目錄。

唐順之,見091《歷代史纂左編》。

是書卷之一爲制策,卷之二爲對,卷之三爲諫疏,卷之四爲論疏《考工記》,卷之五爲疏,卷之六爲疏請,卷之七爲疏議,卷之八爲封事,卷之九爲表,卷之十爲奏,卷之十一至卷十三爲上書,卷之十四爲說,卷之十五至卷十七爲劄子,卷之十八至卷二十爲狀,卷之二十一至卷三十二爲論,卷三十三爲表論斷,卷三十四爲論斷,卷三十五爲論,

唐宋八大家選卷之一

竟陵伯敬鍾　惺評選

新安玄杓汪應魁刪訂

原論

原道　　韓愈

釋仁義道德朗徹

冒

博愛之謂仁。五字句 行而宜之之謂義。七字句 由是而之焉之謂道 八字句 足乎已。無待於外之謂德

數句是一篇之律蓋因老子有道德經故據此立論

十字句。開端四句。四樣句法。此文章家巧處。仁與義爲定名。道與德爲虛位。上句長。此兩句短。便頓挫成文。故道有君子有小人而

唐宋八大家選　卷之一　論　一

卷三十六爲議，卷三十七至卷四十爲雜著，卷四十一至卷四十四爲策，卷四十五爲辭命，卷四十六至卷五十爲書，卷五十一爲啓狀，卷五十二至卷五十四爲序，卷五十五至卷五十七爲記，卷五十八爲神道碑，卷五十九爲碑銘，卷六十至卷六十二爲墓誌銘，卷六十三爲墓表，卷六十四爲行狀、祭文。

文編卷之一　制策
荆川武進唐順之應德甫　選批
門人丹陽姜寶廷善　編次
知福州府紫江胡帛子行　校刊
暗對、董仲舒對賢良策一
陛下發德音下明詔求天命與情性皆非愚臣之所能及也臣謹案春秋之中視前世已行之事以觀天人相與之際甚可畏也國家將有失道之敗而天廼先出災害以譴告之不知自省又出怪異以警懼之尚不知變而傷敗廼至以此見天心之仁愛人君而

590

《四庫全書總目》曰："是集取由周迄宋之文，分體排纂。陳元素序稱，以眞德秀《文章正宗》爲稾本。然德秀書主於論理，而此書主於論文，宗旨迥異，元素說似未確也。其中如以莊、韓、孫子諸篇入之論中，爲强立名目。又不錄《史記》、《漢書》列傳，而獨取《後漢書》黄憲傳冠諸傳之上。進退亦多失據。蓋彙收太廣，義例太多，踳駁往往不免。然順之深於古文，能心知其得失。凡所别擇，具有精意。……評書有詳有略。惟文編出陳元素者，非其原本。又稱'兩本舍下俱有，他日呈寄，自知之。'云云。今世所行惟此一本，其爲原本。陳本不復可考，要其大旨，固皆出於順之也。"

著録：《四庫全書總目》、《中國古籍善本書目》、《美國哈佛大學哈佛燕京圖書館中文善本書志》

刻工：黄沛、六富、范福、一清、餘清、余化宗、余右、洪重、後進、曾保、葉八、詹世、陸逵、詹崇、蔡昂、余吉、余傑、蔡友、余海、陳七、陳能、陳二、陳貴、妳員、余文吉、余清、朱儉、余扶賜、陳九、朱仕清、吳茂森、朱生、王仁、曾軌、周仝、張員、劉興郎、張世、陸賜、陳一、蔡湛、蔡林等。

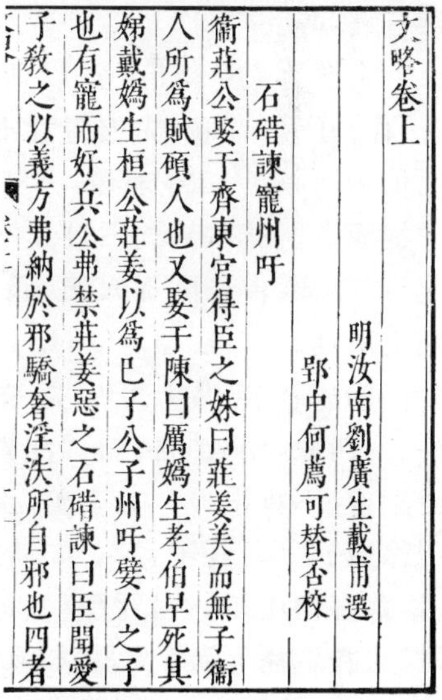
文略卷上
明汝南劉廣生載甫選
郢中何薦可替否校
石碏諫寵州吁
衛莊公娶于齊東宫得臣之妹曰莊姜美而無子衛人所爲賦碩人也又娶于陳曰厲嬀生孝伯早死其娣戴嬀生桓公莊姜以爲己子公子州吁嬖人之子也有寵而好兵公弗禁莊姜惡之石碏諫曰臣聞愛子教之以義方弗納於邪驕奢淫泆所自邪也四者

591

591　文略

C490

《文略》二卷，明劉廣生輯，何薦可校，明萬曆四十六年劉廣生自刻本。八册。半葉九行二十字。左右雙邊，白口，單魚尾。版心上鐫書名，中鐫卷次。框高 21.9 釐米，寬 13.8 釐米。前有吳宗達序，萬曆四十六年何薦可序，劉廣生小引，目錄。書後有范鈞鎮跋。

劉廣生(生卒年不詳)，字載甫，羅山人。崇禎元年進士，官至陝西巡撫。

是書卷上含"石碏諫寵州吁"、"非有先生論"等五十二篇，卷下含"李陵答蘇武書"、

“胡銓上高宗封事”等六十六篇。

劉廣生《自序》曰：“一日，錫山冏伯施公以所鐫《崇正文選》見眎，則自左國迄于宋，凡三百篇，而余悅之。……更妄爲删定得百十八篇，大都稍寬於秦漢與眉山，他名家都取備體。而左氏書，亦復徑約爾爾。蓋余世童而習之，可以不備，言吾私也。”

著錄：《中國古籍善本書目》。

592 文選音義

PL2455. H682 Y8 1758/W1646

《文選音義》八卷，清余蕭客輯著，清乾隆二十三年靜勝堂刻本。四冊。半葉八行，小字雙行十九字，大字佔一行，字數不等。四周雙邊，白口，無魚尾。版心上鐫書名或書屋名“靜勝堂”，下鐫卷次。框高 17 釐米，寬 11.7 釐米。前有沈德潛、余蕭客序。

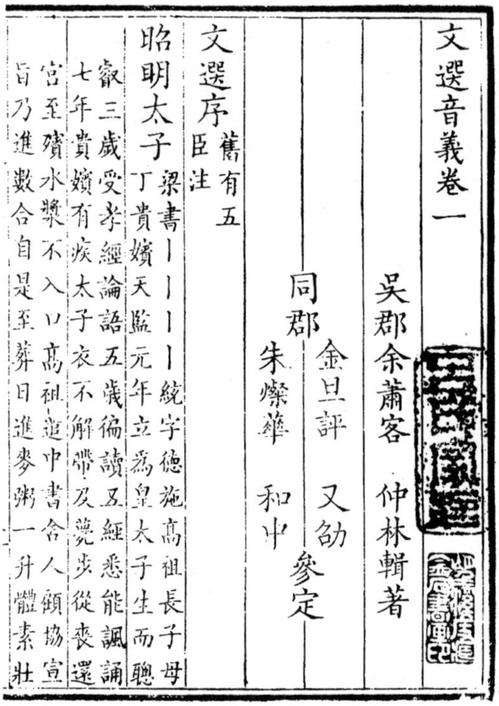
文選音義卷一
吳郡余蕭客 仲林輯著
同郡 金旦評 又劭 朱燦華 和中 參定
文選序 舊有五臣注
昭明太子 梁書||||||統字德施高祖長子母丁貴嬪天監元年立爲皇太子生而聰叡三歲受孝經論語五歲徧讀五經悉能諷誦七年貴嬪有疾太子衣不解帶及薨步從喪還宮至殯水漿不入口高祖遣中書舍人顧協宣旨乃進數合自是至葬日進麥粥一升體素壯

592

余蕭客（1732—1778），字仲林，長洲人。著有《古經解鉤沈》、《文選紀聞》、《文選音義》等。

余蕭客《序》曰：“益以所聞，摘字爲音，作《音義》八卷，先盡善註本音，次及六臣舊刻所補。二書未備，乃復旁及其字，一從汲古。諸本異同忝註其下，叶韻則從沈重，改音、古音則從入韻，偶見音叶無攷則從闕疑。”

四庫館臣竭力貶斥是書，以爲有八失。《四庫全書總目》曰：“此書則罅漏叢生，如出二手。約舉其失，凡有數端。一曰引證亡書，不具出典。如李善《進文選註表》，化龍引《晉陽秋》，肅成引王沈《魏書》，筴字引徐邈、李順《莊子音》。如斯之類，開卷皆是。舊籍存佚，諸家著錄可考。世無傳本之書，蕭客何由得見？此輾轉裨販而諱所自來也。一曰本書尚存，轉引他籍。如《西都賦》火齊引麗元英《文昌雜錄》，《南史》中《天竺國說》火齊云云，何不竟引《南史》也？《逸民傳》論引宋俞成《螢雪叢說》，嚴子陵本姓莊，避顯宗諱，遂稱嚴氏，此說果宋末始有耶？一曰嗜博貪多，不辨眞僞。”

著錄：《四庫全書總目》。

鈐印：“吕氏家藏”、“望溪皮藏金石書畫印”。

593　文苑英華

B451

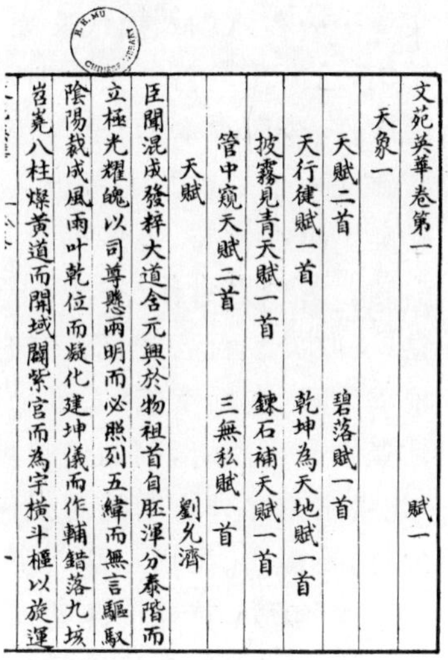
文苑英華卷第一　　賦一
天象一
天賦二首　　碧落賦一首
天行健賦一首　　乾坤爲天地賦一首
披霧見青天賦一首　　鍊石補天賦一首
管中窺天賦二首　　三無私賦一首
天賦　　劉允濟
臣聞混成發粹大道含元興於物祖首自胚渾分泰階而立極光耀魄以司尊懸兩明而必照列五緯而無言驅馭陰陽裁成風雨叶乾位而凝化建坤儀而作輔錯落九垓岧嶢八柱爆黃道而開域闢紫宮而為宇橫斗極以旋運

593

《文苑英華》一千卷，宋李昉、扈蒙等輯，明隆慶元年塗澤民、胡維新刻本。一百五十册。半葉十一行二十二字。四周單邊，白口，單魚尾。版心上鐫書名，中鐫卷次，下鐫刻工名。框高 21.5 釐米，寬 15.7 釐米。前有隆慶元年塗澤民序，隆慶元年胡維新序，周必大"脩《文苑英華》事始"，目錄等。

李昉(925—996)，字明遠，深州饒陽人。五代進士。歷仕後漢、後周，爲翰林學士。入宋後歷任中書舍人、中書門下平章事。曾參與編撰《舊五代史》，並主編《太平御覽》、《太平廣記》、《文苑英華》三部類書。諡文正。事具《宋史》本傳。

扈蒙(915—986)，字日用，幽州安次人。後晉進士。後周時任右拾遺、直史館、知制誥。入宋，由中書舍人遷翰林學士。與李穆等同修《五代史》，詳定《古今本草》；與李昉同修《太祖實錄》，同編《文苑英華》。著有《鰲山集》。

是書卷一至卷一五〇爲賦，卷一五一至卷三三〇爲詩，卷三三一至卷三五〇爲行，卷三五一至卷三七九爲雜文，卷三八〇至卷四一九爲中書制誥，卷四二〇至卷四七二爲翰林、制詔，卷四七三至卷四七六爲策问，卷四七七至卷五〇二爲策，卷五〇三至卷五五二爲判，卷五五三至卷六二六爲表，卷六二七爲箋，卷六二八至卷六四四爲狀，卷六四五、卷六四六爲檄，卷六四七、卷六四八爲露布，卷六四九爲彈文，卷六五〇爲移文，卷六五一至卷六六六爲啓，卷六六七至卷六九三爲書，卷六九四至卷六九八爲疏，卷六九九至卷七三八爲序，卷七三九至卷七六〇爲論，卷七六一至卷七七〇爲議，卷七七一爲連珠、喻封，卷七七二至卷七七九爲頌，卷七八〇至卷七八四爲讚，卷七八五至卷七九〇爲銘，卷七九一爲箴，卷七九二至卷七九六爲傳，卷七九七至卷八三四爲記，卷八三五至卷八三九爲諡哀册文，卷八四〇、卷八四一爲諡議，卷八四二、卷八四三爲誄，卷八四四至卷九三四爲碑，卷九三五至卷九六九爲志，卷九七〇爲墓表，卷九七一至卷九七七爲行狀，卷九七八至卷一〇〇〇爲祭文。

《四庫全書總目》曰："宋太平興國七年，李昉、扈蒙、徐鉉、宋白等奉敕編，續又命蘇易簡、王祐等參修，至雍熙四年書成，宋四大書之一也。梁昭明太子撰《文選》三十卷，迄於梁初。此書所錄，則起於梁末，蓋卽以上續文選。其分類編輯，體例亦略相同，而門目更爲繁碎。則後來文體日增，非舊目所能括也。周必大《平園集》有是書跋，稱《太平御覽》、《册府元龜》今閩蜀巳刊。惟《文苑英華》士大夫閒絶無而僅有。蓋所集止唐文章……蓋六朝及唐代文集，南宋初存者尚多，故必大之言如是。迄今四五百年，唐代詩集，已漸減於舊。文集則宋志所著録者殆十不存一。即如李商隱《樊南甲乙集》，久已散佚，今所存本，乃全自是書録出。又如張説集，雖有傳本，而以此書所載互校，尚遺漏雜文六十一篇。則考唐文者惟賴此書之存，實爲著作之淵海。與南宋之初，其事迥異矣。書在當時，已多譌脱。故方崧卿作《韓集舉正》，朱子作《韓文考異》，均無一字之引證。彭叔夏嘗作《辨證》十卷，以糾其舛漏重複，然如劉孝威《紹古詞》，一收於二百三卷，一收於二百五卷，而字句大同小異者，叔夏尚未及盡究也。此本爲明萬歷中所刊，校正頗詳，在活字版《太平御覽》之上，而卷帙浩繁，仍多疎漏。今參核諸書，各爲釐正。其無别本可證者，則姑仍其舊焉。"又按《柏克萊加州大學東亞圖書館中文善本書志》："此書宋刻之外志明隆慶元年始有刻本。蓋刻書之議發於巡按胡維新，剞劂之費取諸公幣，委福州、泉州二郡守及丞倅、儒學經理其事。"

本館藏本首卷前四葉爲小楷鈔補。

著録：《四庫全書總目》、《中國古籍善本總目》、《柏克萊加州大學東亞圖書館中文善本書志》

鈐印："讀書堂"、"篤係堂張曉漁枝藏圖書之章"、"星渚王元仲珍藏書籍"、"皖南張師亮 漁氏 書於篤係堂"、"九葉傳經"、"子孫引無極"。

刻工：（首三册）劉亨、詹宏、蔡昌、周在、謝和、余傑、蔡希、王定、余吉、詹既、張福興、王尔成、詹崇、曾保、陸達、王堅、蔡友、王成、周壽、黄釜、黄安、蔡時、余宗、周欽、黄春、陸奇、陸易、陸生、魯志、陸共、熊興、陳興、葉脩、陸旺、陸文、劉和、周在等。

594　文章辨體

F771

《文章辨體》五十卷，明吴訥輯，明天順八年刻本。十二冊。半葉十三行二十四字。四周雙邊，白口，單魚尾。版心中鐫書名、卷次。框高 21.7 釐米，寬 15.9 釐米。前有天順八年安成彭序，凡例，諸儒總論作文法，總目，目録。

吴訥（1372—1457），字敏德，號思菴，常熟人。永樂中以知醫薦仁宗監國聞其名，使教功臣子弟。洪熙元年擢監察御史官，至右都御史。諡文恪。事具《明史》本傳。著有《棠陰比事》。

是書編輯先秦至明詩、文成集。第一卷爲古歌謡辭，第二卷至第五卷爲古賦，第六卷至第九爲卷樂府，第十至第十三卷爲古詩，第十四卷爲歌行，第十五卷

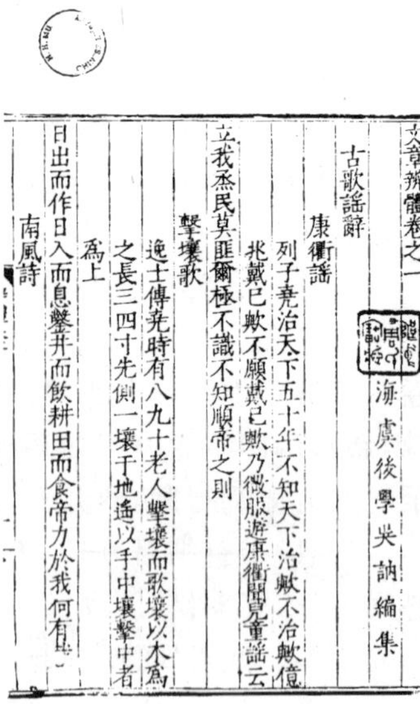
文章辨體卷之一
海虞後學吳訥編集
古歌謡辭
康衢謡
列子堯治天下五十年不知天下治歟不治歟億
兆戴己歟不願戴己歟乃微服遊康衢聞兒童謡云
立我烝民莫匪爾極不識不知順帝之則
擊壤歌
逸士傳堯時有八九十老人擊壤而歌壤以木爲
之長三四寸先側一壤于地遥以手中壤擊中者
爲上
日出而作日入而息鑿井而飲耕田而食帝力於我何有哉
南風詩

594

爲諭告，第十六卷爲詔，第十七卷爲冊、制、誥，第十八卷爲制策，第十九卷爲表，第二十卷爲論，第二十一卷至第二十三卷爲奏疏，第二十四卷爲議，第二十五卷爲彈文，第二十六卷至第二十八卷爲書，第二十九卷至第三十一卷爲記，第三十二卷至第三十四卷爲序，第三十五卷、第三十六卷爲論，第三十七卷爲說、解，第三十八卷爲辯，第三十九卷爲原、戒，第四十卷題爲跋，第四十一卷爲雜著，第四十二卷爲箴、銘，第四十三卷爲頌、贊，第四十四卷爲七體，第四十五卷爲傳，第四十六卷爲謚、謚議，第四十七卷爲碑，第四十八卷爲墓碑、墓碣、墓表，第四十九卷爲墓誌、墓記、埋銘，第五十卷爲誄辭、哀辭、祭文。

《四庫全書總目》曰："是編採輯前代至明初詩文，分體編錄，各爲之說。内集凡四十九體，大旨以眞德秀文章正宗爲藍本。外集凡五體，則皆駢偶之詞也。程敏政作明文衡，特錄其敘錄諸體，蓋意頗重之。陸深溪山餘話亦稱文章辨體一書，號爲精博，自眞文忠文章正宗以後，未有能過之者。今觀所論，大抵剽掇舊文，罕能考核源委，即文體亦未能甚辨。如内集純爲古體矣。……其餘去取，亦漫無別裁，不過取盈卷帙耳，不足尚也。"

著錄：《四庫全書總目》、《中國古籍善本書目》。

鈐印："漢陽周貞亮退引民國紀年後所收善本"、"漢陽周氏寶藏"。

595　新刊李九我先生編纂大方萬文一統内外集

E716

[新刊]《李九我先生編纂大方萬文一統内外集》二十二卷，明李廷機撰，朱國祚校，明建邑書林余象斗刻本。八冊。半葉十行二十二字，眉欄刻評。四周雙邊，下黑口，單魚尾。版心上鐫書名，中鐫卷次、篇名。框高 23.5 釐米，寬 14.5 釐米。前有朱國祚、李廷機序，目錄等。

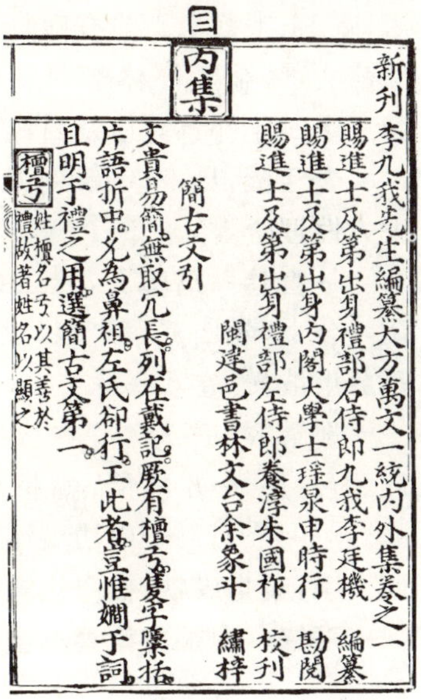
内集
新刊李九我先生編纂大方萬文一統内外集卷之一
賜進士及第出身禮部右侍郎九我李廷機　編纂
賜進士及第出身内閣大學士瑶泉申時行　勘閱
賜進士及第出身禮部左侍郎春濘朱國祚　校刊
閩建邑書林文台余象斗　繡梓
簡古文引
文貴易簡無取冗長列在戴記厥有檀弓隻字槩括片語折中允為鼻祖左氏郤行工此者豈惟嫺于詞且明于禮之用選簡古文第一
檀弓　姓檀名弓以其善於禮故著姓名以顯之

595

李廷機，見 293《新刻九我李太史校正大方性理全書》。

是書卷一至卷十三爲内集，含簡古文、典則文、雄偉文、敘次文、經濟文、殊絕文、抗直文、諷切文、刺譏文、攻擊文、議論文、正大文、節義文、懇至文、標表文。卷十四至卷二十二爲外集，含玄虛文、神奇文、幻穎文、悲憤文、幽思文、機權文、深刻文、捃摭文、瀟灑文、豪放文。

李廷機《自序》云："余少時則已雅好史傳百子氏言，馳騁涉獵，頗多所窺。弟恨其簡袠浩繁，汗漫無際，爲之删其繁蕪，存其精要，存西京而上者十六七，西京而下者十二三。又慮其意致各殊，體裁亦異，復爲之分門别彙，有一家自爲一彙者，檀左記傳類是也。也有一家分爲異彙者，賈董書册類是也。漁芄獵稗，積有歲時，爰會斯編凡二十有二卷。”

普林斯頓大學東方圖書館所藏同名書卷末有牌記，鐫：“雙峰堂文台余象斗梓行”，版心上鐫“大方萬文一統”，中鐫卷次及篇名，與本館所藏相類。

著録：《普林斯頓大學葛思德東方圖書館中文善本書志》。

596　新刻韓柳歐蘇六大家古文選粹評林

C541

《新刻韓柳歐蘇六大家古文選粹評林》、《唐宋韓柳歐蘇文選》八卷，明李廷機選，葉向高評，明萬曆三十四年書林李少泉刻本。十二册。半葉十行二十字，小字雙行同，眉欄刻評。四周單邊，白口，無魚尾。版心上鐫書名，中鐫卷次。框高 18.5 釐米，寬 14.1 釐米。前有扉頁，題：“唐宋韓柳歐蘇文選，金陵書林李少泉刊行”。前有萬曆三十四年邵景堯序及目録等。

李廷機，見 293《新刻九我李太史校正大方性理全書》。

是書卷一爲韓文，卷二爲柳文，卷三爲歐陽公文，卷四爲蘇老泉（文），卷五至卷七爲蘇東坡文，卷八爲蘇文。

邵景堯《序》曰：“古今作者無慮百餘族，而評騭大方之門，輒推韓柳歐蘇爲巨擘。……今明天子申功厳斥傚詭，太史臺山葉公欽上旨，而思所以風之，乃出故葉唐宋四大家，彙集成帙，標曰正式嗟嗟。”

著録：《中國古籍善本書目》。

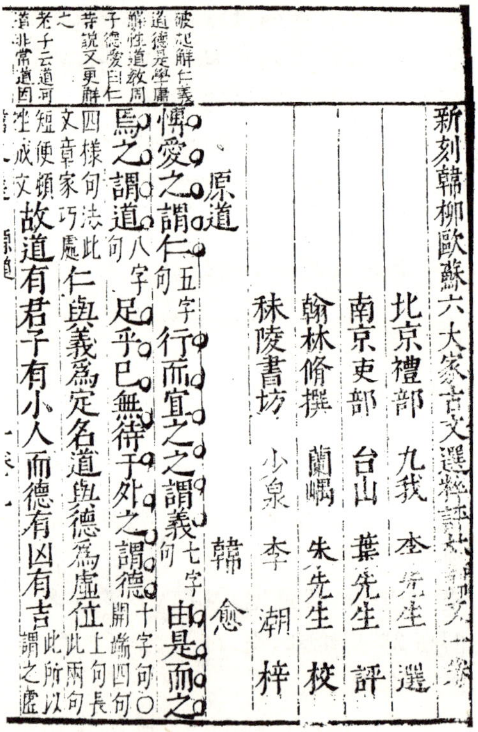
新刻韓柳歐蘇六大家古文選粹評林卷之一
北京禮部　九我　李　先生　選
南京吏部　台山　葉　先生　評
翰林脩撰　蘭嵎　朱　先生　校
秣陵書坊　少泉　李　潮　梓
原道　韓　愈
博愛之謂仁（五字句）行而宜之之謂義（七字句）由是而之焉之謂道（八字句）足乎已無待於外之謂德（十字句）仁與義爲定名道與德爲虛位故道有君子有小人而德有凶有吉

596

597　徐文長評方正學

E722

《徐文長評方正學》十一卷，明方孝孺撰，徐渭評，明刻本。八册。半葉九行二十字。四周單邊，白口，單魚尾。版心中鐫書名。框高18.3釐米，寬13.3釐米。前有俞允諧《題三異人文集小引》，目録等。

方孝孺，見479《方正學先生遜志齋集》。

是書卷之一爲幼儀雜箴、四箴、深慮論，卷之二爲君學上、君職、治要、正俗等十一篇，卷之三爲鄉原、吳士、指喻等十九篇，卷之四爲啓、書，卷之五爲書、序，卷之六爲序、記，卷之七爲記，卷之八爲題記、墓誌銘，卷之九爲傳，卷之十爲銘、誌，卷之十一爲詩詞。

著録：《皇明經世文編》。

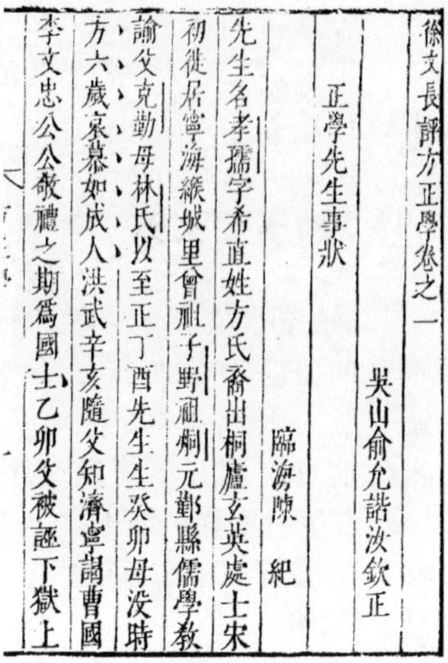
徐文長評方正學卷之一
吳山俞允諧汝欽正
正學先生事狀　臨海陳　紀
先生名孝孺字希直姓方氏裔出桐廬玄英處士宋
初徙居寧海緱城里曾祖子野祖炯元鄞縣儒學教
諭父克勤母林氏以至正丁酉先生生癸卯母没時
方六歲哀慕如成人洪武辛亥隨父知濟寧謁曹國
李文忠公公敬禮之期爲國士乙卯父被誣下獄上

597

598　續文選

I1109

《續文選》三十二卷，明湯紹祖輯，明萬曆三十年希貴堂刻本。十六册。半葉十行二十字。左右雙邊，白口，單魚尾。版心上鐫書名，中鐫卷次，下鐫“希貴堂”。框高21釐米，寬13.5釐米。前有萬曆三十年湯紹祖序，目録等。

湯紹祖（生卒年不詳），字公孟，海鹽人。東甌王湯和裔也。

是書卷一至卷五爲賦，卷六至卷十三爲詩，卷十四爲騷，卷十五爲啓、詔、册，卷十六爲令、教、策問、表，卷十七爲上書、啓、彈事、牋、奏記，卷十八至卷二十爲書，卷二十一爲檄、對問、設論，卷二十二、卷二十三爲序，卷二十四爲頌、史述讚，卷二十五爲讚、符命，卷二十六爲史論，卷二十七爲論、連珠，卷二十八爲箴、銘、誄，卷二十九爲誄、哀，卷三十爲碑，卷三十一爲墓誌，卷三十二爲行狀、弔文、祭文。

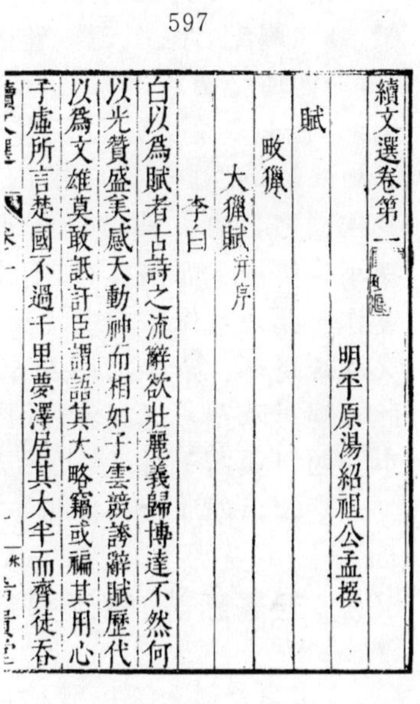
續文選卷第一
明平原湯紹祖公孟撰
賦
畋獵
大獵賦幷序
李白
白以爲賦者古詩之流辭欲壯麗義歸博達不然何
以光贊盛美感天動神而相如子雲競誇辭賦歷代
以爲文雄莫敢詆訐臣謂語其大略竊或褊其用心
子虛所言楚國不過千里夢澤居其大半而齊徒吞

598

《四庫全書總目》曰：“是編成於萬歷壬寅。採自唐及明詩文以續昭明之書。然所録止唐人、明人，無五代、宋、金、遼、元。又明人惟取正、嘉後七子一派，而洪、永以來劉基、高啟諸人僅録一二。蓋恪守太倉歷下之門戸，而又加甚焉。所分門目，一從文選。惟賦闕京都、郊祀、耕耤三類，而易江海爲山海。物色一門謂昭明惟取天文，殊似未該，今用廣之是也。然王世貞竹林七賢圖賦謂之物色，則亦孰非物色乎。盧柟壽成阜王賦入志，徐禎卿反反離騷入論文，是何體例也。”

著録:《四庫全書總目》、《中國古籍善本書目》。

刻工:刻工名多鐫于版心底部,多只有一字。計有思、王、楊、潘、陳、陶、夏、馬、明、中、山、丘等。

599　續玉臺文苑

I1434

《續玉臺文苑》四卷,明江元祚輯,明崇禎五年刻本。四冊。半葉九行二十字。四周單邊,白口,無魚尾。版心上鐫書名、卷次。框高 21.7 釐米,寬 14 釐米。前有崇禎五年葛徵奇序,目録等。

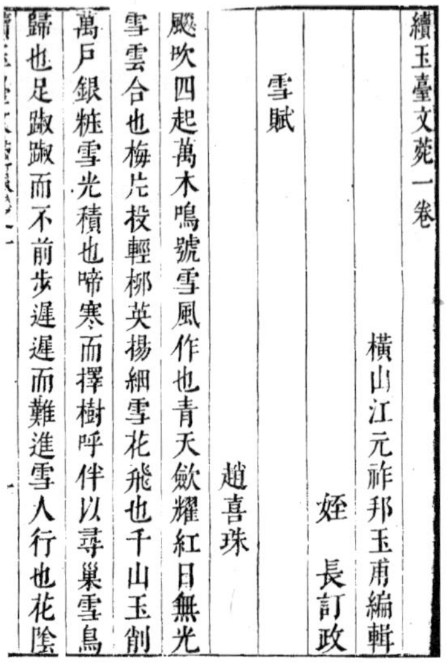
續玉臺文苑一卷
横山江元祚邦玉甫編輯
姪　長訂政
雪賦　趙喜珠
颸吹四起萬木鳴號雪風作也青天歛耀紅日無光
雪雲合也梅片投輕梛英揚細雪花飛也千山玉削
萬戶銀粧雪光積也啼寒而擇樹呼伴以尋巢雪鳥
歸也足踧踧而不前步遲遲而難進雪人行也花陰

599

江元祚(生卒年不詳),别號横山六松長,杭州人。杭州西溪有其横山草堂。著有《曾子考實》、《孝經彙註》等。

是書卷一爲賦、詔、令、表、疏、啓,卷二爲書、傳、檄,卷三爲紀、序、引、贊,卷四爲論、行狀、祭文。

《四庫全書總目》曰:"《玉臺文苑》八卷,明江元禧編。《續玉臺文苑》,江元祚編。二人兄弟,而元禧自署曰醴陵,元祚自署曰横山。疑元禧自託江淹後,襲其侯國之名也。其書録女子之文,自周訖明,中閒多採小説傳奇。如張麗貞《上太守書》之類,至爲猥雜。又如魏文帝寡婦賦序曰,爲丁廙妻作。此乃直作丁廙妻。梁元帝爲妾宏夜姝謝東宫賚合心花釵啟。此乃直作宏夜姝,又誤姝爲珠。宋李清照卽李易安。此乃分爲二人。唐侯莫陳邈妻鄭氏乃三字複姓。此乃誤爲陳邈。又如漢《武内傳》、《神仙傳》、《眞誥》之屬,皆純構虚詞,託言神怪。此本乃題曰漢西王母、漢上元夫人、漢麻姑、晉右英夫人、晉九華安妃,尤爲不經矣。"

著録:《四庫全書總目》、《中國古籍善本書目》。

600　玉臺新詠、續玉臺新詠

H944a

《玉臺新詠》十卷,陳徐陵輯,袁宏道評;《續玉臺新詠》四卷,明鄭玄撫輯,袁宏道評,明天啓二年沈逢春刻本。八冊。半葉九行十九字。四周單邊,白口,單魚尾。版心上鐫書名,中鐫卷次。框高 21.6 釐米,寬 14 釐米。前有袁宏道序,天啓二年沈逢春序,陳徐陵自序,目録等。

徐陵(507—583),字孝穆,東海郯人。南朝梁陳間詩人、駢文家。官至左光禄大夫、太子少傅。著有《徐孝穆集》等。

是書卷之一爲漢古詩八首、雜詩九首等,卷之二爲魏樂府二首、雜詩十二首等,卷之三爲晉詠懷詩二首、情詩五首、雜詩五首等,卷之四爲宋雜詩等各類詩五十餘首,卷之五爲梁武帝等各類詩八十餘首,卷之六爲范雲、江淹等各類詩四十餘首,卷之七爲吴筠、王僧孺等各類詩六十餘首，卷之八爲蕭子顯、王筠等各類詩八十餘首，卷之九爲古詞等各類詞四十餘首，卷之十爲古絕句等絕句一百二十餘首。《續玉臺新詠》卷之一爲陳後主、徐陵等詩五十餘首，卷之二爲裴讓之、王容等詩二十餘首，卷之三爲陳後主、徐陵等詩三十餘首，卷之四爲陳後主、許倪等詩二十餘首。

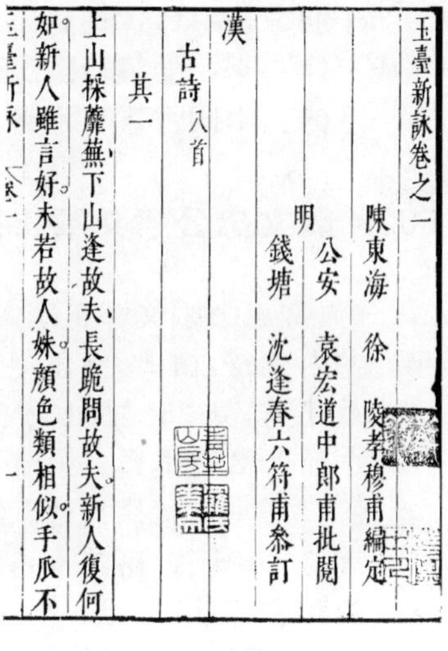
玉臺新詠卷之一　陳東海　徐　陵孝穆甫編定
明　公安　袁宏道中郎甫批閱
錢塘　沈逢春六符甫叅訂
漢
古詩八首
其一
上山採蘼蕪下山逢故夫長跪問故夫新人復何
如新人雖言好未若故人姝顏色類相似手爪不
玉臺新詠　卷一　一

600

《四庫全書總目》曰："此所選梁以前詩也。案劉肅《大唐新語》曰：'梁簡文爲太子，好作豔詩，境内化之。晚年欲改作，追之不及，乃令徐陵爲《玉臺集》以大其體。'據此，則是書作於梁時，故簡文稱皇太子，元帝稱湘東王。今本題陳尚書左僕射太子少傅東海徐陵撰，殆後人之所追改。……前八卷爲自漢至梁五言詩，第九卷爲歌行，第十卷爲五言二韻之詩。雖皆取綺羅脂粉之詞，而去古未遠，猶有講於温柔敦厚之遺，未可概以淫豔斥之。……《大唐新語》稱《玉臺集》，《元和姓纂》亦稱，梁有聞人蒨詩載《玉臺集》。然《隋志》已稱《玉臺新詠》，則《玉臺集》乃相沿之省文，今仍以其本名著錄焉。"

著錄：《四庫全書總目》、《中國古籍善本書目》。

鈐印："文字禪"、"醉庵"、"青芝山房"、"蘆中人"、"羅氏學文"、"沈印逢春"、"沈印六符"。

601　玉堂才調集

PL2517. Y78 1699/W95

《玉堂才調集》不分卷，清于朋舉輯，康熙十四年刻本。八册。半葉十行二十一字。左右雙邊，白口，單魚尾。版心上鐫書名，下鐫韻部。框高 18.4 釐米，寬 13.6 釐米。前有扉頁，題："玉堂才調集。金壇于敏求先生評。姑蘇原本。"卷首有康熙十四年于朋舉序及目錄等。

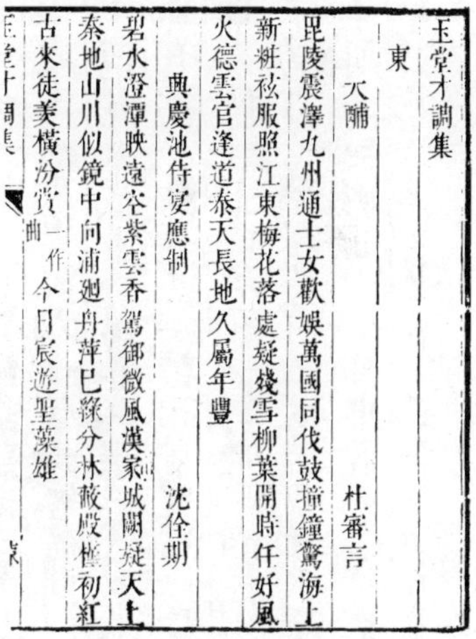
玉堂才調集
東
入酺　杜審言
毘陵震澤九州通士女歡娛萬國同伐鼓撞鐘驚海上
新粧袨服照江東梅花落處疑殘雪柳葉開時任好風
火德雲官逢道泰天長地久屬年豐
興慶池侍宴應制　沈佺期
碧水澄潭映遠空紫雲香駕御微風漢家城闕疑天上
秦地山川似鏡中向浦迴舟萍已綠分林蔽殿槿初紅
古來徒美横汾賞一作今日宸遊聖藻雄
玉堂才調集　東

601

于朋舉（生卒年不詳），字襄于，一字念劬，金壇人。順治六年進士，纍陞湖南布政使。

是書"東"韻一百五十三首，"冬"韻四十七首，"江"韻十首，"支"韻二百二首，"微"韻一百三十六首，"魚"韻八十首，"虞"韻四十三首，"齊"韻六十七首，"佳"韻九首，"灰"韻一百五十三首，"眞"韻一百七十四首，"文"韻一百一首，"元"韻七十首，"寒"韻八十六首，"刪"韻七十七首，"先"韻一百九十六首，"蕭"韻、"肴"韻、"豪"韻共三十四首，"歌"韻六十三首，"痲"韻一百三十首，"陽"韻二百三十八首，"庚"韻二百六十八首，"青"韻四十首，"蒸"韻四十二首，"尤"韻二百一十七首，"侵"韻一百二十四首，"覃"韻十一首，"鹽"韻十三首，"咸"韻五首，聯章。

于朋舉《序》曰："選詩而外，涉獵三唐已，又取休文聲韻部分而手鈔之。矻矻數年，先成七律三十一卷，詩凡三千餘首，名之曰《玉堂才調集》，志肄業也。"

著錄：《中國古籍善本書目》。

602　眞文忠公續文章正宗

《眞文忠公續文章正宗》二十卷，宋眞德秀輯，宋刻本。一冊。半葉十一行二十一字。左右雙邊，白口，雙魚尾。版心鐫"續正宗"。框高 29.5 釐米，寬 18 釐米。

眞德秀，見 288《西山讀書記甲集》。

本館所藏殘本爲卷第十一，金鑲玉裝。含"敘事"部之歐陽文忠公"六一居士傳"、"桑懌傳"、曾子固"徐復傳"、"方山子傳"、蘇文定公"巢谷傳"等。

著錄：《中國古籍善本書目》。

鈐印："孫社"。

刻工：友眞、友、同、工、毛等。

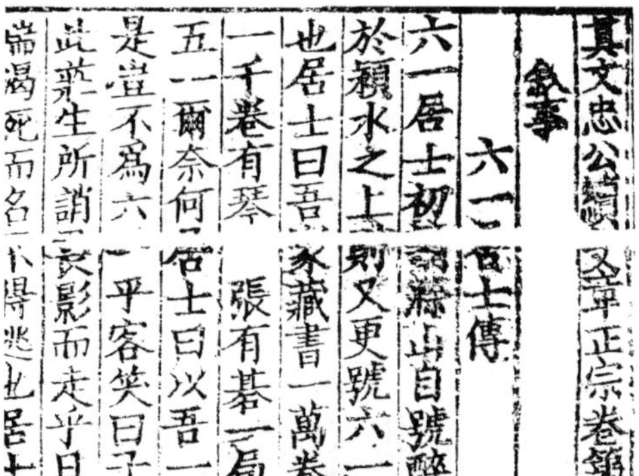

眞文忠公續文章正宗卷第十一

敘事

六一居士傳　歐陽文忠公

六一居士初謫滁山自號醉翁既老而衰且病將退休於潁水之上則又更號六一居士客有問曰六一何謂也居士曰吾家藏書一萬卷集錄三代以來金石遺文一千卷有琴一張有碁一局而常置酒一壺客曰是爲五一爾奈何居士曰以吾一翁老於此五物之間是豈不爲六一乎客笑曰子欲逃名者乎而屢易其號此莊生所誚畏影而走乎日中者也余將見子疾走大喘渴死而名不得逃也居士曰吾固知名之不可逃然

602

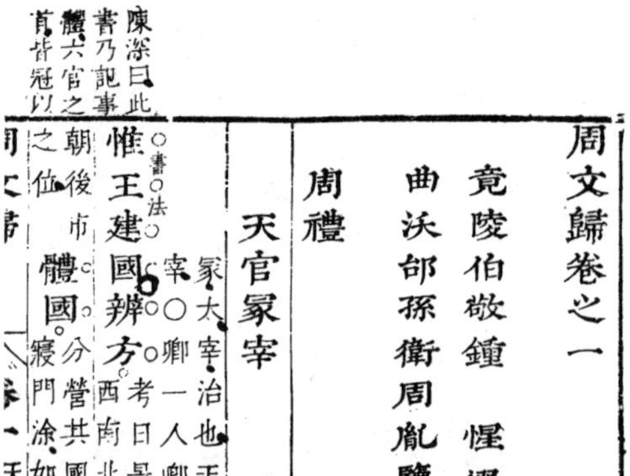

周文歸卷之一

竟陵伯敬鍾　惺選

曲沃部孫衛周胤鑒

武林爻一陳昊子輯

仲衍胡　揆

瀫西仲光蔣尚賓　參

古婺建白范德建閱

周禮

天官冢宰

603

603　周文歸

《周文歸》二十卷，明鍾惺輯，明崇禎五年刻本。十二冊。半葉九行十九字，小字雙行同，書眉上刻評。四周單邊，白口，單魚尾。版心上鐫書名，中鐫卷次。框高 18.9 釐米，寬 14.5 釐米。前有崇禎顧錫疇序，胡揆序，包士瀛序，崇禎五年陳淏子大凡及總目，分卷目次等。

鍾惺，見 054《詩經》。

是書卷之一至三爲《周禮》，卷之四爲《考工記》、《儀禮》，卷之五爲《檀弓》、《爾雅》，卷之六爲《孔子家語》，卷之七至十爲《左傳》，卷之十一至十三爲《國語》，卷之十四爲《公羊傳》，卷之十五爲《穀梁傳》，卷之十七、十八爲《戰國策》，卷之十九爲《楚辭》，卷之二十爲《逸周書》。

《四庫全書總目》曰："其書刪節《三禮》、《爾雅》、《家語》、《三傳》、《國語》、《楚辭》、《逸周書》共爲一編，以時文之法評點之。明末士習，輕佻放誕，至敢於刊削聖經，亦可謂悍然不顧矣。"

著錄：《四庫全書總目》、《中國古籍善本書目》、《美國哈佛大學哈佛燕京圖書館中文善本書志》。

604 諸儒箋解古文眞寶

I1157

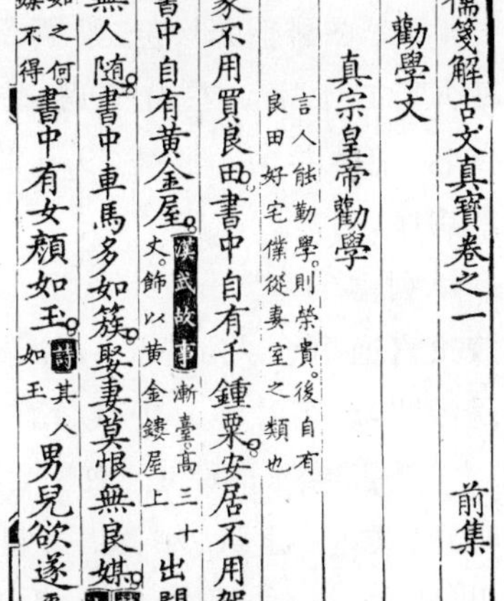
諸儒箋解古文真寶卷之一　前集
勸學文
真宗皇帝勸學
言人能勤學。則榮貴。後自有良田好宅僕從妻室之類也
富家不用買良田。書中自有千鍾粟。安居不用架高堂。書中自有黄金屋。漢武故事 漸臺高三十丈。飾以黄金鏤屋上 出門莫恨無人隨。書中車馬多如簇。娶妻莫恨無良媒。詩南山 娶妻如之何 匪媒不得 書中有女顏如玉。詩 其人如玉 男兒欲遂平生

604

《諸儒箋解古文眞寶》前集十卷，後集十卷，題黄堅輯，明萬曆十一年司禮監刻本，二十冊。半葉八行二十字。四周雙邊，黑口，雙魚尾。版心中鐫書名、卷次。框高 25.3 釐米，寬 16.7 釐米。前有萬曆十一年明神宗御製重刻《古學會纂》前序，目錄。

是書爲明神宗御選之歷代文選。前集第一卷、第二卷含勸學文、五言古風短篇，第三卷爲五言古風長篇，第四卷、第五卷爲七言古風短篇，第六卷爲七言古風長篇，第七卷爲長短句、吟類、引類，第八卷爲歌類，第九卷爲行類，第十卷爲曲類、辭類。後集第一卷爲表類，第二卷爲賦類、説類，第三卷爲解類、文類，第四卷爲序類，第五卷爲記類，第六卷爲表箴類、銘類，第七卷爲頌類、傳類，第八卷爲辯類、碑類，第九卷爲原類、論類，第十卷爲書類、贊類。

《古學會纂前序》稱："開卷有益，朕輯是編，敢謂仰摹作者，庶以動息存養，不悖于遊藝博文之指云爾。舊本凡三百十有二篇，今益以三十五篇。刻久漫漶，因重授梓，以便觀覽焉。"

《欽定天祿琳琅書目》曰："黄堅輯五卷，前明神宗序，後明孝宗跋，又一跋不著姓

氏。黄堅不知爲何時人,觀孝宗跋語,已有'命工梓之'之文,神宗作序又稱'舊本凡三百十有二篇,今益三十五篇,刻久漫漶,因重授梓'云云,是明時内府此書固有二板矣。其不著姓氏之跋,則稱'永陽黄堅氏所集《古文眞寶》二十卷,梓行已久,率多湮蝕,偶得善本,命工重刊'云云。跋後題爲弘治十五年青藜齋寓。雲中有斐堂書,觀此則内版之外復有二刻,其刻於雲中者與孝宗朝内版同出一時,皆爲重梓。而神宗所刊最居其後,係合孝宗雲中兩刻而併校之,故皆載其跋也。至雲中之跋,稱二十卷與此五卷之數不符,蓋由重刊時省併之故,第書中註釋詞意淺陋,似非名人所作。"

著錄:《欽定天禄琳琅書目》、《千頃堂書目》、《中國古籍善本書目》。

詩文評類

605 文心雕龍

F784

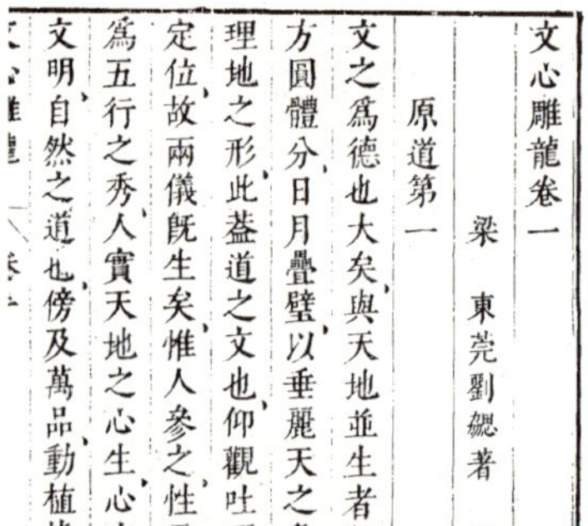
文心雕龍卷一
梁 東莞劉勰著 張遂辰閲
原道第一
文之爲德也大矣與天地並生者何哉夫玄黃色雜方圓體分日月疊璧以垂麗天之象山川煥綺以鋪理地之形此蓋道之文也仰觀吐曜俯察含章高卑定位故兩儀既生矣惟人參之性靈所鍾是謂三才爲五行之秀人實天地之心生心生而言立言立而文明自然之道也傍及萬品動植皆文龍鳳以藻繪

605

《文心雕龍》十卷,梁劉勰撰,明刻本。四册。半葉九行二十字。左右雙邊,白口,單魚尾。版心上鐫書名,中鐫卷次。框高 19.9 釐米,寬 13.8 釐米。前有余誨序,目錄。

劉勰(465? —520),字彦和,東莞莒人。天監中兼東宫通事舍人,遷步兵校尉,兼舍人如故。後出家爲沙門,改名慧地。事具《南史》本傳。

是書卷一爲原道、徵聖、宗經、正緯、辨騷,卷二爲明詩、樂府、詮賦、頌讚、祝盟,卷三爲銘箴、誄碑、哀弔、雜文、諧隱,卷四爲史傳、諸子、論說、詔策、檄移,卷五爲封禪、章表、奏啟、議對、書記,卷六爲神思、體性、風骨、通變、定勢,卷七爲情採、鎔裁、聲律、章句、麗辭,卷八爲比興、夸飾、事類、練字、隱秀,卷九爲指瑕、養氣、附會、總術、時序,卷十爲物色、才略、知音、程器、序志。

《四庫全書總目》曰:"其書原道以下二十五篇,論文章體製。神思以下二十四篇,論文章工拙。合序志一篇,爲五十篇。據序志篇稱,上篇以下,下篇以上,本止二卷。然《隋志》已作十卷,蓋後人所分。又據時序篇中所言,此書實成於齊代。此本署梁通事舍人劉勰撰,亦後人追題也。是書自至正乙未刻於嘉禾,至明宏治、嘉靖、萬歷閒凡經五刻。其隱秀一篇，皆有闕文。明末常熟錢允治，稱得阮華山宋槧本，鈔補四百餘字。然其書晚出，别無顯證。其詞亦頗不類。……又考《永樂大典》所載舊本，闕文亦同，其時宋本如林，更不應内府所藏無一完刻。阮氏所稱，殆亦影撰，何焯等誤信之也。至字句舛譌，自楊愼、朱謀瑋以下，遞有校正，而亦不免於妄改。”

著錄：《四庫全書總目》、《中國古籍善本書目》。

606 藝苑名言

PL2306.C4278 1776/W1549

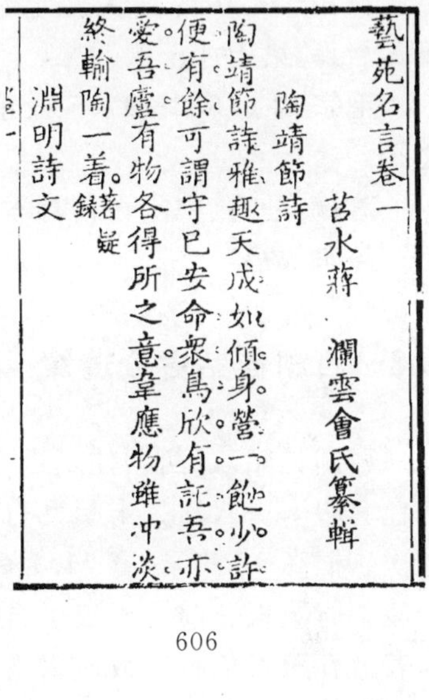
藝苑名言卷一
茗水蔣 瀾雲會氏纂輯
陶靖節詩
陶靖節詩雅趣天成如傾身營一飽少許
便有餘可謂守已安命衆鳥欣有託吾亦
愛吾廬有物各得所之意韋應物雖沖淡
終輸陶一着。鍇著疑
淵明詩文

606

《藝苑名言》八卷，清蔣瀾纂輯，清乾隆四十年蔣氏懷谷軒刻本。四冊。半葉八行十六字。左右雙邊，白口，無魚尾。版心鐫卷次。框高 11 釐米，寬 7.2 釐米。卷端署“茗水蔣瀾雲會氏纂輯”，前有乾隆丙申年蔣瀾自序，例言，採錄書目等。

蔣瀾（生卒年不詳），字雲會，浙江茗水人。

是書選錄古詩詞名句約七百餘則，分爲八卷，不分類，每條撮其大旨，標題於前。

蔣瀾《自序》曰：“余自弱冠學爲詩，見說之有益於詩者，輒手自抄寫，嗣飢驅走東越，向之所錄，半踈散佚。癸巳夏日，偶取案頭所存者閱之，輒有會心，不忍釋手，爰聚歷朝說詩諸書，詳加採擇，必其言之有味，令人讀之足以賞心悅目者，方爲編入，僅得若干首，名之曰《藝苑名言》。”

著錄：《中國古籍善本書目》。

通俗小說類

607 四大奇書第一種

PL2690.S3 1644/W141

《四大奇書第一種》、《三國志演義第一才子書》十九卷，一百二十回，元羅貫中撰，清毛宗岡、毛綸評，杭永年定，順治元年金閶藝海堂刻本。二冊。半葉十二行二十六字，小字雙行五十二字。四周單邊，白口，單魚尾。版心上鐫“第一才子書”，中鐫卷次。框高 19 釐米，寬 14 釐米。前有朱色扉頁，題“聖歎外書。毛聲山評點三國志，金批第一才子書。金閶藝海堂梓行。"卷首有順治元年金聖嘆序,回目繡像一百二十幅,書目,凡例,讀三國志法。書目第一葉標有"聖嘆外書"、"聲山别集"。

羅貫中(1330—1400),一名本,字貫中,號湖海散人,山西太原人。

毛聲山(生卒年不詳),名綸,字德音,雙目失明後更號聲山,江蘇長洲人。毛宗崗之父。曾評《琵琶記》,名爲"第七才子書"。

毛宗崗(1632—1709),字序始,號孑庵。毛綸之子。

著録:是書《中國古籍善本書目》等無著録。

鈐印:"福"。

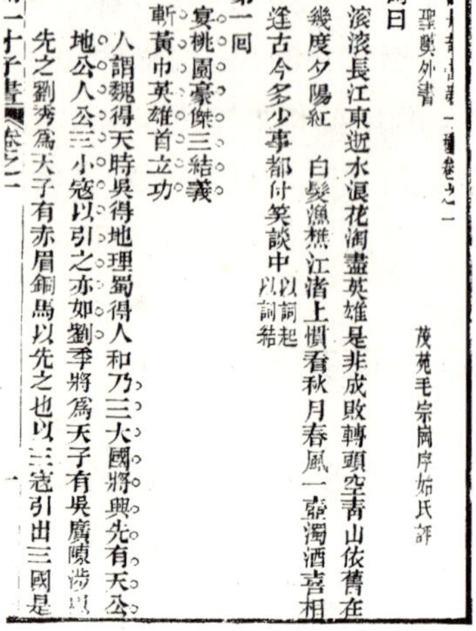
聖嘆外書
茂苑毛宗崗序始氏評
詞曰
滚滚長江東逝水浪花淘盡英雄是非成敗轉頭空青山依舊在
幾度夕陽紅　白髮漁樵江渚上慣看秋月春風一壺濁酒喜相
逢古今多少事都付笑談中以詞起以詞結
第一回
宴桃園豪傑三結義
斬黄巾英雄首立功
人謂魏得天時吳得地理蜀得人和乃三大國將興先有天公
地公人公三小寇以引之亦如劉季將爲天子有吳廣陳涉以
先之劉秀爲天子有赤眉銅馬以先之也以三寇引出三國是
第一才子書

607

608　西湖佳話古今遺蹟

《西湖佳話》、《西湖佳話古今遺蹟》十六卷,清墨浪子輯,清康熙十二年金陵王衙刻五色套印本。八冊。半葉九行二十字。四周單邊,白口,單魚尾。版心上鐫書名,下鐫卷次。框高18釐米,寬11.7釐米。有圖。前有扉頁,題:"今古奇觀,精繪設色全圖,金陵王衙藏板。"前有墨浪子自序,目次,題詩,插圖等。墨浪子題曰:"康熙歲在昭陽赤奮若孟春陬月望日",故成書當爲清康熙十二年。

墨浪子(生卒年不詳),又名古吳墨浪子。

是書以平話形式寫成,每卷講述一則與西湖有關之人物故事。卷一爲葛嶺仙蹟,卷二爲白堤政蹟,卷三爲六橋才蹟,卷四爲靈隱詩蹟,卷五爲孤山隱蹟,卷六爲西泠韻蹟,卷七爲岳墳忠蹟,卷八爲三台夢蹟,附録《於祠祈夢顯應事蹟》,卷九爲南屏醉蹟,卷十爲虎溪笑蹟,卷十一爲斷橋情蹟,卷十二爲錢塘霸蹟,卷十三爲三生石蹟,卷十四爲梅嶼恨蹟,卷十五爲雷峰怪蹟,卷十六爲放生善蹟。

墨浪子《自序》曰,"嗟嗟!西湖至今日,而佳麗幾不可問矣。以淡妝濃抹之西子,竟成蓬首捧心之西子矣。然而人皆爲西子惜,余獨爲西子幸。幸古人之美跡猶存,品題尚在,則西子之面目自若也。但有其跡,而不知其跡之所從來,猶不足爲西子寫生。因考之史、傳、志、集,征諸老師宿儒,取其跡之最著、事之最佳者而紀之。如仙翁之藥爐丹井,和靖之子鶴妻梅,白蘇之文章,岳于之忠烈,錢鏐之崛起,駱宋之聯吟,辨才、圓澤、濟顛、蓮池之道行,小青、蘇小之風流,俱彰彰於人耳目者,亟爲之集焉。今而後有慕西子湖而不得親見者,庶幾披圖一覽,即可當臥游雲爾。"

著録:《中國古籍善本書目》。

南高峰
龍井
烟霞
石屋
虎跑
放生池
南屏
雷峰塔
錢王祠

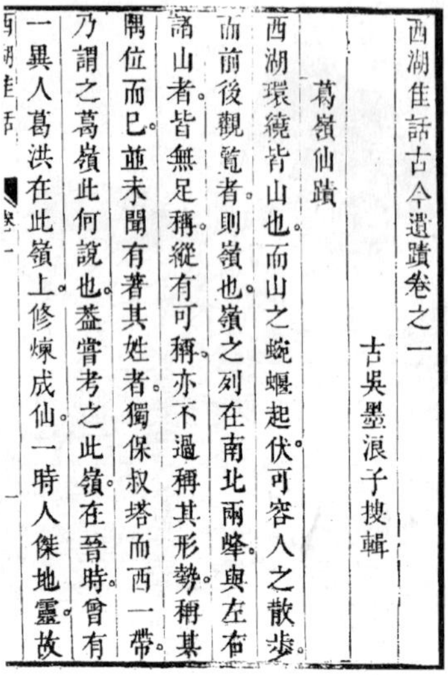
西湖佳話古今遺蹟卷之一
古吳墨浪子搜輯
葛嶺仙蹟
西湖環遶皆山也。而山之蜿蜒起伏。可容人之散步
而前後覩覽者。則嶺也。嶺之列在南北兩峰與左右
諸山者。皆無足稱。縱有可稱。亦不過稱其形勢。稱其
偶位而已。並未聞有著其姓者。獨保叔塔而西一帶
乃謂之葛嶺。此何說也。葢嘗考之此嶺。在晉時曾有
一異人葛洪在此嶺上。修煉成仙。一時人傑地靈。故
西湖佳話 卷一

608-2

新刻全像三寶太監西洋記通俗演義卷之一
二南里人 編次
三山道人 繡梓
第一回
○盂蘭盆揭諦○補陀山會神
詞曰
春到人間景異常 無邊花柳競芬芳 香車寶馬閙來往
引卻東風入醉鄉 釃剩酒 卧斜陽 滿擁三萬六千場
而今白髮三千丈 還記得年來三寶太監下西洋
粤自天開於子。便就有箇金羊玉馬。金蛇玉龍。金虎玉虎。金鴉鐵
騎蒼狗盤螭。龍纏象緯。羊角鵾精。漉漉虺虺。瀼瀼稜稜。無限的經
緯中間。卻有兩位大神通。一箇是東太陽之真精。行遍天三百六

609

609 新刻全像三寶太監西洋記通俗演義

H1068

《新刻全像三寶太監西洋記通俗演義》二十卷，一百回，明羅懋登撰，明步月樓刻本。四冊。半葉十二行二十五字。四周雙邊，白口，單魚尾。版心上鐫書名，中鐫卷次。框高 21.7 釐米，寬 13.6 釐米。有圖。前有扉頁，題："三寶太監全傳。西洋記。俠旭齋藏板，步月樓梓行。"前有萬曆二十五年羅懋登《西洋記通俗演義》序，目錄。

羅懋登（生卒年不詳），字澄之，號二南里人，明萬曆間陝西人。約萬曆二十四年前後在世。著有《西洋記》、傳奇《香山記》等，並注釋傳奇多種。

是書記述三寶太監鄭和下西洋事蹟，並混雜有各類神怪故事。書中每五回爲一卷，從第一回"盂兰盆佛爷揭諦補陀山菩薩會神"至第一百回"奉聖旨頒賞各官奉聖職建立祠廟"。

本館藏本爲步月楼覆萬曆三山道人刊本，別題"映旭齋藏版"。

著錄：《中國古籍善本書目》、《美國哈佛大學哈佛燕京圖書館中文善本書志》。

610 鄭氏應識五代記

H969

《鄭氏應識五代記》五十卷，清江日昇撰，清鈔本。十冊。半葉九行二十五字。無邊框，葉高 23.5 釐米，寬 11.5 釐米。前有彭一楷、陳祈求、鄭應發序，康熙四十三年江日昇自敘，鄭氏應識五代記，嘉慶六年謝氏例言九則，目錄等。

江日昇(生卒年不詳),原姓林,字東旭,福建惠安人。康熙五十二年解元。約清聖祖康熙中前後在世。著有《臺灣外記》。

是書據江日昇《臺灣外記》卷首《鄭氏應讖五代記》擴展而成鄭氏經營臺灣演義,共一百回。《鄭氏應讖五代記》曰:"鄭芝龍,字飛皇,福建泉州府南安縣石井人;封平國公,加太師。投誠,封同安侯。……鄭成功,芝龍長子,原名森,字大木,泉州府南安學生員。……鄭經,成功長子,字元之。妻唐氏,尚書唐女孫,無出。……鄭克臧,經長子。當甲寅之變,經乘釁西渡,仍踞金、廈各島;允陳永華請,令其在臺監國。大有材能,剛正果斷,見嫉諸叔。迨經死,馮錫范遂譖諸叔,以螟蛉說於 董國太,共謀殺之,年十八,兵民嘆惜。鄭克塽,經次子。投誠,封正黃旗漢軍公。妻馮氏,正白旗漢軍伯錫范之女。……鄭芝龍起於天啟元年,至康熙癸亥克塽歸誠,共六十三年。"

本館藏本爲墨筆楷書。

著錄:《中國古籍善本書目》錄有《臺灣外記》。

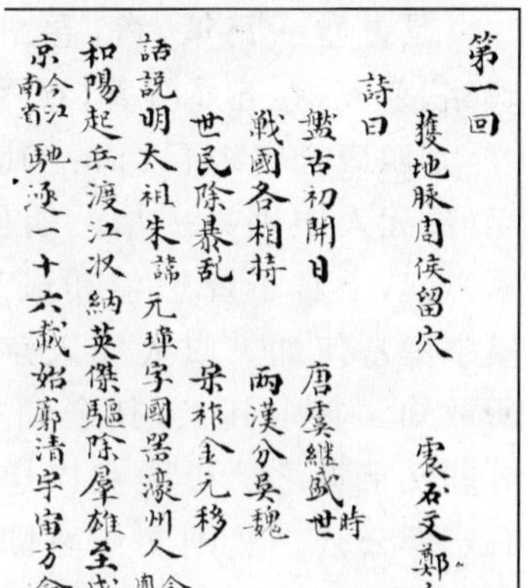
第一回 獲地脈固佚留穴　震石文鄭氏應讖
詩曰
盤古初開日　唐虞繼盛時　三王稱治世
戰國各相持　兩漢分吳魏　五胡亂晉基
世民除暴亂　宋祚金元移
話説明太祖朱諱元璋字國瑞濠州人(今江南鳳陽府)於元至正七年自
和陽起兵渡江收納英傑驅除羣雄至戊申歲即位金陵改稱南
京(今江南省)馳逐一十六載始廓清宇宙方命江夏侯周德興設立衛

610

金元別集類

611　余忠宣公文集

PL2694. Y74 1753/W894

《余忠宣公集》、《青陽文集》、《青陽集》六卷,元余闕撰,郭奎纂集,余秉剛編,清乾隆十八年洪濤山房刻本。四冊。半葉十行十九字。四周雙邊,黑口,双魚尾。版心上鐫書名,下鐫卷次。框高 18.4 釐米,寬 12.7 釐米。前有清乾隆十八年余秉剛序,宋濂撰"先忠宣公原傳",李祁"原刻忠宣公青陽全集序",程國儒、儸洪先、高穀引、劉瑞、張楷、余秉讓序等,後有孫云龍跋。

余闕(1303—1358),字廷心,一字天心,色目人,唐兀氏,世居武威,後徙合肥。元統元年進士,除同知泗州。元至正十三年,改淮東宣慰司爲都元帥府,僉都元帥事,拜淮南行省左丞。卒,贈淮南江北等處行中書省平章政事,追封豳國公,謚忠宣。著有《余竹窓詩集》等。

是書卷一爲策、書，卷二爲序，卷三爲記，卷四爲碑銘、墓表，卷五爲雜著，卷六爲詩。

《四庫全書總目》曰："其詩以漢、魏爲宗，優柔沈涵，於元人中别爲一格。胡儼雜説曰，初危太樸以文學徵起，士君子皆想望其風采。或問虞文靖公曰，太樸事業當何如。曰太樸入京之後，其詞多誇，事業非所敢知。必求其人，其余闕乎。問何以知之。曰，集於闕文字見之。後闕竟以忠義顯，乃知前輩觀人，自有定鑒云云。然則文章雖闕之餘事，而心聲所發，識度自殊，亦有足覘其生平者矣。"

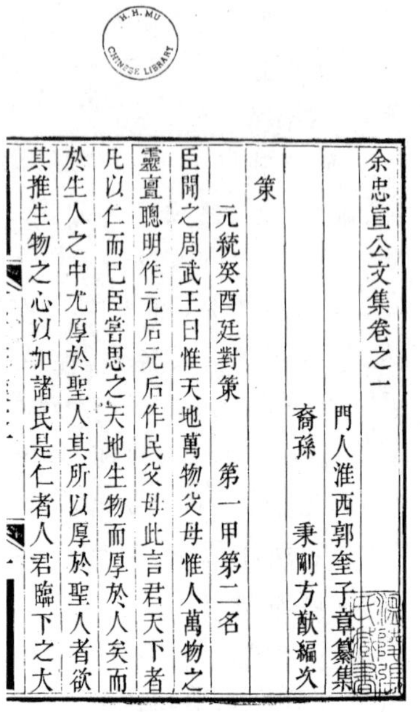
余忠宣公文集卷之一
門人淮西郭奎子章纂集
裔孫　秉剛方猷編次
策
元統癸酉廷對策　第一甲第二名
臣聞之周武王曰惟天地萬物父母惟人萬物之
靈亶聰明作元后元后作民父母此言君天下者
凡以仁而已臣嘗思之天地生物而厚於人矣而
於生人之中尤厚於聖人其所以厚於聖人者欲
其推生物之心以加諸民是仁者人君臨下之大

611

李祁《序》曰："廷心詩尚古雅，其文溫厚有典則，出入經傳疏義，援引百家，旨趣精深，而論議閎達，固可使家傳而人誦之，鑿鑿乎其不可易也。惜其稿煨燼無遺，獨賴門人郭奎掇拾於學者記錄之余，得數十篇以傳，而或者猶以不見全稿爲恨。夫以一草一木之微，已足以觀造化發育之妙，則凡世之欲知廷心者，又奚以多爲尚哉？昔太史司馬公，述屈原《離騷》之旨，謂推其志可與日月爭光。嗚呼，屈原不可尚矣，千載而下，知廷心者其無司馬乎？廷心嘗讀書青陽山中，及仕而得祿，多聚書以惠來學，學者稱爲青陽先生，故是集亦以青陽爲名云。"

著錄：《四庫全書總目》、《中國古籍善本書目》。本館另藏有李鶴章校刊清同治六年刻本，二冊。

鈐印："鞠園藏書"、"溫陵張氏藏書"。

叢部

612　百美新詠圖傳

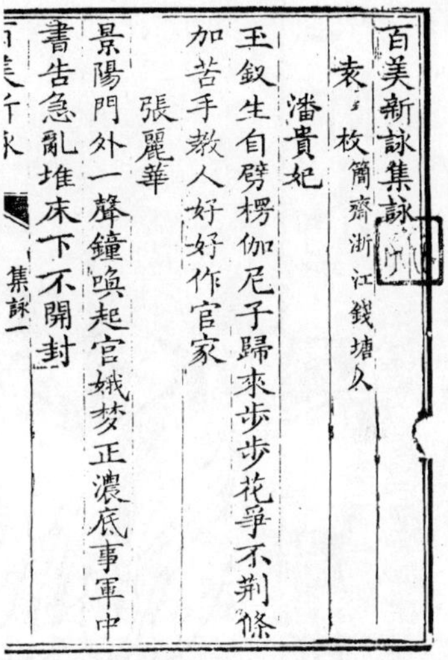
百美新詠集詠
袁枚簡齋浙江錢塘人
潘貴妃
玉釵生自劈楞伽尼子歸來步步花爭不荆條
加苦手敎人好好作官家
張麗華
景陽門外一聲鐘喚起宮娥梦正濃底事軍中
書告急亂堆床下不開封
百美新詠　集詠一

612-1

《百美新詠圖傳》、《百美圖畫傳》四卷，清顏希源撰，袁枚鑑定，王翔繪畫，清嘉慶九年集腋軒刻本。四册。半葉八行十八字。四周雙边，白口，單魚尾。框高19.3釐米，寬11.7釐米。前有扉頁，題："袁簡齋先生鑒定，集腋軒藏版。"卷一前有康熙九年袁枚序，乾隆五十二年顏希源、張道渥序，乾隆五十五年黄德成序，嘉慶九年孫奎、史積容、吴經元、瑯環仙客序；卷二前有乾隆五十七年顏希源序；卷三前有嘉慶九年法式善序。

顏希源（1787—1804），字鑒塘。長期爲官江南。編纂有《嘉慶儀徵縣續志》十卷。

袁枚，見539《小倉山房文集》。

王翔（生卒年不詳），字鉢池，壽春人。曾任清宫内廷畫師。

是書集圖像、傳記、詩詞及書法於一體。收錄楊貴妃、趙飛燕、西施、王昭君、蔡文姬等歷代名媛小傳百篇、配圖百幅及袁枚等學者詠詞二百餘首。在中國版畫史上佔有重要地位。卷一、卷二爲詩文，卷三、卷四左葉爲圖，右葉爲詩文。

顏希源《自序》曰："丁未年六月，余於射雉城得題百美詩五十韻，不知何人何時所作也，心竊艶之，若絕代佳人後先媲美，目不暇給，及一再披閱，似無起結，少貫串，且復字疊見，不可勝數……余不揣固陋，效作一首"，"余百美詩成，索觀者頗眾，而未能悉知其原委也，聳余作傳。傳成，觀者咸想像昔日之芳姿，感慨當年之逸事，間於他集中見一二圖畫，莫不三致嘆焉。而鉢池王君適至……曾供奉内廷，其于山川、草木、鳥獸、昆蟲之類，偶一揮毫，無不酷肖，而於人物爲尤著。因爲仿傳内事跡，各肖其貞淫而慕寫之，於是觀者始無遺憾焉。"

著錄：是書《中國古籍善本書目》等無著錄。康奈爾大學圖書館藏有是書。《中國古籍善本書目》錄有清管庭芬編稿本《百美新咏》二卷。

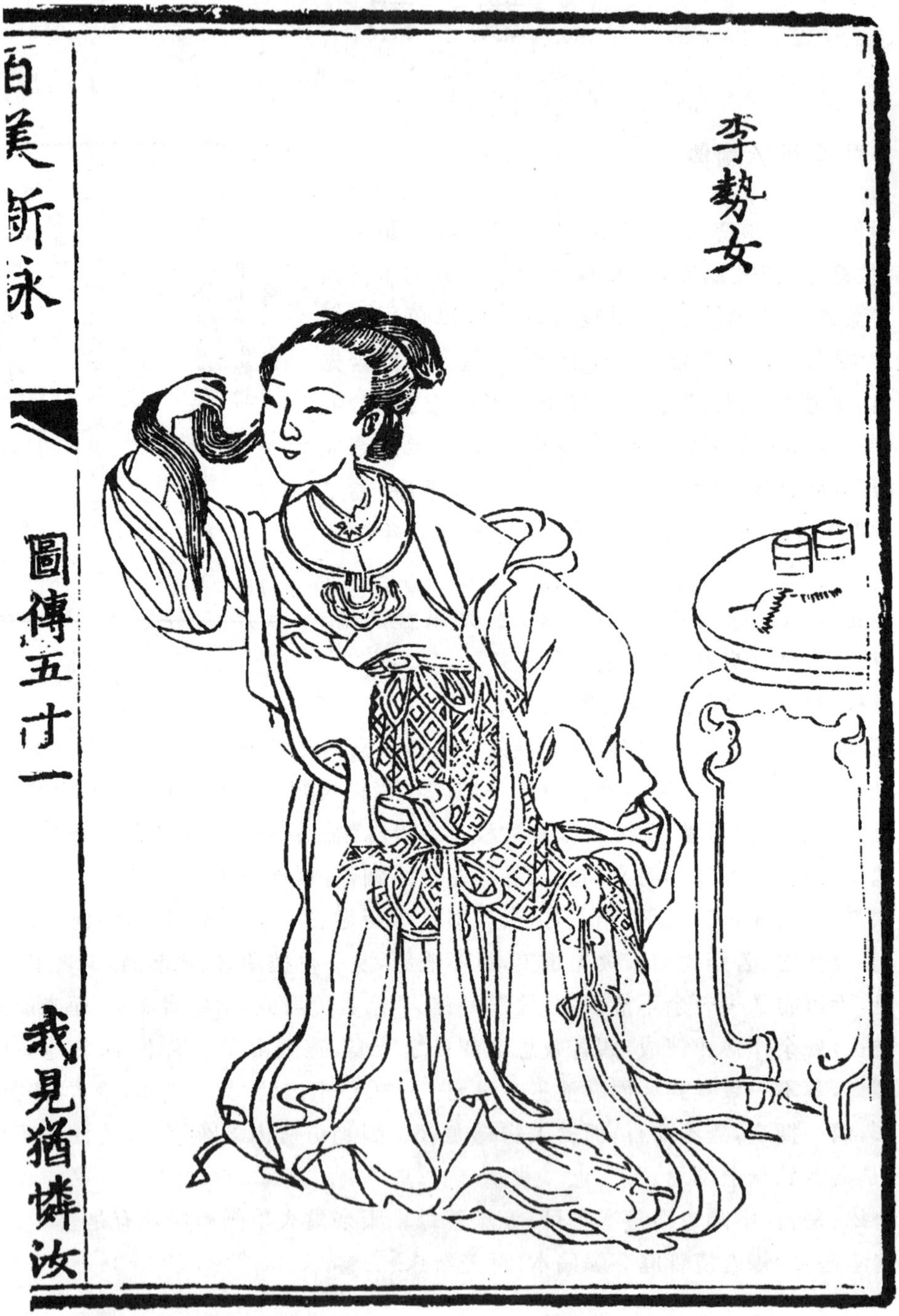

612-2

613　穀玉類編

AE4. W284/GR545

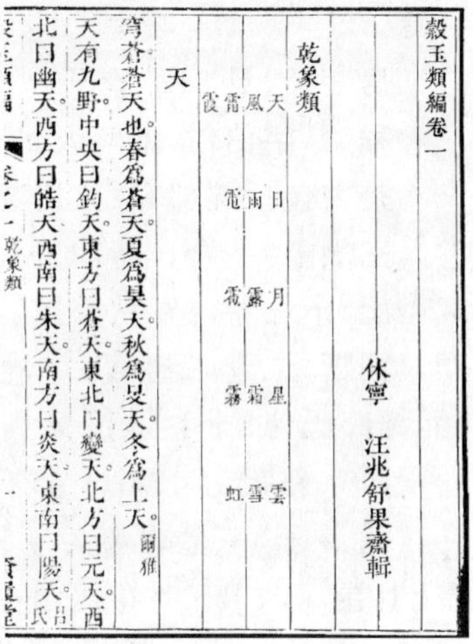
穀玉類編卷一
休寧　汪兆舒果齋輯
乾象類
天　日　月　星　雲
風　雨　露　霜　雪
雷　電　霰　霧　虹
霞
天
穹蒼蒼天也。春爲蒼天。夏爲昊天。秋爲旻天。冬爲上天。爾雅
天有九野。中央曰鈞天。東方曰蒼天。東北曰變天。北方曰元天。西北曰幽天。西方曰皓天。西南曰朱天。南方曰炎天。東南曰陽天。呂氏

613

《穀玉類編》五十卷，清汪兆舒編纂，乾隆二十三年資履堂刻本。十册。半葉十行二十五字，小字雙行五十字。四周雙邊，白口，單魚尾。版心上鐫書名，中鐫卷次，下鐫“資履堂”。框高20釐米，寬15釐米。前有扉頁，題：“穀玉類編。休寧汪果齋輯。資履堂藏板。”卷首有乾隆二十二年汪由敦序，乾隆二十三年汪沆序，乾隆二十三年吳世英嘉樹序，凡例，汪質跋，總目。

是書爲人事物象之類書，各條下引上古迄明之典籍原文以爲註。卷一爲乾象類，卷二爲時令類，卷三爲休徵類，卷四爲坤輿類，卷五、卷六爲堂廉類，卷七至卷十爲庭闈類，卷十一爲姻連類，卷十二至卷十四爲交際類，卷十五、卷十六爲懷感類，卷十七爲涉歷類，卷十八爲利澤類，卷十九至卷二十一爲才品類，卷二十二、卷二十三爲經濟類，卷二十四、卷二十五爲儒術類，卷二十六爲武功類，卷二十七爲帝戚類，卷二十八、卷二十九爲職官類，卷三十爲遭遇類，卷三十一爲科名類，卷三十二、卷三十三爲技藝類，卷三十四爲儀表類，卷三十五爲方外類，卷三十六爲器用類，卷三十七爲文具類，卷三十八爲音樂類，卷三十九爲服飾類，卷四十爲珍寶類，卷四十一爲兵器類，卷四十二爲飲食類，卷四十三爲卉木類，卷四十四爲果實類，卷四十五至卷四十七爲羽毛類，卷四十八、卷四十九爲鱗介類，卷五十爲昆蟲類。

吳世英《序》曰：“[汪果齋]嘗採擷經史，寫集聞見，爲書五十卷，題曰《穀玉類編》，蓋將以揚先民之懿德，導來者之善萌，如豐年玉、荒年穀，固人世之美瑞，須臾不可離者也。書成，未克刊布，識者憾焉。……今年夏剞劂已竣，[汪果齋子]樸園索余言。”汪質《跋》記曰：“右《穀玉類編》五十卷，蓋先君子一生績學綜貫古今典籍而成者也。……歲月寖遲，剞劂不顯，懼無以章先志，獲戾滋甚。爰檢遺稿，正之同學吳嘉樹、族弟西顥，并命兒輩校讎點畫，付諸梨棗。經始于丁丑之秋，明年夏乃蕆成事。”

著錄：是書《中國古籍善本書目》等無著錄。哈佛大學哈佛燕京圖書館、香港中文大學藏有是書。

614　漢魏叢書

H918

《漢魏叢書》三十八種二百五十一卷，唐房玄齡註，明程榮校，明萬曆二十年程榮刻本。五十冊。半葉九行二十字，小字雙行同。左右雙邊，白口，單魚尾。版心上鐫書名，中鐫卷次，下鐫刻工。框高20釐米，寬13.5釐米。前有萬曆二十年屠隆序，總

目錄。

房玄齡，見 312《管子》。

程榮，字伯仁，歙縣人。著有《山居清賞》。

是書包括經部有《京房易傳》三卷，《周易略例》一卷，《三墳書》一卷，《詩說》一卷，《韓詩外傳》十卷，《大戴禮記》十三卷，《春秋繁露》十七卷，《白虎通德論》二卷，《獨斷》二卷，《忠經》一卷，《方言》十三卷；史部有《元經薛氏傳》十卷，《汲冢周書》十卷，《穆天子傳》六卷，《西京雜記》六卷；子部有《素書》一卷，《新語》二卷，《孔叢子》三卷，《新序》十卷，《說苑》二十卷，《新書》十卷，《法言》十卷，《潛夫論》十卷，《申鑒》五卷，《中論》二卷，《顏氏家訓》二卷，《商子》五卷，《人物志》三卷，《風俗通義》十卷，《劉子新論》十卷，《神異經》一卷，《洞冥記》四卷，《述異記》二卷，《王子年拾遺記》十卷，《甘石星經》二卷，《飛燕外傳》一卷，《古今刀尖錄》一卷，《論衡》三十卷。

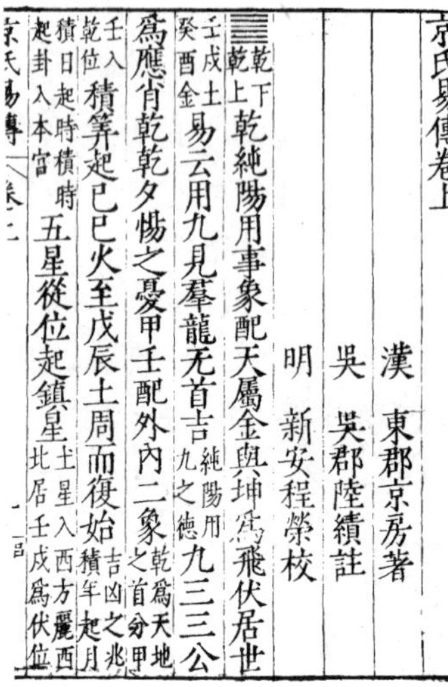
京氏易傳卷上
漢　東郡京房著
吳　吳郡陸績註
明　新安程榮校
乾下乾上 乾純陽用事象配天屬金與坤爲飛伏居世
壬戌土癸酉金 易云用九見羣龍无首吉純陽用九之德 九三三公
爲應肖乾乾夕惕之憂甲壬配外內二象乾爲天地之首分甲
壬入乾位 積筭起巳巳火至戊辰土周而復始吉凶之兆積年起月
積日起時積時起卦入本宮 五星從位起鎮星土星入西方麗西北居壬戌爲伏位
京氏易傳卷上　一

614

著錄：《千頃堂書目》、《中國古籍善本書目》。

刻工：刻工名多爲一字，計有：仇、玉、寵、孫、柱、守、魏、茂、錦、瀾、軍、高、黃組、吕、方、余等。

615　士林彝訓

《士林彝訓》八卷，清關槐撰，乾隆五十四年端溪書院刻本。四冊。半葉九行二十字，小字雙行四十字。左右雙邊，白口，單魚尾。版心上鐫書名，中鐫卷次。框高 17.8 釐米，寬 12.8 釐米。前有扉頁，題："士林彝訓。宗伯關晉軒先生手定，端溪書院梓。"卷首有乾隆五十四年關槐序和目錄。

關槐，見 436《事物異名錄》。

是書爲關槐就任廣東提督學政時針對廣東士風對以往有關士林訓誡之典籍進行總結闡發而作。卷一、卷二爲敬業，卷三、卷四爲敦倫，卷五、卷六律身，卷七、卷八爲處世。

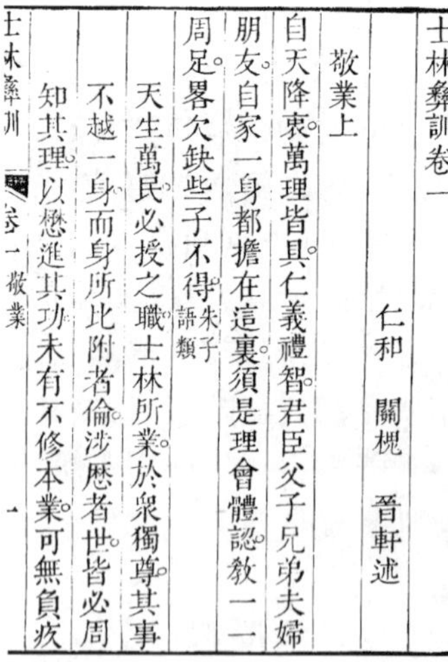
士林彝訓卷一
仁和　關槐　晉軒述
敬業上
自天降衷。萬理皆具。仁義禮智。君臣父子兄弟夫婦
朋友。自家一身都擔在這裏。須是理會體認。教一一
周足。畧欠缺些子不得。朱子語類
天生萬民。必授之職。士林所業。於衆獨尊。其事
不越一身。而身所比附者倫。涉歷者世。皆必周
知其理。以懋進其功。未有不修本業。可無負疚
士林彝訓　卷一　敬業　一

615

關槐《序》曰："使者恭膺簡命，視學粵東，天語諄諄，以振士風嚴士習爲要務，繼又疊邀宸翰，論令臣槐以實爲之。……夫竊不自揆，謹

述平昔省覽諸條,以類相從,並參臆說,次爲八卷,約以四編,授剞劂以貽之。”

著錄:是書《中國古籍善本書目》等無著錄。密西根大學圖書館藏有是書。

616　投壺新格、古居象棋圖、譜雙、打馬例

E2085

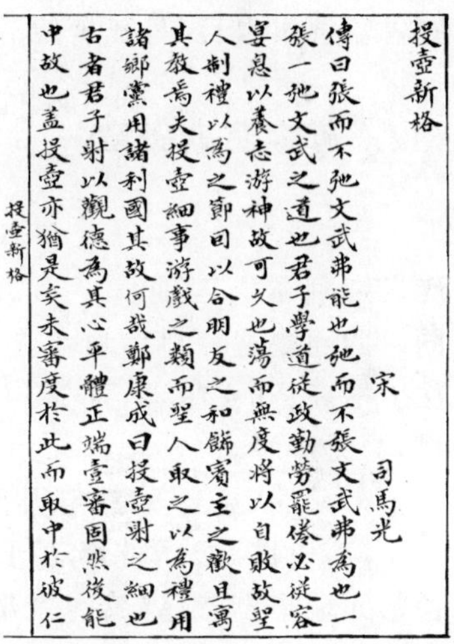
投壺新格　宋　司馬光

傳曰張而不弛文武弗能也弛而不張文武弗爲也一張一弛文武之道也君子學道從政勤勞罷倦必從容宴息以養志游神故可久也蕩而無度將以自敗故聖人制禮以爲之節因以合朋友之和飾賓主之歡且寓其教焉夫投壺細事游戲之類而聖人取之以爲禮用諸鄉黨用諸邦國其故何哉鄭康成曰投壺射之細也古者君子射以觀德爲其心平體正端壹審固然後能中故也蓋投壺亦猶是矣夫審度於此而取中於彼仁

投壺新格

616

《投壺新格》不分卷,宋司馬光撰,清鈔本。半葉八行二十一字。四周單邊,白口,無魚尾。框高 20.3 釐米,寬 13.5 釐米。有圖。

《古居象棋圖》不分卷,清鈔本。半葉六行十二字,小字雙行。四周單邊,白口,無魚尾。框高 20.1 釐米,寬 13.5 釐米。有圖。

《譜雙》五卷,宋洪遵撰,清鈔本。半葉十行十二字。四周單邊,白口,無魚尾。框高 20.3 釐米,寬 13.7 釐米。有圖。前有《譜雙》目錄。後有附錄,含唐寅等跋。

《打馬例》不分卷,清鈔本。半葉十行二十一字。四周單邊,白口,無魚尾。框高 20.3 釐米,寬 13.5 釐米。有圖。前有紹興四年李清照“打馬圖序”。

司馬光,見 046《司馬氏書儀》。

《御定淵鑑類函》載《投壺新格序》曰:“夫投壺細事遊戲之類,而聖人取之以爲禮。用諸鄉黨,用諸邦國,其何故哉? 鄭康成曰:‘投壺射之細也,古之君子射以觀德,爲其心平、體正、端壹、審固,然後能中故也。’蓋投壺亦猶是矣。夫審度於此,而取中於彼,仁道存焉。疑畏則踈,惰慢則失義,方象焉。左右前却,過分則差,中庸著焉。得一失二,成功盡棄,誡愼明焉。是故投壺可以治心,可以修身,可以爲國,可以觀人。”

《古居象棋圖》末有徐昌穀云:“右司馬溫公所述,周黄居中,尊天子也。無吏士不侵伐也。諸國異色,各回其方也。行人猶說客,從衡於期間也。餘各有制度噫。將以智爲本,七國環列于一盤之上,以七人遞相攻擊,或勝或負,其智不智可知矣。蓋前哲立意,懼人無所用心,未嘗不惓惓於書史之間,或文字飲則奕之。因此考古制也,語云。‘不有博弈者乎? 爲之猶賢乎?’已頤正居七裴子嘉樂,與賢士大夫游,因得是本,遂刻梓以廣其傳。時開禧丙寅上元日刊於書窟。”

《譜雙》第一卷爲盤馬制度,第二卷爲北雙陸,第三卷爲廣州雙陸,第四卷爲南番、東夷,第五卷爲總錄。《文獻通考》謂:“陳氏曰洪遵集此戲,今人不復爲。”《通雅》曰:“洪遵作《譜雙》,以握槊長行波羅雙陸,四名爲一要,是相近古用篦蔽,亦謂局也。”

李清照《打馬例序》曰:“按,打馬,世有二種。一種一將十馬者,謂之關西馬;一種無將二十馬者,謂之依經。流行既久,各有圖經,凡例可攷。行移賞罰,各有異同。……余獨愛依經馬目,取其賞罰互度,每事做數語,隨事附見,使兒輩圖之。不獨施之

博徒，實足貽諸好事，使千萬世後，知命辭打馬，始自易安居士也。”

本館所藏上述諸書裝訂爲一冊，皆墨筆楷書，行數、字數各異。每書均有白描附圖。

著錄：《千頃堂書目》、《中國古籍善本書目》。其中《古居象棋圖》、《打馬例》於《中國古籍善本書目》等無著錄。

617　萬壽衢歌樂章

《萬壽衢歌樂章》六卷，清彭元瑞輯，乾隆五十五年套紅刻本。四冊。半葉九行二十二字，小字雙行同。四周雙邊，白口，單魚尾。版心上鐫書名，下鐫卷次。框高 20.4 釐米，寬 12.1 釐米。前有永瑢、金簡奏摺，彭元瑞序。

彭元瑞，見 218《欽定天祿琳琅書目》。

《清史稿》云：“乾隆五十五年，高宗八旬，吏部尚書彭元瑞集御詩爲《萬壽衢歌三百章》，帝自圓明園回宮，奏以前導。而內戡外攘，治定功成，群臣亦屢有奏禦之篇。”

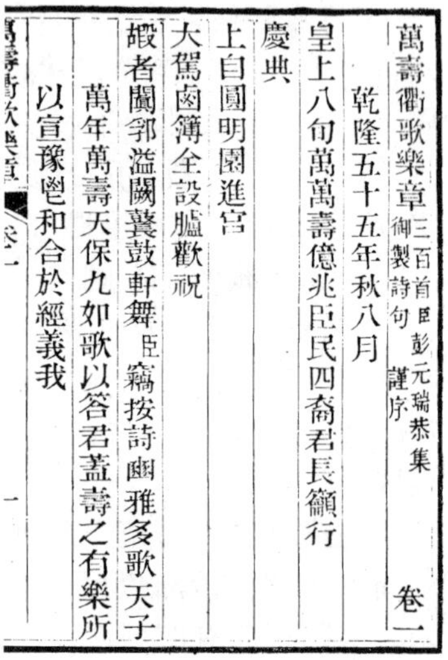
萬壽衢歌樂章 御製詩句三百首 臣彭元瑞恭集 謹序 卷一
乾隆五十五年秋八月
皇上八旬萬萬壽億兆臣民四裔君長籲行
慶典
上自圓明園進宮
大駕鹵簿全設臚歡祝
鍜者闐郛溢闕鼛鼓軒舞臣竊按詩豳雅多歌天子
萬年萬壽天保九如歌以答君蓋壽之有樂所
以宣豫邕和合於經義我

617

彭元瑞《序》曰：“《御製詩句衢歌三百章》分班前導。臣彭元瑞謹奏，爲恭進《萬壽衢歌樂章》，仰呈睿鑒事。乾隆五十五年秋八月，皇上八旬萬萬壽，億兆臣民，四裔君長，籲行慶典，駕自圓明園進宮，大駕鹵簿全設，臚歡祝鍜者，闐郛溢闕，鼛鼓軒舞，臣竊按，詩《豳》《雅》多歌天子萬年萬壽，天保九如，歌以答君，蓋壽之有樂，所以宣豫，邕和合於經義，我朝鹵簿有導迎樂、行幸樂，皆駕出入常用而未專頌聖壽。從前西域金川，兩次大功告成，躬親郊勞，有凱歌之製，其樂章用一字一音古法，自郊臺至行宮，左右隨行繁會，合奏爲大樂，聲容之極盛，載在《律吕正義後編》。臣謹依倣節奏，恭集御製詩句，譔爲《萬壽衢歌樂章》，以揚一人之綏福，寫萬類之歡誠，比聲，成文，攡事，紀實，凡三百首，冀上邀甄錄，付諸樂部，奏在仗間，自大撓、納甲、伶倫、吹律以來，郅德全福，大文和樂，於今而始一遇，而臣以不知，不識，得附康衢堯民，擊壤矢音，慶幸實爲莫大。謹會同臣鄒奕孝，填綴宮譜，駢註繕冊恭呈。”

著錄：《中國古籍善本目錄》。

鈐印：“臣永瑢謹藏”。

618　閑邪錄

《閑邪錄》、《三鑑堂重鐫閑邪錄》十卷，清姚端恪纂，蔣正校補輯，清乾隆十五年三鑑堂刻本。二冊。半葉十一行二十二字。四周單邊，白口，單魚尾。版心上鐫書名，中鐫卷次及標題，下鐫書屋名。框高 19.5 釐米，寬 14.2 釐米。前有扉頁，刻“漢江景臯戴喻讓忝閱”，有雍正九年鄭任鑰序，乾隆十五年馬克修序，熊以安“讀閑邪錄小引”等。後有金時潤乾隆二年、蔣正校跋。

姚端恪(生卒年不詳)，一名姚文然，字弱侯，桐城人。明崇禎進士。入清後授國史院庶吉士，纍官至刑部尚書。著有《姚端恪公文集》。

是書第一卷爲引經、徵史、據典、按律、釋書，第二卷爲格言註文，第三卷爲雜說，第四卷爲福善因果，第五卷爲禍淫因果，第六卷爲禍福無門惟人自召，第七卷爲悔過遷善轉禍爲福，第八卷爲響言，第九卷爲指南，第十卷爲節烈傳。

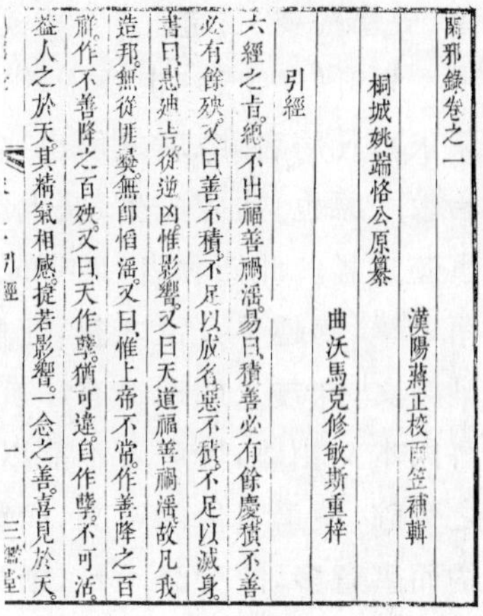
閑邪錄卷之一
漢陽蔣正校雨笠補輯
桐城姚端恪公原纂
曲沃馬克修敏斯重梓
引經
六經之旨，總不出福善禍淫。易曰，積善必有餘慶，積不善必有餘殃。又曰，善不積，不足以成名，惡不積，不足以滅身。書曰，惠廸吉，從逆凶，惟影響。又曰天道福善禍淫，故凡我造邦，無從匪彝，無即慆淫。又曰，惟上帝不常，作善降之百祥，作不善降之百殃。又曰，天作孽，猶可違，自作孽，不可活。蓋人之於天，其精氣相感，捷若影響。一念之善，喜見於天。

618

熊以安《讀閑邪錄小引》曰：“是書取義閑邪，邪故不獨女色一端，然吾思天地間引人最易，惑人最深，而其爲禍最烈者，究莫如色。”又曰：“是書擇精語，詳其匯集，一本聖經賢傳及諸儒名書，其大旨則在戒懼慎獨。”

著錄：是書《中國古籍善本目錄》等無著錄。

619　小四書

J1575

《小四書》五卷，明朱升編，明嘉靖二十六年刻本。三冊。半葉六行十六字，小字雙行，字數不等。四周雙邊，黑口，雙魚尾。版心上鐫書名，下鐫卷次。框高 22.5 釐米，寬 15.2 釐米。前有朱升序，王顯槐“重刊小四書引”。

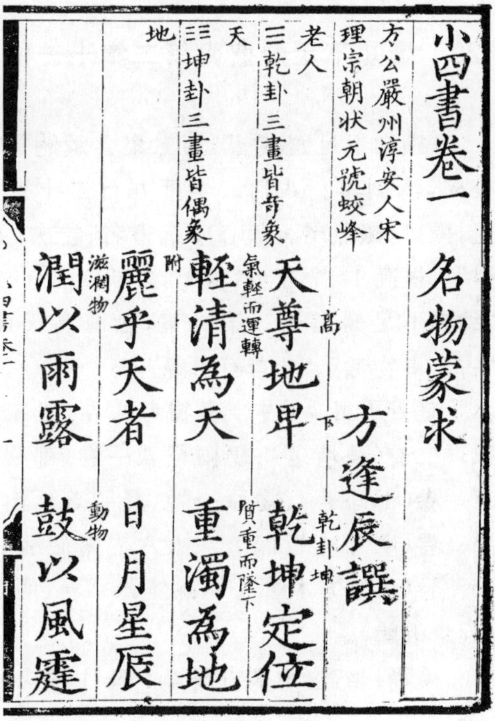
小四書卷一　名物蒙求
方逢辰譔
方公嚴州淳安人宋理宗朝狀元號蛟峰
天尊地卑 高 下
乾坤定位 乾卦 坤
老人 三乾卦三畫皆奇象
輕清爲天 氣輕而運轉
重濁爲地 質重而墜下
天 三三坤卦三畫皆偶象
麗乎天者 附
日月星辰
地
潤以雨露 滋潤物
鼓以風霆 動物

619

朱升(1299—1370)，字允升，休寧人。元至正五年舉鄉薦，爲池州學正，避盜棄官隱石門。歷任侍講學士、知制誥、同修國史、翰林學士等。與諸儒修《女誡》，於五經皆有旁註，而《易》尤詳，別有《前圖》二卷。著有《楓林集》等。

是書集宋元儒方逢辰《名物蒙求》、程若庸《性理字訓》、陳櫟《歷代蒙求》各一卷，黃善《史學提要》二卷。

朱升《序》曰："上章困敦，愚赴紫陽書會，與朋友商確，爲齊生定讀書次序，首《蛟峯蒙求》，凡將者，急就之儔也，名物者，小學之先也；次《勿齋字訓》，性理學問，天人之道，治教之原也；次陳先生《歷代蒙求》使知古今朝代之略；次黄成性《史學提要》，使知傳統事迹之詳。此四書者，四字成言，童幼所便，精熟融會，宇宙在胸中矣。然後循序乎六籍之學，歸趣乎孔孟之教，究極乎濂洛之説，休日則事筆札而考蒼雅，餘力則記名數而誦詩文，庶幾入門適道有序有條，本末兼備，終始相成者矣。夫讀書不可無註解，然註解與本文相離，學者若不能以意相附，則非徒無益，而適滋其惑，故愚於諸經書，往往與之旁註，使學者但讀本文，而覽其旁註，一過則了然，無繁複之勞也。今此小四書者，語約而事意多，故旁註不足，則又表註於闌上，使教者有所據依，而學者易於記憶，此區區之至意也。既脱稾刻之齋舍，題曰《小四書》，以别於晦菴《四書》云。"

著録：《中國古籍善本目録》、《千頃堂書目》。

鈐印："明善堂覽書畫印記"、"安樂堂藏書記"、"欒城張丙堯印"、"算學博士"。

620　續知不足齋叢書第二集十一種

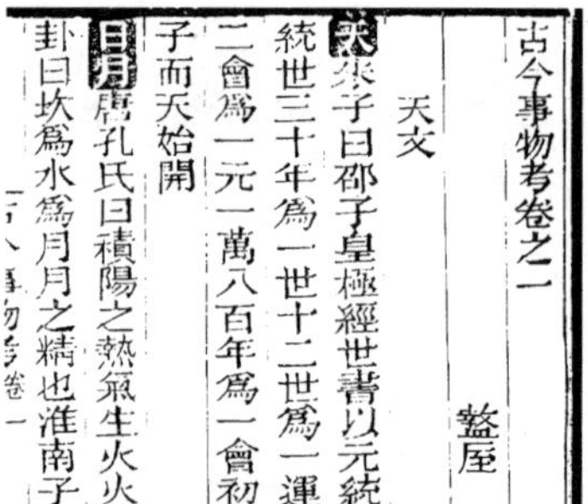
古今事物考卷之一
鰲屋　王三聘　輯
天文
天 朱子曰邵子皇極經世書以元統會以會統運以運統世三十年爲一世十二世爲一運三十運爲一會十二會爲一元一萬八百年爲一會初間一萬八百年至子而天始開
日月 唐孔氏曰積陽之熱氣生火火氣之精者爲日説卦曰坎爲水爲月月之精也淮南子曰日中有踆烏
古今事物考卷一　一　續鮑叢書

620

《續知不足齋叢書》第二集、《續鮑叢書》，高承勲校梓，清刻本。八册。半葉九行二十一字。左右雙邊，黑口，無魚尾。版心中鐫書名、卷次，下鐫"續鮑叢書"。框高 12.7 釐米，寬 10 釐米。前有二扉頁，一題："續知不足齋叢書。第二集，渤海高氏開雕。"一題："古今事物考"。卷首有目録。

是書子目爲：古今事物考八卷（王三聘輯）、戴氏鼠璞二卷（戴埴著）、聽雨紀談一卷（都穆著）、三餘贅筆一卷（都邛著）、物原一卷（羅頎著）、山水忠肝集摘要一卷（明蕭克智深著）、大六壬鬼撮脚一卷、宜齋野乘一卷（吳枋方木著）、痛餘雜録一卷（明史惇編）、豪譜一卷（高承勲輯）、遊戲録二卷（程景沂輯）。

著録：是書《中國古籍善本書目》等無著録。

621　續知不足齋叢書第一集六種

《續知不足齋叢書》第一集、《續鮑叢書》，高承勳校梓，清刻本。八冊。半葉九行二十一字，小字雙行四十二字。左右雙邊，黑口，無魚尾。版心中鐫書名、卷次，下鐫“續鮑叢書”。框高 12.7 釐米，寬 10 釐米。前有二扉頁，一題：“續知不足齋叢書。第一集，渤海高氏開雕。”一題：“太平惠民和劑局方”。卷首有《欽定四庫全書提要》，目錄。

是書子目爲：和劑局方十卷附總論三卷（宋陳師文等著）、芥隱筆記一卷（宋龔頤正撰）、佩觿三卷（宋郭忠恕記）、資暇集一卷、陰符七篇一卷、計倪子一卷。

本館藏本缺資暇集、陰符七篇、計倪子三種。

著錄：是書《中國古籍善本書目》等無著錄。

增廣太平惠民和劑局方卷一
渤海　高承勳松三校梓
諸風　附腳氣
至寶丹 療卒中急風不語中惡氣絕中諸物毒暗風中熱疫毒陰陽二毒山嵐瘴氣毒蠱毒水毒產後血暈口鼻血出惡血攻心煩躁氣喘吐逆難產悶亂死胎不下已上並用童子小便一合生薑自然汁三五滴入於小便內溫過化下三圓至五圓神効又療心肺積熱伏熱嘔吐邪氣攻心大腸風祕神魂恍惚頭目昏眩眠睡不
局方卷一　諸風　附腳氣　一　續鮑叢書

621

622　學海津梁

《學海津梁》四編，清崔學古編，吳希古、徐舒校，清康熙三十四年文起堂刊本。二冊。半葉九行二十字。左右雙邊，白口，單魚尾。版心上鐫書名，中鐫卷次，下鐫“文起堂”。框高 21 釐米，寬 13 釐米。前有江南督學部院張鵬翮序，後有淮安府知府李經政跋。

崔學古（生卒年不詳），字學博，曾任常州府武進縣學教諭。事具《江南通志》。著有《幼訓》、《少學》等。

是書第一編爲社學舉綱，第二編爲社學講義，第三編爲少學，第四編爲幼訓。

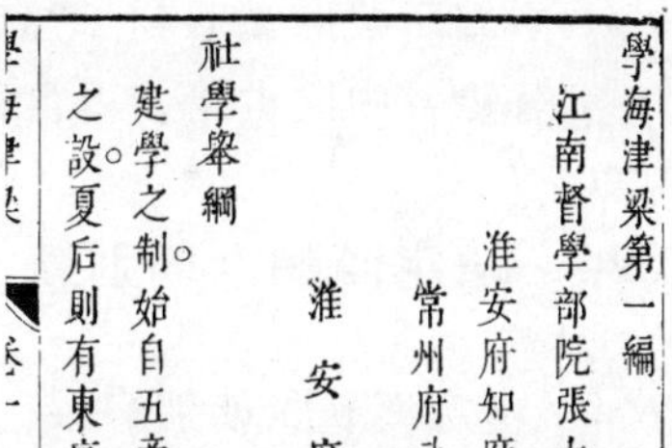
學海津梁第一編
江南督學部院張大宗師鑒定
淮安府知府李經政參訂
常州府武進縣學教諭崔學古編輯
淮安府學教授吳希古仝校
訓導徐舒
社學舉綱。
建學之制。始自五帝之成均。有虞則有上庠下庠之設。夏后則有東序西序之興。殷人則有右學左
學海津梁　卷一　一　文起堂

622

張鵬翮《序》曰：“余嘗欲合《禮經》、《少儀》、《儒行》、《疏釋》一編，而以朱子《學規讀書法》及薛方山先生《讀書譜》附其後，以昭示學者，未暇及也。頃奉特簡視學南中，首試東吳，得晉陵崔學博所輯《學海津梁》，取其薈萃詳切，深得安定經義、治事之教，按行各郡，時爲諸生稱說，比臨淮海歲試告竣，錄科方始，李太守亟請重爲鋟板，以廣其傳雅，與余志合。江南才俊藪澤，使人手是編，身體力行，循序漸進，父兄之教先，子弟之率謹，士風之駸駸丕振，庶幾有攸

賴焉。”

著録：是書《中國古籍善本書目》等無著録。湖北省圖書館藏有是書。

623 螢雪叢說

《螢雪叢說》二卷，宋俞成撰，明刻本。二冊。半葉九行二十字，小字雙行同。四周單邊，白口，單魚尾。版心上鐫書名，下鐫卷次。框高 21.3 釐米，寬 13.8 釐米。前有俞成宋寧宗慶元六年自序。

俞成(生卒年不詳)，字元德，東陽人。跋《儒學警悟》署“嘉泰辛酉”，則俞成至少在嘉泰元年仍在世。年四十後，不應科舉，遂專力文事，優游以終。著有《儒學警悟》。

俞成《自序》曰：“自此功名灰念，加以拙於謀利，時復優游黄卷，考究討論，付之書記，囊螢映雪，無所不爲，塵積日久，遂成一編目，曰《螢雪叢說》。”

本館所藏應爲明刻《稗海》本。

著録：《中國古籍善本書目》、《千頃堂書目》。

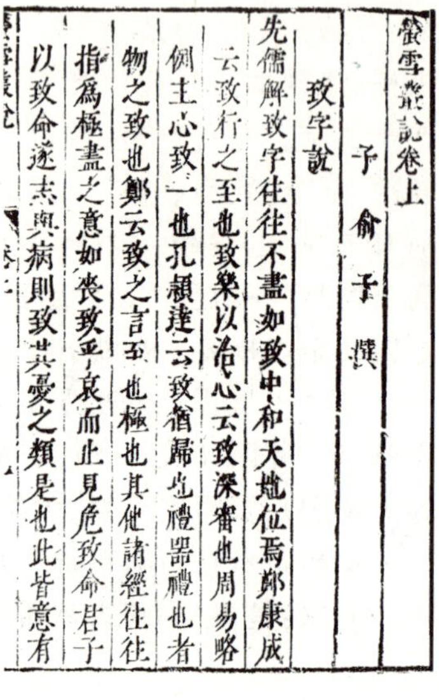
螢雪叢說卷上
予俞子撰
致字說
先儒解致字往往不盡如致中和天地位焉鄭康成
云致行之至也致衆以治心云致深審也周易略
例主心致一也孔穎達云致者歸也禮器禮也者
物之致也鄭云致之言至也極也其他諸經往往
指爲極盡之意如喪致乎哀而止見危致命君子
以致命遂志與病則致其憂之類是也此皆意有

623

624 增定漢魏六朝别解

《增定漢魏六朝别解》六十二卷，明葉紹泰輯，明崇禎十五年采隱山居刻本。二十四冊。半葉九行二十六字。四周單邊，白口，無魚尾。版心上鐫書名，中鐫卷次、篇名，下鐫“采隱山居”。框高 21.7 釐米，寬 11.8 釐米。前有崇禎十五年鍾越異“增訂别解序”，業紹泰序，崇禎十五年黄澍序，增訂别解發凡，目録。

葉紹泰(生卒年不詳)，字來甫，嘉興人。崇禎時諸生。

是書卷一爲古三墳，卷二爲汲冢周書，卷三爲乾坤鑿度，卷四爲韓詩外傳，卷五爲春秋繁露，卷六爲春秋陰陽，卷七爲六戴禮記，卷八爲易林，卷九爲易傳，卷十、卷十一爲洪範五行傳，卷十二爲太玄經，卷十三爲忠經，卷十四爲易略例，卷十五爲越絶書，卷十六爲吳越春秋，卷十七爲天禄閣外史，卷十八爲魏氏春秋，卷十九爲元經傳，卷二十爲素書，卷二十一爲新語，卷二十二爲孔叢子，卷二十三爲新書，卷二十四、卷二十五爲淮南子鴻烈解，卷二十六爲桓子鹽鐵論，卷二十七爲劉子説苑，卷二十八爲劉子新序，卷二十九爲揚子法言，卷三十爲班子白虎通，卷三十一爲王子論衡，卷三十二爲王子潛夫論，卷三十三爲應子風俗通，卷三十四爲王子楚辭章句，卷三十五爲蔡子獨斷，卷三十六爲仲子昌言，卷三十七爲諸葛心書，卷三十八爲徐子中論，卷三十九爲荀子申鑒，卷四十爲劉子人物志，卷四十一爲文章流别，卷四十二爲抱樸子，卷四十三爲劉子文心雕龍，卷四十四爲顔氏家訓，卷四十五爲劉子新論，卷四十六爲文中子中説，卷四十七爲賈長沙集、董膠西集、劉子政集，卷四十八爲揚侍郎集、劉子駿集，卷四十九爲班蘭臺集、崔亭伯集、張河澗集、荀侍中集，卷五十爲蔡中郎集、孔少府集、諸葛武侯集，卷五十一爲魏武帝集、魏文帝集、陳思王集，卷五十二爲陳記室集、王侍中集、阮元瑜集、應休璉集，卷五十三爲阮步兵集、嵇中散集，卷五十四爲杜征南集、潘黄門集、陸平原集，卷五十五爲劉越石集、郭弘農集、陶彭澤集，卷五十六爲何衡陽集、謝康樂集、顔光録集、鮑參軍集，卷五十七爲王寧朔集、孔詹事集，卷五十八爲梁武帝集、梁簡文帝集、梁元帝集，卷五十九爲昭明太子集、江文通集、沈隱侯集、陶隱居集，卷六十爲任中丞集、王户丞集、庾度支集，卷六十一爲徐僕射集、江令尹集，卷六十二爲庾開府集、王司空集、盧武陽集、薛司隸集。

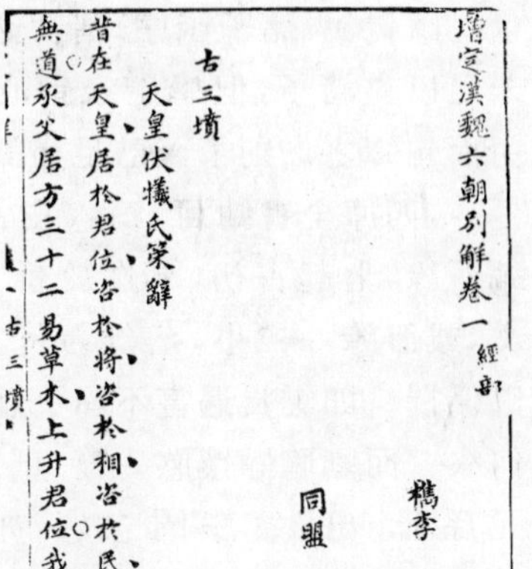
增定漢魏六朝别解卷一 經部
檇李 葉紹泰來甫 纂
鍾 越異度
同盟 宋東觀全古 閱
吳泰尚無稱
古三墳
天皇伏犧氏策辭
昔在天皇居於君位沓於將沓於相沓於民垂皇策辭皇曰惟我生
無道承父居方三十二易草木上升君位我父燧皇歸世未降河圖

624

《四庫全書總目》收録《漢魏别解》一書，計十六卷，與本館藏本不同。其條下有云："明黄澍、葉紹泰同編。自《吳越春秋》訖於薛收《元經傳》，凡四十六種。其凡例云，六朝諸家文集，一篇不載。而編中收江淹、任昉諸集，不一而足。又云皆録全文。而節録者亦復不少。至近代僞書，如《天禄閣外史》之類，亦一槩濫收，殊失鑒别。"

著録：《中國古籍善本書目》。

625　子品金函、史品赤函、文品芾函

H958a-c

《子品金函》四卷，《史品赤函》四卷，《文品芾函》四卷，明陳仁錫輯，明刻本。二十册。半葉九行二十二字，眉欄上刻評。四周單邊，白口，無魚尾。版心上鐫書名，中鐫篇名，下鐫卷次。框高 19.1 釐米，寬 12 釐米。各部前有陳仁錫序及目録。

陳仁錫，見 008《增訂四書通典人物備考》。

是書《子品金函》卷之一含太公望、老子道德經、關尹子文始眞經等，卷之二含列子沖虛眞經、屈子、管子春秋等，卷之三含孫子、吳子、商子等，卷之四含楊子法言、抱朴子、文中子中説等。《史品赤函》卷之一爲歷代帝王、左傳，卷之二爲國語、戰國策，卷之三爲史記，卷之四爲西漢、東漢。《文品芾函》卷之一含周禮、檀弓、屈原等人文，卷之二含韓文公、柳宗元、司馬光等人文，卷之三含歐陽公、李文叔、魯子固等人文。

陳仁錫《諸子函序》稱:"兹選諸子,恐未足以盡諸子,但學士家旨心醉神,習字由而句繹之。則子函已足盡諸子也。"

《四庫全書總目》曰:《史品赤函》"是編所録,上起古初,下迄於晉。書或採其文,或節録一二事,茫無義例。尤時時參以僞撰。如雲長遇害不屈一篇,不知其從何來。而劉聰辱懷愍一篇,稱聰爲漢昭烈元孫云,出《續三國志》。亦未見有是書也。"

著録:《四庫全書總目》、《中國古籍善本書目》。

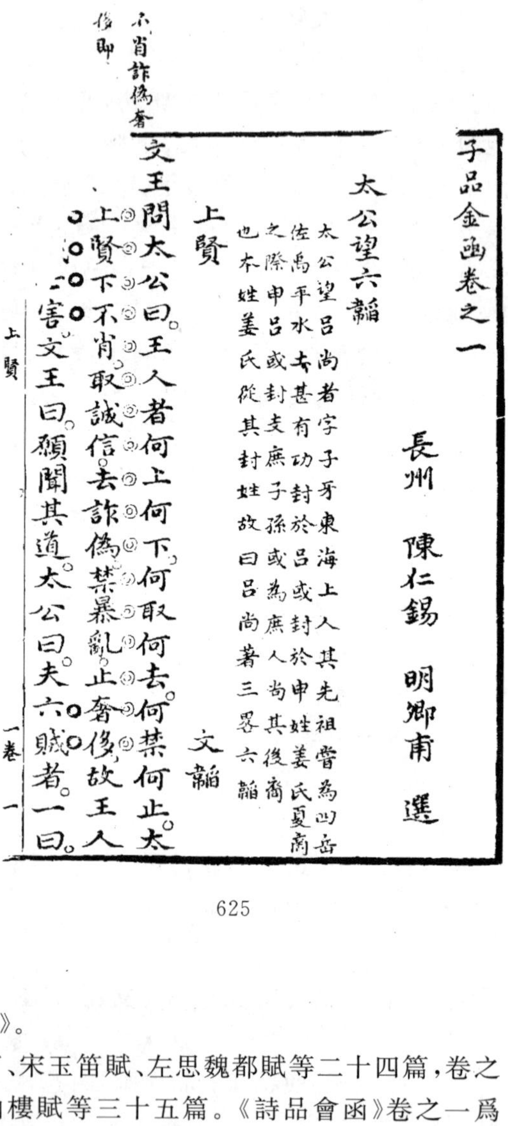
子品金函卷之一
長州 陳仁錫 明卿甫 選
太公望六韜
太公望呂尚者字子牙東海上人其先祖嘗為四岳佐禹平水土甚有功封於呂或封於申姓姜氏夏商之際申呂或封支庶子孫或為庶人尚其後裔也本姓姜氏從其封姓故曰呂尚著三畧六韜
文韜
上賢
文王問太公曰王人者何上何下何取何去何禁何止太公曰上賢下不肖取誠信去詐偽禁暴亂止奢侈故王人者有六賊七害文王曰願聞其道太公曰夫六賊者一曰

625

626 賦品鳬函、詩品會函、書品同函、啓品有函、逸品繹函

H958d-h

《賦品鳬函》二卷,《詩品會函》四卷、首一卷,《書品同函》二卷,《啓品有函》二卷,《逸品繹函》二卷,明陳仁錫輯,明刻本。二十册。半葉九行二十二字,無欄格,眉欄上刻評。四周單邊,白口,無魚尾。版心上鐫書名,中鐫篇名,下鐫卷次。框高 18.7 釐米,寬 12 釐米。各書前有陳仁錫自序及目録。

陳仁錫,見 008《增訂四書通典人物備考》。

是書《賦品鳬函》卷之一含宋玉大言小言、宋玉笛賦、左思魏都賦等二十四篇,卷之二含束皙讀書賦、陶靖節閑情賦、葛長庚懷仙樓賦等三十五篇。《詩品會函》卷之一爲古體詩、魏人體詩、唐詩等,卷之二、三爲諸家唐詩,卷之四爲唐詩及宋人詩,卷首爲鍾嶸"詩品序"、"唐詩選註附録"等。《書品同函》卷之一爲邀飲類、餽送類、謝賜類等,卷之二爲上書類、回札類等。《啓品有函》卷之一爲歲時賀啓、晉秩賀啓、送迎餞别啓等,卷之二爲報答啓、賀壽啓、賓筵啓等。《逸品繹函》卷之一爲西王母問上元夫人、黄帝陰符、王嘉姚馥傳等,卷之二爲張敏頭責子羽文、劉敬叔梁清、妻蒲芝張愈誄等。

陳仁錫《詩品會函自序》曰:"選賦須於習見、習聞中揀其一新耳目者,於衆酣衆醉中遴其翹然者。不必嵇、阮、曹、王,不必不嵇、阮、曹、王;不必張、左、木、謝,不必不張、左、木、謝。要以風流標暎，自是天地間一段奇宕不常之氣者佳。又必高睨往載，識扳天地間一段奇宕不常之氣者佳，則識者難也。…… 故賦難識，而識賦亦難。書此於賦函，以問識識者。”

著錄：《中國古籍善本書目》。

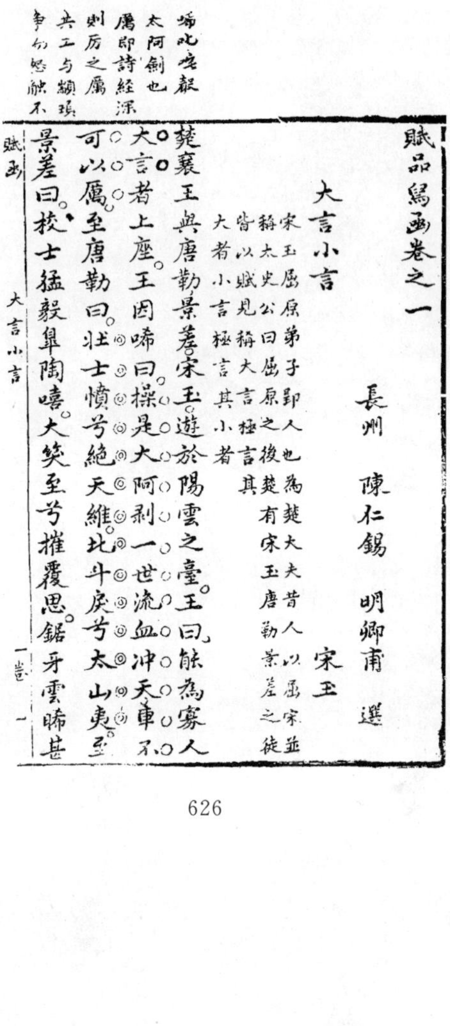
賦品騷函卷之一

長州　陳仁錫　明卿甫　選

大言小言　宋玉

宋玉屈原弟子郢人也為楚大夫昔人以屈宋並稱太史公曰屈原之後楚有宋玉唐勒景差之徒皆以賦見稱大言極言其大者小言極言其小者

楚襄王與唐勒景差宋玉遊於陽雲之臺。王曰。能為寡人大言者上座。王因唏曰。操是太阿剝一世。流血沖天。車不可以厲。至唐勒曰。壯士憤兮絕天維。北斗戾兮太山夷。至景差曰。校士猛毅皋陶嘻。大笑至兮摧覆思。鋸牙雲晞甚

唏此卷叙　太阿劍也　厲即詩經深則厲之厲　共工与顓頊爭为怒觸不

賦函　大言小言　一卷　一

626

著者書名筆畫索引

五畫

六畫

七畫

八畫

九畫

十畫

十一畫

十二畫

十三畫

十四畫

十五畫

十六畫

十七畫

十八畫

十九畫

著者書名拼音索引

D

E

F

G

H

J

M

N

O

P

Q

R

T

U

W

X

Z

書名四角號碼索引

館藏中文古籍總書目

A

A Wencheng gong nian pu
阿文成公年譜

Ai ri jing lu cang shu zhi
愛日精盧藏書志

Ai ri tang Si shu zun zhu pang xun he jiang
愛日堂四書遵註旁訓合講

Ai wu lu wen chao
愛吾廬文鈔

Ai yan
艾言

An Moan xian sheng wen ji
安默庵先生文集

An wu si zhong
安吳四種

An ya tang ji
安雅堂集

Annan zhi lüe
安南志畧

Anyang ji
安陽集

Anyang xian zhi
安陽縣志

Aomen ji lüe
澳門紀略

Aoyuzi
聱隅子

B

Ba qian juan lou shu mu
八千卷樓書目

Ba shan qi zhong
巴山七種

Bai da jia ming xian shou zha
百大家名賢手札

Bai hu tong
白虎通

Bai hu tong xuan
白虎通選

Bai jia lei zuan
百家類纂

Bai jia zhai qi
百家摘奇

Bai jiang tu zhuan
百將圖傳

Bai jing lou cang shu ti ba ji
拜經樓藏書題跋記

Bai lu shu yuan zhi
白鹿書院志

Bai mei xin yong tu zhuan
百美新詠圖傳

Bai shi Changqing ji
白氏長慶集

Bai shui zhi wen
白水質問

Bai song yi chan fu
百宋一廛賦

Bai Xiangshan shi ji
白香山詩集

Bai yun xian biao
白雲僊表

Bai zi jin dan
百子金丹

Baisha ji
白沙集
Baishazi quan ji
白沙子全集
Ban qiao ji
板橋集
Bao zang lun
寶藏論
Bao ke cong bian
寶刻叢編
Bao ke lei bian
寶刻類編
Bao lun tang ji
寶綸堂集
Bao lun tang wen chao
寶綸堂文鈔
Bao run xuan wen ji
抱潤軒文集
Bao tie zhai jin shi wen ba wei
寶鐵齋金石文跋尾
Bao Xiaosu gong zou yi
包孝肅公奏議
Bao Xiaosu zou yi
包孝肅奏議
Bao yu xuan shi wen ji
葆愚軒詩文集
Baofeng xian zhi
寶豐縣志
Baohua Shan Zhi
寶華山志
Baoji xian zhi
寶雞縣志
Baopu zi
抱朴子
Baoyou deng ke lu
寶祐登科錄
Bei chuang zhi guo
北牕炙輠
Bei dong yuan bi lu quan ji
北東園筆錄全集
Bei guo shi zhang
北郭詩帳
Bei hai
裨海
Bei hu lu
北戸錄
Bei ji jiu fa
備急灸法
Bei meng suo yan
北夢瑣言
Bei tang shu chao
北堂書鈔
Bei xing ri lu
北行日錄
Bei xue bian
北學編
Bei yu zhang lu
北隅掌錄
Bei yu zhui lu
北隅綴錄
Beijiang shi hua
北江詩話
Beixi zi yi
北溪字義
Ben cao gang mu shi yi
本草綱目拾遺
Ben cao gang mu tu
本草綱目圖
Ben cao gang mu yao pin zong mu
本草綱目藥品總目
Ben cao yan yi
本草衍義
Ben chao wen du ben
本朝文讀本
Bi hui lu
避諱錄

Bi ji man zhi
碧雞漫志
Bi mu yu
比目魚
Bi song lou cang shu zhi mu lu
皕宋樓藏書志目錄
Bi xue lu
碧血錄
Bi xue lu
碧血錄
Bi ya
比雅
Bian huo bian
辨惑編
Bian jing yi xu zhi
汴京遺續志
Bian xue ji
辨學集
Bian zhu
編珠
Biao yi lu
表異錄
Bide xing E ji
彼得興俄記
Bie ji bu yi
別記補遺
Bie ya
別雅
Bie ya ding
別雅訂
Bin meng ji
賓萌集
Bin tui lu
賓退錄
Bing ding gui jian
丙丁龜鑑
Bing fa shi lüe xue
兵法史略學

Bing zhu bian
炳燭編
Bing zhu shi za wen
炳燭室雜文
Binzhou zhi
濱州志
Bo lü liu liang si shu jiang yi
駁吕留良四書講義
Bo wu yao lan
博物要覽
Bo wu zhi
博物志
Bo xian shan fang ji
柏木見山房集
Bo ya
博雅
Bo Ya qin
伯牙琴
Bo yi zhi
博異志
Bo zhai bian
泊宅編
Boping xian zhi
博平縣志
Botang ji
柏堂集
Botang yi shu,Fang Botang quan ji
柏堂遺書,方柏堂全集
Bu guo zai du Laozi ri ji
補過齋讀老子日記
Bu Han bing zhi
補漢兵志
Bu huan yu fang bei lu
補寰宇訪碑錄
Bu Liao Jin Yuan yi wen zhi
補遼金元藝文志
Bu San guo jiang yu zhi
補三國疆域志

Bu san shi yi wen zhi
補三史藝文志
Bu shang gu kao xin lu
補上古考信錄
Bu Song shu xing fa zhi
補宋書刑法志
Bu wu dai shi yi wen zhi
補五代史藝文志
Bu yuan shi yi wen zhi
補元史藝文志
Buzi shu
卜子書

C

Cai gen tan
菜根譚
Cai gui ji
才鬼記
Cai liu ri ji
採硫日記
Cai qiao tu
採樵圖
Cai shi jiu ru shu
蔡氏九儒書
Cai zhong lang wen ji
蔡中郎文集
Canghai shi hua
藏海詩話
Canglai zi ji nian pu
滄來自記年譜
Cao lu jing lüe
草廬經略
Cao mu zi
草木子
Cao zi hui
草字彙
Ce fu yuan gui
冊府元亀
Ce hai ji
測海集
Ce suan
策算
Ce yuan hai jing xi cao
測圓海鏡細草
Cen Xiangqin gong nian pu
岑襄勤公年譜
Cha dong bu
茶董補
Cha shan ji
茶山集
Cha xiang ge yi cao
茶香閣遺草
Chan hou bian
產後編
Chan lin bao xun
禪林寶訓
Chan lin bao xun bi shuo
禪林寶訓筆說
Chang bian zong dang
長編總檔
Chang chun zhen ren xi you ji
長春真人西遊記
Chang dao yan
昌道言
Chang dao zhen yan
唱道真言
Chang duan jing
長短經
Chang wu zhi
長物志
Changbai shan lu
長白山錄
Changge xian zhi
長葛縣志
Changle xian zhi
昌樂縣志

Changli xian sheng ji,Changli ji
昌黎先生集,昌黎集
Changli xian sheng quan ji "han wen"
昌黎先生全集"韓文"
Changqing xian zhi
長清縣志
Changsha xian zhi
長沙縣志
Changshan xian zhi
長山縣志
Changyi xian zhi
昌邑縣志
Changzhi xian zhi
長治縣志
Changzhou xian zhe yi shu
常州先哲遺書
Chao shi cong zai
朝市叢載
Chao ye lei yao
朝野類要
Chao ye qian zai
朝野僉載
Chao ye za ji
朝野雜記
Chen bi bu yi ji
陳比部遺集
Chen feng ge cong shu
晨風閣叢書
Chen Kezhai ji
陳克齋集
Chen Shengfu ji
陳剩夫集
Chen shi zhong xi hui shi ri li
陳氏中西回史日曆
Chen xue shi wen ji
陳學士文集
Chen yuan shi lüe
宸垣識畧
Chen zhong lou
辰中樓
Chen Zifeng xian sheng wen ji,Zifeng ji
陳紫峯先生文集,紫峯集
Chen Zilu shu
陳子旅書
Cheng bei Tian hou gong zhi
城北天后宮志
Cheng hua guan quan ji
檉華館全集
Cheng huai yuan wen cun
澄懷園文存
Cheng shi jia shu du shu fen nian ri cheng
程氏家塾讀書分年日程
Cheng shi lang yi ji
程侍郎遺集
Chenghuaizhuren zi ding nian pu
澄懷主人自訂年譜
Chi bei ou tan
池北偶談
Chi cheng lun jian lu
赤城論諫錄
Chi du juan yan
尺牘雋言
Chi du qing cai
赤牘清裁
Chi du qing lian
尺牘青蓮
Chi du ru mian
尺牘如面
Chi du xin chao
尺牘新鈔
Chi feng da wang jiang jun ji lüe fu hua xiang
勅封大王將軍紀略附畫像
Chi jing zhai cang shu ji yao
持靜齋藏書記要

Chi mu tang gang jian yi zhi lu, Yuzhuan zi zhi tong jian gang mu
尺木堂綱鑑易知錄,御撰資治通鑒綱目
Chi xue
痴學
Chi ya
赤雅
Chong bian liu qing xin ji
重編留青新集
Chong kan jiao zheng li ze cong shu
重刊校正笠澤叢書
Chong kan song ben tang yin bi shi
重刊宋本堂陰比事
Chong ke Huang Wenjie Shan'gu xian sheng wen ji
重刻黃文節山谷先生文集
Chong ke Zhuzi nian pu
重刻朱子年譜
Chong wen zong mu
崇文總目
Chong xiu Chengdu xian zhi
重修成都縣志
Chong xue
重學
Chong xiu Gushi xian zhi
重修固始縣志
Chong yang an ji
重陽庵集
Chong zheng he bian
崇正合編
Chong zuan san qian zhi
重纂三遷志
Chou ban yi wu shi mo
籌辦夷務始末
Chou ji bian
籌濟編
Chou ren zhuan
疇人傳
Chu ci
楚辭
Chu ci bu zhu
楚辭補註
Chu ci ji zhu
楚辭集註
Chu ci ji zhu,Zhu wen gong chu ci ji zhu
楚辭集注,朱文公楚辭集注
Chu ci tong shi
楚辭通釋
Chu Han chun qiu
楚漢春秋
Chu jian pu
樗繭譜
Chu rao ao lun
芻蕘奧論
Chu sao qi yu
楚騷綺語
Chu tan ji
初潭集
Chu Tang si jie ji
初唐四傑集
Chu wei cheng ri ji
出圍城日記
Chuan jing biao
傳經表
Chuanshan gong nian pu
船山公年譜
Chuanshan jing yi
船山經義
Chuanshan shi cao xuan
船山詩草選
Chui jian lu
吹劍錄
Chui jian lu wai ji
吹劍錄外集
Chun fu gu wen chao
純甫古文鈔

Chun hua ge tie shi wen
淳化閣帖釋文
Chun qin Gongyang zhuan yin xun
春秋公羊傳音訓
Chun qiu bian yi
春秋辨疑
Chun qiu Cheng chang shuo
春秋成長說
Chun qiu da zhuan
春秋大傳
Chun qiu fan lu
春秋繁露
Chun qiu fen guo zuo zhuan
春秋分國左傳
Chun qiu gong mei
春秋攻昧
Chun qiu Gongyang Guliang zhuan
春秋公羊穀梁傳
Chun qiu Guliang zhuan yin xun
春秋穀梁傳音訓
Chun qiu Guliang zhuan zhu yi
春秋穀梁傳注義
Chun qiu guo du jue xing kao
春秋國都爵姓考
Chun qiu ji yi
春秋集義
Chun qiu ji zhuan bian yi
春秋集傳辯疑
Chun qiu ji zhuan zuan li
春秋集傳纂例
Chun qiu jia shuo
春秋家說
Chun qiu jin suo shi
春秋金鎖匙
Chun qiu lü shen lu
春秋律身錄
Chun qiu qu yi ce
春秋取義測
Chun qiu san zhuan bi
春秋三傳比
Chun qiu san zhuan yi wen shi
春秋三傳異文釋
Chun qiu shi li
春秋釋例
Chun qiu shi zu pu
春秋世族譜
Chun qiu shuo zhi
春秋說志
Chun qiu si zhuan
春秋四傳
Chun qiu wei he cheng tu
春秋緯合誠圖
Chun qiu wei qian tan ba
春秋緯潛潭巴
Chun qiu wei wen yao gou
春秋緯文耀鉤
Chun qiu wei yuan ming bao
春秋緯元命苞
Chun qiu wei zhi
春秋微旨
Chun qiu wu li li zong
春秋五禮例宗
Chun qiu zheng zhuan
春秋正傳
Chun qiu zhuan zheng yi
春秋傳正誼
Chun qiu Zuo shi chang jing zhang ju
春秋左氏長經章句
Chun qiu Zuo shi gu yi
春秋左氏古義
Chun qiu Zuo zhuan
春秋左傳
Chun qiu Zuo zhuan du zhu
春秋左傳杜注
Chun qiu Zuo zhuan Fu zhu cun
春秋左傳服注存

D

大明仁孝皇后勸善書

Da ming yi tong zhi
大明一統志

Da qian shan fang shi chao
大潛山房詩鈔

Da Qing Gaozong Chun huang di sheng xun
大清高宗純皇帝聖訓

Da Qing Guangxu nian shi xian shu
大清光緒年時憲書

Da Qing Guangxu shi xian shu
大清光緒時憲書

Da Qing Guangxu xin fa ling
大清光緒新法令

Da Qing hui dian
大清會典

Da Qing lü li zeng xiu tong zuan ji cheng
大清律例增修統纂集成

Da Qing Muzong Yi huang di sheng xun
大清穆宗毅皇帝聖訓

Da Qing Renzong Rui huang di sheng xun
大清仁宗睿皇帝聖訓

Da Qing Shengzu he tian hong yun wen wu rui zhe gong jian kuan yu xiao jing cheng xin zhong he gong de da cheng Ren huang di sheng xun
大清聖祖合天弘運文武睿哲恭儉寬裕孝敬誠信中和功德大成仁皇帝聖訓

Da Qing Shizong jing tian chang yun jian zhong biao zheng wen wu ying ming kuan ran xin yi da xiao zhi cheng Xian huang di sheng xun
大清世宗敬天昌運建中表正文武英明寬仁信毅大孝至誠憲皇帝聖訓

Da Qing Shizu ti tian long yun ding tong jian ji ying rui qin wen xian wu da de hong gong zhi ren chun xiao Zhang huang di sheng xun
大清世祖體天隆運定統建極英睿欽文顯武大德弘功至仁純孝章皇帝聖訓

Da Qing ShiZu Zhang huang di sheng xun
大清世祖章皇帝聖訓

Da Qing Taizong ying tian xing guo hong de zhang wu kuan wen ren sheng rui xiao jing min zhao ding long dao xian gong Wen huang di shengxun
大清太宗應天興國弘德彰武寬溫仁聖睿孝敬敏昭定隆道顯功文皇帝聖訓

Da Qing Taizu cheng tian guang yun sheng de shengong zhao ji li ji ren xiao rui wu duan yi qin an hong wen ding ye Gao huang di sheng xun
大清太祖承天廣運聖德神功肇紀立極仁孝睿武端毅欽安弘文定業高皇帝聖訓

Da Qing Tongzhi si nian sui ci yi chou shi xian shu
大清同治四年歲次乙丑時憲書

Da Qing Wenzong Xian huang di sheng xun
大清文宗顯皇帝聖訓

Da Qing Xianfeng nian shi xian shu
大清咸豐年時憲書

Da Qing Xuanzong Cheng huang di sheng xun
大清宣宗成皇帝聖訓

Da Qing yi tong yu tu
大清一統輿圖

Da Qing yi tong zhi
大清一統志

Da Qiung Tongzhi nian shi xian shu
大清同治年時憲書

Da shi ji, Da shi ji jie ti, Da shi ji tong shi
大事記,大事記解題,大事記通釋

Da Tang Da ci en si San Zang fa shi zhuan
大唐大慈恩寺三藏法師傳

E

G

H

L

Liezi,Chong xu zhen jing,Chong xu zhi de zhen jing
列子,冲虛真經,冲虛至德真經

Lijin xian zhi
利津縣志

Lin han yin ju shi hua
臨漢隱居詩話

Lin jiao ji
麟角集

Lin jing zhai zhu Hu Chuan shan
麟經摘珠胡傳删

Lin tai gu shi
麟臺故事

Lin wen bian lan
臨文便覽

Lin wu chang chou lu
林屋唱酬錄

Lin xian zhi
林縣志

Lin'an xun zhi ji
臨安旬制紀

Linchuan ji,Wang Linchuan wen ji
臨川集,王臨川文集

Linchuan meng
臨川夢

Ling biao lu yi
嶺表錄異

Ling chuan ji, Hao Wenzhong gong Lingchuan wen Ji
陵川集,郝文忠公陵川文集

Ling gui zhi
靈鬼志

Ling qi jing
靈棋經

Ling wai dai da
嶺外代答

Lingbao xian zhi
靈寶縣志

Lingnan za ji
嶺南雜記

Linjin xian zhi
臨晉縣志

Linping ji
臨平記

Linping ji bu yi
臨平記補遺

Linqu xian zhi
臨朐縣志

Lintong xian zhi
臨潼縣志

Linyi xian zhi
臨邑縣志

Linying xian zhi,Linying xian xu zhi
臨潁縣志,臨潁縣續志

Linyou xian xin zhi cao
麟遊縣新志草

Linzhang xian zhi
臨漳縣志

Liu an yin
柳岸吟

Liu chao wen jie
六朝文絜

Liu Dai jia shu si shu jie
劉代家塾四書解

Liu Guiyang shuo jing can gao
劉貴陽說經殘稾

Liu Haifeng wen
劉海峰文

Liu jing tu
六經圖

Liu Juanzi gui yi fang
劉涓子鬼遺方

Liu Liuzhou wen chao
柳柳州文鈔

Liu mao an chi du cong can
留茆盦尺牘叢殘

M

N

O

Q

S

W

X

Xiaoyi xian zhi
孝義縣志

Xibao xian sheng chi du
惜抱先生尺牘

Xichuan ting zhi
淅川廳志

Xicun shi ji
西邨十記

Xie chuan ji
斜川集

Xie Dieshan ji
謝疊山集

Xie ding shang shu
寫定尚書

Xie duo
諧鐸

Xie hua qi xiu
謝華啟秀

Xie hua qi xiu bu zhu
謝華啟秀補注

Xihu bai yong
西湖百詠

Xihu jia hua
西湖佳話

Xihu shui li kao
西湖水利考

Xihu ye xing
西湖冶興

Xihu you lan zhi
西湖遊覽志

Xihu you yong
西湖游詠

Xihu yun shi
西湖韻事

Xihu za yong
西湖雜詠

Xihu zhi
西湖志

Xihua xian zhi
西華縣志

Xila chun qiu
希臘春秋

Xileng gui yong
西泠閨詠

Xileng huai gu ji
西泠懷古集

Xileng qian yong
西泠僊詠

Xin bian fanyi qing yu
新編繙譯清語

Xin bian gu jin shi wen lei ju
新編古今事文類聚

Xin bian Zhang Zhongjing zhu jie shang han
新編張仲景註解傷寒

Xin fu pu
新婦譜

Xin jing pian
心鏡編

Xin juan hai nei qi guan
新鐫海內奇觀

Xin juan han lin san zhuang yuan hui xuan er shi jiu zi pin hui shi ping
新鐫翰林三狀元會選二十九子品彙釋評

Xin juan quan bu Wujing zhu shi hai pian zhi yin
新鐫全補五經諸史海篇直音

Xin juan xing li ao
新鐫性理奥

Xin juan zeng ding li dai jie lu quan bian
新鐫增定歷代捷錄全编

Xin juan zhu zi ba cui
新鐫諸子拔萃

Xin kan bi jue san ming zhi mi fu
新刊秘訣三命指米賦

Xue shi
學史

Xue shi yi gui
學仕遺規

Xue tong
學統

Xue Wenjie gong wen ji
薛文介公文集

Xue Wenqing gong ji
薛文清公集

Xue Wenqing ji, Wenqing Xue xian sheng wen ji
薛文清集,文清薛先生文集

Xue yan bian
學言編

Xue Yi ji
學易記

Xue zhong ren
雪中人

Xue'an Qing shi
雪菴清史

Xueshan ji
雪山集

Xuezhuang Xihu yu chang
雪莊西湖漁唱

Xuguo gong zou yi
許國公奏議

Xun hua ri ji
尋花日記

Xun wu shan guan wen ji
壎務山館文集

Xun xue zhai shi chao
遜學齋詩鈔

Xun xue zhai wen chao
遜學齋文鈔

Xun zhi tang za chao
遜志堂雜鈔

Xunzi
荀子

Xunzi jian shi
荀子箋釋

Xunzi xuan
荀子選

Xuzhou zhi
許州志

Y

Yan Dan zi
燕丹子

Yan fa yi lüe
鹽務議略

Yan ji
衍極

Yan jing shi shi lu
揅經室詩錄

Yan pu za ji
簷曝雜記

Yan Qianqiu nian pu
閻潛邱年譜

Yan shi jia cang chi du
顏氏家藏尺牘

Yan shi jia xun
顏氏家訓

Yan tie lun
鹽鐵論

Yan xia fang yan
巖下放言

Yan xia wan gu lou quan ji
煙霞萬古樓全集

Yan xia xiang cuo lu
燕下鄉脞錄

Yan Xizhai nian pu
顏習齋年譜

Yan Xizhai xian sheng pi yi lu
顏習齋先生闢異錄

Z

參考書目

1. 本書編委會編. 中國古籍善本書目. 上海:上海古籍出版社,1989

2. 翁連溪編校. 中國古籍善本總目. 北京:綫裝書局,2005

3. 王重民輯錄. 美國國會圖書館藏中國善本書目. 臺灣:文海出版社,1972

4. 沈津著. 美國哈佛大學哈佛燕京圖書館中文善本書志. 上海:上海辭書出版社,1999

5. 屈萬里撰. 普林斯敦大學葛思德東方圖書館中文善本書志. 臺北:藝文印書館,1975

6. 柏克萊加州大學東亞圖書館編. 柏克萊加州大學東亞圖書館中文古籍善本書志. 上海:上海古籍出版社,2005

7. 北京圖書館編. 北京圖書館古籍善本書目. 北京:書目文獻出版社,1987

8. 北京圖書館普通古籍組編. 北京圖書館普通古籍總目. 北京:書目文獻出版社,1990

9. 上海圖書館編. 上海圖書館善本書目. 上海:上海圖書館, 1957

10. 繆荃孫等撰. 嘉業堂藏書志. 上海: 復旦大學出版社,1997

11. 國家圖書館特藏組編. 國家圖書館善本書志初稿. 北京:國家圖書館,2000

12. 紀昀等撰. 欽定四庫全書總目. 北京:中華書局,1997

13. 紀昀等撰. 四庫全書總目提要. 北京:商務印書館, 1931

14. 胡玉縉撰. 四庫全書總目提要補正. 北京:中華書局,1964

15. 余嘉錫著. 四庫提要辨證. 臺北: 藝文印書館,1965

16. 崔富章著. 四庫提要補正. 杭州:杭州大學出版社,1990

17. 李裕民著. 四庫提要訂誤. 北京:中華書局,2005

18. 王雲五主持. 合印四庫全書總目提要及四庫未收書目禁燬書目. 臺灣: 臺灣商務印書館,1971

19. 黃虞稷撰. 千頃堂書目. 上海:上海古籍出版社,2001

20. 王重民撰. 中國善本書提要. 上海:上海古籍出版社,1983
21. 王重民撰. 中國善本書提要補編. 北京:書目文獻出版社,1991
22. 林夕主編. 中國著名藏書家書目匯刊. 北京:商務印書館, 2005
23. 沈津著. 中國珍稀古籍善本書錄. 桂林:廣西師範大學出版社,2006
24. 姚伯岳著. 中國圖書版本學. 北京:北京大學出版社,2004
25. 嚴佐之著. 古籍版本學概論. 上海:華東師範大學出版社,1989
26. 李致忠著. 古書版本學概論. 北京:書目文獻出版社,1990
27. 黄永年著. 古籍版本學. 南京:江蘇教育出版社,2005
28. 張之洞撰,范希曾補正. 書目問答補正. 上海:上海古籍出版社,2008
29. 錢存訓著. 中國古代書籍、紙墨及印刷術. 北京:北京圖書館出版社,2002
30. 中華書局編輯部編. 宋元明清書目題跋叢刊. 北京:中華書局,2006
31. 羅偉國、胡平編. 古籍版本題記索引. 上海:上海書店出版社,1991
32. 姜尋編. 中國古籍文獻拍賣圖錄年鑒. 北京:中華書局,2003
33. 姚名達撰. 中國目録學史. 上海:上海古籍出版社,2005
34. 陳正宏、梁穎編. 古籍印本鑑定概說. 上海:上海辭書出版社,2005
35. 李致忠著. 古籍版本知識 500 問. 北京:北京圖書館出版社,2004
36. 葉德輝著. 書林清話. 上海:復旦大學出版社,2008
37.《蓬萊慕氏藏書目》見《中國著名藏書家書目彙刊》(林夕主編. 北京:商務印書館, 2005)近代卷第三十一冊。
38. 金恩輝主編. 中國地方志總目提要. 臺北:漢美圖書有限公司,1996

後　記

海外收藏中國古籍由來已久，卷帙浩繁。其中以日本、歐洲、北美的圖書館及研究機構收藏量最丰。自一九一七年"東洋文庫"在日本設立以來，以東京大學、京都大學的東洋文化研究機構及内閣文庫、尊經閣文庫、静嘉堂文庫、天理圖書館等公私收藏爲中心，漢籍的收藏蔚爲壯觀，孤本、珍本不勝枚舉。在歐洲，斯坦因（M. A. Stein）、伯希和(Paul Pelliot)曾大量蒐羅的敦煌卷子，當爲英法兩國中國文獻收藏之濫觴。大英圖書館另藏有《永樂大典》及宋、元、明善本圖書數百册。法國國家圖書館東方部除敦煌文獻外，亦入藏數以十萬計的中文圖書。德國國家圖書館東亞部、瑞典皇家圖書館、斯德哥爾摩大學圖書館中文部及俄國國家科學院遠東學院漢學圖書館等均爲歐洲中文收藏的重鎮。一八六九年第一批中文圖書以國家交换的形式運抵美國，開始了中文圖書在美國的收藏。至一九零九年，美國國會圖書館的中文收藏已數以萬計。一八七八年容閎贈給耶魯大學的五千餘册《古今圖書集成》開創了美國大學圖書館收藏東亞文獻的先河。至今哈佛大學、耶魯大學、普林斯頓大學、斯坦福大學、伯克利加州大學、康奈爾大學、芝加哥大學、哥倫比亞大學等都有極豐富的中國古籍收藏。一九三五年，隸屬加拿大多倫多大學的皇家安大略博物館收到了懷特主教(Bishop William C. White)由中國所購得的私人收藏"慕氏藏書"五萬餘册，成爲加拿大最早收藏中文圖書的機構之一。除多倫多大學外，麥吉爾大學的葛思德(Gest)收藏(後爲普林斯頓大學所收藏)、英屬哥倫比亞大學的姚氏(C. S. Yao）藏書均爲加拿大中文古籍收藏的重要構成。

多倫多大學鄭裕彤東亞圖書館"慕氏藏書"的原收藏者爲慕學勛(1880—1929)。慕氏爲山東蓬萊人，字玄文，曾就讀於天津北洋大學堂並畢業于民國元年。畢業后，慕氏長期任職于北京德國公使館，爲中文秘書，共十七年。而慕學勛網羅帙藏各類圖書的時間則長達二十二年，所收集古籍的範圍遍及經、史、子、集各部。他曾自編、自刊《蓬萊慕氏藏書目》(收録於《中国著名藏書家書目匯刊》近代卷第三十一册)並印行方宗誠(1818—1888)的《柏堂詩語言行集》。慕氏去世後，其子因到外省任職，而將其父的所有古籍收藏以一萬零五百加元的價格售賣給當時加拿大英國聖公會河南區主教威廉·懷特。慕氏藏書共計有四千餘種,四萬餘冊。其中明版古籍二百三十餘種,清乾隆以前古籍四百餘種。歷代鈔、稿本五十餘種。另有《增廣註釋音辯唐柳先生集》、《樂書》等被前人分别鑑定爲宋版及元版。稀覯善本約佔整個藏書的十分之一。本書所收録的範圍亦爲這部分善本書。

在洽購慕氏藏書的過程中,懷特求助於皇家安大略博物館的科迪(Dr. H. J. Cody),在科迪的幫助下,博物館的長期支持者薩繆爾(Dr. Sigmund Samuel)與孟德(Sir Robert Mond)很快捐出了六千五百加元,加上當時身在中國的多倫多大學教授弗格森(John C. Ferguson)捐助的四千五百加元,共得捐款一萬一千加元。一九三三年,慕氏藏書購買成交後,北京的美國公使館退休的海軍武官吉利斯(I. V. Gillis)招募了十名中國學者花了一年多的時間爲慕氏藏書編目。與此同時,由於當時的國民政府剛剛通過法令,嚴格限制中國古物的出口,其中包括禁止一八五一年之前出版的古籍出口,慕氏藏書無法在一九三五年初如期裝船赴運加拿大。在弗格森教授的斡旋下,由袁同禮、張庾樓、徐鴻寶等組成的"古物保管會"對慕氏藏書進行了鑑定。其結果是抽出了三種明版書給北京圖書館,數十種關於廣東地方歷史、文化的圖書給故宫博物院,其他圖書則准予放行。到一九三五年六月該批圖書運抵多倫多時,圖書的總量已達五萬餘冊。其中有懷特在一九三三至一九三五年間又陸續在各地購得的一萬冊圖書,其中包括山東、河南兩省的方志和民國時期出版物。

本書共收入宋版書一種,元版書三種,明刻本二百一十一種,清刻本三百八十種,明、清鈔本、稿本三十一種。在本書的編輯、撰寫過程中,我們認爲,除具有中國傳統私人藏書的共同特點外,慕氏藏書還具有以下的獨有特色。這些特色反映了慕氏本人的求學、從宦經歷及他對其故里事務的關切。首先,以慕氏所任職位來看,他不可能有當時著名私人藏書樓所具有的殷實的經濟實力來蒐羅古本、善本。但他獨具慧眼、揚長避短,得身在京城之利,蒐羅清代的官刻圖書、鈔本、稿本、朝廷老檔等。本書所收録的《福堂寺人小草》、《六壬圖像》、滿清旗人《成婚檔案》、《京察滿司官履歷清冊》等均屬這類珍本、善本。其中明劉若愚撰《福堂寺人小草》清鈔本爲二十一卷,比同書的刻本多出一卷,堪稱珍貴。是書爲劉若愚涉魏忠賢案下獄後所述之宫廷事項記略。《六壬圖像》二十四卷,清鈔本,不著撰人名氏,各卷首均有工筆重彩方位神煞畫像,畫像後爲占卜項目及結果,該書在海内外並無其他存本可考。其次,慕氏所藏之史部古籍,方志所佔比例頗大。其中以山東、河南兩省的縣志尤多。這些縣志多爲清乾隆時期所修,在各種書目中較少著錄。各縣志的紙張、印刷質量皆不佳,字跡漫漶。無法與前朝刊行的高質量縣志相比。另一種可能是這些縣志爲民間或後代翻刻。慕氏藏書的第三個特色是與慕學勛長期在德國公使館任職，對域外風土文化、西學東漸等頗有興趣有關。《西域瑣談》、《欽定蒙古源流》、《皇明北虜考》、《衛藏圖識》等皆述西域、北疆的風物與歷史，《海島算經》、《御製耕織全圖》、《遠西奇器圖説録最》、《新制諸器圖説》、《宋明兵製備覽》、《礶花做法》則反映出慕氏對算學、農學、西方器用、兵制、民間工藝等的興趣。其中鈔本《礶花做法》不著撰者，内容詳述各類煙花的製作方法、煙花之品種、製作煙花所使用的器具、材料等，甚爲珍奇。《遠西奇器圖説録最》亦爲鈔本，其撰者爲德國耶穌會士鄧玉函，由明王徵譯繪。書中所附多幅工筆白描器物圖十分精美，該鈔本用《大清律例》書葉背面書寫並裝訂成書，在流傳的中國古籍鈔本中頗爲稀見。最後需要指出的是，慕學勛曾蒐集了一些其他藏家所藏的善本。例如，《福堂寺人小草》曾爲士禮居所藏，《增廣註釋音辯唐柳先生集》曾爲華陽高氏蒼茫齋所藏，後均爲慕氏弆藏。《廣文苑英華》這一中土罕見的珍本亦爲慕氏所購得。從藏書印看，慕氏還入藏有曹寅、阮元、玉棟、完顔景賢、方功惠、田達村、仁和丁氏、王懿榮、周貞亮、潘祖蔭等人的舊藏。

關於慕氏藏書的介紹與研究，較詳者有吴曉玲《加拿大多倫多大學東亞圖書館所藏蓬萊慕氏書庫述概》(《文獻》1990.3)，朱維信、Shuzo Uyenaka《多倫多大學東亞圖書館的收藏》(*Pacific Affairs*, vol. 46, no. 4)等已發表的文章。另在《山東藏書家史略》(山東大學出版社，1992)、《中國舊書業百年》(科學出版社，2005)、《海外漢學資源調查録》(漢學研究資料及服務中心，1982)等書中都有對慕氏藏書的簡介。王汝梅的《多倫多東亞圖書館藏〈金瓶梅〉版本考》(《吉林大學學報(社科版)1994.4》)對本館藏第一奇書本《金瓶梅》的評介和米列娜在《近代中國的百科辭書》(北京大學出版社，2007)中對本館藏黄摩西《普通百科大辭典》的評介均屬對慕氏藏書中專書的研究。上述《蓬萊慕氏藏書目》一書，除有書名、著註者、版本、卷册數、函數等内容外，尚有備考一欄，記述各書的刊印情況與用紙，特在此提請讀者注意。書後所附的"館藏中文古籍總書目"列出了本館所藏民國以前所有中文古籍的書名，以便讀者對我館這部分珍貴館藏有一個全面瞭解。

在本書的準備撰寫階段，我們參閲了已出版的海外藏中國古籍善本目録、書志若干種，並與廣西師範大學出版社的諸君商議了書稿的定位和特色問題。鑒于我們自身學識和見識的有限，在海外查找相關的資料又没有國内方便，再加上時間的限制，我們最終決定將本書定位在客觀描述爲主的體例上，而對於内容的評述、版本源流的考證則從略。在本書内容的簡述方面，我們儘量摘録《四庫全書總目》和《四庫全書簡明目録》對該書的述評。若該書在上述兩書中無著録，我們則摘選該書的序、跋或凡例中能反映該書内容的字句。衆所周知，儘管《四庫全書總目》、《四庫全書簡明目録》中不時有清儒對某些書籍的偏頗之見，但無論從所收書的數量，還是評述的質量上，至今沒有其他著作可以與上述兩書相提並論。

在本書的籌備、撰寫過程中，除了參與編纂的館內同仁同心協力、勤勉認眞外，鄭裕彤東亞圖書館的諸多同事、館内勤工儉學的多倫多大學學生皆對我們的工作給予了多方面的協助，在此向他們表示衷心的謝意。在此要特别感謝多倫多大學東亞研究系的博士研究生周華嬈同學爲本書初步撰寫了百餘條條目。感謝多倫多大學信息科學學院的研究生冀浩潔同學編輯並修改本書的幾個索引。從開始有撰寫本書的意向開始，廣西師範大學出版社的何林夏教授、雷回興女士就對我們的項目表示了極大的興趣及熱忱的支持，出版社的責任編輯肖愛景認眞負責地對全書進行了反復校對，僅致衷心的謝意。在筆者開始撰寫書稿的初始階段，曾請教過美國哈佛大學哈佛燕京圖書館的沈津先生。沈先生就書稿的撰寫提出了許多寶貴的建議，並爲本書撰寫序言，在此亦要衷心感謝。十分感謝本人多年的校友廣州中山大學圖書館館長程煥文教授撥冗爲本文撰序。原北京魯迅博物館的潘德延館長、美國喬治城大學圖書館的葉鼎先生利用自己的時間幫助我們辨認了數以百計的印章，僅此申謝。十分感謝中國社會科學院考古研究所副所長陳星燦教授、復旦大學圖書館古籍部楊光輝博士爲本書的出版提供專家推薦。如果沒有來自多方面的支持與幫助，就難以期待本書的完成。同時要申明的是，書中的任何訛誤皆由本書的編纂者負以全責。本著讓世人儘早得窺多倫多大學所藏中文善本全貌的願望及熱忱，我們在兩年前啓動了這個項目。工作中我們逐步意識到此項工程之浩大，所需才學之淵博，而身在海外可資利用的資源畢竟有限，令我們時有力不從心、騎虎難下之感。幸有來自各方面的支持和幫助，使我們得以初步實現當初設定的目標。我們深知由於我們的學識、能力有限，書中的錯漏在所難免，眞誠希望有關專家、學者予以指正。

喬曉勤
謹識於多倫多大學東亞圖書館
二零零九年五月